Cesare Pavese
Nacktheit

Cesare Pavese

Nacktheit
Sämtliche Erzählungen

Deutsch von Charlotte Birnbaum

claassen

Die italienische Originalausgabe erschien 1960 im Verlag Giulio Einaudi, Turin,
unter dem Titel »Racconti«

Neuausgabe 1983
Die erste deutsche Ausgabe erschien 1966 unter dem Titel
»Sämtliche Erzählungen«

Papier: Papierfabrik Schleipen GmbH, Bad Dürkheim
Druck und Bindearbeiten: Bercker, Grafischer Betrieb GmbH, Kevelaer
Printed in Germany
ISBN 3 546 47399 X

Sämtliche Erzählungen

Land der Verbannung

I

Sonderbare Umstände meiner Tätigkeit hatten mich ausgerechnet tief nach Unteritalien verschlagen; ich fühlte mich dort sehr einsam und sah dieses schmutzige kleine Dorf als eine Art Strafe an, wie sie jeden von uns mindestens einmal im Leben erwartet –, oder auch als ganz abgelegenen Ort, wo ich mich sammeln und merkwürdige Erfahrungen machen konnte. Und eine Strafe waren sie, alle die Monate, die ich dort verbrachte, während mich der Ort, was fremdartige Erfahrungen anlangt, nicht wenig enttäuschte. Ich bin Piemontese und betrachtete die Dinge dort unten so voreingenommen, daß mir wohl ihre wirkliche Bedeutung entging. Jetzt hingegen erinnere ich mich an die kleinen Esel, die Wasserkrüge am Fenster, die gut gewürzten Saucen, an die Schreie der alten Weiber und an die Bettler auf eine so heftige, geheimnisvolle Art, daß ich es wahrhaftig bedaure, all dem nicht eine wärmere Aufmerksamkeit geschenkt zu haben. Und wenn ich daran zurückdenke, wie schmerzlich ich damals die Himmel und die Straßen des Piemont entbehrte – wo ich jetzt in einer solchen inneren Unruhe lebe –, so kann ich daraus nur folgern, daß wir im Grunde eben so beschaffen sind: nur was vergangen oder verändert oder entschwunden ist, enthüllt uns sein wahres Gesicht.

Dort unten war das Meer. Ein fernes, dunstiges Meer, das noch heute, wenn ich trübe gestimmt bin, wie eine Fieberphantasie in mir geistert. Dort war alles Land zu Ende, über dürftigem, flachem Strand eine vage, ungeheure Weite. Es gab Tage, da starrte ich, auf den Kieseln sitzend, in die drohenden Wolken, die sich am Meereshorizont zusammenballten, mit einem Gefühl von Angst. Ich hätte mir auch über dem unmenschlichen Steilufer nur Leere gewünscht.

Der Strand war trostlos, aber nicht abstoßend. Gern ging ich, so entsetzlich langweilig war es im Dorf, am Morgen oder gegen Abend den Strand entlang, auf den vom Wasser rund geschliffenen Steinen, weil ich mich nicht im Sand abplagen wollte; und ich gab mir Mühe, mich an den blühenden Geranienbüscheln oder an den mächtigen Agavenblättern zu freuen. Jedesmal empfand ich ein Unbehagen bei den versandeten, abgerissenen oder zerfetzten Stücken von Feigenkakteen; an diesen Blättern war das fleischige Grün vertrocknet, das Netzwerk der Fasern lag bloß.

Ich erinnere mich an einen Julimorgen, der so intensiv blau war, daß Meer und Himmel ineinander übergingen. Wenige Schritte oberhalb der Kiesel lagen die verblichenen, abgenutzten Boote; einige, leicht geneigt, schienen vom nächtlichen Fischfang auszuruhen. Die Wellen kamen am Ufer fast geräuschlos an, als wären sie von der ungeheuren Wasserfläche zermalmt.

Dort sah ich ihn, den hierher verbannten Arbeiter, er saß im Schatten eines Bootes. Er blickte nach dem Hügel, hinauf zu den starken Mauern aus hellem Stein, wo der alte Teil des Dorfes lag. Der Mann schien verzückt von der Klarheit des Himmels, die alles milderte und wie mit Schleiern überzog. Als ich vorbeiging, drehte er sich nicht um. Die Schirmmütze hatte er in die Stirn gezogen, der braune Anzug war an den Ellenbogen zerrissen und an den Knien ausgebeult.

Als ich vorbei war, hörte ich ihn rufen. Aus meiner Tasche sah, deutlich erkennbar, eine Turiner Zeitung.

Während der junge Mann las, hatte ich mich in den Bootsschatten verkrochen und ruhte aus. Es roch nach sonnenheißem Holz und glühendem Sand. »Baden Sie gar nicht?« fragte ich ihn nach einer Weile.

»In diesen Tagen reden alle dasselbe«, erwiderte er und kramte in der Tasche. »Haben Sie etwas zu rauchen?«

Ich gab ihm zu rauchen. Ich begann mich in der Sonne auszuziehen.

Er fing von neuem an: »Ich bin kein politischer Mensch. Ich suche in den Zeitungen nicht die Politik. Es macht mir Spaß, zu lesen, was zu Hause los ist. Aber sie reden nur von Politik.«

»Ich dachte, Sie seien ...«

»Ich bin ein gewöhnlicher Verbannter«, unterbrach er mich rasch. »Ich habe einen Soldaten verprügelt. Aber ich bin ein gewöhnlicher Verbannter.« Er zog die Mütze wieder über die Augen. »Ich habe ihn aus persönlichen Gründen verprügelt.«

Ich zog die Badehose an und setzte mich in die Sonne. Ich sah auf das nur leicht zitternde, reglose Meer. Ich kostete im voraus den Schaum, den meine Armbewegungen machen würden, die Kühle des Grundes, die Sonnentupfen unter Wasser. Der Mann, den ich dort am Boot sah, machte mir Eindruck. Lange Ärmel, schwere Hosen, die heruntergezogene Mütze – wie brachte er es nur fertig, nicht zu ersticken!

»Baden Sie nicht?« fragte ich wieder.

»Ich bade lieber im Fluß«, erwiderte er nachdenklich.

»So etwas gibt es hier nicht«, sagte ich.

Triefend kam ich wieder ans Ufer und warf mich auf den Sand. Die Augen hielt ich geschlossen.

Als ich sie dann öffnete und mich aufsetzte, warf ich einen verwirrten Blick über die Küste. Auf die zum Verzweifeln stumpfe Farbe der fetten Pflanzen und der nahen, rosagetünchten Häuser prallte immerzu diese Sonne. Mein Anzug bildete am Boot einen dunklen Fleck.

»Sind Sie auch verbannt?« rief der junge Mann mir zu.

»Ein bißchen sind wir das hier alle«, sagte ich laut. »Die einzige Erleichterung ist, ins Wasser zu gehen.«

»Und im Winter – was für eine Erleichterung gibt es da?«

»Im Winter denkt man an zu Hause.«

»Daran denke ich auch im Sommer.«

Er kam heran und setzte sich neben mich in den Sand. Jetzt hatte er die Jacke ausgezogen; er trug ein dunkles, ärmelloses Hemd.

»An welche Gegend, meinen Sie, denken die Leute hier unten?« fragte er.

»Sie denken an Oberitalien, mehr noch als wir.«

»Mag sein, aber sie sind hier zu Hause. Sie vermissen nichts.«

Über den Schienenstrang – zwischen dem Strand und den ersten abgeblätterten Häusern am Meer – kamen einige Frauen. Sie gingen in ihre Bucht zwischen den Felsen, weiter oben am Strand, um zu baden. Es waren alte Frauen, in braunen Kleidern, von kleinem Wuchs; bei ihnen war ein Mädchen in Weiß.

Ich wollte irgend etwas sagen. »Sicher schwimmt man im Po besser. Dort gibt's weniger Sonne, und es ist bequemer.«

»Wo haben Sie in Turin gewohnt?«

Ich sagte es ihm.

»Aber was tun Sie in diesem Dorf?«

»Ich arbeite an der Provinzstraße. Ich bin Ingenieur.«

Der Verbannte rieb sich die Nase am Handrücken. »Ich war Mechaniker«, sagte er und sah mich an. »Bekommen Sie Post aus Turin?«

»Ab und zu.«

»Ich habe gestern was bekommen«, und er holte aus der Tasche eine Ansichtskarte mit dem Bild vom Bahnhof. »Kennen Sie den Platz?«

Ich betrachtete lächelnd eine Weile das Bild und gab es ihm verlegen zurück.

»Es stehen Grüße darauf, von einem Mädchen. Wenn sie mir Grüße schickt, so heißt das, sie setzt mir Hörner auf. Ich kenne die Weiber.«

Mir gefiel diese Prahlerei nicht. Ich zündete mir eine Zigarette an, ohne ihm zu antworten: ich wartete auf das, was noch kommen würde. Aber der Mann schwieg. Nach einer Weile gab er mir mit einem mürrischen Gruß die Zeitung zurück und stolperte über den Sand davon.

II

Abends, wenn ich von der Arbeit kam, ging ich manchmal durch den Ortsteil am Meer; und immer wieder war es mir unbegreiflich, daß diese Erde für manchen ihrer in der Welt verstreuten Söhne die einzige war, Siegel und Zuflucht des Lebens. Dabei dachte ich nicht an die Dürftigkeit der Felder und den Mangel an Wasser, nicht an die auf unechte Art bizarren, fetten, gewundenen Pflanzen, nicht an die Nacktheit der Küste. Diese Dinge sind nichts als Natur, und ich selbst bekämpfte sie damit, daß ich eine Straße asphaltierte.

Wirklich feindselig und leer war die Art, wie die Menschen dahinlebten: Worte und Ausdrücke von regelrechter Schlampigkeit, sie entstellten die Sprachreste einer undurchdringlichen, weit zurückliegenden Zeit. Lebhaft und lässig zugleich verließen die Männer zu jeder Tageszeit ihre ärmlichen Häuser, etwa um zum Barbier zu gehen. Es schien, als nähmen sie den Tag gar nicht ernst. Sie verbrachten ihre Zeit auf der Straße, oder sie saßen an den Türen, um zu schwatzen, und sprachen den gleichen Dialekt, den im Innern, fern in den Bergen, die Viehhüter und Köhler sprachen. Vielleicht arbeiteten sie nachts oder verborgen in den erstickend heißen Häusern, die sie eifersüchtig bewachten; aber im Licht der

Sonne schienen sie, vom Morgen bis zum Abend, nur gelangweilte Gäste zu sein, vollkommen frei. Und keiner wünschte seine Frau auf der Straße zu sehen. Es kamen nur die alten Frauen heraus, es kamen die Kinder heraus, doch die jungen, blühenden Frauen, die kamen nicht heraus.

Sicher wirkte das Dorf darum so unfreundlich. Die Männer schienen sich hier nur wie zufällig aufzuhalten. Sie waren gar nicht eigentlich mit ihren Äckern und Gassen verbunden. Sie besaßen sie nicht. Sie lebten hier wie entwurzelt, und ihre ständige Lebhaftigkeit verriet eine tierhafte Unruhe.

Doch in der Abenddämmerung wirkte unter dem Himmel auch das Dorf versöhnlicher. Vom Meer kam eine leichte Brise, auf den Gassen wälzten sich die Kinder, die alten Weiber kreischten. Aus den Türen kam der Dunst der in Öl gebackenen Speisen, und ich setzte mich oft vor eine Osteria, dem verlassenen Bahnhof gegenüber. Ich sah die Ziegen vorbeiziehen, die dem Dorf die Milch gaben, nickte in dem Halbdunkel ein und schmeckte die Einsamkeit. Bittere Rührung überkam mich wenn ich daran dachte, daß hinter mir, jenseits der Berge, die große Welt weiterlebte, und daß ich sie eines Tages wieder durchschreiten würde. Dort war jemand, der auf mich wartete, und diese Gewißheit gab mir von allem eine heimliche Distanz und für jede Langeweile eine Geduld, die etwas Traumartiges hatte. Ich zündete mir eine Zigarette an.

Sofort war Ciccio da. »Cavaliere, gebt Ihr mir eine?«

Und er rieb sich erwartungsvoll die Hände. »Ich rauche genauso gern.«

»Danke untertänigst.«

Ciccio war klein und ganz braungebrannt; er hatte ein graues Bärtchen und verschmitzte Augen. Er hatte einen verschossenen Mantel um sich herum drapiert, die Füße waren in Stoffetzen gewickelt, die er mit Riemchen befestigt hatte. Waren die Almosen in Wein umgesetzt, hielt er sich verborgen, um kein häßliches Schauspiel abzugeben. Er kam aus einem Dorf im Innern, und seine Geschichte war bekannt. Die Leute hatten sie mir erzählt, voller Stolz, wie sie alles erzählten, was sie anging.

Ciccio war nicht ganz normal, ab und zu packte ihn ein Wahn, und er ging unterwegs auf Gespenster los, die er in der Luft erblickte. Das war von ihm übriggeblieben, als seine Frau mit einem Mann verschwunden war. Und Ciccio ließ alles fahren, Arbeit, Haus und Würde, und trieb sich ein Jahr an der Küste herum, ohne daß ihm bewußt wurde, wen er suchte. Dann steckten sie ihn ins Hospital, aber das wollte er nicht, er kehrte in seine Heimat zurück und wurde der wahre Ciccio, der symbolische Bettler, der einen Zigarettenstummel oder ein großes Glas Wein einem ordentlichen Teller Suppe vorzog.

Wenn die Männer in der Osteria Karten spielten, jagten sie ihn, weil er sie störte, fort. Aber wenn sie sich langweilten, oder wenn ein Fremder durchreiste, war Ciccio Gold wert. Er war eine überzeugende Demonstration der lokalen Leidenschaftlichkeit.

In den ersten Zeiten seines Bettlerlebens war er bald hier, bald da an der Küste etliche Male eingelocht worden, und davon hatte er eine so große Angst vor dem Eingesperrtwerden behalten, daß er sogar im Winter unter den Brücken schlief. »Was würde es sonst bedeuten: zu leiden?« erklärte er mir einmal ganz plötzlich mit mühsamer Stimme. An diesen Satz dachte ich oft. Lebten vielleicht noch Selbstvorwürfe in ihm, die seinem Dasein jetzt einen Sinn gaben? Ciccio war etwas verrückt, aber durchaus nicht immer blöde. Ein niederschmetterndes Erlebnis wie das seine, ein Leid, so stark, daß es ihm den Sinn verwirrte, konnte sehr wohl eine eigene, wirkliche oder eingebildete Schuld ans Licht gehoben und ihm das Recht zu Klagen genommen haben. Doch so, selbst des Trostes beraubt, auszurufen: wie unrecht hat man mir getan! – wäre Ciccio doch zu unglücklich gewesen. Damals nahm ich lieber an, er spreche nur eben sinnloses Zeug, wie er es übrigens beim Betteln schon reichlich tat.

Auf bestimmte flegelhaft-taktlose Fragen nach seinem Unglück antwortete Ciccio mit so wirren Reden, daß er damit das Gespräch in andere Bahnen lenkte. Als das blonde Mädchen aus der Stadt ankam, das man heimlich herholte und zum gemeinschaftlichen Vergnügen für zwei Tage in der Metzgerei unterbrachte, sagte der Metzger zu Ciccio: »Siehst du, Ciccio, du hättest deine Frau umbringen sollen. Jetzt macht sie die Hure wie diese hier.« Aber Ciccio sagte mit einem verschmitzten Ausdruck: »Wenn die Frau Sünde tut, gehört ihr der Spaß und dem Mann die Sünde. Soweit wir uns noch daran vergnügen können ...«

III

Nachts saß ich, bis ich müde wurde, am Strand und hörte im Dunkeln dem gleichmäßigen Rauschen des Meeres zu. Manchmal blieb ich im Albergo, sah den Arbeitsplan durch oder las noch einmal meine Zeitungen und gab mich beim Rauchen Phantasien über meine Versetzung hin, die bald kommen mußte.

Eines Abends – ich ging unruhig vom Strand ins Dorf zurück – rief mich jemand. Ich drehe mich um und erkenne den Arbeiter aus Turin; er sitzt auf einem Mäuerchen. Ich wunderte mich, denn ich wußte, daß die Vorschrift ihm verbot, zu dieser Zeit außer Hause zu sein.

»Wie geht es, Otino?«

Er gab mir eine Zigarette, und wir gingen auf der Straße, die von Olivengärten gesäumt ist, hin und her. Unter dem kühlen Himmel roch es herb nach septemberlichem Land. Der Verbannte sprach kein Wort. Wir gingen etwa fünfzig Meter, dann kehrten wir um, immer hin und her vor den alten Häusern, in deren einem er wohnte.

»Das ist eine praktische Art, zugleich zu Hause zu sein und Luft zu schöpfen«, sagte ich schließlich.

Der Mann schwieg; soweit ich sah, mit zusammengepreßten Lippen. Und im Gehen starrte er vor sich auf den Boden.

»Haben Sie noch viel abzubüßen?«

Auch diesmal beachtete er mich nicht, aber er sagte irgendwie mühsam, als schnüre ihm etwas die Kehle zu, und ohne mich dabei anzusehen:

»Ich schlage jemandem den Schädel ein.«

Ich blieb stehen und packte ihn am Arm: »Was zum Teufel geht hier vor?«

Er machte sich los, blieb ebenfalls stehen und brummte unfreundlich: »Ihnen brauche ich das nicht zu sagen – die Frauen sind Luder. Ich bin hier und mach den Mönch, und die dort läßt sich schaukeln.«

»Die mit der Postkarte? Wenn sie Ihnen doch schreibt!«

Der Mechaniker sah mich haßerfüllt an. »Sie war meine Frau.«

Ich sah ihn erschreckt an.

»Als ich im Kittchen saß, kam sie mich jeden Tag besuchen und weinte und wollte mitkommen. Aber wovon sollte sie hier leben? Hier gibt es keine Fabriken. Später habe ich sie verstanden und habe ihr geschrieben, sie solle kommen. Sie hat mir nicht mehr geantwortet. In diesem Augenblick ist sie mit irgendeinem im Bett.«

»Aber seid ihr nicht...«

»Wir lebten zusammen.« Er räusperte sich, und ich sah zu Boden.

»Nun ja«, sagte ich dann verlegen.

Wir hatten uns an das Mäuerchen gelehnt, auf dem er zuvor gesessen hatte. Die dunklen Umrisse der Ölbäume standen wie eine Mauer um uns her. Mein Gefährte holte so schwer Atem, als hätte er gebrochene Rippen. Dann fuhr er los: »Gehen wir!« So nahmen wir mit raschen Schritten unseren Weg wieder auf.

»Aber daß sie Ihnen nicht schreibt«, sagte ich nach einer Weile, »bedeutet noch nicht...«

»Ach was!« unterbrach er mich. »Die nicht! Die ist keine Frau, auf die man sich verlassen kann. Auch als ich mit ihr zusammen war, mußte ich jeden Tag neu anfangen. Nie wußte man, was sie im Sinn hatte. Nicht daß sie mich kommandierte – aber sie war hart, hart. Ruhig war ich nur, wenn ich sie zum Weinen gebracht hatte. Zwei Jahre habe ich sie festgehalten. Damals hat sie es mir recht gemacht.« Das kam heraus, als würde er gefoltert. Er sprach zögernd, aber er konnte auch nicht an sich halten. Die angespannten Backenmuskeln machten sein Gesicht noch magerer.

»Warum schreiben Sie ihr nicht, Otino? Die Mädchen in Turin sind liebenswürdig. Sie wird gewiß antworten.«

»Die nicht. Vor einem halben Jahr habe ich ihr geschrieben, sie solle kommen, sofort, drei Briefe habe ich ihr geschrieben. Die Antwort haben Sie gesehen.«

In seiner möblierten Höhle sprach er weiter. Er erklärte mir, er sei verbannt worden, weil er auf einen Soldaten, der dieser Frau den Hof gemacht hatte, mit Fäusten losgegangen war und ihm den Kopf übel zugerichtet habe. Fünf Jahre hatte er dafür gekriegt und das erste noch nicht hinter sich gebracht. Jetzt wollte er sich den Schädel an der Wand einrennen.

»Warum machen Sie kein Gnadengesuch?« fragte ich vorsichtig.

»Das Gesuch? Das werde ich machen«, sagte er und starrte wütend auf die Kerze. »Das werde ich machen. Ich muß... Und wenn ich zwanzig Jahre dafür kriege...«, fügte er trocken hinzu. »Sobald ich zurück bin!«

Ich betrachtete ihn mit Unbehagen. Dort stand ein wurmstichiger Tisch mit einem Haufen zusammengeknüllter Zeitungen, ein schmutziger Teller und die brennende Kerze, die in eine Flasche gesteckt war. Ihre Flamme erstickte fast in diesem Dunst aus Schweiß, Rauch und Bettgeruch.

Er ging auf und ab. Von meinem Schemel aus beobachtete ich ihn. Ich kannte diese mürrischen, schweigsamen Burschen, wie er einer war. Ich wußte nicht, was ich ihm noch sagen sollte.

Schließlich wagte ich die Frage: »Und Sie können nicht ohne dieses Mädchen zurechtkommen?«

»Ich komme ohne sie zurecht!« schrie er. »Ich komme schon ein Jahr ohne sie zurecht.« Und er lehnte sich an die Wand. »Ich werde auch weiter ohne sie zurechtkommen. Aber daß sie ohne mich zurechtkommt – das will ich nicht.«

»Jetzt wissen Sie es«, fuhr er trocken fort. »Hören Sie, ich spreche als Freund zu Ihnen, auch wenn wir das noch nicht sind. Wenn Sie ein Mädchen haben, machen Sie ihr ein Kind. Es ist die einzige Art, sie zu halten.«

»Dazu braucht es Ruhe.«

IV

In der Langeweile der Tage im Dorf begleitete mich der Gedanke an den Verbannten, der friedlos, immer allein, mit starrem Blick in seinem Zimmer auf und ab oder am Strand entlang ging. Es war wie ein Albdruck. Er ließ sich kaum sehen, weil er durch mich an seinen Schmerz erinnert wurde, aber es genügte ein Gruß von weitem oder daß ich seinen Namen nennen hörte, und ich spürte in mir eine ungewohnte Erschütterung: ich wußte, ich war in diesem verlassenen Lande nicht allein, jemand litt hier, wie auch ich hätte leiden können. Die Qual, fast waren es Gewissensbisse, die mir die Erbitterung des Verbannten bereitete, nahm mir das letzte Interesse, das ich für das Leben dort aufbringen konnte. Ich sehnte mich nun danach, von hier, wie von einer öden Insel, fortzukommen. Und doch – je näher der erhoffte Tag des Abschieds heranrückte, um so mehr überließ ich mich mit einem bitteren Vergnügen der trostlosen Atmosphäre dieses Ortes.

Unter meinen Straßenarbeitern hatte ich einige, die die Welt gesehen hatten, ohne dort ihr Glück zu machen, oder das Glück war ihnen zerronnen. Am frühen Morgen hockten die Leute jämmerlich auf der Schwelle der Baracke, die wir oben an der schon fertigen Brücke über der Flußmündung aufgestellt hatten. Ich rauchte mit ihnen in der kalten Luft, vor dem niederen Meereshorizont, und jeder Zug an der Zigarette fühlte sich im Mund feucht an.

Die Arbeiter unterhielten sich.

»In Niù Orleàn lag ich am Morgen mit der Frau im Bett. Die Arbeitszeit war kurz, und das Leben war leicht. Verflucht die Zeit im Jahr, als ich an den Fluß zurückging.«

»Glück ist Glück. Wenn du erst anfängst zu arbeiten, bist du geliefert.«

»Danach muß man Vincenzo Catalano fragen: er hat Schiffskiele abgekratzt und mit den Negern auf der Erde geschlafen.«

»Man darf nicht blöde sein. Die Bauern, die schinden jeden.«

»Nur draußen in der Welt geht es einem gut.«

»Man braucht nur nach Oberitalien zu gehen.«

»Man darf nur nicht blöde sein.«

»Dort war am Ufer des Meeres eine Palmenallee, ich bin einmal vom Morgen bis zum Abend da entlanggegangen und habe noch kein Ende gesehen. Nachts war ich immer noch in der Stadt. Und dort in dem Café traf ich...«

Die Brücke war fertig, ich brauchte die Leute nur noch zu überwachen. Meine ganze Arbeit bestand darin, daß ich die drei, vier Männer beobachtete, die unter dem Kessel Feuer machten und Karten spielten. Nahe am Kessel war eine angesengte Agave. Der Dunst des frischen Asphalts vermischte sich mit dem Salzgeruch des Strandes, und dieser aufsteigende Dunst verschleierte eine bleiche Sonne, die den Augen weh tat.

Dann ging ich, Schritt um Schritt, vom Meere fort und die kahle Straße hinauf, wobei ich die Augen halb schloß, um jene fremden Berge nicht deutlich sehen zu müssen.

Unten auf der Straße begegnete ich manchmal Bauern auf ihrem Esel. Das Tier, kleiner als der Padrone, schaute, wenn es geduldig an mir vorübertrottete, nicht zu mir hin, während der Bauer die Mütze zog. Er kam ein Stück weiter unten von der Küste, aus einem hundert Jahre alten, zerfallenen Haus oder aus einer Hütte, und musterte mich schweigsam aus großen, dunklen Augen. Für manchen dieser Bauern war das Meer nichts als eine ungewisse blaue Wolke. Bisweilen kam eine braungekleidete, sonnenverbrannte, runzelige Bäuerin vorüber, von kleinem Wuchs, barfuß, einen Korb auf dem Kopf, oder sie zog ein Ferkel hinter sich her, das auf den drei Beinen humpelte, die der Strick ihm frei ließ. Sie gönnte mir keinen Blick: die Augen waren unbeweglich auf die Straße gerichtet, die vor ihr lag.

Solche Begegnungen machten mich nicht satt. Das waren fremde Menschen, die auf ihrer Erde ihr Leben lebten.

Ich kehrte zu den Baracken zurück, und die Straßenarbeiter saßen da und warteten auf mich, weil irgendeine Schwierigkeit aufgetaucht war, die zu lösen nicht ihre Aufgabe war. So wurde es Mittag, dann Abend, dann kam der nächste Tag; und mit dem Oktober begann die Sintflut.

Die Straße weiter zu asphaltieren, war unmöglich. Es regnete in Strömen. Ich schrieb an die Firma, sie solle mein Gehalt und ihr Geld hier sparen, und verkroch mich ganze Tage in die Osteria.

Einmal nahm mich der Metzger beiseite. »Ingenieur, gebt zehn Lire dazu, und Ihr seid Teilhaber. Sonntag schreibe ich. Die Ware kommt Mittwoch, und bis Freitag könnt Ihr jederzeit, sobald Ihr Lust darauf habt, dreimal klopfen, und es erwartet Euch die Liebe.«

Die kleine Blonde stieg eines Abends bei Wind und Regen aus dem Zug, der Metzger schützte sie mit einem Schirm, ein anderer nahm ihr Köfferchen, und sie verschwanden in der dunklen Gasse hinter der Kirche.

Das ganze Dorf wußte es, doch in der Osteria war immer nur unter den zuverlässigen Gästen davon die Rede; der Metzger prahlte, man werde auf diese Art für Concetta noch manchen weiteren Kunden finden. Sie fütterten sie mit Fleisch und Oliven, aber sie hielten sie eingesperrt. Der eine ging, der andere kam. Ich war am zweiten Abend dort. In dem dunklen Laden erkannte ich undeutlich zwei ausgeweidete Ziegenlämmer, die an Haken über einem Trog hingen. Der Metzger kam mir entgegen, öffnete mir eine andere, wurmstichige Tür und ließ mich mit einem Händedruck eintreten.

V

Von Concetta wurde in der Osteria oft gesprochen. Der eine sagte, sie sei fade, ein anderer schlug vor, sie recht bald wieder her zu holen. »Jedenfalls steht fest, daß sich diese Mädchen in der Stadt zu sehr abrackern. Das nächste Mal muß sie ausgeruhter herkommen.« Eindruck gemacht hatte vor allem der Kontrast zwischen der dunklen, wohlgepolsterten Haut und dem fremdartig zarten, blonden Haar.

»Das kommt von einer Kreuzung«, erklärte der Barbier. »Sie ist im Waisenhaus aufgewachsen. Das sind die Besten. Damals in Algier war ich bei einem arabischen Mädchen, die war weiß wie Milch und rothaarig. Sie sagte, sie sei die Tochter eines Matrosen.«

Ich fluchte innerlich; mich sollten sie nicht mehr fangen. Und auch diese Gespräche hinterher gefielen mir wenig. Es ist peinlich, Männer aus einem anderen Landstrich von Frauen reden zu hören. So lenkte ich ab: »Hat einer von euch den verbannten Mechaniker gesehen?«

»Leise!« flüsterte ein kräftiger junger Bursche, wobei sich sein Gesicht unseren Köpfen näherte. »Ganz leise! Gestern ist einer von der Polizei gekommen, ihn zu verhören. Es handelt sich um einen Mord.«

»So ein Pack!«

»Wen haben sie denn umgebracht?«

»Aber nein. Ihn haben sie nicht festgenommen. Sie wollten nichts als eine Aussage. Das Verbrechen ist in Oberitalien geschehen.«

»Was wißt ihr von der Sache?«

»Ich habe ihn erst gestern abend am Strand gesehen. Er rannte wie ein Verrückter. Er trug keine Mütze, und es regnete.«

Ich eilte, ihn aufzusuchen. Zu Hause war er nicht. Ich fragte die Nachbarn nach ihm. Er war, wie immer, bei Tagesanbruch fortgegangen. Ich kehrte um, suchte am Strand und fand dort, unter einem kieloben liegenden Boot, Ciccio: er umwickelte sich die Füße.

Ciccio hatte ihn gesehen. »Ich zeige ihn Euch. Aber es ist weit.«

Wir gingen durch das Dorf. Die Menschen waren neugierig geworden. Wir stiegen bergauf; das Meer war hinter uns. Um Mitternacht kamen wir an einen Bogengang, der die niedriger liegenden Dächer überragte. Zu Füßen einer Säule saß Otino; er starrte vor sich hin.

Er hob das Gesicht, verärgert und mit einem schmerzlichen Ausdruck. Er winkte mir einen Gruß zu.

»Was ist geschehen, Otino?«

»Was geschehen mußte.«

Ciccio hatte sich an eine andere Säule gesetzt. Von dorther machte er mir Zeichen, daß er etwas zu rauchen haben wolle. Ich hätte ihn am liebsten zur Hölle geschickt.

»Ich habe erfahren, einer von der Polizei ...«

»Hier erfährt man alles«, sagte Otino mit finsterem Gesicht. Dann sah er umher und musterte Ciccio.

»Der hört nicht zu, er ist nicht ganz normal«, sagte ich. »Wenn Sie mir etwas erzählen wollen, können Sie es tun.«

»Ist es der, dem die Frau davongelaufen ist? Der muß gründlich abgewirtschaftet haben, daß er in einem solchen Zustand ist!«

»Otino, seit einer halben Stunde suche ich Sie: man hat mir gesagt, Sie fühlten sich nicht wohl.«

»Ich?« fuhr er los. »Ich mich nicht wohl fühlen? Ach was! Ich kann nur eins nicht schlucken«, und seine farblosen Lippen brachten jedes Wort einzeln heraus, »und zwar, daß ich es jetzt nicht mehr tun kann.«

»Was?« stammelte ich.

»Aber so lassen Sie das doch!« schrie er mir ins Gesicht. »Hier weiß man ja doch alles. Wozu stellen Sie sich dumm?«

»Otino, wenn ich es Ihnen sage, können Sie es mir glauben. Ich habe erfahren, daß einer von der Polizei mit Ihnen gesprochen hat, aber was er gesagt hat oder was für Auskünfte er hat haben wollen, davon habe ich keine Ahnung.«

»Geben Sie mir was zu rauchen«, sagte er barsch. Ich hielt ihm das Päckchen hin; dann sah ich zu Ciccio hinüber und warf ihm seine Zigarette zu. Er fing sie im Fluge auf.

»Also hören Sie. Meine Frau«, und er versuchte ein Lächeln, »meine Frau ist umgebracht worden von einem Arbeitskameraden, mit dem sie seit einem halben Jahr zusammenlebte; aber ein Verhältnis hat sie seit zwei Jahren mit ihm gehabt. ›Der Unterzeichnete wird befragt, warum er die Ermordete häufig aufgesucht hat‹ – aufgesucht! –, ›und ob er zu wichtigen früheren Vorkommnissen ein aufklärendes Wort sagen könnte.‹ Und wissen Sie das Allerschönste?« sagte er darauf und packte mich am Arm. »Er hat sieben Schüsse auf sie abgegeben, alle ins Gesicht.«

Zu lachen versuchte er jetzt nicht mehr. Er sprach hart und lebhaft und wiederholte die Worte, als fühle er sich dazu verpflichtet, ohne daß seine Stimme schwankte. Als er zu Ende war, wiegte er den Kopf hin und her und starrte dabei auf die Zigarette, die er noch unangezündet zwischen den Fingern hielt. Dann packte es ihn. Er preßte die Zigarette in der Faust zusammen und schleuderte sie fort, mit einem Aufbrüllen, als werfe er auch die Hand weg.

Ich spürte den Ruck an meinem Arm, den er noch immer fest

umklammert hielt. Als ich mich von ihm freimachte, sagte ich leise: »Entschuldigen Sie, Otino.«

»Eins kann ich nicht schlucken, daß ich es jetzt nicht mehr tun kann«, stöhnte er wieder. »Seit zwei Jahren!« Und er umfaßte mit beiden Händen den Kopf. »Seit zwei Jahren!«

Ich verließ den Bogengang, der sich zum Meer hin öffnete, erstarrt und niedergeschlagen. Die beiden, die dort zurückblieben, taugten nicht eben dazu, einander Gesellschaft zu leisten. Und doch sah ich sie Tage danach zusammen auf der Piazza: sie saßen auf dem langen Baumstamm. Sie sprachen kein Wort, aber sie waren immerhin beisammen.

Ich verbrachte die letzten Tage damit, daß ich, sogar im Regen, umherirrte. Das Meer zu betrachten, vermied ich: es war schmutzig, aufgewühlt, furchterregend. Dorf und offenes Land schienen mir kleiner geworden. Mit wenigen Schritten war ich überall am Ziel und kehrte dann unbefriedigt um. Ich konnte nicht mehr. Jede Farbe war ertrunken, und in dem schlechten Wetter waren die Berge verschwunden. Jetzt fehlte dem Dorf auch der Hintergrund, der meinen Spaziergängen in der Vergangenheit einen Horizont gegeben hatte.

Vom Fenster des Albergo aus blieb im Regen nur der kahle Hügel mit den schmutzigweißen starken Mauern auf dem Gipfel sichtbar: das alte Dorf. Mit diesem Bild vor Augen, fuhr ich eines Morgens, als wie üblich das Licht zu verlöschen drohte, von dort ab, meinem Schicksal entgegen.

Der böse Blick

Eines Tages hörte ich die Kassiererin sagen: »Er sieht aus wie ein Kranker – wie eklig er ist!« Ich drehte mich erstaunt um – sie sprachen tatsächlich von meinem Arbeitskollegen, der mit einem Arm voll Büchern langsam die Treppe heraufkam. Gerade als ich mich umdrehte, tauchte über dem Fußboden sein kahler Kopf auf, dann kamen die krummen Schultern, der lange graue Kittel – und Berto trat heran, um den Stoß Bücher, den er gegen die Brust gedrückt hielt, auf den Tisch zu legen. Sein ängstlich gespanntes Gesicht, das wie erstarrt wirkte, hatte den Ausdruck eines Menschen, der sich bemüht, nicht zu weinen, und sonderbarerweise erschienen seine Augen unter den Lidern eingesunken, schimmernd wie Wasser in einem Brunnen.

»Und doch ist er nicht verheiratet« flüsterte der erste Gehilfe der Kassiererin zu, die den Mund noch immer zu einer Grimasse des Abscheus verzogen hatte. Ich hörte ihnen zu; sie sah mich an und machte mir ein Zeichen. Ich näherte meinen Kopf ihren gesenkten Köpfen und mußte an bestimmte Abende denken, wenn man aus dem Geschäft in eine milde Frühlingswärme hinaustritt. Nie war ich dieser Frau, die für mich, den Laufburschen, unerreichbar war, so nahe gewesen. »Gigi hört uns zu«, sagte sie lächelnd. Der erste Gehilfe fragte mich finster: »Macht er im Lager immer so ein Gesicht?«

»Je nun, Signore, irgendein Gesicht muß er wohl machen«, antwortete ich.

»Du bist ein aufgeweckter Junge«, fuhr er fort. »Sagt er dir nicht, was ihm fehlt, jammert er dir nie etwas vor? Es ist einfach nicht erlaubt, daß man die Menschen ohne einen Grund so anschaut.«

»Ich werde mich darüber beschweren«, sagte die Kassiererin.

»Sollte im Geschäft ein Brand ausbrechen, oder sollten sie jemanden entlassen, dann würde ich sagen: er hat den bösen Blick. Aber ich bin nicht abergläubisch«, sagte der andere etwas befangen. »Was meinst du dazu, Gigi?«

»Mich schaudert, wenn er an mir vorübergeht«, flüsterte die Kassiererin. »Ich fürchte, er kommt aus dem Gefängnis.«

»Das Alter dafür hat er: um die vierzig.«

Diesen Verdacht hatte ich nie gehabt. Ich war damals noch sehr jung und wenig darauf aus, die Gesichter anderer Menschen zu studieren, und am allerwenigsten das des schweigsamen Berto. Ich sah ihn sehr selten, denn ich fuhr den ganzen Tag mit dem Rad umher, um bestellte Bücher abzugeben. Die wenigen Stunden, die ich im Lager zubrachte, weil ich dort Pakete auspacken oder für die Gehilfen Bücher heraussuchen mußte, sah ich fast immer nur seinen Rücken: Berto stöberte in den Regalen herum, den Kopf auf die Seite gelegt. Oder er ging mit schnellen Schritten quer durch den Raum, wie ein Schatten, und sah mich an, ohne ein Wort zu sagen. Wenn ich ihm etwas zurief, drehte er sich rasch um und half mir sofort. Ein alter Mann, so erschien er mir; vielleicht impotent. Einmal, als ich vom Regen durchnäßt zurückkam, lächelte er mir flüchtig zu, und dabei verzog er das Gesicht und blinzelte mit seinen merkwürdig fernen Augen.

Wie die Kassiererin gesagt hatte: er sah wirklich aus wie ein Kranker. Aber wie die Fotografie eines Kranken, mit seinem unbeweglichen Gesicht, seinem Ausdruck, der ihm unauslöschlich aufgeprägt war. In dem müden Schimmer der schwachen elektrischen Birnen war um ihn sogar die ungesunde gelbliche Farbe alter Fotografien. Aber er beklagte sich auch nie über diesen schäbigen Geiz des Padrone, obwohl wir Kopfweh bekamen, wenn wir oben auf den Regalen die Buchtitel lesen mußten; man merkte ihm die Ermüdung höchstens an der stummen Nacktheit seiner Augen an, die immer im Begriff waren, sich mit Tränen zu füllen. Einmal – ich bemühte mich gerade sehr, in einem Winkel ein Buch ausfindig zu machen – brach ich über diese jämmerliche Bude in Verwünschungen aus und zündete ein Streichholz an. Berto eilte herbei und blies es aus. Dann sagte er voll Empörung, das sei zu gefährlich, es könne ein Brand entstehen.

Es war an dem Abend, als ich von dem Widerwillen der Gehilfen erfahren hatte. Ich betrachtete Berto genau und fand ihn abstoßend. Mit einemmal ärgerte mich dieser kahle Kopf, der nach unten gezogene, nur durch Grimassen gehaltene Mund und die verrunzelte, zusammengeschrumpfte Haut, wie durch Fieber des Leibes oder der Seele festgefroren. »Hör mal, hast du Bauchweh?« rief ich laut und richtete mich auf.

Berto wiederholte mir mit seiner leisen Stimme, man dürfe kein Streichholz anzünden; auch er würde im Lager gern rauchen, aber der Padrone habe es klipp und klar verboten, und man könne ihm das nicht verübeln. Ich lachte laut heraus und erklärte ihm, ich hätte wirklich eine Krankheit gemeint: Koliken, eine Magenverstimmung, etwas im Gedärm. »Oder hast du etwa Tripper?« fragte ich zum Schluß.

»Ich hatte ihn, als ich so alt war wie du«, sagte Berto zögernd. »Es ist eine häßliche Krankheit. Aber ich bin vollkommen geheilt.«

»Und was fehlt dir jetzt?«

»Jetzt?« Über dem ihm eigenen gespannten Ausdruck breitete sich ein Staunen aus, das sein Gesicht noch bleicher machte. »Nichts fehlt mir. Warum? Sehe ich schlecht aus?«

Er war ganz gewiß aufrichtig. »Du siehst aus wie ein Toter, genauso. Wirst du zu Hause geschlagen?«

Bertos Erregung legte sich. »Mein Junge«, sagte er, und er sprach ganz langsam, »ich lebe allein. Es ist lange her, daß jemand mich geschlagen hat. Ich habe mich wohl erkältet; ich bin alt, darum sehe ich so schlecht aus.«

Diese ernste, betroffene Art, meine Fragen aufzunehmen, hinderte mich daran, weiterzufragen. Es war, als gehe man auf Sand: man müht sich ab und kommt nicht voran. Doch gelogen hatte er ganz gewiß nicht. Und im übrigen – wenn man ihn eine Weile betrachtete, zeigte sich auf seinem Gesicht nicht eigentlich Krankheit. Es mußte ein beständig stechender Schmerz sein, der ihm den Mund auf diese Art zusammenzog und die Augen so tief in ihre Höhlen zurücksinken ließ. Und dann – wo ist der Kranke, der eine Gelegenheit, sich zu beklagen, nicht begierig ergreift? Bertos Gesicht zeigte eher eine Traurigkeit wie die eines verwöhnten Kindes, das gleich losweinen wird. Sogar ich begann mich in seiner Gegenwart schlecht zu fühlen. Wie kam es, daß ich das bisher nie bemerkt hatte?

Als ich am Tag danach hinaufging, weil ich auf ein Paket wartete, benutzte ich die Gelegenheit – zwei nörgelige Kundinnen verlangten gerade wegen irgendeines Durcheinanders den Padrone zu sprechen – und näherte mich dem ersten Gehilfen, der bleich und äußerst höflich mit den beiden verhandelte.

»Es scheint, Krankheiten hat er nicht«, flüsterte ich ihm zu, ein wenig stolz auf die vertrauliche Mitteilung.

»Was denn? Wer?« fuhr er mich an.

»Berto«, sagte ich eingeschüchtert.

»Zum Teufel mit ihm! Ihr seid schuld daran, wenn die Bestellungen nicht ausgeführt werden. Man braucht euch nur anzusehen, da vergißt man alle Bücher. Was kommt ihr einem hier immer in die Quere?«

Ich brachte mich, so gut ich konnte, in Sicherheit. Die Kassiererin hingegen rief mich um die Mittagszeit freundlich in den Flur und sagte, während sie sich den Hut aufsetzte, ob ich ihr wohl die Bücher nach oben tragen könne. »Du bist am flinksten, Gigi; und dann braucht man im Geschäft Leute, die ordentlich aussehen. Wie kann man den alten schwachsinnigen Kerl da ertragen?« Und sie fügte hinzu, wobei sie sich schüttelte: »Ich sehe ihn selbst nachts im Dunkeln vor mir wie ein Gespenst.« Ich antwortete ihr, ich würde ihr gern behilflich sein, aber wenn ich zu Besorgungen unterwegs sei, müsse schon Berto sie bedienen. Die schöne Luisa ging lächelnd davon.

Nach dem Abend mit dem Streichholz sah ich meinen Kollegen einige Tage kaum. Wir grüßten uns jetzt, wenn wir das Geschäft verließen; oft sogar spürte ich, wie er mich anblickte, und wenn ich seinen Augen begegnete, sah ich in ihnen ein mühsames Lächeln. Dieser Ausdruck beunruhigte mich und verursachte mir ein fast körperliches Unbehagen. Immer steckte in ihnen diese erbärmliche Angst, diese grausame Einsamkeit. Was für Farben nahm wohl die Welt an, durch diese Augen betrachtet?

Eines Abends verließen wir das Geschäft gemeinsam; es war schon dunkel, und ich, erregt von einer frischen Brise, die nach Schnee roch, forderte Berto auf, wir wollten uns in eine Osteria setzen und ein Glas Wein trinken. Ich erinnere mich, daß Berto, als wir um die Ecke bogen, den Blick zu dem hohen Gebäude des E-Werks hob, das nachts mit seinen unzähligen erleuchteten Fenstern den Himmel erhellt, und daß er stehenblieb und sagte: »Wie viele Menschen arbeiten dort! Das geht sicher noch die ganze Nacht so weiter.«

»Und du, was machst du am späten Abend?«

»Ich gehe zu Bett und lese. Das ist das einzige Vergnügen, das ich kenne.«

Ich wußte schon, was er las. Fast jeden Abend, das hatte ich schon vor Tagen bemerkt, steckte er sich beim Fortgehen in die innere Tasche des Überrocks einige Bücher, die er am Morgen danach heimlich und sorgfältig wieder hinstellte. Manchmal war es ein Lehrbuch der Geschichte, öfter ein Roman. Übrigens vermutete ich, daß die Kassiererin das gleiche tat.

In der Osteria trank ich ein Viertel, und Berto nahm einen Kaffee. Der Wein erhitzte mir ein wenig das Blut, und ich vergaß das Unbehagen, das seine Gegenwart mir sonst bereitete. Ich entwikkelte ihm sogar meine Pläne: ich wollte erster Gehilfe werden und, inzwischen, während ich darauf wartete, die Kassiererin mit auf den Hügel nehmen.

Berto hörte mit der üblichen Leidensmiene zu. »Du bist jung«, sagte er dann, »du hast noch viel Zeit; du kannst sogar Geschäftsinhaber werden. Aber laß die Kassiererin beiseite: es mag noch so gut gehen – eine Frau kann dir nichts geben als Kinder. Du hast noch viel Zeit vor dir. Denke jetzt daran, Geld zu verdienen.«

»Und was haben dir die Frauen gegeben?« fragte ich.

»Nichts«, sagte Berto ernsthaft und kniff die Augen zusammen, als wollte er lächeln. »Nichts«, wiederholte er dann. »Und dir, Gigi, wird es genauso gehen. Vielen tun sie Schlimmes an. Denke daran, daß zu jedem Mann nur eine einzige Frau paßt, und nicht immer kann man sie finden.«

»Nur eine einzige?« fragte ich besorgt.

»Aber wir sind ungerecht«, fuhr Berto fort. »Für die Frauen ist es genauso wie für uns. Was geben wir denn den Frauen? Viele mißhandeln sie.«

»Ich nicht«, sagte ich.

Kurz – für diesen Abend hüllte sich mir die Gestalt Bertos in einen Nebel, und als ich ihn verließ, gab ich ihm sogar die Hand. Doch schon in der Nacht, im Halbschlaf, verspürte ich eine unbestimmte Furcht: wie war es möglich, daß ich diese toten Augen so weit in mich hatte hineinblicken lassen! Als ich gegen Morgen aus dem Schlaf auffuhr, erinnerte ich mich an ein Geschehnis: ich hatte seine ängstliche Grimasse schon früher einmal, in einem Schaufenster gespiegelt, gesehen; ich war damals noch ein Junge, mein Vater jagte mich gerade unter Gebrüll und Fußtritten aus dem Hause, und da streiften eben diese gespiegelten Augen meinen Blick. Dann hatte ich Arbeit gefunden, war wieder aufgenommen worden, aber ein Abenteuer wie dieses bleibt im Gedächtnis, ich zittere in der Erinnerung daran noch heute. Die Gedanken, die ich mir damals gemacht hatte – und unter ihnen war der heiterste der gewesen, mich in den Fluß zu stürzen –, kamen mir wieder in den Sinn. Jetzt hatte Berto genau das Gesicht eines Menschen, der sich da hineingestürzt hat. Und der noch darüber weint. Immerzu, vom Morgen bis zum Abend.

Am Tage danach mußte neu eingegangene Ware ins Geschäft hinaufgetragen werden, wir beide gingen hin und her mit Armen voller Bücher. Der erste Gehilfe, der uns überwachte, steigerte sich den ganzen Morgen hindurch in eine immer größere Nervosität hinein, und vor allem an Berto hatte er ständig etwas auszusetzen. Ich machte, daß ich davonkam, und merkte, daß, schon als Berto, der Ärmste, das erstemal erschien, ein neben der Kasse stehender Gehilfe demonstrativ seine Hosentasche herauskramte und zu der schönen Luisa etwas sagte. Diese lächelte leicht und warf dann einen gereizten Blick auf Berto, der unter seiner Last schwankte. Alle Augenblicke steckte der Padrone den Kopf aus seinem Büro und verschwand dann wieder befriedigt.

Gegen Mittag konnten wir etwas aufatmen, und der erste Gehilfe rief mich, um mir Besorgungen aufzutragen.

Ich sagte möglichst unbefangen: »Hören Sie, Berto ist ein guter Kerl. Wahrscheinlich hat seine Frau ihn im Stich gelassen.« Der andere sah mich starr an. »Mag ihn im Stich gelassen haben, wer da will – jedenfalls behandelt er die Bücher miserabel.«

»Aber er liest sie doch, ohne sie aufzuschneiden, und er macht nie einen Kniff hinein«, sagte ich.

»Wann liest er sie?«

Ich biß mir auf die Zunge. »Ich weiß es nicht... im Lager, in einem freien Moment. Da werfe auch ich einen Blick hinein.«

»Aha! Lesen etwa wir Gehilfen beim Verkauf? Darum also kommt ihr nie nach oben, wenn ich euch rufe! Das soll das letztemal sein.«

»Aber nein, Signore, ich habe mich falsch ausgedrückt. Berto verliert keine Zeit. Und ich werde in acht Wochen kaum drei Seiten überflogen haben. Er hat mir nur gesagt, daß er gern liest.«

»Aber er kauft die Bücher nicht«, beschloß er diese Unterredung finster.

Jenen ganzen Nachmittag verbrachte ich in der Stadt, um Bücher abzugeben. Ich schwang mich aufs Rad, und los ging es. Es war eine für die Zukunft völlig aussichtslose Arbeit, wie sie auch der Laufbursche vom Metzger tat, und manchmal war sie demütigend; aber heute würde ich die halsbrecherischen Fahrten auf den verschiedensten Wegen gern wiederholen, immer war ich vergnügt und trug keine Verantwortung. Manchmal kam ich auf weit entfernte, ruhige Straßen, wo ich nie gewesen war, und flog geradezu über den Asphalt; mir schien, das sei überhaupt keine Arbeit mehr. Dann fuhr ich sorglos zurück, im Schritt, ich schlängelte mich so durch, betrachtete die Mädchen und rauchte meine Zigarette zu Ende. Auch dafür wurde ich bezahlt.

Am Abend, als es schon dämmerte, kam ich zurück. Nur ein paar Sonnenstrahlen waren auf die gefrorenen Pfützen der Straßen gefallen; ich spürte meine Finger an der Lenkstange kaum mehr, so klamm waren sie. Ich betrat das Geschäft, als sie gerade schließen wollten.

Ich traf den ersten Gehilfen – er war ein trockener Bursche; mit beleidigtem Gesicht ging er vor der Kasse hin und her, und die schöne Luisa betrachtete aufmerksam ihre Fingernägel. Aus dem Büro des Chefs hallte eine zornerfüllte Stimme: »Sie wissen doch wohl, daß Sie damit nahezu einen Diebstahl begangen haben?«

Ich wechselte Blicke mit den anderen beiden Gehilfen; diese machten mir Zeichen, daß jemand ›gehen‹ müßte. Ich dachte, sie meinten mich, und die Beine wurden mir schwach. Wieder blickte ich rundum: keiner rührte sich. Da ging ich quer durch den ganzen Saal, hob das Rad vom Ständer und ging ins Lager hinunter. Das Licht war schon ausgelöscht.

Unentschlossen blieb ich im Dunkeln stehen. Auf der letzten Stufe vernahm ich die hysterisch schreiende Stimme: »Nun gehen Sie doch schon! Und hören Sie auf, einen so anzusehen!«

Hochzeitsreise

I

Jetzt habe ich, vom Leben geschlagen und von Gewissensqualen geplagt, begriffen, wie töricht es ist, Phantastereien zuliebe die Wirklichkeit beiseite zu schieben und den Anspruch zu erheben, etwas zu empfangen, wenn man nichts zu geben hat – aber jetzt ist Cilia tot. Ich denke manchmal, daß ich, ergeben in die Mühsal und Bescheidenheit meines gegenwärtigen Lebens, heute mit Freuden in jener Zeit leben würde, wenn sie zurückkehrte. Oder vielleicht ist dies wieder eine meiner Phantasien: ich habe Cilia gequält, als ich jung war und mich noch nichts hätte aufbringen dürfen, und ich würde sie nun quälen aus Bitterkeit und der Übellaunigkeit meines schlechten Gewissens. Zum Beispiel bin ich mir in allen diesen Jahren noch nicht darüber klargeworden, ob ich sie wirklich gern hatte. Jetzt vermisse ich sie natürlich, sie lebt in mir, sobald ich meine Gedanken sammle; es vergeht kein Tag, wo ich nicht immer wieder schmerzlich in den Erinnerungen jener beiden Jahre wühle. Und ich verachte mich darum, daß ich sie habe sterben lassen, wobei ich mehr unter meiner Einsamkeit leide als darunter, daß sie so jung sterben mußte. Aber – und nur das zählt –: habe ich sie damals wirklich gern gehabt? Gewiß nicht so klar und bewußt, wie man es seiner Frau schuldig ist.

In Wirklichkeit schuldete ich ihr nur zuviel, und ich wußte ihr als Entgelt nichts anderes zu geben, als daß ich ihre Beweggründe blindlings verdächtigte. Und es ist immerhin ein Glück, daß ich in dem mir angeborenen Leichtsinn mich in dieses trübe Wasser nicht tiefer hineinzustürzen vermochte, denn ich begnügte mich damals mit einem rein instinktiven Mißtrauen und verweigerte bestimmten, heimlich nagenden Gedanken Gestalt und Gewicht; hätte ich sie bis auf den Grund der Seele sinken lassen, so hätten sie mich gänzlich vergiftet. Wie dem auch sei – ich fragte mich manchmal: ›Warum hat Cilia mich geheiratet?‹ Ich weiß nicht, was mich dazu bewog, mir diese Frage zu stellen, ob das Bewußtsein eines in mir verborgenen Wertes oder das einer tiefen Unzulänglichkeit. Jedenfalls grübelte ich darüber nach.

Daß Cilia mich geheiratet hatte und nicht ich sie, daran war kein Zweifel. Jene Abende der Niedergeschlagenheit, die ich in ihrer Gesellschaft damit zubrachte, ruhelos durch die Straßen zu wandern, wobei ich scheinbar unbefangen ihren Arm drückte und ihr im Spaß vorschlug, wir wollten zusammen in den Fluß springen – ich gab diesen Gedanken nicht viel Gewicht, denn ich war an sie gewöhnt –, jene Abende verwirrten und rührten sie so sehr, daß sie mir von ihrem Angestelltenlohn eine kleine Summe anbot, damit ich mir in Ruhe eine bessere Arbeit suchen könnte. Ich wollte das Geld nicht haben, ich sagte ihr vielmehr, es sei mir genug, wenn ich am Abend mit ihr zusammen wäre, auch ohne daß man irgendwohin ginge. So sind wir da hineingerutscht. Sie fing es folgendermaßen an: erst sagte sie mir sehr sanft, es fehle mir jemand, der zu mir passe und mit dem ich leben könne. Ich bummelte zuviel durch die Straßen, sagte sie; aber eine Frau, die mich liebe, würde mir ein Zuhause schaffen, daß ich, sobald ich heimkäme, wieder vergnügt würde, so müde oder verdrossen mich der Tag auch gemacht habe. Ich versuchte zu antworten, ich könne nicht einmal genügend für mich allein sorgen; aber ich fühlte selbst, daß dies kein Grund dagegen war. »Zu zweit kann man sich helfen«, sagte Cilia, »und man spart. Man braucht einander nur ein bißchen gern zu haben, Giorgio.« Ich war an jenen Abenden müde und bedrückt, Cilia war lieb und verständnisvoll in ihrem hübschen, selbstgeschneiderten Mantel und mit der etwas rissigen Handtasche: warum sollte ich ihr diese Freude nicht machen? Welche Frau war mehr geschaffen für mich als sie? Sie kannte die Arbeit, kannte die Entbehrungen, ihre Eltern waren Arbeiter gewesen, sie war verwaist; sie war willig und zugleich ernsthaft – mehr jedenfalls, als ich.

Ich sagte belustigt, wenn sie mich so nehme, wie ich sei: mürrisch und arbeitslos, würde ich sie heiraten. Ich war zufrieden; die Wärme der guten Tat und der Mut, den ich an mir entdeckte, richteten mich auf. Ich sagte zu Cilia: »Ich werde dir das Französische beibringen.« Sie antwortete mir mit einem Lachen in ihren demütigen Augen und klammerte sich an meinen Arm.

II

Zu jener Zeit hielt ich mich für aufrichtig und warnte sie noch vor meiner Armut. Ich wies sie darauf hin, daß ich kaum genug für den Tag verdiente und nicht wußte, was ein richtiger Lohn sei. Die Anstalt, an der ich Französisch unterrichtete, bezahlte mich nach Stunden. Eines Tages sagte ich ihr, wenn sie sich eine Position schaffen wolle, müsse sie sich einen anderen suchen. Cilia zog einen Flunsch und bot mir an, ihre Stellung als Verkäuferin beizubehalten. »Du weißt genau, daß ich das nicht will«, brummte ich. In dieser Lage heirateten wir.

Mein Leben änderte sich nicht spürbar. Schon früher war Cilia an bestimmten Abenden zu mir in mein Zimmer gekommen. Die Liebe war nichts Neues. Wir nahmen zwei mit Möbeln vollgestopfte Zimmer; das Schlafzimmer hatte ein helles Fenster, an das wir den kleinen Tisch mit meinen Büchern schoben.

Cilia allerdings wurde eine andere. Ich hatte im stillen gefürchtet, sie werde, wenn sie einmal verheiratet sei, eine vulgäre Nachlässigkeit hervorkehren, die meiner Vorstellung nach eine Eigenschaft ihrer Mutter gewesen war; statt dessen fand ich sie aufmerksamer und feiner, als ich es war. Immer sauber gekleidet, immer ordentlich; sogar der ärmliche Tisch, den sie in der Küche für mich deckte, war ein Beweis ihrer freundlichen Gesinnung, der Sorgfalt ihrer Hände, ihrer lächelnden Bereitwilligkeit. Und gerade dieses Lächeln hatte sich gewandelt. Es war nicht mehr das halb furchtsame, halb schlaue Lächeln der Verkäuferin, die heimlich zu einem Abenteuer eilt, sondern es schimmerte in ihm, noch zögernd, eine bestimmte Zufriedenheit; dieses Lächeln erschien auf ihrem jugendlich mageren Gesicht friedlich, scheu und ernsthaft zugleich. Bei diesem Zeichen einer Freude, die ich nicht immer teilte, verspürte ich einen leichten Groll. ›Sie hat mich geheiratet und genießt das‹, dachte ich.

Nur morgens beim Aufwachen war mein Herz froh. In der behaglichen Wärme des Betts drehte ich den Kopf nach ihr und rückte näher zu ihr hin; sie lag lang ausgestreckt und schlief oder tat, als schlafe sie, und dann blies ich in ihr Haar. Cilia lachte halb im Schlaf und umarmte mich. Früher hingegen hatte mein einsames Erwachen mich wie erstarrt und auch verzagt gemacht, während ich in die Morgendämmerung hinaussah.

Cilia liebte mich. Sobald sie aufgestanden war, begann für sie ein anderes Leben: in Bewegung sein, alles in Ordnung bringen, Fenster aufsperren, mich heimlich ansehen. Setzte ich mich an den Tisch, so schlich sie vorsichtig umher, um mich nicht zu stören; schickte ich mich an, fortzugehen, so folgte mir ihr Blick bis zur Tür. Kam ich zurück, so sprang sie eifrig auf.

Es gab Tage, an denen ich nicht gern nach Hause zurückkehrte. Es störte mich schon, daran zu denken, daß sie unvermeidlich auf mich warten würde – obwohl sie sogar tun konnte, als liege ihr nichts an meinem Kommen –, es störte mich, daß ich mich neben sie setzen, ihr immer so ungefähr die gleichen Dinge sagen würde oder auch nichts, daß wir uns verlegen anblicken und uns zulächeln würden – und genauso übermorgen und jeden weiteren Tag. Es brauchte nur ein wenig Nebel oder eine grau verhangene Sonne zu sein, und schon neigte ich zu solchen Gedanken. Oder im Gegenteil, es war ein klarer Tag mit heller Luft, oder die Sonne brannte auf die Dächer, oder der Wind brachte einen Duft mit, der mich einhüllte und entzückte – und ich zögerte unterwegs, weil mich die Vorstellung ärgerte, daß ich nicht mehr allein war, nicht mehr bis in die Nacht bummeln und in der Osteria hinten in dem einen Corso irgend etwas essen konnte. Da ich immer allein gewesen war, schien es mir schon viel, meine Frau nicht zu betrügen.

Cilia hatte sich, während sie zu Hause auf mich wartete, angewöhnt, für andere zu flicken, und verdiente sich dadurch etwas Geld. Die Arbeit besorgte ihr eine Hausgenossin von etwa dreißig Jahren, eine gewisse Amalia, die uns einmal zum Essen einlud. Sie lebte allein in der Wohnung unter uns; nach und nach gewöhnte sie sich an, mit der Arbeit zu Cilia heraufzukommen, und sie verbrachten den Nachmittag zusammen. Ihr Gesicht war durch ein schreckliches Brandmal entstellt, sie hatte sich als Kind einen Topf mit kochendheißem Wasser über den Kopf gegossen; ihre traurigen, ängstlichen Augen, voller Begierden, wichen dem Blick anderer aus, als wolle sie damit, daß sie sich so bescheiden gab, ihre entstellten Züge entschuldigen. Sie war ein gutes Mädchen. Ich sagte zu Cilia, sie erscheine mir wie eine ältere Schwester von ihr, und ich scherzte und fragte sie, ob ich, wenn ich sie eines schönen Tages verließe, mit Amalia zusammenleben solle. Cilia sagte, sie würde es mir nachsehen, wenn ich sie mit Amalia betrüge; aber mit einer anderen – wehe mir! Amalia redete mich mit Signore an und wurde in meiner Gegenwart schüchtern, was Cilia und mir Anlaß zu einer tollen Heiterkeit gab und mir ein wenig schmeichelte.

III

Das spärliche Gepäck an Studien, das die Ausübung eines Berufes schlecht und recht ermöglichte und die Wurzel so vieler Verschrobenheiten und schlechter Handlungen war, hätte eine gute Möglichkeit für die Gemeinschaft mit Cilia abgeben können, wäre ich nicht so unbeständig gewesen. Cilia war sehr aufgeweckt und wollte unbedingt alles können, was ich konnte, denn da sie mich gern hatte, empfand sie ihr Gefühl, meiner nicht würdig zu sein, als Schuld und wollte durchaus alles wissen, was ich dachte. Und wer weiß – wäre es mir geglückt, ihr diese armselige Freude zu machen, so hätte ich damals, in der ruhigen Vertrautheit gemeinsamer Beschäftigung, vielleicht begriffen, wie groß ihr Wert war, wie schön und wesentlich unser Leben hätte sein können, und vielleicht würde Cilia noch an meiner Seite leben, mit jenem Lächeln, das ihr in zwei Jahren auf den Lippen gefror.

Ich begann wie immer mit Begeisterung. Cilias Bildung bestand aus wenigen Fortsetzungsromanen, aus den täglichen Zeitungsnachrichten und aus einer harten, frühzeitigen Lebenserfahrung. Was sollte ich sie lehren? Sie hätte indes gern Französisch gelernt und hatte, wer weiß wie, von dieser Sprache schon einiges aufgespürt: wenn sie allein zu Hause saß, suchte sie sich in meinen Wörterbüchern etwas zusammen. Aber ich strebte nach Höherem, ich nahm mir vor, sie müsse die schönsten Bücher lesen und begreifen, von denen ich – mein größter Schatz – einige auf meinem Tisch stehen hatte. Ich konnte es nicht erwarten, ihr Romane und Gedichte zu erklären, und Cilia tat ihr Bestes, mir zu folgen. Zu erkennen, was an einer Erzählung, an einem Gedanken schön und richtig ist, und es mit begeisterten Worten auszudrücken – darin war ich groß. Ich bemühte mich, ihr verständlich zu machen, wie frisch viele Seiten alter Bücher noch heute sind, wie wahr alle die Empfindungen, die gefühlt wurden, als ich und sie noch nicht auf der Welt waren, und wie schön und verschieden das Leben für viele Menschen und viele Zeiten gewesen ist. Cilia hörte mir aufmerksam zu, stellte Fragen und brachte mich oft in Verlegenheit. Manchmal, wenn wir auf der Straße gingen oder schweigend aßen, bat sie mich ganz offen, ich solle ihr bestimmte Zweifel klären; und eines Tages, als ich ihr ohne Überzeugung oder mit Ungeduld – ich weiß es nicht mehr – antwortete, lachte sie laut los.

Ich erinnere mich an mein erstes Geschenk in unserer Ehe: ein

Buch, *La figlia del mare*. Ich gab es ihr vier Wochen nach der Hochzeit, eben als wir mit der Bücherlektüre begannen. Bis dahin hatte ich ihr nie etwas gekauft, weder Geschirr noch Kleidung, dafür waren wir zu arm. Cilia freute sich sehr und schlug das Buch ein, aber gelesen hat sie es nie.

Mit dem wenigen ersparten Geld gingen wir manchmal ins Kino, und daran hatte Cilia richtig Spaß. Es gefiel ihr dort auch darum, weil sie sich eng an mich schmiegen und mich immer wieder um Erklärungen bitten konnte, die ihrem Verständnis angemessen waren. Nie wollte sie, daß Amalia mit uns ins Kino ging, obwohl diese eines Abends darum gebeten hatte. Wir beide hatten uns in einem Kino kennengelernt, erklärte sie mir, und in dieser beglükkenden Dunkelheit mußten wir allein sein.

Die häufige Anwesenheit Amalias bei uns zu Hause und meine wohlverdienten Enttäuschungen bewirkten, daß ich die auf ihre Erziehung ausgerichtete Bücherlektüre rasch vernachlässigte und dann ganz aufgab. Ich begnügte mich damit, wenn ich dazu aufgelegt war, mit den beiden zu spaßen. Amalia verlor ein wenig ihre Unterwürfigkeit, und als ich eines Abends aus der Lehranstalt sehr spät und nervös zurückkehrte, kam es sogar so weit, daß ich in dem schüchternen Blick, den sie auf mich richtete, das Aufblitzen eines argwöhnischen Vorwurfs bemerken konnte. Da stieß mich die schreckliche Narbe in ihrem Gesicht noch mehr ab; ich suchte boshaft die zerstörten Linien darin aufzuspüren; und ich sagte zu Cilia, als wir allein waren, womöglich habe Amalia als kleines Mädchen ihr geähnelt.

»Die Ärmste!« rief Cilia. »Sie gibt alles Geld, das sie verdient, für eine Heilung aus. Sie hofft dann einen Mann zu finden.«

»Aber verstehen denn die Frauen nichts anderes, als sich einen Mann zu suchen?«

»Ich habe ihn gefunden«, sagte Cilia lächelnd.

Ich grinste. »Und wenn es dir ergangen wäre wie Amalia?«

Cilia trat nahe an mich heran. »Würdest du mich dann nicht mehr leiden mögen?« fragte sie stammelnd.

»Nein.«

»Aber was ist denn heute abend mit dir los? Paßt es dir nicht, wenn Amalia zu uns kommt? Sie gibt mir Arbeit und hilft mir.«

Ich hatte an jenem Abend nichts weiter, als daß ich nicht von der Idee loskam, Cilia sei auch nicht anders als Amalia; beide stießen mich ab, und darüber war ich wütend. Ich musterte Cilia mit harten Augen, und ihre beleidigte Zärtlichkeit stimmte mich mitleidig und zornig zugleich. Unterwegs hatte ich einen Ehemann gesehen, dem zwei schmutzige Kinder am Hals hingen, und hinter ihm ging eine kleine verblühte Frau, seine Frau. Ich stellte mir Cilia als alte, häßlich gewordene Frau vor, und das schnürte mir die Kehle zu.

Draußen schienen die Sterne. Cilia betrachtete mich schweigend.

»Ich gehe spazieren«, sagte ich mit einem häßlichen Lächeln. Und ich verließ das Zimmer.

IV

Ich hatte keine Freunde, und manchmal begriff ich, daß Cilia mir alles bedeutete, das ganze Leben. Daran dachte ich, wenn ich die Straßen überquerte, und es schmerzte mich, nicht so viel zu verdienen, daß ich ihr leicht meine ganze Schuld hätte bezahlen können: dann hätte ich mich nicht mehr zu schämen brauchen, wenn ich nach Hause kam. Ich verschwendete nichts von dem, was wir verdienten – ich rauchte nicht einmal; voller Stolz betrachtete ich wenigstens meine Gedanken als etwas, was mir allein gehörte. Aber was sollte ich mit diesen Gedanken anfangen? Ich ging langsam nach Hause, besah die Leute, fragte mich, auf welche Art so viele das Glück erreichten, und sehnte mich nach Veränderungen und sonderbaren Zufällen.

Ich hielt mich im Bahnhof auf und beobachtete den Rauch und den Verkehr. Für mich war Glück immer gleichbedeutend mit dem fernen Abenteuer, der Abreise, dem Schiff auf dem Meer, der Einfahrt in den fremden Hafen mit dem metallischen Klang der Rufe – die ewige Phantasterei. Eines Abends blieb ich erschreckt stehen: ich begriff plötzlich, daß ich mich beeilen müsse, mit Cilia, solange sie jung und verliebt war, eine Reise zu machen; sonst würden mich später eine verblühte Frau und ein schreiendes Kind auf immer daran hindern. ›Wenn wir doch Geld hätten‹, dachte ich wieder einmal. ›Mit Geld kann man alles machen.‹

Das Glück muß man sich verdienen, sagte ich mir, man muß jede Last, die das Leben einem bringt, auf sich nehmen. Ich habe geheiratet, aber ich wünsche kein Kind. Oder war das dumm? Sollte doch mit einem Kind das Glück ins Haus kommen?

Immer in sich gekehrt leben hat etwas Bedrückendes; denn ein an heimliche Gedanken gewöhntes Gehirn wagt es nicht, sich einen Ausweg in richtige Dummheiten zu suchen; wer nur an sie denkt, wird von ihnen gequält. Daß ich mir angewöhnt habe, trüben Gedanken nachzuhängen, hat nur darin seinen Ursprung.

Bisweilen hing ich meinen phantastischen Träumen selbst im Bett nach. In manchen ganz stillen Nächten ohne Wind traf mich plötzlich das ferne, wilde Pfeifen eines Zuges, ließ mich hochfahren, während Cilia neben mir schlief, und rief meine verrückten Vorstellungen wieder wach.

Eines Nachmittags ging ich am Bahnhof vorüber, ohne auch nur stehenzubleiben; da taucht ein bekanntes Gesicht auf und ruft mir einen Gruß zu. Malagigi: seit zehn Jahren hatte ich ihn nicht gesehen. Hand in Hand blieben wir stehen und freuten uns über das Zusammentreffen. Gar nicht mehr schmutzig und boshaft, nicht mehr der Teufel, der Tintenklecksereien machte und auf dem Abort Streiche ausheckte. Ich erkannte ihn an dem Grinsen von früher.

»Malagigi, du lebst noch?«

»Ich lebe, und zwar als Buchhalter.« Die Stimme war nicht mehr die von früher. Es sprach ein Mann.

»Willst du auch verreisen?« fragte er sofort. »Rate, wohin ich gehe.« Dabei nahm er vom Boden einen Lederkoffer auf, der genau zu dem hellen Regenmantel und zur Eleganz seines Schlipses paßte, und hakte sich bei mir ein. »Bring mich an den Zug. Ich reise nach Genua.«

»Ich hab's eilig.«

»Danach geht es nach China.«

»Aber nein!«

»So seid ihr allesamt. ›Nach China geht man doch nicht.‹ Was habt ihr eigentlich gegen China? Statt mir alles Gute zu wünschen! Ich könnte ja auch nicht zurückkommen. Du bist auch nicht anders als manche Frau.«

»Was für einen Beruf übst du denn dort aus?«

»Ich gehe nach China! Komm herein!«

»Nein, ich kann nicht. Ich bin in Eile.«

»Dann komm und trink einen Kaffee. Du bist der letzte, dem ich auf Wiedersehen sage.«

Wir tranken den Kaffee im Bahnhof, an der Theke, und Malagigi erzählte mir unruhig, sprunghaft von seinen Schicksalen. Er war nicht verheiratet. Er hatte ein Kind gehabt, aber das war gestorben. Die Schule hatte er nach mir verlassen, hatte sie aber nicht ganz durchgemacht. Einmal, als er eine Prüfung wiederholen mußte, hatte er an mich gedacht. Seine Schule war der Lebenskampf gewesen. Alle Firmen rissen sich um ihn. Und er sprach vier Sprachen. Und sie schickten ihn nach China.

Ich gab vor, Eile zu haben, was gar nicht stimmte, und befreite mich von ihm, verärgert und niedergeschlagen. Als ich zu Hause ankam, war ich von der Begegnung noch immer bewegt: meine Gedanken schossen hin und her, eine farblos gewordene Jugend war zu unerwartet wieder aufgetaucht, die Ungereimtheit dieses Schicksals regte mich auf. Nicht daß ich Malagigi beneidet oder daß er mir gefallen hätte; aber daß diese lebendige, absurde Wirklichkeit, in die ich soeben flüchtig hineingeblickt hatte, sich über eine schon graue, zu mir gehörende Erinnerung schob – das quälte mich.

Das Zimmer war leer, denn jetzt ging Cilia oft zu Amalia hinunter, um dort zu arbeiten. Ich blieb eine Weile still für mich und dachte über alles nach in dem Dunkel, in das die bläuliche Gasflamme, auf der der Topf sachte zu kochen anfing, einen matten Schimmer warf.

V

Viele Abende verbrachte ich so, wartend, allein in dem Zimmer, ging hin und her oder warf mich aufs Bett, versunken in jene ganz tiefe Stille des Leeren, die von der Düsternis der Abenddämmerung gemildert und nach und nach erfüllt wurde. Die Geräusche von den darunterliegenden Stockwerken oder von weiter her – Rufe von Kindern, Lärm, Vogelschreie und einzelne Stimmen – reichten kaum bis zu mir herauf. Cilia merkte bald, daß ich mich, wenn ich heimkam, nicht mit ihr beschäftigte; sie steckte den Kopf, weiternähend, aus Amalias kleiner Wohnung, um mich kommen zu hören und mich zu rufen. Ich trat – wenn sie mich hörte – gleichgültig ein, sagte irgend etwas und fragte einmal Amalia ernsthaft, warum sie nicht mehr zu uns heraufkomme, wo es heller sei, und uns zwinge, jeden Abend unser Heim zu verlassen. Amalia sagte nichts, und Cilia wandte die Augen ab und bekam einen roten Kopf.

Eines Nachts sprach ich, um ihr irgend etwas zu erzählen, von Malagigi, und sie mußte über diese sonderbare Figur herzlich lachen. Ich beklagte mich jedoch, daß er sein Glück mache und nach China gehe. »Nach China reisen«, sagte Cilia seufzend, »das würde mir auch gefallen.« Ich verzog das Gesicht. »Vielleicht in einem Foto, das wir Malagigi schicken.«

»Und für uns gibt es keins?« fragte sie. »Giorgio, wir haben noch kein Foto von uns beiden.«

»Hinausgeworfenes Geld.«

»Lassen wir uns fotografieren!«

»Aber wir müssen uns ja nicht verlassen! Wir sind doch Tag und Nacht zusammen. Ich mag keine Fotos.«

»Wir haben geheiratet und keine Erinnerung daran. Lassen wir jetzt eins von uns machen!«

Ich gab keine Antwort.

»Wir werden wenig Geld dafür ausgeben. Das Foto behalte dann ich.«

»Laß dir eins mit Amalia machen.«

Am nächsten Morgen lag Cilia mit dem Gesicht zur Wand, die Haare über den Augen, und wollte mich um keinen Preis ansehen. Ich versuchte einige Liebkosungen, merkte, daß sie nicht mochte, und sprang verärgert aus dem Bett. Auch Cilia stand auf, wusch sich das Gesicht und gab mir mit einer gewissen Vorsicht den Kaffee, wobei sie die Augen gesenkt hielt. Ich ging, ohne ein Wort mit ihr zu reden.

Nach einer Stunde kam ich zurück. »Wieviel ist auf dem Sparbuch?« rief ich. Cilia sah mich überrascht an. Sie saß mit einem verwirrten Gesicht am Tisch. »Ich weiß es nicht. Das Buch hast du. Dreihundert Lire, glaube ich.« »Nein, dreihundertfünfzehn Lire und siebzig Centesimi. Hier sind sie!« Und ich warf die Rolle auf den Tisch. »Gib sie aus, wofür du willst. Feiern wir ein Fest! Es ist dein Geld.«

Cilia erhob sich und trat auf mich zu.

»Warum tust du das, Giorgio?«

»Weil ich ein blöder Kerl bin. Hör mal, ich habe keine Lust, groß zu reden. Geld spielt, wenn es wenig ist, keine Rolle. Willst du noch das Foto?«

»Aber, Giorgio, ich will, daß du zufrieden bist.«

»Ich bin zufrieden.«

»Du, ich hab dich gern.«

»Ich dich auch.« Ich nahm sie am Arm, setzte mich, zog sie auf meine Knie. »Hierher den Kopf, los!« Und das sagte ich so richtig zärtlich. Cilia sagte nichts, sie lehnte ihre Wange an die meine. »Wann gehen wir?«

»Es ist nicht so wichtig«, flüsterte sie.

»Dann hör zu!« Ich nahm sie am Nacken und lächelte ihr zu.

Cilia, noch immer zitternd, drückte sich an meine Schulter und wollte mich küssen. »Meine Liebe, laß uns rechnen. Wir haben dreihundert Lire. Kümmern wir uns um überhaupt nichts mehr, machen wir eine kleine Reise. Aber sofort. Jetzt. Wenn wir darüber nachdenken, reut es uns. Sag es keinem Menschen, auch nicht Amalia. Wir sind nur einen Tag fort. Das soll die Hochzeitsreise sein, die wir nicht gemacht haben.«

»Giorgio, warum hast du sie damals nicht machen wollen? Damals sagtest du, das wäre Unsinn.«

»Ja. Aber dies ist keine Hochzeitsreise. Siehst du, jetzt kennen wir uns. Wir sind sozusagen Freunde. Kein Mensch erfährt davon. Und dann – wir haben die Reise nötig. Du etwa nicht?«

»Natürlich, Giorgio, mir ist es recht. Wohin fahren wir?«

»Ich weiß es noch nicht, aber es geht sofort los. Möchtest du ans Meer reisen? Nach Genua?«

VI

Schon im Zug zeigte ich eine gewisse Unruhe, und Cilia, die mich bei der Abreise zum Sprechen zu bringen suchte, meine Hand festhielt und vor Aufregung ganz außer sich war, begriff nun, da sie mich so mißgestimmt fand, sehr rasch; sie zog ein Gesicht und sah aus dem Fenster. Ich starrte schweigend ins Leere und spürte, wie Räder und Schienen im Rhythmus meinen Körper erschütterten. Im Wagen saßen Menschen; ich beachtete sie kaum. Neben mir flogen Wiesen und Hügel vorüber. Auch Cilia, mir gegenüber, hatte sich zum Fenster hingebeugt, sie schien auf etwas zu horchen, doch bisweilen versuchte sie mit schnell wieder ausweichenden Augen ein Lächeln. So belauerte sie mich lange.

Bei Nacht kamen wir an und fanden schließlich ein großes, stilles Albergo, versteckt zwischen den Bäumen einer verlassenen Allee. Aber erst suchten wir eine Zeitlang und stiegen hinauf und hinunter durch endlose, gewundene Gassen. Es war trübe und kühl, ein Wetter, das einem Lust machte, spazierenzugehen, die Nase in der Luft. Aber Cilia hing mir todmüde am Arm, und ich war recht erleichtert, als ich etwas fand, wo sie sich setzen konnte. Viele blendend helle Straßen hatten wir durchstreift, viele dunkle Gassen, mit klopfendem Herzen, ohne je ans Meer zu gelangen, und die Menschen achteten nicht auf uns. Wir wirkten wie irgendein Paar, das spazierengeht; nur daß wir öfter vom Bürgersteig heruntergingen, und daß Cilia auf Vorübergehende und Häuser ängstliche Blicke warf.

Das Albergo war das rechte für uns: es war gar nicht elegant, und an einem weißen Tisch aß ein starkknochiger junger Mann mit aufgekrempelten Ärmeln. Uns empfing eine hochgewachsene, stolze Frau mit einem Korallenschmuck auf dem Busen. Ich war froh, daß ich mich setzen konnte; das Umherlaufen mit Cilia hatte mich immerhin daran gehindert, mich in das zu vertiefen, was ich in mir selbst erblickte. Ich war ja in meinen Gedanken immer mit mir beschäftigt; und doch hatte ich sie neben mir dulden und ihr wenigstens mit Gesten antworten müssen. Jetzt wollte ich die fremde Stadt allein betrachten, allein kennenlernen; darum war ich hergekommen.

Zitternd vor Spannung wartete ich unten, um das Abendessen zu bestellen; ich stieg nicht einmal mit hinauf, das Zimmer zu sehen und alles selbst zu bereden. Der junge Mann dort zog mich an, sein rötlicher Schnurrbart, sein verhangener, einsamer Blick. Auf dem Unterarm hatte er, verblichen, eine Tätowierung. Er nahm eine geflickte dunkelblaue Jacke vom Stuhl und ging.

Es war schon Mitternacht, als wir an unserem Tisch saßen. Cilia lachte sehr über die leicht gereizte Miene der Padrona. »Sie glaubt wohl kaum, daß wir verheiratet sind«, stammelte sie. Dann, mit müden, zärtlichen Augen: »Aber wir sind es, nicht wahr?« Und sie streichelte meine Hand.

Wir erkundigten uns nach den verschiedenen Sehenswürdigkeiten. Der Hafen war am Ende der Allee, hundert Schritte entfernt. »Sieh einmal an!« sagte Cilia. Sie war müde, aber diesen Spaziergang wollte sie noch mit mir machen.

Mit angehaltenem Atem standen wir schließlich am Geländer einer Terrasse. Es war eine wolkenlose, aber dunkle Nacht, die Straßenlampen ließen den kühlen schwarzen Abgrund, der vor uns lag, noch tiefer erscheinen. Ich sagte kein Wort, ich atmete den wilden Geruch erschauernd ein.

Cilia blickte rundum und zeigte auf eine Reihe Lichter, die im Leeren zitterten. Ein Schiff? Die Mole? Aus dem Dunkel kam ein schwacher Windhauch, hin und wieder ein Lärm von Stimmen, ein klatschendes Geräusch. »Morgen«, sagte sie begeistert, »morgen werden wir das alles sehen.«

Während wir in das Albergo zurückkehrten, preßte Cilia sich hartnäckig dicht an mich. »Wie bin ich müde! Giorgio, schön ist das! Morgen. Ich freue mich. Freust du dich auch?« Und sie rieb die Wange an meiner Schulter.

Ich spürte es kaum. Ich ging mit zusammengebissenen Zähnen, ich atmete, der Wind strich mir schmeichelnd ums Gesicht. Ich war unruhig, fern von Cilia, allein auf der Welt. Als wir die Treppe kaum zur Hälfte hinaufgestiegen waren, sagte ich zu ihr: »Ich habe noch keine Lust zum Schlafen. Geh du hinauf. Ich mache ein paar Schritte auf dem Corso und komme dann zurück.«

VII

Und auch jenes Mal war es das gleiche. All das Böse, das ich Cilia angetan habe – weswegen mich noch jetzt so verzweifelt das Gewissen plagt, im Bett, in der Morgendämmerung, wenn ich mich nicht dagegen wehren, nicht fliehen kann –, all dieses Böse vermochte ich nicht mehr zu vermeiden.

Ich tat alles immer wie ein Tor, wie im Traum, und wurde meiner selbst bewußt erst am Schluß, als auch die Gewissensqual keinen Zweck mehr hatte. Jetzt erkenne ich, wenn auch nur ungefähr, wie es in Wahrheit war: ich habe an der Einsamkeit eine solche Freude, ein solches Genügen gehabt, daß jeder Sinn für eine menschliche Beziehung bis zur Atrophie dahinschwand, so daß ich unfähig wurde, irgendeine Zärtlichkeit zu erwidern. Cilia war für mich nicht etwa ein Hindernis; sie existierte einfach nicht. Hätte ich dies nur begriffen, hätte ich geahnt, daß ich mir selber böse mitspielte, wenn ich mich so verstümmelte, so hätte ich sie wenigstens mit einer unendlichen Dankbarkeit entschädigen können! Denn ihre Gegenwart war im Grunde meine einzige Rettung.

Aber hat je das Schauspiel der Angst eines anderen Menschen genügt, um einem Mann die Augen zu öffnen? Oder braucht es nicht statt dessen den Angstschweiß des Todeskampfs und die heftige Qual, die sich dann mit uns erhebt, uns unterwegs begleitet, sich neben uns niederlegt und uns nachts aufweckt, immer unbarmherzig, immer frisch und voll Schmach?

Bei Tagesanbruch, es war neblig und feucht, die Allee noch verlassen, kehrte ich erstarrt ins Albergo zurück. Cilia und die Padrona fand ich auf der Treppe, nachlässig gekleidet, sie stritten, und Cilia weinte. Als ich eintrat, stieß die Padrona – sie war im Schlafrock – einen Schrei aus. Cilia blieb, ohne sich zu rühren, an das Geländer gelehnt stehen; ihre Miene zeigte einen erschreckten, völlig aufgelösten Ausdruck, Haar und Kleider waren in Unordnung.

»Da ist er.«

»Was ist hier los, um diese Zeit?« fragte ich streng.

Die Padrona begann laut eine Rede zu halten, wobei sie den Morgenrock über dem Busen zusammenhielt. Man hatte sie mitten in der Nacht geweckt – ein Ehemann war abhanden gekommen: Weinen, vor Aufregung zerfetzte Taschentücher, Telefon, Polizeibehörde. War das eine Art? Wo kam ich her?

Ich konnte mich kaum noch auf den Beinen halten, ich betrachtete die Padrona mit abwesendem Blick und fand sie ekelhaft. Cilia hatte sich nicht gerührt; aber der halbgeöffnete Mund holte tief Luft, das verzerrte Gesicht überzog sich mit einer flammenden Röte.

»Cilia, hast du gar nicht geschlafen?«

Noch immer gab sie keine Antwort. Sie weinte, ohne sich zu rühren, mit geschlossenen Augen; die Hände auf ihrem Leib zerrten unruhig am Taschentuch.

»Ich bin spazieren gewesen«, sagte ich finster, »und dann im Hafen geblieben.« Die Padrona hob die Schultern und war im Begriff, darauf etwas zu erwidern. »Kurz – ich bin am Leben. Und ich bin zum Umfallen müde. Ich werfe mich jetzt aufs Bett.«

Ich schlief bis zwei Uhr, fest wie jemand, der getrunken hat. Ganz plötzlich wachte ich auf. Das Zimmer lag im Halbdunkel; von der Straße klangen Geräusche herauf. Instinktiv rührte ich mich nicht. Dort war Cilia, sie saß in einer Ecke, sah auf mich, sah auf die Wand, betrachtete ihre Hände und fuhr hin und wieder zusammen.

Nach einer Weile flüsterte ich: »Cilia, du bewachst mich wohl?« Cilia hob rasch den Blick. Jener verwirrte Ausdruck von vorhin war auf ihrem Gesicht wie festgefroren. Sie bewegte die Lippen; aber es kam kein Wort heraus.

»Cilia, es ist nicht gut, wenn man seinen Mann bewacht«, begann ich wieder und gab meiner Stimme einen kindlich-spaßenden Ton. »Hast du wenigstens etwas gegessen?« Die Ärmste schüttelte den Kopf. Da sprang ich vom Bett und sah auf die Uhr. »Cilia, um halb vier fährt der Zug, los, machen wir schnell, zeigen wir der Padrona ein vergnügtes Gesicht.« Dann, als sie sich nicht rührte, trat ich neben sie und zog sie hoch.

»Hör mal«, sagte ich, während sich ihre Augen mit Tränen füllten, »ist es wegen heute nacht? Ich hätte lügen können und dir erzählen, ich hätte mich verlaufen. Ich hätte dich irgendwie beruhigen können. Ich habe es nicht getan, einfach weil ich diese Faxen nicht mag. Sei ruhig! Ich bin immer allein gewesen. Auch ich« – und da spürte ich, wie sie zusammenzuckte –, »auch ich habe mich in Genua nicht allzusehr amüsiert. Aber ich weine nicht.«

Weiberhaß

I

Unterhalb der Berge, an einer dunklen Biegung der Straße, lag dieses kleine Albergo. Giusto haßte Reisegesellschaften und bediente in solchen Fällen nur aus einem Gerechtigkeitsgefühl der Schwester gegenüber. Darum wurde er im Lauf des Sommers immer widerborstiger.

An einem einsamen Oktoberabend schenkte sich der junge Mann ein Glas aus einer schon halb geleerten Flasche ein, zog die Lampe herunter und setzte sich, die Füße auf dem Tisch, um in einer alten Zeitung zu blättern. Es fehlte ihm, daß keiner seiner gewohnten Gäste da war, der ihm ein Stündchen hätte schmackhafter machen können. »Wenn du hier bleibst«, sagte die Schwester, »schließ die Tür gut zu.« Danach ging sie mürrisch und seufzend die Treppe hinauf.

Giusto blieb vor seinem Glas allein und dachte, während er auf die Zeitung starrte, an seine Angelegenheiten. Hinter der Theke, im Halbdunkel, knarrte das Regal mit den Likörflaschen: vielleicht war es zu alt, oder es lief eine Maus darüber. Von draußen kam durch das angelehnte Fenster nur der Hauch des Dunkels, und man vernahm nicht einmal mehr das leichte Rauschen des Wildbachs, denn der Sommer war zu Ende; unten über den Wiesen mußte nun schon der Nebel liegen. Der Frieden war so tief, daß man das Gras hätte zittern oder einen Stein rollen hören. Als schließlich eine Grille zu zirpen begann, fuhr Giusto auf seinem Stuhl zusammen und nahm das Glas.

»Sie müde, ich genauso. Ob sie zuviel arbeitet? Mag sie heiraten! Dann wird sie mit Vernunft arbeiten. Aber es will sie ja nicht einmal ein Fuhrmann.«

Giusto befeuchtete gerade wieder die Lippen, als ein Schlurfen von Schuhen und erstickte Stimmen ihn aufhorchen ließen. Er erinnerte sich, daß er kurz zuvor gemeint hatte, er höre in der Ferne einen Motor, und blickte auf. Am Fenster erschien undeutlich das Gesicht eines Menschen, jemand sagte hastig »Ja, ja«, und die Tür öffnete sich.

Zwei junge Leute, die sich bei der Hand hielten, huschten herein, ein junger Mann, mager, vorsichtig, nichts als Schultern, und ein brünettes Mädchen mit großen Augen, in einem hellen, enganliegenden Regenmantel. Beide blieben auf der Schwelle stehen und starrten schweigend auf Giusto. Die Frau schleppte einen Koffer, und der junge Mann mit den zerzausten Haaren fuhr sich immer wieder über die Stirn.

»Guten Abend«, sagte Giusto.

Der junge Mann machte eine rasche Bewegung mit der Hand und fragte heftig, ohne weiter in das Zimmer hereinzukommen, ob Benzin da sei.

»Und wo ist der Wagen?« fragte Giusto.

Der Wagen stand draußen auf der Landstraße. Der Motor war stehengeblieben. Man mußte rasch Abhilfe schaffen.

»Ich habe kein Benzin«, antwortete Giusto gelassen und spähte nach der Frau.

Der junge Mann wurde bleich; Giusto sah, wie er einen Moment die Augen schloß. Ein blutleeres Gesicht erschien unter der knochigen Stirn. Die Frau sank auf den Koffer und sah ihren Gefährten an, sie hing geradezu an seinem Gesicht. »Sag kein Wort, Renato, sagen wir darüber kein Wort«, flüsterte sie hastig, mit zusammengebissenen Zähnen. »Wer ist daran schuld? Es tut nichts; du sollst kein Wort sagen. Wohin gehen wir jetzt, Renato?«

Giusto blickte zu dem Mann hin und sah, daß er mühsam nach

Luft schnappte. Er mußte grinsen und fragte, warum sie die Nacht nicht im Albergo blieben.

»Wir können nicht«, sagte die Frau hastig, »und der Wagen? Wir können nicht hierbleiben.« Giusto brummte beleidigt, sie seien schließlich nicht die ersten, die hierbleiben müßten. »Aber der Wagen?« »Den Wagen schieben wir hierher, ich und der Herr. Ist er weit fort? Von wo kommen Sie?« Nach vielem verwirrten Hin und Her gaben beide zu, sie wollten nach Frankreich. »Gut. Morgen sagen wir dem ersten, der auf dem Rad vorüberkommt, er soll im Dorf einen Kanister aufladen, und Sie sind fertig und fahren, wohin Sie wollen; aber wenn Sie dann in den Bergen noch einmal hängen bleiben, hilft Ihnen keiner mehr heraus.« »Kann man denn nicht jemanden ins Dorf schicken?« »Zum Donnerwetter, wenn ich doch nein gesagt habe! Die vom Laden schlafen weiter weg.« »Hör nicht auf ihn, Renato, glaub ihm nicht, er will nur, daß wir hierbleiben. Gehen wir fort!«

Der junge Mann hatte sich inzwischen einigermaßen gefaßt. Er schloß die Tür und trat ins Zimmer. Er bot den doppelten Preis für die Nacht, wenn man ihm ganz ehrlich Bescheid sage. Könne man nicht sofort Benzin auftreiben? Giusto war nahe daran, ihm vor die Füße zu spucken, aber er merkte, daß der Ärmste vor Fieber glühte und ebenso die Frau, die auf dem Koffer hockte und ihre fiebrigen Augen jetzt gar nicht von ihm löste. So schüttelte er nur den Kopf und rief Tosca. Dann stand er auf und sagte laut: »Vor morgen gibt es kein Benzin. Wollen wir den Wagen holen?«

Da sprang die Frau auf, stieß den Koffer mit dem Fuß an die Wand, packte ihren Gefährten am Arm und bat ihn flehentlich, sie hier nicht allein zu lassen. »Meine Schwester ist hier«, sagte Giusto. »Sie kommt schon herunter.« Und er leerte sein Glas.

Den ganzen Weg zwischen dem Schwarz der Wiesen tat Giusto nicht den Mund auf. Als sie am Wagen waren, schalteten sie die Scheinwerfer ein und schoben ihn nun langsam, angestrengt weiter. Auf keine der Bemerkungen, die sich der andere zu machen getraute, gab Giusto eine Antwort; nur einmal brummte er, es sei besser, wenn das Mädchen jetzt an sie beide nicht dächte.

Als sie erhitzt und mit heftig schlagendem Herzen zurückkamen, fanden sie das Gastzimmer leer. Die Wollmütze der Frau lag am Boden, neben dem Koffer, und Giusto hob sie auf. Er trat an die Treppe und hörte, wie die beiden Frauen oben herumwirtschafteten. »Wir sind es«, rief er.

»Sie antworten nicht«, sagte nach einem Augenblick der junge Mann. Giusto beruhigte ihn und fragte, ob sie jetzt schlafen gehen wollten.

»Schlafen?«

»Was denn sonst!« rief Giusto ungeduldig. »Natürlich, wenn es die Signorina erlaubt.«

»Die Ärmste«, sagte der andere mit einer kümmerlichen Grimasse. »Die Ärmste. Nein, ich gehe nicht schlafen.« Und er fuhr sich mit der Hand in die Haare.

Giusto ging mit kleinen Schritten zur Theke und nahm eine Flasche. Daraus schenkte er zwei kleine Gläser ein. »Kognak«, sagte er und schnalzte mit der Zunge. Der andere trank mit geschlossenen Augen das Glas auf einen Zug leer. Dann lief er rasch die Treppe hinauf.

II

Giusto setzte sich wieder an den Tisch, auf den er die Zeitung geworfen hatte. Für einen Augenblick sausten ihm die Ohren; dann war alles ruhig, die Stille wurde nur hier und da unterbrochen durch ein leicht plumpsendes Geräusch und durch das Knarren von Schritten über ihm. ›Einen Hund brauchte man in diesem Haus‹, dachte er. ›Die Leute kommen und gehen und keiner merkt etwas.‹ In diesem Augenblick erschien Tosca, bekümmert, ungeschickt wie immer.

»Sie hat sich aufs Bett geworfen«, sagte sie.

»Er nicht?«

»Er steht neben ihr, streichelt ihr die Hand und starrt vor sich hin.«

»Verheiratet sind sie nicht, sie trägt keinen Ring. Aber sie machen nicht den Eindruck von jungen Leuten, die von zu Hause fortgelaufen sind.«

»Sie ist mindestens dreißig Jahre; es wird seine Schwester sein.«

Giusto lächelte höhnisch. »Wenn sie voreinander Angst haben! Er traute sich nicht einmal, hinaufzugehen. Und mit einer so aufgeregten Schwester ist man nicht nachts unterwegs und vergißt zu tanken.«

»Sie haben nicht gegessen«, sagte Tosca.

»Das dachte ich mir. Und sie haben nicht einmal Decken, wenn sie über den Berg wollen.«

»Still!«

Der junge Mann erschien. Mit dem bleichen Gesicht, das im Treppengang auftauchte, sah er aus wie ein Kranker, der gerade aus dem Bett kommt.

»Brauchen Sie etwas?«

Er kam zögernd näher: »Den Koffer, wo ist der Koffer?«

Giusto stand auf. »Es hat ihn keiner genommen.« Er ging zur Tür und bückte sich. Der junge Mann eilte herzu: »Das mache ich. Das mache ich.«

»Aber nein«, sagte Giusto. »Das ist meine Sache. Aber Sie müssen sich ins Anmeldebuch eintragen. Tosca, das Buch!«

Er ging zur Treppe. Der andere kam hinter ihm her und nahm ihm den Koffer aus der Hand. »Hört, die Signora fühlt sich nicht wohl. Könnt Ihr uns Milch geben?«

Tosca brachte aufgeregt die Milch nach oben. »Heute nacht ist es nichts mit dem Schlafen«, sagte sie zu dem Bruder, als sie herunterkam. »Das Mädchen hat Fieber.«

»Ob sie hergekommen sind, um zu entbinden?« trällerte Giusto.

»Flegel!« rief die Schwester heftig. »Geh ins Bett. Geh ins Bett.«

Bei diesem Ausbruch zog Giusto belustigt die Nase kraus und schickte sich an, hinaufzugehen. »Morgen haben wir ein Kind«, rief er lachend vor dem Zimmer der beiden. »Wenn sie es uns nur nicht hierlassen«, fügte er hinzu, als er in seine Kammer trat.

Tief in der Nacht weckte ihn Tosca, sie rüttelte ihn kräftig wach. Sie war müde, sie konnte sich kaum mehr auf den Beinen halten: jetzt solle er selbst achtgeben, ob die Fremden etwas wollten. Die Frau hatte immerzu geredet, sie war vom Bett aufgesprungen und hatte den Wagen holen wollen. »Und das Kind?« »Was denn Kind! Die beiden haben eine schreckliche Angst, sie haben irgend etwas angestellt. Wenn man sie unversehens anredet, schrecken sie auf wie Karnickel.«

Giusto sprach im Dunkeln irgend etwas vor sich hin, beruhigte Tosca, er werde aufpassen, und begann sich anzuziehen. Es war kalt. Er nahm den Mantel um, trat auf den Treppenabsatz und blieb vor dem Lichtspalt, der aus dem anderen Zimmer kam, auf den Fußspitzen stehen. Er hörte einen langen Seufzer und Geflüster. Er schüttelte den Kopf und ging hinunter.

Als er unten war, trat er in dem schwachen Schein der Lampe an die Tür und sperrte sie auf. Es war stockdunkel; der Himmel war nicht zu sehen. Fröstelnd schloß er die Tür und setzte sich an den Tisch, auf dem noch die Flasche stand.

So verging mehr als eine Stunde. Er döste vor sich hin, fuhr wieder auf und befeuchtete sich die Lippen. Vor ihm lag die alte Zeitung, aber er brachte es nicht fertig, zu lesen. Ab und zu qualmte der Lampendocht.

Er hörte von der Treppe her einen unsicheren Schritt, im Dunkel erschien der rote Punkt einer Zigarette.

»Wer ist dort?«

Der junge Mann kam näher, noch bleicher, die Augen in tiefen Höhlen. Er wollte etwas trinken. Giusto holte den Kognak. »Schläft das Mädchen?« fragte er leise.

Sie setzten sich, einer dem andern gegenüber, und betrachteten einander schweigend. Auf den Wangen des jungen Mannes waren zwei Tage alte Bartstoppeln, dadurch sah er noch armseliger aus. Er trank alles in einem Zug, ohne ein Wort zu sagen.

»Das wärmt!« sagte Giusto. »Das nimmt einem das Herzklopfen. Die Frauen verstehen das nicht.«

Der andere saß in sich versunken da, er schien zu horchen. Plötzlich fragte er mit rauher Stimme: »Kommt hier nachts jemand vorbei?«

»Selten«, sagt Giusto. »Allenfalls im Sommer gegen Morgen, Fuhrleute. Manchmal die Zollwächter.«

»Die Zollwächter? Wo gehen sie hin?«

»Sie trinken ein Glas und gehen weiter, auf Streife. Aber hier herum gibt es keine Diebe und Räuber.«

Der iunge Mann erhob sich und begann hin- und herzuspazieren. Giusto folgte ihm mit den Augen.

»Ist die Grenze weit von hier?«

»Mit dem Wagen sechs Stunden. Wer den Paß in Ordnung hat, nimmt besser den Zug.«

Der andere sagte heftig: »Wir haben keinen Paß. Wir ziehen vor...«

»... das Benzin zu vergessen«, ergänzte Giusto.

»Glauben Sie mir nicht?«

»Lieber Herr, es ist mein Beruf, allen zu glauben. Kommt im Auto ein ehrwürdiger alter Herr daher, im Pelzmantel, in Gesellschaft eines schlecht geschminkten Mädchens, und sagt mir, sie seien Vater und Tochter – ich muß es ihm glauben. Und kommen zwei ohne Ausweise und können nicht schlafen, und er will mir vor

Angst etwas zahlen, damit er nur wegkommt – ich darf die Nase da nicht hineinstecken. Doch von Mann zu Mann kann ich ihn immerhin darauf hinweisen, daß es nicht schwierig ist, die Grenze zu überschreiten: aber wie das gehen soll mit einer Frau, die schreit – das ist die Frage.«

Der junge Mann war stehengeblieben, die Hände in den Taschen. Dann hob er die Rechte an den Mund und biß hinein. Er sagte leise: »Entschuldigen Sie, wenn ich Ihnen lästig geworden bin. Antworten kann ich nicht, verteidigen kann ich mich nicht. Ich möchte nur schlafen.«

Danach setzte er sich ermattet hin. »Verstehen Sie mich recht. Sie werden keine Schwierigkeiten haben, Sie kannten uns einfach nicht. Ganz früh am Morgen fahren wir ab.«

Giusto sah sich wütend um. Im Treppengang meinte er zwei Augen aufschimmern zu sehen. Aber er hielt an sich. »Alles für eine Frau?« fragte er erstaunt. »Was habt Ihr denn getan?«

Der junge Mann hob den bleichen Kopf. In dem knochigen Gesicht schlugen die erloschenen Augen wie im Fieber.

»Was habt Ihr denn getan?«

III

»Ist es sicher, daß das Mädchen schläft?« fuhr Giusto fort. »Diese Aufgeregtheit, diese Angst, nur ja fortzukommen, und die Furcht, die euch den Atem benimmt – wie soll sie da schlafen können?«

»Nein«, sagte der junge Mann, »sie schläft nicht. Sie ist nur wie betäubt, und sie träumt nicht etwa – sie sieht. Immer sieht sie. Seit zwei Nächten schlafen wir auf diese Art.«

»Und was sieht sie?«

»Das, weswegen wir fliehen.«

»Gefängnis?«

»Oh«, flüsterte der junge Mann, »wäre ich unschuldig, dann ginge ich sofort ins Gefängnis und bliebe darin Jahre, das ganze Leben, nur um zu wissen, daß man mir ein Unrecht zugefügt hat. Aber sie wird dann auch ins Gefängnis müssen: sie, die nur dazu gezwungen worden ist. Und dort drin hat keiner Mitleid, dort gibt es nicht mehr Recht und Unrecht. Immer wird uns diese Gewissensqual den Schlaf nehmen. Ich verdiene es, aber sie nicht: sie ist dazu gezwungen worden. Und jetzt muß sie Unrecht und Schrekken leiden.«

Oben von der Treppe kam ein lauter Schrei, heftig, er war offenbar nicht zu unterdrücken gewesen:

»Renato! Ich bin allein!«

Der Unglückselige sprang auf und sah Giusto verwirrt an. »Haben Sie mir zugehört?« fragte er. »Mir zerspringt der Kopf, ich weiß nicht mehr, was ich sage.«

»Gehen Sie hinauf«, sagte Giusto, »Sie haben mehr Fieber als die da oben. Aber erst trinken Sie!« Und er schenkte ihm Kognak ein. Der andere murmelte irgend etwas und stürzte auf die Treppe zu.

Sehr rasch wurde alles still. Giusto setzte sich hin und dachte nach. Die Lampe, matt geworden, kämpfte erbittert gegen das Halbdunkel an. »Und der will nach Frankreich«, sagte Giusto vor sich hin. »Wie machen sie das nur, wie machen sie das!«

Er streckte eine Hand aus, um den Docht hochzuschrauben; da sah er, daß die Flamme bleich war, weil von den Fenstern schon eine schmutzige Helle hereinkam, man erkannte schon die Stühle und den Kalender an der Tür; durch die Ritzen pfiff der Wind. Giusto nahm das Glas, setzte es aber unlustig wieder hin: sein Mund war wie zugeklebt.

Tosca weckte ihn mit dem Klappern ihrer Pantoffeln. Sie kam grau und ungekämmt aus der Küche. Die Lampe war erloschen, man sah nun schon alles deutlich.

»Haben sie in der Nacht gerufen?« Auch ihre Stimme war rauh und wie taub. Giusto räusperte sich und stand auf. »Ich schlief gerade. Es ist recht kalt.«

Er ging zur Tür und sperrte sie auf. Dort in der feuchten, grauen Luft stand der kleine Wagen, mit beschlagenen Scheiben. »Wenn sie aufwachen, gib ihnen etwas zu essen. Ich gehe zur Grangia, sie sollen jemanden schicken, der einen Kanister herholt.«

»Und wer bezahlt ihn?« sagte Tosca rasch.

Als er zurückging, regnete es leicht. Er fand das Paar am Tisch, Tosca schenkte den Kaffee ein. Dem jungen Mann, der sich ängstlich umdrehte, blinzelte er zu. Dann betrachtete er das Mädchen.

»Bald wird das Benzin hier sein«, bemerkte er. »Wie habt Ihr geschlafen?«

Die gespannten Wangen bewegten sich zu einem herausfordernden Lächeln. »Gut«, sagte sie dann und hob die Augen.

»Ich habe gehört, Sie hatten Fieber. Dafür ist Kognak gut, wie bei Ihrem Mann.«

Bei diesem Wort trübten sich die riesigen Augen in dem kleinen Gesicht. Der junge Mann setzte unruhig die Tasse hin. Und Giusto redete weiter. Seine Schwester habe diese Nacht allerlei Fieberphantasien mit angehört. Sie sollten, wenn sie erst in Frankreich seien, achtgeben: lieber sich ein Taschentuch in den Mund stopfen. Tosca hielt in ihrer Tätigkeit erstaunt inne. Es kratzte an der Tür.

Alle schwiegen. Ein älterer Mann kam hereingeschlurft, schlechtgekleidet, einen dünnen Militärmantel umgehängt; mit erkälteter Stimme grüßte er rundum, wobei er die Hand an die Mütze legte und sich verbeugte. Alle betrachteten ihn aufmerksam: sein faltiges Gesicht war klein geworden wie das eines Kindes.

»Es ist nichts«, sagte Giusto schnell. »Pedrotto holt die Milch.«

Der Alte schüttelte die Nässe ab, wie Hunde es tun, kam an die Theke und bemerkte Tosca; sie schenkte ihm etwas ein.

»Pedrotto, ist der Durchgang an der Grenze noch frei?« fragte Giusto friedlich.

Der Mann knurrte etwas ins Glas hinein und sah zu ihnen hinüber.

»Ein geschickter Mann, zu Fuß, kommt immer durch«, rang er sich langsam ab.

»Und eine Frau?«

»Je nachdem.«

Giusto beugte den Kopf zu den beiden hinunter. »Wollt Ihr ihn?« sagte er leise. »Ihr braucht ihm nicht mehr als hundert zu geben, und erst, wenn alles getan ist. Er wird auf der Straße jenseits des Dorfes auf Euch warten. Aber gebt acht, er ist schlauer als Ihr.«

Tosca hatte sich zurückgezogen. »Meine Schwester macht Euch einen Eßkorb zurecht«, fügte Giusto hinzu. »Auch diese Art Treibstoff habt Ihr vergessen. Ihr werdet Zeit genug haben, Hungers zu sterben. Überlegt es Euch gut – packt einen der erst, dann kommt man nicht mehr zurück.«

Der junge Mann ließ den Blick unruhig umherwandern. Da sah die Frau Giusto fest an und sagte laut: »Einverstanden.«

Der Alte ging hinaus. Alle erhoben sich. »Und daß es Euch nicht in den Sinn kommt, den Paß zu zeigen.« »Wir haben keinen«, sagte sie.

Die Morgendämmerung hatte nun alles mit Nebel umzogen, der Dunst sickerte durch die angelehnte Tür. Während Tosca und die Frau abrechneten, ging Giusto mit dem jungen Mann, der sich auf die farblosen Lippen biß, hinaus. Ein Junge kam auf dem Rad mit dem Kanister, und sie gossen alle zusammen das Benzin in den Tank. »Gehen Sie sorgsam um mit dem neuen Vorrat«, sagte Giusto. »Spielen Sie nicht wieder den Verzweifelten!« Der andere senkte demütig den Kopf und bezahlte.

Stillschweigend stieg Giusto hinauf, holte eine wollene Bettdecke und warf sie in den Wagen. »Wenn Ihnen daran liegt, das Mädchen zu behalten, dann lassen Sie sie nicht erfrieren.«

Danach nahm er ihn beiseite und sagte zu ihm: »Mich geht es nichts an, und ich weiß nicht, was Ihr getan habt. Aber ich bin dreißig Jahre, und ich habe immer gesehen, die Frauen kommen heil heraus, und der Mann fällt herein. Gibt es wirklich keinen anderen Ausweg?« Der andere lächelte finster: »Was kostet die Decke?« »Nichts«, brummte Giusto, und sie gingen wieder hinein.

Das Mädchen wartete, sie saß gegen den Tisch gelehnt. Sie hatte einen Hut aufgesetzt und die Lippen nachgezogen: das Gesicht schien nicht mehr das gleiche, vorher war es verfallen und von Sorge gezeichnet gewesen. Nur um die eingesunkenen Augen war sie noch sehr bleich; und an den Schläfen hatten sich Löckchen gelöst. Sie sagte zu ihrem Gefährten, er solle bei Tosca die Rechnung bezahlen, und ging mit dem Koffer zur Tür. Giusto trat beiseite, ließ sie hindurchgehen, dann eilte er ihr nach, um ihr die Wagentür zu öffnen. Die Frau stieg ein.

Nun kamen der junge Mann und Tosca mit dem Korb. »Wenn Ihr im Schnee seid, gebt Pedro nichts zu trinken«, empfahl ihnen Giusto, wobei er sich in den Wagen beugte. »Er ist ohnehin betrunken genug.«

Der junge Mann stieg ein und setzte sich ans Steuer. Der Wagen fuhr erst zurück, dann auf die Straße.

»Addio«, rief das Mädchen.

Der junge Mann lehnte sich hinaus:

»Wir werden uns immer an Euch erinnern«, sagte er.

»Sie täten besser daran, das alles zu vergessen«, brummte Giusto, zu Tosca gewandt, die im Nebel zusammenschauerte.

Der Eindringling

I

Mein Zellengenosse murmelte irgendwelche unverständlichen Worte, die nicht aus den vier Wänden herausdrangen. Nichts hätte uns gehindert, sogar zu streiten oder, mit einiger Vorsicht, zu singen; ich, jung wie ich war, stieß alle Augenblicke klägliche Laute aus, die in einem Stöhnen endeten; aber von meinem Genossen hörte ich nie etwas anderes als ein Gemurmel. Er warf sich auf die Pritsche und starrte an die Decke. Die Sätze tropften ihm aus dem verzerrten Mund wie ein leises, nie sich erschöpfendes Wasser. Oft stellte ich mir vor, ich sei allein, trug den Schemel an die Tür und betrachtete von da aus meine leere Pritsche, den Rücken an den Pfosten gelehnt; dann merkte ich, daß die erstickte Stimme Lorenzos mich bei allen Gesten begleitet hatte und mir eben das eingab, was ich im Augenblick dachte.

Lorenzo war ein großer, dicker Alter; seine Stimme schien von seinen Muskeln erdrückt zu werden. Obwohl er auf diese sonderbare Art mit seinem Atem umging, war er sonst ein schweigsamer Mann; wenn ich ihn etwas fragte, blieb er jedesmal eine Weile unbeweglich, er schien zögernd die Antwort zu bilden, die dann mürrisch und leise kam. Gewiß waren wir am Morgen beide wach und tätig, wuschen und putzten alles mit Eifer, während Klingeln, Stimmen und dumpfe Geräusche zu hören waren. Dann kam der Spaziergang, es wurde gegessen, man hatte immerhin ein paar Gesichter gesehen. Meine Seufzer setzten an dem langen Nachmittag und in der Dämmerung ein; dann brummte auch Lorenzo vor sich hin. Und er fuhr nicht einmal zusammen oder machte eine heftige Bewegung, wie ich es tat, wenn an der Tür etwas Neues passierte, ein Getrampel oder eine Wache, die durch das Guckloch sah, nur um uns zu stören. Er blieb auf der Pritsche liegen oder dort stehen, wo er gerade stand, und rührte sich nicht.

Manchmal las ich irgendein Buch aus der Gefängnisbücherei, und Lorenzo, der nicht lesen konnte, schwankte mit seinem schweren Körper vor und zurück und lockerte schließlich den Gürtel, um sich bequem auf die Pritsche fallen zu lassen.

»Hat man je erlebt«, begann er, »hat man je erlebt, daß einer ein Buch liest, als wäre es eine Zeitung? Das ist eine traurige Gesellschaft, sie ist nicht so viel wert wie ein Stock für jemanden, der allein gehen will. Das ist nichts als Regierungskram: die bieten die Bücher dem Gefängnis an, weil sie ihnen von Nutzen sind. Jemand, der liest, ist ruhig und behandelt den Vorgesetzten anständig; sie tun mit ihm, was sie wollen. Das Gesetz, das geschrieben ist – das ist im Gefängnis die Macht. Es ekelt einen, wenn man hier einen jungen Mann diese Blätter schlecken sieht, als würde er dafür bezahlt. Im Gefängnis darf man nichts tun; man muß die Zeit verstreichen lassen. Ein ordentlicher Mann bringt den Tag allein zu Ende: wenn er es nötig hat, zu lesen, um Gesellschaft zu haben, dann ist er nicht anders als die Frauen, die immer jemanden um sich haben müssen; und wenn sie niemand haben, nehmen sie eine Katze her.«

»Wenn Ihr damit mich meint, Lorenzo«, fuhr ich einmal los, »so müßt Ihr wissen: um die Zeit totzuschlagen, gibt es nichts Besseres als ein Buch. Das beschäftigt einen besser als Kartenspielen.«

»Ein Advokatenbeispiel«, sagte der andere, ohne sich zu rühren. »Beim Kartenspielen ist man in Gesellschaft, und irgendeiner zahlt dann. Und man sieht, wer tüchtig ist, und wer nicht. Es gibt einen Wettkampf und Schlauheit, und es gibt Spielregeln. Nur die Bettler spielen, um diese Lira beiseite zu legen: aber es ist eine Genugtuung für einen Mann, wenn er sich das Glas Wein verdient, weil er sich auf die Sache versteht. Sind etwa im Gefängnis Karten erlaubt? Daran sieht man, daß Bücher etwas anderes sind als Karten.«

Er mochte um die Fünfzig sein, der graue Haarkranz lag ihm immer schön glatt um den Schädel, keiner dieser verbohrten Gedanken brachte ihn durcheinander. Wenn er schwieg, kaute er Zigarrenstummel, dumpf wie ein Rind. Und nie schien er befallen von jener Angst vor dem nächsten Tag, die mich mit jeder Abenddämmerung so qualvoll packte; in dem erleichterten Seufzer, daß ein langweiliger Tag zu Ende ging, war die verzweifelte Gewißheit, daß der nächste Tag die gleiche öde Langeweile bringen würde, die gleiche Hoffnung, genau dieselbe Angst. Als man mich am ersten Abend in die Zelle geführt hatte und eine Wache in der weit offenen Tür stehenblieb und auf mich aufpaßte, während sie draußen mit Geschirr und Decken hin und her liefen, hatte mir Lorenzo von seiner Pritsche aus einen Blick zugeworfen, in dem sich überhaupt nichts regte. Dann waren wir allein; ich redete mit dem Schwung des Unerfahrenen, den die Aufregung in der Zange hat, auf ihn ein und fragte ihn, ob er auf die Vernehmung warte. Aber mein dicker Zellengenosse hatte nur eine Hand gehoben und ärgerlich gebrummt, weder ich noch er seien von der Justiz, der allein es zukomme, solche Fragen zu stellen. Wir würden in Eintracht leben, wenn jeder von uns sich nur um sich selbst kümmere, wenn wir einander mit Vorsicht behandelten, kurz, wenn wir zusammen hausten wie zwei anständige Männer, die der Regen in der gleichen Baracke überrascht habe. Weiter sei nichts nötig, außer daß ich ihn bedauern könne, falls er in der Nacht schnarche.

In jenen Tagen fiel auf die Gefängnisse, auf die Dächer, in die Höfe ein unaufhörlicher Regen, der alles feucht machte und auch die Luft in unserem Gitterfenster bleiern färbte. Ungern berührte man mit den erstarrten Händen die rauhen Decken; jeder Gegenstand, der uns am Morgen erwartete, war feucht und düster; nur der heiße Eßnapf zur Zeit des Essenfassens war, wenn man ihn eng zwischen die Knie gepreßt hielt, so etwas wie eine freundliche Gegenwart. Mit dem Eßnapf beschäftigte sich Lorenzo lange, er schwatzte murmelnd mit ihm, beugte sich über den Dampf und ließ ihn sich zärtlich um das Gesicht streichen, fuhr mit der Hand darüber hin, alles ohne mich zu beachten; er tat, als sei das dort sein Herd.

Sonst lag er immer auf der Pritsche, in seine Selbstgespräche vertieft. Damals dachte ich, das sei die Wirkung des schlechten Wetters, das auch mir Lust machte, mich zu verkriechen, einen halbwachen Zustand zu erstreben und die trübseligen Wände einfach nicht zu beachten. Doch der Regen hörte auf, es kamen lärmende Wirbelwinde, die alles trockneten und hell machten; hoch oben an unserem von Eisenstäben in Quadrate geteilten Himmel zogen weiße Wolken; und Lorenzo verbrachte die meisten Stunden nur damit, daß er eigensinnig an die Decke sah und irgend etwas phantasierte. Ich paßte meine Beine, wenn ich durch die Zelle ging, sehr bald dieser Enge an, und auf die gleiche Art gewöhnte ich mich schließlich an das unaufhörliche Gemurmel Lorenzos. Er redete dabei nie von sich selbst, sondern seine Worte kreisten, bisweilen unzusammenhängend, als sei er betrunken, um meine Gesten oder Fragen; oder es tauchten abgerissene Gedanken auf, immer über das Gefängnis, über Schlauheit, Dummheit und die Osteria. Da ich nichts anderes tun konnte, hatte auch ich versucht, irgend etwas laut zu sagen, als spräche ich zu den Mauern, aber ich fand sehr bald heraus, daß mir diese Art, mir Luft zu machen, nichts nutzte, sie schuf mir keine Erleichterung, im Gegenteil, je schärfer ich mir zuhörte, um so unruhiger wurde ich.

Gegen Abend gelang es mir, zu vergessen, daß Lorenzo vorhanden war; nur wenn er wie betäubt einschlief, vergaß ich das andere, was mich quälte: den Gedanken an den nächsten Tag, und überließ mich der Dämmerung, die mich wie ein Frost fühllos machte. Nur auf diese Art genoß ich mein Alleinsein. Was Lorenzo anlangt, so schien er aus dem Dämmerzustand, in dem er undeutlich vor sich hin brummte, gar nicht mehr herauszuwollen. Während ich eines Morgens, an die Eisenstangen geklammert, am Fenster tief atmend Raum suchte, hörte ich, wie er in der kühlen Stille irgendeinen Fluch brummte.

II

Ich drehte mich um. »Was ist los, Lorenzo?« fragte ich ihn. Er saß auf der Pritsche, hob den Kopf von den Strümpfen, die er gerade anzog, und betrachtete mich.

»Was ist los mit Euch, Lorenzo?«

Auch diesmal gab er keine Antwort, sondern beugte wieder den Kopf und begann schweigend die Spucke im Mund herumzuwälzen, das übliche Zeichen für eine Rede, die er ganz für sich allein zu führen gedachte. Da begann ich durch die Zelle zu gehen, an meine Unruhe festgeklammert, denn in einem Moment hellsichtigen Entsetzens, wie es mich in solchen Morgenstunden häufig überfiel, sah ich vor mir, wie ausweglos alles war.

Plötzlich verwandelte sich das Gemurmel in deutliche Worte.

»Wenn Ihr Euch nicht beherrschen könnt, was wollt Ihr erst in der Strafanstalt anfangen oder später, wenn Ihr freigekommen seid? Ihr benehmt Euch wie ein Kranker, der sein Fieber pflegt. Lest lieber Euer Buch! Aber wenn es Euch nicht einmal beibringt, wie man sich im Gefängnis benimmt, dann heißt das, Ihr seid wirklich verrückt, und man hat auf der Polizei die Begleitscheine vertauscht. Wäre ich Ihr, dann würde ich eine Eingabe machen, eine nette Eingabe an diese Stelle.«

»Das paßt mir nicht«, unterbrach ich ihn, neu belebt. »Es würde mir dort genauso gehen wie hier.«

Nach einer Weile redete ich weiter. »Hört, Lorenzo, worüber habt Ihr Euch vorhin beschwert? Ich habe Euch nichts getan, und ich möchte, daß alle diese Geschichten aufhören. Im Gefängnis sind wir ohnehin: wenn wir auch noch streiten, wird dies das Fegefeuer.«

Mein dicker Zellengenosse sprang auf. Mit einer der riesigen Hände, die mich hätten an die Decke schleudern können, schneuzte er sich die Nase. »Habt Ihr auch noch geträumt?« fragte er zweifelnd.

»Wieso geträumt?«

»Also gut: Ihr habt nicht geträumt. Und warum spielt Ihr dann den kleinen Jungen?«

»Ich spiele gar nichts.«

»Ihr wißt noch nicht mal, was das ist: in der Welt leben. Und Ihr kommt ins Gefängnis. Ihr raucht immerzu, so viel sie Euch geben, denn Ihr braucht ein Beruhigungsmittel, von Euch aus schafft Ihr das nicht. Wen habt Ihr draußen? Kommt Euch die Liebste nicht besuchen?«

»Ich bin verheiratet«, stammelte ich.

»Dann wird Eure Frau endlich beruhigt sein, daß Euch die Lastwagen nicht breitquetschen. Habt Ihr ihr das Bett angezündet, weil Ihr mit den Streichhölzern gespielt habt?«

»Lorenzo, Ihr könntet mein Vater sein, ich lasse Euch reden. Es stimmt, ich bin in Eurer Zelle und nicht Ihr in meiner, aber daran bin ich nicht schuld. Ich habe Euch auch nicht danach gefragt, warum Ihr hier seid. Wir sind hier, und damit genug.«

Wieder betrachtete mich der Alte zweifelnd. »Dann behaltet es auch im Gedächtnis, daß Ihr hier seid. Und kapiert, was das heißt. Beißt Euch nicht in die Fäuste und seufzt nicht immerzu. Lauft nicht an die Tür, wenn jemand vorüberkommt. Legt Euch auf die Pritsche und lernt, allein zu sein. Ein Junge, der zum Zahnarzt geht, versteht mehr davon als Ihr.«

Auch dieser Morgen ging vorüber. Die Runde kam durch, sie brachten das Brot. Lorenzo ging an die Luft. Ich blieb allein in der Zelle, in der Stille, die zu tönen schien, und blickte mich um. Manchmal weigerte ich mich, mit hinauszugehen, so zur Abwechslung, nur um etwas zu tun, was ich selbst wollte. Aber ruhig war ich an dem Tag nicht. Irgendwie erschöpft schleppte ich mich in der Zelle hin und her und dachte bei mir: ich bin doch wirklich allein. Und ich merkte, daß diese Vorstellung mich nun schon erschreckte.

Meine Frau hatte mir geschrieben, wenn jene unwürdige Beschuldigung beim Prozeß wirklich an mir hängen bliebe, werde sie, so sehr müsse sie sich dann schämen, die Auflösung der Ehe beantragen, und sie danke Gott, daß wir in den drei Jahren keine Kinder bekommen hätten. Diese Nachricht war mir über dem Kopf zusammengeschlagen, wie eine Welle über einem Schwimmer zusammenschlägt: ich schlug um mich, als ich sie las, und schlug hernach um mich, unter Wasser wie über Wasser. Und ich mußte sehr bald erfahren, daß ein solcher Brief keinem Gefangenen je erspart bleibt: unmißverständlich und mitleidlos oder mit Aufwand von viel Tinte geschrieben – immer ist es dieser Brief, den man dir eines Tages durch das schmale Guckloch in die Finger schiebt. An jenem Morgen sah ich mich selbst wie in Glas eingeschlossen, nicht mehr ein Gefangener zwischen Mauern und Eisenstangen, sondern isoliert in der Leere, in einer kalten Leere, wie man sie in der Welt nicht kennt. Dies war die wirkliche Qual: daß die Welt den Eingeschlossenen ausschloß. Ich sehnte mich nicht so sehr danach, hier herauszukommen, als daß die Welt in meine Leere hereinkäme und sie mit Farbe erfüllte, sie mit Gesten oder Worten erwärmte. Lesen genügte nicht, darin hatte mein Zellengenosse ganz recht; die in der Welt draußen mußten wenigstens an mich denken, mir ein Zeichen geben, daß sie es taten, damit sich nicht alles in diese grausige, unnatürliche Regungslosigkeit auflöste.

Als Lorenzo zurückkam, hatte er immer noch nicht vergessen, daß ich gesagt hatte, er könne mein Vater sein. Über diese Vorstellung kicherte und brummte er eine Weile, und ich, müde, immerzu zu lesen, hörte ihm zu.

»Im Gefängnis«, so fuhr er dann fort, »darf man sich keine Illusionen machen. Nur Dummköpfe machen sich Illusionen. Die Regierung locht uns ein, um uns zu strafen: es steht bei uns, daß wir sie betrügen und aufrechter als vorher herauskommen. Hier sieht man alles, wie es ist. Wer plagt sich denn im Gefängnis? Die Häftlinge etwa? O nein, plagen tun sich die Vorgesetzten, sie rennen und schleppen, sie schreien wie die Gepäckträger auf dem Bahnhof. Uns lassen sie in Ruhe. Eben darum kriege ich, wenn ich mit ansehe, wie sich hier drin einer grämt, größte Lust, ihn zu schlagen. Im Gefängnis stirbt keiner.«

»Sie sagen es wohl nicht, aber es sterben schon welche.«

»Es ist was Großes, ohne die Menschen fertigzuwerden«, redete Lorenzo weiter, nun nur noch in sein Selbstgespräch vertieft. »Was ist denn schon diese Welt? So viele unnütze Worte werden gesagt, man äfft die Leute mehr nach als ein Affe es tut. Einer, der frei herumgeht, hat nie Frieden. Er sieht eine Frau – schon will er sie; er sieht ein Stück Land – schon legt er Hand darauf. Es kommt die Wache und fragt ihn: ›Warum hast du diese Frau angerührt? Warum hast du dieses Land gestohlen?‹ ›Aber ich brauchte es‹, sagen alle diese Dummköpfe. ›Wenn Sie es brauchten, kommen Sie mit, dann werden Sie es nicht mehr brauchen.‹«

»Recht hat sie, die Wache. Aber da gibt es welche, die sind doch schlauer als alle Wachen. ›Sie brauchen nicht so laut zu reden, schließlich sind wir nicht zusammen aufgewachsen.‹ Nun, auch wenn der Kerker voll ist – irgendeine Zelle gibt es immer. ›Ihr sollt allein bleiben‹, heißt es nun. Wer schlau ist, platzt da laut heraus. Als ob er nicht immerzu allein gewesen wäre! ›Gut, probieren wir es.‹«

»Und von da an weiß er Bescheid. Er hat keine Angst mehr vor der Zelle und läßt die Wachen rennen. Man sieht die ganze Welt, als betrachte man sie vom Mond aus. Sieh mal, dort ist ein Toter, dort ist ein Betrunkener; dort ist eine Frau, die ein Kind umbringt. ›Sperrt die Leute doch ein. Bringt den Toten dort unter die Erde. Nur zu!‹«

»Aber wer schlau ist, der läuft nicht, denn das Gefängnis hat Platz für alle. Es gibt so viele Zellen, und jeder hat seine eigene. Er hat das Recht, allein zu sein. Hier sieht man, wie die Menschen sind: sie wüten drauflos, wenn man sie allein läßt.«

III

Nachts, unter der spukhaften kleinen Lampe, horchte ich unruhig auf den Atem, der von der Pritsche neben mir kam. Meine Müdigkeit war nur im Kopf, ich fühlte mich nie richtig müde. Ich fragte mich, ob ich im Halbschlaf ebenfalls diese rauhen Seufzer ausstieße. Ich lag still, um einzuschlafen, um die Ängste ja nicht aufzurühren; mir schien, sie kauerten um meinen Kopf, bereit, loszuspringen und mich zu quälen. Heimlich, ganz vorsichtig näherte ich mich dem Vergessen. Aber sobald der Berg Lorenzo sich quietschend, murmelnd umdrehte, öffnete ich wieder die Augen zu diesem schmutzigen Licht. Die Runde schob geräuschvoll den Riegel zurück und trat ein. Ich schloß die Augen von neuem.

Tief in der Nacht fiel ich in Schlaf und träumte zusammenhangloses Zeug, wo alles wieder war wie früher und mein Sinn, seiner Ungeordnetheit bewußt, keinen Frieden fand. Ganz töricht sah ich mich wieder als Jungen und riß aus, in die Felder, oder ich redete mit meiner Frau und erwies ihr dumme Zärtlichkeiten.

In der ersten Dämmerung, wenn es noch halb dunkel war, lag ich bereits wach und spürte das heftig losplatzende Schlagen der Glocke schon im voraus; ich nahm die erstickte Schwingung schon wahr, wenn der, der die Glocke gepackt hielt, noch gar nicht angeschlagen hatte.

Lorenzo setzte sich auf seiner Pritsche erst dann auf, wenn uns die ersten sonderbaren Klingellaute erreichten: man kontrollierte die Eisenstäbe. Und fertig angezogen war er, wenn der hell klingende Hammer von Zelle zu Zelle bis an die unsere gelangt war.

Die Tür wurde aufgestoßen, und der Oberaufseher trat grüßend ein. Eine Wache lief ans Fenster und hob den Sperrbalken.

Eines Morgens ertönte laut ein Schrei: »Ich sage es allen...«

»Geh du weiter«, sagte der Oberaufseher zu der Wache. »Was wollt Ihr?«

In dem betäubenden Lärm kam Lorenzo aufgeregt heran und stammelte irgend etwas.

»Was ist los?« schrie der Oberaufseher. Die Wache erwartete ihn schon an der Tür.

Mein Riese ließ in dem Schweigen – nur der Hammer hallte weiter – sein weiches Gesicht nach unten hängen und streckte die Lippe vor. Mit feuchten Augen sah er den Oberaufseher an.

»Was wollt Ihr?«

»Nichts«, sagte Lorenzo.

Der Oberaufseher faßte sich zweifelnd an den Nacken. »Habt Ihr eine Beschwerde?« fragte er und blieb an der Tür stehen.

Lorenzo wiederholte eifrig, zu mir gewandt: »Habt *Ihr* eine Beschwerde?« Der Oberaufseher ging hinaus, die Tür wurde zugeworfen.

Gleichmütig tat Lorenzo die gewohnten Dinge. Man kam den Kehricht holen, und er war an der Reihe, ihn hinauszufegen. Dann stopfte er einen Strumpf und kaute den Zigarrenstummel. Wir gingen zusammen zum Spaziergang, und Lorenzo saß, an die

Mauer des kleinen Hofes gelehnt, auf einer Illustrierten von mir, die Schläfen zwischen den Händen. Es war nicht möglich, etwas zu ihm zu sagen; die beiden Male, die ich es versuchte, knurrte er wie ein Hund. Da legte ich mich lang hin und studierte am Himmel den Flug der Tauben.

Als wir wieder in der Zelle waren, pflanzte er sich auf den Schemel und stammelte mit gesenktem Kopf:

»Hattet Ihr eine Beschwerde?«

»Lorenzo, so etwas tut man nicht«, sagte ich nervös. »Ihr müßt lernen, wie man sich im Gefängnis benimmt.«

»Wenn Ihr eine Beschwerde habt«, fuhr jener unbeirrt fort, »will ich Euch Bescheid sagen. Ihr wißt nicht, was eine Beschwerde ist. Man muß sie mündlich machen, nicht auf die Eingabe schreiben, denn Papiere heben sie auf und verlesen sie im Prozeß. Im Gefängnis muß man schlau sein. Sie behalten Euch absichtlich hier, um etwas zu erfahren und Euch zu betrügen. Ihr dürft lesen, Ihr dürft schreiben, dann seid Ihr ruhig und unterschreibt alles, was gebraucht wird. Habt Ihr noch nicht gemerkt, warum sie kommen und an die Eisenstäbe schlagen? Es ist nicht Überwachung: keiner hat je die Stäbe zerbrochen. Aber dadurch, daß sie daran schlagen, machen sie Lärm, früh und abends, sie hoffen dem Gefangenen damit den Kopf zu verwirren, ihn dahin zu bringen, daß er schreit, redet, und dann sagen sie zu ihm: wir werden sehen, wir werden sehen, aber jetzt schreibt, setzt Eure Unterschrift hin. Dann benachrichtigen sie den Richter.«

Ich wußte nicht, was ich antworten sollte, ich brach ein Stück Brot von dem frischen Brotlaib ab und käute damit sozusagen das wieder, was ich hörte.

»Lorenzo«, unterbrach ich ihn, »so weit haben Sie Euch gebracht?«

Lorenzo spähte argwöhnisch nach mir hin. »Nein«, sagte er langsam. »Aber sie versuchen es mit allen. Man muß schlau sein.«

Am Abend, um die Zeit, als weiter entfernt das Hämmern an den Eisenstäben wieder anfing, kam mir die Szene vom Morgen ins Gedächtnis. Und ich trat an die Pritsche von Lorenzo, der dalag und mit erstorbenen Augen an die Decke starrte. Er fuhr zusammen.

»Hört, Lorenzo«, sagte ich barsch zu ihm, »was habt Ihr denn vom Oberaufseher gewollt?«

Lorenzo schloß die Augen, als sei er eingeschlafen.

»Lorenzo«, wiederholte ich, »spielt nicht den Dummen. Was ist das mit dieser Lüge von heute morgen?«

Ohne die Augen zu öffnen, hob er die große Hand und machte mir ein Zeichen, ich solle näherkommen. Zugleich näherte sich, mit kurzen Pausen, das lebhafte Hämmern. Verärgert und gereizt von dem Lärm, wiederholte ich die Frage und faßte ihn am Handgelenk. Mit einer wütenden, raschen Bewegung drehte der Riese den Arm um und ließ ihn mir heftig auf die Brust fallen, wobei er aufsprang und mich auf die Knie drückte. So krampfhaft packte er das Hemd und die Haut über dem Brustbein, daß ich wohl den Stoß spürte, aber nicht den Schmerz. Er keuchte erregt; seine verdrehten Augen kamen mir ganz nahe.

»Kein Wort mit dir«, heulte er mit haßerfüllter Stimme, »weder mit dir noch mit den anderen, ich spreche mit niemand. Ich will dich nicht sehen, nicht mal bei Nacht. Die Pritsche gehört mir, die Zelle gehört mir.«

Ich schlug um mich, keuchte und dachte nur an das eine: ich mußte mich von ihm freimachen, ehe die Wachen hereinkamen. Immer schärfer hallten mir die Hammerschläge im Kopf. Die Ohren dröhnten. Und immerzu prustete Lorenzo mir ins Gesicht, den Mund verzerrt, stieß mich vor sich her, ohrfeigte mich pausenlos mit seiner riesigen Hand.

Dann spürte ich, wie jemand mich wegriß, ich sah Wachen und fiel zu Boden. Lorenzo hatte mich halbtot geprügelt. Drei Männer warfen sich auf ihn und packten ihn an den Beinen, um ihn zu Fall zu bringen. Im Kampf trat mir einer auf die Hand. Schließlich stürzten alle auf die Pritsche und hielten Lorenzo, der spuckte und brüllte, darauf fest.

»Schafft ihn nach unten«, sagte der Oberaufseher und ging voran. Alle setzten sich in Bewegung. »Ihr bleibt hier.« Einer von der Wache hob die Sperrbalken und hämmerte diese betäubenden Schläge. Dann gingen sie und verschlossen die Tür.

Einen Augenblick danach öffnete sich das Guckloch. »Hat Euch dieser verrückte Kerl verletzt? Haltet Euch bereit für das Verhör.« Und das Guckloch wurde wieder geschlossen.

Die drei Mädchen

Mich wundert es, daß Clara, Lucetta und sogar Signora Ugolina, die doch kein Mädchen mehr ist, so gern wiederholen, alle Männer seien abscheulich, sie verachteten sie und wüßten nicht, was sie mit ihnen anfangen sollten. Sie sprechen von nichts anderem. Ich habe sicher nie in seidener Bettwäsche geschlafen, aber so etwas sagte ich nicht einmal bei mir selbst, als ich noch ein dummes kleines Mädchen war. Bei Clara, die sogar mich abscheulich findet, weil ich Boot fahre, braucht einen das ja nicht zu wundern. Clara ist aus Kristall und leicht und zerbrechlich wie Glas. Sie tut, als wäre in diesem Kristallglas ein kostbarer Likör, der nicht verschüttet werden darf. Nun, den werden sie miteinander im Winterpalazzo trinken, wenn sie dann dort wohnen, sie und das häßliche schielende Mädchen, das sie überallhin mitnimmt, auch dorthin. Lucetta, nun, die redet das nur so hin: die Männer sind gewalttätig, Betrüger, Nichtsnutze; aber wären sie nicht so, würde sie es dahin bringen, daß sie so werden, und sie ist überall hinter ihnen her. Ihr Fliegersoldat zum Beispiel, dieser freche Kerl, der hinter der vorgehaltenen Hand an der Zigarette herumbeißt, wobei er den Mund verzieht und ihr zublinzelt: nach dem ist sie ganz verrückt und kommt zu mir, sich Luft zu machen. Er behandelt sie schlecht, sagt ihr Flegeleien, leiht Geld von ihr; aber er braucht ihr nur ein halbwegs freundliches Gesicht zu zeigen, und schon fliegt Lucetta ihm an den Hals. Lucetta hat eine kecke Art, sie scheint mir ein verflixt aufgewecktes Mädchen zu sein, sie muß den Männern gefallen; schade nur diese alberne Art. Manchmal denke ich aber auch, sie ist im Grunde dafür zu schlau, und ich würde mich nicht wundern, wenn ihr gerade die schlechte Behandlung, über die sie sich beklagt, Spaß machte; wahrscheinlich tobt sie sich mit so etwas aus.

Ich kann den Abend nicht vergessen, als ihr Buchhalter kam und uns am Ausgang abholte. Das war, bevor sie im Nirvana ihre große, tolle Liebe kennenlernte. Angesichts dieses brillentragenden Typs wollte ich schon lachend davongehen, aber Lucetta, die irgend etwas im Schilde führte, hatte im Blick eine kalte Überspanntheit und wollte, daß der ernsthafte Gino uns beide unterhakte. So schleppten wir ihn mit uns durch die Stadtmitte, ich freundlich-zurückhaltend, Lucetta aber hüpfte neben ihm her, gab ihm ab und zu einen Stoß mit dem Ellenbogen und brach immer wieder in ein tolles Gelächter aus, das dem Mann in die Ohren gellte; alles vor den Augen der Passanten.

»Beruhige dich doch«, sagte er zu ihr. Zu mir war er voller Nachsicht, ja, übertrieben höflich, um Lucetta für ihre Ungezogenheiten zu strafen; und er erzählte mir von seinem Leben, von dem, was ihm nicht paßte, wie von dem, was ihm Vergnügen machte. Er hatte etwas von einer Wanze, er suchte auszuweichen, sich zu verbergen, und ich war ja kein Bettlaken! Lucetta brachte ihn ohne Mitleid dahin, daß er laut sprach, sie schüttelte ihn, sie drohte auch mir, weil ihr mein Benehmen nicht paßte. Sie nannte ihn ›Bauchweh‹. Beunruhigt brach er die Erklärung, wie seine Stunden eingeteilt seien, ab und wisperte dieser Verrückten zu: »Beruhige dich doch, Luci, beruhige dich!«

»Ein Mann wie du müßte sich verkriechen, wenn er mit so schlechterzogenen Mädchen spazierengeht. Los, warum verkriechst du dich nicht? Warum springst du nicht in eine Kloake? Was für ein Mann du bist! Was willst du von mir? Wenn du dich schämst, sag es! Wir schämen uns nicht.«

Das vor dem E-Werk. Ich sah ihn an mit dem Lächeln einer guten Mama, was den Unglücklichen völlig aus dem Gleichgewicht brachte.

So ist Lucetta nun mal; an Regentagen nennt sie die Männer Schurken. Aber Lucetta ist gedankenlos, sie lebt vom vergnügten wie vom traurigen Augenblick, und sie verzweifelt, wenn ihr boshafter Liebster ihr klipp und klar sagt, daß er nicht die Absicht habe, sie zu heiraten. Sie ist alles andere als dumm, nur ein wenig verrückt: sie erwartet zuviel von der Welt. Unterwegs tut sie unbefangen und lacht über die Männer, aber nichts ist leichter, als sie zu überrumpeln, so daß sie die Augen vor Lust aufsperrt. Manchmal scheint mir, sie geht nackt und weiß es nicht. Eines Abends, als wir ausgingen, wich ein aufdringlicher Mensch uns nicht von der Seite. Ich zog sie weiter und gab keine Antwort. Nach einer Weile bemerkte Lucetta ärgerlich: »Schade, daß es nicht zwei waren.«

Diese Stadt-Mädchen beneide ich nicht. Ich bin barfuß inmitten der Weinberge aufgewachsen, dann wurde ich in ein Internat gesteckt, aber mein Vater düngt noch jetzt sein Land selbst. Mir scheint jedoch, ich weiß von vielem mehr als sie. Die Männer verabscheue ich weder, noch machen sie mir Not, aber ich suche sie auch nicht wie eine Katze. Wenn ich durch die Straßen spaziere, kommen mir allerlei Gedanken; eines jedoch kann man nie vergessen: genau wie die anderen, die nur darauf achten, wie wir angezogen sind, nichts von uns wissen, so wissen auch wir nichts von ihnen. Mir scheint, das ist ein schönes Spiel: Farben auswählen, eine bestimmte Art annehmen, sich zu geben, auf den Gang oder auf den Blick achten; aber ich – ich weiß, es ist ein Spiel. Lucetta nimmt es ernst.

Die Signora Ugolina verstehe ich schon gar nicht. Als ich in Begleitung der Tante zu ihr in die Wohnung hinaufkam, küßte und umarmte sie die Tante und dann auch mich. Das mag noch hingehen; aber dann begann sie, sobald sie saß, sich rosa Flecken aufzumalen und mich mit ihren dunklen Augen zu verschlingen, und die Tante sagte etwas zu ihr, und die Signora wandte sich an mich, wobei sie den Kopf hin und her bewegte: da lachte ich ihr, so jämmerlich erschien mir das, ins Gesicht.

Als ich dann bei ihr wohnte, lernte ich sie besser kennen. Jetzt brauche ich nur darauf zu achten, welche kleine Falte sich zusammenzieht, und ich weiß, was für eine Hitze, je nach der leidenschaftlichen Aufwallung, ihr glühend ins Gesicht fahren wird. Die Signora ist nicht alt, aber von starkem Knochenbau; wenn ich sie so vor mir sehe, bin ich sicher, sie hatte als junge Frau eine nicht gerade schöne Figur; und Clara, die manchmal zum Essen kommt, flüstert mir mit zusammengekniffenen Augen zu, unsere Gastgeberin sei noch jetzt der Liebe nicht abgeneigt.

Mir gegenüber war sie in der ersten Zeit sehr taktvoll. Mit gelegentlichen Bemerkungen stutzte sie mich zurecht, wenn ich eine gewisse provinzielle Verlegenheit zeigte, riet mir so nebenbei, wie ich mich besser anziehen könne, begleitete mich manchmal auf die Straße; aber im großen ganzen ließ sie mich allein handeln, umhergehen und alles ausprobieren.

»Ihr Mädchen regt mich mit eurer Geschäftigkeit richtig auf«, seufzte sie damals. »Was ihr für ein unabhängiges Leben führt! Das steht euch gar nicht. Wenn du dich am Morgen wecken läßt, Lidia, um dich in Windeseile anzuziehen und fortzueilen, kommt es mir, wenn ich hier allein bin, vor, als sei ich die einzige Frau auf der Welt. Was sind für euch die Tage? Kalenderseiten. Ach, ich fühle mich alt, wenn ich sehe, daß ihr die Zeit so verbringt. Denkst du nicht daran, Lidia, für eine bessere Zukunft zu sorgen? Gib acht, daß nicht eines Tages andere, unbarmherzigere Mädchen kommen und euch fortjagen, wie ihr es mit uns Alten tut, und euch ins Haus verbannen, so daß ihr nur noch der Erinnerung lebt. Man bleibt jung nur dann, wenn man es gewesen ist.«

Aber sie hat sich erhitzt, ihre Muskeln verkrampfen sich, die Haut glänzt, sie kann sich jetzt, wo sie vertrauter mit mir geworden ist, Luft machen. Wir haben uns rasch verständigt: sie ist nur den Jahren nach älter als ich; alles übrige, Gedanken, Ängste, fixe Ideen, kann sie mir wie einer Freundin anvertrauen. Sie läßt mich einen verkrampften Neid ahnen, den zu erkennen ich Mühe habe, so gut hält sie ihn immer unter dem wohlwollenden Seufzer der weisen Signora verborgen.

»Lidia«, sagt sie bekümmert zu mir, »das härteste Schicksal ist, wenn man in meine Jahre kommt und sich davon überzeugt, daß alles Illusion ist, dreckige, widerliche Illusion. Es hat keinen Sinn, alles dranzugeben, sich bis zum letzten zu opfern, ja es bis zum Kniefall getrieben zu haben; solange uns ein wenig Grazie und Blut bleibt, nehmen sie es, reden darüber und streiten sich darum, halten an uns fest; und dann, wenn sie nicht mehr wissen, was sie mit einer Frau anfangen sollen, werfen sie es ihr sogar vor, daß sie sich vor ihnen gedemütigt hat. Hast du ihnen gefallen, hast du sie einmal vergnügt, so mußt du dich dazu verstehen, sie immer zu vergnügen. Auch das hat es gegeben. Das ist schrecklich, Lidia, daß ich dir das in meinem Alter sagen muß.«

»Lassen Sie mir also meine Illusionen, Signora.«

»O Lidia, du hast an so etwas noch Spaß. Aber mir wird dabei eiskalt: ich kenne euch Mädchen, ihr glaubt, es ist genug, wenn ihr die Männer in hündischem Gehorsam anblickt, und schon beherrscht ihr sie. Ihr wißt eines nicht: daß der gemeinste, dümmste, einfältigste Mann eine Frau kränken, sie demütigen, ihr Leben zerbrechen kann. Die Natur hat es so gewollt.«

Diese Dinge sagt sie bei Tisch, wobei sie mir starr in die Augen sieht, die Farbe wechselt, ihren Ekel auf den Bissen überträgt, den sie hingelegt hat. Ich beuge mich über meinen Teller, esse rasch und mustere sie von oben bis unten. Diese Härte in ihren Augen hindert mich, sie zu begreifen. Sie ist, mag sie sich auch immer so geben, gewiß keine kleine erschreckte Frau, die man mit Füßen getreten hat, dafür ist sie auf ihre Demütigungen viel zu sehr versessen. Wenn mich etwas so tief gedemütigt hätte, brächte ich es nicht fertig, davon zu sprechen. Oder vielleicht übertreibt sie gern, um sich mehr als Frau zu fühlen.

Aber es ist schon wahr: in der Stadt kann man nicht leben, ohne so etwas zu denken. Ich merke es, wenn ich mich anziehe, auf die Straße trete und meine Augen umherwandern lasse. Jetzt begreife ich, warum ich in den ersten Tagen so flink aus dem Haus trat, so vergnügt losging und vor mich hin sah, glücklich über den Streifen Himmel, der überall mit einem geht. Alles das hat auf dem Land keine Bedeutung: dort gibt es zu viel Himmel, und er ist für niemanden von Nutzen. Aber es ist nicht nur der Himmel. Es macht Freude, zu denken, daß über und mitten in den Straßen ein frisches Licht ist, Sonne und Schatten, der Gehsteig, die Menschen, die darauf gehen. Aber es ist nicht nur dies. Da gibt es weiter die Überraschung, das Glück, sich als Frau zu fühlen und niemandem etwas zu schulden; und wenn man einem Passanten in die Augen sieht, zu wissen, er ist genauso ein Mensch wie man selbst. Da gibt es vor allem eine ruhige Gespanntheit, fast eine gesammelte Bangigkeit der Erwartung, einer absurden Hoffnung.

Man kann gar nicht anders, als daran denken. Es ist ein schönes Spiel, das dem unruhigen Hin und Her, den Farben, einfach allem einen Sinn gibt. Bis dahin verstehe ich Lucetta: sie erzählt mir von dem, was ihr so begegnet, von Ärger, der doch vergnüglich ist, von den unsinnigen traurigen Stimmungen; ich höre ihr zu und merke, daß sich hinter ihren blitzenden Augen anderes verbirgt. In den ersten Tagen genügte eine Stimme auf der Straße, ein Gruß, das Lächeln des ersten besten Passanten, daß ich mich in eine helle, luftige Freude hinaufgehoben fühlte, die um so heftiger war, je heimlicher sie blieb. Ein solches Spiel trieb ich ganz instinktiv, so daß mir ganze Straßen in dieser Art Trunkenheit sozusagen lebendig wurden; ich berauschte mich geradezu an dem mir so spürbaren Unbekannten. Und dann wunderte ich mich, wenn ich merkte, daß unter alledem der unwillkürliche Blick steckte, den ein Mann mir zuwarf: und die Frau, die mit ihm ging, packte ihn jäh verärgert fester. Oder ein schöner, gerade eben geborener Gedanke, der aus nichts bestand, aus einer lächelnden Erinnerung. Oder das ruhige Pulsieren des Blutes.

Aber ich bleibe auch in diesen Augenblicken ich selbst. Ich achte auf meinen Gang und freue mich daran für mich allein; höchstens begegne ich dabei den Mauersteinen oder den vorübereilenden Autos, ohne mich aus dem Griff zu lassen, ohne mich zu verraten. Denn das ist die Gefahr: sich verraten. Signora Ugolina und Lucetta sind Menschen, die sich verraten, und daraus entsteht all ihr eingebildetes Unglück. Sie lassen sich anmerken, daß sie das, was ein einfaches Spiel ist, ernst nehmen.

Wie hat sich die Signora damals aufgeregt, als Nanni mich zu Hause abholte! Während sie sich mit ihm unterhielt, betrachtete sie genau jeden dicken Knöchel an seinen Händen; sie ließ ihn erzählen, wie er mich nenne; ob er nur mir zuliebe Bootsfahrten mache; ob er immer diesen weißen Trikot trage; ob er in einem möblierten Zimmer, oder bei seiner Familie wohne. Kurz, sie suchte ihn gründlich auszuforschen, eifrig und liebenswürdig, wobei sie überzeugt war, sie tue es für mich. Nanni hörte ihr mit seiner gewohnten Gelassenheit zu, die Jacke über der Schulter, und lächelte kaum. Als wir hinausgingen, packte er aus und fragte barsch: »Hat sie auch mit dir was vor?«

»Ein bißchen sind wir alle so«, erklärte ich ihm. »Als ich ein kleines Mädchen war, habe ich meine Katze geküßt und ihr Reden gehalten, wie sie die Signora dir gehalten hat. Dann, wenn wir Frauen werden...« – Nanni amüsierte sich – »und uns verlieben, gibt es solche, die begreifen, daß die Männer anderes wollen, und solche, die es nicht begreifen. Aber ein kleines Mädchen zu bleiben wie sie, ist eine seltene Gabe.«

»Was seid ihr für Frauen«, platzte Nanni los.

Die letzten vier Wochen sahen wir uns jeden Abend. Er arbeitete in der gleichen Straße und kam mich am Ausgang abholen. Wir gingen zusammen essen, und immer hatte er die Signora schon angerufen, daß ich spät zurückkommen würde. Die Signora blieb wach, wartete mit Herzklopfen auf mich und verkündete mir, ich gäbe ihm zu sehr nach und ließe ihm zuviel Freiheiten. Sie hatte kein Vertrauen zu diesen gleichmütigen Augen und dieser über die Schulter geworfenen Jacke. Sie unterstellte ihm die blödesten Pläne und fragte mich, wie er in Unterhosen aussehe.

Aber Nanni hatte mich verstanden, oder vielleicht war er immer so gewesen. Ich erinnere mich noch daran, wie er an den Abenden, wo ich zu ihm hinaufstieg, lange in Schweigen verfiel, in dem Halbdunkel, das von Rauchspiralen durchzogen war. Er tat alles, wie es mir gefällt: mit größter Einfachheit, er war wie ein Junge, der seinen Apfel ißt. Zum Beispiel fragte er mich nie: »Bist du mein Mädchen?« Ich sah ihn erregt werden und fürchtete jedesmal, er sei im Begriff, irgend etwas Dummes zu sagen, und statt dessen kam die verlegene Aufforderung, hinunterzugehen, uns zu bewegen, uns anderswo tüchtig auszulüften.

Sobald er draußen war, wurde er ganz munter; er schritt aus, als gehöre die Straße ihm, und wir liefen lebhaft los. Nie wurde er müde, aber ich bückte mich sehr bald und rieb mir lachend das Schienbein. Dann gab Nanni nach, und wir gingen in ein Café.

Wir redeten über einfache Dinge: er erzählte mir von seinem unwiderstehlichen Drang zu reisen und bedauerte, daß er nicht Matrose sei, und fragte mich nach meinem ländlichen Zuhause, und ob ich immer in diesen Büros weiterleben wolle. Ihm gefiel die Stadt nicht; er riet mir, meine Arbeit hier aufzugeben und in meine Gegend zurückzukehren. Er begriff nicht, was eine Frau dazu bewegen könne, Angestellte zu werden. Ich war jedesmal wieder überrascht, wie einfach er seinen Gedanken Ausdruck gab; ich glaubte mich in seiner Gesellschaft zu spiegeln, wenn ich ihn so ruhig das ausdrücken hörte, was ich nur mir selbst eingestand.

Als er fortging, um im Bergwerk zu arbeiten – er hatte diese sitzende Lebensweise satt –, sagte er mir das so schüchtern, als sehe er irgendeine Schuld darin.

»Aber Nanni, daran tust du sehr recht. Du wirst leben, wie es dir gefällt, ohne Jacke, die Füße immer schmutzig. Denn Stiefel trägt man im Bergwerk doch wohl nicht? Und dann gibt es dort keine Frauen. Ich wünschte, ich könnte auch hin gehen.«

Nanni bewegte die Lippen zu einer Antwort, doch dann lächelte er mir nur verständnisvoll zu und schwieg. Wenn ich mich an nichts weiter von ihm erinnerte, so würde mir der Schatten jenes Lächelns dafür genügen, daß ich, sobald ich daran denke, vor Zärtlichkeit die Augen schließe. Ich war so glücklich, daß er mich nichts fragte; denn hätte er gesprochen, so fürchte ich noch jetzt, ich hätte ja gesagt.

Es machte mir einen geradezu blödsinnigen Kummer, als ich mit ansah, daß er fortreiste, während ich ins Büro zurückkehren mußte. Ich kam vom Bahnhof, wo selbst der Kohlengeruch – es war ein kühler Morgen – einem Lust machte, in einen Zug zu springen und auszureißen. Ich dachte an die nackte, verqualmte Erde, die Nanni liebte, an jene kalten, bodenlos tiefen Löcher, in die er hinabsteigen würde, und hob die Augen zu dem luftigen Himmel, wie Nanni sie zu ihm aufheben würde, wenn er wieder heraufkam.

Wie allein ich war, spürte ich Tage danach, als Clara mich mit einem Augenzwinkern fragte, ob denn Frauen auch allein rudern dürften. Ich merkte die Absicht, riet ihr, den Badeanzug unter das Kleid zu ziehen, und eines Sonntags befanden wir uns auf dem Fluß. Clara hatte ihre schielende Freundin mitgebracht; diese machte ein mürrisches Gesicht. Sie legten sich unten im Boot lang, rieben sich die Beine mit Öl ein und zogen sich vorsichtig aus. Wir glitten unter ein baumbestandenes, verlassenes Ufer. Clara, die schlank ist, wie eben Blonde schlank sind, blieb in ihrem hübschen Badeanzug. Ich ruderte, die beiden zankten sich. Sie zankten sich mit Blikken, wandten einander den Rücken zu, rissen sich Kleidungsstücke weg, schwiegen. Die Sonne schien kräftig, ich schloß halb die Augen, ruderte, dachte an die Vergangenheit, mir war, als wäre Nanni noch hier und griffe heftig in die Ruder, und ich säße im Boot und starrte in die Wolken.

Clara versteht sich in ihrer kalten Art darauf, zu reden. Sie begann über mein langsames Rudern zu scherzen und stopfte inzwischen das unangenehme Lachen der anderen mit einer Handvoll Bonbons. Diese, blaß und knochig, hatte sich auf dem Bademantel aufgesetzt, kratzte sich die behaarten Waden, und während sie die Bonbons lutschte, hörte sie nicht auf, sich über die Sonne zu beklagen. Ich begreife nicht, wie Clara, die so kristallglasfein sein will, mit einem so häßlichen, dummen Mädchen intim sein kann. Mögen sie sich doch gern haben, wenn ihnen daran liegt, aber warum es auch im Badeanzug so offen zeigen? Und warum zu mir kommen und den Ausflug wünschen, wenn die Sonne sie stört?

Mutlos und verärgert wie ich war, genoß ich nicht einmal mehr in Heiterkeit den Ausflug, ich hätte allen beiden gern die Ruder um den Kopf geschlagen. Wenn ich den Ausflug heute mit denen damals verglich, hatte ich kaum den Mut, daran zu denken, daß ich an diesen selben Ufern so blödsinnig glücklich gewesen war.

Aber dann riß mich gerade die Schielende aus der Verlegenheit. Als längsseits an uns ein Boot voll lustiger junger Männer vorüberkam, die uns die üblichen Wünsche zuriefen, machte sie begeistert den Bademantel los und schwenkte ihn hocherhoben hin und her. Da wollten die jungen Männer natürlich näher heranrudern und redeten weiter dummes Zeug; sie hielten die Ruder zu uns herüber, einer war schon dabei, ins Boot zu springen, da versetzte Clara ihrem Schatz eine schallende Ohrfeige, und ich stieß mich mit heftigen Ruderschlägen von dem Boot fort. Dadurch fiel dieser junge Mann jäh ins Wasser. Es gab Geschrei und Gelächter; wir kamen mit Mühe davon.

Nun war es nicht mehr mit anzusehen, wie Clara und die Schielende sich betrugen: die eine giftig, die andere zitternd vor Wut, stritten sie sich endlos herum. Schließlich hörte ich auf zu rudern und flüsterte Clara zu: »Eure Szenen macht zu Hause. Hier müßt ihr lernen, mit Männern umzugehen.« Clara sah mich an, fand keine Antwort, warf mit zusammengezogenen Brauen einen letzten Blick auf jenes Wesen und sagte dann: »Es wird besser sein, wir kehren um.«

Seitdem habe ich beim Bootfahren eine unangenehme Empfindung. Aber um jenen Ausflug tut es mir nicht leid, denn nur, wenn ich daran zurückdenke, finde ich wieder jenes Gefühl der Befreiung, das ich schon vergessen hatte. Es liegt mir nichts mehr an Clara oder Ernestina: ich kehre zu mir selbst zurück. Als ich mit den beiden, die sich so in mein Boot gedrängt hatten, an Land stieg, fiel wie ein Gewicht jede Qual eines dummen Bedauerns, jede Trauer der Erinnerung von mir ab: Nanni war eine liebe Gesellschaft gewesen, ich war das gleiche für ihn gewesen; wir hatten Gefallen aneinander gefunden und hatten uns umarmt – das war genug. Ohne es zu wissen, hatten wir einander verstanden. Eben die heitere Klarheit, die wir gegenseitig gesucht hatten, durfte in unserer Erinnerung keinen Riß bekommen. Weder die Freundinnen noch das Gewicht der Tage zählten etwas. Sich nicht verraten: nicht einmal sich selbst gegenüber. Weiter auf dem Fluß rudern, die Vergangenheit heraufrufen, aber auf jeden Schritt und jeden Blick achten. Lieber die Augen schließen.

Das frohe Bewußtsein, daß ich mich wiedergefunden hatte, muß mir in den ersten Tagen eine nicht zu zügelnde Vergnügtheit verliehen haben, denn Lucetta, die sich auf Vergnügtheit versteht, sagte zu mir: »Was hast du, Lidia? Kommt dein Ruderer zurück?« Ich fragte sie, ob sie tanzen gehe, und wollte sie dabeihaben. Aber Lucetta hatte von ihrem Plagegeist das Versprechen, er werde sie abholen, und verbrachte einen Nachmittag am Arbeitstisch damit, daß sie immerzu aufsprang und alles rundum anlachte. Dann gingen sie untergehakt miteinander los. Nach dem Essen traf ich sie im Nirvana.

Jetzt hat auch Signora Ugolina gemerkt, daß Nanni nicht mehr da ist, und betrachtet mich am Abend besorgt, als sei ich krank. Sie errötet und seufzt, führt noch verkrampftere Reden als sonst und paßt genau auf, ob ich mich quäle. Sie sieht nicht ein, daß ich, nun so allein, weiter Bootsfahrten unternehme.

»Oh, Lidia, ich habe gefühlt, daß es so enden mußte. Ich versetze mich an deine Stelle und leide für dich. Du warst so davon eingenommen! Und was willst du jetzt tun? Ihn vergessen, Lidia. Schreibt ihr euch?«

»Oh, Lidia, ich verstehe dich, diese Schmerzen nehmen einem den Atem, sie bewirken, daß wir uns selber verachten. Aber was hat er dir gesagt? Hat er dir etwas versprochen? Glaube nicht an diese Versprechungen, glaube an gar nichts! Du Ärmste! Bist du zu ihm in die Wohnung gegangen?«

Ich lasse sie reden und antworte mit Grimassen, ohne ihr die Genugtuung zu geben, die sie haben möchte, nämlich ihr von Erniedrigungen und unwürdigen Dingen zu erzählen. Die Signora öffnet manchmal, um mir Mut zu machen, die Kloaken ihrer Vergangenheit und flüstert mir Geheimnisse zu. Sonderbar, daß sie dabei nicht errötet. Im Gegenteil, sie wird blaß und schwitzt.

Und doch könnte ich ihr Dinge erzählen, die sie aufs höchste verwundern würden. Damals, o ja, da war ich krank. Ich kam gerade aus dem Internat, als mich jenes Fieber überfiel. Aber würde sie verstehen, wie jene Anfänge in diesen Frieden eingemündet sind?

Wenn ich manchmal nachts aufwache und mich fest ins Kissen drücke, in der Beklemmung eines Traumes, mit brennenden Händen, und keinen Finger zu rühren wage – dann erinnere ich mich an damals. Ich fühle mich wieder entwurzelt und elend, ich sehe mich wieder mit ängstlichen Sprüngen durch die Felder rennen, plötzlich stehenbleiben, Herzklopfen bis zum Hals, die Nasenflügel gespannt, erschreckt von dem, was ich tat, mehr noch erschreckt bei dem Gedanken, es zu lassen. Und dann kam Giusto pfeifend heran, sagte »du armes Mädchen!«, nahm mich um die Taille, fühlte, wie mein Herz schlug, lobte mich dafür, stieg dann an das Flüßchen hinunter: und ich folgte ihm.

Dort an jenem Ufer standen ganz junge Kastanien – später habe ich in einem Buch von mir ein großes getrocknetes Blatt wiedergefunden; und knotige, scharf einschneidende Betten von Farnkraut gab es, nur hier und da ein wenig Moos. Die ersten Male warf mich Giusto zu Boden, wo es ihm gerade paßte, und lachte, wenn ich mich auf einem unerträglich harten Stein von ihm losmachte. Eines Tages sagte er zu mir, er fühle sich als Mann, und wenn ich dorthin komme, sei ich also mit ihm zufrieden. Wie ein dummes Ding verbarg ich das Gesicht an seiner Brust und gab mir Mühe, mich nicht mehr zu beklagen. Ich wußte nicht einmal, daß ich die Stärkere war.

Aber indem ich so durcheinandergeriet, schafften mir diese Hetzjagden wenigstens Luft; auf dem Rückweg war ich allein und von Kräften, doch manchmal sogar heiter. Ich setzte mich abseits an die Tenne und dachte, während mir das Gesicht glühte, wieder daran, wie ich entwischt war. Ich war wie eine läufige Hündin. Jetzt zittere ich, wenn ich an die Gefahr denke, die mir gedroht hat. Aber vielleicht schützten mich gerade die Heftigkeit dieses Fiebers, die Ängste, überhaupt alles. Giusto, der jungverheiratet war, dachte darüber nicht einmal nach; ich war sechzehn Jahre alt.

Alles das könnte ich der Signora erzählen; aber wie ihr meinen Zustand innerhalb meiner Familie beschreiben: die schlaflosen Nächte, den Widerwillen, wenn ich mich erhob, und die wütende Angst, sooft ich bedrückt an die Zukunft dachte und nicht zu hoffen wagte, daß diese dumme Abhängigkeit jemals aufhören würde? Lucetta könnte ich es vielleicht erzählen; aber sie bewundert mich zu sehr.

Giusto hatte seit einem Jahr eine ziemlich blasse, unterwürfige Frau. Sie war, das erfuhr ich später, schon schwanger. Sie besorgte ihm Haus und Geschäft, ein Stoffgeschäft fast außerhalb des Dorfes. Ich geriet an Giusto eben darum, weil ich in jenem Sommer mit solcher Freude von zu Hause in das neue Geschäft eilte, um mir den Stoff für das erste Kleid auszusuchen, das Mama mir nach dem Internat zu kaufen erlaubte. Unter den Augen seiner Frau preßte Giusto meine Hand zwischen den Falten eines grünen Seidenmusselins, der mir wahre Schauer verursachte, so schön war er. Und obwohl ich Giusto später als das erkannte, was er war: ein kleiner Schürzenjäger, bin ich noch jetzt verwirrt, wenn ich mich an das schillernde Aufblitzen seiner Augen hinter den Stoffen erinnere.

Die schüchterne Frau lächelte mir zu, sooft ich vorüberkam. Sie wußte, glaube ich, daß sie schon betrogen wurde, doch nicht, mit wem; und sie fragte nicht und behielt ihren Kummer für sich. Sie war oft in der Kirche. Jetzt weiß ich, daß ich nicht einmal die erste war. Ich konnte diese Frau verstehen: ich selbst war auf sie nicht eifersüchtig, sondern ich sah in meiner und ihrer Erniedrigung eine Art gemeinsames Schicksal, eine gemeinsame Freude und Qual –

sie war noch nicht zwanzig Jahre alt. An etwas erinnere ich mich gut: nie habe ich sie darum beneidet, daß sie seine Frau war; und das heißt, daß etwas der Zerstörung widerstand, vielleicht nur ein Instinkt, eine schwache, doch gesunde Stimme in mir, denn ich war ja noch ein kleines Mädchen und kehrte ja auch als das zurück. Wenn ich an die Gefahr denke, in der ich war, mich zu verlieren, und wie ich plötzlich, instinktiv, wie aus einer unbewußten Kraft heraus mich gerettet habe, dann glaube ich wirklich, daß alles in uns geschieht, ohne daß wir etwas dafür können; daß Vernunft und Wille nichts als Worte sind; daß keiner sich von sich aus verliert oder sich rettet, sondern wir bleiben immer die, als die wir geboren sind.

Giusto wollte über mich bestimmen, und statt dessen wurde ich unter seinen Händen erwachsen. Seine Macht hatte darin bestanden, daß ich ein so verzweifeltes Bedürfnis empfand, von den Feldern wegzukommen, daß ich in die Stadt gehen, mich selbst besser kennenlernen wollte, wie ich es mir im Internat erträumt hatte. Er fand mich furchtsam und ängstlich, und er brauche, meinte er, nur die Hand auszustrecken, so habe er mich schon verführt. Aber die Wahrheit ist, daß mir seine groben Zärtlichkeiten und seine kalten Augen gefielen, wie ich mir selbst im Spiegel gefiel. Im übrigen hat mich bisher noch keiner wirklich zu verführen gewußt.

Inzwischen litt ich, denn ich war völlig außer mir, und ich hatte auch die Unklugheit begangen, ihm von meinen Träumen zu sprechen, weswegen er mich oft ›Tippfräulein‹ nannte. Als ich einmal zögernd zu ihm sagte: »Du bist verrückt. Morgen komme ich nicht«, versuchte er mir Angst zu machen: er warf mir einen eiskalten Blick zu. Aber der Sommer brannte, und ich konnte nicht aufhören. Im übrigen begehrte ich ihn nicht einmal. Mein früher so fester Entschluß war irgendwie wankend geworden; denn später überredete ich die Tante doch dazu, für mich hier Arbeit zu finden, und brachte alle dahin, daß sie dem zustimmten. Vorläufig heulte ich leise und senkte den Kopf.

Dann mit einemmal war ich frei. Ohne es zu wollen und ohne Anstrengung. Ich heulte und litt nicht mehr. Beinahe begriff ich es nicht einmal. Ich fand mich allein, mit klopfendem Herzen und ein wenig müde, aber heiter, heiter und klar wie das Wasser; so heiter war dort nicht einmal der Himmel. Ich ging an jenem Tag durch einen Rebgarten von uns, um den Kastanienpfad zu erreichen; es war schon später Nachmittag, und zwischen den Rebstökken erhob sich ein großer, blasser Mond. Ich hatte an dem Abend keinen besonderen Groll, vielmehr hatte ich mich davon überzeugt, daß Giusto ernsthaft etwas vorhatte, und daß sich hinter seiner groben Art nur die Furcht versteckte, mich zu verlieren. Ich war von zu Hause ziemlich ungeduldig fortgeeilt in dem Gedanken, ich würde mich vielleicht ein wenig verspäten. Ich ging in mich versunken, stieß an die Rebstockreihen, dachte an die Begegnung und war über mich selbst erstaunt. Hin und wieder bückte ich mich mit einem heftigen Ruck, strauchelte über die Schollen, erregt, daß ich dorthin ging.

Und mit einemmal war ich frei. Ich hielt inne, richtete mich auf, fragte mich, was ich bei Giusto suche. Ich lächelte mir selber zu. Ich stellte ihn mir vor: allein, wartend, leicht unsicher, mit gerunzelten Brauen, in giftiger Stimmung. Ich hörte mich in der Stille lachen. Ich brannte darauf, ihn zu prüfen, ihn zu verletzen, ich rannte ein Stück, hielt wieder inne und lächelte, ich hörte die Fledermäuse vor dem Mond hin und her schwirren; und da hob ich die Arme wie ein Kind, wie ein richtig dummes Ding, schrie, lachte und – kehrte um. Ich war allein. Ich genügte mir selbst. Auch die boshafte Lust, den verlassenen Giusto vor mir zu sehen, ließ mich los. Ich war frei und allein.

Weder an jenem Abend noch an den folgenden Tagen ging ich zu Giusto. In der ersten Zeit spielte ich zu Hause die Erschöpfte, und so hörte Giusto, daß ich nicht gesund sei. Die Wahrheit ist, daß ich ihn noch ein wenig fürchtete und ihm vielleicht nicht hätte gegenüberstehen können. Aber sobald ich mich davon überzeugte, daß mein Blut von dem Fieber des ganzen Sommers wirklich befreit war – wie bei einem Sprung ins Wasser Müdigkeit und Schweiß verschwinden –, hatte ich keine Scheu mehr, auszugehen.

Ich sehe ihn noch immer vor mir, wie er durch die Felder bummelte, nach mir spähte, mir folgte und mir einmal gegenübertrat, mit finsterem Gesicht, gekränkt. Aber die Drohungen und flehentlichen Bitten machten mich nur ungeduldig; die Szenen mit seiner Frau wurden bekannt und empörten alle; bei mir erreichte er nichts mehr. Dann wurde ihm ein kleines Mädchen geboren; ich beschloß, in die Stadt zu gehen, und habe nie mehr etwas von ihm gehört.

Die Nacht von San Rocco

I

Zu der Tenne, die glatt und hart war wie eine Marmorplatte, kam die Frische des Abends herauf. Am Fuß eines Hügels, wenn die Sonne eben auf der anderen Seite untergegangen ist, scheint sich die Erde mit einem eigenen Licht zu erhellen, einem kühlen, stillen Licht, das von den Steinen und allem Kahlen ausgeht. In die reglose Luft hinter dem Stall brach, auf dem Wind schaukelnd, von fernen Hügeln hin und wieder der wirre Lärm von Tanzmusik ein, es klang wie ein weithin hallender Streit aus rauhen Kehlen.

Die Burschen schleiften die nackten Füße über die kühle Härte des Bodens, während sie das letzte Stück Tenne mit Rutenbesen blankfegten. Beide benutzten, mit einem Seitenblick nach dem Pater, den Moment, wo er den Kopf zu dem Faß hinunterbeugte – und nun los, jeder gab dem andern einen scharfen Hieb um die Ohren. Ein dritter Bursche, gleichfalls barfuß, in langen Hosen, saß auf dem Mauervorsprung und knotete eine geschälte Weidenrute fest um seinen Besen, der auseinandergegangen war. Dabei fielen ihm immer wieder die Haare über die Augen, und dann warf er jedesmal den Kopf zurück. Als jene beiden gerade besonders heftig fegten, sah er heimlich zu dem Pater, der, die Soutane geschürzt, noch immer über das Faß gebeugt stand, um die Masse mit dem Stock umzurühren, und flüsterte dem Kleineren zu:

»Los, spritz ihn mit Jauche!«

Auf der Tenne stand ein zweites offenes Faß, und auch aus diesem kam ein übler, heißer, starker Geruch, der sanfter wurde, wenn er in die Abenddämmerung aufstieg. Der Junge hob den Besen, um ihn da hinein zu tauchen. Aber er fiel ihm aus der Hand. Der Pater hatte sich mit rotem Gesicht wieder aufgerichtet und wischte sich die Finger an der Sackleinenschürze ab; und der andere Bursche lief brüllend davon: »Pater, Pater, Rico will mich vollspritzen!«

Der Pater sah ihm mit scheelem Blick nach und wandte sich zu dem, der dort saß. »Du bist der Stein des Anstoßes, immer du, Biscione«, rief er ihm zu, während er den Handrücken zur Stirn hob, um sich den Schweiß abzuwischen; aber er hielt inne, so daß die Hand in der Luft blieb. »Was tust du hier? Warum sitzt du so faul da? Ihr habt schon zu Abend gegessen, wie, und da habt ihr einen vollen Bauch! Für Dünger sorgen, darin sind wir alle tüchtig; nur wenn es heißt, ihn zusammenmischen, läßt man die Arme hängen. Los jetzt, fegt die Tenne, es wird Nacht.«

»Die Tenne ist fertig«, sagte Biscione, ohne sich zu rühren.

Da bog der Lehrer auf dem Pfad von der Düngergrube her um die Ecke, die Jacke über die Schulter gehängt; er schnallte sich den Hosengürtel zu.

»Schön frisch ist es hier«, brummte er, während er dicht an der Stallmauer entlangging, wo die Tenne nicht festgestampft war. Er setzte sich auf den Trog vor der Pumpe, einen ausgetrockneten Trog voller Lumpen, streckte die Beine aus und holte durch die Nase tief Luft, wobei er die Augen halb schloß.

»Seht euch die Ameisen an, die hier entlangziehen«, sagte der Pater, zur Erde gebeugt. »Sieh du her, Biscione. Auch die gehen zum Fest. Wie sie rennen! Sie spüren, daß die Mohrenhirse bald geerntet wird. Wir werden ihnen die Mohrenhirse schon geben!«

»Ruhen Sie sich einen Augenblick aus, Pater«, sagte der Lehrer plötzlich, während er sich eine Pfeife stopfte, »und horchen Sie, wie sie dort spielen. Es ist, als sei es der klare Himmel, der spielt; der Wind selbst macht heute abend Musik.«

Biscione führte die anderen beiden zu dem Rutenhaufen. Der Pater wandte sich dem Lehrer zu und kam zwischen den Fässern näher.

»Es ist ein schlimmer Wind, der uns diese Musik hergetragen hat. Und Sie sprechen vom Himmel. Wer unsere Jungen ausfindig machen will, der muß sie zwischen den Schaubuden suchen. Scheibenschießen und wilde Tiere, wilde Tiere und Scheibenschießen. Wie viele sind heute zur Wiederholungsstunde gekommen?«

»Zwei.«

»Aha! Und die Eltern sind noch ärger. Sie essen und trinken, trinken und tanzen. Würden sie wenigstens der Musik zuhören! Sie werden es nicht glauben: gestern ging ich über die Piazza, ich hatte oben auf dem Gemeindeamt zu tun, und sehe – es war sechs Uhr nachmittags – diese... diese Lehrerin vom Bahnhof – sie wird in Ihrem Alter sein, Professore –, wie sie Arm in Arm mit ihrem Vater – ihrem Vater, sage ich Ihnen –, wie also die beiden auf diese Bahn mit den kleinen Autos steigen und rundherum fahren, vorwärts und rückwärts, und schreien und die anderen Autos anspringen, losstoßen wie Tiere. Stellen Sie sich vor, was in diesen Autos in der Nacht vor sich geht! Einer, so hat man mir gesagt, hat sich immerhin die Hand zwischen zwei Autos zerquetscht.«

Der Lehrer blickte mit einem blassen Lächeln in den Rauch seiner Pfeife, und durch ihn hindurch sah er, wie in einem beschlagenen Spiegel, die beiden Burschen, die Ruten banden. Biscione war verschwunden.

»Richten wir nicht, Pater! Nicht alle Junggesellen sind so bußfertig wie wir.«

»Aber hören Sie denn nicht«, brummte der Pater, während er einen Stummel aus der Soutane zog und lebhaft darauf herumbiß, »hören Sie nicht, wie die jungen Leute die ganze Nacht auf der Straße zurückkommen, von einem Graben in den anderen, berauscht, daß sie sich nicht mehr auf den Beinen halten können? Wie sie all das Zeug herauskotzen und kaum wissen, was sie alles in sich hineingeschüttet haben, und unserem Gittertor Fußtritte versetzen, als sei hier die Osteria? Und sogar Frauen sind dabei!«

»Je nun, zur ›Madonna di settembre‹ wird eine schöne Prozession auch das Gittertor abwaschen.«

»Wenn es nur das wäre!« schnaubte der Pater los. »Diese Zigeuner von den Schaubuden haben das Geschäft gewittert, sie werden nicht so bald aus dem Tal ziehen. Sie sind, mit Verlaub zu sagen, wie der zusammengerührte Mist hier: wenn man einmal die Hände hineinsteckt, verlieren sie den Geruch nicht mehr.«

Und der Pater rieb sich wieder die Fäuste an dem Sack ab, der ihm vom Hals herabhing. Es waren kräftige braune Fäuste mit schwarzen Streifen in den Falten, unter den Nägeln, um die Handgelenke. Sie schienen aus Holz zu sein oder aus einem ganz runzeligen Fleisch. Unter dem Sackleinen kamen die Füße heraus, barfuß und ebenfalls knotig, erdverschmutzt und gedreht wie Wurzeln.

»Schlecht ist dieser Geruch nicht«, sagte der Lehrer ungerührt. »Ganz früh am Morgen, wenn die Jauche in die Furchen verteilt wird, ist er sicher nicht unangenehm.«

»Einverstanden, wenn er von Rindermist kommt«, sagte der Pater. »Aber bei dem hier tränen einem die Augen. Er ist so heiß und sauer, daß er nicht einmal wirklich düngt.«

Der Lehrer zog an der Pfeife. »Für mich ist das ein Zeichen von Vorrecht und Elend unserer Lage. In unserem Körper gibt es ein teuflisches Element, den bösen Willen, der auch das vergiftet, was wir ausstoßen. Die Säure ist im Geist.« Und er betrachtete durch den Rauch heimlich das hagere Gesicht des Paters.

»Nichts leichter als das«, sagte der Pater, »nichts leichter als das... Biscione! Sind die Besen fertig? Wo ist dieser verflixte Kerl hin?«

Während Rico und der andere herankamen, wobei sie lange Büschel von Erlenruten schwangen, erschien Biscione: er rannte herbei und tat, als ziehe er sich noch die Hosen hoch. Der Pater ging ihm entgegen, sah ihn fest an und packte ihn am Handgelenk. Biscione war fast so groß wie er, aber schmächtiger und bleicher. »Du hast geraucht, was?« fragte der Pater und näherte das Gesicht dem seinen. »Woher nimmst du das Geld?« Ohne darauf zu antworten, machte Biscione den gefangenen Arm los und knöpfte sich ostentativ die Hosen zu.

Der Pater ließ nicht locker. »Du hast geraucht«, wiederholte er. »Führe keine Komödie auf. Man spürt es am Atem. Woher nimmst du das Geld?« Biscione gab keine Antwort.

»Er wird die Kippen sammeln«, sagte der Lehrer von der Pumpe her.

»Ach wo! Ich habe sogar zwei Kippen von Zigaretten gefunden, die er geraucht hat«, knurrte der Pater. »Er verkauft die Pfirsiche körbchenweise – falls er nichts Schlimmeres anstellt. Aber ist es dir bewußt, daß du stiehlst, was dem Herrgott gehört? Weißt du das?« Und er durchsuchte keuchend Biscions Taschen, wobei er ihm den Arm mit einem heftigen Ruck wegschob. Er fand nichts. »Mit sechzehn Jahren! Das sind nun die armen Kinder, die wir aus Barmherzigkeit aufnehmen! Der Prior sagt, sie seien blöde. Wenn man sie sich selbst überlasse, würden sie in den Gräben schlafen, würden übel enden. Du, du bist genauso wenig blöde wie ich und der Lehrer. In den Gräben wirst du allerdings enden, wenn nicht schlimmer. Du Herumtreiber!« Und er gab ihm eine Ohrfeige. »Reiß du mir noch einmal nachts am San Rocco-Fest aus!« Und er versetzte ihm wieder eine. »Du weißt ja nicht, was du tust!« Ein Tritt mit dem nackten Fuß stieß ihn drei Schritte weit fort. »Nimm dir eine Rute und arbeite, Biscione. Dieser Name, du Viper, paßt zu dir.«

Aber Biscione, der sich schlaff hatte zu Boden fallen lassen, schnellte hoch und war im Begriff, auf den Pater loszuspringen. Der Bursche zitterte, hob die Arme, griff in den Stoff der Kutte, bis auf die Haut, und beugte sich vor. Der Pater, empört, stand aufgerichtet, wartend da, die Soutane war ihm hinten bis auf die Fersen gerutscht. Biscione spuckte, knurrte, dann wandte er den Kopf und den ganzen Körper ab, lief los und verschwand hinter den Ställen.

Der Lehrer hatte sich erhoben und schwenkte die Pfeife in einer Hand.

Der Pater stand mit offenem Munde da, als wolle er schreien; dann schüttelte er sich und wandte sich an die anderen: »Sind die Besen fertig? An das Faß! Diese elenden Musikmacher, sie hören nicht einmal zum Ave Maria auf. Ihr beiden, los!«

Der Lehrer setzte sich wieder. Die durchsichtig klare Luft begann dämmerig zu werden, sie dämpfte und isolierte die Geräusche, die unter dem weiten Raum des Himmels alle kühler und leiser schienen. Die Hügel – hinter dem Rauschen der Maulbeerbäume jenseits der Anhöhe – waren dunkel und fern. Diese plötzlich losbrechenden Klänge der Musik schwebten jetzt häufiger mit ihren Wirbeln durch die ruhige Luft heran und lösten sich im Himmel von dem Durcheinander, dem Feuer, dem Wein, aus dem sie entstanden, bis sie reiner, überirdischer Klang wurden wie der des Windes.

Auf der stumpfen Härte der Tenne stampften die nackten Füße. Die beiden Burschen standen gebückt vor dem Faß, die Erlenruten bereit. Sie sahen einander nicht mehr ins Gesicht, sie schienen gespannt auf ein Spiel zu warten. Der Pater stellte sich hinter das Faß, die Beine, die in verwaschenen Unterhosen steckten, gespreizt, und packte den Faßrand mit ausgebreiteten Armen. Wie ein Kämpfer gab er dem dicken Faß einen Stoß und schaukelte es, um den Inhalt umzuschwenken. Er flüsterte: »Fertig?« Die beiden Burschen hockten gespannt da. Nun stieß er das Faß nach vorn, die Öffnung auf sie, auf die Tenne zu. Einen Augenblick hielt er es so schräg im Gleichgewicht, dann ließ er es langsam, vorsichtig nach vorn fallen; er begleitete diese Bewegung mit dem ganzen Körper: er beugte sich, keuchte, reckte die Arme, den Rücken, die Waden, knirschte mit den Zähnen, stöhnte. Zwischen die beiden Burschen, die vor ihm hockten, strömte nun diese schwärzliche, heftig schäumende dicke Flüssigkeit. Sie fiel schwer herab wie Öl und bildete einen See. Die Burschen waren zurückgesprungen. »Los, ihr beiden«, brüllte der Pater mit gespannten Muskeln, »los, hinein, breitet es aus.«

Da bückten sich die beiden und schlugen mit den Ruten los. Ein mächtiger Schwall nach dem anderen kam herab, prasselte und schäumte und verspritzte nach allen Seiten Kotstücke. Sie waren auch mit den Füßen hineingesprungen und schlugen um die Wette um sich, hoben die pfeifenden Besen, senkten sie sogleich, weil sie tropften, kniffen die Augen zu und wandten die Nase weg, streiften einander manchmal, wenn sie losschlugen, taub und besessen. »Ihr wüsten Kerle«, brüllte der Pater in seiner Anstrengung, »hört auf, es rinnt ja schon. Geht an die Seite. Ihr könnt doch nicht alles fressen! An die Seite, anständig... nur eben leiten... Ah!« Und er räusperte sich und spuckte den Schleim aus, immer über das Faß gebeugt, immer wie festgenagelt an dieses Gefäß, das die Jauche ausgoß, unerschöpflich, langsam ausgoß.

Bis zu dem Lehrer gelangten Spritzer der üblen Masse, manche flüssig, manche fester, der Kopf wurde ihm ganz benommen, der scharfe Geruch ätzte Augen und Nase. Die ferne Musik dröhnte. Ihn packte eine wütende Lust, Schuhe und Strümpfe abzulegen, sich auszuziehen, sich ebenfalls hineinzuwerfen in den Spritzregen, und, das Bärtchen im Wind, zu springen und zu schreien. Aber er zuckte nicht mit der Wimper – außer der Tränen wegen, die ihm aus den weitaufgerissenen Augen rannen.

Die beiden Burschen hatten sich schon beruhigt. Bei den Worten des Paters machten sie nun, zerknirscht, gebückt, kleine Schritte, fegten mit dem langen, schon nicht mehr zu erkennenden Besen langsam in der strudelnden Masse, zerteilten den Schaum, leiteten ihn weiter, paßten gegenseitig aufeinander auf. Als der Pater das Faß austropfen ließ, hatte er sich in dem abendlichen Licht bis zur Erde gebeugt, Pater und Faß bildeten eine einzige Masse.

»Dieser Geruch, Pater, steigt in den Kopf wie Most«, sagte dort im Schatten der Lehrer und spuckte aus.

»Daran sind wir sicher alle mit schuld.«

II

Rico stellte sie Stallaterne auf das Fensterbrett und sah sich in dem Vorratsraum um. Die großen Schattenmassen tanzten ein wenig mit dem Licht, alles schwankte wie in einem rötlichen Erdbeben; dann beruhigten sich die herabbaumelnden Knoblauchkränze, die aufgeblätterten Maiskolbenbüschel vom vorigen Jahr, der geschwollene Stoß von Kornsäcken, und erschienen wieder in unbestimmten Umrissen.

»Er ist hier, er schläft.«

Die beiden Burschen traten barfuß auf den gestampften Lehmboden und ließen das Licht am Fenster.

»Der Pater wollte, daß wir uns waschen«, wisperte Rico schwer atmend. »Ich bin müde; lieber strecke ich auf dem Strohsack die Füße heraus.«

»Wenn dich der Pater erwischt, wirst du sehen, was er mit dir macht. Sieh dir Biscione an! Heute ist er aufsässig geworden«, murrte Gosto leise.

»Du bist ein Esel. Biscione tut alles mit Absicht. Sieh doch hin – hat er ihm was getan? Nichts. Biscione ist ausgerissen und schlafen gegangen. Auf die Art hat er nicht mehr gearbeitet. Jedesmal, wenn Biscione es darauf anlegt, daß er einen Tritt bekommt, müssen wir allein weiterarbeiten. Als der Garten umzugraben war, hat er es genauso gemacht. Dann hat der Pater ihm verziehen, aber inzwischen habe ich weitergegraben. Du warst damals auf dem Weinberg.«

Rico rückte die Stallaterne heran, um sie auszulöschen. In dem schwankenden Licht wurden plötzlich die drei Strohsäcke an der Wand sichtbar: auf dem letzten, zerrissenen lag bäuchlings, die Beine nebeneinander, mit nacktem Oberkörper, Biscione; die bleichen Arme waren unter dem Gesicht gekreuzt. Er hatte sich nicht gerührt, weder bei den knurrenden Worten von Gosto, noch beim Knistern der dürren Blätter in den Maisstrohsäcken. Gostos Schatten schwang hin und her: er hatte eine Bewegung gemacht, als schleudere er einen Stein nach ihm, und verzog dabei den Mund.

»Nicht doch«, wisperte Rico und blies die Laterne aus, so daß der Vorratsraum plötzlich in Finsternis sank.

Man hörte ein Stöhnen, als die Körper sich ausstreckten, das knisternde Ächzen der Strohsäcke, Grunzlaute, einen Seufzer; dann erschien wieder ungewiß im Dämmerlicht das große, weit geöffnete Fenster.

Durch das Fenster hallte in der kühlen Nacht bald ganz nahe, bald fern wieder der Lärm von Musik herein, klar und gedämpft zugleich. Sie schien mit dem Wind keuchend zu atmen; plötzlich hörte sie auf; sie kam wieder, undeutlich, mit dem Gezirp der Grillen vermischt; sie wurde zugedeckt von einer kräftigen Stimme, die irgendwo zu singen begann; dann verlor sich die Stimme, sie erstarb in der Nacht, und die Wellen der Töne verhallten zwischen den Bäumen.

»Rico«, knurrte Gosto, »du stinkst, daß einem schlecht wird.«

»Du bist es, der stinkt. Ich bin über die Wiese gelaufen, um mir die Füße sauberzumachen.«

»Das hat nicht genügt, Rico. Es war noch kein Tau da.«

»Der Pater wird dich morgen ausschelten. Du wirst sehen. Du bist nicht Biscione.«

Gosto sagte, gedämpft, weil er gegen den Strohsack sprach: »Ich frage morgen den Pater, ob er mich zum Baden in die Ebene gehen läßt. Er hat gesagt, wenn wir nicht heimlich ausreißen, läßt er uns mal hin. Ich weiß einen kleinen See, frisch wie der Brunnen, wo die Mädchen hingehen. Einmal habe ich schon welche gesehen, sie hatten nur das Hemd an. Ich sage ihm, wir nähmen für untenrum was mit, und dann rennen wir bis zum Bad der Mädchen. Der Pater läßt uns hingehen, damit wir uns waschen, wenn wir was für untenrum mitnehmen; und so bleiben wir dort, solange wir wollen.«

»Wie hast du das gemacht, daß du die Mädchen gesehen hast, Gosto? Sie lassen niemanden zusehen.«

»Es gibt dort auf dem Sand vom Fluß Schilf; man kann nahe herankommen, ohne daß sie es merken. Frage du den Pater auch, dann läßt er uns hin. Du hast es auch nötig, dich zu waschen.«

»Du bist ein Esel, Gosto. Die Tenne ist schon fertig; morgen ernten wir die Mohrenhirse. Die Arbeiter kommen, es geht noch vor Tag aufs Land. Ausgerechnet morgen soll er uns hingehen lassen! Statt dessen werden wir so viele solcher Handkörbe tragen, daß wir das Bad im Hemd machen werden. Morgen wird auch Biscione arbeiten müssen.«

Gosto seufzte mit einem gurgelnden Laut und drehte sich krachend um. Im Vorratsraum gab es immerzu irgendein Quietschen, ein Nagen, ein Schwirren. Biscione rührte sich nicht.

»Wir gehen ein andermal dorthin, mit Biscione«, flüsterte Rico. Und nach einer Pause: »Gehen die Mädchen immer dorthin?«

»Wenn Biscione auch noch mitkommt, merkt es der Pater. Heute ist er schon wütend geworden. Er ist imstande, mit den Mädchen zu reden, und dann komme ich nicht mehr mit«, brummte Gosto.

»Wie sind die Mädchen? Sieht man es?«

»Nein, sie behalten das Hemd an. Aber man sieht die Beine. Bei den Großen sind sie weiß wie Butter.«

»Biscione hat mal eine mit einem Mann gesehen, als er zu den Rossi zum Traubenstampfen ging. Er sagte, sie lagen hinter den Brombeerbüschen, gegen Abend, auf der großen Wiese, und machten es wie die Hunde. Er hat gehört, daß die Frau lachte.«

»Wann war das?«

»Letztes Jahr, am Rosenkranzfest.«

»Biscione sündigt. Warum hat er es nicht dem Pater gesagt? Müssen nur wir beide beichten?«

»Und dann ist der Mann weggegangen, und die Frau hat ihn gesehen und zu ihm gesagt, sie hätte sich im Gras umarmen lassen.« Die dünne, mühsame Stimme von Rico schlug in ein ersticktes Lachen um.

»Uh!« machte Gosto bestürzt und preßte den Mund auf das Kopfkissen.

»Mir hat Biscione mal eine Zigarette gegeben«, fing Rico leise von neuem an.

»Hast du sie geraucht?«

»Sicher.«

Wieder hallte der ferne Wirbel der Musik zwischen den Bäumen herüber. Rico wartete, bis sie von den feinen Stimmen der Grillen übertönt wurde, dann wiederholte er eifrig:

»Sicher. Und er hat mir gesagt, der Pater hätte keinen Kropf, nur weil er raucht. Sieh dir den Lehrer an, der Pfeife raucht: er hat nicht wie du einen Kropf. Du müßtest rauchen, um den Kropf loszuwerden. Ich werde rauchen, damit ich keinen kriege.«

»Aber Biscione hat nie einen gehabt.«

»Eben weil er raucht. Er hat mir gesagt, der Pater ließe uns nicht rauchen, weil wir dann einen Kropf kriegen und niemand uns außerhalb Arbeit geben wird.«

»Aber die Frauen, die nicht rauchen, haben doch auch nicht alle einen Kropf.«

»Bei den Frauen ist es anders. Und dann – einmal ist auf der Landstraße eine in einem Wagen vorübergefahren, sie kam aus Canelli, und ich habe gesehen, daß sie rauchte.«

Eine Weile war es still. Dann sagte Gosto ganz leise:

»Du wirst sehen, heute nacht reißt er nicht aus wie am Sonntag. Wenn der Pater es merkt, läßt er ihn nicht mehr herein. Darum ist er heute gegen den Pater frech geworden.«

»Biscione reißt aus, wann er will, und kommt hier immer wieder herein«, sagte Rico entschieden, »auch wenn du ihn verpetzt wie am Sonntag.«

»Aber er war tanzen gegangen.«

»Du Esel! Wie sollen sie einen, der barfuß ist, auf den Tanzboden lassen! Nein, er ist in die Bude mit den wilden Tieren gegangen, und er sagt, dort gibt es noch vieles andere, aber das ist das Schönste.«

»Wirklich?«

»Dort gibt es eine Frau, angezogen, als wäre sie nackt, in einem glitzernden Trikot: sie wartet an der Tür und ruft die Leute herein. Von drinnen hört man den Löwen, der im Käfig springt, und der Tierbändiger schlägt mit einer Forke auf die Stäbe, damit er sich umdreht. Er sagt, er brüllt wie der Donner. Alle gehen hin, ihn zu sehen. Biscione konnte nicht hinein, weil man zehn Soldi bezahlen muß, aber er sagt, man hört alles von draußen, sogar den Tierbändiger, der mit dem Löwen spricht, und die Frau, wenn sie tanzt. Sogar die Streu riecht nach wilden Tieren, sie riecht anders als unsere. Dann, als sie schlossen, hat Biscione mit dem Tierbändiger gesprochen. Er sagt, er trägt Stiefel und Armbänder aus Leder. Er ist ein Ungar und kennt die Löwen, als wären sie Rinder. Er ist einen Augenblick zum Scheibenschießen gegangen und hat viermal mit dem Luftgewehr geschossen, immer ins Schwarze. Dann, sagt er, hat er mit den Mädchen gelacht und mit ihnen auf ungarisch gesprochen, und die Frau ist gekommen, nackt wie sie war in diesem Trikot, um ihn zu holen, und er ist mit der Peitsche hinter ihr her gelaufen bis zu dem Wagen, in dem sie schlafen.«

»Hat die Frau wirklich nur einen Trikot an?« knurrte Gosto leise in die Stille hinein.

III

Als die Musik lauter losdröhnte, hob Biscione plötzlich den Kopf. In der einsamen Nacht kam auf dem Wind nur dieser weinselige Lärm herüber. Biscione lag da, ohne sich zu rühren, die Augen aufgerissen, und bald unterschied er die riesigen Wände, die beängstigend unbestimmt umherhängenden Geräte, die Säcke, die herabbaumelnden Maiskolbenbüschel. Vom Strohsack kam schnaufend der schwere Atem von Gosto.

Biscione erhob sich vorsichtig und stieg aus dem Fenster. Draußen war es kühl, noch tiefe Nacht. Er hob den Blick zu den Bäumen, durch die viele Sterne schimmerten: nein, es war noch nicht zu spät. Er hörte keine Grillen zirpen. Leichtfüßig lief er durch den Hof nach der Pforte des Paters. Im Laufen hielt er eine Hand fest auf die Hosentasche.

Als er an der Pforte angelangt war, sah er mit gesenkter Stirn rundum und horchte. Nur der Lärm kam von fern mit dem Wind, die Musik hatte ausgesetzt. Nichts war zu vernehmen, nicht einmal das Tropfen der Pumpe. Irgendein Geräusch hätte zu hören sein müssen, das Grölen eines Betrunkenen auf der Straße, das Bellen eines Hundes; doch die Nacht schien völlig leer, in der Schwebe, feindselig, sie rauschte Biscione in den Ohren, als warte sie auf etwas.

An der Pforte also sah er rundum und hielt die Sichel hoch. Er schwang sie einen Augenblick im Halbdunkel der Mauer. Sie war kalt, die große gekrümmte Klinge, aber der glatte, oben abgebrochene Horngriff bewahrte die Wärme der Hose. Biscione ließ die Klinge lachend über die Wange gleiten und erschauerte unter der eisigen Kälte. Dann schwang er sie mit ruhigem Arm durch die Luft. Hätte der Pater wie Gosto einen Kropf, dann wäre der jetzt ab. Biscione erinnerte sich an damals, als er die Viper in zwei Hälften gehauen hatte. Was für ein Schlag! Und die beiden Stücke hörten nicht auf, sich zu winden. Biscione entfuhr ein Knurren.

Er wollte die Pforte aufstoßen. Sie war verschlossen. »Gemeiner Kerl! Er traut keinem«, zischte er, trat zurück und lief ans Fenster. Das war offen, weit offen. Biscione beugte sich vor: ihm schien, dort im Dunkel war nichts zu hören. Die Grillen zirpten, so laut sie konnten. Etwas anderes war nicht zu vernehmen. ›Wenn ihn die Grillen nicht aufwecken, weckt ihn auch sonst niemand auf. Wenn nur nicht die Betrunkenen jetzt zu grölen anfangen!‹ Aus dem Dunkel kam ein leichtes Knistern – vielleicht das Holz im Wind –, da fiel Biscione die Sichel aus der Hand. Er fing sie gerade noch auf, sie war schon fast am Boden, aber er zuckte zusammen und stöhnte: als er sich bückte, war er mit der Stirn heftig auf das Fensterbrett geschlagen. Ihm schien, als schwanke im Dunkeln alles: die Nacht, die Sterne. Er fiel unter dem Fenster auf die Knie, blieb wie betäubt liegen, preßte die Stelle, wo es schmerzte, und ächzte leise.

Im Zimmer rührte sich nichts. ›Herrgott, mach, daß er mich nicht gehört hat.‹ Dann erhob er sich, horchte. Er stieg über das Fensterbrett ein.

Als er die Füße auf die kalten Ziegelsteine gesetzt hatte, ging er blindlings weiter, mit zusammengekniffenen Augen, um sich schneller zu gewöhnen. Plötzlich blieb er stehen, weil er in der Nacht von fern ein Geschrei hörte. Er packte die Sichel und spähte in das Dunkel. Wieder wandte er sich dem Fenster zu. In dem schwachen Licht bemerkte er die ersten Ziegelsteine unter dem Fensterbrett, in der Ecke einen Stuhl, die Umrisse des Schrankes. Er drehte sich um: dort war der blasse Fleck vom Bett. Er hielt den Atem an und tat wieder einen Schritt. Das Licht flammte auf und überflutete ihn da, wo er stand.

Im Bett aufgerichtet, ein Bein am Boden, die Haare wirr, so starrte ihn der Pater mit weitaufgerissenen Augen an; eine Hand war noch am Schalter. Das weite Hemd war offen, das knochige Bein, das die zurückgeschlagenen Decken entblößten, war ausgestreckt, um den Fußboden zu erreichen. Er hob die Linke von der Brust und wies mit ihr auf Biscione, der rasch die Sichel in die Hose steckte.

»Was suchst du hier, du Mordbube?«

Biscione warf den Kopf nach allen Seiten, er wollte losrennen, in den Hof springen, sich ins Dunkel retten. Aber da spürte er, wie ihm die eiskalte Sichel das Bein hinunterglitt und den Fuß behinderte.

»Du sollst mir nicht ausreißen!«, schrie der Pater und sprang vom Bett auf, daß sein weites weißes Hemd flatterte. »Solange ich am Leben bin, sollst du mir nicht ausreißen. Wo wolltest du etwas entzweischlagen?« Er fuhr auf ihn los und schüttelte ihn. Biscione wand sich und versuchte, sich niederzubeugen. »Stell dich hierher. Stell dich hierher. Von Nacht zu Nacht werden wir mehr zu Dieben. Was hast du an den Füßen?« Biscione wollte sich zu Boden werfen, er knirschte mit den Zähnen und knurrte. Aber der Pater schob ihn entschlossen mit einer Faust beiseite, bückte sich und hob das Werkzeug auf, das klirrend heruntergefallen war. »Du Teufelsbraten! Also mit Sicheln geht man um Mitternacht spazieren. Was wolltest du hier kaputthauen? Übst du schon das Einbrechen?«

»Ich wollte niemandem etwas antun«, knurrte Biscione. Er klammerte sich rücklings an den Tisch, wo er keuchend stehengeblieben war.

»Eins von beiden: mit der Sichel haut man entweder etwas kaputt, oder man bringt einen um. Umbringen – da weißt du wohl noch nicht, wen. Was also hast du hier drin gesucht?«

Von dem harten Licht geblendet, starrten sie einander an: der Pater, kurzsichtig, erhitzt, in diesem Hemd, das aussah, als habe es ihm der Wind übergeworfen; Biscione, keuchend, schlaff wie die Hosen, die ihn zu Boden zogen. Sie starrten einander stumm an. Ein boshaftes Grinsen spielte um Biscione's Mund. Bis zum Halsgrübchen war der Pater behaart.

Bei diesem Grinsen blitzten die Augen des Paters. Er schüttelte sich, er zitterte am ganzen Leibe. Bestürzt drehte er den Kopf nach allen Seiten. Dann hob er den Blick, sah Biscione von der Seite an, nahm die Sichel in die andere Hand und bekreuzigte sich mit einem großen Kreuz; als er dann die Hände faltete, wollten sich die Finger nicht recht ineinanderfügen. Biscione stand aufmerksam da, mit gesenkter Stirn.

»Rühr dich nicht von der Stelle«, herrschte ihn der Pater an. Er ging rasch ans Fenster und sah hinaus. Dann schloß er es. Er ging zum Bett zurück und suchte die Unterhosen. »Rühr dich nicht von der Stelle«, wiederholte er drohend. Er legte die Sichel auf den Nachttisch; er fuhr in die Unterhosen, dann suchte er die Soutane. Rasch warf er sie sich über den Kopf, und als er wieder daraus auftauchte, sah er schnell zu Biscione hinüber. Dieser hatte sich vom Tisch nicht fortbewegt, aber er hatte sich darangelehnt und verfolgte jede Geste des Paters mit dem leichten Grinsen, das er schon vorhin gezeigt hatte.

»Hier gibt es nichts zu lachen, du Dummkopf«, sagte der Pater, als er angekleidet auf ihn zutrat. Biscione beugte sich zur Seite, als wolle er einen Schlag abwehren.

»Knie jetzt hin.«

Aber Biscione stemmte die Hände auf den Tisch, wobei er den Pater immerzu anstarrte.

»Knie hin«, knurrte der Pater und hob die Faust. »Törichter Kerl, knie hin: du könntest heute nacht sterben.«

Biscione ließ sich zu Boden gleiten und stieß die Knie auf die Ziegelsteine. Was der Pater für Knoten an den Füßen hatte! Wenn er nach oben spähte, sah er die über ihn gebeugten, zornigen Augen.

»Ich bereue, Herr, mein Gott –«

»Ich bereue, Herr, mein Gott«

»den entsetzlichen Gedanken, den ich gehegt habe –«
»den entsetzlichen Gedanken, den ich gehegt habe«
»gegen meinen Wohltäter –«
»gegen meinen Wohltäter«
»und ich danke Euch, daß Ihr mich gerettet habt –«
»und ich danke Euch, daß Ihr mich gerettet habt«
»in Eurer grenzenlosen Barmherzigkeit –«
»in Eurer grenzenlosen Barmherzigkeit«
»vor dem Tode der Seele –«
»vor dem Tode der Seele.«

»Jetzt bekreuzige dich und sprich das Bekenntnis der tiefsten Reue.« Biscione faltete die Hände über der Brust, senkte den Kopf und begann fromm vor sich hin zu murmeln. Der Pater stand mit ausgestrecktem Arm über ihm und sprach die Worte mit. Als Biscione zögernd den Kopf wieder hob, zeichnete er ihm auf die Stirn ernst das Zeichen der Absolution.

»Gott sei Dank«, sagte er keuchend. »Hoffen wir, daß es dir Nutzen bringt. Samstag wirst du dann mit den anderen beichten, verstanden? Und dann wirst du die Generalbeichte ablegen, und wir werden sehen, was du verdienst. Bis zum Samstag wirst du fünf Vaterunser, Ave Maria und Gloria aufsagen, jeden Abend.«

Biscione hatte sich wieder erhoben, er schlug sich mit den gekreuzten Armen gegen die Schultern, wobei er den Pater, der sich die Stirn abwischte, unruhig ansah.

»Du Herumtreiber, war es diese Stirn, die du zerschlagen wolltest? Weißt du nicht, daß auch nur der Gedanke daran Todsünde ist? Danken wir dem Herrn, der mich und dich hat retten wollen. Aber was hat dich gepackt? Das weißt du selbst nicht. Alles, weil ich dir nicht erlaube, zu rauchen?«

Biscione, noch immer unruhig, ließ ihn reden, dann sagte er rauh, mit einem Blick auf das trübe Fenster:

»Samstag bin ich nicht mehr hier.«

»Wie das?«

»Ich habe es Euch ja gesagt, Pater. Ich gehe von hier fort.«

»Und wohin willst du gehen?«

»Irgendeine Stelle finde ich schon, aber hier bleibe ich nicht.«

»Wohin willst du gehen, du Herumtreiber? Bei dem, was du getan hast und weiter tun wirst? So also bereust du, so besserst du dich? Gott hört dich, du Aas. Aber wenn dich der Pater nicht behält, wer soll dich sonst behalten? Willst du wirklich in einem Graben verrecken? Gerade morgen, wo die Ernte beginnt, und mit der Todsünde am Halse? Laß das bleiben, Biscione. Du brauchst nicht auszureißen: von mir aus ist dir verziehen; aber Gott ruft dich, daß du Rechenschaft ablegst und dein Leben änderst.«

»Ich gehe fort, denn hier sind wir nichts als Tiere.«

»Wieso Tiere?«

»Tiere. Sagt zu Rico und Gosto, was Ihr wollt; aber mich einen blöden Kerl nennen und einen Hungerleider – in Gegenwart des Lehrers –, das durftet Ihr nicht tun. Ich arbeite wie die anderen, mehr als die anderen, weil ich kein blöder Kerl bin; aber wenn ich fertig bin, bin ich fertig und will mich ausruhen, wie der Lehrer sich ausruht, wie alle sich ausruhen; will, wenn ich Lust dazu habe, rauchen und ins Dorf gehen, wenn die Tagesarbeit zu Ende ist, wie alle Arbeiter. Das von heute Nacht bereue ich und werde es nicht wieder tun, aber ich werde nicht so blöde sein, länger für jemanden zu arbeiten, der mich nicht bezahlt.«

»Biscione«, schrie der Pater, »du hast bereut und denkst noch an Lohn? So also fürchtest du Gott? In deinem Alter?«

»Ich wollte Euch nichts stehlen«, redete Biscione weiter, »und wenn ich jung bin, so bin ich daran nicht schuld. Ich arbeite wie ein anderer, wenn Zeit ist, zu arbeiten, und will genauso bezahlt werden.«

»Aber daß du ißt, daß du hier schläfst, daß du was anzuziehen hast, ist das nicht Bezahlung genug?«

»Nein, das ist nicht genug. Zu essen gebt Ihr auch den Arbeitern. Und Ihr gebt ihnen Tresterwein zu trinken, und uns nicht. Schlafen kostet nichts. Und die Hosen schenken sie Euch, wenn sie zerrissen sind, aus Barmherzigkeit. Rico, der kleiner ist, paßte zweimal hinein, er hat sie abschneiden müssen. Mir paßt es hier nicht.«

Der Pater ging langsam zum Fenster und machte es auf. In die erstickende Wärme kam ein milder Nachthauch. In den Hof schob sich, ungewiß, das Lichtrechteck nach draußen, in die Nacht voll dumpfer Laute und ferner Triller; der vage Lärm hallte bis hierher.

»Höre, Biscione: du bist im Unglück geboren; draußen hast du keine Familie, du hast niemanden, du kommst aus dem Hospital. Denke jetzt nicht an den Lehrer. Ihr seid keine Herrensöhne, die zur Wiederholungsstunde kommen. Hier findet ihr ein Zuhause, lernt ein Handwerk, habt das gute Beispiel vor Augen. Warum begnügst du dich nicht damit? Warum bist du dem Herrgott nicht dankbar? Glaubst du denn, du würdest, wenn du von hier fortgehst, Arbeit finden, in deinem Alter, ohne unsere Hilfe? Unglück würdest du finden, Laster und Versuchungen. Worauf du dich verstehst, hast du ja heute abend gezeigt. Das nächste Mal würdest du irgendeinen anderen bedrohen, der das ernst nehmen würde.«

»Die Welt ist voller Leute, die drohen und sich Achtung verschaffen. Wenn man seinen Lohn hat, leidet man nicht unter Versuchungen.«

»Siehst du, Biscione, du bist unglücklicherweise kein blöder Kerl, aber der Herr hätte dir eine Wohltat erwiesen, wenn er dich als Dummkopf hätte zur Welt kommen lassen. Bei der Landarbeit ist es ein Glück, einfältig zu sein, nie über die eigenen Rinder hinaus zu sehen und dem Herrgott Dank zu sagen für das wenige Gute...«

»Auch Ihr, Pater, seid kein Dummkopf, und es gibt nicht nur die Landarbeit.«

Der Pater näherte sich und sah ihn scharf an.

»Was für Arbeit sonst?«

»In der Ebene ist einer, der vier Lire am Tag verdient damit, daß er die Pferde von der Schau auf der Piazza versorgt. Ein bißchen Stroh früh und abends und sie zur Tränke führen. Es ist schon ausgemacht, daß er mit ihnen nach Alba geht...«

»Ha, da ist er, der Teufel!« wetterte der Pater los. »Die Pferde von der Schaubude! Den ganzen Tag rumbummeln, nach Alba gehen, ein Zigeunerleben führen, ich hätte es mir denken können, daß es von dorther kam... Da hast du die Feste und das, was sie bewirken! Haben die dort dir den schönen Rat gegeben zu dem, was du vorhin getan hast? Du hast mir gegenüber bereut, ich habe die Reueworte mitgesprochen. Du hast bereut. Herumtreiber! Und du wagst von Lohn zu sprechen. Aber einen Lohn bekommt jemand, der arbeitet, nicht jemand, der Musik macht und mit Tanz durch die Straßen zieht. Ist es noch nicht genug? Was für Wunder haben sie dir sonst in Aussicht gestellt?«

»Die Wunder vollbringt Ihr, Pater. Wer spricht von Musikmachen und Tanzen?«

»Du elender Herumtreiber, weißt du nicht, daß sie alle von zu Hause ausgerissen, daß sie Verbrecher sind? Wenn du bei dem Leben, das du hier führst, schon ein solches Aas bist – was wirst du erst bei diesen Leuten anstellen?«

Der Pater, rot vor Erregung, fuchtelte mit den Armen und sprach sehr laut, um das Hundegebell und das Gebrüll Betrunkener zu übertönen, das gerade jenseits der Bäume auf der Straße losbrach. Auch Fido hatte zu kläffen begonnen, er raste am Gittertor an der Laufkette, an die er festgemacht war, hin und her, daß das Drahtseil surrend schwang. Plötzlich eilte der Pater ans Fenster und spähte hinaus. Er brummte irgend etwas mit seiner rauhen Stimme und kam zu Biscione zurück, wobei er heftig den Kopf schüttelte.

»Da hast du die Früchte von dieser Art Leben«, sagte er scharf, mit leiserer Stimme. »Das alles willst auch du tun? Das Zeug dazu hast du, o ja. Aber gib acht: dort werden auch die Schlauen von den noch Schlaueren übers Ohr gehauen. Du wärest nicht der erste, der sich bei ihnen zu Tode schuften muß, und der dann, wenn das Fest zu Ende ist, auf die Straße gesetzt wird, ohne daß sie ihm auch nur ein paar Kupfermünzen geben.«

»Es ist überall schwierig, zu seinem Geld zu kommen; darum will ich auch nur für den halben Lohn arbeiten. Halben Tagelohn bis zur Traubenlese, und essen und schlafen. Denn ich bin jung. Bei der Aussaat wird man weitersehen. Sonntags frei und die Erlaubnis, auszugehen, wenn die Arbeit nicht drängt.«

Biscione sah dem Pater gerade ins Gesicht; die Hände hatte er jetzt in den Gürtel gesteckt, auf den nackten Leib.

Der Pater sagte rasch:

»Den freien Sonntag gebe ich dir, wenn du den Lohn nicht ausgezahlt haben willst, sondern ihn bis zur Aussaat stehen läßt. Aber erst werden wir den Prior hören.«

»Sonntag ohne Lohn ist wie Messe ohne Wein. Und hier seid der Prior Ihr. Ich bin nicht alt genug, den Lohn stehen zu lassen. Einigen wir uns. Und Samstag beichte ich bei Euch.«

Der Pater zog sich die Fingerknöchel lang.

»Jetzt ist Schlafenszeit, Biscione. Wir werden mit dem Prior darüber reden. So etwas macht man nicht bei Nacht aus, und ich kann nicht ...«

»Einerlei, ob bei Nacht oder am Tag. Hauptsache, man verständigt sich. Wir halten es also so: ich bin ausgerissen und zur Ernte zurückgekommen, als man Arme nötig hatte, und Ihr habt mich in Tagelohn genommen. Um mich vor den Versuchungen zu bewahren. Ist daran etwas nicht recht?«

Der Pater ging langsam zum Nachttisch, um die Sichel zu holen, und kam wieder an den Tisch. »Biscione, du verfluchter Kerl, du verdientest sie auf den Kopf.« Er hielt sie ihm hin und fügte hinzu: »Geh schlafen und stelle sie an ihren Platz.«

»Einverstanden, Pater.« Er steckte sich die Klinge in den Gürtel. Doch dann zögerte er, sah sich überall um und kehrte entschlossen zum Tisch zurück. »Aber das ist eine Messe ohne Wein, Pater.«

»Was soll das heißen?«

Biscione grinste. »Auf gute Abmachungen wird eins getrunken.« Und er rührte sich nicht vom Fleck.

»Du elender Herumtreiber«, schimpfte der Pater. »Um diese Stunde! Ausgerechnet du wagst das zu verlangen?«

Aber er ging zum Schrank und holte eine große Flasche und ein Glas. Er kam wieder an den Tisch und mischte den dunklen Wein. »Nimm! Ich nicht, ich habe morgen Messe zu lesen. Es ist schon nach Mitternacht.«

Während Biscione den Wein schlürfte, kamen durch das geöffnete Fenster wieder brüllende Stimmen; jemand trat gegen das eiserne Gittertor. Das rasende Geheul von Fido vermochte den Lärm kaum zu übertönen.

IV

Der Lehrer hörte von dem eisernen Tischchen aus, an dem er saß, dem letzten Musikstück zu, das auf der Piazza noch einmal besonders laut aufklang. Das Dröhnen der Baßtrompeten überdeckte die hellen Klarinetten, die Becken tobten, der schmetternde Trompetenklang ballte sich und schwoll zu einem zerreißenden Stoß; danach fiel alles unerwartet ab in ein leise wimmerndes Getön, als stürze die Musik mit all ihren Stimmen, nachdem sie den Gipfel erreicht hatte, brummend zu Boden.

In der kühlen, vom Wein gedämpften Nacht begann nun wieder das Hin und Her der Gäste. In dem großen Raum, der von dem lauten Sprechen vibrierte, war es zum Ersticken heiß. Bei dem Geschrei, das die dichte Rauchdecke bewegte, brachen die Menschen in Schweiß aus. Um die Tische hockten Fuhrleute, ihre rotwollenen Gürtel um den Leib, alte Bauern, den Hut über den Augen, kräftige junge Burschen im Mantel, Gläser in der Hand; schlürfende Lippen, Ohrfeigen am Tisch, brüllende Stimmen, hingeknallte Karten, Weinlachen. Draußen, zum Donnerwetter, war das Fest.

Der Lehrer an seinem Sitzplatz neben der Tür erfrischte sich damit, daß er die Hand an die leere Bierflasche legte; er lehnte, wie üblich mürrisch lächelnd, an der Wand. Zwischen den Tischen mit den nur undeutlich erkennbaren Männern steuerte die mürrische Magd hindurch. Sie war eine große, knochige Frau mit starken Hüften; wenn sie aus den Liter- oder noch größeren Flaschen, die sie hierfür aus der Strohumhüllung nahm, Wein goß und ihn mischte, verzog sie den Mund zu einer verächtlichen Grimasse, als wäre ihr alles, Wein und Fest, widerlich. Sooft sie sich aufrichtete, schnellten ihre Hüften hoch, und dann schloß der Lehrer halb die Augen.

Vor der Tür – dort, wohin das rötliche Licht der am Deckenbalken aufgehängten Lampe fiel, der Lehrer konnte es gut erkennen – hatten zwei Bauern mit ihren schweren Stimmen einen Streit angefangen. Sie bewegten sich nicht: man hörte nur, in dem Krach und Durcheinander von Trompeten und Schreien und dem lauten, nicht enden wollenden Getrampel, die rauhen, schwerfälligen Schimpfworte, die sie ausstießen; es klang wie das Keuchen zweier Ochsen. Sie fuhren eine Zeitlang damit fort, starrköpfig, zwischen fernen Rufen von Leuten, die einander suchten, und dumpfen Geräuschen, bis die Magd auf die Schwelle trat und mit kreischender Stimme zu schimpfen anfing, um sie zu verjagen. Dann folgte eine große Stille, in der sich nur ein wütender Trompetenstoß irgendwo erhob; und die beiden Bauern stießen die Magd beiseite und betraten mit unsicherem Schritt den Raum, gewichtig Arm in Arm, und strebten einem Tisch im Hintergrunde zu.

Die Magd blieb einen Augenblick in der Tür stehen, ihre Hüfte zwei Handbreit von der Wange des Lehrers entfernt, und reckte den Hals in das rote Licht, um in das Halbdunkel zu starren, das von hin und her schwankenden Azetylenflämmchen schwach erhellt wurde. Auch der Lehrer beugte sich vor und spähte zwischen Hüfte und Türpfosten hinaus; die Magd drehte sich mürrisch um und betrachtete seine Hände. Dabei wurde ihr Gesicht finster, und sie sagte unwillig: »Entschuldigen Sie.«

»Ihr nehmt mir die Luft weg«, stammelte der Lehrer.

»Luft ist hier genug«, gab sie zurück und lief los, weil jemand sie rief.

Als die Nacht weiter fortschritt, wurde das Getöse draußen weniger betäubend. Nur ab und zu erhob sich in dem immer schwächer werdenden Lärm noch eine verloren brummende Musik, belebte die Nacht noch einmal und erstarb dann. Aber die Lampen wurden ausgelöscht, die Piazza leerte sich. In der Ferne, auf den Wegen die Hügel hinan hallten vage, mit dem Winde schwankende Rufe. Im Raum waren weniger Menschen und mehr Rauch, es roch schärfer nach Wein, die Leute schwatzten anhaltend, mit rauhen Stimmen.

Der Lehrer hatte sich die Pfeife angezündet und sie zwischen die gesunden Zähne gesteckt; er betrachtete mit kleinen Augen alles rundum durch diesen Rauch. Die Magd hatte sich an die andere Seite der Tür gesetzt; sie sah, eine schwere Hand auf die vorstehenden Knie gestemmt, unruhig nach draußen, wo Leute mit schlurfendem Schritt vorübergingen. Was wie eine Grimasse aussah, war in dem faltigen Gesicht nur Müdigkeit.

Einmal wurden ihre Züge von einem Lächeln erhellt. In der Tür war eine zweite Frau erschienen; sie trug einen bis zum Boden reichenden dunklen Mantel, den sie über dem Busen zusammenhielt; ihr erhitztes, aufgelöstes Gesicht war von blondem Haar umrahmt. An der Schwelle zögerte sie und lächelte der Magd zu.

»Adele«, sagte sie.

Adele rückte die Knie beiseite, so daß die Frau zwischen ihr und dem Tisch hindurchgehen konnte. Sie setzte sich in die Ecke.

»Jetzt ist Schluß«, seufzte die Blonde und ließ sich mit geschlossenen Augen gegen die Wand fallen. »Ich bin so richtig hundemüde.«

Adele lächelte – ein knochiges Lächeln. »Ich etwa nicht?« sagte sie, ohne den Mund zu bewegen. Dann stand sie auf, sie wollte gehen, hielt aber an der Tür inne und sah suchend hinaus.

»Es ist nicht eilig, Adele, ich habe heute abend nicht einmal Lust auf Milch. Überall riecht es: was für ein muffiger Geruch hier drin! Sie schreien und stinken wie die Tiere. Aber die können sich ja auch nicht waschen.«

Als sie die Beine unter den Tisch streckte, erschienen rosa Stiefelchen und, da ein Zipfel des Mantels wegrutschte, der rosa Strumpf, ein Teil von dem Trikot, der den Körper bis zum Busen eng umschloß. Wie sie so in ihrer auseinanderklaffenden Hülle dasaß, schien sie nackt – in einer unnatürlichen Nacktheit, ohne Leben.

»Wartest du immerzu auf ihn, Adele?« fragte sie müde und blickte in dem Rauch halb nach ihr hin.

Adele drehte sich lebhaft um. »Ich frage mich nur eins: warum springt er sonst vom Karren, wenn es noch nicht einmal Abend ist, und steht dann nicht mehr auf – er sitzt dort auf Ihrem Stuhl –, und ich falle um vor Müdigkeit, und er hält mich hier fest, daß ich ihm bis Tagesanbruch zuhöre, während er ißt und lacht, und wenn es nach ihm ginge, brächte er mich sogar zum Tanzen...«

Die Blonde hörte zu, gereizt, wobei sie die Unterlippe über die Zähne zurückzog.

»Und dann kommt San Rocco, und ich kriege ihn nicht mehr zu sehen. Er fährt auf seinem Karren los, betrunken, zieht im Tal in allen Schenken umher, schläft unter den Sternen, aber solange irgendwo ein Fest und ein Schanktisch ist, kommt er hier nicht einmal zum Sterben her. Überallhin geht er trinken, hierher nicht. Und da soll ich nicht auf ihn warten! Aber ich frage mich: ist der Wein nicht überall derselbe? Was würde es ihm ausmachen, hierher zu kommen? Es würde ihn auch weniger kosten.«

»Kein Mann achtet auf das, was er ausgibt, wenn er sich vergnügen will«, sagte die Blonde langsam. »Und den Wein zu Hause lieben sie nicht. Kämen sie dann wenigstens am Morgen nicht heim! Sie wagen es kaum, sich blicken zu lassen, der Kopf tut ihnen weh, aber sie müssen uns was vorflennen. Und wir sind dann so dumm und machen ihnen Kaffee.«

»Ich habe ihn noch nicht geheiratet, ich kann ihn nicht kommandieren«, knurrte Adele. »Aber wenn einmal der Tag kommt, dann mahle ich diesem Herumtreiber den Kaffee auf dem Kopf. In den Gräben – da soll er meinetwegen schlafen, aber nicht ohne mich.«

Die andere lächelte leicht. »Glaube mir – ich bin ja darauf hereingefallen –: wenn er sich jetzt schämt und fortgeht, um zu trinken, dann schämt er sich, wenn er einmal verheiratet ist, bestimmt nicht mehr.«

Die Blonde öffnete den Mantel und fächerte sich mit dem Zipfel heftig die mageren Wangen. Sie saß da, in dieses weichliche Rosa eingezwängt, die leichten Haare wehten, wenn sie sich bewegte, hin und her, sie spitzte die viel zu roten Lippen, sich Luft zuzublasen – in ihrer rauchigen Ecke sah sie aus wie eine Kalenderfigur, und einige Gruppen im Zimmer starrten sie an, steckten die Köpfe zusammen und unterhielten sich über sie. Der Lehrer, der seinen Pfeifenrauch in die andere Richtung blies, sah immerzu verstohlen zu ihr hin, hörte zu und schluckte heimlich-gierig den Speichel hinunter.

»Für mich ist das ganze Jahr San Rocco«, sagte die Blonde keuchend. »Und wir sind immer in den Gräben, auf den Straßen in einem Karren, der schwankt und naßregnet. Du brauchst wenigstens nicht Tag und Nacht hinter ihm her zu ziehen, und wo du hinkommst, kennst du keinen Menschen – wie es uns geht; du brauchst nicht mit zwei wilden Tieren zusammenzusein, die immerzu Ansprüche stellen, die sich schmutzig machen und fressen, sich schmutzig machen und fressen, den ganzen Tag, immer gibt es nur sie, und man muß sie säubern und muß sie füttern, sonst werden sie krank, und wir selbst haben nichts mehr zu essen. Er denkt an nichts als an seine Tiere, und wenn es regnet, muß er hinausgehen und ihnen den Käfig zuhängen, und wenn kein Geld da ist, muß man für sie welches auftreiben; wenn ich ein Kind bekäme, würden sie es fressen...«

Der Lehrer hörte wie gebannt zu.

»Und doch, alles würde ich ertragen, wenn nicht dieser Gestank wäre«, fuhr sie keuchend fort. »Sechs Jahre schon rieche ich nichts als diesen Gestank. Und überall stinken die Leute: Musik, Lärm, rote, betrunkene Gesichter, Leute, die den Mund aufreißen, Leute, die brüllen und trinken. Wenn Sommer ist, Schweißgeruch, wenn Winter ist, Stallgeruch. Bis nachts im Bett rieche ich ihn. Er, er bringt ihn mir mit; er füllt sich, sobald wir haltmachen, mit Wein, kriegt mit allen Streit und kann die Nacht natürlich in den Gräben zubringen, er hat den Geruch der wilden Tiere jetzt schon in der Haut, er stinkt mehr als der Löwe...«

Adele war bei dem Lärm eines Karrens und der mit den Hufeisen klappernden Pferde an die Tür gesprungen, und die Blonde fuhr, an den Lehrer gewandt, fort:

»Wie ich es nachts fertigbringe, mit ihm zu schlafen, verstehe ich nicht: ich könnte genausogut im Käfig schlafen; aber es mag sein, daß ich jetzt schon selber stinke. Warum, zum Beispiel, bin ich hier drin? Warum?« Sie sah reihum, wobei sie die Augen weit aufriß. »Wein und Schweiß. Hier sind nichts als Betrunkene. Gib mir die Milch, Adele. Ich stinke auch schon, ich stinke.«

Der Lehrer schlug die Pfeife auf die hohle Hand und trocknete sich die Stirn, ohne etwas zu antworten.

Adele drehte sich von der Tür her um und betrachtete gedankenlos die Blonde. »Er ist vorübergefahren«, hauchte sie.

»Wer? Ach, dein Fuhrmann? Na siehst du!«

»Aber sie waren zu viert, alle peitschten sie das Pferd. Betrunken waren sie schon, und da gehen sie weitertrinken.«

Die Blonde faßte sie bei der Hand, zog sie an den Tisch und sagte ohne sonderliche Aufregung:

»Tröste dich, Adele. Meiner, den ich geheiratet habe, hat heute abend sogar die Löwen im Stich gelassen, mitten in der Schaustellung. Ich habe sie selber peitschen müssen. Na, ob ich mir Luft gemacht habe! Mir war, als schlüge ich ihn, als rächte ich mich für all diese Schweinerei. Wer weiß, in was für einem Zustand er morgen früh zu mir zurückkommt: ihr Frauen hier im Dorf wascht euch ja nicht! Los, hol mir lieber die Milch.«

Als sich Adele mit einem grimmigen Blick entfernt hatte, räusperte sich der Lehrer und sagte plötzlich:

»Ist Ihnen dieser Trikot nicht zu warm?«

Die Blonde sah ihn von der Seite an, öffnete den Mantel, wobei sie den Blick auf den Busen senkte, und gab zur Antwort:

»Soll ich ›ohne‹ gehen?«

Eine Weile war es still, dann begann der Lehrer wieder:

»Mir scheint es nicht so, als hätten Sie diesen Geruch.«

»Was wissen Sie davon!« rief die Blonde.

Als Adele mit der großen Tasse Milch wiederkam, fragte die Blonde sie schläfrig:

»Ist dieser Herr schon mal mit den Händen an dich rangegangen?«

Adele sah den Lehrer, der die Augen aufriß, von der Seite an und sagte, wobei sie die Zähne wie ein Pferd bleckte, mit spöttisch verzogenem Mund:

»Der? Der ist Lehrer: er hält es mit den Priestern.«

Die Blonde machte, während sie trank, große Augen; hinter der Tasse versteckte sie eine matte Grimasse.

»Ich wollte sichergehen«, sagte sie mit Nachdruck, als sie fertig getrunken hatte. Dann legte sie sich den Mantel über die Schultern.

»Wenn Sie wirklich mögen, mein Herr, dann wollen wir an die kühle Luft gehen. Dieser Trikot ist mir tatsächlich sehr warm.«

V

Der Pater löschte das Licht und trat in den finsteren Hof. Dort unter den Bäumen, die die Straße verbargen, winselte Fido, die Laufkette schwang und riß heftig an dem Draht über ihm. Der Pater rief ihn mit einem leise keuchenden Laut, und Fido sprang ihm, ein dunkles Katapult, wild mit den Pfoten gegen die Brust. »Sei brav, Fido«, flüsterte der Pater. »Auch in dich ist der Teufel gefahren. Brav. In diesen Nächten mußt du an der Kette bleiben.«

Fido rieb sich an seiner Hand, er winselte wie rasend und hielt ihm den Kopf hin, er wollte durchaus von der Kette losgemacht werden. Der Pater packte ihn an den Pfoten, setzte ihn kräftig auf den Boden und trat zurück. Dabei wiederholte er: »Sei brav. Halte Wache und gib ein gutes Beispiel.« Fido zerrte am Draht und suchte den dunklen Schatten, der sich entfernte, zu erreichen; und halb erdrosselt fiel er zurück, krümmte sich und kläffte leise.

Der Pater ging an das Fenster vom Vorratsraum und tastete nach der Laterne. Er bückte sich und zündete sie an, dann richtete er sich wieder auf, die Hand mit der Laterne ausgestreckt; das Licht fiel plötzlich in den weiten Raum, auf die Strohlager. Die großen Schatten schwankten durcheinander, ein scharfer Geruch, ein Gemisch von Heu, Dung und Schweiß wehte dem Pater ins Gesicht. »Sie haben sich nicht gewaschen, die Flegel.« Die halbnackten, aufgedeckten, gelben Körper zitterten, fest gegen den Strohsack gedrückt. Rico schlief zusammengerollt und verdreht, das Gesicht auf dem Strohsack, einen Ellenbogen steckte er rücklings heraus. Gosto, die Hosen über dem nackten Bauch aufgeknöpft, lag mit offenem Mund zur Zimmerdecke gewandt; ein stockender Atem kam aus dem dicken, bräunlichen Kropf, der aussah wie eine Zitze, die dort entstanden war, ihn zu ersticken. Auf dem letzten Strohsack lag Biscione, auf der Seite, ebenfalls in Hosen, die Augen fest geschlossen, die Lider gerunzelt unter dem Licht. »Der schläft so wenig, wie ich schlafe«, knurrte der Pater. Zum erstenmal bemerkte er, daß Bisciones Wangen hier und da rote Flecke von Flaum aufwiesen. Oder vielleicht war es der Widerschein des Lichtes.

Er schwenkte die Laterne nach oben, sein Blick lief über die Säcke, über die dürren Maiskolbenbüschel, über die in der Ecke aufgehäuften Klingen der Sicheln; in der reglosen Nacht kam von irgendeinem entfernten Hof der gedämpfte Klang eines Liedes zu ihm her, eine eindringliche, kräftige Stimme, die in der Stille vollkommen klar herübertönte, sich entfernte und nach und nach erstarb. Wenigstens der dort feierte San Rocco für sich allein.

Der Pater schüttelte sich, senkte die Laterne und ging nach dem Stall. An dem schräglaufenden Seitenflügel des Hofes unterhalb vom Heustadel verlief die niedrige, weiße, schräge Mauer des Stalles. Der Pater bog um die Ecke und stieß, die Laterne hochhebend, die Holztür zum Stall auf.

Alles in dem schweren Halbdunkel war ruhig. Die beiden Rinder lagen hingegeben auf der Streu jenseits der Stufe und käuten wieder. Sie bewegten kaum die Ohren, als plötzlich das Licht auf sie fiel, und schauten weiter ins Leere; die großen Mäuler schaukelten in dem gleichen, schweigenden Rhythmus wie die Kinnladen.

Der Pater setzte die Laterne auf das niedrige Fenster. Draußen hinter dem Gitter erschien im Lichtkreis der feste Boden der Tenne, hier und da dunkel und mit Krusten bedeckt von der Feuchtigkeit, die darübergegossen worden war. Auf der Seite der Maulbeerbäume hingegen war die Tenne von einer Mauer von Finsternis begrenzt.

Der Pater trat, die dreizackige Mistforke in der Hand, auf die Stufe und gab dem Rind einen kräftigen Stoß in den Rücken. Das Tier drehte ihm friedlich die Stirn zu, die Kette klirrte. Da stach der Pater mit der Forke zu, damit es sich erhob; und krachend, prustend, mit dem Maul an die Krippe stoßend, hob das Rind sich auf die vorderen Knie, dann stellte es, mit dem Schweif wedelnd, die mächtigen, mit Kot beschmutzten Schenkel hoch.

»Du Mistvieh«, sagte der Pater. »Du bist noch dreckiger als die Burschen.«

Er stemmte den nackten Fuß auf die Stufe, fuhr mit der Forke in die Streu, nahe bei den Hufen, wo das Stroh ganz durchtränkt war, und hob ein großes schwärzliches Stück hoch. Den Griff mit beiden Händen haltend, ging er zu dem Faß hinten im Stall und lud die volle Forke, mit einem Seufzer der Erleichterung dort ab. Dann kam er mit einer Forke voll Stroh zurück, warf es unter das Rind und verteilte es dort. Sobald der Pater damit fertig war, beugte das Tier, das nicht aufgehört hatte, die Kinnladen hin und her zu schieben, die Beine und legte sich wieder hin. Die ganze Zeit über schaute das andere Rind ins Leere und kaute weiter.

Es war erstickend heiß hier; der Pater ging ans Fenster, löschte die Laterne und blickte zwischen den Eisenstäben ins Dunkel hinaus. Von der kaum zu erkennenden Tenne stieg, mit der Finsternis vermischt, der üble Geruch hoch, der sich in der Kühle der Nacht noch immer nicht aufgelöst hatte. Die Tenne nahm nun den Tau auf, und der mußte das Erdreich durchtränken, so daß es ohne Risse fest wurde. Unruhig warf der Pater einen letzten Blick auf die bleich schimmernden Massen der Rinder, die sich im Halbdunkel kaum abhoben; als er an das große Tor kam, hob er den Querbalken an den Türflügeln hoch und schlüpfte hinaus. Er hatte einen Schritt vorwärts getan, um den festgestampften Platz mit dem Fuß zu ertasten, da sah er in dem schwachen Licht der Sterne undeutlich eine menschliche Gestalt; die suchte den Weg auf dem erhöhten Damm über der Düngergrube.

»Wer ist da?« rief er.

Es blieb einen Augenblick still, dann sagte der Schatten, der reglos dastand:

»Sie brauchen sich nicht aufzuregen, Pater – ich bin es.«

Und er sprang auf die Tenne hinab. Er stapfte über den gerade erst festgeklopften Boden zu dem Pater hin; dieser fand kaum die Zeit, ihm zuzurufen: »Am Rand gehen, Professore!«, da stand er schon neben ihm.

»Es macht nichts«, sagte er und strich mit den Schuhen über den Boden. »Schlamm, Mist und Tau sind die Grundstoffe der Nacht.«

»Es macht wohl etwas«, schimpfte der Pater, »Sie verderben mir mit den Schuhen den frisch geklopften Boden. Um diese Stunde sind Sie unterwegs? Ich glaubte, Sie wären schon eine Zeitlang oben und schliefen.«

Der Lehrer blickte sich tiefatmend um. Er hob den Kopf zum dunklen Himmel und zog wieder geräuschvoll die Luft ein. Er blickte dem Schatten des Paters nach, der sich auf das Stallfenster zu bewegt hatte. Er hörte, wie ein Wachszündholz angestrichen wurde, und sah in dem jäh aufflammenden Schein, daß der Pater, das tanzende Flämmchen mit der Hand schützend, auf die Tenne zuging und sich bückte, um den Zustand des Bodens zu prüfen. Dabei hob er die Soutane; er war barfuß.

»Und Sie, Pater, machen Sie einen langen Abend oder einen frühen Morgen?« fragte er ohne jede Scheu, und in seiner Stimme schwang Fröhlichkeit.

»Sie, scheint mir, haben die ganze Nacht durchgemacht«, war die mürrisch gebrummte Antwort. Das spärliche Licht schwankte verzweifelt; wenn es aufflammte, schloß sich die Finsternis ringsum noch schwärzer zusammen. »Sind Sie gar nicht schlafen gegangen?« Der Pater keuchte, als er sich mit diesen Worten wieder aufrichtete.

»Zuviel Lärm von Betrunkenen, vom Fest, zuviel Grillenzirpen, zu heiß«, war die etwas wirre Antwort. »Übrigens – ich habe nicht gemerkt, daß die Grillen aufgehört haben, und daß es beinahe kühl ist: wie kommt denn das?«

»Weil fast schon der Morgen dämmert«, sagte der Pater.

»Ist das möglich? Wie rasch die Sommernächte vergehen!«

»Besonders an San Rocco. Das sagen auch die Arbeiter, die morgens in der Ackerfurche einschlafen.«

»Was mich betrifft – müde bin ich nicht, aber ich habe einen mächtigen Hunger. Müde bin ich nicht; mir scheint, ich habe entdeckt, daß die Nacht alle Sinne schärft.«

»Darum schläft man des Nachts.«

»Schade drum, Pater.«

Jetzt konnten sie schon im Dunkel unbestimmte Umrisse unterscheiden. An die Steinmauer des Stalles gelehnt, hatten sie vor sich die niedrige Fläche der Tenne, dahinter, düster, das Mäuerchen des ersten, erhöhten Feldes, das von den schwarzen Maulbeerbäumen gekrönt wurde. Jenseits der Maulbeerbäume ahnte man nur den weit ausgedehnten, aufsteigenden Hügel unter dem leeren Raum voller Sterne, einer einsamen Zone des Himmels. Der Hauch einer Brise wehte belebend über den strengen, nächtlichen, dumpfen Geruch, und die Blätter regten sich leise knisternd mit.

»Ich setze mich hierhin«, sagte der Lehrer. »Ich warte auf den Morgen.« Und er steckte, an die Pumpe gelehnt, die Pfeife in den Mund. »Es kann ohnehin nicht mehr lange dauern.«

Der Pater ging in der Mitte der Tenne hin und her. Er wollte unter den nackten Fußsohlen die Feuchtigkeit spüren, die an bestimmten Stellen noch vorhanden war. »Wenn die Morgensonne diese Seen vorfindet«, brummte er zwischen den Zähnen, »bricht sie sie mir wie Glas. Verfluchte Burschen, statt alles auszubreiten, haben sie einen Brei gemacht.« Und er leckte den Daumen an, spuckte darauf und hob ihn hoch, um die Brise zu spüren.

»Was für ein Frieden heute nacht«, ließ sich der Lehrer aus seinen Rauchwolken heraus vernehmen. »Schimpfen Sie nicht, Pater.«

»Dieser verfluchte Biscione!«

»Pater, Sie stehen doch immer bei Morgengrauen auf – warum haben Sie mir nie gesagt, wie schön diese Nachtstunden sind? So geheimnisvoll und ruhig. Es ist eine andere Welt. Alles hat ein anderes Gesicht, alles lebt im Geheimen. Es geschehen die sonderbarsten Dinge. Man freut sich schon, zu atmen. Man fühlt sich gestreichelt vom Dunkel, von den Gerüchen, von der Stille.

Man fühlt sich größer, im Guten und im Bösen. Man fühlt sich wohl allein, und man fühlt sich wohl in Gesellschaft. Sogar dieser Gestank tut gut, er ist frisch und warm, er ist kräftig, ist menschlich. Nachts kann alles geschehen.«

»Wußten Sie das nicht?«

»Ich erinnere mich erst jetzt daran, daß ich es als Junge gewußt habe. Aber damals hatte ich Angst vor dem Dunkel.«

»Hören Sie, Professore«, sagte der Pater und stellte sich fest auf die Tenne, »mir scheint, die frische Luft hat auf Sie die gleiche Wirkung wie der Wein. Bis gestern habe ich geglaubt, Sie seien enthaltsam.«

Der Lehrer rauchte einen Augenblick weiter, dann brach er in ein rauhes Lachen aus.

»In der Tat«, stammelte er und räusperte sich, »in der Tat: ich habe einen Wein getrunken; den Wein, den man nur nachts trinkt... den Wein der Meditation«, fügte er hinzu und sah den Pater an.

Plötzlich redete er weiter. »Ich bin zufrieden, daß ich auf der Welt bin, Pater«, und er hob das Gesicht und schwenkte die Pfeife. »Haben Sie diese Zufriedenheit nicht auch?«

»Nicht an San Rocco – im ganzen Jahr. Und wenn Sie mich um Rat fragten, so würde ich Ihnen sagen, Sie sollten den Frieden und die Stille nicht in dieser Nacht suchen. Wo zum Teufel haben Sie sie gefunden?«

Der Lehrer spuckte auf die Erde.

»Ich habe beide nicht gesucht, sie sind zu mir gekommen«, sagte er langsam und überzeugt, und über das Gesicht, das schon aus der Dämmerung auftauchte, ging ein stolzes Lächeln.

Der Pater hob die Schultern. Dann drehte er den Kopf begierig nach dem Hügel, der sich schwarz vor dem bleichen Himmel abhob, und atmete wieder den Wind ein.

Freunde

Vom zementierten Hof schrie ein junger Mann mit kräftiger Stimme hinauf zum dritten Stock, wo sich hinter schmalen Lichtstreifen Schatten bewegten:

»Seid unbesorgt – natürlich bin ich arbeitslos.«

Im Hof und auf den Treppen brüllten Kinder, und in allen sechs Stockwerken waren Fenster erleuchtet, eins am andern, und warfen Reflexe auf die Balkongeländer.

Unbekümmert um all das Stimmengewirr, hatte sich im dritten Stock eine Frau herausgelehnt.

Unten an der Treppe tauchte ein hochgewachsener junger Mann auf. Er trug einen Hut. Der andere – Kopf- und Barthaar rot und zerzaust, um den Hals, über einem Blusenhemd mit Taschen, ein weißes Halstuch nachlässig geknotet – traf in der Mitte des Hofes mit ihm zusammen und wies mit dem Daumen hinter sich nach oben. Da hob der mit dem Hut den Kopf und bewegte, ohne zu sprechen, die Hand zum Gruß. Die Frau trat wieder ins Zimmer zurück.

Die beiden gingen auf die Straße hinaus.

»Wieviel auf der Welt gegessen wird«, sagte der Rote. »Aus dem ganzen Haus kommt nichts als Backdunst. Schon wenn man dran denkt, erschrickt man.«

Der andere faßte an seinen Hut, als er an einem kleinen Mann in Hemdsärmeln vorüberkam, der rittlings auf einem Stuhl vor der Tür saß.

»Hast du etwas gefunden?« fragte er dann den Roten ernsthaft.

»Hör mal, Celestino«, sagte dieser, blieb stehen und faßte ihn am Ärmel, »ich gehe mit dir, um mich zu zerstreuen. Allein schaffe ich das nicht. In einer Minute habe ich die Zigarette zu Ende geraucht, aus Nervosität. Ich weiß nicht, wohin. Ich komme zu dir, um vergnügt zu sein, und du fragst mich, ob ich etwas gefunden habe. Nein, ich habe nichts gefunden, und ich pfeife drauf. Merkst du endlich, daß mich das anödet? Hat deine Frau dich so weich gemacht? Du bist nicht mehr der von früher. Du ähnelst meinem Vater. Sogar einen Hut trägst du – wie er. Aber ich sage dir eines: mein Vater gebrauchte bei seiner Frau, wenn sie nicht wollte wie er, den Gürtel.«

Celestino machte den Arm frei und sagte: »Zum Gürtel nimmt der seine Zuflucht, dem die Hände nicht genügen. Dieses System wenden bei der Frau alle an, die sich nicht anders zu helfen wissen. Aber was hat Gina damit zu tun? Und du?«

»Ich? ... Nichts. Ich wollte damit nur sagen, daß das ein schlechter Anfang ist. Du hängst zu sehr an ihr.«

»Wie sie behandelt werden soll, mußt wohl du mir sagen – du hast es ja wohl bei den Negerinnen gelernt!«

Der Rote hob den Arm und ließ die Hand kräftig auf Celestinos Schulter niederfallen. Celestino, verärgert, sah ihn mit kleinen Augen an, und als er ihn lachen sah, wurde auch sein Gesicht heller. »Von Frauen«, rief der Rote, »soll man immer erst nach dem Obst sprechen. Wir sind Freunde – weg mit der Frau! Celestino, Celestino, wir werden alt: du hast die Frau, ich habe die Wut. Klare Abmachungen: wir wollen nicht mehr von deiner Frau sprechen, aber auch nicht von mir, ob ich arbeite oder nicht. Wohin gehen wir?«

»Spazieren, es ist frisch.«

Unter die Bäume des Corso warfen die Laternen bald Lichtflecke, bald dichte, kühle, vage Schatten. Von den Pflanzen stieg ein intensiver Wohlgeruch auf; die Lichtbrechung war am Abend so stark, daß die beiden von Mal zu Mal zu springen schienen; ihre Schatten hüpften mit ihnen von dem lichtgesprenkelten Gehsteig in die Blättermasse und verschwanden dort im Dunkel. Der Rote hatte sich eine Zigarette angezündet und rauchte in langen Zügen. Celestino zog den Hut vor einer schlanken Signorina, die plötzlich um die Ecke kam.

»Die«, flüsterte er dann, »hat vor einem Jahr im Lager angefangen. Jetzt ist sie schon im Chefbüro gelandet.«

»Sag ehrlich: beneidest du sie um die Karriere?«

»Ich? Die? ... Die macht Schweinereien, nicht Karriere. Die würde ich nicht einmal anfassen, wenn sie in Benzin gewaschen ist.«

»Gewaschen ist, nein, allenfalls: gewaschen würde. Celestino, das stammt von deiner Frau. Hast du früher, als du noch keinen Hut hattest, die Mädchen so gegrüßt? Du bist nicht mehr der Alte, Celestino.«

Celestino hob die Schultern.

»Was für eine Idee, die Mädchen in Benzin stecken...«

Celestino starrte auf eine Schar Gassenjungen, die brüllend, einander jagend, aus einer Querstraße heranstürmten, in der Allee ausschwärmten und sich alle übereinander auf eine Bank warfen. Es gab Fußtritte, Körper auf Körper, Kreischen, und über dem Geschrei der andern eine dünne Stimme, die knatterndes Maschinengewehrfeuer ausstieß, während ein ganz kleiner Junge wie ein Motor brummte, wobei er um die raufenden Buben herumlief, die Arme in der Schwebe hielt und heulte: »Oh, der Ghebì von Abessinien, der Ghebì!«

»Gelüste schwangerer Frauen«, fuhr der Rote fort, »und dann das mit dem Benzin. Es muß eine Frau gewesen sein, die den Flammenwerfer erfunden hat. Sei ehrlich: das stammt von deiner Frau.«

Celestino wand sich und fragte trocken: »Hast du Arbeit gefunden?«

Der Rote blieb stehen, kratzte sich auf dem Kopf und sah den Freund an, eine Hand erhoben, um den Kopf zu schützen. »Blöde sind wir«, sagte er.

»Was sollen wir beide sonst tun«, fing Celestino wieder an, »als von Frauen reden?«

»Früher mochtest du auch den Wein...«

»Auf den ist sie allerdings eifersüchtig: sie würde nichts sagen wegen Carmela, aber sie würde in helle Wut geraten, wenn ich nach einem guten Trunk heimkäme.«

»Wer weiß, wie Carmela geendet hat. Damals waren wir lustig.«

»Alle Mädchen damals ließen die Zügel locker und vertrieben sich mit uns die Zeit. Darum habe ich Gina geheiratet: schon beim ersten Tanz hat sie mir gesagt, wenn sie merke, daß einer nach Wein stinkt, bekomme sie Lust, ihn zu ohrfeigen.«

»Hat sie dich geohrfeigt?«

»Das ist nur so eine Weiberidee. Natürlich, die armen Dinger: besser, mit einer anderen rechnen, als mit dem Wein; die andere ist immerhin eine Frau.«

»Den wahren Grund«, sagte der Rote, blieb stehen und nahm die Zigarette aus dem Mund, »hat mir ein Kuppler in Massaua verraten – Leute, die sich darauf verstehen, dort unten hat jeder viele Frauen –: die Augen eines Mannes, der betrunken heimkommt, sind genauso blank, er macht ein genauso dummes Gesicht, wie wenn sie ihn ins Bett kommandieren. Konkurrenz. Nun sag mir noch, ob die Araber nicht allerlei merken!«

»Na, und jetzt, wo sie das Kind erwartet, macht ihr allein schon der Geruch übel.«

»Erlaubt sie dir einen Orangensaft?«

Celestino blieb lächelnd im schräg herausstrahlenden Licht eines Tabakladens stehen und winkte ihm, er solle warten. »Gut, daß sie dir wenigstens das Rauchen erlaubt«, schrie ihm der Rote nach.

Er wartete eine Zeitlang und horchte auf den Radiolärm, der hinter den Bäumen aus einem weit geöffneten Fenster kam; dann stieg er die eine Stufe zum Laden hinauf. Hier fand er Celestino, wie er, auf den Ladentisch gestützt, mit dem Inhaber schwatzte.

»Was verkaufst du ihm? Das Radio?«

Celestino machte eine ungeduldige Handbewegung, er sagte noch ein paar Worte und drehte sich lächelnd um.

»Du brauchst nicht so zu schreien. Ich sehe mir einen Apparat an.«

Sie verschwanden in dem Raum hinter dem Laden, und nach einer Weile kam der Inhaber zurück. Der Rote hatte sich in eine Ecke gesetzt und zündete sich eine neue Zigarette an.

»Sie sind in Afrika gewesen, nicht wahr?«

Der Rote hob den Blick: ein rundes, feistes Gesicht mit einem großen Schnurrbart. Auch aus dem Hemd, das über dem Trikot aufgeknöpft war, quollen Haare.

»Alter Kram.«

»Ich habe den anderen mitgemacht.«

Da bemerkte der Rote, daß dem feisten Mann eine Hand fehlte; über der Blässe der alten Narbe war der Stumpf dick und rund geworden.

»Haben Sie sich dabei den Tabakladen verdient?«

»Verdient?« grunzte dieser. »Ich bezahle eine anständige Miete. Und die Wohnung und die Steuer.«

Ein Mann kam herein, um eine Toskanerzigarre zu kaufen. Er zahlte und ging.

»Stimmt es«, fragte der feiste Mann weiter, wobei er den Stummel in den Gürtel steckte, »stimmt es, daß sie in Abessinien die Konzession für den Vertrieb gratis geben, frei von Steuer und Miete auf zehn Jahre?«

»Sie schenken Ihnen dazu noch das Auto, damit Sie zu all Ihren Kunden fahren können.«

»Ich bitte Sie! Ich frage doch nur, ob es stimmt, daß sie den Kriegsversehrten solche Zugeständnisse gemacht haben.«

»Ich bin nicht kriegsversehrt.«

»Das sehe ich sehr wohl«, sagte der andere, wobei er ihn ernst von oben bis unten ansah. »Wo sind Sie gewesen?«

»An Orten, wo es gratis zu rauchen gab.«

In diesem Augenblick trat Celestino wieder ein. Er sprach leise mit dem Inhaber, der dem Roten einen scharfen, nicht eben freundlichen Blick zuwarf. Am Ende des Gesprächs schlug Celestino dem Mann mit der Hand auf die Schulter, sagte zu ihm: »Höchstens« und ging hinaus, wobei er den Freund vor sich her schob.

»Mit solchen kleinen Vermittlungen schaffe ich für Gina die Kleidung«, sagte Celestino, als sie draußen waren.

»Daran tust du recht«, rief der Rote. »Wisch der Firma eins aus, mach, daß sie die Dummen sind, sonst bist hernach du der Dumme. Schade, daß du Gina geheiratet hast. Als ich dort unten war, sagte ich mir: ›Wenn ich erst mal entlassen bin, mache ich, daß ich aus der Hitze herauskomme, fahre mit dem Geld heim und tu mich mit Celestino zusammen.‹ Statt dessen hast du mir diesen Streich gespielt: dich mit Gina zusammenzutun.«

»Aber du hast das Geld ja auch vertan.«

»Das erste und das letzte. Geld, das im Krieg verdient wird, hält nicht vor. Man sagt sich, ›mich hätte es auch erwischen können‹, und los, weg mit dem Geld. So viele Stationen es von dort bis nach Hause sind, so viele Geldscheine fliegen fort. Dann packt einen der Trübsinn: man denkt an Pinotto, der sich am Tag zuvor noch die Füße wusch – und am Tag darauf haben sie ihn wie einen Spatz auf die Steine geworfen; es kommt einem Celestino in den Sinn, der sich verheiratet hat und auf alles pfeift. Und alles zusammen bewirkt: erst mal wird gesungen, dann doppelt soviel getrunken, in Neapel ist nichts als Sonne, besonders nachts – und das Geld ist hin.«

»Sag mal: stimmt es, daß es nach einem Kampf nach verbranntem Fleisch riecht?«

»Rede mir nicht von Gerüchen.«

»Aber du hast doch geschossen?«

»Auf Vögel.«

»Stimmt es, daß ...«

»Du bist schlimmer als der Kriegsversehrte. Warum bist du nicht gekommen, dir das anzusehen? Eine hübsche kleine Reise mit deiner Frau: man hat euch in die Welt gesetzt, damit ihr Reisen macht, nicht? Die hübscheste Arbeit, die es gibt, reisen. Wenn man die Gelegenheit hat. Du hättest Gina, die den Hauch eines Betrunkenen nicht erträgt, dorthin bringen müssen. Fände ich die Gelegenheit – ich würde morgen abfahren.«

Sie waren, während ihr Gespräch lebhafter wurde, an einen dunklen Platz gelangt, an dessen Ende große Fenster strahlten, hinter einer geschnittenen Hecke. Davor standen müßige Menschen, das Gesicht zwischen die Blätter gedrückt, und horchten auf das lärmende Orchester.

»Nie mehr ins ›Paradiso‹ gekommen«, sagte der Rote. »Seit damals nie mehr in Turin getanzt. In Neapel habe ich mal in einem Saal eine aus Turin getroffen. Sie erkannte mich nicht einmal an der Redeweise, so sehr war auch ich ›verbrannte Erde‹. Ich habe es an der Art gemerkt, wie sie lachte und sagte ›sei brav, hier ist einer eifersüchtig‹. Es heißt, sie halten dort die Frauen eingeschlossen, aber ihr Mann war eine noch größere Kanaille: er schickte sie tanzen, und inzwischen nahm er ein Getränk. Mir hatte das Mädchen Augen gemacht, als ich ihr sagte, von wo ich war. Als wir getanzt hatten, wollte ich bleiben; aber sie sagte: ›Mach daß du fortkommst, du bist nicht mehr in Afrika. Dazu mußte ja wohl Krieg in Afrika sein, daß einer aus Turin sich einen Bart wachsen ließ.‹«

Vor dem ›Paradiso‹ blieben sie stehen. Man sah im Innern die hohen, meergrün gemalten Wände, auf die mit leichten Farben ein paar Palmenhaine gepinselt waren, nackte Neger, Leoparden und Antilopen. Das lärmende Orchester, in Schwarz, saß in einer Nische im Hintergrund. Auf der Tanzfläche glitten Paare vorüber, eng umschlungen, ganz vertieft; ein adretter Unteroffizier ging durch den Saal. Durch die weit geöffneten Fenster wehte die kühle Luft des Abends.

»Wie haben sie das zugerichtet!« rief der Rote. »Das ist nicht mehr das ›Paradiso‹. Und Carmela und Lidia und Ginetta – wohin gehen die tanzen? Gibt es in diesem Viertel keine jungen Burschen mehr?«

»Es ist ein ganz anderes Milieu«, sagte Celestino. »Es sind nicht mehr die Zeiten, wo wir hübsche Kerle waren. Versuch mal in Hemdsärmeln, so wie du bist, hineinzugehen, und du kriegst vom Wirt etwas zu hören.«

»Es werden lauter Neapler Typen drin sein.«

»Nein, nur die Lebensweise ändert sich. Auch Lidia, was sagst du dazu, habe ich in diesem Winter in einem Pelzmantel gesehen, den sie sicher nicht gestohlen hat.«

»Ich möchte das Gesicht von Monsù Berto sehen.«

»Er ist nicht mehr der Wirt. Er ist pleite gegangen. Alles hat einer aus Rom wieder in die Höhe gebracht, er hat sogar die Tanzfläche verändert. Er hat malen lassen, hat in der Zeitung annonciert, hat eine Kassiererin, ein doppeltes Orchester, man trinkt Sekt und ißt Sandwiches: er hat etwas hineingesteckt, aber er verdient daran. Die Leute kommen im Auto.«

»Daran sind die Frauen schuld. Kämen noch Carmela und Ginetta, so solltest du sehen: das Milieu würde sofort anders.«

»Versuche du es mit deinem Bart«, sagte Celestino spöttisch.

Der Rote fuhr sich mit zwei Fingern zwischen Hals und Halstuch. Er blieb eine Weile unsicher, er zerknitterte das seidene Tuch, dann grinste er wieder. »Wenn man denkt, daß ich diesen Fetzen in Massaua als indisches Zeug gekauft habe! Ich wette, es ist Viscosa. Seide! Es ist schon in dem gleichen Zustand wie der Geldschein, mit dem ich es bezahlt habe.«

»Du bist selbst dran schuld, du wäschst dir nicht den Hals.«

»Wieso denn Hals. Bei dem Leben, das ich geführt habe, denkst du nur daran, den Hals zu retten. Dort unten trug auch ein Sultan Halstuch und Bart.«

»Mit diesem verbrannten Gesicht siehst du aus wie der Negus.«

»Hätte ich das Geld, das er hat!«

»Du hättest es ihm wegnehmen sollen.«

Der Rote sah an der grünen Hecke entlang; sein Blick blieb an der Ecke der Piazza hängen, wo eine Reihe blinkender Autos hielt.

»Kurz – um mit einem Mädchen aus Turin zu tanzen, muß ich nach Neapel gehen? Das ›Paradiso‹ gibt es nicht mehr. Du hast gut lachen, du hast deine Frau.«

»Tröste dich, es heißt nicht mehr das ›Paradiso‹.«

»Und wie heißt es?«

»Neue Blüte.«

Celestino amüsierte sich. Er nahm den Roten beim Arm, zog ihn fort und sagte dabei: »Komm, Milio, wenn wir hier stehen, läßt man es uns womöglich bezahlen.« Der Rote ließ sich schweigend von der Piazza wegführen.

Sie kamen durch eine lange Straße mit spärlichen Laternen. Der Rote holte aus dem Stummel die letzten Züge heraus, vorsichtig, um sich nicht die Finger zu verbrennen. Dann warf er das Papiermundstück fort.

»Rauchst du heute abend nicht?« fragte er Celestino mit niedergeschlagenen Augen.

»Eine halbe Zigarre, wenn ich ruhig dasitze. Es ist gesünder und kostet weniger.«

»Wer hat, spart.«

Während sie weitergingen, starrten sie auf das von den Laternen erhellte Pflaster des Gehsteigs. Der Rote, der die Füße schleifen ließ, blieb plötzlich stehen und hob den Kopf.

»Wo beschließen wir den Abend?«

»Schöpfen wir ein bißchen Luft; ich gehe nie aus.«

»Ich laufe seit heute früh auf diesen Steinen. Im ersten besten Café strecke ich die Füße unter den Tisch. Was meinst du?«

»Einen Augenblick, ja.«

Sie gingen die Straße weiter, die kein Ende nahm. Nicht eine Menschenseele kam vorüber. Ab und zu nahm sie ein geräuschlos fahrendes Auto von hinten in einen breiten Lichtstreifen, ließ die beiden Schatten aufspringen und sich um sich selbst drehen, machte jeden Stein sichtbar und entfloh nach vorn in eine plötzliche Finsternis, die von einem roten Pünktchen kaum unterbrochen wurde. Nach einer Weile, als sie, ohne zu sprechen, mit raschem Schritt weitergegangen waren – dabei schweifte ihr Blick über die spärlichen, erleuchteten Läden –, sagte Celestino:

»Im Zentrum haben wir so viele Cafés, und wir laufen hier am Stadtrand umher. Willst du in den Wiesen landen?«

»Es gibt hier nicht mal eine Tram. Wir sind schön dumm. Es ist eine Querstraße.«

»Was ist das schon für ein Unterschied! Es sind schließlich alles Querstraßen, eine wie die andere.«

»Kehren wir um«, rief der Rote und blieb stehen. »Schlimmstenfalls geht man ins ›Paradiso‹. Zu trinken wird es da ja wohl geben. Sonderbar. Turin ist bei Nacht größer als bei Tag.«

Sie gingen die Straße zurück und disputierten dabei. Sie kamen auf die Piazza. In der Luft hallten die schmetternden Klänge des Orchesters. Sie beachteten kaum die Lichtbündel, die die Hecke dort hinten grün aufstrahlen ließen, und bogen in eine Seitengasse ein, von wo der ratternde Lärm einer Tram kam.

»Wir sind wieder in Turin«, sagte der Rote. »Hast du etwas zu rauchen?«

»Magst du die Hälfte von meiner halben Toskaner? Aber wenn man sie noch einmal durchbricht, taugt sie nicht mehr viel.«

»Laß nur. An der Ecke muß eine Kneipe sein.«

Sie fanden die Kneipe. Man ging in dem Lokal auf einen kleinen Innengarten zu, mit einem Laubengang voller Glyzinien, von dem wie eine Frucht eine Birne ohne Lichtschirm herabhing. Nach oben Brandmauern. Sie setzten sich auf eiserne Stühle, an einen abgeblätterten Tisch. Ein Arbeiter, seine Frau und ein Kind saßen am Tisch nebenan, das Kind trank aus einem großen Glas, das es mit zwei Händen hielt. Eine grauhaarige Frau kam und sah das riesige Halstuch des Roten von der Seite an.

»Gibt es einen Kaffee?« fragte Celestino.

»Ach wo!« sagte der Rote. »Ich lasse dir die Toskanerzigarre unter der Bedingung, daß du mit mir trinkst. Ich habe noch zwei Lire, die sollen draufgehen. Magst du keinen Wein mehr? Einen Liter!«

Die Frau entfernte sich. Celestino sah den Roten mit einem bestimmten Ausdruck an. »Nicht ich mag ihn nicht, du weißt es.«

»Eben darum soll es welchen geben«, sagte der Rote. »Daß du ihn magst, genügt. Zum Teufel! Sieh dir den Jungen dort an, wie er schlürft. Der verliert keine Zeit.«

Gerade setzte das Kind das große Glas ab. Es sah auf, seine riesigen Augen schweiften ängstlich rundum, und holte Luft. Sein Blick begegnete dem des Roten; der drohte ihm mit der Hand. Der Junge beugte den Kopf und hustete plötzlich. Der alte Arbeiter kam ihm zu Hilfe, er klopfte ihm auf den Rücken.

Der Wein wurde gebracht. Die Frau mischte mit Wasser. Der Rote stürzte einen Schluck hinunter; währenddessen hielt er den Blick fest auf Celestino gerichtet, der seinen Wein nur eben an die Lippen setzte.

»Los, trink! Rein ist er nicht, aber wenigstens trinken wir ihn zu Hause. Weißt du, daß man in Afrika krank wird vor Gier nach Wasser? Los! So gefällst du mir.«

»Ich kann allein trinken«, sagte Celestino.

»Dann trink.«

Celestino zog aus der Weste die halbe Zigarre; er betastete sie gründlich, wobei er sich in das Licht vorbeugte; dann zündete er sie sorgfältig an, steckte sie, nachdem er den ersten Zug getan hatte, mit Schwung zwischen zwei Finger und stützte einen Ellenbogen auf den Tisch; mit der anderen Hand nahm er das Glas und schlürfte wieder einen Schluck.

»Zum Wohl!« sagte der Rote, packte sein Glas und stürzte den Wein auf einen Zug hinunter. »Trink aus, daß ich dir wieder einschenke«, sagte er zu Celestino.

Celestino deckte die Hand abwehrend über das Glas. Da mischte sich der Rote den Wein in seinem eigenen Glas, gestrichen voll, und wollte dann durchaus die zwei Fingerbreit auffüllen, die in dem anderen fehlten.

Celestino stieß seinen Arm zurück. Ein Schuß Wein spritzte über den Tisch. »Paß auf«, brummte Celestino.

»Ah, es gefällt dir nicht, daß etwas verloren geht?«

»Es gefällt mir nicht, daß es aussieht, als wären wir beide betrunken.«

»Keine Angst«, sagte der Rote und spähte mit kleinen Augen zu ihm hin. »Es wäre schön. Aber trink!«

Celestino schluckte das halbe Glas Wein hinunter und bekam es sogleich wieder gefüllt.

Der Rote stützte die Ellenbogen auf den Tisch und sah den anderen forschend an.

»Dieser Wein ist wie Turin«, begann er, »nur schmeckt er südlicher als unser Barbèra sonst. Doch er wärmt, das ist die Hauptsache. Übrigens – du kannst es mir glauben, die Leute im Süden sind, wenn man mit ihnen zusammenlebt, auch nicht anders als wir. Kanaillen sind überall Kanaillen, aber die aufrechten Leute dort sind freundschaftlich, wie du es dir nicht vorstellen kannst. Wenn du sie jedoch kennenlernst – von den Aufrechten bis zu den Kanaillen: alle schwatzen sie Unsinn ...«

»Ein Direktor und der Geschäftsführer bei uns sind Sizilianer. Junge Männer von dreißig. Vor zwei Jahren mußten sie sich, wenn sie sich die Hosen bügeln ließen, ins Bett legen, und wenn sie jetzt nicht ein Auto haben ...«

»Was hat das damit zu tun? Arbeiten kann jeder, man muß nur Arbeit finden. Doch mir gefallen sie, wenn sie nichts tun. Sie verstehen sich besser als jeder andere darauf, nichts zu tun. Schon bei sich zu Hause sind sie so, aber man muß sie auf der Reise sehen, in Ruhe, wenn sie gerade erst irgendwo angekommen sind. Als erstes gehen sie spazieren.«

Der Rote schlürfte und lud Celestino mit einer Bewegung ein, das gleiche zu tun. Celestino trank mit halb geschlossenen Augen einen Schluck und regte sich nicht.

»Sie nehmen es nicht so schwer wie wir, wenn die Arbeit fehlt. Auch nicht, wenn sie Familie haben. Sie suchen sie nicht, die Arbeit: sie gehen spazieren. Ein Neger aber – laß ihn frei, und er setzt sich auf die Erde. Die Neger trinken ...«

»Sie müssen Dummköpfe sein: ich habe nie von einem Neger gehört, daß er gelernt hätte, ein Auto zu fahren.«

»Und doch, bei dem vielen Wein, den sie haben – die Leute in Neapel trinken nicht. Sie sind gern beieinander, zu vielen, aber sie trinken lieber Anisschnaps. Darin habe ich sie nie begriffen.«

Der Rote benetzte die Lippen und betrachtete den anderen spöttisch. »Was tust du? Spielst du den Mann aus Neapel? Trink mal.« Und Celestino: »Laß mich doch rauchen!« Der Rote grinste. »Trink, sag ich dir! So, wie du es machst, ist es nicht erlaubt.« Celestino hob die Schultern. Der Rote stürzte das Glas Wein hinunter und füllte es wieder.

»Sie haben gute Weine dort«, begann er von neuem und stützte sich wieder auf den Ellenbogen, »sie bringen es ohne weiteres auf zwanzig Prozent. Ich habe einen getrunken, der eine Farbe hatte wie Kaffee. So stark, daß er den Mund trocken ließ. Nicht wie dieses Zeug; wenn da nicht ein bißchen Südwein drin wäre! Los, trink! Früher hast du ordentlich was vertragen. Es ist viel Wasser.«

»Und der Palmwein? Wie steht es damit?«

»Nie gesehen. Es muß etwas wie ganz scharfes Öl sein. Die Neger trinken es schon: wie die Affen.«

»Aber gibt es dort unten keinen Wein?«

»Den Negern genügt es, wenn sie etwas riechen, was stinkt, und sie schlucken es hinunter. Auch Benzin trinken sie.«

Der Rote schob das noch randvoll gefüllte Glas Celestino hin, bis zu seiner Hand, und forderte ihn mit den Augen auf, zu trinken, und Celestino senkte den Kopf und streifte, die Lippen spitzend, den übervollen Rand.

Zwei Soldaten in graugrüner Uniform kamen herein, sie stürzten auf eine Ecke zu, dabei rannten sie wie Jungen einander nach. Celestino beobachtete durch den Zigarrenrauch den Tisch mit den dreien; das Kind war eingeschlafen, die Stirn auf dem Arm, neben der Flasche, und der Arbeiter schaukelte mit seinem Stuhl, die Hände in der Tasche, und starrte ins Leere. Die Frau las zwischen den Tüten Krümel und verstreute Stücke Brot zusammen.

Der Rote rief die Wirtin. »Ich will zahlen.«

»Kauf dir Zigaretten, ich zahle.« »Ich habe dir gesagt, ich zahle.« »Du bist kein Millionär.« »Aber ich habe keine Frau zu erhalten.« Die Wirtin wartete.

Celestino gab ihr zwei Lire hin. »Gut«, sagte der Rote, »dann zahle ich noch einen Wein. Wirtin, einen Liter.«

Celestino wollte aufstehen. Der Rote hielt ihn am Ärmel fest und sah ihn mit einem etwas boshaften Blick bittend an. »Was hast du schon getrunken? Nichts. Trotzdem Angst vor Gina?«

»Was denn Gina! Ich mag keine Schweinereien machen. Morgen muß ich arbeiten.«

»Für einen Freund, Celestino! Du paßt sowieso immer auf, daß du keine Schweinereien machst. Leiste mir noch Gesellschaft. Ich bin den ganzen Tag allein.«

Celestino setzte sich.

»Und trink das Glas aus. Wir verstanden uns doch schon ganz gut. Er ist bestimmt nicht schlecht.«

Celestino trank nicht, sondern zog nervös an seinem Stummel.

Der Wein kam. Der Rote zahlte rasch und mischte ihn ihm, dann schenkte er sich selbst das Glas voll. Er schnalzte mit der Zunge und hob den Ellenbogen.

»Ich wette, du findest keine Arbeit«, rief Celestino mit zusammengebissenen Zähnen.

»Oh«, sagte der Rote, und in seinen Augen blitzte eine gewisse Bosheit auf, »heute abend arbeite ich. Nur daß es ärger ist als eine aufgerissene Straße ... Ich habe Rost in der Kehle; seit vier Wochen trinke ich nicht, weil ich rauchen muß. Ich habe zum Verpfänden nichts mehr als das Halstuch. Wieviel gibst du mir dafür?«

»Einen Tritt in den Hintern, und sonst nichts. Du hast deinen Beruf vergessen, das ist es.«

»Ich habe in Lastwagen und Motorrädern nie so viele verwickelte Geschäfte abgewickelt wie dort unten. Willst du wissen, was ich in Wirklichkeit habe? Ich habe nie etwas vergessen. Aber ihr, die Menschen von früher, ihr habt mich vergessen. Das ist die Geschichte. Trink mal.«

Celestino warf den Stummel fort und benetzte die Lippen. »Los«, sagte der Rote, packte ihn am Ellenbogen und stieß diesen nach oben, »du hast noch etwas vergessen: wie man trinkt.«

»Du Schwein«, knurrte Celestino und wich plötzlich zurück, weil der Wein schwappte.

»Keine Angst. Zum Wohl!« Und der Rote trank ihm zu.

Celestino wischte die Spritzer ab. »Du meinst, du wärst immer noch im Krieg«, brummte er. »Daran, wie du einen anpackst, sieht man, daß du von den Leuten in Neapel kommst.«

»Laß den Krieg beiseite, du weißt nicht mal, wie er riecht. Du hast den Krieg am Radio mitgemacht... Los, wir wollen einander nicht beleidigen: trinken wir lieber!«

Celestino trank nicht.

Der Rote setzte das Glas hin. »Eine schöne Sache, der Krieg. Man denkt an überhaupt nichts mehr. Später denkt man an die Gefahr. Man lebt in den Tag hinein. Du hast deine Stelle, alle haben eine. Die einzige Angst ist, daß man sich verläuft. Ich erinnere mich an einen Mann am Gemma: er lief auf den Planken, den Helm am Hals, dreckig und verschwitzt wie ein Radfahrer, mit zwei solchen Augen, der hält mich an und fragt: ›Wo ist meine Abteilung, heilige Muttergottes! Sag du mir doch, wo meine Abteilung ist.‹ Dabei hatte der sich nur innerhalb der Kolonne verlaufen, aber stell dir vor, einer verläuft sich allein, im offenen Land, dort zwischen den dürren Gewächsen, die aussehen wie verwurzelte Faschinen. Wer kommt dich da schon suchen? Das ist ganz etwas anderes, als dich vergessen. Über dir fliegen diese kleinen Falken.«

Der Rote bückte sich zur Erde, hob den Stummel des Kameraden auf und zündete ihn an, wobei er sich die Lippen verbrannte. Er blies den Rauch in die Luft und stützte sich wieder auf den Ellenbogen, den Blick starr auf Celestinos Stirn gerichtet.

»Ich hatte mich einmal verlaufen«, fing er plötzlich wieder an, und er sprach, als wäre er allein. »Wir kehrten nach Dire Daua zurück. Es war am Anfang der Regenzeit. Wolken, so dick, wie du sie noch nie gesehen hast. Der Himmel dort erscheint viel weiter. Ich komme gegen Abend vom Autosammelplatz, um ein bißchen im Dreck zu waten, auf einem flachen Land, das nach Moder roch. Es war fast wie bei uns, wenn die Weinlese zu Ende ist.

Der Regen überfällt mich noch vor dem Eingeborenendorf. Es war, als fielen Kröten herunter. Ich flüchtete mich in die erstbeste Hütte, denn man kann im Nu den Himmel nicht mehr von der Erde unterscheiden, man läuft Gefahr, zu ersaufen.

Drinnen gab es nichts als Lumpen und Katzenaugen: weiter sah ich nichts, denn es war dunkel. Aber jene Schwarzen sahen auf mich hin. Draußen regnete es, daß es den Boden zerschlug, ich sah, wie der Schaum vor der Tür hochspritzte. Ich dachte: hier versetzen sie mir einen Messerstich und rächen sich für den Krieg. So stand ich an die Tür gelehnt, wie lange, weiß ich nicht: den Rücken zu dem Meer draußen, Bajonett in der Hand, bereit hinauszuspringen. Den Geruch, sage ich dir, spürte ich gar nicht.«

»Und dann haben sie dir nichts getan?«

»Was sollten sie mir tun? Die hatten Angst vor mir! Aber ich habe gemerkt: Krieg machen darf man nur zu vielen. Allein einen umbringen – das ist zum Verrücktwerden.«

»Hast du welche umgebracht?« sagte Celestino und stand auf.

»Ich weiß es nicht. Niemand weiß das. Ich habe sie gesehen, wenn sie tot waren. Das schon.«

»Kriegsgesetz. Gehen wir?«

Der Rote blieb sitzen, er hob nur verwirrt den Kopf.

»Du willst doch wohl nicht, daß wir Wein übriglassen«, stammelte er und nahm das Glas.

»Oh, von mir aus kannst du ihn auch stehenlassen.«

»Leiste mir noch Gesellschaft, Celestino. Du hast sowieso wenig getrunken. Was soll dir Gina schon sagen? Sie weiß doch, daß du mit mir zusammen bist.«

»Eben darum«, sagte der andere grinsend. »Weil ich mit dir zusammen bin, wartet Gina auf mich.«

»Ist es dir lästig, wenn ich trinke und von Afrika rede? Herrgott, ich bin doch dort gewesen, nicht wahr? Du selbst fragst mich danach. Du redest ja von nichts! Erzähl mir wenigstens von Gina. Wann kriegt sie das Kind? Trink aus.«

Der Rote stürzte sein Glas Wein hinunter und füllte, mit unsicherer Hand, soviel nach, wie noch in der Literflasche war.

»Hör mal«, schrie er Celestino nach, der sich unter dem Laubengang entfernte, »ich wollte dich heute abend betrunken machen; dann habe ich gedacht: ›nein, er soll ein Kind haben, er ist nicht arbeitslos, besser tu ich es nicht.‹ Aber leiste mir Gesellschaft.«

»Du bist ein Schwein, Milio. Entweder du gehst sofort mit, oder du bleibst hier.«

Da schrie der Rote: »Nein, ich gehe nicht mit. Entweder mich, oder Gina. Ich komme nicht aus Afrika zurück, um mich von der Frau eines anderen kommandieren zu lassen. Wenn du nicht einmal einen Liter Wein trinken darfst, bist du nicht mehr Celestino ... Trink, dummer Kerl ... Die Neger sind schlauer als du.«

Aber Celestino war schon gegangen.

Sommergewitter

Bis zum Bootshaus vom Bootsverleih am Fuß der Hügel war die Morgensonne noch nicht vorgerückt. Große Bäume gaben dort Schatten. Aber die Häuser der einzelnen Vororte jenseits vom Fluß, der, von der Morgendämmerung erhellt, regungslos dalag, waren klar beleuchtet; und über ihnen war es schon heller Morgen. Die Bootsfrau, eine bleiche Alte, noch ungekämmt, zog mit einem Bootshaken nacheinander die am Steg vertäuten Boote heran; wo die Taue sich besonders stark gelockert hatten, bückte sie sich, die Linke auf der Hüfte, und zog die Taue wieder an. Sooft ein Boot sich mit Gewalt zwischen den anderen verkeilte und das Wasser in Bewegung brachte, schlugen die Bootsrümpfe gegeneinander und schwankten in der Strömung.

Aus dem Raum hinter einem überdachten Schuppen, den ein sackleinener Vorhang abschloß, drangen dumpfe Geräusche, Rascheln, Worte. Jemand zog sich aus. »Gehören die seidenen Strümpfe und das Hemd Euch?« schrie eine grobe Stimme.

Die Alte hob die Stirn und unterbrach unwillig ihre Arbeit. Von einigen roten Wolken jenseits der Bäume kam ein Widerschein, der den Fluß in Flammen setzte und auch ihr Gesicht lebhafter färbte.

»Fein auch der Unterrock. Zwei sind es«, begann die Stimme von neuem. Das Sackleinen wurde beiseite geschoben, und heraus trat ein Bursche, der sich den Badeanzug über der Schulter zuknöpfte. Er war klein und nicht sehr kräftig, braungebrannt, mit krausem Haar.

»Diesmal glaubten wir doch, wir wären die ersten. Aber hier ist es kühl«, sagte er, schlug sich auf die Schenkel, die eine Gänsehaut bekommen hatten, und hüpfte dabei umher. »Man muß verrückt sein, wenn man die Mädchen um diese Zeit aus dem Bett holt, um sie mit ins Boot zu nehmen.«

»Sie sind allein«, sagte die Alte und bückte sich wieder über ihre Arbeit. »Allein, auf den Sport versessen. Und damit niemand sie dabei sieht, stören sie unsereins unverschämt genug noch vor Tag. Sie haben mir nicht mal die Zeit zum Kämmen gelassen. Frauenzimmer!«

»Allein!« hatte der junge Bursche geschrien und einen Sprung vollführt. »Hast du gehört? Wir haben zwei Mädchen vor uns, die allein sind. Komm doch raus, Moro.« Er drehte sich um: »Und wie sind sie, wie sind sie?«

»Habt ihr nicht die Hemden gesehen?« fragte die Frau grinsend. »Hemd und Haut einer Frau sind nicht weit voneinander...«

»Dicht beieinander. Wie sind sie?«

»Regelmäßig kommen sie nicht. Die eine ist mager, blaß wie Stroh. Die andere sagte wenig, aber sie war doch schon ganz braungebrannt, eine so stämmige Person, daß nicht viel fehlte, und das Boot hätte ein Leck gekriegt, wie sie hineinsprang. Und alle beide reichlich hochnäsig und mürrisch.«

»Sind sie schon lange fort?«

»Eine Stunde.«

»Hübsche Mädchen? Was für ein Trikot?«

»Frag sie, ob die beiden die Tasche mitgenommen haben, Aurelio«, rief eine mürrische Stimme hinter dem Sackleinen.

Die Alte blinzelte ihm zu. »Der versteht es«, sagte sie spöttisch. Lauter fügte sie hinzu: »Ihr könnt ganz ruhig sein. Das sind Frauen, die ihr Boot selber bezahlen. Aber sie sehen aus, als wären sie für mehr gut als für ein Boot.«

»Je nachdem, wen sie finden.« Und aus dem Schuppen trat der andere. Ein Bursche mit starken Knochen, großen schmutzigen Füßen und geröteten Händen; er knotete auf der Schulter, die weiß war wie ein Fischbauch, den Badeanzug fest, der ihm um den Körper schlotterte. Er und die Alte, deren Augen noch boshaft funkelten, sahen einander an. Im Blick des jungen Burschen glomm etwas Unheimliches auf.

Die Alte musterte ihn flüchtig, aber genau von unten bis oben.

»Wir sind neu hier, was? In diesem Jahr noch nie Boot gefahren, soviel ich sehe.«

Aurelio antwortete: »Er kann besser mit dem Ruder umgehen als alle die Ehemänner, die Ihr in den Po geworfen habt. Mit jedem Ruder. Sogar mit einem Stock, sagt er.«

»Ich habe nie gesehen, daß er auch nur vorüberkam. Wenn man ihn so ansieht, ist er eher wie mein letzter Seliger nach drei Monaten Ischias. Es macht Spaß, ein bißchen Luft zu schnappen, was?«

Der Bursche verzog den Mund und spuckte auf die Erde. Er sagte, ohne sich umzudrehen, und es sah aus, als schöbe er eine Zigarette von einem Mundwinkel in den andern: »Fehlt auch nichts?«

Aurelio sprang los und holte hinter dem sackleinenen Vorhang ein winziges Köfferchen hervor, das er in das erste Boot setzte. Dann stieg er selbst hinein, stellte sich hin, die Beine gespreizt, und stieß den Bootsrumpf längsseits an den Steg; dadurch erreichte er, daß der Fluß zwischen den Ruderbooten wild durcheinanderschäumte.

»Ihr braucht nicht auszuschöpfen«, schrie die Alte, als sie mit der eisenbeschlagenen Stange und einem Stechpaddel zurückkam. »Ich habe es schon getan, nachdem mich diese beiden geweckt hatten. Es ist alles in Ordnung.« Und sie streckte ihm mit einer kräftigen Bewegung die Stange hin.

»Hoffen wir«, antwortete Aurelio.

Die Alte wandte sich lachend Moro zu, der regungslos dastand, und betrachtete ihn neugierig und genau. Zu Aurelio sagte sie: »Dein Freund hat noch Schlaf in den Augen. Weck ihn auf! Wenn ihr an eine Brücke stoßt – den Schaden bezahlt ihr!«

»Gib acht«, sagte Moro, »daß sie nicht eher dich anstoßen.« Und er stieg so ungeschickt ins Boot, daß er Aurelio zum Schwanken brachte. »Gebt das Stechpaddel her«, sagte er kalt zu der Alten, »und macht das Tau los.«

Die Alte gehorchte. Aurelio beobachtete den Himmel. Die roten Wolken waren verschwunden. Hinten im Boot stehend, stieß Aurelio die Stange senkrecht ins Wasser, drückte sie mit der Kraft des Handgelenks nach rückwärts und stieß das Boot ab. Es schob sich schwankend zwischen den anderen heraus und hüpfte in der ersten Strömung. Die Alte brummte noch etwas zum Abschied; als niemand antwortete, drehte sie sich um und trat wieder unter das Schutzdach. Aurelio in seinem schwarzen Trikot zog die Stange heraus und stieß sie, den Grund abtastend, wieder hinein, dabei bückte er sich, um das Boot mit Kraft vorwärtszudrücken. Er sah starr, mit zusammengekniffenen Augen, vor sich auf die blinkende, strömende Wasserfläche.

Das Boot lag jetzt in der Sonne.

Moro hatte sich am Boden ausgestreckt; er füllte das Boot ganz aus. Die behaarten Beine hatte er auf die Bootsränder gelegt. Er bedeckte seine Augen mit der Hand.

»Sieh mal, Moro, was für eine schöne Sonne.«

Moro sagte leise: »Wenn man sie hier draußen sieht.«

»Sie ist überall die gleiche«, sagte Aurelio. »Heute früh hat sie Schnupfen. Sieh hin, dort steigen Wolken auf.«

»Im Kerker ist das Häßliche das, daß die Sonne dir nur die Zelle erhitzt. Es ist keine Sonne mehr, es ist ein Backofen.«

»Dafür hast du es im Winter warm.«

»Ach was! Im Winter ist es so kalt, daß dir die Spucke gefriert. Aber im Sommer, da hast du Wut, wenn so eine Sonne scheint, und du, jawohl, du mußt sie in Jacke und Hose aushalten. Die Jacke ziehst du nur aus, wenn sie dich in den Hof holen. Man kann sie nicht ausziehen. Warum kann man nicht? Man kann eben nicht.«

»Kurz, wie als Soldat.«

»Schlimmer. Sie sperren einen absichtlich ein, um einen fertigzumachen.«

Aurelio bückte sich, um die Stange einzutauchen, und lachte. Moro hob die Hand, verdrehte die Augen und gab das Grinsen zurück.

»Ein Gefangener sein heißt soviel wie eine Kanaille sein«, begann Moro von neuem, wobei er wieder sein Gesicht bedeckte. »Für sie ist niemand so sehr Kanaille wie wir. Sie sagen uns, wir müßten unser Leben ändern, und dabei sperren sie uns ein wie Karnickel. Wenn wir unser Leben ändern sollen, dann los, laßt uns schleunigst heraus. Aber nein: du bleibst dort zwei, drei, zehn Jahre, je nachdem, was in deinem Strafbuch steht; es wird gelb, grün, grau – so änderst du dein Leben! Kannst du dir vorstellen, daß einer zwanzig Jahre drin war? Er sah aus wie mein Großvater als Toter, und er war vierzig. Totschlag. Alles, weil er mal getrunken hatte.«

»Es gibt aber auch Dummköpfe, die es wahrhaftig nicht nötig hätten, sich erwischen zu lassen«, sagte Aurelio und beugte sich nieder.

Moro sprang auf und rief Aurelio erregt zu:

»Aber wenn es die Justiz so dämlich anfängt! Warum bringen sie einen nicht auf frischer Tat um? Oder, wenn du nur in eine Tasche gegriffen hast, warum geben sie dir nicht sofort eine Tracht Prügel, wie es sich unter Männern gehört? Dann würde man sehen, wer besser prügelt. Ist das nicht Pfaffenart: einen jahrelang einzusperren?«

»Sie haben dir doch nur anderthalb Jahre gegeben.«

»Ein Jahr ist nichts. Die Tage, die sind lang.«

»Moro, früher warst du schlauer. Das Brot, das du da drin gefressen hast, hast du nicht verdaut. Und von einem verdorbenen Magen kriegt man ein Gesicht, das aussieht wie Angst.«

Moro kramte in dem kleinen Koffer und holte eine Zigarette heraus. Das bleiche Streichholzflämmchen machte in der hellen Sonne die Wangen noch hohler. Heftig warf er das Streichholz weg.

Aurelio sagte: »Sieh lieber zu, daß du es ein andermal gescheiter anfängst! Wo hat es das je gegeben, daß einer am hellen Tag einen Hammer gebraucht! Auf Läden verstehst du dich nicht.«

»Aber vom Boot versteh ich was«, rief Moro und sprang so heftig auf, daß Aurelio schwankte. »Gib mir die Stange!«

Aurelio schlüpfte vorsichtig an Moro vorbei und gab sie ihm. Dann setzte er sich und versuchte zu rauchen. Moro, die Zigarette krampfhaft zwischen den Lippen, ertastete mit der Stange den Grund, dann richtete er sich langsam auf und stieß ab.

Bianca hob das tropfende Paddel, und das Boot glitt in dem unbewegten Wasser unter die Bäume.

»Die Sonne ist weg«, sagte Clara.

Bianca biß die Zähne zusammen, sank schlaff auf die Ruderbank und sah rundum. »Das Wasser ist dunkel, weil diese Wolke vor der Sonne ist. Wenn sie herauskommt, sieht es wieder aus wie Silber.«

»Ob es regnen wird?« fragte Clara.

»Ich glaube nicht. Aber schließlich sind wir hier, um naß zu werden.«

»Das Flußmädchen!« murmelte Clara. Bianca sah weg, um über den spöttisch-lässigen Ausdruck dieser Augen nicht wütend zu werden.

»Hast du gar nicht darauf geachtet, daß dort über dem Po die Schwalben niedrig fliegen?« sagte Clara wieder.

Bianca wandte sich plötzlich nach dem Fluß, der vor der kleinen Mündung, in die sie hineingefahren waren, in einem Sonnenstreifen lebhaft dahinfloß. Mitten in der Strömung schaukelte einsam der Bagger, der an einem schrägen Drahtseil festgemacht war; das Wasser brach sich an ihm in kleinen Wellen.

»Dorthin können wir gehen, wenn es regnet. Ich bin noch nie auf einen Bagger gestiegen.«

»Keine Menschenseele ist hier«, sagte Clara. »Diese Baggerleute verbringen ihr Leben auf dem Wasser – ob sie sich auch mal waschen? Wenn sie flußaufwärts nach Hause gefahren sind, ist der Fluß vollkommen verlassen. Hier kann man sterben oder zur Welt kommen, ohne daß jemand was merkt. Doch das hier«, und sie beugte sich über den Bootsrand, »die Sardinenbüchsen und die zerbrochenen Töpfe, das ist immerhin ein Zeichen von Zivilisation. Wahrhaftig, dein Fluß ist nicht ernst zu nehmen.«

Claras blaßgelber Badeanzug, der dem schlanken Körper eng anlag, warf, als sie sich über den Bootsrand beugte, auf das grünliche Wasser einen etwas helleren Reflex. Bianca betrachtete sie heimlich, mit einem gewissen Widerstreben, ohne ein Wort zu sagen. Doch dann lächelte sie: Clara betrachtete im Wasser ihr Gesicht und rieb mit dem Finger den einen Augenwinkel.

»Na, Donna Clara hat einen Spiegel – da hören die goldigen Bosheiten von selbst auf.« Ihre Stimme zitterte dummerweise.

»Mein Spiegel ist mir lieber. Bei dem kommt dir wenigstens nicht plötzlich ein Schwarm kleiner Fische aus dem Mund. Und du siehst nicht aus wie betrunken. Und hast nicht eine versunkene Schüssel als Aureole.«

Unwillkürlich ballte Bianca die Fäuste. Aber sie fing sich wieder und reckte die steif gewordenen Arme und spreizte die Finger. Wollüstig drehte sie den Kopf und ließ den Blick über den Himmel wandern, zu den Bäumen am Ufer, hinter deren Stämmen unter dichtem Gewölk ein hellerer Streifen glänzte.

»Ich habe dir nicht den Amazonas versprochen«, sagte sie höchst zufrieden, »aber wenn es regnet, werden wir ihn haben. Warum sich schützen? Was gibt es Schöneres als ein Gewitter am Morgen?«

»Hör mal, meine Liebe: wenn du die Absicht hast, ins Wasser zu springen, beeile dich. Hier regnet es binnen kurzem in Strömen, und mein Badeanzug verträgt keine Feuchtigkeit.«

»Ich will sehen, wie er sie schluckt.«

»Bianca, hast du mich darum hergeschleppt? Um mich in das schwarze Wasser zu tauchen, mich mit dem häßlichen Schlamm zu beschmutzen und mich von den Krokodilen fressen zu lassen? Bianca, ich muß meine Haut hübsch erhalten. Ein Glück, daß deine Sonne anständig geworden ist und ein armes blondes Mädchen respektiert, das sonst keine Kleider hat.«

»Dummes Ding«, sagte Bianca und hob die Schultern. »Dieses Leben würde dir guttun, es würde dich kräftiger und selbstsicherer machen.«

»Aber ich bin es, leider bin ich es, kräftig und selbstsicher. Ich hätte das Gegenteil nötig. Kraft zu entwickeln, hat mich eine Menge gekostet.«

Bianca bückte sich, um die Leinenschuhe aufzuschnüren, und sah, während sie zuhörte, verstohlen zu Clara hin.

»Gib nie zu viele Proben von Kraft und Selbstbeherrschung. Man würde es dich bestimmt entgelten lassen.«

»Und du – warum gibst du nicht endlich dieses sinnlose Leben auf?« fragte Bianca lächelnd.

»Es ist noch am wenigsten langweilig.«

»Ich verstehe dich schon«, murmelte Bianca leise und steckte die Hand in die Badetasche, um die Gummikappe zu suchen.

Als sie fertig dastand, wandte sie sich zu Clara, die, lässig auf der harten Ruderbank zurückgelehnt, mit einer Grimasse zu ihr aufsah.

»Also – du kommst nicht mit?«

»Kehre siegreich zurück. Ich werde Beifall klatschen.«

»Schwimm wenigstens hier rundherum, ich halte dich.«

»Mein Schatz, du bist komisch, so etwas macht man mit Männern. Schwimm rasch los und brich dir nicht den Hals.«

Bianca glitt fröstelnd ins Wasser und stieg mit unsicheren Schritten auf die Mündung zu. Sie biß die Zähne zusammen, ließ sich sinken und tauchte unter. Das Wasser war nicht kalt. Dort unten, mitten im Fluß, lachte in der Sonne der Bagger. Sie kam triefend wieder hoch, bis zum Gürtel im Wasser, und spürte gegen die Schultern den kühlen Hauch der Brise.

Sie war bis zu den kräuselnden Wellen und Wasserwirbeln der Mündung gelangt; vor ihr lief stark die Strömung. Ihr Fuß sank ein. Als sie, den Kopf über die Schulter drehend, über das Wasser hin mit einem Blick die niederen Ufer umfaßte, das Boot – einen unbestimmten Fleck –, die Bäume, alles, hob sie die Arme, stemmte die Beine ab, gab sich einen Schwung und schwamm los. Sofort war sie in der unruhigen Strömung im Spiel. Sie wendete den Körper stromaufwärts, dem Bagger, dem Hügel zu, über den bald die Sonne, bald Wolkenschatten zogen, und tauchte das Gesicht in das rauschende Dunkel. Wenn sie, zwischen den Armstößen und ruhigen Schlägen hochschnellend, Atem holte, lief ihr das Wasser gleichmäßig über den Mund herunter. Während Bianca schräg zur Strömung schwamm, hatte sie Mühe, das Gleichgewicht zu halten; sie sah nichts als beim Atmen das rasche Aufblitzen der

Tropfen. Als sie den Kopf ein letztes Mal ermüdet untertauchte, bemerkte sie plötzlich, unbestimmt durch das Wasser hindurchschimmernd, breit die Sonne. Sie hob den Kopf. Der Bagger lag wenige Meter vor ihr.

Bianca umschwamm mit kräftigen Stößen den Steinkasten des Baggers in der Absicht, dort einen Halt zu suchen; da lief über das Wasser ein Schatten. Auch der letzte Strahl Sonne verschwand. Die kalte Brise wurde wieder stärker.

Bianca zog sich auf den Kasten hinauf; dabei schürfte sie sich ein Knie auf. Der metallene Oberbau mit seinen Aufzügen und den noch sandigen Schienen ließ rundum einen schmalen Rand. Unsicher ging Bianca darauf entlang bis zu einem mit Brettern überdachten Verschlag; er reichte bis unten zum Triebwerk. Der Plankenboden war mit Erde verschmiert, in einem Winkel lagen zusammengefaltete Säcke. In der Mitte ließen die Planken ein Loch mit schwarzem, gurgelndem Wasser – dem Fluß –, wo ein Kettenzug mit rostigen Eimern, durch einen hellen Spalt herabhängend, bis auf den Grund reichte.

Bianca trat hinaus, um auf die Strömung zu sehen, die unter dem Kasten wieder hervorkam. Sie ließ den Blick zu der – dicht mit Steinen und Pfählen besetzten – Stromschnelle an der Buhne schweifen, wo sie vor einer Stunde mit kräftigem Rudern stromauf gefahren waren; da dachte sie an Clara.

Hüpfend lief sie auf die Seite des Baggers und suchte die Mündung. Zuerst sah sie nichts als ein niederes, grünes Ufer, sehr fern und reglos unter den vom Winde bewegten Bäumen, dann bemerkte sie hinter einer Landzunge den blaßgelben Badeanzug von Clara, die stehend das Paddel hin und her schwang.

Ihre dünne, durchdringende Stimme rief etwas in den plötzlich aufkommenden Wind; die Hand wies auf den Himmel.

»Huhu! Hier ist Schutz«, schrie Bianca. »Hier ist Schutz.«

Clara schien es gehört zu haben, denn sie bewegte die Hand und verschwand hinter der Landzunge. Dumpf, noch fern, grollte der erste Donner. Bianca riß erregt ihre Badekappe ab. Am Himmel, wo sich erschreckte Wolken gegen den Dunst vorschoben, flammte ein schwacher Blitz. Bianca preßte die Hände gegen die Rippen und starrte auf das Wasser, das unter ihr schäumte. Der Donner ließ auf sich warten.

»Clara«, rief sie laut, »hier ist...« Es begann ein unbestimmtes Grollen, das allmählich, von Echo zu Echo, kräftiger wurde, immer weiter ausgedehnt wie ein Bergrutsch. Es entlud sich fern mit einem dumpfen, nicht ganz geglückten Dröhnen. Bianca schöpfte Mut, sie wurde vor Erleichterung wieder rot. In der Stadt regnete es gewiß. Der Himmel dort talwärts war schrecklich.

»Clara, hier ist Schutz, ich komme dich holen.« Unter den kalten Windstößen, die den Fluß heraufkamen, quietschte der ganze Bagger, die Seile knarrten. »Wo ist sie jetzt hin, das dumme Ding?« murrte Bianca, während sie angestrengt auf das niedere Ufer und die großen Bäume sah, die sich vor dem hellen Streifen am Horizont hin und her bogen.

Dort! Das Boot kam aus der Mündung. In der Mitte saß Clara, gebückt, und vollführte mit dem Paddel große, schäumende Schläge. Aber als sie in die Strömung kam, verlor sie die Richtung, weil sie von den Strudeln und Windstößen erfaßt wurde. »Paß auf!« brüllte Bianca. »Du gerätst an die Buhne«, und sie rannte um den Aufbau, um zu verfolgen, wie Clara unausweichlich stromabwärts glitt. Da stand Clara auf – Bianca erschien sie wie ein Kanarienvogel –, packte die dicke Stange mit der Eisenspitze und bückte sich, tauchte sie ein, um sich weiterzustoßen. Das Boot glitt weiter stromabwärts. Clara umklammerte fest die Stange und stieß sie senkrecht ein, suchte Grund, aber sie kam nicht bis auf den Grund, und die Strömung drängte das Boot jedesmal gegen die Stange und quetschte ihr die Handgelenke.

»Idiot«, brüllte Bianca außer sich. »Schräg halten! Die Stange hinlegen! Nimm das Paddel!«

Schnell stülpte sie die Badekappe über, da hörte sie einen Schrei: Clara war nicht mehr zu sehen, sie war hinter der Stange ins Wasser gefallen. Wilde Strudel hinter dem Boot verrieten, wie sie um sich schlug.

Gerade als Bianca vom Bagger sprang, um zu tauchen, wurde sie von einem Blitz fast geblendet. Erst im Wasser fühlte sie sich in Sicherheit. Sie schwamm wie rasend, den Kopf unter Wasser, ohne zu sehen, ohne zu hören. Der losbrechende Donner erreichte sie nicht; sie dachte an nichts als an Clara; sie nahm alle Kraft zusammen, das Boot zu erreichen, die Stange zu packen, Clara zu packen.

Sie stieß mit dem Arm an die Stange. Sie sah sich in dem spritzenden Wasser um und erkannte weitab etwas Blondes, das schäumte; auf der anderen Seite, in der Strömung, schwamm das verlassene Boot. ›Ohne das Boot kriege ich sie hier nicht heraus‹, schoß es ihr durch den Sinn; und sie schleuderte die Stange nach vorn, auf das Boot zu, schwamm zu ihm hin, schleuderte sie noch einmal weiter. Als sie sich am Bootsrand hochzog, war ihr, als reiße sie sich die Schultern aus. Sie stürzte ganz benommen hinein und packte das Paddel.

Sie drehte sich um – Clara war nicht mehr zu sehen. Erst jetzt merkte sie, daß es in Strömen regnete. Der heftige Regen peitschte im Fluß Wellen und Spritzer hoch. Alles ringsum rauchte von dem feinen Wasserstaub, und ihr Rücken juckte von der Heftigkeit des Sturzes.

Clara war nicht mehr da. Bianca warf den Kopf nach hinten, um sich von den feuchten Haarsträhnen zu befreien, die ihr in die Augen fielen. Sie hatte die Badekappe verloren. Aber sie mußte die Strähnen mit den Fingern auseinanderschieben, so klebte der Regen sie zusammen. Sie brach in einen Schrei aus: »Clara!«

Das ganze Wasser kochte, alles in wildem Durcheinander. Sie richtete das Boot mit dem Paddel gerade und stemmte es gegen die Strömung. Sie spähte durch die qualvollen, krachenden Wassergüsse hindurch nach der Stelle, wo Clara verschwunden war. Tausende von Blasen breiteten zwischen Wasser und Luft eine so fahle, stumpfe Schicht aus, daß es ganz vergeblich war, etwas erkennen zu wollen. In den Regentränen ließ Bianca den Blick an die Ufer schweifen, rundherum, und alles verschwamm im Ungewissen. Sie war auf dem Fluß allein.

Wütend schlug sie das Paddel und fuhr gegen den Strom, auf gut Glück, nur um auf diesem Wasser zu bleiben. Sie beobachtete, die Haare über den Augen, daß ein einzelnstehender Baum am Ufer genau der Stelle entsprach, wo Clara untergegangen war. Vor Angespanntheit mit den Zähnen klappernd, sprang sie in den feuchten Windstößen auf und legte das Paddel hin. »Das Flußmädchen«, murmelte sie keuchend. Dann tauchte sie irgendwo und stieß sich hart den Fuß.

Unter Wasser fand sie eine große Ruhe. Die gleichmäßige, dichte Masse schwächte alles ab und machte jede Bewegung fern, riesengroß. Sie riß in dem Dunkel die Augen auf und tappte umher, sich krümmend, mit Händen und Augen tastend. Sie spürte nichts als das Gewicht des Wassers. Als sie wieder auftauchte, war sie überrascht von Licht und Regen: sie hatte sie vergessen. Das Boot war nicht weit entfernt. Wieder tauchte sie, tastete, mit dröhnenden Ohren, sich schwach mit den Armen weiterstoßend. Wieder tauchte sie auf und schwamm zum Boot. Sie kletterte hinein und riß sich ein Loch in den Badeanzug, weil sie sich mit dem ganzen Körper anklammerte.

Als sie das Paddel wieder in der Faust hielt und, bis zu den Schienbeinen im Wasser, die Augen verwirrt zum anderen Ufer schweifen ließ – schlug ihr das Herz. Ein Boot, von zwei gebückt stehenden Gestalten gestoßen, ruderte in den Dünsten dicht vorüber, unmittelbar auf den Bagger zu.

Bianca begann zu brüllen, sprang auf, schwang das Paddel hin und her. Der lauwarme Regen spritzte ihr in den Mund. Die Gestalten dort drehten sich nicht um.

»Hierher«, brüllte Bianca so laut, daß ihr die Kehle schmerzte. Sie war nahe daran, ›Hilfe‹ zu rufen, aber sie unterließ es. Sie riß aus der feucht gewordenen Tasche, die beinahe schon schwamm, ein Handtuch, sprang auf das Bugbrett und schwang das Tuch im Regen hin und her. Sie ließ nicht nach, zu rufen.

Die beiden waren auf der Höhe des Baggers, legten nun die Stechstangen ins Boot, warfen sich auf die Sitze und erreichten, mit dem Paddel arbeitend, den Bagger. Bianca erkannte, wie der eine hinaufsprang, der andere, im Regen gebückt, ihm das Tau zuwarf. Bianca sah plötzlich auf die schaumige Strömung, die von dem aufgerührten Schlamm ganz schmutzig war; dann schüttelte sie heftig das Wasser ab, richtete das Boot auf den Bagger zu und ruderte mit zusammengebissenen Zähnen dorthin.

Am Rand des Baggers, im Regen tauchte dieser triefende Kopf auf.

»Oh«, sagte Aurelio, der sich auf die Säcke geworfen hatte, »sieh einer an! Das sieht ja schlimm aus!« Moro stand nackt hinten unter dem Dach und wand die Badehose aus; er drehte sich nicht um.

»Es ist ja eine Frau!« rief Aurelio.

Die Frau klammerte sich mit den Händen an den Rand. Das Boot unter ihr schwankte.

»Es ist eine ertrunken«, rief sie schrill. »Kommt, helft mir.«

Aurelio rannte hin und streckte ihr eine Hand entgegen: »Wenn Sie nicht einsteigen, ertrinken Sie noch selbst. Moro, zieh deine Hose an.«

Die Frau, ihre Hand in der seinen, wies mit dem Kopf von ihnen zum Fluß. Sie dampfte vom Regen wie ein Pferd, ihre Haut war gebräunt, aber wie taub, Arme und Beine mit Kratzern bedeckt.

»Meine Freundin ist ertrunken. Man muß sie suchen. Ich rufe schon so lange.«

»Heute würden auch die Fische ertrinken«, sagte Moro im Halbdunkel des Daches, wobei er die Badehose vor den behaarten Bauch hielt.

»Steigen Sie ein, steigen Sie ein«, wiederholte Aurelio. »Und du bedecke dir das Schlimmste. Wenn es so lange her ist, ist sie schon tot. Wo ist es gewesen?«

»Dort unten«, sagte das Mädchen mit vom Weinen erstickter Stimme und zeigte auf die Strömung. Sie wollte ihre Hand frei machen. »Dort unten.«

»Ist sie untergegangen?«

»Die Leute sollen wohl an der Luft ertrinken«, sagte hinter ihnen Moro.

»Steigen Sie ein«, sagte Aurelio. »Zuviel Wasser taugt nicht. Hier ist ein Dach. Das Boot ist schon voll.«

Moro kam heran, die Badehose über den Bauch drapiert. »Wo, sagt sie, ist es gewesen?«

»Dort unten, gleich unterhalb der Sangone-Mündung.« Sie blickte durch die zusammengeklebten Haare von einem zum anderen, es sah aus, als weinte sie.

»Kommen Sie unter das Schutzdach«, sagte Aurelio wieder und zog sie am Arm. »Wenn sie dort untergetaucht ist, trägt die Strömung sie nicht über die Buhne hinaus. Wir wissen, wo wir sie finden. War sie in Ihrem Alter?«

»Konnte sie schwimmen?« fügte Moro hinzu.

»Und ihr, könnt ihr schwimmen?« fragte das Mädchen unfreundlich.

Moro warf sich zu Boden, er saß unter dem Rand des Daches und steckte sich die Badehose zwischen die Schenkel. Er versetzte Aurelio einen Stoß in die Kniekehle; dieser stand noch immer nach draußen gekehrt, um das Mädchen im Boot festzuhalten.

»Was gemerkt, Aurelio?« sagte er aus dem Mundwinkel heraus, »das sind die vom Bootsverleih. – Meine Liebe, wir können besser schwimmen als ihr. Ihr kommt an den Wochentagen her, um euch wer weiß wie aufzuführen. – Nein, Aurelio, wir gehen bei Regen nicht unter Wasser, ob denen das nun paßt oder nicht. Und jetzt regnet es nun mal. Mag sie sie doch selbst herausfischen.«

Aurelio lockerte unentschlossen die Finger und richtete sich triefend unter dem Dach auf. Langsam begann das Boot zurückzuweichen. Das Mädchen blieb einen Augenblick abgekehrt stehen, wobei sie eine Schulter hob, um sich die Wange daran zu reiben. Dann bückte sie sich, die Hand am Paddel, und legte wieder an dem Bagger an.

Ohne ein Wort zu sagen, zog sie sich am Rand hoch, die Halteleine zwischen den Zähnen. Als sie oben war, drehte sie sich um und hockte sich auf die Fersen, um die Leine durch einen Ring zu ziehen. Bei dieser Bewegung erschien auf der linken Seite, wo die Haut blaue Flecke hatte, ein langer Riß in dem schwarzen Badeanzug, und auf dem Schenkel war er unten zerfetzt. Ohne die beiden anzusehen, richtete sich das Mädchen schwankend wieder auf und stellte die triefende Tasche unter das Bretterdach. Aurelio sah, daß sie klein und braun war wie er. Dann setzte sie sich zum Schutz unter das Dach, abseits von den beiden. Sie zog die Knie bis an die Brust, stützte die Ellenbogen darauf und nahm die Wangen zwischen die Hände. Sie blieb regungslos sitzen und starrte in den Regen.

Der ganze Bagger knarrte und vibrierte, in der Strömung schaukelnd. Durch den Spalt im Dach, durch den das Triebwerk lief, drangen kalte Windstöße ein, die ihr schneidend über den Rücken fuhren. Aurelio, auf die Säcke gekauert, sah den großen, nackten Rücken von Moro und die zusammengezogenen Schultern des Mädchens; sie leuchteten vor dem beweglichen Hintergrund des Regens.

»Moro«, sagte er plötzlich in das Schweigen hinein, »bedeck deine Sitzfläche, sonst kriegst du einen Luftzug ab.«

Moro wandte sich ihm zu, an seinem Profil sah man, daß er grinste. »Es gehört sich nicht, daß man in Gegenwart einer Signorina die Hosen anzieht.«

»Meinst du, du wärst schön so? Eine Signorina sieht dort nicht hin.«

»Die sind zu wohlerzogen, um einem zu sagen ›verrecke‹!«

Aurelio fuhr mit einer Hand in den kleinen Koffer, den sie auf die Säcke geworfen hatten. »Moro, willst du eine Zigarette?«

»Wenn sie nicht auch ersoffen sind.«

Aurelio stand auf, um Moro das Päckchen hinüberzugeben, und zog inzwischen eine mit den Lippen heraus. Dann wandte er sich dem Mädchen zu und hielt ihr die Zigaretten hin. »Rauchen Sie eine«, sagte er zu ihr. Sie verzog keine Miene und starrte weiter in den Regen.

»Danke sehr, ich rauche nicht – so hätte es sich gehört«, brummte Aurelio, drehte sich zu den Säcken und versuchte das Zündholz anzustreichen.

»Da siehst du, wie die Frauen sind«, sagte Moro und strich ebenfalls das Zündholz an, vergeblich. »Die ganze Welt steht ihnen zu Diensten. Sie spielen die Tüchtigen und bringen sich in Gefahr, wenn sie nicht mal wissen, was das bedeutet: der Po, und einem, der mit ihnen vernünftig darüber redet, spucken sie auf die Füße und fragen ihn noch, ob er schwimmen kann. Wer es wirklich kann, läßt keinen ersaufen. Wetten, Aurelio, daß auch die andere nicht schwimmen konnte?«

Aurelio, wütend über das Zündholz, warf es samt der Zigarette weg. Unruhig ging er eine Weile unter dem Schutzdach auf und ab; er betastete die Kette mit den Eimern; er fuhr sich mit der Hand unter den Badeanzug, um sich die kühl gewordene Brust zu massieren, und schließlich setzte er sich neben das Mädchen. Moro sah das Mädchen mit zusammengekniffenen Augen an.

Auch Aurelio zog die Knie bis zum Kinn hoch und lehnte die Backe darauf.

»Aber hübsche Mädchen weinen nicht«, sagte er, die Augen halb schließend.

Das Mädchen sprang mit rotem Kopf auf und wollte unter das Dach treten. Aurelio hielt sie an einem Arm fest und versuchte sie hinunterzuziehen. Sie kämpften. »Sachte, sachte, wir kennen uns doch«, sagte Aurelio. »Ich weiß sogar, daß Ihre Freundin blond war.«

Das Mädchen starrte ihn ganz kurz mit den brennenden Augen an. »Das habe ich gesagt«, murmelte sie.

Dann, nachdem sie sich befreit hatte, lief sie hinein. Im Halbdunkel drehte sie sich um. »Wieso wissen Sie das?«

»Sagen Sie mir, wie Sie heißen, und ich werde es Ihnen sagen.« Aurelio lächelte, als er sich aufrichtete.

Das Mädchen sagte rasch: »Piccone. Nun?«

Moro brach in Gelächter aus und schlug sich mit den Handflächen auf die Schenkel. Und Aurelio sagte lächelnd: »Ihren Namen will ich wissen. Was liegt mir an dem der Familie!«

Das Mädchen war einen Augenblick vor Schreck wie benommen, dann wurde ihr ganzes Gesicht flammend rot, und sie wand sich, als habe ihr jemand auf den Mund geschlagen.

In diesem Augenblick fluchte Moro laut los. Er war so plötzlich aufgesprungen, daß die Badehose im Schwung ins Wasser gefallen war. Er warf sich nach vorn, kniete hin und tauchte den Arm ein. Vergeblich. Da sprang er, nackt wie er war, auf das Boot des Mädchens, wirbelte einen großen Spritzer auf und fischte sie triefend heraus. Ohne sich zu bedecken, stieg er wieder an Bord. »Blöde Dinger, sie waren schon trocken«, rief er, warf sie in eine Ecke und ging entschlossen weiter, unter das Dach.

Das Mädchen sah ihn kommen und starrte ihm ins Gesicht. Ohne den Blick von ihr zu lösen, sagte Moro aus dem Mundwinkel heraus: »Die Boote sind voll, geh sie ausschöpfen, Aurelio.« Das Mädchen wich zurück.

»Wo haben wir die Blonde gesehen, Piccona?« sagte ihr Moro ins Gesicht hinein. »Aber die Toten schwimmen, du dummes Ding: sie können besser schwimmen als ich und du. Weißt du, wo die Blonde jetzt ist?« Moro senkte die Stimme; das Mädchen sah seine Zähne vor sich. »Sie steht hinter dir, im Brunnen, sie hat die Augen offen, die Fingernägel zerbrochen und ruft dich, hebt die Hand, faßt dich ...« Das Mädchen drehte sich um und stolperte über die Säcke. Moro lachte hinter ihr her: »Dummes Ding!« Dann warf er die Hände um ihre Hüften.

Aurelio packte ihn an der Schulter. »So geht das nicht, du Flegel. So erschreckst du sie nur. Du glaubst wohl, du wärst noch im Zuchthaus! Ich war zuerst da, das steht mir zu.«

Das Mädchen wand sich auf den Knien. Moro hielt sie fest, die Faust auf ihrem Nacken, und stieß ihr ein Schienbein ins Kreuz. Plötzlich drehte er sein hageres, gespanntes Gesicht Aurelio zu und grinste ihn an. »Geh die Boote ausschöpfen, hab ich dir gesagt. Die Piccona hat mich gesehen, und ich gefalle ihr. Gerade so will sie mich.«

»Du durftest dich nicht ausziehen: das ist kein gleicher Kampf.«

»Na wenn schon«, sagte Moro und hielt das sich heftig wehrende Mädchen angestrengt fest. »Wenn ich dein Geschwätz abwarten soll! Geh die Boote ausschöpfen, sonst sacken sie ab.«

Das Mädchen sank plötzlich auf die Säcke, so daß Moro fast über sie gefallen wäre. In dem schwarzen, zerfetzten Badeanzug lag der Körper schlaff und weißlich schimmernd da.

»Du hast sie umgebracht«, schrie Aurelio.

»Die sind wie die Katzen; sie sterben nur, wenn man sie unter Wasser hält.«

Als Aurelio draußen im Regen war, begann er, statt auf die Boote, auf die Strömung zu sehen. Gelb von Schlamm schäumte sie schmutzig unter dem Wasser des Himmels. Strudel über Strudel bildeten und lösten sich um den Bagger herum, ein Gewimmel unzähliger Wasserblasen. Ein paar Zweige, gewaltsam verdreht, kamen schwankend vorüber und sanken sogleich unter. Der Bagger schaukelte, von tiefen Zuckungen erschüttert. Talwärts war alles grau und unbestimmt: die Massen der Bäume an den verlassenen Ufern erschienen wie aus einer anderen Welt. Dort unten in der Strömung ahnte man das Brüllen und Sichübereinanderschieben des Schaumes über der Stromschnelle an der Buhne.

Die beiden Boote waren bis an den Rand voll Wasser, das des Mädchens halb abgesackt. Aurelio spähte von der Seite her auf den triefenden Eingang zum Schutzdach, dann warf er sich nach vorn und griff die Holzkelle, die im Boot schwamm. Vom Regen geblendet, lehnte er sich weit hinaus und schöpfte mit einigen raschen, lustlosen Bewegungen Wasser aus dem Boot. Er hörte damit auf, als er vom Bretterdach her ein Keuchen hörte, ein trockenes Ächzen, es klang, wie wenn man Stoff zerreißt. Plötzlich drehte er sich um und sah undeutlich im Halbdunkel ein weißes Bündel.

Da setzte er sich an den Rand des Kastens, streckte die dunklen Beine in den Regen und starrte auf das Boot, das leise schaukelte. Das Wasser darin war klar gegenüber dem des Flusses, die lackierten Planken des Bodens, aus hellem Holz, schimmerten hindurch. Nur die eisenbeschlagene Stechstange war da: das Paddel hatte die Strömung fortgetragen.

Er hörte Moro fluchen. Er wollte sich nicht umdrehen. Dann ein Scharren von Füßen im Kampf und ein langes Stöhnen. Dann wieder nur der Regen.

Aurelio knöpfte sich den Badeanzug an den Schultern auf und ließ ihn bis auf die Hüfte hinunter. Dann betastete er seine Brust und pustete sich auf. Die kalte Luft roch nach Schlamm und nach Blättern. Er versuchte die steif gewordenen Lippen zusammenzuziehen und pfiff eine Melodie, ohne daß es ihm recht gelang.

»Fertig, Aurelio«, schallte Moros rauhe Stimme herüber. »Alles andere als tot.«

Aurelio stand rasch auf. Moro saß hinten unter dem Dach, er preßte die Knie an die Brust. Aber Aurelio kam kaum dazu, das Mädchen lang ausgestreckt liegen zu sehen – da sprang sie auf, versetzte Aurelio einen Stoß, lief los und sprang senkrecht ins Wasser.

Aurelio war mit dem Knie auf die Planken geschlagen; er sprang auf und drehte sich um, in den Ohren ein Gelächter Moros.

»Sie hat es dir gegeben: da siehst du die Frauen!«

Das Mädchen war schon weit. Sie schwamm ungleichmäßig, ohne zu tauchen; sie schlug um sich, daß es spritzte. Aurelio sprang ins Boot, um es loszubinden. Das Wasser schwappte fast über.

»Das hat keinen Zweck«, sagte Moro, als er dazukam. »Ich hatte dir doch gesagt, du solltest es ausschöpfen. Jetzt kommst du nicht mehr zurecht. Du hast sie entwischen lassen.«

Aurelio, wütend geworden, wollte sich ins Wasser werfen. Moro hielt ihn fest. »Sie kommt nicht weit. Ich mache eine Frau schon müde. Sieh hin!«

Das Mädchen war von der Strömung erfaßt worden. Im Kampf mit ihr verlor sie die Richtung, ermattete immer mehr, ihre Arme verursachten kaum noch Spritzer. Sie trieb rasch auf die Buhne zu. »Sie kann nicht schwimmen, aber ihren Dienst hat sie getan«, sagte Moro.

»Aber sie ertrinkt, und ich ...«

»Geh wieder hinein«, sagte Moro und zog ihn am Arm. »Bist du verrückt? Es konnte nicht besser kommen. Sie hat selber dafür gesorgt, sich aus dem Weg zu schaffen. Frauen wie die reden hernach.«

Aurelio hatte jenen fernen schwarzen Punkt aus den Augen verloren, so sehr er sich abmühte, etwas zu erkennen. Er bebte vor Erregung.

»Jetzt rauche ich gern«, sagte Moro, als er wieder unter das Bretterdach trat. »Hier sind trockene Streichhölzer.«

Nach einigen Minuten kam auch Aurelio und warf sich mürrisch auf die Säcke. Da sagte Moro: »Rauch du auch eine Zigarette. Das nächste Mal kommst du als erster dran.«

Kanaillen

I

Auch nicht einer der drei Gefangenen konnte hören, wie das Meer, das offenbar an diesem Tage glatt wie Öl war, leise ans Ufer schwappte; aber alle drei lagen auf den Pritschen so schlaff da, als machten sie beim Schwimmen ›toten Mann‹, die Augen halb geschlossen. Lärm und Stimmen von der Straße drangen, gleichsam mit Sonne und Sand durchsetzt, herein und erfüllten die starken Mauern der Zelle mit heißem Meer.

Die Schatten spendenden Holzläden, die die beiden Eisengitter von außen verkleideten, ließen oben zwei schmale Rhomben von bleichem Himmel frei, und unten schimmerte durch winzige, kaum wahrnehmbare Öffnungen in dem durchlöcherten, rissigen Holz das Licht. Noch im Halbdunkel spürte man die Wut der auf die Mauer prallenden Sonne.

»Der Zug kommt«, rief Nanni und sprang, barfuß wie er war, von der Pritsche auf.

Die beiden anderen rührten sich nicht. Nanni lief ans Fenster; dabei hielt er seine Hose fest. Er horchte nach dem Himmel draußen und ging dann zu dem zweiten Gitter. Da fiel etwas um, es gab ein helles, plätscherndes Geräusch; und Nanni krümmte sich mit einem Stöhnen.

»So ein Schwein! Das sollst du auflecken!« schrie der Blonde und setzte sich auf seiner Pritsche auf.

Nanni hüpfte vor Schmerz und preßte die Zehen des einen Fußes. »Wer ist schuld, daß der Kübel herumsteht?« keuchte er, noch immer gebückt. »Und du willst auf mich schimpfen! Ich habe mir den Fuß lahm geschlagen. Wende dich lieber an den Gelati-Mann.«

Nach einem Blick auf den Kübel, den Nanni rasch aufgestellt hatte, legte sich der Blonde wieder auf die Pritsche: er wölbte in dem roten Trikothemd den Thorax und streckte sich aus, bis es knackte.

In die Stille hinein war die Stimme des dritten zu vernehmen, der, ganz in Weiß gekleidet, mit Strümpfen an den Füßen dalag, den grauen Bart in der Luft: »Aber was erwartet sich der Junge bloß von dem Zug? Die Begnadigung? Jeden Tag um die Zeit wird er wild. Das ist gegen die Natur. Wenn er im Gefängnis nicht lernt, sich ruhig zu verhalten – wo soll er es sonst lernen?«

Der Blonde grinste. »Wenn einer ein dreckiges Gewissen hat«, sagte er, »kommen alle Züge für ihn hierher. Sie werden ihn abholen, mit den Handschellen, werden ihn in den Zug hineinstoßen, er wird eine kleine Reise im Dunkeln machen, und dann wird er im Käfig, mit zwei Polizisten, im Saal erscheinen, wo man ihm das Urteil vorlesen wird: Zwangsarbeit. Sieh hin, was für ein Gesicht er macht! Sie rasieren sie, Nanni, ziehen ihnen sackleinenes Zeug an und legen den Fuß an die Kette. Wieviel Hühner hast du gestohlen, Nanni?«

»Einen Esel habe ich gestohlen: dich!«

Der Blonde warf vor Freude einen Fuß in die Luft; dabei rutschte ihm eine Sandale von den Zehen und sprang dem Alten aufs Bett.

»Sag mal, ›Gelati‹«, rief er vergnügt, während er die Handflächen unter den Nacken schob und die Beine übereinanderschlug, »ob sie uns wieder Kippen bringen?«

»Hier kann man überhaupt nicht mehr schlafen«, brummte der Alte und drehte sich nach der Tür.

»Warum kommt Ihr nicht gleich mit dem Eiskarren und Euerm ganzen Laden her?« fragte der Blonde weiter. »Während Eurer sechs Tage Haft würden wir vergnügt leben. Euch Eure Alte, mir die Wassermelone auf Eis, und für Nanni dort das Gefrorene, damit er sich das Wechselfieber kurieren kann. Sieh doch hin, wie er sich festhält!«

Nanni umklammerte noch immer das Eisengitter, er spürte durch den Drillich hindurch die brennende Hitze der Wand, an der er klebte: er konnte nichts erkennen, aber er starrte durch eine Ritze im Laden in das flimmernde Licht und horchte auf das Stimmengewirr draußen. Gerade fluteten die Badegäste vom Bahnhof zurück; sie hatten dort die erste Kühle genossen und hatten dem durchkommenden Zug zugewinkt. Jetzt gingen sie wieder an den Strand, die Herren in Weiß, Frauen in Sandalen mit bloßem Kopf, schreiende Menschen, junge Männer, Kinder, lachende Mädchen. Nanni konnte nichts erkennen: er mühte sich ab, sich vorzustellen, wie diese Straße vor dem Gefängnis, die zum Meer hinabführte, wohl war, aber er wußte nicht einmal, ob es dort Bäume gab oder niedere Häuser oder blühende Hecken. Als er hierher ins Gefängnis kam, hatte er nicht darauf achtgegeben.

Nanni drehte sich um, ganz in Schweiß, weil er so lange dort gestanden hatte; von draußen vor der Eingangstür war ein Durcheinander von Stimmen zu vernehmen, dumpfe Geräusche, das Scharren vieler Füße.

Auch der Blonde hatte sich auf den Ellenbogen gestützt und sah unruhig nach der Tür. Diese herüberhallenden Stimmen klangen fremd.

Bei einem sehr lauten Ton hob auch der Gelati-Verkäufer unwillig den Kopf und drehte sich zu den beiden hin. Sie sahen einander an. »Du, Blonder, das könnte für dich die Reise bedeuten«, bemerkte er grinsend. »Oder für Nanni? Wer Glück haben soll, hat es; er reist in der Kühle und bleibt in der Kühle. Die Provinzgefängnisse sind nicht wie die vom Kreisgericht.«

»Herrgott noch mal, selbst im Gefängnis hat man keine Ruhe«, fluchte der Blonde und sprang von der Pritsche auf.

Nanni sagte leise, auf die Tür starrend: »Um die Zeit ist der Zug schon weit fort. Leute, die ankommen, nicht solche, die abreisen.«

Das Stimmengewirr hielt an. Jemand rief ein paar Abschiedsworte und ging. Jetzt hörte man, wie Ciccia leise mit jemandem redete und Befehle gab. Dann das Plätschern von Wasser in ein Bekken, ein Spritzen und Prusten wie von einem, der sich wäscht.

»Wer kommt schon in dieses Loch mit dem Zug!« sagte der Blonde. »Meiner Meinung nach sind sie gekommen, um diesen Dummkopf hier zu rasieren.«

»Da ist ja noch gar kein Bart zu rasieren«, sagte der Alte.

»Im Zuchthaus wird er Zeit genug haben, daß er ihm wächst«, grinste der Blonde.

»Sie werden wieder einen erwischt haben; einen von hier, wo sie es nicht bei nur einem Toten bewenden lassen.«

Ein Schlüssel klirrte und wurde umgedreht, der Riegel zurückgeschoben. Es erschien Ciccia, die Tür mit dem Hintern aufstoßend. Nanni starrte auf die offene Tür, wo es hell war.

»Es gibt keinen anderen Platz, Hochwürden, gehen Sie für jetzt hier herein«, brummte Ciccia unter seinem Schnurrbart hervor. »Sie werden nichts haben, wo Sie schlafen können, aber ich schwöre beim Himmel, irgendeiner wird Platz machen... für eine Nacht...«

Auf der Schwelle erschien in dem plötzlichen Luftzug ein dunkler Mann, in eine schmutzige Jacke aus grauer Leinwand gezwängt. Er hatte ein hageres Gesicht, kniff die Augen leicht zusammen und sah mit müdem, doch leuchtendem Blick umher.

»Machen Sie es sich bequem, Hochwürden, andere Betten gibt es nicht, es wird schon notwendig sein, daß einer Ihnen seines überläßt... der Jüngste... Nanni. Später sehen wir weiter. Jetzt will ich was zu trinken holen. Wir haben schon was für den Durst. Ihr da, macht Platz und führt keine unflätigen Reden, Hochwürden hört zu. Seien Sie so gut...«

Die Tür wurde wieder geschlossen. Der Mann mit dem hageren Gesicht ging ein paar Schritte nach vorn und hob eine Hand. »Ich grüße euch alle«, sagte er leise. Der Blonde hatte sich erhoben, trat nun hinter ihn und sah ihm auf den Kopf.

Auch der Gelati-Verkäufer hatte sich erhoben und strich sich den Bart.

»Sind Sie etwa ein verkappter Priester?« brachte der Blonde endlich heraus und stellte sich vor ihn, ohne ihn aus den Augen zu lassen.

»Ich bin Priester«, antwortete jener, ohne sich zu rühren.

Der Blonde warf ihm einen Blick zu und ließ sich auf die Pritsche fallen. »Und, entschuldigen Sie, was tun Sie hier?«

»Hören Sie nicht auf ihn«, mischte sich der Gelati-Verkäufer ein, »laß das doch sein, sei still, du Lump. Sind Hochwürden mit dem Zug gekommen? Wird ganz schön heiß gewesen sein, was?«

»Entschuldigt, Kinder«, sagte der Priester, die Augen schließend, »ich bin von der schönen Sonne draußen noch geblendet. Ich kann euch nicht genau erkennen. Ich hoffe, ich störe euch nicht. Morgen ganz früh reise ich weiter.«

»Und wohin?« fragte der Blonde.

»Man schickt mich in die Verbannung. Auf die Inseln.«

»Auch die Priester?«

»Warum nicht?« sagte der Gelati-Verkäufer. »Die Justiz kriegt alle dran.«

»Verbannung? Was muß man tun, daß man in die Verbannung kommt?«

»Wen sie nicht ins Gefängnis stecken können, den schicken sie in die Verbannung«, erklärte der Gelati-Verkäufer.

Die Augen des Priesters blickten jetzt ruhig. Nanni, der sich ihm genähert hatte, sah, daß seine Wangen fleckig waren von einem drei Tage alten Bart, und daß er, trotz der Müdigkeit, die um seine Augen lag, auf der Stirn ein gewisses Leuchten hatte, das von einem starken Willen zeugte.

»Und der hier, der gar nichts sagt? Aber du bist ja noch ein Junge«, sagte der Priester bestürzt.

»Nanni ist wegen der Hühner hier«, erklärte der Blonde. »Vorgestern ist er in die Falle gegangen.«

»Du hast gestohlen?« rief der Priester. »Soll ich das glauben? Hat denn deine Mutter nicht auf dich aufgepaßt? Das, was anderen gehört, stehlen?«

»Sehen Sie, Hochwürden«, sagte der Gelati-Verkäufer, »Sie haben ja recht. Ich will nichts sagen bei dem Blonden hier, der verdient das und noch Schlimmeres; aber einer Familie wie der, zu der Nanni gehört, dürfte man den Jungen nicht wegnehmen und ins Gefängnis stecken. Seien wir gerecht: sie haben von diesen Hühnern gelebt.«

Nanni trat zurück, die Augen von Tränen geblendet, und stieß stumm die Schultern gegen die Mauer. Erst als er ruhiger geworden war, konnte er die Zelle vor sich und den alten Graubart, der neben dem Priester auf einer Pritsche saß, wiedererkennen.

Der Priester starrte jetzt auf den Boden und hob den Blick zu niemandem auf. Ein Hemd mit weißem, ausgefranstem Kragen umschloß seinen Hals, ohne Krawatte. Er stützte die Hände auf die Knie – die Hose war aus schwerem schwarzen Tuch –, und die zu kurzen Ärmel ließen die Vorderarme frei. Nanni bemerkte plötzlich, daß sich der Priester verstohlen umblickte und sich ein Handgelenk rieb. Beide senkten die Stirn.

»Sind Sie mit Handschellen gereist?« fragte der Blonde.

Wieder schnappte der Riegel, wieder erschien Ciccia. Er hielt in der Hand einen runden Laib Brot und unter dem Arm die Dekken, die er auf den Schemel legte. Nanni sah, daß er blanke Augen hatte.

»Ciccia, Ihr werdet doch wenigstens Hochwürden dieses Weinchen zu kosten geben, das Ihr ganz allein trinkt«, sagte der Blonde.

»Oho, warum nicht allen? Warum nicht allen zu kosten geben? Wir sind schließlich nicht in der Taverne. Mach auf und schließ zu, mach auf und schließ zu, alle befehlen, als wären sie die Herren. Der Gefangene bin doch nicht ich! Sie sind damit nicht gemeint, Hochwürden, Sie berührt das nicht, diese Lumpenkerle sind gemeint. Und da nennen sie uns noch Henker. Also, wie fühlen Sie sich hier? Schlechte Gesellschaft, was? Je nun – wir sind im Gefängnis. Überläßt Ihnen einer die Pritsche? Warten Sie ...«

Er war im Begriff, hinauszugehen, und der Blonde schrie hinter ihm her: »Den Spalt, Ciccia, den Spalt für Hochwürden!« Ciccia kam sofort mit einem dummen Gesicht wieder herein, an seinem Schnurrbart kauend. »Bring mich nicht durcheinander«, brummte er. »Ich suchte die Decken, und sie sind schon hier.« Er zog sich den Schemel heran und setzte sich mit einem Seufzer hin, mit dem Rücken an der Mauerkante; die Tür hinter sich lehnte er an.

»Für Sie gibt es keinen Platz und für mich keine Ruhe«, sagte er und warf verstohlen einen Blick auf den Priester. »Auch ein Mord mußte noch kommen, an den gerissenen Burschen hier war es nicht genug. Ja, seit gestern haben wir einen Mörder. Den ganzen Morgen hat er nichts getan als Wasser verlangt: als wollte er sich ersäufen. Das wäre besser für ihn und für alle.«

Der Priester, der mit gesenktem Kopf zugehört hatte, hob mit einemmal zwei starre Augen.

»Herr im Himmel!« rief er und faltete die Hände. »Dieser Mann ist schlimmer dran als wir alle, die wir hier sind. Wo ist er? Fragt er nach einem Priester?«

»Das ist sehr wahrscheinlich, solange ihm die Leber raucht vor Wut, daß sie ihn erwischt haben«, sagte der Blonde.

»Aber was hat er getan? Wer ist er?« fragte der Priester drängend.

»Wer er ist, wußte vorgestern kein Mensch«, sagte Ciccia, »er ist so ein Bauer von den Bergen weiter unten, es scheint, er hat in La Spezia gearbeitet. Das Verbrechen – nun, irgendwem drei Messerstiche in den Bauch, Weibergeschichten, wir wissen es nicht; aber der Wein war auch im Spiel, denn den ganzen Tag hat er nicht gegessen und verlangt nur zu trinken, und das sind keine Leute, die am Fieber leiden... Habt ihr Hochwürden frisches Wasser gegeben?«

»Er ist also jung?«

»Es scheint, er kommt in diesem Jahr zur Musterung. Alles Sachen, die er nicht mal dem Wachtmeister sagen will. Nun, er wird es in La Spezia sagen ...«

Nanni beobachtete, wie sich der Priester mit bekümmerter Miene erhob und rasch auf das Fenster zuging. Er konnte sich nicht schnell genug bücken und den Kübel unter die Pritsche schieben – der Fuß patschte schon in die übergeschwappte trübe Flüssigkeit.

Der Priester bemerkte es nicht, er drehte sich um und ging zurück. Dann machte er den Gang noch einmal; die Blicke aller folgten ihm. Dann wieder, auf und ab, Arme und Ellenbogen fest über der Brust gekreuzt, mit zuckenden Lippen, gesenktem Kopf. Alle betrachteten seine Tonsur, bis der Gelati-Verkäufer, sich an Ciccia wendend, das Schweigen brach:

»Wenn er beweist, daß er den Mann im Rausch umgebracht hat, kann er mit einem Dutzend Jahren davonkommen.«

Der Priester stellte sich vor Ciccia hin:

»Ist er denn allein in der Welt? Besucht ihn niemand?«

Ciccia schlug verwirrt ein Auge auf und ließ das andere halb geschlossen. »Besuchen, das wäre noch schöner. Das ist Sache des Richters, zu seiner Zeit.«

»Aber die Familie, ist die nicht gekommen? Hat er zu Hause keine Frauen? Dieser Unselige braucht das. Besucht der Pfarrer nicht das Gefängnis?«

Der Gelati-Verkäufer und Ciccia riefen gleichzeitig: »Man darf es nicht ohne Erlaubnis.«

Dann fuhr Ciccia fort: »Die Frauen werden leider kommen. Sie pflanzen sich vor der Tür auf, die Kinder im Arm, und man kann keinen Schritt mehr tun, ohne daß sie einem auf die Füße treten. Einmal hat der Wachtmeister ...«

»Aber der Pfarrer? Kommt denn der Pfarrer nicht? Er ist dazu verpflichtet.«

Ciccia schnitt eine Grimasse: »Nie gesehen.«

Der Blonde sagte – er lag auf der Pritsche und knabberte an einem Stück Brot –: »In La Spezia ist ein Pater, der einem Freund von mir die Beichte hat abnehmen wollen. La Spezia, das ist eine Stadt!«

Der Priester, aufs höchste erregt, senkte den Blick auf Ciccias Füße. Nanni hatte den Eindruck, er werde etwas Heftiges äußern. Die hageren Wangen wurden rot. Dann hob er, als schlucke er einen Bissen hinunter, das Kinn.

Ciccia sah verstohlen zu ihm hin und blinzelte dem Gelati-Verkäufer zu. Er erhob sich mühsam von seinem Schemel, schüttelte den Bund mit den Schlüsseln und sagte zu dem Priester: »Nehmen Sie diesen Burschen die Beichte ab, Hochwürden, es geschieht nicht oft, daß sie einen Priester sehen, nehmen Sie ihnen die Beichte ab. Den anderen drüben nehme schon ich mir vor, Befehl ist Befehl. Ich komme noch mal mit dem Wasser.«

Sobald er die Zelle verlassen und die Kette über dem Spalt festgehakt hatte, sprang der Blonde von der Pritsche hoch, zielte auf die Tür und schleuderte das Stück Brot hinter ihm her. »Kanaille, für uns das Wasser, aber für ihn Wein. Sagt Ihr ihm nichts, ›Gelati‹, wegen der Toskanerzigarren, die er Euch wegstibitzt?«

In diesem Augenblick schlug eine Tür; draußen eilige Schritte, eine undeutliche Stimme, es wurde mit Schlüsseln geklirrt. Ein heftiger Stoß gegen die Tür, und durch den Ritz leuchtete der Schnurrbart von Ciccia; er sagte, seufzend, in die Zelle hinein: »Hier nicht.« Dann hörten sie, wie er draußen weiterrannte, das Gittertor zuschlug und schrie, wobei er die Schlüssel klirrend hin und her schwang.

Der Priester hatte sich wieder auf die Pritsche gesetzt und starrte, tief in Gedanken, zwischen den Knien auf den Boden. Der Blonde rannte an die Tür und rief erregt etwas nach draußen. Die verwirrte Stimme Ciccias gab Antwort. Plötzlich wieder ein heftiger Stoß gegen die Tür – der Blonde wurde zurückgestoßen, der Spalt zugeschlagen, der Schlüssel im Schloß umgedreht.

II

Rocco stieß gegen die Zellentür, verdutzt: sie tat sich auf, ohne zu quietschen. In dem vom Licht erfüllten Eingang war keine lebende Seele, und durch die Öffnung im Gittertor sah man die mit kleinen Steinen gepflasterte Straße; sie blendete das Auge. Man konnte bis dorthin gehen.

Im Schlüsselloch des Tores steckte der Schlüssel; Rocco stellte sich auf die Fußspitzen, drehte den Schlüssel um und machte die Bewegung mit dem ganzen Körper mit. Von innen, hinter einer der kleinen Eisentüren, kam eine aufgeregte Stimme. Rocco sprang mit einem Satz hinaus.

Die weiße Kante gegen den Himmel, hinten in der Gasse, mußte die Kaserne der Carabinieri sein; Rocco warf sich auf die andere Seite, bereit, zu rennen und um die Ecke zu biegen, die Augen geblendet, die Schultern zusammengezogen: von Sekunde zu Sekunde wartete er auf den Knall eines Schusses.

In der Querstraße keine Menschenseele. Stimmengewirr, Lärm vom Strand kam bis zu ihm hin, ferne Glocken, Widerhall von Musik. Er spürte, wie etwas Lebendiges seinen Hals streifte. Er hob den Kopf: es war die freie Luft; und hinter einem hellen grünen

Busch, über einer niedrigen roten Mauer, sah er einen Streifen Himmel, der noch bleicher war, reglos.

Die ganze Straße entlang, endlos, sahen ihn vor der Sonne herabgelassene Jalousien an. Sich dicht an den Mauern haltend, kam er auf einen schmalen Weg, auf dem Badegäste vom Strand kamen oder wieder dort hinuntergingen. Rocco schloß die Augen, als wolle er tauchen, und stieß gegen eine dicke Frau, deren große Füße nackt in abgetretenen Sandalen steckten; sie schleifte ein gelbes kleines Mädchen hinter sich her. Rocco bekam einen tüchtigen Stoß mit dem Ellenbogen, hob aber weder den Kopf, noch horchte er auf das, was sie sagte, und sprang auf die andere Seite. Hier kam ein schönes graues Auto, hupte laut und drückte die Menschen an den Rand, daß alles sich staute. Rocco rannte los wie ein Verrückter.

Erst vor Petros Tür blieb er stehen. Er trat rückwärts ein, wobei er scharf in die Gasse sah, drehte sich erst in dem kühlen Schatten um und sprang die Treppe hinauf. Er klopfte, das Herz schlug ihm bis zum Hals.

Ein kleines Mädchen öffnete ihm, sie stand hell im Halbdunkel der Tür. Petro war nicht da; was wollte er? Rocco legte ihr eine Hand auf die Wange, trat ein und zog die Tür hinter sich zu. Das Kind folgte ihm in die kleine Küche.

»Oh, was wollen Sie?« sagte es.

»Ich warte auf Petro. Ich komme aus La Spezia. Siehst du nicht, wie verschwitzt ich bin? Wieso ist Petro nicht da?«

Das Mädchen betrachtete ihn, halb erschreckt, halb frech.

»Sind Sie der, den sie eingesperrt haben?«

Rocco in seinem Schweiß wurde eiskalt.

»Was weißt du davon?«

»Petro hat es heute früh gesagt. Sie sind Rocco, weil Sie einen Schnurrbart haben. Wenn das die Mama sähe! Ein Glück, daß sie beim Großvater ist, Blumen pflücken.«

»Petro ist nicht da?«

»Petro arbeitet im ›Nettuno‹. Warum gehen Sie nicht an den Strand und holen ihn her?«

»Was hat Petro gesagt?«

»Dann sind Sie wirklich Rocco, und Sie kommen nicht aus La Spezia, wie Sie gesagt haben, sondern Sie waren im Gefängnis!«

»Was hat Petro gesagt?«

»Petro hat nur gesagt, sie hätten Sie eingesperrt, aber die Mama hat den ganzen Morgen geschrien: das also sind Petros Freunde, sie habe es immer gewußt, und so würde es auch Petro gehen, wenn er weiter nach La Spezia ginge, statt zu arbeiten. Aber Petro sperren sie doch nicht ein?«

»Hör mal, auch mich haben sie nicht eingesperrt«, sagte Rocco und sah ihr fest in die Augen. »Du siehst, ich bin frei. Ich will nur mit Petro reden.«

»Dann gehe ich ihn holen«, sagte die Kleine und sprang an die Tür.

»Nein«, schrie Rocco und lief ihr rasch nach, »ich habe Zeit, ich will warten. Wann kommt er heim?«

»Sobald es dunkel wird. Wenn sie die Badeanstalt schließen.«

Rocco setzte sich ans Fenster, die letzte Sonne kam in schrägen, mit Stäubchen gefüllten Strahlen herein; er schützte sich mit dem einen Flügel des Fensterladens. So verborgen sah er, wie hinter dem geschlossenen Gefängnisgitter, nur einen Strich Himmel; aber wenn er den Kopf ein wenig bewegte, konnte er in dem leuchtenden Schimmer die Flanke des steil abfallenden, sonnenheißen, mit Blüten bedeckten Berges sehen. Die Kleine war wieder an ihre Essensvorbereitungen gegangen, sie zerkleinerte mit dem Wiegemesser, kräftig zupackend, Grünzeug, bis es ein Brei wurde. Ab und zu drehte sie sich zum Herd, um in einer Pfanne zu rühren, aus der ein würziger Rauch aufstieg.

Rocco suchte nach einer Zigarette – aber er fand keine. Da zog er die schwere Drillichjacke aus, stützte den Kopf in beide Hände und starrte weiter in den Himmel. Langsam erlosch der Widerschein der Sonne, und die Luft wurde klarer. Plötzlich fuhr Rocco zusammen und starrte wild vor sich hin auf den Boden. Er hörte die Kleine sagen:

»Sie sind doch nicht krank?«

»Scheint heute nacht der Mond?«

»O ja, wir gehen zu den Fischern ins Boot. Kommen Sie mit?«

Rocco lächelte und winkte ihr, sie solle still sein.

Das Zimmer war halb dunkel, die Kleine holte vom Flur eine Petroleumlampe, sie trug sie mit beiden Händen und wollte sie gerade anzünden, da klopfte jemand an die Tür. Rasch stellte die Kleine die Lampe hin und lief in den Flur. Rocco hob den Kopf, ihm schlug das Herz. Die Kleine rief: »Rocco ist da, Rocco ist da«, und Petro trat schnell und erregt ein.

Er trug einen dunklen Trikot, die Arme waren nackt. Rocco war aufgesprungen; er erkannte in dem dämmerigen Licht kaum sein Gesicht.

»Ich bin zum Essen gekommen«, stammelte er.

»Sie haben dich gehen lassen?«

»Ich fand die Tür offen.«

»Sie haben dich herausgelassen? Du bist frei?« fragte Petro keuchend.

»Es ist gar nicht schwer, daß sie einen herauslassen. Ich fand die Tür offen und bin hinausgegangen.«

»Aber dann hast du ihn wirklich umgebracht? Du bist entwischt?«

»Und warum sollte ich ihn nicht umbringen? Sicher habe ich ihn umgebracht. Ich wünschte, es wäre nicht so, damit ich ihn noch mal umbringen könnte. Bist du auch so wie die anderen Leute?«

Die Kleine sah mit erhobenem Gesicht zu ihnen auf. Petro schrak zusammen und sagte rauh:

»Zünde das Licht an, Mina, und geh nach drüben.«

Die Kleine gehorchte, und Rocco sprang zum Fenster und schloß den anderen Laden. In der kleinen Küche wurde es hell. Mina schraubte langsam den Docht herunter.

»Los, mach daß du hinauskommst«, rief Petro.

Während die Kleine hinausging, starrte Petro an die Wand. Auf seinen dunkelblauen Trikot war ›Nettuno‹ aufgedruckt. Er verzog den Mund und sah den Freund von der Seite an, genau wie es Rocco immer tat. »Hat man gesehen, wie du ins Haus gekommen bist?« fragte er barsch, mit erstickter Stimme.

»Ich bin heimlich ausgerissen«, sagte Rocco.

»Aber warum bist du hierher gekommen?«

»Wohin sollte ich gehen? Ich kenne niemanden. Es war Tag. Aber heute nacht gehe ich fort.«

»Sprich leise. Bei Tag reißt man nicht aus. Hast du das Gitter zerbrochen?«

Rocco grinste. »Man sieht, daß du nie drin gewesen bist. Die Gitter sind aus Eisen. Ich bin durch die Tür gegangen. Der Alte mit dem Schnurrbart hat sicher nur angenommen, er habe zugeschlossen; statt dessen hat er den Schlüssel im Leeren umgedreht. Aber sei ruhig, heute nacht gehe ich fort.«

Von der Tür her kam Minas Stimmchen: »Die Würze brennt an!«, und die Kleine lief zum Herd.

Petro ging am Tisch entlang und sah in die Luft. Rocco hatte sich wieder hingesetzt, die Schultern nach dem Fenster. Sie blieben still, während sich die Kleine mit einem Topf zu schaffen machte. Von der Straße hallten gedämpfte Stimmen herauf.

Rocco sagte: »Hast du eine Zigarette?«

»Ißt Rocco heute abend mit?« fragte Mina. Petro antwortete nicht. Rocco näherte den Mund mit der Zigarette dem Streichholz, er sah, wie Petros Hand zitterte und, als er es auslöschen wollte, heftig hin und her fuhr.

Wieder waren sie eine Weile still. Die Kleine setzte klappernd Teller auf den Tisch.

Petro brach das Schweigen. »Wer ist diese Frau?«

»Was für eine Frau?«

»Alle wissen, daß ihr in der Osteria wegen einer Frau aneinandergeraten seid. Oder bist du etwa über ihn hergefallen, weil er sich schneuzte?«

Rocco horchte auf und hob das Gesicht. Mina senkte den Blick wieder auf die Teller.

»Wenn keiner es weiß – um so besser«, sagte Rocco langsam. »Es ist besser für mich, wenn es keiner weiß. Ihr geht es gut und geht es schlecht. Scheint heute nacht der Mond?«

»Was hat der Mond damit zu tun?«

»Mit den Frauen hat er sehr wohl zu tun. Die beiden verstehen einander. Ist es in diesen Nächten sehr hell?«

»Aber warum?«

»Weil ich fortgehen muß, du dummer Kerl, und wenn der Mond scheint, erwischen sie mich.« Bei den letzten Worten senkte Rocco die Stimme. Mina sah noch immer verzückt zu ihm hin.

»Ich weiß wirklich nicht, was du tun könntest«, sagte Petro mit einer heftigen Bewegung. »Dich einschiffen kannst du unmöglich, das weißt du.«

»Ich weiß es«, sagte Rocco leise.

»Willst du in die Berge zurückgehen, zu deinen Leuten?«

»Zu weit, und zwecklos«, sagte Rocco. »Dort werden sie mich zu allererst suchen.«

»Und warum bist du dann ausgerissen?« platzte Petro heraus. »Darüber hättest du vorher nachdenken sollen. Willst du hier sterben wie eine Maus?«

»Eher bin ich die Katze«, sagte Rocco und verzog die Lippen zu einem häßlichen Lächeln.

Mina stellte rote Paprikaschoten und Tomaten auf den Tisch, sie nahm sie triefend naß aus einem Eimer. Auf einen barschen Wink Petros zog Rocco den Stuhl an den Tisch. Er rauchte seine Zigarette zu Ende; inzwischen schnitt Petro eine Tomate in Scheiben und verlangte von der Kleinen nervös das Öl. Das Mädchen setzte Öl und Salz hin, wich aber Roccos Blicken aus und ging wieder an den Herd, um Fische in Mehl zu wälzen.

»Ist deine Mutter fort?« fragte Rocco und warf die Zigarette weg. »Dir geht es, wie ich sehe, ganz gut; wieviel geben sie dir im ›Nettuno‹?«

»Einen Elendslohn. Iß.«

»Im Kittchen gibt es keine Tomaten«, sagte Rocco und kaute mit vollem Mund. »Und es ist höllisch heiß. Genau wie hier.«

Er drehte sich zum Fenster. »Man kommt sich vor, als wäre man im Gefängnis.»

»Mach die Läden auf«, befahl Petro der Kleinen. »Ich will nicht umkommen. Man sieht uns sowieso nicht.«

Es wurde kühl; in der Unruhe, die von der Straße aufstieg, aßen beide schweigend. Mina nahm die brutzelnden Fische vom Feuer, brachte sie auf den Tisch und setzte sich an der freien Seite hin.

»Alles verstehe ich, nur das nicht, daß du wegen einer Frau diesen Blödsinn gemacht hast«, begann Petro kauend.

»Hör mal, du hast mich in La Spezia gut gekannt«, sagte Rocco kurz, »ich komme aus den Bergen, aber ich bin nicht der Einfältigste. Wer hat dir gesagt, du solltest aufpassen, als du wie ein Irrer hinter Rosa hergelaufen bist, dieser kleinen Sau? Die ließ sich bezahlen! Wer hat dir gesagt...« Er hielt inne mit einem Blick auf Mina, die ihm, auf die Ellenbogen gestützt, zuhörte. »War nicht ich es damals, der sich auf die Frauen verstand? Also laß gut sein. Ich habe schon einen Grund gehabt.«

»Aber du hattest sie gern?«

Rocco gab keine Antwort.

»Du wolltest sie heiraten?«

»Hätte ich sie gern gehabt, dann hätte ich sie umgebracht und nicht ihn«, sagte Rocco und preßte die Lippen aufeinander.

Petro sah auf den Teller; er bemerkte Mina und schrie ihr zu: »Was tust du hier? Raus mit dir!«

»Laß sie doch essen«, sagte Rocco. »Es ist besser, sie bleibt hier... solange ich da bin.«

Die Kleine, die schon rasch zurückgewichen war, warf einen erschreckten Blick auf ihn. Rocco lächelte ihr zu. Ohne ihren ernsten Ausdruck zu verändern, sah sie ihn flehentlich an.

Petro aß eilig zu Ende, dann sprang er auf und ging im Zimmer auf und ab.

»Dann warst du betrunken«, sagte er überzeugt. »Was hat dir denn dieser Unglückliche getan? Du sagst selbst, daß dir nichts an ihr liegt...«

Rocco stand langsam auf.

»Jetzt gehe ich fort«, sagte er leise. »Es ist Nacht.«

»Wenn du sie nicht heiraten wolltest, was für einen Sinn hat es dann? Man läßt die Sache laufen.«

»Mina, es ist Zeit, an den Strand zu gehen. Die Fischer dort warten auf euch. Du bist doch fertig?«

Mina bewegte das Kinn von unten nach oben, mit den weit aufgesperrten Augen auf Petro weisend.

»Petro kommt auch mit. Ich muß gehen, Petro.«

Petro war verlegen; er starrte auf den Boden.

»Und wohin wirst du gehen?« stammelte er. »Wenn man dich sieht...«

»Hab keine Angst, ich bin in einem Augenblick aus dem Haus. Und ich werde nicht noch einmal kommen. Hast du vielleicht einen farbigen Trikot? Ich lasse dir das Hemd und die Jacke.«

Petro zögerte.

»Damit man mich nicht erkennt... Ich lasse dir die Jacke.«

»Unsinn«, sagte Petro. »Die Jacke will ich nicht. Es ist nicht wegen des Wertes, unter uns, aber wenn man dann den Trikot an dir erkennt? Du weißt, sie kriegen alles heraus. Wer soll dich bei Nacht schon sehen?«

Rocco nahm seine Jacke. Er warf sie über die Schulter und sah sich im Zimmer um. Er ging zum Tisch und nahm einen kleinen Laib Brot. »Den wirst du mir ja wohl geben«, sagte er und steckte ihn sich in die Tasche.

»Die Straße ist frei? Ich bin bereit.«

Während Petro sich schon zur Tür wandte, streckte Rocco rasch die Hand nach einem Messer aus, das auf dem Tisch lag, und steckte es in die Tasche. Er begegnete dem erstaunten Blick Minas und lächelte ihr zu.

»Ciao, Mina«, sagte er. »Erzähle ja niemandem davon, daß ich dich besucht habe.« Dann ging er hinter Petro hinaus.

Beide schwiegen, als sie sich die Treppe hinuntertasteten. An der Haustür beugte sich Petro hinaus in die bebende Hitze und flüsterte: »Diese Seite ist im Schatten. Auf die andere scheint schon der Mond. Warte, es geht jemand vorüber.«

Rocco sagte leise hinter der Tür: »Wenn man denkt, daß auch deine Schwester in ein paar Jahren eine Frau ist!«

»Rasch«, sagte Petro. »Jetzt! Halte dich an der Mauer.«

Rocco sprang mit einem Satz in das Halbdunkel.

III

»Ich bin der ›Gelati‹-Mann«, sagte der Alte in Weiß. »Wir haben für ein Unglück Verständnis, Hochwürden. Sechs Tage verbüße ich im Gefängnis eine Strafe, die mir der Polizeipräfekt gütigst aufgebrummt hat wegen einer gewissen Milch ...«

»Lassen Sie sich erzählen, wie es kommt, daß sie ihm nie den Eiskarren beschlagnahmen«, unterbrach ihn der andere.

»So einfach wie ein Ei. Die Frau besitzt den Karren, und der Endunterzeichnete begeht das Unrecht.«

Eine entsetzliche Hitze, nicht mehr nur vom Widerschein, sondern vom Stein selbst und von der Luft, machte das Gefängnis zum Ersticken heiß. Hochwürden spürte diese Hitze auf dem Gesicht, er konnte kaum Luft kriegen, denn außerdem roch es scharf nach Menschen, und die Mauer unter der Sonne stank auch. Nanni, der die unbewegte Luft selbst kaum atmen konnte, beobachtete den Priester heimlich und genau.

»Kommt denn die Seeluft nicht bis hierher?« fragte dieser den Alten.

»Seeluft für die Gefangenen!« antwortete die höhnische Stimme. »Sie nehmen uns auch die der Erde, die der Herr gemacht hat.«

»Wir sind wie Kapaune im Geflügelkorb«, sagte der Blonde. »Nur daß wir nicht wirklich Kapaune sind und sehr knapp gehalten werden.«

Beim Sprechen entblößte er die Zähne, dann sah man die straffgespannte, schmutzige Haut. Mit einer Anstrengung hob der Priester wieder den Kopf und betrachtete ihn aufmerksam.

Der Alte fragte: »Sie haben nicht in einem Ort am Meer gelebt?«

»Ich komme aus Alessandria, ich bin vom Land.«

»Und ... haben die hier Sie in bürgerliche Kleidung gesteckt?«

Auch Nanni auf seiner Pritsche hörte gespannt zu.

»Es möge sein, wie Gott will. Das Priestergewand würde Ärgernis erregen.«

»Aber ein Priester bleibt man doch, was?«

»Gewiß.« Und der Geistliche sah die anderen der Reihe nach an. »Die Priesterweihe ist wie die heilige Taufe: der Priester ist Priester vor Gott, was auch geschehen möge; genau wie der, der Christ geworden ist, vor Gott, was auch geschehen möge, für seinen Glauben wird einstehen müssen, und besonders, wenn er ihn verleugnet hat. Man darf nicht glauben, daß eine Sünde uns von Gott loslöst: das zu glauben ist eine sehr schwere Sünde, die Sünde von Judas ...«

Der Blonde, der krumm und schlapp dastand, hörte mit finsterem Gesicht zu.

»... sondern wir müssen daran denken, daß Seine Barmherzigkeit ohne Ende ist und uns die ausgebreiteten Arme hinhält, gerade wenn wir Ihn gekränkt und auf die viehischste Weise verleugnet haben ...«

Der Blonde hatte ein leichtes Lächeln aufgesetzt. Der Priester konnte in dem Halbdunkel Nanni gerade noch erkennen, und auf der Schulter spürte er den Atem des Alten. Er senkte die Augen.

»Und was auch geschehen möge, wir müssen immer den anderen vergeben, wie uns der Herr vergibt. Vergeben, damit auch uns vergeben wird. Uns selbst in den anderen vergeben, denn das Böse lebt ja doch im Herzen eines jeden, und was auch geschehen möge – was für eine Ungerechtigkeit auch immer –, schuld daran sind immer zuerst wir und dann erst die anderen.«

»Man hört am Tonfall, daß Sie aus dem Piemont sind«, sagte der Blonde. Und, ihm den Rücken zuwendend: »He, Nanni, wird heute abend, wo Hochwürden da ist, nicht gefegt?«

Nanni sprang auf. Während er sich hastig über den schwarzen Boden beugte und den Besen mit beiden Armen hin und her schwang, setzte sich der Alte auf der Pritsche hoch und fragte vertraulich:

»Und wie in aller Welt kommen Sie hierher? Hatten Sie Feinde?«

Was für ein finsteres, runzliges Gesicht, und die zwischen buschigen Brauen hervorblitzenden, grauen Augen! Hochwürden fuhr erschreckt zusammen.

»Ein paar Worte zuviel?«

Auch die beiden jungen Männer sahen zu ihm hin – der Blonde hob gerade die Lippen vom Wasserbecher –, und so entschloß sich Hochwürden zu einer Antwort. Er sagte, ohne zu zögern, leise: »Ich habe unrecht gehandelt in dem, was ich gesagt und getan habe. Was mir geschieht, verdiene ich.«

»Ja, ja«, sagte der Alte in das Schweigen hinein, »sie wissen einen schon ins Unrecht zu setzen. Aber Sie können sich doch verteidigen! Warum tun Sie es nicht? Eine Eingabe an den, der zu bestimmen hat...«

»Wann lernen denn wir, die Feder zu halten, he, ›Gelati‹?« unterbrach ihn der Blonde.

»Sei du still, du Gauner! Zu meiner Zeit haben sie uns nicht Lesen und Schreiben beigebracht, sondern: an seinem Platz stehen. Was ist das schon, lesen können! Du kannst es, und jetzt bist du hier!«

In der eingeschlossenen, unbewegten Luft spürte der Geistliche, wie ihm diese Stimmen gegen die Schläfen stießen. Von außen drang kein Stimmengewirr bis hier herein. Jenseits der dunklen Bretter war noch Luft und Licht.

»Glauben Sie mir«, sagte der Alte, »wenn einer gegen das Gesetz verstößt, stecken sie ihn ins Gefängnis. Sie sind nicht gefangengesetzt worden: Sie haben nicht gegen das Gesetz verstoßen. Sie werden jemanden gekränkt haben.«

»Ich möchte euch bessere Worte sagen können«, erwiderte der Priester, »und mit anderer Autorität. Ich hoffe nur, ihr nehmt kein Ärgernis an dem, wie ich euch erscheine und was ich euch sage. Ich weiß, daß im Gefängnis niemand schuldig ist, es ist immer ein Irrtum dabei; aber ich weiß auch, daß niemand im Leben unschuldig ist. Wir sind arme Menschen, wir sind Sünder; darum mögt auch ihr Gründe dafür anzuführen haben. Aber hört mich an. Wenn ich euch sage: ich verdiene, was mir geschieht, so tue ich das nicht aus einem falschen Stolz der Demut. Und ebensowenig in dem Sinn, daß wir alle Sünder sind und allesamt sowieso alles verdienen, was uns zustoßen mag. Das ist unumstößlich.«

Der Blonde fiel ihm ins Wort: »Kurz, was haben Sie getan?«

»Etwas Böses und Törichtes, mein Junge: ich habe gegen einen Oberen, der mir ungerecht erschien, gemurrt.«

Nanni und der Blonde, der in dem Halbdunkel bleich wirkte, blickten einander an. »Na und?«

Der Priester spürte den Schweiß nicht mehr. »Ihr müßt folgendes einsehen«, rief er und gestikulierte heftig. »Ich will annehmen, er war wirklich ungerecht, die Verfolgung, die ich zu erdulden hatte, war unverdient: hatte ich darum das Recht, mit ihm zu hadern, Hilfe zu suchen, Denkschriften zu verfassen, die entweder falsch waren – dann ist darüber nicht zu streiten – oder richtig? Denn dann beleidigten sie gleichwohl jene Autorität, die, gebt acht, alles Recht hat, meinen Gehorsam zu fordern, der man gehorchen muß, wenn sie befiehlt, sonst gibt es ein immer größeres Ärgernis.«

»Du, Blonder, sei still«, fing der Alte nachdenklich an. »Ich verstehe Sie, Hochwürden; es ist nicht immer so leicht, Denkschriften zu verfassen, besonders wenn die Kurie ins Spiel kommt. Aber wollen Sie mir erklären, wieso zum Teufel Sie dann hier sind? Sie reisen mit den Carabinieri, nicht wahr? Und was haben die Handschellen mit Ihren Superioren zu tun?«

Der Priester senkte den Blick auf den dunklen Boden.

»Das ist die Folge jeder bösen Tat«, sagte er langsam. »Daraus könnt ihr erkennen, wie jedes Murren, jede unbedachte Empfindlichkeit eine Quelle des Bösen ist, selbst bei der Verteidigung der eigenen Gerechtigkeit. Die Pfarrei, aus der ich entfernt worden bin, hat meinen Rechtfertigungen geglaubt, und es hat Worte gegeben, Aufruhr in meinem Namen; die Schuld daran fällt in Wirklichkeit auf mich zurück, obwohl ich sie weiß Gott gern verhindert hätte.«

»Aufruhr?« ertönte Nannis Stimme.

»Heilige Jungfrau!« rief der Blonde, »es hat Schläge gesetzt, und Sie beklagen sich?«

Hinter der Tür schlug dröhnend das Gitter zu. Die Stille war von einem unbestimmten Lärm erfüllt; unter dem Guckloch keuchten nahe Stimmen. Jemand lief im Eingang. An dem Gesicht des Alten, dem einzigen, das in der Dunkelheit noch zu erkennen war, sah man, daß er seufzte.

»Was geht vor, Hochwürden? Heute abend lassen sie uns im Dunkeln.«

Nanni sagte: »Das ist Ciccia.«

»He, Blonder«, rief der Alte, »erkundige dich, wann er uns Wasser bringt und uns Licht anzündet. Ob ihm etwas zugestoßen ist, als er schrie?«

»Man wird ihm die Schlüssel geklaut haben«, grinste der Blonde und lief zur Tür.

Er begann mit den Fäusten dagegen zu schlagen und laut zu rufen. Die Tür quietschte, es öffnete sich ein Spalt, so daß er im Licht stand.

»Was ist los?« rief Ciccia.

»Was ist mit Euch los? Ihr werft uns die Tür vor der Nase zu und laßt uns ganz im Finstern und ohne Wasser. Hier kommt man um! Tut Eure Pflicht.«

Die Tür schlug wieder zu.

Der Blonde sagte, zu den anderen gewandt: »Vom Gitter her kommt ein Geruch nach gebackenem Fisch. Man kriegt Lust auf eine Osteria.«

Wieder klirrte die Tür. Diesmal drang, als sie aufgesperrt wurde, richtig lichterfüllte Luft herein, und nun erschien Ciccia mit dem Krug. Er setzte ihn hin, ohne ein Wort zu sprechen: sein Gesicht hatte einen niedergeschlagenen Ausdruck, sogar der Schnurrbart war zerzaust, und die Augen wichen aus. Er drehte sich genau so finster um, wie er eingetreten war, ging hinaus und legte die Kette vor. Ein schmutziges, gelbliches Licht überflutete die Zelle von der Decke her. Alle sahen einander an.

Ciccia erschien wieder. »Habt ihr das Bett für Hochwürden zurechtgemacht?« fragte er barsch.

»Noch nicht«, stammelte Nanni, der aufrecht im Licht stand, und seine Augen suchten die Bettdecken.

»Dann kommen Sie mit mir, ein besseres Bett ist schon bereit.«

»Für mich?«

»Sicher. Sie werden auf einer Pritsche allein schlafen. Hier sind schon drei, mehr ist nicht gesund.«

»Oh, warum nehmt Ihr ihn uns fort?« rief der Alte. »Gerade hatte man richtig Bekanntschaft gemacht.«

»Er büßt nichts ein, wenn er euch einbüßt. In dieser dreckigen Zelle!«

»Und wohin zum Teufel wollt Ihr ihn bringen?« fragte der Blonde. »Nehmt Ihr ihn mit nach Hause?«

»Ich habe auf das Licht gewartet, um sauberzumachen«, sagte Nanni.

»Es ist eine Zelle frei geworden: dieser Mörder ist auf und davon«, murmelte Ciccia düster vor sich hin.

»Haben sie ihn schon weggebracht?« rief der Alte.

»Er hat sich selber weggebracht: fort«, sagte Ciccia.

»Tot?« rief der Priester erschreckt.

»Fort, Teufel noch mal, ausgerückt, abgehauen. Bringen Sie mich nicht dazu, daß ich fluche, das habe ich gerade noch nötig! Das sind Dinge, die Gott nicht zulassen dürfte.« Seine Augen glänzten, der Schnurrbart tanzte. Er warf einen scharfen Blick auf die übrigen drei, die einfältig im Licht dastanden, und stieß einen Seufzer aus – es klang wie ein Rülpsen.

Der Priester war aufgestanden und öffnete den Mund, um etwas zu sagen, als Ciccia ihn unterbrach: »Kommen Sie hinauf, sagen Sie ihnen morgen Lebewohl: die reißen nicht aus. Ich habe keine Zeit zu verlieren.«

Während der Alte, ohne sich von der Pritsche zu erheben, ihm zugrinste und Nanni ihn regungslos ansah, folgte ihm der Blonde bis zur Tür. »Beten Sie, daß der Häftling heute nacht nicht gefaßt wird, Hochwürden, sonst kehren Sie zu uns zurück. Auf ein gutes Wiedersehen.«

»Sie mögen ihn nur fassen! Ich stecke ihn in den Keller«, sagte Ciccia, als er abschloß.

»Vorsicht mit dem Wein!« rief leise die höhnische Stimme des Blonden.

Ciccia wirtschaftete an der Tür der anderen Zelle herum. Er sah beharrlich zu Boden.

»Wenn sie mir eine Untersuchung anhängen! Sie brauchen natürlich einen Schuldigen. Gäbe es eine Gerechtigkeit, so würde sie den Mörder zu finden wissen. Aber nein, wer dazwischengerät, ist der Gefängniswärter. Habe denn ich das Verbrechen begangen? Und doch – es ist Gesetz. Ich frage: ist das Gesetz für die Mörder gemacht oder für uns? So ungerecht geht es zu! Sie zahlen uns einen Hungerlohn, Zellen, zum Erbarmen schlecht, man kann sie weder öffnen noch abschließen, es wird so weit kommen, daß sie sie in eine Strandkabine stecken, und wir müssen die Verantwortung tragen. Leute, die Messerstechereien machen – und man nimmt noch Rücksichten. Dreimal habe ich ihm Wasser gebracht, nicht anders, als wäre er mein Sohn – krepieren lassen sollte man sie. Man dreht einen Augenblick den Rücken, und schon ruinieren sie einen ehrlichen Mann. Was nutzt es ihm, frage ich? Solchen Leuten macht es nichts aus, ob sie einen Menschen umbringen und dann ausreißen, Hauptsache, sie tun Böses ...«

Als Ciccia die Tür aufgeschlossen hatte, ließ er das große Schloß mehrmals heftig auf- und zuschnappen.

Der Priester fuhr vor Schreck zusammen. »Er wollte sicher die Seinen wiedersehen«, sagte er.

»Den erwartet zu Hause schon der Polizeiwachtmeister. Aber wieso soll er dorthin zurückkehren? Ein entflohener Sträfling hat keine Gefühle. Und überall, wohin er auch geht, lauert ihm einer auf. Er wird sich in die Macchia schlagen, denn retten kann er sich nicht, und wird zurückgebracht werden wie ein Tier, verhungert und zerkratzt, zwischen zwei Carabinieri. Um nichts und wieder nichts wird er mich um meinen Frieden gebracht haben. Das ist schon vorgekommen. Und dann wird es sich zeigen, ob ich an dem Ganzen schuld war.« Er sperrte die Tür auf und fuhr fort: »Wenn er wenigstens nicht Widerstand leistet, sonst strecken sie ihn nieder.«

In dieser Zelle war das Licht genauso bleich wie in der anderen. Der Kalk an den Wänden war abgefallen; auf der Pritsche lag das Bettuch, ganz schmierig und zerknittert. Am Boden ein Streifen Wasser; und der Krug, bauchig, auf dem Schemel. Die unbewegte Luft von einer drückenden Hitze. Ein kleines rundes braunes Brot, das verloren auf dem Kissen lag, sah aus wie ein schmutziger Fleck.

Ciccia hatte mit großem Lärm den Schlüssel von außen mehrmals umgedreht, seine schweren Schritte hatten sich entfernt; als endlich alles still war, fuhr der Priester, der mitten in der Zelle stand, zusammen. Er betrachtete ringsum jeden einzelnen Gegenstand, wie das alles vom Licht erdrückt wurde, und die kahlen Wände und die Eisenstäbe in ihren tiefgebohrten Löchern. Er ging an die Pritsche, nahm mit beiden Händen das grobe runde Brot und legte es drüben auf den Krug. Dann kehrte er zu der Pritsche zurück, stützte die Hand darauf, kniete nieder und bekreuzigte sich; und er legte den Kopf, das Gesicht zwischen den Händen bergend, auf den Rand.

IV

Rocco klomm den Pfad zwischen den Ölbäumen zu dem Landgut hinauf. Im Mondlicht konnte man nicht erkennen, was Baumstamm und was Widerschein des Mondes war. Endlich war der Steilhang erklettert, das Meer in dieser Höhe verschwunden. Nun ging Rocco langsamer; sein Blick ging über die blitzenden gelblichen Mondstreifen am Boden, in der Kühle spürte er den Schweiß.

Er drehte sich um und rutschte den kleinen Hang hinunter auf das dunkle Haus zu. Es war ihm so vorgekommen, als höre er im Garten jenseits des Landhauses lebhafte Stimmen; in der Küche und in Concias Zimmer brannte kein Licht: alle waren am Gittertor. Im Schutz der Ölbäume schlich er weiter, bog um die Ecke und spähte zwischen die dunklen Gartensträucher, die das Strahlenbündel der Scheinwerfer eines am Gitter haltenden Autos im Mondschein ins Licht hob.

Rocco unterschied aufgeregt umherlaufende Gestalten von jungen Mädchen und jungen Männern, alle weißgekleidet; ein paar Jungen rannten im Licht der Scheinwerfer laut rufend umher. Und dort unten beim Wagen stand Concia und stellte etwas hinein. Ja, es war Concia. Rocco bewegte sich kaum; er lehnte an einem Stamm und atmete den guten Duft des großen Gartens ein, der den ganzen Tag in der Sonne geglüht hatte.

Endlich saß Concias Herrschaft im Wagen; die Scheinwerfer streiften über die Bäume, über den Himmel, und der Wagen fuhr los. In Roccos Ohren hallte noch das letzte Brummen des Motors; auch Concia schien ihm nachzuhorchen. Der Garten lag wieder im dämmerigen Schein des Mondes.

Plötzlich lief Concia auf das Haus zu, sie war auf den Stufen, ehe Rocco ins Helle trat. Wie sie so, den Kopf erhoben, ohne auf den Weg zu achten, mit langen Beinen ins Haus sprang, starrte Rocco ihr nach und dachte gar nicht daran, daß er sich ja rühren könnte. Und schon war sie verschwunden.

Rocco rannte wieder in den Hof mit den Ölbäumen. Hinter dem Haus trat er in den hellen Schein des Mondes. Fast unmittelbar darauf wurde das Licht in dem Zimmer im ersten Stock angeknipst. Zitternd lehnte sich Rocco an die Mauer. Er hielt nur mit Mühe an sich, beinahe hätte er gepfiffen.

Gerade wollte er entschlossen in die Küche treten, da tat sich die Tür hinten im Zimmer auf und Concia, in der Türöffnung stehend, suchte den Schalter. Rocco sagte: »Kein Licht machen, Concia« und sprang los, ihren Arm zu packen; aber sie machte sich mit einem Ruck los. Sie keuchte vor Schreck. Rocco wiederholte: »Kein Licht machen, hörst du? Komm weiter!« Und er zog die Widerstrebende in die Mitte der Küche.

»Du tust mir weh«, sagte Concia keuchend.

»Ich weiß«, murmelte Rocco.

Concia gab ihren Widerstand plötzlich auf und überließ den weichen Arm seiner Hand.

Keuchend starrten sie einander an. Concias schwarzer Kopf hob sich vor der Helle der äußeren Tür dunkel ab. Rocco ahnte, daß ihre Nasenflügel erregt bebten, daß Mund und Augen weit aufgerissen waren. Er spürte, wie sie den Atem einzog und die Schultern hob. Er umklammerte ihr verschwitztes Handgelenk fest mit der Faust.

Concia wollte sich wieder losmachen; umsonst. Rocco schob sie mit den Knien, den Ellenbogen bis an die Wand bei der Tür. Als sie gegen die Wand stieß, löste er seinen Körper von dem ihren, ohne ihr Handgelenk freizugeben. Concia ließ sich gegen ihn sinken, lockerte sich und suchte sich an ihn zu drängen; aber ein neuer Stoß mit dem Knie trieb sie an die Wand zurück.

»Verzeih mir, Rocco«, seufzte sie und warf ihm den freien Arm um den Hals. Rocco gab keine Antwort, er packte ihren Arm, um sich loszumachen. Da hob Concia von selbst den Arm und schlug ihm die Krallen ins Gesicht. Sie kämpften schweigend, Rocco stieß sie wieder gegen die Wand und hielt sie dort mit dem Gewicht seines ganzen Körpers fest. Durch die zerkratzten Nasenflügel witterte er ihren starken Geruch.

Concia schrie so schrill auf, daß es ihm die Ohren zerriß. »Sei still«, keuchte Rocco, ihr den Mund zuhaltend, »sei still, du Hure, keiner hört dich.« Concia biß ihm in die Faust; ihr Körper gab zum zweitenmal nach.

»Sei still«, sagte Rocco und löste sich von ihr. »Sei still, sonst drücke ich dir die Gurgel zu.« Concias letzter Schrei blieb in der Luft hängen, und wieder, in dem plötzlich eintretenden Schweigen, starrten und atmeten sie einander an.

»Wenn es jemand gehört hat...« stammelte Rocco.

Concias Stimme zitterte. »Glaubst du, du machst mir Angst?«

»Wenn es jemand gehört hat...«

Draußen zirpten die Grillen, der Mond schien jetzt nur noch auf einige Platten an der Schwelle und ließ die Wand, an der sie lehnten, im Dunkeln. Rocco gab Concias Arm frei und stellte sich zwischen sie und die Tür. Wenn jemand kommen würde, genügte ein Sprung. In dem Schattenwinkel erkannte er nur eben den langen weißen Fleck des Kleides, aber weder Beine noch Gesicht. Niemand kam.

Concia, die sich dort an der Wand nicht rührte, schluchzte erregt auf. Rocco spürte, wie ihm etwas Feuchtes über die Wange lief. Er wischte es mit der Hand weg: es war Blut. »Du hast mich verletzt«, brummte er.

Concia lachte laut, aber krampfhaft auf.

»Deine Schuld«, sagte sie. »Wissen sie, daß du hier bist?«

»Wer soll es wissen? Und du, weißt denn du, woher ich komme?«

»Sie haben mir gesagt, sie hätten dich ins Gefängnis gesteckt. Was hast du angestellt? Hast du jemanden geprügelt?«

Rocco spähte in den Schatten. »Los, komm«, sagte er. Als Concia vortrat, packte er sie am Arm und zog sie an die Tür, ins Mondlicht. Das erhellte ihr braunes Gesicht, das Weiß der Augen und eine Grimasse, die die Zähne entblößte. Ohne daß sie die Lippen schloß, blitzte in der Grimasse ein rasches Lächeln auf; sie kniff die Augen zusammen. Rocco stieß den Arm weg und packte ihr Gesicht mit beiden Händen. Er spürte das Zittern ihres Körpers; ihre Augen wurden weit und fuhren unruhig hin und her, während sich die Arme eng um seinen Hals wanden. Mit dem Knie stieß er den Körper zurück, der den seinen suchte, aber die Finger umschlossen eng dieses Gesicht.

»Du bist falscher als Judas«, sagte er in ihren Atem hinein. »Man braucht nur dein Gesicht zu sehen, dann kennt man dich. Ich habe deinen Kerl aus Genua umgebracht, und du weißt es. Glaubst du, daß es diesmal etwas nutzt?«

»Küß mich, du Schuft«, winselte Concia mit geschlossenen Augen.

Die Zähne an ihren Zähnen, keuchte Rocco: »Ich habe ihn umgebracht, und du weißt es.« Aber Concia, die mit dem ganzen Körper an ihm klebte, löste ihren Mund nicht von dem seinen, biß und sagte: »Du bist dumm... dumm... warum nimmst du mich nicht?«

Plötzlich packte Rocco sie um die Taille und betastete sie wie unsinnig. Concia, an seinem Halse hängend, hörte nicht auf, ihn, zwischen erregten Schluchzern, zu küssen. Rocco packte sie, hob sie hoch, ging drauflos, tastend, durch die Küche, öffnete die Tür, stieß sich an der Wand, als er die Treppe hinaufstieg. Ohne ein Wort trat er gegen die Tür ihres Zimmers, und sie warfen sich aufs Bett.

Als Concia den nackten Arm ausstreckte, das Licht löschte und sich auf die andere Seite drehte, setzte sich Rocco im Bett auf und starrte in das Dunkel. Durch das offene Fenster kam nach und nach ein Schimmer herein – die mondbleiche Anhöhe mit den Ölbäumen –, aber das Fensterbrett war dunkel. Er bewegte ein wenig das Bein, und sofort fuhr Concia zusammen.

»Es ist spät«, brummte er.

Concia sagte nichts.

Da sprang er aus dem Bett und hörte, wie Concia eine, sogleich unterdrückte, Bewegung machte. Er bückte sich im Finstern über den kalten Backsteinboden und tastete nach seinen Hosen. Als er in sie hineinfuhr, fand seine Hand zwischen den beiden Hosenbeinen einen breiten Riß; währenddessen behielt er das Bett im Auge, auf dem Concias dunkler Körper regungslos lag. Er trat ans Fenster; ihr Atem verfolgte ihn.

»Laß das sein«, sagte er zornig. »Man hört genau, daß du nicht schläfst.«

Concia stieß einen langen Seufzer aus, reckte sich und setzte sich im Dunkel auf.

»Ich war eingeschlafen, Rocco. Was gibt's?« stöhnte sie gähnend.

»Du bist falscher als eine Katze. Aber es ist nicht der Mühe wert. Wer bringt dir das bei? Diese Frauen, deine Herrschaft?«

Concia weinte leise vor sich hin. »Warum kränkst du mich?«

Rocco drehte sich zum Fenster. »Sieh her«, sagte er trocken. Er hielt das Messer in die Höhe. »Sieh es dir genau an, das solltest du in den Hals kriegen. Und du hast es gewußt. Aber es ist nicht der Mühe wert. Sieh genau hin.« Er preßte die Spitze zwischen die Finger und warf das Messer zwischen die Ölbäume; es blinkte, als er es hochhielt. Er spitzte die Ohren, um zu hören, wie es aufschlug; aber das Laub rauschte, er konnte nichts unterscheiden.

Concia hatte sich nicht gerührt. »Zieh dich an, verfluchtes Weib. Steck deine Brüste weg. Du solltest dich sogar vor der Luft schämen.«

Concia sprang aus dem Bett. »Wenn sie dich hören, Rocco!« Sie kam rasch, mit federndem Schritt, ans Fenster; Rocco starrte zu Boden. Concia hob die Arme, drehte sich spielerisch, als wolle sie sich nur im Gleichgewicht halten, einmal um sich selbst und dann ihm zu und betrachtete ihn. Danach kehrte sie um, ohne das leiseste Geräusch zu machen, und setzte sich auf den Bettrand.

»Rocco«, flüsterte sie im Schatten. »Warum wolltest du mich umbringen?«

Rocco gab keine Antwort.

»Damit es ein Paar würde, Rocco? War es dir an einem nicht genug?«

Rocco knirschte mit den Zähnen.

»Das sage ich im Ernst. So was mußt du früher tun, sonst klappt es nicht mehr. Auch wenn du nicht wieder ins Bett kommst, tust du es nicht. Antworte mir! Meinst du, wo ich bin, geht's zu wie im Kino?«

»Hör mal, Concia«, sagte Rocco mit einer Stimme, die wie abgewürgt klang. »Du weißt, ich habe dich gesehen, und ihn gesehen, vom Wald aus, wie er die Jacke hier ans Fenster hängte. Wenn ich nicht sofort heraufgekommen bin, um dich zu erdrosseln, dann nur wegen deiner alten Mutter.«

»Und da hast du diesen... wer sollte es noch sein?... umgebracht? Sicher: die Männer kommen her, um die Jacke an mein Fenster zu hängen...«

»Concia, lach nicht. Er hat es selbst gesagt. Ich habe ihn zum Reden gebracht, und da hat er damit großgetan.«

»Und darum bringst du einen Mann um? Ich habe diesen Unglücklichen nie gesehen, aber der Herr möge ihm verzeihen.« Concia suchte auf dem Bett ihr Kleid, hielt es vor sich und bekreuzigte sich.

Rocco folgte der Bewegung dieser bleichen Hand. Leise stammelte er: »Auch ich verzeihe ihm. Er hat keine Schuld, wenn er dich gekannt hat.«

»Es ist kalt, Rocco«, sagte Concia lebhaft und zog das Kleid über. Dann ging sie mit nackten Füßen um das Bett und stopfte das Laken hinein. Rocco lehnte am Fensterbrett; er zitterte noch, so klopfte ihm das Herz. Zögernd fragte er: »Hast du nichts zu rauchen?« Concia hob den Kopf: »Daß ich daran nicht gedacht habe! Sofort, für meinen Bösen.« Sie lief geschwind zu einem Kasten und kramte darin. Während sie die Zigarette anzündete, sah sie sein erhitztes, verwirrtes Gesicht, die Augen schimmerten weiß. Sie stand gespannt da, während er rauchte, und genoß den sanften Duft. Rocco zog sich zurück.

»Es sind ausländische«, brummte er.

Concia lachte. »Sie sind vom Ingenieur.«

»Wann kommt das Auto zurück?«

»Ach ja, das Auto. Sie kommen gegen Morgen zurück, aber dann mußt du fort sein. Soll Concia gar kein bißchen schlafen?«

Grob stieß Rocco sie zurück und warf die Zigarette aus dem Fenster.

»Du weißt, daß sie mich auf Tod und Leben suchen. Du weißt, daß ich ins Gefängnis zurück muß. Und du hast nur Angst. Warum lachst du so?«

Der rote Punkt ihrer Zigarette sank nach unten. »Ich lache gar nicht.«

»Du hast nur Angst. Und du leistest mir Gesellschaft, weil du Angst hast, dich umzudrehen. Warum hast du vorhin geheuchelt, warum heuchelst du jetzt? Diese Nacht hast du auch ihn betrogen. Du – du hättest sterben sollen.«

Als Concia keuchte, hob Rocco die Faust. »Verfluchtes Weib, du lachst. Und in diesem Zimmer, wo du mit uns gehurt hast! Mit einem vom Zuchthaus und einem, der unter der Erde liegt. Du selbst hast in diesem Zimmer Kino gemacht, du! Immer.«

Concia, die Hände vor dem Gesicht, brach in Tränen aus.

»Heul nicht, oder ich drück dir die Kehle zu«, murrte Rocco. »Heul mir nichts vor. Wer weint, weint für sich allein. Und du wirst es morgen wieder mit allen treiben. Aber denke immer daran: die Mörderin bist du.«

»Ich habe dich gern gehabt«, sagte Concia schluchzend.

Rocco knurrte: »Das sage nicht. Wenn der andere zurückgekommen wäre, hättest du den gern gehabt.«

Concia bewegte sich in dem Dunkel und kam langsam zu ihm heran. »Rocco«, und sie hob nicht den Blick, »bleib hier... versteckt... hier bei mir.«

Rocco sagte nichts, er drehte den Kopf nach dem Fenster. »Willst du hier bei mir bleiben, Rocco?« fing Concia wieder leise an. Dann preßte sie sich schmeichelnd an seine Seite und hielt ihm die Lippen hin. Rocco drehte den Kopf weg und sah angestrengt auf die dunklen Ölbäume unter dem klaren Himmel.

»Es scheint kein Mond mehr«, sagte Concia leise, fast ohne zu atmen. »Sie haben dich doch nicht hier heraufsteigen sehen? Wenn du bleiben könntest, Rocco: jede Nacht würdest du mich strafen, wir beide allein... Willst du mich nicht mehr strafen?«

Rocco entzog sich heftig dem Mund, der seine Wange suchte. Da hob Concia mit einem Ruck den Kopf.

»Du gemeiner Kerl, warum behandelst du eine Frau so? Wenn du mich nicht willst, geh fort, geh doch, aber behandle mich nicht so, nur weil ich nichts als eine Dienstmagd bin!« Das kreischte sie geradezu und heulte wieder los.

Rocco packte die Jacke, die er auf das Fensterbrett geworfen hatte, stieß Concia, weil sie ihm im Wege stand, beiseite und ging, ohne ein Wort zu sagen, mit schwerem Schritt quer durch das Zimmer. An der Tür drehte er sich um, sein Blick suchte die weiße Gestalt. Sie stand dunkel gegen das Fenster, er spürte, daß sie ihn verzweifelt ansah.

»Du weißt nicht, wie falsch du bist«, sagte er ruhig und trat hinaus ins Dunkel.

V

Ciccia hob die stumpfen Augen und trat in die kalte Luft hinaus. Nichts war zu sehen, weder oben am Himmel noch auf der Erde, und von der Kaserne kam niemand. Auch das Meer war zu dieser Stunde ruhig. Glücklich die Fische, die unter Wasser schliefen!

Ciccia ging wieder hinein und schaltete den Strom für die Zellen ab. Alle schliefen, keiner dachte an diese verflixte Sache. Über der Tür wurde es schon hell, es begann wer weiß was für ein schöner Tag.

Ciccia trug den Stuhl an das Gittertor und setzte sich hin. Er pustete; die Rippen taten ihm weh, und daran war nicht die Feuchtigkeit des frühen Morgens schuld. Er reckte den Kopf nach der Straße; niemand war zu sehen.

Er war eingeschlafen, als ihn plötzlich eine Stimme traf. Es war Cicciotto: allein.

»In den Wäldern – nichts. Sind dir noch andere entwischt?« Er lachte sich natürlich eins. Ciccia warf ihm von der Seite einen Blick zu und setzte sich, noch ganz benommen, auf.

»Wir haben bis zum Turm gesucht, Papa. Der Oberwachtmeister hat mir gesagt, sie fangen ihn bestimmt. Es ist nur eine Frage der Zeit. Wenn man niemandem etwas sagt und sie ihn heute fangen, braucht der Wachtmeister keinen Bericht zu erstatten. Aber man muß ihn fangen.«

»Ist der Wachtmeister zurück?«

»Man braucht sechs Stunden, nur um da hinaufzukommen. Wenn er ihn gefangen hätte, würde er heute früh zurück sein. Aber der Oberwachtmeister sagt, seiner Meinung nach ist er nicht nach Hause geflüchtet. Man müßte wissen, wer die Frau war: sicher ist er zu ihr gegangen, um sich zu verstecken, oder um sie tüchtig zu verhauen. Vielleicht kennt irgendein Mädchen sie.«

Ciccia saß nachdenklich da; der Schnurrbart zitterte. »Liederliche Weiber, die heimlich so etwas treiben! Das sollte meine Tochter sein …«

»Ich glaube etwas anderes«, sagte Cicciotto und wischte sich die verschwitzte Stirn ab. »Er ist noch im Ort, von irgend jemandem versteckt. Der Mond war heute nacht zu hell, und die Straßen sind wir durchgegangen, alle: ich, Melo und die Carabinieri. Es war so hell, daß wir vom Turm den Wellenschlag auf dem Meer sahen.«

»Schwatz nicht so viel«, brummte Ciccia. »Wenn ihr nichts weiter fertigkriegt …«

»Kommt der Wachtmeister mit leeren Händen zurück, dann ist er verpflichtet, die Nachricht an die ganze Küste zu geben, und dann fangen sie ihn sicher, auch im Ort, wenn er dort ist.«

»Sicher. Und wenn erst einmal La Spezia davon erfährt, macht man mir den Prozeß.«

»Wenn sie ihn fangen, tun sie dir nichts, Papa. Aber ist er wirklich durch die Tür entwischt?«

Ciccia ließ ein Knurren hören. »Aufgesperrt hat er sie vorgefunden, aufgesperrt wie dieses Gittertor, und er wäre blöde gewesen, nicht da durchzugehen.« Er schwang den Schlüsselbund heftig hin und her: »Mit diesem Eisenzeug, das uns die Regierung gibt, würde ich nicht mal die Tür vom Gemüsegarten abschließen, wenn ich einen hätte.«

»Sag, Papa, hast du die Flasche hier?« Ciccia sah ihn argwöhnisch an. »Nein, nein, ich gehe nach Hause frühstücken; aber ich meine, es ist besser, sie von hier wegzuschaffen, falls sie die Sache untersuchen. Womöglich würden sie sagen, du hast getrunken.«

Ciccia lutschte an seinem Schnurrbart und nickte zum Zeichen, daß er verstehe. Cicciotto stampfte fest auf, um die Erde von den Stiefeln abzuschütteln, gerade als komme er von der Jagd im Sumpf zurück. Plötzlich hob er den Kopf:

»Ist es möglich, daß das Schloß nicht eingeschnappt ist? Der Oberwachtmeister sagt, daß für deine Untersuchung alles davon abhängt. Hätte er es ohne weiteres aufbrechen können, so könnte man dir die Schuld nicht zuschreiben und ihm auch nicht, denn das Gesetz schützt diese Kerle immer.«

Ciccia öffnete ein Auge und schielte zu ihm hin.

»Laß mich das Schloß sehen«, sagte Cicciotto schließlich.

Er bückte sich und fragte: »Ist zugeschlossen?«

»Ja. Dieser Priester ist drin – einer, der in die Verbannung geht, um fünf wird er abgeholt, ich habe ihn hier hineingetan, weil die Zelle leer war.«

Cicciotto ließ ihn reden, aber er zog ein spöttisches Gesicht.

»Hat es der Wachtmeister gesehen?«

»Ja ... nein, er ist nur ans Tor gekommen. Die Lokalbesichtigung wird er heute machen.«

»Hättest du mich doch gestern abend hergerufen, Papa. Kannst du diesen Priester nicht einen Augenblick anderswohin stecken? Ich gehe ein Eisen holen.«

Als der Priester so plötzlich geweckt wurde, sprang er auf: er brauchte sich nur die Jacke anzuziehen. Heilige Muttergottes, was für einen Sträflingsbart hatte er im Gesicht! »Schnell, Hochwürden, Ihre Morgengebete können Sie später verrichten.« Ciccia war ihm behilflich, trieb ihn hinaus und brachte ihn zu der anderen Zelle. Rasch öffnete er und schob ihn in das warme Dunkel. »Ihr kennt euch schon. Seien Sie unbesorgt, nur einen Augenblick.« Er schloß zu und ging zu der anderen Tür zurück. Sicher, zwei Schläge würden genügen. Kam Cicciotto noch nicht wieder?

Er begann mit einem anderen Schlüssel im Schloß herumzustochern und es hochzuheben, aber er brach sich die Fingernägel ab und kam nicht zurecht. Man hätte geradezu die Schrauben lockern müssen. Er steckte den richtigen Schlüssel hinein, und nach zweimaligem Schnappen kam der Riegel heraus, fest wie Eisen. Ja, dieses Eisen – nicht einmal mit dem Hammer würde es zerbrechen. Er drehte zurück, und der Riegel verschwand.

Da erschien Cicciotto ganz verschwitzt mit dem Werkzeugkasten. Als er hereinkam, glitt er aus und warf ihm den Kasten vor die Füße. »Schnell, du Nichtsnutz, sonst kommen die Carabinieri und holen den Priester. Wann fährt der Zug hier durch?«

Ciccia mühte sich ein paar Minuten ab, die Zähne aufeinander pressend, und zerbrach einen Schraubenzieher. Er knurrte und versetzte dem Kasten einen Fußtritt.

»Gib her, Papa, laß es mich versuchen!«

»Das sind geradezu Geldschrankschlösser. Nicht mal der Schmied kriegt das auf. Dafür geben sie schon Geld aus, o ja.«

»Wer murmelt dort?«

»Ich habe den Priester zum ›Gelati‹ gesteckt. Mach los!«

Cicciotto schob einen einfachen Haken in das Loch und drehte ihn vorsichtig darin herum: er suchte den Kern des Mechanismus. »Man darf es nicht ganz zerbrechen«, murmelte er vor sich hin, »es braucht nur nicht zu schließen und muß so scheinen, als wäre es geschlossen. Man muß bedenken, daß der Mann keinen Hammer hatte. So ...« Er hielt einen Augenblick inne und drückte leicht, wobei er die Augen halb schloß. »Es scheint, er rutscht«, sagte er.

»Gib her, du Nichtsnutz. Wir wollen es aufbrechen: das heißt, daß der Wachtmeister selber was verbummelt hat. Ich bin nicht verpflichtet, den ganzen Tag hier zu sein. Er wird es aufgebrochen haben, als ich draußen war.«

»Und wie wäre es, wenn wir das Loch in der Mauer ausfüllten?

Du hast gedreht und gefühlt, es war geschlossen, aber das war es nicht.«

»Du weißt nicht, was Gefängnis ist. Wann soll er das Loch ausgefüllt haben?«

»Jetzt hab ich es«, rief Cicciotto, der sich, noch immer gebückt, zu schaffen machte. »Die Feder springt. Gib mir den Hammer.«

Ciccia hielt ihm den Hammer über den Nacken, und Cicciotto tastete, ohne sich zu bewegen, mit der Hand danach. Dann nahm er die Schulter nach hinten und schlug heftig auf den Haken, den er ins Schloß gesteckt hatte. Der Haken fiel zu Boden.

»Du Nichtskönner! Die Spitze ist dringeblieben.«

»Ach was«, sagte Cicciotto, als er sich aufrichtete. »Probiere den Schlüssel.«

Zitternd steckte Ciccia den Schlüssel hinein und drehte ihn schweigend um. Er führte ihn nach rechts und nach links, und nichts bewegte sich. Etwas sprang unter dem Kern, aber der Riegel kam nicht mehr heraus.

Er wischte sich den Schweiß ab. »Wenn sie jetzt kommen!« sagte er wütend. »Dieser harte Bursche ist auf seinem Posten.«

»Das Schöne ist, daß man den Kerl nicht anklagt. Es steht ihm frei, daß er zu entwischen sucht. Dich schon – wenn sie erfahren würden, daß du die Feder zerbrochen hast.«

»Ich habe gar nichts zerbrochen. Was habe ich denn zerbrochen, ich... Und du, he, du blöder Kerl, du Tölpel! Schaff den Kasten fort.«

Cicciotto drehte den Schlüssel auch selbst herum, wobei er sich auf die Zunge biß; dann sammelte er die Werkzeuge auf und ging davon.

Ciccia drehte den Schlüssel noch einmal herum, nachdem er die Tür angelehnt hatte. Sieh da: die Tür blieb offen. Natürlich, er hatte es nur nie gemerkt.

Vergnügt zerrte er sich am Schnurrbart, ging zu der anderen Zelle und ließ das Guckfenster herunter. Eine langsame Stimme sprach. Ciccia bückte sich und rief: »Halten Sie sich bereit, Hochwürden, bald geht es fort.« Und er schloß das Guckloch wieder.

Cicciotto erschien auf der Schwelle der äußeren Tür. »Papa, die Carabinieri!« Und er lief hastig davon.

Ciccia starrte auf die noch leere Tür, auf das kühle Pflaster. Da, die Schritte. Es erschienen die Schaftstiefel. Schwarz und rot, der schwere Rock, die schief aufgesetzte Mütze.

»Schon unterwegs, ihr jungen Leute?«

Dem vierschrötigen, dem mit dem Bürstenschnurrbart, waren die Augen noch zugeklebt. Er nahm die Mütze mit einer Fingerbewegung ab und lächelte, doch der Ärger war ihm anzumerken.

»Macht ihr hier jede Nacht solchen Zauber?« sagte er übelgelaunt. »Es war gar nicht so einfach, daß wir in der Kaserne bleiben durften. Der Wachtmeister wollte uns ebenfalls losschicken. Was sind das für Späße! Wir sind nicht fürs Zuchthaus da.«

Der andere wartete auf der Schwelle.

Ciccia drehte sich, als er zur Zelle ging, um: »Ist noch keiner zurückgekommen?« Er zog ein zerknirschtes Gesicht und suchte den Schlüssel. »Das sind Ausnahmefälle. Nicht alle verstehen eine Tür einzuschlagen ... Habt ihr gebadet?«

»Im Schweiß«, brummte der Carabiniere, sich mit der Hand in den Kragen fahrend. »Das ist ein elender Strand. Dort sind mehr Steine als Wasser.«

»Und Stechmücken und Weiber«, fügte der hinzu, der schweigsam an der Tür gestanden hatte.

»Gebt Ihr uns diesen Priester?« fragte der Kleine ungeduldig. »Damit wir nicht den Zug versäumen.«

Ciccia öffnete die Tür und rief den Priester. Der Blonde und Nanni drängten sich um ihn und sagten ihm Lebewohl. Der Blonde streckte ihm die Hand hin und rief: »Eine gute Zeit, Hochwürden! Erinnern Sie sich an uns hier«, und der Priester trat, das Gesicht noch ihnen zugewandt, heraus.

»Schnell«, sagte Ciccia zu ihm. »Und ihr, zurück mit euch!« Er stieß Nanni hinein und schloß die Tür ab. Der Lärm dort drinnen hörte auf.

Während er die Abgangsliste ausfüllte, legte der Priester die Hände zusammen und näherte sich dem Carabiniere. Auch der andere trat von der Tür weiter heran.

»Gibt es Nachricht von dem jungen Mann, der geflohen ist?«

»Noch nicht, Hochwürden. Es ist nur eine Frage der Zeit. Es glückt ihm bestimmt nicht. Eher wird, wenn er noch einmal Dummheiten macht, unser Wärter hier Schwierigkeiten bekommen.«

Ciccia hob den Kopf: »Wenn man seine Pflicht getan hat ...«

Der Carabiniere fiel ihm trocken ins Wort: »Das nennt Ihr Eure Pflicht tun, ihn entwischen lassen?«

Ciccia wußte nicht weiter. Er sah, daß der andere Carabiniere, der zuerst in Gedanken gewesen war, zu grinsen begann. Da senkte er den Kopf und verschluckte, was er etwa hätte entgegnen wollen.

Der Priester stand ganz still mitten im Zimmer in seiner zugeknöpften Jacke und den breiten, schweren Hosen, die faltig auf die Schuhe fielen.

»Haben Sie sich schon erfrischt, Hochwürden?« fragte der Carabiniere. »Dann, entschuldigen Sie...« Er drehte sich zu dem Kameraden um, und dieser trat näher, wobei er in der Patronentasche, die er umgehängt trug, nach etwas tastete.

Ciccia sah, wie die beiden Hände sich hinstreckten und sich gekreuzt unter die Zacken der Eisen schoben. Die flinken Finger des Carabiniere ließen die Schraube rollen, das Schloß schnappte mit einem scharfen Klicken ein. Der Priester hob wieder den Kopf. »Vorschrift«, sagte der Schnurrbärtige, die Unterlippe vorschiebend. »Ach – der Hut. Wo ist er?«

Er nahm den zerknitterten Hut von einem Stuhl und setzte ihn ihm auf den Kopf.

Ciccia stand auf und hielt dem Carabiniere die Feder hin. Während dieser unterschrieb, fuhr draußen das Auto vor; es bremste scharf.

»Ihr seid wenigstens pünktlich in diesem Ort«, brummte der Carabiniere. »Alles Gute. Laßt es euch gesagt sein: in die Schenke geht ihr nach der letzten Runde, nicht früher!«

Sie gingen hinaus. Das Auto entfernte sich. Von der Schwelle aus sah Ciccia die blühenden Oleanderbüsche hoch über der Mauer; sie glänzten golden in dem warmen Licht. Und die Türen begannen zu schlagen, Kinder schrien, Rufe hallten. Das Klappern einer Karre ließ die Luft erzittern; und sonst war niemand da.

Ciccia trat wieder ins Haus, lehnte das Gittertor an und ging langsam zum Schrank. Vorsichtig öffnete er ihn und nahm die Flasche zur Hand. Er räusperte sich. Das Glas roch schon nach diesem Wein. Ciccia schenkte ein; langsam trinkend, sah er zum Gewölbe auf. Da quietschte das Gittertor.

Gegen das Licht konnte er den Vagabunden nicht sofort erkennen; er trug die Jacke über die Schultern gehängt, sein Blick schweifte durch das Zimmer. Da fuhr Ciccia zusammen und ließ das Glas sinken. Aber schon sagte jener: »Trinkt weiter, ich weiß schon den Weg.«

Das Idol

Alles begann an einem Augustnachmittag von neuem. Jetzt brauche ich, unter welchem Himmel ich auch bin, nur den Kopf zwischen den Häusern zu heben, um jenen Tag, der mir fest im Gedächtnis haftet, in mir wachzurufen.

Ich saß in dem kleinen Salon, den ich seitdem nicht mehr wiedergesehen habe; mir scheint, er lag in einem gelben Halbdunkel. Ich kam um diese tote Zeit, um allein zu sein. Jetzt erinnere ich mich, daß ich sie, als sie eintrat, nicht erkannte; ich fand nur, sie war viel zu mager. Sogleich danach muß ich aufgesprungen sein, denn sie kam ohne Zögern auf mich zu, streckte mir die Hand hin und sagte: »Wie bin ich erschrocken! Ein Glück, daß ich angezogen bin.« Die andere Hand preßte sie auf den Kragen.

Sie trug ein weißes Kleid. Als sie dann den Kopf beugte, als ihre Tränen auf meine Finger fielen, sah ich den von der Sonne gebräunten Nacken. Im Gegensatz dazu erschien sie fast blond.

Ich weiß noch, ich brachte mit Mühe heraus: »Kopf hoch, Mina! Ich muß mich genauso schämen wie du, daß ich hier bin.«

Mina sah mich an.

»Ich weine nicht, weil ich mich schäme«, stammelte sie mit unbewegten Lippen. «Ich bin erschüttert.»

Dann lächelte sie mir schüchtern zu; ich antwortete darauf nicht, so daß das Lächeln erstarb. Die Falten um die Mundwinkel waren tief eingeschnitten: ihr Gesicht hatte wohl noch den Ausdruck wie früher, aber er war härter.

»Warum siehst du mich so an?« rief sie und zog sich in sich zusammen. »Meinst du, du bringst mich dazu, daß ich mich schäme?«

Gerade da steckte die Padrona den Kopf zwischen den Portieren hervor, spähte nach mir und zog sich sogleich zurück. Ich schlug die Augen nieder und sah auf Minas zierliche Schuhe; sobald wir wieder allein waren, stöhnte ich auf, was mich selbst überraschte. »Ist es möglich, Mina, ist es möglich?«

Mina betrachtete mich jetzt spöttisch, die Augen noch gerötet;

ich sah sie angstvoll an. »Gefällt dir eine sonnenverbrannte Frau nicht?« Und sie drehte sich um: »Dann muß ich dir eine andere rufen.«

Ich packte sie an der Schulter. »Lassen Sie mich los«, schrie sie, um sich schlagend. »Lassen Sie los, ich bin nicht die, für die Sie mich halten.«

So entwischte sie mir durch die Portieren hindurch und ließ mich mitten im Salon stehen. Die Padrona kam herein und musterte mich wieder, diesmal streng. Ich nahm den Hut und ging an die Tür. »Ich komme ein andermal«, stammelte ich im Hinausgehen.

Von diesem und manchem folgenden Nachmittag stammt die Erinnerung an einen ruhigen hohen Himmel, der mich auf vielen unruhigen Gängen begleitete. Wenn ich daran denke, begreife ich nicht, wie die trüben, unaufhörlich bohrenden Gedanken, die mich jagten, sich in eine so heitere Atmosphäre haben kleiden können.

Es war Samstag, und um die Abenddämmerung ertappte ich mich dabei, daß ich wieder durch jene verlassenen Straßen schweifte; und ich wußte sehr wohl, daß mir ein verächtliches Lächeln den Mund verzerrte. Mit entschlossenem Schritt ging ich wieder durch das Tor und trat, ohne den Blick zu heben, in den gemeinschaftlichen Salon. Von meiner Ecke aus sah ich sehr bald, daß Mina nicht darin war, und das war fast eine Erleichterung. Die Padrona beachtete mich kaum. Hingegen beachteten mich die beiden Mädchen, die mit nackten, übereinandergeschlagenen Beinen auf dem Diwan saßen, und eine warf mir einen Blick zu. Die vielen, rundum an der Wand sitzenden Männer starrten mit versunkenem Gesichtsausdruck vor sich hin auf den kahlen Boden. Ein dickes, halbnacktes Mädchen, das hinten im Saal stand, tuschelte mit einem Feldwebel.

Mina kam nicht zum Vorschein. ›Sie ist oben und arbeitet‹, dachte ich. Und schon biß ich mir bei diesem Selbstgespräch auf die Lippen, und eine unerträgliche Angst überfiel mich, so daß ich kaum Luft bekam. Ich ging geradewegs auf die Padrona zu und fragte nach Mina.

»Was für eine Mina?«

Ich erinnerte sie an jenen Nachmittag. Um den harten Mund der Signora spielte ein zweifelndes Lächeln.

»Sie meinen wohl Manuela. Sie ist noch nicht heruntergekommen. Adelaide, sieh nach, was Manuela macht.«

Das eine Mädchen ging trällernd auf der Treppe vor mir her und drehte sich lachend um. Ihre langen Beine nahmen drei Stufen auf einmal, aber sie ging langsam und wartete auf mich. Oben schlugen Türen. Ich dachte: ›Das ist auch ein nettes Mädchen.‹ Mir war, als ginge ich mit ihr nach oben.

»Ihr Männer wollt immer die, die nicht da ist«, sagte Adelaide im Flur.

Wir traten in einen dunklen Raum, der nach Bad roch.

»Mach Licht, Manuela!« Sie lag auf dem Bett, den Arm noch zum Schalter erhoben, die Haare über den Augen, gekleidet wie an dem Nachmittag, aber in Strümpfen. »Wartet«, sagte sie mit einem mürrischen Gesicht und setzte sich auf. Sie steckte die Füße in die Hausschuhe, lief durch das Zimmer, sah sich um, ging nach dem Bett zurück. »Du bist gemein, Adelaide«, sagte sie und kehrte uns, während sie wieder ins Bett stieg, den Rücken. »Nun geh schon fort.«

Als wir allein waren, betrachtete ich sie verwirrt. Dort unter ihren langgestreckten Beinen lag diese schreckliche Strohmatte. Neben dem Bett, am Kopfende, hingen leichte Hemden. Am Boden ein ausgefranster Bettvorleger.

»Es ist nicht möglich, Mina, es ist nicht möglich.«

»Ich habe dich erwartet, Guido. Ich wußte, du würdest kommen.«

»Bist du oben geblieben, um mich hier zu erwarten?«

Mina schüttelte lächelnd den Kopf. »Nein, ich fühlte mich wirklich schlecht, in diesen Tagen fühle ich mich schlecht, aber ich wußte, du würdest wiederkommen.«

»Mina, du mußt mir alles sagen. Warum bist du hier? Warum? Ich kann es nicht glauben.«

Ihre Augen wurden hart. »Darüber brauche ich dir ja wohl nichts zu sagen! Daß ich hier bin, genügt, meine ich. Was willst du wissen? Ich war allein und habe Arbeit gesucht. Wenn du überhaupt mit mir reden willst, laß das beiseite.«

»Aber dein Vater, Mina, dein Vater, der immer zu mir sagte, ich sei ein Taugenichts, erinnerst du dich?« Ich konnte dabei nicht einmal lächeln. »Weiß es dein Vater? Ich dachte, du bist dort unten ...«

»Papa ist tot«, sagte Mina, ohne den Blick zu senken.

»Oh«, murmelte ich. »Aber warum hast du mir nicht geschrieben, hast mich nicht aufgesucht? So oft habe ich an dich gedacht, ich glaubte, du wärest verheiratet; und doch sagte ich mir manchmal am Morgen, wie damals: vielleicht erwartet mich Mina.«

»Mina erwartet mich, Mina ist verheiratet – aber schreiben, das hast du nicht fertiggekriegt. Und jetzt beklagst du dich?« Ich konnte sie nicht ansehen. Ihre Stimme wurde leiser: »Hast du wirklich manchmal an mich gedacht?«

»O Mina!«

Irgendwo im Flur klingelte es.

Mina sprang auf. »Weiß die Signora, daß du hier bist?« fragte sie rauh.

»Sie hat selber von dir gesprochen: von Manuela.«

»Guido, du kannst nicht bleiben, die Signora betrachtet dich als Kunden: nur daran ist sie interessiert. Wir wollen uns morgen sehen.«

»Und warum kann ich nicht bleiben? Ich bin ein Kunde. Ich werde bezahlen, als wäre Manuela ganz jemand anders. Wieviel kostet eine halbe Stunde?«

Minas Stirn sank auf das Kissen. Ich biß mir auf die Lippen, zog die fünfzig Lire heraus, die ich besaß, und legte sie auf die Kommode. Minas Augen musterten mich erst scheu, dann wurden sie aufmerksam. Sie streckte den Arm aus und drückte dreimal auf den Klingelknopf.

»Du arbeitest und verdienst?« fragte sie mich.

Ich setzte mich auf das Bett. Es war drückend heiß, ich würde ganz verschwitzt hier herauskommen; aber in diesem Augenblick empfand ich es nicht.

»Ich fühle mich schlecht, verstehst du?« sagte Mina. »Mir tut das Kreuz weh, wenn ich auf der Seite schlafe. Ich führe ein wenig gesundes Leben. Aber dieses Jahr bin ich an der See gewesen, und es geht schon besser. Man müßte immer in der freien Luft leben.«

Die mysteriösen Jalousien waren fest geschlossen. Kein Lärm drang von draußen herein.

Sie fragte besorgt: »Was hast du, Guido?« und faßte meine Hand. Ohne den Kopf vom Kissen zu heben, betrachtete sie mich mit großen Augen. Ich preßte ihre Finger; das sollte meine Angst ausdrücken.

»Was liegt dir an mir?« fragte sie friedlich. »Das sind ferne Dinge, fern wie Voghera. Und du bist womöglich verheiratet.«

Ich schüttelte den Kopf. »Dann wäre ich nicht hierhergekommen.«

»Ach, du Armer«, sagte Mina plötzlich und stützte sich auf einen Ellenbogen. »Du hast eine Frau gesucht.«

»Ich suchte sie immerzu«, sagte ich.

Mina hörte nicht darauf. »Was waren wir dumm!« sagte sie. »Aber ich bedaure nichts von dem, was damals in dem Sommer gewesen ist. Und du?«

»Ich bedaure nur, daß wir uns in dem darauffolgenden Winter getrennt haben.«

Mina begann zu lachen – jenes leichte Lachen, das ich vergessen hatte.

»O Mina ...«

»Sei lieb, ich bin krank.«

»Wenigstens einen Kuß, Mina.«

»Du würdest Manuela küssen.«

»Mina!«

»Wir wollen uns morgen treffen. Morgen vormittag. Vielleicht kann ich ausgehen. Ist es dir auch recht, wenn wir uns unterwegs treffen?«

Nun, jetzt ist das alles vorüber. Jetzt bedaure ich, daß ich damals nicht roh genug gewesen bin: hätte ich sie doch ihr Spiel beginnen lassen! Aber noch heute frage ich mich, ob sie es wirklich wollte.

Um das Zittern meiner Lippen zu verbergen, zündete ich mir eine Zigarette an. »Hör mal, ich rauche auch«, sagte Mina.

Während wir weiterredeten, rauchten wir zusammen. Ich drehte den Kopf weg und merkte, wie sie, die hinter mir ausgestreckt lag, mich betrachtete. Ich vermied es, in den Winkel mit dem Waschtisch zu sehen, auf dem unordentlich Handtücher und Cremebüchsen herumlagen. Nach und nach verstummte ich. Am Boden stand eine große violette Flasche.

»Gib mir den Kuß, Guido«, sagte Mina rauh. Ich drehte mich um, faßte ihre Wangen, überwand mich und küßte sie. Mina flüsterte mir auf die Lippen: »Es ist noch immer Sommer, Guido«, und löste sich.

Wir schwiegen. Ich nahm ihre Hand und drückte sie. Mina sprang auf. »Ich bin zu glücklich«, sagte sie schwer atmend. »Ich bin zu glücklich: geh fort, du könntest anders werden. Morgen also erwarte ich dich. Nimm das dort oben wieder mit, du brauchst es womöglich, das Feiern kommt heute mir zu – heute ist mein Tag ...«

Ich betrachtete widerstrebend den Geldschein.

»Dann gib du ihn der Signora, und paß auf: sie muß dir zwanzig Lire herausgeben. Aber nimm den Schein mit, Guido. Leb wohl.«

Am nächsten Tag sagte ich ihr, ich wolle sie heiraten. Mina blieb stehen, wobei sie die kühle, unbewegte Luft der Straße tief einatmete; und in dem Gewühl, das auf dem Gehsteig um uns war, murmelte sie, die Augen schließend, mit einem leisen Seufzen: »Es macht nichts aus, daß du das nur so hingesagt hast, es macht nichts aus. Du bist gut!«

Jenen Sonntagnachmittag verbrachte ich damit, daß ich in den heißesten Stunden durch die Straßen lief. Ich hatte keine Ruhe, mich irgendwo hinzusetzen und zu warten, bis der Abend kam, der Himmel sanfter wurde, bis die Stunde vom Tag vorher wiederkehrte. Erst Dienstag sollten wir uns wiedersehen. Ich redete, ganz allein, unvermittelt, fieberhaft vor mich hin. Gegen Abend kehrte ich in mein Zimmer zurück, warf mich aufs Bett, rauchte und sah zu, wie die goldfarbene Luft sich langsam auf die schmutzigen Scheiben des Hauses gegenüber hinunterzog.

In der Dämmerung, als ich einer plötzlichen Stille nachhorchte, ertappte ich mich dabei, daß ich einen Augenblick an überhaupt nichts dachte. Mit einemmal erschrak ich: ich hatte Mina gefragt, ob sie mich heiraten wolle, ich war mit ihr ausgegangen. Wie hatte ich das tun können! Ich lag halbnackt auf dem Bett und sah, mich selbst bemitleidend, von der Brust bis zu den Beinen an mir herab. Die Beine waren damals braun, ganz leicht braun. Wie sah Mina aus? Bei der Vorstellung, daß ich als einziger das nicht wußte, mußte ich grinsen.

Plötzlich erhob ich mich entschlossen und zog mich an. Vor dem Tor ihres Hauses zögerte ich, dann aber zwang ich mich zu einem höhnischen Lächeln und klingelte.

Diesmal sah Mina mich erschreckt an. Sie stand an der Tür des gemeinschaftlichen Salons, in Weiß, und sagte leise etwas zu der Signora. Sie sprang mir entgegen, ergriff mich bei der Hand und ließ mich auf dem Sofa des Vorzimmers Platz nehmen. Auch sie ließ sich, ohne mich anzublicken, neben mir niederfallen. Die Padrona winkte mir von der Tür aus leicht zu.

Wir saßen da, ohne den Mund aufzutun. Wir starrten auf den Mosaikfußboden. Mina hielt mein Handgelenk krampfhaft umklammert, und ich hob als erster den Blick, als zwei junge Männer auf dem Weg zum Saal an uns vorüberkamen.

»Soll ich gehen, Mina?« fragte ich leise, mühsam.

»Warum bist du gekommen?«

»Ich weiß es nicht.«

»Bist du nicht froh, daß wir uns heute früh getroffen haben?«

»Ich will dich heiraten.«

Mina lächelte. »Ich bin nicht frei.«

»Was heißt das?«

»Ich habe meine Arbeit.«

Ich krümmte mich und knurrte.

»Pst, Guido! Geh fort!« Im Salon wurde laut gesprochen, dazwischen klang die scharfe Stimme einer Frau.

»Geh! Wir sehen uns Dienstag vormittag. Die Signora belauert uns.«

»Ich habe nichts zu verbergen.«

»Guido, ich bitte dich darum. Oder, hör zu«, fuhr sie zögernd fort, »komm wieder, ohne daß ich selbst dich sehe, und frage nach Adelaide.«

Ich zog eine Grimasse und zuckte die Achseln. Mina seufzte, sie sah mich von der Seite an.

»Mina, hast du etwa eine Krankheit?« fragte ich, ohne sie anzublicken.

»O nein, Guido. Wieso verstehst du nicht?«

Aus dem Saal kamen ein Herr und ein Mädchen und verschwanden im Flur. Plötzlich erschien die Padrona.

»Nein, ich verstehe nicht«, sagte ich. »Verzeih mir, Mina.«

»Dienstag sehen wir uns. Hab Vertrauen, Guido. Jetzt geh!«

Wir blickten einander an, und ich entfernte mich eilig, ohne mich umzudrehen.

Aber sehr bald kam mir wieder das höhnische Lächeln auf die Lippen wie vorhin. Brummend ging ich weiter, und die Spannung bewirkte sehr bald, daß mir die Wangen schmerzten. Auch die Kühle der ersten Dunkelheit und die sonntägliche Menschenmenge konnten mich nicht ablenken. Ich wiederholte mir die Worte, die ich Mina hätte sagen sollen, ich erregte mich darüber und verspürte im Mund eine große Bitterkeit.

Am nächsten Tag, als mich der Zug ganz früh in die Provinz brachte, fand ich ein wenig Frieden. Ich war schläfrig, der Zug fuhr, und ich freute mich, noch betäubt, über diese frische, leichte Wärme. Ich hielt die Augen geschlossen und fühlte unter der aufgestützten Hand die Tasche mit meinen Mustern; diese Reise war schön, meinem ganzen Leben gleich und doch neu, durchdrungen von einer unsagbaren, schmerzlichen Süße. Im Grunde war die Reise so, wie ich sie mir immer erträumt hatte. Aus dem Augenwinkel sah ich die Felder an mir vorüberfliegen; die über sie hinstreifende Sonne weckte sie auf. Ich erlebte einen Augenblick, in dem ich, mit geschlossenen Augen, unter einen neuen Horizont trat, wo mir alles, das Schrecklichste wie das Erbärmlichste, würde zustoßen können.

Ich dachte an Mina, wie sie jetzt dumpf erwachen würde, ich dachte daran, während ich im Körper noch die Wärme meines Bettes hatte, und brachte es nicht fertig, Mina zu hassen. Ich war ihr dankbar für die sanfte Sehnsucht, die meine Adern durchströmte. Sicher war sie in ihrem Zimmer allein. In dieser Stunde war sie allein, und ich konnte sie mir vorstellen. Über ihren zögernden Rat, es mit Adelaide zu versuchen, mußte ich lächeln. Wer weiß. Adelaide und Manuela. Vielleicht waren sie Freundinnen.

Es war Dienstag vormittag, und wir trafen uns auf dem Bahnhof, als ich eben zurückkam. Ich kam nur ihretwegen zurück, ich wollte sie sehen; denn ich hätte meine Reise im Auto fortsetzen müssen, ich hätte auf bestimmten Hügeln Kunden aufsuchen müssen. Mina sagte mir, sie gehe jetzt schon viel zu oft aus, das schade ihrer Gesundheit, und auch der Padrona sei es nicht recht.

»Du mußt doch frische Luft haben«, murmelte ich.

Mina ließ mich vor einem Schuhgeschäft warten und kam sehr bald mit einem kleinen Paket wieder heraus. Ihr Blick suchte mich schon von der Schwelle aus; sie stand aufgerichtet an dem blinkenden Schaufenster, umschlossen von dem braunen, an der Seite geknöpften Kleid, die enganliegende Kappe auf dem Kopf. Wir gingen über die Straße, unsere Ellenbogen berührten sich.

»Woher hast du deinen Namen?« fragte ich sie.

Sie fragte lebhaft: »Gefällt er dir nicht?«

»Doch, er ist schön. Woher hast du ihn?«

Mina schaute mich zwischen ihren Löckchen an. »Ich habe ihn mir nicht ausgesucht, er stand über der Tür meines Zimmers.«

Wir kauften etwas zu rauchen, dann blieb ich vor einem Strumpfgeschäft stehen. »Wenn du mir versprichst, sie nur an Tagen, wie dieser es ist, zu tragen, schenke ich dir die allerschönsten Strümpfe.«

»Komm weiter, Guido, hier nicht: hier kaufe ich nie.«

Es war elf Uhr, und sie sagte, sie müsse wieder gehen.

»Mina, setzen wir uns in ein Café, nur für einen Moment!«

In dem Café suchte ich den verstecktesten Winkel und sah dem Kellner, während ich bestellte, nicht ins Gesicht.

Ich konnte den Blick nicht von ihr wenden; Mina betrachtete mich schweigend und ernst.

»Du schämst dich, mit mir auszugehen«, sagte sie leise.

»Mina!« rief ich erstaunt. »Ich will doch nur mit dir allein sein.«

»Du kannst mir mein Leben nicht verzeihen.«

»Die ganze Vergangenheit verzeihe ich dir, Mina, jeden Tag und jede Nacht, ich will dich verstehen; du bist nicht mehr das dumme Mädchen von früher. Ich müßte zwar weinen über alles, was geschehen ist – aber ich weine nicht. Ich weiß, ich habe dich gern, und ich gehöre zu dir wie damals. Aber heirate mich, Mina, gib dieses Leben auf: was kostet es dich? Du müßtest es ja doch eines Tages aufgeben.«

»Siehst du wohl, du beklagst dich! Das heißt nicht: verzeihen.«

»Soll ich dir etwa dafür danken, daß du weiterhin das tust, was du tust? Begreifst du nicht, wie ich mich quäle, wenn ich allein bin und dich mir mit all diesen Männern vorstelle? Warum mit ihnen, und mit mir nicht?«

»Aber mit ihnen ist es anders, Guido, es ist anders... und es sind nicht viele.«

»Ich würde es begreifen, wenn du einen liebtest.«

»Wirklich? Ich kenne dich, Guido, ich weiß, du würdest nur noch mehr schreien.«

»Mina, ekelt dich dieses Leben nicht an?«

»Siehst du wohl, Guido: du schämst dich meiner.«

In diesem Augenblick hatte ich zum erstenmal das Gefühl der riesigen, unnützen Anstrengung, das ein Mensch empfindet, der sich mit dem ganzen Körper gegen einen Felsblock stemmt. Mina beobachtete mich, den Nacken gebeugt, mit klaren Augen; die leichten Falten zwischen den Brauen zeigten, wie gesammelt sie war. Ich stieß einen Seufzer aus und senkte den Blick.

»Siehst du wohl! Genau das denkst du!« fuhr Mina fort, und ihre Stimme klang weich. »Nein, mit dir nicht. Aber das tue ich deinetwegen. Ich weiß, nachher wäre es nur schlimmer.«

»Ach«, stöhnte ich und lächelte; und ich zitterte. »Ich werde dich arbeiten lassen, wenn dir an dem Beruf liegt. So Gott will, kann ich ja mitmachen wie alle andern.«

Mit beinahe verzerrtem Gesicht flüsterte Mina: »Wehe dir, Guido, wenn du das versuchst! Danach würdest du mich nicht mehr sehen.«

An diesem Nachmittag geschah es: nachdem ich zwei Stunden in der Sonne durch die heißen, ruhigen Straßen gewandert war, ging ich endlich von Minas Haustor weg in ein anderes Haus, das ich kannte, hinten in einer Gasse. Doch obwohl ich satt wurde, machte mich die dumme, gelangweilte Gefälligkeit des Mädchens ganz blöde; als ich nach Hause kam, hätte ich am liebsten losgeheult. Außerdem war mir so, und in jeder Einzelheit, wieder bewußt geworden, worin Minas Arbeit bestand; gegen Abend stand ich erneut, schwach vor Angst, vor ihrem Haustor. Um diese Zeit hätte ich auf Reisen sein müssen. ›Wenn ich heute abend zurückgekehrt bin‹, dachte ich – daran erinnere ich mich genau –, ›so heißt das, daß ich sie wirklich gern habe.‹

Aber nicht einmal jetzt wagte ich zu läuten. Ich setzte mich in eine zweifelhafte Osteria, dem Tor fast gegenüber, und von hier aus sah ich, zwischen Vasen mit Pflanzen und einem Gitter, den trübe erleuchteten Toreingang und in dem Dunkel die Jalousien des Hauses, fest geschlossen. ›Hier werde ich die Abende verbringen‹, sagte ich mir. Aber nach einer Viertelstunde war ich völlig erschöpft. Immerzu erschien jemand in diesem Tor, bald ein Mann, bald ein junger Mensch, bald eine Gruppe Soldaten und die üblichen laut redenden Bordellbesucher, oder – noch schlimmer – sie blieben auf der Schwelle stehen und lärmten. Einer kam sogar auf dem Motorrad daher und erfüllte die Nacht mit Getöse; er stieg ab und lief hinauf, in Leder gekleidet.

Dann die, die herauskamen! Jeder konnte mit ihr zusammengewesen sein. Zum Beispiel ein dicker, kahlköpfiger Mann, der sich verstohlen umsah und verschwand. Hätte er sich nicht so eilig entfernt, dann hätte ich geschrien.

Diesmal ging ich, ohne zu zögern, rasch an das Tor und läutete sofort. In dem mit Menschen gefüllten, verräucherten Salon war Mina nicht anwesend. Ich blieb, mühsam atmend, stehen und starrte auf die Tür. Adelaide erschien, halbnackt, blinzelte mir zu und grüßte militärisch.

Ich fragte sie, ob sie sich etwa abkühlen wolle. In diesem Augenblick sah ich Mina, die, mit einem hellblauen Blüschen und weißseidenen Hosen bekleidet – Beine und Hüften waren sonnengebräunt –, der Padrona etwas gab. Hinter Adelaide erkannte sie mich, und ihr Gesicht wurde finster. Überrascht schien sie nicht, nur entschlossen. Sie kam auf mich zu, schob Adelaide beiseite, ohne sie anzusehen, und wollte etwas zu mir sagen –: da trat ein schmächtiger, hellblonder Mann mit einer kahlen Stirn, er trug eine Brille – er hatte bis dahin unbeweglich dagestanden –, rasch neben sie und winkte ihr. Mina senkte die Augen, drehte sich um und ging hinter ihm her, ohne sich weiter um mich zu kümmern. Adelaide brach in ein leichtes Lachen aus. Mir stockte der Atem.

Die Tränen einer starren Angst, die mir in die Augen stiegen, konnten wie Schweiß erscheinen. Ich hörte, wie Adelaide etwas sagte. Dann klingelte es über dem Tisch der Padrona. Da ging ich fort, mit erhobener Stirn, ohne jemanden zu sehen.

In dieser Nacht faßte ich dummer Kerl einen anderen, unmöglichen Vorsatz: mich jeden Abend zu betrinken. Ich sagte mir: ›Sie ist von außen verbrannt, ich verbrenne mir die Kehle.‹ Sofort fühlte ich mich schlecht, und trotz des Schwindelgefühls konnte ich Minas Blüschen nicht vergessen. Da ich gewohnt war, allein zu leben, vermochte ich eine Vorstellung nicht so leicht zu verjagen; und jener sardonische Blonde mit der Brille grinste mir die ganze Nacht zwischen den Dünsten zu.

Mina sah ich am Sonntag danach wieder, bei ihrem Vormittagsausgang. Ich hatte in der Osteria gewartet, daß sie herauskäme, und trat ihr entschlossen in den Weg. Mina sah mich erstaunt an, blieb stehen und gab mir die Hand; dann sagte sie, da ich ihr den Weg versperrte: »Gehen wir weiter, ich bleibe hier nicht gern stehen.«

Sie beklagte sich, daß ich sie vernachlässigt habe und sie habe betrügen wollen – mit Adelaide. Sie hatte viel an mich gedacht, zumal morgens beim Aufwachen, wenn sie sich besonders allein fühlte. Warum war ich nicht gut zu ihr? Mit zwanzig Jahren, in Voghera, war ich es gewesen.

Ich sagte nichts und dachte gequält daran, wie sie jetzt war.

»Dich betrügen? Aber wieso?« fragte ich plötzlich.

»O Guido«, antwortete sie, »auch ich möchte das, was du willst, aber danach wäre es schlimmer, du würdest mich behandeln wie die andern ...«

»Hör mal, Mina: heiraten wir!«

»Guido, ich kann nicht, das hier ist mein Leben. Ich bin sicher, du würdest mich in einem Jahr, vielleicht früher, hassen.«

»Mina, ich hab dich gern.«

»Ich weiß es«, sagte sie und faßte meine Hand, »ich weiß es, Guido; meinst du, ich verstehe nicht, wie du dich quälst? Aber gerade darum bitte ich dich, mein Freund zu sein. Darüber hinaus darfst du nichts wollen.« Sie sah mich an: »Vor dir würde ich mich schämen«, flüsterte sie.

»In Voghera sagtest du, du wolltest mich heiraten.«

»In Voghera hattest du mich gern und hast mir geglaubt, als ich dir sagte, daß Papa es nicht wollte.«

»Man sieht ja, was dabei herausgekommen ist.«

»Guido, Papa ist tot, und das übrige geht nur mich an.«

»Und ich sollte dich betrügen!«

»Warum hast du mit Adelaide gesprochen?«

»Aber wenn sie plötzlich vor mir stand! Ich suchte dich.«

Minas Miene verdüsterte sich. »Komm nie mehr in dieses Haus. Das nächstemal würdest du mich nicht mehr zu Gesicht bekommen.«

»Mina«, sagte ich und blieb stehen, »ich will dich nichts fragen. Aber du schämst dich dieses Lebens, ich sehe es. Gib es also auf; heiraten wir! Ich bin noch der gleiche wie damals.«

»Es gibt nichts, dessen ich mich zu schämen hätte, Guido. Und ich habe dir schon gesagt: nein.«

»Hast du Lues, Mina?«

Sie mußte lächeln. »Wie sollte ich da arbeiten? O Guido, du bist noch ein kleiner Junge. Es wäre so schön, wenn wir als gute Freunde miteinander sprächen und diese Dinge vergäßen. Was liegt dir daran? Nimm an, ich wäre schon verheiratet.«

Wir sahen uns auch weiterhin, immer vormittags; Mina trug das grüne und blaue Kleid; einmal kam sie in Weiß, und sie erschien unter dem flatternden Mäntelchen größer und auch ernsthafter. Um die zwei, drei Vormittage in der Woche zu haben, reiste ich nachts, kürzte meine Fahrten ab, versäumte die Termine einiger Kunden. An manchen Abenden dachte ich, wenn ich allein in den Zug stieg, mit Sehnsucht an jene größere, ernstere Mina und brachte es doch nicht fertig, dieses Bild an die Stelle des anderen zu setzen, das ich von ihr hatte: und doch hätte ich sie mir nur ohne dieses Kleid vorzustellen brauchen. Wenn sie ihre kleine Stirn runzelte, zitterte ich. In meiner Angst beklagte ich die Tage, die sie an der See verbracht hatte: dort unten war sie gewiß allein! Ich begleitete sie, gerührt, auf ihrer Reise: ich saß bei ihr, ging an ihrer

Seite und murmelte Worte; wir schliefen nebeneinander. Manchmal überwand ich das Entsetzen der langen Nachmittage damit, daß ich mir einredete, alles sei in Ordnung; ich hätte eine neue Frau gefunden, die trotz ihrer Erniedrigung unversehrt war. Selbst die Härte, mit der sie mir widerstand, hatte für mich einen Wert und eine bittere Süße. Einen etwas wirren Trost gab mir die Vorstellung, daß ihr geheimstes Leben einsam und voll Bedauern war. Ich empfand sie als mir gleich.

An einem kühlen Septembermorgen kam sie zu unserer Verabredung in Gesellschaft eines jüngeren Mädchens mit einem schräg über ein Auge gezogenen Hütchen und stark angemalten Lippen. Ich glaube, ich machte ein enttäuschtes Gesicht, denn die beiden sahen einander an und lachten: das Mädchen sehr wohlklingend.

»Werden wir nicht mehr zusammen essen gehen?« flüsterte ich Mina zu und trat neben sie.

»Doch, natürlich«, sagte sie lächelnd und nahm meinen Arm.

Sie machte einen kleinen Sprung und drückte sich an mich. Ich war überrascht und glücklich, denn für diesen Tag hatte ich mir vielerlei vorgenommen, was ich ihr in der ruhigen Stunde des Mittagessens sagen wollte. Aber das Mädchen störte mich.

Mina begann von meiner Arbeit zu sprechen und ließ sich die Orte nennen, an denen ich in diesen Tagen gewesen war. Ihre Miene verdüsterte sich, als ich ihr mit einem Lächeln gestand, daß ich manche Kunden übersprang, um ihre Vormittagsausgänge nicht zu versäumen. Sie zog ein Gesicht und blieb auf dem Gehsteig stehen. Mein Lächeln erstarb, und ich wies mit bittendem Blick auf die andere, die mit uns stehengeblieben war.

»Mit solchen Dummheiten ruinierst du dich«, sagte Mina trokken, »und das will ich nicht. Das sind Dummejungenstreiche, die ich gar nicht hören mag. Wenn man arbeitet, muß man arbeiten. Du bist allein und mußt deinen Weg machen. Das heißt also, daß ich dich ruiniere; wir werden uns nicht mehr sehen.«

Mir kam ganz töricht wieder ein Lächeln auf die Lippen. Flüchtig sah ich zu der anderen hin, ihr Gesicht war gleichgültig gesenkt. Ich gab Mina keine Antwort, aber ich faßte sie beim Arm und stammelte, wir wollten weitergehen. Mina machte sich los. Wir gingen weiter.

Nach einem langen Schweigen fragte die andere mürrisch irgend etwas. Sie unterhielten sich darüber, ob zwei Dutzend Stückchen Iris-Seife, die Adelaide in vier Wochen verbraucht hatte, diese strengen Maßnahmen der Signora rechtfertigten.

»Was hat sie ihr getan?« fragte ich.

»Nichts, aber sie gibt ihr nicht mehr so viel«, sagte das Mädchen mit einem Lächeln und verzog den Mund. »Und Adelaide mag nun einmal viel solche Seife, und das ärgert sie sehr.«

Ich merkte, daß Mina mit gesenktem Kopf auf die kleinen Steine des Pflasters sah. Ich verglich das magere, sinnliche Profil der anderen mit dem ihren und fand darin die starke Linie, die Härte des Kinns wieder, die ich liebte. Ich streifte leicht ihren Arm und drückte ihn an mich.

»Kennt ihr euch schon lange?« fragte ich das Mädchen.

»Nuccia stammt aus der Romagna«, sagte Mina.

»Weißt du, Nella, daß die Signora Martire mich gefragt hat, wann du nach Bologna zurückkommst?«

Ich fuhr zusammen; Mina und Nuccia sahen einander an. Wir gingen schneller. Schweigend kamen wir zu dem Café, in dem Nuccia erwartet wurde.

An dem weißen Tischchen unserer Trattoria blickten wir uns ohne zu sprechen an. Ich bemerkte, daß Minas Hände wieder hell geworden waren.

»Du warst sehr sonnenverbrannt?«

»Ich habe eine richtige Sonnenkur gemacht. Ich nahm ein Boot, ruderte ins offene Meer und zog den Badeanzug aus.«

»Bist du allein gerudert?«

»Es ist nicht schwierig.«

Ich sah sie fest an. Mina versuchte ein Lächeln. »Sag nichts, Guido. An die See gehe ich, um mich auszuruhen.«

»Aber ich dachte ja nur, ich möchte mit dir kommen.«

»Eben: aber ich gehe hin, um mich auszuruhen.«

Mina war mit ihrem Essen schnell fertig. Während ich noch über meinen Teller gebeugt dasaß, betrachtete sie mich und sagte plötzlich: »Warum tust du so etwas?«

»Was?«

»Warum vernachlässigst du deine Arbeit? Wie soll ich dir glauben, wenn du so etwas tust?«

»Und du – warum willst du mich nicht heiraten?«

»Ich habe es dir schon gesagt, Guido.«

»Nein, du hast es mir nicht gesagt. Du machst dir einen Spaß daraus, mit mir zu spielen. Wann gehst du nach Bologna?«

»Ich gehe nicht nach Bologna. Vielleicht werde ich nach Mailand gehen.«

»In wie vielen Häusern bist du schon gewesen?«

»Ich habe nicht daran gedacht, sie zu zählen.«

»Hast du jemanden, der dich aushält?«

Minas harter Blick wurde weich. »Du mußt sehr leiden, Guido, wenn du so etwas zu mir sagst. Ich glaube, das tut dir selbst weh.«

»Ob es mir weh tut oder nicht, ich nehme das an. Du willst mich nicht, weil du jemanden hast.«

»Aber Guido, du siehst doch, wie ich arbeite, was für ein Leben ich führe! Wenn mich jemand aushielte...«, sagte sie gequält, aber plötzlich zog sie die Brauen zusammen: »Ich erhalte mich selbst, das weißt du.«

»Eben weil ich das Leben mit ansehe, das du führst, will ich dich heiraten. O Mina, willst du mich wirklich nicht verstehen? Wir würden zusammen arbeiten, wenn du willst; wir sähen uns nur am Abend; wenn du nicht willst, heiraten wir nicht, aber komm aus diesem Leben heraus, habe Mitleid mit mir, du bist die einzige Frau, um die es sich lohnt. Auch damals in Voghera wolltest du nicht, daß ich dich so flehentlich bat. Aber ich will ja nur dein Bestes, sage du mir, wie ich dich bitten soll. Dieses Leben, das du führst...«

»Dieses Leben gefällt mir«, sagte Mina ganz friedlich.

Ich erschrak so schmerzhaft, als wäre ich gegen einen Felsen gerannt. Verstört blickte ich mich um; nur der heftige Schmerz hielt mich bei Besinnung. Dann stieg mir im Herzen eine brennende Wut auf. Mit leisen Worten beleidigte ich Mina, so sehr ich konnte.

»Siehst du wohl! Und du wolltest mich heiraten«, sagte Mina.

Eines Vormittags sagte sie ganz unerwartet, sie möchte in meinem Zimmer nach dem Rechten sehen. Zitternd führte ich sie die alte, halbdunkle Treppe hinauf und riß, sobald ich eingetreten war, das Fenster auf. Mit der Frische des Lichtes kam ein neues Gefühl herein. Am Boden, bei der nur angelehnten Schranktür, stand der geöffnete Koffer, auch ein Bündel alter Kataloge meiner Firma lag dort. Auf der Kommode stand noch die schmutzige Kaffeetasse, das Bett war noch ebenso wie vorhin, als ich ausgegangen war.

Mina kam auf mich zu und küßte mich. Noch heute, da alles

vorbei ist, zittert mir das Herz, wenn ich an die reine, feste Süße ihres Körpers zurückdenke. Die ganze Zeit hindurch sah Mina mich mit klaren Augen an und strich mir zärtlich über den Rücken. Eine so frische Atmosphäre umhüllte uns, wie ich sie nie mehr verspürt habe.

Aber der Nachmittag kam, und ich blieb allein. Mina hatte versprochen, sich an diesem Tag als krank auszugeben, damit ich zu meiner Arbeit reiste. Ich beugte mich und nahm den Zug. Am nächsten Morgen ganz früh war ich schon zurück und schrieb ihr ein Briefchen, das mir die schamlose Pförtnerin, die im Hausrock die Tür öffnete, ungern genug abnahm. Alle Mädchen schliefen; ich eilte in unser Café, um dort zu warten; die Straßen, durch die ich ging, waren in leichten Nebel gehüllt. Die Bäume auf den Alleen waren noch grün und kühl.

Mina kam sehr spät, als ich mir schon vor Ungeduld auf die Finger biß; sie kam mir entgegen, ohne mich anzusehen. Sie trug das grüne und blaue Kleid. Sie setzte sich und hob den Blick.

»Mina, du bist da!« sagte ich leise.

»Warum hast du mich hergerufen, Guido?«

Ich stammelte: »Ich bin zurückgekommen, um dich zu sehen. Meine Firma ist pleite gegangen. Gerade heute.« Und ich ballte die Faust.

»Soll ich dir das glauben?« fragte sie stockend.

»Warum sollte ich dich belügen? Den Schaden habe ich.«

»Wie hast du es erfahren?«

»Ich ging heute früh hin, um abzurechnen, und fand die Siegel. Schon seit einiger Zeit hatte ich gemerkt, daß sie wackelig stand, aber ich dachte nicht... Kann sein, daß sie sich noch vergleichen.«

»Und du – was wirst du jetzt tun?«

»Ich werde von Rücklagen leben: ich habe einiges gespart. Und werde mir etwas anderes suchen. Wir sollten heiraten und gemeinsam suchen.«

»O Guido, du Armer, jetzt mußt du an die Arbeit denken.«

»Du willst mir nicht helfen?« fragte ich enttäuscht.

»Sicher helfe ich dir. Aber an mich darfst du nicht mehr denken, nicht auf diese Art. Hast du dir schon etwas überlegt?«

Während sie ihren Milchkaffee trank, betrachtete ich sie. Ich spähte nach ihren Augen, ich suchte die Mina von gestern wieder.

»Den ganzen Abend habe ich gezittert, daß du doch hinuntergingest«, sagte ich und streifte ihre Hand.

»Ich bin hinuntergegangen ... o Lieber! Ich bin hinuntergegangen, um zu Abend zu essen.«

»Siehst du, Mina – ich konnte den Mann von damals nicht aus dem Sinn bekommen, du erinnerst dich, den von dem Dienstag abend, als du eifersüchtig warst auf Adelaide: er trug eine Brille, ein kümmerlicher Typ. Ich dachte: womöglich ist er heute wiedergekommen.«

Mina schloß halb die Augen und suchte sich zu erinnern. Dann zog sie ein Gesicht. »Jetzt weiß ich es wieder. Du warst an dem Abend häßlich. Warum warst du gekommen? Du hast erreicht, daß ich sehr litt.«

»Und ich, Mina? Aber der Mann ist nicht mehr erschienen?«

»Warum gerade er?«

»Mina, ich habe mit angesehen, daß du mich mit ihm betrogen hast.«

»Dich betrogen?« sagte Mina lächelnd. »Kann ich überhaupt jemanden betrügen?«

»Du kannst einen Höllenqualen leiden lassen, wenn du willst.«

»Und gestern, Guido? War das die Hölle?«

Es war schön an jenem Morgen; wir saßen vor dem in der Sonne flimmernden Fenster. Es war schön, aber meine Hände zitterten. Mina merkte es, als wir gerade gehen wollten. »Was hast du? Warum zittern deine Hände?«

»Ich müßte einen Fingerring haben, damit sie zur Ruhe kämen.«

Mina lachte laut und vergnügt. »Wenn du solche Sachen sagst, bist du lieb!« Und sie lächelte mir zu.

Von da an lebte ich wie ein Irrer. Ich reiste seltener und suchte die Arbeit einer Woche an einem Tag zu tun – in den Büros, wo man mich kaum mehr zu sehen bekam, schüttelte man den Kopf und hatte offensichtlich im Sinn, mich an die Luft zu setzen. In diesem Monat würde ich nur die Hälfte der üblichen Prozente einkassieren. Ich verbrachte lange, einsame Nachmittage damit, von der Zukunft zu träumen, mir Mina in dem weißen Mantel vorzustellen, während ich die heftigsten, frischen Erinnerungen an ihren nackten Körper fortzuscheuchen suchte. Besonders abends war das wie ein langsam quälender Schraubstock; immer wieder kamen mir die Tränen. Das konnte so nicht weitergehen: ich stöhnte laut vor mich hin. Manchmal trank ich, doch dann verwandelten sich Tränen und Schreie in einen Hohn, den ich murrend aus mir heraussprudelte, und alles wurde dadurch noch schlimmer. Ich verdarb mir den Magen, aber bis zum Vergessen kam ich nicht. Das Kissen zusammenpressend, schlief ich ein.

Sie, die Mitleidlose, Angebetete kam immer wieder zu mir. Sie behandelte mich zärtlich, unbeugsam nur dann, wenn ich sie bat, mich zu heiraten. Ich wurde feige, zögerte, ihr meinen wahren Zustand zu zeigen und weiterzuflehen – mich schreckte schon der Gedanke an diese harten Augen und den feindseligen Ausdruck: ›Wenn du mich wirklich gern hast, versteh mich.‹ Bisweilen entfuhr mir in meiner unerträglichen Qual eine Klage, über die sie melancholisch lächelte. Ich versuchte Späße zu machen und dachte daran, sie umzubringen. Mit zusammengebissenen Zähnen sagte ich es ihr.

Ich war jetzt für sie ein Arbeitsloser und wartete jeden Vormittag auf sie. Ich begleitete sie bei ihren Einkäufen, die ich um nichts hätte versäumen mögen, und manchmal versuchte ich vergebens, etwas, was sie gekauft hatte, zu bezahlen. Wenn ich allein war, ging ich bisweilen an ihren Parfüm- oder Wäschegeschäften vorüber und dachte mit einem Schauder an sie.

»Mina«, flüsterte ich ihr eines Tages zu, als wir nebeneinander lagen, »wenn ich dich ansehe oder du mich ansiehst, hast du immer diese unbewegten Augen. Manche sagen, die Frauen drehten die Pupillen nach oben und zeigten das Weiße. Du nicht?«

Sie lächelte mir zu. »Was denkst du dir da alles zusammen!«

»Nur weil ich dich gern habe«, antwortete ich leise.

»Wenn du mich gern hast, brauchst du sonst nichts zu fragen«, sagte sie und preßte sich an mich.

Als wir an diesem Tag die Treppen hinuntergingen, wanderten wir schweigend immer weiter. Es regnete leicht, wir gingen Arm in Arm dicht an der Mauer. Ich verspürte den ersten Kummer über die nun drohende Einsamkeit.

»Guido, was hast du?«

»Nichts. Ich bin froh.«

»Höre, Guido, erinnerst du dich an das, was Nuccia damals sagte?«

»Was – du gehst nach Bologna?«

»Nein, Guido, nach Mailand«, sagte sie und schnitt ein Gesicht. »Was sie zuerst sagte. Als sie von Adelaide sprach.«

Ich erinnerte mich nicht daran.

»Sie sagte, die Signora sei böse mit Adelaide. Erinnerst du dich jetzt?« Ich nickte. »Guido, wir sind alle ein bißchen wie Adelaide. Das kommt von dem Leben, das wir führen. Es ist kein allzu schönes Leben, Guido.«

Ich starrte vor mich hin, ohne etwas zu sehen. Dann brach ich das Schweigen: »Mit Nuccia, Mina?«

»Mit wem, ist nicht wichtig.«

Ich empfand ein merkwürdiges Gefühl gedämpften Trostes. Mühsam atmete ich die feuchte Luft und preßte, ohne es zu merken, Minas Arm. An der Ecke blieben wir unvermittelt stehen.

»Hast du jetzt Abscheu vor mir, Guido?« fragte Mina und sah mich mit weit aufgerissenen Augen an.

»Ach Mina, an dir ist mir alles recht, was es auch ist.«

»Weißt du«, sagte ich dann zu ihr, als wir uns schon verabschiedeten, »vielleicht gefällt es mir so. Ich ziehe es vor.« Mina lächelte mir von der Seite zu und entfernte sich.

Zwei Tage danach fuhren wir nach Mailand. Ich hatte sie davon überzeugt, daß ich in Turin sowieso nichts mehr zu tun hatte: vielleicht würde ich dort unten in einer Konkurrenzfirma eine Anstellung finden. Wir stiegen im Albergo ab, und Mina blieb zwei Tage und zwei Nächte bei mir. Ich hatte Mailand nur immer flüchtig berührt; es waren zwei traumhafte Tage. Wir gingen durch lange, unbekannte Straßen, preßten uns aneinander, betrachteten die Geschäfte und kehrten in der Nacht mit lachenden Augen heim. Das gewöhnliche, mit Koffern vollgestellte Hotelzimmer erfüllte mich mit Freude: es war herzbewegend lebendig durch Minas Gegenwart. Es waren die letzten heiteren Oktobertage, Bäume und Häuser durchtränkte eine milde Wärme.

Dann ging Mina fort, in das Haus. Ich schrieb an meine Firma, ob man mir nicht die Vertretung für diese Provinz übertragen könnte. Man antwortete mir, wenn ich nicht die Arbeit in meinem bisherigen Bezirk wiederaufnähme, würde ich die Vertretung sofort verlieren. Ich antwortete nicht einmal und machte mich in der Stadt auf Arbeitssuche.

Der November kam, der Regen und der dichte Nebel. Ich bewohnte hinten in einem Hof ein Zimmer ohne Luft und ohne Bedienung, in dem ich nie das Bett aufräumte. Ordnung machte ich nur, wenn Mina kam. Aber sie kam selten, denn am Morgen war sie sehr müde. Ich verbrachte ganze Stunden auf dem Bett liegend, starrte auf die angelehnte Tür, horchte auf den Regen, und später betrachtete ich den Schnee. Ich besaß noch einige tausend Lire, aber ich aß oft nicht, in der Hoffnung, sie könnten dazu dienen, daß wir heirateten. Trübe, unvernünftige Gedanken beschäftigten mich immerzu, wenn ich starr vor Kälte durch die Straßen ging, und ich beneidete die Schneeschaufler, die Arbeit gefunden hatten.

Mina lebte in einer stattlichen, seriösen Villa hinten in einer Straße, die sich auf einen kahlen Park öffnete. Drinnen gab es Teppiche, und es war schön warm; ich merkte es einmal, als ich sie bis in den Eingang begleitete. Hier kostete es mehr, und das verursachte mir eine neue Wut: die Besucher waren reiche Leute mit mehr Muße, viele alte Männer – das sagte sie mir selbst; sie hätte lieber in den Armen eines Soldaten oder eines Arbeiters gelegen. Davon, daß auch ich wie alle die anderen hineingehen könnte, wurde nicht gesprochen; in manchen Nächten weinte ich vor Wut, aber es genügte die Erinnerung an ihren feindseligen Blick, und ich beugte mich. Ich war allein – ich sagte es ihr einmal –, nie fand ich irgendeine Arbeit, die so fremde, ungeheure Stadt erdrückte mich, an manchen fahlen Nachmittagen fror ich und hatte Lust zu weinen: konnte ich sie nicht besuchen?

»Wenn du in Turin geblieben wärst...« sagte sie. Aber sie fügte sogleich hinzu: »Nach dem einen Mal kämst du noch einmal und noch einmal, und du brauchst deine Ersparnisse.«

»Nur um mit dir zu reden, Mina.«

»Nein, lieber komme ich bald zu dir.«

Eines Abends, als ich in einem Lokal einen Teller Minestra aß, hörte ich zwei, einen Mann und eine Frau, von einer Agentur sprechen, die Wunder was einbringe. Daran, Vertretungen zu bekommen, verzweifelte ich nun schon, und ich brauchte eine provisorische Arbeit. Bei einigen Gläsern Wein sprachen wir darüber. Ich betrachtete diese Gesichter so richtig bekümmert; denn damals verspürte ich, wenn ich nicht gerade von meiner Eifersucht gefoltert wurde, vor zwei Menschenaugen eine weiche, zärtliche Regung. Das Mädchen war mager, die Haare hingen ihr in die Augen, ihr Regenmantel war abgetragen; der Mann, ein knochiger Arbeiter, zog langsam an einer Zigarette. Sie waren Monate hindurch arbeitslos gewesen, er war jetzt Gärtner, und dies war die erste Mahlzeit, die sie sich leisten konnten. Das Mädchen sagte nichts, sie nickte nur und verschlang mich mit ihren Blicken.

Am nächsten Tag eilte ich auf die Agentur, aber für den Augenblick hatten sie nichts.

Ende März kehrten wir in unsere Stadt zurück. Meine alte Wirtin hatte mir das Zimmer aufgehoben, aber ich schämte mich fast, ihr mein abgezehrtes Gesicht zu zeigen. Es war mit mir so weit gekommen, daß ich bei einem plötzlich an mich gerichteten Wort taumelte.

Mina sprach davon, Ferien zu machen, ein wenig ›verwöhntes Mädchen‹ zu spielen. Ihre Wangen waren leicht eingesunken, und den allzu blassen Mund zog sie mit dem Lippenstift nach. Aber die Falte auf ihrer Stirn war immer hart. Sie war sehr herzlich zu mir und fragte mich, ob ich sie noch liebe.

Aber sie ging wieder in das alte Haus zurück, und ich hatte sie um ihrer Gesundheit willen so sehr gebeten, es nicht zu tun, ein wenig aufs Land zu gehen, an sich selbst zu denken: ich würde in Turin bleiben, um mir eine Arbeit zu suchen. In den ersten Tagen sagte sie mir, sie würde nicht hinuntergehen, um zu arbeiten; und wirklich ging sie oft abends mit mir aus. Aber als ich es eines Nachmittags wagte, hineinzugehen und nach ihr zu fragen, hieß es, sie sei beschäftigt. Ich kehrte langsam nach Hause zurück.

Ich fand eine Gelegenheitsarbeit, die ich im Kittel tat, um den Straßenanzug zu schonen. Ich wusch nach dem Abendessen und nachts Autos in einer nicht weit entfernten Garage, und ich erinnere mich noch an die langen Abende und Nächte, wenn ich auf der Bank zur Einfahrt saß und unter dem roten Licht des großen Firmenschildes heimlich rauchte. Wenn ich Reisekollegen begegnete, die ich von früher kannte, wich ich ihnen aus, um nicht von mir sprechen zu müssen. Oft war ich über diese Einsamkeit froh.

Mina ging am Vormittag aus, sie trug einen mir ungewohnten, orangefarbenen Kasak, in dem sie auf tausend Meter Entfernung auffiel. Ihre heiteren Löckchen gaben ihr das Aussehen eines kleinen Mädchens – ein Blatt über einer Orange. Sie blühte rasch wieder auf, sie pflegte, wenn ich etwas zu ihr sagte, auf aufreizende Art halb die Augen zu schließen, und dadurch wurde sie mir noch lieber. Die Härte ihres Willens kam jetzt höchstens in einem ihr eigentümlichen, ihr unbewußten Ton zum Vorschein, wenn sie von uns sprach. Sie war nur ein Jahr älter als ich, aber ich empfand sie als erwachsen, überlegen, mutig. Was war ich ihr gegenüber anderes als ein launenhafter Junge?

Wir sprachen von jenem Augusttag, als ich sie zum erstenmal gebeten hatte, mich zu heiraten. »Auch darum habe ich dich gern gemocht«, sagte sie.

»Es kommt ein Tag, an dem man wünscht, ein Zuhause zu haben«, sagte sie. »Du hast mir eine Empfindung geschenkt, die mich früher zum Lächeln gebracht hätte. Ich wünschte, ich wäre wieder so, wie ich in Voghera war, dumm, aber jung und deiner würdig. Wenn wir uns damals doch nicht getrennt hätten, Guido!«

»Aber wir haben uns wiedergefunden, Mina, und jetzt wissen wir, was wir aneinander haben. Wenn ich daran denke, beklage ich deine Vergangenheit nicht.«

»Eines Tages würdest du sie beklagen.«

»Mina, habe ich dir jemals die Vergangenheit zum Vorwurf gemacht? Die Gegenwart – die bringt mich um. O Mina, nun wissen wir, daß wir miteinander leben können. Die beiden Tage in Mailand ...«

»Aber du mußt jetzt arbeiten, du kannst nicht an Frauen denken.«

Ein andermal, als ich wieder darauf zu sprechen kam – ich biß noch die Zähne zusammen wegen einer in Eifersucht verbrachten Nacht –, sagte Mina mit einem unguten Lächeln: »Du vergißt, daß ich verwöhnt bin.«

»Wir werden auch für verwöhnte Ansprüche sorgen«, antwortete ich achselzuckend. Aber wir sahen uns verlegen an.

In jenem Jahr war der April nicht heiter. Kühl, fast kalt, lagen jeden Morgen Wolken über den zartgrünen Alleebäumen. Aber oft regnete es auch: den munteren, warmen, plätschernden Frühlingsregen. Manchmal betrachtete ich Mina, wenn sie nackt in meinem Zimmer lag, mit einer tödlichen Angst. Dann fuhr sie zusammen, bedeckte sich und sagte irgend etwas. Einmal fragte ich sie, was für verwöhnte Ansprüche das wären. »Du Dummkopf«, fuhr sie los und streckte mir eine Hand hin, »nimmst du mich wirklich immer ernst?«

Endlich kam die Sonne und eine leichte Brise, die die Straßen trocknete. Ich dachte, ich würde nun bald erreichen, daß ich Mina zum Ausruhen ans Meer bringen könnte. Ich hatte das Meer im Frühling noch nie gesehen. Ich saß eines Morgens, ohne daß wir uns verabredet hatten, in jener Osteria vor ihrem Haus, betrachtete den Fleck schräg einfallender Sonne auf dem Pflaster und stellte mir Mina dort, hinter den geschlossenen Jalousien, schlafend vor. Plötzlich traten aus dem Hausflur drei Gestalten, ein Mann und zwei Frauen. Die zweite, in Blau und Orange, war Mina. Sie kamen auf dem Gehsteig vor den Vasen mit den Pflanzen vorüber.

Die andere war Adelaide, unter dem Hütchen erkannte ich sie nur mit Mühe. Und der Mann hatte ein scharfes Profil und trug eine Brille: der Hut verbarg die Stirn. Er ging mit Mina untergehakt. Das Gesicht, ich wußte es, war das verhaßte von jenem Augustabend.

Als ich Mina am nächsten Tag mit schwankender Stimme danach fragte, antwortete sie, es sei wirklich dieser Mann gewesen; ohne jede Verwirrung erklärte sie, er sei eines Abends wiedergekommen, gut Freund mit Adelaide geworden, die beiden hätten sich wiedererkannt; dann habe eine andere, Mafalda, sie mit sich hinaufgenommen; als sie dann allein geblieben seien, habe Adelaide eine teils dumme, teils rührende Geschichte erzählt über eben den Mann, einen Ingenieur. Und sie begann mit dieser Geschichte – der Mann hatte Angst, zu versagen; aber ich unterbrach sie unhöflich. Ich sagte, halb erstickt:

»Bist du mit ihm wieder hinaufgegangen?«

Mina hob die Achseln: »Er ist ein guter Kunde.« Und nach einem Augenblick: »Er will mich heiraten.«

Sie sah mich fest an und senkte den Blick sofort wieder.

»Guido, spiele nicht den kleinen Jungen«, murmelte sie hart.

Ich glaubte, ich hätte ein wenig gelernt, zu leiden, aber an dem Tage fühlte ich mich wie in einem Orkan und wußte, warum man den Kopf hin und her bewegt, um nicht zu ersticken. Es ist wie bei einem heftigen Wind: der Atem stockt einem. Allein in meinem Zimmer, an die Wand gelehnt, keuchte ich und stieß alle Augenblicke Seufzer aus. Ich war verwundert, daß ich nicht brüllte, daß mir nicht die Augen heraussprangen, daß ich nicht wie vom Blitz gefällt hinsank. Ich konnte weder schreien noch mich bewegen. Ich stand da und meinte zu ersticken: wohl eine halbe Stunde. Etwas in mir erstarrte.

Als ich gegen Abend ausging, war ich schwach und stumpf. Ich wußte recht gut, daß im Grunde nichts anders war als vorher: die Straßen lagen ruhig unter der letzten Sonne, die Menschen gingen vorüber, die Nacht brach herein, und morgen würde ich, wie immer, Mina sehen; ich wußte, ich war unversehrt und lebendig, und doch irrte mein Blick überallhin, als sei ich von Sinnen und alles um und um gedreht.

Am folgenden Tag galt meine unnütze Frage ganz etwas anderem: »Warum sagst du gerade ihm ein Ja?«

»Ich habe ihm noch nicht ja gesagt«, antwortete Mina.

»Aber er verlangt, wenn er kommt, dich, und das heißt, daß er dir recht ist.«

»Nun ja, später – wer weiß«, lachte sie.

»Weiß er, daß du Mina heißt?«

Sie senkte zerknirscht den Kopf.

»Siehst du wohl, du Kanaille!«

Meine Ersparnisse hatten sehr abgenommen, und in der Garage verdiente ich kaum genug für einen Tag. Ich dachte daran, daß ich jetzt, auch wenn ich es wollte, Mina nicht würde heiraten können, und eine blinde Wut packte mich auf diesen Blonden, der viel Geld hatte oder gar – ich hatte ja gesehen, daß er sie besuchte – sie selber aushielt. Ich sagte es ihr einmal. Mina antwortete: »Er ist ein anständiger, unglücklicher Mensch. Er ist wirklich mein Freund, und er macht mir nicht solche Szenen. Du bist nur ein Junge, Guido. Warum nimmst du deine Arbeit nicht wieder auf?«

»Aber ich habe keine Arbeit mehr, das weißt du.«

»Ich war so stolz auf dich, als du gereist bist.«

»Soll ich mich umbringen, Mina?«

Sie kam mich noch einmal besuchen, an einem Maimorgen. Ich betrachtete sie zitternd. Sie drückte sich an mich wie eine Mutter und schob mich dann weg. »Bist du froh, Guido?« Ich sagte, ja. »Siehst du, Lieber, du sollst mich in Erinnerung behalten immer so, wie es heute war. Du hast immer gesagt, du verzeihst mir. Wenn ich dich habe leiden machen, so denke daran, daß auch ich deinetwegen gelitten habe. Und vielleicht mehr als du. Denn ich habe dich sehr gern.«

»Mina, werden wir uns nicht mehr sehen?«

»Gewiß werden wir uns sehen, aber nicht hier. Es ist nicht recht von mir, daß ich hierher komme. Du mußt an die Arbeit denken.«

»Ohne dich, Mina ...«

»Mit mir, Guido: wir werden uns jeden Vormittag sehen.«

»Und wenn du ihn heiratest?«

»Ich habe daran noch nicht gedacht.«

»Laß doch auch mich zu dir kommen: dann kämpfen wir mit gleichen Waffen.«

»Aber wenn er fast nie kommt ...«

An manchen leeren Vormittagen kam Mina nicht, wie ausgemacht war, und das bedeutete, daß jemand sie besucht hatte, während sie noch im Bett lag. Ich saß und saß in dem Café, lange, ohne ein Wort zu sagen, starrte in die Luft, hörte kaum auf das Hin und Her der Leute: es war mir plötzlich in den Sinn gekommen, ein Lächeln aufzusetzen, das im Grunde längst erloschen war, aber ich zwang es ständig auf meine Lippen. Ich hatte das Gefühl, immerzu betrunken zu sein.

Eines Abends bekam ich keine Luft mehr, den ganzen Nachmittag war ich weinend im Zimmer auf und ab gegangen. Ich hätte zur Garage hinuntergehen müssen, statt dessen ging ich Mina besuchen. Ich stieg die drei Stufen hinauf, als führten sie zum Galgen, sang zitternd vor mich hin und trat, jenes Lächeln um den Mund, in den Saal.

Laut sagte ich: »Ihr seid alle Huren.«

Der Satz wurde aufgenommen wie irgendein Gruß, keiner rührte sich. Die Mädchen – unter ihnen Mina –, die an der Tür saßen, redeten miteinander und drehten sich kaum um. Doch einer der Männer, die an den Seiten saßen, hob lebhaft den Kopf und sah mich an. Ich lief die Reihe entlang, auf der Suche nach jenem Gesicht. Ich war in der rechten Stimmung, es einfach auszulöschen.

Aber das Gesicht war nicht da; Mina folgte mir mit den Augen. Sie kam hinter mir her und sagte leise: »Guido, willst du mit mir hinaufgehen?«

Ich ging betroffen mit ihr. Auf der Treppe dachte ich an den Tag, an dem ich hinter Adelaide hinaufgegangen war und alles erst noch geschehen sollte. Mina trat in ihr damaliges Zimmer. Über der Tür stand: Manuela.

Auf der Kommode standen zwei große, offene Koffer, leer. Das Bett war in Ordnung. Im Zimmer war ein leichtes Parfüm zu spüren, vermischt mit einem Duft nach Seife und Gummi.

Während sie abschloß, fragte sie, ohne sich umzudrehen: »Was hast du unten gesucht?«

Ich antwortete matt: »Ich wollte diesen Mann umbringen. Und wenn er kommt, bringe ich ihn um, obwohl ich weiß, daß es mir nun nichts mehr nutzt. O Mina!« Und ich fiel vor ihr nieder und umfaßte ihre Knie.

»Damit hast du recht«, sagte sie nervös, ohne sich zu mir zu beugen. »Damit hast du recht. Es nutzt dir nichts. Bring mich nicht zum Weinen. Du siehst doch, ich gehe fort.«

»Nach Bologna?«

»Nein, diesmal ist es für immer. Steh auf. Ich heirate.«

Das sagte sie mit einer einfachen Ruhe, mit gesammelter Stimme; und ich spürte, daß mein Zustand überhaupt keinen Sinn hatte. Ich stand auf und betrachtete das Zimmer, den Spiegel, den Stuhl, der voller Zeug lag, eine Ritze in der Tür. ›Leiden werde ich nachher, leiden werde ich erst nachher‹, wiederholte ich mir verwirrt.

»Magst du?« hatte Mina gefragt, wobei sie den Kopf nach rückwärts bog und mich aufmerksam ansah. Sie machte das Abendkleid auf der Schulter los.

Jetzt bedaure ich, daß ich sie nicht genommen, zermalmt, zerstört habe: vielleicht hätte ich mich so von ihr losgerissen. Statt dessen verspüre ich noch heute immer wieder eine Qual, die mich auf mich selbst zurückwirft und bewirkt, daß ich mich hundsjämmerlich fühle.

Mina machte sich, den Blick immerzu fest auf mich gerichtet, an der Schulter zu schaffen. Ich sah sie entschlossen an. »Zieh dich nicht aus, Mina. Du verheiratest dich ja doch.«

Sie kam mir entgegen, rot vor Freude, faßte meine Hände und preßte sie ans Herz. »Verzeih mir, Guido! Jetzt verstehe ich, daß du mich wirklich gern hast. Und du hast mir schon einmal etwas geopfert ...« Ihre Augen flammten.

»Meinst du die Pleite meiner Firma? Sie war nicht pleite gegangen. Ich wollte nur frei sein und dir folgen.«

Sie ließ meine Hände fallen. »Das hast du getan?«

»Ja.«

»Dummkopf! Warum gehst du nicht dorthin zurück? Oh, was für ein Dummkopf du bist! Warum hast du das getan? Warum hast du dich ruinieren wollen? So ein Junge! Also – geh dorthin zurück. Du Junge. Dummer Junge.«

Ich verließ sie. Und dieses Wort dröhnte mir endlos im Hirn. Die ganze Nacht hindurch.

Wie ich danach litt, war ungeheuer. Aber am nächsten Vormittag erwartete ich Mina nicht mehr in dem Café. Ich suchte sie nicht mehr in dem Haus auf. Nur etwas hätte ich ihr gern noch gesagt, was wie Feuer in mir brannte und mir noch jetzt in der Kehle zittert, wenn ich an die Vergangenheit denke. ›Er verwöhnt dich ja wohl, wie du es brauchst, nicht wahr?‹

Lange Zeit hindurch fühlte ich mich vernichtet, so wie damals als Kind, wenn ich geschlagen worden war und weinend einschlief. An Mina und ihren Mann dachte ich wie an zwei erwachsene Wesen, die untereinander ein Geheimnis haben, und ein Junge kann die beiden nur von fern betrachten, ohne daß er die Freuden und Schmerzen kennt, die ihr Leben ausmachen. Ich fand Arbeit in meiner Garage auch für die langen Vormittage, und während der Sommer verging, resignierte ich nach und nach. Jetzt, wo ich alt geworden bin und gelernt habe, zu leiden, ist Mina nicht mehr da.

Erste Liebe

Bevor ich Nino kennenlernte, hatte ich nie bemerkt, daß die Jungen, mit denen ich auf der Straße schrie und rannte, schmutzig waren und grob geflicktes Zeug trugen. Ich beneidete sie sogar, weil sie barfuß gingen und weil manche die Hacken auf die Stoppeln zu setzen verstanden, ohne sich wehzutun. Meine blassen Städterfüße dagegen zogen sich zusammen schon wenn ich versuchte, sie auf das Kieselpflaster zu setzen.

Von dem, was ich bei ihnen gelernt hatte, interessierten Nino nur bestimmte Flüche. Nino wohnte in einem kleinen Landhaus am Ausgang des Dorfes; er hatte viele ältere Schwestern, die mich einschüchterten. Ich blieb unter dem Mauervorsprung stehen und sah zwischen den Eisenstäben hindurch in der Hoffnung, Nino käme schon die Stufen zum Garten herab; wenn er sich verspätete, pfiff ich leise – ich tat, als sei ich eine Schlange, und verstärkte den Ton nur ganz allmählich, damit der Hund nicht bellte. Nino rannte auf mich zu, denn er hatte ebensolche Angst vor dem Hund.

Es war unmöglich, Nino vorzuschlagen, er solle Schuhe und Strümpfe ausziehen oder mit den anderen spielen. Ohne je mit ihm darüber gesprochen zu haben, merkte ich nach wenigen Begegnungen, daß ich mich ihm gegenüber dieser Kameraden schämte. Aber das Schöne ist dies: nach dem, was ich ihm zufällig erzählte, schien er sie alle zu kennen, mit ihren Spielen Bescheid zu wissen, zu verstehen, was sie untereinander sprachen – er war einfach wie einer von uns, außer daß er ein Hemd trug und kurze Hosen, die noch sauberer waren als meine, und gern, die Hände in der Tasche, in abgelegenen Gassen herumstreifte, zwischen dem Kraut hindurch oder direkt in die Fenster spähte, den Vorüberkommenden nachsah und ab und zu eine Grimasse zog.

Wir waren dreizehn, vierzehn Jahre alt, und im Grunde fühlte auch ich mich in jenem Sommer mit den zerlumpten Jungen nicht mehr ganz wohl: waren sie so alt wie wir, so waren sie zu nachgiebig und dumm, erschienen sie uns so hoch aufgeschossen und lebhaft wie wir, so waren sie schon achtzehn, und man stimmte nicht mehr überein.

Wovon Nino und ich in den ersten Tagen sprachen, weiß ich nicht mehr genau. Ich erinnere mich nur, daß ich einmal fragte, wie viele Schwestern er habe. »Keine«, antwortete er. »Wie denn: und alle diese Mädchen? Sind das nicht deine Schwestern?« »Sie sind alle wie die Mama«, sagte er und drehte das Gesicht nach der Seite, wie er es oft tat. »Richtige Schwestern – die gibt es ja doch nicht.«

Ich erzählte ihm, daß ich einmal mit einem beurlaubten Soldaten auf der Jagd gewesen war; ich erzählte es ihm so oft und ausführlich, daß Nino eines Tages zu mir sagte: »Bum.« »Was ist los?« fragte ich. »Ich gehe auch auf die Jagd; kann ich das etwa nicht?«

Ich versuchte, ihn mit zur ›Bialera‹, wie wir sie nannten, zu nehmen, zu dem Wassergraben, wo ein paar Freunde am Morgen mit Reusen fischten; sie waren ganz mit Wasser und Schlamm bespritzt. Nino hielt sich abseits, er lächelte abwesend, wenn ich vom Wasser her seinen Blick und seine Zustimmung suchte; und als ihm einmal der Sohn vom Schmied die triefende Fischreuse zuwarf und ihm zurief, er solle sie auffangen, trat er zur Seite und fing sie nicht auf. Da nannten sie ihn einen schlappen Kerl, aber ich versuchte ihn zu rechtfertigen und erklärte ihnen, er habe einen neuen Anzug an. Aber Nino beschimpfte sie, und als sie anfingen, Schlamm nach ihm zu werfen, schrie er wütend, er wisse jemanden, der werde es ihnen schon zeigen!

Nino verbrachte die Vormittage zu Hause damit, daß er durch alle Zimmer ging; als ich ihn das erstemal holen wollte und in der Richtung auf sein Fenster einen langen Hals machte, erschien eine große, schöne Frau, sah durch den Garten und winkte mir, näherzukommen. Ich tat, als merke ich es nicht, und entwischte. Ich fürchtete, Nino würde das hinterher erwähnen, aber das geschah nicht.

Von diesem Tag an teilte ich meine Zeit entsprechend ein. Fast jeden Morgen ging ich heimlich auf die Ziegenweide mit den kräftigen Freunden von früher und verblüffte sie mit Geschichten von der Stadt, die nach und nach so etwas wie ein Besitz von mir wurde, wo ich auf den Tramwagen und in den Aufzügen ungewöhnliche Abenteuer erlebte. Immer wieder unterbrach ich mich und rannte, wie sie, einer Ziege nach oder schälte einen Zweig oder jagte Heupferdchen. Am Nachmittag aber, in den heißen Stunden, die ich früher im Heustadel oder im Stall verbracht hatte, holte ich Nino ab. Mir schien allerdings, als verlöre ich dabei meine Zeit, ich langweilte mich irgendwie, und doch war ich jeden Tag dort; und wenn wir nach einem Spaziergang zurückkehrten, der uns kreuz und quer durchs Land, steil zur Kirche hinauf oder in die Felder geführt hatte, wäre ich am liebsten mit dem Freund in den Garten gegangen, hätte mich auf die Weidenrutensessel gesetzt und mich vor den Schwestern geniert. Aber als Nino mich das erstemal dazu aufforderte, wagte ich es nicht zu tun.

Als wir von unserem Abenteuer am Wassergraben zurückkamen, riet ich ihm, seine Familie nicht in unsere Angelegenheiten hineinzuziehen. Nino grinste und sagte, wenn ich Angst hätte, die Frauen zu Hause könnten etwas von meinen zerlumpten Kameraden erfahren, so solle ich darüber beruhigt sein. Schließlich sei ich sein Freund.

Das bewies er mir eines Nachmittags. Wir gingen am Laden für Düngemittel vorüber, und Nino wurde sichtlich vergnügt. Auf der schmalen Straße stand ein niedriges Auto, das ich schon kannte. Von der Schwelle her – die Tür war angelehnt – kam leises Stimmengewirr, und plötzlich übertönte die Stimmen ein kräftiges Lachen, auf das ein noch rauheres Gelächter folgte. Nino beugte sich vor, mitten in den üblen Geruch von Schwefel und Dünger, und sagte: »Jetzt kommt er heraus.« Es erschien ein alter Tagelöhner, erkannte uns und nickte uns zu; dann riß er die Tür auf und schrie: »Wirf heraus!«

Es flog ein kleiner, fester Sack heraus, den der Alte im Fluge griff und in das Auto legte. Ein weiterer flog heraus, und wieder einer.

»Hilf uns, Signorino«, sagte der Tagelöhner, das Zahnfleisch entblößend. Nino sprang über die Schwelle und verschwand. Ich blieb neben dem Auto stehen und versuchte herauszukriegen, was für Schatten sich drinnen bewegten.

Als das Auto fast voll war und ich dem Alten half, die kleinen Säcke zu ordnen, erschienen auf der Schwelle Nino und ein kraushaariger Mann mit einem Tuch um den Hals, rotem Gürtel und Stiefeln. Er hatte die Ärmel aufgekrempelt und füllte die ganze Tür aus. Nino reichte ihm bis zum Ellenbogen.

Er sagte zu Nino und auch zu mir mit einer lachenden Stimme: »He, ihr, habt ihr Freundschaft geschlossen?« Er blinzelte mir zu und packte meine Hand; ich machte mich los. Da bog er mir zwei, dreimal kräftig den Vorderarm und sagte dann: »Nino, laß dich nicht verhauen, er ist stärker als du.« Dann richtete er sich wieder auf, sah überall umher und fragte: »Fertig?«

Er zog eine Zigarette heraus und zündete sie an, sprang ins Auto, rief uns ›Auf Wiedersehen!‹ zu und fuhr los.

An diesem Abend erzählte Nino mit großem Eifer; er konnte auf dem Mauervorsprung, auf den wir uns setzten, gar nicht still halten, aber seine Augen waren nicht so unruhig wie sonst. Bei meinen Fragen strahlte er.

Bruno war Fahrer, aber er war ihm ein wirklicher Freund. Er hatte sie alle am Tag ihrer Ankunft am Bahnhof abgeholt und hatte auf der ganzen Fahrt um den Hügel herum zum Landhaus mit ihm geredet und ihm alles erklärt, während er der Mama und den Schwestern, wenn sie redeten, kaum Antwort gab. Und noch jetzt fragte er ihn manchmal, wie sich seine Schwestern, diese Kälbchen, die Zeit vertrieben, und Kälbchen bedeutete ›dumm wie Kälber‹. Nur etwas an seinen Schwestern gefiel Bruno: die amerikanischen Zigaretten; er ließ sie sich von Nino, sooft der es einrichten konnte, mitbringen – samt der Packung, denn für ihn lag der Wert in der Packung.

Nino erzählte an dem Abend von allem: er erzählte von dem Bad bei sich zu Hause, in dem es besser duftete als auf den Wiesen, und wie gern er Bruno dorthin führen würde, damit er sich seinen Gestank abwüsche – er roch richtig, aber doch angenehm nach Mann; aber vor allem würde er gern mit ihm und mir im Auto fahren, in die Dörfer auf den Hügeln, und sich dabei vergnügen und fahren lernen.

Bruno hatte es ihm versprochen, aber es kam nie dazu. Bruno quälte die Menschen gern, und zu ihm – so etwas machte Bruno Spaß – sagte er immer, alle seien stärker als er. Hierbei zwickte Nino mich so heftig, daß er mir beinahe die Haut zerriß, und sprang zurück. »Wir wollen sehen, ob du stärker bist«, schrie er erbittert und hob einen Stein auf.

›Warum tust du das?‹ hätte ich Nino natürlich gefragt, wenn wir wie sonst ruhig am Gittertor des Landhauses gestanden hätten, ehe wir uns trennten. Aber in dem Fall hätten wir ja auch nicht geredet. Ich konnte nicht verstehen, warum Nino unser friedliches Gespräch unterbrechen mußte, um sich mir gegenüber so hinterlistig zu zeigen. Ich badete nicht in einer so schönen Wanne wie er, aber es tat mir leid, daß ich der Stärkere war.

»Er sagt zu allen, sie wären stärker«, sagte Nino, ließ den Stein fallen und näherte sich mir mit einem tückischen Gesicht.

Ich getraute mich nicht, ihm mit einem ebenso tückischen Lächeln zu antworten.

»Dir gefällt Bruno auch, was?« fuhr Nino fort. »Stell dir vor: ihm gefallen die Kälber, meine Schwestern.«

»Alle zusammen?« rief ich.

»Alle«, sagte Nino.

»Aber die Männer wählen sich eine aus«, sagte ich.

»Wie dumm du bist! Er kann sie doch nicht heiraten!«

»Du hast doch gesagt, er redet nur mit dir.«

»Natürlich, weil sie ihm nicht antworten. Sie sind dumm.«

Ich kehrte nach Hause zurück, und alles war mir verleidet, ich schämte mich, weil mein Vater einen Schnurrbart trug, und weil das Wachstuch, von dem wir aßen, Weinflecke aufwies. Meine kleine Schwester schrie. Ich war noch nie Auto gefahren und dachte: wie schön wäre es, das mit Nino und Bruno zu tun! Aber daß Ninos Schwestern dumm waren, und er so tückisch, verdroß mich. Zum Glück hatte ich ihm nicht erzählt, daß ich eines Nachts von ihnen geträumt hatte.

Am Morgen danach schämte ich mich, wie sonst mit den Jungen zur Weide zu gehen, ich wollte meine Zeit verbringen wie Nino: ich frühstückte, wusch mich, ging durch das Haus – kurz, ich wollte es bis zum Mittag genauso machen wie er. Aber um zehn war ich im Hof und wußte nicht mehr, was ich anfangen sollte.

Die niedrigen Apfelbäume hinten, an der Rustikamauer entlang, kannte ich auswendig. Ich bummelte unter den Bogengang gegenüber, wo der Reisigstoß vom Jahr zuvor war; die Frau des Halbpächters kam mit einem Eimer vorüber. Auf dem grauen Haar hatte sie ein gelbes Kopftuch, die Ärmel waren aufgekrempelt. Da begriff ich, warum Nino den ganzen Morgen nicht zu spielen brauchte: in seinem Garten gingen und kamen die Schwestern, und es mußte wirklich sehr schön sein, mit ihnen zu leben, wenn sie sogar dem Fahrer gefielen. Ich hatte nur meine Mutter und die Magd, die beide wie die Bauern arbeiteten, und mein Vater kam erst am Abend zurück.

Die Pächtersfrau lief zum Stall. Ich hörte, daß die Kuh jäh losbrüllte, es klang, als schluchze sie. Ich trat in die Tür. Die Frau kam aufgeregt heraus. »Geh«, sagte sie, stellte sich vor mich und füllte die Türöffnung einfach aus, »dorthin darf man nicht sehen. Geh und rufe Pietro, sag ihm: es ist Zeit. Verstanden?« Pietro grub unten, hinter dem Haus, ein Feld um. Ich kam mit ihm zurück, er ging erst in die Küche, um einen Schluck aus der Flasche zu trinken; und wir machten uns auf den Weg zum Stall. Wieder trieb mich die Alte zurück. Pietro drehte sich um und brummte: »Geh deiner Mutter sagen, daß wir ihr das Kalb holen.«

Ich bummelte weiter und fuhr vor Angst zusammen bei dem bestialischen Gebrüll, das ab und zu plötzlich in die kühle Luft hinausschallte, gefolgt von röchelnden Lauten wie von einem Sterbenden. Dann drangen erregte Stimmen heraus; die Pächtersfrau rief irgendwas ganz laut, und schließlich rauschte Wasser, und eine Kette klirrte. Ich erinnerte mich an den dicken, plumpen Bauch der Kuh, ich hatte ihn Tage zuvor bemerkt.

Plötzlich fiel mir Nino ein; ich rannte los, um ihn beizeiten zu erreichen. Ich kam vor dem Landhaus an, als gerade eine seiner Schwestern heraustrat, die blonde, die eine ganz weiße Haut hatte; sie gefiel mir, wenn sie auf dem Rad vorübersauste. Sie legte mir lachend eine Hand auf den Kopf und fragte mich, was ich wolle. Ich suchte Nino. »Warum?« fragte sie beharrlich. »Ein Kalb ist geboren«, stammelte ich, ganz rot. Sie sah mich an, nahm die Hand von meinem Kopf und lachte laut.

»Ist es lieb?« fragte sie. Ich wußte nicht, was ich sagen sollte. Sie lachte wieder, drehte sich um und rief: »Nino!« Jemand antwortete. Da winkte sie mir mit der Hand, wobei sie mich nur eben flüchtig ansah, ging davon und öffnete ihren Sonnenschirm.

Als Nino erschien – der Hund bellte und raste hin und her, daß das Drahtseil klirrte –, hatte ich keine Lust mehr, ihn mit in den Stall zu nehmen. Es hatte mich wieder die Scham gepackt über den schmutzigen Hof vor dem Haus. Ich sagte nur: »Willst du mitkommen?«

Wir verbrachten den Morgen am Wassergraben, wo die Wäscherinnen wuschen. Wir schwiegen beide.

»Hast du schon einmal gesehen, wie ein Kalb geboren wird?« fragte ich plötzlich. »Ich habe es heute früh mitangesehen. Es war zum Fürchten.«

Nino fragte: »Hat es geschrien?«

»Nein, das Muttertier schrie«, sagte ich, »die Kuh.«

»Warum hast du mich nicht gerufen?«

Ich machte wie am Tag zuvor ein gekränktes Gesicht.

»Dummer Kerl«, sagte Nino ganz erregt, »wir hätten gesehen, wie Kinder geboren werden. Hast du wirklich gesehen, wie sie es gemacht hat?«

»Hast du denn nie gesehen, wie ein Kind geboren wird?« antwortete ich wichtig.

Nino schwieg und sah zu Boden. Die Wäscherinnen schlugen das Zeug auf den Steinen. Es war eine dicke dabei, ihre Ärmel waren bis zu den Schultern hochgekrempelt; so schlug sie kräftig los, zeigte die Achsel und lachte einer anderen zu. Der ganze, im Bündel der Röcke verborgene Körper bebte.

»Das ist so, wie wenn ein Pferd kackt«, begann ich mit unsicherer Stimme von neuem. »Nur daß es größer ist.«

»Hast du es wirklich gesehen?«

»Sicher«, antwortete ich.

»Du bist genauso geboren«, sagte Nino wütend.

»Ja, genauso«, antwortete ich ruhig.

Da schlug Nino sich mit der Faust ins Gesicht und ließ sich zu Boden fallen. Ich stand neben ihm und betrachtete ihn verlegen. Ich setzte mich hin, um ihm die Wahrheit zu bekennen, doch in diesem Augenblick begann er zu lachen.

Aber er lachte häßlich. »Wenn du mit uns Auto fahren willst, sage mir, wie es ist.«

Ich starrte Nino an: seine Augen und Lippen brannten. Er stammelte leise: »Hast du es bei deiner Mutter gesehen?«

Ich betrachtete ihn verdutzt und sagte: »Du bist zu dumm!«

»Sage mir: bei wem hast du es gesehen?«

»Das Kalb habe ich gesehen.«

»Nicht bei den Frauen?«

»Nein.« Und ich starrte zu Boden.

Ninos Stimme sagte nahe an meinem Ohr: »Dann weißt du nicht, wie sie es machen?«

Jetzt bekannte ich, daß ich nicht einmal das Kalb gesehen hatte.

Da rollte Nino sich im Gras und sprang auf. »Ich weiß, wie sie es machen«, sagte er. »Es kommt Blut heraus, und sie müssen ihnen das Kind wegreißen.«

»Nicht immer kommt Blut heraus.«

»Doch, es kommt immer heraus, denn die Frauen schreien.«

»Nein«, sagte ich, »hör zu.« Und ich erklärte ihm, daß ich eine Kuh gesehen hatte, nachdem das Kälbchen geboren war, und Blut gab es da nicht, und das Kälbchen war nur ein wenig feucht.

»Bei den Frauen gibt es Blut«, sagte Nino beharrlich. »Du weißt überhaupt nichts.«

Er erklärte mir mit rauher Stimme, wie die Frauen es machten. Ich unterbrach ihn nicht, aber ich starrte auf das Gras.

»Auch deine Schwestern?« sagte ich schließlich.

»Auch die.«

An diesem Nachmittag kam Bruno unerwartet ins Dorf und nahm uns mit ins Auto, denn er brachte eine große Korbflasche Wein an den Bahnhof und hatte Platz. Wir mußten uns hintenhin setzen, um die Korbflasche zu halten, und los ging es. Auf dem ganzen Weg schlug mir das Herz bis zum Hals, ich meinte zu fliegen, wie auch die Bäume und die Prellsteine und die Menschen vorüberflogen. In der Sonne schloß ich halb die Augen, sah auf Brunos festen Nacken über dem roten Halstuch und wie sein Arm, der auf dem Lenkrad lag, vibrierte. Ich fürchtete, die große Korbflasche würde, wenn wir anhielten, herunterfallen.

Aber alles ging gut, nur ich schwankte, als ich auf der Erde stand, und war ganz verschwitzt. Bruno trug laut rufend die Korbflasche in die Aufbewahrung; dann führte er uns in die Bahnhofs-Osteria. Ich setzte mich schüchtern in das kühle Halbdunkel und machte es wie Nino: erhob den Kopf, schaute auf Bruno, lachte wie er und sah allen ins Gesicht.

Bruno verlangte etwas zu trinken, und Nino wollte für sich ein Fruchteisgetränk.

Wir hatten uns kaum den Mund befeuchtet, als Nino schluckte

und höhnisch sagte: »Berto, erzähle Bruno, daß du gesehen hast, wie ein Kind geboren wird.«

Bruno sah mich mit nur einem Auge von der Seite an. Er setzte das Glas hin und warf unwillig die Lippen auf.

»Wo doch du es bist...« platzte ich wütend los.

Bruno wischte sich den Schweiß ab. Er wandte sich an Nino: »Sag ihm, er soll lieber lernen, den Mann zu machen. Ihr in euerm Alter habt das nötig. Für das übrige sorgen die Frauen.«

»Ein Kalb ist geboren«, sagte Nino.

»Zwei Esel sind geboren«, unterbrach ihn Bruno. »Habt ihr nichts anderes zu reden?«

Wieder wischte er sich den Schweiß ab. Er schien verärgert, und wir schlugen die Augen nieder und schwiegen. Nino schleckte mit gesenktem Kopf sein Eis.

»Nino, hat dir Clara die Zigaretten gegeben?«

Clara war die blonde Schwester. »Sie hat sie versteckt«, sagte Nino.

Bruno drehte sich seine eigene und sagte gleichgültig: »Wollt ihr morgen mit in die Robini kommen? Wir fahren mittags zurück. Kommst du auch mit, Berto?«

Nino sagte: »Gib mir zu rauchen.«

Ich beobachtete, wie Brunos große Hand die Zigarette drehte und wagte nicht, auch um eine zu bitten. »Nino, gehst du morgen mit?« sagte ich statt dessen. Nino sah verstohlen auf Bruno und fragte leise: »Bleiben wir wieder an der kleinen Mauer stehen?« Bruno nickte und hielt ihm die Zigarette hin. Ich begriff nicht, warum Ninos Gesicht so bleich war. Er zündete seine Zigarette bei Bruno an, und die Hand zitterte ihm.

»Trink Wein«, sagte Bruno. »Eis ist für Kranke.« Ich wußte, daß Nino der rote Wein widerstand, und doch hielt er das Glas hin und setzte es langsam an die Lippen. Er trank es auf einmal aus.

»Nur lustig«, sagte Bruno. »Wenn ihr in diesem Winter in der Stadt seid, habt ihr nicht mehr den guten Wein. In der Stadt wachst ihr doch recht kümmerlich auf. Du, Berto – hast du schon ein Mädchen?«

Ich sagte verlegen: »Dafür ist keine Zeit; im Winter gehen wir zur Schule.«

»Also im Sommer hast du eines?«

»Ich... nein.«

Bruno lachte frei heraus. »Bravo! Seht ihr euch im Winter?«

Plötzlich sagte Nino: »In diesem Jahr werden wir uns sehen.«

»Nimm dich in acht, Nino lernt fechten und spießt dich auf«, sagte Bruno blinzelnd zu mir.

Nino sprach nicht. Er trank ein zweites Glas und hörte mir kaum zu. Sein Blick hing an dem Ledergurt, den Bruno um sein mächtiges Handgelenk trug. Mit einemmal fragte er ihn, wofür er ihn gebrauche.

»Um frechen Burschen die Fresse einzuschlagen«, erklärte Bruno. »Man holt weit aus und versetzt ihnen einen Schlag mit dem Handrücken, da schlägt man sich nicht die Finger wund, und es wirkt wie ein Boxhandschuh. Eines Nachts in Spigno kommt mir da einer dicht ans Auto – ich hielt vor dem Bahnhof – und spuckt hinein. Spucken darf man nie dulden, denn wer spuckt, hat Angst. Ich über ihn her, und haue ihm das Gesicht kaputt. So! Seht ihr nun, wofür man ihn gebraucht?«

Nino hustete, er hatte sich wohl am Rauch verschluckt, und konnte den Blick nicht von Brunos kühnem Gesicht lösen. Wir hatten auch sonst schon hinter der Kirche geraucht, er vertrug den Rauch an sich sehr gut. Es mußte der Wein sein, der ihn verwirrte. Oder vielleicht irgendein Ärger mit Bruno. Warum nannte Bruno seine Schwester beim Namen?

»Wenn deine Mama und deine Schwestern diese Fahrt nach Acqui machen, von der sie gesprochen haben, zeige ich dir die Piazza, auf der ich einmal einen tollwütigen Hund festgehalten habe: dadurch, daß ich ihm das Leder ins Maul schob. Seht ihr hier die Spuren der Zähne?«

»Ich fahre nicht mit euch nach Acqui«, sagte Nino.

Bruno begann zu lachen. »Berto, trink aus. Auf morgen also.«

Wir fuhren in die Robini, und unterwegs – Bruno fuhr sehr schnell – pfiff er immerzu und drehte sich nach jeder Kurve zu mir um. Nino, der neben ihm saß, hielt das Kinn auf die Brust gesenkt, als habe ihn jemand geschlagen; und zwei-, dreimal ließ er den Blick auf die Hügel, in den Himmel schweifen, mit einem Ruck, als wache er nun erst auf.

»Das Land ist dieses Jahr trocken«, sagte ich in dem ergebenen Ton, wie es mein Vater tat.

Bruno drehte sich nicht um, denn er bog gerade in einen Seitenweg ein, der zwischen den Akazien hinaufführte. Nachdem wir etwa fünf Minuten lang die Zweige im Gesicht gehabt hatten, hielt er in halber Höhe, an einer kleinen Brücke, die über eine Schlucht führte. Er sprang heraus und sagte: »Wartet jetzt. Seht euch das Auto an.« Er drehte den Autoschlüssel um und zog ihn heraus. »Rührt den Motor nicht an, er bewegt sich sowieso nicht. Lustig, Nino!« Er gab jedem von uns eine Zigarette und zündete sie uns an. »Wenn jemand die Straße heraufkommt, wer es auch ist, drückt auf die Hupe. Verstanden? Wenn alles gut geht, lasse ich dich hernach fahren, Nino. Auch dich, Berto. Und paßt auf: wer es auch ist...« Er schlug den Pfad nach dem Hügelrücken ein und verschwand zwischen den Akazien.

Jetzt schien die Sonne mächtig, und wir, im Schatten der Akazien, beherrschten von oben ein langes Stück des steilen Weges. Keiner konnte von der Straße her einbiegen, ohne daß wir es bemerkten. Ich war hier oben noch nie gewesen.

Nino war offensichtlich schon dagewesen. Ohne sich umzudrehen, rauchte er, am Steuer sitzend, interessierte sich aber nicht für das Schaltbrett, das er vor sich hatte. Er rauchte wie ein Mann, mit tiefen Zügen, und sah gar nicht auf die Zigarette.

»Wird Bruno lange fort sein?« fragte ich.

Nino gab keine Antwort. Ich sprang heraus, ging um das Auto herum und warf einen Blick auf die Scheinwerfer und die verstaubten Reifen. Ich sah von dem Mäuerchen hinunter in die ausgetrocknete Schlucht: wohl nur bei den Regenfällen im Herbst füllte sie sich und schäumte. Knorrige Wurzeln ragten vor, die einem Lust machten, sich hinunterzulassen, hätte man nicht Angst vor Schlangen gehabt. Ich warf den Zigarettenstummel hinunter, und dann versuchte ich ihn mit meiner Spucke auszulöschen. Nino rührte sich nicht.

Ich drehte mich um. »Laß mich auch ein bißchen dort sitzen«, sagte ich.

Nino sah mich mit zusammengekniffenen Augen an; so machte er es, wenn er eine Bosheit plante.

»Weißt du, wohin er gegangen ist?« fragte er.

Ich hob die Schultern. In diesem Augenblick begann, nicht weit entfernt, ein Hund zu bellen.

»Siehst du«, sagte Nino, »jetzt ist er bei der Frau angekommen. Er besucht die Frau oder die Tochter von Martino, sie erwarten ihn und binden den Hund an und gehen miteinander ins Bett.«

»Aber es ist doch Tag!« sagte ich.

Nino hob die Schultern. »Sie legen sich aufs Bett«, fuhr er fort.

»So geht es schneller. Aber er bleibt auch eine Stunde dort«, und er lachte, »wenn niemand kommt.«

»Und wo ist Martino?«

»Martino ist zum Bahnhof gegangen. Das habe ich gestern gehört.«

»Und wenn er kommt?«

»Wenn er kommt, müssen wir hupen.«

Ich war nicht überzeugt. »Hat dir Bruno das gesagt?«

Nino warf mir einen schrägen Blick zu und warf die Zigarette weg.

»Ich glaube nicht daran«, begann ich von neuem. »Es würde zu viel Zeit brauchen. Bruno hat an anderes zu denken. Und dann muß er das Auto fahren...«

»Na und?«

»Er würde zu müde sein«, sagte ich zögernd.

»Bruno ist stark«, sagte Nino wütend. »Aber du wirst sehen.«

»Was?«

»Du wirst sehen.«

Der sonnengefleckte Weg lag noch immer verlassen da, in der Hitze zitterten die Blätter vor meinen Augen. Oder vielleicht war es eher mein Herz, das erschreckt schlug, und das Dorf, das Haus schienen von dieser Einsamkeit und bei solchen Gedanken weit entfernt. Hätte Nino nur nicht diesen feindseligen Ton gehabt! Mir kam Clara in den Sinn, die im Landhaus war und von uns nichts wußte. Auch sie war eine Frau. Da setzte ich mich unsicher auf das Trittbrett des Autos.

»Ich glaube nicht daran«, sagte ich plötzlich. »Martina geht immer in die Kirche.«

»Alle Frauen gehen in die Kirche. Weißt du nicht, daß sie in der Kirche heiraten? Und zwei heiraten sich doch, um ins Bett zu gehen, oder nicht?«

»Ich glaube nicht daran«, sagte ich. »Bruno ist ein Mann wie wir.«

»Weißt du, was ich ihm antue?«

»Was?«

»Du wirst sehen.«

Ich stieg ins Auto und setzte mich neben Nino, der mich von der Seite ansah. Er pfiff vor sich hin.

»Jetzt küssen sie sich«, sagte er mit zusammengebissenen Zähnen.

»Nino«, rief ich, »was tun wir, wenn Martino zurückkommt? Er wird es zu Hause erzählen ...«

»Er kommt nicht zurück«, sagte Nino. »Ist dort etwa jemand?« Er drehte sich um und spähte auf den Weg, auf die Straße und die ganze Ebene. Wir spitzten die Ohren. Niemand.

»Um diese Zeit haben sie sich ausgezogen«, fuhr Nino fort, bleich.

»Ja aber ...« stammelte ich.

»Dann also – los«, schrie Nino und drückte auf die Hupe.

Als Antwort kam das Gekläff des Hundes. In dem darauffolgenden Augenblick schien mir, als rausche der ganze Wald. Ich versuchte Ninos Hand festzuhalten – aber schon erklang der rauhe Ton der Hupe von neuem.

Als Bruno mit großen Sprüngen auftauchte, kauerten wir im Gras hinter den Baumstämmen, wohin Nino mich gezogen hatte. Bruno sah sich überall um und dann auf den Weg; an seiner Hand hing der rote Gürtel.

Während er sich die Hosen zusammenzog, sah er sich wieder überall um und rief leise: »Nino!« Nino preßte meinen Arm.

Bruno war aufs Auto gesprungen, spähte auf die Straße dort unten und bewegte die Lippen. Seine Haare waren unordentlich, und das Gesicht sah aus, als sei es gerade unter der Pumpe hervorgekommen. Er stieg aus dem Auto und ging auf die Bäume zu. Uns den Rücken zudrehend, stellte er sich mit gespreizten Beinen hin, und nach einer Weile hörte ich, daß er pinkelte. Nino unterdrückte ein Kichern.

Dann kam Bruno auf uns zu, wobei er in die Luft sah und sich die Hose zuknöpfte. Plötzlich bückte er sich und sprang in die Zweige hinein. Er packte Nino, der ausriß, an einem Bein und warf ihn zu Boden. Ich war aufgesprungen und sah alles mit an. Ohne ein Wort zu sprechen, preßte Bruno in der Faust Ninos beide Handgelenke und hob ihn wie ein Kaninchen hoch. Er hielt ihn von sich weg, weil er winselnd mit den Füßen schlug; und nun hieb er scharf mit der Hand auf ihn los. Bei jedem Hieb, bei jedem Schlag stöhnte er und preßte die Lippen aufeinander. Mich starrte er einen Augenblick an, ohne mich richtig zu sehen; da entwischte ich auf die Straße. Ich hörte noch einige dumpfe Schläge, dann erschien Bruno: er hielt Nino unter der Achsel und warf ihn ins Auto. Zu mir sagte er mit einer bösen Stimme: »Steig auf, wir fahren zurück.«

Auf der ganzen Fahrt saß Nino zusammengekrümmt neben Bruno und sagte kein Wort. Ich spürte den Wind so frisch im Gesicht, als hätte ich Fieber. Vor dem Landhaus hielt Bruno an. Er sah mir beim Aussteigen zu, und einen Augenblick schien es mir, als lache er. Nino hob das Gesicht, stieß meinen Arm zurück und ließ sich unsicher herab. Er spuckte auf den Boden und hinkte davon in den Garten.

Am nächsten Tag wagte ich Nino nicht zu rufen, denn ich sah, als ich ans Gittertor trat, zwei seiner Schwestern im Garten sitzen, die braunhaarigen; sie streckten die Beine in die Sonne, und eine las.

Als ich gegen Abend bekümmert dort umherschlenderte, kam wieder Clara auf dem Rad hinter mir her und sprang ab.

»Wohin seid ihr gestern gefahren?« fragte sie.

»Was hat Bruno Nino angetan? Wo seid ihr gewesen?« fuhr sie fort.

»Sprich. Ich weiß es ohnehin. Nino ist für heute im Bett. Was habt ihr Bruno angetan?«

Ich fragte: »Wo ist Bruno?«

Da sah Clara mich aufmerksam an und ging, das Rad schiebend, weiter, auf das Gittertor zu.

»Ich weiß nicht, wo Bruno ist. Ich kenne ihn nicht. Aber ihr habt ihm etwas angetan, denn Nino will es mir nicht sagen. Seid ihr in die Robini gefahren?«

»Das Auto ist umgekippt«, sagte ich.

»Was habt ihr in den Robini getan?«

»Nichts. Wir haben fahren gelernt.«

Wir waren mitten im Garten. Und die Weidenrutensessel unter dem Sonnenschirm waren leer. Der Kies unter unseren Füßen knirschte.

»Habt ihr jemanden besucht?«

»O nein.«

Clara sagte ernst: »Nino ist im Bett. Willst du ihn besuchen?«

»O nein, ich werde ihn morgen abholen. Es ist schon spät«, sagte ich und blieb stehen.

Clara lächelte. »Was macht das Kalb?«

»Was für ein Kalb?«

»Das, was gestern geboren ist. Gehört es dir?«

Ich nickte zur Antwort. Clara lehnte das Rad an die Mauer und sprang die Stufen hinauf. »Ciao, Kälbchen«, rief sie, als sie sich umdrehte. Ich sah, daß sie ziemlich groß war.

Nino kam etliche Tage nicht heraus, und ich ging vor dem Landhaus auf und ab in der Hoffnung, jemanden zu sehen. Es war eine Jahreszeit – die ersten Tage im August –, in der es auf dem Lande nichts gibt: die Äpfel und die ersten Pflaumen sind mit dem Juli zu Ende, und erst im September beginnen die Trauben. Es lohnte sich nicht, während ich auf Nino wartete, mit den anderen wieder Freundschaft zu schließen, und ich bummelte in den Gassen herum. Doch allein sein ist nur für einen Augenblick schön, wenn man über etwas nachdenkt, oder wenn man zwischen den Eisenstäben des Gartens Clara sah: den ganzen Tag allein war langweilig.

Ich erinnere mich, daß damals an den Nachmittagen entsetzliche Gewitter waren, ohne Hagel, aber kalt und schwarz, so daß meine Mutter und auch die Tiere im Stall sehr erschraken; mir gefiel das nicht schlecht, denn am Abend war es kühl, und am nächsten Morgen gab es Wasserpfützen und ganze Schichten zur Erde gefallener Blätter. Auch da dachte ich an Clara und ihre Schwestern: ob die Blitze sie erschreckt hätten.

Als Nino sich endlich wieder blicken ließ, war er wortkarg, und ein-, zweimal mußte ich lachen, wenn ich beobachtete, wie vorsichtig er sich auf die Mauervorsprünge setzte. Er sah mich von der Seite an; es war, als seien die ersten Zeiten, wo wir schweigsam herumbummelten, wiedergekehrt. Er erschien mit einem ganzen Päckchen schöner Zigaretten mit arabischer Aufschrift, sie betäubten mich und ließen einen starken Duft zurück. Eines Morgens ging ich wieder an den Wassergraben; da kam er schweigsam an, die Jacke über der Schulter, setzte sich auf den Damm und rauchte. Sofort waren wir alle um ihn herum, und er gab zweien oder dreien Zigaretten und spuckte ins Wasser. Dann sagte er unlustig:

»Habt ihr den Fahrer von den Ca' Nere gesehen?«

Er sprach davon mit dem Blonden von den Mühlen; der hatte einen Bruder, der Gepäckträger am Bahnhof war, und man wurde darüber einig, daß Bruno, wenn nicht früher, bestimmt zur ›Madonna d'agosto‹, zur Himmelfahrt Mariä, ins Dorf kommen würde, um Mehl zu laden.

Nino sagte ruhig: »Martino sucht ihn, um ihm das Fell zu gerben.«

Der Sohn des Schmiedes machte die Bemerkung, die Zigarette schmecke nach Honig, sei aber stark. Wir vier Jungen gingen zusammen nach Hause; der Junge vom Schmied hatte schon grobe, lange Hosen, die ihm bis zu den nackten Schienbeinen reichten, und kratzte sich oft unter dem Hemd die Brust. Bald würde Nino Freundschaft mit ihnen schließen: sie lachten miteinander und stießen sich mit den Ellenbogen an.

Es kam der Tag, an dem Nino mich fragte: »Dir hat Bruno damals nichts getan?«

»Wer hat gehupt?« gab ich zur Antwort.

Nino – seine Augen wichen damals einem jeden aus – sah mich, während wir weitergingen, von der Seite an.

»Berto, du bist ja harmlos!«

Schon seit etlichen Nachmittagen mied er mich. Er zog mit irgendeinem von den anderen umher; sie gingen sogar fischen, und ich erfuhr, daß Nino außer Zigaretten einmal auch eine Dose eingekochte Pfirsiche mitgebracht hatte. Da sagte ich zu ihm: »Gib acht, sie wollen dir nicht wohl und gehen mit dir nur, weil du ihnen etwas mitbringst.« Aber Nino antwortete mir, das wisse er auch.

Am Abend vom Fest der Himmelfahrt, wo die Feuer brennen, ließ sich Nino nicht blicken, und seine Schwestern kamen nicht in den Garten heraus, um sich die Feuer anzusehen, diese vielen Lichtpünktchen auf den Hügelrücken. Es war das erste Jahr, in dem ich dieses Fest allein und unruhig verlebte. Am nächsten Tag erfuhr ich von einem Jungen, daß Nino mit den anderen losgezogen war, um auf dem Feld bei den Mühlen ein Feuer zu machen; und einmal hatte er den Sohn vom Schmied mit einem kräftigen Stoß ins Feuer geschubst. Dann war er ausgerissen, nach Hause, und jetzt suchte ihn der andere, um ihm eins auszuwischen.

Diesmal ließ mich Nino durch den Gärtner holen und bat mich flehentlich, ich solle ihm Bruno herrufen. Die Ca'Nere waren weit entfernt; und doch ging ich hin und sagte in der Garage, sie sollten Bruno ins Landhaus schicken. Als ich wieder in den Garten trat, flogen Steine und Erde hinter mir her: der Sohn des Schmiedes und die anderen hatten Posten bezogen – für den Fall, daß Nino erschiene.

Einige Stunden danach traf Bruno ganz munter ein, mit großem Halstuch und in Stiefeln, und wir hielten ihn am Gittertor an in der Hoffnung, die anderen würden werfen. Bruno glaubte, er sei wegen jener Fahrt nach Acqui hergerufen worden, und gab Nino einen Klaps auf den Kopf; Nino wurde feuerrot, trat neben ihn und fragte ihn, ob er Frieden machen wolle. Bruno blieb ungerührt und blickte nach hinten in den Garten. Dann lachte er kräftig und sagte: »Also gut. Was hast du denn nötig?«

In diesem Augenblick traf ein Erdklumpen Nino in den Rücken. Nino sprang beiseite, preßte Brunos Faust und sagte: »Los, gib's diesen Strolchen!« Als Bruno hörte, wer sie waren und was sie wollten, drehte er sich kurz um, sie zu betrachten, und sagte laut zu uns: »Ihr seid ärger als die Frauen, auch ihr beiden. Und die da unten sollen euch in Ruhe lassen, denn die Fäuste hier tun's für alle.« In diesem Augenblick kam Clara heraus, sie begrüßten sich und begannen von der Fahrt nach Acqui zu sprechen. Nino rief mich an ein Beet, um mir etwas zu zeigen, und ich trat in den Garten, drehte mich aber noch um und sah, daß Clara, an das Gitter gelehnt, Bruno zuhörte.

Eine Minute danach bekam Bruno einen Stein ins Gesicht, und Clara stieß einen Schrei aus. Wir rannten herbei: Bruno traktierte schon zwei von der Bande mit Fußtritten, einer von ihnen war der Sohn des Schmiedes. Ich blieb am Gittertor stehen, unter Claras Augen, schäumte vor Wut und ballte die Fäuste: wenn diese Kerle noch etwas brauchten – ich war bereit.

Bruno kam lachend zurück, und als er sich von Clara verabschiedete, gab er Nino wieder einen Klaps auf den Kopf. Wir waren alle erregt.

Es folgten schöne Augusttage, und Nino nahm mich oft in den Garten mit, wenn wir von einem Streifzug zurückkamen – der Hund war hinter dem Landhaus festgebunden. Einmal setzten wir uns, um unter dem Sonnenschirm Brot und Marmelade zu vespern, und Nino, lang in den Sessel gestreckt, sagte, auch in der Stadt esse er immer Marmelade, und in diesem Winter wolle er mich bei seiner Fechtstunde dabeihaben, dann würde ich sehen, wie schön das sei. Dann sagte er, im nächsten Jahr werde er im Juli wieder an die See gehen, und wenn ich mitkäme, würden wir zusammen Boot fahren. Er beschrieb mir die ›sandolini‹, die kleinen flachen Boote mit spitzem Bug und Heck und einer Ruderschaufel, aber um darin zu rudern, würde ich erst schwimmen lernen müssen.

»Verheiraten sich deine Schwestern nicht?« fragte ich ihn.

»Eine ist verheiratet«, sagte er, »sie ist nicht hier. Im vorigen Jahr hätte Clara heiraten sollen, aber dann haben sie sich gezankt.«

»Und deine Mutter?«

Seine Mutter war eine der Braunhaarigen, die ich für eine seiner Schwestern gehalten hatte. Ich wollte es gar nicht glauben.

»Nichts als Frauen gibt es bei mir zu Hause«, sagte Nino. »Wenn wenigstens Clara fortgegangen wäre!«

So mit Nino zusammenzusein, war schön. Er sagte mir keine Bosheiten mehr. Man machte mit Bruno eine weitere Autofahrt in das nächste Dorf, diesmal ohne zu streiten. Clara schickte ihm durch uns Zigaretten, die er lachend in die Tasche steckte.

Nur der Sohn des Schmiedes machte uns einige Sorge: seine Haare waren noch angesengt, und er sah uns von fern hochmütig an und verzog dabei den Mund.

Aber einmal erschien er mit duckmäuserigem Gesicht auf dem Platz vor der Kirche, wo wir umherspazierten, und kam uns entgegen. Er bat Nino um eine Zigarette. Nino zuckte die Achseln. Da sagte er zu ihm: »Wenn du sie mir gibst, sage ich dir etwas, wofür du mir hernach ein ganzes Päckchen schenkst.«

»Gib sie ihm«, flüsterte ich Nino zu, »auf die Art macht ihr Frieden.«

Aber Nino hatte keine. Der andere lachte. »Das tut nichts. Kommt mit zum Orto, dann lasse ich euch eine tolle Sache sehen.«

Nino sagte: »Hältst du uns für dumm?«

Da näherte der Sohn des Schmiedes seine gelben Zähne Ninos Ohr und wisperte ihm etwas zu. Nino wurde bleich, sprang zurück, sah mich an, sah ihn an und sagte stammelnd: »Ehrenwort?«

»Was gibt es?« fragte ich.

Nino sagte: »Gehen wir.«

Der Orto war ein Meierhof hinter dem Landhaus am Hang des Hügels. Zwischen dem Landhaus und einer ersten Schlucht erstreckte sich ein großer, fast ebener Rebgarten, von einem Röhricht umschlossen und halb mit Riedgras bedeckt. Rasch waren wir am Röhricht, sprangen hindurch und kamen zwischen den Rebstockreihen heraus. Ich hob schweigend einen knorrigen Zweig auf: vielleicht hatte der Sohn des Schmiedes für uns einen Hinterhalt vorbereitet.

»Hast du Bruno heute gesehen?« fragte ich plötzlich, damit Nino und auch der andere es merkte.

Nino bebten die Lippen; er gab keine Antwort. Sie gingen auf den Casotto Rosso zu, eine verlassene, von Bäumen beschattete Feldhütte hinten in den Rebstockreihen. Ich hatte sie im Jahr zuvor bei Spielen als ›Schanze‹ benutzt.

»Leise«, murmelte Nino, als wir kurz vor der Hütte waren. »Bleibt stehen. Du, Berto, halte ihn fest.« Er ging weiter vor und blieb dann auf dem freien Raum davor stehen. Die Holztür war verschlossen. Nino lief flink um die Ecke; an dem kleinen Fenster stellte er sich auf die Fußspitzen.

Der Sohn des Schmiedes lachte leise vor sich hin. »Was ist los?«

»Komm und sieh!«

So gingen auch wir nach vorn und erreichten Nino, der, sich auf ein Brett unter dem Fenster stützend, durch die gesprungene Scheibe starrte. Auch ich warf einen Blick hinein, erkannte aber nichts, weil meine Augen noch von der Sonne geblendet waren. Aber irgend etwas in dem Halbdunkel bewegte sich.

Dann unterschied ich eine weiße, ausgestreckt daliegende Gestalt; von ihr löste sich ein Mann, der um den Hals ein rotes Tuch hatte. Es war Bruno. Und die Frau war Clara, und sie hatte in dem nackten Schoß einen goldenen Fleck. Die staubige Scheibe bedeckte die Szene wie mit einem Nebel.

»Sie ist weiß«, wisperte der Sohn des Schmiedes.

Nino sprang zurück. »Kommt fort«, sagte er leise, zwischen den Zähnen. »Kommt fort.«

Seine Nägel zerkratzten mir den Rücken. Der Sohn des Schmiedes versetzte ihm rückwärts ausschlagend einen Tritt. »Wenn du nicht kommst, rufe ich Bruno«, sagte Nino wütend. Da trat der Junge vom Fenster weg und ging mit einem häßlich grinsenden Blick zurück auf den freien Raum. Sie starrten einander einen Augenblick an, dann fiel Nino über ihn her. Der andere riß aus.

Auch ich rannte verzweifelt und preßte meinen knotigen Zweig. Unter einer Rebstockreihe, fast im Röhricht, hatte Nino ihn eingeholt und auf den Boden geworfen. Sie rollten umeinander und bissen sich. Ich warf mich auf das Bündel und schlug gleichfalls los auf diese geflickten Hosen, auf das schmutzige Hemd, auf die gelben Zähne. Beim Prügeln dachte ich, jetzt sollte Clara mich sehen.

Als der Sohn des Schmiedes zu heulen und zu brüllen anfing, machte ich mich los und zog auch Nino weg. Wir ließen unseren Feind in der Furche liegen und liefen fort.

Ich glaube, Nino hatte das gleiche im Sinn wie ich, denn, zerfetzt und braun und blau geschlagen wie ich, rannte er los wie ein Pferd und suchte mich hinter sich zu lassen. So vermieden wir es, miteinander zu reden.

Ich sah von weitem, wie er um die Ecke des Landhauses bog,

und blieb auf einem Kieshaufen an der Straße allein. Erst als ich fast zu Hause war, merkte ich, daß mein Hals voll Blut war; aber es ließ mich gleichgültig, ich ging unter den Laubengang und warf mich ins Heu. Es war schon dunkel, als ich mich ganz betäubt erhob; während ich mir die Wange rieb, um das trockene Blut abzustreifen, das mir wie Tränen vorkam, dachte ich: ob alle Schwestern so waren wie Clara?

Am nächsten Tag erfuhr ich, daß Nino sich einen Arm gebrochen hatte. Ich wagte es nicht, mich im Landhaus zu zeigen, denn ich fürchtete mich vor dem Augenblick, da wir uns sehen würden.

Viele Nächte hindurch blieb ich Stunden um Stunden wach, schloß die Augen und preßte das Kissen zusammen. Eines Nachts, es war Mondschein, wäre ich am liebsten aufgestanden und in die Feldhütte gerannt, um nach irgendeiner Spur zu suchen. Aber ich hatte Angst. Ich ging dann am Morgen hin; doch im Rebgarten lief ein Bauer hin und her, und ich wagte mich nicht hinein.

Ich kam selten aus meinem Hof heraus, denn ich fürchtete Hinterhalt und Steinwürfe; aber die Jungen riefen mich zum Fischen, denn sie brauchten mein Netz. Und da Nino einen gebrochenen Arm hatte, wagte der Sohn des Schmiedes kein Wort zu sagen. Aber als wir eines Tages, im Heustadel versteckt, mit dem Blonden von den Mühlen bestimmte Gespräche führten, fragte mich dieser, ob auch Ninos Schwester blond sei. Hernach schämte ich mich – aber im Augenblick hatte ich nicht den Mund halten können. Doch beim Reden schlug mir das Herz bis zum Hals, und mit einemmal fühlte ich mich so verzweifelt wie als Kind, wenn ich, nackt auf dem Stuhl in der Küche sitzend, zusah, wie das Badewasser eingegossen wurde. Da schwieg ich, und auch der Blonde schwieg.

Eines Morgens endlich kam Bruno auf dem Rad vorüber, überraschte mich dabei, wie ich unter den Weiden an einem Zweig schnippelte, rief mich an und hielt. Er hatte um den Hals ein schwarzes Halstuch und trug die Bluse mit den kleinen Taschen.

»Hast du mit Nino Streit gehabt?«

Nino hatte ihm gestern aufgetragen, mich zu suchen und zu ihm zu schicken. Hatte er sich etwa mit mir geprügelt? Die Geschichte von dem dürren Baum, die er erzählt hatte, glaubte er ihm nicht. Diese Kratzer auf dem Gesicht waren von einem Jungen. »Wenn ich euch nicht kennte, würde ich sagen: sie sind von einem Mädchen«, schloß er.

Ich sah ihn ungläubig an.

»Los, besuche auch du ihn: unter Männern darf nie Kriegszustand sein. Geh, Nino will dich sehen. Ihr werdet euch erzählen, wie die Kinder geboren werden.«

»Hast du ihn denn besucht?« fragte ich zögernd.

»Sicher. Wir sind doch Freunde, nicht? Der Junge ist tüchtig. Seit zwei Wochen ein gebrochener Arm, und er will wieder mit mir Auto fahren.«

Bruno zog eine Zigarette heraus und zündete sie an. Er blies den Rauch in die Luft und stellte das Rad wieder auf.

»Was sagen seine Schwestern?« fragte ich.

»Die? Die pfeifen drauf«, antwortete Bruno und wandte den Kopf. »Und die Mutter am allermeisten. Die einzige, die ihn ein bißchen pflegt, ist die Blonde.« Er fuhr auf der Straße davon, während ich ihm mit dem Blick folgte – erstaunt, und im Grunde froh.

Die Selbstmörder

I

Es gibt Tage, wo die Stadt, in der ich lebe, die Leute, der Verkehr, die Bäume, wo alles am Morgen mit einem seltsamen Aussehen erwacht, gewohnt und doch fremd, etwa wie in jenen Augenblikken, wenn man sich im Spiegel betrachtet und sich fragt: ›Wer ist das wohl?‹ Für mich sind das die einzigen liebenswerten Tage im Jahr.

An solchen Vormittagen entrinne ich, wenn ich kann, dem Büro ein wenig früher, gehe hinunter und mische mich auf der Straße unter die Menge; ich scheue mich nicht, jeden, der vorübergeht, ebenso keck anzusehen, wie, so denke ich mir, mancher Vorübergehende mich ansieht – denn in diesen Augenblicken fühle ich mich tatsächlich richtig keck, und das macht mich zu einem anderen Menschen.

Ich bin überzeugt, daß ich vom Leben nie etwas Wertvolleres haben werde als die Entdeckung, wie ich es fertigbekommen kann, diese Augenblicke nach Belieben hervorzurufen. Auch ist mir bisweilen eine Art geglückt, sie zu verlängern: ich setze mich in irgendein ganz neues helles Café mit großen Fenstern und nehme von hier aus den Lärm des Hin und Her und der Straße in mich auf, die jäh aufspringenden Farben und Stimmen und die innere Ruhe, die den ganzen Aufruhr mäßigt.

Ich habe innerhalb weniger Jahre Enttäuschungen und brennende Gewissensqualen erlitten, und doch kann ich versichern, daß mein heißester Wunsch allein dieser Frieden und diese heitere Ruhe ist. Ich bin für die Stürme und für den Kampf nicht geschaffen; wenn ich auch an manchen Vormittagen hinuntergehe, zitternd vor Verlangen, die Straßen zu durcheilen, und mein Schritt einer Herausforderung gleicht, so wiederhole ich: nichts fordere ich vom Leben, als daß es sich betrachten läßt.

Und doch läßt auch diese bescheidene Lust manchmal geradezu die Bitterkeit eines Lasters in mir zurück. Nicht erst seit gestern weiß ich, daß zum Leben eine Schläue notwendig ist, mehr sich selbst als den andern gegenüber. Ich beneide diejenigen, die es fertigbekommen – es sind besonders die Frauen –, eine schlechte Tat, eine Bosheit zu begehen oder auch nur eine Laune zu befriedigen, nachdem sie eine ganze Reihe von Umständen dahin dirigiert haben, daß ihre Tat vor ihrem eigenen Gewissen als rechtmäßig erscheint. Ich habe keine großen Laster – falls nicht die Neigung, sich aus Mangel an Vertrauen vom Kampf zurückzuziehen und eine einsame Gemütsruhe zu suchen, das größte der möglichen Laster ist –, aber ich verstehe es auch nicht, mich selbst mit Schlauheit zu behandeln und mich in der Gewalt zu haben, wenn ich das Wenige genieße, das mir gewährt ist.

Kurz, es kommt vor, daß ich manchmal auf dem Corso stehenbleibe, rundum blicke und mich frage, ob ich das Recht habe, diese Keckheit zu genießen. Das geschieht besonders, wenn meine Ausgänge häufiger sind. Nicht, daß ich meiner Arbeit die Zeit raubte;

ich sorge anständig für meinen Lebensunterhalt und für den einer Nichte im Internat: sie steht allein in der Welt, denn die Alte – sie nennt sich meine Mutter – will sie nicht im Haus haben. Was ich mich frage, ist dies: ob ich bei diesem Entrückungs-Spaziergang nicht lächerlich bin, lächerlich und abstoßend. Denn manchmal denke ich, daß ich ihn in Wahrheit nicht verdiene.

Oder, wie es gestern vormittag geschah, ich brauche nur in einem Café zufällig irgendeiner merkwürdigen Szene beizuwohnen, die mich anfangs dadurch täuscht, daß die betreffenden Menschen normal wirken, und schon werde ich die Beute eines schuldbewußten Einsamkeitsgefühls und vieler trostloser Erinnerungen, die, je weiter sie sich von mir entfernen, in ihrem unbeweglichen Leben um so mehr quälende, furchtbare Bedeutungen bloßlegen.

Es waren fünf Minuten Spaß zwischen der jungen Kassiererin und einem Besucher in hellem Überrock; ein Freund begleitete ihn. Der junge Mann schrie, die Kassiererin schulde ihm den Rest eines Hundertlirescheins, und er schlug mit der Hand auf die Kasse und behauptete, er müsse ihre Handtasche und ihre Kleidertaschen durchsuchen.

»Junge Frau, so behandelt man Kunden nicht«, sagte er, wobei er dem verlegenen Freund zublinzelte. Die Kassiererin lachte. Der junge Mann erfand die Geschichte einer Reise, die sie mit diesen hundert Lire im Fahrstuhl eines Tageshotels zusammen machen würden. Die Sache war so komisch, daß sie am liebsten laut herausgeplatzt wären; aber sie beschlossen ganz ernsthaft, sie würden dieses Geld auf einer Bank deponieren – wenn sie es gehabt hätten.

»Addio, junge Frau«, rief er schließlich im Hinausgehen. »Denke heute nacht an mich.«

Erregt und lachend sagte die Kassiererin zum Kellner: »Was für eine Type!«

Ich hatte diese Kassiererin schon an anderen Vormittagen beobachtet, und manchmal, in einem Augenblick des Vergessens, lächelte ich, ohne sie anzusehen. Aber mein Frieden ist allzu labil, es ist wirklich nicht viel dran. Ich bekam die üblichen Gewissensbisse.

Alle sind wir auf dieser Welt innerlich schmutzig, aber es gibt zwei Arten von Schmutzigsein: die eine, liebenswürdige, lächelt dabei und bringt auch andere zum Lächeln, und eine andere, einsame, schafft um sich her Leere. Doch im Grunde ist die erste Art nicht die dümmste.

An solchen Vormittagen überfällt mich jedesmal neu der Gedanke, daß wirklich schuldhaft in meinem Leben nur die Dummheit ist. Andere bewirken vielleicht etwas recht Böses mit Berechnung, mit Selbstsicherheit, wobei sie sich für das Opfer und das Spiel interessieren – und ich vermute, daß ein so verbrachtes Leben viel Befriedigung geben kann; was mich betrifft, so habe ich nie etwas anderes getan, als an einer großen, unnützen Unsicherheit zu leiden und, wenn ich mit andern in Berührung komme, in einer blödsinnigen Grausamkeit um mich zu schlagen. Denn – da gibt es keinen Ausweg – es genügt, daß ich einen Augenblick der Gewissenspein meiner Einsamkeit nachgebe: und schon denke ich wieder an Carlotta.

Seit mehr als einem Jahr ist sie tot; ich kenne nun schon alle Wege, die die Erinnerung an sie durchlaufen kann, um mich zu überfallen. Wenn ich will, kann ich auch den anfänglichen Gemütszustand, der ihre Erscheinung vorbereitet, erkennen und mich gewaltsam ablenken. Aber ich will das nicht immer; und noch jetzt bietet mir diese Gewissenspein dunkle Winkel, neue Punkte, die ich mit der gleichen zitternden Angst wie vor einem Jahr erforsche. Ich bin mit Carlotta so quälend wahrhaftig umgegangen, daß jeder dieser zurückliegenden Tage für mein Gedächtnis nicht etwas Festes darstellt, sondern etwas wie ein Gesicht, das vor mir zurückweicht, genau wie es mir mit der heutigen Wirklichkeit ebenfalls geht.

Nicht daß Carlotta ein Geheimnis gewesen wäre. Sie war vielmehr, die Ärmste, als Frau viel zu einfach; und solche Frauen machen, wenn sie einmal einen Augenblick sich selbst nicht treu sind und eine Koketterie versuchen oder sich selbst entfliehen wollen, den andern vollkommen nervös. Aber solange sie einfach bleiben, nimmt niemand von ihnen Notiz. Ich habe nie begriffen, wie sie es ertrug, sich den Lebensunterhalt an der Kasse zu verdienen. Als Schwester wäre sie ideal gewesen.

Eines ist mir jedoch bis heute nicht klargeworden: ich bin weder meinen damaligen Gefühlen noch meinem damaligen Verhalten je auf den Grund gekommen. Was soll ich zum Beispiel von dem Abend sagen, als Carlotta ein Samtkleid angezogen hatte – ein altes Kleid –, um mich in ihrer kleinen Zweizimmerwohnung zu empfangen, und ich zu ihr sagte, ich hätte sie lieber im Badeanzug gesehen? Ich war erst wenige Male bei ihr gewesen und hatte sie noch nicht einmal geküßt.

Na schön – Carlotta hatte ein verlegenes Gesicht gemacht, hatte sich in den Vorraum zurückgezogen und war, unglaublich, im Badeanzug wiedererschienen. An jenem Abend geschah es, daß ich sie umarmte und auf den Diwan warf; aber sobald es zu Ende war, sagte ich ihr, ich sei nachher gern allein, und ging davon und ließ mich drei Tage nicht blicken, und als ich zurückkehrte, sagte ich Sie zu ihr.

Dann begann ein unsinniges Hofieren, das auf ihrer Seite aus zitternden Bekenntnissen, auf der meinen aus spärlichen Worten bestand; plötzlich sagte ich du zu ihr, aber Carlotta wies es zurück. Da fragte ich sie, ob sie sich mit ihrem Mann wieder versöhnt habe. Carlotta kamen die Tränen, und sie sagte: »Er hat mich nie so behandelt, wie Sie mich behandeln.«

Es war leicht zu erreichen, daß sie den Kopf an meine Brust lehnte und ich sie streicheln und ihr sagen konnte, ich liebte sie – ich war ja allein, und warum hätte ich diese Witwe nicht lieben sollen? Und Carlotta gab nach, sie bekannte mir leise, sie habe mich vom ersten Augenblick an gern gehabt, ich mache ihr den Eindruck eines ungewöhnlichen Mannes, aber ich hätte sie in der kurzen Zeit, die wir uns kannten, schon viel erdulden lassen; und, sie wisse nicht warum, alle Männer behandelten sie auf diese Art.

»Einmal heiß und einmal kalt«, sagte ich lächelnd in ihr Haar, »das macht die Liebe dauerhaft.«

Carlotta war bleich, mit riesigen, von der Müdigkeit etwas erschöpften Augen, und bleich war auch ihr Körper. In jener Nacht fragte sie mich im Dunkel ihres Zimmers, ob ich sie das letzte Mal verlassen hätte, weil mir ihr Körper nicht gefiele.

Aber auch diesmal hatte ich kein Mitleid; mitten in der Nacht zog ich mich wieder an und redete mich gar nicht erst heraus, ich sagte einfach, ich müsse mir Bewegung machen und hinuntergehen. Carlotta wollte mit mir kommen. »Nein, ich bin gern allein.« Ich gab ihr einen Kuß und verließ sie.

II

Als ich Carlotta kennenlernte, kam ich aus einem Sturm, der mich beinahe das Leben gekostet hätte; und es stimmte mich bitter und erfüllte mich zugleich mit Freude, wieder durch die öden Straßen zu gehen und vor der zu fliehen, die mich liebte. Lange Zeit war es mein Los gewesen, Nächte und Tage gedemütigt hinzubringen, in wildem Zorn über die Launen einer Frau.

Jetzt bin ich überzeugt, daß keine Leidenschaft so viel Kraft hat, die Natur dessen zu verändern, der sie erduldet. Man kann daran sterben, aber die Dinge ändern sich nicht. Wenn der Taumel vergangen ist, wird man wieder der brave Mann oder Halunke, Familienvater oder Junge, der man war, und lebt seinen eigenen Tag. Oder besser: man hat in der Krisis seine eigene, wahre Natur gesehen, und diese setzt uns in Schrecken, und das normale Leben ekelt uns an, und man wäre am liebsten tot, so abscheulich ist der Schimpf, den man uns angetan hat – aber wir können keinen anklagen als uns selbst. Ich verdanke es jener Frau, wenn ich jetzt dieses merkwürdige Leben führe, in den Tag hinein, ohne Ziel, nicht imstande, mich fest an die Welt zu binden, gefühllos meinem Nächsten, gefühllos meiner Mutter gegenüber, die ich ertrage, meiner Nichte gegenüber, die ich nicht liebe: alles verdanke ich jener Frau; aber wäre ich mit einer anderen besser gefahren? Ich meine, mit einer anderen, die fähig wäre, mich so zu demütigen, wie es meine Natur erfordert?

Damals jedenfalls hat mir der Gedanke, daß schlecht an mir gehandelt wurde, daß man diese Frau treulos nennen konnte, einigen Trost gegeben. Bei einem bestimmten Grad des Leidens ist es unvermeidlich, ist es ein natürliches Anästhetikum, daß man denkt, man leide ungerecht: das belebt wieder und festigt, unseren heimlichsten Wünschen gemäß, den Zauber des Lebens, gibt uns von neuem das Gefühl unseres Wertes den Dingen gegenüber; es schmeichelt. Ich hatte empfunden und hätte gewünscht, daß die Ungerechtigkeit, die Undankbarkeit womöglich noch grausiger sein sollten. Ich erinnere mich – an jenen langen Tagen, an den angsterfüllten Abenden – eines unbestimmten, geheimen Gefühls, wie eine Atmosphäre oder eine Erleuchtung: das Staunen, daß all das geschah, daß die Frau wirklich diese Frau war, die Wahnvorstellungen und tiefen Schmerzen wirklich diese, die Seufzer, Worte, Tatsachen, ich selbst – daß all das wirklich so geschah.

Und siehe da, weil ich eine Ungerechtigkeit erduldet hatte, vergalt ich diese Ungerechtigkeit, wie es in der Welt so geht, nicht der Schuldigen, sondern einer anderen.

Carlottas kleine Wohnung verließ ich bei Nacht satt und aufgeheitert und hatte Spaß daran, allein herumzugehen; ich schob alle Eile von mir weg, freute mich in Freiheit an der langen Allee, hing vagen Empfindungen und Gedanken an die frühe Jugend nach. Die Einfachheit der Nacht – Dunkel und Straßenlaternen – hat mich immer zärtlich aufgenommen, sie gewährte mir die absonderlichsten, angenehmsten Phantasien, tönte sie mit ihrem Kontrast und machte sie riesengroß. Sogar der dumpfe Groll, den ich gegen Carlotta hegte wegen ihrer Sucht, sich zu demütigen, hatte hier freies Spiel, er war gelöst von einer gewissen Verlegenheit, die ich in ihrer Gegenwart empfand, weil sie mir dann leid tat.

Aber ich war nicht mehr jung. Um mich von Carlotta leichter zu lösen, dachte ich immer wieder über ihren Körper und ihre Zärtlichkeiten nach und zerlegte beides. Ich schätzte roh genug ab, wie es ihr – sie lebte von ihrem Mann getrennt und war noch jung und kinderlos – geradezu unwirklich erscheinen mußte, daß sie bei mir ihrem Liebesbedürfnis freien Lauf lassen konnte. Aber die Ärmste war als Liebende allzu einfach, und vielleicht hatte schon ihr Mann sie darum betrogen.

Ich erinnere mich an den Abend, an dem wir Arm in Arm vom Kino zurückkamen und Carlotta, als wir durch die halbdunklen Straßen gingen, zu mir sagte:

»Ich bin so froh. Es ist schön, mit dir ins Kino zu gehen.«

»Bist du mit deinem Mann nie hingegangen?«

Carlotta lächelte. »Bist du eifersüchtig?«

Ich zuckte die Achseln. »Das ändert sowieso nichts.«

»Ich bin müde«, sagte Carlotta und hängte sich fest an meinen Arm. »Diese nutzlose Kette, die uns bindet, ruiniert das Leben mir und ihm und zwingt mich, einen Namen zu respektieren, der mir nur Böses angetan hat. Man müßte sich scheiden lassen können, wenigstens wenn keine Kinder da sind.«

An jenem Abend war ich von der langen, warmen Berührung und von der Sehnsucht zärtlich gestimmt.

»Du hast also Gewissensbedenken?«

»O Lieber«, sagte Carlotta, »warum bist du nicht immer so gut wie heute abend? Stell dir vor, wenn ich mich scheiden lassen könnte!«

Ich sagte nichts. Einmal, als sie von Scheidung sprach, war ich losgefahren. »Aber ich bitte dich, wem geht es besser als dir? Du tust, was du willst, und ich wette, daß er dir noch immer etwas zahlt, wenn es stimmt, daß er dich betrogen hat.«

»Ich habe nie etwas haben wollen«, hatte Carlotta geantwortet. »Seit damals arbeite ich«, und sie hatte mich angesehen. »Jetzt nun gar, wo ich dich habe, würde es mir vorkommen, als betrüge ich dich.«

An diesem Kinoabend hatte ich ihr den Mund mit einem Kuß verschlossen. Dann hatte ich sie ins Bahnhofscafé geführt und ihr zwei Gläser Likör bringen lassen.

In dem dunstigen Licht, das durch die Scheiben fiel, saßen wir in einer Ecke wie Verliebte. Auch ich trank etliche Gläser und sagte laut zu ihr:

»Carlotta, machen wir heute nacht ein Kind?«

Jemand sah uns an, weil Carlotta, lachend und mit rotem Gesicht, mir den Mund mit der Hand verschloß.

Ich redete, redete. Carlotta sprach von dem Film und sagte dummes Zeug, aber leidenschaftliches dummes Zeug, wobei sie uns mit der Filmhandlung verglich. Ich trank, denn ich wußte, das war die einzige Art, Carlotta gern zu haben.

Die Kälte draußen belebte uns wieder, und wir eilten nach Hause. Ich blieb die ganze Nacht bei ihr, und am Morgen beim Aufwachen spürte ich, wie sie, zerzaust und schlaftrunken neben mir, eine Umarmung versuchte. Ich stieß sie nicht zurück; doch als ich mich erhob, tat mir der Kopf weh, und die verhaltene Freude, mit der Carlotta mir trällernd den Kaffee bereitete, ärgerte mich. Dann wollten wir eigentlich zusammen ausgehen, aber sie dachte an die Pförtnersfrau und schickte mich vor, nicht ohne mich hinter der Tür zu umarmen und zu küssen.

Von diesem Erwachen sind mir am lebhaftesten die Zweige der Bäume am Corso in Erinnerung: steif, tropfend im Nebel, standen sie hinter den Vorhängen. Die Wärme und Geschäftigkeit im Innern und die kalte Luft des Morgens draußen fuhren mir belebend ins Blut; nur hätte ich gern alles allein betrachtet und hätte gern geraucht, wobei ich mir ein ganz anderes Erwachen und eine andere Gefährtin vorstellte.

Die Zärtlichkeit, die Carlotta mir in diesen Fällen zu entlocken verstand, warf ich mir vor, sobald ich allein war. Ich verbrachte wuterfüllte Augenblicke damit, meinen Sinn genau zu durchforschen, um mich auch von der armseligsten Erinnerung an sie freizumachen und mir Härte vorzunehmen, die ich nur allzusehr in die Tat umsetzte. Es sollte ein für allemal klar sein, daß wir uns nur aus Langeweile liebten, aus schlechter Angewohnheit, aus irgendeinem beliebigen Beweggrund, nur nicht dem, über den sie sich Täuschungen hingab. Mich ärgerte die Erinnerung an ihren bedeutungsvollen glückseligen Blick nach unserer Umarmung, und ich war empört, ihn an ihr zu bemerken, während die einzige, von der ich sie mir gewünscht hätte, sie mir nie erlaubt hatte.

»Wenn du mich so annimmst, wie ich bin, gut«, sagte ich einmal zu ihr, »aber schlag es dir aus dem Kopf, in mein Leben einzudringen.«

»Hast du mich nicht gern?« stammelte Carlotta.

»Das bißchen Liebe, dessen ich fähig bin, habe ich restlos verbraucht, als ich jung war.«

Aber manchmal geriet ich in Zorn darüber, daß ich es aus schandbarem Bedürfnis oder aus Wollust hatte geschehen lassen, ihr ein wenig Neigung entgegenzubringen.

Carlotta versuchte zu lächeln.

»Sind wir wenigstens gute Freunde?«

»Höre«, sagte ich ernsthaft, »diese Geschichten sind mir zuwider: wir sind ein Mann und eine Frau, die sich langweilen, und wir fühlen uns im Bett wohl.«

»Oh, das ja«, sagte sie, grub mir die Nägel in den Arm und verbarg ihr Gesicht, »du gefällst mir, du gefällst mir.«

»Und weiter gibt es nichts.«

Es genügte eines dieser Gespräche, in denen mir schien, ich sei schwach gewesen, daß ich sie ganze Wochen mied und ihr, wenn sie mich aus ihrem Café im Büro anrief, antwortete, ich hätte zu tun. Das erste Mal versuchte Carlotta sich zu empören. Da ließ ich sie einen Abend in Angst zubringen: ich blieb kalt auf dem Diwan sitzen – der Lampenschirm warf auf ihre Knie ein weißes Licht –, und ich spürte in dem Halbdunkel den kaum zurückgehaltenen Kummer ihrer Blicke. In der unerträglichen Spannung sagte schließlich ich selbst: »Bedanke dich bei mir, meine Gnädige – an diese Sitzung wirst du dich vielleicht mehr erinnern als an vieles andere.«

Carlotta rührte sich nicht.

»Warum bringst du mich nicht um, meine Gnädige? Wenn du meinst, du könntest mir gegenüber das Weibchen spielen, so verlierst du deine Zeit. Launen leiste ich mir selbst.«

Carlotta keuchte.

»Nicht mal der Badeanzug schafft es heute nacht«, sagte ich zu ihr.

Carlotta sprang nach vorn, ihr dunkler Kopf kam in dem weißen Licht wie ein Gegenstand, der geworfen wird, auf mich zu. Ich hob abwehrend die Hände. Aber Carlotta stürzte vor meine Knie hin und weinte. Ich legte ihr zwei-, dreimal die Hände auf den Kopf und erhob mich.

»Auch ich müßte weinen, Carlotta. Aber ich weiß, es nutzt nichts. Alles, was du empfindest, habe auch ich empfunden. Ich habe mich umbringen wollen, aber dann hat es mir an Mut gefehlt. Darin liegt ja der Witz: wer so schwach ist, daß er an Selbstmord denkt, ist zu schwach, ihn zu vollbringen... Komm, Carlotta, sei brav!«

»Behandle mich doch nicht so!« stammelte sie.

»Ich behandle dich gar nicht ›so‹. Aber du weißt, daß ich gern allein bin. Wenn du mich allein gehen läßt, komme ich zurück; sonst werden wir uns nicht mehr sehen. Hör zu, du möchtest doch, daß ich dich liebe?«

Carlotta hob unter meiner Hand das entstellte Gesicht.

»Dann hör auf, mich zu lieben. Etwas anderes gibt es nicht. Wo der Hase ist, ist der Jäger nicht fern.«

Solche Szenen erschütterten Carlotta viel zu tief, als daß sie daran gedacht hätte, von mir zu lassen. Und dann – bezeichneten sie nicht eine tiefgehende Gleichartigkeit unserer Temperamente? Carlotta war im Grunde einfach, allzu einfach, und konnte das nicht klar erkennen, doch sicher spürte sie es. Die Unglückliche versuchte mich mit Scherzen zu fangen und sagte manchmal: ›So ist das Leben!‹ und ›Ach, ich Ärmste!‹

Ich glaube, daß ich, hätte sie mich damals entschieden zurückgewiesen, ein wenig gelitten hätte. Aber Carlotta konnte mich nicht zurückweisen. Wenn ich zwei Abende nacheinander nicht gekommen war, hatte sie Schatten unter den Augen. Und wenn mich manchmal das Mitleid oder die Zärtlichkeit packte, wenn ich in ihr Café kam und sie fragte, ob sie mit mir ausgehen wolle, erhob sie sich mit glühendem Gesicht, wurde verwirrt und sogar hübscher.

Mein Groll richtete sich nicht gegen sie; er richtete sich gegen jede Begrenzung und jede Unterwerfung, die unsere Intimität mir auch nur andeutungsweise zu schaffen schien. Da ich Carlotta nicht liebte, erschien mir selbst ihr kleinstes Anrecht auf mich grauenhaft. Es gab Tage, wo es mich schauderte, sie zu duzen, es würdigte mich herab. Wer war diese Frau für mich, daß sie sich bei mir einhakte?

Zur Entschädigung kam ich mir wie neugeboren vor, wenn ich an manchen halben Tagen, zu manchen Stunden, nachdem die Arbeit getan war, hinaus an die Sonne gehen konnte durch die lichterfüllten Straßen, befreit von Carlotta, von allem, körperlich gesättigt, wenn der alte Schmerz eingeschlafen war: einfach nichts tun als sehen, schnuppern, empfinden wie zu der Zeit, da ich jung war. Daß Carlotta an der Liebe zu mir litt, linderte meine vergangenen Qualen und machte sie kümmerlicher, entfremdete sie mir ein wenig, als kämen sie aus einer Welt, über die man lachen kann; fern von Carlotta fand ich mich wieder intakt und reicher an Erfahrung. Carlotta war, so dachte ich oft von ihr, der Schwamm, der mich säuberte.

III

An manchen Abenden redete und redete ich, wurde, ins Spiel versunken, wieder zum Jungen und vergaß meinen Groll.

»Carlotta«, sagte ich, »wie fühlt man sich, wenn man verliebt ist? Ich bin das schon seit langer Zeit nicht mehr. Ich glaube, alles in allem ist es schön. Geht es gut, so freut man sich, geht es schlecht, so hofft man. Man hat mir erzählt, man lebe in den Tag hinein. Wie fühlt man sich, Carlotta?«

Carlotta schüttelte lächelnd den Kopf.

»Und dann, Carlotta, macht man sich so viele schöne Gedanken. Der, den wir lieben, der aber nichts davon wissen will, wird nie so glücklich sein wie wir. Außer«, und ich lächelte, »er geht mit einer anderen ins Bett und lacht sich eins.«

Carlotta zog die Brauen zusammen.

»Eine schöne Sache, die Liebe«, schloß ich. »Und kein Mensch entgeht ihr.«

Carlotta diente mir als Publikum. Ich redete an diesen Abenden nur für mich. Das ist die schönste Art, zu reden.

»Es gibt die Liebe, und es gibt den Verrat. Will man die Liebe wirklich genießen, dann muß auch ein Verrat dabei sein. Gerade das verstehen die jungen Burschen nicht. Ihr Frauen begreift das rascher. Hast du deinen Mann betrogen?«

Carlotta wurde rot und versuchte ein kleines Lächeln.

»Wir Jungen waren dümmer. Wir verliebten uns ernsthaft in eine Schauspielerin oder in eine Kameradin und brachten ihr unsere besten Gedanken dar. Nur vergaßen wir, es ihr zu sagen. Soviel ich weiß, entging es keinem Mädchen in unserem Alter, daß die Liebe eine Frage der Schlauheit ist. Es erscheint unmöglich. aber es ist so: die jungen Burschen gehen in die Bordells und schließen daraus, die Frauen draußen wären anders. Was hast du mit sechzehn Jahren getrieben, Carlotta?«

Aber Carlotta hing einem anderen Gedanken nach. Statt zu antworten, drückten ihre Augen aus, daß ich ihr gehörte, und ich haßte die Festigkeit und den Eifer, die aus ihrem Blick strahlten.

»Was hast du mit sechzehn Jahren getrieben?« wiederholte ich und starrte zu Boden.

»Nichts«, antwortete sie ernsthaft. Ich wußte, was sie dachte.

Dann bat sie mich um Verzeihung, sie sagte »Ich Ärmste«, erkannte an, daß sie keinerlei Recht habe; doch jenes Aufblitzen hatte genügt. »Weißt du, daß du blöde bist? Von mir aus könnte dein Mann dich auch wieder holen.« Und ich ging erleichtert davon.

Am nächsten Tag erhielt ich im Büro einen schüchternen Anruf und antwortete trocken. Am Abend sahen wir uns.

Carlotta machte es Spaß, wenn ich ihr von meiner Nichte im Internat erzählte, und sie schüttelte ungläubig den Kopf, als ich ihr sagte, ich würde ins Internat lieber meine Mutter stecken und mit dem kleinen Mädchen zusammenleben. Sie stellte sich uns beide wie zwei sonderbare Wesen vor, die so tun, als seien sie Onkel und Nichte; in Wirklichkeit aber haben sie eine Unmenge Geheimnisse und Tücken, die sie freuen und beschäftigen. Sie fragte mich mißtrauisch, ob die Nichte etwa meine Tochter sei.

»Sicher! Sie wurde mir geboren, als ich sechzehn Jahre alt war. Und dann mußte sie auch noch blond sein, nur um mich zu ärgern. Wie macht man es, daß man blond geboren wird? Für mich sind die Blonden Tiere wie die Affen oder die Löwen. Es würde mir so vorkommen, als sei ich immerzu an der Sonne.«

Carlotta sagte: »Ich war als ganz kleines Mädchen blond.«

»Und ich war kahlköpfig.«

In diesen letzten Zeiten empfand ich für Carlottas Vergangenheit eine gelangweilte Neugier, die mich von Mal zu Mal vergessen ließ, was sie mir früher erzählt hatte. Ich blätterte sie durch, wie man die Zeitungsnachrichten durchblättert. Ich machte mir ein Spiel daraus, sie mit sonderbaren Äußerungen zu verwirren, ich stellte ihr grausame Fragen und beantwortete sie von mir aus. In Wirklichkeit hörte ich nur mich selbst.

Aber Carlotta hatte mich verstanden. »Erzähl mir was«, sagte sie an manchen Abenden und preßte meinen Arm. Sie wußte, die einzige Art, mich als Freund zu haben, war, wenn sie mich zum Reden brachte.

»Habe ich dir je erzählt, Carlotta«, sagte ich eines Abends zu ihr, »daß ein Mann sich für mich getötet hat?« Sie sah mich halb lachend, halb verwirrt an.

»Da gibt es wenig zu lachen«, fuhr ich fort. »Wir haben uns zusammen töten wollen, aber er hat dran glauben müssen. Jugendtorheiten.« Merkwürdig, dachte ich dann, nie habe ich das jemandem erzählt: ausgerechnet Carlotta muß ich das sagen. »Ein Freund von mir, ein hübscher blonder Junge. Der sah wirklich aus wie ein Löwe. Ihr Mädchen schließt solche Freundschaften nicht. In diesem Alter seid ihr schon zu eifersüchtig. Wir gingen zusammen zur Schule, aber wir sahen uns immer abends. Wir sagten Ferkeleien, wie man das unter Jungen tut, aber wir waren verliebt in eine Signora. Sie muß noch am Leben sein. Sie war unsere erste Liebe, Carlotta. Wir verbrachten die Abende damit, über Liebe zu reden, und über Tod. Kein Verliebter ist je gewisser gewesen, von dem Freund verstanden zu werden, als wir beide. Jean – er hieß Jean – hatte eine kühne Traurigkeit, die mich beschämte. Er schuf die Melancholie der Abende, an denen wir im Nebel umherspazierten. Wir hätten nie geglaubt, daß man so sehr leiden könne ...«

»Warst du auch verliebt?«

»Ich litt darunter, daß ich weniger melancholisch war als Jean. Schließlich entdeckte ich, daß wir uns töten könnten, und sagte es ihm. Jean befreundete sich mit der Idee nur langsam – er, der gewöhnlich ganz Phantasie war. Wir hatten nur einen Revolver. Wir gingen auf den Hügel, um ihn auszuprobieren – falls er überhaupt losging. Jean schoß als erster. Er war immer ängstlich gewesen, und ich glaube, wenn er es aufgegeben hätte, die Schöne zu lieben, hätte ich es auch aufgegeben. Nach der Probe – wir waren auf einem kahlen Pfad, im Winter, in halber Höhe – dachte ich noch an die Heftigkeit des Schusses, als Jean sich den Lauf in den Mund steckte und sagte: ›Es gibt welche, die es tun‹, und der Schuß ging los und tötete ihn.«

Carlotta sah mich entsetzt an.

»Ich wußte nicht, was ich tun sollte, und riß aus.«

Damals sagte Carlotta zu mir: »Und du hattest diese Frau wirklich gern?«

»Diese Frau? Ich liebte Jean, ich habe es dir ja gesagt.«

»Und du wolltest dich ebenfalls töten?«

»Sicher. Und es wäre eine Dummheit gewesen. Aber es nicht tun, war eine große Feigheit. Manchmal bereue ich es.«

Carlotta erinnerte sich oft an diese Erzählung und sprach von Jean, als habe sie ihn gekannt. Sie ließ ihn sich beschreiben und fragte mich, wie ich damals gewesen sei. Sie fragte mich, ob ich den Revolver aufgehoben hätte.

»Hör mal, bring dich ja nicht um! Du hast doch nie wirklich daran gedacht, dich umzubringen?« Bei diesen Worten sah sie mich forschend an.

»Immer, wenn man verliebt ist, denkt man daran.«

Carlotta lächelte nicht einmal.

»Denkst du noch immer daran?«

»An Jean denke ich manchmal.«

IV

Mit Carlotta hatte ich es recht mühsam um Mittag, wenn ich, aus dem Büro kommend, an den Scheiben ihres Cafés vorüberging und mich nicht sehen lassen wollte, damit ich nicht gezwungen wäre, hineinzugehen und ein bißchen nett mit ihr zu sein. Mittags ging ich nicht nach Hause, ich war dieses Stündchen gern für mich allein in der Trattoria, schloß halb die Augen und rauchte. Carlotta saß auf ihrem Platz, trennte Kassenzettel von der Maschine ab, nickte dabei und lächelte und runzelte die Stirn, und mancher Kunde machte einen Spaß mit ihr.

Sie saß von früh sieben bis vier Uhr nachmittags an der Kasse. Sie trug ein hellblaues Kleid. Und sie verdiente im Monat vierhundertachtzig Lire. Carlotta liebte es, alles auf einmal zu erledigen, sie trank, statt zu Mittag zu essen, eine große Tasse Milch, ohne ihren Platz zu verlassen. Es wäre, sagte sie mir, eine leichte Arbeit gewesen ohne das heftige Zuschlagen der Tür beim Kommen und Gehen der Besucher. Manchmal empfand sie das wie Faustschläge aufs bloße Gehirn.

Seitdem mache ich die Tür, wenn ich in das Café trete, leise zu. Carlotta versuchte mir die kleinen Szenen mit den Besuchern zu beschreiben, aber es gelang ihr nicht, so zu sprechen wie ich, wie es ihr auch nicht gelang, mich zu erschüttern mit ihren flüchtigen Hinweisen auf die Vorschläge, die ihr mancher ältliche Mann machte.

»Geh doch darauf ein«, sagte ich zu ihr, »nur sieh zu, daß ich ihn nicht zu Gesicht kriege. Empfange ihn an den ungeraden Tagen. Und nimm dich vor Krankheiten in acht.«

Carlotta verzog den Mund.

Seit einigen Tagen nagte irgendein Gedanke an ihr. »Sind wir wieder einmal verliebt, Carlotta?« sagte ich zu ihr eines Abends.

Carlotta sah mich an wie ein geprügelter Hund. Ich verlor von neuem die Geduld. Diese Blicke, die abends im Halbdunkel des kleinen Zimmers aufglänzten, diese Händedrücke brachten mich in Wut. Ich fürchtete immer, mich an Carlotta zu binden. Und ich haßte es, daß sie auch nur daran dachte.

Ich wurde wieder schweigsam und flegelhaft. Aber Carlotta nahm meine Ausbrüche nicht mehr mit der früheren, demütig-verhaltenen Erregung entgegen. Sie starrte mich an, wobei sie unbeweglich blieb, und manchmal entzog sie sich mit einer freundlichen Geste der Zärtlichkeit, mit der ich sie wieder besänftigen wollte.

Das behagte mir noch weniger. Ihr den Hof machen, um sie zu haben, widerstrebte mir. Aber die Sache geschah nicht plötzlich. Carlotta sagte:

»Ein Kopfweh habe ich... diese Tür! Halten wir heute abend Ruhe. Erzähl mir etwas!«

Als ich merkte, daß Carlotta Ernst machte und sich als die Unglückliche aufspielte und Gewissensbedenken hervorholte, ließ ich meine heftigen Ausbrüche sein: ich betrog sie einfach. Ich erlebte wieder einen der trüben Abende von früher, wenn ich mich, aus einem Bordell zurückkehrend, in irgendein jämmerliches Café setzte, um auszuruhen, weder froh noch traurig, nur benommen. Ich dachte: so ist es recht; entweder man nimmt die Liebe mit allen ihren Risiken an, oder es bleibt einem nur die Prostitution.

Ich dachte, Carlotta heuchelte nur Eifersucht, und lachte darüber. Carlotta litt. Aber es war nur zu einfach, aus ihrer Qual Nutzen zu ziehen. Und wie es jemandem so geht, wenn er wirklich leidet: sie wurde sogar häßlich. Es tat mir leid, aber ich fühlte, daß ich sie verlassen mußte.

Carlotta sah den Schlag voraus. Eines Abends, als wir im Bett lagen und ich instinktiv ein Gespräch vermied, stieß sie mich plötzlich zurück und kroch an der Wand in sich zusammen.

»Was hast du?« fragte ich ärgerlich.

Sie drehte sich mir unversehens wieder zu und sagte: »Wenn ich morgen verschwände – würde dir das etwas ausmachen?«

»Ich weiß nicht«, stammelte ich.

»Und wenn ich dich betrügen würde?«

»Das Leben ist ein einziger Betrug.«

»Und wenn ich zu meinem Mann zurückginge?«

Sie sprach im Ernst. Ich zuckte die Achseln.

»Ich bin armselig dran«, begann Carlotta von neuem. »Und ich bin nicht imstande, dich zu betrügen. Ich habe meinen Mann gesehen.«

»Wie kam denn das?«

»Er ist ins Café gekommen.«

»Aber ich denke, er war nach Amerika ausgerissen?«

»Ich weiß es nicht«, sagte Carlotta. »Jedenfalls habe ich ihn im Café gesehen.«

Vielleicht wollte sie es mir nicht sagen, aber es fuhr ihr so heraus, daß ihr Mann von einer Signora im Pelzmantel begleitet wurde.

»Dann habt ihr nicht miteinander gesprochen?«

Carlotta zögerte. »Er ist am nächsten Tag wiedergekommen. Er hat mit mir gesprochen und mich nach Hause gebracht.«

Ich muß zugeben, daß ich mich unbehaglich fühlte. Ich sagte leise: »Bis hierher?«

Carlotta preßte sich mit dem ganzen Körper an mich. »Aber ich habe dich gern«, flüsterte sie. »Du darfst nicht glauben...«

»Bis hierher?«

»Hier war nichts, Lieber. Er hat mir von seinen Geschäften erzählt. Nur – als ich ihn wiedersah, habe ich gemerkt, wie gern ich dich habe. Ich würde nicht mehr zu ihm zurückgehen, auch wenn er mich darum bäte.«

»Dann hat er dich darum gebeten?«

»Nein. Er hat gesagt, wenn er noch einmal heiratete, würde er wieder mich heiraten.«

»Und hast du ihn noch einmal gesehen?«

»Er ist wieder ins Café gekommen mit dieser...«

Das war das letzte Mal, daß ich die Nacht mit Carlotta verbrachte. Ohne von ihrem Körper Abschied genommen zu haben, ohne Bedauern hörte ich auf, sie zu bedrängen, sie im Hause zu treffen. Ich duldete es, daß sie mich anrief und in Cafés auf mich wartete, nicht jeden Abend, doch hin und wieder. Carlotta kam jedesmal und verschlang mich mit den Augen. Wenn wir uns verabschiedeten, bebte ihre Stimme.

»Ich habe ihn nicht mehr gesehen«, flüsterte sie eines Abends.

»Das ist ungeschickt«, antwortete ich ihr, »du solltest versuchen, ihn wieder einzufangen.«

Es ärgerte mich, daß Carlotta, wie sie es zweifellos tat, die Sache mit ihrem Mann bedauert hatte, und es ärgerte mich, daß sie gehofft hatte, mich mit diesem Gespräch an sich zu ziehen. Und diese Blanko-Liebe lohnte weder Carlottas Gewissensbedenken noch mein Risiko.

Eines Abends rief ich sie an: ich würde zu ihr kommen. Sie öffnete mir ungläubig und ängstlich. Ich sah mich im Vorraum mit einiger Absicht um. Carlotta trug ein Samtkleid. Ich erinnere mich, daß sie erkältet war und immerzu das Schnupftuch zusammenpreßte oder es an die gerötete Nase führte.

Ich sah sofort: sie hatte begriffen. Sie war gefügig und schweigsam und antwortete auf meine Fragen mit armseligen Blicken. Sie ließ mich reden, wobei sie mich über ihrem Schnupftuch verstohlen ansah. Dann stand sie auf, kam auf mich zu, lehnte ihren Körper gegen mein Gesicht, und ich mußte sie umarmen.

»Kommst du nicht ins Bett?« sagte sie leise mit der gewohnten Stimme.

Ich ging mit ihr ins Bett, und die ganze Zeit über ärgerte mich ihr feuchtes, von der Erkältung erhitztes Gesicht. Um Mitternacht sprang ich auf und begann mich anzuziehen. Carlotta knipste das Licht an und betrachtete mich einen Augenblick. Dann knipste sie aus und sagte: »Geh nur.« Verlegen, stolpernd ging ich davon.

In den folgenden Tagen befürchtete ich einen Anruf, aber nichts störte mich. Ich arbeitete Wochen um Wochen in Frieden, und eines Abends packte mich die Sehnsucht nach Carlotta, aber die Scham half mir, mich zu überwinden. Doch wußte ich: wenn ich an ihrer Tür geklingelt hätte, hätte ich das Glück hereingebracht. Diese Sicherheit hatte ich immer gehabt.

Ich gab nicht nach, aber am nächsten Tag ging ich um Mittag vor ihrem Café vorüber. An der Kasse saß eine Blonde. Carlotta mußte die Arbeitsstunden geändert haben. Aber auch am Abend sah ich sie nicht. Ich dachte, sie sei krank, oder ihr Mann habe sie zurückgeholt. Diese Vorstellung mißfiel mir.

Aber mir zitterten die Knie, als die Pförtnersfrau, die regelmäßig den Dienst versah, mich mit kleinen, harten, sehr unfreundlichen Augen ansah und mir sagte, man habe sie vor vier Wochen tot im Bett gefunden, bei geöffnetem Gashahn.

»Si parva licet«

ERSTE SZENE

Es ist früher Morgen. Adam, ein starker junger Mann mit behaarten Beinen und breiter Brust. Er kommt aus der Grotte rechts hinten und bückt sich, um eine Handvoll Kiesel aufzusammeln. Er wirft jeden einzeln mit Sorgfalt gegen den Stamm einer Palme links. Manchmal verfehlt er das Ziel.

ADAM *(plötzlich zusammenfahrend)* Ich gehe fischen.

DIE STIMME EVAS *(aus der Grotte)* Dann geh. Was brauchst du das erst zu sagen?

ADAM Es ist eben so, daß ich keine Lust habe, fischen zu gehen.

DIE STIMME EVAS Dummkopf.

ADAM *(schaut rundum, mit zerstreutem Ausdruck)* Das tue ich zu all dem anderen, Eva.

Schweigen.

Was hast du davon, wenn du mich Dummkopf nennst?

Schweigen.

(Wütend) Es ist eben so: wenn du mich weiterhin auf diese Art behandelst, gehe ich eines Tages auf und davon, und du siehst mich nie wieder. Man kann kein Wort zu dir sagen, ohne daß du losfährst. Brauchen wir das etwa nicht, alle beide, daß wir miteinander reden? Du weißt nicht, was das bedeutet: allein sein. Du warst nie allein. Und du vergißt zu oft, daß du geschaffen worden bist, um mir Gesellschaft zu leisten.

DIE STIMME EVAS Ja, Lieber. Aber warum sagst du mir erst, daß du fischen gehst?

ADAM *(bückt sich, um Kiesel aufzusammeln, und verzieht lächelnd den Mund)* Ich habe es nur so hingesagt, Eva.

DIE STIMME EVAS Du bist mir lieber, wenn du es nicht nur so hinsagst.

ADAM *(wirft mit Wut die Kiesel)* Also gut, ich gehe fischen.

Man hört ein leichtes Lachen Evas. Adam geht. Auf der Waldblöße verbreitet sich die kühle Ruhe des Morgens. Ein Reh hüpft herbei, beschnuppert die Stämme verschiedener Bäume und springt dann mit einem Satz nach links.

Adam kommt zurück, mit der gewohnten Miene; er hängt ein wenig nach links. Er setzt sich in die Mitte auf einen Stein, den Rücken nach der Grotte. Er spricht und sieht dabei vor sich hin.

Der Wald hier ist ganz Eva. Wenn er sprechen könnte, würde er mich behandeln wie sie. Stämme und Stämme, Blätter und Blätter, dunkle Winkel, die an der Sonne trocknen, andere, die nicht trocknen, voller Leben, voller Stimmen, aber auf mich, Adam, pfeift er. So ist es wahrhaftig. Er gibt mir Schatten, gibt mir Schutz, gibt mir Speise und gute Luft, aber keine Vertraulichkeit. Ach, Herr, ich frage mich, ob du begreifst, was das heißen will: allein sein.

Eva ist auf der Schwelle der Grotte erschienen, die gelbe Sonne beleuchtet sie von den Füßen bis zum Hals. Sie ist braun und kräftig, ihr Gesicht bleibt halb verborgen im Schatten und in den kleinen Ackerwindenzweigen, die über den Eingang herabhängen. Adam dreht sich um und betrachtet sie, heiter geworden. Pause.

EVA Sind das jetzt deine Gebete?

ADAM Ich habe nicht gebetet, ich habe mit mir selbst gesprochen.

EVA *(argwöhnisch)* Aber du hast den Herrn um etwas gebeten.

ADAM Ich wage nicht mehr zum Herrn zu sprechen. Seine Wohltaten sind zweischneidig.

EVA *(tritt vor; sie trägt Blumen im Haar)* Was soll das heißen?

ADAM *(gezwungen heiter)* Das letzte Mal, daß ich mich beklagt habe, hat er mir dich geschickt. *(Er will sie umarmen und sie auf seine Knie ziehen.)*

EVA *(rückt ab und sagt trocken)* Du wirst gewöhnlich.

ADAM Und du unverschämt.

EVA All das, weil ich am Morgen nicht herauskomme wie ein Tier aus der Höhle – weil ich mich kämme, statt mich zu schütteln, wie du es tust.

ADAM Du brauchst keinem zu gefallen als mir.

EVA Soweit du dich darauf verstehst!

ADAM *(mit veränderter Stimme)* Ach Eva, warum nur immer diese Feindseligkeit zwischen uns, über die ich toll werde, und du – wozu nutzt sie dir? Wir sind allein auf dieser Welt; ein böses Wort kann niemand wieder heilen. Was brauchen wir uns auf diese Art zu quälen? Gäbe es noch eine Eva oder noch einen Adam, dann würde ich es verstehen.

EVA Du denkst zuviel an dieses ›noch eine Eva‹. Immer sprichst du mir davon. *(Höhnisch)* Hat sie dir der Herr etwa versprochen?

ADAM Dummes Ding. Du weißt genau: wir sind allein.

EVA Noch eine Eva... Ja, wir sind allein. Ich verstehe. Sage mir etwas, du einziger Mann: hätte der Herr statt meiner eine andere Eva geschaffen, mit den gleichen Haaren, dem gleichen Körper, der gleichen Stimme – hättest du sie angenommen, wie du es mit mir getan hast? Und würdest du dich rühmen, du hättest sie genau so gern, und würdest du ihr die gleichen Grimassen ziehen, und würdest du für sie fischen gehen, kurz: würde sie deine Eva sein? Ja oder nein?

ADAM Wie denn – eine andere genau wie du? Mit den gleichen Haaren? Die Eva hieße? Aber das wärest ja du.

EVA Eben. Das wäre ich. Und da beklagst du dich. Hanswurst!

ADAM Aber nein, ich habe nicht verstanden. Wäre es eine andere, würdest nicht du es sein. Aber dann wäre auch ich nicht Adam. *(Er hält lächelnd inne)* Dummes Zeug! Ich bin Adam, und du bist Eva.

EVA *(betrachtet ihn voll Mitleid)* Und wenn der Herr zwei Evas gemacht und dir die Wahl gelassen hätte, welche hättest du gewählt?

ADAM Zwei? Ich weiß nicht... Aber sicher dich! Zwei Evas?

EVA Und warum mich?

ADAM Warum? Eben so... Aber überlege doch, Eva...

EVA Jetzt sage ich dir, was du tun würdest: du würdest alle beide nehmen und sie zwingen, in der gleichen Grotte zu leben. Und dann beklagst du dich, daß ich kein Zutrauen zu dir habe. Das fehlte noch! Du verstehst mich nicht, und du verdienst mich nicht. Ich bin dir zugefallen wie ein reifer Apfel, und du hast geglaubt, du könntest mich ohne Mühe auflesen. Und da läßt du es dir noch einfallen, gegen den Herrn zu murren. Aber da kommst du bei mir nicht an! Und auch der Herr kann nicht damit ankommen, wenn er glaubt, ich brauchte dich, oder ihn. *(Sie geht links ab; Adam bleibt entsetzt zurück.)*

ADAM *(springt auf)* Genug jetzt! Genug! Hast du es gehört, Herr? *(Er horcht.)*

Schweigen.

Er hat es nicht gehört. Er hört nie. *(Er sinkt wieder auf den Stein, den Kopf zwischen den Händen.)*

ZWEITE SZENE

Das gleiche Bild. Es ist Abend. Adam und der Engel des Herrn gehen vor der Grotte auf und ab. Der Engel ist ein schöner, blonder junger Mann; von seinem nur in nebelhaften Umrissen erkennbaren Körper gehen Strahlen aus.

ADAM *(leise)* Sage also dem Herrn, daß ich so nicht weitermachen kann. Das ist bequem: uns zu seinem Ruhm erschaffen und uns unseren Schwierigkeiten überlassen. Er hat mir, wie allen Tieren, Ansprüche gegeben, er hat mir mehr Ansprüche gegeben als den Tieren, wie: eine gewisse Würde zu wahren, eine natürliche Zartheit der Empfindung und eine Urteilsfähigkeit, die sich äußern und ihren Ausgleich haben will in einer Gesellschaft, die mir gemäß ist. Eva hat begriffen, was ich brauche, und benutzt das dazu, sich rar zu machen und mir allen Frieden zu nehmen. Jetzt behauptet sie sogar, daß ich sie nicht so schätze, wie sie es verdient. Und seit heute früh habe ich sie nicht mehr gesehen. Kurz...

DER ENGEL DES HERRN Ich will es berichten, Adam, ich will es berichten, und wenn etwas geschehen kann, soll es geschehen. Aber ich habe den Eindruck, daß man im Himmel dazu neigt, deine Beziehungen mit Eva als ein Gebiet zu betrachten, auf dem man sich der unmittelbaren Einmischung enthält: das wäre aufdringlich und störend. Du darfst eines nicht vergessen, Adam: beim Schöpfungsakt ist dir über deine Gefährtin eine bestimmte Autorität verliehen worden. Was die Eifersucht anlangt, die Eva dir gezeigt hat, so kannst du ihr versichern, daß für jetzt die Erschaffung anderer Wesen vollkommen ausgeschlossen ist. Und im Grunde *(sein Licht blitzt auf)* müßte diese Eifersucht dir auch ein wenig schmeicheln. Addio, Adam.

Eilige Schritte. Von links platzt Eva herein, keuchend, die Haare wirr, das Gesicht erhitzt.

Addio, Adam. *(Er erlischt und verschwindet.)*

Halbdunkel.

ADAM O Eva, glücklich der, der dich sieht!

EVA Was hast du zu dem Engel gesagt? Warum entflieht er, wenn ich komme?

ADAM Das ist nun mal so in diesem Paradies, Eva. Aber du – warum kommst du nicht früher zurück? Erst wenn es dunkel wird, bin ich dir nützlich, nicht wahr?

EVA Ach Adam, warum behandelst du mich so? *(Sie tritt näher)* Genügt es dir nicht, daß wir die ganze Nacht zusammen sind?

ADAM *(kalt)* Ach, du hast Angst vor dem Dunkel, darum hältst du daran fest. Darum!

EVA Du bist gar nicht freundlich, Adam. *(Sie faßt ihn am Arm)* Ich will es dir sagen, wenn du es nicht von dir aus verstehst. Ich entferne mich nur darum, weil du, wenn du mich beständig sähest, meiner müde würdest. Und glaube nur nicht, daß ich nicht darunter leide, wenn ich fern von dir bin. *(Sie preßt sich an ihn)* Aber manchmal muß ich auch für mich allein sein, um über uns beide nachzudenken und dich nicht mit meiner Eifersucht zu quälen. Lieber! Hast du heute an Eva gedacht?

Adam umarmt sie. Eva küßt ihn, sie gehen eng aneinandergepreßt auf die Grotte zu.

Was hast du zu dem Engel gesagt?

Sie treten in die Grotte. Es ist Nacht geworden. In dem Dunkel blinken allmählich die Glühwürmchen auf.

DIE STIMME ADAMS Ich habe ihn gefragt, ob du mich gern hast.

DIE STIMME EVAS Dummer Kerl! Weißt du das nicht selbst?

DIE STIMME ADAMS Manchmal bist du so, daß ich daran zweifle.

DIE STIMME EVAS Und zweifelst du auch jetzt daran?

DIE STIMME ADAMS Nein.

Über die Waldblöße breitet sich heller Mondschein. Schweigen.

DIE STIMME EVAS Sieh! Da ist der Mond. Laß uns hinausgehen.

DIE STIMME ADAMS *(bittend)* Eva, bleiben wir in der Grotte!

EVA *(erscheint auf der Schwelle)* Komm, komm, gehen wir hinaus!

ADAM *(hält sie am Arm fest)* Bleiben wir hier!

EVA *(macht sich los)* Sieh doch, wie schön es ist! Du willst immerzu reden – also los, jetzt rede: was mußtest du dem Engel unsere Angelegenheiten erzählen! Warum tust du so etwas? Du hast mich gar nicht wirklich gern. Ich hatte mich auf dich verlassen.

ADAM Aber nein, man unterhielt sich nur eben so. Und dann weißt du doch, der Engel hat an ganz anderes zu denken. Ich habe ihn gefragt, ob er wüßte, wo du wärest. Das ist alles.

EVA *(widerspenstig)* Ach Adam, wer weiß, was du zu ihm gesagt hast. Und wer weiß, was er dir geantwortet hat, dieser Engel – ganz Licht und sonst gar nichts –, der in alles seine Nase steckt. Warum gibst du dich mit solchen Wesen ab, die nicht einmal eine Hand aus Fleisch und Blut haben, um sie dir hinzustrekken? Sie kommen, sie gehen, man weiß nicht, wo sie leben, und – wie schrecklich! – womöglich ist einer hier, der uns zuhört.

ADAM Aber Eva! Du weißt doch, daß der Herr sie nur schickt, um uns Gutes zu tun.

EVA Und was hast du ihm gesagt?

ADAM Aber nichts! Und du – wo bist du den ganzen Tag gewesen? Höre, ich habe darunter gelitten.

EVA Setzen wir uns.

Sie setzen sich auf die Schwelle.

Ich habe viel über uns beide nachgedacht. Ich bin den ganzen Morgen gelaufen und bin in den Wald des Herrn gegangen und habe mir dort seine Bäume angesehen. Aber weißt du – mich schaudert vor den Schlangen. Und dort gibt es Schlangen von allen Arten, sie winden sich um die Stämme, hinauf und herunter, und mir ist die Idee gekommen – vielleicht täusche ich mich, Adam –, daß der Herr sie dorthin gebracht hat, damit sie Wache halten. Warum? Es kann nur meinetwegen sein, dich schaudert nicht vor ihnen. Das bedeutet, daß der Herr mir nicht traut. Warum? Diese Dinge passen mir ganz und gar nicht, Adam. Entweder er liebt uns – warum dann die Schlangen? –, oder er liebt uns nicht; aber warum dann so viele schöne Worte?

ADAM *(erschreckt)* Erinnere dich, daß der Herr uns zuhören kann.

EVA *(ungeduldig)* Was denn noch alles! Die Wache der Schlangen, die Engel, die in alles ihre Nase stecken, Er selbst, der uns nachspioniert: was für einen Grund haben wir ihm gegeben?

ADAM Aber Eva, das tut er, weil er uns gern hat.

EVA Ich möchte sehen, ob du, weil du mich gern hast, die Eifersucht so weit treiben würdest.

ADAM Auch du bist eifersüchtig auf mich, Eva.

EVA Dummer Kerl! Erstens einmal ist das nicht das gleiche, und dann – *(ernst)* tue ich es auch ein bißchen zum Zeitvertreib und um den Tag hinzubringen. Aber ...

ADAM Du tust es zum Zeitvertreib!

EVA *(überzeugt)* Natürlich. Wenn es wirklich noch eine Eva gäbe – du solltest was zu hören kriegen!

ADAM Ah! ... *(Er faßt sich wieder)* Dann rechnest du wohl auch so: der Herr spioniert uns nach und gibt eifersüchtig acht auf uns, nur um den Tag hinzubringen und sich zu zerstreuen?

EVA *(die Faust unter dem Kinn)* Dafür, daß er der Herr ist, wäre das ein bißchen dumm. Aber warum nun wirklich der bestimmte Baum und die Schlangen?

ADAM Ach Eva, wie lange schon haben wir nicht mehr so zusammen geplaudert!

EVA *(wie oben)* Adam! Können wir denn diesen Baum wirklich nicht anrühren? Die schönen reifen Früchte! Und wenn wir es nicht dürfen – warum hat er sie geschaffen?

ADAM *(blickt verstohlen rundum)* Siehst du, Eva: ich glaube, es sind Früchte wie alle anderen auch, aber der Herr hat uns verboten, sie anzurühren, um unsere Tage interessanter zu machen. Das ist so etwas wie die Regeln, die wir für unser Steinchen-Spiel erfunden haben. Wenn du die Regeln aufhebst – wo bleibt dann das Spiel? Du kannst gewiß sein, der Herr hat uns gern, sonst hätte er uns doch nicht geschaffen!

EVA *(noch immer in Gedanken versunken)* Es scheint mir dumm.

ADAM Und doch, siehst du: auch heute abend hat dieses Verbot dazu gedient, daß wir uns näher gekommen sind und ein bißchen miteinander geredet haben.

EVA Ich sage dir: es scheint mir dumm.

DRITTE SZENE

Das gleiche Bild. Ein schläfriger Mittag. Adam liegt vor der Grotte langgestreckt, sein Blick folgt zwei vorüberflatternden Schmetterlingen.

ADAM Wenn doch die Engel des Herrn ein bißchen weniger Engel wären! Eva hat recht: alles Licht, und keine Substanz. Aber mit wem, so frage ich mich, mit wem soll so ein Unglücklicher seine Zeit verbringen? Eva ist nicht von meiner Rasse: ihr tut es gut, allein umherzuschweifen. Man könnte sagen, daß Pflanzen und Tiere sich mit ihr verstehen. Sie steckt sich Blumen ins Haar, sie läuft hinter den Rehen her, sie ist imstande, auf einen Baum zu klettern, um einem Papagei die Federn aus dem

Schwanz zu rupfen. Kindereien ... Aber immerhin vergeht dabei der Tag. Aber warum ist sie jetzt immer unterwegs und kommt erst am Abend zurück? Der Engel hat gut reden, wenn er sagt, ich sei der König dieses Reiches. Es ist ja eben so: ich habe niemanden, dem ich befehlen kann. Diesen Schmetterlingen? Damit komme ich nicht an, wie Eva sagt. *(Er erhebt sich)* Aber ich werde verrückt, wenn ich weiter so mit mir selbst rede. Wäre es doch bald Abend! Von mir aus könnte es immer Nacht sein. Alles so klar, so lebendig sehen, die Tiere, die sich vergnügen, die Wasser, die rinnen, die Blätter, die schaukeln – das bringt mich in Wut.

Es erhebt sich ein großer Wind, der Adam zum Schwanken bringt. Der Wald heult. Blätter und bunte Vögel fliegen vorbei, und in der Ferne hallen Donnerschläge.

Was geschieht? Habe ich etwa geflucht? O Herr, wie leicht du etwas übelnimmst!

Im Wald splittern Bäume. Tritte hallen. Weitere Windstöße. Blitzend fliegt ein Engel herbei.

Was geschieht? Wohin fliegst du? Schickt dich der Herr? Ich demütige mich, ich demütige mich!

DER ENGEL Es ist etwas Entsetzliches geschehen. Eva ...

ADAM Oh!

DER ENGEL Die Nachricht ist noch nicht bestätigt. Es ist zu schrecklich. Eva hat von der Frucht vom Baum des Herrn gegessen.

ADAM O nein!

DER ENGEL Ich wünschte, du hättest recht. Aber man hat Satan gesehen, wie er mit Freudengeheul aus dem Paradies sprang. Schon seit einiger Zeit war seine Gegenwart hier unten angekündigt. *(Er verschwindet nach rechts)* Ach ihr unglückseligen Menschen!

Es stürmt weiter, jetzt fällt vom Himmel auch ein fahles Licht. Eilig fliehen Rehe, Tiger, Kaninchen vorbei.

ADAM Ist es möglich? Eva, Eva! Wo mag sie jetzt sein? Und doch – die Reden, die sie geführt hat! Es ist also wahr? O Eva, was hast du getan!

Eva kommt von links, eilig, atemlos. Ihre Augen suchen.

EVA O Adam, wo bist du? Ich habe es für dich getan. Wo bist du? Schütze mich! *(Sie eilt in seine Arme.)*

ADAM Es ist also wahr? Unglückliche!

Eva schluchzt an seiner Brust. In der linken Faust hält sie krampfhaft einen Apfel fest.

Was wird nun der Herr sagen? Warum hast du das getan?

EVA *(unter Schluchzen)* Da war eine Schlange: die sprach. Ich habe sie so sehr gebeten, in die Grotte zu kommen, um uns Gesellschaft zu leisten. Sie hielt so schöne Reden. Sie war so witzig. Ich dachte: wie wird Adam Spaß haben, er, der immer reden will. Wie wird er mir erkenntlich sein und mich gern haben!

ADAM Aber hat dich vor den Schlangen früher nicht geschaudert?

EVA Es war nicht eine Schlange wie die anderen. Sie sprach. Wenn du es gehört hättest! Sie wußte alles. Über alles sagte sie ihre Meinung. Sie hat mir erklärt, daß das Verbot des Baumes wirklich einfach nur ein Spiel dieses dickköpfigen Alten ist: auch er weiß nicht, wie er es anstellen soll, sich zu vergnügen, und er schafft die Wesen zu Seiner Lust... Genau wie du gesagt hast.

ADAM Aber ich habe das nur so hingesagt!

EVA Sie hat mir erklärt, man brauche nur die Regel zu durchbrechen, um ihm begreiflich zu machen, daß er das Spiel ändern soll. Auch wir haben Rechte und sind ein bißchen mehr wert als eine Partie Steinchen. *(Sie hält inne)* Da habe ich den Apfel gegessen. *(Sie streckt ihm die Hand hin)*

ADAM Unglückliche! Und wenn der Herr dich verjagt?

EVA Die Schlange hat gesagt: die Welt ist groß.

ADAM Und ich werde allein bleiben! Hast du nicht daran gedacht, daß ich dich gern habe?

EVA Aber Adam – wenn du mich wirklich gern hast, gibt es ja doch eine Art, es mir zu beweisen...

Pause

ADAM Gib her! *(Er beißt in den Apfel)*

Eva fällt ihm um den Hals.

DIE STIMME DES HERRN *(im Sturm)* Adam, wo bist du?

Haus am Hügel

Ich stieg wieder die Straße zum Hügel hinauf, und die alten Kulissen von Grün und vorspringenden Mauern, wie sie nach und nach an den Biegungen hervortraten, erschienen mir wie künstlich. Ich hatte so lange fern von ihnen gelebt, hatte so selten und nur so vage an sie zurückgedacht, daß ihre tatsächliche Gegenwart auf mich jetzt nur wie ein Symbol der Vergangenheit wirkte.

Aber keine Symbole waren die Brise des Abends und der Duft dieser Erde. Hier fand ich körperhaft die Atmosphäre meiner Jugend wieder, denn all das hatte ich nie vergessen, sondern ich hatte in fernen Landstrichen oder in den Alleen der Stadt die Luft, die mich frühere Zeiten schmecken ließ, oft geatmet.

Auch die Stimme am Telefon war kein Symbol gewesen. Sie hatte mir so klar ans Ohr geklungen, daß ich zusammengefahren war. Genauso hatte ich sie in Erinnerung gehabt. Wahrscheinlich hatte sich Ginia nicht so frisch erhalten, wie ihre Stimme geklungen hatte. Die Stimme gehört, mit dem Duft unseres Körpers, zu dem Unveränderlichsten, das wir haben. Aber ich würde, glaube ich, Ginia am Duft nicht wiedererkennen, und auch nicht am Parfüm.

Ich ging an dem Geländer entlang, das es zu meiner Zeit noch nicht gab, wobei ich die alte Unruhe wiederzufinden suchte, während ich in den Wildbach hinabsah, der so oft allein schon mit seinem kalten Hauch meine schwankenden Schritte aufgehalten hatte – da tauchte aus dem halb ausgetrockneten Bachbett zwischen abbröckelnden Steinen ein blonder junger Mann auf, die Jacke über den Schultern, und kletterte zum Straßenrand hinauf. Unwillkürlich hielt ich aus Anstand inne; der junge Mann setzte über das Geländer und sprang auf die Straße. Er lächelte, halb spöttisch, halb besorgt, sah mich aber nicht an.

Ich rief ihm launig zu: »Guten Abend.«

Er antwortete hastig: »Guten Abend« und senkte rasch den Kopf; und schon drehte er sich um und stieg mit beschleunigtem Schritt die Straße hinauf.

Als er an der Biegung verschwunden war, dachte ich nicht mehr an ihn, sondern sah mich um und versuchte die Örtlichkeit wiederzuerkennen. Soweit ich mich an den Hügel und an die Folge der Hausnummern erinnerte, blieb mir noch ein gutes Stück Weges. Ich mußte noch über die von Bäumen umstandene Osteria hinaus und an dem immer verlassenen, großen Park entlang gehen, wo man im Juni zwischen dem dunklen Gras die Erdbeeren sah. Was für eine Idee von Ginia, sich hier oben niederzulassen! Ob sie sich noch an die freimütige Gefräßigkeit erinnerte, mit der sie sich über einen Teller Obst hermachte, oder war sie dafür nun schon zu alt?

Obwohl mich die Vorstellung, sie wiederzusehen, ganz beherrschte, war ich doch nicht unruhig. Ich pflege die Einsamkeit zu genießen, besonders wenn ich weiß, daß ich bald aus ihr heraustreten muß; ganz allein, wie ich auf dieser Straße der Vergangenheit war, umtanzten mich die Erinnerungen wie Wölkchen. War das ich? War ich wirklich der Junge von früher? Wen würde ich an diesem Abend sehen? Ich betrachtete den Wildbach und die spärlichen Gittertore der Landhäuser; und mir schien, ich spürte unter den Füßen, die die asphaltierte Straße traten, eine geheime Traurigkeit, fast ein Vorgefühl. Melancholisch waren nur die düsteren Kulissen der alten Bäume, nicht die Brise und die Einsamkeit.

So kam ich wieder an eine Biegung und erkannte von weitem den jungen Mann von vorhin: er saß auf einem Mauervorsprung, sah in den Himmel, der in der ersten Abenddämmerung schimmerte, und rauchte eine Zigarette. Als ich mich ihm näherte, hatte ich den Eindruck, daß er, schlapp wie er da saß, noch außerordentlich jung war. Den einen Fuß hielt er auf den Boden, den anderen auf den Mauervorsprung gestemmt.

Auf meine Frage, ob er mir jenes Haus bezeichnen könne, nahm er die Zigarette aus dem Mund und wies auf ein nur wenige Schritte entferntes Tor: »Hier ist es. Ich gehe auch hin.«

Das Tor war nur angelehnt, dahinter führte eine schmale Treppe auf einen mit blühenden Büschen bepflanzten Hang. Zwischen den Büschen sah man das rote Hausdach; von da oben kam das Stimmengewirr von Menschen, die ein Fest feiern.

Der junge Mann rührte sich nicht. Er fuhr fort, zu rauchen und in den Himmel zu sehen. Ich weiß nicht, warum – aber ich wartete, gegen das Gittertor gelehnt.

Langsam war die Zigarette zu Ende geraucht. Dann sprang der

junge Mann auf, lächelte mir zu und trat mit mir durch das Pförtchen.

»Man kann nicht einen Augenblick allein sein«, sagte Ginia, als sie mit mir auf die Terrasse trat und die Tür hinter sich zuwarf. Dort schimmerte ein für sieben oder acht Personen gedeckter Tisch, der in dem kühlen Abend alles Licht des Himmels auf sich versammelte.

»Man meint, man wäre auf einem See«, sagte ich. Ginia warf sich auf eine Bank und betrachtete mich gerührt von Fuß bis Kopf. Von unten her hallten Stimmen und knirschende Schritte auf dem Kies.

Wir redeten lange und eifrig. In Ginia waren Traurigkeiten, durch die ich nicht hindurchdrang; aber dann schwieg ich und verlor mich in ihren Anblick. Sie war doch noch immer die gleiche.

Schließlich zog sich ihr festes Gesicht zusammen – es wies die ersten Falten auf, ohne daß es welk gewirkt hätte –, und sie sah sich um.

»Unten wird man mich suchen«, sagte sie.

»Ist dein Mann gekommen?«

Ginia lächelte wieder. »Er nicht. Er weiß, daß wir uns viel zu erzählen haben.«

Da sagte ich: »Man würde nie ein Ende finden. Aber alles läßt sich in dem einen zusammenfassen: begehrst du noch immer?«

Ginia senkte – auf doppelsinnige Art – den Kopf. »Dem Himmel sei Dank: ja.«

»Dann ist ja alles gut.«

»Wollen wir hinuntergehen?« fragte sie und stand auf. Sie trug ein einfaches Kleid, weiß wie das Tuch auf dem Tisch.

Als wir hinuntergingen, fragte ich: »Sind alle diese Leute Freunde von dir oder von deinem Mann?«

»Als wir heirateten, haben wir sie zusammengeworfen, wie man es mit den Büchern tut. Die man später nicht mehr liest.«

»Auch die nicht, die neu hinzugekommen sind?« fragte ich in bestimmter Absicht.

»Oh, ja – die schon.«

Als wir in der Dämmerung in den Garten traten, machte ich die Bekanntschaft einiger Gäste. Alle fragten Ginia nach ihrem Mann. Ginia wehrte mit ungeduldig scherzenden Worten ab und forderte mich auf, ich solle mich auf einen Weidenrutensessel setzen. Der blonde junge Mann kam aus einem Gartenweg zum Vorschein.

Mir gegenüber saß, die Beine übereinandergeschlagen, eine hagere Frau.

»Ginia hat mir viel von Ihnen erzählt«, sagte sie mit einemmal vertraulich. Da es dunkel wurde, beugte sie sich vor und kniff die Augen zusammen, um mich besser zu sehen. Dann fiel sie wieder bequem in den Sessel zurück.

»Ginia ist eine ungewöhnliche Frau«, fuhr sie fort, »sie hat die Lebenskraft eines heranwachsenden Mädchens und einen ausnehmenden *goût de vivre.* Wenn sie etwas aus der Vergangenheit erzählt, meint man zu spüren, wie sie sich mit dem ganzen Körper freut. Ich erinnere mich immer daran, wie sie mir einmal die Freude beschrieben hat, die ihr als kleinem Mädchen das Bad bereitete. Auch von Ihnen spricht sie gern. Wie haben Sie sie nach so vielen Jahren gefunden?«

»Gut.«

»Das freut mich. Mir schien sie ein bißchen müde, in Sorge. Vielleicht braucht sie Zerstreuung. Aber das Vergnügen, einen alten und doch jungen Freund wiederzusehen, wird ihr guttun. Kennen Sie ihren Mann?«

»Nein.«

»Sie werden ihn kennenlernen. Aber wie er sich verspätet! Ehemänner verspäten sich immer, nicht?«

Sie lachte ein rauhes, holpriges Lachen; ich schloß im Dunkel halb die Augen und stützte das Kinn in die Hände.

Die rauhe Stimme begann von neuem:

»Paolo ist ein interessanter Mann. Ein ernster Mann, für Ginia vielleicht zu ernst. Ganz das Gegenteil von Ginia. Ginia ist ein kleines Mädchen geblieben, alles an der Hautoberfläche. Paolo lebt vielleicht noch intensiver als sie, er läßt nie etwas hindurchschimmern. Ginia hingegen ist ein Kristall, ein köstlicher Kristall. Aber ich bin töricht: Sie kennen sie besser als ich.«

In dem Augenblick knipste jemand aus dem Haus die Lampe über unserem Kopf an, und in dem aufstrahlenden Licht erschien mir dieses olivenfarbene, hagere Gesicht mit den spöttischen Augen. Viele Stimmen nahmen das Licht mit Beifall auf; die Unterhaltung wurde allgemein.

Ein weiterer Beifall begrüßte die Ankunft von Ginias Mann; er trat, in weißem Flanellanzug, Arm in Arm mit Ginia von der kleinen Treppe her zu uns, gefolgt von dem jungen Mann. Der Hausherr war ein großer Mann mit einem festen Gesicht, er grüßte alle rundum mit einem leichten Lächeln, ohne sich wegen der Verspätung zu entschuldigen. Mir drückte er gleichgültig die Hand und bat uns, Platz zu nehmen. Der junge Mann war in das Dunkel zurückgetreten.

Der Hausherr entfernte sich mit Ginia, um sich zum Essen fertigzumachen. Einige andere standen auf und traten ins Haus. Kurz danach war ich im Kreis der Sessel alleingeblieben, aber ich spürte, daß der junge Mann im Dunkel Luft holte.

»Hier tun alle, was ihnen beliebt«, sagte ich halblaut in verbindlichem Ton.

»Ginia wird zurückkommen, um Sie zu rufen«, antwortete er. Er trat ins Licht und blieb zögernd auf dem Kies stehen. Sein plötzlich beleuchtetes Gesicht erschien mir nicht mehr so jung und glatt, sondern es trug einen leichten Zug von Leiden, der nicht zu den Augen paßte.

»Melancholisch?« fragte ich.

»Entschuldigen Sie mich wegen vorhin«, sagte er langsam. In diesem Augenblick erschien in der Tür Ginia und trat auf uns zu.

Als das Essen zu Ende war, löschte jemand, während die Mükken umherwirbelten, das Licht, und wir blieben zwischen den dunklen Wipfeln der Bäume auf der Terrasse sitzen. Ginia und Ada begleiteten eine Signora hinein, der es kalt geworden war; für eine Weile sagte niemand ein Wort.

Dann kam eine tiefe Stimme vom anderen Tischende her: »Heute waren die Gehsteige ein wahrer Backofen.«

Zwei oder drei rauchten, die roten Pünktchen zitterten wie Glühwürmchen, die am gleichen Ort schweben. Ich schlürfte meinen Kaffee, als hätte ich nichts gehört.

Schließlich bemerkte eine andere Stimme – sie kam von Ginias Mann, dessen Gesicht nur ein bleicher Fleck war –:

»Das Ärgste ist vorüber.«

Dann eine schon wohlbekannte Stimme:

»Sind Sie wirklich nie hier oben gewesen?«

»Ich kenne diese Wege«, antwortete ich im Dunkeln. »Ich bin sie oft gegangen, als ich in Ihrem Alter war. In die Wildbäche bin ich zwar nicht hinuntergeklettert, war aber oft in Gefahr, hineinzurutschen. Dann habe ich diese Wege aus den Augen verloren.«

»Und haben Sie Ginia damals gekannt?«

»Der Hügel – das war natürlich eine Sache für sich und Ginia eine andere. Obwohl ich glaube, daß sie an den kleinen Abendessen in der Osteria genauso Gefallen fand.«

Plötzlich sagte der Hausherr:

»Wenn man Ginia von euch reden hört, so hat es den Anschein, als wäret ihr gefährliche Burschen gewesen.«

Das Mädchen kam und sagte ihm etwas ins Ohr. Der Hausherr entschuldigte sich bei uns und folgte dem Mädchen, ohne Bestürzung zu zeigen. Draußen blieben zwei ältere Herren und eine ganz junge Signorina, die hinten am Tisch miteinander plauderten, und mein junger Mann; er ging einen Augenblick unruhig hin und her und lehnte sich dann an das Geländer.

Ich schloß halb die Augen und legte den Kopf zurück. Wieviel Zeit verging, weiß ich nicht – aber dann hörte ich ganz nahe die Stimme des jungen Mannes, der irgend etwas Höhnisches sagte. Dieser Ton bewirkte, daß ich aufstand. Ich nahm ihn am Arm und fragte: »Wollen wir die anderen suchen?«

Er aber führte mich an das Geländer, von wo aus man im Tal ein großes Stück der Stadt sah; sie zitterte wie ein See.

»Sagen Sie mir ehrlich: sind Sie jeden Abend hier?« fragte ich ihn, als wir schon eine Zeitlang am Geländer lehnten.

»Ich habe es satt«, sagte er leise, »satt. Erklären Sie mir, wie Sie es fertigbekommen haben, an Orten wie diesem jung zu sein.«

»So etwas zeigt sich erst, wenn es vorüber ist. Machen Sie weiter und denken Sie nicht darüber nach.«

Er gab keine Antwort.

»Ihnen tut der Hügel nicht gut«, sagte ich ruhig. »Versuchen Sie es dort unten.«

Er sagte nichts, er spuckte bedächtig aus.

»Wie lebt man in Sizilien?« fragte er unvermittelt.

»In Ihrem Fall – gut.«

»Diese blöde Ada!« rief er leise aus. »Haben Sie bemerkt, wie sie sich für Sie und Ginia interessiert?«

»Die Frauen sind alle so.«

In diesem Augenblick trat einer der alten Herren zu uns und sagte, er mache sich Gedanken um seine Frau.

»Gehen wir sie suchen.«

Aber wir trafen sie schon in der Tür, mit Ginias Mann.

»Mir geht es gut. Aber Ginia fühlt sich nicht wohl.«

»Es ist nichts, gar nichts«, sagte der Hausherr. »Eine Magengeschichte.«

Erregte Worte fielen, und ich sah, daß der Hausherr den jungen Mann, der sehr aufgeregt war, am Handgelenk festhielt.

»Wohin wollen Sie? Die anderen kommen sofort zurück.«

Wir setzten uns wieder, viele sprachen. Die Signora sagte schwer atmend, an allem sei dieser beständige Wechsel von Hitze und Kälte schuld; und der Hausherr erklärte ruhig, es lohne sich ja gar nicht, von der Sache zu sprechen. Der junge Mann hatte sich nicht wieder hingesetzt, er ging unruhig hin und her.

»Wollen wir rauchen?«

Endlich öffnete sich die Tür, und Ada erschien, düster und höhnisch. Und neben ihr Ginia, bleich, mit einem erstaunten Gesichtsausdruck.

Ich fühlte mich hier nicht wohl. Zum Glück isolierte mich das Halbdunkel, wie es jeden anderen isolierte, der auf der Terrasse saß; ebenso vereinzelt wirkten Ginia und ihr Mann in ihrer weißen Kleidung. Die Grillen zirpten; irgend jemand sagte etwas. Dann redete Ada.

Warum war ich heraufgekommen?

Nach langer, langer Zeit beklagte sich einer der Alten über die Mücken, und man sprach davon, wieder hineinzugehen.

»Es ist ein Jammer, auf diese Aussicht zu verzichten.«

Wir erhoben uns alle und begannen nacheinander die Treppe hinunterzugehen. Ich blieb als letzter zurück; Ginia trat neben mich; das Geräusch der schlurfenden Schuhe übertönte unser Gespräch.

»Armer Kerl. Langweilst du dich?«

»Nicht übermäßig. Haltet ihr es immer so?«

»So ziemlich.« Sie preßte meinen Arm und flüsterte mir, einigermaßen verwirrt, ins Ohr: »Sprich mit diesem Jungen. Laß ihn nicht einen Augenblick allein.«

Unten setzten sich die Alten und Signor Paolo in den Saal, während die Frauen weiter im Garten blieben. Ich stellte mich einen Moment neben das Radio, an dem alle herumdrehten, und als ich gerade wieder den Fuß auf den Kiespfad setzte, kam mir plötzlich aus dem Dunkel Ada entgegen. Ich beobachtete, daß ihr Schritt recht unternehmend war.

»Wo ist Ginia?« fragte ich.

»Sie tröstet sich mit der Jugend«, sagte sie rauh. »Sie haben doch wohl gesehen, was hier gespielt wird?«

»Was denn?«

»Aber wissen Sie es denn nicht?«

»Was?«

»Das sind Dinge, von denen man nicht sprechen darf; aber na – darum heiratet man ja.«

Sie sprach in einem spottenden Ton, rauher als je.

»Los, gehen Sie und gratulieren Sie ihr. Sie erwartet Sie. Sie sagt, so etwas gebe ihr den Eindruck, wieder ein kleines Mädchen zu sein.«

Sie ging hinein. Ich hatte nicht die Absicht, jemanden zu suchen, und setzte mich hin, den düsteren Bäumen zugewandt.

Dann traten aus dem Dunkel Ginia und der junge Mann, Arm in Arm. Sie lösten sich sogleich voneinander, und Ginia lächelte mir zu. Sie setzten sich gleichfalls auf die Weidenrutensessel. Leise, ohne die Stille der Nacht zu stören, klang das Radio aus dem Saal. Die junge blonde Signorina kam rasch heraus und blieb plötzlich auf dem Kies stehen, als sie uns im Kreise sitzend vorfand.

Ich sah nicht zu Ginia hin, um den bittenden Blick nicht zu bemerken, den sie mir zuwarf. Ich stützte das Kinn auf die gefalteten Hände.

»Rechnen Sie noch immer damit, zu verreisen?« sagte ich schließlich.

Statt seiner antwortete Ginia mit einer von weither kommenden Stimme: »Wenn man so, an manchen Tagen, Langeweile verspürt, bekommt man wirklich Lust, sich in den Zug zu setzen.«

»Es ist eine Illusion wie andere auch.«

Der junge Mann rief heftig: »Sie haben vollkommen recht. Und in manchen Fällen ist es auch eine Feigheit. Man sagt es von den Säufern: aber jeder, der vor einer Verantwortlichkeit flieht, ist ein Säufer.«

»Die Verantwortlichkeit, den Sommer auf dem Hügel zu verbringen, erscheint mir nicht so schwer«, sagte Ginia lächelnd.

»Darf ich mittun?« fragte die junge Signorina und setzte sich. »Wie geht es Ihnen, Signora?«

In der Stille, die darauf folgte, horchten wir auf die leichte Stimme des Radios, bis sie schwieg. Es hatte sich eine sanfte Brise erhoben.

»Wollt ihr etwas trinken?« fragte Ginia und erhob sich.

Als sie mit dem Tablett zurückkam, schwiegen wir noch immer. Die kleine Blonde sah uns unruhig an. Ginia begann einzuschenken.

»So viel für jeden – Säufer sind wir alle.«

Die junge Blonde lachte laut. Der junge Mann sprang auf.

»Ich will mit deinem Mann sprechen, Ginia«, sagte er langsam.

Kalt setzte Ginia ein Glas nieder und sah ihn starr an. Einige Sekunden starrten sie einander an.

»Also los«, sagte sie trocken. »Wir werden beide mit ihm sprechen. Gehen wir!«

Der junge Mann wurde purpurrot und lächelte verächtlich. Dann ging er ein Stück neben Ginia her, doch als sie an die Eingangstür kamen, preßte er ihren Arm und ließ sie stehen: er stahl sich fort, in das Dunkel der Beete.

Ginia weinte. Ihr Gesicht war ganz rot geworden, es zog sich zusammen wie das eines kleinen Mädchens. Ich hatte sie nie weinen sehen.

Ich gab ihr den Arm und führte sie an einen Stuhl, damit sie sich setzte; die Tür schloß ich.

Als das Schweigen unerträglich wurde, hob Ginia den Blick zu mir auf. Ihre Augen waren weit aufgerissen und groß.

»Wie du siehst, werde ich alt«, sagte sie lächelnd. »Wohin mag dieser Junge gegangen sein?«

Ich gab keine Antwort, ich sah sie nur an. Ginia redete, ohne sich zu rühren, weiter:

»Er ist naiv. Er war nicht mal imstande, sich zu rächen.«

»Sollte er das?«

»Doch wohl. Es gibt keine rachsüchtigeren Menschen als die Naiven. Sie sind zu allem imstande. Aber sie gehen nie bis auf den Grund.«

»Möchtest du, daß er das getan hätte?«

»Vielleicht wäre es besser gewesen.«

»Weiß er das von dir?«

Ginia nickte ernsthaft.

»Und ist es das, was ihn aufgebracht hat?«

Ginia beugte sich vor, die Hände unter dem Kinn. »Ich glaube, ich bin seine erste Liebe«, sagte sie und verzog dabei den Mund. »Und etwas Gefährlicheres gibt es nicht.«

Ihre geröteten Nasenflügel bebten heftig. Sie sah mich weiter furchtlos an, ihre Augen waren wieder klar geworden. Aber dann senkte sie sie.

Ungezwungen stand sie auf und ging hin und her.

»Hast du mit zwanzig Jahren jemals geglaubt, du wärest Vater?«

Die Tür öffnete sich, Ginias Mann trat heraus; im Zimmer klang laut das Radio. Er schloß hinter sich die Tür und kam in der nun entstandenen Stille auf uns zu.

Er sagte zu Ginia: »Ich machte mir Gedanken um dich. Wie geht es dir?«

Ginia machte ein komisches Gesicht: »Wir haben zusammen geweint.«

Da nahm dieser Mann ihre Hand, drehte sie und führte sie an die Lippen. Dann sahen beide, Seite an Seite, mich an, und der Hausherr sagte: »Sie müssen mich entschuldigen – aber ich mache mir Gedanken.«

»Mit Kindern scherzt man nicht«, sagte Ginia.

»Eben.«

Erleichtert gingen wir wieder in den Saal. Ich hatte das Bedürfnis, allein zu sein. Ich suchte Ginias Blick, um eine Bestätigung von ihr zu erlangen. Sie zuckte die Achseln, sie mußte Ada eine Antwort geben. Da trat ich hinaus auf die Schwelle.

Die blonde Signorina saß noch dort, wo wir sie verlassen hatten. Sie starrte auf einen leeren Sessel und schien nachzudenken. Ich drehte ihr den Rücken und ging ins Dunkel.

Ich hatte die unbestimmte Hoffnung, dem jungen Mann zu begegnen, und drang vor bis zu einer kleinen Lichtung unter einer Linde; von da erhob sich, hoch und schwarz, der Hügelrücken. Die Grillen zirpten, kein menschlicher Ton kam bis hierher, nur das Geräusch vom Radio.

Ich versuchte mich an den Gedanken zu gewöhnen, daß der junge Mann verschwunden war. Und das kühle Dunkel, der starke Geruch der Wälder, die Erscheinung Ginias – alles das ließ mir keinen Frieden, es fügte sich nicht mehr in eine vertraute Erinnerung, sondern nagte an den Wurzeln meines Herzens; alles war beunruhigend und doppelsinnig wie etwas, was nicht zu mir gehörte. Ich dachte auch daran, daß auf dieser Lichtung, vor diesem Hügel Ginia und mein junger Mann gewiß oft zusammen herumspaziert waren.

Dann fand ich ihn wieder: er saß dort, wo zuvor die Signorina gesessen hatte, die Schultern zum Licht. Er war allein; und er schien ganz gesammelt auf Adas Stimme zu horchen, die gewichtig aus dem Saal herausklang.

Als ich stehenblieb, verstand ich einige Worte. Ada scherzte laut. Ich setzte mich hin, dem Licht gegenüber; der junge Mann sah mich, aber er sprach kein Wort. Ich betrachtete ihn friedlich, ohne etwas zu sagen.

Mir war, als sei ich zu unserer Begegnung an der vorspringenden Mauer zurückgekehrt, als er plötzlich die Zigarette weggeworfen und mir zugelächelt hatte. Aber diesmal rauchte er nicht und lächelte auch nicht. Statt dessen sagte er:

»Suchen auch Sie die Einsamkeit?«

Ich gab keine Antwort und sah ihn an.

»Nicht nur beiseite, sondern allein, verstehen Sie? Fort von den Füßen und den Augen. Sie können es Ginia sagen: ich werde allein bleiben. Beruhigen Sie sie!«

Seine Stimme klang rauh, er betonte jedes Wort.

»Warum sind Sie zurückgekommen, es mir zu sagen?« fragte ich.

Er schwieg einen Augenblick, dann redete er weiter:

»Sie können das nicht wissen. Ich wollte es Ginia sagen, aber es hat keinen Zweck. Sagen Sie es ihr, Sie sind ihr Freund. Ich muß gehen.« Er war aufgestanden.

»Ich werde ihr nichts sagen«, sagte ich.

»Warum nicht?«

»Weil mir scheint, daß Sie übertreiben.«

Er sah mir mit diesen verächtlichen Augen starr ins Gesicht, aber er zitterte.

»Gehen Sie zu Ginia«, sprach ich ruhig weiter, »reden Sie ganz einfach mit ihr und sagen Sie ihr, was Sie denken; Sie werden sehen, Ginia ist keine Frau, die Dummheiten macht, ihr werdet schon aus der Sache herauskommen. Alles übrige zählt nicht.«

»Alles übrige zählt sehr wohl«, stammelte der junge Mann. »Ginia wird nicht zurückkommen. Ginia ist nicht töricht. Ich selbst, der ich mit Ihnen spreche, weiß nicht, was wahr ist.«

Ohne den Blick zu heben, starrte ich auf das Schattengeflecht der Glyzinien auf dem Kies. Ich spürte, wie meine Schläfen pochten und schmerzten.

»Ich gehe«, sagte der junge Mann, »ohne mich von jemandem zu verabschieden. Und werde nicht zurückkommen. Ich bitte Sie, mit Ginia zu sprechen.« Der leicht knirschende Schritt auf dem Kies entfernte sich.

Als ich wieder ins Haus trat, fand ich die Gäste im Begriff, aufzubrechen. Während die Frauen nach oben gingen, sich fertigzumachen, sagte mir Ginias Mann, ich solle nachmittags wiederkommen, wenn es sehr heiß und Ginia allein wäre, sie würde gern mit mir von vergangenen Zeiten sprechen. Ich entschuldigte den jungen Mann, aber er lachte und sagte, er verschwinde oft auf diese Art, um allein auf den Hügeln herumzubummeln. Und in seinem Alter habe er alles Recht dazu.

Als wir, der ganze Schwarm, durch den Garten gingen, preßte Ginia meine Hand und flüsterte mir zu, ich solle wiederkommen, ich solle sie nicht allein lassen. Ihr Mann ging voraus, zwischen der kleinen Blonden und der alten Signora. Am Gittertor drückte Ada ihm heftig die Hand und umarmte Ginia und küßte sie.

Wir gingen in zwei Gruppen. Voran die Signora und die beiden Alten; dahinter ich zwischen Ada und der jungen Blonden. Die düsteren Kulissen der Bäume hatten im Dunkel jede Stofflichkeit verloren; nichts war unter den Sternen als der Geruch von Erde und Nacht. Ich ging so vor mich hin, ohne Erinnerungen, beteiligte mich kaum an den Gesprächen und ersehnte den Augenblick, da ich allein sein würde.

Das Kornfeld

Solange es noch nicht richtig Sommer war, hatte niemand auf dieses dichte Grün geachtet, das zarter und höher war als sonst; aber als die Abende länger wurden und die Menschen durch die Straßen gingen, um die Kühle zu genießen, fiel ihnen die Sache auf. Das Korn würde noch höher, würde gelb werden und rauschen, womöglich wüchse hier und da Mohn, und eines Tages würde der Alte es mähen wollen und Garben machen und auf den Straßen und in den Geschäften davon reden. Vielleicht würde er versuchen, es zu verkaufen.

Amalia sah scheu nach einigen stämmigen Burschen, die auf dem Straßendamm saßen, dort, wo die Fabrikmauer endete und vor dem Hause der Streifen Feld begann. Sie betrachtete sie scheu, so zwischen Scham und Hoffnung – worauf, wußte sie selbst nicht –, weil das Korn nun grün war. Aber die Burschen schauten eine Weile und gingen weg.

Eines Abends kam Amalia, als die Arbeiter, die in den letzten Häusern der Sperrzone wohnten, auf den Rädern vorüberfuhren, mit dem Hut in der Hand heim und hob den Kopf, um nur ja die grünen Halme nicht zu sehen. Sie aß in Eile, ohne in der Küche auf das schmutzige Papier oder auf die angeschlagenen Teller zu achten; sie aß, was da war, es war ihr gleichgültig; gleichgültig waren ihr auch die Latschen der Mutter und die aufgeknöpfte Hose des Alten, oder daß er sich den Mund mit dem Handrücken wischte; sie wollte nur schnell machen, wollte es sich nicht immer wieder anhören, wie der Alte mit seinem Korn anfing und jammerte, daß der Mist das Land nicht gut genug gedüngt habe.

Ohne Hut ging sie in die Abenddämmerung hinaus; sie entfernte sich vom Hause, weil sie vermeiden wollte, daß Tosca sie hier besuchte. Leise trällernd ging sie bis zum Ende der breiten Straße, wo die Bäume wieder begannen, und suchte dort oben das Licht von Tosca. Die Allee war voller Kinder; sie kreischten, solange es noch ein bißchen hell war. Amalia blieb vor dem Spiegel der ›Bar Americano‹ stehen, zog die Lippen nach und ordnete eine Haarlocke. In dem grünlichen Reflex beobachtete sie ihre Augen: sie waren tief und grausam.

Tosca hatte ihr einmal gesagt, sie beneide sie um ihr und der Eltern einzelnstehendes, wenn auch armseliges Haus. Tosca verstand darunter nur die Bequemlichkeit, daß man keine Treppen zu steigen brauchte. Für Tosca war der Sonntag schön, wenn man in die Wiesen ging, um dort zu vespern, und ihr Traum war, einen Tag bei der Weinlese zu verbringen.

Jemand sah sie an. Es war Toscas Bruder. Amalia hatte ihm einmal eine schnippische Antwort gegeben – alles an ihm war ihr zuwider, das verwaschene Blond seiner Haare, das Gesicht mit den boshaften Augen, die dicken, herabbaumelnden Hände, die abgebrochenen Fingernägel. Diesmal murmelte sie lachend irgend etwas Nettes und rührte sich nicht.

»Vorher oder später?« fragte Amalia und lächelte sanfter.

»Wenn du mir das bestimmte Wörtchen sagst, bin ich für später«, sagte Tonino und streckte ihr die Hand hin.

»Ich warte auf Tosca.«

»Ich nicht«, sagte er und zuckte die Achseln. Amalia stampfte vor Ungeduld mit dem Fuß. Aber Tonino, mit sich zufrieden, lachte sich eins. Amalia ging nervös hin und her.

Wenn sie allein war, ging sie durch die Allee im Schatten der Bäume. Überall sank auf die Gerüche von Ölgebackenem, von Staub, von Straße die Kühle des Abends, und das gefiel ihr. Ihr gefiel auch das Rattern der Trambahnwagen in der Ferne.

An diesem Abend betrachtete Amalia unlustig unter der roten Leuchtreklame die Reihen der Fotografien. Tosca machte sich nichts aus Fotos, und so gingen sie langsam weiter. Sie kamen an den ›Giardino‹.

»Ich sehe nach, ob jemand da ist«, sagte Tosca.

Aus einer kleinen Gruppe, die hinter der Hecke saß, winkte ihr jemand zu. »Komm«, sagte Tosca, »Gianni ist da.«

»Wir haben nicht einmal einen Hut auf«, sagte Amalia.

»Den nimmt man sowieso ab. Komm!«

Gianni war da, Tonino war da, alle die Mechaniker der Abteilung waren da. Statt zu tanzen, tranken sie Bier. Auf der Betonfläche zwischen den Bäumen waren nur wenige Paare, aber das Orchester spielte um so lauter. Unter den Bäumen war es kühl.

Amalia lehnte das Bier ab und verlangte einen Kaffee. Sie war wütend, daß sie die Arbeitsstrümpfe anbehalten hatte, denn auf der Betonfläche achtet man, wenn nur wenige Paare da sind, auf die Beine. Einer war in Weiß, er tanzte mit nackten Beinen, als wäre schon Sommer. An einem Tisch im Halbdunkel saß ein Paar: er sportlich, mit Schnurrbart – vielleicht der Besitzer des Autos, das draußen stand –, sie redete mit ihm, auf den Arm gestützt: ein Tippfräulein, ihre Nägel waren lackiert.

Tonino fragte sie spöttisch, ob sie tanzen wolle.

»Jetzt bin ich müde.«

Tosca und Gianni waren schon auf der Tanzfläche.

Die Mechaniker schwiegen, sie lachten nur dumm. Sicher hatten sie ein Gespräch unterbrochen. Amalia sah sie ausdruckslos an. Tonino sagte:

»Redet doch weiter, Jungens, die Signorina ist sowieso nicht aus Turin.«

Und ein Idiot, der Amalia nicht kannte, fragte:

»Ach – von woher sind Sie denn?«

Einer sagte mit einem Kopfschütteln: »Eine Frau ist immer eine Frau.«

Aber der blöde Kerl mit den Schielaugen blieb beharrlich. Da antwortete Tonino – diesmal ohne zu grinsen – so richtig mit Würde: »›Wir‹ sind Ackerbauern. ›Wir‹ sind es leid, Kohl zu pflanzen, und sind ausgewandert. Wo ist doch dieser kleine Ort?« fragte er.

Amalia tat, als habe sie nicht gehört, aber sie merkte, daß sie schwitzte. Einen Augenblick schlug ihr Herz so stark, daß es für sie lauter war als das Orchester.

Tonino fuhr fort: »›Wir‹ in dem kleinen Ort sind erhaben über die, die nicht mit uns das Vieh gehütet haben.«

Ein großer junger Mann mit krausem Kopf, die Jacke nachlässig über dem Arm, kam auf den Kreis zu; einer der Mechaniker hob mit einem lauten Zuruf die Hand. Der weiße Trikot ließ die sonnengebräunten Arme frei. Er war mehr als ein Arbeiter. Der Schielende rief lachend: »Remo!«

Sie begrüßten einander laut und fröhlich, und Amalia saß mit gesenktem Kopf da. Dann hörte sie, daß dieser Remo zu den anderen sagte: »Ist sie frei?«

Das Orchester setzte ein, und Amalia sprang auf und lächelte diesem Remo zu. Sie gingen mit großen Schritten zur Tanzfläche.

Der junge Mann legte nicht den Arm um sie, er packte ihre Hand und bog sie gegen ihre Taille; zugleich betastete er, während er sie mit der Rechten umfaßte, ihren Rücken: ob er schön straff wäre. Amalia überließ sich ihm gern. Gegen Ende des Tanzes fragte der junge Mann sie leise, woher sie sei.

Amalia setzte nur ein erstauntes Lächeln auf. Weiter sprachen sie nichts.

Als der Tanz zu Ende war, sahen sie einander einen Augenblick an. »Ziehen Sie die Jacke wieder über, es ist kühl.« Sie schoben sich zwischen den stehenden Paaren hindurch, gelangten an das Gitter und gingen hinaus in die im Halbdunkel liegende Allee.

Ihr Gefährte hatte sich die Jacke über die Schultern geworfen und hielt sich mit langen Schritten neben ihr. Er sprach nicht: sie sollte verlegen werden.

Amalia hatte einmal schon nahezu vergessen, daß er neben ihr herging, aber sie fing sich wieder und sagte: »Von diesen vier unerzogenen Burschen habe ich genug.«

Er sah sie von der Seite an, dann brummte er: »Es sind blöde Kerle, sie kapieren nichts. Wie heißen Sie?« Er faßte sie am Arm.

Amalia spürte wieder den kräftigen Griff von vorhin und machte sich geschickt los.

»Wir wollen nur eben spazierengehen«, sagte sie leise.

Als sie, zwischen Häusern und dunklen Wiesen, an die Straße mit den Trambahnschienen kamen, hakte sich Amalia bei ihm ein und hörte zu, wie er von dem großen Rennen vom Jahr zuvor erzählte, als sie, er und die Spitzengruppe, gerade durch diese Absperrung gefahren waren. Amalia erinnerte sich undeutlich an einen von Menschenmassen und lauten Rufen erfüllten Sonntag und an einen Schwarm buckeliger, häßlich über die Lenkstangen gebeugter Radfahrer. Amalia hatte seinen Namen nie gehört; aber ihr Tänzer hatte die gute Eigenschaft, daß er sich nicht rühmte, er sagte nur, er renne in der Mannschaft.

»Und was tun Sie jetzt?«

Er trainierte für ein Rennen an der Riviera. Amalia begann das Herz zu klopfen: denn das bedeutete, daß er bei den Rennen ein wichtiger Mann war.

»Die ganze Riviera entlang?« fragte sie.

Remo lächelte nie. Selbst im Dunkeln hatte Amalia gemerkt, daß er nicht einmal lächelte, als er zu ihr gesagt hatte, sie sei ein hübsches Mädchen, und ihr über die Hüfte gestrichen hatte.

»Die ganze Riviera entlang?«

Remo sagte, Rennen würden beim Training gewonnen, und die Straßen seien alle gleich. Amalia verspürte eine große Sehnsucht, seine unbedeckten Schenkel zu sehen: sicher waren sie kräftig und gut geformt. Sie fragte ihn, ob er Fotografien habe.

Remo, der noch immer ihren Arm preßte, sagte: »Gehen wir auf die Wiese?«

Während sie im Gras saßen, fragte Amalia ihn, wann er an die Riviera gehen werde, und ob er schon dort gewesen sei. Remo brummte irgend etwas und fuhr ihr mit der einen Hand die Beine hinauf, faßte sie um den Hals und küßte sie. Amalia sprang auf. Remo, der flach im Gras lag, hob den Kopf.

Amalia stammelte: »Wir kennen uns doch kaum.«

Remo reckte sich, um sie am Schienbein zu packen. Amalia schnellte zurück und sprang wieder über den Graben auf die Böschung. Drüben, unter der Straßenlampe, fuhr einer auf dem Rad vorüber.

Remo, der noch immer auf der Wiese saß, brummte: »Komm doch her, du dummes Ding. Es ist Nacht.«

»Nein, nein«, sagte Amalia, und das Herz klopfte ihr bis zum Hals. »Wir sind doch keine Hunde!«

Da sprang Remo fluchend auf. Amalia lief leichtfüßig los und erreichte die Straßenlampe. Remo kam ihr mit großen Schritten nach. Amalia ging langsamer und wich auf den Gehsteig aus.

Amalia schlief auf einem Sofa in der Küche und hatte Spiegel und Döschen auf der Kommode im anderen Zimmer, wo Vater und Mutter schliefen. Darum kam sie nach Hause nur zum Essen und Schlafen. Jetzt, wo vor dem Hause das Korn wuchs, blieb sie nicht einmal am Sonntagmorgen daheim.

Das armselige Haus hatte nur zwei Räume; von den Wänden war der Mörtel abgebröckelt, aber sonst war es solide gebaut, vielleicht war es früher eine Osteria gewesen. Amalia hätte gewünscht, die von der Fabrik nähmen den Hof und das alte Haus wieder für sich und ebneten alles ein. Aber ihr Vater schien seiner Sache gewiß: er hatte ja sogar gesät.

Nachts hörte man durch die Tür die Stimmen der wenigen Leute, die vorübergingen, das Gebell einiger Hunde, die Züge, und am frühen Morgen das Quietschen der Karren. Manchmal, doch selten, das Rauschen und Brausen eines Autos.

Dieses armselige Haus also hielt Tosca für bequemer als ihre Wohnung im dritten Stock. Tosca wäre nicht, wie sie es getan hatte, mit dem Rennfahrer auf die Wiese gegangen, sie hätte sich nicht mit ihm dort hingesetzt; sie ging nicht einmal mit Gianni hin. Sie stammte aus diesem Viertel. Aber sie würde ›es‹ im Kino machen. Oder Sonntags auf dem Land.

Sie selbst hatte ›es‹ fast noch als Kind im Rebgarten gemacht; aber darauf würde sie nicht mehr hereinfallen. War es der Mühe wert, daß man in die Stadt gekommen war und selbständig sein Leben lebte, wenn man sich dann wie eine Bäuerin in die Wiesen warf? So etwas war wirklich kein Vergnügen; es so abmachen – das war widerlich. Lag einem einmal daran, jemandem etwas zuzugestehen, so hieß es sich von Mädchen wie Tosca unterscheiden: die ließen, für eine Kinokarte oder einen Ausflug, irgendeinen Mechaniker tun, was er wollte.

Alle Männer sind gleich, dachte Amalia, aber es gibt solche und andere. Der Radfahrer war an dem Abend immerhin fluchend weggegangen. Amalia wollte Tosca fragen, was sie Gianni zugestehe, was sie den anderen zugestehe, doch sie fürchtete, ausgelacht zu werden. Eines Abends war sie schon dabei, in den ›Giardino‹ hineinzugehen – da sah sie dort den ganzen Kreis, Tonino in der Mitte, blieb draußen und reckte den Hals, ob sie zwischen den Bäumen den Krauskopf des Radfahrers entdecken könne. Er war da, trug einen Trikot mit Rollkragen und diskutierte mit rotem Gesicht.

Am nächsten Tag – es war ein nebeliger, kühler Morgen – wusch sich Amalia gerade in der dunklen Küchenecke; da sah sie, als sie aus dem Fenster blickte, einen großen Mann mit nackten Beinen, in weißem Trikot und Mütze, der, an ein Rad gelehnt, das Kinn hob und herumschaute. Es war Remo.

Als Amalia mit gesenktem Kopf, den Hut noch zurechtrückend, heraustrat, brauchte sie nur die wenigen Schritte den Pfad zwischen dem Korn zu gehen, und schon war sie auf der Straße. Sie ging ihres Weges, ohne aufzublicken, und Remo ging neben ihr her und führte mit der Hand das quietschende Rad. Er hatte braune Athletenschenkel, die durch einen fast blonden Haarflaum weicher wirkten. Amalia fluchte im stillen, daß sie sich hatte zu Hause überraschen lassen.

»Geht es zur Arbeit?« fragte Remo genau so langsam, wie er lief.

Amalia sah ihn ärgerlich an und wußte nichts zu antworten.

Plötzlich fragte sie widerborstig: »Wird trainiert?« und blieb stehen. Weiter fort, an der Ecke, standen Mädchen und Mechaniker in einer Gruppe vor dem Fabrikeingang. In die kühle Luft hinein platzte die letzte Sirene, lang, betäubend, gebieterisch.

»Woher wissen Sie, wo ich wohne?«

Remo ging nicht darauf ein. »Ich komme jeden Morgen hier vorbei, mit meiner Kleinen«, sagte er und wies auf das Rad. »Arbeitest du heute?«

»Ich bin eilig«, sagte Amalia.

»Heute abend komme ich dich abholen.«

»Heute abend gehe ich in einen Film.«

Remo zeigte keine Verwunderung. Er fragte: »Allein?« Und dann: »Ich gehe mit.«

»Kommen Sie mich nicht abholen«, sagte Amalia, »ich werde vor dem ›Giardino‹ sein.«

An diesem Abend aber gingen sie in das Kino in der Stadtmitte, denn Amalia machte ihm begreiflich, daß es ihr nicht paßte, immer die gleichen Gesichter um sich zu sehen. Ehe sie in die Trambahn stiegen, zog Remo die Jacke an. Im Kino verhielt er sich ruhig, denn Amalia sagte spöttisch, alles habe seine Zeit. Der Film, den sie sich von dem bequemen roten Sessel aus ansah, fesselte sie so, daß sie, wenn Remo etwas versucht hätte, darüber wirklich verärgert gewesen wäre.

Auf dem Rückweg blieben sie in einem Café, und Amalia brachte es dahin, daß er von dem Rennen an der Riviera sprach. Er erzählte ihr vom Meer, von den Badegästen und den Palmen. Sie fragte ihn, ob er je im Ausland gewesen sei. Sie wollte, er solle ihr genau sagen, was er in den letzten Jahren getan habe, und was er plane, wenn er das Rennen gewinnen würde.

Remo sprach gern von seinem Rad und von den Rennen, aber viel anderes wußte er ihr nicht zu erzählen. Ab und zu versuchte er plötzlich mit der Hand nach ihr zu langen, und Amalia mußte ihm einen Klaps auf die Finger geben und schämte sich hernach über die Lebhaftigkeit ihrer Geste.

Sie ließ sich nicht bis zum Kornfeld heimbegleiten: sie drückte Remo die Hand, und er blieb mitten auf der Straße stehen, groß und ein wenig gebeugt, und sah ihr nach, wie sie sich entfernte.

Es kamen die heißen Tage, und der Alte war eine Last. Wenn Amalia von der Arbeit kam, fand sie ihn fast immer vor dem Haus, er wog die Ähren in der Hand, kratzte Unkraut heraus und hob das strahlende Gesicht, das von dem struppigen gelben Strohhütchen beschattet wurde, als sei er selbst sein Korn geworden. Er fing mit den Vorübergehenden ein Gespräch an; es war ein Glück, daß er aus seinem altgewohnten Mißtrauen heraus seine lächerlichen Pläne noch nicht allgemein herumerzählte.

Aber mit der Mutter erörterte er alles begierig und rechnete: er sah sich bereits als den Padrone über diese paar Handbreit Feld. Amalia hätte ihre Flasche Kölnischwasser darangegeben, damit die von der Fabrik sie von hier vertrieben. Der Vater aber wurde nachts bei seinen Rundgängen in den Fabrikhöfen immer eifriger, und manchmal blieb er bis zum Morgen draußen, damit die Herren der Fabrik sähen, wie er, die Lampe am Gürtel, die Schlüssel wieder übergab.

Wie war es möglich, daß dieser erdverhaftete, in sich zusammengezogene, zwischen Erdschollen und Stall gediehene Körper vom gleichen Fleisch war wie der ihre? Amalia schauderte bei dem Gedanken, daß er und die Mutter – die Mutter in Latschen, der bärtige, feiste Mund auf dem blutlosen Körper der Mutter – sich zusammengetan hatten, sie in die Welt zu setzen. Wenn Amalia sich in die Küche einschloß und sich im Bottich stehend wusch, war ihr, als kratze sie sich Acker- und Weinbergerde vom Körper.

Eines Morgens sah sie vom Fenster aus, wie der Alte und Remo, der vom Rad gestiegen war, miteinander redeten. Sie machte Remo eine Szene und ging für diesen Abend nicht dorthin, wo sie verabredet waren. Sobald sie gegessen hatte, lief sie rasch zu Tosca, damit sie nicht in dem armseligen Haus von ihm überrascht würde.

Tosca aß gerade den Salat, und Tonino rasierte sich.

Sie setzte sich an den Tisch, Tosca gegenüber. Tonino sagte, er sehe die beiden im Spiegel.

»Ihr seid glücklich daran«, sagte Amalia, »so allein! Alles, was ihr verdient, gehört euch, ihr braucht euer Leben nicht zu ändern.«

»Warum machst du nicht die Dritte?« fragte Tonino. »Mir wäre es recht.«

Tosca kaute und starrte auf Amalia. »Oh, auf dich kommt es gerade an«, sagte sie zu Tonino. »Das Leben ist eine öde Sache«, fuhr sie fort. »Ich möchte wie du auf einem Stück Land geboren sein; man ist wenigstens nicht den ganzen Tag eingeschlossen, und wenn man müde ist, streckt man sich im Schatten aus.«

Tonio begann zu singen: ›Torna al tuo paesello.‹

Amalia lächelte und sah auf den Salat. »Das ist gar nicht so leicht: zu arbeiten gibt es mehr als hier, und keiner sagt dir Dankeschön. Den Schweinen geht es gut, aber denen, die sie besorgen, nicht. Es ist schlimmer als dienen.«

»Ja, wenn es wenigstens Radfahrer dort gäbe!« rief Tonino, drehte sich halb um und bedeckte den schief lächelnden Mund mit der umgekehrten Hand.

Remo söhnte sich wieder mit Amalia aus, er zeigte Verständnis dafür, daß sie es nicht mochte, wenn sich jemand ums Haus herumtrieb, und erwartete sie vor dem ›Giardino‹. Amalia lächelte, als sie sah, daß er so wie immer auf sie zukam und sie am Handgelenk packte. Aber seinen reuigen Augen zu begegnen, war ihr sogar peinlich. Als sie einmal mit Tosca in der Fabrik Unsinn machte, sagte sie zu ihr: »Ihm fehlt nur das Wort.«

Remo hatte rasch begriffen, daß sie, wenn sie zusammen waren, die Gesichter von der Sperrzone nicht gern um sich sah. So nahm er sie eines Sonntags in ein elegantes Schwimmbad mit, vor dem eine Schlange von Autos stand.

Sie saßen auf dem kühlen Mosaik, die Füße in dem grünlichen Wasser, und rauchten eine Zigarette. Amalia betrachtete die schwimmenden Mädchen und beneidete sie um die schlanken Linien der Hüften und Rücken. In ihrem knappsitzenden Badeanzug kam sie sich ein wenig dick vor; aber sie war doch gut gewachsen. Sie begriff, daß die Haare, wenn sich die Haut bräunte, einen anderen Ton bekamen, und wieviel ein Kopftuch ausmachen kann. Sie bemerkte auch, daß wenige Männer so gut gewachsen waren wie Remo, so daß ihr sein Anblick zum erstenmal ins Blut fuhr.

Als sie mit geschlossenen Augen lang ausgestreckt im Sand lag, erschien ihr die Sonne strahlender und wunderbarer als sonst. War es möglich – war das die gleiche Sonne, die ihr, als sie ein kleines Mädchen war, auf den Feldern Waden und Nacken gebräunt hatte? Remo, der neben ihr lag, fragte sie flüsternd, ob sie an diesem Abend zusammen essen würden. Amalia gab keine Antwort, aber sie nahm an.

Schließlich saßen sie in einem Saal, in dem Kellner im weißen Jackett servierten. Amalia war von dem Tag im Freien ganz benommen und fragte Remo im Spaß, ob nicht sein Training darunter leiden würde. Da lachte Remo zum erstenmal, so offen, daß er die Zähne zeigte, und sagte: »Das Training gibt einem Kraft, es nimmt sie nicht.« An dem Tag trug er ein Hemd mit Tasche und ein Halstuch.

»Ich bin nur ein armes Bauernmädchen«, stammelte Amalia, während sie geeisten Weißwein tranken. »Du hast ja gesehen, wo ich wohne. Mein Vater hat ums Haus Korn angebaut, gerade, als wäre es ein Stall. Wenn du mich wirklich gern hast, solltest du an dieses Haus Feuer legen. Oder wenigstens an das Korn Feuer legen, es herausreißen, damit ich es nie mehr sehe...«

Remo schleppte sie, während sie immerzu lachte, die Treppen seines Hauses hinauf zu einem Bodenraum, für den er den Schlüssel hatte, und behielt sie bis drei Uhr morgens bei sich.

In den Tagen, die nun folgten, begann Amalia diesen Bodenraum zu hassen: das Klappbett aus Segeltuch und die schräge Wand, an die man, wenn man nicht achtgab, mit dem Kopf stieß. Trotz ihrer neuen Vertrautheit wurde Remo nicht mitteilsamer.

Er antwortete mit einem Brummen, wenn Amalia sagte, es wäre schön, zusammen an die Riviera zu gehen, ein schönes Zimmer zu haben und am Strand umherzuspazieren. Amalia hatte Bedenken, daß sie Remo jetzt vor dem Rennen zu sehr anstrengen könne, aber sie begriff, daß sie ihn an sich binden, ihn verliebt machen mußte: sich ihm zu versagen, würde nun nichts mehr nützen. Im Gegenteil, sie mußte ihn an sich gewöhnen. Um so mehr, als auch sie die Nächte in einem kribbelnden Schweiß verbrachte und Frieden fand nur in diesem Untertauchen, das ihr Blut ihr gab, wenn Reno sie in den Bodenraum mitnahm.

Eines Sonntags fuhr sie auf dem Motorrad, hinter Remo hokkend, zur ›Fontana Fredda‹; dorthin kamen Gesellschaften von überallher. Sobald sich Amalia daran gewöhnt hatte, das Gleichgewicht zu halten, spähte sie auf das Land, das rings an ihr vorüberflog, und fühlte sich glücklich, es auf diese Art zu betrachten. Als sie bei Sonnenuntergang in den goldenen Strahlen zurückfuhren, preßte sie die Wange gegen Remos festen Lederrücken und schloß in dem vorüberfliehenden blendenden Schimmer der Bäume halb die Augen.

In der ›Fontana‹ hatte Remo mit einem weißgekleideten Herrn gesprochen, der ihn duzte und ihm mit der Hand auf die Schulter schlug. Es war ein Techniker von der Genossenschaft. Am folgenden Morgen verschärfte Remo das Training und machte mit Amalia aus, es dürfe keine Unordnungen mehr geben. Abends trafen sie sich, um ein Bier zu trinken, oder sie gingen ins Kino. Amalia fragte noch einmal, ob sie ihn nicht am Sonntag des Rennens an die Riviera begleiten dürfe, aber Remo sagte nein.

Allmählich sah sie ihn seltener – einige Augenblicke vor dem Abendessen –, denn Remo ging sofort danach zu Bett, um bei Morgengrauen aufzustehen. Er war sehr mit dem Rennen beschäftigt und schweigsamer denn je.

Indes quoll das Korn auf und wurde gelb. Üppig stand es nicht, aber es bildete doch vor dem Haus eine Woge, die bis zum Gürtel reichte, und der Alte trennte sich von ihm nur nachts. Schon hatte er vielen Jungen Kopfnüsse versetzt, weil sie Steine ins Korn warfen. Wenn Amalia am Morgen da hindurchging, wäre es ihr peinlich gewesen, wenn jemand sie gesehen hätte.

Als sie eines Abends ganz allein aus dem Kino trat, bekam sie Lust, wieder die ›Straße der Begegnung‹ zu gehen, und lenkte den Schritt zum ›Giardino‹. Sie hörte das Orchester von weitem, und schon als sie näher herankam, genoß sie die Kühle der Bäume. Sie blieb hinter der Hecke stehen und betrachtete die Tanzfläche, auf der sich die Paare drängten, und die Tische. Und dort saßen die Mechaniker – einer kam mit Tosca zurück –, dort saß Tonino, der lachte, dort saß Remo. Remo, der angeblich seit drei Stunden im Bett war!

Ihr wurde eng ums Herz, und sie kämpfte mit sich, ob sie hineingehen solle. Aber er tanzte ja doch nicht! Warum sollte sie sich herausreden? Sie brauchte ihn nicht, er redete sowieso wenig. Vielleicht hatte er Durst gehabt und war hinuntergegangen, um mit den Freunden zu plaudern. Aber wenn dieser Tag des Rennens vorüber war, würde sie ihn nicht mehr loslassen. Es bedeutete für sie zu viel.

Und doch wäre sie hineingegangen, hätte sie sich nicht vor den Blicken Toninos und der anderen geschämt. Ärgerlich entfernte sie sich, und als sie nach Hause kam, sah sie das rauschende Korn kaum an. Wenn nur dieser Tag des Rennens bald vorüber wäre!

Tief in der Nacht wurde sie von einem Getrampel wach, es atmete sogar jemand keuchend hinter der Tür. Vielleicht war es ein Hund oder ein Betrunkener. Eine unbestimmte Angst hielt sie jedoch auf dem Sofa fest, sie riß die Augen auf, während sie ein Hin- und Hergehen hörte, ein Knistern – vielleicht der Wind –, aber ihr Herz bedrückte das Entsetzen und die Scham, daß sie in einer niedrigen Küche schlief, hinter einer Tür, die auf die Straße ging, allen Vorübergehenden preisgegeben – ein Bauernmädchen; daß sie im Juni das Fenster verschlossen halten mußte, damit niemand hereinkäme; daß sie allein war, daß sie sogar von Remo an der Nase herumgeführt wurde: sie wußte es. Die schreckliche Angst fiel sie an, daß die Tür nicht fest zu wäre. Aber der Ärger über den in den Ausguß tropfenden Wasserhahn in der Ecke war stärker; sie schloß fest die Augen, sie wollte einfach schlafen.

Es war sicher keine Nacht mit Wind gewesen. Die Sonne war noch nicht aufgegangen, aber schon war es heiß. Trotz der frühen Stunde sah Amalia, die sich vor dem Fenster abtrocknete, daß alles Korn zerstört, niedergetreten war. Dort erschien die Böschung der Straße, die noch gestern von den gelbgrünen Ähren verborgen gewesen war.

Amalia war schon an der Tür, als sie den Schrei der Mutter am Fenster hörte. Beide sprangen sie in den kleinen Graben am Haus – Amalia hatte schon den Hut auf –, und da sahen sie es: die Halme geknickt, zerschlagen, durcheinandergeworfen, der Boden kahl. Einige Ähren verloren die Körner. Ein Arbeiter, der auf dem Rad vorüberfuhr, drehte sich um und sah es sich an.

Die Alte, noch barfuß, preßte eine Hand an die Wange, wobei sie den Ellenbogen festhielt.

»Diesmal bringt dein Vater uns um«, sagte sie rauh.

Amalia hob die Schultern. Sie bückte sich, fuhr noch einmal mit der Hand zwischen die Halme, die nahe bei ihr die weißliche Erde bloßlegten.

»Was soll er schon sagen! Es wird ein Betrunkener gewesen sein. Hat er sich denn nie betrunken?«

Sie ging und hatte dabei doch ein schlechtes Gewissen, daß sie die Mutter, die stöhnte, allein ließ; sie ging rasch davon, denn es begannen Scharen von Arbeitern auf dem Rad vorüberzufahren. Mit einemmal erinnerte sie sich an das, was sie zu Remo, als sie betrunken war, gesagt hatte.

Um Mittag kam sie zurück, sie ließ sich nicht von Tosca begleiten. Von weitem sah das armselige Haus nicht anders aus als sonst. Aber ihr schlug das Herz, als sie den verwüsteten Streifen sah: die Tür erschien nackter.

»Wo ist der Vater?«

Die Alte blies in den Ofen. »Er ist in die Fabrik gegangen, um zu kündigen. Er sagt, die dort hätten es niedertreten lassen, um ihm das Land wieder wegzunehmen. Er will ins Dorf zurück, und wenn er Hungers sterben müßte. Wie ist es möglich, daß niemand in der Nacht etwas gehört hat?«

»Wegen der zwei Garben, falls es so viele hergegeben hätte! Die Saat hat mehr gekostet.«

»Geh nur hin und sag ihm das! Hast du heute früh gearbeitet?«

»Aber er kommt zurück?«

»Er ist schon zweimal zurückgekommen. Er weiß nicht mehr, wohin er gehen soll. Aber ist es möglich, daß du nichts gehört hast?«

Als der Vater zurückkam, wich Amalia seinen Schlägen aus; sie legte nur die Handschuhe auf den Tisch und behielt den Hut auf dem Kopf. Der Alte war, als er eintrat, puterrot gewesen; nach und nach wurde er schlaff und fahrig, ging hinaus, um die Halme zusammenzurechen, kam mit dicken Tränen wieder herein und verschüttete auf dem Tisch die Minestra. Die Alte schwieg.

»Gehst du heute in die Fabrik?« fragte der Alte ganz unerwartet. Amalia senkte den Blick auf den Teller.

»Arbeite du nur für diese Viecher, arbeite! Lauf hin und tu ihnen schön. Mach sie fett. Leute wie dich brauchen sie. Arbeite. Bei Tage lassen sie dich arbeiten, und nachts bezahlen sie dich. Alte, wohin hast du die Hacke getan?«

Amalia riß mitten im Essen aus, sonst hätte sie losgeschrien. Sie ging in der Sonne durch die verlassenen Straßen, biß sich auf die Lippen, hob den Kopf, wenn hinten auf der breiten Straße eine Trambahn durchfuhr. Plötzlich kam ein Radfahrer vorbei, mit nackten Beinen, staubig: es war nicht Remo.

Unter dem Fabriktor bat Amalia Tosca, ob sie an diesem Abend mit ihr zusammensein könnte. Sie ging mit ihr das Brot kaufen, sie stiegen die schmutzigen Treppen hinauf und setzten sich in die Küche, um Atem zu schöpfen. Dann machte Tosca sich an die Hausarbeit. Tonino kam, er grüßte und winkte ihr verständnisvoll zu. Amalia antwortete mit einem zerstreuten Lächeln.

Während Tosca auf dem Balkon den Salat abtropfen ließ, stand Amalia auf und begann das Paket mit den Eiern aufzumachen. Tonino, der sich hinter der Zwischenwand wusch, rief lustig:

»Sagen Sie mir nicht einmal Dankeschön?« Seine Augen und die zerzausten Haare erschienen über der Holzwand.

»Ist Ihnen gar nicht klar, daß ich Ihnen einen Gefallen getan habe?«

Amalia sah auf.

»Wenn Sie in diesem Jahr Weinlese halten, bin ich dabei.« Tonino kam in die Küche, während er sich noch eine Schulter rieb. Er sah Amalia scharf an und lächelte. »Mir wurde gesagt: ehe er zum Radrennen gehe, wolle er dieses Korn geschnitten sehen. Sagen Sie mir nicht Dankeschön?«

Amalia, die am Tisch lehnte, verstand nicht sogleich. Dann wurden ihre Wangen flammendrot, der Atem stockte ihr. Sie sprang an die Tür, öffnete sie und lief hinunter. Im Gehen verzog sie das Gesicht, damit man ihr nichts ansah, und das Geschrei der Kinder erreichte sie nur ganz von fern, gedämpft, ein Murmeln. Als sie bald danach zu Hause ankam, ließ sie zu, daß der Vater sie schlug; es war Nacht geworden, aber er glaubte immer noch nicht, was sie behauptete: daß sie von der Küche aus nichts gehört hätte.

Treue

I

Als Amelio aus dem Krankenhaus nach Hause gebracht und aufs Bett gelegt wurde, hörten die anderen auf, ihn zu besuchen; aber Garofalo fing damit an. Anfangs hatte er sich nicht dazu entschließen können, weil es hieß, Amelio sei, als er im Krankenhaus eingeliefert wurde, zwar mehr vom Benzin als von Blut beschmutzt gewesen, aber er habe auf dem Bett doch sozusagen ›in seinem Blut‹ geschlafen, festgezwängt in den Gipsverband, die reinste festzementierte Schutzwehr. Garofalo hatte das Motorrad gesehen, und das hatte ihm genügt.

Aber da Amelio dazu verdammt war, sich nicht mehr zu bewegen, fühlte Garofalo jetzt das Bedürfnis, ihm Gesellschaft zu leisten und ihm zu helfen, so gut er konnte. Man hatte ihm gesagt, Amelio habe, wenn man ihm im Krankenhaus die Zigarette in den Mund steckte und sie ihm anzündete, wie ein Kind die Augen geschlossen. Er stieg, die Taschen voll Zigaretten, zu ihm hinauf; aber Amelio schien ihm alles andere als niedergeschlagen: im Gegenteil, er sah einem in die Augen, doch so, als sei man selbst gar nicht vorhanden. Es gelang Garofalo nicht, sich daran zu erinnern, was für ein Gesicht er früher hatte; aber an den tiefen Schatten der eingefallenen Wangen und Schläfen war zu erkennen, wie sehr er geschrien und die Zähne zusammengebissen haben mußte.

Ihn zum Reden zu bringen, war Garofalo immer schwer gefallen. Während sie rauchten, überflog Garofalos Züge ein Lächeln, das in einer Grimasse endete.

»Was gibt es zu lachen?«

»Ich lache über Masino.«

»Wieso?«

»Er hat es gleichfalls versuchen wollen. Sein Vater reparierte ein Motorrad; der Junge muß auf alles steigen, was er sieht, er braust los, ehe der Alte fertig ist, und hat die Lenkstange allein in der Hand. Jetzt muß er zahlen.«

»Dummköpfe«, sagte Amelio. »Sie können nicht mal radfahren und spielen die Mechaniker.«

Es war ein kühler Morgen mit etwas hellem Nebel: ein mächtiges, kaltes Licht kam durch die Scheiben. Amelio lag auf dem Küchensofa zwischen Tüchern, die bis zum Boden hingen. Die behaarte Brust – diese Locken waren von hellerem Blond als das Kopfhaar – war bloß; dort kratzte er sich, auf die Ellenbogen gestützt.

»Mir scheint, du erwartest jemanden«, sagte Garofalo. Er sperrte das Fenster auf. »Man hört nicht einmal die Straße«, sagte er, »hier geht's einem gut.« Als er sich umdrehte, sah er Amelios gespanntes Gesicht; er hatte sich auf den Rücken gerollt und die Ellenbogen darunter geschoben, so daß der Thorax gewölbt war. Er hielt die Augen geschlossen und atmete tief.

Ehe Garofalo hinaufgestiegen war, hatte er gewartet, bis Amelios Mutter am Tabakladen vorüberging. Sie kam jeden Morgen vorüber, um einzukaufen, aber er hatte keine Lust, sich von ihr erwischen zu lassen, weil sie sich immer sofort Luft machte, jedem gegenüber, den sie traf; und das tat sie auf recht böse Art. Man verstand, daß ihr Mann lieber den Mund hielt. Der Arme! Seine Frau war einmal schön gewesen. Und er hatte an diesen ungestümen, gut gebauten Sohn offensichtlich seine ganze Kraft gewandt; wahrscheinlich hielt er es selbst für merkwürdig, daß ihm ein so kraftvoller Bursche geglückt war. Garofalo überlegte sich, welcher von beiden mehr litt. Sicher doch er; denn wenn diese Frau so schön und kräftig gewesen war, wie es hieß, mußte ihr dieser Sohn nicht als ein solches Wunder erschienen sein wie ihrem Mann.

Der Alte tat einem leid. Er war vor ein paar Tagen in den Tabakladen gekommen – nicht mehr wie früher jeden Abend –, um eine halbe Toskanerzigarre zu holen, und hatte mit gesenktem Kopf in der Schachtel gesucht, auf eine scheue, zerstreute Art, wobei er unter dem hängenden, gelb gewordenen Schnurrbart etwas nur so eben zwischen den Zähnen hervorbrummte – als sei auch er gelähmt.

»Und Natalina?« fragte Garofalo.

Diesmal zog Amelio die Grimasse.

»Es ist kalt«, sagte er.

Als Garofalo vom Fenster zurückkam, sah er, daß Amelio lachte. Man sah jetzt die Zähne mehr als früher, als sein Gesicht von der Sonne gebräunt war.

»So sind die Frauen: solange es geht, geht es... Aber bei mir geht es noch.«

Garofalo lächelte.

»Hat sie dich besucht?«

»Sie kommt heute morgen.«

Garofalo brach auf. Er sagte lachend:

»Darum also erwartest du sie im Bett.«

Als Garofalo erst unterwegs war, fühlte er sich glücklich. Im Grunde war Amelio besser dran als er. Ja, so ist es, wenn einer ein Mädchen für sich zu gewinnen versteht: sie leistet ihm Gesellschaft und freut sich an ihm. In der Sonne, unter dem schon dürren Laub ging Garofalo quer über die Allee und drehte sich vor dem Tabakladen um nach einem Mädchen, das flink vorüberging – er beneidete Amelio.

Wenn er Lust hatte, sich mit jemandem zu unterhalten, so gab es dafür die Kunden, die das Geld auf den Tisch warfen und die Zigarettenpäckchen oder die Zigarren befühlten. Außerdem war die

Mutter da, sie besorgte den Briefmarken- und Salzverkauf. Ein Geschäft, das von allein ging. Garofalo dachte: wäre ihr Geschäft größer gewesen, dann hätte sein Vater auch Amelio einstellen können, der ja doch arbeiten mußte. Doch erst wenn die dort oben sich entschlossen hätten, in ein Erdgeschoß zu ziehen und ihm einen Wagen zu kaufen, in dem er selbst fahren konnte. Aber würde er mit dem auch hinter dem Ladentisch hin und her fahren können?

Sieh da, um ein Uhr trat Natalina ein, ohne Hut, parfümiert; sie sah Garofalo, der aus dem Hinterzimmer herbeieilte, übellaunig an. Natalina kam selten, sie hatte einen Tabakladen vor ihrer Arbeitsstätte, aber sie wußte, daß Garofalo mit Amelio befreundet war, und vor dem Unglücksfall war sie auch mit Amelio manchmal hereingekommen.

»Es war kühl heute morgen«, sagte Garofalo. »Im Bett fühlt man sich wohl.«

Natalina sah auf, zwischen den Haaren hindurch, und lachte. Garofalo öffnete den Ladentisch und holte die Flakons aus dem Glaskasten. Während sie an ihnen schnupperten, verbreitete sich feiner und wärmer ihr brauner Geruch.

Nach dem Kölnischwasser das Veilchenparfüm; nach dem Veilchenparfüm das ›Notturno‹. Natalina hatte Eile und fand nichts nach ihrem Geschmack.

»Einen Hunger habe ich!« sagte sie. »Ich kann schon gar nichts mehr sehen. Ich komme ein andermal wieder.«

II

Noch am Abend, als Garofalo zum Billard ging, war er froh. Dort wartete schon Masino mit seinem verbundenen Kopf, um jemandem etwas vorzujammern.

»Wie geht es?« fragte Garofalo.

»Schlecht.«

»Hör auf: schlechter geht es dem Motorrad.«

»Man muß geschickt fallen«, sagte Masino. Der Wirt, der einen Kaffee brachte, mischte sich ein: »Man muß lernen, gerade zu sitzen.«

»Wäre ich nicht wie eine Kugel heruntergerollt, dann hätte ich mir das Rückgrat gebrochen«, sagte Masino gekränkt. Er hielt eine Weile inne. »Wie Amelio.«

Alle drei waren einen Augenblick still.

»Amelio geht es jetzt ganz gut«, sagte Garofalo. »Er denkt schon an die Mädchen.«

»Ach was?« sagte der Wirt. »Stört es ihn nicht? Das hätte ich nie geglaubt. Nun ja, er kann zufrieden sein.«

»Und die Beine?« unterbrach ihn Masino.

»Als wären sie verdorrt. Das Rückgrat ist verletzt und auch das Rückenmark. Von da gehen die Befehle aus.«

Der Wirt begann von neuem: »Nur Geduld! Er hat wenigstens die Beine behalten, wenn auch die Knochen ohne Kraft sind. Ich bin höchst zufrieden damit: denn das hat er verdient. Das hat er gerade gebraucht. Es ist ein Wunder, das nicht allen passiert. Hat er dir die Beine gezeigt?«

Garofalo lächelte. »Mir nicht.«

Garofalo dachte daran, daß in Amelios Küche sicher dieser Hauch Parfüm zurückgeblieben war. Wer weiß – als Vater und Mutter zurückkamen, war Amelio mit Natalina wohl auf den großen Sessel im Schlafzimmer übergesiedelt. Sie benahmen sich sowieso wie Brautleute, und Amelio war ganz bestimmt nicht schüchtern.

Amelio hatte Natalina immer kommandiert. Man brauchte nur daran zu denken, wie er sie, wenn er hereinkam, die Zigaretten zu kaufen, an der Tür stehen ließ, und wie sie, sobald er heraustrat, herbeieilte, sich bei ihm einzuhaken. Und wenn sie unterwegs jemandem begegneten, blieb Amelio stehen und redete mit ihm, als sei er allein. Eines Abends hatten Masino und Garofalo mit ihr tanzen wollen; aber mitten im Tanz mit Masino hatte Natalina ›pardon‹ gesagt und war zum Eingang entwischt, wo Amelio sie erwartete. Es gab keine Stunde, daß sie die beiden nicht unterwegs trafen, und Sonntags fuhren sie mit dem Motorrad los.

Garofalo versuchte etliche Male, seinen Vater dahin zu bringen, daß er Amelio in den Tabakladen nahm, aber der Vater hörte nicht einmal richtig zu; und seine Mutter sagte ihm ein für allemal, er solle keine Dummheiten machen. »Er kann ja nicht einmal die Treppen herunterkommen.« Und doch, dachte Garofalo – man würde schon helfen, wenn in der Familie ein solches Unglück passierte, und auch, wenn Amelios Eltern genau so einen Tabakladen gehabt hätten.

Aber Unglücksfälle kommen nie recht. Was für ein Leben mochte diese grobe Alte, die sich jetzt mit allen herumstritt, Amelio und seinem Mädchen bereiten! Garofalo ging am nächsten Tag Amelio nicht wieder besuchen, teils um sich nicht zu sehr zu binden, und teils weil er nicht wußte, ob die Alte ausgegangen war.

Er ging eines Nachmittags hin, als sich das Parfüm gewiß verflüchtigt hatte: die Küche roch nach Fußschweiß und Feuchtigkeit. Es war nicht gerade hell – draußen regnete es leicht –, und man hatte Amelio an diesem Tag nicht geholfen, aufzustehen: die Tür stand offen.

Amelio hatte einen Bart, der viele Tage alt war, und als erstes bat er um etwas zu rauchen. Er hatte sich unter den Decken hochgesetzt und lehnte an der kalten Mauer.

»Wann zieht ihr um?«

Man wußte, daß sie nicht vor dem Frühling umziehen würden, aber er fragte es nur, um irgend etwas zu sagen.

Amelio rauchte mit geschlossenen Augen.

»Gestern abend hat es im Kino eine Keilerei gegeben«, erzählte Garofalo. »Da war einer, der tat eine Hand vor das Loch und machte Schattenspiele. Sie haben gepfiffen, und dann hat man eine Frau schreien hören, und sie haben sie halbtot von den Soldaten weggerissen. Ein Strumpf war ihr zerrissen worden, doch als sie wieder zu sich kam, hat man gesehen, daß sie buckelig war. Buckelig wie eine Hexe. Aber was für Leute: sich mit Buckeligen einlassen!«

»Im Dunkeln sind alle Frauen recht«, sagte Amelio.

»Stehst du nicht auf?« fragte Garofalo.

»Wie soll ich?« Amelio öffnete die Augen. »Mich kann nur ein Mann tragen, der darin geübt ist. Aber es ist ja doch gleich.«

»Wohin bringen sie dich?«

»Drüben auf den großen Sessel.«

»Und dein Vater?«

»Er macht weiter, so gut er kann. Das letzte Geld haben sie ihm aus der Tasche gezogen, als sie mir die elektrische Kur verordneten. Ich selbst bin ja kein Dynamo.«

»Was für eine Kur machst du jetzt?«

Amelio zuckte die Achseln. Garofalo fragte ihn, ob er Karten spielen wolle. Er zog die Karten aus der Tasche – sie waren schon feucht – und setzte sich vorsichtig auf das Sofa. Während er sie auf der Decke zu einer ›Briscola‹ austeilte, sagte er herzlich: »Man müßte zu viert sein.« Und dann, als er den Stoß niederlegte:

»Wie geht es Natalina?«

Amelio hob die Karten nach und nach ab und gab keine Antwort. Sie begannen schweigend zu spielen. Amelios knochige Hände und sein Gesicht schienen ins Spiel vertieft. Garofalo gewann, aber wenn man nicht um Geld spielte, machte es keinen Spaß. Als sie ihre Karten ausgespielt hatten, zählte keiner die Punkte, und sie ließen es sein. Einige Karten glitten zu Boden.

Amelios Augen glänzten, es sah aus, als habe er Fieber. Plötzlich zog er die Lippen zusammen und stieß einen Seufzer aus; aber sofort unterdrückte er ihn.

»Ich habe es satt, hier drinnen zu hausen«, jammerte er leise. Es klang, als jammerte ein Kind. Garofalo bückte sich, die Karten aufzusammeln, und stammelte: »Gib dir Mühe, daß du wieder zu Kräften kommst; du bist nur blaß. Sobald es schön wird, gehen wir aus.«

»Solange ich hier drinnen hause wie eine Pflanze im Keller, werde ich dieses Gesicht haben. Bei Kräften bin ich schon. Mir würde wohler sein, wenn ich es nicht wäre.«

»Warum machst du nie das Fenster auf?« fragte Garofalo.

»Dann wird mir kalt. Und wer macht es wieder zu?«

»Deine Mutter ist doch da.«

Garofalo, an die Mauer gelehnt, lächelte.

»Die hat nur Angst, daß mir jemand was zu trinken bringt. Das riecht sie schon in der Luft. Die Flasche hält sie unter Verschluß.«

»Soll ich dir was mitbringen?« fragte Garofalo.

Amelio zuckte die Achseln. »Lieber was zu rauchen. Zu rauchen. Später, wenn du es hast, was zu trinken.«

»Ja. Aber du mußt dich in acht nehmen«, sagte Garofalo und stand auf. »Jede Unvorsichtigkeit kann dir schaden.« Während er sprach, hatte er die Augen anderswo.

»Gehst du?« fragte Amelio.

»Ich gehe, bevor die Alte zurückkommt.« Er legte ihm die drei Päckchen auf das Kissen.

Als er schon an der Tür war, rief Amelio ihm zu: »Willst du nicht meine Beine sehen?«

Garofalo drehte sich um. Amelio lag lang ausgestreckt im Bett, die Laken nur noch auf den Füßen, das Hemd über dem Bauch. Er mußte näherkommen. Die knochigen, starken Beine waren Amelios würdig. Nur sahen die Schenkel durch die Abmagerung aus wie Säbelbeine, und sie waren unter den Haaren schmutzigweiß. Amelio krümmte sich, um mit der Hand auf sie hinzuweisen.

»Sehen sie nicht aus wie gesund?« fragte er.

III

Auf dem Nachhauseweg blieb Garofalo stehen. Er begriff nicht, warum Amelio ihn hatte seine Beine sehen lassen. Als er daran zurückdachte, stellte er sich statt ihrer Natalina vor: ihren weißen festen Körper.

Wenn er es sich recht überlegte, so machten ihm Amelios Beine Eindruck nicht wegen der Lähmung, sondern weil er gesehen hatte, wie nach oben hin die Behaarung der Schenkel dichter wurde – bis in einen rötlichen Wald.

›Wir müßten nackt gehen, dann würden wir uns daran gewöhnen.‹

Es war sonderbar, daß so ein Mann stärker auf ihn wirkte als die Frauen. Aber dann beruhigte er sich: er merkte, daß er in Wirklichkeit an Natalina dachte.

Als er am nächsten Tag im Laden stand, hob er den Blick, sooft jemand eintrat. Ob sie wiederkommen würde? Den Gedanken kann man nicht befehlen.

Hingegen trat Amelios Vater ein, mit roten Augen, und verlangte eine Toskanerzigarre. Da erinnerte sich Garofalo daran, daß Sonntag war.

»Geht es Amelio gut?« fragte er artig.

Der Alte betrachtete ihn von unten bis oben, mit zitterndem Schnurrbart, und antwortete, wie er noch nie geantwortet hatte: »Krepieren sollte er.« Dann wischte er sich über den Mund.

Garofalo fiel aus allen Wolken. Aber der Alte war noch nicht zu Ende. »Er hätte in der Fabrik krepieren und die Unfallversicherung erwischen können; nicht diese blödsinnige Fahrt machen! Wer hat ihm das beigebracht, daß er über neunzig fahren sollte? Da sind sie zwanzig Jahre alt und bilden sich ein … und denken nicht an den, der sechzig auf dem Buckel hat.«

Er war betrunken. Und er ging. Garofalo wußte, daß seine Mutter im Hinterzimmer zugehört hatte, denn sie hatte einen Augenblick mit dem Kartoffelschälen ausgesetzt. Sicher hatte sie das gern gehört. Er wagte nicht sich umzudrehen.

Natalina sah er wieder, weil er dorthin ging, wo sie wohnte, um sie zu treffen. Als er auf dem Gehsteig ihren knappsitzenden Rock gewahr wurde, lief er los und sah sie an, ließ den Blick über sie hingehen und nickte ihr zu. Es genügte ihm, daß er sie gesehen hatte; und er dachte an ihr gemeinsames Geheimnis. Natalina lächelte und blieb stehen.

Darüber wunderte sich Garofalo nicht; er hatte sie ja oft schon an Amelios Arm gesehen. Er lehnte sich an die Mauer und fragte, warum sie nicht wieder in den Tabakladen komme.

Natalina sah ihn belustigt an und antwortete, sie brauche nichts. Garofalo wechselte das Thema, damit es nicht so aussah, als handle er hier mit seiner Ware. Er fragte sie, wie sie denn den Sonntag so allein verbringe. Natalina zog ein mürrisches Gesicht, wie ein kleines Mädchen; dann sagte sie, während sie weiterging: »Ich kann keinem trauen: alle sind sie unverschämt zu mir ...«

»Ich auch?« fragte Garofalo und fuhr sich schützend an die Wange. Natalina lächelte. »O nein, wir kennen uns.«

Am Abend gingen sie in das Kino in der Galleria, und Garofalo schämte sich, daß er versucht hatte, ihre Beine zu mustern. Natalina hatte eine so vernünftige Art, zu sprechen, daß Garofalo bestürzt war, wenn er an die kecken Blicke dachte, die sie früher, an Amelios Arm geklammert, den Vorübergehenden, die sie betrachteten, zugeworfen hatte. Er wagte ihr nicht davon zu sprechen, aber er begriff, daß alles das jetzt von dem Unglück kam. Und er dachte, wenn er ihr so Gesellschaft leiste, bewache er sie für Amelio und tue damit ihm einen Gefallen. Doch als er ihn am nächsten Tag besuchen ging, wagte er ihm nichts zu sagen, weil die Mutter in der Küche war, und er konnte ihm nicht einmal die Flasche Wein geben, die er in der Manteltasche hatte. Sie rauchten zusammen eine Zigarette; dann ging er wieder.

Natalina hatte es freilich nötig, bewacht zu werden. »Bravo«, sagte eines Tages Masino zu ihnen, als er sie Arm in Arm traf, und warf ihr einen Blick zu, der ihm nicht gefiel. Natalina lächelte.

Garofalo gewöhnte sich rasch an Natalinas warmen Arm und an die behutsamen Worte, die sie scherzend tauschten. Sie sprachen von früheren Zeiten, als Natalina für Amelio alles war, sie sprachen davon wie von etwas Vergnüglichem, das weit zurücklag. Dann war das Unglück geschehen. Als Garofalo das erstemal auf Amelios gegenwärtigen Zustand anspielte, drückte Natalina seine Hand, verzog das Gesicht und sagte: »Ich denke so schon immer daran. Wir wollen nicht davon sprechen.« Garofalo sah, daß ihre Augen dabei aufblitzten, und dieser Blick war nicht vernünftig, und er begriff, daß er selbst gar nichts zählte. Aber Natalina preßte sich an ihn und sagte: »Wir sind zusammen!« So nahmen sie die Gewohnheit an, sich manchmal im Gehen aneinanderzupressen, wenn niemand sie sah.

Inzwischen vergingen die Tage, jetzt schneite es oder es war Nebel, und im Kino fühlte man sich wohl. Garofalo fand eines, das etwas abgelegen war und Natalina gefiel.

Natalina hatte Bedenken wegen des armen Mädchens, dem sie seine Gesellschaft stahl. Garofalo sagte lachend, dieses Mädchen gebe es nicht.

Garofalo hatte keine Bedenken. Er freute sich, mit einem Mädchen wie Natalina auszugehen: sie begriff alles so rasch und vertraute ihm. Natalina war aufgeweckt und gewiß auch nicht unerfahren; das sah man an ihrem Gesicht, wenn das Gespräch einmal freier wurde. Garofalo beneidete Amelio, und das war nur natürlich: Natalinas Geruch und Bewegungen machten ihn unruhig. Aber – man darf schließlich die Frauen nicht nur darum suchen, weil sie unter den Kleidern nackt sind.

»Wir sollten uns weniger sehen lassen«, sagte Natalina, »sollten uns nur im Café treffen. Die Leute wissen, daß du Amelios Freund bist, und sie denken schnell etwas Schlechtes.«

Auch das war richtig. Sie beschlossen, Amelio nicht zu sagen, daß sie sich sahen, denn Amelio, immer allein und ans Bett gefesselt, konnte irgendwelche Geschichten machen.

IV

»Gestern habe ich Amelio gesehen, und wir haben Karten gespielt«, sagte er eines Abends zu ihr. »Ich habe ihm was zu trinken gebracht. Er ist erstaunlich. Nicht einmal, als er getrunken hatte, hat er von dir geredet.«

»Und warum sollte er davon reden?« sagte Natalina und runzelte die Stirn.

Garofalo wußte nicht, was er darauf antworten sollte.

»Ihr Jungen habt alle diese schlechte Angewohnheit«, fuhr Natalina fort. »Reden, reden. Wozu?«

»Aber... ich habe doch gesagt, daß Amelio nicht geredet hat...«

»Das heißt, daß ihm der Kopf richtig auf dem Hals sitzt. Halte du es genauso.«

Oft dachte Garofalo darüber nach, wie die Dinge laufen würden, wenn er an der Stelle von Amelio und Amelio an seiner Stelle gewesen wäre. Und er begriff, daß es dumm war, darüber nachzudenken; denn wenn Amelio an seiner Stelle wäre und Natalina hätte, würde gar nichts geschehen. Doch wenn er erst einmal im Erdgeschoß wohnte, würde er wenigstens ausgehen können.

Aber Amelio ging ja noch nicht aus. Eines Morgens, als wieder ein wenig die Sonne schien, wollte Garofalo hinaufsteigen und ihn besuchen. Während er in der Allee wartete, daß die Mutter herunterkäme, überlegte er sich: sollte er Amelio fragen, ob Natalina auch bei ihm so unvernünftige Ausbrüche habe? ›Der Ärmste, richten wir lieber keinen Unfug an‹, sagte er sich. Und inzwischen trat die Alte aus dem Haustor, nachdem sie überallhin einen scharfen Blick geworfen hatte.

Er fand Amelio in der dürftigen Küche; in einen Mantel eingemummt, war er gerade dabei, eine große Tasse Milch zu schlürfen. Sie winkten sich zu.

Als Amelio die Milch getrunken hatte, kaute er an einem Stück Brot, das er in einen Teller kalte Minestra tauchte. Er kaute langsam, stellte den Teller auf den Tisch und legte sich wieder bequem auf das Sofa.

»Hast du jemanden gesehen?«

Amelio zuckte die Achseln, drehte sich in der Hüfte um und streckte eine Hand aus den Decken. »Gib mir die Bettflasche.« Er faßte sie mit knochigen Fingern und nahm sie unter die Laken. Garofalo sah inzwischen aus dem vom Licht erfüllten Fenster und kam zurück, als Amelio die Decken hob und ihm die Flasche vorsichtig hinreichte. »Schütte es in den Ausguß.«

»Wer soll mich schon besuchen?« sagte er, als er die Zigarette angezündet hatte.

»Aber du empfängst doch Natalina hier?« fragte Garofalo.

»Und du – was stellst du mit Natalina an?«

Garofalo sah auf.

»Ich habe sie einmal ins Kino begleitet. Sie beklagt sich, daß sie allein ist. Wer hat es dir gesagt?«

Amelio lächelte. »Natalina bleibt nicht allein, auch wenn man sie anbindet. Hat ein Auge auf den Tabakladen.«

Während Garofalo im Stehen seine Zigarette malträtierte, sah Amelio ruhig auf die Decken. Der Ausguß im Winkel tropfte in regelmäßigen Abständen.

»Hör mal, Garofalo«, sagte Amelio plötzlich, »seit drei Monaten komme ich nicht aus dem Haus. Mein Vater ist nicht imstande, mir das zu verschaffen, was ich will, und für meine Mutter bedeutet das Sünde. Da ist es an dir. Wenn du mir nicht eine Frau ausfindig machst, komme ich um. Bring mir nichts mehr zu trinken und miete mir eine mit diesem Geld. Bring sie her, wenn niemand da ist.«

Garofalo lächelte so blöde, daß Amelio die Stimme erhob:

»Und sag ihr, daß ich ein Krüppel bin, damit sie mir dann keine Geschichten macht. Nimm eine Magere, sonst zerquetscht sie mich. Verstanden?«

Garofalo hatte eine Frage auf der Zunge, aber er stellte sie nicht. Wieder malträtierte er ein wenig die Zigarette, warf den Stummel weg und sagte ruhig:

»Irgendeine Frau?«

»Sie soll nicht zu fett sein, aber auch kein Hering.«

»Je nachdem, was ich finde. Um welche Zeit?«

»Morgen früh um diese Zeit.«

»Wenn ich bis dahin eine gefunden habe. Soll ich sofort gehen?«

»Sofort.«

Natalina sah ihn um Mittag am Haustor, verließ rasch die Kolleginnen, die lachten, und lief neben ihm her.

Als sie um die Ecke waren, begann Garofalo zu reden.

»Stimmt es, daß du seit drei Monaten nicht mehr zu Amelio gehst?«

Natalina blieb stehen, packte ihn am Handgelenk und sagte langsam: »Möchtest du, daß ich hingehe?«

Da Samstag war, hatten sie es nicht eilig. Während sie durch die verlassenen Gäßchen gingen, sagte Natalina ihm alles, ohne ihm vorzuwerfen, daß er mit Amelio gesprochen hatte.

»Ich habe ihn früher gerngehabt, das weißt du«, sagte Natalina und sah vor sich hin. »Ich habe es dir offen gesagt. Im Krankenhaus habe ich ihn immer besucht, obwohl er selbst daran schuld war, daß er hineinkam. Aber danach«, Natalina verzog den Mund, »danach habe ich es nicht mehr aushalten können. Es ist, als hätte er Beine aus Stein. Hättest du eine Frau gern, die Beine aus Stein hat? Ich träume nachts davon, und es schaudert mich.«

»Aber er ist ein Mann wie alle anderen«, sagte Garofalo, nur um etwas zu sagen.

»Was tut das?« Und Natalina sah ihn vorwurfsvoll an. »Ein Mädchen will nicht nur das. Und ich habe es ihm gesagt.«

»Du hast es ihm gesagt?«

»Ja.«

Sie spazierten bis ein Uhr umher, und Natalina nahm lächelnd Garofalos Hand von ihrer Hüfte; denn er dachte an die Frau, die er Amelio bringen sollte, und hielt sich nicht mehr zurück. Sie machten aus, daß sie nach dem Abendessen in den Tabakladen kommen würde, ihn abzuholen. Dann küßten sie sich, unter einem Haustor, in das ein Streifen Sonne fiel.

Natalina hatte es nicht gesagt – aber als Garofalo wieder nach Hause ging, kam ihm der Argwohn, daß Amelio sie auch gequält hatte.

Doch am Nachmittag ging er los, den Auftrag auszuführen. Ihm war es unsäglich peinlich, den Fuß wieder in dieses ›Haus‹ zu setzen: er wußte ja doch, daß es mit Natalina nur eine Frage der Zeit war, und daß er sie womöglich heiraten würde. Ein wenig außer Atem fragte er, ob er die Padrona sprechen könne.

Er war an der Tür zu einem kleinen Salon stehengeblieben; die Padrona hörte ihn an, ohne mit der Wimper zu zucken.

»Am Morgen, um welche Zeit?« fragte sie.

Garofalo sah in einem Seitenspiegel undeutlich etwas Nacktes.

»Wir müssen rasch einig werden. Es macht mindestens hundert Lire.«

»Hundert Lire ...«

Am Nachmittag überlegte Garofalo sich die Sache noch einmal und beschloß, ein Straßenmädchen zu suchen, das auch in Zukunft für Amelios Mittel erschwinglich wäre. Aber vor der Nacht war es nicht möglich.

Am Abend bediente Garofalo am Ladentisch ein wenig zerstreut, denn jetzt dachte er mit allzuviel Vergnügen an Natalinas Beine. Ein Mädchen wie sie zu heiraten, war schon der Mühe wert. Ohne diesen bösen Sturz hätte Amelio sie sicher geheiratet.

Nach dem Abendessen trafen sie sich und gingen spazieren. Diesmal versuchte Natalina nicht mehr auszuweichen, ja sie kam sogar mit in eine dunkle Gasse, wo Garofalo manövrieren konnte. »Dummer Kerl«, sagte Natalina, »wir haben Zeit.« Sie küßten sich und preßten sich aneinander. Dann gingen sie tanzen, und Garofalo erreichte, daß sie nur mit ihm tanzte. Beim Tanzen sah Natalina ihn an, und sie klebten aneinander, als seien sie ein einziger Körper.

Er verließ sie an ihrem Haustor; der Mond schien. Als Garofalo sie küßte, sagte er leise: »Ich heirate dich, dann kann Amelio nichts sagen.«

»Was soll er sagen?« flüsterte Natalina und blickte ihm in die Augen.

Dann ging Garofalo quer durch die Stadt bis zu einer Allee in der Stadtmitte, wo er einmal von einer Alten und einer Jungen, die stritten, angehalten worden war. Es war kalt, er blieb todmüde stehen und sah niemanden: vielleicht verjagte sie der helle Mondschein? Er bog in ein Seitengäßchen, und nach dem ersten Haustor wurde er aufgefordert.

Im Schatten erkannte Garofalo ein blasses Gesicht, es war nichts als Augen und Mund. Die Frau hörte ihn ungeduldig an und faßte seinen Arm. »Und du willst mich nicht?« sagte sie mit rauher Stimme.

Garofalo schüttelte den Kopf. »Du bist doch nicht krank?«

»Probier es doch!«

Sie verabredeten sich auf den nächsten Tag elf Uhr. Die Frau hielt noch immer seinen Arm, sie wollte eine Zigarette. Garofalo zündete sie ihr an; und froh darüber, daß er nicht einmal mit ihr gescherzt hatte, ging er davon: er dachte an Natalina.

Haus am Meer

Der violette Streifen Meer vor dem Fenster machte das ganze Zimmer kühl.

Es kam vor, daß ich bei Morgengrauen aufwachte, ein wenig unruhig, mich aufsetzte und gegen das Kissen lehnte, um einen Augenblick durch das geöffnete Fenster zu sehen; dann mußte ich, daran erinnere ich mich, lächeln und zündete mir eine Zigarette an. Daß trübes Wetter war, sagte mir der leere Platz von Andrea, meinem Mann. Auch hierin wie mein Vater: wenn die Luft ein wenig feucht ist, wacht Andrea vor Tag auf und hält es im Bett nicht mehr aus. Er sagt, es seien die Nerven, aber ich glaube eher, es ist dieses Bedürfnis, sich zu isolieren, das jeder Mann im Blut hat. Einmal sagte er mir, er tue es meinetwegen: ich hatte ihm anvertraut, der Gedanke, jemand betrachte mich, während ich schlief, mache mich schaudern.

Wahrscheinlich rauchte er im Garten eine Zigarre – es war einer dieser kleinen Riviera-Gärten, die aus einem Baum zwischen vier Mauern bestehen –, und ich stellte ihn mir vor, wie er ohne Brille hin und her ging mit dem nackten, mir so vertrauten, kindlichen Gesicht, und die Zigarre beim Rauchen in der umgekehrten Hand hielt und vor sich hin brummte.

Aber nein: damals war Andrea in mich ganz frisch verliebt, und die Tatsache, daß ich ihn geheiratet hatte, gab ihm noch einen gewissen Übermut. Nicht daß er jetzt lauer geworden wäre – der arme Andrea –, aber er hat immerhin begriffen, daß es mir am liebsten ist, ihn gern zu haben wie eine Tochter den Vater.

Er ist beinahe schüchtern geworden – merkwürdig genug an einem entschlossenen, ernsthaften Mann, wie er es ist – und ist mir gegenüber so rücksichtsvoll, mich allein zu lassen, wenn er plötzlich so trübe gestimmt ist, daß er brummen muß. Ich bin überzeugt, er hat es aufgegeben, mich mit diesem Ungestüm zu »lieben« – als hätten wir nicht alle insgeheim das Bedürfnis, für uns zu bleiben, damit wir uns sammeln und die Dinge ohne Lüge betrachten können! Jetzt ist seine Eifersucht wirklich so geworden, wie ich sie mir gewünscht habe: die herzliche Anteilnahme von jemandem, der sich nur mit großer Zurückhaltung Sorgen macht und einem Raum zum Leben läßt.

Ich bin sicher, daß er sich an diesem Morgen in dem Gärtchen eines vollkommenen Glücks erfreute, das noch zunahm durch dieses kühle, etwas bedrohliche Wetter: das mußte ihm, der von einer Woche Stadtarbeit müde war, willkommener sein als die übliche, dürre Langeweile des Strandes. Schon am Abend vorher hatte er halb im Ernst über meine gebräunte Haut gemault – verbrannt, sagte er, von den Blicken der Leute –, und hatte den Kopf geschüttelt und gesagt, er wolle mir den Lebensunterhalt streichen; aber bei diesen Scherzen weiß man ja, wohin sie führen. Eines aber paßte ihm ganz und gar nicht: daß er an meiner Seite – ›ich nur gekochtes, du geröstetes Fleisch‹ – inmitten so vieler dummer Bekanntschaften erscheinen mußte, die den Jungverheirateten eine Menge Komplimente machten, und darin kann ich ihm nicht unrecht geben; und diese Komplimente waren außerdem sozusagen familiär und voller Anspielungen, die er nicht verstand, so daß er sich wie ein Eindringling vorkommen mußte.

... ...

Die Bettler

Schon als Junge hatte Geri nie Verständnis gehabt für diese Bettler, die sich anständig angezogen – im Winter mit einem Mantel – an der Tür zeigten und das Almosen so ernsthaft forderten wie jemand, der ein Geschäft wahrnimmt, keine Zeit zu verlieren hat und einen das fühlen läßt. Geri hatte immer einen dumpfen Groll gegen sie verspürt wie gegen Menschen einer anderen Rasse, und hätten sie ihm nicht leid getan, so hätte er den hageren, unbestimmt bedrohlichen Gesichtern die Tür vor der Nase zugeschlagen, wie die Mutter ihm immer auftrug. Aber Geri erfaßte nicht sofort, wer vor ihm stand; dann erkannte er mit Schrecken den Armen an dem fordernden Gebrumm, das unter diesem Hut hervorkam. Mit flammendem Gesicht murmelte er, es sei niemand da, und schloß rasch die Tür; und er machte sie leise zu, ohne den Mann auch nur anzusehen. Aber er blieb hinter der Tür im Dunkeln wie festgenagelt stehen und hielt den Atem an. Lange Minuten wartete er, in Aufruhr, und lauschte auf den Atem des andern vor der Tür mit einer krampfhaften Scham und Angst; und er wartete gespannt darauf, daß die Schritte sich entfernten. Aber er war froh, daß er ihm nichts gegeben hatte, froh, daß er zwischen sich und dem erwachsenen, anständig gekleideten Mann die Tür hatte: dieser hatte das Almosen mit der Härte eines Menschen gefordert, der ein Recht darauf hat.

Einmal war, statt daß geklopft wurde, sogar geklingelt worden, und Geri, der herbeilief, die Tür zu öffnen, fand vor sich eine Signora mit Hut und einem Pelzchen um den Hals, die ihn lächelnd bat, ob er ihr nicht etwas geben wolle. Geri holte seine Mutter, doch sie war kaum an der Tür, da zog sie sich zurück und machte sie zu, und noch lange hörte Geri, wie die Mutter sich über diese unerhörte Unverschämtheit beklagte. Seitdem dachte Geri, die ordentlich gekleideten Bettler hätten Frauen und daher Wohnungen und Arbeitsstunden und Festtage und Eßzimmer, Leute also, die arbeiteten und verdienten. Das verstärkte seinen Groll.

Die Armen aber, die ihm wirklich leid taten, ja er beneidete sie sogar ein wenig, waren die zerlumpten Bettler der Straße, die Alten mit dem tränenden Betrunkenengesicht, die Frauen mit einem schmutzigen Kind, das wie ein Bündel aussah, aber vor allem die umherziehenden Musikanten, die immerzu in irgendeinem Winkel Musik machten ohne zu sprechen und ohne aufzusehen, Arme, die nichts verlangten und die Augen senkten, wenn jemand stehenblieb. Als Geri eines Tages allein ausging, fand er unter den Lauben einen Alten, der wartend auf dem Gehsteig saß, und die Steinplatte war bedeckt mit einer bunten Kreidezeichnung; ihm schien, es sei der heilige Joseph mit der Lilie. Er ging mehrmals wieder hin, und das Bild war immer anders, und der Alte saß in einem Streifen Sonne und kaute Kürbiskerne. Aber als Geri eines Tages früher kam als sonst, sah er, wie der Alte am Pfeiler kniete, das Kinn auf der Brust, die Arme gekreuzt, und mit Inbrunst betete; die Leute standen um ihn herum. Dann schlug sich der Alte an die Brust und sagte laut in singendem Tonfall Worte, die alle zum Lachen brachten; aber Geri verstand nicht, was los war. Schließlich nahm der Alte die Kreidestifte und begann eine Kreuzigung zu zeichnen. Geri sah nie, daß jemand ihm eine Münze zuwarf.

Die gleichen Gedanken gingen Geri eines Morgens durch den Kopf. Er hatte noch keine Lust, aus dem Bett zu steigen; das vorhanglose Fenster warf auf alle Kanten ein feuchtes, schmutziges Licht.

Da kam, und die Tür schütterte davon, ein quietschender Laut oder eine rauhe Stimme von der Treppe her, ein Wispern, dann ein Plumps. Von einem Augenblick zum andern konnte jemand gegen die Tür stoßen, die Füße abstreichen – und warten.

Geri sah plötzlich wieder jenes zögernde Kind vor sich, das wie festgenagelt hinter der Tür gestanden hatte; sein Herz hatte wie toll geklopft, sein Ohr ins Dunkel gehorcht: genauso gespannt und steif preßte er sich jetzt gegen das Kissen.

Aber er sah auch den erwachsenen Mann wieder vor sich: in den Kragen vermummt, finster blickend unter der stark knochigen Stirn, die Fäuste fest in den Taschen, stand er still vor der Tür. Zwei, die sich haßten, ohne daß einer den anderen sah, und jeder spürte, wie der andere atmete.

Geri drehte sich im Bett um, vergrub das Gesicht im Kissen und horchte ins Leere. Einen Augenblick war das Haus ganz still; nur von der Straße her zerkratzte ein fernes, unbestimmtes Geräusch die tiefe Ruhe. Die Bettwärme dämpfte auch das Pochen der Adern.

Geri, der am Nacken und an den Schläfen die Kälte des Zimmers verspürte, hatte das Gefühl, als liege sein Körper lang ausgestreckt in der Sonne, als seien die leichten Geräusche in der Stille die unbestimmbaren Laute vom Schwimmbecken her.

Jahre danach befreundete sich Geri mit einem Jungen namens Achille; sie bummelten nach der Schule ein paar Stunden durch die Straßen; dann sagte jeder zu Hause, er sei zum Lernen bei dem anderen gewesen. Ohne Achille wäre Geri höchstens ins nächste Kino gerannt: dort fragte er dann in jeder Pause irgendeinen Soldaten oder einen anderen Zuschauer ängstlich nach der Zeit. Achille hingegen liebte es, sich unter die Passanten zu mischen; beim Gehen zerteilte er die Menge und drehte sich oft um, um einige Worte mit dem Freund zu wechseln. Aber vor allem gefielen ihm Unternehmungen, die er im Augenblick zu erfinden schien; man merkte jedoch, daß er auf die Gelegenheit schon seit einiger Zeit gewartet hatte und die Örtlichkeiten kannte. Einmal ging es ihm darum, in ein Café zu treten, in dem Dirnen verkehrten; ein andermal darum, Nußkerne kauend vor den Gefängnissen zu warten, ob irgendein Verbrecher in Handschellen gebracht würde; ein andermal wieder darum, dabeizusein, wenn die Lehrmädchen aus einer großen Schneiderwerkstatt kamen: darunter war manches Gute.

Achille hinterlegte, um sich freier zu fühlen, die Bücher bei dem Hausmeister des Instituts; dort fand er sie am nächsten Tag wieder vor. Geri bewunderte das sehr, aber er nahm seine Bücher mit, obwohl er am Abend zum Lernen keine Lust mehr hatte.

Schön waren diese Eskapaden, wenn sie durch ungewohnte, abseits liegende Straßen gingen. Geri liebte die Menschenmenge nicht: die vielen sorgenvollen, ängstlichen Augen, das Getrampel, das Hin und Her, die Hast, all das bewirkte, daß er sich fremd fühlte; es erinnerte ihn daran, daß er pflichtgemäß um diese Zeit an seinem ruhigen Schreibtisch hätte sitzen und auf das Abendessen warten sollen. Aber es machte ihm Spaß, wenn sie auf stillen Fußsteigen zurückkehrten, wenn die kalte Luft dämmerig wurde, der Himmel klarer war, wenn von einem Augenblick zum andern die lange Reihe der Straßenlaternen aufflammen konnte.

Achille hatte schon versucht, Geri in ein Bordell zu führen, aber

Geri war dazu noch nicht entschlossen. Übrigens war auch Achille nie wirklich dort gewesen. Er wußte, wie man das machte, wieviel man bezahlte, wie man der Pförtnersfrau antwortete, aber als Geri ihn einmal wieder danach fragte, brachte er Namen und Einzelheiten durcheinander, und es war offensichtlich, daß er die Sache nur erfand. Doch Geri wagte nicht, ihm das vorzuwerfen, denn Achille war in all diesen Gesprächen so freimütig und überzeugt, daß er ihn reden ließ: das war ein Vergnügen, während sie, wenn er ihn gekränkt hätte, beide verstimmt gewesen wären.

»Erst will ich die Frauen besser kennen«, hielt Geri ihm entgegen. »Machen wir uns an irgendeine kleine Schneiderin heran oder an irgendein braves Mädchen, und wenn wir mehr Erfahrung haben, werde ich dorthin gehen.« Er redete so, um Zeit zu gewinnen; denn Achille hatte, als er sich eines Abends in einem Garten an ein Dienstmädchen heranmachte, sowieso nur Spott davongetragen. Geri sah es sich aus zehn Schritt Entfernung an, bebend vor Scham, und er war richtig erleichtert, als das Mädchen – ein braunes, kräftig gebautes, dickliches Mädchen – Achille, der auf sie einredete, laut ins Gesicht lachte, das Kind an die Hand nahm und sich entfernte. Achille ging eine Zeitlang hinter ihr her, Geri sah nicht, was für ein Gesicht sie machte, aber er hörte, wie eine rauhe Stimme ärgerlich sagte: »Hau ab, du dummer Kerl.«

Mittlerweile wurde es Frühling; Geri staunte, daß er noch nie in seinem Leben gemerkt hatte, wie schön es war, auszugehen, umherzuschauen und zu atmen. Es war nicht nur die Luft und das schöne Wetter, denn schon im Winter war er gern auch im Schmutz oder im Nebel unterwegs gewesen, und ungern trennte er sich von Achille am Haustor; oft begleiteten sie einander gegenseitig wieder nach Hause bis zur Zeit des Abendessens. ›Das kommt wohl daher, weil dies das erste Jahr ist, wo ich selbständig ausgehe und lebe‹, dachte er, während er, die Bücher unter dem Arm, zur Schule ging. Und jetzt würde es nicht mehr kalt werden, auch kamen die Blätter schon heraus, und es war bis späthin hell. Hätte nur Achille, wenn eine schöne Frau vorüberging, endlich nicht mehr geträllert: ›Ich möchte dich küssen, wenn du nackt bist.‹ Das gefiel Geri gar nicht. Mußte man, um seine Männlichkeit zu beweisen, so etwas sagen?

. . . .

Ein Ruf

Ich erinnere mich, wie viele Mohnblumen man vom Fenster aus auf dem Lande sah, und die hatte ich sicher nicht geträumt. So lebhafte Farben träumt man nicht, und dann habe ich immer beobachtet, daß man von einem Traum nur die unnützen Einzelheiten im Gedächtnis behält. Aber diese Mohnblumen, die wuchsen auf der höher gelegenen Wiese bis ins Fenster, als wären es wirkliche Blumen. Ich erinnere mich sogar, daß ich dachte: ›Wäre alles das ein Traum, so würde jemand in den Mohnblumen auftauchen, es würde etwas geschehen, denn in den Träumen hat alles eine Bedeutung.‹ Statt dessen begriff ich, wenn es mir ab und zu gelang, aus dem Fenster zu spähen, daß nichts geschehen konnte, und ich fand gerade in dem Gras und in den Dingen ein unerschütterliches Gefühl von Vertrauen. Das vor allem war es, worüber ich lächeln mußte.

Dieses Gefühl von Vertrauen ist mir ziemlich geläufig, es erfaßt mich, sooft ich von einem geschlossenen Platz aus einen Blick in den Himmel werfe, auf die Bäume, in die Luft. Es ist, als hätte ich einen Moment an der Existenz der Dinge gezweifelt, und dieser Blick beruhigte mich wieder. Eine ziemlich banale Angewohnheit. Wie auch die andere, die daraus folgt: den geschlossenen Raum aufzusuchen, um, wenn ich die Nase an die Luft stecke, den Augenblick der Befreiung zu genießen. Daher kommt es, daß ich ein großer Besucher von Cafés und Osterien bin; ich setze mich gern unter den Fenstern im Halbdunkel in die Ecken.

Aber ich habe nicht die Angewohnheit, mich zu betrinken, und noch weniger die, am Tisch einzuschlafen. Wie dem auch sei, damals hatte sich jede Gewohnheit überhaupt verflüchtigt; ich fand mich manchmal tief in der Nacht auf irgendeiner Vorortstraße und ging immer weiter, entschlossen, den dämmernden Morgen im Gehen zu erleben. Ich spazierte umher unter allen nur denkbaren Vorwänden, und besonders gern in abgelegenen Gegenden. Manche Stunden des Tages vertrödelte ich unruhig in dem oder jenem

Winkel. Denke ich heute daran zurück, so ist es sonderbar, daß eine solche Unruhe, die im Grunde bedeutete, daß ich nicht mehr allein zu leben vermochte – und ich lebte in der Tat einen Teil des Tages und der Nacht nicht mehr allein –, mir im Sinn geblieben ist als eine Sucht nach Einsamkeit, als eine Sättigung, fast als ein Widerwille gegen die einzige Gesellschaft, die ich damals suchte. Aber so etwas kommt vor, sagt man. Um es kurz zu machen: ich war verliebt; und ich genoß meine Liebe, so gut ich konnte. Ich verließ jenes Haus bei Nacht, am späten Morgen, mitten am Nachmittag, zu den verrücktesten Stunden, satt und zufrieden, und ging, solange mich die Beine trugen, durch die verschiedensten Straßen, unruhig nach der nächsten Begegnung verlangend, manchmal schläfrig und manchmal frisch und neugierig. Ich schlief zu allen Stunden, und bei jedem Erwachen schien mir, als sei es Morgen: so war für mich der ganze Tag ein langer Morgen. Die Cafés und Osterien waren so etwas wie die Etappen einer Reise, die nie ein Ende nahm.

Damals bei den Mohnblumen saß ich an einem großen Tisch unter dem Fenster, auf den Ellenbogen gestützt, und wußte: draußen war das Land; aber aus Trägheit sah ich nicht hin. Meine Augen waren müde, noch geblendet von einer grellen Sonne; ein Summen von Fliegen, irgend etwas Mühseliges erfüllte das Halbdunkel. Sonst war nichts zu hören, denn das Zimmer war verlassen, und verlassen schien die ganze Osteria; ich hatte mich meines Wissens auch nicht gerührt, um etwas zu bestellen. Vielleicht genoß ich es, daß alle mich vergaßen, und ich weiß auch nicht, wie ich vom Eingang in dieses abgesonderte Zimmer gelangt war. Wenn es überhaupt einen Eingang gab. Ich erinnere mich, daß ich die Ohren spitzte in der Hoffnung auf den fernen Lärm einer Trambahn, und eben das Fehlen dieses Geräusches gab mir plötzlich ein leichtes Gefühl von Verwirrung und einen bestimmten Verdacht, den ersten: der Grund, daß ich nichts hörte, war vielleicht der, daß ich nichts hören durfte, und um mich herum hatte etwas begonnen, das wer weiß wie enden würde.

Aber gerade diese Empfindung, die doch einen Wachzustand voraussetzte, vermischte sich mit einem unsinnigen Vertrauen – ich war seelenruhig –, daß mir nichts zustoßen konnte, weil der Mann, der an der anderen Seite des Tisches saß, kein Feind war.

Das ist wichtig. Nichts war geschehen, seit ich mich in diesem Gastzimmer allein wußte; ich hatte nicht versucht, die Wirte zu rufen, ich hatte sogar versucht, die Stille mit dem Lärmen einer fernen Trambahn zu beleben. Und siehe da, jetzt überlegte ich vernünftig und nahm ruhig die Gegenwart eines Fremden hin und wußte sogar, wer dieser war; das heißt, nicht wer er war, aber immerhin etwas mehr: seine Gesinnungen mir gegenüber, seine gewohnten Gesten, seine Art, zu schweigen und mich zu betrachten. Ich glaube, ich betrachtete meinen Nachbarn nicht einmal mit Neugier, denn man ist nicht neugierig auf den, der sich mit derselben Unausweichlichkeit darstellt, mit der uns ein anderes Ich im Spiegel erscheint. Nicht darin war meine Unruhe begründet: die Gesellschaft nahm ich in aller Natürlichkeit hin, ich war darüber sogar froh. Gar nicht zu vergleichen zum Beispiel mit der Angst, die mich damals manchmal überfiel – sobald ich mich von jener anderen Angst erholte, die sich immer neben mir breitmachte, so daß ich mich einen Augenblick fragte, welche nun wirklich für mich vorhanden war. Ich wiederhole, mein Gefährte beunruhigte mich nicht: unter uns herrschte eine Vertrautheit, die wie aus einer ungeheuren, vagen Masse von Erinnerungen bestand; diese Masse war im Augenblick für mich undurchdringlich, aber sie war existent und gemeinsam.

Nun gut, sagte ich mir, ich bin also hier mit ihm zusammen; aber in solchen Dingen darf man nicht zuviel überlegen und auch nicht glauben, wenn man die Trambahn nicht hört, müsse das durchaus eine Bedeutung haben. Vielleicht habe ich sie gehört, ohne daß es mir bewußt wurde.

Ein für allemal muß ich sagen, daß ich mich schon als Junge, wenn ich nach einem Traum aufwachte, nie damit habe zufriedengeben können, ihn so ohne weiteres zu vergessen, sondern ich habe immer wieder daran gedacht und versucht, ihm sein Geheimnis zu entreißen. Das ist alles andere als leicht. Aber über eines wenigstens bin ich mir klar geworden: ein Traum wickelt sich ab nicht wie eine Tat, die geschieht, sondern wie eine Tat, die erzählt wird. Zum Beispiel: ihr verliert beim Laufen einen Schuh. Ihr glaubt, es geschehe aus Zufall, aber es ist kein Zufall. Nach wunderlichen Abenteuern, die euch euern unbeschuhten Fuß vollständig haben vergessen lassen, trägt es sich zu, daß ihr mitten auf einem reich gedeckten Tisch, dem ihr euch mit angehaltenem Atem nähert, euern Schuh stehen seht, ohne Schnürsenkel, und die durften ja wirklich nicht fehlen. Der Operateur, der euch den Traum projiziert – ihr selbst, werdet ihr sagen –, hatte bewirkt, daß ihr den Schuh verloren habt, hatte ihn zurückgehalten, wie ein Erzähler es mit einer guten Einzelheit tut, und siehe da, er bringt sie für euch herbei, wenn ihr nicht mehr daran denkt. Ganz als müßte ich einem Ruf Folge leisten, habe ich mich im Lauf der Jahre dieser Suche so sehr hingegeben, daß mir nun nicht selten dieses geschieht: ich begleite einen Traum mit beständiger Sorge darum, herauszufinden, wie er gemacht ist, und mit einer verzehrenden Aufmerksamkeit auf seine geringsten Einzelheiten in dem Versuch, zu erraten, welche Bedeutung sie weiterhin annehmen werden. Und dann hoffe – und fürchte – ich immer, den Operateur bei einem Irrtum zu ertappen.

Das alles – immer vorausgesetzt, daß ich an jenem Nachmittag träumte – könnte etwas erklären. Zum Beispiel meine Unruhe darüber, daß die Trambahn nicht zu hören war. Was auch der Grund für diese Stille war, es ist dumm, sagte ich mir, sich darüber Sorgen zu machen. Das, was geschieht, ist weit wichtiger. Wenn wirklich etwas begonnen hat, so wird man erst einmal zu Ende träumen müssen; dann wird man sehen.

Aber da war das Fenster. Und in dem Fenster, in dem bleichen Gras des Nachmittags, die scharlachroten Mohnblumen, die nichts zu tun hatten mit mir oder meiner Unruhe und mich doch sehr interessierten, weil sie von so lebhafter Farbe und so absurd waren. Für die Mohnblumen bedeutete es nichts, daß die Trambahnen nicht fuhren; sie tüpfelten mit ihren Farbflecken die höhergelegene Wiese wie dünne Gespenster, die leise schaukelten; und ich erinnere mich, daß ich sie nur flüchtig betrachtete, weil ich begriff: in diesem Augenblick war ihre Welt eine andere, und ich allein wußte, daß sie dort standen.

Mein Nachbar schwieg. Es war zwischen uns etwas wie ein Einverständnis, uns nicht außerhalb des geschlossenen Zimmers bemerkbar zu machen, weil in diesem Fall einer von uns beiden hätte verschwinden müssen. Das wußten wir ganz genau. Wie ich auch wußte, daß er mir an Schultern, Händen, Ausdruck ähnelte, so etwas war wie ein Arbeiter; die Jacke jedenfalls trug er zusammengerollt im Hosengürtel, und er stützte einen nackten Ellenbogen auf den Tisch und die Kinnlade auf die Faust; so saß er buckelig da und betrachtete mich.

Ich lächelte nachdenklich, ohne den Blick von den Knöcheln seiner Faust zu lösen; sie standen weit vor, denn sie waren mager und stark. Ich mußte auch darum auf sie hinsehen, weil an sie irgendwie dieses Gefühl von Vertrauen und früherer Intimität gebunden war. Hier also begann ich mich nach dem Grund meiner Empfindung zu fragen und zu versuchen, wie ich die Mauer so vieler geheimnisvoller gemeinsamer Erinnerungen überwinden könnte. Ich kenne mich genau und bin gewiß, ich wäre unruhig oder wenigstens verlegen gewesen, hätte ich nicht schon seit einiger Zeit einen spürbaren Beweis dafür gehabt, daß jene Augen mir wohlgesinnt waren. Daß der junge Mann – siehe da, ich wußte auch seinen Namen, Masino – selber verlegen sein könnte, war eine Vorstellung, die sich mit meinem Temperament nicht vertrug. Nie, in keiner Lebenslage denke ich, jemand, der vor mir steht, könne etwas von mir befürchten, aber die Erfahrung lehrt mich, daß die Menschen das sehr oft tun. Immerhin begann ich zu begreifen oder vielleicht mir vorzustellen, woraus mein Vertrauen bestand. Wir mußten uns kurz vorher schon gesprochen haben. In der Tat – wie ich seinen Namen kannte, so kannte ich auch die Klangfarbe seiner Stimme; ich wußte sogar, daß er die italienischen Worte sozusagen umkreiste, er sprach sie mit Mühe und langsam aus; ich wußte, daß er sich auf italienisch ausdrückte wie jemand, dem der Dialekt vertrauter ist, der sich aber dem Gesprächspartner angleichen will.

»Sehen wir die andere Hand!« sagte ich plötzlich.

Ohne jede Verwirrung streckte mir Masino den freien Arm entgegen, wobei er den Ellenbogen und den Rücken der geschlossenen Faust auf den Tisch stützte und keine Miene verzog, als schlage er mir ein Spiel oder ein Rätsel vor. Ich schob gierig die Hände nach vorn, ergriff seine Finger und suchte ihm die Faust mit Gewalt zu öffnen. Ich erinnere mich, daß ich mich sogar vom Stuhl erhob. Masino, das Gesicht noch immer auf die andere Faust gestützt, gab nicht nach. Da tat ich, als sei die Sache gar nicht wichtig, und betrachtete ihn ungeniert. Masino lächelte gegen die Knöchel seiner Hand.

»Muß man wirklich den Spaß so weit treiben?« sagte ich.

Masino öffnete die Faust. Die Handfläche war mager und dunkel, die fleischigen Teile der unteren Fingerglieder voll Schwielen. Ich sah die Hand kaum an, fragte mich aber, warum ich versucht hatte, sie mit Gewalt zu öffnen, und ob ich mich deswegen auf lange Zeit hin schämen würde.

»Du bist sicher froh, nicht mehr dran zu denken«, sagte Masino zögernd.

»Doch, es ist möglich, daß ich noch dran denke, und viel«, antwortete ich. »Warum sollte ich nicht dran denken? Demütigungen bleiben mir mehr im Gedächtnis als Freuden. Ich bin wie ein Junge.«

»Wenn du auf mich hören willst: denke nicht mehr dran«, sagte Masino. »Es ist so wenig Zeit. Und du mußt so rasch wie möglich alle Freuden suchen, die dir erreichbar sind. Denn in dem Augenblick, wo du wach wirst, ist es aus.«

Ich starrte auf den Tisch und murmelte etwas vor mich hin, wie ich es oft tue, wenn ich allein bin. Und wie das so geht – ich war auf ungewöhnliche Weise bewegt und hob den Blick nicht mehr und fühlte mich leer und verzweifelt, so sehr, daß mir die Tränen herabliefen, als wären sie Blut, und ich sagte: »Dies ist mein Blut, das von mir geht. Mach diese Dinge allein, du Spaßvogel.« Aber ich wußte, je mehr ich mich einschüchtern ließ, um so rascher würde ich wieder obenauf sein, und im passenden Moment sagte ich:

»Genug. Es war nichts. Ich habe damit nichts zu tun.«

»Dann bist du überzeugt?« fragte Masino, der sich nicht gerührt hatte.

»Nein«, antwortete ich trocken. »Du gehst nicht eben zart mit mir um; ich mit dir auch nicht.«

Ich sprach in dem schrecklichen Gefühl, zu übertreiben, aber ich konnte nicht an mich halten. Ich sprach, wie man einen Stein in einen Brunnen wirft, wobei man sein Plumpsen in die Tiefe verfolgt mit der Kälte des Wassers in den Knochen, ohne doch zu wagen, sich darüberzulehnen. Masino konnte ja auch den Ausdruck wechseln und mein Feind werden. Aus dem Augenwinkel überwachte ich das Fenster und wartete, daß irgendwer es mit dem Oberkörper ausfülle. Aber ich wußte, draußen war niemand.

Als ich Masino wieder ansah, hatte ich ein Lächeln aufgesetzt wie er vorhin, die Hand vor dem Mund.

»Habe ich recht?« sagte ich.

Masino winkte mir mit den Augen, ich solle fortfahren.

»Ich war immer ein unglücklicher Mensch«, sagte ich. »Aber mehr noch ein Junge als ein Unglücklicher. In manchen Nächten tut es mir leid, schlafen zu gehen, denn das scheint mir verlorene Zeit. Ich möchte immerzu wach sein, bereit, zu atmen und zu schauen. Für mich ist es ein Vergnügen, wie verrückt aus dem Haus zu rennen und mir das Wetter anzusehen, die Menschen, die vorübergehen, den Geruch zu spüren. Dann ist es schön, darüber nachzudenken. Es gibt natürlich Demütigungen – na, meinetwegen.«

»Wirklich wach sein, ist etwas anderes«, sagte Masino mit harter Stimme.

»Laß mich reden. Es kommt mir zu, das zu sagen, denn ich denke Tag und Nacht daran. Es wird wohl nur eine Demütigung sein. Die ärgste von allen. Aber man wird sie erzählen können.«

Es folgte ein Moment, den ich noch heute nicht mit dem übrigen verbinden kann. Mir scheint, daß ich ein Gesicht zog, ich wurde von neuem schwach, hob aber hin und wieder den Kopf und warf verstohlen einen Blick auf Masino. Masino hörte mir so ernsthaft zu, als sei das Fenster gar nicht vorhanden. Ich hingegen sah flüchtig dorthin, und das gab mir ein heimliches Gefühl von Überlegenheit. Ich achtete darauf, mich nicht ertappen zu lassen, hielt seine Augen in Schach, damit er nicht wie ich hinaussähe, und inzwischen dachte und dachte ich. Masino hatte die Hand vom Kinn genommen, er lag jetzt krumm, die Arme gekreuzt, über dem Tisch.

»Man kann sie erzählen«, fuhr ich fort. »Ich habe schon andere Demütigungen erzählt. Wenn du willst, erzähle ich sie dir jetzt sofort. Ich tue Tag und Nacht nichts anderes.«

Wir blickten uns lächelnd an, wir saßen über den Tisch gebeugt wie zwei Spieler. In mir war keine Gereiztheit mehr. Ich war verwirrt. Beide wollten wir sprechen.

»Ich habe es einmal versucht«, sagte Masino. »Aber ich bin dazu nicht imstande. Man muß das Warum des Schuhes wissen.«

»Versuche es jetzt«, bat ich.

Da zog Masino die Schultern zusammen und zog ein Gesicht.

»Ich weiß nur eines«, sagte er. »Ich kann es nicht. Hier sind arme Leute, sie würden alle herkommen und uns nicht reden lassen. Auch Mädchen sind hier.« Masino lachte leise und öffnete und schloß auf dem Tisch nervös die Faust. »Man muß darüber nachdenken und das Warum begreifen. Man tut eine Sache – aber sie erzählen, das ist etwas anderes.«

»Das stimmt«, sagte ich. »Niemand hat mir je das erzählt, was ich tue. Das ist unmöglich.«

Uns kam beiden dieselbe Idee. Ich las sie in seinen Augen. Er betrachtete mich mit gesenktem Kopf.

»Man muß zu zweien sein«, sagte ich. »Wie beim Lieben.«

Aber eben während ich sprach, spürte ich, daß ich im Leeren war. Nicht das erwartete Masino von mir. Er dachte an ganz etwas anderes.

»Es ist noch schöner«, fuhr ich fort. »Als käme man ein zweites Mal zur Welt.«

Masino sah nach dem Fenster; wieder verspürte ich die alte Erschütterung.

»Bist du nie wirklich wach geworden?« fragte er mich leise.

Ich hatte in den Augen das Licht der Mohnblumen und betrachtete sie intensiv in mir, als sei das die einzige Art, sie ganz in mich hineinzunehmen und vor ihm zu verstecken. Fast hätte ich geschrien, so bange war mir. Mein Leben war an diese Mohnblumen gebunden.

»Was hat das zu sagen?« rief ich rasch. »Ich habe keine Angst, wach zu werden. Ich denke sowieso Tag und Nacht darüber nach.«

Masino sagte, noch immer zum Fenster gewandt: »Es hat keinen Zweck, darüber nachzudenken. Wach werden ist schlimmer als Angst haben. Von dem Augenblick an kannst du nichts mehr tun.«

»Ich weiß es«, sagte ich leise. Gerade da hatte Masino von den Mohnblumen weggeblickt und starrte nun wieder auf den Tisch. Mir war das Herz schwer, weil ich begriff: nichts würde geschehen; was geschehen konnte, war schon gewesen; alles war in diesem Zimmer und in dem Fenster enthalten. Ich hörte in dem Halbdunkel so etwas wie das Summen der Stille, und irgend etwas hinten im Gehirn flüsterte mir zu: ›Es ist belanglos, es ist belanglos.‹

Ich betrachtete Masino voll Mitleid, fast mit Qual, wollte es mir aber nicht anmerken lassen. Alles an ihm stimmte mich jetzt mitleidig. Ich hatte das unwiderstehliche Gefühl eines Menschen, der sich selbst bemitleidet: er kann nicht damit fertigwerden, am liebsten würde er sich gehenlassen und weinen, wenn ihn nicht ein dumpfer Groll gegen sich selbst daran hinderte. Ich betrachtete auf dem Tisch seine harten, traurigen Hände.

»Du willst nichts wissen, Masino«, sagte ich plötzlich.

»Nein, nichts«, antwortete seine Stimme, während sie sich entfernte – als sei sie hinter der Mauer.

Ich blieb, wie lange weiß ich nicht, an dem Ort sitzen, die Schläfe an das Holz des Fensterflügels gelehnt, von wo ich, ohne mich zu rühren, vorhin die Mohnblumen gesehen hatte. Ich wußte, es wurde Abend, aber ich fühlte mich wohl und rührte mich nicht.

Als mich der Lärm der Trambahnen erreichte, fuhr ich zusammen, und doch hatte ich das unbestimmte Gefühl, als hörte ich sie schon seit einiger Zeit. Das Halbdunkel, das auch das Fenster erfüllte, konnte die Wiese noch nicht verborgen haben, aber in diesem Augenblick dachte ich nicht daran und sah nicht hin. Dagegen sah ich hinten im Zimmer eine kleine, nur halb geschlossene Tür, die ins Freie ging; und da ich nicht wußte, wie lange ich schon dort war, packte mich die Unruhe, die Wirtsleute könnten plötzlich auftauchen und sich über mein heimliches Verweilen beklagen. Es war nicht nur Unruhe, es war Schrecken. Ich ging durch die Tür ins Freie und rannte mit klopfendem Herzen ein Stück durch die Wiese. Dann kam ich, wie auf der Flucht, hinter einer Fabrik heraus.

Der Hauptmann

I

An manchen stillen Abenden stieg ich die halbdunkle Treppe hinauf, nachdem ich das Mädchen an der Ecke verlassen hatte; und in halber Höhe sah ich aus einem kleinen Fenster in den freien Himmel. Ich blieb nicht stehen; aber ich hatte ein zärtliches Gefühl dem großen Himmel gegenüber, der bis hier herein reichte. Dann läutete ich an der Tür. Jetzt weiß ich, daß mein Gastgeber in den raschen Blick, den er mir zuwarf, die gleiche heimliche Intensität legte, die ich einen Moment vorher dem Himmel gewidmet hatte. Aber damals war ich törichter: ich stellte mir vor, ich bereitete ihm ein Vergnügen, wenn ich mich albern zeigte. Wir unterhielten uns; nach und nach wurde ich still. So breitete sich im Zimmer wieder das anfängliche, starre Schweigen aus. Die dunklen Wände um das Licht in unserem Winkel wurden ungeheuer hoch; ich wußte, meinem Gastgeber war diese Art des Zusammenseins recht – er würde mir, wenn ich nach einer Stunde fortginge, sagen, ich solle wiederkommen.

Er war ein großer Mann, noch nicht alt, mit vorsichtigen, doch kräftigen Bewegungen, wie ein Bauer sie hat; so wagte ich ihm nicht mit klaren Worten zu sagen, was mich an diesen Abenden bezauberte: es wäre genauso sinnlos gewesen, als hätte ich ihn gefragt, ob er für eine bestimmte Farbe oder ein Parfüm eine Vorliebe habe. Aber er sollte merken, daß ich zu allen Dummheiten aufgelegt sei, so daß er lächeln müßte.

»Wie kleiden sich die Frauen jetzt?« fragte er einmal. Ich hob erstaunt den Kopf. »Ich meine: wie wirken sie auf euch junge Leute?« Ich zögerte, und er fügte hinzu: »Nun ja, für euch sind sie immer gleich angezogen.«

So unerwartete Dinge sagte er. Ich besuchte ihn ziemlich häufig, einfach weil die Ecke, an der ich mich von dem Mädchen trennte, gerade unter seinem Hause war, und das Tor des riesigen Gebäudes wurde zu keiner Stunde der Nacht geschlossen. Ich glaube, es gab gar keinen Pförtner. Meinen ersten Besuch bei ihm hatten gewisse politisch interessierte Freunde von mir veranlaßt; er jedoch ging auf meine Anspielungen nicht ein, er war still, oder er raffte sich plötzlich auf, stellte mir ungewohnte Fragen und beantwortete sie sich selbst, hörte aber dann, ohne mit der Wimper zu zucken, an, was ich ihm zu sagen wußte. In diesem einzigen großen Zimmer roch es nach eingeschlossener Luft, und es herrschte dank des vielen leeren Raumes eine gewisse unordentliche Ordnung. Nur in dem beleuchteten Winkel – er wurde von zwei alten Sesseln und einem Regal voll Zeitungen gebildet, auf dem die Lampe stand – fühlte man sich in einem bewohnten Zimmer. Ich hatte ein abenteuerliches Gefühl, wenn ich mich mit ihm dort allein befand, und eine gewisse Sehnsucht nach der freien Luft und dem nächsten Tag, wie sie mit nächtlicher Einsamkeit untrennbar verbunden ist. Diese abendliche Pause war nach der Gesellschaft, die ich verließ, etwas wie eine Bestätigung der Männlichkeit. Und das Lächeln und die albernen Gedanken hatte ich für meinen Gastgeber, weil ich im Kontrast seine Gegenwart um so mehr genießen und ihm zu verstehen geben wollte, warum ich ihm so bescheiden zuhörte.

Eines Abends sagte er zu mir: »Warum kommst du zu mir, statt deinem Vergnügen nachzugehen?«

Ich setzte ein unbestimmtes Lächeln auf.

»In deinem Alter war ich munterer«, fuhr er fort.

»Alles hat seine Zeit«, erwiderte ich.

»Und warum willst du dich mit Politik beschäftigen? Das ist nicht dein Beruf.«

Das verletzte mich. Ich wartete ein wenig, das gehörte zu unserer Art von Unterhaltung, und sagte dann etwas mühsam, ich wolle von diesen Dingen hören, damit ich mir eine Vorstellung bilden könne. Aber er nahm das Gespräch nicht noch einmal auf, und als ich mich in dieser Nacht verabschiedete, wurde ich nicht aufgefordert, wiederzukommen. Vielleicht reagierte ich nur, weil ich erregt war, so empfindlich auf eine Unterlassung, die auch sonst vorgekommen war; jedenfalls dachte ich über sein Verhalten, das mir nicht gerecht wurde, noch viel nach. Dann, wie das so geht, überzeugte ich mich schließlich davon, daß ich selbst im Unrecht war, und ärgerte mich nur darüber, daß der verdammte Kerl so gut hinter mein Geheimnis gekommen war.

Die Folge war, daß ich am nächsten Tag Streit mit meinem Mädchen bekam; sie wollte wissen, warum ich so nachdenklich wäre, und ihr konnte ich dieses Urteil über mich bestimmt nicht erzählen. So verbrachte ich Augenblicke der Niedergeschlagenheit, ich fühlte mich zu allem untauglich. Doch nach einigen Abenden ging ich von neuem die bewußte Treppe hinauf; Gewohnheit und Jahreszeit trugen dazu bei, daß ich diese nächtliche Unterbrechung wieder suchte. Der Hauptmann – so nannten wir ihn – öffnete mir mit der gewohnten Gleichgültigkeit die Tür und empfing mich, als sei nie etwas vorgefallen.

»Wir können eben nicht allein sein«, sagte ich heiter. Ich verbarg meine Zufriedenheit und murmelte, ich käme zu ihm nicht nur so, sondern weil ich etwas lernte. Er fragte mich nicht, was, sagte jedoch, man müsse lernen, allein zu sein. Ich versicherte, ich lebte allein, und er lächelte wieder und beugte sich im Licht nach vorn. »Dafür bist du zu jung«, sagte er. »Ihr seid alle zu jung. Ihr redet gern. Wenn man in Gesellschaft ist, sagt man Dummheiten.«

Ich dachte bei mir: um zu handeln, braucht man doch Gesellschaft – und sagte es ihm. Er ging nicht darauf ein und fuhr fort: »Was glaubt ihr damit zu tun, daß ihr redet?«

»Ich rede nur bei Frauen.«

Gewöhnlich mündete das Gespräch in ein Schweigen, und ich drang vergeblich in ihn, mir zu sagen, was er mir vorzuwerfen habe. Er schwieg, sah auf den Tisch und hob nicht die Augen; innerlich war ich froh, daß ich mit meinem Mädchen verzankt war, und wollte gerade wieder mein törichtes Lächeln aufsetzen, als er von neuem anfing:

»Das Gefängnis hat ein Schönes: es lehrt einen, daß man nicht redet.«

»Ich dachte im Gegenteil, man käme heraus mit einem großen Verlangen nach Gesellschaft.«

»Sicher. Die erste Zeit«, brummte er. »Aber dann merkst du, daß du gelernt hast, ohne sie auszukommen. Die ganze Welt wird so etwas wie ein Gefängnis. Und ihr, ihr hättet das nötig.«

Damals sprach Freund N., einer von denen, die mich zu ihm geschickt hatten, nicht eben achtungsvoll von ihm. Wir diskutierten gerade einen Plan, den er hatte, und ich erinnere mich, daß ich ihn an einem bestimmten Punkt des Gesprächs fragte, was der Hauptmann über die Sache denke. Der Freund sah mich, fast scheel, von der Seite an und seufzte. Ich fragte verärgert, was er gegen ihn habe. Da setzte mir mein Freund auseinander, der Hauptmann habe in seiner langen Haft den Kontakt mit der Wirklichkeit verloren, und nun sei er passé, nicht mehr imstande, uns zu folgen.

»Aber er könnte uns sagen, wie man alles macht«, sagte ich.

Wieder sah mich der Freund von der Seite an.

Als ich mit dem Hauptmann von ihm sprach, verzog dieser keine Miene und sagte, er sei ein junger Mann, auf den man sich verlassen könne.

»Taugt er etwas?« fragte ich beharrlich. Der Hauptmann wurde ärgerlich; da ich nun schwieg, antwortete er: »Du urteilst zu rasch. Gib gefälligst keine Charakterbilder deiner Genossen. Arbeite.« Ich konnte ihm nicht berichten, was jener von ihm gesagt hatte, und das Gespräch war zu Ende. Nun – die Welt bestand nicht nur aus diesem Dachzimmer. Das, was ich mit den Freunden tat, hatte schon auch eine Bedeutung.

Doch als ich das nächste Mal – ich konnte es nicht lassen, zu jenem Fenster hinaufzublicken – eintrat, war ich unangenehm berührt: in unserem Winkel saß ausgerechnet Freund N. Er blickte von einer Zeitschrift auf und winkte mir zerstreut zu. Ich hatte die beiden von außen nicht reden hören, mein Freund sprach natürlich leise, und der Hauptmann hörte, wie immer, zu. Ich blieb stehen und fragte, ob ich etwa störe. »Sei nicht blöde und setz dich«, sagte N.

Ich blieb aber doch stehen, stützte mich auf die Rückenlehne des

Sessels und betrachtete den Hauptmann, der sich wieder uns gegenüber hingesetzt hatte. Mir schien, sie erwarteten, daß ich etwas sagte, aber da mich der Zufall nun einmal zum Eindringling gemacht hatte, war ich wild entschlossen, im Halbdunkel zu bleiben und mich an dem Gespräch der beiden zu freuen. Mein Freund drehte mir das Gesicht zu, sah zu mir herüber und brummte: »Habt ihr euch gezankt?« Damit meinte er zu erreichen, daß ich mich rechtfertigte, obwohl er ja wußte, daß ich das Mädchen jeden Abend um diese Zeit verließ. »Sprecht weiter«, antwortete ich. »Ich bin sozusagen nicht da.«

Sie sahen mich flüchtig an – der Hauptmann ohne eine Miene zu verziehen – und schienen sich zu amüsieren, und N. drehte mir wieder den Rücken zu und setzte das, was er sagen wollte, klipp und klar auseinander, als sei ich wirklich nicht da. »Habe ich es Euch nicht gesagt, Hauptmann? Das ist echt Pippo. Pippo steht am liebsten da und sieht sich alles an. Sieht sich die gefährlichsten Dinge an. Es gibt kein Schauspiel, das ihn schreckt. Aber er selbst ist ›nicht da‹. Das ist für ihn die heimliche politische Tätigkeit.«

»Auch sein Tag wird kommen«, sagte der Hauptmann friedlich.

Der Freund wußte nicht, daß wir gerade davon schon gesprochen hatten, und wunderte sich über diese Gleichgültigkeit. Aber da er mich kannte, wußte er auch, daß dies nicht der Augenblick war, einen Streit mit mir anzufangen. Er sprach mit ruhiger Stimme weiter von seinen Plänen. Ich hatte angefangen, durch das Zimmer zu gehen, wobei ich immer einmal stehenblieb, um zu sehen, wie das, was mein Freund auseinandersetzte, auf den Gastgeber wirkte. Er schien mir aufmerksamer als sonst.

Es waren die gleichen Dinge, die N. am Tag zuvor ihm hatte verschweigen wollen. Insgeheim machte es mir Spaß, daß er so meiner Idee folgte; aber ich ging schweigend auf und ab, ich argwöhnte irgendeinen Kniff. Der Hauptmann runzelte die Stirn.

»Seid ihr alle damit einverstanden?« fragte er barsch.

Wir antworteten ihm nicht sofort, weil jeder wartete, daß der andere spräche; dann bemerkte ich, daß N. ihm schon mit einem Kopfnicken geantwortet hatte.

»Nein«, sagte ich da verärgert. »Ich zum Beispiel bin nicht damit einverstanden.«

»Das wissen wir«, sagte N. kalt. »Du gefällst uns gerade darum.«

Da zuckte ich die Achseln und sagte: »Idiot.«

Nun sprach der Hauptmann und setzte seine Idee auseinander. Er fragte nicht, ob unser Projekt uns ausführbar scheine oder nicht – diese Dinge sind nie ausführbar –, sondern ob die verschiedenen Genossen entschlossen seien, die Haut zu riskieren. Er, der uns kannte, zweifelte daran.

Da begann N. ihm auseinanderzusetzen, daß er eine Gefahr überhaupt nicht sähe, wenn die Dinge getan würden, wie es sich gehört – und ich lachte mir eins, denn ich kannte die Überzeugung des Hauptmanns besser als mein Freund: die Jugend in die Gefahr hineinwerfen, gerade damit sie sich die Finger verbrennt. Als N. seinen Standpunkt schön deutlich dargestellt hatte, zuckte der Hauptmann die Achseln und zog den Schluß: »Dann ist es zwecklos. Ich rate euch, euch nicht erst zu bemühen.«

»Siehst du wohl?« sagte N. zu mir, als wir die Treppen hinuntergingen, »der Hauptmann folgt uns nicht. Bist du nun überzeugt?«

»Recht hat er doch«, brummte ich und setzte ihm, ungern genug, auseinander, man müsse schon sehr harmlos sein, wenn man nicht begriffen habe, daß der Hauptmann uns für Schwätzer halte. »Darum müssen wir ihm zeigen, daß wir keine sind«, gab N. zurück.

Gewöhnlich bin ich schweigsam. Aber an diesem Abend war ich ganz mit meinem Mädchen beschäftigt, deshalb konnte ich ihnen gegenüber gar nicht gesprächig und angriffslustig sein. Sie und ich, wir hatten in dem Winkel eines Cafés gesessen und uns bestimmte Versprechungen gegeben; dann waren wir einträchtig unter den Frühlingsbäumen umherspaziert. Als ich zum Hauptmann hinaufstieg, war mir leicht ums Herz. Jetzt bummelten wir, mein Freund und ich, durch die Alleen, aber ich konnte mich nicht entschließen, nach Hause zu gehen. Das Gespräch und die gespannte Atmosphäre von vorhin waren fast vergessen.

Wir kannten uns schon sehr lange; es geschah oft, daß wir schweigend nebeneinanderher gingen, ohne daß eine Verlegenheit entstand; jeder dachte an die eigenen Angelegenheiten. In dieser Nacht dachte ich an gar nichts; ich genoß die Erinnerung und schmeckte im voraus das Feuer vieler anderer, künftiger Gespräche, denn mir schien, ich sei imstande, überhaupt alles zu tun und zu unternehmen, in einer immerwährenden Märznacht. Ich war jung.

»Der Ärmste«, sagte N. »Er tut einem leid.«

»Und wir uns nicht?« erwiderte ich.

»Er tut mir leid«, wiederholte N., »weil er ein erledigter Mann ist.«

»Er hat mehr gearbeitet als wir.«

»Jedenfalls ist er erledigt.«

»Immerhin bezeichnet er sich nicht selbst so«, widersprach ich ihm.

»Ich frage mich, ob wir eines Tages genauso sein werden wie er«, sagte er seufzend. »Wenn das alles hier so weitergeht, habe ich Angst.«

Tagsüber schien die Sonne, und ich kann gar nicht sagen, wie mir das gefiel. Damals arbeitete ich; es war das erste Jahr, daß ich arbeitete, und wenn ich am Morgen in die große Fabrik mit den vielen Glasfenstern hinaufging, wo ich an einem solchen Fenster zeichnete, klärten sich meine Ideen. Manchmal ging ich in einen weiten Raum hinunter, in dem Arbeiter eine Reihe Maschinen beaufsichtigten, und wenn ich an dem einen Dreher vorüberkam, zwinkerte ich ihm zu: ein aufgeweckter Bursche, wenige Worte von ihm hatten mir das gezeigt. Wir hatten uns noch nicht verständigt und zusammengetan, aber ich wußte genau, daß ich, wenn ich es wollte, nur mit ihm zu sprechen brauchte. Ich zögerte diesen Augenblick hinaus, weil ich im Grunde begriff, daß unsere Tätigkeit an sich nicht zählte, während, wenigstens für mich, das schweigende Einverständnis sehr viel wertvoller war. Es gab mir das Gefühl, daß, unabhängig von mir und den Genossen, die Wirklichkeit selbst sich auf uns zu bewegte.

II

Mein Mädchen hielt die Versprechungen, und infolgedessen kam ich sehr viel später nach Hause, sehr müde und glücklich. Ich hatte keine Gelegenheit mehr, zum Hauptmann hinaufzusteigen, aber ich dachte oft an ihn und sah ihn dort oben vor mir, allein und widerborstig, vor den Fenstern, die er nun in der schönen Jahreszeit sicher weit offen ließ. N. sagte, daß manche ihn noch immer aufsuchten, denn er hatte zu seiner Zeit viele Kameraden gehabt, und die wenigen, die noch da waren, versuchten ihm sogar zu helfen.

N. war damals oft auf Reisen; er knüpfte eifrig Verbindungen mit der Provinz an, und da er wußte, daß ich das nicht besonders schätzte, sprach er zu mir sehr wenig davon. Ein Glück, daß meine

Arbeit mich an die Stadt fesselte; sonst hätte auch ich mich zu mancher Reise verpflichtet gefühlt. Eine so große Vorsicht bei N., der ja kein Junge mehr war, flößte mir einige Angst ein, auch weil N. zwischen der einen und der nächsten Fahrt wieder normal wurde und mich anrief und Zusammenkünfte vereinbarte, weil er in seinen politischen Salons von mir sprach und auf meine Einwände erwiderte, die Polizei habe viel zu viel damit zu tun, hinter dem Gespenst in der Provinz herzulaufen, als daß sie daran dächte, es in der Stadt zu packen. Für den Augenblick hatte er in meinem Zimmer bestimmte kleine Manifeste deponiert, von denen ich wußte.

Dafür warf er mir oft vor, daß ich, sobald ich das Mädchen verlassen hatte, zum Hauptmann hinaufging: er an meiner Stelle würde sich dort nicht hintrauen. Mir riß die Geduld, und ich sagte ihm, er solle lieber auf die Jungen achtgeben, die sich in seinen Salons mit gewissen jungen Mädchen trafen: Frauen und Politik passen nicht zusammen.

Eines war schön: ich konnte ihm als, glaube ich, einzigem der Freunde geradeheraus die Wahrheit sagen. In solchen Fällen machte er ein ernsthaftes Gesicht und setzte mir seinen Standpunkt auseinander. Und diesmal setzte er mir auseinander, seine jungen Mädchen seien nicht irgendwelche Frauen, sondern solche mit Gewissen, die sich, genau wie ich und er, verpflichtet fühlten, zu handeln. »In der Zeit, als deine Arbeiter noch zu kämpfen verstanden, haben so viele Frauen, so viele Fabrikmädchen, wie du gar nicht ahnst, für die Organisation gearbeitet.«

Der Freund kannte mich recht gut, und während er mir solche Antworten gab, mußte er selbst leise lächeln.

»Frauen mit Gewissen«, brummte ich. »Daß ich nicht lache!« Aber das Gespräch war eröffnet, und N. bestand darauf, ich müsse soviel Mut aufbringen, wie es meine Umwelt erforderte.

»Aber ich habe ja gar keine Umwelt«, antwortete ich hartnäckig, und der Freund lachte und fragte mich, wo ich die Abende zubrächte.

»Auf den Straßen«, antwortete ich.

»Das nimmt einmal ein Ende«, sagte N. »Einmal tust auch du deine Pflicht.«

Manchmal ärgerte ich mich und versuchte den Tag irgendwie anders zu verbringen. Ich nahm mein Mädchen mit ins Boot oder, wenn mich jemand anrief, kam ich nur unter der Bedingung, daß wir auf den Hügel gingen, um dort eine Flasche Wein zu trinken, damit ich nicht aus Verzweiflung im Hause von N. landete, der immer bereit war, uns anzuhören.

In der Fabrik zwinkerte mir der Dreher listig zu – er war schlagfertig, entschied sich aber trotzdem nicht, offen zu reden. Er begnügte sich damit, vor meinen Augen bestimmte mächtig große Aufschriften, die die Wand zierten, mit schiefem Gesicht zu betrachten. Das war so ein stummes Spiel zwischen uns. Er hieß Severino. Doch als ich eines Tages über N.'s Spöttereien ungeduldig wurde, prahlte ich, ich arbeitete ›unter Wasser‹, und versprach ihm, mit Severino zu reden. In Wirklichkeit hatte ich das nur so hingesagt; N. jedoch lachte nicht, sondern nahm die Sache teuflischerweise ernst, setzte eine wichtige Miene auf und tat, als glaube er mir. Er verbreitete auch unter den Freunden das Gerücht, mir komme eine solche Arbeit zu, ich sei ernst zu nehmen, und so brachte er mich in den Ruf eines Mannes, der geschickt zu handeln weiß.

Wie dem auch sei – ich konnte mich nicht dazu entschließen, bei dem Dreher zu sondieren. Ich zog es vor, alles, was er tat, rasch zu erfassen: seine Äußerungen, seine Grimassen, die er hinter der verstohlen gerauchten Zigarette versteckte, die schöne Unverschämtheit, die er sogar in den Schritt zu legen verstand, wenn er vor einen Vorgesetzten treten mußte. Ich fragte mich, wie er seine Abende verbrächte. Wahrscheinlich wie ich mit einem Mädchen. Mit den Kameraden verständigte er sich durch Blicke. Er gefiel mir.

Eines Tages erklärte ich mich bereit, N. auf einer Radtour zu begleiten: er wollte eine bestimmte Person aufsuchen, und diese wieder sollte ihm einen bestimmten Dienst erweisen, ihm einen Zweifel nehmen über jemanden, dessen er sich unvorsichtigerweise bedient hatte. »Ich glaube nicht, daß der Mann ein Spitzel ist«, sagte er naiv zu mir, »sonst wären wir alle längst eingesperrt.«

Während wir die Pedale traten, rechtfertigte er sich: man müsse doch handeln und also manchmal auch blind vertrauen. Ja, er sagte im Spaß, es sei genauso gut, immer zu vertrauen, es zu halten wie die Kreuzfahrer: Gott, das heißt dem Gefängnis die Sorge dafür überlassen, die Frommen von den Gottlosen zu scheiden.

Ich sagte ihm, auf die Art stimme er mit dem Hauptmann überein. Darüber mußte er lächeln.

Ich setzte es ihm auseinander. »Ja doch! Er sagt, alles müsse bis an die äußerste Grenze vorangetrieben werden. Je mehr Menschen im Gefängnis landeten, desto revolutionärer würde die Lage.«

N. lächelte weiter, mit einer gewissen Duldsamkeit. Dann lenkte ihn eine Biegung der Allee ab; aber während wir weiterradelten, merkte ich, daß er sich um die Sache mit dem Spitzel ziemliche Sorge machte.

Die doch immer ungreifbare, abenteuerliche Vorstellung vom Gefängnis kam uns auf dieser Radtour, die einer Flucht ähnelte, unangenehm nahe, so daß ich einen bitteren Geschmack davon behielt. N.'s Gegenwart erschien mir wie das spürbare Zeichen der Drohung. Unsere Gummireifen rauschten auf dem feuchten Asphalt; und die Vorstellung, dies könnte unsere letzte Tour sein, nahm meine Aufmerksamkeit ganz in Anspruch.

»Wer ist der Mann, der den Spitzel machen könnte?« fragte ich plötzlich.

N. gab mir keine Antwort, er sprang an der kahlen Böschung gerade vom Rad und sah sich um. Dort standen ein paar niedrige Häuser mit Holzdächern, keine Arbeiterhäuser mehr, sondern ländliche Hütten, die die Stadt geschluckt hatte. Eine Tür stand über einer verschmutzten Schwelle offen, und das Schild bezeichnete die Hütte als Osteria.

»Ist es hier?« fragte ich. Wir lehnten die Räder an einen Baum; N. sah mich neugierig an und sagte: »Das Milieu müßte dir gefallen.«

»Geh hinein«, sagte ich, »und beeile dich. Ich passe auf die Räder auf.«

»Wenn sie kommen, pfeif!« rief N. höhnisch von der Tür her.

Ich zuckte die Achseln und blieb allein. Zwischen den Bäumen erstreckte sich die lange Wiese, dann die unbebaute Sperrzone, und weiter entfernt erhoben sich andere, einzeln stehende Häuser, alle gleich. Es regnete nicht mehr, die Sonne schien; diese Häuser waren für mich wirklich die nächste Zuflucht. Ich zündete mir eine Zigarette an, um in Ruhe meinen Gedanken nachzuhängen, und die vorherige Angst klärte sich – es war weniger Furcht als ein Unbehagen gewesen – zu der Vorstellung, ich könnte meinen Beschäftigungen plötzlich entrissen werden: dem Rendezvous mit meinem Mädchen nach dem Abendessen, dem morgendlichen Erscheinen in der Fabrik, dem Umherbummeln, den Gesprächen, allem, was der Tag an Unvorhergesehenem bringen konnte. Ich merkte jedoch, daß sich das Warten bei den Rädern im Grunde von einem Leben im Kerker nur durch die Dauer unterschied. Man hält inne und denkt nach, sagte ich mir. Man hält ein wenig zu lange inne, aber das ist auch alles. Sehr viel quälender war der Zweifel, ob man im Kerker rauchen durfte. Ich werde den Hauptmann fragen, dachte ich. Falls ich dazu noch Zeit haben sollte.

Natürlich hatte ich Zeit. Als ich am folgenden Nachmittag bei dem Hauptmann am Fenster lehnte, dachte ich lächelnd an unseren Landausflug zurück – etwas anderes war es nicht gewesen – und daß ich ihn streng geheim halten sollte: N. wollte, daß kein Mensch davon erführe. Bei dem Hauptmann hatte ich Besuch vorgefunden, eine Signora Bianca.

»Oh, Carlos Freund«, hatte sie ausgerufen, als sie meinen Namen hörte. Der ihre hingegen sagte mir gar nichts. Sie hockte nur eben auf dem Rand des Sessels und sah so richtig mütterlich besorgt von mir zu dem Hauptmann.

Die Unterhaltung versiegte rasch, denn zu dem Hauptmann ging ich ja hauptsächlich, um zu schweigen, die Signora jedoch sah aus, als erwarte sie wer weiß was für schöne Dinge; sie begann etliche Male ein Gespräch, das keiner von uns aufnahm. Der Hauptmann warf spöttische Bemerkungen oder ein Brummen dazwischen, wie ich es von ihm kannte. Endlich machte die Signora Anstalten, sich zu erheben; sie sah sich verstohlen im Zimmer um und sagte: »Also diese Dinge ...« Der Hauptmann kramte in einem Schrank und holte für sie einen Packen von der Größe eines Schreibheftes heraus, den sie in ihrer Handtasche verschwinden ließ.

»Man tut, was man kann«, sagte sie vor sich hin, während sie sich erhob.

Als der Hauptmann, nachdem er sich draußen von ihr verabschiedet hatte, wieder hereinkam, lehnte ich am Fenster und dachte gerade an unseren Ausflug.

»Was gibt es zu lachen?« ertönte seine Stimme.

»Es geschehen lächerliche Dinge«, sagte ich. Aber der Hauptmann war schlechter Laune. Ich fragte, ob ich ihn gestört hätte. Er verneinte es und nahm seinen Hut. »Wollen wir ausgehen?«

Auf der Straße brach er das Schweigen mit einem Seufzer: »Und du – warum kommst du mich besuchen?«

Er blieb mitten auf der Piazza stehen.

»Haben wir die Signora gekränkt?« fragte ich. Er sah mich von der Seite an; ich zuckte nicht mit der Wimper, ein ...

. . . .

Die Familie

Einmal, als es Sommer geworden war, gingen wir zusammen rudern. An der Brücke nahm man das Boot, zog die Badehose an und ruderte bis zu den Wäldern. Dort blieben wir den ganzen Nachmittag. Damals – wir waren jung – nahmen wir uns oft Gesellschaft mit; aber wie es so geht – wir fühlten uns nicht so ganz wohl dabei, und es brauchte etliche Jahre, bis wir begriffen, daß man so etwas im Freien nicht tut. Wenn ich jetzt daran zurückdenke, weiß ich, daß Corradino sich dieser Dinge schämte.

Als wir um die Dreißig waren, hatte sich Corradino zwar eine gewisse Erfahrung erworben, glaubte jedoch, er sei noch der gleiche wie damals. Aber als er dann wieder einmal an den Fluß kam, machte es ihm plötzlich keinen Spaß mehr, sich ans Ruder zu setzen; er betrachtete die Boote oben von der Brücke aus, bestieg dann sein Rad und fuhr wieder heim. Am Tag danach hingegen fuhr er auf einer langen, staubigen Straße in die gleichen Wälder; und als er den Sangone erreicht hatte auf sehr viel steileren Pfaden, als es der Weg war, den er früher mit dem Boot gemacht hatte, fand er, umschlossen von Gestrüpp und Büschen, einen klaren, ruhigen Teich. Der Platz gefiel ihm, er zog die Badehose an, badete, streckte sich in der Sonne lang, rauchte, sah zwischen den Weiden in den Himmel und verbrachte eine Stunde, die er nicht mehr vergaß. Sehr bald fuhr er mit dem Rad wieder dorthin, und daraus – es war Juli – wurde eine Gewohnheit. Die Kunst bestand darin, daß man nicht zu lange blieb und sich langweilte; aber Corradino, der sich selbst nun schon eine Weile kannte, ergriff Vorsichtsmaßnahmen: er kam nie anders als gegen Ende des Vormittags oder eine Stunde vor Sonnenuntergang. So konnte er immer rasch wieder zurückfahren.

Doch tat er, nachdem er einmal an diesem Kiesufer angekommen war, stets die gleichen Dinge. Er machte ein wenig Sonnenbad, durchschwamm das Wasser, das einen steinigen Grund hatte, kam triefend heraus, hängte sich an den waagerechten Ast eines Baumes und wärmte und kräftigte sich damit, daß er immer wieder die Knie anzog. Alles das geschah, um mit frischerem Körper und Atem die Zigarette zu genießen, die er dann rauchte.

Im gewöhnlichen Leben – wir alle wußten es – hatte Corradino Furcht vor der Einsamkeit. Er hauste in einem möblierten Zimmer, kam aber häufig zu uns in die Wohnungen, und nichts schreckte ihn mehr, als wenn er einen Abend allein verbringen mußte. Immer hoffte er bis zum letzten Augenblick auf einen Anruf oder auf einen unvorhergesehenen Besuch; doch obwohl so etwas manchmal gerade mitten im Sommer vorkommt, wenn die Stadt halb leer ist, meldete sich damals im Juli niemand bei ihm, und Corradino war sich selbst überlassen. Warum er nicht rascher Ferien machte und sofort an die See fuhr zu Menschen, die ihm nahestanden – das sagte er mir nicht. Er lebte unruhig-gelangweilt in der Arbeit und in den gewohnten Beschäftigungen und verschob die Entschlüsse von Tag zu Tag. Sein einziger fester Punkt am Tag war der Ausflug zu den Weiden. Sehr bald bräunte sich sein Körper, und das gab, so meinte er, diesen Tagen einen Sinn, so wie die Mauser bestimmter Tiere ihren Jahreszeiten einen Sinn gibt. Corradino war als Junge kränklich gewesen und hatte sich damit kuriert, daß er in glühender Sonne Bootsfahrten unternahm und tüchtig schwitzte. Er war überzeugt, ein Körper, der ohne Sonnenbräune in den Winter gehe, sei für Krankheiten anfällig. Aber die Mauser jenes Jahres – das sagte er mir oft – schien ihm mehr zu bedeuten als eine hygienische Maßnahme: sie war eine Rückkehr, ein Sichzurückbiegen zu sich selbst, eine tätige Vorbereitung auf irgendein Geschehnis, von dem er fühlte, es stehe ihm bevor. Solche fixe Ideen hatte er.

Damals rief Corradino wieder von Zeit zu Zeit ein Mädchen an – Ernesta – und bestellte sie für den Abend aufs Zimmer. Das Mädchen eilte zu ihm – sie war immer frei – und ließ ihn müde und zerschlagen zurück. Es war eine Bekanntschaft aus der Zeit, als er zwanzig Jahre alt war; sie hatten sich nur selten gesehen, und immer hatte die Begegnung in Nächten geendet, die keine Fortführung fanden. Aber seit Corradino sich damit abgefunden hatte, allein zu leben, hatte er Ernesta öfter gerufen; sie war immer gefällig und nun schon eine feste Freundin geworden. In der ersten Zeit nahm Corradino sie auch mit spazieren, ins Café, ins Theater; jetzt aber war ausgemacht, daß, wenn er sie anrief, sie unverzüglich zu ihm kam. Natürlich hätte Ernesta, die Tochter einer Kurzwarenhändlerin, ihn gern geheiratet. Sie war ein einfaches Mädchen, nicht imstande, auf angenehme Art die Zeit zu nutzen und sich einen Mann zu suchen, wie Corradino ihr riet: sie verließ sich lieber auf das Bedürfnis, das er in gewissen Abständen nach ihr empfand, und sah ihn gefügig, mit weitgeöffneten, weichen Augen an. Das ärgerte Corradino; er war an dem Tag, der auf ihre Begegnungen folgte, schlechter Laune.

Seit Anfang Juli hatte er sich vorgenommen, sie nicht mehr zu sehen. Die Einsamkeit zwischen den Weiden gab ihm eine Art Stolz, ein Bedürfnis, um sich her Leere zu schaffen, wie er es seit den frühen Jugendjahren nicht mehr empfunden hatte. »Statt älter, werde ich wieder zum Jungen«, sagte er zu mir. Doch die Länge der Stunden jetzt, wo wir fast alle fortgingen, der langsamere Gang der Arbeit, ein durch gelegentliche Arbeitslosigkeit erzwungener Müßiggang, die lastende Schwüle der Jahreszeit – alles das verleitete ihn, jene Lust, so eintönig sie war, noch einmal zu suchen.

Ernesta kam wie immer und zeigte sich erkenntlich dafür, daß er sich an sie erinnert hatte. Es war unvermeidlich, daß sie seine dunkle Haut sah, und Corradino gab ihr dafür eine begeisterte Erklärung. Als sie zusammen ausgingen, ein Eis zu essen – Ernesta war naschhaft wie ein kleines Mädchen, und auch das ärgerte Corradino –, kamen sie im Gespräch auf die Sonnenbräune zurück, und Ernesta sagte mit der Eindringlichkeit, die sie an so etwas zu wenden pflegte: »Mich nimmt nie einer mit zum Schwimmen, damit ich mich sonnen kann.«

»Warum gehst du nicht allein hin?«

Ernesta lächelte. »Das wäre bedenklich.«

Corradino sah sie von der Seite an und tat, als lächelte er darüber. »Daran ist gar nichts bedenklich«, sagte er. »Vergnüge dich, solange du jung bist.«

»Ich bin nicht mehr jung«, antwortete Ernesta.

Im stillen gelobte sich Corradino, dies solle das letztemal sein, und strich ihr mit den Fingerspitzen über die Haare. Er lächelte, ohne sie anzublicken. Wie ein Hund, den man streichelt, rieb Ernesta die Wange an seiner Hand. An jenem Abend sagte Corradino nichts weiter, nicht einmal, als sie auf die Trambahn warteten. Er schwieg beharrlich, damit Ernesta endlich begreifen sollte. »Du bist müde«, sagte sie, als sie sich von ihm verabschiedete. »Ciao«, sagte Corradino im Fortgehen.

Alle Tage haben ein Morgen, und Corradino kehrte zu seinen Weiden zurück. Er setzte sich nackt in die Sonne, rauchte schlechtgelaunt seine Zigarette und sah sich überall um – immer die gleichen schlammbedeckten Steine am Ufer, die gleiche Stille, die gleichen unbewegten Blätter. Nun dachte er darüber nach, wie sich von dem einen Tag zum nächsten nichts in dieser Waldblöße änderte, wie dem gleichen Ausschnitt von Bäumen gegen den Himmel die gleichen Empfindungen und Gedanken entsprachen. Wahrscheinlich hatte er die gleichen Dinge gesehen und Phantasien darüber nachgehangen schon viele Jahre früher, als er bis zu den Wäldern hinaufruderte. Die Wassertropfen, die Weiden, ein vorüberfliegender Vogel, die unveränderlich auf die Haut brennende Sonne. ›Etwas Neues gibt es doch‹, dachte er, ›ich brauche keine Gesellschaft mehr und bräune mich allein.‹ Im Sommer in der freien Luft ist schlechte Laune nichts als eine Art Mattigkeit, und das viele Licht straft diese Laune Lügen. Trotzdem fand Corradino Zeit, zu bemerken – so sagte er uns an jenem Abend –, daß auch sein Abschied von Ernesta mit vielem anderen heimlichen Groll in der Vergangenheit, mit einer alten Sehnsucht nach Einsamkeit verglichen werden könnte. Es ärgerte ihn, daß sich ihm die Dinge so hartnäckig immer auf die gleiche Art darboten. Als er auf dem Rad durch die mittäglich verlassenen Straßen zurückfuhr, erschien ihm die Stadt wirklich unbewohnt.

Damals machte ich Ausflüge, und Corradino – ein Mann, der ohnehin viel zuviel saß – wollte nichts davon wissen, mich zu begleiten. »Du kannst dich in den Bergen genausogut bräunen«, sagte ich zu ihm an dem Abend, als wir davon sprachen, »und falls, wie ich glaube, diese Manie nur eine Art Junggesellen-Flucht ist, werden wir eine Zerstreuung für dich finden.« Aber Corradino wiederholte nur seinen Grundsatz, alles, was geschehe, müsse geschehen, und sah mit einem so trostlosen Ausdruck auf die Tapete zwischen mir und meiner Frau, daß wir lächeln mußten. Sein verdrießliches sonnengebräuntes Gesicht mit den weißen Zähnen und Augäpfeln verriet etwas ganz anderes, es war, wie meine Frau sagte, das eines Mannes, der irgend etwas ausheckt, der sich zum Beispiel lebhaft damit beschäftigt, zu heiraten. Aber sooft uns sonst Corradino mit Selbstvorwürfen davon erzählt hatte, wie er sich Ernesta gegenüber benahm – an diesem Abend tat er das nicht. Er sagte jedoch etwas anderes, Merkwürdigeres: wenn er heiraten sollte, dann täte er es nur, nachdem er sich schön von der Sonne hätte bräunen lassen. Meine Frau fragte ihn, warum. »Um ein anderer zu werden«, brummte Corradino. »So ein gefallsüchtiger Mann!« rief meine Frau.

Als wir fortfuhren, war er Cate noch nicht begegnet. Jedenfalls erzählte er mir nichts davon. Er redete lange und merkwürdig begeistert von seinen fixen Ideen, von einer wahren ›Sucht nach Ruhe‹, wie er es nannte, von dem Wunsch, daß etwas geschähe, daß sich sein Leben änderte; aber er wollte keine einzige Gewohnheit dafür aufgeben. »Ich möchte ein anderer werden, ohne daß ich etwas davon merke«, setzte er mir auseinander. Das erschien mir ganz natürlich, und ich sagte es ihm. »Du bist ein Mann um die Dreißig. Die Jahre vergehen für alle.« Corradino war verdutzt. Und sogleich wurde er deutlicher und setzte mir auseinander, seine Sehnsucht gehe nicht etwa dahin, sein Hauswesen zu ordnen, eine höhere Stellung zu bekommen, in der Zeitung an einem anderen Tisch zu arbeiten. »So würde ich denken, wenn ich verliebt wäre. Aber nein, darauf pfeife ich. Ich denke mehr an die Vergangenheit als an die Zukunft. Ich möchte ein anderer sein.«

Mehr wußte er darüber nicht zu sagen; auch unserem Freunde Giusti, der als einziger in Turin blieb und ihm Gesellschaft leisten konnte, erzählte er nie etwas Besonderes. Nun war allerdings Giusti, ein Mann von einer beißenden Ironie, nicht der geeignete Typ, für ihn den Beichtvater zu machen; aber die beiden verstanden sich, und wahrscheinlich hätte Corradino der Versuchung, ihm zu beichten, doch schließlich nachgegeben, wäre Giusti nicht zu uns gereist. Giusti merkte jedoch an den wenigen Abenden, wo sie sich vor dem August noch sahen, daß irgend etwas Corradino beschäftigte. Er merkte es nicht so sehr bei den Gesprächen als aus der Art, wie Corradino mit fieberhaft erregten Blicken im Café in die Bogengänge spähte oder zwischen die Bäume, wenn sie im Freien saßen. »Du kommst mir gar nicht erholt vor«, sagte er eines Abends zu ihm, »die Sonnenbadekur schlägt nicht recht an. Wäre es nicht ohnehin klar, daß du gerade eine Frau in den Fingern hast, so würde ich dir einen Luftwechsel empfehlen.« Der andere schwieg. »Es würde dir nur guttun.«

Aber schon hatte Corradino eine Antwort gefunden; er scherzte über den Scharfblick des Freundes, jedoch nicht sorglos genug, als daß man ihm nicht an der rauhen Stimme angemerkt hätte, es stecke etwas dahinter.

»Nun gut«, sagte Giusti, »ich will nicht darauf bestehen.« Und er bemerkte um Corradinos Mund einen leicht geringschätzigen Zug, weil der Freund diese Gelegenheit hatte vorübergehen lassen. Denn Corradino war allerdings ein Typ, der genau wie von den Frauen, so auch von den Freunden gebeten und beharrlich gesucht werden wollte.

»Meiner Ansicht nach bist du nur schüchtern«, hatte Giusti einmal gesagt, als sie wieder davon sprachen. »Es mag ganz schön sein, sich auf diese Art lieben zu lassen. Das sagt ihr alle. Aber Dauer kann es ohne eine Portion Frechheit nicht haben. Es ist nicht natürlich. Es hieße, der Frau den Griff vom Messer in die Hand geben.«

»Schön ist es nicht, aber wahr«, sagte Corradino. »Man macht auf die Art allerdings manche unglücklich, das schon.«

»Daß ich nicht lache!« sagte Giusti. »Wenn eine Frau auf dich losgeht, hat sie ihre Rechnung schon fertig. Du bist nichts als schüchtern, sage ich dir.«

Hier schwieg Corradino einen Augenblick, dann sagte er, das sei eine Frage der Gewohnheit, und der Vorteil liege darin: wenn eine Frau Widerstand leiste, sei für den Schüchternen viel gewonnen, denn so geschehe nichts.

»Also leistet diese Frau Widerstand?« fragte Giusti lachend.

»Und nichts geschieht«, antwortete Corradino.

»Dir wird die Situation gefallen ...«

»Natürlich.«

Im August kam auch Giusti zu uns in die Berge und ließ Corradino, wie er uns sagte, als wir nach ihm fragten, allein und ohne eine vernünftige Gesellschaft zurück.

»Der Mann ist verrückt«, sagte er. »Du wirst sehen, dieses Jahr verbringt er den Sommer in Turin. Brächte er es wenigstens fertig, das Mädchen mit an die See zu nehmen ...« Aber Corradino hatte gesagt, er werde wohl nicht an die See gehen, und das verwirrte wieder meine Frau, denn sie kannte die *** – Corradino hatte sie im letzten Jahr an der Riviera kennengelernt. »Wie dumm ihr Männer seid«, sagte sie. »Da ist diese Marina, ein hübsches, reiches, vornehmes Mädchen, die nur darauf wartet, erobert zu werden, und ihr lauft wer weiß welchem Weibsbild nach.«

»Das es womöglich gar nicht gibt«, warf ich ein. Damals wußte ich noch nichts von Cate und dachte höchstens an Ernesta, die – so gut kannte ich Corradino denn doch – sicher nicht imstande war, ihm den Schlaf zu nehmen. »Man wird sehen«, sagten wir abschließend. »Wenn er nur nicht die Ferien drangibt! Imstande wäre er dazu.«

Wir steckten eine Karte an ihn in den Kasten mit sämtlichen Unterschriften und dachten an alles andere, an unsere Ausflüge – da kam ein Brief. Corradino schrieb zuerst, dies solle keine Antwort auf die gemeinsame Karte sein – er bat mich sogar, mich als seinen einzigen Vertrauten zu betrachten und alles für mich zu behalten –, sondern die Karte habe ihn nur daran erinnert, daß er einen Freund habe; und nun mache er sich auch sofort Luft. »Im übrigen«, schrieb er, »fahre ich immer zum Sangone und bin allein wie ein Hund. Aber das, worauf ich mich vorbereitete – du verstehst schon –, ist geschehen. Ich glaube allmählich, daß es eine Vorsehung gibt. Mancher würde sagen, man brauche nur etwas intensiv zu wollen, dann geschehe es; aber es ist nicht alle Tage Festtag, und wenn ich geahnt habe, daß ich in Turin bleiben und auf etwas Unvorhergesehenes warten mußte – wodurch ich es zwang, sich zu manifestieren –, so gibt es doch jetzt einen Felsblock, viele Felsblöcke, die mir den Weg versperren. Ich werde mir noch den Kopf daran einrennen. Mehr kann ich nicht sagen. Ich stecke in einem unwahrscheinlichen Durcheinander. Aber mir scheint, das Leben bietet mir eine einzigartige Gelegenheit, ein anderer zu werden – du weißt schon, wie. Ich habe diesbezüglich sehr klare Vorstellungen im Kopf. Bis gestern bestand mein Unglück darin, daß ich nicht aus mir selbst, aus meinem natürlichen Kreis hinauszutreten wußte. Wenn alle begreifen könnten, wie ich es begriffen habe – heute früh habe ich vor Wut geweint –, was diese Verdammung zum Ewig-Unabänderlichen, dieses zu allem Vorherbestimmtsein bedeutet, weswegen dem sechsjährigen Kind schon alle Impulse, die Fähigkeiten und der Wert eingeprägt sind, die der Mann von Dreißig haben wird, dann würde es niemand mehr wagen, an die Zukunft zu denken; die Menschen würden ein Reinigungsmittel erfinden, um das Gedächtnis zu waschen. Im täglichen Leben glaubt man anders zu sein, man glaubt, daß die Erfahrung einen ändert, man fühlt sich heiter und Herr seiner selbst – aber stell dir vor, es kommt eine Krise, stell dir vor, das Leben gibt einem Menschen einen heftigen Stoß, einen Tritt ins Gesicht und befiehlt ihm: ›Los, entscheide dich‹ – er wird unfehlbar so handeln, wie er in der Vergangenheit immer gehandelt hat, er wird fliehen, wenn er feige ist, er wird standhalten, wenn er mutig ist. Es scheint

Blödsinn zu sein, aber es ist keiner. Auch weil es nicht nur darum geht, zu fliehen oder standzuhalten; die Dinge sind komplizierter. Es geht darum, zu begreifen, abzuwägen: es ist eine Frage des Geschmacks, und der ändert sich bekanntlich nicht. Wer einmal Angst vor dem Dunkel hat, wird immer Angst vor dem Dunkel haben.

Jetzt bin ich soweit, daß ich Dinge tun kann, die ich früher nie getan hätte. Dazu hat mir das Leben verholfen – mehr sage ich nicht. Ich könnte auch etwas tun, was zu allem, was mir zustößt, keine wirkliche Beziehung hat, könnte von vorn anfangen. Du siehst, es hat sich gelohnt, in Turin zu bleiben.

P.S. Wenn ich so heiter bin, so mußt du nicht glauben, ich hätte keine düsteren Momente durchlebt und durchlebte sie nicht noch. Aber wenn ich dir sagen wollte, was für welche, würdest du es nicht begreifen. Ich überzeuge mich wieder einmal davon, daß es hierin nicht anders zugeht als im Krieg: es läßt sich nicht beschreiben.«

Ich hielt den Brief für harmlos, und natürlich sah auch meine Frau die Sache so an. Sie sagte nur, sie begreife überhaupt nichts. Ich zögerte, aber schließlich zeigten wir ihn auch Giusti; er versprach, uns nicht zu verraten. Giusti lächelte, als er ihn las, und erklärte, irgend etwas Ähnliches habe er ihn schon sagen hören. »Ich würde mich nicht wundern, wenn er bereits Vater wäre«, schloß er.

Da telegrafierten wir Corradino: »Erwarten Erklärungen. Uns geht es gut.« Es gefiel mir nicht ganz, ihn zu verspotten, aber Giusti redete so viel daher, daß ich selbst das Telegramm aufsetzte.

Cate war für Corradino nur noch eine vage Erinnerung. Sie hatten sich kennengelernt, als er Student war, denn eine Freundin von Cate ging mit einem älteren Kommilitonen von Corradino Boot fahren, und eines Tages hatten sie zusammen einen Landausflug unternommen mit Wein und Grammophon und hatten sich sehr amüsiert. Einige Monate hindurch hatten sich dann Corradino und die damalige kleine Angestellte Cate weiter getroffen und waren zusammen Boot gefahren – Corradino versteifte sich darauf, weil er durchaus wie der andere eine Freundin mit im Boot haben wollte. Cate war ihm zu Gefallen ein-, zwei-, dreimal mitgekommen, aber Corradino hatte als erster genug davon gekriegt und sich nie mehr um sie gekümmert. Er erzählte mir einige Jahre später davon mit einem merkwürdigen Ausdruck von Reue, er sagte, es sei eine Dummheit gewesen, ein Gemisch von Leidenschaft und Viecherei, Dinge, die man zwar tut, aber nicht tun sollte.

Und jetzt waren sie einander begegnet. Corradino sagt: alles geschieht, weil wir es wollen; aber ich werde nie begreifen, wie das auf diese Begegnung zutreffen sollte – er, der damals an dem Abend ganz apathisch Giusti gewähren ließ: sie gingen zusammen in ein Lokal, in das er sonst nie ging.

Sie spazierten umher, die Unterhaltung schleppte sich hin. Da schlug Giusti vor, sie wollten den Rest des Abends in einem Tanzlokal verbringen.

»Bist du denn nicht müde?« fragte Corradino lachend. Ihm war die Idee, tanzen zu gehen, seit Jahren nicht mehr gekommen.

»Warum machst du nicht eine Kreuzfahrt?« sagte Giusti. »Dreißig Jahre sind ein gutes Alter dafür.« Sie gingen im Halbdunkel einer Allee, und Corradino brummte natürlich – er meinte es ernster, als seiner Stimme anzuhören war –, es sei vergnüglicher, sich von einer Reise erzählen zu lassen, als sie selbst zu machen. »Du bist doch immer der gleiche«, sagte Giusti. »Wohin gehst du dieses Jahr? Nach Camogli?«

Sie betraten das Park-Varieté. Hier konnte Giusti tanzen und Corradino Bier trinken und sich die Varietényummern ansehen. Die Tische standen um eine große, leere Betonfläche herum, und hinten, über dem kleinen Orchester, war die offene, vergoldete Bühne, auf die in diesem Augenblick eine Sängerin trat. Während sie einen Platz suchten und sich setzten, hatte diese den letzten Ton hinausgeschmettert und verbeugte sich unter Händeklatschen. Corradino lächelte verlegen. »Wußtest du, daß es so elegant ist?« fragte Giusti.

»Ich gehe nie hierhin.«

Der Abend verlief eintönig. Zwischen den einzelnen Programmnummern schloß sich der blutrote Vorhang, und das Orchester rief die Paare auf die Tanzfläche. Giusti ging sehr bald auf die Suche nach einer Tänzerin, und Corradino rief hinter ihm her, er werde keine finden. Aber er hatte nach einer Weile offenbar doch eine gefunden, denn er kam nicht zurück, und in dem Durcheinander tanzender Beine sah Corradino flüchtig ein paar weiße Hosen, die doch wohl zu Giusti gehörten. Einige Programmnummern liefen ab, ohne daß er sich wieder blicken ließ, und Corradino saß nachdenklich da, betrachtete zerstreut die Chanson-Sängerinnen und versuchte sich dieser kümmerlichen Musik und Erregung zu überlassen, die den nächtlichen Park erfüllte. Während eines Tanzes blitzten endlich über einer nackten Schulter die Augen von Giusti auf, der ihm zuwinkte.

Er und die Frau kamen an den Tisch. Corradino hatte sich sofort gesagt, daß er hier überflüssig sei, er sah die Dame des Freundes kaum an; die eine Schulter war nicht bedeckt, im Eifer des Tanzes war ihr wohl der Träger heruntergerutscht. Giusti stellte die beiden einander vor und rief den Kellner. Die Frau streckte Corradino die Hand entgegen, eine feuchtgeschwitzte Hand; er lächelte.

Er sagte sofort: »Sie müssen entschuldigen – ich tanze nicht.« Das Mädchen sah ihn überrascht an. Giusti bat beide, sich zu setzen.

Der Vorhang öffnete sich; das rettete die Situation. Eine Spanierin trat auf die Bühne, und Giusti fand dabei Gelegenheit, Frechheiten zu sagen. Das Mädchen hörte aufmerksam zu, dann plötzlich schlug sie kindlich die Hände zusammen und gab Giusti mit seinen Bemerkungen recht, sie packte ihn am Handgelenk und lachte ihn an. Sie mochte zwanzig Jahre alt sein.

Den nächsten Tanz tanzten sie wieder. Das Mädchen entschuldigte sich bei Corradino mit einem leichten Lächeln. Corradino blieb allein. Er ließ den Blick über die Tanzfläche wandern, über die vielen kleinen Gruppen an den Tischen; vor der einen Gruppe verbeugte sich gerade ein junger Mann. Manchmal hob die Frau, schon zum Tanzen bereit, die Arme, wenn ihr Tänzer noch gar nicht bei ihr war.

Plötzlich hatte er den Eindruck, daß ihn jemand von irgendwoher fixiere. Er drehte sich um: eine Reihe Köpfe, ein alter Mann, weibliche Schultern, ein lachend ihm zugedrehtes Männergesicht – niemand, den er kannte. Er empfand ein gewisses Unbehagen; er suchte eine Zigarette und setzte sich wieder bequem auf dem Sessel zurecht; aber er wußte, wenn jemand ihn angesehen hatte, so war dieser Jemand eine Frau. Seine Augen suchten zwischen den Paaren – die beiden waren nicht mehr zu sehen. ›Ein Glück‹, dachte er, ›daß dieses blöde Ding mit Giusti zusammen ist.‹ Er malte sich aus, die Frau, die ihn angeblickt hatte, träte an den Tisch, um ihn zum Tanzen zu holen. Von einer Frau erwartete er sich alles. Wieder betrachtete er die Tische neben dem seinen; da bemerkte er in dem Halbdunkel an der Wand einen langen Spiegel: vielleicht hatte ihm den blitzenden Blick jemand von der Tanzfläche her zugeworfen. In diese Vorstellung verlor er sich. Aber zugleich dachte er, nur die Musik habe ihm die Idee eingegeben, es sei eine Frau gewesen.

Er hörte der Musik zu und schloß dabei die Augen, um das Gefühl von vorhin wieder in sich zu beleben. Nein, nichts. Er spürte, wie der Rhythmus mit seinem banalen Lärm sein Blut zum Pulsieren brachte. Es folgte ein spärliches Händeklatschen.

Als die beiden zurückkamen, schlug Corradino vor, einen Schnaps zu trinken; und er begann unter Giustis ergötzten Blikken ein lebhaftes Gespräch mit dem Mädchen. Sie wünschte sich nichts mehr, als zu spaßen, und hielt ihm keck stand. Sie redeten viel dummes Zeug. Das Orchester spielte. »Erlaubst du, daß wir tanzen?« Corradino hatte sich erhoben und sah Giusti an. »Aber natürlich!« Auch das Mädchen erhob sich.

Sie umfaßten sich und gingen los. Als sie auf der Tanzfläche waren, fragte Corradino: »Wollen wir etwas trinken?« Sie gingen an die Bar und lachten, als wären sie miteinander ausgerissen. Das Mädchen nippte an einem Pfefferminzlikör. Corradino nahm einen Schnaps. Während sie vor der Theke standen, versicherte ihm das Mädchen, sie habe ihn bestimmt nicht im Spiegel angesehen. Corradino umfaßte sie wieder und schleppte sie zu den letzten Takten auf die Tanzfläche; er drückte das Mädchen an sich und drehte brav nach rechts und nach links. Als die Musik schwieg, machte das Mädchen eine Bewegung, als müsse sie Atem schöpfen, sie preßte, erhitzt und lachend, die Hand auf den Magen. »Gehen wir an den Tisch zurück«, sagte Corradino.

Für den Rest des Abends rührte er sich nicht mehr. Die beiden kamen und gingen, flüsterten einander ins Ohr – es war ihm gleichgültig. Als das Mädchen ihm einmal etwas Aufreizendes zurief, tat er, als verstehe er nicht. Später sagte Giusti zu ihm: »Entschuldige – wir gehen.« Da nickte er wortlos.

Wieder öffnete sich der Vorhang. Für einen Augenblick wurde es still, dann trat ein japanischer Taschenspieler heraus. Corradino sah sich die ersten Bewegungen an, er betrachtete die großen, geblümten, wehenden Ärmel. Von Zeit zu Zeit erhob sich Beifall. Auch das nahm ein Ende.

Corradino ging nach dem Ausgang zu; der Kies knirschte. Da fing die Musik wieder an, es bildeten sich Paare, sie versperrten ihm den Weg. Er ging rascher, dicht an der Wand entlang; als er die Lorbeerbüsche im Hintergrund erreicht hatte, drehte er sich um. Und da waren jene Augen.

Für einen Augenblick war Corradino verlegen: er erkannte Cate nicht. Er bildete sich ein, all das sei ein dummer Zufall; die Frau, die ihn hier erwarte, sei gar nicht die Cate von früher. Aber noch bevor Cate sagte: »Corrado«, hatte er ihr schon zugelächelt und streckte ihr die Hände entgegen. Sie nahm seine Hand mit großer Herzlichkeit, wobei sie ihr Erstaunen übertrieb; doch erst als sie ein wenig zurücktrat, um ihn beiseite zu ziehen, wußte er, daß es wirklich Cate war. Er erkannte sie an dieser Bewegung wieder.

Corradino erinnert sich, daß er sie als erstes danach fragte, ob wirklich sie die Frau von dem Spiegel gewesen sei. Und er muß sie das mit einer besorgten Eindringlichkeit gefragt haben, denn – so sagte er mir – Cate erwiderte ihm heiter, ob er sie in diesem Augenblick wirklich nichts anderes zu fragen habe. Und so gab sie ihm keine direkte Antwort. Aber nun hatte Corradino die Erinnerung an jene Augen schon mit dem Gesicht vor ihm vermengt und wußte genau, daß sie es gewesen war.

Sie sprach in herzlichem Ton mit einer schwingenden, wohltönenden Stimme, so daß Corradino gar nicht dazu kam, sich dessen zu schämen, was früher geschehen war, wie er es doch hätte tun müssen, als schon eine andere, ihn noch mehr bedrängende Verlegenheit über ihn kam: die, daß er sich mit einer ausgewachsenen, anmutigen Frau duzte, die ihm so gut wie unbekannt war.

Cate setzte sich munter auf die Bank am Eingang. Sie hielt noch immer Corradinos Hand; die Beine mit den dünnen Strümpfen hatte sie übereinandergeschlagen. Fingernägel und Lippen waren scharlachrot; über der bis zum Hals geschlossenen Bluse trug sie eine fast männliche Jacke – zweifellos ein Reisekostüm. Von der früheren Cate war nichts übriggeblieben als die Augen und das Haar. Corradino suchte in ihrem Gesicht nach den Spuren der Jahre, aber er sah darauf nur eine freudige Röte.

Ich wußte, Giusti hatte ihn am nächsten Tag angerufen, wußte auch, daß Corradino ihm geantwortet hatte: »Scher dich zum Teufel«, womit er Giustis höfliche Worte kurz abschnitt.

Denn Giusti hatte nur vorgehabt, zu sagen: »Entschuldige, daß wir dich gestern haben sitzen lassen«; er war immer überaus höflich. Statt dessen sagte er nun: »Was hast du denn?«

Corradino, der einen ganz anderen Anruf erwartete, sagte einfach, er wisse noch nicht, was er sich am Abend vornehmen werde; und von diesem Tag an antwortete er nur noch ausweichend. Sein Gesicht nahm den Ausdruck von Gespanntheit an, den Giusti uns später beschrieb.

Cate war für ihn wirklich eine Unbekannte. Corradino hatte nicht einmal Zeit gehabt, sich unbehaglich zu fühlen, da hatte sie ihn schon geschickt damit abgelenkt, daß sie ihm erzählte, sie sei Varietékünstlerin und gerade aus Neapel zurück. In Turin wollte sie sich erholen und war im ›Park‹ nur, weil dies ihre Welt war, eine Welt von Halunken zwar, aber sie hatte doch ihr Schönes. Und dann fragte sie ihn geradeheraus, ob er sich verehelicht habe. Genauso sagte sie: verehelicht. Corradino gab ihr ziemlich verwirrt Antwort, selbst überrascht, daß er mit der einfachsten Stimme Dinge erzählte, die er nicht oft aussprach: er fühle, er werde älter, er denke nicht daran zu heiraten, bedaure aber keineswegs die Zeit von damals, als er zwanzig war. Heimlich betrachtete er Cates spitze, zierliche Schuhe und horchte dabei auf die Klänge des Orchesters jenseits der Hecke.

»Du hast dich sehr verändert«, sagte er schließlich.

»Soll das ein Kompliment sein?« gab Cate mit einem halben Lächeln zurück.

An einer solchen Antwort merkte man, daß sie eine andere war, eine richtige Frau. Beide lächelten, ohne einander anzusehen: Corradino weiß gar nichts davon, daß er vor sich hin lächelt, weiß nicht, ob aus Verlegenheit, oder weil er so naiv gewesen war. Denn das war nicht mehr die Cate, die bescheiden schweigend an seinem Arm umherspaziert war, die Cate, die in ihrem Täschchen eine abgenutzte Puderquaste und ein nicht ganz sauberes Taschentuch hatte. Auch die Stimme war verändert: sie schnellte los, sie hatte in ihrer Freimütigkeit eine gewisse Kraft, einen lebhaften, angriffslustigen Klang, der an die Bühne erinnerte.

»Ich dachte wirklich, du hättest geheiratet«, murmelte Cate.

»Du weißt, ich bin nicht der Typ dafür«, sagte Corradino.

Während sie dort saßen – das Orchester spielte noch immer, und die Chanson-Sängerinnen schmetterten –, gingen Menschen an ihnen vorüber, sie gingen und kamen zurück, auch eine wasserstoffgebleichte, auffallende Frau war dabei, und alle grüßten Cate, der eine rief etwas, ein anderer winkte ihr zu. Cate antwortete ihnen mit Lebhaftigkeit.

»Hör mal«, sagte sie und stand auf, »entfliehen wir dieser Unruhe. Bist du heute abend allein?«

Da machten sie untergehakt einen Rundgang auf dem Uferdamm; und an Cates Stimme war zu merken, daß sie nicht etwa auf ein altes Recht pochte – sie redete ganz ungezwungen herzlich. Corradino brannte auf den Lippen so etwas wie eine Rechtfertigung, ein leichter Hinweis auf die Vergangenheit: er hätte von Cate gern gehört, daß sie, ohne Groll, über damals womöglich eine alberne Bemerkung machte, damit sie zusammen darüber lachen konnten. Aber in dem Halbdunkel der Bäume, wo das Brausen vom Wehr das Orchester übertönte, begann Cate wieder von ihrem Beruf zu sprechen, von Orten, wo sie aufgetreten war, von Eifersüchteleien der Kollegen. Sie war sogar in den Kolonien gewesen. Tripolis, das war eine großartige Stadt. »Ich war dumm, daß ich nicht da unten geblieben bin«, sagte sie. »Elegant ist es dort! Ihr hier laßt euch das nicht einmal träumen. Man gibt mehr Geld aus als anderswo. Am Abend Cafés, Theater, ein Fest. Hier ist das Varieté wie ein Begräbnis.«

»Du hast also Karriere gemacht«, sagte Corradino.

»Ich verdiene mir den Lebensunterhalt«, sagte Cate und preßte seinen Arm. »Aber, mein Lieber, was für ein abscheuliches Leben! Wenn du wüßtest, was ich alles durchgemacht habe! Wäre meine Mutter nicht gewesen, ich hätte es nicht geschafft.« Und sie erzählte mit leiserer Stimme, daß ihre Mutter tot sei, daß im Grunde der Vater sie umgebracht habe – er habe sie beide sowieso mißhandelt. Als sie gerade anfing, auf der Bühne zu singen, war er ins Theater gekommen und hatte ihr zugeschrien, sie solle damit aufhören; er hatte es dahin gebracht, daß sie kontraktbrüchig wurde.

»Kannst du denn wirklich singen?« fragte Corradino im Scherz.

Sie zog heftig ihren Arm aus dem seinen. »Du bist doch immer der gleiche«, rief sie unwirsch. »Du willst mir nicht glauben ...«

»Aber wie hast du es fertiggebracht?«

»Ich habe studiert, ich habe jemanden gefunden, der mir half. Auch die Mutter hat mir geholfen. Hättest du mir nicht auch geholfen?«

Cate war stehengeblieben. Sie streckte den Arm aus, hielt Corradino an und sah ihm freimütig ins Gesicht. Corradino lächelte.

»Und du, was tust du? Studierst du noch immer?« fragte Cate, während sie weiterging.

Es war schon tiefe Nacht, als Corradino ein Streichholz anzündete, um nach der Uhr zu sehen. Sie beschlossen ein Taxi zu nehmen. Während der Fahrt geschah es, daß Corradino, um das Schweigen zu brechen, sie fragte, ob er sie wiedersehen würde. Er fragte es ohne eine bestimmte Absicht, ja fast ohne es zu wollen, Cate zu Gefallen, und um irgendwie die vor vielen Jahren begangene Flegelei wiedergutzumachen. »Ruf mich an«, sagte er zu ihr, »ich gehe nie in den ›Park‹.« Ihm schien, als erwarte Cate von ihm eine Aufforderung, mit ihm zu kommen, als wäre sie glücklich, das zu tun, denn sie drückte ihm die Hand und flüsterte ihm ins Ohr: »Lieber!« Corradino hätte sie rasch umarmt – da fuhr das Taxi langsamer, und Cate sagte: »Ich bin zu Hause.«

Als Corradino in der Nacht heimkehrte, dachte er an die kleine Freundin von Giusti und sagte sich, jeder habe die Abenteuer, die er verdiene. Jetzt war er froh, daß er nicht versucht hatte, Cate zu umarmen – nicht weil er fürchtete, er werde zurückgewiesen, sondern weil alles an dem Abend sich unter einem Zeichen von Freimut und Vertrauen abgespielt hatte, was um so sonderbarer war, wenn man an die Vergangenheit dachte.

Und noch am Morgen lächelte er, als er aufwachte. Doch dann versetzte ihn erst der Anruf von Giusti in schlechte Laune – er rief nie an, ausgerechnet an diesem Tag mußte ihm das in den Sinn kommen – und außerdem das Schweigen von Cate, so daß er keine Lust hatte, an den Sangone zu gehen. Ein auch nur telefonischer Gruß von Cate hätte ihm an dem Morgen viel bedeutet. ›Wie kann sie so dumm sein, daß ihr das nicht klar ist?‹ dachte er. So kam der Abend, und ihm fehlte Giusti, ihm fehlte Cate, ihm fehlten alle. Er hätte in den ›Park‹ gehen können, dort hätte er Cate angetroffen; aber er bezwang sich. »Nein, sie soll zu mir kommen.« Und er ging in ein Kino.

Giusti sah er am nächsten Tag: damals sprachen sie davon, daß diese Liebesgeschichte neu beginnen könnte. Giusti redete es Corradino mit vielen Gründen ein, daß es möglich sei, es mit Cate noch einmal zu versuchen – jetzt, wo sie welterfahren war. Corradino sagt, an dem Einfall, an jenem Abend ins Varieté zu gehen, seien teils sein Unmut und Ärger, teils die Spötteleien Giustis schuld. Aber schon in der gleichen Nacht überlegte er sich, als er heimkehrte: wenn überhaupt, sei es Sache von Cate, ihm klarzumachen, daß sie nicht aufgehört habe, ihn zu lieben. Und er legte sich befriedigt zu Bett. Am nächsten Tag fror seine Zufriedenheit ein, das Telefon schwieg, der rosige Tag, den er sich erhofft hatte, begann wie immer mit Ängsten. Aber Corradino ging an den Sangone, betrachtete dort, frisch und sonnengebräunt, seine Weiden und fand dabei seinen Gleichmut wieder. Er dachte an Camogli, an sein Schicksal und fragte sich, was wohl Marina gerade tue. Hier lächelte er wirklich. Allmählich begriff er: etwas war geschehen, die Erwartung, die er in jenen Tagen verspürt hatte, hatte sich irgendwie erfüllt. Dadurch, daß er Cate begegnet war, war die Vergangenheit wiederaufgetaucht, und alles kam in Ordnung: das Leben war voll herzerfreuender Dinge, man brauchte nur abzuwarten, daß sie geschahen. Kurz – er fühlte sich frei, frei und einsam; und eben das hatte er immer gewollt.

Aber Cate rief nicht an. Einmal in der Woche machte Corradino Nachtdienst; in jener Nacht blieb er im Büro, bis der Morgen dämmerte, weil er gern ganz früh durch die verlassenen Straßen zurückging. Er bummelte umher, bis es warm wurde; dort, wo ein Bogengang in die Straße einmündete, traf er Cate.

»Ciao«, riefen sich beide lachend zu.

Cate in der ihm nun schon bekannten hochgeschlossenen blauen Bluse war wirklich eine schöne Frau. Man sah ihr zwar ihre achtundzwanzig Jahre an, aber sie erschien stolzer und größer. Vor allem wußte sie ausdrucksvoll zu lächeln, und die Art, wie sie sich zurechtmachte, betonte das noch. Sie wollte Strümpfe kaufen; Corradino begleitete sie.

Sie lachte gern; Corradino, der von der Nachtwache müde war, hatte nicht die Kraft, dem zu widerstehen, und lachte mit, ob es paßte oder nicht. Aber sie hakten sich nicht unter.

Da sie kein zusammenhängendes Gespräch führten, merkte Corradino, daß er nichts Rechtes zu sagen wußte, und das machte ihm Spaß: er verglich im Geist Cate mit Marina und lächelte. ›Was auch geschieht, es ist klar, daß wir einander fremd sind‹, dachte er. Vor dem Ladentisch mit den Strümpfen ließ Cate eine Packung öffnen und schob ihm einen Strumpf über die Hand. »Gefällt er dir?« fragte sie.

Als sie heraustraten, nahm Corradino ganz unwillkürlich ihren Arm. Sie machten einige Schritte, dann löste er selbst seinen Arm aus dem ihren. Cate sah ihn verlegen an, dann fragte sie, warum er nicht wieder in den ›Park‹ gekommen sei. Von da an wurde ihr Gespräch gezwungen, Corradino redete vielerlei und sah dabei auf seine Fußspitzen. Im wesentlichen sagte er, er habe auf sie gewartet, aber in den ›Park‹ habe er nicht gehen wollen, diese Leute paßten ihm nicht. Sie könnten sich ja dort vergnügen, wenn sie wollten; er jedoch habe keine Lust, sich dort zu vergnügen.

Cate fragte ihn, wie er da die Abende verbrächte.

»Gestern zum Beispiel habe ich gearbeitet, die ganze Nacht.«

Da lächelte Cate – ein plötzliches ungläubiges Lächeln – und fragte ihn, ob er denn keine Freundin habe.

»Nein«, sagte Corradino.

Cate wunderte sich nicht darüber; sie lächelte weiter. Corradino behauptet, in diesem Augenblick habe er begriffen, daß das Urteil über ihn gefällt war. Er sagte nichts, er schwankte zwischen Selbstsicherheit und Gleichgültigkeit. Aber, so sagt er, in dem Moment entschied Cate – und vielleicht war es gut so – ihrer beider Schicksal.

Sie selbst fragte ihn, wo er wohne, und erklärte sich bereit, ihn nach Hause zu begleiten. Unterwegs kam die Rede darauf, was jeder von ihnen tat, und Corradino rühmte sehr, wie bequem und zukunftsreich seine Arbeit sei. Er sagte sogar, sie seien Kollegen: beide arbeiteten sie für ein Publikum. »Seinen Lebensunterhalt verdienen ist eine schöne Sache«, bemerkte Cate.

Die Wirtin drückte ein Auge zu, als Corradino mit einer Frau nach Hause kam. Sie hörte sie über den Flur gehen und steckte nur eben den Kopf aus der Küchentür; aber dafür hatte sie sein Bett noch nicht gemacht. Corradino schloß verärgert wieder die Tür und bat Cate, zu warten. Er zog die Decke über das zerwühlte Bett mit dem Schlafanzug und schlug die Fenstervorhänge zurück. Nun lag das Zimmer in einem rosigen, erträglichen Halbdunkel.

Corradino wird sich an dieses ruhige Licht immer erinnern. Cate hatte sich auf den Sessel gesetzt, die Beine übereinandergeschlagen, beide Hände auf den Armlehnen. ›Gestern saß Ernesta dort‹, dachte Corradino, und siehe da – Cate betrachtete ihn wie Ernesta, mit einem weichen, gesammelten Ausdruck; ihm kam es so vor, als seien die Worte, die sie lachend beim Heraufsteigen gewechselt hatten, irgendwie aus diesem Zimmer ausgeschlossen, als gehörten sie dem Draußen an, dem Lärm der Straße.

Sie sprachen von Bootsfahrten, und Cate rauchte eine Zigarette. Es war wie ein normales Gespräch: Corradino erzählte, er sei seitdem nicht mehr dorthin gegangen, und Cate stieß den Rauch aus und hörte ernst, sozusagen aus Pflicht, zu. »Sonnenbäder, die mache ich schon.« Cate schwieg.

Als sie die Treppen hinaufstiegen, hatte sie gesagt: »Ich rauche oben eine Zigarette mit dir«, und jetzt war die Zigarette fast zu Ende, und nichts geschah. Corradino dachte entsetzt an die ihm nun bevorstehende Einsamkeit; sein Groll auf Cate nahm zu. Da faßte er sich ein Herz und fragte sie, ob sie ebenfalls keine Bootsfahrten mehr unternommen habe. Er fragte es in den Rauch hinein, fast ohne sie anzusehen.

»Wäre es dir lieb, wenn ich wieder hingegangen wäre?«

»Ich meine, mit einem andern«, stammelte Corradino.

Da lächelte Cate, ein so hintergründiges Lächeln, daß Corradino den Blick nicht von ihr lösen konnte. ›Sie ist gekommen, um sich zu rächen‹, dachte er verzweifelt. ›Nur darum ist sie gekommen.‹

»Corrado, du bist doch immer der gleiche. Natürlich habe ich wieder Bootsfahrten unternommen. Aber du – hast du in all diesen Jahren auch nur einmal an mich gedacht?«

Corradino nickte und ließ sie nicht aus den Augen. Cates Lächeln war ganz dünn geworden, es verschwand nach und nach, doch ohne daß ihr Gesicht den Eindruck von Feindseligkeit erweckt hätte.

Cate erhob sich und kam an den Tisch, neben Corradino, um den Stummel in den Aschenbecher zu drücken. Corradino war nahe daran, sie zu umarmen; aber Cate drehte plötzlich das Gesicht genau unter das seine, das glühendrot geworden war. Bei dieser Bewegung sah sie ihn forschend an, mit dem eifrigen, ernsten Blick einer Frau, die ein Kind trösten will.

»Dein Zimmer gefällt mir«, sagte sie. »Wohnst du schon lange hier?«

Corradino stammelte eine Antwort, und schon war Cate am Fenster. Sie schob die Gardine beiseite und sah auf die Straße. Corradino regte sich nicht: es wäre lächerlich gewesen, hinter ihr herzulaufen.

Cate drehte sich heiter um. »Du hast die Friseuse gerade vor der Haustür. Das wird deinen Freundinnen lieb sein.«

»Du mußt entschuldigen – ich wollte eigentlich nicht mit heraufkommen«, fuhr sie fort. »Aber ich bin neugierig.« Corradino hatte ihre Hand ergriffen. Cate ließ es zu, daß er sie ihr küßte – sonderbar, die lackierten Nägel –, und sagte spöttisch: »Ich bin doch keine Dame! Ja, es war unrecht von mir, daß ich mit heraufkam. Ich mache, daß ich fortkomme.« Corradino hielt ihre Hand fest, er vermochte weder zu scherzen noch Ernst zu machen. »Nein, es war nicht unrecht von dir«, murmelte er.

»Ich meine, es war dir gegenüber unrecht«, antwortete Cate.

Er fragte, ob er sie wenigstens wiedersehen könne. »Heute?« Cate dachte einen Augenblick nach. »In dem Garten der Piazzetta bei meinem Haus. Du bist gestern nacht daran vorübergekommen. Gegen vier Uhr?«

Cate wollte nicht mit ihm aus dem Haus gehen; sie ging rasch hinaus und verließ ihn im Flur. Corradino wartete eine Weile im Dunkeln hinter der Tür, bis ihre Schritte unten an der Treppe verhallten; dann ging er verstohlen hinaus, damit es die Wirtin nicht merkte. Den Vormittag eingeschlossen im Zimmer zu verbringen, brachte er nicht fertig.

Es war lächerlich, hinter ihr herzulaufen; aber in den Garten ging er doch. Die Arbeit begann ohnehin erst um sechs Uhr: alles an dem Tag paßte zusammen. Er ging hin und sagte sich: ›Ich kann mich noch immer zurückziehen.‹ Er hoffte sogar, daß Cate nicht da wäre, daß er sie nie mehr zu sehen brauchte.

An den Garten hatte er eine deutliche Erinnerung – wenige Bäume zwischen den Häuserblocks, ein Brunnen und ein Streifen Himmel. Von der Ecke her betrachtete er diesen Garten aufmerksam: er war sehr sonnig, stauberfüllt und voll Geschrei. Kinder spielten dort; Frauen waren da und einige Ammen. Corradino hielt Ausschau nach dem Brunnen. Ein Baumstamm schützte ihn vor Blicken; von da aus musterte er gleichgültig die Grüppchen der Leute. Er hatte sich für diese Verabredung einen einsamen Platz vorgestellt; die schreienden Kinder gingen ihm mehr als sonst auf die Nerven.

Cate entdeckte ihn doch: sie saß auf einer Bank im Schatten und zog einem kleinen Jungen die Jacke aus; er befreite sich mit einem Ruck und lief los. Corradino trat nicht gerade gern näher, denn Cate war nicht allein, zwei Mädchen – sie sahen wie Dienstmädchen aus – saßen mit auf der Bank. Zum Glück unterhielt sich mit ihnen ein Soldat, der an einem Baum lehnte.

Cate sagte herzlich: »Guten Tag.« Eines der Dienstmädchen drehte ihm das runde Gesicht zu und betrachtete ihn. Sie musterte ihn genau, vom Kopf bis zu den Füßen; dann, als Cate ihm zulächelte und ihm die Hand hinstreckte, lächelte sie. Corradino sagte irgend etwas; das Dienstmädchen schaute noch immer her; da stand Cate auf und sagte: »Es ist zum Verzweifeln.« Sie hatte die

Jacke des Kindes noch in der Hand und hielt sie schützend über die Augen, um den Jungen unter den anderen zu entdecken.

Corradino wartete, daß Cate mit ihm von der Bank wegginge, sah aber unwillig, daß sie sich wieder setzte. Da verlor er die Geduld und sagte verärgert: »Nun, Cate, spielst du die Amme?« Während sie miteinander sprachen, fixierte er das kleine Dienstmädchen so aufmerksam, daß es das Herschauen aufgab und sich ostentativ seinem Soldaten zuwandte.

Cate sagte: »Nein, die Mutter.«

»Was für ein Kind ist es?«

»Mein Sohn.«

Corradino wich einen Schritt zurück. In Cates Augen blitzte es auf, ein Funkeln, das ihm Schweigen gebot. Das kleine Dienstmädchen hatte sich nicht wieder umgedreht.

Endlich holten die beiden Mädchen die Kinder und gingen fort, und auch der Soldat entfernte sich; da setzte sich Corradino auf die Bank und bat Cate, ihm die Sache zu erklären.

»Ich habe es dir doch gesagt: es ist mein Sohn. Wenn ich auf Reisen gehe, lasse ich ihn bei meiner Schwester. Sie ist verheiratet und wohnt dort im ersten Stock.«

»Aber du bist nicht verheiratet«, stammelte Corradino.

»Na und?« sagte Cate einfach. »Kann man etwa kein Kind haben, wenn man nicht verheiratet ist? Das kommt vor, oder?«

Corradino erzählt, Cate habe das gesagt, ohne im geringsten verwirrt zu sein, und das habe ihn ziemlich gereizt. Als er sie fragte, warum sie es ihm nicht früher gesagt habe, antwortete Cate, sie habe erst wissen wollen, ob ihm das passe. »Und wieso weißt du jetzt, ob es mir paßt?« fragte er. »Ich hätte es dir heute früh sagen sollen«, erwiderte Cate und sah ihn fest an. »Heute früh habe ich eingesehen, daß ich es dir sagen mußte.«

Corradino wußte im ersten Augenblick nichts zu antworten, doch dann kam er wieder auf seine vorige Frage zurück: ob sie denn jetzt wisse, daß es der rechte Zeitpunkt sei. Sie spielten sozusagen Verstecken. Cate machte dem ein Ende, indem sie sagte, sie seien Freunde und müßten einander verstehen. Dino, der Junge, kam in diesem Augenblick herbeigesprungen, daß der Kies spritzte.

Cate hielt ihn fest, fuhr ihm über die Haare und wollte ihm die Jacke anziehen, weil er erhitzt war. Sie sagte ihm, er solle guten Tag sagen.

»Wie alt bist du?« fragte Corradino.

»Sechseinhalb«, antwortete Dino noch atemlos mit einer klaren Stimme. »Aber ich gelte für sieben.«

Cate fragte ihn, mit wem er spiele. Dino nannte Namen, wies auf Balkone in den Reihenhäusern, sprach von Schulklassen.

»Gehst du schon zur Schule?« fragte Corradino.

»Und ob!« rief Cate. »Wenn er Ingenieur werden will, muß er doch lernen.«

»Du willst Ingenieur werden?« fragte Corradino.

Dinos Ja kam heraus, als der Kies wieder aufspritzte. Er war schon wieder fort. »Er ist ein wilder Junge, alles zerreißt er«, sagte Cate.

Sie schwiegen eine Zeitlang; Cate machte in einer Einkaufstasche Ordnung und sah ihn nicht an.

»Er ist ein recht hübscher Junge«, sagte Corradino und blickte auf ihre Hände, die sich nervös an der Tasche zu schaffen machten. Er sah wieder diese rotlackierten Nägel vor sich, wie sie die zerzausten Haare des Jungen glätteten, und schämte sich, daß er an diesem Morgen daran gedacht hatte, sie zu verführen.

»Tüchtig von dir, Cate. Und du lebst mit seinem Vater zusammen? Darf ich wenigstens das erfahren?«

»Ich und die Mutter, wir haben ihn aufgezogen«, erwiderte Cate, rot geworden, voller Stolz und erhob sich plötzlich. »Etwas anderes gibt es nicht zu erfahren.«

Am nächsten Tag kam eine Karte aus Camogli, auf der unter vielen Namen auch der von Marina stand. Auch ihr Vater und ihre Mutter hatten unterschrieben, und Corradino betrachtete diese Namen lange. ›Sie haben sich dort zur Beratung zusammengefunden‹, dachte er mit einigem Hohn und verließ das Zimmer, spähte aber nach dem Telefon in der geheimen Furcht, es rufe jemand an. Diesen Morgen wollte er allein sein.

Für den Sangone war es zu spät, so ging er früher in die Trattoria; doch als er schon eintreten wollte, zögerte er und beschloß, in ein anderes Restaurant zu gehen, das er sonst nicht besuchte. Dort gab es wenigstens keine bekannten Gesichter; die Kellner verbeugten sich höflich, die Bedienung war so, daß sie nicht einmal Marina mißfallen hätte. Das Essen kostete das Doppelte, aber ein einsames Leben wie das seine war sowieso immer zu billig. ›Ich habe mir nie Kinder geleistet‹, dachte er an diesem Tag, ›ich habe mich nie an jemanden binden mögen. Das ist meine Natur. Ich habe Frauen gekannt und sie versetzt. Wenn Marina sich an mich klammern wollte, würde ich sie morgen genauso versetzen.‹

Den ganzen Tag verbrachte er in schlechter Laune; spät am Abend traf er sich mit Giusti. Er wagte ihm nicht vorzuschlagen, in den ›Park‹ zu gehen, und hörte seinen endlosen Plaudereien zu, denn Giusti, der sein finsteres Gesicht bemerkte, versuchte ihn abzulenken. Einmal stritten sie; Corradino sagte zu ihm, die Erfahrung diene dazu, uns zu lehren nicht, was wir tun sollten, sondern was wir unausweichlich tun würden; denn ein Mann, so tüchtig er sein möge, sei so etwas wie eine Brücke, die eine bestimmte Tragkraft habe – darüber hinaus geht es nicht. Es kommt ein Karren, der schwerer ist, und die Brücke stürzt ein.

»Na, das ist gut«, sagte Giusti. »Dann soll man nur vorher seine Rechnung machen.«

Corradino, der beim Sprechen lebhaft geworden war, setzte seine Bekenntnisse nicht so weit fort, ihn zu fragen, was für eine Rechnung ein Mann machen könne, der gemerkt habe, daß er nichts Rechtes zustande bringt, und den ganzen Tag Grillen fängt. Aber Giusti war befriedigt, daß Corradino sich überhaupt ereifert hatte, und sagte einfach, wenn es sich um Frauen handle – und man sprach doch wohl von Frauen? –, so solle er für sie die Brücke machen. Hier begannen sie zu spaßen, und das Gespräch zerflatterte.

So also leisteten die beiden einander Gesellschaft. Corradino sagt, er habe oft das Bedürfnis, sich mit mir auszusprechen; doch als Giusti Ende Juli abreiste, fühlte er sich erleichtert. Jetzt war er wirklich allein, und ein wenig gefiel er sich darin: so war er nun einmal. Er begann wieder unter den Weiden zu baden.

»Siehst du«, sagte er im Jahr danach wörtlich zu mir, »ich habe damals im Juli auf etwas gewartet, und wenn man auf etwas wartet, geschieht etwas. Aber um mich in diesen Zustand zu versetzen, isolierte ich mich, ich ging morgens an den Sangone, um im Wasser und in der starken Sonne mich selbst zu suchen. Wer sucht, der findet. Und was konnte ich finden unter diesen Weiden, wenn ich nackt dalag und meinen Nabel besah und das Glied, als wollte ich gerade einen Sohn zeugen? Ich fand ein lächerliches Wesen – mich selbst –, das sich immer wieder aus allem herausgewunden hatte, und fand in meinem Sinn Cate; denn ich dachte mehr an Cate als an

Marina. Von Mal zu Mal haßte ich mich mehr, alle meine Fehler tauchten auf, ich entdeckte – das ist der springende Punkt –, daß ich die Menschen, und besonders die Frauen, immer auf die gleiche Art behandelt hatte: kennengelernt und versetzt. Mit niemandem hatte ich je in Gemeinschaft gelebt, noch für jemanden eine Verantwortung übernommen. Ich bin niemandes Freund, auch nicht der deine.«

Auf diese Geschichte mit der Freundschaft kommt Corradino oft zu sprechen, immer wieder, er hat sie mir mehrmals auseinandergesetzt; und er behauptet, er sei nicht wirklich mein Freund, weil er auf meine Frau eifersüchtig sei. So ärgerte es ihn auch, sagt er, daß Cate ihn damals nicht anrief, weil das bedeutete: sie hatte Besseres, mochte dieses Bessere auch nur der kleine Sohn sein. »Und bedenke«, sagt er zu mir, »ich hätte in den ›Park‹ gehen können.« Noch etwas kränkte ihn: der Zweifel, Cate könne schon früher, als er sie entehrt und gedemütigt hatte, mit diesem doppelsinnigen Lächeln über ihn geurteilt haben. Darunter litt er wirklich, denn ein solcher Verdacht verletzte ihn an seiner empfindlichsten Stelle.

Um die ersten Augusttage entschied sich Corradino für Camogli und bat um Urlaub. Wenn er gekonnt hätte, wäre er noch am gleichen Abend losgefahren; aber das Büro hielt ihm vor, es seien ohnehin alle fort, er müsse acht Tage warten. Corradino lächelte und murmelte: »Um so schlimmer für Marina.«

Am nächsten Tag nahm er Cate mit ins Boot, so verabredeten sie es am Telefon. Am Abend zuvor war er im ›Park‹ gewesen; dort hatte er sie stark geschminkt und mit einem neuen Hut vorgefunden. Als Corradino auf sie zuging, hatte er diesmal, im Scheinwerferlicht der Bühne, ihr Berufsgesicht gesehen, diese verbrauchten, zu auffällig geschminkten Züge, die von künstlichem Licht und Nachtleben zeugen. Cate war die gleiche gewesen wie immer, hatte ihm die Hand gegeben und zutraulich mit ihm geplaudert; aber Corradino hatte sich darin gefallen, sie zu betrachten, als habe er sie nie gesehen, und sich einzureden versucht, dies sei die wirkliche Cate. Er hatte es fertigbekommen, mit ihr zu tanzen (»Einmal mit dir tanzen kann ich schon, Corrado«), obwohl sie am Tisch Gesellschaft gehabt hatten – diese gewaltsam besitzergreifende Gesellschaft von Menschen, die sich im ›Park‹ wie zu Hause fühlen und keine andere Unterhaltung zulassen. Leute vom Varieté, die Cate duzten. Erst beim Tanzen hatte Corradino erreichen können, daß sie versprach, ihn am nächsten Morgen anzurufen. Das hatte sie wirklich getan und am Schluß selbst gesagt: »Machen wir eine Bootsfahrt.«

Corradino wußte, Cates Vorschlag war harmlos gemeint; doch der Verdacht, der ihn unterwegs nicht losließ, kam anderswoher. Sie gingen zum Bootssteg, sie hakten sich zwar nicht unter, Corradino faßte sie nur beim Ellenbogen, aber sie sprangen doch lachend, ja stolperten ins Boot; als Cate beinahe gefallen wäre, hielt Corradino sie fest, und sie setzten sich. Cate lachte – sie lachte wie alle Frauen in solchen Fällen – und nahm den Rock über den Knien zusammen. Bei dieser Bewegung und als er ihr glückliches Gesicht sah, mit dem offenen Mund, in dem die Zähne sichtbar waren, tauchte vor Corradino die sorglose Vergangenheit auf, als sie noch ganz jung waren, und er begriff, daß Cate mit ins Boot gekommen war, weil sie die fernen Tage wiederfinden und im Vergleich zu den heutigen beurteilen wollte.

»Warum nimmst du deinen Sohn nicht mit in den ›Park‹?« fragte Corradino plötzlich und biß dabei die Zähne zusammen. Aber Cate merkte den Groll in seiner Stimme nicht; sie genoß dies alles, ihr Blick wanderte aus halbgeschlossenen Augen über das sonnenbeschienene Wasser, das sie vor sich hatte. Jetzt, wo sie den Hut abgesetzt hatte, waren die Lippen und die freiliegende Kehle nicht mehr so jung, sie verrieten, daß sie vom Nachtleben mitgenommen war.

Auf die wiederholte Frage antwortete Cate, vorläufig lebe Dino bei ihrer Schwester; er sei noch nicht alt genug, um zu begreifen, daß das Varieté ein Beruf sei wie andere auch. Vielleicht werde sie ihn in einigen Jahren, wenn sie ihre Angelegenheiten geordnet habe, auf ihre Reisen mitnehmen; aber in jedem Fall müßte er studieren, und beim Studium dürfe man nicht abgelenkt werden. »Ich denke immer daran«, sagte sie. »Er soll mir, wenn er groß ist, nicht vorwerfen können, ich hätte ihn vernachlässigt.«

Corradino schwieg; er beugte sich vor und legte die Ruder kreuzweise übereinander.

Plötzlich sagte er: »Hast du denn die Mittel, ihn aufzuziehen?«

Cate antwortete lächelnd, bis jetzt sei sie immer damit fertiggeworden. »In unserem Beruf gibt es viele Kanaillen, aber es gibt auch brave Leute. Ich habe jemanden, der mir hilft.«

»Der von gestern?« brummte Corradino. »Was ist er? Musiker?«

Cate lächelte noch immer; eine ausdrückliche Antwort gab sie ihm nicht. Aber die Art, wie sie ihn ansah, zeugte von einem festen Willen, einer Beharrlichkeit, daß ihm unbehaglich wurde.

Die Sonne wurde heiß. Corradino legte die Ruder hin, beugte sich über das Wasser und spritzte es sich mit der hohlen Hand über die Schultern. Dann machte er auch seine Haare naß.

»Ist dir nicht warm, Cate?«

Cate schüttelte den Kopf; noch immer betrachtete sie Corradino mit diesem merkwürdigen Blick, der nicht leicht zu enträtseln war. ›Aha‹, sagte sich Corradino, während er nach den Rudern tastete, ›sie prüft mich; sie denkt daran, wie ich damals war; sie erinnert sich an das dumme Zeug, das wir zueinander gesagt haben.‹

Schließlich hob er den Kopf und fragte: »Wäre es nicht einfacher, wenn sein Vater ihn bei sich hätte? Oder weißt du etwa nicht, wer sein Vater ist?«

Cate zuckte abweisend die Achseln, ohne jedoch beleidigt zu sein. Sie sah ihn nicht mehr direkt an, sondern nur von der Seite; da ihr die Sonne voll ins Gesicht schien, war nicht zu merken, ob sie rot geworden war.

»Corrado«, sagte sie leise, »du weißt, wer sein Vater ist.«

Corradino sagt, daß er die Ruder fahren ließ, und spürte, wie es ihm kalt über die Haut lief. Cate sah ihn noch immer an, in ihren Augen war ein schmerzliches Lächeln; und doch fand Corradino die Kraft, sich zu fassen, die Ruder wieder zu packen, einen Seufzer auszustoßen. Er stöhnte: »Aber nein« – in einem Ton, zu dem ganz wenig fehlte, daß er spöttisch geklungen hätte; aber Cates Augen brachten es sogleich zuwege, daß er verloren klang.

Corradino erzählt, in den darauffolgenden Sekunden habe er vor allem einen mächtigen Magenkrampf verspürt. Und geradezu stumpfsinnig hatte er nur immer daran gedacht, daß er seit Tagen, vom Abend der Begegnung an und schon vorher, jene Angst im voraus gefühlt und gewußt hatte, daß sich für ihn etwas nicht wieder Gutzumachendes vorbereitete. Während er zuhörte und sein ›Aber nein‹ stammelte, so erzählt er, tat er ab und zu einen Ruderschlag, um das Boot in der Richtung zu halten, und Cate unterbrach ihre nun folgenden Worte mit einem gezwungenen Lachen, das so etwas wie eine Verteidigung war, als wolle sie damit sagen, sie richte diese Worte weniger an ihn als an sich selbst – so wie man redet, wenn man allein ist und scherzt, um sich Mut zu machen. Etwas, so erzählte er, war von Anfang an klar: Cate sprach nicht, um ihn zu rühren, ihn in eine Falle zu locken. Im Gegenteil, sie sprach in einem zögernden, angestrengten Ton, als wisse sie, sie tue ihm weh, und wolle rasch wieder aufhören, wolle ihn schonen.

»Du hattest mich kaum verlassen«, sagte sie. »Wozu davon reden? Wir wären beide übel dran gewesen. Damals war ich ganz verrückt, aber doch nicht so sehr, daß ich nicht gemerkt hätte, daß du mich los sein wolltest.«

Corradino klammerte sich an den Ton, in dem Cate sprach, weil er darin zwar nicht die Rettung sah – an die Zukunft wagte er nicht zu denken –, aber doch immerhin die Möglichkeit, nicht auf der Stelle verrückt zu werden; damit erlaubte ihm Cate, weiter er selbst zu sein. Er erzählte, er habe die blödesten Einwände gemacht und doch gewußt, daß seine Worte – wie es ja auch stimmte – nutzlos waren. Aber wie stellt man sich an, wenn man gesagt bekommt, daß man seit Jahren einen Sohn hat, während man die Mutter kaum kennt?

»Gib acht, da ist ein Boot«, sagte Cate, und Corradino mußte die Ruder wieder aufnehmen, um sich abzustoßen. In dem Boot waren vier Mann – auch ein Soldat war dabei –, und als sie dicht an ihnen vorbeikamen, schoben sie sein Boot mit den Händen fort und sagten irgend etwas, wobei sie über Cate lachten.

Als sie wieder an den Bootssteg kamen, schlug der Bug heftig gegen die Mole, so daß die Padrona zu jammern begann; aber Cate und Corradino hörten nicht zu. Sie beeilten sich, auf die Allee zu kommen; sie sprachen kein Wort. Dann gingen sie im normalen Schritt weiter. Sie hatten sich untergehakt.

Offensichtlich erwartete Cate jetzt etwas von ihm. Zum Beispiel hätte er beginnen müssen, ihr Vorwürfe zu machen, daß sie es gewagt hatte, ein so großes Opfer ganz allein zu bringen. Statt dessen sagte Corradino, das Kind sei sechs Jahre alt, und sie beide hätten sich seit acht Jahren nicht gesehen. Cate schüttelte den Kopf. Seit sieben.

»Du mußt entschuldigen«, sagte Corradino da, »aber das ist, als bekäme man einen Ziegelstein auf den Kopf.«

Cate preßte seinen Arm und setzte ihm, da sie sich nicht mehr in die Augen sahen, mit ruhiger Stimme auseinander, sie grolle ihm ja nicht, sie wisse selber nicht recht, warum sie ihm das gesagt habe; keiner von ihnen sei schuld daran, oder nur sie, weil sie so dumm gewesen sei. »Alles, was geschehen ist, ändert nichts, Corrado. Ich möchte nur, daß du mich verstehst.«

Corradino suchte angestrengt nach irgendeinem Wort, das ihr Freude machen könnte. »Wieso ändert es nichts?« rief er.

»Wir bleiben Freunde wie vorher«, sagte Cate. »Hab keine Angst.«

Hier geschah Corradino etwas Seltsames. Je mehr Cates Worte – aber er hätte schwören können, daß Cate etwas ganz anderes zu ihm sagte, als er in Erinnerung hat – seinen ersten Eindruck bestätigten, nämlich, daß sie entschlossen war, nichts von ihm zu fordern, sich weder helfen noch gar heiraten zu lassen, kurz, daß sie ihm das Geheimnis nur aus Schwäche anvertraut und jetzt vorhatte, fortzugehen, ihm die Hand zu drücken und seine Gläubigerin zu bleiben; je mehr dies klar wurde, um so heftiger erhob sich in Corradino ein Groll, ein Gefühl verletzten Stolzes, als habe er selbst etwas zu fordern.

Die Vorstellung, einen Sohn zu haben, war ungeheuerlich, und ihn auf diese Art zu haben, auf diese Art dem Wort von Cate zu trauen, war verrückt; und doch geriet er in Aufruhr schon bei dem bloßen Verdacht, daß diese Frauen – sie, ihre Mutter und ihre Schwester – sechs, sieben Jahre lang das Kind als nur ihnen gehörend behandelt, es aufgezogen, gekleidet hatten, mit ihm umgegangen waren, als sei er gar nicht vorhanden, während sie wußten, wenigstens Cate wußte es, daß es sein Kind war.

Erregt zog Corradino seinen Arm aus dem von Cate und tat den ersten und einzigen liebenswürdigen Ausspruch jenes Tages.

»Womöglich sieht er mir ähnlich.«

Und er stieß einen Seufzer aus. Er spürte, daß Cates Augen ihn überwachten.

»Nein«, sagte sie, »das finde ich nicht. Vielleicht wenn er ein junger Mann ist...«

»Verstehst du: sie hatte ihm meinen Namen gegeben«, murmelt Corradino, sooft er wieder davon spricht. »Doch sie war überzeugt, daß er mir nicht ähnlich sah. Wahrscheinlich hatte sie nicht unrecht. Aber sind das Dinge, die man zu jemandem sagt, der in diesem Augenblick erfahren hat, daß er Vater ist, und sich darin noch nicht zurechtfindet?«

Darin lag Cates Kraft, sagt Corradino: in ihrer Unbefangenheit. Cate hatte keine Geheimnisse, sie sagte alles frei heraus, während sie einem womöglich ins Gesicht sah und lachte, um sich Mut zu machen. Sie bemühte sich nicht, einen Entschluß, ein Gefühl, das sie zu empfinden glaubte, zu verbergen. Oder vielleicht tat sie das nur Corradino gegenüber, weil sie wußte, daß dies die sicherste Art war, ihn zu beherrschen und sich zu schützen.

»Es ist gut von dir, daß du so sprichst«, sagte sie zu ihm am gleichen Tag in dem kleinen Garten, »aber ich könnte dir nie die Gewißheit geben, daß Corrado dein Sohn ist. Es war nicht richtig, daß ich es dir überhaupt gesagt habe. Diese Dinge spürt man sofort – oder nie.«

Corradino war gekommen, um die beiden zu sehen und zu dem Jungen zu sagen: »Weißt du, wer dein Vater ist?« So aber ging er fort mit dem Eindruck, er selbst sei vor sieben Jahren verführt worden. Dino spielte gewöhnlich mit den anderen und blieb zwischen seinen Knien stehen nur die kurze Zeit, die Cate brauchte, um aus der Einkaufstasche das Vesperbrot herauszuziehen. Corradino hatte ihn bei den Handgelenken gepackt und mühte sich, ihn festzuhalten. Aber Dinos Arme widerstrebten ihm energisch: er staunte darüber, wie man über die Kraft eines Hündchens erstaunt ist. Seine scharfe Stimme, als er sich freimachte, rührte ihn. Corradino hatte nie darüber nachgedacht, daß zwischen den Großen und den Kindern immer ein Kampf ist, ein beständiges Mißtrauen, und daß die Kinder, was ihnen gar nicht bewußt ist, in einer anderen, eifersüchtig gehüteten Welt leben. Als sie allein blieben, sagte Cate, Dino sei, alles in allem genommen, gehorsam, aber es sei schwierig, von ihm anerkannt zu werden. Im letzten Jahr hatte er, nur um einer bestimmten Person nicht guten Tag sagen zu müssen, sich einen ganzen Nachmittag hinten auf der Treppe versteckt.

»Und von seinem Vater weiß er nichts?« fragte Corradino.

Cate schüttelte den Kopf. »Fragt er nicht danach?« »Ja, er hat gefragt, aber ich wollte ihm nicht sagen, daß er tot wäre. Vorläufig begnügt er sich damit, zu wissen, daß er nicht da ist.«

Damals setzte Corradino alles auf eine Karte und sagte – wobei er sich mehrmals unterbrach –, Cate müsse ihn verstehen (›ich rede wie eine Frau‹, dachte er) und ihm Zeit lassen, sich zurechtzufinden, Dino kennenzulernen, sie kennenzulernen, sich davon zu überzeugen, daß er seinem Sohn zugetan sei; und inzwischen danke er ihr, finde vielmehr keine Worte für die vielen Opfer, die sie doch gebracht habe. Da hatte Cate ihm, ruhig aber entschieden, jene Antwort gegeben.

Als Corradino sich alles noch einmal überlegte, fühlte er sich gerechtfertigt. In jener Nacht – seiner ersten Nacht als Vater – ging er allein umher, rauchte nervös, prüfte alles von neuem. Es war offensichtlich: Cate hatte darin, daß sie von ihm wirklich nichts wollte, nicht gelogen; und Corrado war sein Sohn. Aber hätte Cate ihn schließlich eingefangen und etwas von ihm angenommen – was? Die Heirat oder nur Geld? –, wäre der Zweifel ja doch geblieben. Als Corradino das Dilemma klar erkannt hatte, verzog er das Gesicht; zum Grinsen hatte er nicht die Kraft.

In der Erinnerung, die ihm davon blieb, behauptet Corradino steif und fest, die Nacht damals habe sich sehr von anderen, ähnlichen, die er auf den Straßen verbracht hatte, um einem vulkanischen Ausbruch von Eifersucht, Liebe oder Begeisterung zu entfliehen, unterschieden. So mühsam er sich auch im Gleichgewicht gehalten habe – und sein Gefühl habe ihn beinahe zerrissen –, so habe er doch in all dem Aufruhr eine Ruhe verspürt, eine Sicherheit und Hoffnung, die ihn nicht mehr verlassen hätten. Für gewöhnlich behauptete er, wenn er mir davon erzählte, diese Sicherheit sei ihm nur aus dem gekommen, was Cate ihm gesagt habe, um ihn zu beruhigen, und zwar weniger aus den Gesprächen selbst als aus ihrer Stimme, die so entschlossen geklungen hatte: sie wollte nicht nachgeben und sich nicht helfen lassen. Seit damals, erzählt Corradino, habe er begriffen, daß Cate nichts von ihm wissen wollte; und das war die Ruhe, die Hoffnung, die ihn aufrechthielt.

Aber ich weiß, Corradino verleumdete sich gern selbst; und ich suchte ihn davon zu überzeugen, daß, wenn zwischen den rasenden Gedanken jener Nacht nicht mehr das Gefühl des eigenen Unwertes auftauchte, wie es in vielen seiner Krisen der Fall gewesen war, das vor allem von einer Tatsache herrührte: diesmal fand ihn die Krise als Mann, sie bot ihm statt Torheiten Wirklichkeiten, Leben von Menschen, das Problem, wie er sich verhalten sollte; und das entriß ihn seiner Isoliertheit. Corradino jedoch schüttelt den Kopf und sagt, ganz das Gegenteil sei wahr: er liebe Cate kein bißchen, sondern habe eher einen Groll auf sie wie auf alle starrsinnigen Menschen; und was Corrado betreffe, den ihm angedrohten Sohn – nun, heute denke er an ihn wie an einen Fremden, obwohl er davon überzeugt sei, daß Cate ihn nicht belogen habe. »Ich bin für die Vaterliebe nicht geschaffen«, versichert er. »Die Vorstellung, daß mein Sohn schließlich in anderer Leute Händen ist, gab mir vor allem das Gefühl, als sei ich einer Gefahr entronnen, und später, wenn überhaupt, empörte sie mich, wie einen ein Diebstahl empört oder eine Gaunerei, der man zum Opfer gefallen ist.«

»Aber das ist nur natürlich«, sage ich zu ihm, »auch darin besteht die Vaterschaft.«

»Dann erkläre mir«, sagt er lachend, »wie in aller Welt ich schon seit jener Nacht wissen konnte, daß ich, nachdem sechs Tage vergangen waren, nach Camogli reisen, daß ich Dino Cate überlassen und hinter Marina herlaufen würde?«

»Und der Brief, den du mir damals in die Berge geschickt hast?«

Der Brief, brummt Corradino. Es war folgendes geschehen. Am Tag nach jener Nacht war er wachgeworden mit einem Gefühl der Angst, von völliger Erschöpfung des Herzens; er war, wie es so geht, im Halbschlaf bis auf den Grund des Ekels hinabgetaucht. Mit der grausigen Klarheit, die manche Gedanken bei Morgengrauen annehmen, hatte er sich im Bett richtig elend gefühlt: nackt, armselig und schuldig. Die wenigen Frauen, die er gehabt hatte, kamen ihm in den Sinn – Ernesta, Cate, ein Ladenmädchen ohne Namen, die Dirnen ohne Gesicht und sogar, obwohl er sie nie berührt hatte, Marina; und seine Gewissensbisse nahmen zu. Alle sagten ihm das gleiche, erdrückten ihn mit der gleichen Erinnerung, so wie es einem Angeklagten ergehen mag, der in die Hände seiner Ankläger gefallen ist. Unfähig, sich zu verteidigen, sah Corradino diesmal in der stillen Morgendämmerung ganz deutlich das, was er für seine Wirklichkeit hält. Alle diese Frauen hatte er immer auf die eine Art behandelt, bei keiner war er fähig gewesen, ein Wort als Mann zu sagen, aus seiner Isoliertheit herauszutreten. Wäre er wenigstens brutal gewesen, fähig, eine Frau zu beherrschen oder zu schänden. An jenem Morgen dachte er daran, daß er immer alle verletzt hatte, weil sie sich verletzen ließen, zuerst die Dirnen, bei denen er immer – wie sollte er je über sich selbst hinauskommen – als vollendeter Herr galt, als feiner Mann; noch jetzt, mit dreißig Jahren, fragten sie ihn, ob er Student sei. Und alle – Ernesta, Cate, und morgen würde es Marina sein – lösten sich schließlich von ihm, verärgert und enttäuscht, daß er unausweichlich alles laufen ließ. Wenn er sich jetzt – und das setzte Corradino hart zu – bei allen so betragen hatte, so hieß das, seine Wirklichkeit war eben diese, und er werde immer auf die gleiche Art reagieren. Die Tragkraft der Brücke.

An jenem Morgen kehrte er an den Sangone zurück, um diese Dinge in der Sonne ruhig zu überdenken. Er kleidete sich in den

Weiden aus, nach dem Baden rauchte er und sah zu, wie sein Körper am Licht trocknete. Die demütigende Traurigkeit des Erwachens war nun, im Licht und nach der Anstrengung des Schwimmens, natürlich verschwunden; er dachte jetzt, wie es unvermeidlich war, an Cate und an den Jungen. Und er stellte an seinem gebräunten Körper Vergleiche an mit der Gestalt von Dino, mit den feingebauten Beinen und den Handgelenken dieses kleinen Teufels, der so viel kräftiger war, als er erwartet hatte, und der – das schien ihm jetzt sicher – nicht von ihm gezeugt war. Unbestreitbar kam das Verdienst, ihn so tüchtig und gesund gemacht zu haben, Cate zu. Und dann – selbst wenn er es in der Schwebe ließ, ob er sein Vater war – fragte er sich, ob auch in diesem kleinen Körper ein Charakter heranreife wie der seine, einsam und störrisch. ›Es wäre ein Experiment‹, dachte er. ›Wenn er, fern von mir, mir eines Tages ähnlich sein wird, so heißt das: der Charakter ist von der Geburt gegeben und nicht von der Umwelt. So ist es bei Waisenkindern.‹ Bei diesem Gedanken begann Corradino sich wieder zu schämen und sagte sich, er sei ja leider nicht tot, also müsse er Cate heiraten. Mit der gleichen Klarheit, mit der er am Morgen, als er aufwachte, seinen Unwert gefühlt hatte, begriff er diesmal, daß er eine Pflicht zu erfüllen hatte. Eine Pflicht – sagte er sich jetzt höhnisch –, die nicht einmal unangenehm war: ›Cate ist eine schöne Frau, sie wird mir weitere Kinder schenken.‹

Damals entwarf er, von unklaren Anwandlungen bewegt, den Brief, den er mir später schrieb, vor allem die Sätze: ›*Jetzt gibt es einen Felsblock, viele Felsblöcke, an denen werde ich mir noch den Kopf einrennen... es geht hier nicht anders zu als im Krieg: es läßt sich nicht beschreiben... ich könnte auch etwas tun, das zu allem, was mir geschieht, keine wirkliche Beziehung hat...* Und dies natürlich tat er, als er nach sechs Tagen in den Zug nach Camogli stieg.

Eine Enthüllung wie die im Boot hätte die beiden einander näherbringen müssen, wenigstens für eine kleine Weile, für einen Tag, sie hätten sich sehen und wieder davon sprechen müssen – würde denn Cate nie mehr in sein Zimmer hinaufkommen? Aber sie hatten, wenn sie einander verließen, gewöhnlich nichts verabredet. Selbstverständlich konnten sie sich abends im ›Park‹ treffen. Corradino bildete sich ein, das erwarte Cate von ihm, um ihm ihre Umwelt aufzuzwingen und sich zu rächen. Vor sieben Jahren hatte er sie an einem Nachmittag – jenem Nachmittag – an einer Ecke verlassen und vergessen, sich mit ihr zu verabreden, und sie hatten sich nicht mehr wiedergesehen.

Aber Corradino kehrte in den kleinen Garten zurück. Er ging rasch hin, weil man ihn in der Zeitung gerade nicht erwartete; er kam zwischen den Bäumen hervor und blieb hinter einem Strauch stehen. Er wollte nicht, daß Cate ihn sah, oder wagte es nicht, sich zu zeigen; vielleicht war es die romanhafte Idee, sich zu verbergen, um nach seinem Sohn zu spähen. Sein Blick folgte einem kleinen Jungen, den er schon kannte; er sah einen andern, dann noch einen: und da war Dino. Sie bildeten einen Kreis, ausgerechnet Dino zählte lebhaft die Spielkameraden ab, er spießte einem jeden den Finger auf die Brust. Dann erhob sich ein Geschrei, und alle rannten los. Weiter entfernt bildete sich eine kleine Gruppe von dreien, unter ihnen Dino; die Fäuste geballt, begannen sie zu brüllen. Kurz danach löste sich Dino aus der Gruppe und rannte mit wehender Jacke auf Cate zu, die ihn gerufen hatte und sich nun von der Bank erhob. ›Er ist genauso ein Feigling, wie ich es war‹, stammelte Corradino, sah fort und entfernte sich.

Am gleichen Abend ging er in den ›Park‹. Er wehrte sich bis zum letzten Augenblick – es hätte sich gehört, daß Cate ihn anrief –, saß vor dem geöffneten Fenster und sah zu, wie der Tag zur Neige ging. Er sagt, um diese Stunde habe er gewöhnlich an Camogli, an Marina gedacht.

Plötzlich läutete das Telefon. Als Corradino Ernestas Stimme hörte, wurde er bleich vor Wut. Er fragte sie grob, warum sie anrufe. Ernesta zögerte; dann stammelte sie, sie habe nichts mehr von ihm gehört, niemand sei mehr in Turin, schließlich habe sie geglaubt, auch er sei schon aufs Land gefahren. Sie wolle ihm nur guten Tag sagen. »Du siehst, ich bin noch da«, sagte Corradino etwas sanfter. Ernesta schwieg, aber sie legte den Hörer nicht auf. Auch Corradino schwieg. »Dann ciao«, sagte Ernesta leise. Corradino gab ihr den Gruß zurück und legte den Hörer auf.

Entschlossen nahm er die Trambahn und fuhr zum ›Park‹. Cate war noch nicht da. Er wollte reden, wollte sich bewegen, irgend etwas tun. Da sah er den Mann vom letztenmal, er hatte mit Cate über Lieder geplaudert, und Cate hatte ihm bei ihren Antworten mit Wärme in die Augen geschaut. Er war ein schöner Mann mit grauen Schläfen. Corradino sprach ihn an. Während sie miteinander redeten, erschien Cate.

»Oh, ihr habt Freundschaft geschlossen«, sagte sie. »Wartet auf mich.«

An jenem Abend sang eine gewisse Naldina, die alle anderen kannten und begrüßen wollten, immer war am Tisch Unruhe. Die Frau war jünger als Cate, eine blonde, verbrauchte Florentinerin; sie lachte ausgelassen und beherrschte das Publikum mit Gesten, als halte sie eine Predigt. Während sie ihr zuhörten, fragte sich Corradino, wie Cate wohl auf der Bühne wirke. Sie saß neben ihm, aufmerksam, das Kinn auf die Hand gestützt: in dieser Haltung hatte sie etwas unsinnig Kindliches und zugleich Mütterliches, was ihn zum Lachen brachte. »Singt sie gut?« flüsterte er ihr ins Ohr. Cate runzelte einen Moment die Brauen und lächelte, ohne den Blick von der Bühne zu wenden.

Naldina, die von ihrer Gruppe viel Beifall erhielt, mehr als von den anderen Tischen, kam dann auf sie zu; in ihrem Abendkleid, dem gleichen, in dem sie gesungen hatte, kam sie zwischen den tanzenden Paaren hindurch an den Tisch. Cates Musiker, der vierzigjährige Mann mit der höflichen Stimme, begrüßte Naldina begeistert – alle nannten sich du –, und erst da merkte Corradino, daß auch er aus der Toskana stammte. Als sie Naldina Feuer gegeben hatten, musterte diese Corradino gründlich; inzwischen sprachen alle, Cate inbegriffen, von der ganz anderen Wärme des Publikums in Florenz und Rom.

»Ihr hier seid eben langweilig«, sagte Naldina und pustete den Zigarettenrauch in die Luft, als auch Corradino seine Meinung geäußert hatte; und Corradino fand diese Frau abscheulich vom Kopf bis zu den Füßen, er haßte ihre Art zu blicken, ihre Stimme, ihren Beruf, ihre Art, sich zu kleiden. Er haßte sie um so mehr, als er an ihr einiges wiederfand, was auch Cate hatte: die gleiche Offenherzigkeit, dieses Sichselbstgenügen, die endlosen Gespräche über nichtige Dinge, und alles recht weiblich wichtig vorgebracht.

Alle um Naldina herum sprachen von ihren Angelegenheiten; nur der höfliche Mann aus der Toskana beteiligte sich zwar gelegentlich mit raschen Bemerkungen an dem gemeinsamen Gespräch, unterhielt sich aber in zurückhaltender Art viel mit Corradino. Cate hatte ihn als Journalisten vorgestellt, und so mußte er Auskunft geben auf Fragen und von Dingen sprechen, die ihm gar nicht geläufig waren. Signor Pippo – alle nannten ihn Pippo – machte sich Sorgen um die Streitfrage wegen des gewerkschaftlichen Schutzes der Orchestermitglieder, und das überzeugte Corradino endgültig davon, daß er Musiker war. Hin und wieder sah auch Cate zu ihnen herüber und hörte ihrem Gespräch zu.

Dann erhoben sich Pippo und Naldina, um zu tanzen; Naldina sagte zu Cate mit einer Grimasse: »Du erlaubst doch?«, und alle lächelten oder lachten.

Einmal an diesem Abend saßen sie allein auf der Bank am Eingang. Cate schwieg, sie war nervös, sie wartete, sie gab kaum Antwort, wenn Corradino mit ihr sprach. Der ›Park‹ war bereits halb leer; Naldina und Signor Pippo waren schon eine halbe Stunde fort. Corradino hatte nun alles begriffen, und zwar seit dem letzten Abend; es blieb ihm nur noch ein einziger Zweifel, und den, so unsinnig er war, wälzte er in sich hin und her.

»Seit wann kennst du diesen Maestro Pippo?«

Cate wurde rot und fragte ihn, warum er das wissen wolle.

»Aus keinem besonderen Grund«, log Corradino. »Ich sehe, du vertraust ihm sehr, und ich möchte nicht, daß er der erste beste ist.«

Da erklärte ihm Cate lebhaft, sie habe ihn vor zwei Jahren kennengelernt, er sei ein sehr guter Kamerad, voller Arbeitsenergie, einer von denen, die Karriere machen, ohne die Kollegen zu verleugnen.

»Und was tut er hier in Turin?«

Cate antwortete: »Du könntest ihm helfen.«

Corradino ließ sich erklären, wie, und sagte, beim Rundfunk kenne er niemanden. »Ein Wort bei diesem und jenem würde genügen«, sagte Cate mit einer gewissen Wärme und horchte weiter nach dem Eingang.

Corradino lächelte. »Ich muß mich wirklich bei dir bedanken«, sagte er. »Nicht nur, daß du mir unseres Sohnes wegen keine Vorwürfe machst – du möchtest sogar, daß ich dir helfe, dich loszuwerden.«

Cate runzelte die Stirn. Die Worte verstand sie nicht, wohl aber das Gefühl, das dahintersteckte. Einen Moment war sie verwirrt; rot werden konnte sie nicht, denn sie war es noch von vorhin; sie sah ihn mit einem weichen Blick verstohlen an. »Corrado«, sagte sie, »wir können nichts dafür.« Und sie preßte krampfhaft sein Handgelenk.

»Natürlich ist dein Pianist Junggeselle«, fuhr Corradino fort. Cate nickte, aber sie sah nicht auf.

Dann schwiegen beide. Corradino lächelte, um sich zu beherrschen; er merkte, daß Cate schon an anderes dachte, an diesen Pippo. Seine vielen verrückten Gefühle, die ihn so in Unruhe versetzt hatten, waren völlig verschwendet. Er stand auf und streckte Cate die Hand hin. »Gute Nacht«, sagte er. Cate sah ihn lebhaft an und streckte ihm zögernd die Hand hin. »Auf Wiedersehen«, stammelte sie.

Einige Tage lang, in den kritischen Augenblicken seines Wartens, gefiel sich Corradino darin, zurückzudenken an Cates Verlegenheit und an seine neue Fähigkeit, alles von oben zu betrachten; diese hatte für ihn in dem Moment begonnen, als er lächelte, statt beleidigt zu sein. ›Es genügt eine winzige Kleinigkeit‹, dachte er, ›es genügt, eine Frau zu überraschen, wenn sie es nicht erwartet – und man bekommt sich wieder in die Gewalt.‹ Gewalt worüber? Es war an Cate, von sich hören zu lassen; und zwei lange Tage verstrichen, ohne daß das Telefon läutete.

Corradino versagte es sich sogar, in den kleinen Garten zu gehen. Um ruhiger zu werden, sagte er sich: womöglich ist der Junge von diesem Pippo, und Cate, die sich vernachlässigt fühlt, hat eine Gaunerei versucht, um sich von ihm, Corradino, bedauern zu lassen und ihm eine Empfehlung zu entreißen, mit der sie dem Liebhaber eine Stelle verschaffen und seine Gunst wiedererringen kann. Aber dann würde alles für ihn zusammenstürzen: daß er den halben Sommer gewartet, sich in Einsamkeit vorbereitet hatte, daß er einer ganz anderen Einsamkeit bedurfte. Alles das verflüchtigte sich. Corradino hätte sich auch damit abgefunden; aber auf Cates Starrsinn, auf ihre ernsthaft-einfache Art konnte er nicht verzichten: jetzt ging es darum, zu kämpfen, er wollte eine Cate, um deretwillen eifersüchtig zu sein der Mühe wert war. Und daß Dino sein Sohn war, peitschte ihm das Blut, gab ihm das Recht, Cate ins Gesicht zu sehen. »Bestimmte unglückliche Begebenheiten wünscht man geradezu herbei«, sagt Corradino noch heute.

Aber das Telefon schwieg. Als Corradino am Abend des dritten Tages – noch zwei Nächte und dann die Ferien – aus dem Büro kam, fand er unser Telegramm vor. Er sagt, er habe im ersten Augenblick wohlgefällig gelächelt bei der Vorstellung, ich hätte seinen Brief so wichtig genommen; doch dann las er das Telegramm noch einmal, begann sich zu schämen, fühlte sich verspottet und litt sehr. Er dachte zurück an das, was er geschrieben hatte, an die Demütigung dieses Morgens, an die Aufregungen dieser Nacht, als der Gedanke, einen Sohn zu haben und ihn nicht zu besitzen, ihm das Herz mit unklaren edelmütigen Anwandlungen erfüllte. Auch diesmal also hatte er sich umsonst an jemanden gewöhnt. Seine Wirklichkeit war eben diese – so hatte er an jenem Morgen beim Aufwachen gedacht. Seine Tragkraft hatte, wie üblich, nicht genügt, und es blieb nichts übrig, als das zu beklagen. ›Aber etwas will ich tun‹, sagte er sich.

Aber nein, er tat nichts. Er ging einfach in den ›Park‹ und verbrachte den Abend, wie üblich, am Tisch der Künstler, hörte den Chansons zu, betrachtete die tanzenden Paare. Als er mit Cate einen Augenblick allein blieb, fragte er sie nach Dino und hörte ihr zu, wie sie von ihren Sorgen sprach, von dem Charakter und den kleinen Angelegenheiten des Jungen. Er merkte, daß Cate glücklich und ein wenig stolz darauf war, ihm diese Dinge zu erzählen. Sie tanzten zusammen.

Dann begleitete er Maestro Pippo an die Bar und sagte ihm, Cate habe seinen Fall angedeutet, ihn ihm aber nicht genügend auseinandergesetzt; ob er selbst ihm einiges über seine Vergangenheit genauer erklären könne? Das Gespräch, das darauf folgte, bestätigte Corradino, daß jener Mann Cate erst seit zwei Jahren kannte. Obwohl er Pianist war, sprach er äußerst vernünftig und schien sich nicht für einen Gott zu halten. Im Varieté hatte er gespielt, um zu leben, aber seine Ausbildung war ernsthafter; er sprach von einem Konservatoriumsbesuch, und vor allem hatte er sehr bestimmte Urteile über die Chanson-Sängerinnen des ›Parks‹, die Corradino vergessen ließen, daß er diesen Mann haßte. Dann kam Cate.

In ihrer Gegenwart fragte Corradino ihn im Scherz, wie denn Cate singe. Pippo ging auf seinen Ton ein und antwortete, die Bretter des Varieté hätten schon Schlechteres gehört. Cate sah ihn halb herausfordernd, halb schmollend an und sagte, nicht alle könnten die Gaben von Naldina besitzen. Pippo lächelte; auch Corradino lächelte und wollte gerade fragen: ›Hat sie sich heute abend nicht sehen lassen?‹, als Pippo ruhig bemerkte: »Traurig, ein Mädchen wie sie.«

Er und Cate, es war offensichtlich, hatten sich versöhnt, wenn sie überhaupt je Streit gehabt hatten. Corradino fragte sich, ob der Pianist etwas von Dino wisse, und wie er darüber denke.

In einer Gesprächspause sagte er rundheraus, in zwei Tagen habe er Ferien und werde verreisen. »Ich gehe aufs Land.«

Cate sagte unter Pippos Augen: »Schade.« »Aber vorher will ich sehen, ob ich mit denen vom Rundfunk sprechen kann«, fügte Corradino hinzu.

Sie plauderten vom Land, und Cate sagte ganz offen, es tue ihr leid, daß sie in diesem Jahr Dino nicht dorthin schicken könne.

»Du solltest es doch tun«, unterbrach Pippo sie. »Erst gestern hat mir der Junge gesagt, daß er sich langweilt und genausogut in die Schule gehen könnte. Na ja, diese Jungen ...«

Corradino verspürte eine so heftige Regung von Eifersucht, daß ihm Tränen in die Augen stiegen. Für einen Moment sah er alles durch einen Nebel; er hörte die Worte der beiden nicht und erinnert sich auch jetzt nicht an sie. Als er sich erholt hatte, gingen sie, und er mit ihnen, auf den Tisch zu. Da nutzte er die Gelegenheit, als der Pianist abgelenkt war, weil er mit jemandem sprach, packte Cates Hand und flüsterte ihr zu: »Übermorgen reise ich. Ich will dich sprechen. Morgen vormittag erwarte ich dich bei mir.« Cate war so verwirrt, daß sie ihn kaum ansah, sie hielt den Kopf gesenkt. »Ruf mich wenigstens an«, stammelte Corradino noch.

Aber Cate kam am nächsten Tag nicht zu ihm. Corradino litt, unter verletztem Stolz, unter Eifersucht, unter der Demütigung; kaum erleichterte ihn der Gedanke, daß, was er leiden mußte, unbillig war, und er sagte und wiederholte sich, daß er das nicht verdiene. Sogar daß er Cate nicht liebte, ja ihr grollte, erschien ihm als ein Opfer, das er dem Jungen brachte. In diesem Zustand rief er einen Bekannten an und empfahl ihm diesen Pippo als einen ernsthaften fähigen Mann. Er fühlte sich edelmütig.

Als wollte Cate ihn entschädigen, rief sie ihn am Nachmittag im Büro an. Sie sagte, sie habe zu tun gehabt, aber sie halte ihr Versprechen und sage ihm jetzt guten Tag. Ob er heute abend in den ›Park‹ komme?

Corradino bemühte sich, sanft zu reden; er antwortete, er habe wegen Pippo mit den Leuten vom Rundfunk gesprochen. Cate schwieg einen Augenblick. »Nun?« sagte Corradino. »Was gibt es?« Und sofort erklang Cates Stimme wieder, fröhlich, und dankte ihm in Pippos Namen.

Da sagte Corradino: »Nein, ich komme heute abend nicht. Was soll ich dort?« Cate sagte irgend etwas, aber Corradino fuhr fort: »Das dort ist deine Welt, damit habe ich nichts zu tun. Komm du heute abend zu mir.«

»Ich kann nicht, Corrado.«

»Cate, ich bin so allein.«

Er stellte sich ihre Augen vor, ernst, schuldbewußt, über den Apparat geneigt, den Mund nahe am Hörer, als schicke sie ihm einen Kuß, flüstere ihm etwas zu.

»Ich komme morgen«, sagte Cate. »Um Mittag.«

Sie trafen sich an einer Ecke, und Corradino merkte sofort auf ihrem Gesicht, daß sie nicht mit hinaufkommen würde. Sie tat, als habe sie vielerlei zu besorgen, und nahm ihn mit in ein Geschäft. Trotz der herzlichen Begrüßung sahen sie sich nur von der Seite an.

Als er sie bat, mit hinaufzugehen, schüttelte sie den Kopf. »Wovor hast du Angst?« murrte Corradino. »Du bist doch schließlich kein kleines Mädchen.«

»Wäre ich ein kleines Mädchen, würde ich mitkommen«, sagte Cate.

Da setzten sie sich in ein Café. Cate schwieg. Corrado dachte an Pippo, aber er wagte nicht davon anzufangen. Er warf einen Blick in die Spiegel und sah seinen Nacken, energisch, gebräunt, fremd, als gehöre er nicht zu ihm. ›Keiner würde sagen, daß wir zwei einen Sohn haben‹, stellte er fest, in das Weiße seines gespiegelten Auges hinein. Cate hatte den Hut abgesetzt, nun warf sie die Haare zurück; jetzt sah sie ihn an, ein paar kastanienbraune Strähnen über den Augen. Wußte sie, wie aufreizend sie so wirkte? Sie erschien jünger, und sie atmete schwer, während sie ihn ansah.

›Sie betrachtet mich zum letztenmal‹, dachte Corradino. ›Wir spielen Theater.‹

Als Cate sich endlich faßte und mit krausgezogenem Mund lächelte, sagte Corradino: »Je mehr ich über dich nachdenke, um so weniger kenne ich mich in dir aus. Du bist nicht mehr wie früher.«

Da redeten sie. Cate sagte, sie sei alt – das sei alles, und Corradino erhob keinen Einspruch dagegen, er sagte nur, auch er sei alt. »Wir sind sozusagen nahe an der Silberhochzeit«, bemerkte Cate und lächelte.

Sie scherzte eine Weile, und er fragte sie, wo sie in diesem Winter singen werde. Cate sagte, sie wisse es nicht, bis dahin sei ja noch Zeit.

»Dino wird sehr bald einen Papa haben, nicht wahr?« bemerkte Corradino mit gleichgültiger Miene, aber Cate wurde nicht verlegen; sie hörte es sich an und betrachtete ihn weiter, diesmal mit einer gewissen Härte.

»Er hat ihn schon«, murmelte sie.

»Er hat ihn, aber er läßt sich nicht blicken«, schlug Corradino zurück.

Cate schwieg unerschütterlich. Da sagte Corradino, er wolle sie heiraten. Er sagte es ihr so ruhig wie jemand, der von einem anderen spricht; doch als er es gesagt hatte, war er bewegt, vor Erregung trat ihm der Schweiß auf die Stirn, und er war verwirrt.

Aber Cate hatte schon geantwortet, mit einem Wink und ihrem unerschütterlichen Lächeln. Sie schwiegen längere Zeit.

»Siehst du«, sagte Cate, und ihre Stimme klang ruhig, »du mußt verstehen: ich bin nicht mehr die gleiche, du aber hast dich nicht geändert. Für mich ist zu viel Zeit vergangen. Du glaubst nicht, daß Dino dein Sohn ist, und daran tust du recht. Ich war dumm, daß ich damals davon gesprochen habe.«

»Und wenn ich es doch glaubte?« sagte Corradino.

Cate nahm diese Worte sehr in sich auf.

»Wenn ich es glaubte?« wiederholte Corradino.

»Das ist es nicht«, sagte Cate; sie ließ den Blick umherschweifen und sah dann wieder auf Corradino. »Wir führen ein zu verschiedenes Leben. Wir wüßten nicht einmal, wovon wir reden sollten. Du wärest nicht froh.«

»Du – du wärest nicht froh.«

»Corrado«, sagte Cate, »gehen wir? Es ist schon halb eins.«

Sie gingen hinaus. Corradino begleitete sie bis an die Haustür; er streifte ihren Ellenbogen, er ging auf die andere Seite, wenn sie den Gehsteig wechselten, sie sagten einander unnütze, höfliche Worte. Einmal machte Cate eine Grimasse; da bemerkte er mit Vergnügen, daß sie im Grunde ein recht gewöhnliches Lächeln hatte.

»Du bist ja gar keine Frau«, sagte er.

»Was bin ich denn?«

»Du bist du«, brummte Corradino.

Als er sich von ihr verabschiedet hatte – und das ging ganz unfeierlich vor sich, sie waren kaum verlegen dabei –, ging er durch den kleinen Garten, ohne stehenzubleiben. Erst nachdem er um die Ecke gebogen war, zündete er sich eine Zigarette an. Er zündete sie an und versuchte sich daran zu erinnern, ob er im Café geraucht hatte. Aber er wußte es nicht mehr.

Der Name

Wer meine damaligen Spielgefährten waren, weiß ich nicht mehr. In einem Haus im Dorf, wohl uns gegenüber, lebten zwei Jungen, die im Hemd umherliefen, vielleicht Brüder. Einer hieß Pale – von Pasquale; aber es ist auch möglich, daß dieser Name zu dem anderen gehörte. Ich kannte hier sehr viele Jungen.

Dieser Pale – hochaufgeschossen, mit einem Pferdemaul – riß, wenn sein Vater ihm eins überzog, von zu Hause aus und blieb zwei, drei Tage fort, so daß der Vater, wenn er wieder erschien, ihm schon mit dem Gürtel auflauerte und ihn prügelte, bis die Haut in Fetzen hing. Dann riß er wieder aus, und seine Mutter rief ihn laut fluchend von dem Fenster aus, wo der Kalk abgebrökkelt war; es ging auf die Wiesen, auf die Wälder am Fluß, dort wo das Tal hereinkam. An manchen Morgen wachte ich auf von dem lauten, irgendwie klagenden Ruf der Frau an jenem Fenster. Viele Frauen riefen die Kinder so; aber der Name, der alle verstummen ließ, der zu manchen Stunden so stark widerhallte wie die Flintenschüsse der Jäger, war der Name Pale. Manchmal schrien auch wir anderen diesen Namen, aus Übermut oder zum Spott. Ich glaube, es machte sogar Pale selbst Spaß, ihn zu brüllen.

So weiß ich auch nicht mehr genau, ob wir, ich und Pale, allein waren, als wir eines Tages die kahlen Hänge des gegenüberliegenden Hügels hinaufstiegen; zuerst hatten wir in den brennendheißen Stunden den Fluß und das Röhricht durchwatet. Sicher ist, daß mein Gefährte bleckende Zähne und einen roten Schopf hatte; daran erinnere ich mich, weil ich ihm erzählte, der Löwe, der in kahlen Gegenden lebt, blecke die Zähne und habe eine rotblonde Mähne genau wie er. An jenem Tag waren wir aufgeregt, denn wir hatten uns vorgenommen, ganz methodisch Schlangen zu jagen. Wir waren naß bis zum Bauch, die Sonne hatte unsere Nakken braungebrannt; hier und da sprang ein Frosch unter den Steinen hervor, die wir im Gehen zum Wackeln brachten. Meine Schienbeine waren voll grüner und blauer Flecken. Und meinem

Gefährten Pale troff von den Zähnen der grüne Saft eines Krautes, das er durchaus kauen mußte. Dann hörten wir mit dem Wind, in der Stille zwischen Bäumen und Wasser, schwach aber klar einen Ruf.

Ich erinnere mich, daß ich die Ohren spitzte, ob man nach mir rufe.

Aber der Ruf wiederholte sich nicht. Kurz darauf verließen wir die Flußniederung und stiegen den Hang hinauf, sagten uns, wir gingen Schlehen suchen, waren uns aber bewußt – mir wenigstens war es bewußt, und das Herz schlug mir –, daß der Zweck diesmal die Vipernsuche war. Wir stiegen den Pfad zwischen den Wacholdersträuchern hinauf, und hier fing ich, kühn geworden, an, von den Löwen zu sprechen. Ich hatte die Schuhe wieder angezogen, gerade als wollte ich mit einer Brave-Jungen-Geste die Gefahren beschwören, die zu diesem abendlichen Gang gehörten. Ich pfiff vor mich hin.

»Laß das. Auf die Art ruft man die Viper nicht«, brummte mein Gefährte und blieb stehen.

Wir hatten uns mit zwei gegabelten Ruten bewaffnet, in diesen Gabeln mußten wir das Tier festhalten und es dann töten. Das Wasser hatten wir möglicherweise zu mehreren durchwatet, aber jenen Pfad, das ist sicher, stiegen wir beide allein hinauf. Pale ging, im Unterschied zu mir, barfuß über Steine und Dornen, er achtete gar nicht darauf. Ich wollte es ihm sagen – da blieb er plötzlich vor einem Dornbusch stehen und begann, vorgebeugt, den Kopf hin und her wiegend, ganz leise zu zischen. Der Dornbusch wuchs an einem steilen Felshang; durch ihn hindurch sah man den Himmel.

»Es wäre besser, wir überraschten die Schlange«, sagte ich in die Stille hinein.

Der Freund gab keine Antwort, er fuhr fort, ganz leicht zu zischen – wie wenn ein dünner Wasserstrahl aus einem Hahn rinnt. Die Viper kam nicht heraus.

Plötzlich ließ uns ein Schrei zusammenfahren, der mit dem Wind über uns herfiel, es war wie ein Stoß. Wieder wurde vom Dorf her gerufen – die gewohnte Stimme, klagend, wuterfüllt: »Pale! Pale!«

Ich dachte sofort an Zuhause. Pale stand da, den Kopf nach vorn, er stand auf nur einem Bein, und mir schien, als mache er eine seiner teuflischen Grimassen. Aber kaum war es still geworden, schrie die Stimme, unmenschlich in dem uns anspringenden Wind, von neuem: »Pale! Pale!« Da warf der Gefährte wütend die Weidenrute hin und sagte rasch: »Zu blöd! Wenn die Viper meinen Namen hört, während wir sie suchen, kennt sie mich dann.«

»Komm fort«, sagte ich mit einer ganz dünnen Stimme.

Die verfluchte Alte rief weiter. Ich sah sie am Fenster vor mir: immer wieder tauchte sie da auf, einen Säugling im Arm, und stieß diesen klagenden Schrei aus, in einem bestimmten Tonfall, sie sang ihn geradezu. Auf einmal packte mich Pale am Handgelenk und schrie: »Reiß aus!« Wir rannten ohne innezuhalten bis in die Ebene. Wir schrien einander zu: »Die Viper!«, um uns zum Laufen anzureizen, aber unsere Furcht – wenigstens meine – war etwas viel Komplizierteres, ein Gefühl, als hätten wir, irgendwie, Mächte der Luft und der Steine beleidigt.

Der Abend kam, wir saßen auf den Querbalken der Brücke. Pale schwieg und spuckte ins Wasser.

»Komm auf den Balkon, dort ist es kühl«, sagte ich zu Pale. Es war die Zeit, wo alle Frauen im Dorf irgend jemanden riefen; aber im Augenblick war ein wunderbarer Friede, nur ein paar Grillen hörte man.

›Mich haben sie noch nicht gerufen‹, dachte ich. Und laut sagte ich: »Warum antwortest du nicht, wenn sie dich rufen? Heute abend geben sie es dir.«

Pale zuckte die Achseln und verzog das Gesicht. »Frauen! Was verstehen die schon!«

»Kommt die Viper, wenn sie einen Namen hört, dann wirklich an und sucht einen?«

Pale gab keine Antwort. Weil er immer von zu Hause ausriß, war er notgedrungen so schweigsam geworden wie ein Mann.

»Aber dann müßten deinen Namen alle Schlangen hier auf den Hügeln kennen.«

»Deinen auch«, sagte Pale mit einem Grinsen.

»Aber ich antworte sofort.«

»Das ist es nicht«, sagte Pale. »Meinst du, die Viper kümmert sich darum, ob du ein braver Junge bist? Die Viper will die töten, die sie suchen ...«

Aber in diesem Augenblick setzte das laute Rufen erneut ein. Die Alte stand wieder am Fenster. Die Räder eines Karrens quietschten; man hörte, wie ein Eimer in den Brunnen plumpste. Da machte ich mich auf den Heimweg. Pale blieb auf der Brücke.

Ende August

In einer Augustnacht bummelten wir langsam den Gehsteig entlang; selten wechselten wir ein Wort. Es war eine der Nächte, in denen ein lauwarmer, heftiger Wind weht. Immer wieder fächelte er einem zärtlich das Gesicht, er drückte an Wangen und Lippen Wellen von Duft; dann wirbelte er weiter zwischen die schon dürren Blätter der Allee. Nun weiß ich nicht, warum diese laue Wärme eine Erinnerung an eine Frau oder an sommerliche Blätter heraufbeschwor – jedenfalls floß mir das Herz so plötzlich über, daß ich stehenblieb.

Clara wartete, mir halb zugewandt, daß ich weiterginge. Als bei der Straßenbiegung ein neuer Windstoß über uns herfiel, blieb Clara, ohne mich anzusehen, von sich aus stehen und wartete wieder. Vor der Haustür fragte sie mich, ob ich Licht haben oder noch spazierengehen wolle. Ich blieb eine Weile auf dem Gehsteig stehen, horchte auf das Rascheln eines dürren Blattes, das der Wind über den Asphalt trieb, und sagte Clara, sie solle hinaufgehen, ich würde ihr sehr bald folgen.

Als ich nach einer Viertelstunde hinaufkam, setzte ich mich ans Fenster, um zu rauchen, und roch den Wind, und Clara fragte mich durch die Zimmertür, ob ich mich beruhigt hätte. Ich sagte, daß ich auf sie warte; einen Augenblick später war sie neben mir in dem dunklen Zimmer, lehnte sich gegen meinen Stuhl und genoß die laue Wärme des Windes, ohne ein Wort zu sprechen. Damals waren wir nahezu glücklich, ich erinnerte mich nicht, daß wir uns je gestritten hätten; wir lagen lange Stunden nebeneinander, bevor wir einschliefen. Clara hat für alles Verständnis, und damals hatte sie mich gern; auch ich hatte sie gern, wir brauchten es uns nicht erst zu sagen. Und doch weiß ich jetzt, daß unser Unglück in jener Nacht begann.

Wäre Clara wenigstens über meine Unruhe ärgerlich gewesen, hätte sie nicht mit solcher Fügsamkeit gewartet! Sie hätte mich fragen können, was mich gepackt habe, hätte von sich aus versuchen können, es zu erraten, um so mehr, als sie es ja doch ahnte – aber verständnisinnig schweigen, wie sie es tat, das durfte sie nicht. Ich finde selbstgenügsame Menschen abscheulich, und zum erstenmal fand ich Clara abscheulich.

Jener nächtliche Wirbelwind hatte mir, wie das so geht, eine weit zurückliegende Freude wieder unter die Haut, in die Nase getrieben, eine dieser einfachen Erinnerungen, die geheim sind wie unser Körper, die mit ihm, man könnte sagen von Kindheit an, fest verwachsen sind. Der Strand, an dem ich geboren bin, bevölkerte sich im Sommer mit Badegästen; er kochte unter der Sonne. Es waren drei, vier Monate eines Lebens voll Überraschungen, immer wieder anders, bewegt, schwierig, etwa wie eine Reise oder ein Umzug. Die kleinen Häuser und Gassen wimmelten von Jungen, von Familien, von Frauen – halbnackt, so daß sie mir gar nicht wie Frauen erschienen: sie hießen ›weibliche Badegäste‹. Die Jungen dagegen hatten Namen, die mir vertraut waren. Mit ihnen schloß ich Freundschaft, ich nahm sie mit ins Boot oder entwischte mit ihnen in die Weinberge. Die Jungen dieser ›weiblichen Badegäste‹ wollten von früh bis spät am Strand sein; ich hatte Mühe, sie zum Spielen mitzunehmen hinter die niedrigen Mauern, auf die Hügel, den Berg hinauf. Zwischen dem Berg und dem Dorf lagen viele Landhäuser und Gärten, und bei den Gewittern am Ende der Saison roch es im Sturm durchdringend nach verdorrten Pflanzen, nach auf den Steinen schlierig werdenden Blumen.

Nun weiß Clara, daß mich solche nächtlichen Windstöße an jene Tage erinnern. Und sie bewundert – oder bewunderte – mich so sehr, daß sie lächelt und schweigt, wenn sie sieht, daß mich diese Erinnerung überwältigt. Wenn ich ihr davon erzähle und sie teilnehmen lasse, fällt sie mir beinahe um den Hals. Dies ist der Grund, daß ich in jener Nacht – und Clara weiß gar nicht, warum – merkte: ich mochte sie nicht mehr.

In meinen Kindheitserinnerungen ist etwas, was die leibliche Zärtlichkeit einer Frau, und sei es Clara, nicht duldet. In jenen Sommermonaten – sie haben nun in der Erinnerung eine einzige Farbe – schlummern Augenblicke, die von einer Empfindung oder einem Wort plötzlich wieder entzündet werden können; und sogleich setzt die Verwirrung ein, die eine solche Distanz mit sich bringt; ich kann kaum glauben, daß ich in einer entschwundenen, fast schon abgetanen Zeit so viel Freude wiederfinde. Ein Junge – war das ich? – blieb nachts am Ufer des Meeres stehen, unter der Musik und den unwirklichen Lichtern der Cafés, und roch den Wind; nicht den gewohnten Seewind, sondern einen plötzlichen, kurzen Windstoß, der den Duft von exotischen, von der Sonne verbrannten Blumen mitbrachte, zum Tasten nahe. Jener Knabe könnte existieren ohne mich; und er existierte tatsächlich ›ohne mich‹, er wußte nicht, daß seine Freude nach so vielen Jahren, nicht zu glauben, in einem anderen, einem Mann wiederauftauchen würde. Aber ein Mann setzt eine Frau voraus, *die* Frau; ein Mann kennt den Körper einer Frau, ein Mann muß eine Frau umarmen, liebkosen, pressen, eine jener Frauen, die, dunkelbraungebrannt, unter den Lampions der Cafés am Meer getanzt haben. Der Mann und der Junge kennen sich nicht und suchen sich, sie leben zusammen und wissen es nicht, und wenn sie einander wiederfinden, haben sie das Bedürfnis, allein zu sein.

Clara, die Ärmste, war in jener Nacht so zärtlich zu mir wie immer. Vielleicht noch zärtlicher, denn auch sie hat ihre Bosheiten. Wir spielen manchmal: zwischen uns wieder das Geheimnis aufrichten, ahnen, daß jeder für den anderen ein Fremder ist, und so der Eintönigkeit entfliehen. Aber nun konnte ich ihr nicht mehr verzeihen, daß sie eine Frau ist, eine, die den weit zurückliegenden Geschmack des Windes in den Geschmack von Fleisch verwandelt.

Die Freiheit

Mein Freund Alessio gesteht mir, daß er Kinder nicht liebt. Nicht weil sie lästig sind, sagt er, sondern weil sie – man brauche sie nur zu beobachten, dann begreife man es – in einer Welt leben, die nicht die unsere ist, weil sie ganz anders als wir sehen, fühlen und hören. Hier am Strand gibt es viele Kinder; wir sprechen natürlich nur von denen, die älter als drei Jahre sind, die schon allein herumlaufen und spielen. Es gibt reizende unter ihnen, zumal die mit blondem Haar; manchmal brüllt eines, macht dummes Zeug, reißt aus. Aber manchmal steht auch eines ganz still und aufgerichtet vor dem Meer, betrachtet den Sand, prüft ihn mit dem nackten Fuß, oder es setzt sich wartend hin: das veranlaßt dann Alessio, stehenzubleiben.

Wahrhaftig gehässig ist er den Größeren, den etwa Sechs- bis Achtjährigen gegenüber. Denn die leben nicht nur auf ihre Art, sondern sie wissen auch schon, warum sie so leben, und mustern ihn von oben bis unten und schätzen ihn ab. Wenn die ganz Kleinen sein Gesicht nicht mögen, reißen sie höchstens aus oder beginnen zu schreien; aber die anderen lassen nicht ab, sie haben gar keinen Grund abzulassen: sie betrachten ihn oder, schlimmer noch, sie geruhen ihn überhaupt nicht anzusehen.

»Und was wirst du jetzt tun?« fragte er eines Tages meinen Sohn, der sich an den Ast eines Ölbaums gehängt hatte und nicht recht wußte, ob er wieder auf den Stamm klettern oder sich fallen lassen sollte. Schließlich ließ er sich fallen, aber dann tat er, als könne er sich nicht mehr aufrichten und begann zu jammern, und Alessio betrachtete ihn, ohne näher heranzukommen, halb erschreckt, halb grollend.

»Gerade so macht es Spaß«, sagte einer zum anderen. Alessio mit Wut, während mein Sohn schon auf die Füße sprang; Alessio aber war davon unangenehm berührt.

Alessio ist verheiratet, hat jedoch keine Kinder. Seine Frau erzählt der meinen, daß sie es nicht verhindern, welche zu bekommen. Ich bin überzeugt, hätte er einen Sohn, so würde er die Welt nur noch durch dessen Augen sehen. Nun – er hat keinen und bringt seine Zeit damit hin, sie allesamt zu hassen.

»Es ist nicht so, daß ich sie nicht leiden kann«, sagte er einmal zu mir. Wir hatten gerade eine ganze Bande vor uns, sie schwatzten und spielten auf dem Sand Karten. »Sieh nur, was für Gesichter! Als wären sie Berufsspieler. Was einen daran erschreckt, ist, daß sie, obwohl sie noch für nichts verantwortlich sind, sich benehmen, als wären sie es. Warum hat sich der dort das Taschentuch wie eine Bartbinde umgebunden? Das ist nicht nur Nachahmung. Sie haben andere Beweggründe. Sie kennen sie nicht einmal selbst. Und wenn sie Männer sind, werden sie dementsprechend handeln.«

Es ist wirklich so: wenn wir mit Alessio zusammen sind, verwandelt sich der Strand, der einen Augenblick zuvor nichts als Lärm und heiteres Treiben war, in eine Vorhölle voll unruhiger Seelen; für den Moment tritt eine Stille ein, die jeden, ob klein oder groß, isoliert und ihn in eine gewisse Angst versetzt, so daß er sich unbehaglich fühlt; das tritt zwar auf dem Gesicht nicht in Erscheinung, bleibt jedoch in der Seele haften.

Wir sprachen von Kindern. Alessio ist besessen von der Idee, daß jedes Kind in seiner Unbewußtheit die Instinkte, die unklaren Anwandlungen, die Stimmen in sich schon heraushört, denen es einmal als Erwachsener folgen wird. Alessios Ansicht nach ist es ungeheuerlich, daß in einem Alter, wo das Kind nur spielt, wo es für seine Launen und Einfälle noch nicht einzustehen braucht, der Grundriß des künftigen Verhaltens vorgebildet wird, etwa wie sich eine Koralle unter Wasser bildet. Bei diesem Gespräch gerät er in Feuer. Offensichtlich redet er von sich selbst.

Mein Sohn sieht mir nicht danach aus, als horche er auf die Stimmen des Instinkts. Er ist eine kleine Kanaille und ein Spaßvogel, aber doppelbödig ist er nicht. Er denkt nur daran, sich zu vergnügen und zu tauchen. Alessio sagt, mit sieben Jahren sei er genauso gewesen.

»Siehst du«, setzt er mir auseinander, »es ist ja nicht so, daß man in diesem Alter ein Bewußtsein von sich selbst hätte und über seine Handlungen nachdächte, um sich über ihren Wert schlüssig zu werden. Das ist klar. Nicht umsonst leben solche Jungen in einer Welt, die anders ist als die unsere. Die Jungen denken nicht – sie handeln. Darum nennt man sie instinktiv. Aber gerade auf diese unschuldige Wahl kommt es an, die sich in ihnen abspielt: vor einer Gefahr zum Beispiel bricht der eine in Tränen aus, ein anderer türmt, wieder einer wirft sich zu Boden, der nächste pfeift – und sie wissen es nicht, aber als Männer werden sie das gleiche tun.«

»Na hör mal! Und die Freiheit?«

Alessio sagt, er pfeife auf die Freiheit, er wolle nichts davon hören. So ausfällig wird er manchmal; und dann, womöglich schon nach einer halben Stunde, kommt er auf das Gespräch zurück und entschuldigt sich beinahe. So macht er es auch bei seiner Frau, sie sieht immer ein wenig erschreckt aus. »Alessio«, sagt sie, »muß sich, auch wenn er jemanden gern hat, aufregen. Hinterher schämt er sich.« Meine Frau, die sie vor ihrer Ehe kannte, wie ich Alessio kannte, hörte von ihr eine schreckliche Geschichte von maßlosen Ausbrüchen, die mein Freund sich bei jeder Schwierigkeit in ihrer Liebe zu leisten pflegte. Auch ich wußte davon, aber mein Freund hatte mir doch nicht gesagt, daß er sich dieser bitteren Ausbrüche bediente, damit seine Braut ihm verzeihen und ihn sozusagen erlösen sollte. Alessio hat blaue Augen; wenn er niedergeschlagen ist, kann man nicht ohne Rührung mit ansehen, wie er sie, trüben Gedanken nachhängend, abwendet. Und das weiß er.

Am nächsten Tag strafte ich meinen Sohn, weil er irgend etwas getan hatte, und Alessio fragte mich: »Wohin geht er jetzt?«

»Er geht unter die Treppe und spielt den geprügelten Hund«, antwortete ich. Da erzählte er, während er mit mir hinausging, daß er als Kind, im Alter von sechs, sieben Jahren, das gleiche getan habe. »Manchmal war es mir ganz lieb, wenn ich geschlagen wurde, denn dann fühlte ich mich so richtig verzweifelt und konnte hochmütig in den Himmel starren oder mich mit der Katze auf den Balkon verkriechen und auf ihren Rücken heiße Tränen weinen. Niemand ahnte, daß in einem solchen Augenblick meine ganze Familie, das Dorf, die ganze Welt nur dazu da waren, mich zu quälen: und diese Lust war so groß, daß ich sie für keines Menschen Küsse eingetauscht hätte. Damals konnte ich mich so verhalten, es war etwas Unschuldiges. Aber wer merkt es, wenn er das mit fünfzehn Jahren, mit achtzehn, mit fünfundzwanzig wiederholt? Wenn er sich in der Niedergeschlagenheit so gehenläßt, wie ein Schwamm im Wasser versinkt? Ist er dann noch unschuldig, oder ist er ein Unglücklicher? Die Natur verleugnet sich nicht.«

»Sagen wir: er ist rührselig.«

Alessio verzog den Mund. »Es gab Tage, an denen ich brav sagte: Ja, Papa – und dabei dachte ich, wie schön es wäre, ihm den Schlips wegzunehmen und ihn damit zu erdrosseln. Findest du das rührselig?«

»Offensichtlich.«

Aber Alessio weiß, daß ich gern Spaß mache, und war nicht gekränkt. Dagegen sagte er mir, mein Sohn schmecke in solchen Augenblicken schon die Leiden seines ganzen künftigen Lebens. Wir waren am Strand, ich unterhielt mich damit, die lang ausgestreckten Körper zu betrachten. Dort war eine Gruppe von Jungen, die irgendein Spiel erörterten; ich erkannte etliche Freunde meines Sohnes, aber ihn sah ich nicht. Ich suchte meine Frau: sie lag bäuchlings auf dem Sand und ließ ihre Schultern bräunen. Unruhig wechselte ich mit meinem Freund noch einige Worte; dann konnte ich mich nicht mehr halten. Ich sagte Alessio, er solle am Strandschirm auf mich warten, und kehrte nach Hause zurück.

Ich erinnere mich, daß ich Guido vor anderen eine schallende Ohrfeige gegeben hatte; mit ungerührter Miene, wie man sie in solchen Fällen aufsetzt; und die Ohrfeige war nur der Schluß eines bedrohlichen Hin und Her von Blicken gewesen. Schon am Abend vorher hatte es wegen einer anderen Ungezogenheit einen Sturm gegeben, und nun war mir klargeworden, daß der Junge sich in dem von Alessio beschriebenen Seelenzustand befinden konnte. Ich suchte ihn in dem kleinen Hof, in dem leeren Haus, in den Zimmern, die unordentlich und kahl wirkten, wie es so ist, wenn alle am Strand sind. Auf einem Stuhl lagen seine kurzen Hosen, aber er war nicht da.

Verärgert, jedoch mit klopfendem Herzen wollte ich gerade fortgehen, da hörte ich ein Knirschen im Hof. Ich hob den Blick. Wie kam es, daß ich ihn vorhin nicht gesehen hatte? Mein Sohn kauerte auf dem Dach des Abtritts, die Knie bis zum Kinn hochgezogen, und sah irgendwohin, aber weder auf mich noch auf die Straße. Er war so braungebrannt, daß sein Gesicht keinerlei Ausdruck hatte.

»Was machst du hier?« fragte ich.

Guido ließ einen Augenblick verstreichen, dann antwortete er mit einem Grunzen.

»Warum hockst du hier auf dem Abtritt?«

»Nur so.«

Er betrachtete hartnäckig seine Fußspitzen. Ich wußte nicht, was ich noch sagen sollte; vor allem wollte ich mir nicht anmerken lassen, daß ich gekommen war, um ihn zu suchen.

»Deine Mutter sucht dich«, sagte ich.

Guido lächelte geringschätzig. Ein Lächeln, das ich so, von unten herauf, noch nie an ihm gesehen hatte.

»Gehst du nicht baden?«

»Laß mich in Ruhe«, brummte Guido. Das Lächeln erlosch, er machte wieder das verdrießliche Gesicht, das ich an ihm kenne. Aber dieses Lächeln war nicht nur geringschätzig gewesen – im Aufblitzen der Augen hatte etwas Grausames, Böses gelegen. Ich wußte genau: wenn ich ihn darauf ansprach, würde ich nur erreichen, daß er log. Darum begnügte ich mich damit, ihm gut zuzureden, ich sagte, er solle doch spielen kommen, und half ihm herunter.

Ich erinnere mich, daß Guido so barmherzig war, mir kein triumphierendes Gesicht zu zeigen. Aber dies gehört genau zu dem von Alessio beschriebenen Charakter.

Schwimmbad am freien Tag

Schön ist unser meergrünes Schwimmbad in der Sonne mit den Sträuchern ringsum, die die Häuser und die baumbestandenen Straßen verbergen, und weiter weg niedere Hügel – so schön, daß sich immer einmal einer von uns erhebt, einen Blick ringsum wirft, einen Schritt tut, dann tief atmend mit einem Seufzer die Augen schließt und sich schweigend wieder hinlegt. Wenn eine Frau das tut, sehen wir alle zu ihr hin; dann werfen wir einen Blick auf die Gittertür des Eingangs: niemand kommt herein. Wir wissen, daß die Sonne und das grüne Wasser genügen, um den Vormittag auszufüllen – von Zeit zu Zeit erhebt sich einer und wirft sich ins Wasser –, aber die geheime Angst eines jeden geht dahin, was er täte, wenn das Schwimmbad verlassen wäre und er sich an so vielem Licht und einem so heiteren Himmel allein freuen müßte.

In Wahrheit ›warten‹ wir alle. Wir sagen es uns mit spaßhaften oder lässigen Sätzen, wobei wir kaum den Kopf drehen und die Lippen bewegen, die vom Schweiß feucht sind. Die beiden Mädchen aus der Schule, die mit uns hier sind, sitzen oder liegen, je nachdem, wie es die Sonne erfordert oder wie sie gerade Lust haben. Wir leisten uns Gesellschaft, um uns abzulenken von dem verschiedengearteten Warten, von der ungewissen Leere, die die Versuchung, zu schweigen, in uns schafft.

Das Schwimmbad ist sehr groß, aber es kommt uns nicht in den Sinn, über die Körper hinwegzusteigen, das Becken zu durchschwimmen und die anderen von da aus zu betrachten. Im Schwimmbad ist man nicht neugierig. Obwohl man von befreundeten Gesichtern und Körpern umgeben ist, läßt man sich lieber von plötzlichen Einsamkeitsgefühlen überraschen. Es gibt Leute, die schreien und lachen: man könnte sagen, daß für sie das Warten zu Ende ist. Man blickt umher, man sieht Schaum, nackte Körper, spritzendes Wasser; es sind Jungen, es sind Spiele. Das ist noch nicht das Eigentliche, wenigstens nicht für uns.

Die Nacktheit des Himmels appelliert an die unsere. Es ist schwierig, in dieser ungewohnten Nacktheit Gedanken zu verbergen. Man rührt sich kaum, man meint jedem Blick so offen dazuliegen wie Kiesel auf dem Grund des Wassers. Unsere Einsamkeit ist wie eine Leere, eine Unfähigkeit der Gedanken, sich zu bewegen. Nur so bleibt uns etwas im Herzen, was uns gehört. Manchmal vergessen wir das und sagen plötzlich etwas mit lauter Stimme – aber es verhallt sogleich, es war überflüssig, die anderen wußten es schon.

Wer sich aus der Gruppe löst, um sich ins Wasser zu werfen, macht ein Gesicht, als wolle er sich entschuldigen; er lädt die anderen ein, ihm zu folgen, ihm Gesellschaft zu leisten. Die Mädchen sehen ihm nach und lächeln. Manchmal erheben sie sich gleichfalls, manchmal erheben wir uns alle und gehen ins Wasser.

Nicht einmal im Wasser entflieht man der Einsamkeit und dem Warten. Wir alle tauchen bis auf den Grund, tauchen, um den Zementboden zu berühren; das ist etwas Ungewohntes; jeder Augenblick, den wir tief unten in dem grünen Wasser zubringen, ist eine Art sich zu verbergen, allein zu sein. Wenn dann der, der getaucht hat, schweigsam zu den anderen zurückkehrt, so erweckt er als einziger den Eindruck, daß er nicht mehr auf etwas wartet.

Was also soll geschehen? Hin und wieder, wenn sich die Gruppe neu bildet, wird davon gesprochen. Es ist eine Frage, die uns leidenschaftlich erregt; mancher merkt es nicht sofort, wenn der Lebhafteste von uns davon anfängt, aber dann wird ihm die Sache auseinandergesetzt, und auch er wird neugierig. »Wir sind hier, um zu baden und uns zu sonnen«, sagen wir. Ja eben. »Wir sind hier, um zusammenzusein.« Jeder von uns denkt: wenn das Schwimmbad verlassen wäre, würde er es nicht aushalten, allein unter dem Himmel zu sein.

Eins der Mädchen lächelt; da sie halbnackt ist, merkt man, daß sie denkt, wir seien hier, um im Kreis um sie herumzusitzen. »Auch das stimmt«, sagt ein anderer. »O ja.« Aber alle sind wir unruhig, ob wir sitzen oder daliegen oder ob wir uns zusammenrollen; und in uns ist eine Leere, ein Warten, das uns einen Schauder über die nackte Haut jagt.

Das Abenteuer

Sandra verbrachte den Morgen in der Nähe des Bahnhofs. Sie war durch eine Allee mit Bäumen gegangen, die wie Sträuße von Blüten aussahen; dort betrachtete sie die Schaufenster, blieb stehen und drehte sich manchmal um. Dann bemerkte sie, daß die Allee mit ihren Häusern immer weiter abfiel, daß der Himmel dort unten leer war, daß die Allee in einer Art Biegung endete, es war wie ein Sprung in die Luft. Da blieb sie stehen und ließ den Blick unschlüssig umherschweifen, von einem Schaufenster mit Obst zu den Bäumen, zu den hohen Fenstern.

Dort war das Meer. Sandra holte tief Luft und verspürte doch nur den scharfen, sehr süßen Duft der Blüten. Da kehrte sie um und suchte das Café, das sie vorhin gesehen hatte. Ihr schien, sie erkenne es nicht wieder; fast ärgerte sie sich darüber, doch dann sah sie die kleinen, aus Weidenruten geflochtenen Tische, sie standen unordentlich im Schatten des Laubenganges, hinter einer Säule versteckt. Einige Leute saßen schon an diesen Tischen, mit einem zerstreuten Gesichtsausdruck, die Hände ineinandergelegt; Frauen waren nicht dabei. Sandra ging hinein, ohne die Männer zu beachten. Während sie an der Theke ihre Milch trank, kümmerte sich der Barmann überhaupt nicht um sie, und sie dachte: Was für ein Leben muß das sein, wenige Schritte vom Strand, Jahre um Jahre!

Sie sprach mit dem Barmann, sobald sie ihn bei einem Blick ertappte. Sie ließ sich erklären, wo die Piazzetta sei; aber er begriff nicht, was sie wollte, und stammelte ein paar Worte, wie alle jungen Männer auf dieser Welt sie in einem solchen Fall stammeln. Da entschloß sich Sandra, ihm die Adresse unten auf dem Brief zu zeigen; sie mußte ihm erklären, daß es sich um eine Wohnung für die Saison handelte, und ihm den Namen der Besitzer sagen. Der Barmann begleitete sie bis zur Schwelle, zwischen die Tische, und machte sich ihr mit vielen Gesten verständlich: nun spaßte er. Sandra ging ärgerlich davon.

Die Piazzetta war nur wenige Schritte vom Bahnhof entfernt, man gelangte durch ein Gäßchen mit Steinstufen dorthin. Sandra hoffte auf Zimmer, die wenigstens so hoch gelegen wären, daß man über die Häuser der anderen Straßenseite hinweg aufs Meer sehen könnte. Nur wenn das der Fall war, wollte sie darauf verzichten, irgendwo auf den Felsen am Steilufer zu wohnen. Sie sah sich auf der verlassenen Piazzetta um: da war ein zartes Viereck von Himmel mit einzelnen weißen Wolken, die vom Meer kamen. Eines der Häuser hatte an der Seite eine niedrige Mauer, und Sandra erinnerte sich, daß in dem Brief etwas von einem Erdgeschoß mit Garten stand: also keine Aussicht aufs Meer, keine sonnigen Zimmer. Sandra blieb vor den vergitterten Fenstern im Erdgeschoß stehen, so enttäuscht und erbittert, daß sie gar nicht dazu kam, wirklich entmutigt zu sein. Wie weit war sie jetzt von zu Hause entfernt! Sie hatte den Blick zu dem kleinen Balkon im ersten Stock erhoben: eine dicke Frau, ein Tuch um den Kopf, trat heraus und hängte Wäsche auf. Wie häßlich und dick sie war! Und so etwas lebte nun am Meer.

Da tat sie, als spaziere sie nur so umher, und ging über die Piazzetta, die mit kleinen Steinen unregelmäßig gepflastert war. Am Ende kam sie in eine schmalere Gasse. Dort hob sie den Kopf, weil sie von oben eine rauhe Stimme hörte; etwas bewegte sich, und vor ihr prasselte ein Wasserguß herab. Sie fand gar nicht Zeit, in Verwünschungen auszubrechen, denn hinten in der Gasse erschien, leuchtend und fern, ein blaues Stück Meer.

Andere, heftige Stimmen kamen von der Piazza her, und wieder ertönte jene rauhe Stimme: Sandra ging weiter in die Gasse hinein, sie merkte, daß die Rufe ihr galten, drehte sich aber nicht um. Sie schritt bergab, sah auf den unbestimmt-duftigen Horizont und überließ sich der Lust des Gehens. Sie überquerte eine asphaltierte Straße und war am Strand.

Sandra war verzweifelt: jetzt, wo ihr die Piazzetta schon fast gefallen hatte, konnte sie mit der Empörung über den Lärm und über den unverschämten Wasserguß gar nicht fertig werden. Als zu Hause beschlossen worden war, sie solle allein hierher reisen und wegen der Wohnung verhandeln, hatte Tonino bemerkt: »Falls sie dort ankommt, ohne auf die Nase zu fallen ...« Aber sie mußte einfach hier ankommen. Sandra betrachtete das Meer, betrachtete den Strand, der noch menschenleer war.

Auf der Straße gingen Leute vorüber, blieben auf dem Damm

stehen, und einige saßen an den Tischen unter den Bäumen. Sie genossen die noch kühle Sonne; gebadet wurde noch nicht. Sandra betrachtete das Meer, ohne es eigentlich zu sehen; da holte ein Schritt sie ein. Jemand griff nach ihrem Arm. Sie wunderte sich nicht, sie drehte sich langsam um und sorgte für einen gewissen Abstand. Es war ein kräftiger Kerl, er sah aus wie ein Badewärter; nackte, braungebrannte Schultern; er lächelte, als wolle er einen Spaß machen, und sagte: »Ihr seid ausgerissen.«

»Na und?« gab Sandra unfreundlich zurück, sah von ihm weg, zog den Ellenbogen an und umfaßte mit dem Blick den hellen Himmel, ein an einem Fenster flatterndes Bettlaken, den Umriß des Vorgebirges hinter der Küste. Sie spürte den Wind an der Kehle, und ihr traten Tränen in die Augen. Sie hielt sie zurück, sie wollte sich durchaus beherrschen, aber eine dumme Träne lief ihr warm über die Wange. Der junge Mann wandte den Blick nicht ab. Er sah sie mit einem spöttischen Lächeln an. »Wir haben Euch gerufen«, sagte er. »Habt Ihr es nicht gehört?«

Rot vor Ärger sah Sandra wieder auf den jungen Mann. Er lachte nicht: die Hand, die sie am Ellenbogen gefaßt hatte, war noch nach ihr ausgestreckt; der Wind fuhr ihm durch die Haare. Sandra gab keine Antwort, sie war ihrer Stimme nicht sicher. Sie betrachteten einander eine Zeitlang, dann griff er wieder nach ihrem Arm, er streifte ihn nur und bewegte sich auf die Stelle zu, wo die Gasse einmündete – wie jemand, der weitergeht, um mit mehr Ruhe reden zu können. Und Sandra ging mit ihm weiter.

Der junge Mann sagte, der Vorfall mit dem Waschnapf sei eine Unverschämtheit gewesen, aber das habe weiter nichts zu bedeuten: Gesindel in der Gasse, das nicht wisse, was Sauberkeit und gute Sitte sei; aber man habe auch nicht bemerkt, daß sie dort vorüberging. Da sagte Sandra: »Genug davon. Was geht das Euch an?« Er war ganz betroffen. Nun lächelte Sandra und fragte ihn, ob er auf der Piazzetta wohne. »Wenn ich Euch lästig falle, gehe ich«, sagte er langsam. »Aber warum weint Ihr?« Sandra fuhr sich rasch über die Wange und sagte: »Ich weine doch nicht.«

»Vorhin«, erklärte der junge Mann. »Vorhin habt Ihr geweint, ich habe es gesehen. Fehlt Euch etwas?«

Da mußte Sandra lächeln, verzog das Gesicht und sagte schließlich: »Es war dumm von mir.«

»Ich heiße Nanni«, sagte er ganz einfach.

Sie blieben einen Augenblick am Eingang der Gasse stehen –

denn von ihr war die Rede gewesen –, aber Sandra wandte sich sogleich dem Meer zu, und sie sprachen vom Meer. Als sie sich die Hand gaben, sagte Sandra ihm nicht ihren Namen und entfernte sich, ohne sich noch einmal umzudrehen, froh, daß sie mit der Sache so rasch fertiggeworden war. Sie ging zum Strand hinunter und sah auf das Wasser; vor ihren Füßen schäumten die Wellen, und diesmal spürte sie den Salzgeruch. Sie war an dem langen Strand ganz allein, still vor der weiten Fläche, das Kinn erhoben. Ob dieser Nanni noch zwischen den Palmen der Allee stand? Dann hätte er wieder über sie lächeln können.

Sandra ging zuerst bis hinten zu den Badeanstalten, wo sich der Sand in dem Bett eines Wildbachs verlor, und stieg dann wieder zur Straße hinauf. Auf dem Rückweg durch die Allee betrachtete sie die Villen mit den schönen blühenden Gärten; dort würde es noch im August blühen. Ja, im August würden die Blätter verschwunden sein und Blüten über Blüten zurücklassen, dicht und stark riechend. Als sie an die Stelle kam, wo die Gasse einmündete, sah sie diesen Nanni wieder.

Er stand still da und sah nach oben. »Ich suche eine Wohnung«, sagte Sandra. Der junge Mann machte auch diesmal keinerlei Späße. Er preßte die Lippen aufeinander und sagte: »Das ist schwierig.«

»Wieso schwierig?« rief Sandra. »Ich habe ja schon den Brief.«

»Seid Ihr allein?« fragte Nanni.

»Jetzt schon. Dann im August komme ich mit der Mutter her.«

Nanni zeigte, ohne bestimmte Absicht, ein zufriedenes Lächeln. Er war so groß, daß er ein wenig krumm dastand, und seine Haare zitterten im Wind.

»Seid Ihr nicht verheiratet?« fragte er.

»Ich bin erst achtzehn«, murmelte Sandra ärgerlich.

Da sagte Nanni, falls sie nicht schon mit jemandem verhandelt habe, könne er ihr Villen zeigen, er kenne die Hausverwalter und auch einige Besitzer. Sandra sah ihn ungläubig an und antwortete auf sein Lächeln hin, sie sei ganz und gar nicht gebunden und könne sich alle Wohnungen ansehen, die er ihr zeigen wolle. Aber die Villen seien zu luxuriös für sie. Nanni zuckte die Achseln und ging voraus.

Sie besahen zwei Villen. Die erste war ein reizendes, kleines Haus zwischen Magnolienbäumen; aber die Frau, die den Schlüssel dazu hatte, war nicht zu finden, und sie begnügten sich damit, durch die Fenster zu spähen, und sprachen von dem in Amerika lebenden Besitzer. Das waren keine Gespräche, wie man sie mit jemandem führt, der wirklich eine Villa vermietet. Da betrachtete Sandra Nannis Hände und fragte ihn, was für einen Beruf er habe.

»Als ich in Amerika war, war ich Ladearbeiter«, sagte Nanni lachend.

»Und jetzt?«

Jetzt arbeitete Nanni, wenn er durchaus etwas verdienen mußte, irgendwo als Kellner. Sandra schwieg; sie begnügte sich mit dieser Auskunft.

Die andere Villa lag über dem Meer. Es gab eine Terrasse, auf der man die Kühle genießen konnte, und einen Garten mit Oleander und Kieswegen. Das nur angelehnte Gittertor erschreckte Sandra, aber Nanni faßte sie am Arm und führte sie hinein. Sie fanden einen alten Gärtner, der gebeugt unter einem Heiligenbild stand; er musterte Sandra mit seinen roten Augen und sagte dann zu Nanni, das Haus solle verkauft werden, und es brauche wohl andere Käufer als ihn. Nanni scherzte eine Weile mit ihm und ließ sich die Schlüssel geben, wobei er Sandra ›die Signorina‹ nannte. Der Gärtner kam bis an die Schwelle mit und rief hinter ihnen her, sie sollten die Fenster nicht offenstehen lassen.

Das war freilich nicht das Erdgeschoß von der Piazzetta. In der drückenden Schwüle der geschlossenen Vorhalle kamen Sandra allerlei Gedanken: sie war allein mit einem Mann, draußen schien die Sonne, aber dieser Nanni war ein kräftiger Bursche. Er hatte sie nicht einmal nach ihrem Namen gefragt. ›Womöglich hofft er auf ein Trinkgeld‹, sagte sie sich. Sie gingen durch die Säle; alle Möbel steckten in Überzügen. Und die großen Fenster, die blanken Füße eines Klaviers, die Kronleuchter ärgerten sie, denn der Lebensstil, den sie heraufbeschworen, war prächtig und unerreichbar.

»Es ist wirklich schön.«

Nanni in seinen Leinenschuhen ging unhörbar neben ihr her und öffnete und schloß Fenster. Im ersten Stock traten sie auf den Balkon des fast nur aus hohen Fenstern bestehenden Saales. Sandra blickte entzückt auf den Garten, auf die Allee – das Stimmengewirr der Vorübergehenden klang nur gedämpft hier herauf – und auf das Meer, das glänzende, offene, lichtblaue Meer, das dem, der auf dem Balkon stand, höher erschien.

»Es ärgert mich schon«, brummte Sandra, »daß es Leute gibt, die so glücklich daran sind.« Nanni lehnte am Geländer; er betrachtete sie schweigend mit seinen hellen Augen. »Hier fühlt man sich wohl«, sagte er dann.

Sie traten in das Zimmer zurück. Während er die Fenster schloß, fragte er plötzlich: »Wie heißt Ihr?« Sandra blieb auf der ersten Stufe stehen, wartete und sagte ihm ihren Namen. Da trat Nanni neben sie und küßte sie, während sie hinuntergingen, aufs Haar.

Als sie am Fuß der Treppe angelangt waren, war Sandra nahe daran, ihn zu fragen: ›Warum hast du mich geküßt?‹ Doch statt dessen sagte sie: »Es ist spät, ich habe mir die Wohnung noch nicht angesehen. Diese hier ist nichts für uns.« Aber sie war wütend, daß sie nichts anderes zu sagen wußte; und Nanni schwieg, seine großen Hände baumelten friedlich hin und her. Auf der Schwelle zur Vorhalle blieb sie stehen: draußen vor der Tür war der Sonnenvorhang halb heruntergelassen. Nanni drehte sich ruhig um und wartete auf sie. Sandra klopfte das Herz bis in den Hals, sie hätte am liebsten geweint oder geschrien – weil sie jetzt den Strand, die Leute wiedersehen würde, weil auch Nanni ihr nun genauso fremd werden würde wie die Villa, wie das Meer, wie dieser ganze blöde Morgen. ›Er weiß doch nun, daß ich Sandra heiße‹, sagte sie sich. ›Warum spricht er nicht? Warum?‹

Dann fand sie sich in Nannis Armen, sie spürte, wie seine Muskeln gegen ihre Schulter drückten; aber statt zu weinen oder sich zu empören, hob sie den Blick und sah ihn an.

Als Sandra aus dem Bad in die Vorhalle zurückkam, sagte Nanni zu ihr: »Heute morgen hast du schon zweimal geweint.« Sandra blieb mit einem leichten Lächeln auf der Schwelle stehen. Sie sagte sich: ›Vielleicht gehört die Villa doch ihm‹, aber sie mußte über sich selbst lachen.

Nanni stand in dem Sonnenstreifen und rauchte eine Zigarette. In dem Strahl sahen die Rauchspiralen wie Seide aus, wie Geäder in einem wertvollen Holz. Nanni betrachtete Sandra mit einem ruhigen Lächeln. Wieder zögerte sie, ein Wort zu sagen. Sie fürchtete, ihre Stimme werde noch rauh klingen, wie zerrissen.

Nanni rauchte die Zigarette zu Ende und warf sie durch den Spalt. Bei dieser Bewegung geriet die ganze leuchtende Wand durcheinander, und Sandra ging mit raschen Schritten zur Tür. »Wollen wir gehen?« flüsterte sie ihm über die Schulter zu. Nanni nickte wortlos und öffnete die Tür. Er ließ Sandra hinaus und schloß dann die Tür wieder ab. Während er den Schlüssel herumdrehte, verspürte Sandra ganz heftig den Wunsch, loszurennen, zu fliehen, ihn nie mehr wiederzusehen. Trotzdem sagte sie mit kecker Stimme: »Wenn ich jetzt ausrisse, würdest du sagen, ich wäre ein dummes Ding.« Da sah Nanni sie überrascht an.

Sie gingen zusammen über den knirschenden Kies, und Sandra fragte ihn, ob er die Sprache verloren habe. Nanni sagte, jetzt müsse man etwas essen. »Ich habe keinen Hunger«, sagte Sandra. »Ich habe keinen Hunger, und jetzt müssen wir uns trennen.«

Sie setzten sich schweigend auf eine Bank. »Versteh doch«, sagte Sandra. »Du mußt mich allein lassen. Ich muß allein sein und weinen. Und dann habe ich zu tun. Wir treffen uns später.«

Nanni war, wenn auch ungern, damit einverstanden, aber er wollte genau wissen, wann sie sich wiedersehen würden. Auf dieser Bank, um vier Uhr. »Jetzt geh. Laß mich allein.«

Sandra blieb auf der Bank sitzen, denn die Allee war nun schon menschenleer. Sie hatte keinen Hunger. Sie spürte überhaupt nichts. Die hellblaue Luft und das in der Sonne fast unsichtbare Meer sagten ihr nichts. Alles war wie vorher, sie selbst auch. Tränen kamen ihr ganz und gar nicht. Sie hätte nur geweint, wenn jemand gekommen wäre, sie zu trösten. Sie konnte sich nicht entscheiden, ob sie sofort wieder zum Zug gehen sollte. Es tat ihr leid, das Meer zu verlassen. Es tat ihr leid, Nanni zu enttäuschen. Aber sie wußte ganz genau, daß sie in diesen Badeort nie zurückkehren würde.

Da stand sie auf, suchte die Stelle, wo die Gasse einmündete, und stieg hinauf, mit einem Schritt, so locker und kräftig, daß es ihr unwahrscheinlich vorkam. Sie mußte lächeln. Als sie auf die Piazzetta kam, erinnerte sie sich an den Waschnapf und hob den Blick. In der brütenden Sonne war alles still: dort oben wehte leicht ein Laken, das gegen den Himmel gebreitet war. Da ging sie auf das Haus mit dem Balkon zu, hart an der niedrigen Mauer entlang, drehte sich nach der Gasse um und sah wieder das luftige Stück Meer. Alles war wie zuvor.

Als Sandra an die angelehnte Haustür klopfte, trat die dicke Padrona vom Morgen auf den Balkon heraus. Sie hatte noch immer das Tuch um den Kopf, aber als sie sich diesmal vorbeugte, um einige Worte zu sagen, hatte Sandra den Eindruck, das sei eine brave Frau. Sandra wedelte mit dem Brief, und die Frau sagte, sie werde hinunterkommen. Gleich danach klapperten auf der Treppe ihre Holzpantoffeln.

Sie gingen durch die drei schmalen, dunklen Zimmer; die Alte lief voraus, sperrte Fensterläden auf, richtete Bilder gerade; auf den Fensterbrettern lag mit Blumengewinden verziertes Papier. Sie blieben in dem Garten stehen, der voller Gestrüpp war, und sprachen von den Bequemlichkeiten und von der Nachbarschaft. »Das hier ist vor allem ein anständiges Haus«, sagte die dicke Alte. »Es wohnt niemand hier als mein Nanni...«

Bei dem Namen Nanni schwiegen sie, und Sandra wunderte sich, daß sie nicht rot wurde. Sie wußte schon, was nun kommen würde.

»Jetzt ist er oben. Er ißt eine mächtige Schüssel Salat. Wollen Sie mitessen?«

Sandra sagte zu der Frau, sie danke ihr sehr, aber sie müsse sich beeilen. »Nehmt wenigstens ein paar Pfirsiche mit. Wartet.« Sandra sah ihr nach, wie sie auf die Zimmertür zulief und dann nach hinten zur Treppe, und sie sagte kein Wort. Die Alte klammerte sich an das Geländer und stieg keuchend hinauf. »Wartet. Ich mache Euch ein Paket.« Sandra sah ihr nach, bis sie um die Wendung des Treppenabsatzes verschwunden war, dann stieß sie leise die Haustür auf und war draußen. Sie überquerte die Piazzetta; ihr Herz war in Aufruhr. In der Gasse begann sie zu laufen und hielt erst inne, als sie am Bahnhofsgarten war.

Die Wiese der Toten

Das Fenster, von wo aus man die Verbrechen mit ansehen konnte, ging auf einen mit Gras bewachsenen Platz, der hinten von Holzbaracken abgeschlossen wurde. Unter dem Fenster lief ein Kanal, einer von denen, die übervoll sind, aber langsam fließen und durch ein schwarzes Gitter unter den Häusern hervorkommen. Früher benutzten den Kanal die Selbstmörder; doch jetzt kommt das nicht mehr vor. Am Morgen fand man auf dem einsamen Platz das Opfer, es lag in seinem Blut, erschlagen oder auch erwürgt. Traurig stimmten einen die buntgekleideten, manchmal eleganten Mädchen. An der Allee, zweihundert Meter entfernt, war ein Ballsaal mit großen, weinumwachsenen Laubengängen und einem Bocciaspielplatz. Von dort kamen diese Mädchen. Es kamen auch Männer – Sportler, Arbeiter, Geschäftsleute –, und die endeten fast immer durch Messerstiche.

Von dem kleinen Fenster aus sah man in den Mondnächten den Schauplatz ganz deutlich. Ein Paar bog um die Ecke, ein Mann und eine Frau oder zwei Männer, manchmal sogar zwei Alte; sie gingen am Kanal entlang und, merkwürdig zögernd, auf den freien Platz. Fast immer sprachen sie miteinander, oder sie machten, wenn sie schwiegen, finstere Gesichter; sie waren geradezu vertieft in ihren Zorn, und auch wenn sie Verzweiflung zeigten oder wenn einer den andern beruhigte, taten sie das ganz intensiv. Auf diese Art gelangten sie im Mondschein bis auf die Wiese; hier störte sie plötzlich das Gras, so daß sie den Kopf hoben und rundum blickten. Ihre Worte hallten klar in der Nacht. Fast nie waren es laute Rufe oder hysterische, aus der Tiefe hervorbrechende Schreie. Im Gegenteil: sie sprachen mit einer leisen Müdigkeit, als hätten sie einander diese Dinge immer wieder und wieder gesagt und es handle sich nun nur noch darum, alles noch einmal zusammenzufassen, um abzuschließen. Immer kam vor dem Verbrechen dieser Meinungsaustausch. Vielleicht hatten in der Vergangenheit auf dem menschenleeren Platz Unbekannte einander angefallen; aber das kam schon eine ganze Zeit nicht mehr vor. Im übrigen – wie hätte man jemandem in diesem toten Winkel, wo kein Mensch je durchkam, einen Hinterhalt legen sollen? Nein, dorthin ging man mit seinesgleichen, als mache man einen Spaziergang. Ich möchte wetten, daß das Opfer, wenn es seinen Schrei ausstieß, erstickt, als wäre es ein Seufzer, und wenn es, selten genug, danach auf dem Gras liegenblieb, röchelte und noch um sich schlug, plötzlich zu der Einsicht kam, es habe immer gewußt, daß es so enden werde.

Auch der Mörder fehlte nicht, der nach vollbrachter Tat unentschlossen stehenblieb, um den Himmel, den niederen Horizont zu betrachten. Wahrscheinlich fragte er sich, wie der Platz wohl am hellen Tag aussähe, und suchte ihn seines mondhaften Schreckens zu entkleiden und ihn sich vorzustellen als irgendeinen beliebigen Ort unter der Sonne, wie die ganze Stadt hinten von Hügeln umrahmt. Das waren die Augenblicke, wo man über die Häuser hinweg den Lärm des Orchesters oder aufprallende Bocciakugeln hörte. Da riß der Mörder aus. Er riß aus und verschwand – wohin, das konnte man nie begreifen. Viele kehrten wahrscheinlich in den Ballsaal zurück, sie gingen, je näher sie kamen, immer langsamer und warfen erschöpft einen Blick in den großen Eingangsspiegel. Einmal hat einer die Straße überquert und sich die Hände im Wasser des Kanals gewaschen. Aber das tat nur ein einziger.

Das Opfer blieb unter dem Mond bis zum Morgen liegen. Wenn ich nachts aus dem kleinen Fenster sah, fragte ich mich: wer konnte etwas wissen von den blutunterlaufenen Stellen des Toten oder von der großen Blutlache? Diese Dinge würden bis zum Morgen dasein; jetzt verrannen die Minuten still, das Orchester hatte schon eine Zeitlang zu spielen aufgehört; auch die Leidenschaft, die Habgier, die Wut waren verschwunden, die die Nacht für einen Moment erfüllt hatten, verschwunden wie die Dünste beim Aufgang des Mondes. Es war nicht einmal kalt. Einen einzigen Menschen gab es, der die ganze Nacht in den Knochen eine leichte Kälte spürte – und der war ausgerissen. Das Opfer ruhte in Frieden.

In einer Nacht waren es zwei. Erst kam einer mit einem Mädchen und erdrosselte es. Nach einer halben Stunde bogen im Mondschein zwei ältere Männer um die Ecke, sie schwankten ein wenig und wären beinahe in den Kanal gefallen. Aber die Betrunkenen wissen schon, was sie wollen. Sie kamen auf die Wiese, einer warf dem andern irgendeine alte Gemeinheit vor. Zwei Schritte von dem ersten Opfer entfernt vernahm man einen rauhen Seufzer, und einer der beiden blieb aufrecht und putzte sich das Messer an den Hosen ab. Danach ging er davon – unter dem Mond.

Es war wohl nicht mehr der Mühe wert, weiter hinzusehen: für diese Nacht war es zu Ende. Wer die Sache vorhin nicht mit angesehen hatte, hätte die beiden dunklen Haufen, die regungslos nebeneinander lagen, nie für Menschen gehalten. Es war tiefe Nacht; das Wasser gurgelte im Kanal, der Mond allein regierte. Da klang eine rauhe Stimme laut durch die Nacht – das kleine Fenster war hoch oben; ist es möglich, daß man es von dort aus hörte?

Die Stimme sagte: »Frau, er ist doch nicht zu Hause?«

Und ihre Stimme: »Gehen wir noch einmal herum, dann muß ich rasch fort.«

Das Zwiegespräch hörte auf. Offenbar hatten die beiden sich nichts anderes zu sagen, sie schwiegen still. Doch kurz darauf begann das Mädchen von neuem:

»Wir wollen morgen wieder hierher gehen, dann sind wir allein.«

»Was willst du damit sagen? Daß mir der Weg zu weit gewesen ist?«

Sie jammerte: »Schämst du dich nicht vor dem Mond?«

»Frau, er ist doch nicht zu Hause?«

Jetzt redeten, redeten sie. Jeder mit einer Stimme, die noch verlorener klang, einsam, so, als sei er davon überzeugt, daß der andere ihm nicht zuhöre, als höre nur der Mond ihm zu. Die Nacht war vorgerückt, Wolken zogen langsam vor dem Mond vorüber und verbargen den Platz, die Baracken, jedes Ding. Mich bedrückte der Gedanke, daß die beiden Toten sich so unnütz bemühten. Aber allmählich wurden die Stimmen leiser, und unter einer dichten Wolke, die größer war als die anderen, schwiegen sie endgültig.

Die Lederjacke

Mein Vater läßt es zu, daß ich die Tage in der Baracke verbringe, die zur Bootsstelle gehört; denn damit vertreibe ich mir die Zeit und lerne ein Handwerk, ohne es richtig zu merken. Jetzt ist dort eine dicke Padrona, die immerzu schreit, und wenn ich ein Boot gerade nur anrühre und sie mich sieht, sei es auch vom Keller aus, schreit sie schon, ich hätte dort nichts zu suchen. Hinter der Baracke stehen die Tische und die Stühle für die Kunden, aber diese Padrona läßt mich nicht mehr helfen; wenn ich ihr eine Bestellung überbringe, sagt sie sofort zu ihrem Sohn, er solle die Gläser nehmen. In die Baracke komme ich schon eine Zeitlang nicht mehr, und noch weniger gehe ich nach oben, um von Ceresas Fenster aus das Wasser und die Boote zu betrachten. Jetzt kommt niemand mehr her, und mein Vater ist schön hereingefallen, wenn er meint, ich könnte hier noch das Handwerk lernen.

Diese Madama Pina versteht sich nicht aufs Geschäft: sie behandelt die Kunden, wie sie mich behandelt. Um eine Bootsstelle zu führen, genügt es nicht, daß man eine Lederjacke trägt; die Leute müssen gern kommen und dem Padrone am Gesicht ansehen, daß er an den Booten und am Po Gefallen findet, und daß es etwas Schönes ist, sich hier zu vergnügen. Ceresa – der war der rechte Mann dafür: er schien mit allen zu spaßen, und auf den Booten war er mehr als die Kunden. Als Ceresa noch da war, gab es immer etwas zu lachen: man stand in Badehosen im Wasser, man bereitete den Teer, man schöpfte die Boote aus, und in der schönen Jahreszeit vesperte man unter den Bäumen, den Eimer mit den Trauben auf dem Tisch. Die Mädchen, die zum Bootfahren kamen, spaßten erst einmal unter dem Schutzdach, und eine wollte durchaus, daß Ceresa sie den Po hinaufruderte. Ceresa sagte immer zu ihr, er könne die Bootsstelle und die Osteria nicht im Stich lassen: sie solle ganz früh kommen, vor Sonnenaufgang. Eines Morgens war die dumme Gans gekommen, und da sagte Ceresa zu ihr, sie solle alle Tage so früh aufstehen, dann werde ihr das Kopfweh schon vergehen.

Die Lederjacke, die sich jetzt die Alte über die Schultern wirft, wenn es regnet, trug Ceresa immer, und ich erinnere mich, daß er sie einmal, als wir im Boot waren, während ein Gewitter kam, auszog und mir gab, damit ich mich bedecken konnte. Darunter war er immer nackt, und er sagte zu mir, bei einem Leben auf dem Po würde ich, wenn ich groß wäre, Muskeln bekommen wie er. Er hatte einen Schnurrbart, der von der vielen Sonne blond geworden war.

Im Jahr zuvor kamen Noras wegen einige Leute nicht mehr hin. Nora war zuerst die Kellnerin, die den Kunden die Getränke brachte; dann, im nächsten Jahr, blieb sie, so spät ich auch nach Hause ging, noch in der Baracke, und früh, wenn ich kam, sah sie schon aus dem Fenster. Sie war keine hübsche Frau; Ceresa sprach das nie aus, aber die jungen Männer und die alten, die Boccia spielten, sagten es. Nora lehnte an der Tür, in einem roten Kleid, den einen Ellenbogen auf die Hand gestützt, und betrachtete alle, ohne ein Wort zu sprechen. Zu mir allerdings sagte sie einmal, als ich auf der Stufe saß und auf Ceresa wartete: »Blöder Kerl, mach, daß du heimkommst.« Aber ein andermal lachte sie, als ich mich in ein Boot setzte, die Füße im Wasser, und wenn jemand ein Ruder oder ein Kissen haben wollte und Ceresa nicht da war, sagte sie, ich solle die Sachen unter dem Schutzdach holen.

Mich bekümmerte es sofort, daß Nora die Baracke nicht mehr verließ. Zuerst sagte auch ich, wenn ich sie mir ins Gedächtnis rief: ›Sie ist ein hübsches Mädchen‹ und dachte nicht weiter darüber nach; aber mit Ceresa war ich jetzt wirklich selten zusammen, und das bekümmerte mich, weil ich nicht verstand, was dahintersteckte.

Sie aßen zusammen unter dem Schutzdach; ich blieb noch eine Weile, um zu helfen, wenn Boote zurückkamen, damit sie nicht erst aufzustehen brauchten. Sie redeten unter sich, sagten hin und wieder etwas zu mir, aber vor allem blinzelten sie einander verständnisvoll zu, und wenn Nora in die Küche ging, um einen Teller zu holen, saß Ceresa still da und sah nach der Tür. Untereinander redeten sie anders, als sie mit mir redeten; nicht einmal Ceresa, der mit allen spaßte, war zu ihr wie zu den andern, sondern er redete langsam, trommelte mit den Fingerspitzen auf den Tisch und sah nach oben, oder er zog den Reißverschluß der Jacke wie einen Fächer auf, und Nora kniff beide Augen zusammen und sah lachend auf diesen Verschluß.

Man begriff, sie lebten zusammen, doch nicht, um zu heiraten, denn Nora trug nie irgendein Hauskleid, sondern sie hatte nur das rote und ein anderes weißes, noch schöneres; und sobald sie die Teller gespült und den Boden gefegt hatte, blieb sie an der Tür stehen oder ging nach vorn, um über das Wasser zu schauen, wie es die Mädchen tun, die ein Boot nehmen. Wenn Ceresa sie suchte, kam sie langsam auf ihn zu, es machte stets den Eindruck, als habe sie nichts zu tun. Aber der Tag war lang und brachte allerlei mit sich: sie bediente in der Osteria, wusch die Hemden und hatte immer noch Zeit genug, eine Zigarette zu rauchen.

Jetzt, wo Nora die Padrona war, sagte Ceresa zu mir, wir beide würden eines Tages wieder das Boot nehmen und bis zum Abend fortbleiben, wir wollten den Po hinaufrudern, bis über das Wehr hinaus. Nora kam nicht mit ins Boot, sie behauptete, das Wasser stinke, und als wir mit den Netzen und dem Korb losfuhren, um unter der Brücke zu fischen, sah sie uns vom Fenster aus lachend nach. Zum Fischen zog Ceresa nur die Jacke an und die ganz engen schwarzen Badehosen; wir sprangen ins Wasser und stellten den Korb gegen die Steine, und während ich das Boot hielt, stöberte Ceresa die Fische mit den Händen auf. Oberhalb vom Wehr kannte er einen ganz ungewöhnlichen See, von dort kam man mit dem gefüllten Korb heim, und er sagte immer, wir würden eines Morgens dorthin aufbrechen und erst am Abend zurückkommen. Viele Morgen hindurch kam ich zur Bootsstelle in der Hoffnung, diesmal würde etwas daraus, aber immer war plötzlich allerlei zu tun, oder Ceresa mußte gerade mit Nora ein Gespräch zu Ende führen oder ein Boot teeren, mit dem er am Abend zuvor nicht fertig geworden war – und die Sache wurde aufgeschoben.

Schließlich ruderte ich allein bis über das Wehr hinaus. Als Ceresa eines Tages in Turin zu tun hatte, blieb ich mit Nora allein; sie putzte unter dem Schutzdach in einem Eimer Gemüse. Nora ließ mich nicht aus den Augen, sprach aber kein Wort, und da wurde es mir langweilig. Ich sagte, ich nähme ein Boot, und ruderte los. Ich blieb bis Mittag auf dem Wasser und ruderte dann zurück, überzeugt, daß ich Ceresa an diesem Tag nicht zu Gesicht bekäme und besser daran täte, nach Hause zu gehen. Aber Ceresa war zurückgekommen, er lachte mir vom Fenster aus zu, während er in die Jacke fuhr, und rief mich nach oben. Ich tat einen Schritt hinein: da stand in der Tür Nora, die mich von der Seite ansah, und ich hatte nicht den Mut, hineinzugehen und die Treppe hinaufzusteigen. Ich sagte nur: »Ceresa ruft« und ging unter das Schutzdach, um das Ruder hinzulegen. Nora sah mich weiter immerfort an; dann ging sie selbst hinauf.

Die Morgenstunden waren am schönsten, denn da konnte man sich immer noch mehr erhoffen als am Abend. Am Abend mußte ich fort, weil Ceresa und Nora sich nach dem Essen umzogen und untergehakt losgingen: nach Turin, ins Kino, spazieren. Die Bootsstelle blieb leer, sie schlossen die Osteria, sobald es dunkel wurde. Früher waren immer einige dageblieben, und Ceresa sorgte für gute Laune; er fror nie, er blieb auch im Dunkeln in der Badehose. Ich war wütend darüber, daß Nora, die nie in die Sonne ging und sicher so weiß war wie ein Fischbauch, Ceresa duzte, und daß die beiden sich immer unterhakten. Ich hätte viel darum gegeben, hätte ich solche Gespräche führen können wie sie.

Eines Morgens sagte Ceresa zu mir: »Du wirst sehen – wenn ich heirate, wird alles sein wie zuvor.« Ich hielt ihm den Teer und hätte am liebsten geweint. Ich weinte nicht und sah auf das Boot: er sollte nicht über mich lachen. Ich gab acht, daß mich Nora von der Küche aus nicht hörte – und doch wußte ich genau, er wollte sie wirklich heiraten.

»Ich würde nicht heiraten«, sagte ich leise. »Du wirst sehen, wenn du heiratest, zieht Nora nicht mehr das rote Kleid an, und ihr fangt an, euch zu zanken.«

»Was hast du gestern mit Zucca beim Bocciaspiel zu reden gehabt?«

Ceresa wußte immer alles. Aber Zucca, der mit dem Kropf, hatte im Gespräch mit einem anderen gesagt, Nora sei ein liederliches Frauenzimmer, und Ceresa dürfe sie nicht heiraten. Ich hatte das nur gehört, als ich ihnen die Gläser hintrug.

»Du bist noch ein Junge«, sagte Ceresa, »misch dich nicht in die Gespräche der Großen. Wenn Nora etwas zu dir sagt, sag du es mir wieder.«

Aber Nora sagte mir nie etwas von Belang. Manchmal jagte sie mich weg. Als Ceresa und ich uns an einem Boot zu schaffen machten, sah sie uns von der Tür aus zu mit einem Gesicht, als sei sie die Padrona, und ich wußte nicht, ob sie mich oder Ceresa meinte. Jetzt wartete ich nur noch, daß das Gespräch darauf zurückkäme, um ihm zu sagen: Nora ist eine schlechte Frau.

Einige Tage nach der Geschichte mit Zucca wartete ich im Boot, daß Ceresa herunterkäme, aber Ceresa kam nicht. Er war einen Augenblick hinaufgegangen, um sich etwas zu rauchen zu holen, und ich sah vom Wasser aus das offene Fenster; da jedoch das Wetter recht schön war, konnten Kunden kommen und mir Ceresa wegnehmen, und ich konnte es nicht erwarten, daß er erschien. Es war ein warmer Nachmittag, man hörte nicht einmal das Wasser gegen die Boote glucksen. Dann sehe ich flüchtig am Fenster Ceresas Rücken und höre, daß er nach dem Zimmer zu spricht und gar nicht daran denkt, sich umzudrehen und etwas zu mir hinunterzurufen. Da schaue ich in die Sonne, dann schließe ich die Augen und drücke sie fest zu; ich sah lauter rote und grüne Flecken und langweilte mich. Wie lange ich wartete, weiß ich nicht; jedenfalls steht Ceresa mit einemmal unter dem Schutzdach, er zündete sich eine Zigarette an und fragte, was wir tun wollten. Ich zeigte auf das Ruder, Ceresa machte eine Bewegung, als habe er keine Lust dazu, sprang aber ins Boot. Er ließ sich von mir bis zur Brücke rudern und saß da, ohne ein Wort zu sagen. Dann sprang er ins Wasser, wir fischten, hin und wieder sagte er etwas von den Fischen, aber er hörte nicht auf zu rauchen, sich aufzurichten und über das Wasser zu starren. Ich erzählte ihm von dem Motorboot, und wir diskutierten, ob es mit Benzin führe, aber er verspottete mich nicht mehr, wie er gewöhnlich tat, er schlug die kleinen Fische auf den Boden des Bootes und sagte: »Mögt auch ihr krepieren.«

An diesem Abend kam Zucca mit dem großen Boot vorüber und rief: »He, ihr dort!« »Na, du bist schlau«, sage ich und gieße Wasser über die Fische, und Ceresa sieht mich an, sieht mich wieder an und lacht, legt mir kräftig die Hand auf den Kopf und massiert ihn mir ein bißchen.

Und doch hatte er mit Nora keinen Streit gehabt. Frauen schlagen gern Krach, oder zumindest weinen sie; Frauen sind anders als wir. Aber bei Nora war man besser still; ich wette, auch zu ihm sagte sie manchmal wie zu mir: ›Wie bist du blöd! Mach, daß du fortkommst‹, und dann konnte er nichts anderes tun, als sie am Handgelenk packen und es ihr umdrehen. Ein einziges Mal sagte er ihr in Gegenwart zweier Kunden, sie solle ein zerrissenes Bootskissen flicken: da nahm Nora das Kissen und warf es ins Wasser. Dann schloß sie sich oben ein und wollte ihm nachher nicht aufmachen. Ich begann an den Tischen hinter der Baracke zu bedienen, dort hatte man nichts bemerkt. Ceresa sprach den ganzen Tag nicht mit mir, er stand unter dem Schutzdach, feilte einen Ruderpflock, fachte sich selbst die Schmiede an, packte die noch warmen Kohlen und warf sie mit den Händen in den Po, daß sie zischten.

Am nächsten Tag finde ich den Eingang mit der Holztür zugesperrt. Ich rufe – niemand ist da. Da gehe ich wieder, denn ich wollte nicht, daß mich die Kunden hier fänden und ich ihnen sagen müßte, daß Ceresa Streit gehabt hatte. Die Bootsstelle lag zwei Tage still; dann ging ich eines Morgens zufällig am Ufer entlang und sehe, daß zwischen den Booten Bewegung ist. Ceresa war zurückgekommen; auch Nora war zurückgekommen, sie stand am Fenster und zog sich eine andere Bluse an. Ceresa half gerade zwei Mädchen ins Boot, sie hatten sich, wie manche anderen, unter dem Schutzdach umgezogen und riefen allerlei dummes Zeug. Ceresa lachte und hielt das Boot.

Am Abend wurde gefeiert, weil Nora wiedergekommen war. Es kamen fünf, sechs Gäste, Schiffer und Kunden – Zucca, Damiano, die üblichen –, aber sie schienen jetzt vergnügter und redeten und spaßten bis Mitternacht. Alle sagten, Nora müsse baden, morgen solle sie sich einen Badeanzug kaufen und die Bocciaspieler im Trikot bedienen. Dann ging der Mond auf, die Bocciabahn war hell wie am Mittag; da holte Damiano Wein, und sie begannen zu spielen. Ich fiel fast um vor Müdigkeit, aber ich wollte nicht fortgehen; Nora half nach und sagte: »Zu Hause mögen sie dich wohl nicht?« Da ging ich heim.

Von diesem Tag an wurde Nora vergnügter, aber Ceresa gegenüber war sie kurz angebunden, sie wußte immer eine Antwort; Ceresa lachte darüber und zuckte die Achseln. Manchmal schämte ich mich für ihn, wenn diese Hexe in Gegenwart anderer dummes Zeug redete. Sie hatte sich den Badeanzug gekauft, rot wie ihr Kleid; sie zog ihn mittags an, um die Sonne auszunutzen, während sie vor dem Schutzdach hin und her ging, und behielt ihn auch danach an, bis Ceresa sie beim Arm nahm und böse ansah. Nora hatte eine Haut wie helle Butter, aber im Po badete sie nie. Wenn Damiano oder der Sohn von Zucca oder Soldaten kamen, blieb sie bei ihnen stehen, um mit ihnen zu lachen und sich zu zeigen. Ich begreife nicht, was die Leute an den Frauen finden. »Du wirst sehen«, sagte Ceresa einmal zu mir, »dir werden sie schon auch noch gefallen.« Aber bis jetzt ist mir das noch nicht passiert.

Dann bekam Ceresa mit Damiano Streit. Er stritt mit ihm an einem Tag, als ich nicht da war, doch am Tag danach wurde in der Osteria davon gesprochen. Sie waren mit den Fäusten aufeinander losgegangen und hatten so laut geschrien, daß es die Trambahnschaffner am anderen Ufer hörten. Diesmal beobachtete ich heimlich Noras Gesicht; ob auch sie wütend war? Aber sie erschien mir weniger wütend als erschreckt. Ceresa jedoch sagte nichts und ging mit mir fischen, und an dem Tag gab es nicht einen einzigen Fisch, und vor Wut packte er den Korb und schleuderte ihn gegen den Pfeiler. Dann legte er sich im Boot lang und sagte, ich solle ihn heimrudern.

Ich war nun schon ungern an der Bootsstelle, außer wenn Ceresa für mich zu tun hatte. Es gab Tage, da saßen wir unter dem Schutzdach, ohne ein Wort zu sprechen, und Nora ließ sich nicht blicken. Aber noch schlimmer war es, wenn Nora in der Küche herumwirtschaftete oder die Kunden bediente, denn dann hatte ich immer irgend etwas von ihr zu gewärtigen. Später suchte ich einmal mein kleines Boot – ich hatte es mir auf der Werkbank unter dem Schutzdach selbst gemacht, als Ceresa mich dort arbeiten ließ – und fand es nicht mehr. Ceresa saß am Boden, gegen den Pfahl gelehnt; ich fragte ihn nach meinem kleinen Boot; er sagt, er wisse nicht, wo es sei. Da laufe ich in die Küche und frage Nora, und sie sagt ruhig, sie habe es als Brennholz verfeuert.

An dem Tag fragte mich Ceresa, warum ich kein Handwerk lernte. »Aber ich will doch Schiffer werden«, antworte ich. »Du bist verrückt«, sagt er, »siehst du nicht, was für ein verdammtes Handwerk das ist? Sag deinem Vater, er soll dich in die Fabrik schicken. Los, sag ihm das. Ehe du Schiffer wirst, solltest du lieber zu den Soldaten gehen.« Das bekümmerte mich, nicht so sehr meinetwegen, ich war sowieso ein Nichts, als seinetwegen: daß ihm der Po keinen Spaß mehr machte. Ich hätte ihm am liebsten gesagt, er solle Nora heiraten, dann könne er sie besser kommandieren, aber ich wußte nicht, ob er mir darauf antworten würde. Ich zog mich wieder an und kehrte nach Hause zurück.

Nora hatte offenbar gemerkt, wie übel sie mir mitgespielt hatte, denn am nächsten Tag rief sie mich in die Küche und brachte es dahin, daß ich mit ihr redete. Sie fragte, ob es mir besonderen Spaß mache, Schiffer zu werden, und ob ich nicht Angst hätte, zu ertrinken. Ich antwortete ihr, ich hätte Spaß daran, weil es Ceresas Handwerk sei. Dann fragte sie mich, ob ich imstande sei, sie im Boot zu rudern. »Wir wollen Ceresa fragen, ob er es uns erlaubt, ans Wehr zu rudern. Wenn es morgen schön ist, rudern wir hin.«

Am nächsten Tag zog sie den Badeanzug an und lieh sich Ceresas Jacke aus. Wir nahmen den Korb mit dem Vesperbrot, und sie setzte sich auf die Kissen; Ceresa sah lachend zu, wie wir losfuhren. Als wir die Brücke hinter uns hatten, begann ich kräftig zu rudern, und Nora fragte mich, ob es noch weit sei. Ich erklärte ihr, wie man das Ruder ansetzte, und sie probierte es: sie kam neben mich, und beinahe wären wir ins Wasser gefallen; die Frauen sind alle gleich. Sie setzte sich wieder hin und fragte mich, ob ich im tiefen Wasser schwimmen könne. Sie wußte, daß man unterhalb des Wehrs nicht schwimmen kann, und sagte, ich solle an der Sangone-Mündung anlegen, wo das Wasser ruhig war.

Ich pflockte das Boot am Ufer fest und tauchte tüchtig, während sie mir zusah. Dann schwamm ich in den Sangone und rief ihr zu, das Wasser sei hier kälter als im Po. Als ich wieder am Boot auftauchte, ich berührte es schon, sah ich am Ufer Damiano und einen Soldaten. Sie waren offenbar befreundet, aber den Soldaten hatte ich nie gesehen. Dann kamen sie ans Boot und begannen mit Nora ein Gespräch. Ich grüßte Damiano, doch ohne mich weiter mit ihm einzulassen. Ich kletterte ins Boot und setzte mich hin.

Ich war wütend auf Damiano, denn ich wußte, er ruderte besser als ich; und wenn Nora ihm sagte, er solle sie ans Wehr rudern, stand ich als der Dumme da. Aber Damiano und der Soldat setzten sich ans Ufer und begannen zu spaßen. Nora antwortete, und nach einer Weile sprang auch sie an Land und sagte, sie wolle spazierengehen. Der Soldat legte die Hand auf den Reißverschluß ihrer Jacke und sagte lachend: »Das hier braucht Luft.« Er war aus Neapel.

Ich blieb allein im Boot und dachte an Ceresa: Wehe, wenn er das erführe! Da ging ich wieder ins Wasser, damit keiner, der vorbeikam, merkte, daß es Ceresas Boot war. Nora kam erst gegen Abend zurück und sagte zu mir, wir dürften Ceresa nicht sagen, daß wir Damiano getroffen hätten. Das wußte ich auch selbst.

Aber am Tag danach wollte sie sich durchaus wieder von mir rudern lassen – diesmal zu den Mühlen –, und ich ging einfach nicht zur Bootsstelle, denn ich hätte nicht nein sagen können; Ceresa bestand darauf, daß ich es täte, und sie sah mich an, wie Frauen einen ansehen, wenn sie wütend sind. Ich kam erst gegen Abend; sie hatte schon den Rock übergezogen, aber statt der Bluse trug sie noch die Lederjacke. Also behielt sie jetzt unter dem Rock den Badeanzug an. Sie sah mich recht unfreundlich an, doch ich hielt mich zu Ceresa.

Schön waren die Septembermorgen, wenn der Po im Nebel lag

und wir warteten, daß die Sonne allmählich durchbräche. Jetzt gab es immer etwas zu tun, an der Schmiede oder beim Teer, und Nora war so früh nicht zu sehen, weil sie auf den Markt ging. Ceresa sprach weniger als früher, aber ich war gern mit ihm zusammen, denn ich merkte, daß er zu nichts Lust hatte und mich unter dem Schutzdach herumkramen ließ, wie ich wollte. Hin und wieder sagte er etwas, und so leistete ich ihm Gesellschaft.

Endlich kam die Zeit der Weinlese, und eines Nachmittags lösten wir Trauben von den Rebstöcken, die die Osteria überdeckten, und machten dann Pause, wir aßen einen ganzen Eimer Trauben. Auch Nora war dabei, wir aßen alle drei und hatten unsern Spaß. Nora sagte, man müsse achtgeben, daß die Trauben uns nachts nicht gestohlen würden. Dann, wie um uns zu zeigen, wo die Diebe die Trauben verstecken könnten, öffnete sie den Reißverschluß der Jacke. Ich sah flüchtig, daß sie darunter nackt war, irgend etwas Weißes und Geflecktes; sie hatte keinen Badeanzug an. Sie schloß die Jacke sofort.

Während wir Jause machten, tranken zwei Soldaten an einem Tisch Bier, und der eine, schien mir, war jener Freund von Damiano, der Nora den Hof gemacht hatte. Aber wie soll man das sicher behaupten? Sie sehen einer wie der andere aus. Als Nora ihm das Bier brachte, war sie nicht stehengeblieben.

Doch nach einer Stunde sah ich die beiden noch immer dort sitzen, sie lachten und redeten mit Nora. Ceresa war ins Haus gegangen. Ich sah, wie Nora sich über den Tisch beugte und wie der Soldat die Hand ausstreckte wie damals, nur daß er diesmal den Reißverschluß herunterzog und daß auch Nora, zu ihm gebeugt, lachte. Ich drehte mich erst um, als ich merkte, daß Ceresa in der Tür stand. Er rief mich und sagte sonst kein Wort.

Einen Augenblick danach war ich allein auf der Bocciabahn, die Tische waren leer, Nora und Ceresa waren im Haus. Ich horchte, ob sie schrien, aber nichts regte sich. Ich hatte nur Angst, daß ein Kunde käme oder ein Boot zurückkehrte und ich Ceresa rufen müßte. Zwischen den Bäumen war es noch hell, doch es wurde Abend; ich fror. Drüben hinter den Bäumen hörte ich die Vögel; sie flogen tief. Auf dem abschüssigen Dammweg kam auch nicht ein Auto vorüber. Alles lag wie tot.

Mich packte Scham, Furcht, ich weiß nicht was. Ich dachte noch immer an jenes Weiß von Nora. Mir war, als schreie alles, als rufe jemand nach mir. Dann öffnete sich das Fenster. Ceresa beugte sich heraus und sagte: »Pino, lauf heim.« Er schloß das Fenster sofort.

Am nächsten Tag kam ich mit klopfendem Herzen zurück. Ich ging auf dem Dammweg, aber nicht hinunter; die Bootsstelle lag ruhig inmitten der Bäume. Niemand war da. Ich mußte sowieso beim Zoll etwas ausrichten. Aber nach dem Mittagessen entschloß ich mich: Ceresa mußte erfahren, daß ich nicht schuld daran war. Ich sehe eine Menge Boote, sie fuhren vor der Bootsstelle hin und her; ich sehe zwei Männer in Zivil dort, wo der Pfad einmündet, neben einem Auto stehen. Ich begreife, daß man da nicht vorbei kann, und so mache ich den Umweg über die Wiese. Unter dem Schutzdach gehen alle möglichen Leute hin und her, aber Ceresa ist nicht dabei. Da treffe ich den Sohn von Zucca; er sagt mir, daß Ceresa Nora erdrosselt und in den Po geworfen hat.

Ich wollte ihn sehen, um ihm das von dem Tag am Sangone zu sagen, aber sie trieben alle, die dort waren, weg; und als er herauskam, hörte man nur noch den Motorlärm vom Auto. Dann sagte mein Vater, je weniger ich davon spräche, um so besser sei es, für mich und für alle.

Wanda

Da bin ich und läute an der Tür, und wenn mir statt einer zögernden, überraschten Wanda eine empörte Wanda öffnen und fragen würde, was ich will, und wenn ich glaube, man brauche nur dazustehen, sie zu packen und eine Nacht bei ihr zu verbringen, dann müßte ich auch den Kopf beugen und den Hut abnehmen und brummen, ich hätte mich geirrt.

Statt dessen trete ich ein, folge ihr, halte sie am Handgelenk und bleibe selbst stehen, wenn sie stehenbleibt, um sich an mich zu schmiegen. Auch Wanda sollte ihr Gesicht verhüllen und weglaufen, um sich zu verbergen, wenn ich sie fragen würde, was sie von mir will. Aber die Frauen hören nicht hin, als ganze Antwort werden sie zärtlich: so hat sie es mit ihrem Mann gehalten, als sie einen Mann hatte, und so hält sie es jetzt mit mir, während ich dasitze, und sieht mich an und hat mich an der Hand gefaßt und fragt mich mit diesem stummen Blick, warum ich mich verspätet habe. Noch hat sie nicht versucht, mich zu küssen.

Wäre sie nicht eine Frau, sondern mein einziger Freund, der an diesem Tag gestorben ist, so würde sie begreifen, daß ich nicht komme, um zärtlich zu ihr zu sein und ihr von Liebe zu sprechen, sondern nur, um zu weinen. Statt dessen sieht sie mich verdrießlich an, ein beleidigtes Mädchen, und denkt nicht daran, daß ich es nicht erwarten kann, bis sie aufsteht und mich hier allein läßt. Nicht ein Mal von tausend versteht sie sich zu versagen, und ich begreife, warum ihr Mann ihrer überdrüssig geworden ist. Wenn sie doch lächeln wollte, wenn wir im Bett sind! Aber jedesmal tut sie, als erwarte sie am Ende der Galgen, und ihre Spiele sind nur lange Seufzer, ermattete Augen und Schluchzer.

Wenn ich sie ansehe, mag ich nicht einmal mehr weinen, mir kommt der Verdacht, daß sie sich im Grunde gar nicht von mir unterscheidet. Wenn es wirklich so ist, dann bedaure ich mich wahrhaftig selbst. Denn sie hat immerhin das Glück, daß sie mich liebt; und ich liebe sie nicht, ich verspüre keine besondere Erleichterung, wenn ich sie vor mir sehe. Aber wäre ich an ihrer Stelle, so würde ich mich mächtig freuen.

Endlich ist sie aufgestanden und geht quer durchs Zimmer. Jetzt kann ich weinen. Ist es nicht schon mehr als Weinen, wenn ich nachts zu Wanda komme, sie leiden sehe und weiß, daß nichts, was ich tue, ihr nutzt, weil sie mir ohnehin nicht wichtig ist? War mir Bruno wichtig?

Jetzt sollte Wanda zurückkommen; aber sie kommt nicht zurück. Ich bin mit Bruno allein.

›O Wanda, höre mich, ich fühle mich hundeelend.‹

. . . .

Träume im Lager

Manchmal erwachten wir morgens sonderbar ausgeruht; merkwürdigerweise kam es uns dann so vor, als seien wir müde. Der Körper war schwer, wie er im Schlaf schwer ist. In Lenden und Waden pulste dumpf, aber munter das Blut. Wenn wir einander ins Gesicht sahen, schien jeder von uns weither zu kommen. Wir sprachen vom Tag, von dem erhofften schönen Wetter, auch wenn der Himmel an den vergitterten Fenstern mit Wolken bedeckt war. Keiner aber wagte zu sagen, daß eben dieser stumpfe, matte Himmel bewirkte, daß wir vor Wohlgefühl halb die Augen schlossen – einem flüchtigen Wohlgefühl, das Unschlüssigkeit zurückließ.

Ich weiß nicht, ob später, wenn wir zwischen den Baracken umhergingen, jemand seinem Gefährten erzählte, wie er die Nacht zugebracht hatte. Eines Tages fragten sie mich: »Und du – was hast du geträumt?« Aber ich wußte nichts zu antworten, als daß ich, wie ein Kind, ohne Träume geschlafen hätte.

Wir waren zwischen diesen traurigen Baracken wie Kinder; wenn wir darauf warteten, uns für den gewohnten Ausgang in Kolonnen aufzustellen, liefen manche eifrig hin und her und suchten irgend etwas, andere saßen müßig auf einer Kiste oder einer Stufe. Muße hatten wir alle; aber einige wollten durchaus nicht stumpf werden. Sie fürchteten, sie würden dann, wenn jemand von draußen sie rief, heftig zusammenfahren und sich nur mit Mühe wieder zurechtfinden. Und doch war diese Stumpfheit in uns, sie hatte etwas ungeheuer Beschwerliches, das schon wer weiß wie lange anhielt und von wer weiß woher kam. Bei einem solchen Erwachen spürten wir eine Unsicherheit, wie einer, der aus einem Meer kommt, wo er bis zur letzten Kraft geschwommen hat und nun die Beine erschöpft ins Wasser sinken läßt. Irgend etwas war während der Nacht geschehen. Wir hatten so intensiv geträumt, daß jetzt jede Erinnerung daran ausgelöscht war; es blieb nur ungläubiges Staunen. So läßt uns das Summen der Stille manchmal an einen Schrei denken, an einen so betäubenden Lärm, daß man nichts mehr hört.

Ich schämte mich nicht, zu bekennen, daß ich Angst vor dem Dunkel habe – ich, der ich doch standhielt in jenem trostlosen Lager, wo es uns Schmerz bereitete, wenn ein schöner Tag anbrach – so widersinnig war das. Wir hatten Angst vor uns selbst und vor dem Dunkel. Und wer Angst vor dem Dunkel hat, der glaubt bestimmt nicht, daß es Wunder gibt. Er weiß ganz einfach nur, daß sein Blut und sein Denken in der Berührung mit der Nacht erbeben und ungeheuerlich aufschäumen können, wie ein Pferd schäumt, das in Schweiß geraten ist. Es kam vor, daß man am Morgen ganz allmählich munter wurde, ohne eine Erschütterung, so wie sich ein Boot dem Ufer nähert; man erhob sich mit steifen Gliedern und sah sich um, ein wenig überrascht – es waren zwar die ewig gleichen Baracken, aber unsere im dunklen Meer des Schlafes gewaschenen Augen erkannten sie nicht sofort wieder. Mancher von uns blieb vom frühen Morgen an still sitzen, sah hinauf zu den unruhig Tätigen, die sich unter dem niedrigen Himmel auf den schmalen Feldwegen abmühten, und machte ein Gesicht, als suche er unter den Gefährten diejenigen, die in der Nacht mit ihm gewandert waren und mit ihm den Schrecknissen, den plötzlichen Umschwüngen der trüben Träume die Stirn geboten hatten. Keiner sprach davon. Es genügte uns, zu spüren, wie die Verwunderung in uns schwächer wurde.

Statt dessen sprachen wir vom Tag und von unseren gewohnten Beschäftigungen. Da wir in diesem Lager nichts anfangen konnten mit der Gewißheit, es zu Ende zu führen, folgten wir immer den wechselnden Stimmungen am Himmel; war er heiter, so suchten wir in ihm begierig die eigene Heiterkeit zu lesen, aber es war jeden Tag eine Enttäuschung, denn die traurigen Baracken zeigten uns, wie unnütz das war. Sonne und Wind peinigten uns, wie sie es bei Kranken tun. Dann, im Verlauf der schönen Jahreszeit, lernten wir, unsere Melancholie unter dem reinsten Himmel zu bewahren, und das bedeutete für unseren Frieden viel, denn diejenigen unter uns, die leichtsinniger schienen, litten mehr.

Vielleicht war es wirklich so, daß wir nachts an uns erfuhren, was wir bei Tage mit soviel Sorgfalt verschwiegen. Nachts machte sich unser Körper davon, über die letzte Baracke, über die stillen Hügel hinaus, falls es im Schlaf noch Baracken und Hügel gibt und nicht vielmehr ein dunkles Gefilde, wo die Dinge aus ihrem eigenen Licht heraus durchsichtig werden und die Schrecknisse, bohrenden Schmerzen, Ängste, Entdeckungen völlig eins werden mit dem Aufruhr des Blutes, das im Dunkel brüllt. Die Ereignisse des Schlafes waren vergessen, noch ehe sie geschahen, und daher kam wohl die entsetzliche Mühe, sie mit ans Licht zu tragen, ans Licht zu tragen wenigstens das Blut, den Körper, in denen sie sich verwirklicht hatten. Vielleicht hätte jemand, der uns in solchen Nächten hätte schlafen sehen, uns nicht wiedererkannt. Eine wie abwesende Lampe glomm in der Baracke: sie schien zu schwanken, selbst eine Beute des Traums. Nichts von dem, worauf ihr kümmerliches Licht traf, war wirklich. Wirklich war der Aufruhr des Blutes und sein Eintauchen in die absurde Unbewegtheit der Nacht; es war, als gerate man in ein Rad, das, von einem Wirbel erfaßt, stillzustehen scheint. Wer von uns vor dem Morgengrauen erwachte, horchte in die Nacht und wartete, als sei er außerhalb der Welt, angstvoll auf den rauhen Ruf der Wachtposten.

Das Maisfeld

An dem Tag, als ich unten an einem Maisfeld stehenblieb und dem Rauschen der langen, dürren Stengel zuhörte, die sich in der Luft bewegten, erinnerte ich mich an etwas, was ich schon lange vergessen hatte. Hinter dem Feld – es stieg nach oben an – war der leere Himmel. ›Das ist ein Ort, an den man zurückkehren sollte‹, sagte ich mir und fuhr ganz rasch mit dem Rad los, als müßte ich die Nachricht jemandem bringen, der weit fort war. Aber ich selbst war weit fort, weit von allen Maisfeldern und allen leeren Himmeln. An jenem Tag war es ein Feld; es hätte auch ein über eine Straße hängender Felsen sein können, ein einzelner Baum an einem Hügel, ein Rebstock auf dem Rand einer Weinbergterrasse. Gewisse lange zurückliegende Gespräche gerinnen mit der Zeit und konkretisieren sich in Gestalten der Natur. Diese Gestalten wähle ich nicht aus: sie verstehen sich darauf, sich vor mir zu erheben, sich auf meinem Weg einzufinden im rechten Augenblick, wenn ich am wenigsten daran denke. Kein Mensch aus meinem Bekanntenkreis hat soviel Takt wie sie.

Was mir das Maisfeld sagt in den kurzen Momenten, wo ich wage, es zu betrachten, ist das gleiche, was einer sagt, der auf sich hat warten lassen, während man selbst ohne ihn nichts tun konnte. ›Da bin ich‹, sagt ganz einfach der, der auf sich warten ließ; aber ihm, der Herr über uns ist, wirft man dann unweigerlich einen scheelen Blick zu. Anders hier: auf den Himmel zwischen den tiefreichenden Stengeln schaue ich verstohlen wie ein Mensch, der über den Gegenstand hinaussieht, sozusagen in der Erwartung, daß dieser sich von sich aus enthüllt – obwohl er weiß: er kann sich nichts von ihm erhoffen, als was der Gegenstand schon enthält, und eine zu heftige Bewegung könnte alles böse aus dem Gleichgewicht bringen. Dieses Feld schuldet mir nichts, so daß ich nichts anderes tun kann als schweigen und es in mich eindringen lassen. Und das Feld und die dürren Stengel rauschen ganz allmählich in mir und bleiben mir still im Herzen. Zwischen uns bedarf es keiner Worte. Die Worte hat es schon vor vielen Jahren gegeben.

Wann in Wirklichkeit? Ich weiß es nicht. Und ich weiß nicht einmal, was sie einander zu sagen haben konnten, ein Maisfeld und ein Junge. Aber eines Tages war ich gewiß vor einem solchen Feld stehengeblieben – als bliebe mit mir die Zeit stehen –, und ebenso den Tag danach und wieder einen, eine ganze Jahreszeit, ein ganzes Leben hindurch; und das war eine Grenze gewesen, ein vertrauter Horizont, durch den die Hügel – niedrig, so weit entfernt waren sie – hindurchschienen wie Gesichter an einem Fenster. Immer, wenn ich einen Schritt in den gelben Wald hinein gewagt hatte, muß mich das Feld mit seinem knisternden, von der Sonne erwärmten Laut in sich aufgenommen haben; und meine Antworten waren die vorsichtigen, manchmal auch heftigen Bewegungen gewesen, mit denen ich die scharfen Blätter beiseite schob, mich zu den Kornwinden bückte und den Blick über die hohen Stengel hinaus auf die Leere des Himmels richtete.

In jenem Knistern war eine tödliche Stille. Es war die Stille eines abgeschlossenen, einsamen Ortes, die in dem fernen Himmel das

Versprechen eines unbekannten Lebens erschloß, unbegehbar und verführerisch wie die Hügel.

Daß die Zeit damals stillstand, weiß ich, weil ich sie noch heute vor dem Feld unversehrt wiederfinde. Es ist ein Rauschen, das sich nicht bewegt. Ich begreife, daß ich eine Gewißheit vor mir habe, daß ich den Grund eines ewig gleichen Sees, der mich erwartete, sozusagen berührt habe. Der einzige Unterschied ist der, daß ich damals heftige Bewegungen wagte, ins Feld eindrang und dabei zu den vertrauten Hügeln einen Schrei hinaufschickte: mir schien, sie erwarteten mich. Damals war ich ein Kind, und alles von diesem Kind ist gestorben – außer jenem Schrei.

Die eigentliche Jahreszeit dort im Feld ist der Herbst, wenn sich auf dem Land hinter den Maisreihen alles regt. Man hört Stimmen, es wird geerntet, nachts zündet man Feuer an. Die unbewegte Stille des Feldes enthält auch diese Dinge, aber wie in einer gewissen Entfernung, wie Versprechungen, die man flüchtig zwischen den Zweigen sieht. Die dürr werdenden Blätter öffnen immer größere Streifen Himmel, lassen die fernen Hügel nackter erscheinen. Man denkt auch an das, was dahinter ist, an das, was nachts oben im Wald gegenwärtig ist. Manchmal steigt in die Erinnerung das Knistern der gelben Blätter auf, es erschreckt mich, wie wenn ein unbekannter, gefürchteter Schritt hindurchstampft, als schlügen Körper im Kampf um sich. Nun, in der Entfernung, ist alles in eins verschmolzen: die nächtlichen Feuer auf den Hügeln und der zwischen die schwankenden Stengel des Feldes hereinbrechende Abend. Eine Beruhigung ist allein der Gedanke: der sich zu Boden warf und sich versteckte, war ebendieser Junge, und die von den Stengeln herabhängenden dicken Maiskolben werden die Bauern morgen ernten. Aber morgen ist der Junge nicht mehr hier.

Diese Dinge geschehen, sooft ich vor dem Feld stehenbleibe, das mich erwartet. Es ist, als redete ich mit ihm, obgleich sich das Gespräch vor vielen Jahren abgespielt hat und auch seine Worte verloren sind. Mir genügt jener flüchtige Blick, von dem ich erzählt habe: und der leere Himmel füllt sich mit Hügeln und Erscheinungen.

Die Langa

Ich bin ein sehr ehrgeiziger Mensch, und ich verließ als junger Mann mein Dorf mit der fixen Idee, ›jemand zu werden‹. Mein Dorf, das sind ein paar ärmliche Häuser und ein großer Schlamm, aber es wird von der Provinzstraße durchquert, auf der ich als Kind spielte. Da ich – ich wiederhole es – ehrgeizig war, wollte ich die ganze Welt durchstreifen und, wenn ich in die fernsten Gegenden kommen würde, mich umdrehen und in Gegenwart aller sagen: ›Habt ihr diese paar Dächer niemals nennen hören? Nun, von dort komme ich.‹ An manchen Tagen betrachtete ich den Umriß des Hügels aufmerksamer als sonst; dann schloß ich die Augen und tat, als sei ich bereits in der weiten Welt, um mir die bekannte Landschaft ganz genau immer wieder vorzustellen.

So zog ich in die Welt hinaus und hatte dort einiges Glück. Ich kann nicht sagen, daß ich mehr als irgendein anderer ›jemand‹ geworden wäre, denn ich habe so viele Menschen kennengelernt, die aus dem oder jenem Grund ›jemand‹ geworden sind, daß ich, wäre es nicht schon zu spät dafür, mir bestimmt nicht mehr Mühe geben würde, diesen Wahnbildern nachzujagen. Gegenwärtig würde mein stets wacher Ehrgeiz mir raten, mich von anderen, wenn überhaupt, durch den Verzicht zu unterscheiden; aber man kann nicht immer tun, was man möchte. Genug; ich will nur soviel sagen: ich lebte in einer großen Stadt und machte sogar viele Seereisen, und eines Tages, als ich mich im Ausland aufhielt, war ich drauf und dran, ein schönes, reiches Mädchen zu heiraten, das den gleichen Ehrgeiz hatte wie ich und mir sehr zugetan war. Ich tat es nicht, denn dann hätte ich mich dort unten einrichten und für immer auf mein Land verzichten müssen.

Eines Tages also kehrte ich nach Hause zurück und suchte wieder meine Hügel auf. Von den Meinen war niemand mehr dort, aber Bäume und Häuser waren da, und auch manches bekannte Gesicht. Die Provinzstraße und der Dorfplatz waren sehr viel schmaler, als ich sie in Erinnerung hatte, viel bescheidener, und nur der ferne Umriß des Hügels hatte gegen früher nicht verloren.

In jenem Sommer betrachtete ich vom Balkon des Albergo aus oft den Hügel und überlegte mir, daß ich in all den Jahren nicht mehr daran gedacht hatte, zu zeigen, wie stolz ich auf ihn war; und ich hatte es mir doch vorgenommen. Wenn überhaupt, so rühmte ich mich jetzt den alten Dorfgenossen gegenüber der weiten Wege, die ich gemacht hatte, und der Häfen und Bahnhöfe, durch die ich gekommen war. All das machte mich so melancholisch, wie ich es schon lange nicht mehr gewesen war; aber diese Stimmung war mir nicht unbehaglich.

In solchen Fällen heiratet man, und im Tal hieß es in der Tat, ich sei zurückgekommen, um mir eine Frau zu suchen. Verschiedene Familien, auch Bauern, luden mich ein, mir ihre Töchter anzusehen. Es gefiel mir, daß sie in keinem Fall anders vor mir zu erscheinen suchten, als ich sie in Erinnerung hatte: die Landleute führten mich in den Stall und brachten auf die Tenne etwas zu trinken, die Bürger empfingen mich im nie benutzten Salon; dort saßen wir um den Tisch, die schweren Vorhänge geschlossen, während draußen Sommer war. Doch auch diese Bürger enttäuschten mich nicht: es kam vor, daß ich an manchen Mädchen, die verlegen scherzten, einiges wiedererkannte – die Art, sich zu bewegen, die blitzenden Blicke, die sie mir, als ich noch ein Junge war, vom Fenster oder von der Türschwelle aus zugeworfen hatten. Aber alle sagten, es sei etwas Schönes, sich an das Dorf zu erinnern und dorthin zurückzukehren, wie ich es tat, und sie rühmten ihre Äcker, rühmten ihre Ernten und wie gut hier die Menschen und der Wein waren. Auch von dem Charakter der Dorfleute, einem besonders mutigen, schweigsamen Charakter wurde gesprochen, so ausführlich, so oft, daß ich lächeln mußte.

Ich heiratete nicht. Ich merkte sofort: wenn ich eins dieser Mädchen, selbst das aufgeweckteste, mit in die Stadt nähme, hätte ich mein Dorf im Haus und hätte nie mehr so an das Dorf zurückdenken können, wie ich es jetzt wieder so gern tat. Jedes dieser Mädchen, jeder dieser Bauern und Hausbesitzer war nur ein Teil meines Dorfes, er stellte nichts als einen bestimmten Landsitz dar, ein Gut, eine Anhöhe. Ich hingegen hatte alles zusammen im Gedächtnis, ich war selbst mein Dorf: ich brauchte nur die Augen zu schließen um mich zu sammeln, nicht mehr, um zu sagen: ›Kennt ihr diese paar Dächer?‹, sondern um zu spüren, daß mein Blut, meine Knochen, mein Atem, alles aus jenem Stoff gemacht war; außer mir und jener Erde gab es überhaupt nichts.

Ich weiß nicht, wer gesagt hat, man müsse, wenn man ein Junge ist, mit dem Plänemachen vorsichtig sein: sie verwirklichten sich im reifen Alter immer. Sollte das stimmen, so heißt das wieder einmal, daß unser ganzes Schicksal uns schon eingeprägt ist, noch ehe wir das Alter der Vernunft haben.

Ich jedenfalls bin davon überzeugt, aber ich denke manchmal: es ist immer möglich, Irrtümer zu begehen, die uns dann zwingen, dieses Schicksal zu verraten. Das ist der Grund, weswegen so viele Menschen, wenn sie heiraten, fehlgreifen. Ein Junge plant in dieser Hinsicht natürlich nie etwas; wenn er sich entscheidet, so riskiert er dabei sein eigenes Schicksal. In meinem Dorf wird jemand, der sich verliebt, verspottet; jemand, der heiratet, wird gelobt, wenn er sein Leben in nichts ändert.

Ich begann also wieder zu reisen und versprach im Dorf, ich würde sehr bald zurückkehren. In der ersten Zeit glaubte ich daran, denn die Hügel und der Dialekt waren in mir ganz lebendig. Ich brauchte nicht mit Heimweh an sie zu denken, so daß sie zu meiner gewohnten Umgebung in Gegensatz geraten wären. Ich wußte, sie waren dort drüben, und vor allem wußte ich, daß ich von dort kam, daß alles, was von jener Erde Gewicht hatte, in meinen Körper und in mein Bewußtsein eingeschlossen war. Aber das ist nun viele Jahre her, und ich habe meine Rückkehr so lange aufgeschoben, daß ich es fast nicht mehr wage, den Zug dorthin zu besteigen. Wenn ich dort wäre, würden meine Landsleute merken, daß ich das alles nicht ernst gemeint habe, daß ich nur darum wollte, sie sollten von den Vorzügen meiner Heimat sprechen, damit ich sie wiederfände und mit fortnähme. Jetzt würden sie das ganze Streben des Jungen begreifen, den sie schon vergessen hatten.

Eine Gewißheit

Mein Leben ist alles andere als geruhsam, ich kann sogar sagen, daß ich ungewöhnliche Abenteuer gehabt habe, Unglück, neuen Aufschwung, Stürme, auch sind die Prüfungen noch immer nicht zu Ende. Und doch, wenn ich in alledem wirklich einen Augenblick innehalte, um nachzudenken, so finde ich mich in meiner Vergangenheit nicht zurecht und begreife ihre Aufregungen nicht. Es ist, als wäre alles einem anderen zugestoßen und ich schlüpfte gerade aus einem Versteck hervor, einem Loch, in dem ich bis jetzt gelebt hätte, ohne zu wissen wie. Wäre es nicht so, daß ich in diesen Augenblicken ein großes Staunen empfinde und mich selbst nicht wiedererkenne, so würde ich sagen: das Versteck, aus dem ich krieche, bin ich selbst. Manchmal kommt es vor, daß ich ganze Tage, auch sehr mit Arbeit angefüllte Tage, lebe, ohne an meinen Handlungen und Entschlüssen teilzuhaben. Aber das ist es nicht. Ich weiß im allgemeinen sehr wohl, was ich will; und jemand, der, wie ich, ein Leben voll Verantwortung führt, ein Leben, das ihn persönlich befriedigt, muß ja auch klare Vorstellungen haben und sich ganz den Tatsachen zuwenden.

Als ich jünger war, mußte ich mich einmal einige Tage zu Hause verborgen halten. Ich hatte Feinde, etliche Feinde – das brauche ich jetzt nicht alles zu erzählen, aber heißes Blut habe ich immer gehabt, und die Dinge waren bis zu einem Punkt gediehen, daß ich mich unbedingt versteckt halten mußte. Ich erinnere mich, daß ich mich die ersten Tage wie ein eingesperrter Tiger benahm, im Zimmer hin und her lief, mit mir selbst sprach; aber dann, als die Sache sich ihrem Ende näherte, war ich allmählich daran gewöhnt, und an dem Abend, als ich mir erlauben konnte, auszugehen, zögerte ich einen Augenblick auf der Schwelle. Dann natürlich ging ich aus und nahm meine Geschäfte wieder auf. Immerhin – ich erinnere mich, daß ich in dem Augenblick des Zögerns ebendas Gefühl hatte, von dem ich sprach: ein großes Staunen, ein Bedauern, wie es jemand empfindet, der festgehalten wird, als er gerade eine

Geste machen, einen Entschluß fassen will, der aber nie ausgeführt wird. Aber es war nicht so, wie wenn man eine Gewohnheit unterbricht – den Frieden und die Stille des Zimmers eintauscht für die unbestimmte Weite der Straßen –, und ich empfand weder damals noch später jenes flüchtige Unbehagen, sondern ich hatte den Eindruck, ich sei plötzlich in eine völlig andere Luft geraten, als ich sie sonst kannte, eine Luft, die man in sich zu haben meint statt um sich, ein mächtiger Abgrund von Luft, von Leere, von möglichen Geschehnissen und Gedanken, die aus dem tiefsten Ich hervorsprudeln würden, wenn dieses Ich nicht sogleich verschwunden wäre, so unglaubhaft war das.

Das sind Augenblicke, in denen man das Gefühl hat, man könne durchaus über alles verfügen. Wer sie einmal erlebt hat, spürt, daß die ganze überschaubare Vergangenheit und darum auch die Gegenwart, kurz das ganze Leben seinen Wert nicht durch das hat, was man getan, gewollt, erduldet, erreicht hat, sondern daß man genausogut wie ein Bettler an einer Ecke stehen und etwas murmeln könnte, was die Vorübergehenden nicht einmal verstehen, und mit geschlossenen Augen in dieses Staunen, diesen Abgrund hineinstarren könnte. In uns gibt es ein Geheimnis, wichtiger als jede Verantwortung, die man übernehmen kann. Aber obwohl dieser Zustand immer sich selbst gleich ist, liegt nichts Eintöniges darin: man hat stets das gleiche Gesicht, die gleichen Augen, die gleiche Stimme, und doch denkt man nicht im Traum daran, dieser Dinge müde zu werden.

An manchen Tagen, wenn ich – es sind die einzigen Augenblicke, wo ich ausruhe – einmal viel durch die Straßen gehe oder altbekannte Gesichter wiedersehe, weiß ich schon, daß sich nach und nach die gewohnten Gedanken wieder in mir festsetzen werden; diese Gedanken gehen mehr und mehr mit mir, leisten mir bei Begegnungen und wenn ich warten muß Gesellschaft, wollen mir eben ein entscheidendes Wort sagen: da, während ich etwas zu erkennen glaube, begreife ich, daß es nur der Reflex eines Augenblicks ist aus der Zeit, als ich ein Junge war und noch nicht einmal wußte, daß ich ich werden würde. Mit allem, was ich in der Welt getan, gesehen und begriffen habe, geht es mir so: was am allermeisten zu mir gehört, ist ein Haufen Steine, auf dem ich damals saß, ein Kellergitter, auf das ich den Blick richtete, ein geschlossenes Zimmer, in das ich nicht eintreten durfte. Und das Schöne ist: dieser Eindruck, eine Welt zu streifen, die frei ist wie die Luft, für einen Augenblick zu spüren, daß ich und diese Welt eng zusammengehören, und daß ich, bliebe der Eindruck eine Weile bestehen, mich für wer weiß wen halten und auf eine ganz andere Art leben müßte – diesen Eindruck konnte ich schon als Junge haben, natürlich ohne es zu begreifen. Eine Tatsache, über die ich mit niemandem reden möchte, ist diese: wenn man darüber nachdenkt, so sind die Augenblicke größter Genugtuung die, die am weitesten zurückliegen, von denen man nicht einmal weiß, daß man sie erlebt hat, als ich begann, von zu Hause auszureißen, und es voller Furcht tat. Der einzige Unterschied ist der, daß ich damals mit mir in Einklang war und, um zu begreifen, wer ich bin, nicht den Augenblick im Fluge zu erhaschen und auf der Straße stehenzubleiben brauchte wie einer, der das Gedächtnis verloren hat, wie ein erschrecktes Tier.

Aber dann denke ich, daß jeder sich seine Genugtuungen dort nimmt, wo er sie findet; und es ist nicht gesagt, daß ich, weil mir meine Tage als die eines anderen erscheinen, weniger entschlossen bin, wenn es darum geht, zu arbeiten und persönlich dafür einzustehen. Im Gegenteil, daß ich dieses Mittel habe, mir Luft zu machen, schafft mir in gewissem Sinn neue Kräfte; so als ob, wenn alles, was ich habe, betreibe und veranlasse, morgen davonfliegen würde, ich wenigstens nicht davonflöge. Das heißt, daß ich mich in diesem Fall der Gesellschaft jenes Jungen erfreuen werde, der immerhin kein so kleiner Junge gewesen sein kann, wenn er so etwas immer gewußt hat.

Der Einsiedler

Nino war eigensinnig, so wenigstens hatte ich immer geglaubt, aber jetzt merkte ich, daß er nicht eigentlich launenhaft war oder doch kaum mehr als ich selbst. Ich begriff allmählich, daß dieses Haus für den Jungen nicht dasselbe bedeutete wie für mich. Der Flur, der vom Eingang bis zu der kleinen Tür zum Obstgarten hindurchführte – er erfüllte das Haus für den, der eintrat, mit Grün und Licht –, war für ihn ein Freiheitsversprechen, ein Ruf ins Weite, und für mich einfach nur der Hintergrund für einen verhärteten Gram. Es gab Zimmer, die immer geschlossen blieben, besonders eines; und wenn meine Schwägerin sie öffnete, um sie in Ordnung zu bringen, und Nino die Nase hineinsteckte, gab mir das einen Stich, und ich ärgerte mich, weil ich begriff, daß ihm die Vorhänge, die Kommode, das Frisiertischchen im Sinn bleiben würden nur als eine schöne, sonderbare, zu Phantasien verlockende Dekoration.

Nach dem Tod meiner Frau hatte ich geglaubt, ich würde es nicht fertigbringen, weiter in diesem Haus zu leben. Trotzdem war ich dorthin zurückgekehrt, mit Nino, im heißesten Juli, und in den ersten Tagen hörte Nino nicht auf, nach dem Meer zu jammern, von wo wir kamen. Er war dort zum erstenmal in seinem Leben gewesen, und es hatte ihm nicht allzugut getan: wie seine Mutter in der letzten Zeit, als ihre Augen schon tief eingesunken waren, durchaus bestimmte Früchte essen wollte, die ihr schon als Mädchen gut geschmeckt hatten, so hatte auch Nino mir verzweifelt die Übelkeiten, die Erschöpfungszustände zu verbergen gesucht, die ihm die Seeluft verursachte. Er war zwölf Jahre alt und hatte es wunderbar gefunden, den ganzen Tag mit dem Wasser und mit den Altersgenossen zu spielen. Als ich ihm erklärte, wir würden ganz bestimmt abreisen, sagte er: »Du wirst sehen, zu Hause geht es mir noch schlechter.«

Jetzt fand er sich allmählich damit ab und kam wieder in Ordnung, auch dank der Erlaubnis, im Fluß zu baden. Aber ich verbot ihm, allein hinzugehen; ich selbst ging mit ihm, und Nino war vernünftig genug, daß er nicht versuchte, mich zu täuschen und allein auszureißen, schon weil er wußte, daß er damit künftige Bäder aufs Spiel setzen würde. Im übrigen schien er sich, obwohl er an der See so viele Spielkameraden gewonnen hatte, im Dorf weder mit den Bauernjungen noch mit den wenigen anderen seinesgleichen zu verstehen, die auf unserer Straße wohnten. Er stand mit ihnen zusammen, beteiligte sich wohl auch an den Spielen, aber ins Haus brachte er sie nie mit. Ich glaube, er hatte sie schon in den ersten Tagen gegen sich, weil er von seinen Erinnerungen an die See zu begeistert erzählt hatte. Den Morgen verbrachte er ausgelassen auf den Wiesen hinter dem Haus, oder er trieb sich auf dem lärmerfüllten Markt herum zwischen Frauen und Bauern, erpicht vor allem auf Begegnungen mit Verkäufern und Marktschreiern, die von weither kamen, von den Dörfern hinter dem Hügel, jenseits der Terrassen am Fluß: Leute, die lebhaft daherredeten, um die Hüften breite rote Schärpen trugen und sich manchmal rühmten, in fremden Ländern gewesen zu sein. Ich erinnere mich noch, wie froh er über die Bekanntschaft mit dem Fischhändler Colino war, der auch eine Tonne Sardellen hatte und ihm erzählte, er gehe jedes Jahr nach Spanien, um sie neu zu füllen. Der Junge sprach bei Tisch ganz aufgeregt davon. Meine Schwägerin – eine gute Frau, die nie über unseren Dorfplatz hinausgekommen war – verspottete Nino, und er betrachtete sie voll Haß. Am späteren Nachmittag gingen wir, ich und Nino, über die Wiesen zum Baden; der Junge lief voraus. Der Fluß war dort viel zu breit im Verhältnis zu dem Dorf, das mit seinen Obstgärten nach ihm hin abfiel, aber er war nicht sehr tief. Wir durchwateten ihn; dann zog man sich zwischen den Weiden aus, man sonnte sich auf dem breiten Kiesstreifen, tauchte in einem kleinen See am anderen Ufer; manchmal ging man aus Neugier tief in die Macchia hinein, die bis unten an den Hügel reichte. Nino war auf seine sonnengebräunte Haut sehr stolz.

Von dem Einsiedler sprach er zum erstenmal bei Tisch. Auf ein Wort Ninos hatte meine Schwägerin barsch gesagt: »Er ist ein Dreckschwein, alle Frauen zusammen würden nicht genügen, ihn sauberzukriegen.« Nino sagte, heute morgen sei der Einsiedler auf dem Markt aufgetaucht, um Kaninchenfelle zu verkaufen.

»Und wer ist er?« fragte ich.

Offensichtlich war er ein junger Mann, der keine Lust hatte, zu arbeiten, und sich am Hang über dem Fluß eingerichtet hatte; er hatte dort eine Grotte ausgehöhlt, hielt sich eine Ziege und empfing die Besuche frommer Leute. »Aber der Pfarrer hat den Frauen von der Kanzel aus schon Bescheid gesagt«, mischte sich meine Schwägerin ein. Nino beachtete sie nicht, er sagte, der Mann habe einen blonden Bart, eine Felljacke und trage Sandalen. »Er ist ein Ketzer«, sagte meine Schwägerin. Ich erklärte lachend, wahrscheinlich sei er nur ein Faulpelz. Da begann Nino mir eifrig auseinanderzusetzen, er sei, ehe er Einsiedler wurde, Seemann gewesen und habe die Welt durchstreift, er sei reich gewesen und habe sein Geld weggegeben. Diese Dinge wüßten alle im Dorf. Zum Beispiel Colino.

»Und du laß das sein!« schrie er meine Schwägerin an, weil sie lachte. »Du bist ja doch nichts als eine Betschwester.«

So gingen wir am Nachmittag nicht baden, und Nino, der nie weinte, wenn er bestraft wurde, verschwand durch die kleine Tür zum Obstgarten. Gegen Abend ging ich auf die Straße, um ihn zu suchen, und fragte die Maurer nach ihm, die hinten im Dorf an der neuen Kirche arbeiteten: sämtliche Jungen versammelten sich dort. Sie hatten ihn nicht gesehen. Als ich zum Abendessen wieder ins Haus trat, holte ihn meine Schwägerin aus dem Obstgarten, wo er die ganze Zeit zwischen den Bohnen und der Obstdörre hin und her gegangen war. Wir mußten uns Mühe geben, lustig zu sein, um ihn aufzuheitern, und durften seinen Einsiedler im Gespräch nicht mehr erwähnen. Schon etliche Male in dem Jahr hatte er sich so betragen; es war die gleiche Art, wie seine Mutter sie an sich hatte: bei einer Meinungsverschiedenheit, einem noch so harmlosen Vorwurf verschloß sie sich in sich selbst, ballte die Fäuste, floh, um sich zu verkriechen. Man hätte sagen können, daß er, nachdem sie gestorben war, ihre Stelle einnehmen wollte.

Er ähnelte ihr auch in einer gewissen Heftigkeit des Gefühls, das er oft so stark zurückhielt, daß er zitterte; man sah seinen Augen an, wie es ihn geradezu verzehrte. Ich war außer mir, wenn ich in seinen Gesten und Worten sie, die Verstorbene, wiedererkannte. Mit dem immer gegenwärtigen, unstillbaren Schmerz über ihren Verlust gärte in mir der alte Kummer, der Groll, den man nie eingestehen kann – die Kehrseite jeder zu starken Anhänglichkeit. Es überraschte mich auch gar nicht, als Nino an diesem Abend, während wir ihn zu Bett brachten, durchaus wollte, daß die Tante hinausging, er jagte sie geradezu hinaus und sagte dann flehentlich bittend: »Papa, schick sie aus dem Haus. Schick sie fort, sonst bring ich sie um.« Seine Mutter hätte das gleiche gesagt.

Um ihn zu beruhigen, mußte ich ihm versprechen, wir würden zusammen den Einsiedler besuchen. Wir taten es dann auch, wir haben an dem Tag rascher als sonst gebadet, und ich erinnere mich, daß ich mich auf den steilen Pfaden von Nino führen ließ; er lief voraus wie jemand, der den Weg kennt. »Bist du schon dort oben gewesen?« fragte ich ihn. »Der Verwalter hat es mir erklärt.« Die Macchia, Brombeersträucher und Farnkraut, erstreckte sich über ein Stück des Hanges und brachte uns in Schweiß, denn sie war der Sonne ausgesetzt und nahezu undurchdringlich. Atemlos kamen wir auf dem freien Platze an. Nino war zuerst oben und drehte sich um, mich zu rufen.

»Dieser Teufelskerl lebt mitten unter den Vipern«, sagte ich, als ich ihn einholte.

Ein schmaler Pfad aus sorgfältig aneinandergelegten Tuffplatten führte zu dem dunklen Höhleneingang; ihn schützte eine Hecke rostfarbener Dornen. Oben, wo es ins Leere ging, war als eine Art Geländer ein Geflecht von Schilfrohren angebracht, um die sich Kletterpflanzen schlangen.

Wir sprachen laut, aber niemand zeigte sich. Um Nino aus dem kühlen Wind fortzubekommen, näherte ich mich der Höhle. »Ich habe dir doch gesagt, daß er um die Zeit mit der Ziege in die Wälder geht«, sagte er, während er loslief, um vorsichtig über die Hecke zu spähen.

»Geh nicht hinein. Das ist nicht deine Wohnung.«

»Aber Wasser ist dort«, sagte Nino. »Ich habe Durst.«

Ich war erstaunt, wie keck er war, so kannte ich ihn gar nicht, ich selbst sah nur zögernd hinein; Nino aber setzte über die Dornen und rannte in die Grotte. Als ich dann auch hineinkam, trank er schon aus der Schöpfkelle.

In der Höhle roch es dumpf nach Stall. Der Boden war trocken und sandig. Wenn man sich am Eingang umdrehte, sah man nichts als die bläulichen Kletterpflanzen im Leeren.

»Gehen wir hinaus«, sagte ich. »Wir sind verschwitzt.«

Nino meinte, ich solle ein Streichholz anzünden, er wolle mir die Höhlung zeigen. »Hör auf zu trinken. Du weißt ja gar nicht, was für Wasser das ist.«

»Oh, es ist gut«, sagte er keuchend.

Zum Fortgehen konnte ich ihn nicht anders bewegen, als daß

ich in die Tasche einer Joppe, die an der Felswand hing, eine halbe Zigarre steckte. Ich will ehrlich sein: irgendwie beneidete ich diesen Burschen, der sich auf eine so bequeme, großartige Art hoch über allem langweiligen Getriebe des Dorfes und der Welt eingerichtet hatte und dort vergnügt lebte. Während wir zwischen den Farnkräutern abstiegen, betrachtete ich Nino; er lief unlustig vor mir her, ohne je zu zögern, welchen Pfad er einschlagen sollte. Es war offenkundig, daß er auch sonst schon da hinaufgestiegen war. Ich unterhielt mich mit ihm, von Sprüngen über die Wassergräben unterbrochen, darüber, was er so mit seinen Tagen anfange. Ihm Vorwürfe zu machen, sah ich keinen Anlaß. Aber ich fragte ihn, womit er sich künftig beschäftigen wolle, er war ja fast dreizehn Jahre alt und kein Kind mehr. Dieses Gespräch führten wir oft, wenn wir vom Fluß zurückkamen, und es mündete immer in gegenseitige Bekenntnisse über die Welt und über unser Leben. Ich erzählte ihm von der Zeit, als ich ein Junge war, er unterbrach mich mit seinen Plänen. An diesem Abend war er schweigsamer als sonst, so daß ich mir Gedanken machte.

Es folgten ungeheuer heiße Tage, es war Mitte August und so schwül selbst zwischen diesen Hügeln, wo immer ein Luftzug geht, daß das Land darunter litt. Ich mußte öfter nach Äckern sehen, die ich eine halbe Stunde vom Dorf entfernt besaß. Nino kam gern mit, er kannte alle meine Bauern. Meine Frau war auf diesem Land geboren und aufgewachsen, und wir sagten, wenn wir da hinaufgingen, noch immer: ›zur Mama gehen‹. An manchen Nachmittagen kam die Tante mit uns, froh, daß wir auf diese Art nicht zum Fluß gingen. Ich wußte wohl, ich hätte, um sie froh zu stimmen, nur unsere Bäder aufzugeben brauchen. Um sich nicht um Nino allein zu ängstigen, hatte sich die gute Frau schließlich eingeredet, es sei auch für mich gefährlich, mich soviel der Sonne auszusetzen.

Eines Morgens – es war Markttag – ging Nino fort in der Hoffnung, dem Einsiedler zu begegnen. Um ein Uhr war er noch nicht zurück, und ich zitterte schon im Gedanken an die Kirche, an der gebaut wurde: ich konnte ihn nie von da fortbekommen. Die Tante brummte in der Küche. Als der Junge erschien, außer Atem, verschwitzt, fragte sie selbst ihn aus. Die Tante wußte, wohin er gegangen war. Man hatte ihn mit dem Einsiedler zum Fluß hinuntergehen sehen. Die Tante zog ihm die Schuhe aus. Die Tante fand zwischen seinen Zehen den Sand.

Eines wollte Nino nicht zugeben: daß er ohne Badehose mit jemandem gebadet hatte. Aber wenn allein, dann um so schlimmer – er hatte riskiert, zu ertrinken. Endlich gab er zu, daß der Einsiedler ihn vom Ufer aus im Auge behalten hatte.

Ich strafte ihn, ohne von der Notwendigkeit überzeugt zu sein; es schien mir eine pure Rache von uns wegen der ausgestandenen Angst. Nino konnte mir leicht entgegenhalten: »Bin ich etwa ertrunken?« Die Tante hatte nun einmal etwas gegen den Einsiedler, diesen Vagabunden und Sünder.

An diesem Nachmittag nahm ich Nino beiseite und sprach ernsthaft mit ihm. Ich sagte, ich verstünde seinen Schmerz, auch ich sei ein Junge gewesen, und es handle sich nicht um die Badehose – aber warum mußte er heimlich ausreißen und sich mit dem ersten besten in Gefahr begeben, wo er doch wußte, daß ich ihn an dem gleichen Abend mit zum Baden nehmen würde!

»Am Morgen ist es schöner«, sagte Nino.

Da warnte ich ihn vor dem Einsiedler; ich sagte, wir wüßten nicht, wer er sei, aber etwas besonders Gutes könne er nicht sein, wenn er, ein junger kräftiger Mann, statt zu arbeiten, die Menschen mied und hauste wie die Tiere und von Almosen lebte; auch die Höhle, in der er wohnte, gehöre ihm ja nicht. Ich fragte Nino, ob er schon sonst dort oben gewesen sei.

Er gab keine Antwort und starrte verstockt auf die Wand. Das Essen verlief für uns alle unbehaglich, denn Nino sagte kalt, er habe keinen Hunger. Er ließ sich einfach nichts auflegen und zog sich zurück, und als ich in sein Zimmer ging, fand ich ihn stumm, die Augen aufgerissen, als habe er Fieber. Ich faßte ihm an die Stirn, sie schien mir glühend heiß. Ich sagte ihm, er solle nicht krank werden, wenn er am nächsten Tag mit mir baden gehen wolle.

Am nächsten Tag war Nino verschwunden. Das noch warme Bett bewies, daß er es nicht vor der Morgendämmerung verlassen hatte. Das Wetter, das bis gestern trocken gewesen war, hatte sich in der Nacht verschlechtert, ein kaltes Licht brach ins Zimmer herein zwischen Blitzen und feuchten Windstößen. Ich wußte, Nino hatte eine Angst vor Blitzen, die ihn geradezu lähmte.

Wir suchten ihn im ganzen Haus. Wir fragten die Nachbarn nach ihm; ich rannte auf die Felder und suchte ihn bei unseren Bauern, zu denen er sich manchmal flüchtete, um sich zu verstekken, wenn er sich gekränkt fühlte; ich machte der Tante bittere, ungerechte Vorwürfe, und sie sah mich entgeistert an. Jeder Donnerschlag brachte mich durcheinander. Am späteren Vormittag begann es wieder in Strömen zu regnen. Auch der Fluß würde angeschwollen sein; Nino hatte womöglich kein Dach über dem Kopf. Sobald es heller wurde, rannte ich zu den Carabinieri.

Es war Mittag, ich kam ganz erschöpft im Regen heim, da tauchte auf der Piazza ein blonder Riese auf mit dichtem Haarwuchs, in einen verschossenen Militärmantel gehüllt. Als er auf der Schwelle stand, öffnete er den Mantel – und da war Nino, Kopf und Beine herabbaumelnd wie bei einem Zicklein; er stellte sich beschämt auf die Füße.

»Der Junge muß erst mal richtig gesäubert werden«, sagte eine lustige, rauhe Stimme. Dem Mann rannen Tropfen aus dem blonden Bart, und der Mantel roch dumpf nach nassen Hunden. Nino hatte ein geradezu verzücktes Gesicht, obwohl auf seinen Wangen Spuren frischer Tränen zu sehen waren.

»Wenn Ihr bei schönem Wetter kommen wollt, um die gute Luft zu atmen«, sagte der Riese äußerst ernsthaft, »so habe ich nichts dagegen; aber jeder hat sein Haus, selbst die Tiere.«

Er grüßte mich mit einem Nicken und ging mit seinen riesigen Schmutzfüßen davon.

Nino brachten wir ins Bett, weil wir fürchteten, er bekäme Fieber, doch gegen Abend schlief er, ohne mit uns gesprochen zu haben, ruhig ein. Am nächsten Tag stand er auf, finster, tief in Gedanken, und wollte seine Milch nicht trinken. Als die Tante mit ihren Fragen begann, sah er flüchtig zu mir hin und gab ihr keine Antwort. Ich nutzte den Augenblick und sagte zu meiner Schwägerin, ich wolle zu dem Einsiedler hinaufsteigen, um ihm zu danken.

Nino folgte mir in mein Zimmer und stammelte, ich solle nicht hinaufgehen. Der Einsiedler wolle niemanden in der Höhle haben. »Dann bist du dorthin gegangen?« Er war eingetreten, um vor dem Regen Schutz zu suchen. »Um vier Uhr morgens?« »Geh nicht hinauf, er will niemanden haben«, wiederholte Nino.

Da sagte ich zu ihm: »Du wolltest also dort bleiben, du Dummkopf. Du wolltest also von zu Hause ausreißen. Wer soll dich denn aufnehmen! Du bist doch nicht sein Sohn. Er hat bewiesen, daß er das Herz auf dem rechten Fleck hat.«

»Er ist ein Vagabund, Papa.«

»Er ist ein braver Mann. Was haben wir dir Böses getan?«

Ich zitterte insgeheim mehr als er. Er gab mir keine Antwort. Aber wenn er damals nicht weitere Fluchtversuche machte, so gewiß nicht mir zuliebe.

Der August näherte sich seinem Ende, die Erntearbeit, die nun zu erwarten war, brachte die Ruhe der Vormittage ins Wanken. Karren quietschten; man sprach von Festen und Bällen in den Nachbardörfern. Als ich eines Tages an den Gerüsten der Kirche vorüberging – Nino war auf den Mohrenhirsefeldern –, hörte ich den scherzenden Zuruf einer klaren Stimme. An einer Fensterbrüstung erschien der blonde Kopf des Einsiedlers. Ich blieb verwundert stehen.

»Ich habe ein Haus gefunden, aber kein Dach«, rief er lachend und trocknete sich die Stirn. Gesichter von Maurern kamen zum Vorschein.

»Lebt Ihr nicht mehr dort oben?«

»In den Wäldern? Nein. Die Feldwache will es nicht. Nur die Tiere haben freien Durchgang.«

»Aber Ihr versteht ein Handwerk.«

Der Einsiedler machte eine Handbewegung, als wolle er sagen, er verstehe deren hundert. Sein kalkbespritztes Bärtchen sah komisch aus.

»Wenn Ihr etwas braucht, kommt zu mir.«

Er hörte mir mit halbgeschlossenen Augen zu und winkte zum Zeichen, daß er mich verstanden habe. Er verschwand hinter dem Fenster.

Nino sagte ich alles. Ich sagte es ihm, weil ich ihm gegenüber ehrlich sein wollte, weil ich mich wirklich freute, und auch weil er es sowieso erfahren hätte. Ich sagte zu ihm am gleichen Abend: »Der Einsiedler ist nicht mehr Einsiedler, er ist Maurer geworden.« Nino hörte gleichgültig zu und ging am nächsten Tag über die Piazza in jene Richtung.

Der Einsiedler hauste mit seiner Ziege im Keller eines Flickschusters; es war dort so feucht, daß Venushaar darin wuchs. Nachts – sagte Nino lachend zu mir – war es gesünder, nicht dort zu schlafen, sondern die Zeit in der Osteria und in den Strohschobern zu verbringen. Ich merkte, daß Nino mich bitten wollte, den Einsiedler aufzunehmen, es aber nicht wagte.

Ich ergriff die Gelegenheit und bot ihm selbst Gastfreundschaft an. Ins Haus nehmen konnte ich ihn jedoch nicht; ich sagte meinen Bauern, sie sollten ihm einen Platz unter einem Bogengang geben. Der Einsiedler kam nach der Arbeit zu mir, um mir zu danken, und ich sagte zu ihm, er solle auf diesen Gerüsten Nino im Auge behalten. Die andere Hoffnung war die, daß Nino, weil er ihn nun ungehindert sehen konnte, merkte, daß er ein Flegel war wie die andern, und sich von ihm löste.

Aber Pietro war kein Flegel wie die andern. Er war sogar in einigen Seehäfen gewesen und mengte in seinen Dialekt irgendwelche fremden Wörter, die Nino entzückten. Der Höhlenmenschengeruch war jetzt durch den nach Kalk ersetzt worden, und nun merkte ich, daß Pietro einfach gesund roch, nach freier Luft und Tier. Ich fühlte mich ihm gegenüber älter als meinem Sohn gegenüber.

Damals verlor auch der Fluß für Nino jede Anziehungskraft. Oder besser: der Fluß in meiner Gesellschaft. Hätte jedoch Pietro ihn dorthin begleitet – der aber keine Lust dazu hatte –, so hätte das für Nino das reinste Glück bedeutet.

Im September arbeiten die Maurer nicht allzuviel. Die Ernte, die darauffolgenden Feste leeren alle Arbeitsplätze: der eine geht zum Heumachen, ein anderer schneidet die Mohrenhirse, wieder einer firnißt die Fässer. Jeden zweiten Tag zogen Pietro und Nino zusammen los; es gab immer irgendeinen Meierhof, ein Feld, von dem der Wind den Klang von Ziehharmonika und Liedern herübertrug. Ein-, zweimal kam Nino eiligst allein zurück; ein andermal kam er spät und schlechtgelaunt, und schließlich erschienen eines Morgens er und Pietro bei mir und baten um die Erlaubnis, bis zur Nacht draußen zu bleiben. Diesmal war auch die Tante nicht dagegen, für ein Fest auf der Tenne hatte sie Verständnis.

Als einmal Mais enthülst werden sollte, was bis zum Anbruch des Morgens dauern konnte, bestand Nino, um dort bleiben zu können, hartnäckig darauf, daß ich ihn begleitete. Auch Pietro sagte, ich solle mitkommen, denn es gebe nichts Schlimmeres, als auf jemanden warten, der spät heimkehrt.

In jener Nacht sah ich mit an, wie Pietro tanzte und Nino einige Kopfnüsse von ihm bekam, weil er hinter ihm herlief. Es war dunkel auf der Tenne, die Gespräche und die Musik erregten die Menschen, aber ich beobachtete mit ziemlichem Ärger, wie selbstverständlich Nino seinem Freund gehorchte und nicht einmal brummte, wie er es bei mir getan hätte.

Gegen Ende des Festes fiel Nino vor Müdigkeit beinahe um; Pietro nahm ihn auf den Rücken, und wir gingen heim. Wir waren schweigsam, wie es nach einem ausgelassenen Fest zu gehen pflegt; die Septemberkühle hielt uns wach.

»Habt Ihr Euch niemals irgendwo verheiratet, Pietro?«

»Nein«, sagte Pietro. »Man darf mit den Mädchen nie mehr als zweimal tanzen. Man muß die Versuchung fliehen.« Er lachte.

»Ich meine wegen Kindern. Ihr wäret ein guter Vater. Ihr seht doch, wie sie Euch mögen.«

»Wäre ich der Vater, würden sie mich nicht mögen. Ich würde sie zum Arbeiten antreiben. Je früher sie lernen, daß lustig sein und selbst mit allem zurecht kommen das einzig Wahre ist, um so besser. Für Euern auch.«

Unten am Hügel nahm Pietro den Jungen vom Rücken, stellte ihn auf den Boden und zwang ihn zu laufen. Nino konnte kaum die Augen offenhalten, er überließ jedem von uns eine Hand und ging mit gesenktem Kopf weiter.

»Seid Ihr Einsiedler geworden, weil Ihr lustig sein wolltet?«

»Einsiedler haben mich die Frauen genannt. Sie kamen herauf, nicht etwa nur die Unverheirateten, und bekreuzigten sich. Da habe ich begriffen und habe mich auch bekreuzigt... Allein fühlt man sich wohl.«

»Mir macht der Junge da Sorge. Immer dort, wo es gefährlich ist.«

»Nun ja, er wird eben auch groß.«

Die Nacht dieser Heimkehr ist mir im Herzen lebendig geblieben als die letzte von Ninos Kindheit. Die Lieder, die Müdigkeit, die Erregung im Mondschein haben sie für mich zu etwas Irrealem, Traurigem gemacht. Dieser Pietro ist mir beinahe lieb. Man könnte sagen: das Kind war ich.

Am nächsten Tag blieb Nino, als wüßte er es, im Obstgarten, um ein wenig zu lesen, und kam zum Mittagessen zufrieden und noch schläfrig herein. Er sprach von den Trauben; sie begannen dunkel zu werden. Als ich ihn fragte, ob er mit zum Baden komme, zog er ein Gesicht und meinte, er sei zu müde dazu. Die Tante war zufrieden, und Nino verschwand bis zum Abendessen. Auch ich war müde und irgendwie apathisch.

Dann erklärte mir der Arzt, ich müsse mit vier Wochen Krankheit rechnen, und veranlaßte, daß die Fensterläden geschlossen wurden; ich bestellte mir Nino und sagte ihm, er solle die Tante anständig behandeln und regelmäßig nach Hause kommen. Es war im Grunde nicht das, was ich meinte, es drehte sich mir vielerlei im Kopf, aber etwas anderes wußte ich ihm nicht zu sagen – ich hatte Fieber. Nino hörte mir am Fußende des Bettes zu mit der abwesenden Miene dessen, der ein anderes Leben für einen Augenblick unterbrochen hat.

Ich war mehr als vier Wochen krank. Ich erinnere mich nicht an die einzelnen Tage, weil es die für mich nicht gab. Ich war meiner selbst nicht bewußt, ich lag im Fieberwahn. Die Tante pflegte mich sorgsam, der Arzt kam, Pietro erkundigte sich nach mir. Manchmal sah ich Nino.

Als ich dann allmählich genas und meine Umgebung wieder wahrnehmen konnte, fühlte ich mich doch noch so schwach, so leicht gerührt, daß mir war, als beginne das Leben von vorn. Nino kam mich besuchen. Ich kehrte zu den alten Gewohnheiten zurück wie zu etwas ganz Neuem. Es war Ende Oktober, auch Nino lebte ein ungewohntes Leben, denn wir hätten schon alle in der Stadt und er in der Schule sein müssen. Man mußte sich beeilen, damit seine Studien nicht darunter litten.

Nino war hilfsbereiter und herzlicher als früher, er schien mir auch gewachsen und selbstsicherer. Aber wenn er heimkam und den Regenmantel ablegte – die Weinernte war schon lange vorüber –, ging er durchs Haus und antwortete und trat auf wie jemand, der niemandem Rechenschaft schuldig ist.

Daß die Tante sagte – und sie betrachtete ihn dabei mit Nachsicht –: »Er ist in diesen vier Wochen ganz brav gewesen«, erschien mir unsinnig und beinahe komisch. Auch Nino lächelte.

Die ersten Spaziergänge machte ich nach dem Meierhof. Dort erfuhr ich, daß Pietro bei der Weinlese und bei anderen Arbeiten geholfen hatte und jetzt nichts mehr tat, er lebte von den Ersparnissen seines Tagelohns als Maurer. Da wir sehr bald in die Stadt übersiedeln wollten, suchte ich ihn auf und schlug ihm vor, ihn im Meierhof als Tagelöhner zu behalten, nicht mehr unter dem Bogengang, sondern im Stall. Pietro fand, ich sähe gut aus; auf meinen Vorschlag antwortete er, er habe die Absicht, die Ziege zu verkaufen und ein wenig zu reisen. Die Welt sei groß. Da schenkte ich ihm, mit einem Gefühl der Erleichterung, hundert Lire.

Im Bahnhofscafé

Ich trat eines Morgens, noch ehe es Tag war, ins Bahnhofscafé, und da mein Zug nicht sofort fuhr, setzte ich mich neben zwei junge Männer, die von Reisesäcken umgeben waren.

»Es wird hell«, sagte der eine.

»Es wird hell.«

»Heute nacht war es klar.«

»Es wird ein klarer Tag werden.«

Die Glaswände vom Bahnhofscafé erlauben keinen Blick auf den Himmel, nicht einmal auf einen Prellbock auf dem freien Gleis; ein großes Schutzdach schiebt sich über diese Wände, und man kann kaum erkennen, ob es draußen mehr oder weniger hell ist. Und dann ist unter dem Schutzdach immer ein dichter Rauch, und vor der Glaswand zischen und puffen die Espresso-Maschinen. Viele Leute kommen und gehen.

»Wir sind zu früh gekommen.«

»Ich konnte nicht schlafen.«

»Du möchtest wohl schlafen?«

»Ich wünschte, es wäre schon morgen.«

Die beiden rauchten, sie hielten die Zigarette in der hohlen Hand, ohne sie anzusehen.

»Morgen wirst du genausowenig schlafen können.«

»Ich werde im Zug schlafen.«

»Man wird es nicht können.«

»Wir werden sehen.«

Keiner von beiden sah zu mir hin; sie saßen zusammengekauert da, gegen die Lehne gestützt, Seite an Seite, und starrten auf den Tisch. Der eine hatte seinen Fuß auf einen Reisesack aufgesetzt.

»Das letztemal hast du gestern geschlafen.«

»Ob er es gemerkt hat?«

»Das interessiert ihn nicht. Nur daß wir fortgehen.«

Sie schwiegen einen Augenblick, dann sagte der erste wieder:

»Du mußt wissen, es ist bald geschafft.«

»Ich weiß es.«

»Na also.«

»Aber wir denken schon eine Zeitlang daran, und ich habe heute nacht nicht geschlafen. Wer weiß, wann wir zum Schlafen kommen.«

Er warf einen Blick auf den Anzeiger für die ankommenden Züge, wo ein blasser Stadtname aufgeleuchtet war. Etliche im Café setzten sich in Bewegung. Ein kräftiger Mann kam von der Theke an den Tisch. Sofort hob sich der Fuß von dem Reisesack, und der Mann nahm die Säcke prustend auf und ging davon. Durch die Eingangstür kamen jetzt Reisende herein. Die Espresso-Maschinen zischten.

»Du wirst sehen, im Zug denkst du nicht mehr daran«, sagte der von den beiden, der dem anderen Mut zusprach. »Bist du einmal fort, dann liegt dir nur noch daran, weiterzukommen. Wir werden an dem schönen Tag eine schöne Reise haben.«

»Bei schönem Wetter arbeite ich nicht gern. Wenn die Sonne scheint, gehe ich lieber spazieren.«

»Das sagst du so, aber es stimmt nicht.«

»Wieso?«

»Spazieren gehen alle gern. Du hast nur keine Lust, was zu tun.«

»Du kannst recht haben. Mir gefällt die Arbeit, wenn sie schon getan ist.«

»Ich reise gern, wenn die Sonne ins Fenster scheint.«

»Ich etwa nicht? Aber es muß eine richtige Sonne sein, und ich muß mir sagen können: was für ein schöner Tag! und darf an nichts anderes zu denken haben. Heute nacht habe ich nicht mal geschlafen.«

Da grinste der andere auf die Zigarette hinunter und sah den Kameraden zum erstenmal flüchtig an.

»Du wirst gute Arbeit tun«, sagte er. »Ich kenne dich. Zuerst bist du immer aufgeregt.«

»Besser, man ist es vorher als nachher. Aber es gefällt mir trotzdem nicht.«

Sie tranken die Tasse Milch aus. Man brauchte nicht den Kopf zu heben, um zu wissen, daß draußen Tag war. Der, der gelacht hatte, begann von neuem.

»Für ihn zählt nur, daß wir fortgehen.«

»Du kannst recht haben.«

»Er – er geht spazieren, wann er will.«

»Ich weiß nur, daß ich diese Nacht nicht schlafen konnte.«

»Aber das ist das letzte Mal.«

»Das sagt man immer.«

Der Aufgeregtere von beiden zündete sich eine neue Zigarette an und kauerte sich wieder zusammen, gegen die Lehne gestemmt.

»Wenn wir wenigstens den Zug verpaßten!«

»Das gibt es nie.«

Wieder schwiegen sie eine Weile.

»Dort unten wird es genauso kalt sein.«

»Wenn die Sonne da ist, ist sie überall da.«

»Du wolltest doch keine Sonne.«

»Ich arbeite nicht gern bei Sonne. Ich gehe am Morgen am liebsten spazieren. Ich wache am liebsten auf, wenn alles schon getan ist. Du wirst sehen: wenn wir morgen am Ziel sind, wird die Sonne nicht mehr da sein.«

Die Gruppe

Wir waren nicht mehr jung, und doch taten wir unbedacht manche merkwürdigen Dinge. Wir fanden uns an Sonntagnachmittagen auf der dunklen, von zwei Wänden umschlossenen Treppe und stiegen, stiegen bis zu dem Absatz, den ein auf den freien Himmel geöffnetes Fenster erhellte. Der Hauptmann empfing uns gleichgültig, er öffnete die Tür, ohne in ihr stehenzubleiben, und wenn wir eintraten, fanden wir ihn schon mitten im Zimmer, als hätte sich die Tür von selbst geöffnet. Das trostlose Zimmer hatte ein großes Fenster wie das am Treppenabsatz, und es gab einen Tisch, einige Stühle, aber es erschien leer.

Ich erinnere mich nicht, wer von uns die Bekanntschaft des Hauptmanns zuerst gemacht hatte. Mir war, als wäre ich immer am Sonntagnachmittag dort hinaufgegangen und hätte immer die anderen vorgefunden. Das ist so, wie wenn man das gleiche Café besucht: man läßt sich auf ein Sofa fallen, sieht sich befriedigt um, wüßte aber nicht zu sagen, wie man das erste Mal hierhergekommen ist.

Wahrscheinlich – vielmehr gewiß – hatte Freund G. ihn als erster besucht, denn man sah, daß er bei dem Hauptmann das größte Vertrauen genoß. Und noch kürzlich hatte G. einen neuen Kameraden mit heraufgebracht. Bei den Gesprächen, die wir, um den Hauptmann versammelt, manchmal führten, war es G., der mit der größten Wärme sprach und die wichtigsten Dinge sagte. Und wenn einer von uns einen Einwand machte, war es wieder G., der mitleidig zu lächeln begann.

Aber so verschieden unsere Ansichten waren – am Sonntag waren wir immer alle da. Man verabredete sich nicht von Mal zu Mal, man sagte einander nicht auf Wiedersehen. Um eine bestimmte Stunde verließ man das Haus, bummelte eine Weile umher, traf zwei, drei andere, gelangte zufällig auf die Piazzetta, hob den Kopf zu dem höchsten Fenster, wartete, ob noch ein anderer hinzukam, und stieg dann hinauf.

Der Nachmittag verlief in friedlichen Gesprächen, manchmal auch in heftigen Debatten. Hieran nahm der Hauptmann nicht teil. Am streitlustigsten war der Advokat U., ein Witwer, ewiger Antagonist des Freundes G., der ihm gegenüber empfindlich war und manchmal zu lächeln vergaß. Wenn der Hauptmann sprach, so fast immer über irgendein Unrecht, über zugefügte oder erduldete Gewalt und über die seelische Kraft, die notwendig war, um damit fertigzuwerden.

Aber nicht die Worte, die man dort oben sagte oder anhörte, können mir zu unserem damaligen merkwürdigen Verhalten den Schlüssel geben. In einem größeren Kreis werden die Gespräche immer banal oder nachlässig. Was mich überrascht, ist, daß wir, die wir nicht mehr jung, sondern ausgewachsene Männer waren, die Familie vernachlässigten oder irgendein Spiel oder eine besonders liebe Gesellschaft, um wie Jungen diese Treppen hinaufzuklettern und ›die Stadt von oben zu betrachten‹.

Außerhalb, auf den Straßen, hatte den Hauptmann niemand je gesehen. Er schien entschlossen, sein Leben dort oben zu beenden, während er in dem einzigen Zimmer auf und ab ging und seinen Blick vom Fenster über die Dächer schweifen ließ. Seine Wege machte er ganz früh, so daß es, wenn er am Sonntag davon sprach, den Anschein hatte, als spreche er von einer anderen Stadt, nicht von der unseren: auf seinen Straßen war ein anderer Verkehr und ein ganz anderes Licht. Und auch wir stiegen diese Treppen nun schon aus Gewohnheit hinauf und sagten uns, daß unsere Geste nur ein Akt der Sympathie einem würdigen Alten gegenüber sei; doch insgeheim gab sich ein jeder der schmeichelhaften Hoffnung hin, diesmal würde die Versammlung für ihn besonders wichtig werden, weil er einen bemerkenswerten Ausspruch, ein Bekenntnis, ein Wort gesagt hatte, das, weil es dem Hauptmann gefallen hatte, ihn selbst künftig immer vor allen und vor sich selbst hervorheben würde.

Von uns allen schien nur der Advokat U. seine Worte nicht abzuwägen und es zu wagen, sich dem Hauptmann ohne weiteres so zu zeigen, wie er war. Ein geschwätziger, sarkastischer Mann, sprach er vor ihm, wie er von sich aus auf der Piazza gesprochen hätte. Manchmal war mir wegen seines Mangels an Takt unbehaglich zumute.

Nun geschah eines Sonntags folgendes: als G. in der Dämmerung die Treppen hinunterging – der Hauptmann ging mit der Sonne schlafen –, sagte er zu dem Advokaten ein böses Wort, und der andere war, wie üblich, rasch dabei, Genugtuung vor dem Gericht zu verlangen. Die Sache hatte keine Folgen, denn es gelang uns, sie ins Scherzhafte zu wenden; aber an jenem Abend sprach Freund G., als er mich heimbegleitete, zu mir offen über den aufgehäuften Groll, beklagte sich und erzählte mir, was er vermutete. Der anmaßende U. erlaubte sich diesen Ton tatsächlich darum, weil er den Hauptmann allein zu besuchen pflegte, er ging hin und wieder am Nachmittag und auch am Morgen zu ihm hinauf.

Das wurde sehr bald bei uns allen bekannt. Zuerst schien es uns unglaubhaft: der Hauptmann in seiner freimütigen Art hätte es uns zumindest an den Versammlungs-Nachmittagen zu verstehen geben müssen! Was der Alte an den anderen Tagen tat, wo wir ihn nicht sahen, war für uns immer ein Gegenstand der Neugier gewesen, einer bestimmten Art Neugier: wir phantasierten darüber und wünschten im Grunde gar nicht, daß wir etwas Genaueres erführen – so war es ein viel schönerer Zeitvertreib. Aber da wir jetzt wußten, daß einer von uns den Alten von sich aus besuchte, daß er mit ihm Gespräche führte und daß der Alte mittat, ärgerte und enttäuschte uns das sehr. Wenn jemandem ein solches Vorrecht zukam, dann war es Freund G. und keiner sonst.

Ich sagte dem Freund offen, wie empört ich war, und riet ihm, einmal am Sonntagnachmittag taktvoll darauf anzuspielen. G. sagte, er habe daran gedacht, aber er wolle keine peinliche Lage schaffen. Immerhin war er bereit, die Rede darauf zu bringen. Aber gerade an dem Sonntag kam bei einem von uns der erste Sohn an, das brachte gegenseitige Besuche mit sich und einen Empfang, und so wurde der Zusammenhalt derer, die den Alten sonst besucht hatten, gestört. Es waren dann nur noch zwei, die weiter zu dem Hauptmann hinaufstiegen, der Advokat U. und der, der zuletzt hinzugekommen war, der gleiche, den G. dort eingeführt hatte. Seit damals also hatte niemand von uns zu diesen Gesprächen mehr recht Lust, und sehr bald hörten wir überhaupt auf, unsere Schritte da hinaufzulenken.

Altes Handwerk

Damals war ich sehr beschäftigt, ich lebte mit Fuhrleuten zusammen. Der Kopf schwirrt mir noch von den lauten Rufen und dem Quietschen der Bremsen. Wir hielten unsere Zusammenkunft im Hof und unter dem Torgang eines Stallgebäudes ab, und das war an den Abenden der Abfahrt eine wahre Dantesche Höllengrube, zornige Stimmen, scharf wie Peitschenhiebe, im Schein der Laternen. Dann begleiteten uns die Mägde und Knechte bis zu den Wagen, das taten sie sehr gern, denn es war für sie die einzige Möglichkeit, an die Schwelle zu treten und Luft zu schöpfen: das Knallen unserer Peitschen war gleichbedeutend mit Befreiung.

Wenn den Pferden draußen vor dem Torgang der breite Gurt über die Flanken geworfen wurde, war das für uns das Signal, daß der Transport und die Nacht begannen. Sobald es dunkel wurde, gingen wir, wenn der Himmel sternklar war, zu zweit oder zu dritt an die Straßenböschung und achteten auf das Leitpferd und auf die Deichseln, denn bei einem Wagenzug ist es nicht anders als bei der Eisenbahn, alles hängt davon ab, daß bei der Abfahrt der Wagenzug in bester Ordnung ist. Dann stiegen die Älteren nach und nach auf die verschiedenen Karren; wir jungen Leute hatten immer ein Gespräch zu Ende zu führen und um eine letzte Zigarette zu bitten. Aber schließlich sprangen auch wir auf die Säcke, und der Zustand zwischen Schlafen und Wachen nahm seinen Anfang.

Wie viele Nächte verbrachte ich so auf den Säcken hockend! Die Laterne schaukelte mir vor den Augen, ich konnte, halb schlafend, halb wachend, nicht mehr unterscheiden, ob sie unter dem vor mir fahrenden Karren hing, oder ob es etwa meine eigene war. Man spürte, wie man weitergetragen wurde, man spürte, wie sich der ganze Karren und das Pferd bewegten und sich unter einem dehnten; manche Stellen der Landstraße erkannte ich an den plötzlichen Stößen. Je nachdem, ob der Karren unter einer Berglehne hinfuhr oder zwischen Feldern, an einem Bogengang vorbei, an einer Mauer oder über eine Brücke, gab das Geräusch der Räder einen anderen Widerhall: es war ein Laut, der uns Gesellschaft leistete, mehr als das Schellenhalsband, das die Pferde zum Klingeln brachten, wenn sie den Kopf bewegten. Es war ein Laut, der uns, sobald uns die Kälte am frühen Morgen weckte, unaufhörlich in den Ohren klang, immer anders, je nach der Straße, auf der wir fuhren; und noch bevor uns ein Blick aufs Land oder auf die Häuser sagte, wo wir waren, beruhigte uns dieser Laut mit seiner Monotonie. Auf den Säcken ausgestreckt, hörte man nur den eigenen Karren, erriet aber an den verschiedenen Quietschlauten, daß noch andere Karren unterwegs waren; und manchmal, wenn auf dem Land alles still war, hob man den Kopf und war nicht eher zufrieden, als bis man eine Laterne knapp über dem Boden schwanken sah, oder bis ein Schellengeklingel und das Geräusch anderer Räder über den Staub hin einen erreichte und beruhigte.

Auf den vielen Straßen, über die ich in jenen Jahren fuhr, schlief ich fast immer. Ich schlief bei Nacht und schlief bei Tag, unter der Sonne, unter dem Regen, zusammengekauert oder im Sitzen. Die alten Wagenführer sagen, als junger Mann schlafe man gern auf dem Karren, weil man da kräftiger und gesünder ist und dem Schlaf nachgibt: ich reiste mit Vergnügen im Wagenzug, weil es immer irgendeinen Alten gab, der wachte und auf den Weg aufpaßte. Was gab es Schöneres, als vor Tag aufwachen, eine Ortschaft erkennen und nicht die Zeit haben, sich zu recken, da hielten die Karren schon an, und alle stiegen ab, um eins zu trinken und einen Bissen zu essen! Inzwischen wurde es hell, und in der Osteria schienen sie es bereits zu wissen: die Holzläden wurden aufgesperrt, die Frauen lehnten sich breit heraus und riefen die Knechte. Je nachdem, mit wem wir im Wagenzug fuhren, wurde getafelt, oder man belud den Brotlaib mit Knoblauch oder Sardellen, und fort ging es. Das eine und das andere hatte sein Schönes. Aber natürlich war es besser, anzuhalten, vor allem, wenn uns vor der Osteria andere Karren erwarteten, die schon hatten Feuer anzünden lassen. Dann wurde kräftig gegessen, wir saßen um den Tisch, und jeder sagte das Seine; man machte Aufenthalte von einer halben Stunde, man ging im Hof hin und her, um den Pferden Heu zu geben und sie zu tränken; die Mädchen von der Osteria kamen auf die Stufe und erzählten uns etwas. Da machte es schon Spaß, wenn man geschlafen hatte: man bekam Lust zu singen – die anderen singen am Abend, wir sangen am Morgen.

Die Alten sagen, damals habe einem all das Spaß gemacht, weil man jung war; aber ich habe mehr als ein Handwerk getrieben, ich bin sicher, daß es nichts Schöneres gibt als einen gut bezahlten Transport. Die Straßen, die Osterien, die Pferde und das Land schienen nur für uns dazusein. Jenes Essen bei Tagesanbruch, ehe die anderen auf den Beinen waren, nach einer Nachtfahrt, war eine große Sache; jetzt, wo ich dieses Leben nicht mehr führe, braucht es anderes als das Krähen des Hahns, daß ich aufspringe mit einer so wilden Lust, zu essen und zu reden, wie ich sie damals hatte. Es ist wahr, jetzt bin ich grau; doch wenn die Welt noch die gleiche wäre wie damals und ich frei verfügen könnte, wüßte ich schon, auf welchen Karren ich steigen würde, um bei Tagesanbruch an eine Osteria zu kommen und die Menschen allesamt zu wecken und einen Aufenthalt zu machen. Falls es die Osterien und die Aufenthalte noch gibt.

Aber nun sind wohl auch die Pferde schon ausgestorben. Seit geraumer Zeit sehe ich auf den Straßen die früheren dreifachen Gespanne nicht mehr. Jetzt kann ich nachts, wenn auch ich keinen Schlaf finde, die Ohren spitzen soviel ich will – nie geschieht es, daß ich einen Transport heranrollen, Pferde näherkommen und einen Fuhrmann schreien höre. Jetzt hört man nachts nur die Autos vorüberfahren, und die Güter werden mit der Bahn verfrachtet: so mag es schneller gehen, aber ein Handwerk ist es nicht mehr. Am Ende wird auf den Straßen das Gras wachsen, und die Osterien werden schließen.

Die Zigeunerin

Wie jeden Morgen wachte ich auf, bevor es Tag wurde, wartete aber mit dem Aufstehen, bis es hell geworden war. Dann hatte ich von dem langen Tag schon ein gutes Stück weg. Der Regen hatte mir, wie üblich, die Scheibe verschmutzt, statt sie abzuwaschen. Ich machte im Zimmer Ordnung, wagte mich jedoch nicht hinaus. Gegen elf Uhr besah ich mir, vom Hunger bedrängt, den Himmel und ging die drei Stufen hinunter. Im Wind war noch die Feuchte des Regens.

Die ganze Welt war ein vom Winde bewegter Dampf. An den Haustüren warteten Männer in Mänteln auf die Sonne; sie konnte nicht ausbleiben. Eine Frau, die barfuß über die Piazzetta ging, machte mir Mut, bis zur Osteria zu gehen. Auf der Schwelle drehte ich mich um, nicht um das Meer zu betrachten – ich wußte schon, daß es genau so ein Dampf war –, sondern weil ich das immer tat für den Fall, daß jemand hinter mir über den Platz ging. Am Fenster saß Carletto – die anderen waren schon gegangen –, er wartete und sah auf die Tür. Er stemmte die Fäuste fest gegen den Tischrand wie jemand, für den der Entschluß, aufzustehen, eine Anstrengung bedeutet, und starrte auf die Tür. Er starrte auch mich an, ohne sich zu bewegen.

Wir redeten nicht, bis unsere Teller kamen. Den ganzen Tag hatten wir Zeit zum Reden, wir mußten das nicht unbedingt jetzt tun. Wir beide hatten schon so viel geredet, daß wir es uns zweimal überlegen mußten, bevor wir ein Gespräch anfingen. Plötzlich sagte ich, der Weinstock am Gemeindehaus sei röter denn je: alles in diesem Dorf verliere die Farbe, nur der Weinstock am Gemeindehaus nicht. Carletto nickte und beugte sich wieder über den Teller. Ich hatte gemerkt, daß er an zu Hause dachte: er war in dem Zustand, in dem man um sich blickt und den eigenen Augen nicht traut und den halbgekauten Bissen weiterzukauen vergißt. Wenn er dieses Gespräch anfinge, würde er nicht mehr damit aufhören.

»Wer sagt dir, daß von mir nicht auch jemand weit fort ist?« hatte ich ihm anfangs einmal geantwortet, als er mich mit seinem ständigen Gerede blockiert hatte, und er hatte mir einen erstaunten Blick zugeworfen, erstaunt und glücklich wie ein Mensch, der unverhofft einen Freund findet. Er hatte mir alle Einzelheiten über seine Einsamkeit erzählt, ohne Scham, ohne jeden Rückhalt, als könnte ich ihm den Schlüssel geben zu dem, was nicht geschah, und es stand auch in niemandes Macht, daß es geschah, da es um einen Willen ging, der nicht der unsere war.

Aber diesmal sprach er nicht von seiner Frau, die weit fort war. Diesmal meldete er mir, im Dorf seien Zigeuner aufgetaucht, mit Kesseln und Karren, einige seien am Vormittag gesehen worden, und die Frauen – so wenigstens sage der Barbier von gegenüber – gingen in die Häuser auf Arbeitssuche. In einer plötzlichen Aufwallung fügte er hinzu: »Es ist kaum zu glauben, heute hier, morgen auf dem Berg, übermorgen wer weiß wo; keiner befiehlt ihnen, keiner hält sie fest. Sie sind ganz das Gegenteil von uns.«

»Sie sind überall zu Hause«, sagte ich.

Carletto hatte wieder die Fäuste gegen den Tischrand gestemmt, anscheinend machte es ihm Mühe, sie still zu halten.

»Iß«, sagte ich zu ihm.

Aber ihn erregte besonders der Umstand, daß die Zigeuner zusammen mit ihren Frauen durch die Welt zogen. Er sagte, sie seien Menschen mit heißem Blut, die nicht ohne Frauen sein könnten: darum schleppten sie sie mit. »Sie müssen ein Höllenleben führen«, wiederholte er.

»Du willst doch nicht ausreißen?«

Er antwortete mit einer Grimasse. Durch die Scheibe kam ein gelber Schimmer Sonne; während ich wartete, daß Carletto mit dem Essen fertig wurde, spähte ich nach dem bleichen Licht und grübelte nun auch nach über die Zigeuner und ihr Vagabundenleben. Wir gingen zusammen über die Piazzetta, hinaus in den Wind, der mit der bleichen Sonne kämpfte; dort waren nicht einmal die Jungen, die sonst hier lärmten. Eine Frau sagte uns, sie seien fort, um die Zigeuner zu sehen, und zeigte in eine bestimmte Richtung. Da machten wir uns ganz langsam, ohne uns darüber zu verständigen, auf den gewohnten Weg am Strand entlang, genossen das bißchen Sonne, das noch Widerstand leistete, und sahen auf den erdigen Schaum des Meeres. Carletto sprach kein Wort. Die Hände hinter dem Rücken, stapfte er nachdenklich über den feuchten Sand.

Ich betrachtete den kahlen Hügel. »An ihrer Stelle wäre ich schon fort«, sagte ich plötzlich, ich konnte die Bemerkung nicht unterdrücken. Carletto gab keine Antwort.

Wir gingen und gingen bis zu der buschigen Pflanze mit den dürren Zweigen ohne Blätter. Hier war der Strand von Felsen versperrt, man mußte auf die Straße hinaufgehen. Wir kletterten nach oben, sahen über die Felsen hinaus, bemerkten aber kein Zeichen von Leben. In der flimmernden Luft vernahm man nichts als das Pfeifen des Windes und das donnernde Geräusch des Meeres.

Auf diesen Felsen rauchten wir gewöhnlich, wir rauchten, starrten auf den Horizont und versenkten uns in den Anblick der merkwürdigen Felsen oder der Hügel hinter uns. Aber an diesem Tag war niemand unterwegs, und mit dem Rauchen waren wir schnell fertig. Carletto sagte etwas über die vielen Winter, die für uns hier an der Küste noch vergehen würden. Diesmal gab ich keine Antwort.

Wir gingen wieder ins Dorf; ich sagte ihm, er solle sich bei mir aufwärmen. Die Sonne war untergegangen, aber die Dämmerung noch fern. Die Osteria war leer. »Hier sind alle tot«, sagte ich. »Ich gehe heim.« Carletto ließ nicht locker, an solchen Nachmittagen klebte er an mir wie feuchte Blätter am Boden. Er redete nicht, er gab kein Zeichen von Leben, er hob nicht mehr den Kopf. Er dachte an seine Frau. Aber auch ich hatte es so satt und fühlte mich so allein, daß es mir eine Erleichterung war, ihn neben mir zu spüren. Es konnte immerhin sein, daß selbst er etwas sagte.

Wir traten ins Zimmer, und ich stellte sofort den Kaffee auf den kleinen Ofen. Er setzte sich, wie er es gewohnt war, auf den Kohlenkasten und steckte sich die Zigarette an mit einem Ungeschick, das mir jedesmal leid tat: die großen Hände schienen Angst zu haben, die Zigarette zu berühren. Er hatte das Rauchen von mir gelernt.

Auf dem Tisch lagen Bücher, und Carletto sah auch diesmal wieder überrascht auf sie hin. Obwohl er früher Drucker gewesen war, brachten ihn so viele Bücher in Verlegenheit, und er begriff nicht, wozu ich sie brauchte. Jetzt ließ er den Blick im Zimmer umherschweifen.

»Es heißt, die Zigeuner wissen alles«, brummte er. »Sie wissen alles, sie ziehen durch die Welt, sie wissen mehr als wir.«

»Es sind Menschen, die keine festen Regeln haben. Sie leben auf ihre Art.«

Während ich ihm den Kaffee gab, brachte ich die Rede auf seine Frau. Ich senkte die Stimme, als ich ihn nach ihr fragte, und er antwortete immer mit einer vor Rührung stammelnden Stimme. Als er mir eben erzählte – und das war meine Absicht gewesen –, was er in den schönen Zeiten tat, wenn er von der Arbeit nach Hause kam, als er davon sprach, daß seine Frau hoffe, zu ihm kommen zu können, wurde die Glastür hinter uns, die nur angelehnt war, heftig aufgerissen, und eine kräftige Stimme ertönte, so daß wir uns umdrehten. Auf die Schwelle war eine Frau getreten, eine braune Frau mit flatterndem Rock, die uns in dem grauen Licht jenes verwünschten Tages ansah, auf uns einredete, und doch immer irgend etwas in dem schmalen Hof im Auge behielt, vielleicht die Tür neben der unseren. Mit der einen Hand hielt sie uns eine Ofenschaufel hin und sagte in kehligen Lauten, wir sollten sie ihr abkaufen; aber sie war schon im Begriff zu gehen, als hätte man sie gerufen.

»Die Zigeunerin«, flüsterte Carletto hinter mir.

Beinahe verlegen betrachtete ich die Frau, vor allem das rote Halstuch, das sie um den Hals geknotet trug; ich glaubte, sie werde fortgehen. Ihre klagende Stimme sprach noch einige Sekunden weiter, die eiserne Ofenschaufel wurde rhythmisch gehoben und gesenkt, während die Frau, halb drinnen, halb draußen, uns immer fester ansah, so daß sie im Zimmer war, ehe ich mich dessen versah.

»Kauft die Schaufel hier, kauft die Schaufel«, sagte sie, sah sich überall um und kam weiter herein mit einem Gesichtsausdruck, als wisse sie nun schon, daß wir verwirrt seien und ihr keine Antwort geben würden; sie sah die Bücher, sah den halb mit Kaffee gefüllten Becher, sah das Häufchen Apfelsinenschalen, das auf einem Stuhl lag, sah das ungemachte, aufgeschlagene Bett. Ihr Gesicht war nicht mehr jung, der Kopf unbedeckt, das Haar feucht mit blinkenden Tröpfchen darin. Draußen regnete es leicht. Diese Frau war mager und dunkelhäutig – eine Bäuerin mit raschen Handbewegungen und einer ungewöhnlichen Stimme. Sie trug unter dem Rock Stiefel; nur darum wirkte sie nicht wie eine Bauersfrau.

Sie betrachtete den brennenden Ofen und ließ die Schaufel fallen. Carletto hinter mir war aufgestanden, und ich sagte irgend etwas. Die Zigeunerin hatte ihrer Rede schon eine andere Wendung gegeben. Im gleichen Tonfall, aber mit größerer Wärme sagte sie, nachdem sie uns beiden starr in die Augen geblickt hatte, ganz unvermittelt, viele Weibsbilder würden gern mit uns zusammensein, womöglich sofort, aber wir wüßten Bescheid, die Weibsbilder könnten sich keines Erfolges rühmen, wir jedoch, wir könnten uns rühmen, daß wir erwartet und herbeigefleht würden von einer Frau, die hinter samtenen Türen gefangen sei. Als sie das sagte, zeichnete sich um die Mundwinkel ein Lächeln ab. Es war kein Hohn, der zu den Worten in Beziehung gestanden hätte: sie hatte geredet, ohne innezuhalten, zwar sehr lebhaft, aber in dem mechanischen Tonfall eines Menschen, der eine Rede wiederholt. Dieses Lächeln war eher ein Zeichen dafür, daß sie uns verstanden hatte.

Die Zigeunerin lehnte die Ofenschaufel gegen die Wand, sie bückte sich, ohne uns aus den Augen zu lassen; sie zog, wie, weiß ich nicht, einen Stoß Karten aus einer Tasche hervor und blätterte ihn zwischen den Händen knallend auf. Zu Carletto, der sie mit offenem Mund ungläubig ansah, sagte sie, dies hier sei das Glück; ob er Lust habe, es sich sagen zu lassen. Carletto tat unerwartet einen Schritt auf sie zu, war ganz belebt und legte die Hand auf den Tisch, als wolle er ihn abräumen, damit die Zigeunerin dort ihr Spiel machen könne. Aber diese bat mich um ›ein Zeichen‹.

Ich legte eine Münze auf den Tisch – die erstbeste, die mir in die Finger kam –, und nun starrte sie mich an und ließ die Karten rasch unter dem Daumen hingleiten. Da sagte ich ihr, nicht ich, sondern der andere erwarte, sein Schicksal zu hören, ich lachte, wie sie vorhin gelacht hatte, und ging zum Ofen; ich fachte die Glut an und drehte mich um, ihr zu sagen, daß mir mein Schicksal für mindestens drei Jahre bekannt sei. Da verzichtete sie darauf, mir die Karten zu legen, sie nahm Carlettos Hand und drehte die Handfläche nach oben.

Merkwürdig war, wie Carlettos kräftige, schwere Hand so zwischen den Händen der Frau lag und erforscht wurde. Aber die Zigeunerin ließ seine Hand sogleich wieder fallen und sagte, Hände wie diese sprächen nicht; sie legte den Stoß Karten auf den Tisch und breitete sie aus. Ich sah sie jetzt fast vom Rücken her, sie brummte, holte mühsam Luft, stieß kleine Überraschungsrufe aus – eine schmeichelnde Art zu reden, wie man sie einem Säugling oder einem Kätzchen gegenüber anwendet. Diese Stiefel und das rote Halstuch, die flinken Augen, die einem ständig auswichen – ich vermutete sie aufmerksam beim Spiel –, ließen mich beinahe vergessen, daß sie nicht mehr jung war. Ich hätte mich nicht gewundert, wenn sie mir, sobald sie sich umdrehte, schön, stolz, lachend erschienen wäre wie eine Räuberbraut.

Carletto jedenfalls hörte ihr mit klopfendem Herzen zu. Zweifelnd und aufmerksam, die Stirn gerunzelt, folgte er den Bewegungen der Hände auf den Karten, empfing ihre Enthüllungen und bestaunte die Kartenbilder mit der Miene eines Menschen, der sie hier zum erstenmal erblickte. Er wagte sogar einige Fragen.

Die Zigeunerin sagte, er solle alles den Frauen überlassen. Zwei Frauen, die eine ihm bekannt, die andere unbekannt, bemühten sich um ihn und überwachten sich gegenseitig. Seine Nebenbuhler waren bereits geschlagen und fort. Ein Brief kam auf ihn zu. Eine Krankheit würde sein Schicksal ändern. Man brauche übrigens das Schicksal nur zu befragen, dann erfülle es sich rasch. Gerade in diesem Augenblick zähle man eine Summe ab, die für ihn bestimmt sei; und eine Frau träume von seinen Küssen.

»Wollt Ihr Kaffee?« fragte ich die Zigeunerin, als sie sich umdrehte. Ich hatte die dunklen, tiefen Falten um ihren Mund vergessen; sie überraschten mich, als ich sie jetzt sah. Schade, diese Magerkeit und diese gespannten Züge. Ihre Augen und Bewegungen verrieten, daß sie eine schöne Frau gewesen war.

Sie lächelte – auf ihrem Gesicht erschien unwillkürlich das etwas höhnische Lächeln, das bei ihr Freundlichkeit bedeutete. Sie zog sich den Rock glatt, fuhr sich mit einem Finger zwischen Kehle und Halstuch, nahm die Tasse und blickte rasch im Zimmer umher.

Sie setzte sich, antwortete Carletto, der noch etwas wissen wollte, wandte sich aber an mich und sagte, alle Männer hätten ein Schicksal und eine Frau, die an sie denke.

Carletto fragte sie, was das Schicksal der Frauen sei. Ich mußte lächeln. Er hatte das im Stehen gesagt, mit einer halb ungeschickten, halb verführerischen Stimme wie jemand, der scherzen will; aber sein Gesicht war noch ernst und die Stirn gerunzelt.

»Der Mann ...« sagte die Zigeunerin und setzte die Tasse an die Lippen. Und während sie trank, sah sie uns prüfend an. Ich betrachtete wieder ihre Stiefel.

»Ihr tragt Männerstiefel«, sagte ich. »Tragt Ihr sie immer?«

»Ich bin viel unterwegs.«

»Fahrt Ihr nicht auf dem Karren?«

»Der Karren wird geschoben, wenn die Wege schlecht sind.«

»Bleibt Ihr nicht in den Dörfern?«

Carletto betrachtete uns, zögernd, während wir sprachen; er stand neben meinem Stuhl. Er hob den Kopf und sagte: »Eine Frau sieht in diesen Schuhen nicht gerade schön aus. Behaltet Ihr sie immer an?«

Die Zigeunerin lächelte und sagte etwas rauh: »Ich ziehe sie aus, wenn ich ins Bett gehe.« Und sie sah dorthin, wo das Bett stand.

»Habt Ihr auf dem Karren ein Bett?« fragte ich.

Sie sah mich kühn an. »Nein, aber manchmal finde ich welche, die mir gefallen.«

Da drehte ich mich zu Carletto um, als wolle ich ihn auffordern, etwas dazu zu sagen. Carletto, die Hände in den Taschen, betrachtete die Zigeunerin von unten bis oben, halb bereit, halb unwirsch. ›Jetzt erzählt er ihr von seiner Frau‹, dachte ich. Aber Carletto tat einen Schritt nach vorn, den Kopf gesenkt wie ein Stier, und stammelte mit einer unsicheren, fast wütenden Stimme: »Wenn Ihr Eure Stiefel auszieht, könnt Ihr auch hier schlafen.«

Die Frau sah von mir auf ihn, sah zwischen uns hindurch, sah uns dann beide an und hatte wieder diese Falte um den Mund. Aber diesmal lachte sie.

Wir schwiegen einen Augenblick, und ich stand auf. Der Nebel draußen hatte eine dunkelblaue, fast trübe Tönung angenommen. »Es regnet nicht mehr«, sagte ich und sah auf die Scheibe. »Ich gehe in die Osteria und sehe, ob jemand dort ist. Komm du dann zum Essen.«

Und ohne Carletto zu beachten, lächelte ich der Zigeunerin zu und winkte zum Abschied, knöpfte den Regenmantel zu und ging hinaus.

Schlaflosigkeit

Wenn ich vor Tagesanbruch auf die Tenne zurückkam – ich kehrte von Festen, von Gesprächen, von Abenteuern heim –, wußte ich meinen Vater drüben unter dem dunklen Fleck des Nußbaums; dort stand er schon wer weiß wie lange unbeweglich und sah mit scharfem Blick in die Bäume, immer auf dem Sprung, unter die Sterne hinauszutreten. Ich kam von der Wiese und ging quer über die Tenne; ich hätte durch den Laubengang schlüpfen können, dann hätte er mich nicht gesehen, aber es war besser, wenn er sofort merkte, daß ich mich nicht verbergen wollte; er sollte wissen, daß ich, wenn es hell wurde, schon seit einer Weile zu Hause war. Der Nußbaum füllte den halben Himmel, aber ein großes Stück Tenne blieb ungeschützt und leuchtete hell: ich ging über dieses helle Stück, und die Nacht war so klar, daß ich unter den Füßen meinen Schatten sah.

Ich ging über dieses helle Stück Tenne, ohne nach dem Nußbaum hinzusehen, denn hätte ich hingesehen, dann hätte ich stehenbleiben müssen, und mein Vater hätte mich gerufen, hätte irgend etwas gesagt und wäre herausgekommen. Mein Vater schlief nachts nicht, denn er war alt, er meinte, er verliere damit nur Zeit.

Er sagte, die Zeit, die man nicht bei seinem Hab und Gut verbringe, sei ganz und gar verloren. Tief in der Nacht stieg er aus dem Bett – er ging zu Bett, wenn es noch nicht dunkel war – und begann umherzuwandern, er trat in den leeren Stall, stellte eine dreizinkige Gabel gerade, hob einen Strohhalm auf. Seit sich meine Schwestern verheiratet hatten, war uns nur noch ein einziger Weinberg geblieben: zwei Tagwerk am Hang, die er bei Tage hackte und bei Nacht von der Tenne aus überwachte. Früher, als wir Kinder waren, hörten wir im Bett, schon halb im Schlaf, wie der Strick am Stall fest gepackt und die schmale Tür aufgesperrt wurde; sie quietschte und schabte an der Wand entlang. Damals erschien uns dieses Knarren als eine Drohung, als die wahre Stimme unseres Vaters, der schlaflos wachte: er schien gerade dadurch in der Nacht das Haus den schrecklichen Gefahren preiszugeben, die ein plötzliches Geräusch im Finstern in unserer Phantasie hervorrufen kann. Wir hätten gewünscht, die Tür schlösse sich hinter ihm, dann hätten wir uns in den Betten, wo uns das Herz klopfte, sicherer gefühlt. Wir hatten immer in diesem Haus gelebt, und dort war ein Geräusch gleichbedeutend mit einem Fremden.

Jetzt kam ich lachend auf die Tenne und wußte, daß mein Vater unter dem Nußbaum auf mich wartete. Manchmal begleitete mich ein Freund bis zur Straße unter dem Weinberg: wir redeten von der letzten Flasche Wein, von dem, was man getan hatte und noch tun mußte. »Auf morgen«, sagte ich. »Auf morgen«, und der andere entfernte sich mit langen Schritten unter den Bäumen; auch er ging nach Hause. Ich stieg rasch den kurzen Pfad hinauf, sah den großen Nußbaum und fand mich, wie jede Nacht, auf der Tenne. Vor dem Schatten meines Vaters überquerte ich sie, ohne stehenzubleiben. Ich spürte, daß er mich beobachtete und mit mir sprechen wollte. Ich drehte mich nicht um, ich gelangte an die Tür, und die Begegnung war auf ein andermal verschoben.

Bei Tage hatte mein Vater seine bestimmten Ideen, er machte sich der Mutter gegenüber Luft und schalt auf mich. Immer gab es etwas Unnützes zu tun, und man mußte diese Arbeiten um des lieben Friedens willen verrichten: man band Reisigbündel und hackte. Mein Vater verlangte nicht so sehr, daß wir uns bückten und uns mühten, als daß wir um ihn waren und auf der Tenne hin- und hergingen, damit er glauben konnte, es gäbe Arbeit für alle. Seit meine Schwestern sich verheiratet und von ihm den Weinberg gepachtet hatten, war unser Haus so gut wie tot, keiner ließ sich mehr blicken, auch der Stall war leer. An manchen Tagen langweilte ich mich wie damals, als ich ein Junge war und keiner zum Spielen kam. Ich lief unvermittelt in die Felder und sagte, ich ginge ins Dorf; statt dessen ging ich zu meiner Schwester und bat sie, mir irgendeine Arbeit zu geben. Arbeit gab sie mir nicht, aber dort kam immer jemand vorbei, und man redete sich satt.

»Was habt ihr getan?« fragte mich mein Vater beim Abendessen. Man brauchte ihm gar nicht erst zu antworten, wir hätten geschwatzt, denn schon begann er zu schelten und der Mutter Vorwürfe zu machen, daß sie uns so, wie wir waren, in die Welt gesetzt hätte. Mir warf er nichts vor. Wenn es Nacht geworden war, ließ er mich in Ruhe, er wagte nicht, sich gegen mich zu stellen. Immer war er drauf und dran, aus dem Schatten herauszutreten; aber jedesmal ging ich vorüber, die Jacke unter den Arm geklemmt, in Gedanken, entschlossen, ihm auszuweichen; ich horchte auf das Zirpen der Grillen, und nichts geschah. Es kam nur vor, daß die Mutter mich, sobald ich ins Haus getreten war, mit ihrer gedämpften Stimme vom Bett aus rief – in ihrem Alter schlief auch sie nicht mehr viel – und wissen wollte, ob mein Vater immer noch auf der Tenne sei, was er tue, ob er gesagt habe, er komme herein. Ich beruhigte sie und brummte, nur ich käme herein, und draußen sei klarer Himmel. Ich antwortete so ungeduldig, daß es wie bei meinem Vater klang. Es war August, da brauchte man sich keine Gedanken zu machen, wenn ein alter Mann nicht schlafen wollte. Die Mutter wurde nach und nach still, aber nicht einmal ich konnte Schlaf finden, mich trieben der Wein und die nächtlichen Gespräche um. Draußen war das Land, waren die verlassenen Straßen; am nächsten Tag bei Sonne würde es ganz etwas anderes sein; aber inzwischen hielten mich bestimmte Gedanken unwiderstehlich wach: wie ich hier ein Ende machen, einen Zug nehmen, in die Stadt fahren und ein männlicheres Leben führen könnte. Auch mein Vater war als junger Mensch ausgerissen, aber er war zu Fuß losgezogen, weil es zu seiner Zeit die Eisenbahn noch nicht gab. Nach einem Jahr jedoch war er zurückgekehrt. Ich wollte nie mehr zurückkehren.

In der Nacht von Mariä Himmelfahrt kam ich erst am Morgen nach Hause, und diesmal erschien mir der Wiesenpfad anders als sonst. Mein Vater kam aus dem Stall, während ich an der Tür frühstückte.

»Wie war das Fest?«

»Ich habe Nanni getroffen«, sagte ich kauend. »Wir haben miteinander geredet.«

»Was kann dieser Herumtreiber schon sagen ...«

»Nichts weiter. Er nimmt mich mit zum Arbeiten, wenn ich will.«

Mein Vater blieb unentschlossen stehen; er hatte ein Halfter in der Hand und legte es auf das Fenster. Ein Jahr zuvor hätte er es mir noch über den Rücken geschlagen. Aber jetzt hatte das keinen Zweck mehr, und er wandte sich nach dem Stall, aus dem die Mutter kam, und fuhr mit der Hand über die Augen. Ich ließ sie streiten und betrachtete unterdessen den langen Schatten des Nußbaums.

Erwachen

In jener Nacht war mir eine schwere Demütigung widerfahren, eine, wie wir sie mitten unter den Menschen erdulden, ohne daß diese etwas davon merken. Wir lächelten weiter, ich und meine Gesprächspartner, als sei nichts geschehen, und für sie war ja auch nichts geschehen: es war nur einfach ein Wort gesagt worden, das für alle, mich inbegriffen, nur ein Scherz war. Doch einen Augenblick danach bekam ich kaum Luft und hockte in meinem Winkel, bestürzt und benommen wie jemand, der keinen klaren Gedanken fassen kann. Ein Glück, daß niemand auf mich achtete: jedem lag nur daran, selbst zu reden und zu erreichen, daß der andere ihm zuhörte. Ich brachte es sogar kurz danach fertig, wieder mitzureden; ich suchte das Gespräch noch einmal auf das zu bringen, was vorhin gesagt worden war – ob aus Schwäche oder um meiner Angst Trotz zu bieten, weiß ich nicht.

Als alle gegangen waren, begleitete ich meinen Freund P. nach Hause, obwohl ich erst so offenkundig verschlafen und zum Umfallen müde gewesen war. Der Freund schwieg, gutgelaunt; doch als er merkte, daß ich nichts sagte, sah er mich neugierig von der Seite an. Ich fragte mich, warum ich mit ihm gegangen sei; ich sehnte mich nach einem einsamen Rückweg, um mich meiner Niedergeschlagenheit zu überlassen und sie bis auf den Grund auszukosten. Zwischen uns war etwas, wovon nicht gesprochen wurde; verzweifelt war ich in jener Nacht ohnehin, und die unbewußte Vorsicht des Freundes vermehrte mein Unbehagen.

»Und was tust du morgen?« fragte der Freund, als wir stehenblieben.

Ich weiß nicht, was ich ihm antwortete; vielleicht machte ich nur eine der zwischen uns üblichen ungeduldigen Gesten. Er mußte glauben, daß die schlechte Laune von meiner Schläfrigkeit kam, und entfernte sich auf dem Gehsteig mit hallendem Schritt. Ich horchte seinen Schritten nach, fast als bildete ich mir ein, sie seien die letzte Stimme des Lebens, das sich mit ihnen von mir entfernte, und ich fand in dieser Phantasie so etwas wie eine verzweifelte Erleichterung. Dann drehte ich mich um und ging weiter, mir selbst überlassen.

Es war eine Juninacht, in der Dunkelheit vibrierte das Leben. Ich verglich meine Angst mit so viel Süße und wühlte bei jedem Schritt in meinem Schmerz; mir war, als sei die ganze Finsternis mit ihm durchtränkt und ich brauche nur weiterzugehen, um seine Last immer unerträglicher auf mir zu spüren. Plötzlich merkte ich – und ich blieb stehen –, daß das harmlose Wort, mit dem alles angefangen hatte, meinem Gedächtnis entfallen war. Ich stand am Rande einer Piazza, auf der ein Brunnen murmelte. Dieses Geräusch erschien mir nichtig, selbst in seinem Zauber. Nichts konnte jetzt die elende Wirklichkeit meiner Existenz aufheben. Von dem sanften Reiz der Stunde nahm ich nur die Stille, den Duft, die Ruhe in mich auf. Es war tief in der Nacht, ich war länger als sonst umhergebummelt, weil ich unwillkürlich neue Eindrücke suchte und auf diese Art die Demütigung von mir fortschieben wollte. Ich konnte mich nicht darein ergeben, daß ich am nächsten Tag, in dem kurzen Halbschlaf des dämmernden Morgens, diese nun schon vertraute Qual wieder in meinem Herzen finden sollte, noch bevor ich die Lider aufschlug. Ich war müde und schmerzerfüllt in einem Grade, daß ich mich nur mit einer Anstrengung, einem gewaltsamen Losreißen wieder aufschwingen konnte.

Da beschloß ich, den Tagesanbruch unterwegs abzuwarten, einfach den Tag herankommen zu lassen, denn die ganze Stadt lag noch öde, und das Quietschen eines entfernten Karrens hier und da gehörte zum Land und nicht zur Stadt. Schon wies die Milde des Himmels auf eine nicht mehr nächtliche Stunde. Ich ging weiter, sah umher, lenkte meine bedrückten Gedanken auf das Rauschen sanft wirbelnder Blätter vor dem durchsichtigen Dunkel des Himmels. So entstand zwischen mir und der Nacht eine vage Vertrautheit – vage, weil mir ganz anderes auf der Seele lastete und die Häuser, die einsamen Straßenlampen, die Wölbung des Himmels wie ein leichter Windhauch still um mich herliefen. Der Körper war in Bewegung; aber in dem Schweigen lag mein großer Schmerz still, als sei er eingeschlummert. Ich ging immer weiter; ich kam durch Gassen, über Plätze, durch Alleen; ich suchte an das Ende dieses sich unendlich hinziehenden Weges zu gelangen, der erst am Morgen aufhören würde. Da ich ein Ziel hatte, fürchtete ich die Zeit nicht mehr; die Einsamkeit selber hob das vergangene Bewußtsein meiner selbst auf. Der Morgen würde mich nicht mehr, wie er es zu tun pflegt, jählings überraschen; die ungewohnte Stunde, die ich durchlebte, hatte schon jede Bitterkeit aufgesogen, und ich ging auf ihn zu wie auf etwas, was ich nie erlebt hatte, was mir gehörte. Ich begrüßte ihn hinter einem Hause der Vorstadt.

Als er sich entfaltete und die Straßen überflutete, begann ich langsamer zu gehen. Jetzt konnte ich sogar stehenbleiben und die Müdigkeit auskosten, mich den Stimmen überlassen, die den Morgen frisch anriefen. Doch wenn ich stehenblieb, aufhörte, ihn zu beschwören und ihm entgegenzugehen, würde er ein Morgen werden wie die anderen, wie ich es schon in der Nacht gefürchtet hatte. Darum ging ich immerzu weiter und setzte dem restlichen Schmerz meinen unermüdlichen Willen entgegen, wach zu sein. Ich kam an den letzten Häusern vorüber, an eine Brücke; jenseits der Brücke begann das Land. Ich sah hinten in der Ebene eine winzige, braune Osteria und nahm mir vor, hinzugehen.

Signor Pietro

Mein Vater starb, als ich sechs Jahre alt war, und ich wurde zwanzig, ohne zu wissen, wie sich ein Mann im Hause benimmt. Schon mit achtzehn entwischte ich immerzu in die Wiesen, überzeugt davon, daß ohne einen raschen Lauf und einen Streich der Tag verloren war. Meine Mutter hatte versucht, mich so streng zu erziehen, wie es ein Mann tun würde, aber sie hatte damit nur erreicht, daß es bei uns weder einen Kuß noch ein Wort zuviel gab und ich nicht wußte, was eine Familie ist. Solange ich schwächer war als sie und von ihr abhing, hatte ich nur Angst vor ihr, was freilich ein öfteres Entfliehen und Zurückkehren nicht ausschloß; und als ich Manns genug war, behandelte ich sie wie eine Großmutter, die man mit Ungeduld und nur mühsam erträgt.

Jetzt hatte ich immerhin eine Arbeit, und auch das verdankte ich ihr: sie ließ mich nicht nur etwas lernen, sondern sie zwang mich zu dem Wagnis einer weiteren Prüfung. Sie hielt es für ihre Pflicht, mir auseinanderzusetzen, ich in meinem Alter müsse mich unabhängig machen. Natürlich lebten wir weiter zusammen und wohnten in einem Haus am Stadtrand, das mir darum gefiel, weil es vor sich die Allee und die Stadt hatte, hinter sich – man sah es von den hohen Treppenhausfenstern aus – Wiesen, und weiter entfernt Gruppen von Bäumen. Bis vor einigen Jahren hatten wir auf dem Lande gelebt, und für mich bedeuteten ein grüner Horizont, Pfade in den Wiesen, die Häuser zwischen Wäldern und Schilfröhricht soviel wie Freiheit und Ferien. Seit ich den Tag am Schreibtisch verbrachte, begnügte ich mich, wenn ich abends heimkam, damit, vom Treppenhaus einen Blick auf die große Leere von Himmel und Wiesen zu werfen, um mich zu vergewissern, daß sie noch immer da waren. Doch obwohl mir nach der Arbeit etliche Stunden Tageslicht blieben, ging ich nie dorthin. Ich war lieber auf dem Hauptbahnhof, dessen geschäftiges Hin und Her mir gefiel, oder wanderte in bestimmten, von dem unseren entfernten Vierteln umher, wo es Fabriken, Lärm, aber auch manche Einsamkeit gab.

Eines Tages – ich kam zeitiger zurück – hörte ich im Wohnzimmer reden, und die Mama sagte lebhaft durch die Tür: »Komm, komm und sieh, wer da ist!« Ich war gerade in einer meiner widerborstigen Stimmungen; ich zögerte an der Tür zum Wohnzimmer und spitzte die Ohren: drinnen schwiegen sie in der Erwartung, daß ich erschiene. Das ärgerte mich so, daß ich gewünscht hätte, ich wäre noch im Treppenhaus. Ich kehrte um, rief irgend etwas vom Treppenabsatz aus und ging eilig wieder hinunter.

Als sich meine erste Wut abgekühlt hatte, war ich schon ein Stück entfernt, und als ich heimkam, schön langsam in der Abenddämmerung, stellte ich mir das, was sich abspielen würde, unwillkürlich vor. Die Mama würde mich mit mürrischem Gesicht am Tisch erwarten. Damals aßen wir in der Küche, und ein Essen zu zweit ist bald zu Ende; aber ich würde sitzenbleiben, bis sie anfing abzudecken. Dann würde ich mich in mein Zimmer verkriechen, mich ans Fenster setzen und im Dunkeln rauchen, bis es Nacht geworden wäre. Ich würde nicht wagen, wie sonst auszugehen und sie allein zu lassen; durch die Wand hindurch würde ich hören, wie sie beim Geschirrspülen mit den Tellern klapperte.

Statt dessen war die Wohnung hell erleuchtet, der Tisch war im Wohnzimmer gedeckt, und die Mama und der Signor Pietro sprachen von mir. Seit fünfzehn Jahren war er nicht bei uns gewesen, ich erkannte ihn fast nicht wieder, er aber fragte mich sofort nach einer gewissen Ninina, in die ich zu seiner Zeit offensichtlich verliebt war. Die Mama runzelte die Stirn, aber sie lächelte. Als wir uns zu Tisch setzten, hatten die beiden sich schon in so viele Erinnerungen an meine Kindheit verloren, daß ich die Sommerabende in dem Landhaus, in dem wir damals wohnten, wiederzuerleben meinte, wenn er und der Papa, schon von unterwegs rufend und lachend, miteinander ans Gittertor kamen, wo ich sie erwartete: ich rannte ihnen entgegen und kramte in Papas Taschen, bis die Mama am Balkongeländer erschien und sie sich begrüßten und so in der Entfernung miteinander redeten und ich den Signor Pietro am Arm zog, damit er nicht nach Hause ginge, sondern zum Essen bei uns bliebe.

Zwischen den einzelnen Gerichten stand die Mama auf, um in die Küche zu gehen, und einmal lief er hinter ihr her und redete weiter. Ich konnte ihn nicht davon zurückhalten; aber dieses Mitteilungsbedürfnis gefiel mir nicht übel. Er erzählte uns von seiner

Frau, einer Argentinierin, die er in Genua treffen sollte: dort wollten sie künftig wohnen. Mit dem Papa war Signor Pietro so befreundet gewesen, daß es bei uns hieß, sein Tod habe ihn veranlaßt, durch die Welt zu ziehen. Aber jetzt war er alt, sagte er uns, er war alt und wollte irgendwo seßhaft werden. Ich bemerkte, daß seine dunklen, lebhaften Augen voll Unternehmungslust waren; und riesengroß und kräftig wie er noch war, erschien Signor Pietro mir nicht wie ein alter Mann, sondern eher wie einer von denen, die ein solides Gleichgewicht erlangt haben, in dem sie unverändert verharren können.

Von diesem Abend an besuchte er uns oft. Er sagte, wir müßten Geduld mit ihm haben – er sei so allein, und wir stellten für ihn die Familie dar. Den Vormittag verbrachte er mit der Organisation eines bestimmten Unternehmens, das ihm zu dem dauernden Wohnsitz verhelfen sollte; er schrieb in seinem Hotel lange Geschäftsbriefe und erwartete Telefongespräche. Ich kam am Mittag dorthin, begrüßte ihn und lud ihn ein, zu uns zu kommen. Ich wartete auf ihn in dem großen Sessel, mitten im Hin und Her der Menschen; und ich begriff, daß ein Mann, der im Hotel, auf Bahnhöfen, immer unterwegs gelebt hat, das Gesicht und die Willenskraft haben mußte, die er besaß. Er hatte in seinem Leben alles nur mögliche erlebt, der Signor Pietro, und in den ersten Tagen erzählte er mir und Mama davon recht gewandt; dabei hatte er eine bestimmte Geste, wie um uns zu bedeuten, daß diese Zeit vorüber sei. Aber mir schien, Stimme und Schritt, die zupackende Art, mit der er die Gesprächspartner verabschiedete, ja der Blick, den er mir zuwarf, könne sich gegenüber früher gar nicht geändert haben.

Bisher hatte ich ihm verborgen, daß ich bei der Stadtverwaltung arbeitete. Doch als er einmal, während ich ihn heimbegleitete, die Rede auf meinen Vater brachte, war es nicht zu vermeiden, daß ich ihm meine Tätigkeit nannte. Er sagte zerstreut: »Das ist recht von dir«, und kehrte zu dem zurück, was ihn gerade interessierte.

Bei uns zu Hause hatte es immer geheißen, der Papa habe, wenn er am Leben geblieben wäre, aus mir einen Seemann machen wollen, einen Kapitän, damit ich umherfahren und die Welt sehen könne. Im Innern war ich ihm dankbar dafür, daß er mich für ein so schönes Leben bestimmt hatte; und wenn auch das Schicksal anders verfügt hatte, ließ ich darum doch nicht ab, davon zu träumen – früh und abends, für mich allein, sooft ich aus dem Hause trat –, daß meine große Fahrt endlich doch beginnen werde, daß ich nur immer weiter zu gehen brauchte bis hinten in die Stadt, bis zu den unbebauten Flecken der Vororte, dann werde etwas geschehen: wenn ich um die letzte Hausecke gebogen wäre, werde mir am kühlen Himmel oder in der Abendröte das Meer erscheinen, ein nie gesehenes Meer, ungeheuer mit dem Rauch der Häfen, mit einem langen Strand, lärmerfüllt. In meiner Vorstellung vermischte sich das Bild, das Schauspiel, das ich vor mir sah, sogar mit der verblaßten Erinnerung an den Papa; ich war immer höchst begierig gewesen, etwas über ihn zu erfahren, Anekdoten, Eigenheiten: zum Beispiel wurde ich nicht müde, zuzuhören, wenn die Mama mir von seiner Flucht aus dem Internat erzählte: mein Vater hatte mit fünfzehn Jahren zwei Nächte unter einer Brücke geschlafen, und um ihn herum schneite es. Jetzt weiß ich, daß ich krampfhaft in meinen Erinnerungen, meinen Instinkten, meinem Bewußtsein nach einer völligen Übereinstimmung meiner Natur mit der seinen suchte, nur weil ich in ihm mein Schicksal vorgezeichnet fühlte.

Daß Mama vom ersten Abend an Signor Pietro gegenüber meine Anhänglichkeit an Papa rühmte, hatte mich verdrossen. Trotzdem konnte ich nicht anders, ich kam im Gespräch mit ihm darauf zurück. Da sagte Signor Pietro: »Dein Vater war ein Mann, der klar sah, und er hätte der Stadtverwaltung bestimmt einen Fußtritt versetzt; aber er wußte, daß er sehr bald sterben würde. Das nahm ihm jede Entschlußkraft.« Ich war verstimmt und nahm mir vor, künftig den Mund zu halten. Daß Papa in den Jahren, da ich schon kein Kind mehr war, seinen Tod vorausgefühlt hatte, war mir nicht neu. Ich erinnerte mich an einen fernen Abend, wo er sich, erregt und rot im Gesicht, ans Fenster gestellt und mit rauher Stimme gerufen hatte, er ersticke, er kriege keine Luft mehr.

»Bist du verliebt?« fragte Signor Pietro und sah mich von der Seite an, und mein Ärger über seine Frage war so groß, daß ich nahe daran war, ihn stehenzulassen und nach Hause zu entwischen. Aber wir gingen sowieso nach Hause, und ich hätte ihn weiter vor mir gehabt, und seine Spöttereien hätten nur noch länger angehalten. An diesem Abend begnügte ich mich damit, das Gespräch der beiden auf die früheren Zeiten zu bringen; und die Mama, die mich immer gelehrt hatte, einer Aufwallung nicht nachzugeben, und mir als Beispiel den Papa vorgehalten hatte, der, obwohl er gewußt habe, daß er bald sterben müsse, den Gedanken an den

Tod still ertragen und sein bisheriges Leben weitergeführt habe, sprach an diesem Abend ganz anders: hätte ihr Enrico ein Leben wie Pietro gehabt, so wäre er wohl nicht so früh gestorben; denn was ihn umgebracht habe, sei eben diese Resignation gewesen, nie habe er die seßhafte Lebensweise aufgeben wollen, nie sich eine Zerstreuung gegönnt. Mich überraschte es, was für einen Klang ihre Stimme gegen Ende des Gespräches annahm: sie war energischer geworden, beinahe bitter. Es schien, als mache sich in ihr ein Groll endlich Luft. Zum Glück begann Signor Pietro von der Zeit zu erzählen, wo mein Vater ihr den Hof machte und er, der Freund, den Hund ablenken mußte, während der Papa ausgerechnet eine Sprossenleiter hinaufstieg, um, wie vereinbart, ein Briefchen in den Taubenschlag zu legen. Dann trafen sie sich auf den Bällen. Damals trug Mama ein berühmtes hellblaues Kleid, das eine bestimmte Bedeutung hatte; erschien sie hingegen in Weiß, so bedeutete das das Gegenteil. Daran erinnerte sich die Mama gar nicht mehr; die beiden fanden auch, so sehr sie sich bemühten, den Sinn der Botschaft nicht wieder. »Vielleicht wüßte es Enrico«, bemerkte Signor Pietro, »wenn er noch bei uns wäre.«

Eines hätte ich niemandem zu sagen gewagt, und am wenigsten dem Signor Pietro: wie sehr ich ihn besonders darum beneidete, daß er im Hotel lebte. Er ging hinein und kam heraus, ohne daß es ihm das geringste ausmachte, aber in den wenigen Minuten, während ich auf ihn wartete, studierte ich eifrig die Menschen und das Gepäck, mehr das Gepäck als die Menschen, denn sie hatten, jeder einzelne, die durchschnittlichen Gesichter, wie man sie auf der Straße oder in der Trambahn sieht, während die bunten, mit Etiketten bepflasterten Koffer zu mir redeten, als seien sie lebendig. Vom Signor Pietro bekam ich nicht einen einzigen Koffer zu Gesicht, weil ich mich immer in der Halle mit ihm traf, und er erzählte von seinen Reisen nicht gern oder nur, soviel unumgänglich notwendig war. Er war vielmehr ausschließlich mit seinen Telefongesprächen beschäftigt, und als ihm der Portier eines Tages einen Brief gab, an dem ich nur eben die ausländische Marke erkannte, sah er diesen kaum an und steckte ihn in die Tasche. Zwei Tage danach sagte er plötzlich, während er an der Hoteltür stehenblieb, seine Frau sei in Genua. Übermorgen werde er abreisen.

Er kam zum Abschiedsessen zu uns und brachte eine Flasche Sekt mit, um sich, so sagte er, einen vergnügten Abend zu machen, denn seine Frau duldete keine Vergnügtheit, und das sei der letzte Sekt, den er trinken werde. Mama beobachtete besorgt, wie wir tranken, doch als Signor Pietro einen Toast auf die Zukunft ausbrachte, hob auch sie mit ihren knochigen Fingern den Kelch und stieß erst mit ihm, dann mit mir an, mit großer Würde. Ich sah ihr nicht in die Augen, denn meine Gedanken waren schon ganz woanders, ich schwamm in Plänen. Ich sah ihr auch nicht ins Gesicht, als ich sagte, ich wolle Signor Pietro ins Hotel begleiten; aber ich erinnere mich, daß sie uns beide ermahnte, uns nicht zu erkälten.

Die Nacht war nebelig; ich weiß nicht, warum ich mit unserem Gast durchaus hatte ausgehen wollen. Ich hatte das auch sonst schon getan, wahrscheinlich tat ich es aus Gewohnheit. Aber es erschien mir auch unmöglich, daß er einfach so, wie ein Besuch, fortgehen sollte, ohne das Gespräch wieder auf meinen Vater und meine Zukunft zu lenken. Bei sich dachte er doch gewiß, daß ich mein Leben ändern müsse!

Beide Straßenseiten waren von Schneehaufen gesäumt, und zwischen den Nebelstreifen funkelte hin und wieder ein Stern. Ich machte Signor Pietro darauf aufmerksam, daß der nächste Tag klar sein würde, ein Morgen, an dem die Sonne rot hinter Nebel hochsteigen werde. Er zog die kalte Luft ein und fragte mich, um wieviel Uhr ich im Amt sein müsse. Ich antwortete, ich ginge sehr früh aus dem Haus, weil ich, bevor ich mich in mein Kellergeschoß einschlösse, gern durch die menschenleeren Straßen streifte; aber das Wort ›Kellergeschoß‹ sagte ich fast mit Tränen in den Augen. »Es ist kalt«, brummte Signor Pietro. »Wollen wir etwas trinken?«

Wir traten in das erstbeste Café. Ich wollte mich setzen, aber Signor Pietro bestellte zwei Glühwein an der Theke. »Teufel noch mal«, sagte er, »um sich aufzuwärmen, braucht man sich nicht zu setzen. Das habe ich in deinem Alter nie getan. Allenfalls geht man, wie es die Matrosen tun, von einem Café ins nächste.«

Ich goß den Wein hinunter. Signor Pietro schlürfte ihn langsam, er streckte nur eben die Lippen aus dem Pelzkragen, und solange er das Glas in der Hand hielt, sagte er kein Wort. Er war wirklich alt; nur das fast blonde Haar und die flinken Augen machten einen lebendigen Mann aus ihm. Die bleiche, dunkle Frau, die uns bedient hatte, sah ihn aus dem Augenwinkel heraus beinahe verzückt an.

»Das schmeckt dir, was? Geht es dir jetzt besser?« sagte er zu mir, als er ausgetrunken hatte; und sobald wir wieder unterwegs waren, schien er vergnügter. Er kuschelte sich in den Pelz und bemerkte melancholisch: »Was tut man nicht alles in dieser Welt, um obenauf zu bleiben, und dabei brauchte man nur ein Glas Wein.« Als wir vor dem Hotel waren, redete er noch immer vom Wein und sagte, für jemanden, der kein Land habe, sei es schwierig, sich einen guten Weinkeller anzulegen. Von da kam er auf das Landgut zu sprechen, das er sich kaufen wolle – bisher hatte er nur mit meiner Mutter davon gesprochen –, und setzte mir auseinander, er selbst würde sich, wenn er nicht auf seine Frau Rücksicht nehmen müsse, ganz aufs Land zurückziehen. Aber wenigstens hoffe er, daß er sich ein Weingut kaufen und von Genua aus nach Übersee liefern könne, wohin, wisse er schon. Wir standen jetzt in der Hotelhalle, und er fragte: »Wollen wir den Wein hier versuchen?«

An den Tisch der zum Hotel gehörenden Trattoria ließ er sich von einem Kellner, den er Giacomo nannte, eine Flasche alten Wein bringen. Unter dem Lampenschirm hob sich die weiche Farbe des Weins von der blendenden Weiße des Tischtuchs sanft ab. Auch Signor Pietros Augen waren weich geworden. Nur wenn er das Glas an die Lippen setzte, hörte er auf zu reden.

»Wir machen es nicht wie die Matrosen«, sagte ich und betrachtete ihn. »Wir haben uns hingesetzt.«

Ich weiß nicht, warum ich an diesem Abend sprach. Meine schüchterne Zurückhaltung löste sich bei der Wärme und dem plötzlichen Wohlwollen, das Signor Pietro mir zeigte. Wenn ich noch feuchte Augen hatte, so gewiß nicht vom Trennungsschmerz. Ich fragte Signor Pietro rundheraus, ob er nicht eine Stelle als Matrose für mich habe oder als Kellner auf irgendeinem seiner Schiffe. Ich erklärte ihm, entweder er befreie mich aus dem Leben, das ich hier führte, oder ich würde enden wie der Papa. Ich sprach mit Schwung, und ich erinnere mich, daß ich nicht innezuhalten wagte aus Angst vor der unausbleiblichen Antwort.

Aber Signor Pietro sah mich nur ernst an, und als er mir noch ein Glas Wein einschenkte, war seine Miene betrübt. Er verzog den Mund und murmelte, ich sei ein dummer Kerl, daß ich es ihm nicht früher gesagt hätte. »Ich selbst besitze keine Schiffe«, sagte er. »Aber ich kenne Kapitäne. Für dich schickt es sich nicht, als Schiffsjunge an Bord zu gehen. Wer unten anfängt, bringt nie etwas zustande.« Er betrachtete mich wohlgefällig von der Seite. »Mir ist, als sähe ich deinen Vater«, brummte er. »Wovor hast du Angst? Man fängt mit Geld an, und dann reist man erster Klasse.«

Ich sagte, ich wolle nur vom Land fortkommen und freier atmen, und erzählte ihm von dem alten Traum meines Vaters, von meinen eigenen Träumen; und er beugte sich ins Licht vor und sah mich unverwandt an, mit einem halb ungläubigen, halb mechanischen Lächeln.

Ab und zu warf er ernsthaft ein Wort dazwischen. Ich erzählte ihm von Segelschiffen und Häfen, und auch er wurde warm und erzählte mir von den vielen Häfen, in denen er angelegt, von dem Geld, das er verdient hatte. Wir diskutierten, ob ein Segelboot oder ein Motorschiff vorzuziehen sei. Er setzte mir auseinander – aber ich wußte es schon –, daß die Segelschiffe sozusagen weiße Raben seien, Museumsstücke, Schulschiffe. Als er hörte, daß ich das Meer noch nie gesehen hatte, wurde sein Gesicht plötzlich ganz anders, geradezu bestürzt. Er packte mich an der Schulter und fragte, warum ich nicht morgen mit ihm losführe. Wir kamen überein, daß er mir von Genua schreiben würde, sobald er einen guten Posten für mich gefunden hätte. Gleich danach schien er mir müde, schläfrig, und ich stand auf, um mich zu verabschieden. Er brummte etwas, ohne sich zu rühren; dann streckte er mir die Hand hin.

In jener Nacht kehrte ich nicht nach Hause zurück, ich ging ins Bahnhofscafé, um für mich allein weiter an meine Zukunft zu denken und meine neue Unabhängigkeit zu genießen. Ich war berauscht, aber nicht vom Wein, im Gegenteil – ich spürte in mir eine Klarheit und Kühnheit, wie ich sie später nie mehr empfunden habe. Gegen Morgen war ich müde und doch nicht schläfrig. Guter Laune kehrte ich heim.

Meine Mutter zu beruhigen, war nicht leicht; aber der Gedanke, daß sie sich sehr bald an ein noch ganz anderes Fernsein würde gewöhnen müssen, machte mich zu einem braven Sohn. Natürlich wollte sie mir nicht glauben, daß ich die ganze Nacht allein verbracht hatte und daß sie sich da irgend etwas vorstellte, machte mir Spaß. Auch die Frauen würden an die Reihe kommen – später.

. . . .

Die Zeit

Schon als junger Mann vermutete ich, einer, der nie schliefe, würde nicht altern. Allenfalls tauchte die Zeit in den Erinnerungen auf, in den Pausen, wo ich über mich selbst überrascht innehielt, wenn mir schien, als wache ich auf, wie man am Morgen aufwacht, und wußte, daß wieder ein Tag, wieder ein Leben, wieder eine Begegnung vorüber war. Die Gegenwart der anderen bedeutete für mich eine Gelegenheit, zu leben und der Zeit zu entfliehen, und ich suchte sie mit einer Gier, die nicht einmal tief in der Nacht nachließ. In der Nacht, im Dunkeln, überfiel mich diese Gegenwart und zwang mich, zu sprechen, gerade als hätte ich einen Gesprächspartner, und es fiel mir leicht, mich mit mir selbst zu unterhalten, weil mir der Tag und die nur eben unterbrochenen Worte die ruhige Gewißheit hinterließen, daß mein Gespräch mit den anderen am nächsten Tage wieder würde aufgenommen werden; und inzwischen nährte ich mich davon in der Einsamkeit. Wirklich tauchte damals die Zeit nur dann auf, wenn ich schlief oder an die Vergangenheit zurückdachte. Beides bildete eine Einheit, denn ich ging aus ihr heraus – ich erwachte –, wenn ich das Licht und die Gegenwart mit dem gleichen ungläubigen Schauder wieder ins Auge faßte. Meine Freude, in die Welt zurückzukehren, war jedesmal neu.

Ich konnte mir nicht vorstellen, daß alte Menschen, die nur wenig schlafen, die Stunden des Wachens, und zumal die Zeit gegen Morgen, damit verbringen, sich der Vergangenheit zu erinnern. Wach sein heißt: denken und leben, auf das Licht warten und ein wenig phantasieren. Mochten diese Menschen auch alt und an die Zeit gewöhnt sein – ihre verhärteten Sinne und das dicke Blut brauchten den Anstoß und Aufruhr des Lebens um so mehr. Dieses Leben bestand aus Gesichtern und Dingen, aus Lärm, aus Stimmen, es war eine unaufhörliche Begegnung, eine Bewegung, die keine Vergangenheit hatte. Ich begriff nicht, wie es möglich war, gefügig darin zu verharren, sei es auch aus Sattheit, und sich den

Erinnerungen zu überlassen wie sie. Das hieß: die Zeit und den Tod fühlen.

Mich jedenfalls trafen auch die fernsten Erinnerungen wie Entdeckungen. Sie waren etwas wie ein fortwährendes Erwachen, das mich wieder in die Gegenwart versetzte. Die eigentümlichste Tatsache – so merkwürdig, daß ich sie oft künstlich hervorrief – war folgende: es fiel mir auf, daß ich eine Geste, eine Farbe, eine Stimme schon erlebt oder wer weiß wann verspürt hatte, und daß sie darum mehr aus meinem Bewußtsein selbst wieder heraufstiegen als aus den Dingen ringsum. Bei dieser Vermutung, dieser Gewißheit, in der Welt verwurzelt zu sein, empfand ich eine ruhige Begeisterung, die mich, obwohl sie naturgemäß auf meine Augen und auf meinen Körper beschränkt war, in ihrer Flüchtigkeit erschüttern konnte wie eine menschliche Begegnung. Dieses wiederholte, immer unerwartete Erwachen hatte wirklich etwas von der Gegenwart eines anderen, der Gegenwart eines Freundes oder der noch stummen eines Menschen, der uns sehr bald Freund sein wird und schweigend neben uns hergeht und uns ansieht. Ungesagte Dinge schimmerten in dem Augenblick von unten herauf, wie ein bekannter Gegenstand unten im Wasser eines Beckens heraufschimmert, und ich hätte nur das bißchen Mut aufzubringen brauchen, die Hand hineinzutauchen, dann hätte ich das, was dort fern, ungreifbar schien, berühren können. Das geschah besonders beim Wechsel der Jahreszeiten, wenn die Luft ganz durchweht ist von Schauern der Vergangenheit, die uns, frisch und unerwartet, uralte Gewißheiten bringen. Dieses Uralte, diese Schauer gaben mir so etwas wie einen Zuwachs an Leben, etwas wie ein Gefühl, daß sich unter dem weggleitenden Augenblick ein schon mir angehörender Schatz aufhäufe, den ich nur wiederzuerkennen brauche.

Darum war mir nichts lieber, als wenn ich in bestimmten April- oder Oktobernächten beim Nachhausegehen mit einem gleichaltrigen Freund, wenn wir lange bald geredet, bald zugehört hatten, den Abschied hinauszögerte. Wir schwiegen oder sprachen leise von gleichgültigen Dingen; durch die Luft kamen schimmernde Lichter, ein Widerhall, ferne Stimmen. Zwischen den Dachfirsten, auch wohl zwischen den Zweigen eines Baumes blinkten die Sterne. Sonderbar, wie im Spiel, stieg der Mond hoch: er zeichnete Schattenkulissen zwischen die Häuser oder über den Hügel jenseits vom Fluß, glänzte hier und da an den Bäumen auf und überflutete den Himmel. Der Freund schwieg, stand da und schaute; ich spürte in den Sinnen, auf der Haut flüchtig den Hauch von Nächten, die wie diese waren.

Eines Abends stieg der Mond über dem Gipfel des Hügels empor. Die Silberpappeln in der Ferne waren dunkel; der Mond riesig, reif. Wir blieben stehen. Ich sagte: »Jedes Jahr im September ist der Mond der gleiche, und doch habe ich ihn so nie im Gedächtnis. Hast du noch gewußt, daß er gelb war?«

Der Freund betrachtete ihn und dachte darüber nach. Ich glaubte wirklich, den Mond noch nie so gesehen zu haben, zugleich aber hatte ich seinen Geschmack im Munde; ich grüßte, meinte ich, in diesem Mond etwas Uraltes, Kindliches, so daß ich sagte: »Es ist ein Weinbergmond. Als Kind glaubte ich, der Mond lasse die Trauben wachsen und reifen.«

»Ich weiß es nicht«, sagte der Freund. »Für mich ist es immer der gleiche.«

Jetzt spürte ich den Schauer nicht mehr; der Mond mit seinem Weinlese-Geschmack sah uns beide an wie ein Geschöpf, das ich kannte und wiederfand. Und da er ein Geschöpf war, zählte seine Vergangenheit nicht für mich: ich war jung, ich hätte ihm entgegengehen und zu ihm sprechen mögen, hinaufsteigen bis zu den Silberpappeln dort oben, in den sanften sommerlichen Dünsten, die immer dagewesen waren, die niemals altern. Der Freund schwieg, und ich dachte schon an die Freude, die ich am nächsten Tag empfinden würde, wenn ich unter der Sonne die Gewißheit in mir trüge, daß auch die Nacht lebendig ist.

So vergingen jene Tage mit ihren frischen Eindrücken für mich einer wie der andere, und doch war jeder Tag neu. Ich wußte nicht, daß ich ihren stürmischen Überschwang später einmal als eine feststehende Erinnerung betrachten würde.

Die Stadt

Gallo gehörte nie, auch im Dorf nicht, zu denen, die gewisse Reden führen und sich in Gesellschaft betrinken, damit sie mit um so größerer Freiheit reden können. Unter jungen Burschen gibt es immer einen, der durchaus alles auspacken muß; nun – Gallo ließ ihn reden und machte kein Aufhebens davon, und als er einmal zwei sah, die miteinander flüsterten, nahm er die Karten, mischte sie und sagte ruhig: »Jungens, so etwas tut man, aber man redet nicht davon.« Als wir eines Tages beide den Damm entlang vom Dorf zurückkehrten, barfuß, weil es uns so kühler war, sahen wir unter den Bäumen gerade ein Mädchen aus dem Wasser steigen; sie war sicher, daß niemand vorüberging. Ich blieb wie angenagelt stehen und wurde natürlich rot, sah aber sofort zu Boden; Gallo lachte los, klatschte in die Hände und rief – und das Mädchen machte, daß es wegkam.

Solche Dinge geschahen, solange wir gemeinsam in der Stadt studierten und Gallo noch mit uns zusammen war. Ich lernte viele seiner Kameraden kennen, und es verging fast keine Nacht, wo wir nicht bis zum Morgen getrunken und gespielt hätten. Gallo brachte mir bei, daß ich mich amüsierte, ohne die Steigbügel zu verlieren; nicht daß er große Worte machte, aber ich brauchte ihn nur anzusehen, wenn er die Karten gab oder über das Glas hinweg lachte oder ungeduldig ein Fenster aufriß, und schon schämte ich mich meiner Ausbrüche. Im übrigen war er für alle ein guter Freund, und wenn keiner von uns, wenigstens damals, zu viele Dummheiten machte, verdanken wir es auch ihm; er sagte immer, es sei besser, sich wirklich den Hals zu brechen, als sich zu wünschen, man bräche sich ihn.

Ich vertrug damals den Wein nicht so gut wie er, ich bin zwei Jahre jünger, und ich weiß noch, daß Gallo, wenn wir nach einer Nacht, in der es hoch hergegangen war, auf die Straße traten, mich zwang, tüchtig zu laufen: die Luft sei gut, die Frauen schliefen, und das sei der Augenblick, daß ich mich als einen tüchtigen Kerl zeigte, Müdigkeit und Muff hinter mir ließ und wieder zu Kräften kam – zum Beispiel auf dem Hügel. Und er schleppte mich hinauf. Dann mit der Sonne kehrten wir zurück, frisch, leicht benommen, und beim Milchkaffee lachten wir. Damals bewohnten wir gemeinsam ein großes Zimmer im obersten Stock, eine Art Dachzimmer. Nach dem ersten Jahr, als wir die Stadt in allen ihren Stunden und Straßen besser kannten, machte es uns noch weit mehr Vergnügen, nach Lust und Laune umherzubummeln oder an einer Ecke zu warten. Auch das Aussehen der Alleen und einzelnen Straßen war jetzt freundlicher geworden, und das, woran ich wenigstens nie aufhörte, mich zu freuen, war, daß sich mir auch an den vertrautesten Straßenecken immer andere Gesichter zeigten. Noch sehr viel schöner war es, daß ich wußte, ich brauchte nur zu bestimmten Stunden ein Café zu betreten, an einem Haustor stehenzubleiben, in einer Gasse zu pfeifen, und die alten Freunde kamen hervor, wir machten etwas aus, wir gingen los, wir lachten. Besonders schön aber wurde es, wenn ich in Gesellschaft daran dachte, ich könnte, wenn ich wollte, in der Nacht oder am nächsten Tag allein sein, oder ich brauchte, wenn ich allein nach Hause kam, nur wieder auszugehen, um mich mit Freunden zu treffen. Eben darum beschloß ich nach dem ersten Winter, im Einverständnis mit Gallo, mich von ihm zu trennen, und fand ein von der Stadtmitte nicht weit entferntes Zimmer in einer baumbestandenen Straße, im dritten Stock. Den letzten Anstoß gab mir Gallo, denn er sagte, wenn ich dieses Zimmer nicht nähme, würde er es nehmen. Es hatte an den Fenstern weiße Gardinen und einen Diwan als Bett. Ich war auf ein so städtisches Milieu nicht vorbereitet und noch weniger auf eine häusliche Vertrautheit mit der Padrona, die sich nach Gallos Ansicht daraus ergeben mußte. Die Padrona hatte außer mir keine Mieter, sie würde mich wie einen Sohn behandeln. Sie war nicht mehr jung, von kleinem Wuchs, aber ihre Haut war warm und die Augen lebhaft. Schon bei der ersten Begegnung bemerkte ich, daß sie den Morgenrock über dem Busen zusammennahm, viel zu beflissen, als daß es unschuldig gewesen wäre. Ich bemerkte es, beschloß aber, nicht darauf zu reagieren. Die Vorstellung, daß eine Frau im Hause über mich und meinen Frieden sollte verfügen können, beunruhigte mich. Und obwohl sie manchmal in mein Zimmer kam, um eine Zigarette zu rauchen, und wir zusammen lachten, kamen wir zu keinem Einverständnis. Lieber ließ ich die Freunde in dem Glauben, ich hätte Glück gehabt, und verbrachte manche Nächte, zumal in der schönen Jahreszeit, am weit geöffneten Fenster in der unsinnigen Hoffnung, sie selbst werde sich entschließen, ins Zimmer zu kommen und ihre Arme um meinen Hals zu legen. Aber diese Stunde kam nie, und Gallo verteidigte mein Schweigen vor den Freunden.

Unsere Abenteuer spielten sich nur unterwegs ab; und auch an den ausgelassenen Abenden in Gallos großem Zimmer gab es keine eigentlichen Ausschweifungen. Wir disputierten lieber, betranken uns, redeten recht laut. Einer der Freunde, einer aus der Stadt, brachte eines Abends ein Mädchen mit, eine Freundin von ihm, sie rauchte wie ein Mann, hatte lackierte Nägel und verdarb uns den ganzen Spaß. Gallo sagte zu ihr, wenn sie das Zimmer für einen Nachmittag benutzen wolle, brauche sie es ihm nur zu sagen; aber wo disputiert werde, sei eine Frau überflüssig. Ich war nicht seiner Ansicht, für mich war eine Frau immer eine Frau; doch empfand ich vielleicht stärker als die andern diese neugierigen Augen bei unseren Worten als störend und lästig. Damals war ich versessen auf Gesellschaft, jede Art Gesellschaft, besonders aber auf die fröhliche, vertraute bekannter Gesichter. Wir vom Lande sind so: wir lugen gern über die Hecke, aber wir steigen nicht gern darüber. Die Freunde, die wir hatten, waren willkommen; aber ein plötzlich auftauchendes neues Gesicht beunruhigte uns. Das soll nicht heißen, daß Gallo sich alles versagte. Es gab Tage, wo wir den Abend hinten in einer Trattoria ohne ihn beenden mußten. Doch in solchen Fällen hatte er uns die Tür absichtlich vor der Nase zugeschlagen.

In dieser Sucht nach Kameraden und Festen verbrachte ich jenes Jahr einigermaßen aufgeregt und fürchtete nur den Sommer, der all das unterbrechen würde. Gallo sprach nicht davon, aber ich wußte, daß für ihn, der sich selbst immer gleich blieb, auch der Sommer seine Freuden haben würde. Zum Beispiel: zur Familie zurückkehren, an den Arbeiten auf den Ländereien des Vaters teilnehmen, in die umliegenden Dörfer zum Fest gehen – Dinge, die für mich, weil das neue Leben mich ganz gefangen nahm, an Reiz verloren. Ich wußte, die Stadt mußte und würde noch schöner sein, wenn ich nur weiter hier lebte und den notwendigen Mut dazu aufbrächte. Es war erst sehr kurze Zeit her, daß ich mein Zimmer entdeckt hatte, die Freude, heimzukommen und auszugehen so spät ich wollte, die langen Abende, wo ich mit Gallo auf die anderen wartete. Wenn ich in manchen Nächten todmüde einschlief, schmeckte ich im voraus den nächsten Tag, eine festliche Zukunft, über die ich vollkommen verfügen könnte. Meine Padrona zeigte sich jetzt an der Tür mit einem leichten Lächeln, drehte die Zigarette zwischen den Fingern und fragte, ob sie hereinkommen dürfe. Ich gab ihr Feuer; danach ging sie redend umher und behandelte mich als Mann, und schließlich setzte sie sich, die Beine übereinandergeschlagen, in den Sessel neben dem Bett. Die Möglichkeit eines heimlichen Einverständnisses, das in ihren Augen aufblitzte, hielt mich ganz wach, ich war ganz versessen darauf; und ich wußte, daß auch sie das bemerkt hatte.

An dem Tag, als ich Abschied nahm, um nach Hause zurückzukehren, half sie mir beim Kofferpacken und fragte dabei, ob ich mich in diesem Jahr amüsiert hätte. Ich fühlte mich beinahe veralbert, daß sie für eine vertrauliche Frage diesen Augenblick abgewartet hatte, und wiederholte nur immerzu, sie solle mir das Zimmer aufheben, im Herbst würde ich wieder zu ihr ziehen. Ich sagte es ihr so oft, daß ich mir plump vorkam; aber sie lächelte immerhin und schien gerührt zu sein.

Der Sommer verging; ich tat nichts als warten. Gallo verbrachte seine Tage zwischen Tenne und Stall, er stand mit der Sonne auf, am Abend saßen alle zusammen, es gab Diskussionen mit den Tagelöhnern. Wenn ich ihn in der niedrigen Gutsküche besuchte, lud er mich zur Mittags- oder Abendmahlzeit ein, ich mußte mittrinken, und seine Familie, die Schwestern, die Großeltern sprachen zu mir, als hätte ich das Dorf nie verlassen. Das gefiel mir schon; aber auch Gallo war ganz mit seinem Tagesablauf beschäftigt und dachte an die Vergangenheit nur manchmal abends, wenn wir aus dem Dorf im Mondschein zurückkehrten. Er studierte übrigens in der Stadt Agrarwissenschaft und wollte sein Studium im nächsten Winter beenden. Ich dachte an ganz anderes; unter den Kameraden in der Stadt hatte ich mich an einen besonders angeschlossen, der ins Theater ging und mit mir darüber diskutierte, und hatte in diesem Freund ein neues Lebensgefühl gefunden, das mich den ganzen Tag beschäftigte. An einem Abend, als wir im Mondschein auf dem Damm gingen, bekannte ich Gallo, daß ich mit meiner Padrona nichts zustande gebracht hatte. Gallo erzählte mir von einer Liebsten in der Stadt und vertraute mir an, er sei nahe daran gewesen, sie mit nach Hause zu nehmen, habe aber dann begriffen, daß das Schöne an diesen Dingen sei, sie nicht allzu ernst zu nehmen. Das heißt – ernst nehmen schon, aber eine bestimmte Grenze nicht zu überschreiten. Ich sagte, ich sei im Gegenteil bereit, jede Grenze zu überschreiten, es gelinge mir jedoch nicht, das Objekt dafür zu finden.

Als ich im November zurückkam, war mein Zimmer bereits vermietet; aber die Padrona, wie immer im Morgenrock, beschwor mich, sie doch ja wenigstens zu besuchen. Das Durcheinander in der Stadt verwischte diese Erinnerung, und ich mietete mich in irgendeiner Pension ein, bis ich im Einverständnis mit Gallo wieder in das große gemeinsame Zimmer zog. In diesem Jahr brauchte er nicht mehr ständig dort zu wohnen; er machte öfter kleine Abstecher. Im Winter blieb er da, aber mit Beginn der schönen Jahreszeit begann er zu reisen, denn sein Vater wollte ihn jetzt, wo er die Vorlesungen nicht mehr ständig brauchte, zu Hause bei der Arbeit haben und gönnte ihm in der Stadt keinen zusammenhängenden Monat mehr. Es gab zwar noch köstliche Abende wie früher, in unserem Zimmer wurde getrunken und laut geredet; fast alle Kameraden kamen wieder zu uns; aber ich merkte, daß Gallo die Seele der Gruppe war, und Gallo hatte jetzt an anderes zu denken. Ich ging viel ins Theater – auch das war schön –, die neuen Freunde nahmen mich mit. Durch sie gewann das Leben einen ganz anderen Geschmack. Man ging zum Beispiel tanzen, ich lernte Frauen und Mädchen kennen, die ich dann in den Cafés oder in den Familien wiedertraf. Ich mußte mir Mühe geben, die Schwestern meiner Kameraden von den einfachen nächtlichen Freundinnen zu unterscheiden, da sie ja alle auf die gleiche Art gekleidet waren und sprachen. Aber als es April wurde und dann Mai, fehlten mir die langen Nächte, die wir in einer Trattoria außerhalb mit Trinken, Singen, Diskutieren verbracht hatten; es fehlten mir die Spaziergänge mit Gallo in der Frische des frühen Morgens, der letzte Schwatz vor dem Fenster.

In jenem Jahr begannen zwei aus unserem Dorf mit dem Studium, fast noch Jungen, einer sogar ein Vetter von Gallo. Ich wollte sie nicht in unserm Zimmer haben, soviel Gallo auch redete. »Ich bin keine Amme«, hielt ich ihm entgegen, aber der wahre Grund war eher der, daß ich mich unserer ländlich-ungeschickten Art zu schämen begann. Denn ich hatte einen Freund, einen ganz jungen blonden Studenten; auch seine Schwester kannte ich. Sie waren Städter und sehr wohlhabend; er hieß Sandrino, die Schwester Maria. Sandrino diskutierte mit mir über das Theater, und unser großes, unordentliches Dachzimmer mit dem Blick über die Dächer gefiel ihm sehr. Sonderbar, aber wahr: früher als ihn hatte ich die Schwester kennengelernt, ich weiß nicht, ob auf einem Ausflug oder einem Ball, und dieses Mädchen hatte mir gesagt, unser Dachboden sei berühmt bei vielen Familien, und man rede über ihn, verspotte ihn oder finde ihn begeisternd, je nach dem Alter der urteilenden Personen; und Maria fügte von sich aus hinzu, die Sache sei gewiß auch amüsant – aber warum suchten wir gewisse verdorbene Frauenzimmer auf und betranken uns gelegentlich? Maria sagte das ›amüsant‹ in dem leichten Ton, den eben die Mädchen ihrer Schicht haben – auf ihren Lippen war das Wort schön –, und so überzeugt und kräftig ich auch die Anklage zurückwies – sie schüttelte doch nur lächelnd den Kopf. Jedenfalls lernte ich durch sie Sandrino kennen, der damals mit dem Studium begann, und Sandrino faßte eine leidenschaftliche Zuneigung zu mir und einigen Kameraden, die so gern wie ich diskutierten. Er lernte auch Gallo kennen, ziemlich spät, als dieser einmal in den Monaten vor der Doktorprüfung hier erschien; er kam jetzt nur selten. Ich nahm Sandrino eines Abends mit zu uns, denn er sprach, anders als seine Schwester, von einem richtigen Rausch, ohne viel Worte darüber zu verlieren, als von einer allgemeinen Erfahrung und wiederholte nur immer wieder, ihm gefalle an uns gerade die ursprüngliche Kraft und bäuerliche Art. Das sagte er mir oft, und darin war er noch ein Junge. Ich glaubte damals, ich sei nun schon ein anderer geworden, und die Sache verdroß mich einigermaßen.

Gallo fuhr am nächsten Tag zeitig wieder weg. Ich blieb allein in dem großen, leeren Raum; morgens betrachtete ich vom Bett aus in der grauen Kühle des Morgens den Tisch, auf dem Teller und Gläser herumstanden, dazwischen lag Papier. Ich war noch benommen von den Ausschweifungen der Nacht, stellte mir Gallo in seinem Zug vor, der ihn aufs Land brachte, schloß halb die Augen und spielte mit dem Bild, das eine Flasche mir bot, die auf dem Fensterbrett genau gegen den Himmel stand. Sandrino war wirklich ein kluger Junge; er hatte mit uns gelacht, gesungen, diskutiert; wir hatten auch mit Begeisterung von bestimmten Büchern gesprochen. Ein heftiges Klingeln ließ mich aufspringen.

Es war Sandrino. Er kam zu dieser ungewohnten Stunde, weil er nicht hatte schlafen können, und brachte mir zum Frühstück Brot und Obst. Während ich mich anzog, sprachen wir den Abend noch einmal durch, und Sandrino sagte, zum Fenster gewandt, jeder, der so über den Dächern wohne, müsse das doch sehr genießen.

»Das Schlimme ist, daß man alt wird«, sagte ich. »Du hättest uns im vorigen Jahr sehen sollen, mich und Gallo, wenn wir um diese Zeit vom Hügel kamen, nicht mehr betrunken, aber todmüde.«

»Ihr wart Frühaufsteher«, sagte er.

»Wir waren die ganze Nacht auf.«

»Es war doch immer Morgen für euch.«

»Nur Frauen paßt dieses Leben nicht«, sagte ich. »Frauen wollen nichts davon wissen.«

Sandrino hatte die gute Eigenschaft, daß er auch von Frauen sprach, ohne eine Miene zu verziehen. Er sagte, während ich die Kirschen nahm, um sie zu waschen, ruhig: »Eine Frau muß am Morgen schön sein.«

»Alles kann man am Morgen treiben, wenn man Lust darauf hat«, sagte ich. »Aber wo findest du die Frau, die sich damit begnügt, ein paar Kirschen zu essen und dabei die Dächer zu betrachten?«

Der blonde Sandrino sah mich bewundernd an.

»Ich ziehe die Kirschen vor«, sagte ich.

So redeten wir miteinander und machten im Zimmer ein wenig Ordnung. Sandrino sagte, Gallo sei ein netter Kerl, aber nicht so klug wie ich. »Man kann ganz gut einen Abend mit ihm zusammensein und singen, mehr aber nicht.« Als ich ihm sagte, Gallo sei mein Führer und Lehrer gewesen, lächelte er leicht – das Lächeln seiner Schwester.

Um die Mitte des Vormittags hörte ich jemanden an der Tür und sogleich danach wieder ein heftiges Klingeln. Sandrino sagte: »Das wird Maria sein. Sie hat mir gesagt, sie käme vorbei.« Ich antwortete bestürzt: »Aber sie ist noch nie hierher gekommen.«

»Na und?« fragte Sandrino ruhig.

Es war in der Tat Maria, frisch und über das Treppensteigen empört; sie kam, um die Höhle in Augenschein zu nehmen. Beim Anblick der auf dem Fensterbrett durcheinanderstehenden Flaschen und Gläser rümpfte sie die Nase und fragte mich, wer das Zimmer fege. »Die Pförtnersfrau«, sagte ich. Maria sah komisch auf die Tür.

Für mich war dieser Besuch ein Schlag. Bisher hatte ich mich, wenn ich Maria anderswo traf, sehr vorsichtig benommen, ihr nur Dinge gesagt, die ich ihr sagen konnte, und meine ungeschlachte Art in eine rauhe Höflichkeit umgewandelt. Aber daß sie jetzt die schmutzigen Spuren unserer Ausgelassenheit entdeckte – Zigarrenstummel, eine Flasche in einer Ecke, auf die Scheiben geklebte Zeitungsausschnitte –, schmetterte mich nieder. Sie war menschenfreundlich genug, die Aussicht über die Dächer zu loben und mir mit kühlem Lächeln die Hand zu geben. Sie sagte sogar: »O ihr Männer!«, aber ich merkte, daß nicht die Unordnung und der Schmutz an sich sie verstimmt hatten. Als die beiden mich allein ließen, dachte ich: hätte sie irgendeine Spur einer Frau gefunden, so wäre sie vielleicht weniger verletzt gewesen. Im Gegenteil, sagte ich mir: es hätte ihr Spaß gemacht.

Sandrino gegenüber konnte ich mich nicht aussprechen, das hätte ausgesehen, als wollte ich für jemanden gelten, der ich nicht war. Und auf Maria konnte ich nicht verzichten: sie sprach ganz anders mit mir als die Tänzerinnen und Nutten, die ich damals kennengelernt hatte. Gallo hätte gesagt, ich solle kein Dummkopf sein und mich daran erinnern, woher ich kam; aber dieses Freundes schämte ich mich, und ich schämte mich, daß ich Sandrino seine Bekanntschaft vermittelt hatte. Mein Leben war anders geworden. Ein Glück, daß der Sommer kam.

Als Gallo, frischgebackener Doktor, zufrieden, im Juni das letztemal wegfuhr, seufzte ich erleichtert auf. Das Zimmer und die Straßen gehörten jetzt mir. Ich schrieb nach Hause, ich suchte eine Arbeit in der Stadt, sie sollten mich das versuchen lassen, denn wenn ich fortginge, verlöre ich die Beziehungen, die nach der Doktorprüfung notwendig seien. Von zu Hause schickten sie mir einiges Geld und forderten mich auf, zur Weinlese heimzukommen.

Das hatte ich gewiß nicht nur getan, um in Marias Nähe zu bleiben, denn sie, Sandrino und die ganze Familie fuhren in die Sommerfrische. Ich genoß die Gesellschaft der beiden noch vier Wochen; ich sah sie fast jeden Tag; ich machte mit ihnen Radtouren; mit Sandrino machte ich Unsinn, mit ihr diskutierte ich; und ich wurde in ihrem Haus empfangen. Als der Augenblick der Trennung kam, fragte ihre Mutter mich, ob ich nicht auch zu meiner Familie führe. Ich antwortete ihr, ich müßte arbeiten und bliebe in der Stadt. Und die Mutter sagte in Marias Gegenwart zu Sandrino, er möge sich ein Beispiel an mir nehmen. Maria drohte mir im Scherz mit dem Finger.

Jetzt war ich allein. Natürlich fand ich keine Arbeit. An den heißen Tagen bummelte ich durch die Straßen, besonders am Morgen; ich genoß die kühlen Schattenstreifen auf dem frisch gesprengten Gehsteig. Jeden Morgen riß ich das Fenster auf, von dem aus man über die Dächer sah, und horchte auf die bis hier herauf hallenden unbestimmten Geräusche. In der klaren Luft erschienen mir die dunklen Dächer mit den Furchen ihrer Ziegel wie ein Bild meines neuen Lebens, hinfällige Hoffnungen auf einem rauhen Grund. In dieser Ruhe, dieser Erwartung fühlte ich mich wie neugeboren.

So ging es den ganzen Juli. Aber eines Nachmittags, in der Zeit, wo die Ämter schließen, traf ich gerade an der Hausecke auf ein bekanntes Gesicht. Wo hatte ich es gesehen? Auch sie blieb stehen und sagte mir selbst, wer sie war: Giulia, die kleine Freundin von Gallo. Sie fragte mich, wo ich wohnte, und als sie hörte, daß es dort oben war, wurde sie ganz lebhaft und wollte mit hinaufkommen.

»Aber ich muß essen gehen.«

»Gehen wir essen«, sagte sie, »ich werde warten, bis du fertig bist.« So kam Giulia an dem Abend mit hinauf in mein Zimmer.

Sie war noch immer das dunkle Mädchen, mager, die Haarlocke zwischen den Augen, wie ich sie aus der Zeit mit Gallo kannte. Damals hängte sie sich eigensinnig an seinen Arm, wenn sie irgendwohin nicht mitkommen wollte. Sie war Ladenmädchen und Arbeiterin gewesen, jetzt war sie Hausmädchen. Aber das war sie nur den Tag über. Sie sagte, und lächelte unter der Haarlocke hervor, sie könne die ganze Nacht bleiben. Ich wollte das nicht, ich kann die Gegenwart einer Frau nicht ertragen, wenn ich aufwache; aber die Art, wie Giulia die Arme um meinen Hals schlang, gefiel mir so gut, daß ich nachgab. In jener Nacht kam ich natürlich auf Gallo zu sprechen, und Giulia machte eine liebenswerte Geste: sie legte mir den Finger auf die Lippen und brachte mich zum Schweigen. Ich wiederhole, das gefiel mir.

Am nächsten Tag ging sie, als hätte sie geahnt, wie ich es gern hatte, ganz früh fort. Ich blieb im Bett liegen, um an Maria zu denken.

Mit dem August wurden die Straßen fast leer. Giulia kam schon am Nachmittag zu mir herauf. Sie hatte eine Art, verstohlen über mich hinwegzusteigen und sich neben mich zu legen, die an ein Kätzchen erinnerte. Sie sprach wenig, sie war mager und muskulös. Sie war die erste Frau, die ich wirklich kennenlernte. Wenn sich der Tag dem Ende näherte und die Luft kühler wurde, sprang sie auf und machte sich im Zimmer zu schaffen. Dann redeten wir leise miteinander. Ich versuchte ihr zu erklären, warum ich gern in der Stadt blieb. Sie wollte, daß ich sie mit aufs Land nähme, wenigstens bis in die Vororte; und da ich darauf nicht einging, fing sie von Gallo an und fragte sich und mich mit einem etwas boshaften Lächeln, wo er wohl um diese Zeit wäre. »Er ist auf dem Land«, sagte ich. Giulia riß die Augen auf und ließ sich die Hügel beschreiben, die Gräben, die Wege, die Mädchen. Sie ahmte das Rasseln der Kette nach, wenn sie in den Brunnen hinuntergelassen wird, und sie wurde plötzlich so ausgelassen, daß sie mich ansprang, als ich mich schon erhoben hatte, und mich wieder aufs Bett warf. Sie hatte immer in der Stadt gelebt, sie hatte keine Familie. »Wo schläfst du?« fragte ich. Sie wich einer Antwort aus, und die Vorstellung, daß sie für die Nacht einen anderen Mann habe, machte mir beinahe Spaß. Das hieß, ich war für sie nur eine Laune, wir alle waren nichts als eine Laune.

Daß sie schon die Freundin von Gallo gewesen war, gab mir ein Gefühl der Sicherheit, um so mehr, als wir jetzt von ihm wie von einem älteren Bruder sprachen. Sie kannte auch seine andere Freundin. Gallo hatte sie zwei Jahre behalten, und fast hätte er sie geheiratet. Als Gallo abgereist war, hatten die beiden einander getröstet.

»Warum das? Wolltest du ihn auch heiraten?« fragte ich.

»Wer hätte ihn nicht heiraten wollen?« antwortete sie und warf mir einen Blick zu.

Um wie Gallo zu sein, sagte ich zu ihr, ich wolle ihr ein Kleid schenken. Giulia wurde sehr zärtlich zu mir, und als sie das Kleid hatte, stellte sie sich in die Tür, um mit mir auszugehen. Sie wollte tanzen gehen. So etwas liebte Gallo, aber ich nicht. Doch gingen wir in der linden Dämmerung aus, und ich führte sie zum Essen. Um den Abend abzurunden, bot ich ihr zu trinken an. Wir tranken viel. Wir kauften auch eine Flasche und nahmen sie mit nach Hause. Giulia hing an meinem Arm, lachte und wand sich hin und her.

So verbrachte sie wieder eine Nacht mit mir. Ich fühlte mich um ein Jahr zurückversetzt, nur hatte ich jetzt statt Freunden und hitzigen Diskussionen ein lebhaftes, willfähriges Mädchen. Am nächsten Tag schliefen wir lange, und Giulia ging um Mittag fort. Am Nachmittag kam sie mit Vorräten an und sagte, sie lade mich zum Essen ein. Ich gab den Wein dazu.

Da ich nach der ersten Glut nicht wußte, was ich noch mit ihr reden sollte, kam ich darauf, zu trinken. Wenn ich nicht in die Trattoria ging, sparte ich ziemlich viel, und wir aßen nun fast immer zusammen im Zimmer und waren lustig. Giulia hatte das Gute, daß sie tat, was sie konnte, um ein wenig Ordnung zu halten, und wenn ich aufwachte, so immer davon, daß Giulia vor dem Mittag die Teller spülte. Dann zog ich den Zustand zwischen Schlafen und Wachen noch hinaus, hätschelte mein Kopfweh und meine schlechte Laune, hing meinen Phantasien über vergangene Trinkgelage nach und tat, als schliefe ich noch. Ich sah im Geist die Freunde, Sandrino vor mir; ich fürchtete Katastrophen; in dem erzwungenen Schweigen schlug mir das Herz. Das Geräusch des Wassers, das Giulia beim Tellerspülen machte, kam nur aus weiter Ferne zu mir herüber.

Eines Morgens rührte sich etwas an der Tür, ich hörte Stimmen, dann klingelte es heftig. Bevor ich mich aufrichten konnte, wurde die Tür geöffnet, und Giulia, barfuß, mit nacktem Oberkörper, nur mit dem Unterrock bekleidet, wich vor Sandrino und Maria zurück. Von Maria sah ich unter dem breiten Strohhut nur eben das Gesicht, das sie schnitt; dann sah ich sie nicht mehr.

Während ich mich recht und schlecht anzog, sagte Sandrino ziemlich unbefangen, sie seien in die Stadt gekommen, um Besorgungen zu machen, und wollten mich zu sich aufs Land einladen. Beim Sprechen wanderte sein Blick über den Tisch, wo noch Flasche und Gläser von der Abendmahlzeit standen. Ich stammelte irgend etwas; da rief Marias Stimme laut von draußen, vor der Tür: »Laß ihn doch! Ich gehe.« Sandrino breitete mit einer Geste der Ohnmacht die Arme aus und sagte: »Auf Wiedersehen irgendwann einmal.« Er warf Giulia einen zweideutigen Blick zu und ging.

Vespa

Corradino kannte seit kurzem jemanden, der ihn, ohne daß sie sich viel zu sagen gehabt hätten, manchen Abend in Anspruch nahm. Es war Vespa, ein junger Mann, aus Afrika zurückgekehrt, verwundet und krank. Er wohnte im fünften Stock eines Hauses ohne Fahrstuhl; Corradino war mit Fabio zum erstenmal im Juni bei ihm gewesen. Eines Abends ging er mit ihm da hinauf, sie unterhielten sich, und er hatte gehört, wie jemand an der Tür war, noch ehe sie klopften; es wurde sofort geöffnet, als hätte Vespa sie mit Ungeduld erwartet. Dieser Vespa war dürr und braun, er ging hinkend durch das Zimmer und sprach wenig. Fabio, der ihm geholfen hatte, als er Radrennfahrer war, befühlte sein geschwollenes Schienbein und brachte ihn dazu, von Afrika zu reden. Vespa besaß aus seiner Rennfahrerzeit noch einen hochgeschlossenen, gelben Trikot; sein langes, nervöses Gesicht sah ganz anders aus, wenn er lachte.

Corradino war dann auch allein wieder zu ihm gegangen; auf dem letzten Treppenabsatz blieb er stehen, um aus einem kleinen Fenster zu sehen, das ins Leere ging. Dieser Vespa hatte ein Gutes: er bewegte sich nicht von da oben fort, einmal, weil er Rekonvaleszent und dann, weil er gar zu schlechter Stimmung war; und so freute er sich, wenn jemand ihn besuchte. Er hatte weder Mutter noch Schwestern; er saß auf einem immer ungemachten Bett – eines Abends betrachtete Corradino die ganze Zeit den Bettuchzipfel, der auf dem Boden in einer Wasserlache hing –, hatte auf dem Tisch ein Durcheinander von trockenem Brot, Schraubenschlüsseln und Eierschalen und sperrte, als er kam, das Fenster auf, um frische Luft hereinzulassen. Es roch dumpf in dem Zimmer; aber Vespa war so jung, daß Gestank und Schmutz einen an die Studentenzeit erinnerten, wo man mitten in der Unordnung lebt und sich nicht darum kümmert.

Vespa und Fabio duzten sich, wie es bei Sportkameraden üblich ist; aber obwohl Corradino diese Treppen auch hinaufstieg, als

Fabio nicht mehr in der Stadt war, hielt er eine gewisse Distanz zu Vespa, nicht aus Hochmut, sondern um seine Ruhe zu haben. Er wollte nicht, daß Vespa, der zu sehr an Menschen wie Fabio gewöhnt war, zu vertraulich würde. Ihre Beziehung war etwa die eines Offiziers zu einem Unteroffizier, die gleiche Beziehung, an der er ganz natürlich festgehalten hätte, wenn auch er in das afrikanische Abenteuer geraten wäre.

Er leistete ihm da oben Gesellschaft, hörte zu und antwortete; aber er hätte das, wenn er gewollt hätte, am Tag darauf genausogut lassen und allein bleiben können. Übrigens beneidete er ihn gerade um diese Fähigkeit, für sich zu leben und sich selbst zu genügen, dort oben über dem letzten Treppenabsatz, beneidete ihn darum, wie er ohne übermäßige Qual auf etwas wartete – auf die Heilung, auf die Zukunft. Freilich war Vespa nicht, wie er zwischen den Weiden, freiwillig allein; aber wenn Vespa die Tür mit einem kurzen, klaren Gruß öffnete, die Besuche empfing, ohne sich überrascht zu zeigen, sah er nicht so aus, als halte er sich für unglücklicher als irgendein anderer. Übrigens besuchten ihn einige gleichaltrige Freunde zu den ungewöhnlichsten Stunden – Menschen, die am Tag arbeiteten und sich nachts vergnügten. Sie erinnerten sich an ihn womöglich tief in der Nacht, wenn sie von einem Fest kamen, und stiegen die fünf Stockwerke hinauf, um ihm etwas zu bringen, was sie für ihn besorgt hatten, oder um ihm eine Neuigkeit zu erzählen.

Manche von den Jungen lernte Corradino nach und nach dadurch kennen, daß Vespa ihn fragte, ob er, wenn er am Café vorüberkam, diesen oder jenen gesehen habe. Dann traf er einmal einen auf dem Rad auf der Straße im Wald, genau damals, als er die Lichtung entdeckte. Es war ein sehr langer blonder Junge, der einmal spät am Abend zu Vespa gekommen war – nicht eigentlich ›zu Besuch‹, diese Leute machten einander keine Besuche – und einige Minuten mit dem Rücken zum Fenster dagesessen hatte, ohne ein Wort zu sprechen. Dann war er unvermittelt aufgestanden und hatte gebrummt: »Na, leb wohl.« Er erkannte Corradino nicht wieder; und Corradino hatte ihn nur deshalb im Gedächtnis behalten, weil er sich damals eine Zigarette angezündet hatte und sein knochiges ernstes Gesicht durch das plötzlich aufflammende Licht sich aus dem Dunkel hob. Auf dem Rad, in der Julisonne, schien er ihm wie irgendein beliebiger, mechanisch die Pedale tretender junger Mann, der beim Treten schaukelte und pfiff. Corradino schaute ihm, während er davonradelte, nach und mußte daran denken, daß Bootfahren und das Umherstreifen in den Wäldern zu seiner Zeit die große Unterhaltung der Vorstadtjugend gewesen war.

Damals mit Fabio hatte er einige kennengelernt; sonntags begegnete man vollbesetzten Booten mit Gitarren und Mädchen darin, alle Wiesen im Umkreis hallten von ihren Liedern und Stimmen. Er nahm sich vor, mit Vespa nicht von der Lichtung zwischen den Weiden zu sprechen, obwohl er genau wußte, daß Vespas Schienbein, das ihm bei der kleinsten Anstrengung weh tat, Sonnenbäder nötig gehabt hätte.

Übrigens gab Corradino seine Gänge zum Sangone ab und zu auch auf; in den Stunden, die ihm die fortgeschrittene Jahreszeit noch gönnte, bummelte er in der Stadt herum, durch abgelegene Gassen. Hätte Vespa ihn gefragt, warum er zu ihm heraufkomme, so hätte Corradino ihm geantwortet, er tue es, um sich noch mehr allein zu fühlen, und sie hätten einander nicht verstanden. Aber Vespa war nicht der Mann, solche Fragen zu stellen, und sie redeten an manchen Abenden von nichts als vom Wetter, von dem leichten Wind, der die Schwüle milderte, von drohendem Regen.

Um zu Vespas Haus zu kommen, überquerte man eine große Straße, die in der Abendkühle belebt und voller Lärm war. Aber war man erst einmal oben, so mußte man genau hinhorchen, wenn man die Stimmen und das Durcheinander hören wollte. An der Ecke war ein großes Vorstadtcafé, in dem sich Passanten um das Gekreisch des Radios versammelten. An den ihm schon bekannten Gesichtern der Männer und Mädchen, die einander suchten, ging Corradino unerkannt vorbei, und das gefiel ihm so gut, daß er sich am liebsten einer der plaudernden Gruppen genähert und den Gesprächen von der Tür aus zugehört hätte. Es hätte doch sein können, daß sich eines der Mädchen im Café als Bekannte von Vespa herausstellte, und da hätte es ihn gefreut, etwas aufzuschnappen, ein Wort, einen Scherz, um es als Erinnerung mit nach oben zu nehmen. Von Vespas Radfahr- oder Mechanikerfreunden blieb einem immer etwas im Gedächtnis; Abenteuer, gesalzene Geschichten, Unanständigkeiten, allerlei verübte Schandtaten. Sie waren gar nicht einmal mehr so besonders jung. Vespa sprach mit ihm nicht darüber, seine Augen jedoch lachten.

Eines Abends – Corradino war länger als sonst am Sangone-Ufer gewesen – verlangte er von dem Mädchen an der Theke ein

Eis. Während sich das Mädchen mit dem nackten Arm den Schweiß von der Stirn wischte, fragte Corradino sie, ob sie etwas Frisches für ihn habe, das er zum fünften Stock hinaufbringen könne. Das Mädchen sagte: »Ein Eis« und beugte sich schon über die Theke; da kam eine Stimme von einem Tisch hinter der Tür, eine ganz gleichgültige Stimme: »Vespa macht sich einen Dreck aus Euerm Eis.« Das Mädchen wartete ab. Der, der das gesagt hatte, war jener blonde Amelio; da fragte Corradino ganz nebenbei, was er denn nehmen solle. Amelio, der Karten spielte und sich nicht einmal umgedreht hatte, sagte: »Nina. Bringt ihm Nina hinauf. Die ist schön frisch.«

Die kartenspielenden Jungen lachten; das Mädchen machte eine ungeduldige Bewegung, wie um ihm zu bedeuten, er solle sich entscheiden. Corradino brummte: »Wenn Ihr mitkommen wollt?«

Neues Gelächter derer, die dabei waren. Amelio sagte noch etwas, was in dem Lärm unterging; das Mädchen geriet nicht aus der Fassung, sie warf Corradino einen zweideutigen Blick zu.

»Dann gebt mir Bier.«

Vespa nahm das Bier entgegen, ohne darüber erstaunt zu sein. Er stellte die Flaschen kalt und suchte inzwischen die Gläser. Er hinkte wie üblich, und Corradino fragte ihn, ob er an einem dieser Tage die Treppen hinuntergehen würde.

»Hinuntergehen macht nichts, hinaufsteigen ist schwierig«, antwortete Vespa.

Corradino wußte, daß eine Nachbarin, eine alte Hausgenossin, ihm das Essen kochte und manchmal das Zimmer putzte. Vespa hatte sich das Schienbein gebrochen erst, nachdem er vom Militär entlassen war; da sprang er einmal unglücklich vom Rad, und er bekam von der Regierung keinen Soldo, man verstand nicht, wovon er lebte. Auch kaufte er sich keine Arzneien. Er sprach jedoch seit etlichen Abenden davon, er wolle hinuntergehen und jemanden sehen. »Ihr müßtet im Erdgeschoß wohnen«, sagte Corradino zu ihm. »Vom Erdgeschoß aus könntet Ihr Euch bewegen.« Das sagte er, aber er wußte, ein Vespa, der unter die Leute ging, der nicht mehr allein und alle verachtend unter dem Dach wohnte, würde ihn sehr viel weniger interessieren, den würde er gar nicht mehr als Vespa ansehen. Das, was ihn von den anderen, seinen Altersgenossen, so vorteilhaft unterschied, weswegen er, Corradino, ihm Gesellschaft geleistet hatte, hing mit diesem fünften Stock zusammen.

Jetzt, an dem Abend mit dem Bier, war Corradino, von der vielen Sonne am Sangone wie betäubt, zu Vespa hinaufgestiegen, um untätig die Nacht herankommen zu lassen; er wollte sich den nur spärlich gewechselten Worten überlassen, den gewohnten Eindrücken, die das aufs Leere gehende Fenster, das Stimmengewirr der Straßen, die Gegenwart des Freundes in ihm hervorriefen. Vespa verstand diese Art, die Zeit hinzubringen, er hatte sich schon eine Weile daran gewöhnt. An einem der ersten Abende, als auch Fabio da war, hatte er erzählt, wie er mit den Kameraden, wenn sie nachmittags Ausgang hatten, halbe Tage am Damm des Meeres verbracht hatte, als sie warteten, daß sie eingeschifft würden, und noch nicht wußten, ob es Krieg gäbe. Er sagte, ein Mann, der dieses Leben führen müsse, denke mehr an zu Hause als an die Zukunft; jetzt habe er das Gefühl, er sei alt, während er doch erst ein Jahr zuvor noch in die Abendschule gegangen sei.

»Und Ihr – warum macht Ihr nicht, daß Ihr von der Straße herunterkommt, wie Euer Freund?« sagte Vespa barsch, als er auf dem Bett saß.

Corradino lächelte in dem Halbdunkel: »Dann wäre ich nicht hier, um mit Euch Bier zu trinken.«

»Ich wette, Ihr seid krank.«

Corradino saß rittlings auf dem Stuhl, das Kinn auf die Lehne gestützt, und starrte in das Viereck des Fensters. Nie hatte er sich so wohl gefühlt, so gekräftigt von Sonne und Wasser. Aber so etwas konnte man Vespa, einem Krüppel, nicht sagen.

»Möglich«, antwortete er. »Ich bin älter als ihr andern.«

»Welche andern?«

»Amelio ... Ihr ...«

»Dieser blöde Kerl«, sagte Vespa.

Sie schwiegen eine Weile, und Corradino fürchtete, Vespa wolle die Petroleumlampe anzünden. Er hatte gehört, wie er sich auf dem Bett bewegte, und wartete, daß er das Gespräch fortsetzte. Vom Fenster kam ein kühler Hauch, der den Duft von Bäumen mitbrachte.

»Heute abend wollten sie Euch eine Frau herschicken«, sagte Corradino. »Die Eisverkäuferin. Nina.«

Vespa sagte nichts und bewegte sich nicht. Corradino merkte, daß seine Worte wie im luftleeren Raum stehenblieben. Zufällig schwieg unten das Radio, und ebenso waren für einen Augenblick die Stimmen und Geräusche der Stadt wie ausgelöscht.

»Schweigen«, brummte er und lachte.

Aber Vespa hatte es wohl nicht gehört. Er hatte nur mit einer ganz anderen Stimme gefragt: »Wer war noch dort, außer Amelio?«

»Ich weiß es nicht«, sagte Corradino. »Sie spielten Karten. Das Mädchen hat mir Augen gemacht...«

»Nina?«

»Das Mädchen an der Theke.«

»Das ist ein dummes Ding«, sagte Vespa. »Nina ist eine andere.«

... ...

Der Sommer

Von dem ganzen Sommer, den ich in der halbleeren Stadt verbrachte, weiß ich kaum etwas zu sagen. Ich brauche nur die Augen zu schließen, da hat der Schatten wieder seine Funktion angenommen, Frische zu verbreiten, und die Straßen sind ebendies: Schatten und Licht, die einander abwechseln, so daß es einen überfällt und verschlingt. Wir liebten den Abend, die heißen Wolken, die auf den Häusern lasten, die stille Zeit. Die Nacht wirkte dann auf uns etwa, wie wenn das kurze Halbdunkel den einschluckt, der aus der grellen Sonne wieder ins Haus tritt. Wir trafen uns, wenn der Abend hereinbrach – und schon war es Morgen, war ein weiterer ruhiger Tag. Ich erinnere mich, daß die Stadt ganz uns gehörte – Häuser, Bäume, Cafétische, Läden. In den Läden, auf den Auslagetischen sehe ich Berge von Früchten vor mir. Ich erinnere mich an den warmen Duft und die Stimmen in den Straßen. Ich weiß, wohin in einer bestimmten Stunde das Sonnenviereck auf den Backsteinboden fällt.

Von uns hingegen und von unseren Worten finde ich so gut wie nichts wieder. Ich weiß, daß ich eine Menge Obst aß; daß ich viele Male umarmt und umarmend einschlief; daß ich am Abend unterwegs trödelte, mich an den Vorübergehenden, den Farben, an jedem Augenblick freute, weil ich wußte, ich wurde erwartet. Ich weiß, daß meine Hände und mein Körper etwas Zärtliches, Lebendiges geworden waren, genauso wie damals an den Sommerabenden die Wolken, die Luft und die Hügel. All das war mir vertraut, ich möchte fast sagen alltäglich, wenn mir die Folge jener Tage nicht noch jetzt wie eine Täuschung erschiene, so sehr, daß mir manchmal, wenn ich darüber nachdenke, die ganze Jahreszeit wie ein einziger gemeinsam verlebter Tag vorkommt. Dieser Tag war in mir, und die Gemeinsamkeit, die mit dem Sommer endete, gab ihm einen Sinn und eine Stimme. Wenn wir einander verließen, schien es uns nicht, als trennten wir uns, sondern als warteten wir anderswo aufeinander – so, wie hinten in den Straßen, wenn man sich trifft, der Hügel entschwindet und wiedererscheint. Wir sahen jeden Abend mit an, wie er sich in Schatten hüllte, und er war uns so lieb in seiner Stille, daß er sozusagen zum Zimmer gehörte, er wurde ein Teil des Fensters und der Straße. In der kurzen Nacht entschwand er nicht – so nahe war er. Der Tag begann und endete mit ihm. Wir aßen Früchte und betrachteten ihn. Jetzt bleibt mir nichts als der Hügel und die Früchte.

Die halbleere Stadt erschien mir verlassen. Das Spiel des Schattens und der Sonne belebte sie sehr; es war schön, an einem Fenster zu stehen und auf den Himmel, auf ein Stück Pflaster zu schauen. Das Bewußtsein, daß es außer Licht und kühlem Schatten etwas gab, was mir am Herzen lag und mit der Sonne wiederaufging und die Nacht schneller herbeiführte, gab jeder Begegnung, die auf diesen Straßen geschah, einen Sinn. Da waren die Bäume, die die Sonne tranken, da waren die Rufe der Frauen, da war eine große Stille. Wenn ich mein Zimmer verließ, fühlte ich andere Empfindungen und die Kühle des Abends voraus. Ich konnte schauen und jedes Ding lieben.

Manchmal war da, in einem ganz anderen Stadtteil, eine Piazza, die mich mit ihren Wolken und ihrer stillen Wärme erwartete. Keiner überquerte sie, kein Fenster tat sich auf, aber es taten sich die

Tiefen der verlassenen Straßen auf, die auf eine Stimme oder auf einen Schritt warteten. Es war heller Tag. Später, am Abend, dachte ich an sie zurück und fand sie unverändert wieder.

An jenen Abenden verlor der Sommer nicht an Kraft, denn wir wußten, daß jeder von uns an den anderen dachte. Jede gewohnte Begegnung berührte in meinem Herzen diese Gewißheit, bewegte sie ein wenig und brachte sie zum Überfließen. Dann kräuselte sich das Licht – ich sah es wie eine ganz frische Erinnerung –, als träte ich plötzlich in einen anderen Sommer ein, jenseits der Körper und Stimmen, als hätte mir das Zimmer, das ich verlassen hatte, als ein Schatten gedient, der mich verschwiegen aufnahm. Alles wurde im gleichen Augenblick, da es geschah, zur Erinnerung, denn es geschah früher in mir als außerhalb. Es war, als würde der lange Tag von mir selbst geschaffen, und darum war mir nichts an dem Zimmer und dem Abend fremd; nicht einmal der Körper, der den meinen aufnahm, und die leise Stimme.

Eines Abends wurden die Wolken dichter, es regnete die ganze Nacht. Ich wartete an einem Fenster – nicht dem unseren –, und die Spritzer und Tropfen kamen mir ins Gesicht. Ich wußte, am nächsten Tag würde das Licht lebhafter und der Schatten kühler sein, und ich hatte keine Eile, dort einzutreten, wo ich erwartet wurde. Es war der letzte Sommerregen, er veränderte die Farbe der Stadt. Ich hätte an dem geschützten Fenster warten können, aber ich ging hinunter in den Regen und lief durch andere Straßen. Ich dachte intensiv an unser Fenster, dachte daran und entfernte mich davon. Hinten in den Straßen war der Hügel, finster geworden, von dem zunehmenden Dunkel näher gerückt. Ich sah im Regen Fensterbretter und Haustore, die ich immer in der Sonne gesehen hatte. Alles war frisch und nah, und diesmal war meine Stadt wirklich verlassen. Als ich zurückkam, verliebt und mit den Gedanken bei den Straßen des nächsten Tages, fand ich das Zimmer leer, und das blieb es bis zur Nacht. Da stellte ich mich ans Fenster.

Wir waren noch viele Tage zusammen, solange die Jahreszeit dauerte; aber wir wußten beide, alles würde im Herbst zu Ende sein. So war es wirklich.

Das Blut

Mein Entsetzen vor Blut begann an dem Tag, als ich auf eine Gruppe Menschen stieß, zu der immer neue Passanten hinzukamen. Sie standen um eine Tram herum: daneben war etwas am Boden, und ich rief mir zu ›Geh nicht hin, geh nicht hin‹, aber ich wußte, daß man Tote mit einer Zeltbahn bedeckt. Aus dem Wagen kam eine bleiche Frau, von einem Polizisten gestützt, sie hatte keine Blutspuren an sich: ich war enttäuscht und bereits im Gehen, da begriff ich, daß die Frau nur, wie ich, Angst gehabt hatte; und schon zitterten mir wieder die Knie, denn die Menschen bewegten sich, gingen weiter, und ich mußte jetzt auf die Geleise sehen. Die Tram war zurückgefahren; der Blutfleck war ungeheuer, er füllte den Raum zwischen den Geleisen aus, und das Blut floß weiter in die Rillen.

... ...

Das Kastell

Badegäste hat es in diesen Orten immer gegeben, und im Sommer tauchen sie auf der Straße am Hügel auf, die mitten durch das Röhricht führt, und drehen sich um und betrachten das Meer. Es mag auch sein, daß sie mit der Zeit die Stadt füllen, und daß man auch auf der Mole viele Kabinen sehen wird: wenn es stimmt, daß der Hafen versandet und daß es eines Tages hier einen Strand geben wird, werden wir auch das erleben. Aber ich glaube nicht daran. Ich glaube auch nicht, daß sich der Hafen sehr verändert hat. Nur die Jungen, die wir damals waren, sind nicht mehr da. Und auch die Alten sind nicht mehr da, seit Gregorio gestorben ist, hat sich im Kastell niemand mehr gefunden, der denen, die an Land kommen, ein Wort zu sagen weiß, der sie kennt und zufriedenstellt. Die wenigen, die hier auftauchen, schlagen die breite Straße des Corso ein und gehen sofort zu Frauen. Sie schlafen wer weiß wo.

Im letzten Winter – wir hatten gerade erst geheiratet – ging ich jeden Tag zum Kastell hinunter. Ginia sagte selbst: »Bist du noch immer da? Hier werde ich allein fertig, und du langweilst dich nur. Geh spazieren!« Die Lust, die Welt zu sehen, war mir nachgerade vergangen, aber die Frauen wollen nicht den ganzen Tag einen Mann im Wege haben: sie sehen es lieber, daß er zu einer bestimmten Stunde heimkommt, wollen ihm erzählen, was sie getan haben, und sich etwas erzählen lassen. Jetzt nun, wo sie ein Kind erwartet, hat sie das Bedürfnis, sich zu bewegen und vom Gemüsegarten in den Keller zu laufen.

Von der Straße aus sah ich an manchen Morgen Dampfwolken, die einen Kreis um die Molen zogen und in der klaren Luft aufstiegen, und vielleicht, wenn auch nur selten, einen Schnellsegler, der stillzustehen schien. Für den Jungen, der ich damals war, genügte das, damit ich Flügel an den Füßen spürte; ich war sicher, daß sich im Lauf des Tages das Kastell mit Menschen füllte; Händler, Hausbesitzer, Bedienstete, Lastträger, fast alle an der Tür, alle zufrieden, daß es etwas Neues zu sehen gab.

Gegen Abend kamen die Matrosen betrunken aus dem Kastell, und wir erwarteten sie, brachten sie dazu, daß sie redeten und schrien, und am Morgen danach konnten wir uns damit vergnügen, kleine Säcke auszuladen, Kisten mit Obst, Taue, alles, was es gibt. Wir Jungen waren die Herren der Boote und der verankerten Schnellsegler. Die Piazzetta am Ladeplatz beim Kastell war unser Reich, und noch jetzt steigt hier um Mittag ein Geruch, eine Wärme auf, die mich an jene Zeiten erinnern.

Diesen Sommer kam ich einmal dort vorüber, es war heiß, und ich sage mir: ›Sie werden im Schatten sein.‹ Ich trete ins Kastell und sehe keinen Menschen. Ich setze mich mit dem Rücken ans Fenstergitter, um die Piazza zu überwachen, und warte. Die Mauern in dem großen Raum im Kastell sind mit Holz getäfelt, und es gibt keine Theke: sie bedienen unmittelbar aus der Küche. In der Küche spülte jemand Geschirr. Niemand kommt. Ich stehe auf, um mich bemerkbar zu machen, und stecke die Nase in die Küche: der Hahn über dem Aufwaschtisch war geöffnet, das Wasser strömte auf das Geschirr und verursachte dieses Geräusch. Sie hätten die Tür schließen können, denn alle schliefen, auch die Mägde.

Als ich all das Ginia erzähle, lacht sie und sagt, die Frauen seien schuld. »Wenn ich das Kastell hätte!« wiederholt sie. Ihrer Ansicht nach verstehen sie dort weder die alten noch die neuen Kunden zu bedienen. Sie sagt, wenn man Badegäste haben wolle, müsse man bei den Lampen und den Tischen anfangen, die alte Holztäfelung von den Mauern reißen, die Türen lackieren und aus dem Hof einen Garten machen. Aber sie begreift eben auch nicht, daß das Kastell das Kastell ist, und daß man es dann genausogut auf den Corso verpflanzen könnte.

Ich ging gern hin, ich hoffte immer, ich sähe an der Tür einen dieser dicken Händler mit der goldenen Uhrkette und daneben den Viehhüter mit der Mütze über den Ohren und dem abgeschälten Stab – denn auch das Vieh trieb man früher aus dem Kastell. Aber jetzt sind auch die Händler gekleidet wie wir, ich sah keinen, nur Ciccotto war da; er kam, um Carmela zu sehen. Schon als Kinder hatten die beiden immer zusammengesteckt, und schon damals mußte man, um ins Kastell hineinzukommen, mit Carmela befreundet sein, die uns von den Treppenstufen aus auf der Piazza spielen sah und Angst vor dem Wasser hatte. Ciccotto tauchte damals, wenn sie ihn sah, in dieses schwarze Wasser tief bis auf den Grund; wenn er wieder hochkam, trug er irgend etwas in der Hand,

Steine, Eisenstücke, die er gefunden hatte. Mit ihm lief Carmela von zu Hause weg, um sich auf dem Hügel Feigen oder Trauben zu holen; die aßen sie zusammen hinter einem Mäuerchen oder unter einer Brücke. Carmela ging damals barfuß wie wir. Ciccotto wohnte in einer Gasse, wenige Schritte von der Piazzetta entfernt; dort hatte sein Vater die Schmiede gehabt, und seine Mutter verkaufte darin jetzt Obst. In den Jahren, wo wir Lust hatten, die Welt zu sehen – der eine arbeitete weit von zu Hause entfernt, wieder einer heiratete irgendwo, andere sind wohl gestorben –, rührte er sich nicht von der Piazzetta fort. Bei der Musterung merkten sie, daß er krank war, und gaben ihm höchstens ein Jahr zu leben. Früher hatte er in der Fabrik gearbeitet und mehr als alle anderen verdient, jetzt kehrte er nach Hause zurück und spuckte Blut.

Ciccotto mit seiner kranken Lunge kam jeden Tag ins Kastell, und Carmela, die jetzt nicht mehr barfuß ging, ließ ihn rücksichtslos warten. Es war schon viel, wenn am Vormittag ein Lastträger hereinkam, im Stehen einen Schnaps zu trinken. Ciccotto schlenderte von der Küche in den Hof; die Schwägerin oder die Magd sagten ihm, Carmela sei ausgegangen; und dann kehrte er an die Tische zurück, setzte sich unter das Fenster, wartete und besah seine Hände. So fand ich ihn vor, oder er hob, wenn ich eintrat, die Augen, diese von der Krankheit trüben Augen. »Ich bin es«, sagte ich, »komm heraus in die Sonne.« Ciccotto hob die Schultern, aber er machte dann doch mit, und wir gingen in die Küche, sagten ein paar Worte zu den Frauen und traten in den Hof hinaus, in diesen kleinen ebenen Hof, in dessen Mitte noch ein Ölbaum stand. Es war ein mächtiger Ölbaum, er verdeckte beim Mauervorsprung das Meer; auch hier hatten wir geherrscht, wir waren auf ihn hinaufgeklettert, um in die Zimmer zu spähen. Einmal zeigte sich an einem Fenster Carmela, mit nackten Armen, sie kämmte sich – sie war also gar nicht ausgegangen, sie stand gerade erst auf. Ciccotto blickte nach oben und tat, als sehe er in die Blätter.

Carmela hatte Geranien am Fenster, sie goß sie mit dem Wasser vom Waschbecken. Ich weiß nicht, was die Geranien bedeuten sollten – aber Ciccotto machte es ein riesiges Vergnügen, wenn sie sich an den Blumen zu schaffen machte, sie ausputzte und uns dabei bemerkte. Wir blieben stehen und hörten auf zu reden. Die Magd kam an die Küchentür, um etwas wegzuwerfen, und lachte. Unter all den Frauen kam ich mir wieder wie ein Junge vor.

Aber es gab Tage, da war Carmela wirklich ausgegangen, und dann sagten die Frauen, wenn sie auf Ciccotto trafen, er solle ihnen aus dem Weg gehen und auf der Piazza warten. Er bummelte mit seinem unzufriedenen Gesicht herum und steckte die Nase in alles. An manchen Tagen kam er mir entgegen, wenn ich die Treppen hinunterging – was er dort in den leeren Zimmern getan hatte, weiß ich nicht. Statt im Hof in der Sonne zu sitzen und sich zu wärmen, war er immerzu in den Winkeln oder an den Türen, zwischen diesen mächtigen, schimmeligen Mauern. Ich hatte die Vorstellung, er schlüge mit den Knöcheln an die Mauern, um zu spüren, wie dick sie waren. Das Kastell ist alt, alt sind die Tische, alt die Fensterscheiben, alt die Steine. Alt waren auch die Liköre, Gregorio hatte sie noch gekauft: viele Flaschen, die seit damals nicht mehr aufgemacht worden waren. Hätte nicht ich aus Anstand ab und zu einen Schnaps getrunken – Ciccotto hätte nicht einen Soldo im Kastell gelassen.

In jenem Winter war es kalt, aber Ciccotto schwitzte immer und wurde von Tag zu Tag magerer. Was er und Carmela sich zu sagen hatten, weiß ich nicht, aber ich ließ die beiden allein, wenn Carmela, zum Ausgehen gekleidet, in den Saal kam, und schlich in die Küche, um der Schwägerin zuzuhören, die sich dann gerade irgend etwas zu tun machte und die Magd ausschalt; sie spalteten Holz oder redeten leise vertraulich miteinander. Carmela half schon eine Zeitlang nicht mehr in der Küche, und wenn sie sich stritten, schrie sie der Schwägerin zu, sie würde diese alte Bude schon am nächsten Tag zumachen, sie schon. Sie ging selbstsicher über die Piazzetta, immer in Wut, und der einzige, den sie grüßte, war Ciccotto. Hätte Ciccotto ein Handwerk gehabt, wäre er wenigstens nicht todkrank gewesen, ich bin sicher, sie hätte ihn genommen. Als Carmela nicht mehr ins Kastell zurückkehrte – man erfuhr, daß sie mit einem Mann auf und davon war –, verzog Ciccotto als einziger keine Miene und sagte zu mir, er wisse schon seit einer Weile, daß es so enden würde. Danach spuckte er in sein Taschentuch und rührte sich nicht; er blieb am Tisch hocken. Ich meinte noch immer Carmela neben ihm auf dem Tischrand sitzen zu sehen, die Beine übereinandergeschlagen, und ich konnte es nicht glauben, daß sie wirklich davongegangen war und ihn so verließ.

. . . .

Das Meer

Manchmal denke ich, wenn ich den Mut gehabt hätte, ganz auf den Hügel hinaufzusteigen, wäre ich nicht von zu Hause weggelaufen. Die Johannisnacht muß schon eine Weile zurückgelegen haben, denn wir waren etliche Male die Straße in dem weiten Tal entlanggegangen und zu den Haselbüschen hinaufgestiegen, um die Brandnarbe der Sonnwendfeuer zu suchen. Wir wußten, daß es dort oben welche gab, die so breit waren wie eine Wiese. Aber eines Tages prahlte Gosto, sein Großvater sei als Junge von zu Hause fortgelaufen, durch das Tal und dann so hoch hinauf, daß er von dort oben das Meer sah.

Uns führte das Tal in einen fast ebenen, rings von Hainbuchen umschlossenen Weinberg. Was wir dort bis zum Abend taten, weiß ich nicht. Wir betrachteten die Baumwipfel. Ich sagte zu Gosto, am Meer brenne man keine Johannisfeuer ab, denn das Meer sei Ebene; und im Gras langgestreckt, langweilte ich mich und betrachtete die Wolken. In diesem Weinberg gab es auch Grillen, und ich wäre am liebsten eine von ihnen gewesen, um die Nacht hier zu verbringen und am Morgen dabei zu sein: beim ersten Licht, wenn die Sonne noch kalt ist. Bei uns geht die Sonne hinter den niedrigen Hügeln auf, dort, wo Gostos Großvater als Junge das Meer gesehen hatte.

Daß das Meer auf dieser Seite sei, hatte ich Gosto gesagt. An Gewittertagen tat sich dort der weite Himmel auf, und die Sonne ließ ihre Strahlen wie auf ein großes Feld voll Blumen fallen, während es bei uns noch tröpfelte. Ich habe mir das Meer immer vorgestellt wie einen hellen, hinter dem Wasser geschauten Himmel. Die breite Straße, die nach jenen Hügeln hin abfällt, ist keine Landstraße; sie führt aus dem Tal heraus in eine immer weiter abfallende Ebene mit Bäumen, die aussehen, als gehörten sie zu Gärten. Gleich an der Biegung, nach der Einmündung in das Tal, nach der Eisenbrücke, steht die Piana, das kleine Haus, das einen Balkon mit Geranien hat. Dort unten gibt es keine Weinberge mehr, auch keine Wälder und Ställe; Ochsenkarren kommen nicht bis dahin, wohl aber die leichten, zweirädrigen, rasch fahrenden Wagen und Gesellschaften mit Sonnenschirmen.

Die ganze Johannisnacht war Gosto im Dorf unterwegs gewesen; ich hatte nicht mitgehen dürfen, weil man sich bei uns zu Hause die Feuer von der Terrasse aus ansieht. Gosto wartete unten auf der Straße auf mich, und wir zeigten einer dem andern mit lauten Rufen die fernsten und größten Johannisfeuer. Aber dann kam die Musik vorüber, die ins Dorf zog – alle waren dabei, auch Candido –, und ich klammerte mich an die Gitterstäbe der Terrasse und rief; Candido blieb stehen, um meine Schwestern zu begrüßen und Späße zu machen. Dann ordneten sie sich zu einem Zug und spielten, Gosto lief neben ihnen her, und sie zogen auf die Piazza, und die ganze Nacht hörte man Candidos Klarinette und die Baßtrompeten und Gitarren und lautes Singen; besonders laut sangen die Frauen. Wir gingen schlafen, als die letzten Feuer auf den dunklen Hügeln erloschen. Im Bett weinte ich vor Wut; aber die Stimmen einzelner Betrunkener und das Gebell der Hunde erinnerten mich an meinen Weinberg im Tal und an die leichten, raschen Wagen und die Hügel, die ich am nächsten Tag, sobald ich es wollte, wiedersehen würde.

Am nächsten Tag aber kamen wir nicht über die Haselbüsche hinaus, und Gostos Großmutter stellte mich ihm als gutes Beispiel hin. Gosto lachte. Bei mir zu Hause sagten sie, ich solle mir ihn zum Beispiel nehmen: er war mit seiner Großmutter allein auf der Welt und vertrat die ganze Familie. Es hatte keinen Sinn, jetzt all das zu erzählen, was wir im Internat in Alba getrieben hatten. Sie hätten es nicht geglaubt. Sie sagten und sagen, Gosto sei mehr Mann als ich. Bei mir zu Hause wissen sie nicht, was alles man im Internat zueinander sagt.

Die Idee mit dem Meer indes kam mir, nicht ihm. Gosto weiß nicht, was das ist: sich vor ein Haus stellen und es anschauen, bis es kein Haus mehr zu sein scheint. Gosto macht sich so wenig eigene Gedanken, daß er alles tut, was man ihm sagt; aber von sich aus kommt er nicht so weit. Noch jetzt will er nicht daran glauben, wenn ich ihm erkläre, daß die breite Straße kein Ende hat, genau wie die Eisenbahnen kein Ende haben, man fährt, solange Erde da ist, von Land zu Land, ohne Unterbrechung. Er sagt: wenn es so wäre, würden die Menschen nicht aufhören, zu gehen, und alle würden um die Welt reisen. Und auf unserer Straße gäbe es ein

Hin und Her von Fremden aus allen Ländern. »Alle Straßen enden am Meer«, sagte ich zu ihm, »wo die Häfen sind. Dort schifft man sich ein und fährt auf die Inseln, und dort fangen die Straßen wieder an.«

Er war nicht davon überzeugt, daß man, um ans Meer zu kommen, sich nur auf den Weg zu machen brauche. »Man muß den Weg kennen«, sagte er. »Aber den kennt man doch. Man geht auf das Haus von der Piana zu.« »Ob es weit ist?« »Wenn dein Großvater es von den Ca'Rosse aus gesehen hat!« »Aber wie lange ist es her, daß er es gesehen hat!«

Eines Tages gingen wir zur Werkstatt des Stellmachers; er hänselte uns, daß wir nicht barfuß liefen. Ich blieb in der Tür stehen, ich erkannte in der Dunkelheit bei den Öfen so gut wie nichts, aber ich hörte, wie auf Eisen geschlagen wurde, und Pietro fragte mich, ob ich mit Gosto zur Schule ginge. Und er erzählte, er sei in unserem Alter schon über die Berge gezogen, um zu arbeiten – und auf was verständen wir uns? Da merkte ich, daß wir uns auf gar nichts verstanden. In diesem Augenblick hatte Pietro aufgehört, das Eisen zu schlagen, und Gosto sagte: »Na ja, wir sind mit den Schuhen auf die Welt gekommen!« »So ist es«, sagte Pietro und wurde nicht einmal wütend. »Ihr seid mit den Schuhen auf die Welt gekommen.«

Ich dachte viel über Pietros Worte nach, und am folgenden Tag gingen wir in die Werkstatt, um das Gespräch wieder aufzunehmen. Pietro hatte sich nicht vom Ofen fortbewegt, er sagte, wir sollten ihm nicht im Licht stehen.

An dem Tag erzählte er uns, er sei als Junge Schlosserlehrling gewesen: er und sein Padrone wanderten umher, suchten Arbeit auf den Gütern und brachten ihre Öfen und die Kohle mit. Für den Marsch über die Berge hatten sie Schuhe mit Bindfadensohlen anziehen müssen. Dann hatten sie in den Kohlengruben gearbeitet, so weit fort, daß sie, um zurückzukehren, den Zug nehmen mußten. Während er erzählte, stellte er sich an die Tür und sah auf die Piazza. »Und das Meer, Pietro, hast du das nicht gesehen?« fragte Gosto. Da erzählte er uns, er sei in Marseille gewesen und habe dort das Meer vor der Tür gehabt. Er betrachtete die Piazza, auf die der Schatten des Hauses fiel, und sagte: »Als wäre es hier auf der Piazza. Und in Bewegung, Tag und Nacht. Mehr als der große Markt.« Er spuckte in die Sonne und trat wieder in die Werkstatt.

Wir fragten ihn, wie es am Meeresufer aussehe, aber er wußte es nicht oder verstand nicht, was wir wollten. Er sagte, das Wasser, o ja, das sei grün und immer bewegt und mache ständig Schaumkämme, aber auf dem Meer sei er nie gewesen und wisse nicht, was für einen Anblick das Land von der See aus biete. Er erzählte uns, die Farbe der Schiffe sei halb rot, halb schwarz, und im Hafen rieche es wie auf den Bahnhöfen. Er sagte, im Hafen verlade und lösche man an einem Tag mehr Kohle, als man auf allen unseren Hügeln Karren mit Trauben belade. Und die Matrosen – auch die fremden – seien gekleidet wie wir und hätten keinen anderen Gedanken, als nach Hause zurückzukehren. »Das Meer kostet harte Mühe«, sagte er. »Man muß barfuß auf die Welt gekommen sein.«

Es wurde August, zwischen der ersten und der zweiten Ernte: dann wird auf dem Lande nichts mehr getan, und es bleibt die halbe Nacht hell. Es kam vor, daß ich zu Bett ging, wenn es draußen Abend, aber noch taghell war; dann hörte ich, wie auf der Straße unter der Terrasse die anderen Leute lachten und vorüberzogen. Wegen jedes dummen Streiches schickten sie mich ins Bett. Wenn Gosto kam und mich abholen wollte, sagten sie ihm, es sei spät, ich schliefe schon seit einer Weile.

Wir gingen ab und zu auf das andere Belboufer, aber ich langweilte mich dort mehr als zu Hause, wo ich wenigstens die Zeitungen las. Ich hatte davon einen ganzen Schrank voll. Eines Nachmittags, es ging auf den Abend zu, las ich auf der Terrasse, und Gosto rief mich von der Straße her. Er schrie, auch ich schrie, aber als er sagte, ich solle nach dort drüben horchen, hörte ich in der Ferne Stimmen wie im September, wenn in den Weinbergen geredet wird. Da merkte ich, daß die Musik, deren Klänge am Nachmittag mit dem Wind herübergeweht waren, aufgehört hatte. Bei Martino feierten sie Hochzeit, am Morgen waren sie im Wagen aus dem Dorf gekommen: Candido, die Baßtrompeten und die Oktavflöten spielten schon seit dem vorhergehenden Abend. »Feuer! Dort ist Feuer!« brüllte Gosto. Meine Schwestern traten auf die Terrasse und schauten über die Bäume hinweg nach drüben. Die Sonne blendete so, daß man nichts klar erkennen konnte; es schien, als zittere über den Bäumen die Luft. Irgend jemand rief, man höre die Frauen weinen. Aus den Häusern ringsum waren alle auf die Straße gerannt, sie redeten, sie kletterten auf die Pfeiler, die alten Frauen riefen allerlei, Gosto schrie uns zu, es sei ein ganz verschwitzter Stallknecht hier vorüber ins Dorf gelaufen. Schließlich sahen wir den Rauch, er zitterte, wie Wasser zittert.

Als sie mir von der Terrasse aus zuriefen, ich solle mich nicht von der Stelle rühren, war ich schon bei Gosto auf der Straße, sie konnten uns nicht mehr festhalten. Ich rief hinauf, es gingen alle hin, auch Candido sei dort; sie sollten die Zeitungen auf der Terrasse liegen lassen. Gosto rannte schon stampfend los.

Ich hatte ihn noch nie so rot und aufgeregt gesehen. Als hinter der Mohrenhirse die Rauchsäule erschien, als wir die Flammen knistern hörten, begann er wie ein Stier zu brüllen. »Sonnwendfeuer! Sonnwendfeuer!« riefen wir beide. Aber dann war ich, auch aus Rücksicht auf die Besitzer, still; er hingegen drängte sich mit Gebrüll in den Hof und stieß mit den Füßen nach dem ringsum verstreuten Hausrat, und hätte man ihn nicht festgehalten, so wäre er auch ins Haus eingedrungen.

Der Hof war voll Hausrat, den man aus den Fenstern und Türen geworfen hatte, und dazwischen liefen die Kaninchen herum. Viele Frauen schleppten weiteres Zeug nach draußen; eine konnte, weil die Matratze so dick war, nicht durch die Tür kommen. Niemand sprach; nur das Brausen der Flammen vom Heustadel her war zu hören und hin und wieder eine Stimme, die einen Befehl gab.

Ein Glück, daß der Wind den Rauch und die verkohlten Papierfetzen über den Weinberg trug. Es war eine Gluthitze; die drei, vier Männer, die die Wassereimer aus dem Brunnen hochzogen, steckten erst das Gesicht ganz ins Wasser, bevor sie die Eimer an die Jungen weitergaben, die damit losrannten. Gosto lief jetzt zwischen den Tischen umher, die unter den Nußbäumen schon gedeckt waren, und machte mir Zeichen, daß auch ich hinkommen und zugreifen sollte. Ich kannte dort im Hof fast alle und erkannte die Braut: rot gekleidet saß sie auf einem Sessel in der Sonne, in Schuhen und feinen Strümpfen, und sah mit hochmütiger Miene in den Hof, gerade als hätte sie nichts damit zu tun. Mir schien, sie weinte, aber offenbar wagte niemand ihr etwas zu sagen. Unter den Nußbäumen redeten sie und riefen einander; sie sahen mich und fragten, wer wir beide, ich und Gosto, wären; es war wie sonntags, wenn die Leute unter der Terrasse vorüberkommen, um ins Dorf zu gehen. Irgendwer saß da und aß. Von der Hinterseite des Hauses kamen die Männer, ohne Hemd, verschwitzt – der Bräutigam fluchte – und schenkten sich ein Glas Wein ein, sagten etwas, schlugen die Hand auf den Hals, um die Fliegen zu zerquetschen. Bevor es Abend wurde, trat auch ich näher und betrachtete die Flammen. Das Haus war hinten zusammengesunken. Stall und

Heustadel qualmten, sie strömten eine unerträgliche Hitze aus. Hier fand ich Candido, der mit der dreizinkigen Forke schwarzes angekohltes Heu ausbreitete; er sagte nichts, blinzelte mir zu, ohne zu lachen, und machte mir ein Zeichen, ich solle weggehen.

Im Hof hielten die Gespräche an. Jetzt waren sie alle unter den Nußbäumen, Frauen und Männer, die Hofbesitzer, die Braut; der eine rief etwas, ein anderer schwieg, der nächste gab einer Hacke einen Fußtritt. Wir, ich und Gosto, gingen durch den Hof und besahen die Betten, die Schränke, den zerbrochenen durcheinandergeworfenen Hausrat. Ich hatte nun schon begriffen, daß die finsteren Gesichter, der Schreck, die harte Mühe dieser Menschen noch weit anderem galten als dem Brand, daß sie Anklagen, bittere Worte, böses Blut bedeuteten.

»Ich konnte schließlich nicht Hochzeit feiern und auf den Stall achten«, schrie der Bräutigam, der noch das seidene Tuch um den Hals trug. »Hätte ich, statt auf die Musik zu hören...« »Aber die Musik hat Eure Tochter durchaus haben wollen«, stieß eine Alte zwischen den Zähnen hervor. Ich sah, wie Candido von der Rückseite des Hauses her auftauchte, und da hielten sie inne und begannen über anderes zu sprechen, über das Stroh, das ihnen blieb.

Durch das vergitterte Küchenfenster sah man die leeren Zimmer, deren Boden eingesunken war. An den Wänden zeichneten sich die Umrisse der Möbel ab, die Papiergirlanden hingen noch herunter. Draußen schrien Jungen, die den Kaninchen nachsetzten. Eine Frau lief barfuß in die Küche, kam schnell wieder heraus und sagte, der Boden sei glühendheiß.

Daß es spät war, wußte ich. Gosto sagte, sie müßten noch vor Nacht die Tiere einfangen, die, als die Stalltüren sperrangelweit aufgingen, ausgerissen waren. Unter den Bäumen redeten sie darüber, wie das geschehen sollte. Sie teilten sich in Trupps ein, nur die Männer, nicht die Frauen: die Braut sollte für diese Nacht in der Piana schlafen, aber ehe die Frauen mit ihr durch das Kiesbett des Belbo gingen, aßen sie etwas – es war eine Tischgesellschaft von mehr als zwanzig Personen. Inzwischen fingen Candido und die anderen die Tiere auf dem Land ein. Uns Jungen verboten sie, uns von der Stelle zu rühren: ein Ochse, der noch eben fast verbrannt wäre, sei schnell dabei, uns auf die Hörner zu nehmen. In der kühlen Luft hörten wir die Rufe Candidos und seiner Truppe über die Weinberge hin.

Gosto stöberte im Hof herum, ich ging unter die Nußbäume und hörte den Frauen zu, die zur Piana gehen sollten. Bei der Piana führt die Hügelstraße vorüber: jenseits der Hügel – das ist nur eine Frage der Zeit – ist das Meer. Man brauchte nur zwischen den Nußbaumstämmen hindurchzusehen: das ganze Tal geht dort hinunter. Wenn man die Belboniederung durchschritten hat, ist man in anderen Gegenden.

Ich ging unter den Bäumen hin und her, da rief mich eine der Frauen, Clelia, von der Piana, und fragte mich, ob ich mit der Braut essen wolle. Gosto saß schon da und aß. Sie gaben mir Fleisch, Salami, Krapfen. Ich aß wenig, aber ich trank Wein und prostete Gosto über den Tisch hin zu.

Die Braut, Clelia und andere Mädchen redeten mit mir und mit Gosto. Sie erkundigten sich nach meinen Schwestern und fragten, warum sie nicht auch zur Hochzeit gekommen seien. Eine Alte behauptete, wir vom Dorf seien stolz. »An ihrer Statt sind wir gekommen«, sagte Gosto mit vollem Mund. »Wissen sie, daß du hier bist?« fragte mich Clelia lachend.

Als wir zur Piana aufbrachen, war es dunkel. Zwei, drei von Candidos Musikanten begleiteten uns. Wir gingen mit ihnen und den Frauen; auf halbem Weg war es Nacht geworden. Sobald wir auf die Straße herauskamen, ertönte die Gitarre, und die Mädchen begannen zu singen und hakten die Braut unter. Einige junge Männer und Mädchen waren hinter der Gesellschaft zurückgeblieben, man hörte, wie sie drüben auf dem weißen Kies, jenseits der Wiesen, lachten und einander zuriefen. Ich ging mit Gosto und sagte zu ihm: »Heute nacht ist es günstig.« »Mag sein«, sagte er, während er weiterlief.

Nicht alle sangen; einige Mädchen redeten im Gehen miteinander; hier und da ging ein junger Mann von einer Gruppe zur anderen, er lief wie ein Hund hin und her. Ich hielt mich nahe an Clelia, denn ich hörte sie gern singen.

Vor dem Gehöft fing die Braut wieder an zu weinen, weil ihr Mann, statt schlafen zu kommen, auch nachts weiterarbeitete. Alle, die alten Frauen wie die jungen, riefen, sie solle Geduld haben, ihr Mann fange die Rinder ein und werde schon bald wieder hier sein. Clelia und die anderen begleiteten sie hinein, sie traten in den Hof; die Musikanten – Gitarre und Oktavflöte – begannen die Serenade. Vom Heustadel brachten sie die Lampe.

Da blieben wir auf der Straße im Dunkeln. Das Haus mit den

Geranien war etwa hundert Schritt um die Biegung. Ich sagte zu Gosto: »Wenn sie uns jetzt sehen, schicken sie uns heim.« »Du bist verrückt«, sagte er. »Gehen wir?« Wir gingen los. So oft hatten wir an diese Reise gedacht, und jetzt zogen wir bei Nacht los, ganz plötzlich. Gosto jammerte später, ausgerechnet das Brautmahl habe ihn zu diesem Entschluß gebracht. »Aber wir finden schon noch andere Brände und Bräute«, sagte er immerhin. Zu Hause mußte ihnen inzwischen klargeworden sein, daß ich auf und davon war.

In jener Nacht war es so finster, daß man nichts als die Sterne sah. Wir gingen langsam, als wären wir diese Straße noch nie gegangen. Gosto war lustig vom Wein, er redete von dem Brand, lachte und tanzte auf dem Weg. »Leute wie wir«, sagte er, »sollten immerzu auf Hochzeiten gehen.« Ab und zu blieb er stehen, um mich zu rufen. »Was für ein Johannisfeuer hätte das gegeben, wenn der Hof vom Martino heute nacht ganz abgebrannt wäre!« Aber wenn sich die Baumwipfel über die Straße wölbten, ging auch er schneller. Nicht daß wir Furcht gehabt hätten. Wir hörten nicht auf zu reden. Wir lachten. Unterhalb der Piana, dem Haus mit den Geranien, begann Gosto zu singen, zu rufen, als kennte er hier jemanden. In der Ferne hinter uns sangen sie noch. Ich sagte ihm, er solle still sein, und er rief zum Schluß noch einmal: »Feuer, Clelia!« Ich sah ins Dunkel und atmete kaum, denn erst jetzt begann die richtige Straße, und die Luft duftete. Gosto rannte voraus.

Die große Straße folgte mit einer Biegung dem Ufer; nach einer Weile hörten am Hang die Bäume auf, die uns Angst machten. Die Straßendämme gingen ins Leere, auf die Tiefebene des Belbo zu; im Schein der Sterne sah man dort nichts als Dunkel. Und auch die Ufer mit den bebauten Feldern, die bei Tage gelb sind, sahen wie Brunnenschächte aus. Wir blieben stehen, um in diese Leere zu schauen. Dort unten schien es, als fache der Wind die Sterne an. »Wie viele Feuer heute nacht«, sagte Gosto, »und das soll kein Brand sein?« »Dummkopf. Es ist Cassinasco.« »Horchen wir, ob man rufen hört.« Man hörte die Grillen. Wir gingen weiter. Aber Gosto blieb dabei, dort unten sei Feuer. »Ich will einen Brand bei Nacht sehen«, brummte er, und dann schrie er und rannte los. Da rannte ich hinter ihm her auf der Straße, die gerade anstieg, und je mehr ich rannte, um so lauter schrie er, bis wir wieder an einer Biegung waren und wieder, ein Sprung ins Leere, die Ebene sahen und weit fort einen Himmel, in den dunkel die Hügel aufstiegen. »Schrei doch nicht«, sagte ich zu ihm. »Wenn sie uns hören...«

Wir spitzten die Ohren, ob die Serenade zu Ende sei, aber diesmal waren wir mit den Grillen allein. Auch war Gosto nun nicht mehr betrunken und begriff, daß sein Geschrei irgendwo Schrecken erregen konnte.

Jetzt warf er sich ins Gras und wollte dort bleiben; aber ich sagte ihm, wir müßten bis zu den Häusern kommen, wenigstens zu den Robini, um eine Strohfeime zu finden. In diesem Augenblick krähte irgendwo ein Hahn. »Siehst du wohl«, sagte ich. »Es wird Tag, und wir sind immer noch hier.« Nicht einmal Gosto wußte, daß sie die ganze Nacht krähen. Von da an gingen wir bergab und sahen uns um, ob es hell würde. Wir wollten vor Tag bei den Hügeln gegenüber sein. Wir kamen an den Robini, an anderen Weilern vorüber; im Licht der Sterne konnte man das dunkle Land kaum erkennen, man spürte es aber am Duft.

Diese Nacht war endlos, und man durfte sich nicht umdrehen. Schon seit einer Weile waren wir unten in der Ebene und gingen zwischen Gärten und Landhäusern hin. Auf dem Hügel noch hatten wir die Hähne krähen hören. Jetzt baumelte auch Gosto vor Müdigkeit und gab auf nichts mehr Antwort. Immer wenn sich hinten über der Straße die Bäume wölbten, sah ich ihn an, und mir war, als sei ich allein. Ich wußte, nur der Mond würde uns helfen. Aber würde er aufgehen? Es war schon so spät. Mir schien, die Grillen zirpten nicht mehr. Ich wußte, vor Tag müßte Wind aufkommen; aber alles war still, Bäume und Straße.

Das Schlimme dabei war, daß ich im Dunkeln, Gosto neben mir, der im Gehen schlief, an zu Hause denken mußte. Und ich dachte an die Nacht der Johannisfeuer, als alle auf der Straße herumgingen und ich schon im Bett lag. Gosto hatte recht, Brände und Hochzeit waren nötig gewesen, um auszureißen, wie wir es getan hatten. Ich dachte, während ich im Dunkeln weiterlief, viel darüber nach und stellte mir bei jeder Straßenbiegung vor, daß wir ans Ufer des Meeres gelangen würden; und als wir dann innehielten und unter eine Brücke hinabgingen, um im Freien zu schlafen, schien mir, das Meer sei wohl nur nachts vorhanden. Gosto sagte ich das nicht, denn wenn man diese Dinge sagt, sind sie nichts mehr; aber als wir unter der Brücke bei Sonnenschein aufwachten, als man draußen vor dem Brückenbogen das Wasser unter den Bäumen fließen sah, merkte ich, daß auch der Belbo ins Meer floß, und daß der Sand, auf dem wir geschlafen hatten, ein Strand war.

Unter jener Brücke begegneten wir Rocco. Gosto, der früher aufwachte als ich, sah, daß er sich die Augen wusch. Später versuchte ich herauszubekommen, ob er schon im Dunkeln in unserer Nähe gewesen und etwas von dem gehört hatte, was ich zu Gosto vor dem Einschlafen gesagt hatte; aber es gelang mir nicht. Als wir uns dann umsahen, fragte Rocco uns nur, ob wir von weither kämen, und Gosto erzählte ihm, daß das Haus abgebrannt sei. Dann flüsterte er mir zu, Rocco habe uns nie gesehen und kenne uns nicht, und was lag schon daran! Wir brauchten nur von da unten wegzukommen. Aber Rocco kam uns nach und kletterte den Hang geschickter hoch als wir.

Gleich nach der Brücke kam eine Platanenallee, und in dieser Allee trabte uns in der Sonne ein kleiner, zweirädriger Karren entgegen, von einem Pferd gezogen, das den Kopf schief hielt, als möchte es spielen. Hinter den Platanen sah man ganz nahe den Hügel, einen schönen Hügel von der Farbe weißer Trauben, und niedrig. Ich blieb stehen und sagte zu Gosto, er solle diesen Rocco vorausgehen lassen; ich wolle mir gerade etwas überlegen. Eine Zeitlang sah ich zu den Platanenblättern hoch und horchte, ohne mich umzudrehen, auf den verhallenden Trab des Pferdes; und mir schien, als hätte ich diesen Nachhall, diese Sonne, den niedrigen Hügel schon einmal erlebt, als wäre ich schon einmal hier gewesen. Ein paar Schritte vor mir erwartete mich unter den Platanen Gosto; weiter drüben entfernte sich in seinen Lumpen, mit seinem Stock der alte Rocco; er wandte sich auch nicht einmal zurück. »Er ist fort«, sagte Gosto. Hinten, wo die Platanen aufhörten, waren die ersten Landhäuser von Canelli; wir gingen in den Ort und sahen uns um. Ich weiß nicht, warum wir nicht auf dem Gehsteig gingen, sondern mitten auf der Straße. So merkten alle, daß wir von außerhalb kamen. Gosto redete immerzu, er verstand nicht, daß es um diese Zeit so schön ist, einfach nur zu schauen. Mir gefallen die Balkone und die kleinen Terrassen über den Gäßchen, denn Blumen, wie sie sie in Canelli haben, hatte ich noch nie gesehen. Ich sah nach allen Seiten und betrachtete die Leute, die kamen und gingen. Auf der Piazza fanden wir einen Brunnen wie den in Alba und gingen rasch hin, um zu trinken; Gosto kam nach mir hin und wollte mich wegstoßen, aber ich trank weiter und rief ihm zu, er habe schon zu viel Wein bei der Braut getrunken. »Eben darum habe ich Durst«, sagte er; und gerade da hörte ich wieder die Stimme von Rocco.

Er hatte auf der Steinbank sein Bündel geöffnet und band sich die eine Schuhsohle ab, um den Fußlappen zu erneuern. Er sprach sozusagen mit sich selbst, er sagte, das Wasser dürfe man nicht verschwenden. »Es fließt sowieso«, sagte Gosto. »Die Piazza gehört allen.« Darauf gab Rocco keine Antwort und band die Schuhsohle wieder fest. Dann stand er auf, tauchte die Finger in den Brunnen und trocknete sie an dem schmutzigen Lappen ab. Das machte er wie die Frauen, wenn sie Pfirsiche gegessen haben. Er setzte sich wieder hin, öffnete das Bündel und zog Brot und Sardellen heraus. »Geht wieder nach Hause«, brummte er. »Geht nach Hause.« »Laß uns losgehen«, sagte ich zu Gosto. »Wir essen in Cassinasco.« »Wie hat er es herausgekriegt, daß wir ausgerissen sind!«, rief Gosto, als wir hinten auf der Piazza waren. Da sagte ich ihm, er sei unter der Brücke gewesen, als ich vom Feuer und von der Braut geschwatzt hatte. »Was glaubst du wohl – ein Vagabund wie der merkt so was schnell.« »Wir hätten im September losgehen sollen«, sagte er. »Sagst du mir vielleicht, wie wir essen sollen, wenn es keine Trauben gibt?« »Wir brauchen nur bis Cassinasco zu kommen. Dann sehen wir weiter.« Aber statt dessen gingen wir zu Rocco zurück, um nachzuschauen, was er trieb; doch wir verließen den Gehsteig nicht. Auf die Piazza brannte die Sonne, Rocco konnte nicht lange dort bleiben. Endlich hatte er sein Brot gegessen; während er aufstand, kamen Jungen aus Canelli an den Brunnen und begannen sich mit Wasser zu bespritzen. Er wollte trinken und brachte sie dazu, ruhig zu sein. Dann ging er quer über die Piazza und bog um die Ecke.

Wir rannten hinter ihm her, und Gosto war froh und vergnügte sich wie vorhin auf der Straße. Auch mir gefiel das, um so mehr, als Rocco aus dem Ort heraus und in unserer Richtung ging. Vor uns war der Hügel, so niedrig, daß man meinte, man könne ihn berühren. Rocco drehte sich nicht um. Als wir neben ihm waren, sagte Gosto: »Ciao, Gevatter.«

Rocco war nicht erstaunt. Als Gosto zu ihm sagte, nachts reisen sei kühler, antwortete er, das sei nicht schlau, denn wenn man nicht sehe, wo man die Füße hinsetze, bekomme man Löcher in die Schuhe. Wir gingen jetzt unten an dem Hügel entlang, den wir zuerst vor uns gehabt hatten; Rocco bog in einen Weg ein, der auf einen kleinen Weinberg führte; Gosto hinterdrein. Ich blieb stehen. »Komm mit, ich gehe mit Rocco«, sagte Gosto. »Du weißt ja nicht einmal, wohin er geht.« Um ihm an diesem Morgen den Spaß nicht zu verderben, machte ich mit. Aber solche kleinen Hügel hatten wir auch zu Hause. Gosto sprang um Rocco herum und erzählte ihm, es sei ein mächtiger Brand gewesen, und alle unsere Tiere seien im Stall mitverbrannt. Und man hätte uns von zu Hause weggeschickt, weil die Berechnung der Schäden aufgestellt werden mußte. »Mir scheint, hier geht es nach S. Libera«, sagte ich zu Gosto. »Hier ist der Weinberg vom Pfarrer«, sagte Rocco und blieb stehen. Und er hob den Stock.

Man sah nichts als den Himmel und über der ersten Rebstockreihe einen großen Baum mit grünen Feigen. Gosto sagte: »Diesmal ...« Wir sprangen über die Dornen und begannen einzusammeln. »Iß jetzt nicht«, sagte ich zu ihm, »wir essen später«. Während Gosto auf den Baum stieg, drehte ich mich um – Rocco war nicht mehr zu sehen. »Gib acht, ein Feigenbaum ist tückisch«, sagte ich leise. Um die Feigen zu essen, gingen wir auf dem Weg weiter und suchten nach einem schönen Platz. Schon saßen wir im Gras, da sehen wir Roccos Stock und dann ihn selbst: er wartet auf uns. »Die werden getrocknet«, sagte er, »damit man sie im Winter essen kann.« Gerade als kaufe er sie, nahm er immer zwei auf einmal und suchte sich eine Handvoll der schönsten zusammen; Gosto hielt ihm die übrigen unter die Nase, und ich brummte: »Das nenne ich stehlen, wenn man das Zeug beiseite bringt.« »Du selbst hast gestohlen«, sagte Rocco zu mir. An dem Morgen landeten wir schließlich im Haus von Rocco, einem Steingemäuer, das auf das breite Tal hinter dem Hügel sah. Es war kein Hof da und auch sonst nichts. Natürlich ließ man Rocco aus Mitleid hier wohnen. Wir fragten ihn, ob er in der Gegend etwas Land besitze. »Das ist nicht nötig«, sagte er und blieb stehen. Gosto wurde, als er das Haus sah, ganz rappelig und rief: »Sieh doch, wie schön es ist!« und fragte ihn, ob er auch im Winter hier wohne. Rocco ließ uns ins Zimmer treten, es war angefüllt mit Kürbissen, Bündeln von Mohrenhirse, mit Äpfeln, die trocknen sollten, und mit Grashaufen. Es roch nach Hof und Ernte. Rocco stand am Fenster, er hatte das Bündel abgelegt und breitete die Feigen aus. Er machte, richtig wie ein alter Mann, eine Geste und sagte: »Das ist mein.«

Es war nun schwierig, Gosto da herauszubekommen. Und draußen brannte die Sonne. Er sagte zu mir, solange man nichts gegessen habe, sei es noch früh, und wir hätten Zeit. »Gib doch zu«, sagte er, »wie schön es wäre, hier zu bleiben. Wenn wir wollen, gehen wir nach Canelli. Wir können im Belbo fischen.« Und ich: »Das war wohl der Mühe wert, nachts zu reisen, um hierzubleiben und im Belbo zu fischen! Ich mache nicht mit.« »Du machst nicht mit?« »Nein, ich mache nicht mit.« Und er: »Wir sind nur drei Stunden von zu Hause. Wenn wir wollen, kehren wir um.« Wir sprachen an der Tür, Rocco hörte uns nicht. »Dann willst du nicht mehr mit mir kommen?« fragte ich ihn trocken. Gosto gab keine Antwort und zuckte die Achseln. »Ich gehe«, sagte ich. In diesem Augenblick tauchte Rocco auf und sagte, wir sollten dort unten Gras holen. Diesmal zuckte ich die Achseln, und Gosto fragte: »Gebt Ihr uns kein Frühstück?« »Erst das Gras für die Kaninchen«, sagte Rocco. Da gingen wir ins Tal hinunter, um das Gras zu holen. Gosto rannte über die Wiese und schoß Purzelbäume, aber ich sagte ihm wieder und wieder: »Heute abend bin ich in Cassinasco.« »Hör mal, im Grunde ist das gar nicht nötig«, sagte er, »wozu willst du da hinaufsteigen? Das Meer siehst du von dort sowieso nicht.«

Ich wußte es, daß man das Meer von dort nicht sieht, ich hatte es schon gewußt, als wir noch an die Ca'Rosse glaubten, aber mit Gosto hatte ich nie davon gesprochen. Als der Sack gefüllt war, kehrten wir zu Rocco zurück, und er gab uns zwei Stücke Brot und erlaubte uns, es mit Knoblauch einzureiben. Er tunkte sein Stück in gesalzenes Wasser und aß es als Suppe. »Heute«, sagte Rocco, »hülse ich die Mohrenhirse aus.« Gosto brachte die Rede auf den Hügel von Cassinasco und fragte ihn, was man von da oben sehe. Rocco sagte: »Den Campanile von Bubbio.« »Ist der Hügel dort nicht zu Ende?« »Puh«, sagte Rocco, »er fängt dort erst an.« »Dann kommt Nizza«, sagte ich. »Ihr seid viel herumgekommen, Gevatter«, sagte Gosto, »habt Ihr da auch das Meer gesehen?« »Was für ein Meer?« fragte Rocco. »Ach wo!« An jenem Nachmittag riß ich aus, und Gosto lief hinter mir her und rief, ich solle dableiben. »Rocco hat uns zu essen gegeben«, sagte er, »hülsen wir ihm wenigstens die Mohrenhirse aus.«

Wir kamen unter den Feigenbaum. »Hör mal«, sagte ich zu ihm. »Um für die Kaninchen Gras zu holen, brauchten wir nicht von zu Hause wegzulaufen. Das hätten wir uns heute nacht überlegen müssen. Wir können nicht zurück.« »Aber dieses Feuer ist schuld«, sagte er. »Dummkopf«, sagte ich da. »Heute nacht hast du andern die Schuld gegeben.«

Wir gingen durch Canelli und verließen einander auf der Piazza.

Gosto entfernte sich wirklich. Er trabte wie ein Pferd auf die Platanenallee zu. Ich ging die gleiche Straße wie zuvor, ich verließ den Ort im Laufschritt aus Angst vor den Jungen von Canelli, die uns nicht ausstehen können. Aber diesmal schlug ich die Straße ein, die anstieg; und wenn ich mich nach der Piazza umdrehte, war ich froh, daß ich allein war.

Jetzt war es mir nicht mehr wichtig, ob ich jenseits Cassinascos das Meer sehen würde. Es genügte mir, zu wissen, daß es das Meer überhaupt gab, hinter den Hängen der Hügel und den Dörfern, und daß ich daran dachte, während ich zwischen den Hecken hinlief. Ich dachte den ganzen Nachmittag daran, denn der Hügel ist fast eben, und wer da so schaut, denkt immer, er wäre da, aber er ist nie da. Terrassen, Gärten und Balkone sah man bei jeder Straßenbiegung, und anfangs betrachtete ich das alles, besonders die Bäume, die ein Laub oder eine Farbe hatten, wie ich sie nie gesehen hatte. Es war eine Zeit, zu der niemand hier durchkam, nur ab und zu ein zweirädriger Karren. Wenn man stehenblieb, roch man die Weinberge und sah das Röhricht: das ist das Schöne an Canelli. Man meint, man sei weit fort, in einem andern Land; und der Hügel ist nicht mehr der Hügel, auch der Himmel ist heller, wie wenn die Sonne scheint und es zugleich regnet; aber das Land bearbeiten sie wie wir, und die Trauben behandeln sie ebenso.

Ich war unter den Pinien von Cassinasco gegen Abend, zu einer Zeit, wo Gosto schon zu Hause sein mußte. Bei dem letzten Stück Weg dachte ich an gar nichts mehr; dort war eine Brombeerhecke, die den Ausblick versperrte. Auf dem Kammweg kamen in beiden Richtungen Frauen und Bauern vorüber; die Sonne hatte ich im Rücken, mein Schatten fiel auf die Brombeersträucher. Die Häuser von Cassinasco waren klein und dunkel, aber von der Sonne beschienen wie eine Kirche. Endlich kam ich ins Freie. Ich sah wieder einen Hügel und den leeren Himmel.

Da hinein schaute ich, solange die Sonne oben stand. Im Schauen dachte ich an das, was Gosto zu Hause sagte, und daran, was er zu Abend aß. Vielleicht war Gosto auch noch unterwegs, und zu Hause dachten sie, wir seien tot. Ich streckte mich ins Gras, wie ich es auf dem Weinberg mit den Haselnußbüschen tat, und erquickte mich damit, daß ich in den Himmel sah. Hunger hatte ich nicht: mir war, als liege ich seit einer Weile im Bett. Ich schlief ein.

Ich schlief fest, und als ich aufwachte, war es Nacht. Ich träumte von dem Brand und hörte Rufe, Stimmen, als rufe man mich. Der

Himmel war voll Sterne; ich meinte Gosto dort unter den Bäumen zu sehen. Aber ich war allein, und die nur wenige Schritte entfernten Bäume schwankten in einem roten Schein, der die ganze Straße erhellte.

Auf der Straße kamen Leute vorüber, sie redeten und riefen einander; sie gingen auf das Feuer zu, das auf einer Wiese jenseits der Bäume brannte. Es war ein riesiges Feuer, es füllte das Dunkel ganz aus, und immer, wenn die Menschen still waren, hörte man, wie es weiterfraß und knallte. Auch ich lief auf die Wiese zu; dort waren Jungen, sie tanzten und schlugen Purzelbäume, und Männer warfen Holz und Reisigbündel ins Feuer aus mehr als fünf Schritt Entfernung, denn man konnte wegen der Hitze nicht näher herantreten. Ich schrie: »Gosto, Gosto!«

Das Feuer brannte länger als zwei Stunden. Und auf dem ganzen Hügel von Cassinasco flammten weitere Feuer auf, aber unseres war eins der größten. Wir zählten sie, ich und die Jungen von Cassinasco, und sie boxten mich in den Rücken, weil ich die Feuer mit den Lichtern der Gehöfte verwechselte.

Dann rannten wir los: wer brachte es fertig, aus dem Feuerhaufen einen brennenden Zweig herauszuholen? Ein junger Mann, der mich in den Flammen sah, fragte: »Wer bist du?« Aber ich sagte zu ihm, wir zu Hause ließen am Johannisabend die Musik kommen, und die spielten die ganze Nacht. »Hab keine Angst, das Fest ist morgen«, sagten sie mir. »Die Musik haben wir auch.«

Von der Straße her hörte man ab und zu jemanden vor Schrekken aufschreien. Die Männer liefen hin und lachten, denn dort warteten die Mädchen. Ein Mann packte mich, als ich gerade einen Zweig aufnehmen wollte. »Bist du verrückt?« sagte er. »Wenn du nun ins Feuer fällst?« Und er riß mir den Zweig aus den Händen und lief mit den andern ins Dunkel, und sie warfen ihn brennend den Hang unterhalb der Straße hinab. Es folgte ein großes Geschrei, man hörte eine einzelne Frauenstimme heraus, und dann lachten alle, und es gab ein Geraufe. Wenn doch Gosto da wäre, dachte ich. Die Flamme wurde so hoch, daß sie das weite Tal erhellte. »Wer weiß – vielleicht sehen sie sie vom Meer aus«, sagte ich. Und immer, wenn jemand ein Reisigbündel hineinwarf, sah ich ins Tal hinunter, ob wenigstens der Belbo aufglänzte. Ich wäre am liebsten auf einem freien Platz zwischen den Bäumen gewesen, um zu tanzen und von dort oben alles ringsum zu sehen.

Unten im Dorf blies immer einmal jemand los, aber das war

keine Kapelle wie die von Candido: es klang, als probierten sie nur eben den Atem. Das Feuer wurde allmählich zur Glut, und alle sagten, sie wollten trinken gehen. Wir Jungen blieben da, um die glimmenden Äste umzudrehen und die zurückstrahlende Wärme zu spüren, und ich freundete mich mit einem Jungen an, er hieß Maurizio und schien in meinem Alter zu sein; aber ich konnte ihn im Dunkel nicht genau erkennen. Er sagte, er komme aus den Wäldern, die ganze Familie auf dem Karren, um das Fest zu sehen; und für diesen Morgen hatte er sogar Schuhe angezogen.

Maurizio brachte uns zum Lachen, als er behauptete, die Schuhe schürften ihm die Haut von den Füßen ab. In der Nacht verlor ich ihn aus den Augen, weil ich mit den andern ins Dorf lief, um die Kapelle zu hören, die jetzt spielte; wir blieben an der Tür der Osteria stehen; sie war voller Menschen. Nur drei Männer machten Musik, aber sie spielten so laut, daß man nicht im geschlossenen Raum bleiben konnte. Ich verbrachte die Nacht auf der Piazza und an der Tür und sah auf den Tischen den eingeschenkten Wein. Ich bat um etwas zu trinken, und sie gaben mir Wasser. Ich hatte mit Maurizio ausgemacht, ich sollte auf dem Stroh seines Karrens schlafen; aber er hatte nicht auf mich gewartet.

Als es Tag wurde, ging ich schon eine Zeitlang rund um die Brandnarbe des Feuers, die Spatzen schilpten, ich konnte ganz und gar nicht schläfrig werden. Die Sträucher wurden rosa, dann rot, endlich stieg die Sonne hinter dem Hügel hoch. Eines wußte ich: die Sonne hatte auf diese Art auch das Meer in Brand gesetzt. Die Asche des Feuers war weiß, und ich dachte, und lachte im stillen darüber, daß sie zu Hause jetzt den Ofen anzündeten. Aber ich hatte Hunger, Hunger und zerschlagene Glieder.

Den ganzen Morgen ging ich auf den Straßen des Hügelkamms umher, badete die Füße im Gras und aß Maulbeeren. Zwischen den Bäumen sah ich die Kuppe des nächsten Hügels, wie man von zu Hause aus Cassinasco sah. Im Dorf waren sie, wie in allen Dörfern, Flegel. In die Tür der Osteria war eine Magd getreten, die, statt mir zuzuhören, einen Eimer Wasser ausgeschüttet hatte.

Hätte ich Maurizio gefunden, dann hätte ich etwas zu essen gehabt. Aber wie ihn ausfindig machen, wenn ich ihn nur einmal im Licht der Flamme gesehen hatte?

So verließ ich das Dorf; die Bauern sind überall gleich. Aber es gab keinen Baum, der reife Früchte gehabt hätte, und die Äpfel wuchsen zu nahe an den Häusern. Man hätte mich von den Fenstern aus gesehen. Auf allen Seiten hörte man sprechen, und immer tauchten Menschen auf.

Da warf ich mich im Straßengraben ins Gras, damit sie mich fänden und merkten, daß ich einfach verhungert war. »Was soll ich tun?« sagte ich. Und auch diesmal schlummerte ich ein.

Dann weckte mich die glühendheiße Sonne und ein durchdringendes Geräusch: eine Zikade auf einem Baum. Auf der Straße kam niemand vorüber, man hörte die Stimmen im Dorf. Sie schienen mit dem Wind von dem Hügel gegenüber zu kommen.

Da dachte ich, ich wollte bis unterhalb Cassinascos hinuntergehen, dorthin, wo ich, als ich kam, das Röhricht gesehen hatte. Vielleicht gab es hinter dem Röhricht einen Feigenbaum. Nach Hause komme ich bis heute abend doch nicht, dachte ich, gerade als wäre ich mit Gosto zusammen. Ich lief rasch dort hinunter, und kaum hatte ich den Fuß auf die Straße gesetzt, kam mir Candido entgegen, die Klarinette unter dem Arm.

»Wie denn?« sagte er und blieb stehen. »Ja, ich bin hier.« Candido hat das Gute, daß er mich nicht behandelt, als wäre ich noch ein Junge. Er hört mir zu, wenn ich etwas sage, und denkt darüber nach. »Und wo hast du Gosto gelassen?« »Gosto ist gestern umgekehrt. Hast du ihn nicht gesehen?« »Wir haben euch den ganzen Tag im Belbo gesucht.« Er sah mich an mit dem Gesicht, das er bei Martino gehabt hatte, ohne zu lachen. »Gestern haben wir dich als vermißt gemeldet.« Ich zuckte die Achseln und sagte, ich sei schon in Cassinasco gewesen. Da betrachtete Candido die Straße; dann betrachtete er den Hügel. Es kamen Leute auf einem Karren vorüber und riefen ihm etwas zu. Er sagte: »Guten Abend.« »Was, ist es schon Abend?« fragte ich.

»Komm mit hinauf«, sagte Candido. »Wir wollen sehen...« Als erstes suchten wir das Telefon, Candido kannte das Mädchen. Ein Mädchen, das meiner Schwester ähnlich sah. Sie spaßten ein wenig, dann stellte sie ihm die Verbindung her. Candido ließ bei mir zu Hause anrufen, und während wir warteten, sagte er mir, er müsse die ganze Nacht zum Tanz aufspielen. »Willst du sofort wieder nach Hause?« Das Mädchen hörte uns zu und fragte ihn lachend, ob er auch tanzen werde. »Bis heute nacht schaffe ich es nicht mehr«, sagte ich zu ihm. »Ich habe schon zwei Tage gebraucht, um herzukommen.« »So weißt du den Weg«, sagte Candido, und ich begriff, daß er sich nicht deutlicher ausdrückte, um mich vor dem Mädchen nicht zu beschämen.

Endlich klingelte das Telefon, und Candido sprach zuerst. »Deine Schwestern sind alle ans Telefon gekommen«, sagte er zu mir. Er schrie, wir seien in Cassinasco, aber sie verstanden es nicht; da mußte ich sprechen, und ich zitterte vor Angst. Sie schalten mich nicht aus; sie fragten, wo ich geschlafen hätte, sie brachen in Ausrufungen aus, die eine gab den Hörer an die andere weiter, und sie wollten, ich solle sofort nach Hause kommen. Mir wurde ganz schlecht vor Wut, ich fürchtete, das Mädchen könne merken, was los war. Aber sie redete mit Candido. Da fragte ich halblaut: »Und die Mama?« »Dummer Kerl, die Mama wartet auf dich.« Ich antwortete, ich käme mit Candido zurück, ich sei mit ihm zusammen. Sie wollten noch einmal mit ihm sprechen, aber in diesem Augenblick schaltete sich eine andere Stimme ein und sagte, die Verbindung sei zu Ende. Da rief ich: »Wir kommen morgen zurück« und legte den Hörer sofort auf.

Wir gingen in ein Haus etwas außerhalb des Dorfes essen; die anderen Musikanten waren schon im Hof, alle kannten Candido und erwarteten ihn. Der Hof des mit Weinreben bewachsenen Hauses lag dem Hügel gegenüber, und in der Küche war ein lebhaftes Kommen und Gehen und ein Feuer, so mächtig wie ein Johannisfeuer. Candido sagte, ich hätte seit gestern nichts gegessen, und die Frauen, ganz erschreckt, gaben mir einen Teller mit Brot und Julitrauben. Sie wollten wissen, was ich getrieben hätte, aber mit vollem Mund konnte ich nicht reden. Ich hatte mich auf den Holzkasten gesetzt, hörte von da das Feuer knistern und roch das Fleisch, das brutzelte; und das Brett, auf dem sie die Pasta machten, klapperte laut. Von der Tür aus sah man den Hügel und einen Streifen Himmel, und nichts war schöner, als jetzt daran zu denken, daß ich mit Candido zusammen war und mit meiner Familie gesprochen hatte, und daß niemand wußte, daß dort unten das Meer war. Der Hügel sah aus wie eine Wolke. Man brauchte nur ein bißchen die Augen zu schließen, und es blieb nichts übrig als der Stamm von diesem Weinstock. »Iß nicht zu viel«, sagte Candido, »es gibt dann noch Ravioli.« Dann gingen wir in den Hof, wo die Männer tranken und redeten. Sie tranken im Stehen, und mir war, als sei ich unter den Nußbäumen bei Martino. »Habt ihr die Tiere eingefangen?« fragte ich Candido. »Zwei sind uns über den Belbo hinaus entwischt«, sagte er mit einem verschmitzten Ausdruck.

Da sagte ich zu ihm, während die Musikanten ihn schon riefen, Gosto sei ein Dummkopf, er habe bei einem Vagabunden vom Belbo bleiben wollen, der uns zum Grasholen geschickt hatte. Er ließ mich reden und sagte dann: »Zum Fest nach Cassinasco kommen, das lohnt nicht. Was glaubtest du, fändest du hier? Von hier aus kommt man nirgendwohin.« Aber ohne eine Antwort abzuwarten, sah er auf die andern und sagte nebenbei zu mir: »Na ja. Ich mache es manchmal genauso wie du.«

Jetzt warteten alle Leute, die im Hof waren, darauf, daß sie spielten. Candido stellte sich mit seiner Klarinette in die Mitte; mir gefällt er, wenn er die Lippen zum Blasen spitzt, weil er dann ernsthafter ist als je. Die Klarinettenstimme ist die schönste, sie führt die andern an. Candido preßt die Klarinettenzunge unter den Schnurrbart und sieht zu Boden, aber er ist es, der führt, er befiehlt mit den Augen. Die ganze Zeit, die sie spielten, war kein Wort mehr zu vernehmen; die Musik erfüllte den Hof. Dann plötzlich schüttelte Candido den Kopf, hob das Klarinettenmundstück zum Himmel, und sie hörten auf.

An dem Abend aßen wir ein wahres Hochzeitsmahl, ich neben Candido, und eine Frau fragte ihn laut, ob ich sein Sohn sei. Aber alle lachten, sie wußten, daß Candido jung ist und nichts lieber tut als spielen. Noch eine Eigenschaft hat Candido: er trinkt wenig, und er sagte mir, er trinke nicht, weil man dann dem Gespräch nicht mehr folgen könne. »Du mußt immer einen klaren Kopf behalten. Du sollst einmal studieren«, sagte er auch diesmal zu mir. Aber ich wollte in dieser Nacht lustig sein und trank mit den andern. Wir tranken noch im Hof, als wir in die Kühle hinaustraten. Wir tranken und aßen Trauben. Ich betrachtete den dunklen Hügel, wo kein Feuer mehr brannte, und mir schien, als sei ich in diesem Hof geboren, als sei ich mit Candido immer dort oben gewesen.

Er merkte, daß ich müde war, und sagte, ich solle schlafen gehen. Wir stritten beinahe; doch alle sagten, das Bett sei bereit, ich würde mich beim Tanzen sowieso langweilen. Ich antwortete, es gehe mir nicht um das Tanzen, aber ich wolle den Morgen erwarten. Candido gab mir recht – und einen Augenblick danach brachten sie mich zu Bett, denn ich fiel um vor Müdigkeit.

Die Häuser

Ich bin ein Mensch, der allein ist und arbeitet, und jede Woche warte ich auf den Sonntag. Ich will nicht sagen, daß ich diesen Tag schätze, aber ich mache da Feiertag wie alle, denn ein Ausruhen braucht man. Früher, als ich noch ein Junge war, dachte ich, wenn ich auch sonntags arbeitete, würde ich rascher als die andern ein Mann werden, und so ließ ich mir den Schlüssel zur Werkstatt geben. Alle Maschinen standen still, aber ich bereitete in kurzer Zeit die Arbeit für den Montag vor, und dann ging ich in dem großen leeren Raum herum, horchte und freute mich. Am Sonntag gefiel mir besonders, daß ich immer gehen konnte, wann ich wollte, und es nicht hielt wie meine Arbeitskameraden, die um diese Zeit Radtouren machten oder in der Osteria oder auf dem Hügel waren.

Auch jetzt verlassen die Menschen sonntags die Stadt. Die Straßen werden leer wie eine Werkstatt. Ich gehe nachmittags auf ihnen spazieren, und es gibt welche, wo man eine halbe Stunde lang keine Seele sieht. Dächer, Gehsteige und Mauern und manchmal die Gärten scheinen nur geschaffen für einen Mann wie mich, der immer wieder hier herumspaziert und beobachtet, wie sie ihm entgegenkommen und sich wieder entfernen, genau wie es Hügel und Bäume auf dem Lande tun.

Immer gibt es irgendeine Straße, die leerer ist als eine andere. Manchmal bleibe ich stehen, um sie genau zu betrachten, denn um diese Stunde, in dieser Verlassenheit meine ich sie überhaupt nicht zu kennen. Es braucht nur die Sonne zu scheinen, ein leichter Wind zu gehen, die Färbung der Luft anders zu sein, und ich weiß nicht mehr, wo ich mich befinde. Diese Straßen nehmen nie ein Ende. Es ist unwahrscheinlich, daß sie alle ihre Bewohner und Passanten haben und jetzt so still und leer sind. Lieber als die langen Alleen am Stadtrand, wo ich ein wenig gute Luft atmen könnte, gehe ich über die Plätze und durch die Gassen der Innenstadt, wo die Palazzi sind; diese scheinen noch mehr mir zu gehören, eben weil man nicht begreift, wie alle fortgegangen sein können.

Mit den Jahren ist es so gekommen, daß ich nicht mehr Gesellschaft suche, wie ich es früher tat. Damals waren die Sonntage ganz anders. Damals war das Schöne daran, daß man zueinander sagte: »Komm heute da und da hin«, und wir gingen hin und führten Gespräche. Man ging neue Straßen, man endete in irgendeinem Hof: ich drehte mich um, weil ich erkennen wollte, wo ich war, aber es gelang mir nicht immer. Ciccotto war in meinem Alter; ihm machte es Spaß, in den leeren Höfen herumzuspazieren und Treppen hinaufzusteigen, die er nie hinaufgestiegen war, an der Tür zu läuten und mit dem, der öffnete, ein Gespräch anzufangen. Ich folgte ihm; damals glaubte ich ihm nicht immer, daß er an einer Tür zum erstenmal läutete. Hätte ich es geglaubt, dann wäre ich nicht mit ihm hinaufgestiegen. Er hatte, besonders wenn uns Frauen und Kinder öffneten, ein besonderes Geschick, etwas zu sagen, was eine Antwort erforderte; ein Wort gab das andere, wir betraten unter Späßen die Wohnung und blieben bis zum Abend. Ciccotto sagte, die Menschen langweilten sich am Sonntag; wer schon einen halben Nachmittag zu Hause sitze und niemanden höre und sehe, sei froh, wenn er mit irgend jemandem reden könne. Ich glaube, daß er sich nach den Frauen, die uns dann auch etwas zu trinken vorsetzten, zuvor erkundigt hatte.

Damals machten einige von uns Bootsfahrten, andere Radtouren und blieben dann nur in der Osteria, wieder andere warteten vor dem Kino auf die Mädchen. Seit ich Ciccotto kennengelernt hatte, schien mir das alles dummes Zeug, und ich wagte es einfach nicht mehr zu tun oder ihm davon zu sprechen. Wenn man ihm etwas erzählte, so mußte es nicht nur wirklich geschehen sein, sondern es mußte ihm ganz besonders gut gefallen; er hörte zu, den Blick am Boden und mit einem Gesicht wie jemand, der über ganz etwas anderes lacht. Da er ein kleiner Kerl und beinahe bucklig war, hätte es mir leid getan, ihn zu kränken; und so kam es, daß ich von ihm abhängig wurde.

Es gab Wohnungen, wo er Einlaß fand, weil er nach den früheren Bewohnern fragte und erzählte, wir kämen ihretwegen von außerhalb. Wenn uns eine dicke Frau öffnete, erzählte er ihr, er habe einmal in dieser Wohnung gewohnt und sei daraus vertrieben worden. Oft auch wollte er sie mieten und ließ sich überall herumführen, sogar auf den Balkon. Er sagte, der Hausmeister schicke ihn. Die Wohnungen, in denen junge Mädchen waren, gefielen ihm nicht.

Am Abend sind die Männer alle in der Osteria; aber ob ihm nun Männer oder Frauen öffneten, das Spiel glückte immer, und wir gingen lachend die Treppe hinunter. Im Gespräch war Ciccotto der Sieger, und die dicken Frauen, die nicht ausgehen und nur im Fenster liegen, um sich zu erfrischen, sagten uns an der Tür, wir sollten sie am nächsten Sonntag wieder besuchen.

Wir kamen wieder. Aber wie es uns paßte, ein, zwei Monate später. Ciccotto liebte es, in einem Augenblick aufzutauchen, wo unsere Bekannte nicht mehr allein war, wo sie die Familie da hatte, eine Nachbarin, Hausbekanntschaften, und dann unterhielt er alle, machte Späße, redete so, daß es der Frau peinlich wurde, verlangte etwas zu trinken, wobei er die gute Aufnahme vom letztenmal lobte. Es endete immer damit, daß ihn die Frau beiseite nahm und ihm schöne Augen machte, ihm etwas zurief, vor Lachen fast erstickte. Und Ciccotto war rasch dabei, ihr das Kleid aufzuknöpfen.

Wenn ich mit Ciccotto nach Hause ging, lachte ich mit ihm, wußte aber nicht, warum ich lachte. Ich fühlte mich leichter, freier, wie wenn man aus dem Theater kommt; ich ließ Ciccotto reden, ich redete selbst, es gefiel uns, die Geheimnisse und Schwierigkeiten dieser Leute zu erraten, die sonderbarsten Geschichten darüber zu erfinden – aber ich war immerhin froh, daß es zu Ende war. Vielleicht lachte ich gerade darum und half Ciccotto nur aus Harmlosigkeit. Er machte in der Werkstatt Nachtdienst, hatte also auch den Morgen an den Wochentagen, um sich zu vergnügen, und manche Bekanntschaften pflegte er da, weil er dann noch mehr von ihnen hatte. Ich diskutierte oft mit ihm, und er sagte, ich müsse noch in etliche Häuser gehen, um die Frauen eines gewissen Alters kennenzulernen. »Du bist ein Junge«, sagte er. »Weißt du nicht, daß Jungen am meisten gefragt sind?«

Doch damit ich mich davon überzeugte, daß ich ein so gesuchter junger Mann war, nahm er mich doch nicht mit zu seiner Tabaksverkäuferin aus dem Erdgeschoß – wir hatten eines Abends unter ihrem Fenster ein Gespräch angefangen; es war heiß, sie hatte das Licht ausgeknipst und uns gebeten, ihr ein Eis zu holen; ich ging es holen; Ciccotto war unter dem Fenster geblieben, um mit ihr zu schwatzen. Aber dann stiegen wir zusammen eine Treppe in einem Haus der Innenstadt hinauf; da gibt es in den Gassen Häuser, die früher Palazzi waren und jetzt wie Höhlen aussehen. Dort war ein stiller Hof, und auf der Treppe, die mir wie in den

Stein gehauen erschien, blieb ich stehen, um aus den kleinen Fenstern den Himmel zu betrachten. Bis da hinauf war Ciccotto gekommen. Dort wohnten die Zimmermädchen eines Palazzo, der den Toreingang auf einer anderen Straße hatte. Es öffnete uns ein Mädchen mit Hut, das Täschchen in der Hand, sie rief: »Caterina!« und ging, ohne ein Wort zu sagen, zwischen uns hindurch und die Treppe hinunter. Ciccotto war schon eingetreten und sprach mit jemandem; ich sah dem Mädchen nach, so gut hatte sie mir gefallen. Ich fragte Ciccotto nicht, wer sie sei, denn ich hatte Angst, er riefe sie zurück und redete wer weiß was mit ihr; aber ich betrat vergnügt eine Wohnung, aus der solche Mädchen herauskamen.

Caterina war die übliche kleine, dicke Frau, wie sie Ciccotto gefielen, und wir blieben alle drei in einem Zimmer, das von der Decke her Licht bekam. Ich wartete darauf, daß sie redeten, aber Ciccotto hatte sich in den Sessel geworfen und betrachtete seine Nägel; Caterina saß mit aufgestützten Armen am Tisch. In einem Winkel stand unter einer dunklen Wölbung ein ungemachtes Bett.

»Wir sind arme Dienstmädchen«, sagte Caterina und sah mich an.

Ich brummte, das Zimmer sei bequem, und sie hätten es für sich allein. Caterina schüttelte den Kopf, sah nach oben und sagte, manchmal regne es da herein. Ich zog ein Gesicht, um sie abzulenken; aber Ciccotto, der uns beobachtete, sagte irgend etwas, ich weiß nicht mehr genau, was, vielleicht: »Setz dich in Bewegung!« oder »Hast du gar nichts für uns?«, und die Frau stand mit einem Ruck auf, ging unentschlossen durchs Zimmer, schien mürrisch oder verschlafen. Dann ging sie auf das Bett zu, suchte etwas in einem Nachttisch, kam mit einem Päckchen Zigaretten wieder, in Silberpapier, und hielt es mir hin; da ich zögerte, legte sie es offen auf den Tisch. Ciccotto war inzwischen aufgestanden; er hatte sich einer geschlossenen Tür genähert und schien zu horchen. Caterina, die gerade erst das Päckchen hingelegt hatte, fuhr auf, als wolle sie etwas sagen, und hielt sich mit Mühe zurück. Ciccotto drehte sich um und ertappte sie bei dieser Bewegung, aber er schien es nicht weiter zu beachten, im Gegenteil, er kam an den Tisch, nahm sich eine Zigarette und steckte sie an.

Da sagte Caterina: »Wartet, ich komme sofort zurück«, öffnete jene Tür und ging hinaus.

Während wir, nur einen Augenblick, allein waren, sah mich Ciccotto an wie jemand, der sogleich loslachen will, doch er lachte nicht. »Ich habe niemals Fenster in der Zimmerdecke gesehen«, sagte ich. Er sah hinauf, dachte aber an ganz etwas anderes. »Hast du es gemerkt?« fragte er mich. Um ihn nicht zu kränken, sagte ich: »Paß auf...«, und schon kam Caterina zurück. Ciccotto zuckte die Achseln.

Caterina brachte eine Flasche Likör und setzte sie auf den Tisch. Sie holte aus einem Schrank drei Gläser, füllte sie langsam, wandte sich uns zu und forderte uns mit einem freimütigen Lächeln zum Trinken auf. Wir tranken alle drei; Ciccotto schnalzte mit der Zunge. Dann ließ sich auch Caterina eine Zigarette anstecken, setzte sich hin, rauchte und fächelte sich Wind zu.

Wir unterhielten uns eine Weile; Ciccotto neckte sie und fragte, ob sie viel Besuch habe, weil sie Zigaretten und Liköre da habe. Caterina war nicht dumm und schlug mit Lebhaftigkeit zurück. Wie sie da saß, die Beine übereinander geschlagen, sah sie nicht wie ein Dienstmädchen aus. Ich merkte, daß sie, als sie einen Augenblick das Zimmer verließ, einen andern Rock angezogen hatte, und auch die Lippen waren röter. Ciccotto brachte sie dazu, von früheren Zeiten zu sprechen, und sie erzählten sich allerlei. Ich hörte verwirrt zu. Caterina war offensichtlich die Ehefrau oder nicht Ehefrau großer Herren gewesen: sie sprach von einer Zeit, wo die Freunde zu ihr ins Haus kamen, ein Tanzorchester kam auch, und sie tanzten jeden Abend. Wir tranken und lachten. Ciccotto sah sich einmal um und brummte: »Hören sie uns hier auch nicht?« Caterina, ganz erhitzt, zuckte die Achseln und antwortete, es sei niemand da.

Ich fragte mich, warum Ciccotto diese Rücksicht nahm. Inzwischen kam die Rede auf ihre Herrschaft, und Ciccotto fragte, ob die Witwe geheiratet habe. »Interessiert dich das?« rief Caterina mit einem ganz andern Gesicht. Ciccotto lachte. Da fragte ich, seit wann sie sich kennten, und Ciccotto begann zu erzählen. Dabei sah er sie boshaft an. Er sagte, eines Tages sei hier im Zimmer die Padrona erschienen, die Witwe, eines Sonntags, als das Haus leer war – Caterina wurde rot und erregt–, habe sie beide in diesem Bett vorgefunden und ganz unerschrocken zu ihm gesagt, er solle sich in ihrer Gegenwart anziehen; er hätte es getan, aber Caterina hatte ihm, obwohl es sehr heiß war, die Decke über den Kopf gezogen, eifersüchtig wie alle Frauen. Ich hörte zu, sah ihn an, um Caterina nicht anzusehen, und sagte: »Und dann hast du dich angezogen?«

Da rief Caterina heftig: »Du! Du hättest dich sicher angezogen.

Frech genug bist du dafür.« Ciccotto lachte. Caterina hatte die Hände vors Gesicht geschlagen.

Ich hatte wirklich die Absicht zu gehen; statt dessen betrachtete ich die Tür und wußte nicht, was ich sagen sollte. Ciccotto stand auf, um sich neu einzuschenken. Bei dieser Bewegung hob Caterina den Kopf – rot, mit mächtig großen Augen, schien sie Ciccotto zerreißen zu wollen. »Geh doch hin, geh doch hin, sie ist nicht ausgegangen«, rief sie gedämpft. »Sie ist dreckiger als du, und du bist nur hergekommen, um sie zu besuchen.«

Ciccotto hatte fertig eingeschenkt und setzte die Flasche hin. Er blieb einen Augenblick zögernd, in Gedanken stehen. Dann setzte er sich wieder und sagte zu mir: »Diese Frauen gehen nie aus.«

Caterina sah uns an, noch immer erregt. »Sie sollte euch ein Fenster geben«, bemerkte Ciccotto. »Ein Fenster auf die Straße. Sie hat eine Menge...« Caterina zuckte ärgerlich die Achseln. »Die steht nicht an den Fenstern«, sagte Ciccotto noch. »Das hat sie nicht nötig.«

Caterina brummte irgend etwas. Sie fuhr sich mit dem Taschentuch über den Mund und sah mich an. Mir schien, sie habe Absichten auf mich. Ich machte Miene, aufzustehen, und wollte gerade sagen: »Es ist besser, ich gehe«, da sprang sie auf und bot mir noch ein Gläschen an.

Ich fand nicht die rechten Worte und blieb. Caterina schwieg nun gekränkt, und Ciccotto betrachtete sie ruhig. Das Zimmer war voller Licht.

»Jetzt müßte Lina zurückkommen«, sagte Ciccotto. »Die beiden sind jung, sie würden sich verstehen.«

Aus dem folgenden Gespräch merkte ich, daß Lina das andere Mädchen war, die, die hinausgegangen war, als wir kamen. Caterina sagte, die stehe sehr wohl am Fenster, sie sei frech. »Aber ihm gefällt Lina«, sagte Ciccotto. »Er weiß nicht, was gut ist.« Ich betrachtete mein Glas und spitzte die Ohren. Ich begann zu hoffen. Aber man hörte keine Schritte.

Ich fragte, wann Lina zurückkäme. »Ihr müßt allein miteinander reden«, sagte ich. »Das geht mich nichts an.« Diesmal glückte es mir aufzustehen. Caterina steckte mir Zigaretten in die Tasche, damit ich den Nachmittag etwas zu rauchen hätte. Ich ging die Treppe hinunter, ohne mich umzudrehen, und erst auf der Piazza atmete ich auf.

Dies war der erste Nachmittag, wo ich durch die leere Stadt

ging. Die Vorstellung, daß ich jetzt Lina kannte und daß Ciccotto in diesem Augenblick die Liebe genoß, begeisterte mich. Ich war ein wenig benebelt. Ich war jung, alles erschien mir so leicht. Ich wußte noch nicht, daß ich froh war, weil ich allein war.

An diesem Abend betrachtete ich, während ich auf der Piazza auf Ciccotto wartete, das Fenster seiner Tabakverkäuferin und lachte mir eins. Ciccotto war wirklich eine Kanaille. Als er dann kam, schwatzten wir über alles. Er setzte mir auseinander, was eifersüchtige Frauen tun und reden. Sie wüßten, sagte er, auf der Welt nichts anderes zu tun, sie verbrächten ja ihre Zeit am Fenster, womöglich hinter den Läden. Man müsse sie kennen, und ein junger Mann kenne sie auf jede Art. In einem bestimmten Alter, sagte er, warteten sie hinter der Tür wie Katzen.

Aber jetzt dachte er an seine Tabakverkäuferin und wollte von Caterina nichts mehr wissen. Er sagte, ich solle allein hinaufgehen, nach Möglichkeit abends. Ich hatte nicht den Mut dazu. Ich trieb mich unter den Balkonen des Palazzo herum in der Hoffnung, Lina am Fenster zu sehen. Aber die Fenster waren geschlossen; den ganzen folgenden Sonntagmorgen blieben sie geschlossen, und dann sagte mir Ciccotto, im Sommer gehe die ganze Familie an die See. »Auch die Dienstmädchen?« Auch sie.

Das verstand ich nicht: Caterina war so eifersüchtig, und vor acht Tagen hatte sie nicht davon gesprochen, daß sie fortging. »So sind die Frauen«, sagte Ciccotto.

Er war nicht mehr der gleiche wie früher: er hatte die Lust an dem Spiel verloren, er stieg nicht mehr mit mir die Treppen hinauf in Wohnungen, wo man anfangs so gelacht hatte. Er trennte sich nicht mehr von der Piazza, er verbrachte alle Sonntage in der Nähe der Tabakverkäuferin. Die Tabakverkäuferin war die einzige Frau, die ihn nicht ins Haus ließ; sie sprach auch abends vom Erdgeschoßfenster aus mit ihm und schickte ihn nach einem Eis; so verharrten sie halbe Stunden lang ganz still und horchten auf die verhallenden Schritte derer, die über die Piazza gingen. Diese Frau war etwa dreißig Jahre alt, aber sie wirkte wie vierzig, so gut verstand sie zu befehlen und Antwort zu geben.

Allein war ich nicht dazu geeignet, das frühere Leben weiterzuführen. Ich begnügte mich damit, Ciccotto in der Werkstatt zu sehen, und ich ging spazieren, ich hatte mich mit einigen Arbeitskameraden angefreundet, ich verstand mich auch noch zu vergnügen, aber es war nicht mehr dasselbe. Man weiß, wie es zu Hause zugeht: wenn man tagsüber schläft, wecken sie einen, und von daheim zur Werkstatt und von der Werkstatt heim – das ist kein Leben mehr. In dem Sommer damals – Zeit hatte ich ja – fing ich an, allein durch die Straßen und über die Plätze zu gehen, durch die Gassen von damals und Lina zu suchen; aber sie war an der See. Ich hoffte irgendwie, sie tauche eines Tages vor mir auf. Wenn die Straßen verlassen sind, ist alles möglich. Ich blieb an den Ecken stehen.

Und dann gab es nicht nur Lina. Ciccotto kannte so viele Frauen. In einem bestimmten Alter laufen sie dir nach, sagte er immer. Aber die Treppen hinaufsteigen, sie zum Reden bringen, sie besuchen, hartnäckig bleiben, sie in sich verliebt machen – dazu war ich nicht imstande. Ciccotto, der beinahe bucklig war – der brachte es fertig. Ich wußte, ich brauchte nur zu warten.

Aber dann heiratete Ciccotto. Mir sagte er es nicht einmal, ich erfuhr es von meiner Schwester. Die Tabakverkäuferin machte ihn verrückt, und sie zu heiraten war die einzige Art, in ihre Wohnung zu kommen. Bis zuletzt hat er mir nie etwas anderes gesagt, als daß sie zu eifersüchtig sei und eine hübsche, dicke Frau, und ob sie mir nicht auch gefiele. »Eine Frau muß man necken«, sagte er, »man darf sich nie besiegt geben.« Er heiratete sie beinahe heimlich, denn sie war Witwe und behauptete immer, wenn sie sich wieder verheirate, verliere sie die Kunden. Aber sobald sie verheiratet war, stellte sie ihn hinter den Ladentisch. Da lachte ich über Ciccotto, wie alle über ihn lachten, und schließlich zerstritten wir uns und sahen uns nur noch, wenn er über die Piazza ging. Aber jetzt gibt es Tage oder manche Sonntage, wo ich ihn beneide.

Die Feste

Pino hat nie Ganolas Pferd aus dem Sinn bekommen, und manchmal erzählte er mir von ihm. Eines Abends kommen wir aus Pozzengo zurück, da biegt er in die kleine Straße ein und sagt, als ich ihn ansehe, zu mir: »Ich komme erst heute nacht heim.« Er kam wirklich am nächsten Tag in der Morgendämmerung heim und ging ins Heustadel. An dem Tag sagte ich auf dem Acker zu ihm: »Schlaf doch gleich im Röhricht«, und er saß da und lachte. »Dann arbeite wenigstens.« Aber Pino betrachtete den Hügel und sagte: »Wenn dieses Pferd mir gehörte, würde ich den ganzen Tag herumreiten.« Ich dachte: ein Pferd ist noch lange kein Weinberg; doch mit einem Bruder, der statt mit den Mädchen mit Pferden spricht, kann man nicht vernünftig reden. Aber ich fragte: »Schlafen die Pferde nachts?« Und Pino sagte, immer mit dieser verzückten Miene: »Ich bin herumgelaufen, bis zu den ›Rocche‹ gegangen.«

An das weite Tal von Ganola komme ich immer wieder, denn es beherrscht ringsum die halbe Höhe des Hügels. In dem von Röhricht umgebenen Meierhof oben am Wald war ich schon eine Zeitlang nicht mehr hinaufgestiegen, seit Ganolas letzte Tochter in die Welt gezogen war. Jetzt ging man unterhalb vorbei, und nie hörte man dort eine Stimme oder sah einen Menschen. Die Felder waren halb verwildert; der alte Ganola hatte den Weinberg unbestellt gelassen, und es hieß, alles übrige sei Wiesenland. Da es guter Boden war, wartete man nur, bis Ganola stürbe. Aber alte Leute sterben nicht. Als Pino noch klein war, gingen wir dorthin, um die Maiskolben abzuschneiden: damals waren die Mädchen da und Bruno, man war ganze Tage lang guter Dinge. Der Hof gehörte den jungen Menschen; Ganola, schon alt, ging auf die Jagd, wir hörten seine Schüsse jenseits des bebauten Landes, in den Wäldern der ›Rocche‹. Damals taten wir unsere Ziegen zusammen, man stieg zu den oberen Wiesen hinauf; es wurde Abend, und wir hatten noch nicht genug, auf dem Heimweg rollten wir uns bis zur

Straße schreiend im Gras. Schon damals flößte Ganola uns Angst ein, er befahl allen allein mit den Augen; aber wenn er eine gute Jagdbeute gemacht hatte, begann er zu lachen und ließ uns die blutigen Vögel berühren, die an der Jagdtasche hingen. Um sie den Frauen zu übergeben, löste er sie los und warf sie zu Boden, und da mußte man den Hund sehen! Zu zweit konnte man ihn nicht halten. Ich sagte zu Hause, ich wolle auch einmal auf die Jagd gehen; aber noch mehr begeistert als ich war Pino, er konnte sich von diesem Hof einfach nicht trennen. Nur wenn ich mich auf den Weg machte und drohte, er müsse allein heimgehen, kam er mit. Dann wurden wir älter, wir hatten keine Angst mehr, nachts herumzustreifen; damals ging ich mit Bruno zum Tanzen, und wer dachte da noch an die Jagd! Bruno mußte man hören, wenn er den Fremden allerlei erfundene Geschichten vorsetzte, um Streit anzufangen. Darin war er ganz sein Vater, und in dem Sommer, als wir zusammen auf diese Feste zogen, erfuhr ich, daß Ganola in seiner Jugend schlimmer gewesen war als wir, denn damals hielt die jungen Leute niemand zurück, und sie trugen das Messer in der Tasche. Sehr bald ließ ich Bruno allein gehen, denn er zog mit Vorliebe von einem Fest zum nächsten und ging Tag und Nacht über Land, um zur rechten Zeit dort zu sein; und er holte sich in den Häusern zu essen wie ein Dieb. Zog man mit ihm los, so wußte man nie, wo man landen würde.

Bruno stieg schon in jenem Jahr aufs Pferd. Beim Volksfest hatte sich die Stute von irgendeinem Zirkusteufel schwängern lassen, während sie, vom Karren abgeschirrt, hinter der Bude Gras fraß; sie hatte ein rotgeschecktes Füllen geworfen, von dem Ganola sogleich sagte: »Das Pferd lassen wir rennen.« Bruno übte sich mit der alten Stute auf den oberen Wiesen hangauf, hangab, und als es Zeit war, stieg er auf das junge Pferd. Das mag fünf Jahre her sein. Wir, vor allem Pino, waren wild begeistert den ganzen Tag auf der Straße, um ihn vorüberreiten zu sehen; aber da kam der alte Ganola dazwischen, der Bruno auf die Wiese begleitete, und sagte uns, er wünsche keine Spione. An manchen Tagen jedoch, wenn Bruno, über die Mähne gebeugt, heranstürmte, rief Ganola auch mir zu, ich solle mir das ansehen – falls ich das Pferd, das wie der Wind rannte, überhaupt richtig zu sehen kriegte. Damals war Pino ein kleiner Kerl, den niemand weiter beachtete. Dann gab es Tage, wo das Pferd bockte, und dann traktierten sie es oben im Hof mit Fußtritten, sie ruckten heftig am Zügel, und Brunos Kraft reichte nicht aus, es zu zähmen. Die Mädchen rissen aus. Ganola wurde wütend und griff dem Pferd selbst in den Zaum, und es bäumte sich auf und schlug mit dem Schweif, und nicht einmal Pino blieb in der Nähe. Unser Vater sagte, sie hätten besser daran getan, es vor den Pflug zu spannen: auch die Tiere würden verdorben, wenn sie nicht arbeiteten.

In dem Haus dort waren nur die Frauen ordentlich; sie schienen zu ahnen, wie die Sache enden würde. Pino will jetzt nichts mehr davon wissen – aber als Kinder hielten er und Carmina zusammen, und Carmina starb gerade in dem Herbst, als Bruno das Rennen gewann. Sie lag schon zur ›Madonna di settembre‹ zu Bett, und ihre Schwester kam nicht aufs Fest, um bei ihr zu wachen; als die Ihren singend und mit Geschrei zurückkamen, drehte sie, wie es heißt, vor Müdigkeit das Gesicht zur Wand und weinte, das arme Mädchen.

Natürlich ging auch Pino hin: es war das erste Fest außerhalb des Dorfes, das mitzumachen unser Vater ihm erlaubte; und diesen ganzen Tag trennte er sich weder von Bruno noch von dem Stall des Pfarrers, wo sie die Pferde eingeschlossen hatten; aus dem Tanzen machte er sich damals noch nichts. Ich besuchte sie gegen Abend. Bruno war schon seit zwei Tagen auf der Wiese und übte sich, in Stiefeln, das Tuch um den Hals, und Ganola überwachte das Pferd. Sie hatten am Morgen einen Proberitt gemacht; er war schlecht ausgefallen, und jetzt schlossen sie sich zusammen im Stall ein, und Ganola machte ein böses Gesicht: er wollte, daß wir alle hinausgingen, aber ich lehnte mich an eine Treppe und blieb drinnen. Auch Pino beobachtete alles. Ganola entkorkte eine Flasche guten Wein, füllte einen Napf und schob ihn dem Pferd, das bebte, unter die Zunge. Das Pferd trank den ganzen Napf leer. Dann traten sie zurück, und Ganola nahm die Peitsche und gab ihm mit dem Stiel drei, vier Schläge auf Sprunggelenke und Steißbein, so daß es wie eine Natter hochschnellte. Sofort bekam es einen Ausdruck, als werde es wie eine Katze losspringen: man merkte, der Wein hatte vollkommen gewirkt; Ganola grinste. »Du hättest das nicht nötig gehabt«, sagte er zu ihm. Da bleckte das Pferd die Zähne und richtete sich hoch. Man bekam geradezu Angst.

Das Rennen gewannen sie. Ich erinnere mich an den Abend auf der Wiese: die Menschen hatten sich zerstreut, mit dem Mond kam die Kühle, in den Buden im Hintergrund wurden die Azetylenlampen angezündet, die Tanzmusik hatte aufgehört. Ich fand Pino hinter einem Baum, allein, er weinte und wollte es sich nicht anmerken lassen. »Los«, sagte ich zu ihm, »such dir jemanden, rede mit den Mädchen.« Damals glaubte ich, er denke an Carmina. Aber nein – er weinte vor Wut, weil er selbst am liebsten ein Pferd gewesen wäre. »Wir bleiben mit Bruno hier«, sagte er. Es hatte ihn schon die Sucht gepackt, nachts herumzustreifen, nicht etwa um zu tanzen oder sich zu vergnügen, sondern weil er am Morgen allein sein und sich am Tag danach wer weiß wo befinden wollte. In jener Nacht aßen wir beim Pfarrer, wir waren ein ganzer Tisch voll: Ganola verspottete die Besitzer der anderen Pferde, und alle lobten ihn und lobten Bruno, der über den Teller gebeugt aß, als sei er noch beim Rennen, und ich dachte: er ist so alt wie Pino. Durch das Zimmerfenster drang die Musik und der Lärm der Leute. Wir redeten von den Rennen der vergangenen Jahre und von den künftigen. Es war eine schöne Nacht. Der Mond schien auf dem ganzen Heimweg.

In jener Nacht ahnte Ganola sein Schicksal noch nicht. Carmina starb an Allerheiligen, und im Winter folgte ihr die Mutter – aus Verzweiflung; sie hatte schon eine Zeitlang nicht mehr gegessen. »Frauen«, sagte Ganola nur, als er vom Begräbnis kam. Linda, die andere Tochter, die immer stolzer gewesen war und zu der Alten gehalten hatte, stritt mit den Männern, sooft sich die Gelegenheit bot. Sie stritten so laut, daß man es von der Straße aus hörte. Ich weiß nicht, wie Pino es hielt, ich jedenfalls ging von da an seltener hin. In diesem Herbst bearbeitete Ganola nicht einmal die Hälfte des Landes. Er ging mit Bruno auf die Jagd, und sie dachten an nichts mehr als an das Pferd. Hin und wieder nahmen sie den Zug, um ihm etwas zu kaufen. Dann kauften sie die Sporen.

Es heißt, Bruno wollte sie an jenem Tag nicht nehmen, weil das Pferd ruhig war. Aber Ganola sagte lachend: »Besser, es lernt und begreift das sofort.« Er hielt es am Zaum, bis Bruno aufgestiegen war, dann gab er ihm freien Lauf. Man sah, wie das Pferd zur Seite sprang und sich wie eine Natter hochrichtete, dann ein Luftsprung – und Bruno flog in den Hof. Dort blieb er wie ein Sack liegen. Wäre das Pferd nicht wie toll in den Laubengang gerannt, so hätte Ganola es nie mehr einfangen können.

Bruno also war tot, und Linda wollte jetzt das Pferd umbringen. Es heißt, Ganola habe sich in jenen Tagen um nichts mehr gekümmert: immer wieder ging das Feuer aus, er sprach nicht mit dem

Priester, er vergaß den Stall zuzuschließen – er schlug Linda, wie man Korn schlägt. Er schielte schon lange, hatte einen Stoppelbart und die Hosen nachlässig zugeknöpft, aber von jenem Tage an dachte er an den Bart und die Hosen überhaupt nicht mehr. Bis Linda auf und davon ging.

Alte Geschichten. Seitdem machte ich, wenn ich konnte, um den Hof einen Bogen. Auch Pino nahm seinen Weg, seit Bruno fehlte, über andere Hügel. Das Jahr danach hieß es, er habe ein Mädchen in Ponte. Im Sommer ging er allein zu den Festen, manchmal kamen wir zusammen zurück, aber öfter verschwand er, schlug die große Straße ein und kehrte am nächsten Tag zurück. Es war, als seien wir gar nicht mehr Brüder. Ganola hatte ich vergessen. Manchmal sprach unser Vater von ihm. Er erzählte, ein Mann aus Odalengo sei im Winter zu ihm gegangen, um das Stück bewaldeten Ufers zu kaufen, das er über dem Tal besaß, aber es sei dem Mann nicht einmal gelungen, mit ihm ins Gespräch zu kommen. Ganola hatte ihn an der Tür stehenlassen wie einen Vagabunden und ihn mit zwei Worten abgefertigt, ohne einen Eimer abzusetzen, den er in den Stall trug. Seit Linda fort war, verließ er fast nicht mehr das Haus: es scheint, aus Angst, man könne ihm das Pferd stehlen, aber – so sagten die Leute – wohl weil er ahnte, daß er sterben müsse. Ich weiß, daß Pino ihm damals und in den folgenden Jahren half, Zeug zu verkaufen und zu kaufen, und daß er ihm manchmal das Gras mähte. Pino erzählte zum Beispiel, an schönen Tagen mache Ganola das Pferd los, steige auf, so gut er könne, und reite den Hügel hinauf und herunter. Um Mittag dann, wenn die Sonne recht heiß schien und alle beim Essen saßen, reite er von Kuppe zu Kuppe auch weiter fort, so daß Pino, wenn er in der heißesten Zeit den Hügel betrachtete, sagte: »Das Pferd wird bewegt.«

Eines Tages mußte ich zu Ganola fahren, um ein Faß zu holen, das wir ihm früher geliehen hatten. Ich weiß nicht, warum Pino nicht selbst ging – kurz, ich spannte die Kuh an und fuhr hin. Es war ein nebeliger Abend; während ich die Straße hinauffuhr, erinnerte ich mich an die Zeit, als wir mit den Ziegen dorthin zogen und Bruno noch da war und Carmina, als Ganola mit den Vögeln heimkam, wir mit den Kastanien, und Linda uns ohne ein Wort das Reisigbündel brachte, und wir die Pfanne aufs Feuer setzten. Genau um diese Stunde, denn später bedeckte der Nebel Straßen und Wälder, und wir mußten zu Hause sein. Ich hielt im Hof und suchte Ganola in dem schon dunklen großen Zimmer. Dort war niemand, auch im Stall nicht. Statt zu rufen, setzte ich mich an die Tür und sah in den Nebel.

Ganola kam kurz danach, er zog das Pferd hinter sich her. Zuerst tauchte aus dem Nebel Hals und Kopf des Teufelspferdes auf; es war nicht aufgezäumt, Ganolas erhobene Hand hielt es straff am Halfter. In vier Jahren war es gewachsen wie eine Platane; sein Fell sah aus wie Platanenblätter, wenn sie rot vom Baum fallen. Als Ganola ganz im Hof war, erkannte man, daß er kleiner geworden und krumm war; das Pferd überragte ihn um einen Kopf. Ganola und ich redeten miteinander, als hätten wir uns am Tag zuvor gesehen. Im Stall, in den er das Pferd führte, war alles leer, nicht einmal eine Ziege war da. Er band es an seine Stange, warf ihm Heu vor und klopfte ihm, ehe er hinausging, den Hals. Während wir das Faß zum Karren trugen, sprach er nicht drei Worte. Er sabberte nur in seinen Bart.

Als ich Pino davon erzählte, sagte er, in diesen Tagen bearbeite Ganola das Feld unterhalb des Brunnens, weil er heuer säen wolle. »Wenn er nicht ein alter Mann wäre, sollte er wieder heiraten«, sagte ich. »Was tut er so allein Tag und Nacht?« »An Gesellschaft fehlt es ihm nicht«, sagte Pino. »Und hast du denn Gesellschaft?« fragte ich lachend. Pino schüttelte den Kopf.

Jetzt arbeitete Pino mit mir, und der Vater war darüber froh. Aber es gab Tage, da kam er von der großen Straße, und nun war es an mir, die Augen offen zu halten und aufzupassen, was es wieder geben würde. Ich spürte das richtig auf uns zukommen. Eines Abends endlich, bei Tisch, sagte Pino, er sei es leid, die Erde umzugraben, er wolle in den Gruben arbeiten: auch das sei eine Arbeit, und man müsse Abwechslung haben auf der Welt. Unser Vater sah ihn an. Ich war still, ich wußte schon, daß, wenn Pino sich etwas in den Kopf gesetzt hat, niemand ihn davon abbringt. Aber Pino sagte das nur so hin: die Gruben; keiner ist gern, aus purem Vergnügen, unter der Erde eingeschlossen. Was er wollte, war: herumwandern, etwas erleben. »Du magst im Winter hingehen«, antwortete mein Vater. »Du wirst schon lernen, was das heißt.«

Pino verließ die Gruben im Frühjahr – er hatte genug davon. Er kam, spindeldürr, zurück mit einem Vagabunden aus Pozzengo, einem hinkenden Kerl im zerrissenen Jagdrock, er hatte den Mann in den Gruben kennengelernt; sie schliefen ein paar Nächte in unserem Heustadel. Sie redeten wenig und bummelten zusammen auf der Straße umher. Mir gefiel dieser Kerl nicht, mein Vater aber foppte ihn, und er machte, daß er fortkam. Pino blieb ruhig da.

Jetzt sprach niemand mehr von jenem Mädchen in Ponte: ich glaube, sie hat nie existiert. Die Leute trafen Pino auf der Straße zum Bahnhof, dort hatte er Freunde von den Gruben her, und sonntags zogen sie sich in die Osterien zurück. Dann sahen sie zu, wie der Zug ankam, sie waren mit den Eisenbahnern bekannt und erfuhren, was sich zwischen hier und Genua zugetragen hatte. Nie fingen sie einen Streit an um die einheimischen Mädchen wegen eines Tanzvergnügens oder kosteten in einem Hof den neuen Wein. Sie waren von anderem Schlag. Über Leute wie uns lachten sie.

So kam der vorige Sommer, und als die Feste anfingen, war Pino nicht mehr zu halten. Diesmal hatte er sich mit einem kleinen, mageren Burschen zusammengetan, der auf den Jahrmärkten Wetten abschloß. Aber Geld hatte Pino nicht viel: nur das wenige, um gerade eben rauchen und am Fest teilnehmen zu können. Dieser Mann war gerissener als der vorige aus Pozzengo; er betörte die Leute so mit Worten, daß man ihm Kredit geben mußte, obwohl niemandem klar war, was für ein Handwerk er trieb. Er war in der Welt herumgekommen, aber er wußte auch über die Landarbeit Bescheid. Er war untersetzt, hatte krumme Beine und in den Haaren Pomade. Er hieß Roia.

Über alles wußte er zu reden; und er sagte, Pino wisse sein Glück, daß er auf einem Bauernhof geboren sei, nicht zu schätzen. Besser als uns, sagte er, gehe es keinem. »Na, du beackerst das Land auf der Piazza«, sagte Pino. Mit Roia machte er Spaß. »Natürlich«, gab dieser zurück. »Man braucht das eine und das andere.« Er war ein aufgeweckter Bursche, aber mir gefiel er nicht.

Ich bin sicher, daß Pino ihm von Ganola schon ganz am Anfang erzählte, denn damals im Hof betrachtete Roia den Hügel mit dem Röhricht und fragte mich, wer da oben wohne. »Dort wohnt ein Mann mit einem Tier«, sagte ich, und er lachte leise wie jemand, der schon Bescheid weiß.

Wir sahen ihn manchmal auf dem Fest von Odalengo, und Pino lud ihn in meiner Gegenwart ein, zur ›Madonna d'agosto‹ zu uns zu kommen. Ich nahm Pino beiseite und fragte ihn, ob er verrückt sei, uns diesen Typ ins Haus zu bringen. »Was hast du dagegen?« fragte er halb lachend. »Hast du versucht, das Pa' zu sagen?« fragte ich. »Sag es Pa', und du wirst was zu hören bekommen.« Pino sah mich böse an und blieb noch eine Nacht draußen.

Wir hatten kaum das Korn gedroschen, da kam ein schreckliches Gewitter: es ebnete den halben Weinberg ein und trug manche Bäume weg, als wären es Reisigbündel. Pino tritt aus dem Laubengang und sagt: »Ich gehe zum Bahnhof.« »Was?« ruft unser Vater erbittert. »Und der Weinberg?« »Der Weinberg ist sowieso hin«, sagt Pino. »Ich bin es leid, für nichts und wieder nichts zu arbeiten.« Ich sagte, es sei Abend, er könne genausogut bis zum nächsten Tag warten. Unser Vater ging ins Haus, um seine Schuhe zu trocknen, aber es war klar, daß Pino wieder in die Gruben wollte. Nur daß er diesmal nicht von Gruben sprach.

Es kam der August; bei der erstickenden Hitze am Tag und dem Mond bei Nacht dachte niemand mehr daran, zu arbeiten. In diesem Jahr hatte uns die Gemeinde die Sonnenwendfeier versprochen, und selbst die Alten waren wie Kinder. Es hieß, die Feuer brächten das schöne Wetter. Ich weiß es nicht, aber wenn es stimmen sollte, würden sie die Feuer bereithalten, sobald es das erstemal donnert. »Ihr werdet froh sein«, sagte ich zu Hause. »Welches Dorf macht dieses Jahr die Feuer?« »Jetzt fehlt nur noch das Rennen von Ganola«, brummte der Vater. »Verrückte Kerle...« Pino war still; er aß seinen Teller leer und ging aufs Land.

So kam jener Abend heran; ich verbrachte ihn auf der Piazza, um mir das Fest anzusehen. Nie waren so viele Menschen zusammengekommen. Sie waren von all diesen Hügeln heruntergeeilt, von den ›Rocche‹, von hinter den Wäldern; selbst die Hunde fehlten nicht. Alle Buden waren aufgeschlagen. Ich sah auch Roia, er hielt eine Bank mit Würfeln. Ich überließ ihn seinen Gaunereien und ging tanzen.

Sobald es vollkommen dunkel war, wurden die Feuer entzündet. Als es gerade am schönsten war, sehe ich auf den Gesichtern von drei, vier Männern vom Bahnhof einen Widerschein, sie schauen nach oben, aber Pino ist nicht dabei. Ich denke: ›Wo mag er sein?‹, aber dann sehe ich wieder auf die Feuer und höre zu, wie es knallt.

Das dauerte eine halbe Stunde, und sobald es zu Ende war, begann wieder das Tanzen. Ich kam noch ganz betäubt nach Hause, pfeifend wie ein Spatz; an Schlafen war nicht zu denken, denn auf der Straße war ein ständiges Hin und Her, Betrunkene, Karren, singende Leute. Pino war, wie üblich, noch nicht da.

Da setzte ich mich auf die Stufe, rauchte und betrachtete die Sterne; sie sahen aus wie eine Tenne voll Korn. Ich schaue zum Hügel von Ganola hinauf und sehe im Fenster Licht. ›Sieh an, selbst er feiert das Fest‹, denke ich und lache. Aber dann schwankte das Licht; es war rot. Da begriff ich, daß es brannte, und ich sprang hoch.

Es war schon fast Morgen, der Verkehr auf der Straße hatte aufgehört. Ich rannte bis zum Rundweg und dachte nicht, daß ich allein wäre, denn ich glaubte, viele hätten die Flamme gesehen und liefen hin. Aber als ich das Tal hinaufstieg, bekam ich Angst. Beim Röhricht bleibe ich stehen und stecke mir den Zigarettenstummel wieder an. Da höre ich die Stimme von Pino: er ruft mich. Er packt mich am Arm und sagt: »Geh nicht hin, geh nicht hin.«

Er bebte wie ein Junge. »Was ist los?« »Roia hat Ganola umgebracht, und das Pferd ist ausgerissen.«

Er erzählte, sie seien hinaufgegangen, um das Pferd zu kaufen. Natürlich am Tag zuvor. Roia war mit ihm hinaufgegangen, er wollte das Pferd sehen und es kaufen. Sie wollten zusammenleben und durch die Dörfer ziehen. Ganola hatte sie in den Stall geführt, aber starrköpfig gesagt, ehe er es verkaufe, brächte er es um. Als sie wieder nach Hause kamen, hatte Roia geäußert, die Alten seien alle so, aber eine schönere Rotschecke habe er nie gesehen. Und dann waren sie heute nacht wieder hinaufgegangen, denn Roia hatte gesagt, hier müsse man beharrlich sein. Ehe sie den Alten weckten, waren sie in den Stall gegangen. Aber während das Pferd schnaubte, war Ganola im Hemd erschienen. Roia hatte lachend etwas zu ihm gesagt; dann war er auf ihn zugesprungen und hatte ihn umgebracht.

Ihm die Gurgel durchschnitten. Dann hatte er das Pferd losgebunden und Pino zugerufen, er solle ihm helfen. Pino hatte nur gesagt: »Wir wollten es kaufen, warum hast du ihn umgebracht?« und war ausgerissen, und da hatte sich das Pferd aufgebäumt, hatte gewiehert und die Stangen zertrümmert, und sie hatten es nicht mehr gesehen.

Ich fragte Pino, ob er wirklich geglaubt habe, Roia werde dieses Tier kaufen. Ich sagte ihm, Roia habe sich seiner nur bedient, um in das Haus zu kommen, aus keinem andern Grund; und das Pferd habe er sicher verkaufen wollen und gar nicht daran gedacht, durch die Dörfer zu ziehen.

»Und wo ist Roia jetzt?«

Wir rannten zum Hof. Das Feuer hatte den ganzen Stall erfaßt, man konnte nicht hinein. »Das Feuer hat Roia gelegt.«

»Komm fort«, sagte Pino. »Komm fort.«

Damit hatte er nicht unrecht. Es war nicht nötig, daß wir hier oben die ersten waren. Und dann bebte er wie ein Blatt. Er war ganz zerschunden. Ich packte ihn, wir gingen durch die Wälder, kamen nach Hause und schlossen uns ein.

Das Feuer löschten andere. O ja, Roia verstand sein Handwerk, denn von Granola fanden sie nicht viel. Von dem Pferd aber noch weniger; und sie erklärten sich den Brand damit, daß das Tier Ganola mit einem Huftritt getötet und die Laterne umgeworfen habe. Sie suchten es eine Zeitlang auf den Hügeln; doch ich bin überzeugt, Roia hat es eingefangen und mitgenommen. Die Leute dagegen, und Pino mit ihnen, behaupten, das Pferd treibe sich noch in den Wäldern herum, und an manchen Tagen hören sie auf dem Kamm seinen Hufschlag.

Geheimnis

Diese Landstraße pflegte mein Vater zu gehen. Er brach nachts auf, denn es war weit, und er wollte beizeiten dort sein. Er machte den Weg zu Fuß: den Hügel, dann das ganze Tal und dann die nächsten Hügel, bis er auf dem letzten Höhenzug war – so hatte er zugleich die aufgehende Sonne vor sich. Die Straße führte zu den Wolken empor, die in der Sonne über dem Dunst der Ebene auseinanderbrachen. Ich habe diese Wolken gesehen: sie glänzten immer noch wie Gold; mein Vater sagte, zu seiner Zeit hätten sie ihm, wenn sie tief hingen und feurig waren, einen guten Tag versprochen. Damals liefen auf den Märkten Goldstücke um.

Noch heute gehen die Menschen, die dort wandern, vornübergebeugt, den Mantelkragen vor dem Mund. Sie schauen sich nicht um, auch nicht, wenn das Wetter schön ist. Die Schatten fallen hinter ihnen auf die Straße und folgen ihnen langsam. Und der Hügel mit seinem immer gleichen Horizont folgt ihnen auch. Ich kenne diesen Horizont und jeden der kleinen Bäume, die die Höhen krönen. Ich weiß, was man von diesen Bäumen aus sieht.

Mein Vater ging nicht beim ersten Morgenlicht in die Ebene hinunter. Er wanderte an den Hängen entlang durch die Meierhöfe, um seinen Handel einzuleiten. Er redete in den Höfen mit verschlafenen Menschen. Sie frühstückten zusammen. Sie tranken schweigend an der Tür ein Glas Wein. Mein Vater kannte sie alle und wußte in den Ställen die ganze Straße entlang Bescheid; er wußte vom Unglück jedes einzelnen, wußte, was er brauchte, kannte die Frauen. Er redete wenig. Wenn er in den Höfen andere Vermittler traf, war er still und ließ sie das Ihre sagen.

Vor vielen Jahren – er war Witwer, wir noch Kinder – hatte ihm jemand geraten, er solle die Fußmärsche aufgeben und einen Karren nehmen. Aber es war Winter, und er sagte, das Pferd würde es auf diesen Wegen zu schwer haben. Den Mantelkragen hochgestellt, die Pelzmütze auf, so zog er im Nebel los und stieg, zwei Täler weiter, zur Bicocca hinauf. Dort lebte Sandiana, die Tochter eines Freundes von ihm, jung, verzweifelt, seit sie in diesen Weinbergen allein leben mußte. Mein Vater dachte daran, sie zu sich ins Haus zu nehmen und mit ihr noch einmal einen Sohn zu zeugen. Aber sie verbrachte die Tage am Feuer, in einem Zimmer, das wie ein Hühnerstall aussah, und wiederholte nur immerzu, sie sei allein und habe Furcht. Dann erfuhr man, ein Vermittler von außerhalb habe ihr geraten, zu verkaufen und fortzuziehen und in der Stadt in Ruhe zu leben. Mein Vater hatte einen bestimmten Verdacht und stapfte viel im Schnee, um dahinterzukommen, bis er eines Tages in der Bicocca jenen andern vorfand, der sich die Füße am Feuer wärmte. Aber noch immer begriff er nicht, wer das Land hätte kaufen können: er kannte die Absichten aller Menschen dort. Die Frau sagte nein; mein Vater ging gegen Abend noch einmal hin und traf die Söhne des Vermittlers, die gerade den Hausrat aufluden. Da begriff er, daß er alt war. Sandiana zog fort und wohnte nahe am Markt.

Mit uns sprach er nicht darüber. Man erfuhr es von den Leuten und aus den Seufzern, die er in jenen Jahren ausstieß. Sooft er jetzt in die Stadt hinunterging, holte er sich dort unten nur schlechte Laune. Sandiana wohnte in einem niedrigen, kleinen, mit wildem Wein bewachsenen Hofraum; der Marktlärm drang kaum bis dahin. Der Vermittler war, nachdem er das Land verkauft hatte, in seine Gegend zurückgekehrt. Sandiana wartete; sie saß am Ofen wie eine Katze. Eine Zeitlang schickte ihr mein Vater warmes Essen. Jenen Winter verbrachte er in der Osteria. Er setzte sich hin, betrachtete das Kommen und Gehen, den Rauch, die Vermittler, und es schien, als höre er den Gesprächen zu. Die Geschäfte ließ er die andern machen. Er dachte noch immer an jenen Weinberg.

Sandiana kam den ganzen Winter nicht aus ihrem Hof heraus. Sie wußte, daß sie ohne Land nichts mehr galt; und obendrein war sie schwanger. Sie sprach sich der Frau gegenüber aus, die ihr zu essen brachte, und sagte zu ihr, die Alten seien schlimmer als die Jungen. Meinem Vater ließ sie sagen, sie wolle sich umbringen. Mein Vater ließ den Winter vergehen; dann, nach und nach, besuchte er wieder die Höfe auf den Hügeln. Im März sagte man ihm, sie habe das Kind geboren.

Da besuchte er sie und schlug ihr vor, er wolle sie mit nach Hause nehmen. Es heißt, Sandiana, abgemagert, habe geweint; aber ich weiß, mein Vater muß es kurz gemacht und ihr gesagt haben, sie komme zu uns, um hier, wo es keine Frauen gab, Frauenarbeit zu tun, aber nicht als Padrona. Doch auch nicht als Magd. Wir seien keine Herren.

So gab er Sandiana und dem Kind ein Zimmer, und er schlief weiter allein. Die Idee, diesen Sohn zu zeugen, war mit dem Weinberg dahingeschwunden. Auch im Sommer, als Sandiana, eine junge, aufgeblühte Frau, das Kind stillte, änderte mein Vater seine Haltung nicht. Er brach noch im Dunkeln auf, und Sandiana stand auf, um ihm sein Zeug zurechtzulegen. Sie sprachen kaum miteinander. Wir Jungen, von der Magd aufgehetzt, spitzten die Ohren, um etwas aufzuschnappen. Sandiana mochten auch wir gern. Sie versorgte uns und half uns.

Im Sommer, gegen Abend, gingen wir mit ihr über das Land. Wir wußten, auf welchem Weg mein Vater zurückkam, und den brauchten wir nur von oben aus im Auge zu behalten. Wir nahmen Sandiana mit, damit sie unsere Orte sähe, und sie konnte uns von jedem noch so weit entfernten Campanile oder Dorf den Namen sagen. Sie beschrieb uns, was man dort oben von den Wäldern aus in der Ebene sah und was die Menschen in den abgelegenen Hütten taten. Sie erzählte uns von ihrem Vater und von der Zeit, als sie auf der Bicocca noch viele Brüder und Schwestern waren und am Abend mit den Laternen losgingen, um Ställe und Keller abzuschließen. Sie erzählte davon, wie ihre Großeltern im Winter einen Wolf hatten an der Tür kratzen hören und wie sie wachblieben und Körbe flochten. Wir gingen die Pfade durch die Weinberge, und wer als erster oben ankam, schrie und winkte mit den Armen. Und sie rannte mit.

In dem Jahr war ich gewachsen, im Winter sollte ich in der Stadt zur Schule gehen. Sandiana sagte, ich würde mich dort wohlfühlen und das Dorf vergessen. Ich würde mich derer zu Hause schämen. Ich begriff, daß sie recht hatte; und doch – als der Sommer zu Ende ging, betrachtete ich die Straßen, die Wolken, die Trauben ganz genau, um mir alles einzuprägen und später mit Stolz davon zu reden. Am liebsten wäre auch ich auf der Bicocca zur Welt gekommen bei ihren Alten, hätte die Brüder gekannt und die Nächte miterlebt, als die Wölfe kamen. Davon hätte ich gern mit Stolz erzählt; wenn ich Sandiana zuhörte, wußte ich, daß ich stolz darauf gewesen wäre. Schon damals war es so: ich freute mich nicht an dem, was ich tat, sondern an dem, was ich von den andern hörte. Ich war meinem Vater nicht ähnlich.

Sandianas Haus war in der Hand von zwei alten Leuten, Halbpächter eines Herrn, der den Hof gekauft hatte, den aber niemand kannte. Auf diesen Hügel gingen wir oft; von dort aus sah man die dunklen Pinien hinter dem Haus, hoch wie Kirchtürme inmitten der Weinberge, voller Vögel, die aufflogen. Sandiana nahm uns einmal auf den Hof mit; dort war ein Hund, der sie wiedererkannte und an ihr hochsprang. Da kam die Alte heraus, sie sprachen miteinander und gingen zusammen durch das Haus und auf die Tenne. Wir warteten im Hof unter dem Strohschober und warfen Steine nach der größten Pinie. Ich betrachtete den Pfad, der von den Gebäuden aus zum Brunnen führte. Nie war ich in einem Hof, der leerer gewesen wäre – er schien verlassen; auch einen solchen Hund, wie er oben bei den Frauen heulte, hatte ich noch nie erlebt: es klang nicht wie die Stimme eines Hundes, sondern viel wilder. Ich dachte an die Zeiten, als Sandianas Brüder durch die Wälder streiften. Der Wald am andern Hügelrand war schwarz und tief. Als Sandiana und die Alte zurückkamen und gemeinsam jammerten, sagte diese zu mir, sie wolle uns etwas schenken, eine Quitte; aber sie fand keine. Sandiana lachte vergnügt.

Der Hund wollte mit uns kommen; sie banden ihn an den Laufdraht. Nach Hause gingen wir einen anderen Pfad, und auf dem ganzen Weg sprach Sandiana kein Wort, außer, wir sollten es meinem Vater nicht sagen, daß wir dort hinaufgestiegen seien, es sei zu weit. Aber an jenem Abend fragte sie mich, ob ich wüßte, ob mein Vater in diesem Sommer dort gewesen wäre. Ich antwortete ihr, danach hätte sie die Alte fragen müssen; und da war sie still.

Eines Morgens fanden wir den Vater in der Küche. Es war nicht Sonntag, aber alles hatte ein ungewohntes Aussehen. Sandiana kam aus dem Hof, aufgeregt, mit wirrem Haar. Das Kind weinte, sie schickte die Magd, sie solle es beruhigen. Der Vater befahl und spaßte. Es war noch nicht der Tag, an dem ich abreisen sollte, und ich begriff den Grund der Aufregung nicht; doch dann erfuhr ich es durch ein Wort der Magd. Die Bicocca gehörte uns, mein Vater hatte sie gekauft.

Er und Sandiana fuhren mit dem Karren los. Die Magd war an dem Tag böse und sagte uns, als seien wir schon Männer, Padrona sei nun die andere, und die Bicocca gehöre ihr und ihrem Sohn. Wir warteten den ganzen Tag, daß sie zurückkämen. Ich hoffte, Sandiana werde mich wenigstens im Wald herumstreifen lassen, und um es mir zu verdienen, versorgte ich das Kind, das – die Magd sagte es – nun mein Bruder war. Ich dachte vor allem an Sandianas tote Brüder und freute mich bei dem Gedanken, daß auch sie meine Brüder gewesen wären. An diesem Abend sagte die Magd zu meinem Vater, die Bicocca müsse man feiern; und sie holte Wein.

Viele Jahre waren vergangen und sollten weiter vergehen. Im Winter fuhr ich in die Stadt und führte ein anderes Leben; im Jahr danach kehrte ich zurück und wurde wieder ein anderer; ich kam ins Dorf für die Ferien, und so meinte ich, ich sei nur im Sommer richtig Junge gewesen. Sandiana blieb sich immer gleich; das Kind war gestorben; so schien die Zeit in unserm Hause still zu stehen. Jedes Jahr wieder war der Sommer so, wie er war, als ich noch nicht fortging: ein einziger Sommer, der ewig dauerte.

Jedes Jahr betrachtete ich die Wolken, die Trauben und die Bäume, um in der Stadt mit Stolz davon zu erzählen; aber ich weiß nicht, wie es kam, dort unten dachte ich an ganz etwas anderes und sprach nicht davon. Sandiana mochte recht haben: sie fragte mich immer, ob mich Kameraden verspottet hätten, und ob ich wieder auf den Weinberg gehen würde. Aber ich war glücklich, daß ich wieder da hinauf konnte, und fragte sie, ob sie mitkäme. Schon am Tag meiner Rückkehr ging ich alle Straßen und Pfade; damals erwachte ich in den Morgenstunden, froh, wenn die Sonne schien, und noch froher, wenn es regnete, denn sobald man das frische Wasser spürt, bekommt man Lust, durchs Land zu streifen. Sandiana lachte, wenn ich naß und mit Schmutz bedeckt heimkehrte, und sagte, sie würde, einmal, mitkommen.

Sie kam nicht mit, aber eines Abends überraschte uns das Gewitter auf der Straße; wir Jungen hatten Angst vor dem Donner, Sandiana vor dem Blitz. Mir gefiel der Blitz, dieses plötzliche, violette Licht, das einen wie ein Wasser überflutete, Sandiana jedoch erzählte, er sei aus Schwefel, und mit der Erschütterung töte er. »Aber es ist doch nichts dabei«, sagte ich zu ihr. »Man sieht ein Licht, das von hier nach dort geht.« »Das verstehst du nicht«, antwortete sie mir. »Wo er etwas berührt, bringt er es um. Mamma mia ...« Da schnupperte ich in die feuchte Luft, und endlich spürte ich, wie der Blitz roch: ein neuer Geruch, wie von einer nie gesehenen Blume, die zwischen Wolken und Wasser zerquetscht wird. »Spürst du es?« fragte ich sie; Sandiana jedoch preßte unter dem Säulengang, in den wir uns geflüchtet hatten, die Hände auf die Ohren. Der Geruch hielt bis nach Hause an: er war frisch und stach einem in die Nase, wie wenn man das Gesicht ins Waschbecken steckte. Sandiana sagte, das sei der Wind, der über die Wälder fahre – aber ich hatte diesen Geruch noch nie verspürt: so roch wirklich der Blitz. »Wer weiß, wo er niedergefallen ist«, sagte sie zu mir.

Doch mitkommen, um ihn zu suchen – das wollte sie nicht. Er mußte in die Wälder gefallen sein, er roch zu sehr nach Wildnis. Jetzt verstehe ich, warum man sich von den Wäldern so viel Sonderbares erzählt: weil es dort so viele Bäume gibt, so viele nie gesehene Blumen und Geräusche von Tieren, die sich in den Brombeersträuchern verbergen. Vielleicht wird der Blitz ein Stein, eine Eidechse, eine Schicht kleiner Blüten – man muß ihn am Geruch spüren. Verbrannte Erde gab es dort gewiß, aber die verbrannte Erde duftet nicht so nach Wasser. Sandiana sagte mir, so, wie ich es mir vorstelle, sei es nicht.

Im Wald der Bicocca gab es im Tuff einen Spalt. Sandiana sagte, dort sei, noch ehe wir geboren waren, ein Erdbeben gewesen. Niemand, höchstens eine Natter, konnte hinüberkommen. Aber ich hatte einmal dort oben eine schöne lila Blume gesehen: wer weiß, ob die nicht genauso roch wie der Blitz. Ich begriff, daß der Donner Spalten aufreißen konnte, aber das Gewitter fiel vom Himmel und mußte irgend etwas Schönes mitbringen. »Ach wo«, sagte Sandiana, »alles, was geboren wird, ist aus Erde gemacht; Wasser und Wurzeln sind in der Erde; in dem Korn, das du ißt, und in dem Wein ist alles Gute der Erde.« Ich hatte noch nie daran gedacht, daß die Erde dazu diente, das Korn hervorzubringen und uns zu erhalten; zumal jetzt, wo ich studierte, lagen mir solche Gedanken fern. Wenn wir auch die Bicocca hatten, so waren wir doch keine Bauern. Aber als ich die Früchte aß, begriff ich es.

Die Früchte schmecken, je nach dem Boden, nach vielerlei. Man vermag sie zu unterscheiden, als wären sie Menschen. Es gibt magere, gesunde, böse, herbe. Manche Frucht ist wie ein Mädchen. Auf der Bicocca gibt es Feigen und Julitrauben, die noch nach Sandiana schmecken. Ich habe Früchte jeder Art gegessen, und besonders die wilden, die Schlehen und die herben Mispeln.

Besonders die Schlehen schmeckten mir gut. Noch jetzt lasse ich alles andere stehen, wenn ich Schlehen habe. Ich spüre sie von weitem: mitten in den Brombeersträuchern bilden sie die engen Täler entlang dornige, tiefgrüne Hecken. Ende August sind die Zweige dicht besetzt mit blauen Beeren, dunkler als der Himmel, alle beieinander und hart. Sie haben einen säuerlichen, sehr herben Geschmack, der wenigen Menschen angenehm ist, und doch fehlt ihnen nicht ein ganz klein wenig Süße. Im November sind sie alle abgefallen.

Daß die Schlehen nach wilden Säften schmecken, sieht man schon an den Plätzen, an denen sie wachsen. Ich fand sie immer am Rand der Weinberge, wo das bebaute Land zu Ende ist und nichts mehr zur Reife kommt: der Boden ist hier trocken und liegt bloß. Damals dachte ich nicht an diese Dinge; ich hätte nur gern gesehen, daß mein Vater, Sandiana und überhaupt alle Schlehen äßen. Was die anderen davon hielten, weiß ich nicht; Sandiana sagte, sie zerbissen ihr die Zunge. »Eben darum mag ich sie«, sagte ich. »Bei ihnen spürt man, daß sie auf dem Lande wachsen. Niemand rührt sie an, und doch kommen sie. Überließe man das Land sich selbst, so würde es immer noch Schlehen hervorbringen.«

Sandiana lachte und sagte: »Wenn du wüßtest...« Wenn ich was wüßte? Bis sie mir eines Tages sagte, jenseits ihrer Wälder, wenn man das nächste breite Tal überquere, bei der ›Madonna della Rovere‹, sei der Hang ein einziges Schlehengestrüpp. »Gehen wir hin?« Es war zu weit. »Aber sammelt sie niemand?« fragte ich.

Darüber dachte ich immer nach. Nicht einmal bei uns konnte ich alle diese Wege entdecken; aber außerdem gab es noch so viele Hügel auf der Welt, so viel unermeßlich weites Land, und überall Schlehen, an den Ufern, in den Gräben, an unzugänglichen Orten, wohin kein Mensch je gelangt, selbst wenn er wollte. Ich sah sie vor mir mit den gekräuselten Blättern, den kleinen, von Früchten schweren Zweigen, die sich nicht bewegen, in Erwartung einer Hand – aber keine kommt je dorthin. Noch heute erscheint mir eine solche Verschwendung von Geschmack und Säften, die doch niemand kosten wird, völlig sinnlos. Die Menschen sammeln das Korn, sammeln die Trauben, und nie gibt es genug davon. Aber der Reichtum der Erde offenbart sich in diesen wildwachsenden Früchten. Nicht einmal die Vögel, die doch auch wild leben, konnten sie genießen, weil die Dornen der kleinen Zweige sie an den Augen verwunden.

Damals dachte ich an diese Dinge, an die Tiere, den Geschmack, die Wolken, an all das, was Sandiana gekannt hatte, als sie in den Wäldern lebte, und ich begriff: dies alles ist nicht verloren, man braucht von manchen Dingen nur zu wissen, daß sie existieren – allein davon zu wissen, ist eine Freude. Auch Schlehen, sagte Sandiana, ißt man nicht mehr als zwei, drei auf einmal. Aber es ist schön zu wissen, daß es sie überall gibt.

Schon damals brauchte sie ein Dorf nur zu nennen, und schon glaubte ich es vor mir zu sehen. Ihre Dörfer bestanden aus Meierhöfen, Röhricht und Ernten, genau wie die meinen. Ich meinte, ich sei dort gewesen oder könnte doch morgen hingehen. Irgend jemand kam hinter den Wäldern zum Vorschein. Und doch – wenn ich mit meinem Vater auf den Karren stieg, fuhr ich los wie auf eine Entdeckungsfahrt. Da steckte jenes Wilde dahinter, das sie nicht kannte; ich aber brachte es überall hinein.

Eine Straße und ein Röhricht sind gewöhnliche Dinge, wenigstens bei uns; aber sie so in der Ferne betrachten, unter einem Höhenrücken, und wissen, daß es dahinter weitere Höhen, weiteres Röhricht gibt, daß, soviel man auch zwischen ihnen hindurchwandert, immer welche übrigbleiben, wohin wir nie gehen werden, wo ein anderer gewesen ist, wir aber nicht – daran dachte ich, wenn ich Sandiana zuhörte. Ich beneidete meinen Vater, der an so vielen Orten gewesen war und über diese Straßen, diese

Höhen bei Nacht gegangen war. Daß es eine Mühe war, erfuhr ich später. Zunächst begnügte ich mich damit, ihn am Abend zu betrachten, wenn er schweigend die drei Stufen heraufkam oder auf uns wartete. In dem Augenblick erschien er mir gar nicht mehr wie mein Vater. Man sah seinem Gesicht an, daß er von weither kam und müde war – auch er hatte in den Augen jenes Wilde. Er war so müde, daß er, wenn Sandiana ihn rief, kam, ohne ihr zu antworten. Von den Dörfern sprachen sie nie.

Manchmal nahm er uns im Karren ein Stück mit, aber nur ein kleines Stück, weil das Pferd schon mit ihm zu viel Mühe hatte. Unsere Wege machten wir immer zu Fuß. Nur am Anfang und am Ende des Sommers fuhr ich mit ihm die große Straße nach der Stadt, und er kutschierte; dann dachte ich daran, daß dort unten Sandiana gewesen war, und die Fahrt erschien mir sehr lang, weil ich damals die Stadt noch nie gesehen hatte. Ich fragte ihn, ob es stimme, daß er als junger Mann heimlich dorthin ausgerissen war, und er sagte barsch, im Spaß, dorthin seien nur die Alten gegangen, sich das Fest anzusehen, und nachts zurückgewandert, während sie, die Jungen, auf jeden Knall horchten und sich den Widerschein vom Feuerwerk aus der Ferne ansahen. »Jetzt haben sie dort zu viele Palazzi«, sagte er, »und schämen sich unser, weil wir vom Land kommen. Sie vergnügen sich nur noch im Saal. Es ist nicht mehr der Mühe wert, hinzugehen.« In der Kühle des frühen Morgens gab ich acht, daß ich merkte, wo die Landstraße aufhörte und die Palazzi begannen; es war dort immer so etwas wie ein golden-nebliger Rauch, es war wie eine andere Luft; man kam ganz allmählich da hinein, und war man einmal dort angelangt, so erschien es einem unmöglich, daß es noch Dörfer und Hügel gäbe. In der Ferne, wer weiß wo, war das Meer. Ich sagte es meinem Vater, und er lachte rauh, wie es seine Art war.

Jetzt, wo die Zeit vergangen ist, und ich an jene Sommer zurückdenke, weiß ich, was ich von der ›Madonna della Rovere‹ wollte. Eine Schlehenhecke schloß den Horizont ab, und der Horizont besteht aus Wolken, fernen Dingen, Straßen – es genügt zu wissen, daß es sie gibt. Die ›Madonna della Rovere‹ hat es immer gegeben; und überall, an den Hügelhängen, ganz oben in den Dörfern sind Kirchen und Baumgruppen, die in der Entfernung klein erscheinen. Drinnen ist das Licht leicht farbig, der Himmel schweigt; und Frauen wie Sandiana knien dort und bekreuzigen sich, irgendeine ist immer da. Wenn ein Fenster in der Wölbung offen steht, spürt man einen wärmeren Hauch des Himmels, etwas Lebendiges, wie es die Bäume sind, die Wolken, jeder Geschmack.

Diese Kirchen auf der Höhe sind alle so. Immer gibt es eine noch weiter entfernte, nie gesehene. In jeder dieser Säulenvorhallen ist der ganze Himmel, man spürt dort die Schlehen und das Röhricht, es gibt gar nicht genug Wege, das alles zu erreichen. Man kann genausogut einige Schritte entfernt stehenbleiben, man weiß ja, daß die ganze Erde ein großer Wald ist, den wir uns nie, wie eine Frucht, wirklich zu eigen machen können. Im Gegenteil – die Dinge, die uns einige Schritte entfernt zuwachsen, schmecken für uns nach jenen wilden, und wenn Feld und Weinberg uns ernähren, so darum, weil an den Wurzeln eine verborgene Kraft wirkt. Mein Vater würde sagen, alles in der Welt komme von unten. Ich weiß und wußte darüber nichts, aber die ›Madonna della Rovere‹ war so etwas wie das Heiligtum der verborgenen, fernen Dinge, die es geben muß.

Als vor Jahren mein Vater starb, fand ich in meinem Schmerz ein Gefühl von Ruhe, das ich mir nicht erwartet, von dessen Dasein ich jedoch immer gewußt hatte. Ich ging in die Kirche und auf den Friedhof; ich sah die Frauen mit dem Schleier auf dem Kopf wieder und die kleinen Tafeln der Via crucis, ich spürte den Geruch von Weihrauch und aufgegrabener Erde. Sandiana, betrübter als ich, betete am Grab; dann kehrten wir zusammen nach Hause zurück, und sie bereitete das Essen. Seit langem war ich nicht heimgekommen; der Hof erschien mir kleiner. Wir sprachen von meinem Vater und von der Bicocca, von der Traubenernte und vom Tod; dann, als die Nacht vorgerückt war, blieb ich allein am Fenster.

Damals dachte ich wieder an vieles, was ich vergessen hatte. Ich dachte daran, daß mein Vater jetzt existierte wie etwas Wildes: er brauchte nicht mehr Tag und Nacht umherzureisen, damit ich es von ihm erfuhr. Die Kirche, das muß schon so sein, hatte ihn sozusagen verschlungen; aber auch die Kirche reicht nicht über den Horizont hinaus, und mein Vater war unter der Erde nicht anders geworden. Erst ein lebendiger Körper, war er nun Wurzel, eine von den tausend Wurzeln, die, wenn der Baum gefällt ist, in der Erde weiterdauern. Diese Wurzeln gibt es, das Land ist voll davon. Die hohen bunten Kirchenfenster ändern sich überhaupt nicht, im Gegenteil, sie legen den Gedanken nahe, daß auch draußen unter dem Himmel nichts anders wird, daß es, so fern oder begraben es sein mag, in jenem Licht ruhig weiterlebt. Jetzt spürte ich in allen Dingen meinen Vater; seine Abwesenheit, die mich quälte, die ich immer gleich schwer empfand, würzte jeden Anblick und jede Stimme des Landes. Es gelang mir nicht, ihn in den Sarg in dem engen Grabe einzuschließen; wie es in allen Dörfern auf diesen Hügeln Kirchen und Kapellen gibt, so begleitete er mich überallhin, er ging mir auf den Höhenzügen voraus, er wollte mich als den Knaben, der ich einmal war. An den Orten, die am meisten zu ihm gehörten, blieb ich seinetwegen stehen; nun fühlte ich ihn als Knaben. Ich betrachtete gegen Sonnenaufgang die Straße und die dort unten verborgene Stadt, in die er – vor wie langer Zeit? – eines Morgens mit seinem bedächtigen Bauernschritt hineingegangen war.

Wir sprachen von ihm. Sandiana hatte ihn, als sie noch ein Kind war, tanzen sehen und wußte von dem Ruf, in dem er damals stand. Sie erzählte, statt auf dem Land zu helfen, sei er schon damals immer unterwegs gewesen und habe Pferde gekauft. Er kaufte und verkaufte, aber mehr als der Handel gefiel ihm das Umherstreifen. O ja, er hatte die Dörfer gesehen. Unsere Mutter hatte er in der Stadt gefunden und geheiratet, ohne einem Menschen etwas davon zu sagen; später war er ins Dorf zurückgekehrt, hatte mit allen seinen Frieden gemacht und ein großes Hochzeitsmahl gegeben. Meine erste Schwester war zwei Tage nach diesem Mahl geboren.

Damals war mein Vater lustig und schlagfertig. Sandiana erzählte, mit vierzig Jahren habe er sich mit ihren Brüdern zusammengetan und sei mit ihnen herumgezogen und habe Unsinn getrieben wie ein junger Mann. Sie sahen einander immer auf der Bicocca, aber sie hätte nie gedacht, daß sie ihn heiraten würde. Meine Mutter kam hinauf, ihn dort zu suchen, wenn sie die Nacht über draußen blieben. Meine Mutter war jung, immer erschreckt, sie sah neben ihm wie seine Tochter aus. Wer hätte gedacht, daß sie zuerst sterben müßte! Sandiana vergaß meinen Vater und sprach von Frauen, von ihnen beiden.

Ich schwieg und sah im Geist die Stadt im Nebel. Nicht dies war es, was ich von ihm suchte. Auch die Frauen hatten meinen Vater zu dem gemacht, der er war; aber es gab etwas, das viel älter war als dies, geheimnisvoller, für immer begraben. Ich meine: den Knaben, der er einmal war. Wie ich, war auch mein Vater in die Stadt gegangen, doch nicht, um die Schulbank zu drücken, sondern um sein Glück zu machen. Er war ›wild‹ dorthin gegangen und in nichts anders geworden. Ich fragte mich, was ihn dort hinuntergetrieben hatte, welche Gewalt, welcher Instinkt, ihn, der doch auf einem Feld geboren war. Die verschlafene Stadt war ihm schließlich zu prächtig erschienen, er war nie dortgeblieben, aber seine Frauen hatte er dort unten gefunden, auch die letzte, auch die, die von der Bicocca kam. Vielleicht wußte er das alles von Anfang an. Vielleicht suchte er auch in der Stadt das Unbekannte, das Wilde.

Hier wandte ich mich an Sandiana und fragte sie, ob mein Vater nie daran gedacht habe, in der Stadt zu bleiben. Sie schien mich nicht zu verstehen und sagte, dann hätte er ja die Bicocca nicht gekauft. Aber nein, sie verstand mich recht gut: die Antwort war ebendiese. Mein Vater kam gern in die Stadt vom Land aus, er tat ja seine Arbeit auf einer Tenne, ging von einer Tenne zur andern und verdiente sein Geld auf diese Art in der Stadt. Palazzi und Markt bedeuteten für ihn noch Goldstücke, Fuhren mit Säkken und Fässern, Land. In der Stadt kannte er in Wirklichkeit nur die, die von den Feldern kamen wie er. Mit den anderen spaßte er. So war er als Junge gewesen, und so war er gestorben.

Jetzt mußte ich, um mit ihm allein zu sein, nicht erst auf jene Höhen hinaufsteigen. Ich brauchte nur an ein Röhricht zu kommen, an einen krummen Feigenbaum, der sich vom Himmel abhebt, an ein umgegrabenes Stück Land, und schon war ich bewegt und zufrieden. Das, was fern war, jenseits der Höhenzüge, die Stadt, die dunstige Ebene, war begraben, war nicht mehr als eine Kirche, die am Horizont hinter Bäumen steht.

Die Geranien hingegen, die Sandiana am Fenster hielt, gehörten irgendwie zur Stadt. Sie hatten eine ganz lebhafte Farbe, wie sie nur der rote Feldmohn hat, aber ihre Form war komplizierter, und an den Blättern merkte man, daß sie nicht auf dem Boden wuchsen. Es näherte sich die Zeit, wo ich viele solche Geranien in der Ebene sehen würde, auf den Terrassen der Landhäuser. Wenn ich Sandiana zusah, wie sie sie am Fenster begoß, erschien auch sie mir wie etwas nie Erblicktes, scharlachrot wie diese Blüten.

Sandiana war gleichsam eine Fremde; was sie tat, schien immer neu, um so mehr jetzt, wo ich nur noch im Sommer da war. Wenn wir auf die Bicocca gingen, folgte ich ihr überallhin, in die rötlichen Zimmer, auf die Trockenböden, vor die Fenster. An den Wänden standen mächtige, immer geschlossene Truhen mit Rückenlehne, und die Backsteinböden waren mit Korn, Kartoffeln, Mohrenhirse bedeckt. Wollte man darübergehen, so mußte man die Schuhe ausziehen. Sandiana lief herum, faßte alles an und betrachtete es. »Wer weiß, wie kalt es im Winter in diesen Zimmern sein mag«, sagte ich einmal. »Ist es nicht überall kalt?« erwiderte sie barsch. Es machte den Eindruck, als gehöre das Haus ihr noch nicht genug, als kehre sie dorthin zurück, um es immer besser kennenzulernen. Man merkte, sie war glücklich.

»Siehst du«, sagte sie, »dein Vater hat all das für euch gekauft.«

Sobald sie ankam, zog sie Wasser aus dem Brunnen hoch und trug es in die Küche. Waren die Bauern draußen beim Heumachen oder irgendeiner anderen Arbeit, so band sie ein Kopftuch um und ging auch hin. Ich stieg die steilen Pfade hinauf, um mir hinten auf den Weinbergen Schlehen zu suchen, und von da aus sah ich, wie sie sich auf dem Feld bewegte. Schon damals legte ich mich in dieser Einsamkeit auf das unbebaute Land, wenige Schritte vom Wald. Dann packte mich Furcht, und ich kehrte Hals über Kopf auf dem Pfad zurück. Wenn ich so angerannt kam, lachten alle.

»Wenn du davonläufst«, sagten sie, »holt die Furcht dich ein.«

Die Furcht – das war etwas, was für alle existierte. Sandiana sagte zu mir, ich müsse ihr standhalten. »Wenn du still auf deiner Stelle bleibst, erschrickt die Furcht. Aber wenn du davonläufst, kommt sie hinter dir her wie der Wind in der Nacht.« Ich antwortete ihr, Furcht hätte ich auch im Hellen. »Wenn es hell ist, mußt du ihr in die Augen sehen. Dann läuft sie davon und versteckt sich.« Aber die Vorstellung, die Furcht selbst anzublicken, erschreckte mich noch mehr. »Hast du sie gesehen?« fragte ich. »Wie ist sie?«

»Du hast sie ja selbst gesehen.«

»Eben nicht.«

Sandiana lachte. »Gib bei der nächsten Gelegenheit acht. Dann wirst du sehen, wie sie ist.«

Diese Gespräche erregten mich heftig. »Es ist nicht nur die Furcht«, sagte ich. »Wenn ich allein auf dem Weinberg oder im Laubengang bin, warte ich auf etwas. Ich meine immer, etwas müsse geschehen. Manchmal gehe ich absichtlich hin. Wenn ich nicht davonliefe, würde ich sehen, was es ist.«

»Dann bleib doch stehen«, sagte Sandiana.

»Das ist, wie wenn du beim Bügeln das Eisen ans Fenster stellst. Über der Holzkohlenglut sieht man den Himmel zittern. Hast du das schon gesehen?«

»Ja.«

»Siehst du denn auf dem Land niemals etwas?«

»Natürlich tue ich das.«

»Nein, du lachst. Mir ist, als steige von der Erde eine ständige Hitze auf, die die Pflanzen grün erhält und zum Wachsen bringt, und an manchen Tagen macht es mir Eindruck, darüber hin zu gehen, weil ich mir sage: womöglich setze ich den Fuß auf das Lebendige, und unter der Erde merkt man das. Wenn die Sonne stärker ist, hört man das Geräusch der Erde, die etwas wachsen läßt.«

Niemandem sonst vertraute ich diese Dinge an. Aber Sandiana sagte, ich hätte recht; sie erzählte, sie habe einmal eine Blume gehabt, die sich jeden Morgen in der Sonne öffnete und sich bewegte.

»Gibt es solche in den Wäldern?«

»Wer weiß«, sagte Sandiana. »In den Wäldern gibt es alles.«

In die Wälder gingen wir manchmal Pilze suchen, aber es mußte geregnet haben; und Sandiana fand allein mehr als wir alle zusammen. Sie kannte den Boden, sie steckte die Hand unter die verfaulten Blätter: sie täuschte sich nie. Manchmal kam ich an einer Stelle vorüber, sah hin, und kein Pilz war da. Nun kam sie, und es schien, als seien sie unter ihren Füßen hochgeschossen. Sie sagte mir lachend, die Pilze wüchsen ganz plötzlich, vom Abend zum Morgen, von einer Stunde zur anderen, und sie kennten die Hand. Sie seien wie die Maulwürfe, sie bewegten sich; Wasser und Wärme ließen sie wachsen. Schade, daß der Weg weit war: ich konnte nur mit ihr hingehen. Wir brachen von zu Hause am Morgen auf und kamen verschwitzt auf die Höhe. Wir durchwanderten ein Tal und einen Hang, wir verloren die Pfade. Wenn ich in jenen Nächten im Bett lag, erschien mir der ganze Hügel wie eine regenwarme Brutstätte für hochschießende Pilze – eine Stätte, die nur Sandiana Zoll für Zoll kannte.

»Mein Großvater sagte«, erzählte sie mir eines Tages, »jede Mühe, die man an das Land wende, kehre nachts in das Blut als Kraft zurück. Im Boden sei etwas, das man beim Schwitzen einatme. Und er sagte, auf dem Erdreich zu gehen, ermüde weniger, als wenn man auf der Straße gehe. Er war schon alt; doch von Straßen hat er nie etwas wissen wollen.«

»Warum ermüdet man auf der Straße?«

Ich fragte, aber ich hatte verstanden. Sandiana sah mich an, als mache ich mir nur einen Spaß.

»Warum! Auf der Straße gräbst du nicht um.«

»Aber Boden ist auch das.«

»Dann frage ihn doch selbst!«

Auf der Bicocca war in dem steilen Tuff-Felsen unmittelbar hinter dem Haus eine tiefe Höhle, die als Keller diente, und dort hob man Geräte, kleine Karren, allerlei Zeug auf. Ich bildete mir ein, ihr Großvater habe sie ausgehöhlt. Mit der Zeit war die Felsmauer grau geworden, aber hinten, wo es dunkler war, schwitzte sie noch Feuchtigkeit aus, und dort war ein kleiner Brunnen. Hier wuchs Venushaar. Mädchen im Dorf sagten, Venushaar sei eine schöne Pflanze, und Sandiana riß einmal welches ab, um eine Vase damit zu füllen. Ich hielt ihr, während sie es ausrupfte, die Kerze.

»Hier sind wir unter dem Hügel«, sagte sie.

»Es ist kühler als oben.«

Solange wir unter der Erde blieben, dachte ich an ihren Großvater und sagte, das Wasser sei der Schweiß der Wurzeln. Ich sagte es nur leise, mehr zu mir selbst, denn ich fürchtete, Sandiana werde mich auslachen. Aber eine Frage konnte ich nicht unterdrükken: ob nicht auch die Geranien unter der Erde wüchsen. »Du bist verrückt«, rief sie. Dann fragte sie mich nach dem Grund.

»Es sähe ihnen ähnlich.«

»Wieso?«

»Sie wachsen ja nicht auf dem Land.«

Sandiana sagte: »Wir sind doch auf dem Land!«

Da begriff ich, daß es zwecklos war, ihr das zu erklären. Aber es stimmte doch: das Land ist nicht nur die Erde, sondern all das, was darin ist. Ich bekam Lust, dort unten zu bleiben; mochte es draußen regnen, mochten die Bäume wachsen, mochten Abend und Morgen darüber hingehen. ›Schon oben ist es in der Nacht dunkel‹, dachte ich, ›aber in der Erde drinnen ist immer Nacht.‹

Ich kehrte noch manchmal allein dorthin zurück; wie überall, wo es still ist, horchte ich voll Staunen. Von der Schwelle aus spähte ich ins Dunkel. Ich meinte, das Wasser rauschen zu hören, das der Tuff ausschwitzt; es dringt durch die Wölbung und läuft den ganzen Hügel hinab. Ich dachte an den Großvater, der nur auf Pfaden ging. Er hatte bestimmt gewußt, was das Land ist. Aber jetzt war er tot und begraben; und mit einem Schritt war ich im Hof unter dem Himmel.

Wenn ich Sandiana etwas sagte, so geschah das um die Zeit, wo alle schlafen, zwischen Mittagessen und Vesper, wenn die Sonne brennt: eine Stunde, in der ich noch jetzt das Haus verlasse, um umherzustreifen. Ich gehe zwischen den Häusern durch, die die Sonne hell zurückstrahlen, und denke an das, was ich damals dachte. Ich glaube, ich langweilte mich und ersehnte den Augenblick, wo der Tag weiterginge; aber in der Langeweile berührte ich den Urgrund des Tages und des Sommers. Nichts geschah, nicht einmal eine Stimme in den Höfen, an den Hängen, und diese Leere entzückte mich: wie wenn die Zeit in der Luft hängen bliebe. Ich kam bis zu dem Punkt, wo alles möglich und wesenhaft erscheint; nur begriff ich nicht, warum in so viel Glut alles schwieg. Dann betrachtete ich die Ameisen am Boden oder die Bäume in der Ferne, winzig auch sie an dem großen Hang; und die unruhigen Ameisen und die Bäume erschienen ebenso in der Zeit verloren. Der Hügel besteht ganz aus von einander entfernten Dingen, und manchmal stieg ich beim Heimkommen, um ihn zu beobachten, zum Fenster mit den Geranien hinauf. Gemeinsam hatten die Geranien und die mit Kalkspat gedüngten Höhen in der Sonne zweierlei: die Entfernung, den verborgenen Reichtum. Ich sah von den Blumen zu den Höhen, doch ohne zu wissen, warum ich es tat; ich hätte auch Sandiana nichts gesagt, sie hätte mich nur verspottet. Eher diente auch sie mir als Fenster, und oft betrachtete ich sie, wie ich die Geranien betrachtete, die in der Stadt blühten. Auch sie war zu ihrer Zeit dort gewesen.

Die Stadt hatte ineinandergeschachtelte Gassen, in denen sich Tore auf überraschende Gärten öffneten. Ich sah sie flüchtig, wenn ich zur Schule ging, und stellte mir vor, sie seien ein neues, geheimnisvolleres, schöneres Stück Land. Ich wußte ganz gewiß, daß mein Vater sie nie beachtet hatte, und wagte ihn nicht danach zu fragen. Aber Sandiana war in den Gassen dort gewesen, sie mußte die Gärten gekannt haben; und ich suchte ihren wilden Weinstock ausfindig zu machen, der im Winter röter als Feuer war. Weder mein Vater noch sie hatten mir je etwas von ihm gesagt; von wem ich es gehört hatte, weiß ich nicht. Aber in die Höfe setzte ich den Fuß nicht, ich begnügte mich damit, vorüberzugehen. Wenn ein Weinstock darin war, fragte ich mich, warum Sandiana nicht dort geblieben sei, und stellte mir vor, ich käme jetzt hierher, stiege die großen, feierlichen Treppen hinauf und lebte mit ihr in dem Palazzo. Manchmal im Winter kamen die beiden mich sonntags besuchen, und ich erhielt die Erlaubnis, mit ihnen, mit ihr auszugehen; aber von den Zeiten, wo sie in der Stadt gewesen war, konnte ich nie zu ihr sprechen. Sie nahmen mich mit bis zum Markt; dort bestellte mein Vater das Vesperbrot; dann blieb er beim Wirt und unterhielt sich mit ihm, und wir gingen hinaus und sahen die Leute umherspazieren. Wir gingen von den Säulengängen bis zum Kastell; da waren schön gekleidete Frauen, Herren, Soldaten, und Kinder wie ich, aber reicher, und alle gingen langsam, blieben eine Weile stehen, kehrten um, winkten und riefen einander zu. Mich entzückten in der Kälte die Türen der Cafés; drinnen war alles voller Rauch und Gold, aber Sandiana zog mich an der Hand weiter; wenn ich mich losmachte, wurde sie unruhig und blieb bei mir stehen, selber halb neugierig, halb ungeduldig, bis ich mir alles angesehen hatte. Mir war es lieber, wenn sie etwas zu tun hatte und wir quer durch die Menge gingen und in die menschenleeren Gassen meiner Gärten eilten. Es war kalt, aber ich konnte ihr doch immer sagen, welche Blumen in der schönen Jahreszeit hier blühten, und ich fragte sie, wer dort in den Palazzi wohnte, und ob sie nie da hinaufgestiegen sei. Sie fragte mich, wo meine Kameraden wohnten, und beneidete die reicheren von ihnen, sagte aber, die wirklich reichen wohnten nicht in den Palazzi, es sei dort zu heiß und die Luft nicht frisch genug, sondern sie zögen aufs Land, wo sie ihre Landhäuser hätten, in den Bergen und am Meer. So sprachen wir vom Meer; ich kannte verschiedene, die im Sommer hingingen, sie hörte mir zu und fragte mich, ob ich später, als Mann, meine Kinder einmal dorthin führen würde. Aber ich dachte nicht an Kinder, ich dachte an mich selbst, sah mich an fernen Küsten, auf langen Reisen; wir kamen an Portalen vorüber, und so vermischten sich in meinem Herzen die reichsten, verborgenen Blumen mit dem Meer. Damals dachte ich an das Fenster mit den Geranien wie an einen Hintergrund von Orten an der See. Am Abend kehrte ich mit Obst beladen zu den Kameraden zurück und gab denen, die mir nahestanden, davon ab; wir aßen und erzählten uns die verrücktesten Geschichten.

So wurde der Reichtum, der das ganze Denken meines Vaters ausfüllte, für mich zu einem Phantasiegebilde und verlor für mich den Beigeschmack von Verbissenheit, mit der die andern, wie ich spürte, ihn erstrebten. Ich verstand diese Verbissenheit nicht. Ich verstand, wenn ich aufrichtig sein soll, auch nicht, was Reichtum war. Er erschien mir als etwas Fremdartiges, das jenseits des Horizontes staunende Bewunderung versprach, etwas wie ein von den Bäumen noch verborgener Septembermond. Ich verstand nicht die Beziehungen von Korn und Trauben zu den Palazzi und dem Leben in der Stadt. Sandiana, die, wenn sie durch die Bicocca ging, mit hartem Blick die Ernten abschätzte, machte mich bedrückt: ich suchte die Schlehen. Einmal ließ sie, ohne es mir zu sagen, ein unbebautes Stück Ufer roden, um dort Korn anzubauen; ich kam hin, als alles fertig und die Sträucher umgelegt waren: ich beschimpfte sie, drohte, schlug um mich – sie lachte. Sie begriff nicht, wie jemand weinen konnte, darum weinte ich nicht. Aber ich trieb es so arg, daß sie böse wurde und es meinem Vater sagte; der schlug mich. Dann machten sie sich den ganzen Abend über mich lustig, weil ich es nicht verstand. Ich weinte heimlich, und aus Rache versagte ich es mir eine Zeitlang, den Hügel durch die Geranien zu betrachten.

Aber ich betrachtete ihn vom Röhricht an der Straße aus, wo man nur still zu stehen braucht, und schon ist man allein; und auch hier erschien die Ferne, wenn sie durch das Röhricht hindurchschimmerte, klar und noch blauer, halb wie in Blüte stehend, halb wie zum Meer gehörig. Stieg man höher hinauf – aber dorthin ging ich selten und nicht allein –, so erkannte man nur gerade die Ebene; und winzige, sich im Unbestimmten verlierende Flecke – Häuser oder Dörfer – sahen aus wie Segel, über das Meer verstreute Inseln, Wellenschaum. Das waren die Dinge, die ich im Winter mit mir in die Stadt nahm; aber ich sprach sie nicht aus, ich verschloß sie stolz im Herzen. Ich hörte zu, wie die Kameraden redeten und sich großtaten, prahlten, ich aber war still, nicht weil ich nicht gern davon hörte, sondern eher, weil ich begriff, daß man die wirklich wahren Dinge einfach nicht erzählen kann. Es ist nicht nur notwendig, daß der, der zuhört, davon weiß – man muß früher davon wissen, als man sie kennenlernt; kurz, es ist unmöglich, sie von einem anderen zu erfahren. Ich selbst fragte mich, seit wann ich von ihnen wußte; aber es war, als habe man mich gefragt, wann ich meinen Vater kennengelernt hätte. Sandiana war eines Tages gekommen, um mit uns zu leben, und nicht einmal das genügte, daß ich mich an sie erinnerte. Damals wußte ich nur, daß alles erst am nächsten Tage beginnt.

Der Weinberg

Ein Weinberg, der an einem Hügel aufsteigt, bis er in den Himmel einschneidet, ist ein vertrauter Anblick; und doch erscheinen die einfachen, tiefen Rebstockreihen wie Portièren an einer magischen Pforte. Unter den Rebstöcken ist rote, umgeackerte Erde, die Blätter verbergen Schätze, und über die Blätter hinaus ragt der Himmel – Schatz und Rebgarten auch dieser immer weiche, reife Himmel mit seinen klar umrissenen Septemberwolken. All das ist vertraut und für mich längst vergangen – ist Kindheit, um es kurz zu sagen, aber es erschüttert mich jedesmal, als wäre es eine Welt.

Die Vision ist begleitet von der Vermutung, daß dies nur die Kulissen einer für Fabelwesen bestimmten Bühne sind; sie scheint auf ein Ereignis zu warten, von dem weder Erinnerung noch Phantasie wissen. Etwas Unerhörtes ist auf diesem Theater geschehen oder wird geschehen. Man braucht nur an die Stunden der Nacht oder der Abenddämmerung zu denken, wenn sich der Weinberg dem Blick verbirgt und man doch weiß, daß er sich unter dem Himmel ausbreitet, immer gleich und in sich geschlossen. Man könnte sagen: niemand ist dort je gegangen; und doch sind Menschen darin, die Schößling um Schößling bearbeiten, und bei der Weinlese ist der ganze Weinberg erfüllt von lustigen Stimmen und Schritten. Aber dann gehen die Menschen wieder fort, und er ist so etwas wie ein Raum, den schon lange niemand betreten hat, und das Fenster nach dem Himmel steht offen. Dort herrschen der Tag und die Nacht. Manchmal ist es kühl und der Himmel bedeckt – da ist der Regen –, nichts in dem Raum ändert sich, und die Zeit vergeht nicht. Auch bei den Reben vergeht die Zeit nicht; ihre Jahreszeit ist der September, der kehrt immer wieder, er scheint ewig zu währen. Nur ein Knabe kennt den Weinberg wirklich; Jahre sind vergangen, aber vor ihm findet der erwachsene Mann, wenn er ihn betrachtet, den Knaben wieder. Die dumpfe Ahnung dessen, was geschehen muß oder mußte, sorgt dafür, daß der Weinberg der gleiche bleibt, und weckt die Kindheitserinnerung wieder auf.

Aber nichts ist wirklich geschehen, und der Knabe wußte nicht auf das zu achten, was jetzt auch der Erinnerung entflieht. Und das, was nicht am Anfang geschieht, kann nie mehr geschehen.

Oder war es vielleicht gerade diese Unbeweglichkeit, die den Weinberg verzaubert hat? Ein Pfad durchläuft ihn bis oben hin, teilt die Rebstockreihen und schneidet in den nahen Himmel eine Pforte. Der Knabe stieg diese Pfade hinauf, stieg sie hinauf und dachte nicht, daß der Augenblick dauern würde – etwas Ursprunghaftes, das ein heftiges Bestreben, es zu packen und von Grund auf zu kennen, über die Zeit hinaus bis in die Zukunft lebendig halten würde. Vielleicht bestand dieser Augenblick aus nichts, aber gerade auf ihm beruhte seine Zukunft. Ein einfaches, tiefes Nichts – nicht in der Erinnerung haftend, weil es das nicht lohnte, in die Tage ausgebreitet und dann verloren – taucht wieder auf angesichts des Pfades, des Weinbergs, und enthüllt sich als an die Kindheit gebunden, jenseits von Dingen und Zeit, wie es damals war, als es die Zeit für den Knaben noch nicht gab. Und damals geschah wirklich etwas. Es geschah vor einem Augenblick, es ist der Augenblick selbst: der Mann und der Knabe begegnen einander und wissen und sagen sich, daß die Zeit verflogen ist.

Diese Dinge weiß der Mann, wenn er den Weinberg betrachtet. Und alles, was er inzwischen aufgehäuft hat, der langsam angewachsene Reichtum von Erinnerungen aller Art, ist nichts vor der Gewißheit dieser Verzückung, die er nicht mehr im Gedächtnis hatte. Es gibt Himmel und Bäume, Jahreszeiten und ihre Wiederkehr, ein Wiederfinden und süße Empfindungen – aber das ist nur Vergangenheit, das Leben bildet es neu wie Wolkenspiele. Der Weinberg besteht auch aus solchen Dingen, ein Honig der Seele, und etwas in seinem Horizont öffnet glaubwürdige Fernsichten voll Heimweh und Hoffnung. Ungewöhnliche Ereignisse können dort geschehen, die allein die Phantasie aufweckt, aber nicht das Ereignis, das ihnen allen zugrunde liegt und alle wieder aufhebt: das Entschwinden der Zeit. Das geschieht nicht, es ist, ja es ist der Weinberg selbst.

Angesichts des Pfades, der zum Horizont aufsteigt, wird der Mann nicht erst zum Knaben – er ist Knabe. Für einen Augenblick, wo er dahin gelangt, jede Erinnerung zum Schweigen zu bringen, findet sich in den Augen der unbewegliche, im Instinkt lebende, unveränderliche Weinberg: daß er ihn im Herzen hatte, hat er immer gewußt. Und es geschieht nichts, weil nichts geschehen kann, was umfassender wäre als diese Gegenwart. Er braucht nicht einmal vor dem Weinberg stehenzubleiben und seine vertrauten, wunderbaren Züge wiederzuerkennen. Es genügt der Augenblick der Begegnung – und schon haben der Knabe und der erwachsene Mann ihr Zwiegespräch begonnen, das sich, so reich die Tage waren, von Anbeginn nicht ändert.

Das Gespräch am Fluß

Nach der letzten Begegnung am Flußufer streifte ich in den Wiesen umher, wie ich es als Knabe tat. Der Tag wollte kein Ende nehmen. Ich wußte, ich würde mich eines Tages an diese Stunden erinnern, wie ich mich an die Nachmittage vor vielen Jahren erinnere, als ich mir selbst überlassen war. Ich war in einen Zustand geraten, daß ich mich wie ein Kind fühlte, zu zerschlagen, um etwas anderes zu empfinden als meinen Körper, und meine Ängste liefen wie Führer vor mir her. Ich folgte ihnen betäubt.

Fabriken und ferne Kuppeln waren nicht höher als die Hecken. Das Land war völlig leer. Zweifellos war ich bereits in den Bewußtseinszustand eingetreten, in dem alles geschehen kann, weil nichts mehr wichtig ist. Die heftige Zerstreutheit, die mich aufgejagt hatte, erklärte sich als das, was sie wirklich war, eine Getrenntheit von mir selbst, und ich empfand mich als so von mir gelöst, daß, wenn ich mich umsah, mir alles so vorkam, als hätte ich es mir nie so vorgestellt. Ich sprang mühelos, ohne es zu wollen, über einen Wasserlauf, ich ging am Horizont wie auf einem Pfad. Ferne Erinnerungen stiegen vor meinen Augen auf, als wäre ich glücklich.

Aber dabei bemerkte ich alles; ich stellte mir immer wieder die im Fluß umgekehrt erscheinenden Bäume vor und konnte schwanken zwischen der oberen und der unteren Welt, weil ich nicht wußte, welche grüner war. ›Sie spiegeln sich im Himmel des Wassers‹, sagte ich mir und beobachtete die weißen Wolken, als wären auch sie eine Spiegelung.

Nun geschah es, daß mich jemand rief. Ich weiß nicht, warum ich störrisch wurde. Ich hätte mich gern in meinen Schmerz verloren; ich wußte jedoch, ich war wie gespalten, und irgend etwas erhob sich in mir, was mich gänzlich einnahm. Hätte man mir, als ich noch ein Knabe war, gesagt, was mich an diesem Nachmittag erwartete, so hätte ich geantwortet, ein Knabe habe mit den Großen nichts zu schaffen, und wäre weggelaufen. Jetzt rief mich der Knabe – aber ich wollte ihn nicht wiedererkennen. Ich dachte nur immer daran. Solange er allein auf der Wiese war, widerstand ich. Aber dann erschien auch die Barfüßige mit der dunklen und kräftigen Haut, in dem geblümten Kleid. Ich schnupperte wieder den Duft des Sommers, als wäre er unmittelbar da. Während alles mich in den Strudel riß, blieb ich, da ich nichts anderes tun konnte, regungslos stehen und betrachtete zögernd die Hecken und den Pfad. Ich antwortete dem Knabe leise, ängstlich wie jemand, der sich verloren hat, und überließ mich der Erinnerung.

Die Frau war barfuß wie damals. Als sie damals in den Zug gestiegen war, hatte ihr geblümtes Kleid geflattert; der Mann, ein Bauer mit dem gleichen dunklen Gesicht wie sie, war lachend hinter ihr hergelaufen, hatte sie um die Taille gefaßt und hineingeschoben. Sie trugen einen kleinen, ganz feuchten Korb und hatten uns von der Seite angesehen. Der Zug fuhr in die Stadt zurück; viele lachten, weil sie sich die schmutzigen Fußsohlen der Frau auf dem Gehsteig vorstellten. Sie lachten den beiden ins Gesicht, von ihrer ländlichen Art in gute Laune versetzt. Die Barfüßige sah den Knaben nicht an, sie saß hingegen da und preßte sich an den Mann; und sie hatte noch Strohhalme in den Haaren. Woher die beiden kamen, wußte niemand. Sie kamen von den Hügeln, sie hatten sie noch in den Augen und im Schweiß. Der Knabe war der einzige, der nicht lachte.

»Ich habe nicht über dich gelacht«, sagte ich zu der Barfüßigen, die mir entgegenkam. »Der Knabe dort weiß es.«

»Ja«, sagte die Stimme. »Als Knabe warst du zu den Frauen gütiger.«

Ich wandte den Blick ab, als wollte ich ihr bedeuten, daß man in Gegenwart des Knaben besser davon schwieg.

»Damals warst du kein Heuchler. Solche Rücksichten nahmst du nicht.«

»Ich nahm sie bestimmt«, sagte ich überzeugt. »Man ist immer der gleiche.«

Der Knabe ließ uns reden. Ja, es schien, als spähe er über die Wiese, bereit, die Flucht zu ergreifen, sobald wir anderswohin blickten.

»Aber damals war das recht. Damals wußtest du nicht, was eine Frau ist.«

Sie sah mich vergnügt von der Seite an.

»Jetzt müßtest du es wissen.«

Da sagte ich zu ihr: »Du bist immer noch so jung?«

Ich sah auf ihren Hals und sprach leise. Ich erwartete ein beleidigendes Wort, eine Grimasse, einen Ausbruch.

Statt dessen wurde es ein rauher Seufzer, der gut zu dem Kleid und zu den zerzausten Haaren paßte. »Warum fragst du mich das?« sagte sie und wies auf den Knaben. »Er weiß es; genügt dir das nicht?«

Das Kleid über den Waden zitterte.

»Du bist noch immer die gleiche«, sagte ich ganz belebt. »Den Sommerabend damals vergesse ich nie.«

Die Barfüßige lächelte wieder.

»Wir sprechen immer davon. Er will wissen, was ich tat, woher ich kam, ob wir an dem Tag gefischt hatten. Wäre es nicht um seinetwillen, so wäre ich nicht hier.«

»Fragt er dich nicht, wer jener Mann war?«

»Was für ein Mann?«

Sie sah mich überrascht an, dann lachte sie.

»Ach geh«, sagte sie laut. »Er ist nicht wie du. Er hat mich gern. Er sieht mich am liebsten in dem geblümten Kleid. Hätte ich ein anderes an, so würde ich ihm Angst machen.« Der Knabe kam näher, er schien seine Schuhe zu betrachten. »Ihm gefällt der Sonnen-Geruch von damals. Siehst du ihn?«

Sie streckte die Hand aus und packte ihn am Nacken, wie man es bei Katzen tut. Der Knabe schüttelte sich und drehte den Kopf, aber er ging nicht weg, er blieb und sah uns schweigend an. Die Barfüßige lächelte – mit dem spröden Lächeln, das auch in ihrer Stimme schwang, wie eine Sonne, die sich getrübt hat.

»Siehst du ihn?« fragte sie. »Er zeigt, was er denkt.«

»Verberge denn ich dir etwas?« fragte ich.

Da warf sie mir einen schrecklichen Blick zu – den Blick, den ich schon eine Weile befürchtet hatte –, doch ohne daß sie aufhörte zu lächeln, und es war, als sollte mich dieser Blick bannen. Ich begriff die Gefahr, die in ihren Augen lag. Wenn sie mich richten wollte, war ich verloren. Das Herz in Aufruhr, antwortete ich:

»Du hast recht. Ich bin feig und boshaft. Wie du. Wir sind alle so. Die Zeit vergeht.«

Die Barfüßige hörte zu. »Du bist kein kleines Mädchen mehr und weißt es so gut wie ich. Aber heute habe ich nichts Böses getan. Und der mich so zerschlagen hat, ist nicht wie du.«

Die letzten Worte sagte ich nach der Erde hin. Ich hörte das Gras rauschen und sah nur eben den nackten Fuß – da strich mir schon die Hand über den Nacken, und ich trat fort, ebenso widerstrebend wie glücklich. Die Stimme sagte zu mir: »Sprichst du nicht mit ihm?«

Ich merkte, daß ich allein war; und ich bummelte zurück an das Flußufer, auf den ruhigen Kiesgrund. Dort saßen sie schon auf den Steinen. Ich setzte mich zwischen sie und legte das Kinn aufs Knie.

Der Knabe stand auf und warf einen Stein flach über das Wasser. »Es wäre besser gewesen, ich hätte nicht mit euch geredet«, begann ich. »Ich komme nicht das erste Mal zum Fluß.«

»Sag das dem Knaben«, sagte die Barfüßige in singendem Ton.

»Du siehst ja, wie er ist. Ich wüßte nicht, was ich ihm sagen sollte. Immer, wenn ich ihn ansehe, ist er plötzlich fort. Ihm genügt es, Steine zu werfen und auf die Bäume zu klettern.«

»Und wenn es nun doch so wäre, daß er mit dir spricht?«

Ich sah über das Wasser und begriff mich selbst nicht mehr. Das entsetzliche Glucksen, das ich schon den ganzen Nachmittag im Kopf spürte, schien nun etwas anderes zu sein, ein leises Sprechen. Und ich dachte nicht mehr an den Abend und an den nächsten Tag: ich duldete es, daß der Tag über dem Wasser dahinstarb; meine einzige Sorge war, daß die beiden nicht fortgingen.

»Manchmal«, sagte ich, »habe ich so den Abend erwartet. Wer weiß, wo.«

»Auf dem Weinberg«, sagte der Knabe plötzlich.

»Auf dem Weinberg«, sagte ich. »Ja. Aber woran erinnere ich mich sonst als an einen Weinberg und einen Pfad im Röhricht, und an immer gleiche Glyzinienblüten auf dem Balkon? Jetzt schäme ich mich dessen manchmal. Kann man Tag und Nacht an diese Dinge denken? Und doch – du brauchst nur zu graben: darin ist alles enthalten.«

»Der Pfad führt in die Wälder«, sagte der Knabe plötzlich entflammt. »Und das Röhricht endet beim Brunnen. Die Wälder bedecken den halben Hügel, man sieht sie von der Terrasse.«

Da lächelte ich und sagte: »Das stimmt.«

»Im Sommer«, sagte der Knabe, »wenn die Trauben reifen, bewegt sich auf dem Weinberg nicht das kleinste Blatt: auch wenn man still ist, ist es trotzdem, als schreie jemand so laut, daß man sonst nichts hört.«

»Na und?« sagte die Barfüßige.

Der Knabe sah uns an. »Es ist das Getöse der Sonne: sie kocht die Erde.«

Ich sagte: »Es ist wie die Zeit: auf der Glyzinienterrasse steht sie still. Den ganzen Sommer. Nur gegen Abend gibt es etwas wie einen Ruck, und dann kommt die Kühle, und drüben hinter den Bäumen hört man reden und Bruchstücke von Gesprächen.«

Der Knabe verschlang mich jetzt mit den Augen. Er hörte aufmerksam zu. Es war mir bewußt, was geschah, ich hätte ihm gern alles gesagt. Ich fuhr fort:

»Auch in den Wäldern steht die Zeit still. Aber wenn man vom Brunnen aus hinüberschaut, scheint es immer, als müsse auf der Wiese zwischen den Eichen etwas geschehen. Wer weiß – vielleicht betritt bei Nacht jemand die Wiese. Weißt du es?«

Er antwortete rasch: »Ich kann nicht bis da hinauf gehen.«

»Aber du weißt es?«

Die Barfüßige kam ihm zu Hilfe: »Er ist ein Knabe.«

Wir sahen einander in die Augen; in seinen kindlichen, undurchlässigen Augen war vieles, was noch keine Form angenommen hatte.

»Du Dummchen«, sagte ich, »Weinberg und Terrasse sind noch gar nichts. Es zählt nur die Furcht und das Herzklopfen. Und ein paar Schritte vom Weinberg findest du sie.«

»Quäle ihn nicht«, fuhr sie fort. »Er weiß es sehr wohl.«

»Man braucht nur zu hören, wie der Zug vorüberfährt«, sagte der Knabe.

Ich fragte ihn nicht, wozu. Ich sagte zu der Barfüßigen:

»Die Zeit steht still, aber die Welt wartet. Verstehst du? Alle Züge, die vorüberfahren, nehmen dich mit. Da klopft natürlich gegen Abend das Herz, wenn man drüben hinter den Bäumen singen hört.«

»Wie jetzt.«

Ich hörte, wie das Wasser glucksend an das gegenüberliegende Ufer schlug, ein unbestimmter Laut am Abend. Das Land war leer.

»In den Sommernächten«, sagte die Barfüßige laut, »gingen wir vom Dorf hinunter und lachten und sangen. Wie oft gingen wir dorthin! Du nicht?«

Der Knabe schwieg störrisch.

»Sie ließen mich nicht hin«, antwortete ich. »Manchmal bin ich fortgelaufen.«

»Und hast gesungen? So?«

Da kam, in der Luft schwebend, eine Stimme zu mir; das war nicht mehr der Fluß. Sie erhob sich in der Ferne, drüben über den Wiesen, drüben in den Wolken – gleichsam die Stimme des Hügels und des Weinbergs, etwas wie ein gedämpfter Chor. Ich gab der Barfüßigen keine Antwort. In dem Gesang hörte ich deutlich ein losplatzendes Gelächter und Worte. Ich schloß glücklich die Augen.

»Der Wind hat sich gedreht, darum hört man es«, sagte sie. »Von einem Dorf bis zum anderen. Hast du auch gesungen?«

»Ich hörte auf der Terrasse im Dunkeln zu.«

»Aber wenn du weggelaufen bist?«

»Ich wäre gern ganz oben auf die Hügel gegangen. Ich war nie einsam genug.«

Wieder hörte ich das spröde Lachen. Die Barfüßige bog sich nach hinten, fast berührte sie mich – den Knaben sah ich nicht –, und sagte zu mir: »Gingst du, um die Blätter von der Mohrenhirse abzustreifen?« Ich wollte ihr Gesicht fassen, aber sie wehrte sich. »Das alles hast du gehabt«, sagte sie, »und da schämst du dich des Weinbergs und der Terrasse?«

»Ich schäme mich ja gar nicht. Es ist vorbei.«

»Hast du nicht mehr Herzklopfen?«

Da faßte ich ihr Gesicht und spürte unter den Fingern den offenen, lachenden Mund. Einen Augenblick blieb mir die Barfüßige nahe; sie hauchte mir rauh über die Wange, dann sagte sie: »Denk an den Weinberg und die Terrasse.«

Ich spürte, daß sie zurückwich, und ich konnte sie nicht halten. Ich sagte in ihr Antlitz hinein: »Kommst du wieder?«

Die Stimme antwortete: »Im Sommer.«

Im Halbdunkel des Flusses war nichts als das Glucksen. Ich horchte lange, ob ich das in der Luft verschwebende Lied noch hörte. Dann, als ich allein war, wirklich allein, erhob ich mich unter dem Himmel und ging fort.

Nacktheit

Ich bin zu dem Wildbach zurückgekehrt, an dem ich in diesem Winter war, und wie es in den heißen Stunden so geht – es fiel mir ein, mich nackt auszuziehen. Nur die Bäume und die Vögel sahen mich. Der Wildbach ist in eine Schlucht im Land eingesenkt. Hat man einen Körper, so soll man ihn dem Himmel aussetzen. Auch die Wurzeln, die aus der Felswand ragen, sind nackt.

Ich badete in dem Tümpel; wenn ich mich ausstreckte, berührte ich den Grund. Es ist ein lauwarmes Wasser, das nach Erde riecht. Von Zeit zu Zeit kehrte ich dorthin zurück; ich briet die ganze Zeit in der Sonne, ich warf mich ins Gras, und die Wassertropfen rannen wie Schweiß an mir herab. Es war, als bestände ich gar nicht mehr aus Fleisch, als wäre ich nur noch Wasser und Erde. Über meinem Kopf sah ich zwischen den Baumwipfeln den nackten Tümpel des Himmels. Ich blieb bis zum Abend dort.

. . . .

Schon seit einigen Tagen verbringe ich den Nachmittag nackt unter dem Himmel. Ich setze mich ihm aus und bewege mich unruhig auf dem Gras und auf dem lockeren Erdreich des Tümpels.

Sehr selten sind die Augenblicke, wo ich – wenn ich mich tropfend ins Gras werfe – das Bewußtsein meines Körpers verliere und ihn vergesse. Nicht daß ich die Verlassenheit und Traurigkeit verspüre wie damals, wenn ich, als Kind, mich auszog, um mich zu waschen. Jetzt ziehe ich mich im Gegenteil mit Eifer aus, begeistert davon, daß ich wieder hier bin, hier wieder auftauche; mein Herz klopft heftig. Aber in dem Herzklopfen ist auch eine Angst, ist das Warten auf irgend etwas, was meine Einsamkeit erschüttert. Ich meine: ich tue so, als wüßte ich, daß ich gesehen werde.

Ich spreche nicht von Menschen. Um zum Wildbach zu kommen, gehe ich durch die Felder, wo Burschen und Mädchen vom Ort hier und da mähen; aber es ist undenkbar, daß jemand mich überrascht in dieser Senke, die von Sträuchern und Steilufern geschützt ist. Allenfalls höre ich, wie sich eine Wachtel oder eine Eidechse bewegt, und ich würde mich immer beizeiten bedecken können. Meine Unruhe ist anderer Art – übrigens nicht ohne Genuß. Jedesmal erschreckt und erstaunt mich dieser Zustand völliger Nacktheit, als wäre es etwas Besonderes, ihn hier sorglos zu verwirklichen. Jedesmal, wenn ich meine langen Beine aufs Gras strecke und den Nacken drehe, weiß ich, daß die Sonne mich sieht und durchstöbert, wie ich hier bin, vom Kopf bis zu den Füßen, und daß ich mich in nichts unterscheide von einem Stein, einem Baumstamm, einer gesprenkelten Natter – abgesehen von der Verwirrung, die ich mir zu erklären versuche. Jetzt haben Wasser und Sonne mich schon gedrechselt und mit einer Hülle versehen, und auch daraus meine ich zu begreifen, daß die Natur das menschliche Nackte nicht duldet und sich mit all ihren Mitteln – wie sie es mit den Kadavern tut – bemüht, es sich anzugleichen. Aber dazu braucht sie Zeit, und ich müßte Tag und Nacht von ihr umgeben sein. Jeden Tag jedoch erscheine ich wieder, ziehe mich aus und bin wieder nackt. So behaupte ich mich ihr gegenüber und überlasse mich zugleich ihren Blicken mit so viel Genuß, wie ich aufbringen kann. Hier gibt es eine kleine Bucht mit hohen Sumpfgräsern, immer im Schatten, wo ich manchmal umhergehe. Die Gräser reichen mir bis an den Bauch, und die Füße waten im Wasser, aber nicht die Kühle suche ich. Ich gehe hinein, um mich zu verbergen und plötzlich wieder herauszukommen, nackter als zuvor.

... ...

Die Schreie und Rufe der Vögel über meinem Kopf sagen mir, daß ich nicht eben viel zähle. Hier geht alles weiter, als sei ich gar nicht da; und wenn ich den Blick vom Grund dieser Schlucht hebe, sehe ich hier und da Wolken vorüberziehen, und die Wipfel der Bäume rauschen, als wäre zwischen uns kein Abgrund. Der Wind dringt nicht bis hier hinunter. Sobald ich mich ins Gras geworfen habe, vergesse ich Land und Straßen – mein Horizont ist der schmale dieses Tümpels, und ich betrachte, beharrlich und wie benommen, einen Schmetterling oder einen Baumstamm, genauso, wie mein Körper auch die Erde, auf der ich liege, betastet. In Abständen kommt der Schatten einer Wolke zu mir, und dann wird es kühl, der ganze Buschwald verwandelt sich: die Bäume, die in der Sonne hinschwinden, gewinnen klare Umrisse, werden zum Wald, spiegeln sich im Wasser, die Farben sind gedämpft, der Blick kann unterscheiden. Dann stehe ich auf und schüttle mich, ich bin nackt wie ein Baumstamm unter der Rinde, kühl und nackt wie die Luft, die ich berühre. Ich sehe, daß auch der Himmel hinter den Bäumen nackt ist. Nackt und gesammelt.

Der Schatten wächst, ich beobachte den Wald oder das stille Wasser. Ich wüßte nicht zu sagen, was ich sehe und denke. Die Worte sind Gras und Wurzeln, sind Steine, Schlamm, Glanz – andere gibt es nicht; aber mein Körper nimmt sie nicht an. Ins Gras eindringen, in den Stein eindringen: das würde mein Körper sagen, aber auch das genügt nicht. Diese kleine Bucht ist eine Materie ohne Namen; man muß sich bewegen, sie fühlen, sie berühren. Ich muß mir Mühe geben, daß ich die Wurzeln nicht an mich presse, nicht in den Wald hinaufklettere, zwischen die Dornen und grünen Stämme, und dort umhergehe. Ich betaste meinen Körper und halte mich zurück.

. . . .

Käme jemand, wenn ich mich gerade triefend umgedreht habe, so würde ich mich, glaube ich, nicht rühren. Ich bin unempfindlich wie ein Baumstamm. Wasser und Sonne machen mich jeden Tag dunkler; so meinen sie mich auszulöschen, mich zu bedecken. aber sie wissen nicht, daß sie mich statt dessen dem Tier annähern. Sie härten meinen Körper, um ertragen zu können, daß er etwas selbst tut. Jetzt hat mich, wenn ich verschwitzt heraufkomme, schon die Raserei gepackt, mich mit Schlamm zu beschmieren; ich nehme

Hände voll davon auf, streiche ihn mir auf den Körper und liege dann in der Sonne, bis er langsam abbröckelt. Auch das ist eine Art, mich mit etwas zu bedecken. Wenn ich mich dann wasche, scheint es mir, als käme ich aus dem Wasser nackter, als ich vorher war.

Das Wasser im Tümpel stagniert zwar beinahe, es ist klebrig, aber ich brauche mich nur flach auszustrecken, um gesäubert herauszukommen. Drinnen gibt es eine härtere, kalte Schicht; die suche ich: dann patsche ich auf dem Rücken herum oder ducke mich wie ein Frosch unter die dicken Wurzeln des Steilufers. Der Schlamm macht das Wasser sofort trübe, und der ganze Nachmittag genügt nicht, es zu klären: man könnte sagen, daß die Sonne hier ihre heißesten Dämpfe noch verdichtet. Es ist wie ein Bild eines drückenden schwülen Himmels; in seiner Undurchlässigkeit spiegelt es nichts mehr. Mir ist, als käme ich verschwitzt heraus, Tropfen rinnen mir von der Brust auf die Schenkel.

Nach diesen Bädern ist der Geruch nach Sumpf und Schlamm noch stärker. Die ganze kleine Bucht kocht in der Sonne. Man hört Schnarren, Rauschen, dumpfe Laute, Rufe, die von wer weiß woher zu kommen scheinen und nicht weiter als drei Schritte entfernt sind. In einem solchen Augenblick geschieht es: ich vergesse, daß ich nackt bin. Ich schließe die Augen, und das ganze weite Land, Obstbäume, Fußsteige, Hänge, die Menschen, die des Weges kommen, nehmen drüben hinter den Bäumen wieder Existenz und Raum an, jedes Ding einen Geruch, einen Geschmack, seine Wirklichkeit. Ich brate im Gras, und alles kommt und geht rund um mich her. Warum sollte ich mich bewegen, wenn jemand käme?

Aber es kommt niemand. Die Langeweile, die kommt schon. Ich bin in der Sonne und bin im Wasser, ich laufe umher und setze mich ins Gras, ich beobachte, schnuppere, kehre ins Wasser zurück – nie geschieht etwas. Der Schatten eines Baumes wird allmählich länger, bis er mein gewohntes Lager bedeckt. Wieder erfüllt Kühle die kleine Bucht, und der starke Geruch nach Schlamm und nach Tod wird durchdringender. Jetzt kann ich ihn spüren, wie ich meinen Körper spüre, der nun größer und noch nackter ist. Und niemand kommt. Aber wäre es nicht möglich, daß ich selber gehe?

Als ich diesen Einfall das erste Mal überdachte, war ich bestürzt, aber ich lächelte mir zu. Jetzt, um mir die Lust dazu auszutreiben, renne ich den Pfad hinauf, auf dem ich sonst herunterkomme, und bleibe zwischen den niedrigen Sträuchern auf dem Gras der Ebene stehen. Nun gibt es zwischen mir und dem Land keinen Schutzwall. Ich sehe hinter den Stämmen die ebenen Kornfelder. Im letzten Sonnenstrahl werfe ich mich ins Gras, das Gesicht zum Himmel. Berührungen fürchte ich nicht, nicht einmal die mit den Stoppeln.

. . . .

Sie sind mit dem Mähen zu Ende. Das Land liegt verlassen. Ich mache den ganzen Weg, ohne jemandem zu begegnen. Der Tümpel erwartet mich; mich bekümmern die Tage, die schon vergangen sind. Das Wagnis damals war schön.

Mir kommen die Menschen in den Sinn, die im Po baden. Besonders die Frauen, die sich für nackt halten, weil sie die Kleidung ändern. Sie kommen und gehen auf dem Zement oder auf dem Sand, winken sich zu, sehen einander nach, reden miteinander oder fügen sich Kränkungen zu, nicht anders als im Salon. Dann legen sie sich in die Sonne, manche streifen den Badeanzug von der Schulter, um eine Handbreit mehr Sonne zu haben. Alle ziehen sich aus, alle suchen einander, und nicht einer sagt, was alle im Sinn haben – daß der Körper etwas anderes ist. Sie haben den Mut gehabt, sich zu Gruppen zusammenzufinden, aber so viel Mut, das zu tun, was alle tun möchten, bringen sie nicht auf.

Damals, in jenen Tagen, ging ich gern über die Felder unter den Blicken der Frauen, der Schnitter und der Rinder. Gute Menschen, die nicht wußten, wohin ich ging, die zu jeder beliebigen Zeit zum Wildbach kommen konnten, um sich das Gesicht zu waschen oder ein Tier zu tränken, die zwischen den Brombeersträuchern meinen gebräunten Körper entdecken konnten. Sie wenigstens ziehen sich ungeniert aus, wenn sie einmal baden wollen. Oder vielleicht tun sie das nur als Jungen. Ich ging dicht an den Korngarben vorüber, deren von der Sonne geröstete Ähren genau die Farbe meines Körpers haben, und sah, wie sich die dunklen Hände ausstreckten, die Rücken sich beugten; die Kopftücher der Frauen schimmerten rötlich. Was sie vom Körper zeigen, ist tabakbraun, und sogar das Hemd und die Hosen sehen erdfarben aus wie Baumrinde. Das sind Menschen, die sich nicht erst nackt auszuziehen brauchen: sie sind schon nackt. Wenn ich zwischen ihnen hindurchgehe, wird mir die Kleidung, die ich trage, lästig, ich fühle mich wie ein aufgeputzter Ochse. Ich wünschte, sie wüßten, daß ich darunter dunkel bin. Kurz, daß ich nackt bin.

. . . .

Es ist geschehen. Eine wenigstens weiß es.

Ich war ins Wasser gegangen, um mir die lockere Erde abzuwaschen. Ich schwamm obenauf, die Arme ausgebreitet, und blickte in den hellen Himmel. Ich dachte an nichts. Gerade richtete ich mich auf dem schlammigen Grund auf und bückte mich, um mich mit Wasser abzuspülen, als eine Frau durch die kleine Bucht kam. Sie war groß, eine junge Frau, und trug ein Bündel Zweige auf der Hüfte. Sie kam auf mich zu, war weder erstaunt, noch beachtete sie mich – und sie sah mich doch gebeugt dastehen und Wasser schöpfen; dann bog sie mit ihrem Bündel in die Schlucht ab, watete durch ein Rinnsal und verschwand zwischen den wilden Gräsern. Sie war barfuß. Ich sah ihren kräftigen Rücken in der Sonne zwischen dem Grün wieder auftauchen, dann hörte ich sie weiter drüben rascheln.

Sie war den Pfad heruntergekommen, den ich rasch hinunterlaufe, wenn ich mich ins Gras werfen will. Sie mußte mich schon von oben gesehen haben; und doch ging sie ruhig ihres Weges und dachte auch nicht daran, sich umzudrehen, als sie vorüber war.

Aufrecht im Wasser, nackt, horchte ich, wie sie sich entfernte. Ich war sicher erregter als sie. Über die Haut rannen mir die Wassertropfen. Ich ging aufs trockene Gras, und noch immer schien es mir nicht wirklich. Wieso hatte ich sie nicht gehört? Eine Frau hat einen anderen Schritt als wir. Aber nicht daran dachte ich. Ich dachte daran, daß sie mich nicht mit Neugier betrachtet hatte und auch nicht errötet war: sie sah mich als etwas Natürliches an. Wäre sie stehengeblieben, womöglich lachend, um mit mir zu reden, so wäre die Sache anders verlaufen – ich hätte mich bedeckt, hätte sie vielleicht angerührt, aber in jedem Fall wäre ich nicht so aufgeregt. Und doch war sie jung; denn die Frauen hier verblühen rasch.

. . . .

Die Kühle kommt herab, und ich fühle mich noch nackter. Ich denke an die Augen der Frau zurück; auch sie war sonnengebräunt.

Ob sie am ganzen Körper gebräunt war? Das hat sie gewiß nicht nötig – nicht das ist wichtig. Für sie ist es wichtig, gesund zu sein und kräftige Kinder zu gebären. Sie nimmt im Gehen von der Sonne soviel, wie sie braucht. Die gleiche Sonne, die Korn und Früchte reift, die Sonne, die hier im Wein getrunken wird. Die Traube wird dunkel, auch wenn sie von den Blättern bedeckt ist. Wichtig ist dies: daß darunter der Körper ist.

Sie trug über den kräftigen Beinen einen dunklen Rock und ging achtlos zwischen Steinen und Wurzeln. Ich sehe sie vor mir, wie sie im Wald aufmerksam weiterschreitet und von den Akaziensträuchern, die dort oben so schön wachsen, das Laub abstreift. Da sie auf die Wand der Schlucht steil abfallen und ihre Wurzeln herausragen lassen, kommt es mir vor, als sähe ich unter die Erde und, oben, den Himmel. Hier ist der verborgene Teil des Waldes, die Empfindungen, die tiefe Finsternis, der Urgrund. Die Frau ist um diese Zeit schon weit fort. Ich habe vor mir die nackte, steingeäderte Steilwand, die mir sagt, daß auch der Wald seinen Körper hat – wie das ganze Land –, bedeckt mit Erde, mit Pflanzen bekleidete Erde er selbst, nackt und wahr, wie wir alle sind. Ich betaste meine Haut, die die gute Wärme der Sonne festhält. Ich bin glücklich, daß die Frau mich gesehen hat.

. . .   .

Wenn ich zurückkehre, bleibe ich an den Wegkreuzungen stehen, um mit jemandem ins Gespräch zu kommen. Immer ist jemand dort, der etwas zu sagen weiß. Gestern habe ich Marchino gesehen und ihm gesagt, woher ich käme. »Ich muß auch einmal baden«, sagte er. Er ist ein dunkler Mann mit einem zwei Finger dicken Bart und harten Augen. Aber er hat Takt, er hat mich nicht gefragt, ob er mit mir gehen solle.

Er sagte zu mir, er gehe morgen zum Teich, dorthin, wo das Wasser Strömung hat. »Wenn Ihr mitkommen wollt . . .«, sagte er. Ich wandte ein, ich trüge keine Badehose. »Mit mir ist das nicht nötig, wißt Ihr«, antwortete er.

Heute abend sind wir an den Teich gegangen: hier bildet der Damm einen See, und das Ufer ist ein sandiger Boden mit Weidenbüschen, auf die die Sonne prallt. Die Jungen sind um diese Zeit alle auf der Weide. Wir zogen uns aus und legten das Zeug dahin, wo ein wenig Schatten war; dann gingen wir ins Wasser.

Es war ein silbriges Wasser, schmeichelnd, mit Sandgrund. Marchino spritzte beim Schwimmen kräftig. Ich streckte mich im Wasser lang, blieb an der Oberfläche und sah in den Himmel. In solchen Augenblicken denke ich immer ans Land, an die Wipfel der Bäume, an das Leben, das dahingeht.

Als wir aus dem Wasser kamen, betrachtete ich Marchino genauer. Er hatte in diesem Jahr offensichtlich mit nacktem Oberkörper gemäht, denn blaß waren nur Bauch und Schenkel. Übrigens war er behaart, ein ins Blonde spielender Haarwuchs, in der Hundstagshitze ausgebleicht. Er ging ruhig und bückte sich, um sich auf dem Sand langzustrecken. Ich wendete den Blick ab.

Wir plauderten, und zwischendurch gingen wir wieder ins Wasser, um den Kopf hineinzustecken. Marchino ließ mich reden und antwortete, wie es ihm paßte, nach einer Weile. Manchmal sagte er etwas, während ich schon an anderes dachte. Mir gefiel seine kräftige Brust, die sich auch beim Atmen nicht bewegte.

Er sagte, ich müsse viel Sonne abbekommen haben, weil ich so dunkel sei. »Ich habe sie nicht bei der Arbeit bekommen«, antwortete ich. »Aber Ihr. Ihr müßtet vollkommen dunkel werden. Was für eine Figur macht Ihr sonst – wenn es darauf ankommt!« Während wir redeten, hatten wir den Nacken auf dem Sand. Er richtete sich halb auf und sah, worauf der Scherz zielte. Nach einer Weile antwortete er: »Wenn sie an dem Punkt sind, denken sie nicht an uns.«

Ich sah im Geist die Frau aus dem Wald vor mir und begriff, daß Marchino für sie geschaffen war. Ich hätte es ihm am liebsten gesagt – aber wie konnte ich das? Marchino hätte es nicht verstanden. Es ist seine Art, an so etwas nicht zu denken.

. . . .

Ich bin zwischen die Bäume oberhalb der Schlucht eingedrungen, in das warme Halbdunkel. Ich gehe den gleichen Weg wie die junge Frau, ganz vorsichtig. Das Land ist alles andere als einfach. Man braucht nur daran zu denken, wie viele Menschen darübergegangen sind. Jedes Ufer, jeder Buschwald hat etwas gesehen. Jeder Ort hat einen eigenen Namen.

Durch die Fenster der Blätter schaut der Himmel, und Hügel und Ebene sind unter dem Himmel wie ein einziger Teppich aus Feldern. Ihre weiche Süße schmeckt wie nach Schweiß. Aber in diese Süße ist auch der Wald getaucht, alle die unwegsamen Winkel des Waldes, der ja auch nackt ist. Hier, an diesen wilden Orten – oft nur ein Strauch, ein Stein – sind Erde und Grund nackt und enthüllen sich.

Ich bleibe am Rand der Stämme stehen. Hier beginnen wieder die bebauten Felder und die Mühen. Wenige Flecke mit Erlen und Akazienbüschen über der Wasserschlucht machten das ganze unbebaute Land aus. Ich kann nicht weitergehen, denn ich bin nackt. Diesmal habe ich es verstanden, warum man, will man sich ausziehen, in die Schlucht hinunter muß; verstanden auch, warum die Bauern sich bekleiden, wenn sie aufs Feld gehen. Arbeiten heißt: die Erde bekleiden.

Darum betrachtete mich die Frau so ruhig. Sie wußte, daß ich mich verborgen hatte, und das bedeutet: Muße. Mich sehen war soviel, als sähe sie sich selbst. Sie wußte nicht, daß ich daran gedacht hatte, auf die Felder hinauszugehen. Alles auf dem Land hat einen Namen, dieses Tun aber nicht. Weder sie noch Marchino denken an so etwas.

Inzwischen sinkt die Sonne auch hier. Ich höre, wie das Gras hin und her weht und rauscht; Vögel fliegen vorüber; ein tieferes Summen betäubt Erde und Himmel. Das Land erscheint nackt, aber es ist nicht nackt. Überall bedeckt es der Schweiß verdorrten Dunstes. Ich frage mich, ob es einen Graben, einen Hügelrücken, ein einziges Stück Erde gibt, das Hände nicht aufgegraben und neu bestellt haben. Überall ist die Erde von menschlichen Blicken und Worten gezeichnet. Von den Feldern kommt etwas wie ein ruhiger Hauch, aber er dringt nicht bis hier unten hin, wo das Wasser, der Schlamm, der Schweiß stehen und nichts aussagen. Ich finde hier jeden Tag das Leben; aber dann strecke ich mich, ein dunkler Körper, wie ein Toter aus.

Der Flüchtling

In den Heustadeln und Ställen wollten sie seit einer Weile niemanden mehr haben, weil es danach vorkam, daß die anderen zu irgendwelchen Repressalien erschienen. Sie gaben einem einen Teller Minestra und ein Stück Brot, wenn man darum bat, sagten aber, man solle gehen und es weiter weg verzehren; man mußte viele Worte machen, um sie wenigstens an der Tür festzuhalten. Ab und zu regnete es, und man mußte unter den Brücken Schutz suchen. Als ich die verlassene Kapelle fand, sagte ich es keinem Menschen; ich füllte den Sack mit Laub und legte mich dort schlafen. Vom Ausreißen und gespannten Horchen hatte ich genug.

Als ich erwachte, war es eher Nacht als Tag; durch das kleine Fenster drang nicht so viel Licht herein, daß man es bemerkt hätte. Es hatte wieder heftig zu regnen begonnen, mancher Spritzer kam bis auf mein Gesicht. Ich lag ausgestreckt auf dem Sack und genoß die sanfte Wärme. Nicht weit entfernt bellte ein Hund, und ich stellte ihn mir vor, wie er im Regen umherstrich und vor Hunger jaulte. In diesem winterlichen Dunkel klang es wie die Stimme der ganzen Erde. Im Halbschlaf zuckte ich zusammen.

Am frühen Morgen hörte der Regen auf, und ich sah ringsum abgeerntete Weinberge. Alles Schlamm und rote Blätter. Die Kapelle hatte noch eine rosa Fensterscheibe, gesprungen; durch sie sah man das Land. In der guten Jahreszeit bewachten sie gewiß von hier aus die Trauben.

Was auch geschehen mochte – dies war ein abgelegener Ort. Den Tag verbrachte ich im Dorf. Es war Sonntag, die Männer spielten Boccia. Ich lehnte mich an die Mauer, um die Gesichter zu betrachten und die Männer kennenzulernen; ich hörte ihren Späßen und Rufen zu. Von hier oben sah man undeutlich im Nebel das ganze weite Tal, die große Straße und die Hügel gegenüber, die zum Po abfielen. Ein Dorf in diesem Tal war niedergebrannt, Menschen waren getötet worden. Die meisten sagten das so hin, ein kleiner dicker Mann aber, der zuhörte, sagte sofort: »Um hinüberzukommen, ist es dort am besten; wo sie etwas niedergebrannt haben, wird nicht mehr so aufgepaßt.«

Im Dunkeln ging ich zur Kapelle zurück; ich war unruhig, ich wünschte, es käme Regen. Statt dessen hatte sich ein heftiger Wind erhoben, der die Sterne freifegte, so daß die Nacht jener andern ähnlich wurde, als ich auf die Hügel gekommen war. Im Wind war alles klar und dunkel, und man hörte die Blätter rascheln. Ich schlief wenig.

Der Wind hielt einige Tage an. Er hatte das Gute, daß er das Land trocknete. Ich konnte mich nicht entschließen, das Dorf zu verlassen. Diese letzte Schranke von Hügeln machte mir Angst.

Mit dem kleinen Dicken vom Bocciaspiel traf ich mich wieder. Er sprach wenig, faßte aber alles sehr rasch auf. Er hatte mich in seinen Hof hinter dem Haus mitgenommen und mir mit Erlaubnis der Frauen einen Teller Minestra gebracht. Dann hatte ich ihnen allerlei erzählen müssen, denn sie wollten wissen, wann der Krieg zu Ende ginge. »Und wenn er hundert Jahre dauerte«, sagte ich, »wem geht es besser als euch?« Unter dem Säulengang war noch der Blutfleck, dort, wo sie das Schwein geschlachtet hatten. »Ihr seht, wie es zugeht«, sagte mein kräftiger junger Mann, »dieses Ende nehmen wir alle.«

Im Hof hatte ich ihn später gefragt, ob er sich nicht schäme, nur zu reden. Er hatte mich lachend angesehen und auf das Haus und das erleuchtete Fenster gewiesen.

»Ein Haus habe auch ich gehabt«, sagte ich zu ihm.

Ihm zeigte ich, wo ich nachts schlief. Er begleitete mich – es war schon dunkel – und sagte, wenn es genüge, in der Kirche zu schlafen, damit man in Sicherheit sei, würden die Kirchen voll sein. »Das hier ist keine Kirche mehr«, sagte ich. »Auf dem Altar haben sie die Nüsse aufgeschlagen und auf dem Boden Feuer gemacht.«

»Jungen sind heraufgekommen und haben gespielt«, sagte er.

Dann erzählte er mir, wie es im Dorf zuging, alle lebten in der Angst, daß auf der Landstraße plötzlich ein Soldat erschossen oder ein Lastwagen angehalten würde. »In O... haben sie auch die Kirche angezündet«, sagte ich.

»Wenn sie nur die niederbrennen würden«, sagte er, »das wäre was!«

Aber von allen Kirchen, die ich gesehen hatte, war meine kleine Kapelle die sicherste. Wir sammelten alle Zweige, die wir fanden, warfen die Hülsen der Mohrenhirse dazwischen und machten in dem Winkel unter dem Fenster ein kleines Feuer an. Dann setzten wir uns vor die Flamme und rauchten. Wir sagten zum Spaß: »Feuer machen können wir auch.« Anfangs war ich unruhig, ich ging hinaus und sah nach dem Fenster, aber der Widerschein war gering und außerdem von einer Erderhöhung geschützt. »Man sieht nichts, nein, nein«, sagte Otino.

Dann redeten wir wieder einmal von den Gesichtern im Dorf und von denen, die größere Angst hatten als wir. »Auch die leben nicht mehr – das heißt doch nicht leben! Sie wissen, der Augenblick wird kommen.«

»Wir sind alle im Schützengraben.«

Otino lachte. In der Ferne knallte ein Schuß.

»Sie fangen an«, sagte ich.

Wir horchten. Jetzt war der Wind still, und die Hunde bellten. »Geht nach Hause«, sagte ich.

Ich löschte sofort das Feuer. Die Nacht verbrachte ich in dem Rauchgestank, zitternd, wenn ich mir bestimmte Gedanken machte. Sooft ich mich auf meinem Sack umdrehte, schien es mir, als erfülle sein Rascheln die Nacht.

Am nächsten Tag beobachtete ich aufmerksam die Hügel, die meinen späteren Fluchtweg versperrten. Braun waren sie, ausgedörrt vom Wind und der Jahreszeit, klar unter dem Himmel. Die Gefahr lauerte nicht dort oben, sondern drüben, auf den Zugangsstraßen zu den Brücken und zur Ebene. Niemand konnte mir sagen, ob diese Straßen frei waren. Unsere Leute, die in den Wäldern hockten, hatten es sicher dahin gebracht, daß um die Ausgänge ein Gürtel des Terrors gelegt wurde. War es klug, die Kapelle zu verlassen und sich dorthin durchzuschlagen?

Ich ging das Sträßchen hinunter, um im Dorf Brot zu kaufen. Die Leute betrachteten mich von der Tür aus mißtrauisch und neugierig. Ab und zu winkte ich einem grüßend zu. Oben von der Piazza aus sah man noch mehr Hügel; sie waren fast blau. Ich blieb hinter der Kirche in der Sonne stehen. In der milden Wärme, in der Stille faßte ich eine leise Hoffnung. All das, was geschah, schien mir unmöglich. Das Leben würde eines Tages wieder anfangen, sicher und ruhig, wie es in diesem Augenblick war. Schon zu lange hatte ich das vergessen. Blut und Plünderung konnten nicht ewig dauern. So stand ich eine Weile da, die Schultern an der Kirche.

Ein Mädchen kam heraus. Sie sah sich um und ging die Straße hinunter. Für einen Augenblick geriet auch sie in meine Hoffnung hinein. Sie ging vorsichtig auf dem holprigen Pflaster. Aber sie spielte Frau: sie sah sich nicht nach mir um.

Auf der Piazzetta war keine lebende Seele; die übereinandergeschachtelten, braunen Dächer, die mir bis gestern als ein sicheres Versteck erschienen waren, kamen mir jetzt wie Höhlen vor, aus denen man die Beute mit dem Feuer herausholt. Es handelte sich nur darum, sich gegen die Flamme zur Wehr zu setzen, bis sie eines Tages erloschen wäre. Man mußte sich zur Wehr setzen, damit man eines Tages die Hoffnung unversehrt wiederfände.

Am Abend kamen Gerüchte von einer Aktion im benachbarten Tal, gegen ein Dorf, das bisher noch nie etwas zu leiden gehabt hatte. So versicherten sie. In der Tat hatte man nicht einen Flintenschuß gehört: die Ställe waren geplündert und Heustadel angezündet worden. Die Leute, die in die Wälder geflüchtet waren, hörten ihre Kälber brüllen und konnten ihnen nicht zu Hilfe kommen. Das war am späten Morgen geschehen, gerade um die Zeit, als ich von der Kirche aus rundum sah.

Ich ging los, Otino auf dem Feld zu suchen. Er hielt eines der Rinder am Schwanz fest und sagte: »Sie sind übel dran. Aber das sind Tage, die bald vorübergehen. Jetzt kommt das schlechte Wetter, und wichtig ist, wer am besten arbeiten kann.«

Ich sagte zu ihm, auch er könne einmal an die Reihe kommen.

»Eben darum«, sagte er, »legen wir uns so ins Zeug, daß wir fertig werden. Dann steckt man bis März im Haus.«

... ...

Ich war an jenem Tag nicht der einzige, der die Berge beobachtete; sie sahen wie Wolken aus. Otinos Padrona war unter die Pinien getreten und einen Augenblick dort stehengeblieben, um sie zu betrachten. Als sie wieder ins Haus trat, hatte sie den Wassereimer in der Küche aufgehängt und die Milch für den kleinen Guido ans Feuer gesetzt. Vor einer Weile war Otino mit den Rindern vorbeigefahren, aber Guido schlief, sonst wäre er auf den Karren geklettert. Die Frau war ans Fenster gekommen und hatte Otino gefragt, ob ich immer noch im Dorf sei.

»Schläft er immer noch in San Grato? Und wer ist er?« Da hatte Otino gesagt, sprechen könne man mit mir, aber jemanden fragen

›Wer bist du?‹, das könne man nicht. »Ist er vom Berg? Vielleicht kommt er von da oben?« hatte die Padrona zu ihm gesagt.

»Seine Schuhe wären dafür stark genug«, sagte Otino.

Am Nachmittag waren Otino und seine Schwestern losgegangen, um die letzten Äpfel einzusammeln. Guido lief mit dem Korb voraus; ein großer Schwarm Stare hatte sich aus den Rebstockreihen erhoben. Sie machten ein Geräusch, als brumme ein Motor. Guido bückte sich, warf den Flüchtenden eine Handvoll Steine nach und schrie, ein Maschinengewehr nachahmend: »Tatatà, tatatà.«

»Recht so, du Schlaukopf«, sagte die Frau, »alt genug bist du jetzt.«

Die Mädchen lachten. »Alt – ihr seid alt«, sagte Guido. »Und ihr wollt gern tanzen. Ihr wollt, daß der Krieg zu Ende geht, nur damit ihr wieder tanzen könnt.«

»Willst du denn nicht, daß er zu Ende geht?« fragte die eine.

»Er kann nicht zu Ende gehen«, sagte Guido. »Wenn überall Krieg ist wie jetzt, kann er nie mehr zu Ende gehen.«

Die Padrona sagte: »Los, sammeln wir die Äpfel.«

Vom Rebhügel war Guido aufs Feld zu Otino gerannt; dort wälzte er sich in den Furchen herum und rief, ob auch ich dort sei.

»Wer denn?« schrie Otino.

»Der Mann, der in San Grato schläft. San Grato!«

»Er ist fortgegangen. Fort«, antwortete Otino, ohne den Pflug anzuhalten.

»Du hättest ihm sagen müssen, er solle zu uns ins Haus kommen.«

»Warum?« schrie Otino lachend.

»Weil die Frauen alt sind. Alt!«

Dann rannte Guido bis unten an den Hang, lief noch weiter hinunter und geriet so tief ins Feld, daß er die Hügel, statt sie unmittelbar vor sich zu haben, zwischen den Halmen des Röhrichts nur undeutlich und weit entfernt sah.

Hier versteckte er sich im Schilf, dachte sich aus, es beginne eine Aktion, und tastete nach den Äpfeln im Hemd, unschlüssig, ob er sie als Kugeln gebrauchen oder essen solle. Dann biß er hinein und warf die Kerngehäuse nach den Vögeln. Mehrmals versuchte er, beim Werfen über die San Grato-Kapelle hinaus zu zielen, weil er sich den, der dort schlief, nicht zum Feind machen wollte, und kroch am Boden zur Kapelle hin. Um die Zeit ging ich den bewaldeten Hügel hinunter; ich stieg dort hinauf, wenn ich das Tal überblicken wollte. Da oben gab es eine Menge Verstecke, es gab Talsenken, die Wege verloren sich im Buschwald, Steilhänge fielen plötzlich in die Tiefe ab. Ich hatte von oben auf dem braunen Feld Otinos Rinder erspäht: sie schienen still zu stehen. In der kühlen Luft tönten die Stimmen ruhig herauf, und wenn ein Schrei, ein Schuß den Frieden unterbrochen hätte, hätten sich die Rinder dort unten nicht bewegt. An dem Abend war ich froh – ich würde in Otinos Hof eine Minestra essen und dann allein in die alte Kapelle zurückkehren und mich dort verbergen. Ich dachte: wenn nie ein Bewaffneter diese Straßen hinaufstieg, war mein Zufluchtsort so etwas wie ein Spiel, eine ungewohnte klösterliche Sommerfrische. Oben auf dem Hügel hatte ich diese Hoffnung, diese Freiheit wiedergefunden, und ich begriff, daß man sie sich nur als wirklich vorzustellen braucht: dann lebt man in ihr. Hier gab es keine Häuser, Dachböden und Plätze, wo an der Ecke die Gefahr lauerte. Hier erwartete mich niemand zu einem tödlich endenden Stelldichein. Hier gab es nur Erde und Hügel, und man brauchte sich nur flach an die Erde zu schmiegen, um weiterzuleben.

... ...

Jahre

Von dem, der ich damals war, ist nichts mehr übrig: schon Mann, war ich doch noch ein Junge. Ich wußte es bereits eine Weile – aber alles geschah Ende des Winters, an einem Abend und einem Morgen. Wir waren, fast versteckt, in einem Zimmer zusammen, das auf eine Allee hinausging. Silvia sagte mir in dieser Nacht, ich solle gehen – wir hätten nichts mehr miteinander zu schaffen. Ich bat sie flehentlich, ob wir es nicht noch weiter versuchen wollten; ich lag neben ihr und hielt sie umarmt. Sie sagte: »Wozu?« Wir sprachen leise, im Dunkeln.

Dann schlief Silvia ein, und ich stemmte bis zum Morgen ein Knie gegen das ihre. Es wurde Morgen, wie es immer Morgen geworden war, und es war sehr kalt; Silvia hatte die Haare über den Augen und regte sich nicht. Ich sah im Halbdunkel zu, wie die Zeit verging, ich wußte, daß sie verging, daß sie geradezu raste; und draußen war Nebel. All die Zeit, die ich mit Silvia in diesem Zimmer verbracht hatte, war wie ein einziger Tag und eine Nacht, die nun, am Morgen, ein Ende nahm. Da begriff ich, daß sie nie mehr mit mir in den kühlen Nebel hinausgehen würde.

Es war besser, ich zog mich an und ging, ohne sie zu wecken. Aber nein, erst mußte ich sie noch etwas fragen. Ich wartete und versuchte wieder einzuschlafen.

Als Silvia wach war, lächelte sie mir zu. Wir begannen wieder davon zu sprechen. Sie sagte: »Es ist schön, wenn man so aufrichtig ist wie wir.« »O Silvia«, flüsterte ich, »was soll ich tun, wenn ich von hier fortgehe? Wohin soll ich gehen?« Das war die Frage, die ich ihr hatte stellen wollen. Ohne den Nacken vom Kissen zu heben, lächelte sie wieder, glücklich. »Du Dummkopf«, sagte sie, »geh doch, wohin du willst. Ist es nicht schön, frei zu sein? Du wirst viele Mädchen kennenlernen, wirst alles tun, was du willst. Auf mein Wort: ich beneide dich.«

Jetzt füllte der Morgen das Zimmer, nur im Bett war es noch ein bißchen warm. Silvia wartete geduldig.

»Du bist wie eine Dirne«, sagte ich zu ihr, »und du bist es immer gewesen.«

Silvia machte die Augen nicht auf. »Fühlst du dich besser, nachdem du das gesagt hast?« fragte sie.

Da blieb ich liegen, als wäre sie gar nicht da, sah zur Zimmerdecke und weinte lautlos. Die Tränen füllten mir die Augen und tropften aufs Kissen. Es lohnte nicht, daß man es mir anmerkte. Viel Zeit ist darüber hingegangen, und jetzt weiß ich, daß jene stummen Tränen das einzige wahrhaft Männliche waren, was ich bei Silvia tat; ich weiß, daß ich nicht um sie weinte, sondern weil ich mein Schicksal flüchtig erblickt hatte. Von dem, der ich damals war, ist nichts mehr übrig. Übrig ist allenfalls, daß ich begriffen hatte, wer ich in Zukunft sein würde.

Dann sagte Silvia: »Jetzt ist es genug. Ich muß aufstehen.«

Wir standen beide gleichzeitig auf. Ich sah nicht, wie sie sich anzog. Ich war rasch auf den Füßen, am Fenster, und betrachtete die durch den Nebel hindurchschimmernden Bäume. Hinter dem Nebel schien die Sonne, die Sonne, die so oft das Zimmer erwärmt hatte. Auch Silvia war rasch angekleidet und fragte mich, ob ich mein Zeug nicht gleich mitnähme. Ich sagte zu ihr, erst wolle ich den Kaffee warm machen, und zündete den Herd an.

Silvia saß auf dem Bettrand und begann ihre Nägel zu bearbeiten. Früher hatte sie das immer am Tisch getan. Sie schien in Gedanken, und die Haare fielen ihr ständig über die Augen. Dann schüttelte sie den Kopf und warf sie zurück. Ich ging durch das Zimmer und suchte mein Zeug zusammen. Alles – es war ein ganzer Haufen – legte ich auf einen Stuhl, und plötzlich sprang Silvia auf und machte eilig die Flamme aus; der Kaffee lief über.

Dann zog ich den Koffer hervor und legte das Zeug hinein. Inzwischen mühte ich mich, im stillen alle die unangenehmen Erinnerungen zu sammeln, die ich an Silvia hatte – die Kleinigkeiten, die viele schlechte Laune, die gereizten Worte, die Falten. Das nahm ich aus ihrem Zimmer mit. Was ich dort ließ, war ein Nebel.

Als ich gepackt hatte, war der Kaffee fertig. Wir tranken ihn stehend, neben dem Herd. Silvia sagte irgend etwas – sie werde an diesem Tag zu dem und dem gehen, um über ein Geschäft zu reden. Kurz danach setzte ich die Tasse hin und ging mit meinem Koffer fort. Der Nebel draußen und die Sonne blendeten mich.

Arbeiten ist ein Vergnügen

In der schönen Jahreszeit, von Juni bis Oktober, lebte ich immer auf dem Land; ich kam dorthin wie zu einem Fest. Ich war ein Junge, und die Bauern nahmen mich mit zum Ernten – zu den leichtesten Arbeiten, Heu aufladen, die Mohrenhirse abschneiden, Trauben lesen. Nicht zum Kornmähen, weil da die Sonne zu stark ist; und das Pflügen im Oktober langweilte mich, denn wie alle Jungen zog ich, auch im Spiel und beim Fest, die Dinge vor, die etwas einbringen: Ernten, volle Körbe; nur ein Bauer sieht in den aufgerissenen Furchen das Korn des nächsten Jahres.

An den Tagen, wo nichts geerntet wurde, wanderte ich durchs Haus oder ganz allein durch die Felder, suchte Obst oder spielte mit anderen Jungen Fischen im Belbo, das war einigermaßen nützlich, und es erschien mir als etwas Großes, wenn ich mit meinem jämmerlichen Fang nach Hause kam, einem Fischchen, das später die Katze fraß.

Allem, was ich tat, maß ich große Wichtigkeit bei und bezahlte so mein Teil Arbeit für den Nächsten, fürs Haus und für mich selbst.

Darum meinte ich zu wissen, was Arbeit ist. Überall sah ich die Menschen arbeiten auf diese ruhige, von Pausen unterbrochene Art, die mir gefiel – an manchen Tagen vom frühen Morgen bis zur Nacht, nicht einmal Zeit, zum Essen zu gehen, und verschwitzt, ohne Hemd, zufrieden –, und dann wieder gingen die gleichen Menschen, den Hut auf dem Kopf, im Dorf spazieren oder setzten sich auf den Balken, um miteinander zu reden, und wir aßen, lachten und tranken. Auf den Straßen traf ich einen Verwalter, der in der Sonne zu einem Jahrmarkt ging, um sich umzusehen und zu reden, und ich freute mich bei dem Gedanken, daß auch dies Arbeit sei, daß dieses Leben besser sei als das gefängnisähnliche in der Stadt, wo, während ich noch schlief, eine Sirene Angestellte und Arbeiter zusammenrief, alle Tage, alle Tage; nur nachts ließ dieser Druck nach.

Damals war ich überzeugt, es gebe einen Unterschied zwischen den beiden Arten, zu leben: wenn man morgens vor Tag auf ein Feld geht angesichts der Hügel, im feuchten Gras stapfend, und wenn man über ausgetretene Gehsteige zur Arbeit hastet, ohne daß man auch nur die Zeit hat, nach dem schmalen Stück Himmel zu spähen, das über den Häusern sichtbar wird. Ich war ein Junge, und es mag sein, daß ich die Stadt, wo man keine Ernten und keine vollen Körbe hat, nicht begriff. Und sicher – hätte man mich gefragt, so hätte ich geantwortet, es sei besser und nützlicher, meinetwegen fischen zu gehen oder Maulbeeren zu sammeln, als das Eisen in den Öfen zu schmelzen oder Briefe und Abrechnungen auf der Maschine zu schreiben.

Zu Hause aber hörte ich, wie man gerade wütend auf diese Stadtarbeiter schimpfte, weil sie unter dem Vorwand, daß sie arbeiteten, unaufhörlich Ansprüche stellten, ›lästig‹ wurden und für Unordnung sorgten. Als man eines Tages erfuhr, daß in der Stadt sogar die Angestellten etwas gefordert hatten und lästig geworden waren, gab es einen geradezu wüsten Lärm. Keiner bei uns zu Hause begriff, was die Angestellten – die Angestellten! – davon hätten und dadurch gewönnen, wenn sie sich mit den Arbeitern zusammentäten.

›Ist das möglich? Gegen die, die ihnen zu essen geben?‹ ›Sich so weit erniedrigen?‹ ›Sie sind verrückt oder bestochen.‹ ›Unvernünftiges Pack.‹

Der Junge hörte zu und schwieg. Arbeit hieß für ihn: Sommerfrühe und Hundstagshitze, der Tragkorb, der tropfende Schweiß, die Hacke, die die Erde aufbricht. Er begriff, daß sie in der Stadt jammerten und durchaus nicht vom Morgen bis zum Abend drinstecken wollten – er hatte sie gesehen, diese schrecklichen Fabriken und erstickend heißen Büros.

Er begriff nicht, was Arbeit war. ›Arbeiten ist ein Vergnügen‹, sagte er bei sich selbst.

»Arbeiten ist ein Vergnügen«, sagte ich eines Tages zu dem Verwalter, der mir den Korb mit Trauben füllte, die ich der Mama bringen sollte.

»Wenn es nur so wäre!« antwortete er. »Aber es gibt Menschen, die keine Lust zum Arbeiten haben.«

Dieser Verwalter war ein strenger Mann; die meiste Zeit war er still, wußte jedoch genau, wo bei der Landarbeit etwas herauszuholen ist. Auch mich kommandierte er manchmal, aber im Spaß. Er besaß eigenes Land und einen Meierhof über dem Belbo drüben und hatte dort selbst Verwalter.

Diese Verwalter kamen sonntags zu ihm, brachten Gemüse oder faßten mit an, wenn die Arbeit drängte. Er war immer überall, er arbeitete bei uns, arbeitete auf seinem Besitz, besuchte die Jahrmärkte.

Wenn die Verwalter ankamen und er war nicht da, blieben sie und redeten mit uns. Es waren zwei, der alte und der junge, und sie lachten.

»Arbeiten ist ein Vergnügen«, sagte ich auch zu ihnen in dem Jahr, als die Meinen sich ereiferten, weil in der Stadt Unruhen waren.

»Wer sagt das?« antworteten sie. »Der, der nichts tut – wie du.«

»Der Verwalter sagt es.«

Da lachten sie noch lauter.

»Natürlich«, sagten sie. »Hast du je einen Pfarrer sagen hören, es sei dumm, in die Kirche zu gehen?«

Ich begriff, daß das Gespräch wurde wie die, die man damals zu Hause führte.

»Wenn ihr schon keine Lust habt zu arbeiten«, sagte ich, »so habt ihr doch Lust, die Früchte zu ernten.«

Der junge Mann hörte auf zu lachen. »Da gibt es die Herren«, sagte er langsam, »die sich die Früchte teilen, ohne gearbeitet zu haben.«

Ich sah ihn mit einem roten Kopf an.

»Macht Streik«, sagte ich, »wenn ihr nicht zufrieden seid. In Turin macht man Streik.«

Da sah der junge Mann seinen Vater an, sie blinzelten mir zu und lachten wieder.

»Erst müssen wir die Trauben ernten«, sagte der Alte, »dann sehen wir weiter.«

Aber der junge Mann schüttelte den Kopf und lachte.

»Ihr, Vater, werdet nie etwas tun«, sagte er langsam.

Wirklich taten sie nichts, und bei mir zu Hause machte man weiter großen Lärm um die Unruhen der Angestellten und Arbeiter, die von dem leichten Leben der Kriegsjahre verdorben seien. Ich hörte zu, schwieg und dachte an die Streiks als an ein Fest, das den Arbeitern erlaubte, spazieren zu gehen. Aber etwas – anfangs war es nichts als ein Verdacht – war mir durch und durch gegangen: Arbeiten ist kein Vergnügen, nicht einmal auf dem Land. Und diesmal wußte ich: nur das Bedürfnis, die Ernte zu sehen und sie nach Hause zu schaffen, hinderte die Dorfleute daran, etwas zu unternehmen.

BIBLIOGRAPHISCHE HINWEISE

Die vorliegende Sammlung enthält in chronologischer Folge alle Erzählungen Paveses: außer denen, die Pavese selbst in dem Band *Feria d'agosto* (1946) veröffentlicht hat, und denen, die nach seinem Tode in dem Band *Notte di festa* (1953) erschienen, wurden auch die in seinem Nachlaß gefundenen Erzählungen und Fragmente aufgenommen. Die deutsche Ausgabe entspricht dem innerhalb der italienischen Werkausgabe erschienenen Band *Racconti* (1960).

Die in der italienischen Ausgabe zum erstenmal in Buchform veröffentlichten Erzählungen und Fragmente sind in dem folgenden Verzeichnis mit einem Sternchen versehen.

Die Daten beziehen sich auf Anfang und Ende der Niederschrift; Pavese selbst hat sie in den Manuskripten vermerkt. Wo das Jahr in Klammern gesetzt und mit einem Fragezeichen versehen ist, war es in den Manuskripten nicht angegeben und wurde aus anderen Unterlagen oder aus der Anordnung der Manuskripte selbst erschlossen.

Die Bezeichnung ›ohne Titel‹ besagt, daß der Titel von den Herausgebern eingesetzt wurde.

Land der Verbannung (Terra d'esilio)

5.–24. Juli 1936. Manuskript. Im Konzept hat es den Titel *Sterilità*. Veröffentlicht in dem Band *Notte di festa*. Das Thema wird wieder aufgenommen in *Il carcere (Die Verbannung)*.

* *Der böse Blick (Jettatura)*

11.–13. November 1936. Manuskript.

Hochzeitsreise (Viaggio di nozze)

24. November – 6. Dezember 1936. Veröffentlicht in dem Band *Notte di festa*.

* *Weiberhaß (Misoginia)*

16.–24. Dezember 1936. Manuskript.

Der Eindringling (L'intruso)

30. Dezember 1936 – 14. Januar 1937. Manuskript. Veröffentlicht in dem Band *Notte di festa*.

Die drei Mädchen (Le tre ragazze)

23. Januar – 12. Februar 1937. Manuskript. In einer Abschrift lautet der Titel *Primo amore*, den später eine andere Erzählung erhielt. Veröffentlicht in dem Band *Notte di festa.*

Die Nacht von San Rocco (Notte di festa)

5.–29. März 1937. Manuskript. Veröffentlicht in dem Band *Notte di festa.*

Freunde (Amici)

8.–14. Mai 1937. Manuskript. Veröffentlicht in dem Band *Notte di festa.*

* *Sommergewitter (Temporale d'estate)*

30. Mai – 9. Juni 1937. Manuskript mit vielen Korrekturen. Hier wird die vollständige Fassung veröffentlicht, zusammen mit dem ersten Teil, der gestrichen war; die gekürzte Fassung trug den Titel: *La draga* und das Datum: 17. September.

Kanaillen (Carogne)

20. Juni – 7. Juli 1937. Manuskript. Im Konzept lautet der Titel *Un incontro.* Veröffentlicht in dem Band *Notte di festa.*

* *Das Idol (L'idolo)*

4.–21. August 1937. Von dieser Erzählung existiert nur der Entwurf.

Erste Liebe (Primo amore)

7.–18. Dezember (1937?). Veröffentlicht in dem Band *Feria d'agosto.*

Die Selbstmörder (Suicidî)

1.–13. Januar 1938. Manuskript. Veröffentlicht in dem Band *Notte di festa.*

* *»Si parva licet«*

10.–14. Februar 1938. Manuskript.

Haus am Hügel (Villa in collina)

28. Juni – 24. Juli 1938. Manuskript. Der Titel steht nur im Konzept. Veröffentlicht in dem Band *Notte di festa.* Das Thema wird wieder aufgenommen in *La spiaggia.*

Das Kornfeld (Il campo di grano)

26. Juli – 2. August 1938. Manuskript. Veröffentlicht in dem Band *Notte di festa.*

* *Treue (Fedeltà)*

2.–13. Oktober 1938. Manuskript. Das Thema wird später wieder aufgenommen in einer unvollendeten Skizze von fünfzig Seiten vom Dezember 1941, und schließlich in *Il compagno*.

Nach dieser Erzählung entstanden vier kurze, später in Buchform erschienene Romane:

Die Verbannung (Il carcere)

27. November 1938 – 16. April 1939. Zuerst lautete der Titel *Memorie di due stagioni*. Veröffentlicht 1948 in dem Band *Prima che il gallo canti*. Deutsche Ausgabe: *Da er noch redete, krähte der Hahn*. Zwei Romane. Aus dem Italienischen von Arianna Giachi. 1965. Claassen Verlag.

Paesi tuoi

3. Juni – 16. August 1939. Erschienen 1941.

Der schöne Sommer (La bella estate)

2. März – 6. Mai 1940. Zuerst lautete der Titel *La tenda*. Veröffentlicht 1949 in dem Band *La bella estate*. Deutsche Ausgabe: *Der schöne Sommer*. Roman. Aus dem Italienischen von Charlotte Birnbaum. 1964. Claassen Verlag.

La spiaggia

6. November 1940 – 18. Januar 1941. Veröffentlicht in Fortsetzungen in der Zeitschrift ›Lettere d'Oggi‹, Rom 1941, und im gleichen Jahr als Buch im Verlag der Zeitschrift; 1956 Neuausgabe bei Einaudi.

* *Haus am Meer (Casa al mare)*

Unvollendet, ohne Titel, 25. Januar (1940?), Konzept. In einer Kopie des ersten Absatzes erzählt ein Mädchen namens Flora in der dritten Person. Vielleicht der erste Versuch für *La spiaggia*.

* *Die Bettler (I mendicanti)*

Fragmente ohne Titel, 18.–21. Februar (1940?). Konzept mit vielen Korrekturen.

Ein Ruf (Vocazione)

27. Juni – 2. Juli 1940. Veröffentlicht in dem Band *Feria d'agosto*.

** Der Hauptmann (Il capitano)*

Unvollendet. Begonnen am 20. Februar 1941. Konzept ohne Titel.

** Die Familie (La famiglia)*

1.–30. April 1941. Konzept. Von den ersten Seiten existieren spätere Abschriften: die eine, zum Teil in Maschinenschrift, mit dem Titel *La feria*, datiert vom 29. April 1942, mit Tintenkorrekturen (Übergang von der dritten Person in die erste) und skizzierten Varianten, mit Bleistift geschrieben; eine zweite Abschrift vom 28.–30. August (1942?) mit einem anderen Anfang und einem anderen Namen der Hauptperson.

Der Name (Il nome)

23.–24. Juni 1941. Veröffentlicht in ›Il Messaggero‹, Rom, 15. Juli 1941 und in ›Il Secolo XIX‹, Genua, 15. Juli 1941. Später in dem Band *Feria d'agosto.*

Ende August (Fine d'agosto)

10. Juli 1941. Veröffentlicht in ›Il Messaggero‹, 31. August 1941. Später in dem Band *Feria d'agosto.*

** Die Freiheit (La libertà)*

2.–6. Juli 1941. Manuskript in Maschinenschrift mit der Anmerkung ›Minerva‹, 1. September 1941.

Schwimmbad am freien Tag (Piscina feriale)

21. Juli 1941. Veröffentlicht in dem Band *Feria d'agosto.*

** Das Abenteuer (L'avventura)*

5. August 1941. Veröffentlicht in ›Primato‹, Rom, 1. September 1941.

Die Wiese der Toten (Il prato dei morti)

15. August (1941?). Veröffentlicht in dem Band *Feria d'agosto.*

Die Lederjacke (La giacchetta di cuoio)

6.–11. September 1941. Veröffentlicht in dem Band *Feria d'agosto.*

** Wanda*

Fragment. 13. September (1941?). Konzept ohne Titel.

Träume im Lager (Sogni al campo)

16.–17. September (1941?). Veröffentlicht in dem Band *Feria d'agosto.*

Das Maisfeld (Il campo di granturco)

24.–26. September 1941. Veröffentlicht in ›Il Messaggero‹, 5. Oktober 1941. Später in dem Band *Feria d'agosto.*

Die Langa (La Langa)

7.–8. Oktober 1941. Veröffentlicht in ›Il Messaggero‹ und in ›Il Secolo XIX‹, 1941. Später in dem Band *Feria d'agosto.*

Eine Gewißheit (Una certezza)

19.–22. Oktober 1941. Veröffentlicht in ›Il Messaggero‹, 19. Februar 1942. Später in dem Band *Feria d'agosto.*

Der Einsiedler (L'eremita)

22.–26. Oktober 1941. Veröffentlicht in dem Band *Feria d'agosto.* Von dieser Erzählung existiert eine erste, umfangreichere Fassung, 28. Oktober – 9. November 1938.

* *Im Bahnhofscafé (Nell caffè della stazione)*

Fragment. Konzept ohne Titel. 28. Oktober – 1. November 1941.

* *Die Gruppe (Il gruppo)*

6.–8. November 1941. Veröffentlicht in ›Il Messaggero‹, 1941. Das Thema ist das gleiche wie in dem Fragment *Der Hauptmann.*

Altes Handwerk (Vecchio mestiere)

15.–18. November 1941. Veröffentlicht in ›Il Messaggero‹, 29. Dezember 1941. Später in dem Band *Feria d'agosto.*

* *Die Zigeunerin (La zingara)*

November 1941. Maschinenschriftliche Kopie mit Korrekturen von der Hand des Autors.

Schlaflosigkeit (Insonnia)

29. Januar – 2. Februar 1942. Veröffentlicht in ›Il Messaggero‹, 12. Februar 1942. Später in dem Band *Feria d'agosto.*

Erwachen (Risveglio)

24. Februar 1942. Veröffentlicht in ›Il Messaggero‹, 10. April 1942, und in ›Il Secolo XIX‹, 17. April 1942. Später in dem Band *Feria d'agosto.*

* *Signor Pietro (Il signor Pietro)*

Unvollendet. 26. Februar – 7. März 1942. Konzept ohne Titel.

Die Zeit (Il tempo)

8. April 1942. Veröffentlicht in ›Il Messaggero‹, 26. Mai 1942, und in ›Il Secolo XIX‹, 29. Mai 1942. Später in dem Band *Feria d'agosto.*

Die Stadt (La città)

13.–31. April 1942. Veröffentlicht in ›Tempo‹, Mailand, 28. Mai 1942. Später in dem Band *Feria d'agosto.*

* *Vespa*

Fragment. 9.–10. Mai 1942. Konzept ohne Titel. Es existieren zwei frühere Skizzen, vom 4. Mai. Ursprünglich war es eine Fortsetzung von *La feria*, einer Neufassung des Anfangs von *Die Familie.*

Der Sommer (L'estate)

14.–18. Mai 1942. Veröffentlicht in ›Il Messaggero‹, 6. Juni 1942, und in ›Il Secolo XIX‹, 16. Juni 1942. Später in dem Band *Feria d'agosto.*

* *Das Blut (Il sangue)*

Fragment. 28. Juni 1942. Manuskript.

* *Das Kastell (Il Castello)*

Unvollendet. 23. Juni – 4. Juli 1942. Von diesem Text existieren verschiedene, fragmentarische Fassungen, alle im Konzept, voller Korrekturen.

Das Meer (Il mare)

23. September – 23. Oktober 1942. Veröffentlicht in ›Primato‹, 1. und 15. Dezember 1942. Später in dem Band *Feria d'agosto.* Über das gleiche Thema existiert das Konzept einer Skizze vom 30. Juli.

Die Häuser (Le case)

13.–21. Juli 1943. Veröffentlicht in dem Band *Feria d'agosto.*

Die Feste (Le feste)

24.–28. Oktober 1943. Veröffentlicht in dem Band *Feria d'agosto.*

Geheimnis (Storia segreta)

17. November 1943 – 25. August 1944. Veröffentlicht in dem Band *Feria d'agosto.*

Der Weinberg (La vigna)

27. April 1944. Veröffentlicht in dem Band *Feria d'agosto.*

Das Gespräch am Fluß (Il colloquio del fiume)

28. Mai – 1. Juni 1944. Veröffentlicht in dem Band *Feria d'agosto.*

Nacktheit (Nudismo)

21. Juni – 3. Juli 1944. Veröffentlicht in dem Band *Feria d'agosto.*

* *Der Flüchtling (Il fuggiasco)*

Fragment. 13. September – 7. Oktober 1944. Konzept ohne Titel. Es ist die erste Fassung von Seiten, die später für den Roman *Das Haus auf der Höhe (La casa in collina)* herangezogen werden. Das zweite Fragment folgt dem ersten in einer zweiten Fassung mit dem Datum vom 16. Februar 1947 (geht also der endgültigen Fassung des Romans um einige Monate voraus).

* *Jahre (Anni)*

6. Januar 1946. Maschinen-Kopie mit Korrekturen von der Hand des Autors und der Bezeichnung ›Giornale del Mattino‹, 13. Januar 1946. Von diesem Text existiert auch ein Konzept, als erstes Kapitel einer ersten Fassung des unvollendeten Romans gedacht, den Pavese zusammen mit Bianca Garufi geschrieben hat; es trägt das Anfangsdatum des 4. Februar 1946. In der späteren Fassung wurde dieses erste Kapitel durch ein anderes ersetzt. Der Roman erschien nach Paveses Tod unter dem Titel *Fuoco grande.* Deutsche Ausgabe: *Das große Feuer.* Aus dem Italienischen von Oswalt von Nostitz. 1962. Kindler Verlag.

* *Arbeiten ist ein Vergnügen (Lavorare è un piacere)*

26. Februar 1946. Maschinenschriftliche Kopie mit der Bezeichnung von der Hand des Autors: ›L'Ora del popolo‹, 18. März 1946.

Il compagno

4. Oktober – 22. Dezember 1946. Erschienen 1947.

Das Haus auf der Höhe (La casa in collina)

11. September 1947 – 4. Februar 1948. Erschienen in dem Band *Prima che il gallo canti* (1948). Deutsche Ausgabe: *Da er noch redete, krähte der Hahn.* Zwei Romane. Aus dem Italienischen von Arianna Giachi. 1965. Claassen Verlag.

Der Teufel auf den Hügeln (Il diavolo sulle colline)

20. Juni – 4. Oktober 1948. Erschienen in dem Band *La bella estate* (1949). Deutsche Ausgabe: *Der Teufel auf den Hügeln.* Roman. Aus dem Italienischen von Charlotte Birnbaum. 1963. Claassen Verlag.

Die einsamen Frauen (Tra donne sole)

17. März – 20. Mai 1949. Erschienen in dem Band *La bella estate* (1949). Deutsche Ausgabe: *Die einsamen Frauen.* Roman. Aus dem Italienischen von Catharina Gelpke. 1960. Claassen Verlag.

Junger Mond (La luna e i falò)

18. September – 9. November 1949. Veröffentlicht 1950. Deutsche Ausgabe: *Junger Mond.* Roman. Aus dem Italienischen von Charlotte Birnbaum. 1954. Claassen Verlag.

Inhalt

Cesare Pavese

»Nur die Poesie der großen Schriftsteller erreicht jenes Maß von Objektivität, das dem Leser, klar und unwiderleglich, die Vorstellung des *mea res agitur* suggeriert.
Pavese ist einer von diesen Autoren gewesen. Wir wären ärmer an Erkenntnis, wenn es sein Turin, sein Brancaleone und sein Santo Stefano Belbo nicht gäbe.«
Walter Jens

Nacktheit. Sämtliche Erzählungen

552 Seiten, gebunden

Andere Tage, andere Spiele

Episodenroman. 192 Seiten, gebunden

Junger Mond

Roman. 216 Seiten, Paperback

Der Genosse – Unter Bauern – Am Strand

Drei Romane. 392 Seiten, gebunden

Schriften zur Literatur

Die Entdeckung Amerikas. Literatur und Gesellschaft.
Der Mythos. 400 Seiten. Paperback

In Vorbereitung:

Die Turiner Romane

Drei Romane Paveses in Kassette: »Der schöne Sommer«, »Der Teufel auf den Hügeln« und »Die einsamen Frauen«.

claassen Verlag · Postfach 92 29 · 4000 Düsseldorf

Alvise Zorzi

Marco Polo

Eine Biographie.
Aus dem Italienischen von Sylvia Höfer.
Ca. 400 Seiten, 8 Seiten Farbtafeln, gebunden.

In dieser durch ihre Fülle an Fakten und die Vielfalt ihrer Aspekte faszinierenden Biographie stellt der Autor, ein hervorragender Kenner der Geschichte und Kultur Venedigs, seinen Helden nicht als Kolossalfigur dar, sondern als den venezianischen Bürger Marco Polo, der wie jeder Mensch eingebunden ist in die politischen, wirtschaftlichen und kulturellen Bedingungen seiner Zeit. Während er den venezianischen Kaufmann auf seinen Reisen begleitet, gelingt es ihm, die Unterschiede und Ähnlichkeiten zwischen der venezianischen Kultur und dem Kaleidoskop der orientalischen Kulturen aufzuzeigen. So entsteht ein farbiges Szenarium: Begebenheiten, Bilder, Gestalten und Geschichten spiegeln sich im bunten Spektrum der Kulturen, Religionen, Landschaften, Tragödien und Lustbarkeiten Asiens wider. Was den Autor und seinen Helden verbindet, ist die Neugier, die genaue Wahrnehmung der Welt und des bedeutsamen Details. Wir erleben die Geschichte und entdecken den wahren Marco Polo.

Guido Morselli

Nach seinem Selbstmord im Jahre 1973 ist Guido Morselli zu einem berühmten »Fall« der italienischen Literatur geworden. Erst mit großer Verspätung wurde die Kritik auf sein Werk aufmerksam, und die Veröffentlichungen leiteten eine der aufsehenerregendsten Neuentdeckung der neueren Literaturgeschichte ein. Morselli gewann gewissermaßen über Nacht die Statur eines modernen Klassikers der italienischen Literatur.

»History-fiction kann man die Romane Guido Morsellis nennen. Nicht die Zukunft, die Vergangenheit ist offen: Geschichte wird umgebaut – mit überraschenden Konsequenzen für die Gegenwart.«
Deutsche Zeitung

»Guido Morselli ist die überraschendste Entdeckung der neuen italienischen Literatur. Er schreibt elegant und eingängig. Sein Stilmittel ist der diskrete Charme der Kultur.«
François Bondy

Licht am Ende des Tunnels

Roman.
Aus dem Italienischen von Arianna Giachi.
296 Seiten, gebunden

Ein Ausflug seiner Majestät

Divertimento in der Schweiz.
Aus dem Italienischen von Ragni Maria Gschwend.
190 Seiten, gebunden.

Louis Aragon

»Aragons Werk ist ein Spiegel des 20. Jahrhunderts, geschaffen von einem Menschen, der nie ›über dem Getümmel‹ stehen, sondern ›ganz zur grandiosen und traurigen Herde der Menschen‹ gehören wollte.«
Wolfgang Babilas

»Aragon zu lesen, das gehört für mich zu den intellektuellen Genüssen, mit denen uns die moderne Literatur nicht verwöhnt.«
Ernst Robert Curtius

Das Wahr-Lügen

Erzählungen.
Aus dem Französischen von Lydia Babilas.
336 Seiten, gebunden

Theater/Roman

Roman.
Aus dem Französischen von Lydia Babilas.
552 Seiten, gebunden

Die Abenteuer des Telemach

Erzählung.
Aus dem Französischen von Lydia Babilas.
136 Seiten, gebunden

HELMUT DOMKE

Frankreichs Süden

HELMUT DOMKE

Frankreichs Süden

Im Bannkreis der Pyrenäen

Wege nach Santiago

Prestel-Verlag München

Mit zehn Aquarellen
von Eugen Sporer

Reproduktion und Druck der Aquarelle:
Ernst Wartelsteiner, Garching bei München.
Passavia Druckerei GmbH Passau
ISBN 3-7913-0617-0

Inhalt

VORWORT

Nicht ohne geheimen Kummer legt der Verfasser den Schreibstift aus der Hand, der ihn auf der Via Tolosana, der letzten der Pilgerstraßen nach Santiago de Compostela durch Frankreichs Süden begleitet hat wie der Bordon oder Pilgerstab einst den Jakobusbruder des Mittelalters. Zu vielgestaltig die durchmessenen Landschaftsräume, in denen alles zum Bleiben aufforderte, als daß er ohne Schmerz von ihnen Abschied nähme – den blinkenden Küstenstrichen des Mittelmeeres, den Schluchten der Cevennen, friedvollen Weinquartieren des Languedoc und überschwenglichen Fruchtgärten des Roussillon unter dem Canigou. Selbst die wogenden Höhen der Corbières, die goldenen Hirsefelder des Lauragais, sogar die Hügel der Gascogne, wie vermöchte die Erinnerung jene endlosen Räume zu vergessen, die mehr und mehr in den Bann des Pyrenäenwalles gerieten, den die Santiago-Wanderer auf einst gefahrvollen Pässen überquerten, um endlich durch den großen Grabenbruch Aragons im gleichnamigen Flußtal nach Westen, zum Vereinigungspunkt aller Santiago-Wege aus dem Norden, nach Puente la Reina, umzubiegen. Der Verfasser hat von ihnen wie vom Wesen des Jakobuskultes und der gemeinsamen Route zum fernen Galicia im ersten und dritten Teil seiner Santiago-Trilogie, in ›Aquitanien‹ und ›Spaniens Norden‹ berichtet.

Auch dieser Band ist ein Landschaftsbuch, sogar im eigentlichen Sinn des Wortes. Keine der drei übrigen Hauptrouten durch das Frankreich südlich der Loire, ob ›Turonensis‹, ›Lemovicensis‹ oder ›Podiensis‹, erschließt die umgebende Landschaft gleich der so vielfältig aufgefächerten Tolosana, deren Name eher einem Sammelbegriff denn einer Straßenbezeichnung gleicht. Verbanden doch manche der mittelalterlichen Jacquaires mit ihrer großen Wallfahrt ein marianisches Anliegen, das sie parallel des Mittelmeersaumes durch das Roussillon bis zum Marienheiligtum des Montserrat führte. Die Mehrzahl bog freilich frühzeitig von der Küste ab, sei es in Montpellier, Béziers oder Narbonne, um auf verschiedenen Wegen Toulouse zu erreichen, hinter dem sich die Aufgliederung der Routen bis zum Somport-Paß oder dem von Roncesvalles wiederholte.

Es gibt geographische, aber vor allem historische Gründe dafür. Selbst wenn man von der Sarazenengefahr um die Jahrtausendwende absieht, blieb das Gebiet des Languedoc, der Gascogne immer eine Schicksalslandschaft. Vollends während der großen Epoche der Wanderschaft im 12. und 13. Jahrhundert, als die Katharerunruhen den Süden erschütterten und zum Untergang seiner Selbständigkeit führten. Sie verleihen der Tolosana ihre tragischen Akzente. Allein, auch während späterer Zeiten hielt die unheilvolle Entwicklung der Geschichte an. Nach dem Abklingen der großen Häresie folgte seit 1337 der Hundertjährige Krieg zwischen Engländern und Franzosen um das aquitanische Erbe; er schloß die große Pestepidemie des Südens und Hungersnöte ein. Das Reformationszeitalter brachte in gewisser Weise sogar das Ende der Pilgerschaft. Die 1559 anhebenden Religionskriege zwischen Katholiken und calvinistischen Hugenotten, die in diesem Buch freilich nur gestreift werden konnten, setzten den Santiago-Wanderer tödlichen Gefahren aus. Viele unwiederbringliche Monumente der Pilgerschaft, so Kirchen, Klöster und Bildwerke gingen damals zugrunde. Zwar bedeuten die 1702 in den Cevennen ausbrechenden Camisardenaufstände nur noch ein örtliches Nachspiel der Tragödie, aber die Große Revolution von 1789 machte vollends reinen Tisch. Erst nach der napoleo-

nischen Ära konnten einzelne ›Liebhaber von Altertümern‹ daran gehen, die Trümmer der an künstlerischen Genieleistungen so überreichen Pilgerepoche zu sammeln oder ihre Überbleibsel zu restaurieren.

Dieses Buch widmet sich dem gleichen Ziel. Es ist angesiedelt im geistigen Spannungsfeld zwischen der grandiosen Landschaft und einer von tiefer Tragik erfüllten Geschichte und versucht, die künstlerische Hinterlassenschaft eines viele Jahrhunderte währenden, jäh abbrechenden Menschheitszuges im durchwanderten ›Weltinnenraum‹ wieder sichtbar zu machen.

Keineswegs allein um der Historie willen! Geht doch von der Santiago-Fahrt des mittelalterlichen Menschen eine Aufforderung zu einer Überhöhung des Daseins aus, die dem Nachfahren von heute in seiner gewiß bequemeren, aber auch abgeflachteren Existenz als Spiegel der Selbsterkenntnis dienen mag.

PROLOG

Avant que je m'en aille
Il faut penser à moi
Je romprai la muraille
Qui me retient en moi …

Bevor davon ich gehe
Will ich gedenken mein.
Ich werde die Mauer durchbrechen,
Die in mich sperrt mich ein …

Französisches Pilgerlied

Schulter an Schulter

Mehr als ein halbes Jahrtausend ging seit den großen Pilgertagen vorüber, während die Knospen schwollen, die Blätter herabtaumelten und ganze Generationen ins Meer der Vergessenheit sanken. Aber noch immer wandern sie durch unsere Gedanken, jene Santiago-Fahrer des hohen Mittelalters, die man Jacquaires, Jacquots, Jacquets oder auch anders nannte. Ihr Weg ist ein Sinnbild der Menschheit. War sie nicht stets unterwegs, seit das erste vernunftbegabte Geschöpf über die Erde schritt, auf der Jagd, der Flucht, dem Heil oder jener unstillbaren Zukunftshoffnung nach, die doch eines jeden persönliches Ende einschließt? Seltsam widersprüchliches, unstetes Wesen Mensch, das, eingeschworen auf eine Welt vermeintlicher Tatsachen, immer wieder, uralten Träumen oder Ängsten folgend, über das Rund der Windrose treibt!

Ein Vorsommertag jener Epoche, fünf Uhr nachmittags. Brettflach, von sumpfigen Auen und verlandendem Altwasser durchzogen, die Rhône-Ebene, im Altertum ein blühender Garten, derzeit halb in den Zustand der Wildnis zurückgesunken. Fern im Südosten ragt der Kegel des Mont Ventoux ins makellose Blau, der trotz der Jahreszeit noch immer seine Schneehaube mit der Wolkenfeder am Hut trägt. Eine mehr friedvolle als heroische Kulisse. Aber das anmutige Aussehen trügt. Gefährliche Glut lastet über der Landschaft, durch deren Schmelzöfen die Wanderer müssen, begleitet vom Schrillen der Zikadenchöre.

Auf dem von Bambushecken gesäumten Weg zieht, gleichmütig ausschreitend, eine Gruppe jener Jacquaires, die bei der nächsten Ansiedlung, bald *Pont-Saint-Esprit* geheißen – noch ist die berühmte Pilgerbrücke nicht gebaut – in einem der bereitliegenden Nachen die Rhône queren wollen. Sie kommen aus Bayern. Zwei aus dem gleichen Heimatort sind zurückgeblieben, während die anderen voraus hinter den Grünschleiern der nächsten Wegebiegung verschwinden. Sie wandern keineswegs wie ihre rüstigen Gefährten dahin, die ihr Ziel zur Stunde des Abendläutens erreichen wollen. Der Ältere hat den Arm um den Hals seines Begleiters geschlungen und stolpert, halb geschleppt, unsicher vorwärts. Seine Lippen sind blau, die Grauhaare von Schweiß verklebt.

»Die Füße wollen nicht mehr«, keucht er jetzt. »Drüben gibt es Schatten«, und dann, fast tonlos, »kümmere dich nicht darum, wenn ich liegen bleibe. Vielleicht kommt ein Wagen vorüber ...«

Der Junge aber schüttelt abwehrend den Kopf. Er weiß, daß sich in den Sümpfen marodierendes Gesindel herumtreibt und nur auf seine Gelegenheit wartet. Schon ihr Zurückbleiben bedeutet Gefahr.

Zum Glück ist der Weg an diesem Tag viel begangen. Bald lassen sich die Schritte neuer Santiago-Wanderer hören; daher klimmt eine Stunde später ein kleiner Zug mit einer Trage aus Ästen und Bambusstengeln an der Landestelle jenseits des Stromes zum hohen Gegenufer des Ortes empor. Wo die heutigen Tages halb um Pont-Saint-Esprit geschwungene Platanenallee beginnt, schwenkt man südwärts ins Innere ein, quert eine schattige Häuserschlucht, dann die Rue du Couvent, um endlich die Rue Saint-Jacques zu erreichen, an deren Ende die Herberge liegt. Als sie, von der Last ermattet, die Bahre absetzen, erschrickt der junge Gefährte beim Anblick des Alten und schlägt ein Kreuz: ihre gemeinsame Fahrt ist zuende ...

Bald freilich wird er sich fassen, aufatmen und die Augen ins Ferne richten. Bedeutet nicht grade das Schicksal des Toten eine einzige Aufforderung, auf dem Heilsweg weiter zu wandern? Die Zuversicht aller Jacquaires überkommt ihn: wer liegen blieb, sank in Gottes Arm. So ist es verheißen. Am nächsten Morgen wird er allein oder mit neuen Begleitern über Nîmes und Saint-Gilles auf der Via Tolosana, der vierten der großen Routen, westwärts ziehn. Für den, der sich der Straße überantwortet hat, gibt es kein Aufhalten mehr. Weiter, nur weiter! Je größer Mühsal und Gefahr, desto verdienstvoller der Weg.

War ihre Epoche, fragen wir uns manchmal betroffen, eigentlich so heillos, oder was trieb die Pilger auf ihren Weg der unendlichen Mühen? Was die Lebensverhältnisse Europas und vollends in diesem Teil des Südens anlangt, durch welchen die Tolosana von nun an verlief, sie hatten sich derzeit erheblich gegen die Jahrtausendwende verbessert. Dennoch lebte in vielen Menschen ein unstillbarer Hunger nach Höherem. Sie schienen von einem tiefen Erschauern über die Fragwürdigkeit der eigenen Existenz erfaßt. Dazu kam ein neuerdings aufkeimendes Unbehagen über weltliche und klerikale Verhältnisse, das Kleinadel, Bürger wie Bauern ergriff. Sie antworteten darauf, anders als heute, nicht mit revolutionärer Auflehnung, sondern dem Aufbruch der Seele. Nur der Weg nach innen, der Wille zum Unbedingten machten frei! Sie brachten es fertig, Familienbande, Glück, Vermögen, kurz alles, was wir als Lebensqualität bezeichnen, aufs Spiel zu setzen, um wenigstens eine der Pilgerfahrten ins Heilige Land, nach Rom, nach Santiago de Compostela zu unternehmen, die unter andauernder Mühsal durch Todesgefahren führten. Selbst aus den entlegensten Winkeln des Kontinentes und der Britischen Inseln zogen sie unermüdlich heran. Auf dieser Wanderung wurden ihnen, geboren aus dem Drang nach Daseinserhöhung, innere Aufschwünge zuteil, die wir, sei es ablehnend oder staunend, oft aber sogar mit geheimer Verwirrung erahnen, ohne sie völlig nacherleben zu können.

Barret-Gurgand führen in ihrem Buch ›Priez pour nous à

Compostelle‹ für die geistig-seelische Lagerung des 11. und 12. Jahrhunderts präzise Gründe ins Treffen: den Erlösungsdrang der Menschen und die Nachwirkung der Offenbarung Johannis, der Apokalypse also, mit ihren Visionen endzeitlicher Schrecken. Niemand entgeht dem Letzten Gericht und den Strafen oder Plagen, die über die sündige Menschheit hereinbrechen werden! Als ›rançon de son âme‹ bezeichnet Pierre Garin aus Arras 1203 das Gelübde seiner Santiago-Fahrt, als Lösegeld für die Seele. Die in der romanischen Epoche allenthalben entstehenden Parusien, die Darstellungen der verheißenen Wiederkunft Christi zum Anbeginn des Weltgerichtes, bleiben das bedeutendste Thema der Kunst. Die Empfänglichkeit der Menschen für das Übersinnliche, ihre Frömmigkeit, ihre Hinwendung zum Höchsten sind spontan, ihre Fähigkeit zum metaphysischen Erlebnis dürfte zudem ungleich größer gewesen sein als die unsere, wie uns die Bildwerke jener Zeit belehren.

Nur folgerichtig, wenn sich die Devotion auf alles richtete, das vom Gnadenstrahl des Überirdischen getroffen war, die Wirkens- oder Ruhestätten der Heiligen vor allem, aber auch jene Reliquien, die späteren Reformern oder Aufklärern als so großes Ärgernis galten. Töricht, dergleichen als Idolatrie abzutun! Man verehrte darin nicht die Überbleibsel als solche, sondern in ihnen die Gnadenkraft; der Pilger erwies ihnen seine Devotion, damit seine Seele sich himmelwärts schwang und den Andächtigen auf der Brücke reiner Anschauung mit dem Überirdischen in Verbindung setzte. Er wußte noch nichts von Strahlungen, die das Weltall durcheilen, noch nichts von den verborgenen Kräften im Kern der Materie. Dafür besaßen die Emanationen des Geistigen und Religiösen für ihn greifbare Wirksamkeit. Um ihrer Segensmächte so innig und vielfältig wie möglich teilhaftig zu werden, nahm er weite Umwege in Kauf. Die Wanderschaft nach Santiago bestand ja keineswegs nur aus Weg und Ziel. Vielmehr schloß sie, vergleichbar den Perlen des Rosenkranzes, eine ganze Abfolge von Sanktuarien am Wege ein, bis der Bedefahrer im fernen Galicia zum Höhepunkt, dem Apostelgrab gelangte, um von hier womöglich nach Santa Maria Serena von Finisterre weiter zu wandern.

Dort konnte er hinausblicken auf das Mare Tenebrosum, hinter dem die Welt zuende war, für ihn gleichbedeutend mit der Grenze zum Absoluten. »Pour rompre la muraille«, wie das Pilgerlied in erstaunlicher Hellsicht für die innere Situation des Zeitalters sang.

Die *Via Tolosana,* die vierte, im Bannkreis der Pyrenäen nach Westen verlaufende Pilgerstraße, läßt sich an manchen Punkten nur noch schwierig nachvollziehn. Allzu heftig, allzu oft sind die Stürme der Geschichte über sie hingefegt und haben allzu viel Spuren ausgelöscht. Dennoch und trotz ihrer Auffächerung in eine Vielzahl von Einzelrouten, wird sie gelegentlich noch heute durch so eindrucksvolle Kunstwerke markiert, daß wir auch über sie Christi ›ego sum via‹ als Leitgedanken stellen dürfen.

Fast ständig im Anblick des französisch-spanischen Grenzgebirges quert sie jene Landschaften des Midi, die sozusagen ›auf den Pyrenäen reiten‹ und ihr einen gleichsam internationalen Charakter verleihen. Führt sie doch vom Languedoc über Roussillon, Gascogne, Béarn bis nach Aragon und Navarra. Man darf sie gleichzeitig als Route der Völker bezeichnen. Auf ihr sind neben Nordfranzosen und Provenzalen die Deutschen und ihre Grenznachbarn, Polen und Skandinavier, vor allem aber auch Italiener gelaufen. Was sich die Politiker der Gegenwart in eine staatliche Gemeinschaft umzusetzen mühen, war hier, wie an den anderen Hauptrouten, vor langen Jahrhunderten im Miteinander verschiedenster Nationen gelebte Wirklichkeit. Freilich kommt bei der Tolosana etwas Besonderes hinzu: das schwerwiegendste, schmerzlichste Problem des Mittelalters ist in ihrem Umkreis ausgekämpft worden. Allein, davon später.

Wie alle mittelalterlichen Straßen besaßen ihre vielfältigen Verzweigungen eigene Schwierigkeiten. Alte Römerwege wie die Via Domitiana konnten die Jacquaires nur noch streckenweise benutzen, sei es, daß die einstige Trasse zerstört war, sei es, daß ihre Richtung nicht günstig verlief. So folgten sie von Saint-Gilles dem sogenannten ›Cami roumieu‹ über Montpellier, um von hier nach Saint-Guilhem-le-

Désert und weiter über die Vorberge der Cevennen abzubiegen oder über Narbonne und Carcassonne durchs Lauragais nach Toulouse zu wandern. Manche Pilger benutzten gar eine Südroute durchs Roussillon. Wie gewöhnlich mied man versumpfte Täler und nahm lieber Steigungen in Kauf. Sich am Sonnenstand orientierend und immer bewußt, daß es die nächste Station vor Einbruch der Nacht zu erreichen galt, stiegen sie über Hügel, Landrücken, Höhen empor oder wanderten an Steilhängen entlang.

Auch wo ihr unaufhaltsamer Weg mit Verkehrsstraßen zusammenfiel, glich die Wanderung keinem Spaziergang. Das waren derzeit keine gepflegten Chausseen, sondern eher von tiefen Rädernarben durchfurchte, mit Schlammlöchern durchsetzte Spuren. Gelangten sie endlich in die Berge oder gar die Hochtäler der Pyrenäen, galt es beschwerlichen Gründen mit stürzenden Wassern zu folgen, um an ihrem Ende über Felsbrocken, Geröll und durch wüste Steinregionen emporzuklimmen, zwischen denen sich oft jede Andeutung eines Pfades verlor. Stimmte die eingeschlagene Richtung noch? Die Frage mochte sie oft genug beschäftigen. Am eigenen Leibe habe ich es erfahren.

Gewiß war durch fürsorgliche Regionalherren oder Mönche, die sich der Straße widmeten, endlich auch Reisige mit verschiedenartigen Sicherungsaufgaben manche Vorsorge getroffen. Da fand sich ein Rinnsal zum erquickenden Trunk, eine Quelle mit Korbgeflecht eingefaßt, wie man auf alten Bildern noch sehen kann. Da gab es Pilgerkreuze, die eine Herberge ankündigten, vor allem aber Wegezeichen, oft einfach aufgeschichtete Steinhaufen, ›Montjoies‹ genannt. Das Wort leitet sich vermutlich vom fränkischen ›mundgawi‹ her und bezeichnete ursprünglich einen Aussichtspunkt. Längst aber hatte es sich, geboren aus Pilgererfahrungen und Traditionen, in einen ›Freudenberg‹ verwandelt, gleich dem Montjoie vor Jerusalem, von dem die Kreuzfahrer einen ersten Blick auf die Heilige Stadt werfen konnten, oder dem galicischen Monte Gozo, von dessen Höhe das Auge in der Ferne Santiago de Compostela gewahrt. Die Bezeichnung findet sich noch heute oft als Ortsname auf französischen Karten.

Mochte freilich der Instinkt des mittelalterlichen Menschen noch geschärfter als der unsere sein – was tun, wenn Schnee die Landschaft in hohen Wächten bedeckte, die der Wind in den Vorbergen anhäufte? Nicht jeder konnte für seine Wanderung die günstigsten Monate nach der Aussaat im März bis zur Rückkehr im Spätherbst benutzen. Einerlei ob der Anmarsch zu weit war, der Pilger unterwegs erkrankte, ob er, einer auferlegten Zeitdauer wegen, die gute Jahreszeit versäumte oder die geeignete Route aus Unkenntnis verfehlte – manchmal blieb ihm nichts anderes übrig als die Wanderung in Sturm, Regen und Schnee, hier einbrechend ins klirrende Eis, von der beißenden Kälte des Bergwinters gepeinigt, dort bis zu den Knien im Firn versinkend. Der daheim ausgerissene Jungpilger Jean Bonnecaze, den man unterwegs mit Gewalt zum Militärdienst pressen wollte, mußte 1748 mehrere Nächte bei Eis und Schnee »à la belle étoile«, unter freiem Himmel, verbringen.

Blieb das auch ein Sonderfall, gefährliche Wetterstürze samt den Strapazen hoher Bergbesteigungen widerfuhren vielen Jacquaires auch im Sommer. Die meisten, die von Italien kamen, überstiegen den Mont Cenis, andere bogen auf der Südroute der Tolosana in Saint-Pé-de-Bigorre ins Tal von Ossau ab, um den Pyrenäenkamm am Col des Moines zu überwinden. Es gibt Berichte von der Überquerung großer Schneeflächen, bei denen man sich mit dem Bordon, dem Pilgerstab, stochernd von Punkt zu Punkt vortastete. Die Phantasie hat nicht viel zu leisten, um sich vorzustellen, wie sie bei solchen Gelegenheiten dahinstapften, Bart, Lippen und Wimpern eisverkrustet, die Hand am Griffstück des Wanderstabes von Frost erstarrt, die wenig geschützten Füße blaugefroren.

Senken und Ebenen boten Hindernisse anderer Art. Die Wege konnten gelegentlich Moräste, angeschwollene Bäche, Flüsse nicht umgehen, über die nur allzu selten Brücken führten. Fand sich Übersetzgelegenheit, gab es Ärger mit den Fährleuten. Die Preise waren gesalzen, die kleinen Boote mit Menschen vollgestopft. Wer ein Reittier besaß, tat gut daran, es, am Zügel schwimmend, hinter dem Nachen herzuziehen, damit das Gefährt nicht kenterte. Hochwasserzeiten konnten Katastrophen bedeuten. Barret-Gurgand zitieren eine Schilderung vom Lot-Übergang bei Coursavy, die genau so gut für die Tolosana gelten könnte. Die Fluten überschwemmen den niederen Brückenteil. Daher muß man mittels eines von Ketten gehaltenen Floßes bis zur Rampe am jenseitigen Ufer traversieren. Dort mühen sich Ordensbrüder mit hochgeschürzten Kutten, die auf dem halb untergetauchten Notgefährt zusammengedrängten Menschen und angstvoll wiehernden Reittiere hinüberzuziehen. Werden die Ketten halten? Gefahrvolle Augenblicke, die sich glücklicherweise zum Guten wenden! Ein anderes Mal versucht an anderer Stelle eine Vielzahl italienischer Pilger, unter denen sich die legendenumwobene Bona von Pisa befindet, wiederum bei Hochflut, einen überspülten Steg zu passieren. Niemand, nicht Pilgrim noch Pilgerin, wagt den Anfang zu machen, bis Bona nach kurzem Gebet mutig über die reißenden Wasser voranmarschiert, und wieder läuft alles gut aus. Wie oft solche Abenteuer übel endeten, konnte natürlich kein Opfer berichten. Oder es galt eine im Flußbett aufgemauerte, von Wasser überströmte Furt zu durchwaten, wie ich sie bei Mirande in der Baïse entdeckte. Wie sie aufspüren, wie, bis zum Oberschenkel eingetaucht, die Spur ertasten, wenn das Tageslicht schwand? – Mag dies als kleiner Einblick genügen!

Ein Wagnis blieb die Wanderschaft immer, und das Sterben am Weg ereignete sich so oft, daß die Herbergsväter für solche Fälle genaue Anweisungen hatten. Eingehüllt in den Mantel, trug man den Toten zum meist nahen Gottesacker. Der Ortskaplan sprach das Gebet; dann ging es ans Teilen, wenn sich kein legitimer Erbe fand. Freilich, wer zog schon nebst einem Angehörigen los? Der aussegnende Kleriker, die Herberge bekamen ihr Scherflein, die Kirche, die Armen, die Gefährten ein Erinnerungsstück, je nachdem. Mochte dergleichen wie im spanischen San Martin de Frómista mit seiner Vielzahl durchpassierender Pilger von den Umständen gegeben erscheinen, manchmal mutet es jedoch wie verkappte Fledderei an. Ende des 12. Jahrhunderts fielen in Viterbo, wie mir Werner Haftmann mitteilte, zwei Drittel der

Hinterlassenschaft eines verstorbenen Pilgrims an das ›Consilium militum‹, die Führung der städtischen Reitertruppe. Geschah dies, weil man hier den Jacquaires nicht grün war? Die Stadt galt als Hochburg der katharischen Häresie. Oder dachte man dabei an die Aufgabe dieser ›Kavallerie‹, für die Sicherheit der Straße zu sorgen?

Immerhin lassen solche Bestimmungen einen Nebenumstand erkennen: es gab etwas aufzuteilen! Der Santiago-Wanderer trug oft eine größere Barschaft bei sich. Galt zwar das mittellose Pilgern mit Hilfe erbettelter Gaben als besonders ›méritoire‹, verdienstvoll, wenn auch ›hasardeux‹, und mochte es gewissen Armutsidealen entsprechen, die Regel scheint es nicht gewesen. Schon die Ausrüstung kostete Geld, vollends, wenn einer zu Pferde daherkam. Zog ein hochgestellter Herr gar mit einer Eskorte durchs Land, wie jener Erzbischof von Arles, von dem uns ein ›Inventar‹ von 1351 aus Ostabat berichtet, mußte ein wahres Vermögen in seiner Kassette klingeln. In der Tat führte er zweitausend Goldstücke mit, für die Epoche eine riesige Summe.

Ausnahmen, gewiß! Aber auch der niedriger Gestellte wandte erhebliche Mittel auf. Fünfzig Livres trug Humbert, Sohn des Bürgermeisters Jacquemin du Puy aus Lyon bei sich, als er sich am 30. März 1342 hoch zu Roß nebst einem Diener auf die Route machte. Die Archive von Saverne berichten, daß 1609 ein Bürger sein gesamtes Hab und Gut veräußerte, um nach Santiago zu wandern. Ging das Geld unterwegs dennoch aus? 1522 versetzte ein Soldat aus Leipzig, offenbar in voller Montur losgezogen, in Compostela seinen Harnisch, um Schulden bei seinen Reisegefährten zu begleichen. Es gab viele Nebenkosten. Einmal für die Herberge, dann für das als besonders verdienstvoll angesehene Almosen in den besuchten Heiligtümern; gelegentlich, wie in Aragon, forderten örtliche Stellen Maut oder Brückenzoll. Nicht zuletzt wollte der Proviant bezahlt sein. Die ›Rues des Tables‹, die Straßen der Wechslertische in den häufig besuchten Pilgerorten, an denen man die heimische Währung umtauschen konnte, reden allein durch ihre Namen vernehmlich. Noch deutlicher aber läßt uns das Aufblühen der Abteien und Kirchen am Weg, die wahrhaft unerhörte Fülle großer Kunstwerke, an denen ganze Ateliers von Steinmetzen arbeiteten, erkennen, wie reichlich die Spenden flossen.

Wirklich gering dürften nur die Mittel jener ›Piétons‹ gewesen sein, die Name und Besitzstand unter selbst auferlegter Armut verbargen oder tatsächlich nichts hatten und im langen, um die Hüfte gegürteten Kleide dahinmarschierten, an den Füßen Sandalen. Sofern einer nicht gar, aus Gründen der Sühne oder Abtötung, barfuß ging, wie uns alte Bilder oft zeigen. Mitpilgernde Frauen saßen dann keineswegs bequem auf dem Zelter, den Kopf mit der Pelzhaube oder gar dem Hennin behäuptet, sondern wanderten, ein Tuch um das Haar geschlungen, mit der gleichen geduldigen Stetigkeit einher, die das Durchhalten zur Legende machte. Die neben ihnen marschierenden Männer trugen einen Hut mit herabhängender Krempe, den Körper umhüllt mit dem geschlitzten Pilgerhabit, das den Schritt nicht behinderte. Wenigstens in der Frühzeit. Seit dem 15. Jahrhundert verwandelte es sich in ein wadenlanges oder nur bis zum Knie reichendes Übergewand, während sich die Kopfbedeckung zur »Schweifkappe« mit schulterbreitem Rand entwickelte. Bis schließlich aus alledem ein noch heute benutztes Kleidungsstück hervorging, das in seinem Namen die Erinnerung an seine Herkunft bewahrt, die Pelerine ...

Verschollene, verwehte Tage, in denen die Wanderer über sich selbst hinauswuchsen! Es war dabei kein sportlicher Ehrgeiz im Spiel, sondern nur dies ›pour rompre la muraille‹, die Selbstüberwindung, und manchmal scheint es mir, als seien die Züge der Jacquaires die reinste Selbstverwirklichung der abendländischen Menschheit des Mittelalters gewesen.

Daß der Geist dieser Epochen endlich versiegte, schwunglos, matt und stumpf wurde, ja entartete, lag nicht allein im Wandel der Mentalität begründet. Der Pilgergedanke geriet in die Fänge derer, die es zu allen Zeiten in allen Schichten gab – der Macher und Funktionäre, kurz jener, die jedwede Bekundung von etwas Höherem auf seine praktische Verwendbarkeit abklopfen. Das lag zu einem Teil in der Sache selbst begründet. Bei der inneren Konzeption des Pilgerweges als ›rançon de l'âme‹ spielten Buße, Sühne und Selbstüberwindung eine tragende Rolle. Wenn aber die Pilgerfahrt von irdischer Schuld befreite, was lag näher, als auf diese Weise auch Rechtsvergehen abbüßen zu lassen, die das Mittelalter ohnehin stets vor dem Hintergrund des Metaphysischen sah?

Hatte sich Pons, Herr von Leras nahe Lodève, 1132 bezeichnenderweise noch selbst anbefohlen, sein Dasein nach einem Leben der Ausschweifung und Räuberei durch eine Santiago-Fahrt von den Zwängen des Bösen zu befreien – mit fortschreitender Zeit legten geistliche oder weltliche Instanzen den schuldig gesprochenen Inkulpanten immer häufiger eine Pilgerfahrt als Sühne auf. Schon bald wirkte der Katalog auf diese Weise geahndeter Vergehen erstaunlich breit gefächert. Vornehmlich in skandinavischen Ländern gehörten selbst schwere Verbrechen wie Totschlag, Parricid, besonders verwerfliche Unzucht oder gar Diebstahl von Kirchengut dazu. Mörder, so wird berichtet, hatten gelegentlich angekettet zu marschieren und mußten dabei das Werkzeug ihrer Missetat tragen. Bereits 1150 ahndete das Konzil von Clermont Brandstiftung – bei der engen Holzbauweise jener Epoche besonders schwerwiegend – mit einer Pilgerfahrt nach Jerusalem und Compostela; ähnlich ging Kaiser Barbarossa vor. 1328 sühnten die Räte der Gräfin Mahaut von Artois einen Attentatsversuch auf einen Profoß damit. Dann aber verwässerten sich die Anlässe deutlich. In Ypern betrachtete die Justiz eine Santiago-Fahrt als ›heilsame Art der Verbannung‹, um gegen Gotteslästerung, Hexerei, Verweigerung religiöser Pflichten, Prostitution und schließlich sogar einfache Übertretungen der Polizeivorschriften vorzugehen, darunter den für verwerflich gehaltenen Blumenverkauf unter dem Belfried oder das Baden in den Teichen der Stadt.

Die große Zahl überlieferter Fälle führt zweifellos irre und darf das Bild nicht entstellen. Einmal aktenkundig gemacht, blieben sie der Nachwelt bekannt. Von der Millionenzahl freiwilliger Santiago-Fahrer, von dem Nachruhm der Heimgekehrten berichtet die Geschichte nur wenig. Immerhin bleibt einzugestehn, daß die Diskriminierung wuchs. Vollends seit manche ›Strafpilger‹ desertierten und sich zu plündernden ›Coquillards‹, reinen Verbrecherbanden, zusammentaten, die im 14. Jahrhundert ganze Landstriche Frankreichs unsicher machten. Daß sich schließlich, wie ein Reglement von 1635 erkennen läßt, fahrende Musikanten, fliegende Händler, Dirnen, Zahnreißer, Theriak-Verkäufer, Falsch- und Marionettenspieler, kurz fragwürdiges Volk, unter die Bedefahrer mischten, machte ihren Ruf nicht besser.

Allein, es gab etwas, daß die Wallfahrt auf noch schwerwiegendere Weise, nämlich in ihrem innersten Kern in Frage stellte. Schon seit der Mitte des 13. Jahrhunderts wanderten Pönitenzpilger verfänglichster Art unter den Jacquaries mit, katharische Häretiker, die oft genug nur abschworen, um härterer Strafe zu entgehn. Während fünfzehn Jahren seiner Tätigkeit verurteilte allein der Inquisitor Bernard Gui, wie Daniel-Rops zu berichten weiß, von neunhundertdreißig schuldig gesprochenen Inkulpanten zweihundertzweiundfünfzig zur Pilgerfahrt nach Santiago. Daß solche Sektierer, deren Auftreten und Ausbreitung an der Tolosana dieses Buch besonders angeht, ihren Ideen insgeheim weiter anhingen und ketzerische Gedanken in die Reihen der Wallfahrer trugen, ist belegt.

Aber stellt dergleichen für uns Nachlebende den Jakobusgedanken ernsthaft in Frage? Was bedeutet der spätere Verfall gegen den inneren Aufschwung, dessen die Jacquaires des Hohen Mittelalters fähig waren, ohne davon – schweigsame Erfüller des Unbedingten – vor der Nachwelt Aufhebens zu machen? Was angesichts der Monumente, welche die Santiago-Fahrt hinterließ? Was schließlich vor den grandiosen Landschaftsbildern, welche die Wanderschaft auf Leben und Tod als stumme Zeugen einer Selbstüberwindung ohnegleichen begleiteten? Kurz, was besagt das alles gegen den ›Weltinnenraum‹, der, teils von der Pilgerfahrt erschaffen, teils von der Natur gegeben, die Straße noch immer als Sinnbild vergangener Menschengröße umstellt und uns bequem gewordenen Nachfahren den Spiegel der Selbsterkenntnis vorhält? Keiner der Wege macht das im guten wie schlimmen auf so eindringliche Weise bewußt wie die Tolosana!

Kehren wir also zu unserem von Pont-Saint-Esprit weitergewanderten Pilger aus Bayern zurück. Er hat unterdessen Nîmes gequert, ist wie üblich vor Tag aufgebrochen und schreitet nun mit neuen Gefährten nach knapp dreistündigem Marsch *Saint-Gilles-du-Gard* entgegen. Noch schwebt der friedliche Herdrauch des Morgens über den Dächern der damals viel größeren Stadt, und doch deutet das lebhafte Treiben vor den Toren auf geheime Erregung hin. Keiner der Wandernden ahnt etwas davon, niemand wird völlig begreifen, an welchem Ereignis er hier teilnimmt, und niemand vermag vorauszusehen, welche Schauer die dahinter wartende Region der Küsten, Lagunen und ansteigenden Gebirge schütteln – ein Land, durch das die Geschichte bald ihre glühende Pflugschar ziehen sollte. Wir schreiben den 12. Juni 1209.

ERSTES BUCH

OKZITANISCHE PASSION

DIE GROSSEN STUNDEN VON SAINT-GILLES

Das Tor

Ein Stück eintöniger Küstenlandschaft am Westrande der Camargue, preisgegeben dem Mistral, der sie peitscht, der Sonne, welche sie beizt. Dort, wo die Kleine Rhône nach Westen ausholt, um sich endgültig dem Meer zuzuwenden, und die Lagunen, Moräste, schwanken Weidegründe der Stiere in kaum merklich erhöhte Weingefilde übergehen.

Es ist wenig Anmutiges und noch weniger Verlockendes an dieser Region, in der *Saint-Gilles* so tief eingeschlafen liegt, wie nur je ein französisches Provinznest. Dies trotz des Lorbeerkranzes, den die Historie um seinen Namen flicht. Als ich zum ersten Male hier weilte, zu Weihnachten, es ist mehr als dreißig Jahre vorüber, türmten sich vor der Kneipe an der Ecke der Rue Gambetta und des Boulevard de la Gare die auf- und nebeneinander gestapelten Kästen mit dem Geflügel für die Verlosung von Reveillon, eine wahre Klagemauer des Federviehs. Zuoberst stand, angekettet und reglos, ein riesiger Truthahn, gestern noch Herrscher des Hühnerhofes einer Domäne im nahen Marais. Man hatte ihn in keinem Käfig unterbringen können; er hielt den Kopf gebeugt und schämte sich, ein entthronter König, dessen Erniedrigung meine Gedanken nicht losließ und bis in den Traum verfolgte. Seither verkörperte er für mich Saint-Gilles.

Es hat lange gedauert, bis ich ein anderes Verhältnis zu dieser wie ein armer Krebskranker zusammengeschrumpften Stadt gewann. Selbst angesichts der Schauwand ihrer Basilika abseits der Gambetta am kleinen Platz inmitten des Gassengewirres, der sich so großspurig Place de la République nennt. Gewiß, sie verschlug mir jedesmal von neuem den Atem, diese quergezogene Figurenfassade mit den drei tief gemuldeten Portalen über der breiten Freitreppe, den prunkvoll vorgelegten Säulen, dem Aufmarsch an Aposteln und biblischem Personal, dem überquellenden Reichtum an Schmuckwerk als Blickfang einer offenbar zusammengeflickten Kirche mit schmächtigen, ungleich hohen Fassadentürmen in einer Umgebung noch mittelmäßigerer Vorstadthäuser. Aber was sollte das? Es schien etwas ungebührlich Hochstaplerisches darin. Denn dort stand sie nun, an manchen Stellen verstümmelt, immerhin les-, gleichwohl kaum verstehbar, aber als Gesamtbild immer noch grandios, ja von hinreißender Schönheit und schwieg mit dem Stolz heruntergekommenen Adels, während sich ringsum das alte Nest der, zugegeben, manchmal nicht anmutlosen Gäßchen mit einem Kleinbürgerdasein beschied, das nichts, aber auch garnichts aus seiner trägen Selbstzufriedenheit aufrütteln konnte. – Der Anblick des gedemütigten Hahnes rumorte in mir!

Fast zwei Jahrzehnte später bin ich Saint-Gilles wiederbegegnet. Gewiß war mir unterdessen einiges Gedruckte über meine vernarbte Schöne in die Hände gefallen, doch nur, um unbequeme Schuldgefühle auszulösen, ein aufgegebenes Pensum nicht bewältigt zu haben. Bis ich also an jenem nüchternen Morgen erneut vor ihr stand. Anfangs abermals skeptisch über diesen antikisierenden Aufwand, aber dann fiel es auf einmal wie Schuppen von meinen Augen. Es war eine glückliche Stunde. Wer lange vergebens gesucht hat, versteht das. Es kam wie eine Erleuchtung über mich. Der Figurenaufmarsch blieb nun nicht länger ein verschlüsseltes Buch, das man schließlich verdrossen beiseite legt. Es lag aufgeschlagen vor mir, und gleichsam Zeile um Zeile ließ sich das Zeitenschicksal erkennen, das die Fassade spiegelte, ihre wahrhaft seherische Antwort auf die zu ihrer Entstehungszeit wachsende Häresie des Südens, und auch die Anziehungskraft, welche sie für die Jacquaires besaß.

In der Tat, die graue Schauwand vor mir, von der hugenottischen Soldateska des Jahres 1562, nachdem das Übrige, Glockenturm, Kirchengewölbe, Chor der Klosterkirche durch Feuer und Spitzhacke liquidiert war, als Zielscheibe für die Musketen benutzt – dieses riesige, geschändete und doch immer noch überwältigende Szenarium offenbarte sich als Tor zur Via Tolosana. Seine Thematik glich einem Eingangsmotto über dem großen Santiago-Weg des französischen Südens, auf das der Portico de la Gloria der Kathedrale im fernen Compostela Antwort gab.

Der Mann, der vor dem Ruhme floh

Das ehemalige Kloster auf den Schotterböden des Rhône-Deltas, um das sich bald eine ganze Stadt ansiedeln sollte, war nicht von ungefähr eines der großen Wallfahrerziele der mittelalterlichen Welt. Der heilige Ägidius, französisch Saint Gilles, der ihm den Namen gab und in der Krypta der einstigen Abteikirche, heute eine Basilika, ruht, gehörte nicht nur zu den Leitgestalten jener Epoche, er zählt auch zu den Vierzehn Nothelfern. Eingestanden, ich mache mir aus manchen mittelalterlichen Legenden ob ihres frömmelnden Tones nicht sonderlich viel. Aber zwischen den Zeilen dieser Lebensbeschreibung duftet es wie das Zimmer einer Begine nach Votivkerzen und Rosen.

»Aegid aber lebte um das Jahr 700«, heißt es in der Legenda aurea, bewirkte schon als Kind in seiner Heimat Athen Krankenheilungen, die alle Welt in Erstaunen setzten, und floh schließlich erschrocken über sich selber davon. Erst nach Rom, dann nach Arles, schließlich in eine trockene Einöde. Wo er ging, erhoben sich die Kranken von ihren Betten, die Wüste, die er durchschritt, blühte zum Blumenteppich auf, wo er sich zeigte, liefen die Leute hinter ihm her. Es quälte ihn. Er wollte mit seinen Gedanken allein sein. Endlich hörte er von einem Dornendickicht im Mündungsdelta der Rhône, machte sich auf den Weg und fand einen Durchschlupf. Im Innern entdeckte er – war es keine himmlische Fügung? – eine Höhle mit einer kleinen Quelle. Gott tat noch mehr. Er sandte ihm eine Hirschkuh, »die kam alle Tage ... und nährte ihn durch ihre Milch«. Ein Zug voller Poesie; die unschuldige Kreatur nahm sich des Einsiedels an. Dennoch, Ruhe wurde ihm selbst hier nicht zuteil.

Eines Tages nämlich zeigen sich Jäger in der Umgebung.

Die Hunde wittern die Spur der Hindin, die zu ihrem Pflegebefohlenen flieht. Ein kleines Wunder begibt sich. Das Gebet des Eremiten kann die Meute bannen. Am nächsten Tag wiederholt sich das Schauspiel. Kopfschüttelnd verlassen die Jäger den Platz, kehren am dritten Tag mit ihrem neugierig gewordenen ›König‹ Flavius wieder. Ein Weidmann schießt einen Pfeil ins Gehölz, um das Wild aufzuscheuchen. Der aber sucht sich ein anderes Opfer, und so stoßen etliche Kriegsleute, die mit Schwertern eine Gasse ins Dickicht bahnen, auf eine rührende Szene. Am Eingang einer Höhle hockt ein verwundeter, alter Mann, an seine Füße geschmiegt die zitternde Hindin.

Wer ist, woher kommt er?, will Flavius wissen. Ägid gibt halb resigniert, halb gelassen Antwort. Der König wird sofort nach Ärzten und Heilmitteln schicken, möchte dem Verwundeten im Überschwang der Bestürzung obendrein alle Ländereien im Umkreis schenken. Der Einsiedel weist seine Hilfe lächelnd zurück. Führen Schmerz und Leiden nicht zu tieferer Selbstbesinnung? Was aber den Grund und Boden angeht – warum an dieser Stelle kein Kloster gründen? Freudig stimmt ihm der Herrscher zu, aber erst nach langem Drängen kann er den Eremiten bewegen, selber die Leitung des Konventes zu übernehmen …

Soweit die Entstehungsgeschichte der Abtei. Ihre spätere Anziehungskraft erklärt sie noch nicht, und so spinnt die Legende den Faden weiter. Eines Tages hört ›König Karl‹ – dem Vernehmen nach Karl der Große, was doch zeitlich nicht sein kann – vom makellosen Leben des Klostervorstehers. Er muß dem Abt ein schweres Geheimnis anvertrauen; er hat Schuld auf sich geladen, so furchtbare, daß er sie nicht über die Lippen bringt. Wird der Abt sich seiner fürbittend annehmen? Bei der nächsten Messe hebt Ägid daher am Altar, Karls gedenkend, die Hände. »Da erschien ihm der Engel des Herrn und legte einen Zettel vor ihn«. Auf ihm steht das Verbrechen zu lesen; Gott wird dem Sünder dank seines Fürsprechs vergeben… Er hat auch andere Wunder getan, aber für das Mittelalter lag das Mirakel vermutlich in der Karlserzählung. Sie machte die ins Metaphysische reichende Kraft des Heiligen am deutlichsten sichtbar.

Goldene Zeiten

Als Ägidius 732 starb, lockte sein Grab sofort die Wallfahrer an, hernach auch die Jacquaires. Sie kamen in so hellen Scharen gezogen, daß es bald einer größeren Kirche bedurfte. Welch überragenden Anteil die Santiago-Fahrt an diesem Neubau besaß, läßt sich deutlich belegen. Das Ende des 11. Jahrhunderts entstandene ›Livre des miracles de Saint Gilles‹ nennt unter den ›Wohltätern zugunsten des Heiligen‹ Menschen aus ganz Frankreich, Deutschland, Polen, Dänemark und Italien auf ihrem Wege nach Compostela.

Es handelte sich wohlverstanden nicht eigentlich um jenes in den Religionskriegen so schmählich mißhandelte Gotteshaus, das wir heute so dürftig rekonstruiert erblicken. Der ursprüngliche Bauplan veränderte sich bis 1116 entscheidend. Statt der vorgesehenen, ebenerdigen Kirche entstand derzeit eine doppelgeschossige Basilika mit jener gewaltigen, sechzig Meter langen Krypta, die uns erhalten blieb. Sie birgt in der vertieften Confessio nicht nur das 1874 wiederentdeckte Heiligengrab, sie diente gleichzeitig als Andachtsstätte und Herberge der Pilger. An einem Schlußstein des Gewölbes vermag man es noch zu erkennen. Die Oberkirche mit einer Länge von achtundneunzig Metern schloß nach Osten jener feierliche Chor ab, der den Wirren der Hugenottenzeit zum Opfer fiel, auf der Westseite die Fassade der berühmten Bildwerke. Ihre reiche Ausgestaltung im 12. Jahrhundert besitzt freilich so dramatische Ursachen, daß sie ohne Rückblicke in die Epoche und die gleichzeitige Entwicklung der Stadt kaum zu verstehen ist.

Die seit Ende des 10. Jahrhunderts anschwellenden Pilgerströme aus aller Welt kamen auch der um die Abtei wachsenden Ansiedlung zugute; so sehr, daß man beim ersten Lesen geneigt ist, die Schilderungen für bare Ruhmredigkeit zu halten. Die Handwerker-, ein Judenviertel entstanden, sogar ganze Vorstädte, die schon 1381 wieder verlassenen Quartiere der ›Casals‹ und ›Barrans‹ oder die ›Gallinarié‹ im Westen. Den Kern dieses jäh erblühten Gemeinwesens umschloß ein mächtiger Mauergürtel von ovaler Form, von dem noch ein Stück an der Porte des Maréchaussées zu sehen ist. Nahe dem heutigen Bahnhof siedelten sich 1101 die Hospitaliter, dann nahebei auch die Templer mit einer eigenen Kirche an. Bald zählte man sieben Pfarreien, unter ihnen das Gotteshaus der völlig verschwundenen Abtei Saint-Jacques an der Pilgerroute nach Montpellier. Nicht weniger als hundertundneun ›Changeurs‹, meist Juden und Italiener, samt fünfundzwanzig Gehilfen, schlugen ihre Wechseltische auf und tauschten das von den Wallfahrern mitgebrachte Gold gegen den hier gültigen Sou Melgorien um.

Dieser Aufschwung blieb allerdings nicht nur den Pilgern zu verdanken. Wie oft die Abtei auch später in Auseinandersetzungen mit den Landesherren, den tolosanischen Grafen geriet, sie verdankte ihnen viel. Keineswegs, weil sie in der Stadt über eine Burg, ›Petra mira‹, verfügten, von der sich keine Spur erhielt, und auch nicht nur ob ihrer Schenkungen. Seit Raimond IV, der sich den Beinamen ›von Saint-Gilles‹ gab, zum ersten Kreuzzug aufbrach, der ihm eine neue Herrschaft im Orient eintragen sollte – seit dem Anheben dieses ›Mirage oriental‹ also bekamen die vier Häfen oder ›Ankergründe‹ eine ungeahnte Bedeutung.

Häfen? Man fragt es verblüfft. Wo läßt sich dergleichen beim Ausblick von den alten Remparts nach Osten finden? Indessen verlief die inzwischen halbversandete Kleine Rhône damals näher der Mauern. Vor Saint-Gilles ankerten die Schiffe der Genuesen und Pisaner und machten sich die Ladungen streitig. Sie trugen immerhin viel zum Aufschwung bei, da ihnen nicht nur der Orienthandel und die Versorgung der Stadt mit ihren zahlreichen Passanten und Bürgern oblag, sondern auch der Nachschub an Menschen, Reittieren und Ausrüstungen für die im Morgenland kämpfenden Kreuzfahrer aus dem Midi. Nein, es ist keine romantische Schönfärberei – das heute gleichsam leergestorbene Nest galt damals als eines der Zentren des Südens, sogar als sein Tor zur Welt, erfüllt vom Menschengetriebe und dem Lärmen der Stimmen aus halb Europa. Wir dürfen sicher sein, daß dabei die irdischen Freuden nicht zu kurz kamen, und die Polizei ein wachsames Auge haben mußte. An Gaunerstückchen, käuflichen Damen und Halsabschneidern hat es auch im Mittelalter nicht gefehlt ...

Den Höhepunkt erreichte dieses turbulente Treiben am 1. September, dem Ägidiustag, wenn die Pilger in noch größeren Massen als sonst heranströmten, um durch die Kirche zum Grab des Heiligen in der Krypta zu ziehen, während draußen die Buden und Auslagen der ›Foire‹, des großen Jahrmarktes, Plätze und Straßen überzogen. Chronisten des 12. Jahrhunderts und der Rabbi Benjamin von Tudela haben es eindringlich beschrieben. Allein, bald mischte sich in die teils andächtige, teils fröhliche Betriebsamkeit ein Unterton drohender Gefahr, die schließlich dem ganzen Süden zum Schicksal wurde und zu ihrem Teil gewiß auch der Pilgerstraße. Wie wenig wir ob der folgenden blutigen Ereignisse, denen ganze Ortschaften zum Opfer fielen, davon noch wissen.

Welcher Art die Bedrohung war? Nichts offenbart ihre eschatologische Abgründigkeit so symbolhaft und eindringlich wie die Fassade der Basilika.

Der erste Häretiker

In der ersten Hälfte des 12. Jahrhunderts, man nimmt an 1136, kam es in Saint-Gilles zu einem tumultuarischen Vorfall. Eine aufgebrachte Menge schleppte einen ehemaligen Priester vor die damals noch im Bau befindliche Abteikirche, türmte zusammengerafftes Brennmaterial zu einem Scheiterhaufen, band ihn darauf fest und verbrannte ihn. Er hieß Pierre de Bruys und stammte aus der Provence.

Seit ungefähr 1105 zog er im Habit eines Apostels barfüßig und langbärtig durch Südfrankreich und predigte vor dem allenthalben zusammenströmenden Volk. Anfangs hörten ihm die einfachen Leute neugierig, dann mitgerissen wie einem neuen Messias zu, bis endlich die Stimmung jählings umschlug. Voll Schrecken erkannte man den Radikalismus seiner Thesen, die bereits 1119 ein Konzil zu Toulouse verdammt hatte. Was er verkündete, glich in der Tat keineswegs mehr der kontemplativen Innerlichkeit so vieler Sektengruppen des vergangenen Jahrhunderts, sondern bedeutete offene Rebellion gegen die Grundfesten der mittelalterlichen Diesseits- und Jenseitslehren. Möge man doch, verkündete der Prophet, die Kirchen zerstören. Ließ sich im Stall, in der Kneipe nicht genau so gut beten? Warum die Taufe unmündiger Kinder, was bezweckten die Eucharistie, die Verherrlichung des Vaters durch das Opfer des Corpus Christi mysticum, was die Gebete für Tote? Wozu schließlich diente die Verehrung von Christi Marterholz? Viel besser, alle Kruzifixe zu verbrennen, denn Rechtfertigung vor Gott beruhe allein im Glauben und werde nur jenen zuteil, die es verdienten.

Insgesamt Lehren, die gewisse Grundzüge der späteren katharischen Anschauungen vorwegnahmen, die den Süden mehr und mehr ergriffen. Die Kirche erkannte durchaus die Gefahr. In der Tat blieben seine ketzerischen Gedanken selbst nach seinem Ende so wirksam, daß Erzabt Petrus Venerabilis von Cluny – Saint-Gilles gehörte trotz manchen Widerstrebens der Mönche seit langem zur cluniazensischen Kongregation – 1138 seine Schrift ›Contra haereticos petrobrusianos‹ hinausgehen ließ. Am schrecklichen Tode des Häretikers besaßen der Klerus oder der Lateran übrigens keinen Anteil.

Es gärte damals allenthalben in Europa, vor allem im Midi. Daher scheint es gewisser, als es die Kunstwissenschaft ob des Fehlens dokumentarischer Beweise eingestehen kann, wiewohl sie die Wahrscheinlichkeit zugibt, daß die Abtei an der Rhône-Mündung in der kurz nach diesen Ereignissen begonnenen Fassade eine antihäretische Bekundung des Glaubens dartun wollte. Sie galt seit jeher als Hort der Kirchenlehre.

Der Betrachter hat es nicht so leicht mit der Schauwand wie der erste Eindruck vermuten läßt. Was ihn unvermittelt in Bann schlägt, ist keineswegs ihr inneres Programm, sondern die enge Durchdringung romanischen Aussagewillens mit antiken und frühchristlichen Darstellungsmitteln. Römische Triumphbögen wie der zu Orange, Theaterwände wie jene vom Eutropius-Hügel dortselbst oder die verlorengegangene von Arles, die paläochristlichen Sarkophage der Alyscamps und anderer Fundorte haben Pate gestanden. Die

Übernahme antiker Traditionen ging bis ins Detail, so bei der Gewandung, für welche die römische Toga das Muster hergab. Aber man bediente sich auch der unerschöpflichen Fülle von Schmuckformen, sei es in der Kannelierung der Pfeiler oder Sockelwände, seien es die Arabesken und Rosetten. Allein, die Adaption reichte noch weiter. Auch der architektonische Aufbau, die statuarische Würde der ersten Apostelfiguren leiten sich von römischen Vorbildern her.

Diese Übernahme antiker Formensprache, durchglüht von romanischem Glaubensernst, ferner die hoheitsvolle Rundung der Portalöffnungen über den hinwallenden Szenarien des Frieses, die Kastennischen mit den Apostelfiguren, die gliedernden Pilaster und vorgelegten sechs Säulen in Gestalt römischer Originale haben ein Gesamtkunstwerk von außergewöhnlicher Eindruckskraft entstehen lassen, die kaum ihresgleichen besitzt. Die Kunsthistoriker bezeichnen diese Verschmelzung als ›antikisierende Renaissance des 12. Jahrhunderts‹. Mir scheint, eine solche Synthese sei nicht zufällig zustande gekommen. Sollte man sich nicht bewußt aus dem Lande stammender Vorbilder bedient haben, um dem, was es zu sagen galt, die Beweiskraft des Bestehenden und Unverbrüchlichen zu verleihen?

Das, worum es in Saint-Gilles geht, blieb im Grunde etwas völlig Neues, geradezu Anti-Antikes, geboren aus den brennenden Problemen der Zeit. Was wollen die in ungewöhnlicher Breite, als Säulen der Kirche gleichsam, nebeneinander gereihten Apostel in ihrer hoheitsvollen Haltung anders, als die Fundamente christlicher Rechtgläubigkeit bekunden? Die Gottesmutter aus der Anbetung der Könige auf dem linken Tympanon, dem byzantinischen ›Wegführerin-Typus‹ nachempfunden, was stellt sie in ihrem machtvollen Thronen mit dem Kind auf dem Schoß anderes dar, als die von den Häretikern geleugnete Menschwerdung Christi? Die Auswahl der Themen auf dem Fries, vom Einzug in Jerusalem über das Abendmahl, den Judaskuß, die Geißelung bis zur Darstellung der Jünger von Emmaus ist schon ob der ausgewählten Detailszenen eine einzige Beschwörung der Passion und der Auferstehung des Herrn, die den Abtrünnigen so fragwürdig erschien, wie wir bald nachzuweisen haben. Was diese Absicht schließlich eindeutig belegt – auf der Schauwand, sieht man von Saint-Pons-de-Thomières ab, wird erstmalig die Kreuzigung Christi im Tympanon des rechten Portales zum Kernstück des Glaubens erhoben, mit anderen Worten, nachdrücklich auf das von Bruys so geschmähte Marterholz als Heilsmittel der rechtgläubigen Lehre verwiesen. Das alles kann um so weniger Zufall sein, als die Bildwerke der Schauwand kurz nach dem spektakulären Feuertode des Brusus und dem Erscheinen der Schrift des Petrus Venerabilis entstanden.

Gewiß, wir sind über die Datierung der Figuren nicht aufs Jahr genau im Bilde. Doch müssen sie nach den Untersuchungen von Whitney Stoddard zwischen 1140 und 1160 skulptiert worden sein. Ein zeitlicher Zusammenhang, der die Absicht dieser so klassisch anmutenden Fassade eindeutig macht: auf überwundene Löwen, Symbole des Bösen, gründen sich die vorgelegten Langsäulen, die Kurzsäulen der vorgeschobenen Sockel, die ursprünglich ein Vordach für das Mittelportal tragen sollten, auf menschenverschlingende ›Tarasquen‹. Allenthalben umkriechen lauernde, lemurenartige Tiere das Heilsgeschehen. Erzengel im Kampf gegen satanische Mächte flankieren schließlich die Apostelreihe ...

Wir haben uns dieses überwältigende Werk mit seinen Schmuckformen, Adlerkapitellen, den herrlichen Sockelreliefs und Sparrenköpfen, dem auslugenden Frauenantlitz an der Giebelleiste, kurz diese gesamte, ebenso volltönige wie tiefgründige Symphonie aus Stein obendrein nicht im blassen Grau von heute vorzustellen, sondern in einer ganzen Skala von Tönen farbig gefaßt. Dazu gehörte das Kobaltblau für die Hintergründe, Rot in mancherlei Stufung, Okker, Gold und Gelb bis zur Eigenfarbe des Marmors. Jedes verfügbare Mittel war aufgeboten, um den Sieg der Rechtgläubigkeit über die Häresie zu einer beschwörenden Mahnung zu machen, die vor allem den durchströmenden Wallfahrern galt und mit ihnen den Jacquaires.

Allein, die Schauwand von Saint-Gilles stellt nicht nur eine Bekundung der Orthodoxie dar; sie ist auch ein Hauptwerk der Bildhauerkunst jener Epoche. Auf ihr lassen sich, vertreten durch die hier tätigen Künstler, Stufen einer plastischen Entwicklung ablesen, die einem Erkenntniswandel gleichkommen. Er führt uns, dem Jahrhundert weit vorausgreifend, in ein neues Zeitalter.

Fünf verschiedene Bildhauer lassen sich als Schöpfer der Apostel und des Frieses erkennen. Der erste, begabt mit einem starken Gefühl für majestätische Haltung, noch streng dem antiken Vorbild verhaftet, hinterließ an zwei Steinpodesten sogar seinen Namen: ›Brunus me fecit‹. War er identisch mit jenem Petrus Brunus, der 1171 und 1186 auf zwei notariellen Urkunden aus Nîmes als ›Meister der Holz- und Steinbildhauerkunst‹ auftritt? So lag damals sein Hauptwerk bereits hinter ihm. Der strenge, fast hieratische Faltenwurf weist ihn eindeutig als jenen Künstler aus, der die Apostel Matthäus und Bartholomäus am Nordtor, sowie den Johannes und Paulus des Mittelportales schuf. Unzweifelhaft aber stammt auch der Jakobus von ihm, der, kaum zufällig übrigens an der Kirchenschwelle aufgestellt, mit erhobener Hand und gelösterem Togenfall den Weg zu einer naturhafteren Haltung weist.

Der zweite Meister, gewiß weniger ausdrucksmächtig, wagt sich auf seine eigene, stilisierende Weise weiter vor. Er hat die dritte Figur, den Thomas geschaffen, dessen gedrehte Hüfte die tänzerische Bewegung der übergeschlagenen Beine einleitet. Daß er im plastischen Volumen flacher bleibt, scheint weniger eine Frage der Qualität als der Herkunft. Skulptierte er nicht auch das ekstatisch bewegte Kain- und Abelrelief auf einem der vorgeschobenen Sockel, das ihn der Plastik von Saint-Pierre in Angoulême naherückt? Einen dritten Bildhauer bezeichnet die Kunstgeschichte mit Stoddard als ›soft master‹ oder ›Meister der weichen Fügung‹. Wir verdanken ihm zwei Apostel zwischen dem Mittelportal und dem rechten Tor. Gewiß, er bleibt dem statuarischen antiken Vorbild treu, fühlt aber deutlich den inneren Zwang, auf dem eingeschlagenen Weg fortzuschreiten, indem er seine Figuren mit reichem Faltenwurf umhüllt. Diese künstlerische Entwicklung, die flüssigere Gebärdensprache und lebhaftere Körperbewegung, beweist er am schönsten auf dem Fries über dem nördlichen Portal, wo er Christi Aufbruch zum Einzug in Jerusalem mit köstlichen Details wie dem Losbinden des Esels versieht. Sein Hauptwerk bleibt das Marientympanon in seinem herrlichen Widerspiel statuarischer Würde und kurviger Umrisse.

Anders der ›hard master‹ oder ›harte Meister‹, so genannt ob seiner entschiedenen Meißelführung. Er spinnt seine Figuren wie den Andreas in symmetrische Gewandfalten ein und verrät zugleich eine barocke Neigung zur Schwunghaftigkeit der Linienführung. Die Fußwaschung, die Auferstehungsszene des Frieses stammen von ihm, allerdings auch das am meisten ›programmatische‹ Werk, das Kreuzigungstympanon. Wie sich dort die assistierend zugefügte Synagoge voll Ohnmacht vom Mysterium des Erlösungstodes wegbeugt, das wirkt gleichsam aus Erz geschnitten und verrät doch stürmische innere Impulse. Aber er kann auch voll zarter, eleganter Feinfühligkeit sein, so im Torso der Ecclesia unter dem Kreuz, die mit dem Kelch – ob der Verstümmelung kaum mehr erkennbar – Christi Blut auffängt, eine Anspielung darauf, daß die Kirche das heilige Erbe angetreten hatte.

Es gibt einen fünften, den zeitlich spätesten Meister, der alle anderen an bildhauerischer Erfindungskraft wie menschlicher Substanz überragt. Er überschreitet kühn die Grenzen, welche die mittelalterliche Kunst der plastischen Entfaltung setzte, um uns als souveräne Persönlichkeit entgegenzutreten.

Er bleibt nicht bei der Bewegung seiner Figuren stehn; er wagt bei der Gefangennahme Christi auf dem Fries brutale Gesichter darzustellen und ist wahrhaft dramatischer Steigerungen fähig, die räumliche Spannungen einbeziehen. Um die Anatomie mitspielen zu lassen, kleidet er seine Gestalten in ein fließendes Obergewand und den gebauschten, kurzen Leibrock, und doch bleibt das gleichsam nur Beiwerk. Schuf er doch auch die beiden flankierenden Monumentalreliefs zu seiten der Apostelreihe. Gewiß, das südliche, das Ringen der Erzengel mit satanischem Getier darstellend, dürfte eine frühe Arbeit sein. Aber es macht bereits ein Anliegen deutlich, das den Künstler offenbar nicht mehr losließ, tief aus den Bereichen des Seelischen stammte und sein Werk machtvoll aus seinem Jahrhundert hervorhebt. Für ihn wird die lebhaft agierende Monumentalfigur zum entscheidenden Thema und damit der seinem eigenen Bewegungsgesetz folgende menschliche Körper. Da entstehen Augenblicke von einsamer Größe; um so mehr, als der äußeren auch die innere Bewegung entspricht. Sein zum Glück von den Musketenschüssen kaum beschädigter ›Kampf Michaels mit dem Drachen‹ auf der linken Seite, nach dem er der ›Michaelsmeister‹ benannt wird, bedeutet in der Tat den Höhepunkt von Saint-Gilles!

Über dem sozusagen kontrapunktisch unter die Füße des Erzengels geringelten, fauchenden Untier hebt sich der Gottesstreiter in Kampfesstellung. Das linke, gestraffte Bein drückt den Drachenhals nieder, das rechte, angewinkelte, sucht Unterstützung auf dem festen Boden, während die Hände und Arme den tödlichen Stoß vollziehen. Trotz dieser heftigen, gespannten Haltung umspielen die Gewänder die Figur mit so harmonischen, modellierenden Faltenwürfen, daß ein wundervoll ebenmäßiger Körper darunter hervorscheint. Der Fürst der himmlischen Heerscharen konnte kein Asket, aber auch kein Athlet sein. Sogar die leichte Hebung der linken Schulter unterstreicht diese vollkommene Beherrschung der Anatomie und Ausgewogenheit.

Das menschlich Schönste aber bleibt das Herauswachsen des leicht schräg geneigten Halses aus den Schultern, der dieses unsägliche, zur Seite gelegte Haupt mit dem gewellten Haarschopf trägt. Die kräftigen Backenknochen bekunden mannhafte Entschlußkraft. Die Züge sind geprägt und dennoch! Bereits in der nämlichen Sekunde, in welcher der Erzengel die Lanze ins Maul des Drachen bohrt, blicken die Augen schmerzlich fragend über die Schwere seines Auftrags ins Ferne, und dies bleibt vielleicht die ergreifendste Antwort auf die große Häresie des Südens. So, als wisse er schon, was kommen und wie alles ausgehen werde. Der

Widerspruch blieb unlöslich, der Knoten, einmal geschürzt, unentwirrbar.

Ich habe oft und immer wieder ergriffen davor gestanden. Ja, er war das Wunder von Saint-Gilles! Nichts von Siegerpose, nichts von Pathos, nur dieser schmerzliche Vollzug des göttlichen Auftrags – es hat sich nichts ändern lassen! Wer ihm gegenübertritt, spürt, wie betroffen das Zeitalter im Innersten gewesen sein muß über die Ereignisse, die sich vorbereiteten und bald entladen sollten.

Es wird niemand verwundern, daß diese einzigartige Bilderwand im Lande Widerhall fand. Die Fassade und der Kreuzgang von Arles, die Skulptur von Notre-Dame-des-Pommiers in Beaucaire lehnen sich eng an das Vorbild von Saint-Gilles an, wenn auch vorwiegend im Stil und der Ikonographie. Aber auch an der Nachahmung einzelner Künstler hat es nicht gemangelt. So folgen dem Michaelsmeister die Skulpturen von Romans, dem ›soft master‹ hingegen die in Montpellier bewahrten, sehr zarten Apostelreliefs aus dem zerstörten oberen Kreuzgang von Saint-Guilhem-le-Désert, oder das ebenfalls dorthin verbrachte Madonnenrelief von Fontfroide südwestlich Narbonne. Selbst in Italien finden sich auf dem Umweg über Arles Filiationen in der Kreuzabnahme des Benedetto Antelami in Parma, anderes in Modena. Die Steinmetzen, die um 1200 Kapitelle und Pfeiler im kastilischen Santo Domingo de Silos schufen, müssen Saint-Gilles gleichfalls gekannt haben.

Es hat nicht an weiteren Übernahmen gefehlt, doch hieße ihre Aufzählung ein Stück Kunstgeschichte nachschreiben, um die es hier nur am Rande zu tun ist. Sie sollte uns lediglich dienen, die verbindende, ausstrahlende Kraft der Pilgerstraße durch den Midi sichtbar zu machen, die im alten, einst so berühmten Provinznest an der Kleinen Rhône einen ersten Höhepunkt ihrer Kunst erlebt hatte ...

Letztes Zwischenspiel

Die Pilger des 12. Juni 1209, um endlich zu ihnen zurückzukehren, einerlei ob sie seit dem vorfrühen Morgen in gut dreieinhalb Stunden von Nîmes herangewandert waren, wie unser Gewährsmann aus Bayern, oder gar, entlang der Küstenstraße von Italien ziehend, im Marsch über Arles – die Jacquaires jenes Tages kamen in eine gleich einem Bienenstock vom Summen unzähliger Stimmen erfüllte Stadt. Manche Straßen hatte man kurzerhand abgesperrt, ihr Pilgerhabit freilich genügte, sie passieren zu lassen und sich bis zum Platz vor der Abteikirche durch eine drängelnde Menschenmasse zu schieben. Dort, eingekeilt in Mauern von Gaffern, erlebten sie ein seltsames Schauspiel, das uns Pierre des Vaux de Cernay beschrieben hat.

Ich weiß nicht, ob seine Schilderung dieses Tages Wolf von Niebelschütz als Vorlage für seinen Roman ›Die Kinder der Finsternis‹ diente, in dem er seinen Helden Barral, Graf eines mystifizierten ›Kelguriens‹ ähnlicher Kirchenstrafe unterwirft. Aber er gibt vollkommen die Stimmung des Augenblicks wieder. Vor dem Kirchenportal stand einsam in geöffnetem Menschenkreis ein Mann in Unterkleidung, »en braies et en chemise«, den unter dem Leibrock getragenen Hosen, sonst nur mit einem Hemd angetan. Er machte ob seiner demütigen Haltung durchaus nicht den Eindruck, den Großen der Zeit anzugehören.

Vor ihn hielt man die berühmteste Reliquie der Abtei, »du bois de la Croix et de l'Eucharistie«, den heiligen Kreuzesspan. Ihm gegenüber stand in feierlichem Ornat der päpstliche Legat Milon. Sei es aus aufrichtiger Reue, sei es aus Berechnung, der tolosanische Graf unterwarf sich einer selbst für diese Zeit unerhörten Demütigung. Er hatte sich nicht nur von dem Vorwurf der Häresie reinzuwaschen, sondern auch von der Anklage, teil an dem Mord zu haben, den einer seiner Diener an Pierre de Castelnau, Sendbote des Papstes Innozenz III gegen die katharische Ketzerei, im Vorjahre beging. Der gemeuchelte Legat des Heiligen Vaters lag inzwischen auf päpstliches Gebot hin in der Krypta von Saint-Gilles begraben. Man vermag seine Gruft dort noch zu sehen. Es gab noch mehr Anschuldigungen gegen den Landesherrn. Der Vorwurf, er habe sich an der Abtei vergriffen und das widerrechtlich auf ihrem Boden schon von seinem Vorfahren errichtete Schloß ›Petra mira‹ zu einer Festung gegen die Abtei ausgebaut, wog schwer. Das bedeutete die

Bedrohung eines dem Heiligen Stuhl unterstellten Konventes und also zugleich eine Brüskierung Roms. Dies unter anderem. Doch ließ man offensichtlich Milde walten, wenigstens vorerst. Eben hob der Graf die Hand zum Schwur, sich dem Papst und seinen harten Forderungen zu unterwerfen, um der Exkommunikation ledig und wieder in die Kirche aufgenommen zu werden.

Schon legte der Legat dem Beklagten seine Stola als Zeichen der Versöhnung um die Schultern. Darauf zog er ihn die Stufen zur Kirche hinan und durch den Mittelgang bis zum Altar, während er mit einer »poignée de verges«, einem Rutenbündel, auf ihn eindrosch. An der nachfolgenden Messe, eigentliches Zeichen für die Wiederaufnahme in die Gemeinschaft der Gläubigen, nahm der Gedemütigte kniend teil.

Der Andrang zur öffentlichen Abbitte des Grafen war so groß, daß in der Kirche keine Nadel zu Boden fallen konnte. Der Entsühnte vermochte das Gotteshaus daher keineswegs durch eines der Portale zu verlassen, sondern mußte durch den heute vermauerten Zugang zur Unterkirche oder Krypta hinabsteigen: »nue et flagellé«, wie es heißt.

Vielleicht nicht unabsichtlich am Grab des ermordeten Pierre de Castelnau vorüber, dessen Tod von Mörderhand auch fernerhin der auslösende Anlaß der blutigen Tragödie des okzitanischen Südens und letztlich die äußerliche Ursache zum Untergang des tolosanischen Grafenhauses werden sollte. Trotz der Sühne standen die Zeichen bereits auf Sturm. Doch gleich hiervon.

Erst lange, nachdem sich die Masse der Schaulustigen verlaufen, der tolosanische Graf den Schauplatz seiner Erniedrigung verlassen hatte, konnten auch unsere Pilger in die Krypta hinabsteigen, wo sie im Angesicht des Ägidiusgrabes die Nacht verbrachten, um kommenden Tages auf der Straße nach Montpellier, vorbei an der Abtei Saint-Jacques, nach Lunel hinauszuwandern.

Was sie erblickten, war nichts Besonderes und doch atmeten sie nach dem erregten Getriebe des Vortages auf, wenn sich auch kaum annehmen läßt, daß sie das Geschehnis verstanden hatten. Dies schon ob des sprudelnden okzitanischen Idioms willen nicht, mit dem man hektisch auf ihre Fragen antwortete. Wilder Kümmel reifte am Weg; einige Pinienhaine, Zypressen um weiße Gehöfte hier und dort in den endlosen Rebengefilden blieben unter dem leuchtenden Himmel der einzige Blickfang. Heiß waberte die Luft, während sie abwärts ins sumpfige *Vistre-Tal* stiegen. Vermutlich zogen sie zwei Kilometer nördlich von Aymargues entlang, wo es einen der weitgefächerten Wasserläufe der Gegend auf einer noch immer Pont de l'Hôpital genannten, engen und langgestreckten Brücke zu queren galt. Heute wie damals träumt darunter ein Bach hin. Fischlein spielen in der Kühle, Entenflott schwimmt auf dem Spiegel, Erlengebüsch und violettes Geblüh säumt die Ufer, über die neuerdings eine Asphaltstraße hinwegspringt. Ein paar alte Steine, einer davon löffelartig geformt, bedeckt mit verwitterten Zeichen, stehen am Brückenbeginn. Sie mochten den einstigen Herbergseingang bezeichnet haben. Weiter, in *Pont-de-Lunel,* mußte man, erneut auf einer Brücke, die Vidourle überschreiten, an der sich, Zeichen für die Beliebtheit der Route, abermals eine Pilgerherberge befand.

Ein Tagesmarsch lag nunmehr hinter ihnen. Daher kehrten sie ein und gelangten bereits am nächsten Morgen über Saint-Brés nach *Salaison.* Zur Linken versteckte sich das uralte *Mauguio* am gleichnamigen Etang in unendlich zerfaserter Küste im Dunst, einst Sitz der Grafen von Melgueil und ihrer weithin berühmten Münzstätte. Dann ging es am Südrand der Garrigues entlang auf Montpellier zu in ein Gebiet trügerischen Friedens. Entgegenkommende Landleute machten ein verschlossenes Gesicht, Reiterhorden streiften umher, musterten sie argwöhnisch und gaben sich doch mit dem Anblick ihres Pilgerkleides zufrieden.

Lassen auch wir sie ungestört weiterwandern, die mit zusammengekniffenen Lidern ins überquellende Licht der Weite spähen. Nehmen wir Urlaub, um etwas nachzuholen, ohne das unsere Erzählung vom Schicksal des Südens unvollständig bliebe – den Bericht über das tolosanische Grafenhaus, dessen derzeitiges Oberhaupt sie in Saint-Gilles unter Rutenschlägen zum Altar hatten taumeln sehen.

GRAFEN UND KETZER

Die Welt der Ramondins

Was unser Zeitalter vereinfachend Languedoc nennt, wird der historischen Vielgestalt, der vergangenen Größe und bitteren Tragik des Gebietes zwischen Garonne und Rhône, kurz des Midi, wenig gerecht. Manchmal hat es sogar den Anschein, als sollten mit seinem Namen Erinnerungen ausgelöscht oder verdrängt werden, die doch die Aura des Einmaligen umspielt. Gewiß, auch das Mittelalter besaß keine umfassende Bezeichnung für das, was zeitgenössische Verfechter seiner Eigenständigkeit mit dem Wort ›Okzitanien‹ beschwören. Die Sprache, so oft der Bannerträger historischer Tatbestände oder Ideen, stand bei der Taufe des französischen Südens nicht Pate. Sie konnte es nicht. Sie richtete in einer Epoche des Feudalismus ihre Aufmerksamkeit weniger auf das Gemeinsame als dynastische Unterscheidungen, und deren gab es nicht wenige.

Denn in diese auf ihre Weise geschlossene, von Strömen und Gebirgen begrenzte Landschaft teilten sich eine ganze Reihe von Feudalgebietern, unter denen das Geschlecht der Grafen von Toulouse herausragt. Was nicht bedeutet, daß sie allenthalben Herren im Hause waren. Wie ein mächtiger Keil schob sich im Osten, von der Lagunenküste ausgehend, die Seigneurie von Montpellier unter den sogenannten ›Guilhems‹ nach Norden vor, um 1204 durch Heirat der letzten Erbin, Maria von Montpellier, mit Peire II, König von Aragon, unter aragonesische Hoheit zu geraten und 1276, infolge der aragonesisch-katalanischen Erbteilung, Bestandteil des Königreiches Mallorca zu werden, bis sie 1349 durch Verkauf an Frankreich fiel.

Gleich einem zweiten Block drängte sich die Grafschaft

Foix ins tolosanische Gebiet, zwar den Oberherren in Toulouse lehnspflichtig und dennoch in mancherlei Hinsicht eigenständig. Sie fiel 1242 an die französische Krone. Ganz ähnlich verhielt es sich mit den Territorien des vizegräflichen Hauses der Trencavel, die ausgedehnte, je nach der wechselnden Macht der Oberherren, gelegentlich souverän anmutende Besitzungen um Béziers, Albi, im sogenannten Rasèz mit Carcassonne ihr eigen nannten und oft selbständige Politik betrieben. Hinzu kamen im Verlauf der Historie adaptierte Land- oder Grafschaften wie Armagnac, Agenais, Teile des Quercy mit wechselnder Zugehörigkeit und obendrein eine Reihe meist winziger Gebiete wie Melgueil oder Saint-Gilles unter zeitweiliger Hoheit des Heiligen Stuhles. Kurz, was so überschaubar anmutet, stellte im Mittelalter politisch ein vielfältiges Gebilde dar, dessen Einzelheiten sich oft genug kaum mehr zu wissen lohnen.

Die dominierende Kraft in diesem Konglomerat blieb indessen das oberherrliche, gräflich-tolosanische Haus, dessen Aufstieg und Verfall, vertreten durch seine exemplarischen Gestalten, das Schicksal des Midi am eindeutigsten spiegelt. Zusammengewachsen aus dem Toulousain und dem Albigeois nebst dem Lauragais, den Cevennen-Grafschaften Rouergue und Gévaudan, ferner dem Nieder-Languedoc zwischen Saint-Gilles und Narbonne, dem römischen Septimanien also, wirkt allerdings auch seine Hausmacht verwirrend genug. Um so mehr, als von Fall zu Fall neue Gebiete wie das Marquisat Provence hinzutraten, während andere sich von ihr lösten.

Diese Umstände, dazu eine gewisse Abenteuerlust der tolosanischen Grafen, ferner die nur lockere Verbindung der einzelnen Landesteile durch das Lehnsrecht, schließlich auch eine gewisse Läßlichkeit der Oberherren, insbesondere Graf Raimonds VI, haben das Aufkommen einer dem Midi zum Verhängnis gewordenen weltanschaulichen Strömung, der katharischen Häresie, begünstigt, die zwar einen Großteil Europas von Nordfrankreich bis Spanien, von den Rheinlanden bis Viterbo ergriff, aber einzig im Languedoc zu so hohen Flammen aufloderte. Die Gegenkräfte der Epoche, kulminierend im ›albigensischen Kreuzzug‹, sollten nicht nur die Scheiterhaufen der Opfer in Brand setzen, sondern auch den stolzen Überbau des herrschenden Grafenhauses in Asche legen. Das bedeutete mehr als einen historischen Unglücksfall. Eine der ältesten europäischen Kulturlandschaften, das gewaltige Feudalreich des französischen Südens verwandelte sich für lange Jahrhunderte in eine subalterne Provinz.

Auf und an den Uferbergen bei Narbonne, auf den Höhen des Lauragais und der Cevennen hausten ja schon die Menschen der Steinzeit. Das Bronzezeitalter hinterließ die Spuren der Megalithkultur. Kelten, Römer stellten sich ein, und bald zog Hannibal auf der ›Straße des Herkules‹ nach Italien. Westgoten, Franken, Araber überrannten das Land, bis die spätkarolingische Epoche dem Durchströmen der Völker ein Ende setzte. Ein nur noch undeutlich erkennbares Zeitalter, gewiß! Dennoch treten uns gerade aus dem mythischen Dämmer des 9. Jahrhunderts der 853 gestorbene Fredelon als erste, deutlich erkennbare Grafengestalt eines erblichen Hauses der Ramondins entgegen, das zwar der fränkischen, dann französischen Krone Huldigung schuldete, doch Jahrhunderte lang lediglich nominell. Sie also stellten die Nachfolge im Regiment einer Herrschaft und einer Residenz, in der schon 414 die römische Kaisertochter Galla Placidia glücklich gewesen war. Eine genealogisch nur vorübergehende Rolle scheint dabei jener fürstlichem Geschlecht entstammende Graf Guilhem von Toulouse, Herzog von Aquitanien, gespielt zu haben, der Stifter von Saint-Guilhem-le-Désert, der 812 starb; es ist später von ihm zu berichten.

Ramondins? Man bezeichnet sie so, weil nicht weniger als sieben Grafen des tolosanischen Hauses den Namen Raimond trugen. Nun geht es hier freilich nicht um eine Dynastengeschichte, sondern nur um jene Gestalten, deren Schlagschatten auf den seit dem 10. Jahrhundert begangenen Santiago-Weg fällt. Die einst eher geringfügige Grafschaft hatte sich unterdessen durch glückliche Erbschaften und Erwerbungen beträchtlich vergrößert. Vollends unter Guillaume IV von Toulouse, der zwar lange und erfolgreich regierte und doch nicht bedeutsam genug, um in der großen Geschichte Fuß zu fassen. Als er 1093 starb, hinterließ er lediglich eine Tochter, Philippa de Toulouse, die Guillaume IX, Herzog von Aquitanien, den Troubadour, heiratete, von dem in ›Aquitanien‹ erzählt worden ist. Vergeblich streckte er die Hand nach Toulouse aus. Die Nachfolge trat nach mancherlei Kämpfen als »wahrhafter Begründer des tolosanischen Staates«, wie Augustin Fliche ihn genannt hat, Guillaumes IV von Toulouse jüngerer Bruder Raimond IV an.

Der ›Mirage Oriental‹

Als nachgeborener Sohn schien er zu nichts Bedeutsamem bestimmt. Auch die Umstände, unter denen er aufwuchs, weckten kaum große Erwartungen. Seine Mutter, Almodis de la Marche, schon aus ihrer Ehe mit Hugues de Lusignan davongelaufen, ließ 1052 ihren zweiten Mann, Graf Pons de Toulouse, mit vier Kindern gleichfalls im Stich, um den Grafen von Barcelona zu heiraten. Acht Jahre später starb sein Vater. Damit schien sein Stern vollends zu sinken. Entgegen üblicher Erbteilung erhielt der Älteste, Guillaume IV den gesamten Stammbesitz, Raimond dagegen nur einen kärglichen Rest, die Hälfte des mütterlichen Leibgedinges, einen Teil des Bistums Nîmes und der Abtei Saint-Gilles, das hochragende Schloß von Tarascon und einigen Grundbesitz. Das Kloster nahe der Kleinen Rhône, das damals einen ersten Aufschwung erlebte, blieb die einträglichste Pfründe. Hinfort nannte er sich daher Raimond de Saint-Gilles, als der er in die Geschichte einging. Auch scheint auf jene unbestimmte Weise, die einer Prädestination gleichkommt, aus dem klösterlichen Erbe seine ständig wachsende Anlehnung an die Kirche zu rühren, die soviel in seinem Leben bewirkte. Macht und Gnade – trotz mancher schroffen Wesenszüge, man darf beides als Leitmotiv über sein Leben stellen. Allein, es kam noch etwas hinzu, eine offenbar aus dem Geiste ritterlicher Gesinnung geborene Unbedingtheit, die ihn während vorgerückter Jahre alles Errungene wieder aufs Spiel setzen ließ …

Es mutet immer wieder erstaunlich an, wie das Schicksal seinen Auserwählten den Weg bahnt. Anfangs schien es nur ein freilich erstaunliches Glück, das Raimond widerfuhr: er erbte von einer kinderlosen Verwandten das Marquisat Gothien, mit anderen Worten das Narbonnais oder alte Septimanien, obendrein Rouergue und Gévaudan. Dagegen mißlang eine erste Heirat mit einer uns Unbekannten; Rom löste die Verbindung wegen zu naher Verwandtschaft auf. 1080, als er knapp dreißig zählte, verehelichte er sich erneut, diesmal mit Mathilde, Tochter Robert Guiscards von Sizilien, und hierin haben wir denn doch ein Vorzeichen zu erblikken. Die enge Verbindung mit dem normannischen Haus, so bezeugen die Historiker einstimmig, lehrte ihn eine gestraffte Staatsstruktur kennen, wie sie Wilhelm der Eroberer eben in England verwirklichte. Vor allem lenkte sie Raimonds Augenmerk auf ›Outre-mer‹ oder Übersee, womit derzeit die Ostküste des Mittelmeeres gemeint war. Sein ›mirage oriental‹, sein morgenländischer Traum, der für Toulouse im guten wie bösen soviel bedeutete, dürfte hier wurzeln.

Vorerst freilich fand er andere Gelegenheit, seine Erfahrungen und erworbenen oder angeborenen Fähigkeiten glanzvoll zu beweisen. Bereits 1088 übertrug ihm sein ohne männlichen Erben gebliebener älterer Bruder das Regiment des gesamten »Comté« – wir kennen die Gründe im einzelnen nicht – und Raimond führte seither den Titel eines Grafen von Toulouse, Herzogs von Narbonne und Marquis der Provence, regierte somit das gesamte spätere Languedoc zwischen Garonne und Rhône. Doch er beherrschte es nicht nur, er schmiedete es zu einer festgefügten Ordnung zusammen. Mit ihr wuchs gleichzeitig der Wohlstand; enge Freundschaft verband ihn auch mit Cluny. Papst Gregor VII. nannte ihn seinen »sehr lieben Sohn«. Er hätte mit seinem Leben zufrieden sein können, doch gilt für ihn wie für jeden Geniemenschen der Satz »Das Feuer spricht nicht, es ist genug!«. Nebst Alfonso VI von Kastilien zog er gegen die Sarazenen, erwarb sich einen legendären Ruf als Soldat und brachte sich aus Spanien – von den weiteren Schicksalen der Guiscard-Tochter wissen wir nichts – eine neue Frau mit, Elvira von Kastilien, eine natürliche Tochter Alfonsos und nicht nur dem Blute nach eine Schwester der ebenso tatkräftigen wie heroischen Jiména de Gormaz, Gemahlin des Cid.

Aus allem, was er unternahm, weht uns mit anderen Worten der Hauch des Außerordentlichen entgegen; auch das stets aufs neue Überraschende der inneren Getriebenheit fehlt in seinem Bilde nicht. Es läßt sich ja kaum mehr verstehen, daß er plötzlich, an der Schwelle des Alters, alles Geschaffene bedenkenlos in den Wind schlug. Nicht, um sich gleich manchem Großen hinter Klostermauern einzuschließen, sondern um der Erfüllung eines Auftrags willen, der ihm größer als alles andere schien. Er rüstete sich, als zähle er eben zwanzig, zum Aufbruch ins größte Abenteuer, das seine Epoche kannte und erklärte zudem, davon nicht wiederkehren zu wollen.

In der Tat widersprach es jeder Vernunft. Raimond, mächtig geworden, hochverehrt im Lande, fast fünfundfünfzig Jahre alt, folgte als erster dem Aufruf zur Befreiung des Heiligen Grabes, den Papst Urban II. am 27. November 1095 in Clermont verkündete. Der Heilige Vater hatte eben in Cluny den Hochaltar des grandiosen Kirchenbaus eingeweiht, den wir ›Cluny III‹ nennen, eine Gelegenheit, bei der man, nebenbei gesagt, wichtige Gespräche über den Ausbau der Pilgerstraße nach Compostela führte. Nunmehr also verkündete er seine Aufforderung zum ersten Kreuzzug, der wir denn doch genauer gedenken müssen. Sie ging den anwesenden Rittern so zu Herzen, daß sie immer wieder in den Ruf »Gott will es!« ausbrachen. Warum zögern, so hieß es da, das irdische Leben sei schlecht und voller Schlechtigkeit; die Menschen rackerten sich ab und plagten sich, um sich »an Leib und Seele zugrunde zu richten«. Eine erstaunlich moderne Formulierung, nur daß sie heute kaum so offene Ohren fände. Raimond machte sich unverzüglich zum Wortführer der großen Sache.

Die Wirkung des Aufrufs von Clermont war ungeheuer. Nicht nur der Adel, sondern auch eine große Zahl von Menschen aus den einfachsten Ständen, sie unter Führung eines seltsamen Fanatikers und Visionärs aus der Picardie, Peter des Einsiedlers, machte sich auf den Weg. Die Ritterverbände marschierten in Einzelkontingenten unter militärischer Gesamtleitung Gottfrieds von Bouillon, Graf von Niederlothringen. Um Raimond von Toulouse hatten sich die teilnehmenden Herren des Midi geschart, darunter die Träger so erlauchter Namen wie Girard de Roussillon, Guillaume d'Orange oder Gaston de Béarn.

Steven Runciman stellt es in seiner Geschichte der Kreuzzüge so dar, als habe Raimond starrsinnig den Anspruch auf die militärische Oberleitung erhoben. Viele Quellen berichten es anders. Danach wies er das Amt entschieden von sich, und auch seine spätere Haltung spricht dafür. Seine Frau, seine zwei legitimen Kinder nahm er mit auf den gefährlichen Weg in den ›mirage oriental‹. Zuvor verfügte er etwas, das den Chronisten der Pilgerstraße besonders angeht. »Viele seiner Besitztümer« vermachte er dem Kloster Saint-Gilles, das, nunmehr vermögend und selbständig, bald mit dem Neubau jenes Gotteshauses beginnen konnte, an dessen Schwelle Jakobus Wache hält. Am 25. August 1096 verabschiedete er sich von seinen tolosanischen Untertanen auf dem Vorplatz von Saint-Pierre-des-Cuisines in der Hauptstadt. Als Sachwalter der Grafschaft ließ er seinen natürlichen Sohn Bertrand zurück.

Über Istrien und Dalmatien gelangte man in vierzig Tagen nach Shkoder am Drin und stieß in Thrazien auf Widerstand. Während der Graf nach Konstantinopel vorauseilte, stürmten seine Truppen unter dem Ruf ›Toulouse, Toulouse‹ die hartnäckig verschlossene Stadt Russa an der Via Egnatia, um sie zu plündern, weil es an Lebensmitteln mangelte. Gleichwohl empfing Kaiser Alexios Komnenos den berühmten Tolosaner freundlich. Weiterziehend mußte er bei Nikäa den Hauptansturm eines türkischen Heeres abwehren. In Ikonion, dem heutigen Konya, erkrankte er auf den Tod. Neue Tage der Strapazen und Entbehrungen folgten, als man bei strömendem Herbstregen über die verschlammten Saumpfade des Antitaurus zog. Ganze eintausend Ritter und das Fünffache an Fußvolk, zogen sie durch das Küstenland zu Füßen des Libanon bis Arsuf, um sich von hier landeinwärts zu wenden. 1099 ging es im Eilmarsch von Ramleh weiter, bis sie am 7. Juli auf jenem Hügel standen, den die Jerusalempilger, gleich den Wanderern des Santiago-Weges, Montjoie nannten. Die Heilige Stadt mit ihren Mauern und Türmen lag in der Ferne vor ihnen.

Man findet ihre leidvolle Belagerung und Erstürmung, die wüste Plünderung, das noch grauenvollere Gemetzel der Bevölkerung oft genug dargestellt. Raimond vermochte wenigstens den tapferen Verteidiger Iftikhar samt seiner Garnison in der Davidsburg vor der mordtrunkenen Soldateska in Sicherheit zu bringen. Es blieb der einzige Lichtblick. Herrscher in der eroberten Satdt wurde Gottfried von Bouillon. Gewiß hatte Raimond, seit Antiochia alleiniger Führer, trotz mancher Fehler das meiste zum Gelingen des Feldzugs beigetragen. Doch scheute er sich nach eigenem Eingeständnis zu regieren, wo Christus einst den Opfertod starb, und zog nach manchem Intermezzo über Jericho nordwärts zurück nach Tripolis, das er zum Sitz einer neuen Grafschaft erkor. Nach langen Kämpfen gegen die Emire des Landes und einer denkwürdigen Schlacht unter den Mauern der Stadt gegen eine zwanzigfache Übermacht faßte er Fuß.

Herr von Tripolis war er damit noch lange nicht, aber er baute in den Vororten, etliche Meilen landein, eine riesige Burg als Bollwerk gegen die muselmanisch besetzte Zitadelle und nannte sie Qualat Sandschil. Hier erlebte Raimond 1103 noch die Geburt seines einzigen legitimen Sohnes Alphonse-Jourdain, so benannt, weil er mit Jordanwasser getauft wurde; seine anderen beiden Kinder waren ihm unterwegs gestorben. Dann kam auch für ihn die Stunde. Vermutlich in der Folge schwerer Brandwunden, die er bei einem arabischen Angriff auf seinen Stützpunkt davontrug, verschied er plötzlich am 28. Februar 1105, eine Rittergestalt, deren ganzes Leben, deren Todesbereitschaft wie ein Roman anmuten.

In Toulouse hielten die Vasallen treu zu Bertrand. Als sie jedoch von einem rechtmäßig geborenen Erben erfuhren, sandten sie dringliche Nachricht, weil Guillaume IX von Aquitanien, Gatte Philippas von Toulouse, ernsthafte Nachfolgeansprüche erhob. Noch schob sich der Papst schützend dazwischen. Doch kehrte Gräfin Elvira 1108 mit ihrem jetzt fünfjährigen Sohn eilig zurück, während Bertrand im Wechsel nach Südosten segelte, um die orientalische Grafschaft zu übernehmen. Erst recht glaubte der Aquitanier nunmehr seine Stunde in Toulouse gekommen; er bemächtigte sich der Stadt nach blutigen Kämpfen. Diesmal half das Schicksal nach. 1116 starb Philippa von Toulouse, und der Troubadour in der Tour Maubergeonne von Poitiers verlor jeglichen Anspruch.

Allerdings blieben Probleme in Fülle. Gelegentlich lächelte dem früh zum Manne gereiften Alphonse-Jourdain dabei das Glück. Als er jedoch nach Jahrzehnten des Kampfes beim Streit um Montpellier in Gefangenschaft geriet und nur durch große Zugeständnisse freikam, resignierte er unter Berufung auf sein 1146 in Vézelay abgelegtes Kreuzfahrergelöbnis und machte sich wie der Vater mit dem Großteil seiner Familie auf ins Heilige Land. Die tolosanische Grafschaft überließ er seinem Sohn Raimond V. Ahnte er, daß er geradewegs in den Tod zog?

In Tripolis regierte derzeit ein anderer Raimond, Enkel des Bastardsohnes von Raimond IV, Bertrand. Er konnte seinem Großonkel, dem legitimen Erben, kaum den Herrschaftsanspruch verweigern. Aber dann wurde Alphonse-Jourdain auf dem Weiterzug plötzlich krank und starb 1148 in Cäsarea unter Qualen. Sofort liefen Gerüchte um, Raimond von Tripolis habe ihn vergiftet. Andere hielten Königin Melisende von Jerusalem, die Tochter König Balduins von Flandern für die Urheberin. Sie sollte aus Liebe zu ihrer Schwester Hodierna, Gattin Raimonds, zu der Untat angestiftet haben. Die Wahrheit kam nie ans Licht …

Der Tod Alphonse-Jourdains nahm das Ende der orientalischen Linie nur knapp vierzig Jahre vorweg. 1187 starb ihr letzter Vertreter, Raimond II von Tripolis, ›Regent‹ des Königreiches Jerusalem, ohne Nachkommenschaft. Seine Grafschaft geriet in die Hände der Fürsten von Antiochia aus aquitanischem Stamm. Der tolosanische ›mirage oriental‹ war zuende.

In den Archives Départementales zu Toulouse werden zwei faszinierende Wachssiegel des Mittelalters bewahrt, Das eine zeigt einen Ritter in Rüstung mit zugeklapptem Visier und eingelegter Lanze, der auf schnaubendem Pferd im Karriere einhersprengt, den Körper mit einem ovalen, oben breiten, unten abgerundeten Schild gegen den Beschauer gedeckt. Es ist das Siegel Graf Raimonds VI. Als Schildzeichen trägt es die berühmte ›Croix de Toulouse‹ oder ›de Languedoc‹, ein nach unten lang ausgezogenes Kreuz, dessen Arme außen in drei miteinander verbundenen Spitzen nebst kleinen Kugeln enden.

Hoch zur Rechten vom Helm des Ritters erkennt man den Abendstern und den Halbmond als Bekundung, daß der Wappenträger über Besitzungen im Okzident und Orient gebot. Was für Raimonds VI Vorgänger und Vater noch hingehen mochte, doch für ihn selbst nicht mehr zutraf. Allein, mit dem Languedoc-Kreuz besaß es seine Richtigkeit. Es diente ursprünglich als Emblem der provenzalischen Grafschaft Venasque, kam also dem tolosanischen Haus seit der Heirat Graf Raimonds V mit Richilde, verwitweter Gräfin der Provence, Tochter Kaiser Barbarossas in den sechziger Jahren, ganz gewiß aber seit dem Teilungsvertrag von 1174 zwischen Barcelona und Toulouse zu.

Das andere Siegel gehörte Raimond VII, jenem tragischen Grafensproß, der nie mehr zu wirklicher Regierung gelangte. Heraldisch betrachtet ein ›Sceau de Majesté‹, wie es eigentlich nur regierenden Kaisern oder Königen zustand. Der Graf wird darauf als Gerichtsherr in langem Gewand dargestellt, ein Schwert über die Oberschenkel gelegt. In der linken Hand balanciert er das Modell oder Abbild des alten, längst verschwundenen ›Château Narbonnais‹, ehedem Pfalz der westgotischen, dann der karolingischen Könige und endlich gräfliche Residenz in Toulouse, kurz, ein Zeichen uralter Tradition. Das Wappen stammt von 1228, mithin aus einer Epoche, in der sich Raimond VII noch einmal verzweifelt an seine Hoffnung klammerte, seine Lage werde sich ändern. Aber wie hätte das noch geschehen sollen?

Denn inzwischen hatte sich für Toulouse die Welt verwandelt. Spürte es der Graf nicht selber, daß grade seine so überdeutlich beschworene Souveränität längst in der großen Tragödie Okzitaniens völlig zerstoben war? Erkannten nicht bereits seine Vorgänger den Abgrund, der sich vor ihnen auftat?

Freilich, es hatte alles so gut begonnen! Als Raimond V vierzehnjährig das Erbe Alphonse-Jourdains übernahm, nützten zwar die Herren von Foix und Carcassonne, wie zu erwarten, unverzüglich die vermeintliche Gunst der Stunde. Doch etwas völlig Unerwartetes geschah, das Waffenglück entschied gegen sie. Der junge Tolosaner saß fest im Sattel und er hielt sich darin, wenn auch nur durch einen ewigen Balanceakt während fünfzig Jahren seiner Regierung. Besorgnisse gab es genug. Im neuerdings vereinigten Aragon und Barcelona träumte König Alfonso II von einem mittelmeerischen Staat »auf dem Rücken der Pyrenäen«. Louis VII von Frankreich durchquerte 1154 bei der Rückkehr von seiner Pilgerfahrt nach Compostela das Languedoc mit verdächtig begehrlichen Augen. Gegenüber dem Vizegrafen Raimond Trencavel galt es stets auf der Hut zu sein und nicht minder angesichts der Machtballung Heinrichs II. Plantagenet von England ... Doch warum von den endlosen Querelen eines Dynastenlebens jener Zeit berichten? Das Land bewunderte seine Geschicklichkeit, und Toulouse fühlte sich unter ihm glücklich. Auch wenn er zu luxuriösen Vergnügungen neigte. Fiel nicht ein Abglanz der Hofhaltung, in der die Troubadours, ein Peire Ramon, Foulquet de Marseille, Peire Vidal aus und ein gingen, auf die Stadt zurück?

Nur eines bekam er nicht in den Griff. Die wachsende Häresie. Schon 1177 schickte er einen berühmt gewordenen Bericht nach Citeaux, allein werde er mit dem Übel nicht fertig. Die ersten Schatten kommenden Unheils fielen über das Languedoc. Kein Zweifel, Raimond, eher der Mann eines liberalistischen Gewährenlassens, hatte einer Bewegung, die sich über allem politischen Hin und Her und dem geselligen Treiben im Château Narbonnais vornehmlich im Westteil des Landes ausbreitete, zu wenig Beachtung geschenkt!

Als er 1194 starb, hinterließ er seinem Nachfolger Raimond VI eine »unmögliche Situation«, wie Philippe Wolff es nennt.

Warum die Saat der Häresie im Languedoc auf so günstigen Boden fiel? Das Land war keineswegs arm. Mit dem Beginn des 13. Jahrhunderts mehrte sich der Handel. Die Märkte des nahen Barcelona, die Jahresmessen von Beaucaire und Saint-Gilles schufen internationale Kontakte. In Narbonne, Saint-Gilles, Montpellier, vor ihrer Versandung die großen Häfen des Midi, sammelten sich bedeutsame Vermögen an, entstanden wichtige Konsulate. Man importierte aus Alexandria Leinen, Baumwolle und Luxusstoffe und führte im Wechsel Landesprodukte aus. Nicht zufällig lag der Getreidehandel von Genua 1254 in den Händen eines aus Narbonne gebürtigen Kaufmanns, und mit einiger Sicherheit stammten auch die berühmten Doria von hier. Ballen und Fässer mit exotischen Gewürzen, Spezereien, Süßwaren, Leder und Pelzen stapelten sich, sei es für den Ex- oder Import, auf den Kais, daneben Metalle vieler Art und Holz für den Schiffsbau. Außerdem verlud man Pferde, Maultiere aus dem Roussillon oder Ziegen. Selbst sarazenische Sklaven beiderlei Geschlechts kamen durch diese Tore ins Land, billig zudem, für ein Viertel des Preises, den ein Reittier kostete.

Das wiederum kam nicht nur den Kaufleuten zugute, sondern gleicherweise den Handwerkern im Hinterland. So Tuchwebern, Gerbern, Färbern, Säcklern, Riemenschneidern und Kürschnern, die in dieser Epoche ob der aufwendigen Kleiderwünsche wohlhabender Bürger ihr gutes Auskommen fanden. Dazu traten die Angehörigen zahlloser anderer Gewerbe. Es fehlte an nichts. Der Zulauf, den die Häresie fand, mußte daher andere als soziale Ursachen haben. Dennoch, sie wuchs von unten und durchdrang schließlich das gesamte Leben. Es lag wie ein tiefes Ungenügen über dem Lande. Der Drang nach Lebensvertiefung durchzieht ja das gesamte Mittelalter. Auch mochte ein gewisses Mißvergnügen an allzu routinierten Heilsformeln, dem Lebenswandel der Kleriker eine Rolle spielen.

Nun aber zogen die Sendboten neuer Glaubensvorstellungen durchs Land, die, wenigstens anfangs, ein Dasein in Armut, eine Rückkehr zur Einfachheit der Apostel forderten und sie vorlebten. Hier gab es nichts Läßliches, nichts Allzumenschliches mehr, hier wurde Ernst gemacht mit der Selbstheiligung. Sie nannten sich selbst Christiani, wenn auch, wie wir nachzuweisen haben, kaum mit Recht. Kein Wunder, wenn ihnen die Angehörigen zu Grübeleien neigender Berufe, besonders die Weber, verfielen.

Recht bald allerdings aber fanden sie bei anderen Bevölkerungsschichten ebenfalls Widerhall. Auch wenn der freigeistige und indifferente Hof sich gleichgültig zeigte und die Sendboten lediglich gewähren ließ. Ganz anders der geringere Adel und die Ritterschaft. »Warum sollten wir sie verfolgen«, erklärte ein alter Aristokrat, »sie leben anständig und sind mit uns verwandt.« Aber darin lag es nicht eigentlich. Die ›Milites‹ in ihren ›Castra‹ auf dem Lande hatten der Kirche eine Rechnung zu präsentieren und paktierten nicht von ungefähr mit den Sektierern. Elie Griffe hat ein bemerkenswertes Werk darüber geschrieben. Ob der andauernden Realteilung des Erbes war der ursprüngliche Besitzstand dieses Kleinadels oft auf ein Zweiundreißigstel geschwunden. Seit der gregorianischen Reform gingen zudem die Kircheneinkünfte, soweit sie einst, nicht ungeschmälert, durch ihre Hände gelaufen waren, verloren. Die aufs Praktische bedachten Kaufleute und Handelsherren ihrerseits fanden nichts an den Katharern auszusetzen. Mit fortschreitendem 13. Jahrhundert entwickelten sie sich, unbeschadet des einstigen Armutsideals, zu honetten Handelspartnern, vor allem die ›Parfaits‹ unter ihnen. Ja, seit es ihre Interessen verlangten, verkündeten die Sektierer, es gebe laut Matthäus, Kapitel 25, einen moralischen Unterschied zwischen Handelsdarlehen und dem von der Kirche als Wucher untersagten Geldverleih. Im Zeitalter des erwachenden Kapitalismus machten diese Argumente sich Freunde. Am erstaunlichsten blieb indessen der spontane Zulauf der Frauen, wiewohl die Katharer weibliche Wesen als Geschöpfe zweiten Ranges betrachteten.

Zugang zum Kern der Lehre und zur geistigen Welt der Vollkommenen oder Parfaits dürfte allerdings kaum jemand gefunden haben. Selbst die Croyants, Credentes oder Gläubigen nicht. Die eigentliche ›katharische Kirche‹ bestand im Grunde nur aus einer eingeweihten Gruppe von Perfecti, den Vollkommenen eben, denen wohl ihre Heilsbotschaft, nicht aber ihr eigentliches Bekenntnis glatt von der Zunge ging. Sie trugen übrigens viel dazu bei, die Vertreter des katholischen Klerus bei der Bevölkerung in Mißkredit zu bringen. Sie seien Hunde und Schweine, Hurer und Fresser, die ihre riesigen Einkünfte mit Ehebruch und Völlerei verpraßten ... Dies sollte, im Verein mit anderem, die Spannung bald ins Unerträgliche steigern. Hie Rechtgläubige, hie Katharer, der Riß ging oft mitten durch die Familien.

Als Raimond VI dieses Erbe antrat, sah sich die innerlich so gespannte Lage äußerlich kaum bedrohlich an. Er schien eine tatkräftige Natur, ohne es doch zu sein, und trieb, um nur einen zu nennen, große Pläne für die Einwölbung des 1078 von Bischof Izarn begonnenen Baus von Saint-Sernin in Toulouse voran. Mochte er, nach allzu kurzem Eheglück mit der ersten, auch seine zweite Frau – er sollte fünfmal heiraten – Béatrice de Béziers wegen katharischer Gesinnung verstoßen, so trug er doch im Religionsstreit auf beiden Schultern und wollte es mit niemand verderben. Seine Intelligenz, sein diplomatischer Instinkt hätten ihm die Gefahr zeigen müssen. Aber wie schon der Vater, glaubte er sein Heil im Taktieren, im Lavieren zu finden, wo alles nach Wandlung schrie. Er vernahm diese Stimme nicht. Es gibt Augenblicke der Geschichte, in denen ein Funke genügt, alles in Brand zu setzen. Er zuckte als wahrer Blitz hernieder. Am 14. Januar 1208 vergriff sich einer seiner Gefolgsleute am päpstlichen Legaten Pierre de Castelnau, der die Häresie schlichten sollte, und stach ihn nieder. Der Prälat war verhaßt, aber man mag es drehen und wenden, wie man will, es blieb ein offener Angriff auf die päpstliche Autorität.

Die Untat ist oft heruntergespielt worden, und man sollte Papst Innozenz III. immer wieder den Vorwurf machen, keine ordentliche Untersuchung des Falles abgewartet zu haben, ehe er seinen Bannstrahl schleuderte. Aber der Lateran hatte unendliche Geduld bewiesen und zahllose Diskussionen zwischen Katharern und Kirchenvertretern hingenommen, die zu nichts fruchteten, als den Sektierern Gelegenheit zu verstellter Wiedergabe ihrer Lehre zu geben. Schon 1165 in Lombers, dann 1178 kam es in Toulouse zu Tumulten, weil die Häretiker in einem öffentlichen Streitgespräch etwas völlig anderes behaupteten, als soeben gepredigt. Seit 1190 kannte man in Rom zudem Einzelheiten der Lehre genauer. Gleichwohl schlug man die Mahnungen eines Franziskus, eines Dominikus um der erhofften Verständigung willen in den Wind. Jetzt war die Stunde der Entscheidung gekommen. Man erkannte, daß man im eigenen Lande einen Feind »ärger als Sarazenen« besaß. Der Papst exkommunizierte Raimond VI und forderte das Eingreifen des französischen Königs Philippe-Auguste als legitimen Oberherrn von Toulouse. Dieser jedoch, mit Eroberungsplänen in England beschäftigt, versagte sich. Aber gab es noch Zeit zu verlieren? Innozenz griff zum letzten Mittel, das ihm blieb, und rief zum Kreuzzug gegen die Häretiker auf. Solchem Gebot konnte sich auch der Fuchs in Paris nicht entziehen.

Gewiß wäre es nie zu den nachfolgenden Exzessen gekommen, hätte die französische Krone eine reguläre Armee mit einem erfahrenen Feldherrn an der Spitze nach Süden geschickt. Sie aber entsandte nur ein Aufgebot von Freibeutern des europäischen Nordens, die, nach zeitgenössischen Berichten, weniger der versprochene Sündennachlaß als die Aussicht auf leichte Beute lockte. Der tolosanische Graf erkannte den Ernst der Stunde, der auch ihm, trotz seiner Demütigung vor Saint-Gilles, drohte, und reihte sich ein. Das Unheil, das damit über den ganzen Midi hereinbrach, konnte er nicht mehr abwenden. Bereits wälzte sich der Haufen von Schlagetots durch das Rhône-Tal, lediglich angeführt vom päpstlichen Legaten Arnaud-Amaury, um sich zuerst auf das unglückliche Béziers zu werfen, das dem Vizegrafen Raimond-Roger de Trencavel, Vasall des Tolosaners, unterstand.

Die große Häresie

Die katharischen Gedankengänge, die das mittelalterliche Gefüge des Abendlandes erschütterten, wie sie noch heute durch den Midi geistern, senkten ihre Wurzeln tief in die spekulative, gleichzeitig eigentümlich rationale Mystik des Ostens. Im zweiten Viertel des 10. Jahrhunderts trat im Süden Bulgariens ein Dorfpriester namens Bogomil auf; er verkündete eine Lehre, die bald auch im damaligen Byzanz Anhänger gewann. Die Welt sei böse von Grund auf. Nicht Gott, sondern der von ihm abgefallene Satan hatte die Erde erschaffen. Wer sie überwinden wollte, mußte in Armut unstet umherwandern, zum einfachen Leben der Apostel zurückkehren. Dies blieb das Leitbild der Sendboten, die bald in den europäischen Westen auszogen, weil sie daheim auf den erbitterten Widerstand der Ostkirche und der byzantinischen Kaiser stießen. Da jeder Druck Gegenkräfte auslöst, hatte sich unterdessen eine noch radikalere Gruppe von den Bogomilen abgespaltet. Ihre Anhänger nannten sich nach einer thrakischen Landschaft Dragowiten und erhoben Satan zum Gegengott. Südfrankreich hatte in Pierre de Bruys bereits einen Vorläufer solcher Anschauungen erlebt; ihm folgten bald, noch entschiedener, der redegewaltige, entlaufene Mönch Heinrich, der später in Albi Zuflucht fand, dann verwandte oder abgewandelte Reformbewegungen bis hin zum weltverachtenden Arnold von Brescia und Joachim von Fiore. Allen gemein blieb der Wunsch nach durchgreifender Erneuerung des Glaubens, nach Verinnerlichung, Buße und christlicher Armut an Stelle prunkvoller Kirchenzeremonien und reicher Pfründe für den Klerus, Forderungen, für die es mancherlei Gründe gab.

1143 traten die bogomilischen Sendboten in Köln zum ersten Mal an die Öffentlichkeit, apostolisch lebend, wandernd, fastend, ihre Tage in Gebet und Handarbeit zubringend. Einige ihrer Anhänger verfielen ob ihrer Absage an die Glaubenslehre der harten, für Häresie vorgesehenen Strafe und wurden auf den Scheiterhaufen geschickt. Dennoch, sie mehrten sich unablässig. Ihre Gefolgsleute gaben Besitz und Beruf auf, Klassenunterschiede vermischten sich; selbst Mönche und Nonnen eiferten der neuen Lehre nach.

Ihre Angehörigen nannten sich, nachweisbar zuerst 1163 und wiederum in Köln, die Reinen, griechisch Katharoi, vermutlich der Ursprung des Wortes Ketzer. Aber auch ›boni homines‹ oder mit Vorliebe Christiani, während die Außenwelt ihnen Schimpfnamen wie Popelicani, Piphli beilegte oder gar Texerans, möglicherweise weil sich besonders viele Weber unter ihnen befanden; in Frankreich auch Bougre für Schuft, eine Verballhornung des Namens Bulgare. Zu ›Albigensern‹ wurden sie wahrscheinlich, weil der Ketzer Heinrich einst in Albi Zuflucht fand und hier einer ihrer ersten Bischöfe saß. Trotzdem sah es noch so aus, als könne man sich eines Tages mit ihnen verständigen.

Im Mai 1167 erschien indessen in Südfrankreich ein neuer Sendbote. Er hieß Niketas, Bischof der radikal-dualistischen, also dragowitischen Gemeinde von Konstantinopel. Er traf sich in Saint-Félix-de-Caraman bei Toulouse mit den katharischen ›Bischöfen‹ der Region – die Sekte hatte sich schon damals nach katholischem Muster organisiert – und weihte drei neue Oberhirten für Carcassonne, Toulouse und Val d'Aran nach dem ›Ordo Drugonthiae‹. Ganz Südfrankreich hing nunmehr der dragowitischen Richtung an, die den Teufel als Gegengott proklamierte, eindeutig dualistische Züge trug und dennoch für sich beanspruchte, die vielbeschworene Urkirche des Christentums zu verkörpern.

Das eigentliche und wahre Erbe der Bogomilen von der apostolischen Armut trat allerdings bald zurück und wurde von den Waldensern aufgenommen, die kurz nach diesem Konzil auftraten. Es handelte sich um Anhänger des Kaufmanns Petrus Valdes aus Lyon, der all seinen Reichtum verschenkte, um ein Leben freiwilliger Armut, unsteten Wanderns und Predigens zu führen. Dergleichen lag in der Zeit. Schon im Jahrhundert zuvor dachte die Pataria in Mailand ähnlich und fand teilweise päpstliche Billigung …

Doch zurück zu den Katharern des Midi. Christiani … waren sie es noch? Schon ihre ›Abrenuntiatio‹ an jede irdische Macht, das Abschwören, den Mitläufern kaum völlig bewußt, stand gegen die Worte Christi. Doch das bedeutet keinen Einwurf gegen ihre Lehre an sich, auch wenn es für jede weltliche Obrigkeit, Kaiser, Könige, Grafen und erst recht die Kirche untragbar schien. Dergleichen rüttelte an den Grundordnungen der mittelalterlichen Welt. Vieles wog schwerer. Die Auffassung der Dragowiten von Satan als Gegengott, dem Minor Creator, und der Erschaffung des Menschen rührte bei aller mythologischen Verbrämung ans Absurde. Danach hatte Satan zur Verführung der Engel eine schöne Frau in den Himmel geschmuggelt, worauf viele der Himmelswesen, durch jäh erwachte Begierde ›schwer‹ geworden, das gläserne Himmelsdach durchbrachen, um, nach Petrus Martyr, »neun Tage und Nächte, dichter als Grashalme und Regentropfen« auf die Erde hernieder zu stürzen.

Diese gefallenen Engelseelen bannte der Minor Creator in menschliche Leiber. Er galt ja als Gott der Genesis und Erschaffer der diesseitigen Welt. Entsprechend sah man auch die Patriarchen und Propheten des Alten Testamentes als Teufelsgeschöpfe an. Johannes der Täufer hieß gar verächtlich ›der Wasserträger‹. Anders stand es mit dem Neuen Testament, das man wohl anerkannte und durch lebendige Nachfolge zu erfüllen suchte, doch in umgedeuteter Form – allein gleich davon! Welchen Sinn besaß das Dasein auf Erden? Der Mensch sollte Buße tun für den Abfall von Gott. Nur Weltenthaltung befreite vom sündigen Treiben hienieden. Sinnlos die Reue. Gnade äußerte sich nur in Form von Prädestination, die einzig den Perfecti oder Vollkommenen vorbehalten blieb, die den zahlenmäßig begrenzten Kern des Katharismus bildeten. Den Eintritt in ihre Elite konnte der gewöhnliche Mensch nur nach langer Vorbereitung, der Endura, durch ein reinigendes, zugleich das einzig gültige Sakrament, das Consolamentum erlangen. Nach ihrem Tod stiegen die Parfaits, triumphant von achtzehn Engeln begleitet, unmittelbar in den untersten Himmel auf – sie kannten deren sieben – wo ihrer grüne Wiesen und Vogelgesang harrten und sie weder Hunger noch Durst litten. Dafür hatten sie auf Erden ein Dasein harter Askese zu führen und unterlagen dem Eidesverbot, da Satan als Gott des Alten Testamentes das Schwören erfunden hatte, während der Waffengebrauch allen Katharern untersagt blieb; später, als die Not sie zur Selbstverteidigung zwang, mietete man sympathisierende Ritter und Kriegsknechte an. Einzig die Parfaits wiederum besaßen das Recht, das Servitium, das stets mit dem Friedenskuß endete, zu feiern, und das ›Pater‹, das

Vaterunser zu beten. Dies freilich nicht nur beim Gottesdienst, sondern im Lauf der Zeit immer häufiger: siebenmal am Tage, siebenmal bei der Nacht. Dabei sprach man es nicht nur einmal, sondern oft in ganzen Sequenzen oder Doblas, die nach Arno Borst, der eine grundlegende Arbeit über ihre Lehre veröffentlichte, wahrscheinlich aus sechzehn Paternostern bestanden.

»Bleich und mager vom Fasten, mit traurigem Gesicht und tränenreicher Stimme« und doch in der stillen Freude des Erwähltseins zogen sie durchs Land von einem klosterähnlichen Rasthaus zum andern, einzig Fisch, Brot und Gemüse genießend. Jedes Fett war bei der Zubereitung verboten. Dabei aßen sie aus einem eigens mitgeführten, neunmal gespülten Eßnapf, für dessen Unterlage sie besonderes Tischzeug mit sich führten. Kurz, ihr Lebenswandel, in stellvertretender Askese für die anderen, bedeutete zugleich eine Absonderung, einerlei ob diese Perfecti als Bischof, Ancianus, Diakon oder Sapiens – der eigentliche Theologe – fungierten. Der Croyant oder einfache Gläubige war ihnen ein ›Melioramentum‹, eine Ehrenbezeigung schuldig, indem er sich dreimal vor ihnen verneigte oder gar auf die Knie fiel und um ihren Segen bat. Ein allgemeines Oberhaupt, einen katharischen Papst gab es nicht, auch wenn man Niketas gelegentlich als solchen bezeichnet findet.

Diese Auslese genügte gleichsam als kleines Stück Sauerteig, um die große Masse der Credentes an die Glaubensgemeinschaft zu binden. Auch wir werden ihnen und ihrer Todesbereitschaft nicht jene Achtung versagen, die man dem gelebten, moralischen Rigorismus entgegenbringt. Freilich blieb es ein freudlos-gedrücktes Dasein, das sie den Croyants predigten; man glaubt es den tristen Dörfern in der Gegend um den Montségur und die Berge von Olmes, wo sie sich später festkrallten, noch heute anzusehen.

Der Credentes oder einfachen Gemeindemitglieder wartete ja keineswegs ein so freundliches Himmelreich; vielmehr unterlagen sie nach ihrem Ende der Wiedergeburt oder auch Seelenwanderung, bis sie im Lauf erneuten Erdenwallens den nötigen Grad der Läuterung erreicht hatten. Auch sie vermochten ihr Leben in Sündlosigkeit zu beschließen, wenn sie auf dem Sterbebett das Consolamentum empfingen. Allerdings bekamen sie seit diesem Zeitpunkt, selbst im Fall unvermuteter Genesung, keine Nahrung mehr; es ist jene zweite Form der Endura oder Abstinentia, die sogar für kranke Kinder galt. Sonst aber mochte der einfache Katharer, ohnehin der Erbsünde preisgegeben, in seinen Verfehlungen hinleben, wie es ihm gefiel, freilich zur öffentlichen Beichte vor der gesamten Gemeinde verpflichtet. Es verbarg sich hinter solcher scheinbaren Freizügigkeit offensichtlich ein Zugeständnis an das natürliche Verlangen des Menschen, galt doch jede geschlechtliche Vereinigung als sündhaft und selbst die Ehe als Hurerei. Schwangere Frauen ließ man zum Servitium, dem Gottesdienst, nicht einmal zu. Kinder betrachtete man mehr oder weniger als Teufelsbrut.

Freilich hat alles dies nicht die Gegenkräfte der Zeit, vor allem der Kirche herausgefordert, sondern ihre Feindseligkeit gegen Klerus und Obrigkeit, zu der sie die Menschen aufstachelten, und die Verleumdung der katholischen Glaubensinhalte, eingeschlossen die Kardinalpunkte der christlichen Lehre. Was sollten alle Sakramente, die eine blutgierige, hoffärtige Priesterschaft nur aus Habgier verkaufte? Sie waren töricht, böse, ja schändlich. Die Taufe, durch sündige Kleriker gespendet, sei nutzlos, weil mit ›aqua corrupta‹ vollzogen. Reliquienkult, die Verehrung von Christi Marterholz, das doch nur Satans Sieg dokumentiere, aber auch jede Kunst in den Kirchen galten für verderblich oder überflüssig. Vollends wurde die Eucharistie verworfen, weil die Materie, also auch das Brot als Leib Christi böse sei. Christus selbst aber war für die Katharer nicht Gottes Sohn, sondern ein Engel mit einem ›corpus phantasticum‹, dessen Kreuzestod man lediglich als ›mythologisches Ereignis‹ deutete.

Es war der entscheidende Punkt! Die Leugnung der Menschwerdung des Herrn, eingeschlossen den Opfertod, in dem für den Christen erst die volle Glaubenswirksamkeit beruht. Die lediglich teilweise Nachfolge von Christi Lehren, bei der die Passion, die Erlösungstat, das Wiedererscheinen des Herrn, kurz der gesamte eschatologische Aspekt, ausgeklammert blieb, machten aus der dragowitischen Lehre unter Hinzunahme der Seelenwanderung für den einfachen Gläubigen eine Moraltheologie esoterischen Charakters.

Was indessen derzeit noch mehr ins Gewicht fiel – die katharische Häresie bedeutet eine völlige Absage an die seit Jahrhunderten gewachsenen christlichen Glaubens- und Lebensformen, in die sich der mittelalterliche Mensch von der Geburt bis zum Tod, vom Morgenläuten bis zum Angelus eingebettet sah. Viele Katharer haben sich denn auch nicht davon trennen können, und es scheint mir keineswegs verwunderlich, daß mancher Sympathisant morgens zur Messe ging, im Vorübergehen an einem Heiligenbild sein Kerzlein aufsteckte und abends den Worten der ›Parfaits‹ lauschte. Konnte man jedoch von einem Papsttum, das eben unter Innozenz III., diesem vielleicht größten unter den Völkerhirten, auf den Höhepunkt seiner Selbstverwirklichung stieg, ernsthaft erwarten, daß es einer Zerstörung des ihm heiligen Glaubensgutes von innen heraus tatenlos zusehen werde? Seine Vertreter nahmen den ihnen zuteil gewordenen Auftrag, wenn auch manchmal überspitzt und unleugbar mit Machtstreben verbunden, ernst auf Leben und Tod.

Das Consolamentum, Kern und einziges Sakrament der katharischen Sekte aber bestand im wesentlichen aus einem Abschwören der katholischen Lehre und ihrer geweihten Verfechter.

Albigenserkreuzzug

Dergleichen und selbst der Mord an Pierre de Castelnau oder die aufgekommene Gewitterspannung rechtfertigen natürlich keineswegs, was nunmehr geschah. Indessen ist über den ›albigensischen Kreuzzug‹ soviel Tinte der Entrüstung geflossen, daß man den Schilderungen seiner Greuel kaum ohne einschränkende Zweifel zu glauben vermag. Was trug sich wirklich zu?

Im Juli 1209 erreichte der ›Ost‹ oder Heerbann des Nordens, angeführt vom päpstlichen Legaten Arnaud-Amaury, dem Abt von Citeaux, Béziers. Er bestand in der Hauptmasse aus zusammengelaufenem Volk, das sich seelische oder materielle Vorteile versprach. ›Ribauds‹, Lumpengesindel, nennen es die Quellen in der üblichen mittelalterlichen Verallgemeinerung für alles, was nicht über Stand oder Herkunft verfügte. Man hatte sich auf vierzig Tage Teilnahme gegen einen Sündenablaß verpflichtet; eine große Zahl von Pilgern auf dem Wege nach Santiago oder anderswohin schloß sich den Kreuzfahrern an. Zeitgenössische Berichte sprechen von einer halben Million Menschen, aber die Schätzungen von Dominique Paladilhe in seinem Buch ›Les grandes heures Cathares‹ von rund fünfzigtausend Teilnehmern scheinen realistischer. Bereits die Versorgung einer solchen Menschenmenge mußte große Schwierigkeiten bereiten und erforderte ungeheure Trosse.

Mit diesem Heer zogen rund fünftausend Ritter, eingeschlossen hochgestellte Herren wie Herzog Eudes III von Burgund, Adhémar von Poitiers und sogar Raimond VI von Toulouse, der hoffte, sich auf diese Weise salvieren zu können; einmal war sein Land nicht kriegsbereit, zum andern richtete sich der Zug nicht gegen ihn, sondern gegen seinen Vasallen, den jungen Vizegrafen Raimond-Roger Trencavel, dem Béziers gehörte. Er weigerte sich, vor der Heeresmasse zu kapitulieren und seine katharischen Untertanen in Béziers auszuliefern, wiewohl ihre Zahl nur rund zweihundertzwanzig betrug. Aber auch die Bitterois, die Bürger von Béziers, dachten so stolz wie ihr Vizegraf, eine Eigenschaft, die man ihnen gegenwärtig noch nachsagt. Ihre Überheblichkeit sollte sich bitter rächen. Während das Heer unterhalb des Abhanges, den das vizegräfliche Schloß und die Porte Saint-Jacques beherrschten, lagerte und die Pilger am nahen Orb-Ufer Erfrischung suchten, kam es am immer noch existierenden Vieux Pont zu einem verhängnisvollen Zwischenfall. Statt hinter der sicheren, kaum ersteiglichen Stadtmauer zu bleiben, wagten sich einige Maulhelden nach draußen und forderten die Kreuzfahrer heraus, man werde sie wie Vögel aus einem Haferfelde verscheuchen. In der Hitze gegenseitiger Beschimpfungen kam ihnen ein aufgebrachter Pilger zu nahe und wurde von der Höhe der Brücke in den Fluß gestürzt. Ein erbittertes Handgemenge hob an, die Städter mußten weichen und drängten schließlich gemeinsam mit Ribauds, Valets d'armes und Pèlerins durch die Porte Saint-

Jacques ins Innere. Alsbald ergossen sich ganze Ströme von Kreuzfahrern durch das offene Tor, und ehe die Ritterschaft in ihrem abgelegenen Zeltlager etwas merkte, war ein Massaker im Gange. Selbst die Priester, die ihre Altargewänder anlegten, entkamen dem Morden nicht, weder Kreuz noch Kruzifix entging der Zerstörung, weder Frauen noch Kinder blieben verschont. Nur der Vizegraf und die Juden überstanden das Gemetzel – sie waren rechtzeitig nach Carcassonne ausgewichen. Ein Großteil des Weichbildes ging in Flammen auf. Wieviele Menschen bei dieser Blutorgie umkamen? Zehn-, fünfzehntausend? Niemand weiß es. Als die Ribauds sich in leerstehenden Häusern einnisten wollten, erschien die französische Ritterschaft auf dem Plan und trieb sie mit Knüppeln hinaus.

Acht Tage später begann die Armee den Sturm auf Carcassonne. Raimond-Roger mußte sich nach zwei Wochen auf Gnade und Ungnade ergeben, weil der Sommer die Brunnen hatte versiegen lassen. Diemal kam die Bevölkerung besser davon, wenn sie auch ihre gesamte Habe verlor und die Stadt nackt bis aufs Hemd verlassen mußte. Trencavel warf man ins Gefängnis, wo er schon im November des Jahres starb, angeblich vergiftet, in Wahrheit wohl an der Ruhr.

Bereits bei seiner Niederlage erhob sich die Frage, was aus der Vizegrafschaft des ohnehin Exkommunizierten werden sollte. Die großen Herren unter den Kreuzfahrern interessierte das Lehen wenig. Sie gedachten auf schnellstem Weg heimzukehren, wie übrigens, nach Erfüllung des Gelübdes der vierzig Tage, auch ihre Truppe. Arnaud-Amaurys Wahl eines neuen Herrn fiel auf einen unbedeutenden Baron der Ile de France, der sich durch Todesverachtung und Tatkraft hervorgetan. Sein Ehrgeiz, aber auch seine rücksichtslose Intoleranz gegen jede Abweichung von der Orthodoxie ließen ihn als Mann der Stunde erscheinen. Er hieß Simon de Montfort. Seine Ernennung entschied das Schicksal des Südens.

Da ich der Meinung bin, daß die Humanitätsbekundungen der heutigen Menschheit fadenscheiniger anmuten denn je, und zudem ein ›papierenes Blutvergießen‹ nicht schätze, seien die künftigen Ereignisse ohne das übliche Wehklagen über die Grausamkeit des Mittelalters geschildert. Für den nur mit wenigen zuverlässigen Gefährten zurückbleibenden Montfort schien die Lage beinahe unhaltbar. Umgekehrt besaßen auch Toulouse und sein Graf seither einen Nachbarn, der schon um der Selbsterhaltung willen um sich schlagen würde, sobald er nur konnte. Genauso sollte es kommen. Ringsum erhoben sich die kaum bezwungenen Herren des Landes. Im Winter 1209 auf das Jahr 1210 verlor Montfort nicht weniger als vierzig Burgen oder feste Stützpunkte, bis es seiner tatkräftigen Frau Alice de Montmorency daheim gelang, genügend Teilnehmer für einen neuen Kreuzzug, vielfach ›Bede-‹ oder Wallfahrer, zu sammeln. Bereits im Frühjahr konnte er zum Angriff übergehen. Ein mißlicher Zustand trat ein; im Namen der Rechtgläubigkeit verteidigte hier ein Baron der Ile de France ein Lehen, das wie ein Pfahl im Fleische des Südens steckte. Die eigentliche Tragödie des Midi, die gewaltsame Überfremdung durch den Norden hob an.

Es spricht für Montforts militärische Klarsicht, daß er sich zuerst auf das Burgendreieck, das seinen neuen Besitz einschloß und sich in katharischen Händen befand, warf, Minerve, Termes und Cabaret. Das erste Bollwerk fiel nach harter Belagerung. Übrigens war es nicht Montfort, sondern der päpstliche Legat Amaury, der hier die Parfaits, hundertfünfzig an Zahl, auf den Scheiterhaufen schickte; sie sprangen, wie es heißt, leuchtenden Auges in die Flammen. Dann kam Termes an die Reihe, das erst, nachdem ein Kontingent lothringischer Pilger eingetroffen, durch den Einsatz der schweren Artillerie jener Tage, Wurfmaschinen also, fiel. Als letzte Bastion blieb nach Einnahme einer Reihe kleinerer Stützpunkte Cabaret übrig, eine Gruppe von vier Burgen im Norden von Carcassonne, deren Ruinen noch heute klagend über ihren gratigen Felsrücken aufragen. Ihre Eroberung verlief nach Ankunft eines weiteren Pilgerkontingentes im Jahre 1211 fast glimpflich.

Gewiß, es kam dabei zu Übergriffen, die schrecklich anmuten. Aber daß der päpstliche Legat, während man Häretiker wie Katholiken gleichzeitig umbrachte, gesagt haben soll: »Schlagt sie nur tot, Gott kennt die Seinen!« stimmt nicht. Der Ausspruch ist nachweislich rhetorische Zutat des deutschen Mönches Caesarius, der über die Geschehnisse berichtet hat. Ein anderes Greuel, das man Montfort anlastete, besaß wenigstens ein Motiv. So ließ er einhundert Gefangene verstümmeln und blenden, um den Elendszug sodann unter Führung eines Einäugigen fortzujagen. Aber muß man nicht auch erwähnen, daß man ihm zuvor zwei gefangengenommene Ritter seiner Gefolgschaft in noch ärgerem Zustand übersandt hatte, den einen nur noch als Leiche, nachdem ihre gesamte Mannschaft umgebracht war? 1211 hatte Simon fast die gesamte Vizegrafschaft der Trencavel wiedererobert oder von Gegnern gesäubert, eingeschlossen Lavaur, das in der Tat unter widerwärtigen Ausschreitungen fiel.

Umgekehrt unternahm Raimond VI von Toulouse, trotz der in Saint-Gilles 1209 übernommenen Verpflichtung, noch immer nichts gegen die Häretiker. Jetzt forderte ihn – auf wessen Betreiben bleibt unklar – ein Konzil in Montpellier ultimativ dazu auf. Obendrein sollte er, nach totaler Unterwerfung, im Heiligen Land in den Templerdienst eintreten. Zu spät begriff er, daß nunmehr das Schicksal an seine eigene Tür klopfte und ihm lediglich die Wahl zwischen Kampf oder Untergang blieb. Er rüstete, wie es heißt, ein gewaltiges Heer, und doch konnte er sich bei Saint-Martin-de-Lalande, vor Toulouse und Castelnaudary nur schwer gegen Montfort behaupten, der die Stunde gekommen sah, sich auch in den Besitz der Grafschaft Toulouse zu bringen. Es mutet verständlich an und paßt auch ganz zu der zögernden Art des Tolosaners, daß er Anlehnung bei Peire II, dem König von Aragon, suchte, der im Juli 1212 vor Navas de Tolosa entscheidend zum Siege über die Almohadenheere beigetragen hatte und im Lateran hoch in Ansehen stand.

Aragon, ohnehin als Lehnsherr von Montfort okkupierter Gebiete beunruhigt, verstand auch seinerseits, was die Glocke schlug. Er wandte sich brieflich an den Papst: während er gegen die Sarazenen kämpfte, habe sich der Nordfranzose eindeutig rechtgläubiger Landstriche bemächtigt, die seiner Lehnsherrlichkeit unterstanden, so in Comminges, Foix und Béarn. Das war eine klare Beschuldigung Montforts durch einen Vorstreiter der katholischen Sache, im Namen des Kreuzzuges in seine Tasche gewirtschaftet zu haben. In der Tat lagen die Dinge so, wiewohl man kaum an Peires Absicht zweifeln kann, sich seinerseits zum Oberherrn des ganzen Midi zu machen.

Die Antwort von Rom wartete der König gar nicht ab, sondern ließ sich am 27. Januar 1213 durch Raimond VI, mit dem ihn übrigens enge verwandtschaftliche Beziehungen verbanden, in Toulouse huldigen.

Ein Augenblick, in dem die okzitanische Sache sich noch einmal zum Guten zu wenden schien! Die Bindungen des Midi an den südlichen Nachbarn in ›Sitte und Sprache‹ waren stets enger als die an Frankreich. Die Namensgleichheit vieler Städte wie Granada und Grenade, Valencia und Valence, Toulouse und Tolosa nebst manchen und manchem anderen redet für sich. Montfort erkannte die Gefahr, die ihm durch eine Wendung des Kampfes ins Politische drohte. Nicht länger stand er als Vertreter der Rechtgläubigkeit gegen Häretiker, sondern als Franzose gegen Okzitanier. Auch wenn der Papst noch am 21. Mai als Resultat eines Konziles zu Lavaur einen Antwortbrief an den aragonesischen König schickte, trotz aller Freundschaft, die er für den Sieger von Navas hege, möge er den Grafen von Toulouse nicht länger unterstützen. Die mahnende Epistel bewirkte das Gegenteil; Peire beeilte sich, solange er die Truppe Montforts noch geringfügig an Zahl wußte, und marschierte von Huesca mit großem Aufgebot über die Pyrenäen heran. Am 8. September 1213 erreichte er Muret nahe Toulouse und schlug südlich Seysses ein Lager auf, um den Zuzug Raimonds zu erwarten.

War es Tollkühnheit oder jenes unbändige Gottvertrauen, das wir Montfort bei allem, was man gegen ihn vorbringt, zubilligen müssen? Zwei Tage später erschien auch er, auf verschlammten Wegen von Südosten über die in Trümmern liegende alte Abtei Boulbonne heranmarschiert. Es goß in Strömen. Kommenden Morgens sah er vor sich die weite Ebene von Muret, und ihm mag dabei nicht wohl zumute gewesen sein. Dort warteten abertausende Soldaten auf seine kleine Truppe, während auf der fernen Garonne eine ganze Flotille von Schiffen mit tolosanischen Milizen heranschwamm, allesamt erfüllt von Siegesgewißheit. Was gibt es zu sagen angesichts eines Ereignisses, das die Geschichte verändern sollte? Man hatte sich nordwestlich von Muret auf Seysses zu in drei Linien, also in klassischer Schlachtordnung aufgestellt. Noch erhielten beide Seiten Verstärkung. Montfort mußte gegen eine doppelte, ja dreifache Übermacht kämpfen, die Milizen nicht mitgerechnet.

Am Morgen des 12. September ging es los. Es heißt, der König von Aragon sei, etwas entkräftet, nur schwer in den Sattel gekommen. »Habia jagut ab una Domna« – er hatte die Nacht angeblich bei der schönen Herrin von Lombers verbracht, während Montfort in Muret vor einem Altar auf den Knien lag und um den Sieg betete. Raimond VI hielt sich nach seiner Art zurück und zögerte, doch Peire von Aragon wollte die Entscheidung erzwingen und attackierte. In Kürze entbrannte ein heftiger Kampf um Schloß und Altstadt von Muret, doch fiel die Entscheidung draußen im Feld. Montfort zog die dritte seiner Linien nach Westen heraus, fiel aus der Flanke über die anstürmenden Aragonesen her und rollte sie von der Seite auf. Und während die tolosanischen Milizen noch von Rache für ihre bisher im Kriege gefallenen Mitbürger träumten, hatte sich ihr Schicksal bereits entschieden. Montfort trug einen vollkommenen Sieg davon. Peire II von Aragon fiel, Raimond von Toulouse wurde vom Wirbel der Fliehenden mitgerissen ... Nein, wir können für ihn kaum jene ›mildernden Umstände‹ in Anspruch nehmen, die einige Historiker ihm zubilligen! Er ließ seine Milizen im Stich, die in kopfloser Flucht massenhaft in der Garonne ertranken.

»In Toulouse gab es kein Haus, in dem man nicht irgendein Mitglied beweinte«, bezeugt Guy de Puylaurens. Die Stadt mußte sich ergeben und wurde im römischen Laterankonzil von 1215, der größten Kirchenversammlung, die jemals stattgefunden, samt der Grafschaft Simon de Montfort überlassen. Raimond VI verlor jeden Herrschaftsanspruch; der Norden hatte gewonnen.

Gewiß, der unselige Krieg ging noch jahrelang weiter. Toulouse sollte aufbegehren, Montfort sich auf Beaucaire werfen, das nie häretisch gedacht hatte, um auch die provenzalischen Besitzungen des Tolosaners an sich zu bringen, während die Hauptstadt sich erneut gegen ein verhaßtes Joch erhob – was half es? Mochte Simon bei der nachfolgenden Belagerung 1218 vom Steinbrocken einer Wurfmaschine – der Fama nach bedienten sie heroische Tolosanerinnen – zerschmettert den Tod finden, am Ergebnis änderte es nichts mehr. Raimond VI und nach seinem Ende im August 1222 sein tapferer Sohn Raimond VII mußten trotz kleinerer Erfolge hie und da immer wieder ausweichen, bis der zweite Montfort, Amaury, kein Abbild seines Vaters, sich schließlich erschöpft zurückzog und sein Erbe an Frankreich übertrug, dessen Stunde nun kam – das Schicksal des Südens und des tolosanischen Hauses war damit endgültig besiegelt.

Schon 1214 hatte König Philippe-Auguste bei Bouvines in denkwürdiger Schlacht seine englischen und deutschen Gegner vernichtend geschlagen und nunmehr freie Hand für den Süden. Bald rückte der französische Kronprinz, der spätere Louis VIII heran, rottete die Bevölkerung von Marmande aus, holte sich aber vor Toulouse eine blutige Abfuhr. Noch einmal schien ein Hoffnungsschimmer die okzitanische Lage zu erhellen; offen paktierte man nun mit der Häresie und fand immer neue Anhänger unter den sogenannten ›Faydits‹, den von ihren Burgen vertriebenen Rittern des Südens. Die Exkommunikation Raimonds VII von 1226 durch Papst Honorius III. allerdings – Innozenz III. war schon zehn Jahre tot – ein neuer Kreuzzug unter Louis VIII durch das Rhône-Tal machte auch dieser Aussicht des Midi auf ein Eigenleben ein Ende.

1229 demütigte sich der letzte tolosanische Graf, nach Abschluß des Vertrages von Meaux oder Paris in der französischen Hauptstadt vor Notre-Dame. Er behielt nur ein kleines Restgebiet, das provenzalische Marquisat, und verheiratete seine einzige Erbin und Tochter, wie ausbedungen, mit Alphonse de Poitiers, dem Bruder des jungen Louis IX, den man später den Heiligen nennen sollte. Es gab keinen anderen Ausweg, wie sehr sich Raimond VII, nunmehr ob seines provenzalischen Restgebietes Vasall Friedrichs II., bemühte, sich dem Kaiser, dem Papst als Feldherr oder Unterhändler anzudienen. Was seine einstige Grafschaft betrifft – nach endlosen Jahren blutigen Kampfes konnte und wollte die Bevölkerung nicht mehr.

Die Ehe von Raimonds Tochter mit Poitiers blieb kinderlos. Das Erbe fiel, wie in der Abmachung von Meaux vorgesehen, an die französische Krone, und dies war vorläufig das Ende vom Lied.

Umkehr im Zorn

Daß sich die Pilger in ganzen Kontingenten zum Kampf gegen die Katharer stellten, hat zweifellos nicht nur der versprochene Sündenablaß bewirkt. Nichts mutet gegensätzlicher an als die Santiago-Fahrt mit ihrem Reliquienkult, ihrer Empfänglichkeit für Sinneseindrücke und die puritanische Häresie. Zwischen Weltüberwindung und Weltverneinung klaffte ein unüberbrückbarer Abgrund. Es gab freilich in weiten Teilen des Volkes auch andere Bewegungen der Abkehr. Immer mehr breiteten sich, besonders im Nieder-Languedoc, inspiriert von den Idealen der Zeit die ›Armen Katholiken‹ aus, geführt von dem bekehrten Durand de Huesca. Mitten im Herzen der Ketzerei, im Lauragais, aber wuchs zugleich eine Gegenkraft von historischer Bedeutsamkeit.

Schon 1206 hatte sich bei der Rückkehr von Rom im Bergdorf Fanjeaux der Subprior von Osma, Domingo de Caleruega niedergelassen, um von hier aus wandernd, predigend, als Bettler durchs Land zu ziehen, und die Sendboten der Katharer mit ihren eigenen Mitteln und durch die Macht des lebendigen Wortes zu schlagen. Vom ›Seignadou‹, dem Aussichtspunkt des Ortes über der herrlichen Landschaft war ihm eine visionäre Erleuchtung zuteil geworden. Er sah eine feurige Kugel über den Himmel ziehen, die ostwärts, auf Montréal zu, in Prouille zu Boden stürzte. Er verstand die Erscheinung als göttlichen Auftrag und gründete dort eine Zufluchtsstätte für zum Glauben zurückgekehrte Frauen und Mädchen. Bald konnte er einen Anhängerkreis

1 *Weinfelder bei Lézignan*

Die Täler des Nieder-Languedoc zwischen den Ausläufern der Cevennen und dem Nordrand der Corbières, in Pilgerzeiten von Teichen durchsetzt und lediglich als Weideland nutzbar, haben sich in endlose Weinquartiere verwandelt. Kleine Zypressen- und Pinienhaine, buschige Hügel und uralte Dörfer verleihen dem weiten Land eine zurückhaltende Anmut von manchmal elegischem Charakter.

längsten aushielt. Dennoch rückte die Stunde des Unterganges unerbittlich näher, auch wenn sich die Katharer – wer wollte es ihnen verdenken? – durch Racheexpeditionen in die Ebene zu wehren suchten.

Bis der Krug überlief. Am 28. Mai 1242 hatte der Inquisitor Guilhem Arnaud mit seiner Begleitung von zwei Dominikanern und zwei Franziskanern in Avignonet bei dem residierenden Bailly des tolosanischen Grafen, Raimond d'Alfaro, um Herberge nachgesucht. In der Nacht wurden sie von einer Rittertruppe des Montségur, die ob des vierzig Kilometer langen Anmarsches zuvor unterrichtet gewesen sein mußte, überfallen und umgebracht. Man lastete die Untat nicht zuletzt Raimond VII an, der wieder einmal gegen den Vertrag von Meaux revoltiert hatte.

Diesmal schlugen die Parteigänger des französischen Königs hart zurück. Unter Hugues d'Arcy rückten sie mit einer ganzen Armee heran. Nach einigen dauerte die Belagerung des Montségur, auf dem Guilabert de Castres eben noch rechtzeitig gestorben war, ein ganzes Jahr, nach anderen einen Monat. Jedenfalls glückte es nach dem Einsatz einer unter unsäglich schwierigen Bedingungen im Fels durch berggewohnte Basken aufgebauten Kriegsmaschine, die Besatzung samt den katharischen Flüchtlingen unter dem Bischof Bertran Marti am 16. März 1244 zur Übergabe zu zwingen. Wer sich als katharisch bekannte, darunter einige Frauen, zog hinab in den Tod auf dem riesigen Scheiterhaufen, den man am ›Champ des Crémats‹ genannten Platz geschichtet hatte. Nachdem man sie noch einmal vergeblich bat, abzuschwören, versteht sich; die andern blieben verschont. Es ist später davon zu erzählen.

Im Frühjahr 1255 ergab sich auch Quéribus. Doch besteht kein Zweifel, daß die katharischen Gedanken damit nicht erloschen – die Prozesse der Inquisition dauerten noch während des ganzen Jahrhunderts an – und zumindest unterschwellig leben sie immer noch fort.

Nach Verschulden oder gar Sühne zu fragen, steht einem Zeitalter schlecht an, das so viele Massen- wie Einzelmorde erduldet, aber auch hingenommen hat. Es ist nicht anders, die Geschichte denkt in Menschen. Richten wir daher nicht über eine Epoche, die der innere Auftrag zu äußersten Entscheidungen zwang. Was uns einzig ansteht, ist der betroffene Blick in den Spiegel, den uns die Geschichte vorhält: wie hätten wir an der Stelle jener gehandelt, gleich welcher Partei? Der Teufel als Gegengott, das hieß damals die Welt aus den Angeln heben. Die gnadenlose Ausrottung der Ketzerei, das hieß gegen das innerste Christengebot, das der Liebe und Barmherzigkeit verstoßen. Das Mittelalter wußte in diesem Dilemma keinen Ausweg, und wir kennen ihn auch nicht.

AN DER LAGUNENKÜSTE

Die Geburt des Lichtes

Die Stunde, in der sich das Herz des Verzagten mit neuer Zuversicht füllt! Noch liegt Düsternis über dem kahlen Lande der Salzqueller und kniehohen Kräuter mit der fernen, kaum merklich hingestrichenen Nebelbank. An der erlöschenden Himmelsglocke wenige ermüdete Sterne, die sich zum Schlaf anschicken, während die irdische Szenerie sich in durchsichtigeres Grau verwandelt. Da und dort leises Rascheln. Eine erste Kreatur, die sich reckt? Auf dem Stiefel des unbeweglich auf seinem Stein hockenden Lauschers hat arglos eine winzige Maus Platz genommen und putzt sich, ein Käfer macht sich auf seinen ziellosen Weg, Bilder kreatürlicher Unschuld aus jenem friedvollen Augenblick, in dem sich die Nachtraubtiere gesättigt in ihre Höhlen verkrochen haben und sich das tägliche Wunder, die Geburt des Lichtes vorbereitet.

Wenig später wird blasses Rosa den Osten umsäumen und die halb amphibische Landschaft immer entschiedenere Helligkeit erfüllen, bis das große Feuergestirn seinen Rand über den Horizont schiebt und die ferne See, die nahe Lagune, die Gespinste der Gräben in Tiegel und Fäden überquellenden Lichtes verwandelt. Schon gliedern sich die dunklen Riesenbuckel zur Rechten in die Schirme und Stämme eines Piniengehölzes. Voraus zur Linken erwachen zögernd die Fenster eines vorgeschobenen Küstenortes, über den Himmel streicht ein langgestreckter Schof Flügelgetiers, Flamingos vermutlich, dem nächsten Futterplatz zu, während sich fern auf der Nehrung, die den *Etang de l'Arnel* vom Meer trennt, wie hingetupft eine Ballung von Bäumen gewahren läßt, ein Knoten von Gemäuer dazwischen, *Ma-*

guelone, dessen Herauftauchen aus der Verlorenheit der Nacht wie aus dem Nebel der Mythe zu erleben ich vor Tau und Tag aufgebrochen war.

Dies meine erste Augenbekanntschaft. Es war meine langgehegte Marotte, dem Ort mit dem Märchennamen nicht in der nüchternen Kühle des Vormittags, der scharfen Helligkeit der Tagesmitte zuerst zu begegnen, die nur den Verfall preisgeben würden, sondern wie er sich einmal unversehrt in der Weite der Küste ausnahm. Ein nur zu Schiff erreichbares Inselbollwerk und eine Herausforderung an alle feindlichen Mächte der Erde, an Wasser, Wetter oder räuberische Piraten. Gewiß befahl meine Arbeit mich eigentlich ins historisch nur schwer zu entschlüsselnde Montpellier, diese Drehscheibe der Wege in Pilgertagen. Maguelone bedeutete jedoch in diesem ausgesetzten Lande aller Dinge Anfang; hier durfte ich hoffen, wenigstens auf erste Spuren zu stoßen.

Wir wohnten damals, nach vergeblichem Versuch, in Montpellier eine ruhige Bleibe zu finden, in *Palavas-les-Flots* am breiten Kanal, der das alte Seefahrernest durchfließt und zugleich als Fischerhafen dient. Beidseits der Kais liegen die Hotels, Restaurants und Trottoirkneipen. Die Unterkunft blieb ein Glücksfall, wie ihn der Zufall beschert. Madame, die zuerst so herb wirkte, taute von Tag zu Tag mehr auf, seit ich meine Neigung für El Cordobés bekundete, der hier gelegentlich zu einem Stierkampf in der Arena abstieg. Auch wir konnten kommenden Sonntags eine Corrida sehen. Daß sie uns Zimmer im obersten Stockwerk gab, war, bei eingebautem Lift, unschätzbar. Die benachbarten Balkone glichen Aussichtskanzeln. Nach links sah man aufs Meer, nach rechts gegen die Cevennen, hinter denen abends blutigrot die Sonne versank, während unten das Menschengetriebe quirlig über die Kais wuselte und der blaugrüne Kanal die Spiegelbilder vertäuter Fischkutter und blitzender Lichter zurückwarf. Es war noch nicht Reise- und Badezeit, und dennoch erschien nachmittags bei meist wolkenlosem Himmel halb Montpellier, um frische Seeluft zu genießen. Die Kneipen, die Fischrestaurants und die beiden Austernbuden auf den Kaimauern, in denen man stets gegrillte Gambas und frisches Muschelgetier bekam, saßen bereits zur Essens- oder Apéritifstunde gestopft voll mit Leuten. Es war etwas los. Leider, auch die Moped- und Motorradfahrer, diese Plage des Südens, stellten sich ein und veranstalteten allabendlich lärmende Schaurennen durch die Straßen beidseits des Wassers. Doch dem ließ sich, wenigstens psychisch, begegnen. Freund Eugen im Nachbarappartement legte ganze Batterien von Nespoli-Kernen auf der Balkonbrüstung als Wurfmunition bereit; Schaden konnten sie nicht anrichten, aber die Treffer aus luftiger Höhe auf einen Helm, gelegentlich auch in einen Busenausschnitt bereiteten uns ein lausbubenhaftes Vergnügen.

Abends drängten die Leute besonders dicht. Dann erschienen zwei Neger und breiteten große Tücher auf den Kais mit Krimskrams, Götzen und Lederhüten von der Elfenbeinküste aus. Gegen halb elf stellte sich der örtliche Musenvertreter mit Bart, Malkasten und steifem Hut ein, baute eine Staffelei mit dem Bild einer etwas ins Schiere geratenen Schönheit als Köder auf und wartete neben einer Stallaterne auf Kundschaft. Das ging so bis zwei Uhr nachts; dann wurde alles müde, nur die Belle Maguelone, der Stern im Westen fern über den Bergen nicht, während der Mond früher schlafen ging.

Tagsüber verbrachte ich meine Hauptzeit fleißig in Montpellier, ein Viertelstündchen nur mit dem Bus, oder schrieb, während Freund Eugen zeichnete, pinselte oder mit einem Kutter zum Hochseeangeln hinausfuhr. Meine Frau genoß das Leben auf ihre Weise am Strand oder unternahm mit Kapitän Bravida, einem pfiffigen Krauskopf mit lustig vorquellendem Bauch, der seinen Leibriemen nach hinten gurtete und geschwänzt wie ein Faun am Ruder stand, eine ›Promenade sur mer‹. Es waren glückliche Tage, zu deren Hauptereignissen die Sonnenuntergänge gehörten, wenn das sinkende Tagesgestirn den schnurgeraden Kanal in eine blinkende Ader von blutiger Glut verwandelte, welche die Erde in zwei Hälften zu schneiden schien.

Das Schönste an Palavas aber blieb, Maguelone lag nur ein Stündchen zu Fuß über die Nehrung des Etang de l'Arnel nach Westen hinaus …

Ein heißer Tag. Von der landwärtigen Lagune roch es faulig. Seeseitig rollte das Meer in gelassenem Gleichmut heran. Blickte man zurück, entschwanden die Häuserkuben von Palavas und ganz fern, jenseits der Bucht, die Betonpyramide von La Grande Motte wie etwas Ungehöriges in einer bei aller Einförmigkeit erhabenen Szenerie, die eigentlich nur aus Licht, Wasser und schnurgradem Dünensträßlein bestand. Voraus aber trat, was mir, mehr vorgeahnt als bewußt, wie ein Wesenskern dieser Region erschien, immer greifbarer vors Auge, *Maguelone.* So war es wohl ein Weg der Bewährung: durchs Leere dem Ziel entgegen. Je näher wir kamen, desto mehr verstärkte sich meine Empfindung hinnotwendigen Ausgesetztseins, wie es das Mittelalter so hingebungsvoll suchte. Nichts Festes, Gewohntes mehr um sich zu haben, das machte frei für den Ansturm von oben!

In Maguelone anzukommen, bedeutet noch immer eine Entrückung. Der Dünenweg kurvt hinan, läßt ein Steinkreuz, ein Wirtschaftsgebäude liegen, dann übergangslos der Eintritt in eine andere Welt. Himmelsweite, Meer, alle Ausblicke sind mit eines Schrittes Kürze ausgelöscht. Mitten im leuchtenden Raum dämmert ein Hain. Überdacht von Eukalyptus und Pinie, der Boden mit Nadeln dicht überstreut. Arome wölken allenthalben heran, untermischt mit dem herben Duft des Akanthus, der jetzt, Mitte Juni, trotz des Baumschattens in Überschwang blühte. Zur Rechten zwischen den Stämmen wuchs graues Gemäuer, der Chor von Maguelones alter Kathedrale, vom gelehrten Bischof Arnaud um 1030 begonnen, wo vordem schon ein westgotischer Kirchenbau lag. Karl Martell ließ ihn 737 zerstören, damit er den seebeherrschenden Sarazenen nicht als Stützpunkt dienen konnte, während die Inselbewohner ins Landesinnere zum ehemaligen Oppidum von Substantio abwanderten, dem Castelnau-lès-Lez von heute vor Montpellier, das Frédéric Bazille auf seinem Bild im Musée Fabre von Montpellier so hinreißend gemalt hat ...

Erst nach dreihundert Jahren faßte man wieder Mut, legte den Bischofssitz zurück ins amphibische Vorland und begann über dem westgotischen Fundament eine neue Kathedrale ins Meer zu bauen, als Vorposteninsel des Port Sarrasin oder ›Sarazenenhafens‹. Lattes lief ihm später den Rang ab. Dazu kamen Konventsbauten, vor allem eine zweite Außenumwallung; die Sarazenen segelten noch immer plündernd entlang der Küste und neuerdings auch die Genuesen. Zwischen Les Saintes-Maries und Narbonne trifft man immer wieder auf solche Bollwerke. Schließlich entstand eine zwei Kilometer lange Brücke aus Steinpfeilern und Pinienbohlen zum Festland. Als Flucht- und Versorgungsweg.

Trotz solcher Dimensionen und gewaltigen Mauerwerks blieb das Gotteshaus im Innern ein bescheidener Kastenbau. Erst anfangs des 12. Jahrhunderts kamen Querschiff, die hohen Gewölbe und die Apsis, und abermals später die Außenummantelung mit ›pierre froide‹, wetterhartem, glattem Kalkstein, Widerlagern, Zinnen, Pechnasen und endlich der Einbau der wuchtigen Tribüne hinzu. Sie bot vierundsechzig Kanonikern Platz, die während des Chorgebetes ergeben ihre Tonsur beugten, die Streitaxt griffbereit neben sich, wenn draußen der Feind anlandete. Gegen Ende des 12. Jahrhunderts war auf der Insel eine richtige Festungsanlage von Klosterbauten um die mächtig aufragende Kathedrale mit einer Vielzahl von Türmen zusammengedrängt. Maguelone erlebte damals seine große Epoche, denn nun gesellte sich auch das Numinose hinzu. Seit langem Rom direkt unterstellt, bot es während einhundertfünfzig Jahren im Streit zwischen Kaisertum und römischem Pontifikat immer wieder den Päpsten Zuflucht vorm Äußersten, von Gelasius II. bis Alexander III.

Dies dank der Tatkraft seiner Bischöfe, deren berühmtester der 1190 gestorbene Jean de Montlaur war, ein Mann von entschiedenem Charakter, der sich keineswegs scheute, Guilhem VIII von Montpellier öffentlich anzuprangern, weil er seine zweite Frau, Eudoxia, Tochter des Kaisers von Konstantinopel, verstieß, um eine neue Verbindung mit Agnes von Kastilien einzugehn – vergeblich freilich, die Byzantinerin, Mutter Marias von Montpellier, verschwand im Kloster von Aniane. Doch was der mutige Bischof unternahm, bedeutete mehr; er förderte die eben in Montpellier entstehenden Rechts- und Medizinfakultäten, Keimzellen der berühmten Universität, und erreichte, daß auch Araber, Juden und mittellose Studenten sie besuchen konnten. Literarisch zeigte er sich lebhaft interessiert; wahrscheinlich geht auf seine Anregung die Erzählung von Pierre de Provence und der schönen Maguelone zurück. Trotz hart und autoritär regierender Herren lebte man in einer Epoche geistiger Hochstimmung. In Montpellier lehrte eben der vor Kaiser Barbarossa geflohene Jurist Placentinus aus Bologna römisches Recht...

Die spätere Verlegung des Bischofssitzes nach Montpellier, wo schon Jean de Montlaur eine ›Salle de l'Evêque‹ hatte aufführen lassen, die Besetzung und Ausplünderung durch kalvinistische Truppen nach 1562, der Aufstand Rohans gegen die Krone, der Richelieu bewog, gleich so vielen Befestigungen des Südens auch Maguelone schleifen zu lassen, die Anlage des Kanals von Beaucaire nach Sète durch die Etangs oder Lagunen 1708 endlich, die den Abbruch der Brücke zum Festland erzwang, ließen das Wehrkloster völlig veröden und verfallen. Bis 1852 Monsieur Frédéric Fabrège die Insel kaufte und restaurierte, was noch zu retten war, im wesentlichen den Kirchenleib.

Wer heute den Torso des hochfahrenden Kathedralbaus umschreitet, sieht Folgendes vor sich: in die Ecke eines wuchtig aufstrebenden, giebelig bekrönten Steilgewändes gedrängt ein schmales Portal, überfangen und gerahmt von Marmorbildwerk. Das zur Linken rechtwinklig vorgezogene Gemäuer gehörte zur Tour de l'Evêque, auch Küchenturm genannt. Der Anblick verwirrt und bekommt erst Sinn, wenn man zur Rechten die verlorengegangene Tour Saint-Jean, den Johannesturm hinzudenkt. Der Zugang zum Portal hat also einst durch eine Art Zwinger von zwölf mal vier Metern geführt, der sich aus der Höhe leicht verteidigen ließ. Auch der Skulpturenschmuck des Portales macht etwas ratlos. Er ist keineswegs aus einem Wurf geschaffen, sondern zusammengesetzt. Zuoberst überwölbt ein breites Rundbogenfeld aus verschiedenfarbigem Marmor ein leicht angeknicktes Tympanon mit einem thronenden Christus im Viergetier aus der Zeit um 1200, dargestellt in leicht gelblich verfärbtem Stein nach der antikisierenden Tradition von Saint-Gilles.

Getragen wird es von einem mit Akanthusrosetten und einer mahnenden Umschrift überzogenen Türsturz, zu dem man einen römischen Meilenstein wiederverwandte; vom Kircheninnern her läßt es sich noch erkennen. »Tretet ein, wenn euch dürstet, in diesen Lebenshafen; laßt ab von euern Fehlern, wenn ihr einkehrt«, sagt das Epigramm dem Sinne nach und »dies verfaßte Bernard de Tréviers im Jahre der Menschwerdung des Herrn 1178«. Er muß sehr stolz auf sein lateinisches Verslein gewesen sein, daß er es so ausführlich datierte! Anteil am Kirchenbau besaß er offenbar nicht. Seitlich stützen zwei Kopfkonsolen den steinernen Balken, dessen Blattgerank das Schönste am ganzen Portälchen ist. Links und rechts aber sieht man auf den Rahmenpfosten Sankt Peter und Paul, die Patrone der Kirche, im Flachrelief dargestellt. Kniend schwingt Paulus das Schwert, da er seinen Weg als römischer Offizier begann, während Petrus sitzend die Schlüssel vorweist, beide überfangen von flachen Halbbogensegmenten, die am eindeutigsten belegen, daß die Bildwerke aus der Zeit um 1100 von anderer Stelle hierhin versetzt sein müssen. Ein Rüchlein karolingischer Tumbheit weht noch durch ihre Gebärde; man wollte weniger künstlerische als symbolische Zeichen setzen ...

Wer sodann eintritt, ist von der Wucht eines Innenraumes betroffen, der sich kryptenartig und dämmerdunkel öffnet. Gedrückte Gewölbe, welche die Tribüne tragen, überfangen die ersten Joche. Erst hinter ihnen öffnen sich in machtvollem Aufschwung Vierung, Querschiff und Chor.

Seitlich finden sich der Wand seit der Restaurierung alte, rudimentäre Grabplatten eingelassen, die man in der Umgebung der Kirche bei Grabungen fand. Hatte nicht Papst Urban II. 1096 jedem, der sich auf der Insel gegen entsprechendes Legat beisetzen ließ, völligen Sündenablaß versprochen? Aber es sind nicht nur Menschen des Mittelalters, an die sie erinnern, sondern bereits der Antike. ›Vera in pace‹ steht auf dem Bruchstück eines aus dem 2. oder 3. Jahrhundert stammenden Steines zu lesen, auf einem andern lassen sich griechische Frauenporträts erkennen. War Maguelone bereits im Altertum eine Toteninsel ähnlich dem Mont Saint-Michel? Daß der Chor, die Vierung, die Seitenkapellen als Begräbnisstellen für die Kleriker dienten, die hier residierten, und nun unter teils skulptierten Grabplatten ruhen, in der Seitenkapelle Saint-Augustin gar der Neubegründer Bischof Arnaud, versteht sich beinahe von selbst. Sie tun ihren Schlaf gleichsam im Schatten der ewigen Stadt. Die beiden Flabella- oder Pfauenfächer auf dem Altar bezeugen es; ihre ›zahllosen Augen‹ symbolisieren die unablässige Wachsamkeit, aber auch Hoheit des Papsttums, dem Maguelone durch die Grafen von Melgueil direkt unterstellt war.

Da greift man's am eindringlichsten, was die einsame, ausgesetzte Kathedrale im Meer einmal bedeutete; ›die erste Kirche nach Rom‹ hat eine alte Urkunde sie genannt. Das wollte die Gewalt des Mauerwerkes wohl auch bekunden; es ist ja so mächtig, daß man die Seitenapsiden nach außen garnicht vortreten lassen mußte, sondern einfach dem zweieinhalb Meter dicken Gewände einmuldete. Am schönsten gewahrt man die Strenge, Größe und Wehrhaftigkeit dieses Gotteshauses der machtvollen, angeknickten Tonnengewölbe von der Tribüne her, – welch ein Ausblick auf die Chorapsis mit dem Hauptaltar, hoch dahinter die feingerippten, lombardischen Blendarkaden, die fast den einzigen Schmuck darstellen! Stein wollte alles sein, reine Sprache der Architektur, lediglich von den Stufungen der Gurtbögen und etlichen Lisenen akzentuiert. Einzig die Stelle, wo früher der Bischofsstuhl stand, der kahle Mauersockel dahinter, ehedem mit Wandteppichen behängt, bedurfte erhöhenden Architekturschmucks. – Es finden sich seltsame Löcher in den Schiffsgewölben, vier Reihen an Zahl, sogenannte akustische Vasen, dazu bestimmt, das am Altar gesprochene oder gesungene Wort zu verstärken. So mischt sich denn auch der Gedanke der Verkündigung ins machtvolle Formenspiel dieser Kirche ...

Maguelone, ein Name, dessen Wohlklang mich immer verzauberte. Die Kanoniker von früher müssen es wohl auch so empfunden haben, einerlei ob er sich nun aus dem Phönizischen, Griechischen, Keltischen oder gar von Maria aus

Magdala herleitet, die nach ihrer Anlandung mit Lazarus und den beiden anderen Marien auf dem nahen Festland eine Höhle bewohnt haben soll. Überhöhten sie, Kleriker, die sie doch waren, nicht schon im ausgehenden Mittelalter den Namen ihrer Kathedrale durch jene Erzählung von der betörend schönen Königstochter Maguelone aus Neapel, als deren legendäres Grab ein rankenumsponnener römischer Sarkophag an der Außenwand der Chapelle Saint-Esprit galt? Verwoben sie ihre Liebesgeschichte mit ›Pierre de Provence‹, beider Irrfahrten, wunderbarliches Wiedersehen am Strand des Port Sarrasin samt der Ringerzählung nicht mit der Sarazenengefahr, die für sie noch greifbare Wirklichkeit bedeutete, und mit der Weite der Meereslandschaft, die sich um sie dehnte? Einerlei, ob es Bernard de Tréviers, der Urheber der Inschrift auf dem Türsturz der Kirche in leoninischen Versen oder, wie es der Kanoniker Roquette will, Bertrand der Mesner, Verfasser der ›Alten Chronik‹ aus der Zeit des Jean de Montlaur war, der sie schrieb!

Auch uns ließ der Einklang von Märchen, Historie und Örtlichkeit nicht los. Trotz des Badebetriebes und des Gewimmels halbnackter Menschen in der Umgebung an Sommertagen. Man braucht nur im Frühjahr oder Herbst hinauszuziehn, da hat man das Eiland ganz für sich. Wir kamen wieder und wieder. Um den Einfall des Lichtes in der Kathedrale am Vor- und Nachmittag zu erleben, der schönen Schichtung des Steines willen, dazu alles Gebauten oder Gefügten. Oder um durch die ›Insel‹ zu streifen, zum Port de Sarrasin, zur ›Buschmadonna‹, die Monsieur Fabrège ausgegraben und wieder aufgebaut hat. Zur Chapelle Saint-Blaise aus der Renaissance, die als Bibliothek diente. Oder um ganz einfach hinauszusehen ins Land zurück, wo sich ganz fern der Pic Saint-Loup vor der Cevennenkette gewahren läßt. Schließlich, um abends über das Meer nach Frontignan mit den Flammen seiner Raffinerie zu schauen, zum Licht auf dem Berge Saint-Clair über Sète, an dessen Hängen Paul Valéry ruht, oder auch zur anderen Seite bis zur Pointe de l'Espiguette, wo der Leuchtturm noch spät, nein die ganze Nacht hindurch seinen suchenden Strahl in die See warf.

In der Tat, spät wurde es manchmal, und einmal als plötzlich Sturm aufkam und durch die Kronen von Maguelone fegte, haben wir auf dem Heimweg nach Palavas auch die Gewalt des Meeres und der Himmelsmächte erlebt. Da heulte und orgelte es brausend gegen die Nehrung, riß uns die Füße weg, wie es sonst nur der Mistral vermag, und die kochende See rannte immer höher, immer gischtender die Sände hinan, während voraus, an der Mole von Palavas – soviel ließ sich eben erkennen – das Wasser in weißen Wänden emporschlug und sogar der Kanal unter unserm Hotelbalkon in zitternde Erregung geraten war. Da erkannte man sie, jene andere Gewalt, welche diese Küsten neben den geschichtlichen Stürmen geprägt, zerstört und verwandelt hat, und das längst im Dunkel hinter uns verschwundene Maguelone erschien uns wieder als tröstliches Bollwerk der Beharrung und Überwindung.

Vergebliche Suche in Montpellier

Gewiß besaß Maguelone für den Santiago-Weg kaum unmittelbare Bedeutung. Es gab hier kein Heiligtum, keine Reliquie zu verehren. Dennoch darf es in dieser Erzählung nicht fehlen. Sein altes Gemäuer spiegelt den Geist wider, der in dem Küstenland während der romanischen und gotischen Epoche die Maßstäbe setzte. Vor allem in und um *Montpellier,* das die Pilger so zahlreich anzog.

Anders als Nîmes, Arles oder Narbonne entstammt die landeinwärts in den Garrigues gelegene Metropole des Landes keineswegs der Antike, sondern wuchs erst um die Jahrtausendwende aus zwei benachbarten Hügeldörfern zusammen, Montpelliéret im Südosten, das unmittelbar dem Bischof unterstand, und einer nahe gelegenen, seigneuralen Ortschaft, in der er gleichwohl geistig und geistlich das Sagen hatte. Man nannte sie Mont Peslier oder Monspessulanus, schließlich gar Monte Pestelario. Wahrscheinlich, weil hier eine zum Blaufärben benutzte Pflanze, das Pastell, wuchs. Die Grafen von Maugio hatten den Grund und Boden laut einer Urkunde von 985 dem ersten der ›Guilhems‹, Haupt einer herrschaftlichen Familie unbekannten Ursprungs, geschenkt.

Als die beiden Nachbargemeinden unter dem gemeinsamen Namen Montpellier verschmolzen, gab es Weber und Tuchfärber hüben wie drüben; rasch siedelten sich Kaufleute, dazu Händler oder Bankiers in einer Stadt an, die bald zu den reichsten der Küste zählte und im Orient, in Tyros, sogar eine eigene Kolonie besaß. 1202 kam sie durch die Heirat Marias von Montpellier mit König Peire II in aragonesischen Besitz, um auf dem Wege der Erbteilung samt den Balearen und dem Roussillon Teil des mallorquinischen Königreiches zu werden. Bis sie endlich in der Mitte des 14. Jahrhunderts um den Preis von hundertzwanzigtausend Goldtalern an die französische Krone verkauft wurde. Von den Katharerunruhen blieb sie verschont, um so schlimmer wirkten sich die Stürme der Religionskriege aus.

Schon frühzeitig waren die Santiago-Pilger in Montpellier erschienen. Nicht nur, weil ihr Weg vorüberführte, sondern weil Guilhem V, Teilnehmer am ersten Kreuzzug, aus dem Orient eine bald hochverehrte, schwarze Madonnenfigur mitbrachte, La Négra. Man stellte sie in der Marienkirche, im Herzpunkt der von Fremden viel besuchten Stadt auf. Grund genug für die Wechsler, rings um das Gotteshaus ihre Tische aufzuschlagen, von denen sich der Name Notre-Dame-des-Tables ableitet. Von diesem romanischen, nur noch aus einer alten Gravüre bekannten Bau blieb nach den 1562 beginnenden Religionskriegen, der Übernahme des Stadtregimentes durch die Protestanten und der anschließenden Belagerung unter Richelieu nichts übrig als drei Säulen und ein Kapitell; auch die mirakulöse Figur, ja die gesamte mittelalterliche Stadt ging damals bis auf wenige Reste zugrunde. Wer Hinterlassenschaften des alten Montpellier sucht, tut sich daher schwer. An seiner Stelle erhebt sich ein neu entstandener Stadtkern, gebaut nach den Gepflogenheiten des Südens. Das will sagen mit engen, schluchttiefen Gassen und hohen Fassaden über den alten Fundamenten, durchsetzt von den Hôtels einer neuen Oberschicht, meist im noblen Stil des 17. und 18. Jahrhunderts. Denn auch der Reichtum stellte sich wieder ein. Nur eines änderte sich wenig, die Führung der Straßentrakte und ihre Zunftnamen.

Freilich, wo waren einst die Jacquaires gezogen, wo untergekommen, wie weitergewandert? In Montpellier trennten sich doch zwei vielbegangene Wege. Die Hauptstrecke der Tolosana, der ich später zu folgen gedachte, zog nach Nordwesten, nach Aniane und Saint-Guilhem-le-Désert hinaus. Die wichtigste der Nebenrouten, gegenwärtig auch die meine, führte nach Südwesten auf Béziers zu. Doch nirgend ein sichtbares Zeichen; ich suchte umsonst, lernte immerhin Montpellier bis auf den letzten Winkel kennen, wenn auch zu wenig angenehmer Jahreszeit. Bis eines Tages endlich ... Doch das bildete bereits den zweiten Teil meiner Erzählung. Aber auch der eher törichte Beginn gehört dazu. Das so überschaubar erscheinende Montpellier gibt seine Rolle in Pilgertagen nur dem preis, der schrittweise zu seinen Ursprüngen vordringt, Schicht um Schicht.

Schon im vergangenen Hochsommer hatte ich nämlich mein Glück probiert. Das Unternehmen stand unter keinem guten Stern, die Hitze lähmte jeden Schritt. Das ganze Land glich einem Backofen. Die Küste war überlaufen von Urlaubern, die am Meer Erfrischung suchten, und immer noch rollten auf den großen Straßen aus dem Norden die Fahrzeugkarawanen heran, um ihre Menschenfracht in den Ghettos der Campingplätze zwischen Schilf, Lagune und Meer abzuliefern. Auch Montpellier bekam seinen Teil von dem Fremdenstrom. Immerhin fand sich Unterkunft in der schmalen, schattentiefen Rue Loys, nahe dem Boulevard Victor Hugo und der Comédie, wo wir glaubten, aufatmen zu können. Doch brütete in den Zimmern lähmende Stickluft; man mußte abends die Fenster hinter den Läden öffnen. Da drang nun aus der für den Verkehr gesperrten Gasse ein Höllenlärm, wenn die Polizei Feierabend machte. Die Mopedfahrer wußten offenbar Bescheid über ihre Dienstzeiten und jagten einander die ganze Nacht hindurch.

Morgens erhoben wir uns verstört. Trotz allem machte ich mich zeitig auf die Suche nach der Pilgerroute. Leider hielten die Archive in der Ferienzeit geschlossen, im Verkehrsbüro saß nur ein ahnungsloses Wesen. So marschierte ich, der Ostwestrichtung des Santiago-Weges vertrauend, an der Place de la Comédie vorbei durch die Rue de la Loge in die leicht gekrümmte Achse des Stadtkernes ein. Wo konnten sie anders gewandert sein? Die Schaufenster der Geschäfte waren bereits mit den ›Solde‹-Schildern des Sommerschlußverkaufes verklebt, und an den fahrbaren Kleiderregalen mit den Sonderangeboten hingen selbst die leichtesten Flatterfähnchen regungslos nieder, während sich der Brodem des Trottoirs mit den Autoabgasen vermischte. So bis zur dreieckigen Place Jean-Jaurès!

Linkerhand kamen die Hallen, voraus plätscherte rechts, nahe der Präfektur, verlockend der Brunnen. Überall nichts, kein Hinweis. In der Glut der Rue Foch glitt alles nur noch wie ein Schemen an meinen verklebten Brillengläsern vorbei. Montpellier im Sommer! Einzig das in der Ferne flimmernde Rundbogenloch des Arc de Triomphe beim Säulenportikus des Justizpalastes ließ eine zage Aussicht auf Kühlung zu. Dem Stadtplan nach mußte dahinter am Westend des alten Weichbildes die vorgeschobene Bastion der Esplanade du Peyrou mit dem Reiterbildnis Ludwigs XIV. folgen, flankiert von Schattenbäumen. Am Pavillon des Château d'eau an der Gegenseite, dem früheren Sammelbecken der über die ›Arceaux‹ oder Aquädukte heranrinnenden Wasser der Quelle Saint-Clément, dürfte es, wenn überhaupt, sogar Frischluft geben. Tatsächlich ging dort ob der erhöhten Lage ein leichter Hauch, während unterhalb des Aussichtspunktes die Hitze über den Dächern Montpelliers wie von einem Grillrost aufwaberte. Langsam begann der Kopf wieder zu denken. Was hatte ich falsch gemacht? Es haftete diesem mühevollen Weg etwas Lächerliches an; da war der Fuß durch die Achse der Stadt gelaufen, hatten die Augen den Hauptteil sogenannter Sehenswürdigkeiten ihrer großen, will sagen französischen Epoche absolviert, doch von dem, was ich brennend suchte, nichts gefunden!

Das ging so fort. Der andere Morgen endete im schattigen Frieden des Botanischen Gartens, den Valéry und Gide so liebten. Der dritte an der nahe gelegenen Tour des Pins, neben dem Babote-Turm im Süden der Altstadt das einzige Überbleibsel der ›commune clôture‹, der Ringmauer des alten Montpellier. Beflissen verkroch ich mich sogar in den wenig einladenden Leib von Saint-Pierre, ursprünglich Klosterkapelle und erst nach der Verlegung des Bischofssitzes zur Kathedrale erhoben. Aber von der herben Kahlheit des leergeplünderten Innenraums sprang kein Funke über, und nun quälte mich nicht mehr die Hitze am ärgsten, sondern die Vergeblichkeit dieses Treibens. Man verfügt auf Reisen nicht über viel Zeit.

War alles ganz anders, als meine Einbildung wollte und konnten vielleicht die Gassen nördlich der ›Achse‹ Auskunft geben, in denen die alten Hôtels einander folgen? Freilich, was hieß hier alt? Als sie nach der großen Zerstörung entstanden, wanderten die Pilger nur noch selten. Einerlei, zum alten Schatzamt, dem Hôtel des Trésoriers-de-France, heute Museumssitz, mußte ich ohnehin. Das ist ein machtvoller Bau mit Spitzbogendurchgang zum Binnenhof, von dem hinter doppelter Säulengalerie ein weiträumiges Treppenhaus zur Archäologischen Sammlung emporführt. Natürlich hielt man geschlossen. Nahebei fand sich ein Brunnen, einziger Rest des Hauses, in dem 1295 der heilige Rochus mit dem Kreuzstigma auf der Brust zur Welt kam, Sohn reicher Eltern, der alles ererbte Gut hingab, nach Italien eilte, um den Pestkranken zu helfen und bei der Rückkehr in die Heimat als Spion verdächtigt im Kerker starb. Das konnte ein Hinweis sein. Man findet den Apostel der Selbstaufgabe und der Barmherzigkeit allenthalben in diesem Lande im Habit der Jakobusfahrer dargestellt. Doch auch das trug zum gesuchten Pilgerwege nichts bei.

Immerhin, es war angenehm kühl in den Gassen; allmählich kehrte nach der hektischen Suche die Gelassenheit wieder und mit ihr die Einsicht, daß Wille allein nicht zur Entdeckung genügte und hingegebenes Anschauen besser sei, zumindest Gewinn eintrug. An den Hôtels, die nun folgten, waren Baumeister voller Ideale am Werk gewesen, die italienische und französische Einflüsse miteinander verschmolzen, um eine nur Montpellier eigene Architektur von anmutiger Würde zu schaffen. Langsam, ganz langsam begann sich der Geist dieser Stadt zu erschließen, wenn auch auf recht unerwartete Weise.

Denn nahebei folgte das Hôtel Saint-André, abermals mit fürstlicher Treppe hinter doppelter Säulengalerie. Abseits der schattentiefen Rue de l'Aiguillerie fanden sich im Hôtel de Varennes am Petrarca-Platz gar gotische Gewölbe, romantische Durchblicke, ein alter Brunnen, ein wunderschönes Renaissance-Portal. An der Stelle des Hôtels de Griffy mit der toskanischen Säulenfassade im engen Hof hatte – welch ein Fund – das erste Schloß der Guilhems gestanden. Das war denn doch eine verzauberte Gassenwelt, in der man Schritt um Schritt auf ein Kleinod stieß. Die Nachsuche bekam ihren eigenen Sinn. Seite um Seite blätterte Montpellier sich auf. Das Hôtel de Bordas in der Rue Carbonnerie – war es kein in den Süden verpflanztes Stück Paris? Die wuchtig zugehauenen Quadersteine des Hôtels de Solas ließen Florentiner Straßenfluchten erstehen, und als wahre Erfüllung solcher Mittlerrolle zeigte sich schließlich breitgelagert die Vieille Intendance, in der Paul Valéry 1894 den ›Monsieur Teste‹ schrieb. Ja, das war Zauber, der noch beim Hôtel de Mirman an der Place Aristide-Briand fortdauerte, wo man einst den Blumenmarkt abhielt und noch früher ein Kapuzinerkloster stand, sogar im Viertel südlich der Achse, wo sie Rue Barraterie heißt, wirkte er weiter: das Hôtel Montcalm, in dem einstmals der berühmte Marquis wohnte, der vor Québec für die französische Sache fiel, weiterhin, nur ein paar Schritte durch das köstliche Stufensträßlein der Bras-de-Fer, das Hôtel de Rodez-Bénavent, das Hôtel de Ginestous – allesamt Träume von zurückgezogenem, adeligem Hausen inmitten einer von Menschen durchströmten Gassenwelt hoher Fassaden mit höhlenartigen Boutiquen im Untergeschoß und düsteren Stiegen. Wenn Architektur zu Stein verdichtete Lebens- und Geistesform bedeutet, so lebte in den Hôtels eine sehr noble Gesinnung fort, die es verschmähte, sich nach außen zur Schau zu stellen, und sich selber genügte.

Nur was ich eigentlich suchte, die mittelalterliche Stadt der Pilgerschaft gab sich noch immer nicht preis. Am friedvollen Winkel der Place de la Canourgue mit dem seltsamen Einhornbrunnen auf der Höhe nahe dem Justizpalast dachte ich auf einer Bank im Baumschatten darüber nach. An der Gegenseite des Platzes strich die Rue du Palais vorüber. Palais? In der Tat hatte hier einst das bedeutendste, letzte Schloß der Guilhems gestanden, und ein Kreuz am Hügelrande erinnerte daran, daß dort die den Kanonikern von Maguelone unterstellte Heilig-Kreuz-Kapelle lag. Hinweise, immerhin. Aber genügte das? Ein Zipfel des Leichentuches über dem mittelalterlichen Montpellier lüftete sich, ein anderer fiel.

Es schlug eben fünf, Zeit zur Rückkehr. Entmutigt trottete ich durch die heiße Stadt zur Place de la Comédie. Ja, wo waren meine Jacquaires gezogen? Die zubemessenen Tage für Montpellier gingen zu Ende. Es galt zu besserer Stunde wiederzukehren. Vorm Café traf ich meine Gefährten. Alles war dicht besetzt, man plauderte und trank, bis plötzlich zwei Tische weiter eine alte Dame auf ihrem Stuhl zusammensackte und lang auf den Boden fiel. Der Hilfswagen mit Sanitätspersonal brauste heran, der junge Notarzt horchte das Hitzeopfer mit seinem Stethoskop ab, dann zog er das weiße Laken der Bahre über das weiße Gesicht.

Da war nun vermutlich ein Leben zu Ende gegangen, und mir schien, trotz des unablässig brausenden Verkehrsstroms an der Südseite des Platzes, als sei es mit ganz Montpellier vorbei und vorüber. Jenem der Pilgerzeit wohlverstanden. Doch das traf keineswegs zu.

Das wiederentdeckte Mittelalter

Als ich im kommenden Junibeginn wiederkehrte und in Palavas wohnte, nahm sich alles ganz anders aus.

Morgens, kurz nach sieben Uhr, ging an Werktagen der erste Bus nach Montpellier. Von Station zu Station lud sich das Vehikel mehr auf, während ich geruhsam in meine Ecke gedrückt die Tuchfühlung mit den Menschen des Landes genoß. Hinter mir drosch über zwei Bänke hinweg ein Schülertrupp Karten, und eine Woge von Hüften drängte bei jeder Schwankung in die Enge der Sitzreihen, bis das Gefährt schließlich hinter der Eisenbahnbrücke von Montpellier zur Gare routière einbog und sich der Phalanx anderer Busse einreihte, die von hier die gesamte Küste zwischen Aigues-Mortes und Sète bedienen.

Nunmehr strömte alles über eine Betontreppe hinab durch den Square Blanchon mit dem braungrün bemoosten

Springbrunnen zur mächtigen Häuserschlucht der Rue Maguelone. Dann öffnete sich wieder wohlbekannt die triangelförmige Place de la Comédie mit ihren Carrara-Nymphen und der Bastion von Cafés und Restaurants bis zur Esplanade des ›Champ-de-Mars‹, und wie immer umtoste den Südrand der Hornissenschwarm des Verkehrs. Erneut tauchte ich in die Rue de la Loge ein, um nach wenigen Schritten abzubiegen ins Labyrinth des alten Montpellier, im Ohr den einladenden Satz aus Paul Valérys ›Monsieur Teste‹: »Gemächlich werden wir durch die steinernen, gewundenen Gassen dieser alten Stadt wandern, die ihr ein wenig kennt.« Ein wenig! Das traf mich. Allein, dank fleißiger Winterlektüre erfüllte mich nunmehr Zuversicht.

Es gibt zwei aufschlußreiche Berichte über das mittelalterliche Montpellier. Der erste stammt von dem Rabbiner Benjamin von Tudela aus dem Jahre 1170. Nach ihm drängten sich in der Stadt Christen und Sarazenen in Menge, dazu lombardische Kaufleute, aber auch römische, solche aller Provinzen, Ägyptens, Israels, Griechenlands, Nordfrankreichs, Englands und natürlich Genuesen oder Pisaner. Wozu dank wachsenden Ruhmes der Universität – ihre medizinischen Kollegs bestanden seit 1220 – bald besonders viele junge Deutsche kamen. Trotz alledem, was vermögen historische Fakten schon über das eigentliche Leben auszusagen? Doch gibt es aus der Renaissance-Epoche, bevor sich durch die Religionskriege alles änderte, einen mit Wärme gechriebenen Bericht des jungen, aus Basel stammenden Studenten Felix Platter. Er hatte seine Heimatstadt mit sechzehn Jahren verlassen, um Medizin zu studieren, im Wachstuchbündel nur zwei Hemden und etliche Taschentücher bei sich, dafür im Kopf eine um so regere Beobachtungsgabe. Sie befähigte ihn, ein Bild des Lebens in dieser Stadt aufzuzeichnen, zwar mit den Augen eines Studenten gesehen, aber von dem des hohen Mittelalters unterschied es sich kaum.

Nach zwanzig Reisetagen traf er über Genf, wohl der ›Oberstraße‹ der Pilger folgend, in Montpellier ein und nahm bei dem Apotheker Laurent Catalan Quartier. Sein Gastgeber gehörte zu den allenthalben im Süden verbreiteten Marranen, getauften Juden, die im Geschäftsleben, aber auch unter den Universitätsprofessoren eine Rolle spielten. Einer der bedeutendsten davon, Antoine Saporta, ein Studienfreund von Rabelais, nahm sich Platters seit seiner Immatrikulation an der medizinischen Fakultät besonders an. Morgens und nachmittags hörte der Student je zwei oder drei Kollegs, abends arbeitete er, wie seine Kommilitonen von heute, bei der Lampe das Tagespensum auf, während andere, genau wie heute, das Licht in ihrem Zimmer nur brennen ließen, um Arbeit vorzutäuschen und auf Stadtbummel zu gehen.

Um 1550 war der Ruf Montpelliers als Heimstätte einer ›chemischen‹ Pharmazie in seinen Zenith gestiegen; anderwärts bestand die Heilkunst der Ärzte lediglich im Purgieren mit Sennesblättern, Lakritzenwurzeln und Kurieren durch fragwürdige Drogen. Laurent Catalan dagegen betrieb mit vier, fünf Gehilfen eine regelrechte Fabrik, in der er neben wohlriechenden Wässern vor allem Pharmaka herstellte. Einige seiner Herzmittel, sein ›Mithridates‹, sein ›Andromachus-Theriak‹ galten als unvergleichlich. Die Rezepte hielt er geheim und verbarg sie nebst einer Unterweisungsschrift des berühmten Arztes Falcon in einem sicher versperrten Gemach seines Hauses unter dem Dach; doch unser Gewährsmann wußte sich durch ein Dachfenster Zugang zu verschaffen, um sie, undankbar genug, zu kopieren.

Besonders leidenschaftlichen Anteil nahmen die jungen Leute an anatomischen Schauvorlesungen, für deren Sektionen man sich gelegentlich gestohlener Leichen von den Friedhöfen der Umgebung bediente. Man war nicht zimperlich. Auch in der Lebensführung nicht. Besonders die Deutschen galten als streitsüchtig, dem Trunk ergeben und gelegentlich als abgerissene Gammler. Sigmund Weisel aus Breslau besaß so wenig Mittel, daß er sich von Wassergeflügel ernährte, das er am Etang von Palavas fing. Dennoch ist er später als guter Arzt nach Schlesien heimgekehrt.

Das Interessanteste dieses Dokumentes bleibt, wie man überhaupt in dieser Zeit lebte. Eingeschlossen in die engen Mauern der Städte mit ihren nachts verschlossenen Toren gab es kaum eine Zerstreuung als die Kneipe. Die Sträßlein waren düster, die Fenster der Häuser mit Papier verklebt.

Des kostspieligen Glases bedienten sich nur wenige, und die seltenen Scheiben zeigten oft genug Sprünge. Im Winter hielt man die Räume dicht verschlossen; von der Zimmerdecke baumelten trocknende Trauben. Jedermann ging in dicke Hauskleidung vermummt und versuchte sich am Kamin zu wärmen, in dem einige Zweige oder Rosmarin knisterten. Nachts kroch man eng aneinander; niemand schlief in einer Bettstatt für sich. Im glühenden Sommer dagegen – hatte ich diese fiebernde Luft nicht selber erlebt? – versuchte man sich auf jede mögliche Weise vor der Sonne zu schützen, vornehmlich die Frauen, bei denen ein weißer Teint als Zeichen der Gepflegtheit galt. Um sich wenigstens etwas Abkühlung zu verschaffen, befeuchtete man in der heißesten Zeit die Zimmerböden mit Wasser. Quer über die Straßen hingen laubige Zweige gereiht oder aufgespannte Tücher, um Schatten zu werfen. – Die Pilger mögen es aufatmend empfunden haben.

Auch über die täglichen Mahlzeiten hat unser Gewährsmann berichtet. Mittags gab es Eintopf aus Kohl, Rüben und Hammel; nur selten fand sich ein Bröckchen Rindfleisch darunter. Kühe und Ochsen dienten hierzulande vornehmlich als Zugtiere und galten daher, kaum zu Unrecht, als zäh und sehnig. Abends kamen Salate und Gebratenes, alles in allem weniger Fleisch als in Deutschland auf den Tisch, doch um so reichlicher einheimische Zukost: nach Belieben sehr gutes Brot, genügend Rotwein, allerdings von mäßiger Qualität. Die Weinzubereitung lag im Languedoc derzeit noch im argen.

Winters sah die Speisekarte natürlich bescheidener aus. Dafür stopfte man sich den Bauch mit gerösteten Kastanien voll. Die Fastenzeit machte die Mahlzeiten noch eintöniger. Da blieb es bei der Kohlsuppe mit einem Schuß Öl oder Fisch, und mag uns die Auswahl von Meeresgetier auch verlockend anmuten, kein Gramm Butter machte das Gesottene oder Gekochte gechmeidig. Zum Glück war das Essen vitaminreich; zusätzlich kamen neben den allzeit beliebten Trauben in Sirup eingelegte Zwiebeln auf den Tisch, die man auf dem Bartholomäusmarkt, zu Zöpfen verflochten, kaufte, dazu auch schon einmal die hochgeschätzte Fruchtkonfitüre. Rohes Obst und Käse aß nur der gemeine Mann.

Er hat bei allem Studieneifer mit offenen Augen gelebt, der blutjunge Felix Platter und alles beschrieben, Geburten, Todesfälle, Mangelzeiten, Epidemien, die man als gottgegeben hinnahm. Nicht Fest, Mummenschanz oder Fasching, ließ er aus. Aber wahrhaft lebte er erst im Frühling auf, wenn man zu den Iriswiesen an der Lez-Quelle nahe dem Pic Saint-Loup zu Spiel, Tanz und harmloser Liebelei mit den hübschen Mädchen der Stadt hinauswanderte. Ein buntes Bild des Lebens in einem immerhin herausgehobenen Kreis?

Es gehörten auch düstere Seiten dazu. Eine Magd wird gehenkt, die ihr Neugeborenes in die Latrine geworfen hat. Am 21. September 1554 findet ein schauerliches Spektakel statt. Man führt einen jungen Mörder mit großem Pomp zur Hinrichtung. Der Delinquent muß auf dem Schafott seine Schandtaten berichten; am Schluß bittet er alle, für ihn zur Jungfrau zu beten, sie möge ihm Eingang zum Paradies verschaffen. Dann entkleidet ihn der Henker, bindet ihn am Boden fest und eine makabere Szene hebt an – er zerschmettert ihm die Glieder und tötet ihn endlich durch schwere Keulenschläge auf die Brust. Niemand erschüttert das Schmerzgeheul des Unglücklichen ...

Philippe Wolff, der uns diese ›Memoiren‹ nachskizzierte, meint, ein gewisser Sadismus habe zu der bald liebenswürdigen, bald bösartigen Gesellschaft jener Tage gehört. In der Tat, die Mentalität des Mittelalters, die wir aus Katharerzeiten kennen! Empfand man eigentlich religiös? Aberglaube wird gelegentlich erwähnt, aber er besaß noch nicht jene neurotische und allgemeine Ausdehnung wie fünfzig Jahre hernach. Schon aber bereitete sich, seit etwa 1550, die protestantische Minderheit auf die kommenden Tage der Religionskriege vor, in denen die mittelalterliche Kultur von Montpellier, ihre Gedankenwelt, ihre Lebensformen untergingen. Da sich an ihnen während langer Jahrhunderte wenig geändert hatte, dürfen wir annehmen, daß die Santiago-Fahrer die Stadt auf ihre Weise ähnlich erlebten. Sie zogen ja, anders als ich einst annahm, von Nordosten in das Weichbild ein, mitten durch die hohen Fassaden und überlaufenen Gassen.

Zwei große Straßen führten an Montepellier vorüber. Im Norden der teilweise der römischen Via Domitiana folgende ›cami ménete‹ oder Münzweg, im Süden der ›cami salinié‹, der von den Salinen der Etangs kam. Zwischen ihnen gab es noch eine dritte, direkte Route nach Montpellier; von ihr sah man Castelnau-lès-Lez ungefähr so liegen wie auf dem Bilde des Frédéric Bazille. Es war der ›cami roumieu‹ oder Pilgerweg, der den Lez überquerte, dann über den einst Merdanson, später Verdanson geheißenen Bach sprang und nun, schon innerhalb der Mauern, dem höchsten Punkt des Monte Pestelario zustrebte. Die steil ansteigende Straße heißt noch immer Pila Saint-Gély; der Name bedeutet im örtlichen Patois Saint-Gilles. In sie war zuvor übrigens auch die von Uzès über Sommières kommende Pilgerstraße gemündet, auf welcher der jüngst in den Studi medievali durch Damonte veröffentlichte italienische ›Pilgerführer‹ von 1477 seine Santiago-Fahrer einziehen ließ, die ihren Weg über den Mont Cenis, dann durch die Provence genommen und Saint-Gilles ausgespart hatten.

Weiß man um dieses Zusammentreffen vor den Toren Montpelliers, läßt sich leicht rekonstruieren, wie der Santiago-Weg innerhalb der Stadt verlief. Er ließ die höchste Erhebung, auf der heute die Ecole des Beaux-Arts thront und damit auch die Örtlichkeit, wo man einst Sankt Rochus als Spion festnahm, linkerhand liegen und tauchte in die Häuserschlucht der Rue de la Vieille-Aiguillerie ein. Von hier aus passierte er rückseitig die Salle de l'Evêque, den ersten provisorischen Sitz der Bischöfe von Maguelone in der Stadt. Schon öffnete sich vor den Jacquaires der kleine Platz, an dem die heutige Kirche Notre-Dame-des-Tables liegt, dann zogen sie zwischen den eng zusammengerückten Häuserfassaden der Rue de l'Aiguillerie mit den tief in die Bauwerke gehöhlten Werkstätten der Nadelmacher und Kurzwarenhändler bis zur gegenwärtigen Place Jean-Jaurès. Hier lag, im Mittelpunkte der Stadt, ihr eigentliches Ziel, das ursprüngliche, völlig verschwundene Gotteshaus Notre-Dame-des-Tables mit dem Gnadenbild der Négra.

Wenn wir einer offenbar aus der Erinnerung oder nach einem Vorbild geschaffenen Gravüre der Kirche aus dem

18. Jahrhundert trauen dürfen, so umlagerte oft genug eine dichte Volksmenge die Kirche, vollends bei besonderen Anlässen. Eben zieht auf unserer Darstellung der Heilige Vater mit der Tiara und dem dreifachen Kreuz ein, geleitet und gefolgt von Bischöfen, die Mitra auf dem Kopf, während die Andächtigen und Zuschauer sich um sie drängen. Am Portal ragen Hellebarden über die Köpfe, im Vordergrund humpeln Bettler über die Szenerie. Selbst an gewöhnlichen Tagen muß das Getriebe groß gewesen sein. Vor allem Händler, seien es Orientalen oder Europäer, wechselten ihre heimische Barschaft gegen die Landeswährung, um damit die Produkte der Region einzuhandeln: vornehmlich mit dem Extrakt der Cochenille-Eichen aus den Garrigues rot eingefärbte Tuche, aber auch Öl, Branntwein, Rotwein, Parfums, Kunstschmiede-, Edelmetallarbeiten und Lederwaren, kurz die Ladung für ihre Schiffe im Lez-Hafen von Juvenal. Oder aber, um mitgebrachtes Getreide, Kohle, Gewürze, die in den Pépierés sobeyrans am Lez gemahlen wurden, und andere Ware an den Mann zu bringen.

Mitten durch dieses Getriebe drängten sich die Pilger zum Gnadenbild, um nach geleisteter Devotion zu ihrem Quartier weiterzuwandern – durch die Rue de la Loge, dann abseits in die heutige Rue du Croix-d'Or hinein. Dort lag ihre ebenso geheißene Herberge. Wenn es auch in der Stadt deren mehrere gab, Damonte spricht von ›assai hosterie‹, blieb doch nur diese einzige bekannt und erhalten. Daß es für mich nach soviel vergeblicher Nachsuche ein großes Erlebnis war, plötzlich vor ihr zu stehen und ungläubig durch die großen Fenster in die Gewölbe des Erdgeschosses zu starren, wer kann es mir verdenken? Unerwartet befand ich mich am Ziel.

Die Herberge liegt in einer Region, schwer von Geschichte. Ganz nahe erhebt sich, nur um die Straßenecke und in die Argenterie hinein, ein gewaltiger Häuserblock. Gewiß haben die Zeitalter ihn stark verändert, gleichwohl läßt er sich immer noch als einstiges, machtvolles Burghaus erkennen – das Palais der Könige von Aragon mit einem erhaltenen Spitzbogenportal, verbunden mit dem Palais der Herrscher von Mallorca, das auf die Place Saint-Ravy mit dem hübschen Plätscherbrunnen hinaussieht. Hier haben sie also von Zeit zu Zeit gehaust, die Könige der Gebirge, Küsten und Inseln, und mittelmeerisches Schicksal geschmiedet. Garnicht weit davon, durch die Straße des Ancien-Courrier folgt das Palais de Tournemire, in dem Maria von Montpellier, wieder einmal vor den Launen ihres Gatten geflohen, 1208 ihren Sohn Jaime el Conquistador zur Welt brachte …

Noch einmal zur Croix-d'Or zurück! Bis zum 17. Jahrhundert hieß die Herberge ›Logis de l'Estoile‹. Ein angemessener Name für die Raststätte von Pilgern, die dem Jakobsstern folgten! Ein alter Brunnen steht seitab. Mochten in der Unterkunft später die Studenten samt Rabelais und Saporta ihre Späße getrieben haben, für mich blieb es ein Zeuge und zugleich eine Botschaft aus untergegangenen Pilgertagen. Gegen den Stein, den meine Hand angriff, hatten sich die Rücken der Jacquaires gelehnt, und zu den Gewölben des 13. Jahrhunderts, die mein Auge erblickte, hatten sie mit müden Lidern von ihrem Strohlager aufgeschaut.

Zwei Tage und Nächte durften die Santiago-Wanderer verweilen. Dann zogen sie südlich durch die Rue de la Saunerie hinaus. Es muß bei Saint-Denis gewesen sein, wo ihre Wege sich trennten, und die einen in Richtung Lodève, die anderen auf Béziers zu marschierten.

Es gibt in Montpellier eine weitere Botschaft aus Pilgertagen. Eine von ergreifender Kraft und hohem künstlerischem Rang im Archäologischen Museum des Hôtels des Trésoriers-de-France, das einer wissenschaftlichen Gesellschaft gehört.

Es war Samstag, zwei Uhr. Ein akademisches Viertel mußten wir im königlichen Treppenhaus warten, dann erschien ein junger Professor der Vorgeschichte, schüttelte etwas bedauernd den Kopf, daß wir nur die romanische Abteilung sehen wollten, und führte uns empor in den dritten Stock. Da öffnete sich ein einfacher Raum, voll mit den romanischen Überresten des Küstenlandes, die den Zerstörungen der Zeitalter entgangen sind. Stelen mit den Kapitellen von Kloster Psalmodi, nach Art eines Chorumgangs aufgestellt, bildeten den Blickfang. Was mich aber viel unwiderstehlicher anzog und worauf ich so lange gewartet hatte, war etwas anderes – nicht die Madonnenfigur von Fontfroide, nicht die Vielzahl romanischer Torsen, selbst der allzu rudimentäre Traditio-legis-Pfeiler von Saint-Guilhem-le-Désert nicht. Vielmehr werden hier zwei Reliefs zu seiten der Madonnenfigur gezeigt, die vom oberen Kreuzgang in Saint-Guilhem stammen, von dem noch zu berichten sein wird. Es heißt, daß die Mönche der einsamen Abtei diesen oberen Teil, gleichsam zum Eigenbedarf, ausbauten und schmückten, um sich vor den Pilgerströmen zurückziehen zu können.

Was sie, vermutlich von Meistern, die in Saint-Gilles arbeiteten, in Stein schlagen ließen, ist ein selten dargestelltes Motiv: die Unterweisung der Jünger durch Christus, seine Lehre hinauszutragen. Ein Hauch des Pfingstgeschehens wirkt hindurch. Auf der linken Platte lassen sich drei Apostel in altertümlich-statuarischer Form gewahren. Das rechte Relief ist bewegter gegeben. Fünf Apostelgestalten, davon zwei halb sitzend vor der hinteren Reihe, als hockten sie auf den Misericordien des Kirchengestühles. Alle wenden die Köpfe nach rechts zum Herrn. Withney Stoddard schreibt sie dem Soft master von Saint-Gilles oder seiner Werkstatt zu. Ihre ergriffene Anteilnahme an dem vorweggenommenen Verkündigungsauftrag ist unübersehbar. Gott, der Unausweichliche, wird sie rufen. In Zögern und Erschrecken lehnen sie ihre Oberkörper zurück, eine Bewegung, die bei den Sitzfiguren deutlich durch die Beinhaltung unterstrichen wird. Zwei von ihnen, Zeichen innerer Betroffenheit, fahren sich mit den Händen ans Kinn. Die Gewandfalten fallen in V-Form oder spielen weich über die Körper und modellieren die Schenkel, um die Reaktion des Leibes sichtbar zu machen, während sich die Gewänder an den Knöcheln kräuseln, als durchbebe das innere Erschauern sie von oben bis unten. Nimmt man die gesammelten, fast starrenden Gesichter, die wellige Führung von Haar und Bärten hinzu, endlich gar die gespannte Fußstellung, so wurde hier eines der subtilsten Themen des Apostolates Bild – das Gewicht des Auftrags, völlig ins Innerliche gewandt. Es ist, als vermengten sich ihre steten Zweifel an der eigenen Zulänglichkeit mit der Hingabebereitschaft jener, die zum Schwersten entschlossen sind und bald die Probe bestehen müssen.

Dem hier in zarter, fast lyrischer Ausdruckssprache zu begegnen, bar aller Pathetik oder Attitüde, läßt uns erst voll Schmerz erahnen, was in dieser Landschaft während der Hugenottenstürme – für Saint-Guilhem gilt das Jahr 1568 – zugrunde ging. Es war der überhöhende Kontext zum Anliegen der Pilgerstraße.

Im Lande Paul Valérys

Daß die Einzelwege der Tolosana sich in Montpellier trennten, die eine Pilgergruppe also nach Nordwesten, die andere dem Südwesten entgegenzog, bedeutete nichts Ungewöhnliches. Jede der vier großen Santiago-Straßen auf nachmalig französischem Boden entlehnte ihren Namen von dem wichtigsten Zwischenziel und fächerte sich im übrigen nach unterschiedlichen Gegebenheiten auf. Sei es jener der Zeitalter, sei es nach dem Anliegen des Pilgers oder der Schwierigkeiten der Jahreszeit. Kein Wunder daher, wenn auch die Tolosana, je näher sie den Pyrenäen kam, mehr und mehr einem Netz von Straßen glich. Mochte es anfangs ob der drohenden Sarazenengefahr geraten erscheinen, Toulouse im Schutz der Cevennen-Ausläufer oder vorgelagerter Bergzüge zu erreichen, zog man in späteren Zeiten offenbar bequemere Wege entlang der Küste vor. Dazu kam die Verschmelzung des Santiago-Anliegens mit anderen Devotionswünschen, so den zunehmenden »Pèlerinages mariaux«, den Marienwallfahrten. Sie dürften manchen Bedefahrer verlockt haben, von der großen Route abzuweichen, um über Perpignan nach Ripoll, dann zum Montserrat mit seinem berühmten Gnadenbild weiterzuziehn und erst dort die Richtung nach Westen einzuschlagen.

Bis Béziers oder gar Narbonne folgten diese Wallfahrer allesamt einer gemeinsamen Grundrichtung. Am genauesten hat ihre Route der erwähnte anonyme Pilgersmann aus Italien aufgezeichnet, dessen schriftliche Hinterlassenschaft Damonte herausgab. Abweichend von der heutigen Straße zog er samt seinen Wandergenossen von Montpellier genau nach Westen, *Pignan* entgegen, das »allato alla strada«, seitab der eigentlichen Straße lag, in der zwei ›hosterie‹, Gast- oder Rasthäuser seiner warteten. Darauf nach *Loupian* mit seiner herben, romanischen Wehrkirche, von dem man »das Meer sah«.

Das Meer? Unser Pilger meinte die riesige Lagune vor Sète, den Etang de Thau. Man zog daran entlang und weiter auf ›Sancto Uberio‹ zu, Saint-Thibéry, Sitz einer Benediktinerabtei, von der noch Reste stehen, einer »brutta città«, wie es heißt, einer häßlichen Stadt. Hier konnte man den Hérault auf der erhalten gebliebenen Brücke aus Römertagen queren. Bis ›Bises‹, Béziers also, gab es von nun an weder Schenke noch Obdach.

Ein leuchtender Morgen stand über dem Land, als wir uns, freilich die Straße über *Gigean* wählend, von Montpellier aufmachten. Ringsum endlose Weingärten, im Norden von fernen Höhenzügen begleitet, hier und dort helle Häuschen, kleine Gehölze, von Bambus gesäumte Gräben. Im Süden versperrten die hügeligen Heidegebiete der Montagne de la Gardiole den Blick auf die See. Platanenalleen wallten als stattliche Schattenkorridore gen Westen. Hinter Gigean ging es durch ein waldiges Quellental, dann erneut über Höhen, Senken. Schon zeigte sich das riesige Bassin de Thau und fern im Süden, am Anfang der Nehrung, das Vorgebirge des Mont Saint-Clair mit seinen Häuserringen am Fuß und Osthang. Sète. Das konnten wir, Pilger einer neuen Zeit, denn doch nicht auslassen. Werkshallen schoben sich vor den Blick, dazwischen öffneten sich Hafengewässer mit Seeschiffen; Kräne lauerten gleich Gottesanbeterinnen auf den Kais, und von Frontignan wehte der Wind Petroleumgerüche heran.

Sète mit seinem blinkenden Hafenbecken und der Einmündung des Canal du Midi, erst 1666 begründet, ist die Stadt Paul Valérys, der hier 1871 zur Welt kam und 1945 nach einem meist in Paris verbrachten Leben auf dem Cimetière marin im Angesicht des Meeres beigesetzt wurde. Er hat ihn durch seine von Rilke übertragenen ›Charmes‹ oder ›Zaubersprüche‹ unsterblich gemacht. Das Hinkommen erwies sich als schwer. Es war der Tag eines berühmten Volksfestes, des Fischerstechens auf dem breiten Kanal, der die Stadt am Bergfuß durchfurcht; man hatte beidseits Tribünen errichtet. In den Steilstraßen des rechten Ufers, neben denen auch Treppen hinauf- und hinabwallen, ging es hoch her. Im sonntäglichen Verkehrsgewühl spektakelten Fanfarenzüge oder Trommlerkorps, Plätze wie Treppenestraden standen voll mit Buden und gestikulierenden Händlern.

Endlich war nach tausend Hindernissen denn doch die nach Süden führende Grande Rue, bald auch der gilbende Berghang unter dem Fort Richelieu und damit der Friedhof erreicht, auf dem der Dichter in der mütterlichen Gruft der Grassi den ewigen Schlaf tut.

»Ihr Augen, hin zum Himmel, den Tempel mir zu zeichnen!
Und daß auf mir hier ruhe ein Altar ohnegleichen!«

hat Paul Celan einen vorwegnehmenden Vers in Valérys großem Symbolgedicht ›Die junge Parze‹ übertragen. In der Tat, so für immer in dieser von der Sonne gestreichelten Marmor- und Kreuzesstadt schlafen zu wollen, das war kein sentimentales Anliegen, sondern der Wunsch nach Verwirklichung einer dichterischen Existenz, in aeternum ›dargeboten dem Licht‹.

Die Tumben staffeln sich Etage um Etage den Berghang hinan, einfache und luxuriöse Pavillons mit Seeblick für die Ewigkeit, viel törichte Versuche der Nachlebenden darunter, die bürgerliche Reputation ihres Abgeschiedenen ins Universale zu projizieren. Sète in der Erwartung des Letzten Gerichtes. Aber ich sage es mit Ergriffenheit. Wischt nicht der Tod jede Eitelkeit fort? An den schmalen Randwegen wuchern Strandgräser, und zwischen den Grabstelen ragen hohe Zypressen auf, um verzauberte Winkel zu schaffen. An vielen Sarkophagen lehnen oder hängen steinerne, kleine Kränze wie Rettungsringe en miniature, gleichsam Opfergaben zur Feier der großen Verschmelzung mit dem Allgemeinen; dazu blüht allenthalben zwischen den Grüften Oleandergesträuch.

Die einzigartige Lage schließt das Musée Paul Valéry oberhalb des Friedhofs ein. Darin sieht man viele alte und neue Bilder von Sète und eine dem Dichter gewidmete Abteilung mit Erinnerungsfotos: ein intellektuelles Gesicht, das seine geheimsten Gedanken nie freigab, sondern in hermetischen Versen oder subtiler Prosa versteckte, dazu Zeichnungen, Manuskripte. Am ergreifendsten ein Bild seiner sensiblen Hände: die Rechte auf der Brust, die Linke hält die Zigarette. Diese ganz versunkene, private Gebärde hat mich am tiefsten berührt, während mein Blick immer wieder aus den Fenstern auf das schimmernde Dach der See hinausglitt.

Solches Abschweifen erschien mir an dieser Stelle legitim. Valéry hat es ja selbst in einem Brief an den Stadtrat von Sète, der ihm die Ehrenbürgerschaft antrug, dokumentiert, daß die unvergleichliche Weite sein gesamtes Werk durchdrang, »la mer, la mer tout recommencée«. Diese innere Ansiedlung stellt gewiß keine Antwort auf seine halb ironische, halb skeptische Geistigkeit dar, aber sie offenbart die Ursprünge einer genialen Existenz, die fast bis zur Hälfte unseres Jahrhunderts reichte und den Kanon einer ganz neuen, das Zeiterlebnis überhöhenden Schönheit beschwor. Es gibt in dieser Landschaft der makellosen Strände zwischen Meer und Lagune ein antikes Gegenstück zur verhaltenen Poesie des Cimetière marin. In *Agde,* am südwestlichen Ende des Etang de Thau. Die Jacquaires haben es nicht besucht. Aber das Agathé Thyché der Griechen, einst großer Handelshafen innerhalb der Hérault-Mündung, verleiht der Küste einen weiteren Akzent, den Adel unendlich alter Kultur.

1964 haben Taucher vor der Hérault-Mündung nahe Rochelongue in fast acht Metern Tiefe eine riesige Menge, siebzehnhundert Einzelstücke an Bronzebarren, Waffen aller Art, Gerätschaften, Schmuckwerk, gefunden, die heute im Musée Agathois zu sehen sind. Da war offenbar die schwimmende Handelswerkstatt eines Schmiedes der Bronzezeit untergegangen, ein Waffen- und Preziosenarsenal, das die Bevölkerung der Küste in einer Epoche versorgte, die für uns im Dunkel der Vorgeschichte liegt. Denn was wissen wir schon aus jener Zeit vor drei Jahrtausenden! Erwähnten nicht bereits Strabo, Ptolemäus und Plinius dieses ›Agde zum guten Glück‹, das seinen Nutzen aus der nahen See und dem Schutz eines benachbarten Basaltberges auf dem Cap d'Agde, wo sich heute die Nudisten tummeln, dem Rest eines alten Vulkanes, zog? Aus seinem harten, düsteren Material erbauten die Phokäer an Stelle des heutigen Quartier vieux ihre ersten festen Häuser – die Stadt ist ja älter als Rom – und aus dem nämlichen Basalt entstand im 12. Jahrhundert die Kathedrale Saint-Etienne am Flußufer, dieser gewaltige Festungsklotz einer Kirche mit seinen sparsamen, vorgelegten Arkaden, Zinnen und dem Karree seines Turmes, der Grundriß in Form eines großen T gezogen.

In der Tat, Agde ist in der großen ›Maginot-Linie‹ der Wehrkirchen, deren es allein im Département Hérault zweiundzwanzig gibt, die machtvollste. Nichts als abweisende Härte. Auch das Innere mit dem angeknickten Tonnengewölbe atmet trotz der schönen Maßverhältnisse den Geist der Abwehr gegen die Barbaresken. Noch heute läßt sich in der Decke ein Ochsenauge gewahren, durch das die Verteidiger hoch auf dem Dach ›Munition‹ und Versorgungsmaterial emporhieven konnten. Gewiß, man hat den wehrhaften Charakter später durch ein paar Zutaten im Innern anmutiger zu machen versucht, eine Tribüne nach Art des Roussillon vor die Schmalseite zum Fluß gewölbt und einen spätbarocken Retabel vor die glatte Wand von Chorpartie und Seitenkapellen gelegt. Zudem sollten zwei Kapitelle aus hellem Haustein am ›Triumphbogen‹ das Innere höher stimmen. Als Bauschmuck aus der Entstehungszeit läßt sich im Chorraum nur eine ungelenk in den spröden Stein geschlagene Eselsfigur erblicken …

Bis in das zweite Kaiserreich hinein hat dieses Hafenstädtchen, das schon Marco Polo ›die schwarze Stadt‹ nannte, seine nüchterne Handelsaufgabe erfüllt. Und doch kam grade in diesem Agde während der zweiten Forschungskampagne von 1964 im Bett des Hérault neben zahllosen Amphoren ein einzigartiges Kunstwerk der hellenistischen Zeit ans Licht. Es ist der Bronzetorso des ›Epheben von Agde‹, ein Meter vierzig groß, nur mit einer einfachen Faltendrapierung über der linken Schulter bekleidet. Der völlig erhaltene, beschopfte Kopf eines heranwachsenden Knaben mit versponnenem Blick ist von unsäglicher und ganz persönlicher Anmut, wie antike Kunstwerke sie selten erreichten. Weiß

Gott, wann und warum man das Bild einst inmitten der Stadt in den Fluß stürzte. Vielleicht, daß die Zeloten einer neuen Epoche die Schönheit als Verfänglichkeit ansahen?

Bis Agde über ein geeignetes Museum verfügt, steht das herrliche Stück im Louvre neben der Nike von Samothrake. Offenbar hat man in der Stadt am Meer trotz ihres düsteren Steines nicht immer so herb gedacht, wie uns die drohende Gebärde der Kathedrale glauben macht …

Noch eine dritte Stadt in dieser Region, etwas landein gelegen, gibt es, wo sich die eigenartige poetische Stimmung von Sète und Agde einstellt, freilich unter anderen Vorzeichen, halb tragisch, halb komödiantisch. Es ist *Pézenas.* Man hat garnicht weit dahin, über die Pilgerstation von Saint-Thibéry entlang dem Hérault nach Norden. Was mich angeht, meine ich sogar, auch hier seien einst die Jacquaires gewandert. Gewiß, es findet sich in dem Städtchen dafür kein anderes Zeugnis als die im Pilgergewand mit Muschelkragen, Bordon und Wanderflasche dargestellte Figur des heiligen Rochus nebst seinem treuen Hund an der Ecke des prachtvollen Commanderie-Baus der Johanniter von Jerusalem.

Pézenas reicht in seinen Ursprüngen auf Römerzeiten zurück, wurde durch seinen Wollhandel reich und avancierte später zur Residenz der Statthalter des Languedoc. Das waren die Montmorency bis zum makaberen Jahr 1632, als man dem Letzten von ihnen auf Richelieus Geheiß im Hof des Capitols zu Toulouse wegen seiner Revolte gegen die Allmacht der Krone den Kopf abschlug. Sein Nachfolger hieß Armand de Bourbon, Prinz von Conti, Gatte einer der ›Mazarinettes‹, einer der Nichten Mazarins. Er sollte Pézenas für kurze Jahre in ein ›Versailles des Languedoc‹ verwandeln. An seinem Wohnsitz, der ›Grange des Prés‹ mit ihren Parkanlagen und Wasserspielen versammelten sich die großen Herren der Region und die Edelleute, galante Damen, Künstler und Schriftsteller zu glänzenden Festen. Heute ist das Palais längst verschwunden; nur der Park selbst mit seinen Gehölzen und Wasserspielen samt einer Replik der Büste Molières von Houdon ist noch da; denn auch der große Komödiendichter, derzeit noch unberühmt, gehört zu Pézenas. Er hat 1650 mit der Truppe seines Wandertheaters zum ersten Mal in der Stadt und vor ihrem Gouverneur gespielt, dann erneut zwischen 1653 und 56. Es heißt sogar, daß ihm der Prinz, mit dem er sich nach längerer Freundschaft überwarf, als Vorbild für seinen ›Don Juan‹ diente und der heuchlerische Abbé Roquette aus dem Hofstaat für den ›Tartuffe‹. Noch heute gibt es manche Spur des Dichters in dem alten Städtchen – das Haus des Barbiers Gély, wo er sich oft einstellte und die Menschen studierte, deren Züge er für seine Komödien brauchte, die Müßiggänger, die Landleute, die Schöngeister, die sich das Haar kräuseln ließen.

Auch das Gasthaus ›Bât d'Argent‹, wo er abstieg, das Hôtel d'Alphonce mit seinen Galerien und Balustraden, wo er innerhalb der Stadt Vorstellungen gab, blieben erhalten. In Wahrheit aber darf man das ganze Pézenas jener Tage zum Zeugen anrufen, denn es hat sich dort vieles unverändert erhalten: die Hôtels de Malibran, Grasset, Lacoste, de Wicque, deren Großartigkeit mit denen von Montpellier wetteifert. Eingeschlossen sogar den ehemaligen Sitz der Konsuln, heute Handelsgericht, von dem 1632 die Revolte Henris II de Montmorency ausging. Gewiß fiel einiges den Wechselfällen der Geschichte zum Opfer wie das alte, siebentürmige Schloß, das Richelieu bis auf den letzten Stein abreißen ließ. Aber das Erbe einer italianisierenden Renaissance blieb in Pézenas mit seinen Höfen, Portalen, Wappen, Gassen unversehrt, und auch das alte Ghetto gehört dazu. Man braucht nur von der Place Gambetta das Dreieck der Altstadtstraßen abzuwandern, da hat man alles beieinander.

Ich habe den Weg zu den verschiedensten Tageszeiten genommen; am schönsten blieb es am Abend. Es war gerade Vollmond. Kein Fuß, keine Stimme rührte sich. In den Höfen nisteten tiefe Schatten. Da konnte man sich unbeschwert einbilden, daß plötzlich Molière in der Rue Conti aus der Tür des Hôtels d'Alphonce trat, um nach der Vorstellung aufatmend heimwärts zu gehen. Oder daß gar eine Sänfte mit einer Schönen auf dem Wege zum Rendez-vous mit dem Prinzen einherschwankte. Er war ein großer Schürzenjäger, der Conti, ehe er sich jählings von einem Saulus zum Paulus wandelte, alle Beziehungen zu Molière abbrach, seine Maitresse ins Kloster steckte und hinfort in der Grange des Prés ein strenges Büßerleben führte, während der komödiantische Freund von ehedem nach Paris hinauszog in den Ruhm und die Unsterblichkeit der Bretter, welche die Welt bedeuten.

Stadt des Schicksals

Da sitze ich nun im Parc des Poètes, den ›hängenden Gärten‹ von *Béziers,* und gebe mir Rechenschaft. Es ist schattig und duftet nach frisch geschnittenem Rasen. Niemand, der zu dieser Stunde vom Bahnhofsviertel zum sogenannten Plateau der Teiche, Rabatten und Statuen auf halber Höhe emporstiege, geschweige zu mir nahe dem oberen Ausgang. Mag draußen der Lärm der Motoren in den ansteigenden oder hinabkurvenden Straßen toben – wie wohl das tut, vom Getriebe der Zeit ausgeschlossen zu sein!

Die letzten Tage im Lande Valérys, das Überqueren des Rubikons zum Biterrois auf der Römerbrücke des Hérault in Saint-Thibéry, das Umhersuchen, wo der Pilgerweg weiter verlaufen mochte, waren mühsam gewesen. Niemand, der Auskunft wußte. Bis sich endlich zeigte, daß es entlang der Bahnlinie nach Süden, dann durch einsame Weingärten nach Nordwesten auf Montblanc zu ging. Dort kam plötzlich der alte Römerweg, die Domitiana wieder zum Vorschein. Man konnte sich unschwer vorstellen, wie es hier im Juli 1209 aussah, als das Heer der Fünfzigtausend nach Westen marschierte. Mit ihm jene Santiago-Wanderer, die der versprochene Ablaß lockte. Ein sieben Kilometer langer Zug mit Bannern, Standarten, schimmernden Helmen und Panzerhemden nebst aufgeheftetem Kreuz, in Staubwolken eingehüllt, wie es der ›Chanson de la Croisade Albigeoise‹ beschrieben hat. Schon erblickten die Reisigen von der nächsten Höhe in der Ferne Béziers mit seinen Mauern, Häusern, dem Schloß, allem, was abends seinen glühenden Feuerschein gen Himmel werfen würde ... Nein, ich versage es mir, die blutigen Greuel zu wiederholen. Müde und erschöpft war ich meinerseits vor Béziers angelangt, vorüber an den neuen Arenen durch die Avenue Saint-Saëns genau auf die Passejada Paul-Riquet und die weitläufige Place Jean-Jaurès zu, an deren Südostecke im Mittelalter das vizegräfliche Schloß lag, um dahinter, gleich den Pilgern friedvollerer Tage, durch die ehemalige Porte Saint-Jacques nach Süden in die gleichnamige Straße zur gleichnamigen Abtei abzubiegen. Doch später davon. Wußte auch der Pilgerführer des Aimery Picaud nichts von diesem Weg, Damontes Itinerarium hat ihn geschildert, »passasi par drento«. Das ließ sich eindeutig orten. Durch die Stadt also.

Das Kreuzfahrerheer war selbstverständlich auf verschlossene Tore gestoßen, hatte das hochgelegene Béziers in der Kurve des Flusses umgangen und schlug seine Zelte in Gegend des heutigen Bahnhofs auf, bis sich der verhängnisvolle Zwischenfall an der westlich gelegenen Orb-Brücke und der Descente Canterelle begab. Der Lagerplatz des ›Ost‹ befand sich übrigens genau unterhalb des Parks der Poeten, in dem ich auf meiner Bank saß und darüber nachdachte, was ich hier eigentlich suchte.

Natürlich, solch ein Buch kommt nur wie ein Flickenteppich Stück um Stück zusammen, dennoch, warum folgt man so hartnäckig erloschenen Spuren? Doch keineswegs, um noch einmal den Holocaust von 1209 zu beschwören. Die Pilger, die Kreuzfahrer jener Epoche waren weiß Gott nicht besser als wir, und was sie hier so gnadenlos trieben, blieb, wie man's auch wendet, Mord. Doch nach der Moral der Geschichte zu fragen, ist töricht. Sie besitzt keine schulmeisterlichen Talente. Steht am Ende nicht fest, daß jede Vergangenheit, jede Zukunft, alles, woran wir uns klammern, eines Tages erlöschen wird, einerlei ob dergleichen im Untergang eines erkaltenden Sonnensystems oder durch gleichgültiges Vergessen geschieht? Warum künstlich bewahren, was doch zum Tode verdammt ist? Und dennoch gab es da etwas, das selbst die Greuel von Béziers nicht verstummen ließ. Wie nun seit Jahren schon, schollen auch hier im einsamen Park die unablässigen Schritte jener in meine Gedanken, die in längst begrabenen Zeiten gleichmütig einherzogen in ihrem vielleicht sogar dumpfen Drang, des Daseins-Sinnes kraft ihrer aufopfernden Leibesmühe teilhaft zu werden. Ach, daß wir uns auf die Selbstüberwindung nur noch symbolisch verstehen!

Da war es wieder, dieses ›rompre la muraille‹, der große Aufruf, die geheimste Sehnsucht des Mittelalters, derentwillen ich schrieb: seht her, so haben es jene gemacht! Was wir als Generationserbe an Leitbildern in uns tragen, wurzelt doch in solchen Epochen des Aufbruchs, und wenn ich einer Rechtfertigung bedurfte, bestand sie darin, daß es die Spuren zu sichern galt, ehe sie völlig erloschen.

Wie sich das hierzulande immer von neuem einstellte: Geschichte als apokalyptische Macht! Heroisch auf die Felsbastion des linken Orb-Ufers am Plan Saint-Louis mit der wundervollen Aussicht ins Land, die Wasserläufe und Berge gelagert, bietet sich die Westfront von Béziers samt seiner wuchtig auffahrenden Kathedrale Saint-Nazaire vom Pont-Vieux so dar, als habe sich hier seit Urvätertagen – die Stadt war seit 706 Bischofssitz – nichts geändert. Aber das täuscht. Die Tragödie von 1209 ließ nur wenig übrig, und das Gotteshaus mit den kubischen Unterbauten, den Zinnentürmen, die seinen Leib bewachen, dazu den Dachbalustraden und vor allem dem trotzigen Karree des Glockenturmes über dem nördlichen Querhaus entstand in seiner knochigen Härte erst, nachdem die Toten längst vergessen waren und man der Abwehrgebärde kaum mehr bedurfte. Aber auch vom Geist der Gotik läßt sich trotz der gewaltigen Westrose von ferne nur wenig spüren. Er offenbart sich erst beim Herantreten von der Place de la Révolution angesichts des Chorhauptes mit seinen hohen Fenstern und Pfeilern.

Im Innern, beim Blick in die elegante Chorapsis wallt freilich das Empfinden hoch auf. Farbige Marmoreinbauten der klassischen Zeit steigern das Bild ins Prächtige. Allerdings, was hier einst vielgerühmt bis zum Juli 1209 stand, als die Kathedrale in Brand geriet, in der Mitte barst, Stück um Stück zusammenbrach, dieses Werk des Meisters Gervais – wir kennen es von keinem Bild, keiner Zeichnung. Auch Saint-Aphrodise im Norden, benannt nach dem ersten Märtyrerbischof der Stadt, mit seiner uralten Confessio und dem Sarkophag aus dem 3. Jahrhundert, der als Taufbecken dient, oder Sainte-Madeleine, in dem sich im Schicksalsjahr die schändlichsten Greuel zutrugen, besitzen nur wenig alte Substanz. Einzig das romanische Haus an der Rue du Chapeau-rouge mit seinen vorkragenden Masken, Menschen- und Tierköpfen sowie den gedoppelten Fensteröffnungen kann als Zeuge jener furchtbaren Taten gelten.

Ausgenommen ein Gotteshaus, das außerhalb der Stadtmauern lag. Die Abteikirche Saint-Jacques vermochte sich trotz aller Veränderungen drinnen wie draußen als ein Abbild des romanischen Geistes der Region zu bewahren. Gleich Saint-Nazaire liegt sie auf einem vorspringenden Felspodest hoch über dem Orb. Hier zeigt sich die Außenseite des vieleckigen Chores noch immer wahrhaft durchtränkt vom antikisierenden Stil der Epoche, wenn auch nicht ganz so festlich wie an der Kathedrale zu Alet, die als Vorbild gedient hat. Halbrunde Pfeiler, auf halbhohe Widerlager postiert, liegen den Ecken vor, behäuptet mit dem ziselierten Rankengeschlinge der Kapitelle. Sie wiederum tragen ein vorkragendes Sims, das den gesamten Dachansatz umläuft, ein breites, abgestuftes Band von Formengebilden mit Palmetten, Zierleisten, eckig vorspringenden Steinzungen, filigranfeiner Borte und zuoberst von der Wellenlinie der Schindeln überfangen.

Es ist durchaus keine große Kunst, und doch geht eine verzaubernde Wirkung davon aus. Nicht zuletzt, weil diese Chorpartie in einem der Außenwelt verschlossenen Winkel liegt; eine hohe Mauer schirmt den Chor nach draußen ab. Ein paar alte Leute auf den Bänken des kleinen Platzes neben dem Kirchlein gaben Ratschläge, wie man dorthin gelangte. Da, nein dort, an der Tür drüben mußte ich klingeln. Tatsächlich durfte ich, fast feierlich von der Haushälterin des Curé geleitet, in ein winziges Gärtlein hinter der Kirche eintreten. Ein paar alte Blumentöpfe standen herum, ein grüner Strauch wucherte, und vor mir hob sich die festliche Mauer, auf die einst auch das Auge der Santiago-Wanderer gefallen war, wie ein Stück geretteten Altertums. Saint-Jacques blieb ja beim Todessturm verschont …

Es ist einsam geworden in den Außenbastionen von Béziers, hier, wie an der Kathedrale. Gastarbeiter, Algerier haben sich in den krummen Gassen angesiedelt. Das Leben der Biterrois zog sich in die Geschäftsviertel zurück, vor allem aber an den Umkreis der Place Jean-Jaurès, einst Zitadellenplatz, und an die okzitanisch ›Passejada‹ geheißenen Allées Paul Riquet. Das ist der breite, mit Platanen bestandene Boulevard zwischen Poetenpark und Theater. Hüben und drüben der doppelreihigen Baumpromenade und der Fahrbahn besetzt mit Geschäften, Lokalen, Hotels. Mittags und abends gegen sieben trifft sich auf dem Flanierweg mit den à la française zu einem Blätterdach geschnittenen Bäumen die Jugend. Die Cafétiers haben ihre Stühle und Tische ins Freie gestellt, und gelegentlich führen rußgeschwärzte Feuerschlucker oder ein Entfesselungskünstler Schaustellungen vor. Freitags nachmittags aber stellen sich vor dem Theater gewichtige Herren zu ernsthaftem Gespräch ein; dann findet eine Art offener Börse, der ›marché des vins‹ statt, auf dem man die Erzeugnisse der endlosen Weingärten kauft oder verkauft – der Rebenkulturen am Orb und im Vernazobres-Tal, der Lagen von Saint-Chinian, Causses oder Cessenon und sogar des Minervois. Wer von der Aussichtsbastion des Plan Saint-Louis an der Kathedrale oder vom Vorplatz von Saint-Jacques hinausblickt, erkennt die Bedeutung ihres Treibens. Die Ausdehnung der Traubengefilde ist endlos, die Ernte alljährlich enorm.

Wer freilich hinauswandert oder -fährt, erlebt eine Landschaft alter Kultur und mittelmeerischer Vegetation. Das beginnt bereits an der Küste und überspringt den von Platanen gesäumten Canal du Midi, das geniale Werk von Paul Riquet, der den binnenländischen Schiffahrtsweg zur Garonne mit seinen zahllosen Schleusen 1666 zu bauen begann. Von hier stoßen, kaum merklich ansteigend, die Terrassen tief in die Berge vor. Es ist eine Region, in der sich ›Attika und Umbrien‹ mischen, die verträumten Ufergehölze des Orb abwechseln mit Zypressen- und Olivenhainen, deren Bäume ausgehöhlt auf einem Dreifuß, aber immer noch prangend im Laub stehen. Weiter im Land folgen Kastanienwälder, herabwallende Bergforste und Piniengehölze. Dazwischen rinnen Wasserläufe aus den Höhen herab, liegen einsame Berg- und Taldörfer, erbaut im blonden Stein der

Region mit uralten Brücken und machtvollen Türmen wie Puissalicon, Roquebrun, Saint-Chinian oder die Nester im anmutigen Vernazobres-Tal.

Die Zeit scheint angehalten. Gewiß sind manche der uralten Gotteshäuser anderweitig nutzbar gemacht oder den Stürmen der Geschichte erlegen, von der einstigen Zisterzienserabtei Valmagne bis zu den überwucherten Ruinen von Foncaude, wo sich Kapitelle mit Darstellungen der Santiago-Wanderer fanden; es hat ehedem als Station einer Nebenroute der Pilgerstraße gedient. Doch manchmal stehen sie unversehrt wie vor neun Jahrhunderten da, so *Quarante* genau westlich von Béziers. Auch diese Kirche war ursprünglich das Gotteshaus einer Abtei. Karl der Große, so heißt es, ließ sie über vierzig Märtyrergräbern errichten; doch was viel bedeutsamer bleibt, sie stellt in manchem das Vorbild für Saint-Guilhem-le-Désert dar, von dem später berichtet wird – einfach, herb, ein Kleinod aus der Zeit nach der Jahrtausendwende. Drinnen Trompenkuppel und Querschiff, in der Apsis eine große Altarmensa mit ausgelappten Rändern für die geweihten Brote, ähnlich denen zu Nissan, Lavaur, Toulouse und Cluny. In einer Seitenkapelle gleich eine zweite, kleinere Platte, vorgelegt einem Sarkophag mit den Gebeinen von sechs Märtyrern; schließlich in der ›Schatzkammerkapelle‹ ein riesiger Marmorsarkophag des 3. Jahrhunderts, darauf in einem Medaillon ein Doppelbildnis inmitten Strigillierungen, welche die Schauwand überziehen. Wieviel Uraltes hat sich in diesem Lande erhalten! Überall gab der Boden Antikes her, lassen sich antike Spuren entdecken.

Dennoch, die Landschaft! Ich trage sie wie etwas Unverlierbares in mir. Das Schönste blieb ein Ausflug zum *Mont Caroux* hoch über Tarassac. Vom nahen Poujol kurvt ein Bergsträßchen hinan. Dann ging es zu Fuß von Douch zur Höhe; ein Stündchen lang strolchte ich selbstvergessen durchs einsame Bergrevier bis zur Table d'orientation. Das gesegnete Land an der Straße des Herakles lag fast elfhundert Meter tief unter mir. Die Terrassen der Landschaft mit ihren Grünflecken überzog zarter, mehr und mehr verdichteter Dunst, die Küste ließ sich nur ahnen. Ganz fern im

Süden aber zeichnete sich als haarfeine Silhouette der Beginn des Gebirges ab, dem meine Sehnsucht kaum minder als die der Pilger galt, der machtvolle Rücken des Canigou im Roussillon. Da lag es, das erste Ziel dieser Wanderschaft im ›Bannkreis der Pyrenäen‹, und sie würden unseren Weg von nun an bewachen, bis wir, an ihrem Fuß angelangt, über ihre Pässe nach Spanien stiegen.

Die Botschaft von Ensérune

Wer gleich dem italienischen Pilger von 1477 von Béziers aus eine direkte Route nach Carcassonne wählte, um nach dreistündigem Marsch Capestang mit der hohen Silhouette seiner Kirche zu erreichen, erblickte zuvor folgendes: die Straße querte das kleine Dorf Montady; linkerhand dehnte sich, ob des flachen Blickpunktes nur unvollkommen erkennbar, ein sternstrahliges Riesengebilde von Äckern und Weingärten, das sich zur Mitte senkte. Das war und ist ein ehemaliger, seit 1248 trockengelegter Teich mit seinen Abzugsgräben, deren Wasser ein unterirdischer Kanal zum einstigen Etang von Capestang leitet. Südlich des Teiches von Montady aber erblickte er den steilen Nordhang eines langgestreckten Bergrückens, den von *Ensérune.* Auffällig zwar in der brettflachen Umgebung, und doch dürfte er ihm kaum besondere Aufmerksamkeit geschenkt haben.

Wir unsererseits hatten eine andere, die Route nach Norbonne über *Nissan* gewählt. Dort galt es ein kleines Museum mit einigen Kapitellen aus Foncaude zu besuchen. Von hier aus gewahrt man Ensérune von der sanfter geneigten Gegenseite. Die heute verschwundene Via Domitiana, ehemals Pilgerstraße ins Narbonnais, schnitt genau seinen ostwärtigen, schon über das Land erhöhten Zugang, Malpas geheißen, an dem eine spätere Zeit einen schweren, westgotischen Altarstein nebst eingemeißeltem Kreuz aus einem untergegangenen Kirchlein des nahen Colombiers postierte. Es gab viele solcher westgotischen Kapellen im Land. In einem Tunnel, der ›Voute du Malpas‹ führen heutigen Tages die Eisenbahnstrecke Marseille-Bordeaux und der Canal du Midi unter der Stelle hinweg, dessen Lastkähne man im 18.

und 19. Jahrhundert gern als Verkehrsmittel benutzte, als es die Bahn noch nicht gab. Der dänische Märchendichter Andersen hat eine solche Fahrt auf seiner Reise durch Italien und Spanien mitgemacht und ihre Strapazen beschrieben …

Ensérune besaß im Altertum einige Bedeutung; es beherrschte die Landenge zwischen dem Etang de Vendres, in der Antike Landeplatz für die noch flach gehenden Mittelmeerschiffe, und dem Etang von Capestang. Daß hier auch der Heros der griechischen Sage bei der Heimkehr von seiner legendären Wanderung ans Westende der Welt vorüberzog, ging mich ein wenig an. Ich hatte vor Jahren an seinem Ziel, den ›Säulen des Herakles‹ südwestlich Tanger gestanden, wo die anstürmende Flut des Atlantik durch die Löcher der Uferfelsen faucht. Ensérune war mit anderen Worten eine Station jenes großen Menschheitsweges, den der Name ›Straße des Herakles‹ mythisch überhöht. Hier zogen die Volksstämme der ›Urnengräberkulturen‹ entlang, dann Iberer und Kelten. 218 vor Chr. marschierte Hannibal mit seinen fünfzigtausend Infanteristen, neuntausend Reitern und siebenunddreißig Schlachtelefanten auf ihr nach Osten und genau hundert Jahre später der römische Prokonsul Gnäus Domitius Ahenobarbus, der Narbonne gründete, nach Westen. Nach ihm hieß die Straße seither Via Domitiana. In späterer Zeit folgte alles, was sich auf der Flucht befand, Handel trieb oder Eroberungen plante, Westgoten, Sarazenen, Franken und schließlich auch, wenigstens etappenweise und mit anderer Absicht, die Santiago-Wanderer.

Aber es hat mit der Höhe noch eine besondere Bewandtnis. Auf ihr lag während drei verschiedener Epochen des Altertums ein Oppidum, eine Ansiedlung, und zwar keineswegs eine gleich vielen wie Béziers, ehedem Bettara, Montlaurés nördlich Narbonne oder Mailhac und Pech-Maho nahe Sigean. Vielmehr stellt Ensérune, dieser ›die Ebene überragende Balkon‹, einen Vorposten Galliens dar, dem eine hochbedeutsame Vermittlerrolle zufiel. Hier drang die antike Kultur wie nirgendwo anders ins Land. Der Reichtum an Funden läßt darauf schließen.

Seit 1915 hat man auf Veranlassung des Grundeigentümers Félix Mouret an dieser Stelle geforscht und gegraben.

Der Besitzer war ein leidenschaftlicher Botaniker und suchte eigentlich nach seltenen Pflanzen; es kam indessen etwas ganz anderes zutage, eine aus der Geschichte verschwundene Stadt, die in ihrer Blütezeit vielleicht zwischen acht- und zehntausend Einwohner besaß und, offensichtlich mit Invervallen, sechs Jahrhunderte lang bestand. Gewiß mutet die erste der Siedlungsepochen noch bescheiden an. Sie begann um 550 vor Chr. und reichte bis ungefähr 430 vor unserer Zeitrechnung.

Die Bevölkerung jener Tage hauste in einfachen, verstreuten Hütten, in deren Nähe man Vorratsgruben in den Boden höhlte; noch gab es keine Beziehungen zur mittelmeerischen Welt. Recht unvermittelt hob eine neue, die zweite Periode an, die bis ungefähr 220 vor Chr. dauerte. Nunmehr entstand eine richtige Ansiedlung aus Steinbauten und einander rechtwinklig kreuzenden Gassen, die man mit einer zyklopischen Mauer umzog. War Ensérune bereits so reich geworden, daß es Angriffe fürchten mußte, vielleicht gar der Griechen, die in Marseille oder Ampurias saßen, oder gedachte man mittels der Zitadelle an dieser entscheidenden Landenge des Nieder-Languedoc eine Macht zu demonstrieren, aus der man Vorteile zog?

Natürlich warf die zahlreiche Bevölkerung manche Probleme auf. Das schwerwiegendste blieb die Wasserversorgung auf der trockenen Höhe. Daher legte man ein System von Zisternen an, das einem wahren Wasserwerk gleicht; es hat sich erstaunlich gut erhalten. Rund vierzig solcher Regenspeicher sind bis heute entdeckt, der größte von ihnen über fünf Meter tief. Manche davon waren miteinander durch Kanäle, Galerien, Überlaufbecken oder Löcher verbunden. Der Toten entledigte man sich, wie es üblich war; man verbrannte sie auf einem Scheiterhaufen der Nekropole am Westende des Rückens, dem Ustrinum, um die Knochenreste in einem Sammelbehälter, dem Lokulus, einem in den Boden gegrabenen Loch zu bestatten, das einzig ein unbehauener Stein kenntlich machte. Um so reicher die Grabbeigaben, vornehmlich an Töpfereien, die man nach einem letzten Trankopfer zerbrach, aber auch Eier, die auf die Vorstellung des Fortlebens schließen lassen.

Um 325 vor Chr. wandelten sich die Bestattungsbräuche. Von dieser Zeit an finden sich unversehrt erhaltene Schalen und Becher. Die Geschirre, zahlreicher als zuvor, dienten als Behälter einer dem Toten mitgegebenen Mahlzeit. Auch ging man zu Einzelgräbern über, deren beigefügte Keramiken oft wahre Kostbarkeiten verschiedenster Herkunft darstellen. Sie lassen auf einen regen Tauschhandel im gesamten Mittelmeergebiet schließen. Mit Katalonien und dem Roussillon verband die Bevölkerung ohnehin die gemeinsame Abstammung, deren beredtes und doch leider stumm bleibendes Zeugnis – man vermag sie bis heute nicht zu entziffern – die iberischen Schriftzeichen auf den Sgraffiti im Museum auf der Höhe des Berges sind. Auch Dolien, manchmal mit magischen Zeichen, finden sich dort, allein im Freien entdeckt man ihrer viel mehr – riesige Tongefäße, welche die Silos der ältesten Zeit ersetzten und als Vorratskammer im Boden der oft mehrgeschossigen Häuser eingelassen waren. Warum diese befestigte Bergsiedlung mit ihren gepflasterten Ausfallstraßen Ende des 3. Jahrhunderts verschwand? Waren die ins Land strömenden Kelten die Ursache oder Hannibals Durchzug im Jahre 218 vor Chr.?

Gleichwohl erstand Ensérune wieder, diesmal noch größer. Es wucherte weit über die Mauern hinaus nach Süden, wo man den Hang in Terrassen verwandelte. Auf ihnen drängten sich Bauten nach griechisch-römischem Vorbild. Das eigentliche Plateau mit seinen siebenhundertfünfzig Metern Länge, an der breitesten Stelle einhunderfünfzig Meter messend, bildete nur noch den Stadtkern, in dessen Resten manches deutlich macht, daß es auch an öffentlichen Bauwerken mit Säulengalerien nicht fehlte. Bis diese Heimat der Zehntausend, um 30 nach Chr., endgültig verödete und verfiel. Nur Vermutungen lassen die Gründe ahnen. Bedurfte man im Zeitalter einer Pax Romana der schützenden Lage nicht mehr und stieg von den Bergen ins Tal, um sich in ›Villae‹ genannten Häusern in der Nähe von fließendem Wasser anzusiedeln? Als die Jacquets, der Domitiana folgend, durchzogen, mochte vielleicht hier noch eine Mauer, dort eine Säule stehen – Belege dafür gibt es nicht. Ensérune blieb verschollen. Bis 1915 wie gesagt.

Im schönen Museum sieht man, sorglich in Vitrinen aufgestellt und nach Zeitperioden sowie Gegenständen geordnet, was man zumeist in den Gräbern fand. Gegenstände vom medizinischen Instrument bis zur kleinen Bronzestatuette der letzten Epoche; von der groben gallischen Töpferei bis zu den Terra sigillata-Gefäßen der römischen Kaiserzeit; von der attischen Trinkschale des 5. Jahrhunderts mit den rot gemalten Figuren der Sage von Kephalos und Prokris bis zum herrlichen, hellenistischen Mischkrug aus Kertsch auf der Krim. Dazu Eisenschwerter keltischen und iberischen Typs oder andere Waffen. Ferner Schmuckstücke, die man den Frauen mitgab, Spielzeug für die Kinder, insgesamt Zeugnisse von erstaunlicher Lebensfülle und Vielfalt.

Draußen aber wandelt man heutzutage auf einsamen Pfaden über die Höhe, die einmal, vor zweitausendfünfhundert Jahren, viel begangene Gassen waren. Seitab fällt der schroffe Nordhang, mit einer Reihe von Hausruinen besetzt, steil zum einstigen Etang de Montady hinab, dem riesigen Felderstern von heute. Hier steht eine Säule, die zu einem Peristyl gehört hat, dort höhlt sich eine Zisterne, ein Silo, ein Dolium in den Boden – verstummte Münder der Vorzeit, die keine Antwort mehr geben. Es liegt vollkommenes Schweigen über dem Land. Gebüsche umdrängen den Rundweg, Steine engen ihn ein. Zypressen sind hier und dort in die Hänge gepflanzt, und da mutet es denn doch so an, als sei Ensérune ein einziger Totenacker. Aber es bedarf keiner großen Phantasie, sich das Kinderlachen zu imaginieren, das einst hier erscholl, oder sich die Alten auf ihrer Steinbank vorzustellen, die genauso dahockten wie ihre Nachfahren von heute auf den Plätzen der Städte.

Später, im Land, fand sich Zeit über einiges nachzudenken. Weit abseits der Straße rasteten wir an einer Erdschwelle zwischen den Weingärten in einem kleinen, grün übersponnenen Idyll. Oben auf dem Hang stand eine ausladende Pinie mit dichtem Geäst, durchsetzt mit zahllosen Zapfen des Vorjahrs. Sie standen gleich den krausen Zeichen eines beschriebenen Notenblattes aus Schöpferhand gegen den Himmel, dessen Melodie der leichte Wind absang. Die Trauben voraus hingen bereits schwer und blaurot hernieder. Der Blick fiel, gerahmt durch den gedrehten Pinienstamm, auf Ensérune zurück, von hier aus eine sanfte, oben bräunliche, dann gelb unterstrichene, ins Grünliche spielende Kuppe. Ensérune, ein Umschlagplatz früher Kultur an der Lagunenküste, ferner Gruß aus versunkenen, mythischen Zeiten und zugleich ein Sammelbecken jener mittelmeerisch-antiken Zuströme, die Gallien für alle Zukunft prägen sollten. Darin liegt seine Bedeutung.

Kurze Zeit darauf, schon jenseits der Aude, rollten wir auf *Narbonne* zu, dann über die Avenue de Lattre-de-Tassigny dem Boulevard Gambetta entgegen bis zur Robine-Brücke, von der man die Kathedrale aufragen sieht.

Narbonne auf den Trümmern der Zeit

Erste Stunden in einer fremden Stadt. Man hat den Sehenswürdigkeiten seine Aufwartung gemacht, eingeschlossen Kathedrale und Bischofspalast, und gönnt nun den brennenden Füßen auf einer Bank der Baumpromenade am Canal de Robine eine Ruhepause. Der Wind kann nicht zufassen, wie er möchte, und zaust daher ungehalten die Schöpfe einiger Tamarisken und Oleander am Rande. Die Bänke zwischen den Platanen sind wohlbesetzt, verbrauchte Rentner, junge Mütter mit Kleinkindern, denen die tschilpenden Spatzen zwischen die Beinchen hupfen. In der freien Mitte spaziert lauthals und mit zornigen Gebärden jener Verrückte, den man fortan täglich erblicken wird, um dem Präsidenten der Republik seine Meinung zu sagen. Niemand stört es.

Du, Fremder, aber bist ungeduldig. Dich verlangt es, mit dieser uralten Stadt ins Gespräch zu kommen, und doch findest du von ihrer Vergangenheit nichts, als sei die Antike auf und davon geflogen. Deine vom Nimbus des Namens Narbonne aufgestachelte Phantasie erlahmt beim Einerlei ehrpusseliger Häuserfassaden und dem monotonen Lärm auf dem angrenzenden Cours de la République. Immerhin, elf Uhr vormittags ereignet sich etwas. Es ist Feiertag. Die Fahrzeuge nebenan stocken. Vom Rathausplatz hastet eine bunte Phalanx verzerrt bewegter Gestalten heran. Sie reißen die Ellbogen in Kopfhöhe, rudern mit den Schultern und schwenken die Hüften im Gegenrhythmus; dahinter ein paar Knirpse, die es bei diesem Wettbewerb der Geher mit den Ellbogen, den Schultern und Hüftverrenkungen noch genauer nehmen. Überwältigende Komik liegt in diesen roboterhaften Bewegungen, aber die Alten, die Mütter auf den Bänken schauen kaum hoch. Ein wenig bin ich beschämt. Das ist ihre Weisheit nach soviel versunkener Zeit: jeden gewähren lassen. Zudem, weht nicht der warme Meereswind durch die Kronen der Bäume und die Köpfe der Menschen, der schon Stendhal in Harnisch brachte, und alle entweder schlaff oder verrückt macht?

Dennoch, altes Narbonne, Eckpfeiler der Weltmacht des Altertums, wo sind sie, die Bauten der Colonia Narbo Martius, die Rom als »seiner würdige Stadt« nach den Zerstörungen Hannibals und den punischen Kriegen zum Schutz von Handel und Macht anlegen ließ: das Capitol, das Amphitheater, die Tempel, Thermen, Aquädukte, die Mauern an der Robine, die ›Barrage‹ oder Talsperre bei Sallèles, die das Wasser der Aude nach hierhin ableitete und dich zur Hafenstadt machte? Vorüber, vorüber! Selten hat mich die stumme Klage des Erlöschens so betroffen gemacht wie hier.

Was hilft es, daß es noch einige schamhaft versteckte Reste gibt: die fast gänzlich unter Häusern verschwundene Römerbrücke der Via Domitiana oder das unterirdische ›Horreum‹, der labyrinthische Warenspeicher unter dem einstigen Forum? Das antike Narbonne hat sich wie ein Tier, das sterben will, im Dunkel des Erdenschosses verkrochen. Oder es ist in die Anonymität des Bruchstückhaften auseinander gefallen. Knochenreste gleichsam aus Massengräbern, die man droben in der ehemaligen Benediktinerkirche Notre-Dame-de-Lamourguier nahe den Markthallen zusammengetragen hat wie in einem Beinhaus. Zu Mauern getürmt stehen sie da, Übriggebliebenes, irgendwo Gefundenes, Tempelgesimse, Säulenreste, Kapitelle, Grabstelen, Inschriften, geflügelte Genien, Stierköpfe, viel Triviales. Zwischendurch nackte, breitbeinig hingehockte Frauengestalten – wie unbefangen das Altertum doch mit dem Obszönen umging! Allein, gut daß es dich gibt, alte Murgia, in der ohnehin niemand mehr kniet oder betet; da wäre alles sorglich untergebracht, und man vermag so gelassen hindurchzuwandern wie durch Katakomben mit mumifizierten Toten, die kein Schicksal mehr haben und nur noch Dinge sind.

Eine Frage ließ mir, dem Sohn einer gleichfalls zerstörten Zeit, indessen keine Ruhe. Wie trug es sich zu, daß dieses römische Narbonne so zerstoben scheint wie unter einer gewaltigen Explosion? Doch im Sinne des Wortes hat sich keine Katastrophe ereignet. Höchstens, daß gegen Ende des 3. Jahrhunderts die römischen Grenzen brachen, und man auch in Narbonne alles, was außerhalb eines engen Verteidigungsringes lag, abriß und zu einer dicken Mauer auftürmte. Den Vandalen hielt sie stand, nicht aber den Westgoten König Athaulfs. Er sollte in Narbonne Galla Placidia, Tochter Theodosius des Großen, heiraten und konnte ihr als Morgengabe ein ganzes Becken voll Edelsteine aus geplünderten römischen Villen darbieten, soviel war noch da. Gewiß soll menschliches Leid nicht geleugnet werden, aber trotz wilder Zeiten, die ein Meer von Völkerschaften anbranden ließen, jener alles vernichtende Untergang wie zu Béziers trug sich nicht zu. Die erschöpfte Antike rann einfach aus; ihr Geist war gestorben. Als die Araber sich 719 unter Greueln und Plünderungen für vierzig Jahre in Narbonne festsetzten, ließ der muselmanische Befehlshaber Issem römische Marmorsäulen für den Bau der Moschee nach Cordoba transportieren. Die antike Kultur endete im Antiquitätenhandel.

Endlich ein Hoffnungsschimmer! Neben den Vizegrafen und den geistlichen Herren steht eine dritte Kraft auf; die Selbstverwaltung der Bürger durch gewählte Konsuln hebt an. Leider in mancher Hinsicht zu spät. Narbonne war gegen 1116, wie Benjamin von Tudela in seinem Itinerarium verzeichnete, zwar eine Stadt des Gesetzes, »an der Spitze Fürsten und sehr berühmte Weise, unter die man den Rabbiner Kalonymos rechnen muß« – die Juden spielten schon seit Jahrhunderten eine Rolle – eine Stadt antiker Größe war es indessen nicht mehr, und doch trog die Hoffnung auf einen Neubeginn nicht.

Die Vicomtesse Ermengarde wird zum Vorboten von etwas ganz Unerwartetem. Ihr verschwundener Palast lag der

Bischofsburg genau gegenüber. Die Tochter und einzige Nachfahrin des Vizegrafen Aimeri, der 1134 im Heiligen Lande starb, wird, über alle Querelen der Zeit hinaus, ihre Residenz zu einer der glanzvollen Hofhaltungen der Troubadour-Zeit machen. Von neuem erlebt Narbonne Stunden hohen Selbstgefühles, bis sie nach sechzigjähriger Regentschaft, trotz zweimaliger Heirat kinderlos, in Fontfroide stirbt. Die Zeit des erhabenen Kathedralbaus, der in dieser Stadt heute aller Dinge Anfang und Ende bedeutet, kündigt sich an.

Es war ganz nebenbei die Epoche, in der die Santiago-Wanderer in der Stadt erschienen, um Saint-Paul-Serge im ›Bourg‹, dem rechts der Robine entstandenen Viertel der Kleinbürger, aufzusuchen.

Narbonnes Heiliger und Apostel, Sankt Paul Sergius, kam während des 2. Jahrhunderts in die Stadt, vermutlich aus dem Vorderen Orient. Er gehört nicht zu den exemplarischen Gestalten der Christianisierung, erlitt kein Martyrium und die Legenda aurea erwähnt ihn nicht einmal. Seine Wundertaten entbehren sogar nicht des Kauzigen und Skurrilen: eines Tages will er am Etang de Bages fischen; dort wohnhafte Männer behandeln ihn wenig freundlich. Mag er zuerst beweisen, daß er ein Gottesmann ist, indem er aus einem am Ufer liegenden Felsblock ein Boot macht! Paul Sergius haut den Marmor zurecht, und siehe, der steinerne Kahn schwimmt. Aber er weiß mit dem Nachen nicht umzugehen. Die Männer am Ufer lachen. Da springt ein Frosch neben ihn, quakt einige Laute: »Ich bin dein Steuermann«, und nimmt das Ruder, um den künftigen Heiligen sicher über den riesigen Etang an eine Uferstelle zu bringen, die man seither ›Anse de Saint-Paul‹ nennt. Oder da gibt es eine Stele in den Weingärten von Peyriac-de-mer, um seine leibliche Gegenwart zu dokumentieren. Sie trägt den Abdruck seines Fußes, dazu des Wanderstabes und, weil die Froschgeschichte so erhebend wirkte, läßt sich an einem Haus hinter der Kirche des Ortes ein Relief mit der Darstellung der Bootsfahrt sehen. Im Weihwasserbecken der Kirche Saint-Paul-Serge in Narbonne schließlich sieht man am Grunde ein Fröschlein abgebildet. Nein, große Dinge sind das nicht, und doch müssen die Zeitgenossen und Nachfahren ihn, den Lehrer von Saint Aphrodise in Béziers, menschlich über alles verehrt haben. Sie wußten sich offenbar nicht anders auszudrücken als in der einfältigen Legende.

Als er starb, setzte man ihn auf einem frühchristlichen Totenacker bei und baute ein Oratorium darüber. Daraus ging die spätere gotische Kirche mit dem eleganten Chor hervor, die man noch heute erblickt. Wo er genau ruhte? Als man in der Revolution am 10. März 1794 die Umwandlung der Kathedrale Saint-Just in einen Tempel der Vernunft feierte und alle Heiligenfiguren der Stadt auf einem Scheiterhaufen verbrannte, trug ein Tambourmajor in seinem Schnupftuch den Schädel des Heiligen herbei und warf ihn ins Feuer. Er wußte, wo es zu suchen galt.

Archäologisch scheint es mit dem Heiligengrab gleichfalls seine Richtigkeit zu haben. Es lag auf dem frühchristlichen Friedhof außerhalb der Cité nahe der Via Domitiana. Bei Grabungen im Jahre 1942 am Chor der Kirche entdeckte man Fundamente, die auf das alte Oratorium hinwiesen. Den Boden überziehen Mosaiken des 2. und 3. Jahrhunderts, eingemuldet darin eine Vertiefung, in der sechs Sarkophage, davon zwei aquitanischer Prägung stehen. Sie stammen aus der Zeit vom 3. bis 5. Jahrhundert. Ein anderer, leider schlecht sichtbar, stellt vielleicht das älteste Zeugnis christlicher Skulptur in Gallien dar und stammt aus dem 2. Jahrhundert, als das Christentum noch nicht eingeführt war. Auf dem Deckel sind die Köpfe von Isis und Serapis als Sonne- und Mondzeichen erkennbar, während die Vorderseite des steinernen Schreines wie üblich mit Strigillierungen überzogen ist, dazu einem Relief mit der Darstellung des guten Hirten; in der Mitte aber trägt sie eine Victoria. Auf ihrem Schild läßt sich ein X gewahren, für einen heidnischen Menschen ein Glückszeichen. Doch was hätte es auf einem Totenschrein zu suchen? Für den Christen indessen war es das griechische Chi, der Anfangsbuchstabe des Namens Christi. – Nein, als Grab des Heiligen hat der Schrein nicht gedient, aber er gibt wieder, wie man gefühlt hat, als er die Stadt betrat.

Die Gebeine von Saint Paul sind 1244, nach der Fertigstellung des Chores, feierlich in der Mitte der Kirche und einundzwanzig Jahre später hinter dem Hochaltar beigesetzt worden. Hier erschienen also die Santiago-Wanderer, um an seinem Grabe zu knien. Sie querten die alte Römerbrücke Narbonnes von Norden her und folgten nunmehr der Domitiana bis Saint-Paul. In der Nähe fanden sie Herberge. Sie lag unmittelbar beim Hause der ›Trois Nourrices‹, das immer noch steht. Da war es denn doch am Tag, was ich suchte, der Weg und das Ziel der Pilger und gleichzeitig der Widerschein von etwas Numinosem, das nur der platte Vernunftglaube der Revolution in Frage stellen konnte. Für die Menschen des Mittelalters bedeutete es jene ›andere Wirklichkeit‹, nach der es sie dürstete, damit etwas ihrem Dasein Sinn und Verstand verlieh. – Ich schrieb meine Entdeckungen übrigens erst nach langem Umhersuchen nieder und nicht mehr auf der Bank der Platanenpromenade, sondern in eine Ecke der Glasveranda vor der ›Rotonde‹ gedrückt, einer Kneipe am Schnittpunkt der Gambetta und des Robine-Kanals.

Auf der Straße rollte unterdessen ein unablässiger Fahrzeugstrom von und nach Spanien vorüber. Den mahlenden Lärm übertönten das Heulen einer Musikbox und die harten Stimmen der Männer ringsum, in deren Kordon ich gefangen saß. Gott weiß, um was es ging bei diesem prasselnden Maschinengewehrfeuer unverständlich harter Worte. Plötzlich fielen sie dann wieder in Schweigen und richteten ihr Augenmerk auf die Passanten, die sich draußen an der Scheibe vorbeidrückten: junge Touristen mit Zottelhaaren und abenteuerlich hohen Rucksäcken, schwammig-gedrungene junge Mädchen, alle eine kleine Nationalflagge aufs Gepäck genäht.

Narbonne ist seit Jahrhunderten keine Hafenstadt mehr; der Schiffsverkehr spielt sich weit südlich in Port-la-Nouvelle ab. Bereits 1316 hatte sich nach sintflutartigen Regengüssen ein für die Stadt tragisches Ereignis zugetragen. Der Römerstau von Sallèles war gebrochen; man vermochte ihn bis heute nicht wieder aufzuführen. Seither ergießt sich die Aude nicht mehr in die Robine, sondern vagiert, wie ehedem, durch die Ebene von Coursan, um nahe dem Etang des Vendres zu münden. Narbonne aber verwandelte sich mehr und mehr in eine Durchgangsstation nach Spanien, vollends in jüngster Gegenwart, und die Nachfahren der Iberer, Kelten, Römer, Westgoten, der Sarazenen und Franken blickten seither wie erstarrt auf ein Leben, das nicht mehr das ihre war.

Von See schoben sich dünne Wolkenfinger über den Himmel; es lag etwas ebenso Unruhvolles wie Apathisches in der Luft. Eilig schob ich mich durch die Phalanx der unbeweglichen Männer; eben holte die Musikbox zu einem neuen Schlager aus, und von der Straße gellte das Notsignal eines Krankenwagens. Narbonne nach zweitausend Jahren Geschichte.

Es gibt eine Stelle in dieser Stadt, wo man das alles vergißt, die Kathedrale, eine Oase des Friedens, in deren Gezelt auch ich Zuflucht suchte. Nach zwei Seiten von den turmbewehrten Bischofspalästen, dem romanischen und dem gotischen, abgeschirmt, im Westen, wo eigentlich die Fassade liegen müßte, einst von der gallo-römischen Mauer geschützt. Dort, am Cour Saint-Eutrope mit seinem schönen Zederngarten und vielen antiken Trümmern, läßt sich die improvisierte Abmauerung des Vierungsteiles mit schmerzlicher Deutlichkeit erkennen, aber auch der Charakter des Gotteshauses, das nach außen eine alles überragende Bastion mit Türmen, Wehrgängen und Zinnen sein wollte. Es liegt ungefähr dort, wo seit 446 bereits die Vorgängerinnen standen. Die Narbonnais wählen mit Vorliebe einen Zugang vom Rathausplatz her – im gotischen, von Viollet-le-Duc 1840 recht willkürlich restaurierten Palastteil ist das Hôtel de Ville untergebracht. Unter einem Torbogen hinweg geht es durch eine schluchttiefe Gasse, in der ein Anker, das Wahrzeichen Narbonnes hängt. Schon in dieser schmucklosen Passage de l'Ancre stellt sich die notwendige Sammlung ein. Es sei denn, eine Besuchergruppe drängte hindurch, um nach rechts in den Cour de la Madeleine des alten Palais' oder nach links ins neue Palais mit den herrlichen Museumstrakten abzubiegen.

Diese Sammlungen! Man findet darin die erlesensten Stücke aus Narbonnes Vergangenheit: die vorzeitlichen Funde aus den Höhlen des nahen Clape-Gebirges oder aus Montlaurès, vier Kilometer westlich Narbonne, wo sich seit dem 7. Jahrhunder vor Chr. die Vorgängerin der Stadt auf und um einen sechsundfünfzig Meter hohen Hügel lagerte. Ein Gemeinwesen mit zwanzigtausend Einwohnern, die Handel mit Kleinasien, Etrurien, aber offenbar auch Griechenland und vielleicht gar Ägypten betrieben, das wahrscheinlich gleichfalls Hannibals Durchzug zum Opfer fiel. Hinzu kommen die kostbarsten Stücke der römischen Epoche Narbonnes, Sarkophage der Schule von Arles, Stelen mit Schiffsdarstellungen, Inschriften und Scherben mit antiken Zirkusszenen. Da wird denn doch transparent, was man im Lamourguier vergeblich suchte. Das geht so fort bis zum christlichen Erbe, das plötzlich die Flamme des Glaubens durchglüht; sein Fanal, mag die Darstellung oft genug unbeholfen bleiben, ist noch im letzten Rudiment unübersehbar. Die besten Überbleibsel romanischer Zeit sind in der ›Küche des Bischofs‹, einem Raum von ungewöhnlicher Schönheit, zusammengetragen. Doch dies am Rande und zur Passage de l'Ancre zurück!

Sie mündet in einer Rechtswendung an den ausgetretenen Stufen zum Kreuzgang, der sich ein wenig im Unstand befindet. Gleichwohl wird dem Besucher, ob er will oder nicht, eine echte Widerfahrnis zuteil. Der Blick fällt durch die hohen gotischen Arkaden auf den Leib des Chores und wird magisch emporgerissen. Das Wildzerklüftete des Außenbaus scheint zu dominieren, und doch herrscht das Gesetzmäßige vor. Äußerst gesteigerte Hilfsmittel der Architektur, um die Riesengemäuer zu stützen, sind sie hier über alles Notwendige zum Selbstzweck herangereift. Eines läßt sich freilich nicht übersehen: die Kürze des Bauwerks; es besteht mit seinen himmelhoch wachsenden Aufbauten, Türmen, hochgeschwungenen Strebebögen und Fialen ja nur aus dem Chorteil.

Ob das Kathedralkapitel einst aus überheblicher Selbstgewißheit handelte, als Erzbischof Maurin am 13. April 1279 den aus Rom übersandten Grundstein für das neue Gotteshaus legte? Um genügend Raum für das geplante Bauwerk zu gewinnen, hätte man die alten gallo-römischen Stadtmauern, die den Eutropiushof nach Westen begrenzten, abbrechen müssen. Die Konsuln erhoben erbitterten Einspruch, prozessierten sogar, und wenn auch der König im fernen Paris die Fortsetzung des großen Werkes befahl, die Zukunft gab ihnen recht. Bald beendeten schlimme Ereignisse die Arbeit. 1348 brach die große Pest aus; bis 1378 sank die Zahl der Herdstellen im Languedoc von zweihundertzehntausend auf dreißigtausend herab, und genau in dieser Epoche des furchtbaren Massensterbens, die gleichzeitig die des Hundertjährigen Krieges war, drang der Schwarze Prinz, Sohn Edwards III. von England, bis an die Tore der Stadt vor. Sie bedurfte des Mauerschutzes mehr denn je. Auch später ließ sich an keine Weiterführung des Bauplanes denken. So blieb es bei der Errichtung des Chores und der Anlage des Kreuzgangs.

Als ›Magister principalis operis ecclesiae‹, leitenden Architekten, hatte das Kapitel 1286 Jean Deschamps berufen, der gleichzeitig den Kathedralbau in Clermont-Ferrand und Limoges leitete und vielleicht aus dem französischen Norden stammte. Daß er den Gesamtplan schuf, ist gewiß. Die Pfeilersockel zeigen das gleiche Profil wie zu Clermont. Er also hauchte dem Werk den schöpferischen Atem ein, wiewohl er nur bis 1295 in Narbonne tätig blieb, als die Apsiden vollendet waren. Dicht an dicht gedrängt, verschmilzt ihr Mauerwerk an den Berührungsstellen zu kraftvoller Stärke, geeignet, den Überbau des Chores zu tragen, der in Gestalt von schlanken Rundtürmen mit vorgelegten Widerlagern weit über die Kapellen emporsteigt.

Das stützende, überhöhende Gerüst der Aufbauten, das dem Chorhaupt äußerlich das Aussehen einer Festung gibt, um so mehr, als die Türme in luftiger Höhe ein Wehrgang verbindet, scheint also von vornherein eingeplant. Auch die flache Bedachung der Apsiden mit Steinplatten, die eine Terrasse entstehen lassen, spricht dafür. Aus ihrer Mitte steigt das erhabene Chorhaupt mit den riesigen Fenstern auf, gehalten von doppelten Schwibbögen, die von den Rundtürmen ausgehen. Zielte dieser komplizierte, wehrhafte Aufbau

von
Fanjeaux und Mont Segur

Es gibt einiges Bewahrte mehr, vor allem die Kostbarkeiten in der Schatzkammer über der Sakristei. Textilien, Metall- und Elfenbeinarbeiten, darunter eine geschnitzte, kufische Büchse des 11. Jahrhunderts aus Cuenca, illuminierte Manuskripte, so ein Evangeliar der gleichen Zeit. Vor allem anderen aber einen flämischen Welterschaffungsteppich in riesigen Ausmaßen, auf dem die Heilige Trinität, Gottvater, Sohn und Heiliger Geist, siebenmal als gekrönte Gestalten im roten, reich bordierten Chormantel auftreten. Allesamt mit dem gleichen und stets doch variierten Gesichtsausdruck voller Hoheit und Wissen. Sie erschaffen den Himmel, die Erde, die Gestirne, die blühende Natur, die spielende Kreatur und schließlich die Menschen. Das erste Paar aber erliegt dem Sündenfall und muß nackt hinaus in die Welt. Blüten, Früchte, Blattgesträuch, jedes läßt sich genau identifizieren. Eine Wolke umhüllt das Szenarium. Wie sanft die Himmlischen sich zu den Pflanzen neigen, wie thronend, fast disputierend sie im Himmel sitzen, hinter sich einen Engel mit dem Schwert! Justicia steht neben ihm geschrieben. Das war das Allerwichtigste, nach soviel lähmender Jahrtausenderfahrung eine gerechte Weltordnung.

Abschied vom Meer

Es wurde Zeit ins Roussillon aufzubrechen, wollten wir es noch in seiner schönsten Zeit, zwischen Blüte und Reife, antreffen: auf dem Canigou noch der Schnee, in den Kirschgärten des Tales die Bäume dicht behangen mit den prallen, schwarzroten Früchten, während in den Berghängen hüben und drüben eben die Zistrosen aufbrachen …

Der Abschied fiel keineswegs leicht. Manches hatte ich schätzen, manches sogar lieben gelernt. Da war die gewaltige ›Tour Gilles-Aycelin‹, der Belfried des Bischofspalastes am Eck des Rathausplatzes und der Rue Jean-Jaurès mit den eingemauerten antiken Steinen. Verband sich darin nicht die hochfahrende Gewalt der Kirchenfürsten des Mittelalters mit Botschaften aus einem Totenreich? Aus der nämlichen Ferne und dennoch lebensvoller bedrängten mich Worte, die ich beim letzten Besuch auf einer Grabstele im Museum las.

nur auf ästhetische Wirkung, wie man gemeint hat, um dem Bastionscharakter der angrenzenden Bischofspaläste zu entsprechen? Erstaunlich bleibt dieser fortifikatorische Aufwand gewiß. Deschamps' Entwürfe verraten im Innern einen ganz anderen Geist, die Neigung zu sublimer, alle Härte vermeidender Linienführung …

Als ihm Dominique de Fauran als Kathedralbaumeister, dann dessen Sohn Jacques folgten, vollendete der erste die ausstrahlenden Kapellen und die Seitenschiffe, der zweite die Türme und Widerlager, Stützbögen und die Zinnengalerie. Sie bedienten sich für die obere Hälfte des Gotteshauses nicht mehr des harten Materials von der Insel Sainte-Lucie am Südrande des Etang de Bages, sondern des weichen, leicht zu bearbeitenden Kalksteins von Clotinières bei Lespignan, wie schon die Römer. Mit seiner Hilfe gelang die Gestaltung dessen, was den Zauber der ›unvollendeten Symphonie‹ von Narbonne ausmacht, die vierzig Meter auffahrende Erhebung der Gewölbe auf schlanken, von dünnsten Diensten umspielten Rundpfeilern: Erhöhung der Seele ins mystische Dämmern, in dem sich alles vereint, die haarfein gezogenen Rippen, die sphärischen Gewölbezwickel, von den hohen Fenstern nur unterschwellig beleuchtet. Gott ist ganz nahe. Das Zusammenströmen der Kraftlinien in einem Punkt, dem Schlußstein, macht ihn unausweichlich. Das große Anliegen der klassischen Kathedralen der Ile de France, hier wird es tief im Süden noch einmal Gestalt in der Harmonie von Stein und Spiritualität. Alles Vergängliche scheint ausgeklammert, die Stille der Anschauung waltet.

Die Kathedrale war einst reich ausgestattet. Man hat die meisten Bildwerke im Autodafé der Vernunft von 1794 ausgemerzt, einerlei ob von Grabmälern oder aus Kapellen. Etliches blieb bewahrt, das den Menschen besonders am Herzen lag: Notre-Dame-du-Pont von 1605, der man beim Eintritt vom Kreuzgang sogleich gegenübersteht, Notre-Dame-de-Béthléem in der gleichnamigen Kapelle, um 1350 entstanden, und ebenfalls dort, hinter züchtigem Vorhang verborgen, die dämonische Darstellung der Verdammten im Höllenmaul. Vielleicht spürten die Verderber von 1794 die Gemeinschaft des Revolutionsgeistes mit diesem Inferno.

II *Blick von Fanjeaux bis zum Montségur*

Am Rande der Lauragais südlich Toulouse, dessen endlose Hirsefelder das Hoch-Languedoc alljährlich zur Reifezeit in goldroter Färbung aufbrennen, ragt das ›Fanum Jovis‹ der Römer, der Spitzkegel von Fanjeaux auf. Das Dorf auf der Kuppe war eines der Zentren der katharischen Häresie und gleichzeitig Sitz des heiligen Dominikus. Von seinem ›Seignadou‹ oder Aussichtspunkt schweift das Auge weit hinaus über die Corbières bis zu den Bergen von Andorra und dem Montségur (rechts im Bild), von dem die letzten ›Parfaits‹ 1244 hinab in den Flammentod zogen.

Sie trägt das verwitterte Bild eines Händlers mit umgehängtem Korb und die Inschrift: ›Mala, mulieres, mulieres mae‹, ›Äpfel, ihr Frauen, liebe Frauen‹. Im Lamourguier schließlich war es das fast erloschene Relief eines Schiffes, das mich nachdenklich stimmte. Drei Tage nur brauchten die Trajekte von Narbonne bis Ostia, dem Hafen Roms. Gassenrufe, Menschengedränge am Kai – meine üppig mit antiken Resten genährte Phantasie ließ Bilder aufsteigen, die man im Stadtbild von heute nicht unterzubringen vermag. Wo lag der antike Hafen? Die Antwort blieb aus.

Dergleichen galt auch fürs freie Land beim Anblick der Spuren des alten Elycia, dem *Montlaurès* unserer Tage, wo man neben Scherben, Münzen und Fundamenten im Quellbezirk der Höhe das sorglich ummauerte Grab eines Neugeborenen entdeckte. War es der karthagischen Göttin Tanit geopfert worden, wie eine Vermutung will? Wie gelangte solcher Kult lange vor Hannibal nach hier? Enigmatisches gab es auch im *Clape-Gebirge* zwischen der Stadt und der Küste – die Höhlen von Crouzade und Bize mit den Funden der Steinzeit, Werkzeugen, Menschen- und Tiergebein in wasserloser, fast griechisch anmutender Landschaft von Kalkklippen und Hochtälchen. Oder die Rätsel des Cimetière-marin für die auf See Gebliebenen unter Notre-Dame-des-Auzils. Welche Schicksale verbargen sich dahinter? Selbst im weit in die Lagune hinausgeschobenen, rund um den Roc Barberousse gesiedelten Dorf *Gruissan* – nannte sich dieser vom Wind zernagte Rest einer alten Burg nach Kaiser Rotbart oder dem Seeräuber, der seine sarazenische Mannschaft über das Mittelmeer auf Piratenzug hetzte?

Es blieb viel Geheimnisvolles, mit unentzifferbarer Botschaft Beladenes, allerdings auch manches Mißbehagen zurück. In majestätischer Weite fiel der Blick auf das Meer. Aber es brandete gegen zersiedelte Strände, Wagenburgen; sogar ein Betonkino gab es. Auf der Gebirgshöhe dagegen Müllkippen, eine riesige Nachrichtenstation mit Stacheldrahtverhau, Kuppeltürmen und Masten. Allzuviel Triviales mischte sich in das Geheimnisumwitterte, Mythische, wo Herakles, Hannibal vor Jahrtausenden durch das Land gezogen. Verschüttete Zeit, erloschene Geschichtsmacht, nur der Glaube triumphierte noch in der Kathedrale Saint-Just. Allein, war nicht auch er unter der Gleichgültigkeit der Lebenden verstummt, wenn ich an die Männer in der Rotonde dachte, und nur noch eine architektonische Erinnerung? Aber darin offenbarte sich am Ende nur unser Epigonenschicksal, ein Dasein in Ratlosigkeit, das wir vergebens aufzuhellen suchen. Zwischen zwei Nächten leben wir, der vor und der hinter uns, und die gewährte Daseinsstunde findet auf keine der Fragen Antwort.

Es war gut, *Fontfroide* in den Vorbergen der Corbières nahe zu wissen, für dieses Mal letzte Station im Languedoc, wie Saint-Gilles einst die erste. Es gab auch sonst Vergleichbares zwischen diesen Pforten des Landes. Beide Klöster in einer Epoche tragischen Gärens ein Hort der Rechtgläubigkeit, das Eingangstor zudem Grabstätte jenes Mönches, der in Fontfroide auf päpstliches Geheiß als Legat aufbrach, um im Lande der Häresie zur Rückkehr zu mahnen, Pierre de Castelnau, den ein Schildknappe des tolosaner Grafen auf der Rhône-Brücke von Trinquetaille nach Arles erschlug. Es heißt, er sei hochfahrend gewesen und Dominikus habe ihm in Montpellier Bescheidenheit angeraten, um das Herz der einfachen Leute zu gewinnen. Aber wir wissen nur wenig von ihm. Sein Märtyrertod sollte uns wenigstens schweigen lassen. Doch einmal zum Anlaß des Unheils geworden, das ein ganzes Land in den Strudel hinabriß, versagt sich dem glücklosen Opfer das Mitgefühl.

In Fontfroide erinnert nichts mehr an ihn, wenngleich sich gegen die große Epoche des Klosters im 12. und 13. Jahrhundert scheinbar nur wenig veränderte. Die Bauten der späteren Kommendatar-Äbte, die Anlage des Ehrenhofes, die Aufstockung des Dormitoriums der Laienbrüder, die Terrassengärten und weniges andere ausgenommen, scheint alles rein und bewahrt. Doch ganz trifft das nicht zu. Nicht nur, weil die Mönche ihre Abtei eigentlich schon vor der Revolution verließen und selbst ein Versuch der Wiederbesiedlung im 19. Jahrhundert mißlang. Als Monsieur Gustave Faydet, ein vermögender Grundbesitzer des Languedoc, das Kloster 1908 den Amerikanern des Rockefeller-Institutes vor der Nase wegkaufte, lag es buchstäblich in Trümmern. Die Kunstschätze, Altäre, Statuen, darunter die Madonna des 13. Jahrhunderts in Montpellier, sogar die Bodenplatten der Kirche waren längst fortgeschafft. Der neue Besitzer fand viel zu tun und ließ es in unendlicher Mühe restaurieren. Zusammen mit einem Künstler schmolz er nach alten Rezepten sogar das Glas für die verlorengegangenen Bilderfenster. Seine einzige Zutat: die Bepflanzung des Klostergeländes mit einer Unzahl von Zypressen, die so viel zu dem Zauber beitragen, der von Fontfroide im gewundenen Bachgrund zwischen den kargen Höhen ausgeht.

Denn das ist es doch, was den Menschen von heute beim Ankommen bewegt – die feierliche Prozession der aus Fiesole stammenden Bäume, dazu die Laubgehölze der Terrassengärten, die blaßblauen Irisflächen hier und dort. Sie bilden den anmutigen Rahmen für die eher herbe Anlage nach dem strengen Ordensgesetz der Zisterzienser. Der Wirtschaftshof mit dem Wohntrakt der Laienbrüder, der Kreuzgang, die Kirche folgen einander talein in genauer Geometrie, und doch spürt, wer das Innere des Gotteshauses betritt, sofort, wieviel Größe der Gesinnung im Spiel war. Machtvolle Pfeilerarkaden grenzen das Mittelschiff mit dem angeknickten Tonnengewölbe ab. Die auf Konsolen ruhenden Dienste springen deutlich vor, um die Gurtbögen zu stützen. Jede Bauskulptur fehlt, und doch geht von der ruhigen Kraft dieser Gliederung etwas Bezwingendes aus.

Nur am ersten Joch hat man sich eine Abweichung von der Strenge erlaubt; es ist kuppelartig erhöht, um den lichtspendenden Tambour zu tragen, der glatten Stirnwand zudem ein breitgefächertes Maßwerkfenster eingelassen. Dennoch, von gotischer Spiritualität keine Spur. Die Rippen werden zu Rundwülsten, die Gurtbögen zu scharfkantigen Riegeln, deren Härte der schwere Hausstein bedurfte. Das ganze Bauwerk samt dem Gewölbe wurde ja im ›grand appareil‹ aufgeführt. Die Altarapsis setzt im reinsten Cul-de-four-Stil fast niedrig an, erscheint flach und zeigt sich doch schattentief eingemuldet. Dieser majestätische Raum hüllt sich nicht einfach in einen Mauermantel, sondern erweist sich als plastisches Gebilde von hohem Aussagewillen. Seinem Baumeister gelang das Kunststück, ihm das schlanke Emporstreben der Gotik zu verleihen. Wo es kein sakrales Anliegen gab, hat er nur praktisch gedacht. Die Dormitorien sind einfache, schwere Räume, überfangen von gedrückten Scheidarkaden, mit Holz gedeckt, oder wie der heutige Konzertsaal mit einem massiven Spitztonnengewölbe überfangen, das ohne tragende Seitenwände dem Boden aufliegt. Es haftet dem etwas unleugbar Archaisches an, und dieser Eindruck verstärkt sich noch, wenn man die mit Vorliebe verwendeten, kreisrunden Okuli von enormer Größe an der Fassade oder, wo immer man Licht brauchte, betrachtet.

Es gibt eine Stelle in Fontfroide, an der diese Architektur ganz rein, gleichsam ihrer selbst willen Gestalt wird, in jenem Kreuzgang, auf den es den Amerikanern von 1908 besonders ankam. Sich vorzustellen, daß er, wäre Monsieur Faydet nicht gewesen, heute ins Cloisters-Museum nahe dem Hudson verbracht wäre gleich dem von Saint-Guilhem-le-Désert ... er stellt doch die innerste Herzkammer der Klosteranlage dar. Um die Seiten ziehen sich hohe Spitzbogengewölbe, teils durch mächtige Arkaden zum Binnengärtlein geöffnet, teils mit abgemauertem, von großen Okuli durchbrochenem Oberteil, unter denen eine Kolonnade von je vier Wölbungen auf gekoppelten Marmorsäulchen hinwallt. Die Kapitellchen mit skulptiertem Laubwerk geschmückt. Dies samt der Abstufung des kräftigen Mauerwerks zu den Durchbrüchen läßt ein Formenspiel von erlesener Schönheit entstehen. Man denke sich die Anlage von uralten Glyzinien berankt und überblüht; während man noch im herrlichen Kapitelsaal mit den neun Spitzgewölben, getragen von zarten Marmorcolonnetten steht, lockt es das Auge schon wieder in den Nordwestwinkel des Kreuzgangs zurück. Gerahmt von der Spitzbogenarkade steigt dort im Durchblick das höhere der beiden Kirchtürmchen auf und hinter ihm das felsige Gebirge. – Wir blieben, so lange es ging. Die Frühsonne glitt über den Turm und den kleinen Binnengarten; es blühte allenthalben, und die erwärmte Luft trug die Arome der Landschaft heran, jenen geheimnisvoll-süßen Duft der bräutlichen Garrigues, dem ein zarter Hauch der Irisblüten beigemischt war.

Hatten auch die Jacquaires Fontfroide aufgesucht? Im Ehrenhof steht eine Sankt-Rochusfigur mit dem Muschelbesatz der Santiago-Wanderer. O gewiß, beeilte sich der Führer mit seiner Antwort, von überall kam man hierher. Aber ich nahm ihm das nicht ab; es gab in Fontfroide keine Reliquie, kein Heiltum zu verehren. Wo schließlich führte ein Weg aus diesem abgelegenen Bergtal hinüber zur Pilgerroute nach Süden?

Nein, sie hätten zu weiterer Wanderung umkehren müssen; da taten wir uns mit dem Auto leichter und rollten bald Sigean entgegen. Leider, das untergegangene Pech-Maho, in dessen verschütteten Straßen man die Skelette afrikanischer Pferde entdeckte, die zur Kavallerie Hannibals gehört haben müssen, blieb versperrt; es fand zur Zeit keine Grabung statt. Ein Abstecher nach *Port-la-Nouvelle,* dem heutigen Hafen von Narbonne am Südende des Etang de Bages bot wenig Ersatz. Rumpelnde Lastwagen, öde Häuserzeilen bis zur weit ins Meer vorstoßenden Mole! Wind war aufgekommen, riß beim Wandern zum Leuchttürmchen auf der Spitze den Atem vom Munde. Am Phare hockten die Angler im Windschatten zwischen den aufgetürmten Steinbrocken und hielten ihre Köder hinaus in die Brandung. Voraus nichts als graues Meer, die Strandkneipen im Orte geschlossen. Wie üblich blieb es bei einer letzten Rast im Freien, diesmal zwischen Fels und Küste unter silbrigen Bäumen mit einer Art Mimosenblüte. Salinen folgten, im Etang de Lapalme standen einige Gruppen Flamingos, worauf nach etlichen Kilometern ein neuer, gewaltiger Teich, der von Leucate folgte, an dem eben eine neue Ferienstadt entstand. Bei Port-Leucate war es schließlich bis auf den Etang von Canet mit der Lagunenküste zuende. Das Roussillon begann.

Weit abseits der Hauptroute, in Saint-Cyprien am Strande fand sich zum guten Abschluß ein kleines Hotel. Der Wind draußen hatte sich in wütenden Sturm verwandelt und fegte mit den Wedeln der Phönixpalmen die Straße. Zeit nachzudenken über die endlose Strecke durchs Languedoc! Seltsames, dem Meer hingegebenes Land der Glaubensunruhe, der menschlichen Unzulänglichkeit und der blutigen Opfer! Das Anliegen der Pilgerfahrt stieg mir greifbarer denn je vor Augen, gerade, weil es soviel Wirrnis und Unberechenbarkeit in den Menschen gab. Ihr Sinn beruhte doch im Überwinden des Widersprüchlichen, mit dem jeder von uns geboren wird. Sie filterte in den Wallfahrern etwas aus, das sie anders nicht zu verwirklichen wußten. Die Bildwerke am Weg spiegelten dieses Reinere, Höhere, das jeder verborgen in sich trug. Auch die bewältigten Räume, die bestandene Mühsal spiegelten es, und darum hockte ich hier in der vom Wind umtosten Veranda und schrieb es auf, damit es nicht gänzlich verlorenging.

DIE TÄLER DER SAGE

Stürmische Tage

Stätten beschlossenen Schicksals haben mich stets besonders ergriffen. Das Stück ist aus; bereits wird ein neues geprobt, während vom alten nur noch verstaubte Versatzstücke herumstehen. Doch grade die verwandelte Umgebung gibt ihnen unerwartete Kraft und läßt den Geist, dem sie dienten, um so klarer hervortreten. Es ist wie mit einem vereinsamten, alten Menschen, dem man in der Menge begegnet und nach seinen Jugenderlebnissen fragt; sein Antlitz beginnt zu leuchten. Alles ist schon gesagt, doch wieviel hat es noch mitzuteilen!

In *Perpignan* zwischen Meer und Gebirge erging es mir so. Es schien ja zu Großem bestimmt. Die Altstadt liegt von der vorüberfließenden Têt etwas zurückgenommen. Auf dem Ufersaum am Nordrand sind Anlagen gepflanzt, Platanenbäume, dahinter Mimosen und eine lange Palmenallee; man muß eingestehen, der Zauber des Exotischen geht von ihr aus. Der Wind aus den Bergen, der uns an der nahen Küste das Atmen schwer machte, wirbelt mit dramatischem Eifer durch ihre Schöpfe und stäubt das Wasser der Fontänen in langen Schleiern davon. Dennoch ist das Stück, das man spielt, kaum bedeutend zu nennen. Drüben, am Rand der Place de la Victoire, steht ein alter Priester, der den Fahrzeugstrom der Straße queren muß. Er weiß garnicht, wie seine Hände die Soutane am Boden halten sollen; er ist so dünn, daß er an seinem Gebein kaum Anhalt findet. So rafft er schließlich das flatternde Schwarz mit knochiger Hand zu einem Bausch wie eine Dame von einst die Rüschen des Rockes. Ich sehe ihm aus dem Windschatten des Castillet zu und muß lachen. Er schreitet, er eilt nicht, sondern wird vom Luftschwall einfach dahingeschoben wie eine automatisch bewegte Puppe.

Dem abgerundeten, kleeblattförmigen Castillet, dem uralten Nordtor mit seinen Ziegelmauern, Zinnen und starkknochigen Fenstergittern aber kann der Sturm nichts anhaben, wie wütend er sich auch in die Bresche stürzt, die der Stadtbach, die Basse, zwischen den Torbau und den jenseitigen Häuserrand furcht. Es hat ganz anderen Attacken standgehalten, dem Steinhagel der Wurfmaschinen und den Schauern der Armbrustbolzen, und noch immer geht der alte Beharrungswille von ihm aus. Ein Schritt nur hinter das schwerleibige Gemäuer, und man ist dem Himmelsspuk aus den fernen Bergen entronnen. In seinem Schutz, am stadteinwärts gelegenen winzigen Hofplatz, hat ein Kneipenwirt sogar die mannsgroße Pappfigur mit der Speisekarte aufs schmale Trottoir geschoben; sie zittert nicht einmal. Das macht die Kraft dieser Stadt aus: ihre Dächer ducken sich gleich den Köpfen einer zusammengedrängten Herde hinter dem wachsamen Leithund unter dem Sturm hinweg.

Dennoch, es treibt mich unwiderstehlich, aus der bergenden Hut tiefer Gassen hinaus ins ringende Zweiggewühl der Palmarole zu treten, um bis zum Palais des Congrès und dem Casino mit den Glasscheiben und den lockenden Lichtern zu wandern. Umstürmtes Perpignan, es ist eine Lust, wie durch eine Tiefsee unter den peitschenden, ringenden Armen der Palmen im Luftschwall hinzutreiben – warum nicht gleich bis zum Square Bir-Hakeim, dem Rundboulevard, der ehemaligen Umwallung Vaubans folgend, und weiter zur Einmündung der vom Meer kommenden Route, wo ein Sträßlein ins Stadtinnere ansteigt? Knapp hundert Meter sind es nur bis zum kleinen Park der Miranda mit seinen Granatäpfelbäumen, Oliven und Aloë-Pflanzen auf der Terrasse der inneren, mittelalterlichen Ummauerung, die schon König Jaime el Conquistador anlegen ließ. Dort nämlich, am Puig des Lépreux, dem einstigen Leprosenhügel liegt seit 1240 die Kirche Saint-Jacques.

Ginge es um das Architektonische allein, bestände kaum Grund von ihr Aufhebens zu machen: ein einfacher Backsteinbau mit erneuertem Turm und vorgeschobener Westkapelle des 18. Jahrhunderts für die Bruderschaft vom Heiligen Blut, die noch heute am Karfreitag mit ihren ›Misteris‹, den Leidensbildern Christi, unter Gesang durch die Stadt zieht. Gewiß, auf der hölzernen Eingangstür lassen sich bescheidene Pilgerembleme erkennen. Aber war dies wirklich das Ziel der Wanderer aus aller Welt? Im dämmernden, gotischen Innenraum gibt es kein Fragen mehr. Dort thront der Heilige der Straße großmächtig über dem Hauptaltar. Auch über der Taufküpe, die ein rinnendes Wasser speist, ist er zu sehen, in dreiviertel Menschengröße, dunkel gefaßt, angetan mit dem Pilgerhut, und schließlich in einem späten Fensterbild, auf dem er als Matamoros gegen die Feinde des Glaubens stürmt. Die Zeichen einer Volksfrömmigkeit, die selbst das Mysterium dinglich und greifbar vor Augen will, untermalen die Botschaft des Predigerapostels kontrapunktisch. Am Durchgang zum Hauptaltar ragt ein Marterholz, eine Croix des Outrages, versehen mit den Attributen der Passion, der Leiter, dem Schweißtuch der Veronika, dem Hahn zuoberst, der durchbohrten Hand und was sich nur allegorisch umsetzen ließ. Auch in der Casa Pairal, dem Museum des Castillet, findet man eines der seltsamen Gebilde ...

Daß die Jacquaires in Perpignan auch die nachmalige Kathedrale inmitten der Stadt, sei es Saint-Jean-le-Vieux oder den seit 1324 wachsenden Neubau besuchten, muß ob ihrer vielen Reliquien und der uralten Vierge del Correch in der gleichnamigen Kapelle als sicher scheinen. Besaßen sie an den Heiltümern nicht besonderen Anteil? 1323, so berichtet uns Monsieur de Bonnefoy, sprach ein junger Santiago-Pilger bei dem Dominikaner Alénya vor und übergab ihm einen verschlossenen Kasten. Kehrte er von Compostela wieder, werde er ihn abholen, andernfalls gehörte er den Predigermönchen. Er kam nicht zurück. In dem geöffneten Behälter fand sich der Rest eines linken Unterarmes nebst einem Text in einem Griechisch, das derzeit niemand im Westen verstand. Kurzerhand wandte man sich an Athen und erhielt bald Auskunft. Man war in den Besitz von Überbleibseln Johannes des Täufers gelangt. Der Reliquien konnten es für das Mittelalter nie genug sein; wie ein verzehrendes Feuer brannte der Hunger danach in den Seelen. Sie waren die nachgelassenen Zeugnisse jener, die über alles Irdische hinaus teilhatten am Unbegreiflichen, waren die Belegstücke seiner Wahrheit, und so muldet sich auch in den dämmernden, einer gewaltigen Höhle gleichenden Innenraum der Kathedrale, in der alles Ferne nah und alles Greifbare fadenscheinig wird, eine von unten bis oben mit Reliquiaren vollgestellte Kapelle; dort fand sich Antwort auf jede Beschwer des Herzens.

Es gab mehr als das Religiöse, das sie anzog. Sie hätten nicht Menschen sein müssen! In den alten Gassen drängte sich damals das Leben; allenthalben mischten sich die bunten Gestalten mittelmeerischer Länder ins Bild, die vom Seehafen Collioure in die Hauptstadt strömten. Es mag auf seine Weise ähnlich bewegt zugegangen sein wie gegenwärtig am Brennpunkt der Stadt, der Place de la Loge mit den drei nebeneinander gereihten Bauwerken, die das bürgerliche Perpignan des Mittelalters verkörpern: dem adeligen Kastenbau der Loge de Mer nebst den großen, von florealem Steingespinst überfangenen Rundbogendurchbrüchen der Börse im Parterre, während der über Streitfälle des Seehandels entscheidende Gerichtshof im Obergeschoß nach außen strenge Nüchternheit wahrte. Nur das schmiedeeiserne Zeichen eines Kauffahrteischiffes erinnert an diese Bestimmung. Sodann das Rathaus, in dessen Arkadenhof, früher Pella genannt und Treffpunkt der schon im 12. Jahrhundert amtierenden Konsuln, heute die ›Méditerrannée‹ von Maillol steht und drei Bronzearme die mittelalterliche Ständeordnung der Stadt symbolisieren: die der Schiffs- und Handelsherren, der Geschäftsleute, der Tuchhändler endlich. Wozu sich als drittes Bauwerk im 15. Jahrhundert das Palais de la Députation gesellte, katalanisch ›Corts‹ genannt, und war das Rathaus in der für das Roussillon typischen Weise gebaut, so das Parlament mit seiner schönen Hausteinfassade nebst den zarten Colonnetten der Fensterumrahmung in aragonesischer Art.

Die Place de la Loge ist noch immer der weltoffene Salon, in dem Perpignan Cercle hält, mit Marmor gepflastert, von Cafés gesäumt, noch immer tönen fremdländische Stimmen ins prasselnde Katalanisch der schiebenden Menge, lebensvoll und lebensnah. Von hier, dem Zentrum der alten Stadt, gelangt man ja direkt in die schmale Straße der Fabriques d'En Nabot im Viertel der ›Parayres‹ oder Appreteure, welche die Webwaren der ›Tixadors‹ vom Leprosenhügel zum Gebrauch herrichteten. Doch damit sind die Zeugnisse des alten Perpignan, außer den lang hinwallenden, gewundenen Gassen, auch schon zuende. Die klösterliche, bürgerliche, adelige Substanz dieser Stadt und ihrer notvollen, tapferen Geschichte rann aus. Kasernements, Arsenale, militärische Anlagen der französischen Zeit verdrängten die Handwerkerquartiere, und wer auf direktem Weg von Saint-Jacques zur Kathedrale wandert, zieht durch still gewordene Häuserschluchten. Höchstens, daß armselige Wäsche vor den Fenstern hängt oder schwarzlockige, dunkelhäutige Kinder aus engen Treppenschächten lugen, während hier und da auf den Schwellen alte Algerier mit verlorenen Blicken hocken.

Allein, eine große, schicksalhafte Erinnerung ist immer noch da!

Wer die Stadt nach Süden auf dem Jakobsweg verläßt, kommt an einem gigantischen Ziegelgemäuer vorbei, der sternförmigen Zitadelle aus der Zeit nach 1642, als Perpignan endgültig französisch geworden war. Sie schließt abermals Kasernen, dazu Bollwerke, vor allem den Palast der Könige von Mallorca ein. Schon Jaime I el Conquistador begann mit der Schloßanlage auf dem höchsten Punkt der Stadt, dem Quartier la Réal, damals noch weiter Anger. Er entstammte der Ehe des 1213 vor Muret gefallenen Peire II von Aragon und der Maria von Montpellier, wuchs in Monzon unter Obhut der Templer heran und zählte bald zu den großen Vorkämpfern der Christenheit. In dreißig Schlachten blieb er gegen die Mauren siegreich, aber er gründete auch zweitausend Kirchen. Am 31. Dezember 1229 gelang ihm eine bedeutsame Tat. Er schlug in der Bucht vor Palma die muselmanische Flotte vernichtend und machte sich bald gänzlich zum Herren der Balearen.

Dreißig Jahre zögerte er, die Grenzen seines Reiches in die See hinauszuschieben und das Geschmeide der Inseln seinem Kronschatz einzuverleiben. Würde diese Herrschaft, die mit

Ausnahme Septimaniens ohnehin von Montpellier bis Murcia reichte, sich noch verteidigen lassen? Endlich traf er eine kühne Entscheidung. Das Testament von 1272 zeigt, wie sie gemeint war. Auf die Macht der Blutesbindungen vertrauend, teilte er das Reich zwischen dem Erbsohn Peire III, dem er Aragon mit Barcelona, sowie Valencia zusprach, und dem jüngeren Jaime auf; er bekam das zersplitterte Gebiet: Balearen, Roussillon und Montpellier. Der Conquistador muß eine hohe Meinung von ihm besessen haben.

Jaime II war groß, ansehnlich von Statur und beliebt, nicht zuletzt ob seiner gleichmäßigen Gelassenheit in schweren wie guten Zeiten. Leider, müssen wir rückschauend sagen, auch arglos und friedfertig. Aber gab es nicht politische Sicherheiten? Die Mauren bedeuteten keine Gefahr mehr, mit Frankreich verbanden ihn tiefe Sympathien; es existierte sogar ein geheimer Beistandsvertrag. Zwischen den beiden Brüdern endlich schien Einverständnis zu walten; beide hatten die väterliche Erbteilung vor Zeugen feierlich anerkannt. Doch gerade in diesem Punkt lag es. Mochte sich Peire III anfangs aus Berechnung zurückgehalten haben, bald nach dem Tod des Conquistadors von 1276 entlarvte er sich unvermutet als ein ganz anderer, die Nachbarn brüskierender Monarch, krank von Machtbesessenheit und von wachsendem Haß gegen den Bruder erfüllt, von dem er sich um einen Teil des ihm zustehenden Gesamterbes betrogen fühlte. Mit Querelen begann es, bis sich das mehr und mehr heraufdrohende Gewitter 1285 zum ersten Mal entlud. Wer klar sah, konnte sich ausmalen, daß dem mallorquinischen Königreich Jaimes II schwere Tage bevorstanden. Wie sollte sich ein Herrscher, der bald hier, bald dort sein mußte, gegen die geballte Macht Groß-Aragons behaupten?

Peires infernalischer Haß gegen den brüderlichen Stamm schwelte noch in der dritten Generation fort. Weder Jaimes Nachfolger Sancho, noch dessen Neffe Jaime III, der vor Lluchmajor im Kampf gegen Peire IV von Aragon fiel, sollten Ruhe finden. Jaime IV, zwölf Jahre in der Gefangenschaft seines Onkels schmachtend, kam niemals mehr an die Macht. Zwar konnte er fliehen und Königin Johanna von Neapel heiraten, doch aus erneuter Gefangenschaft in Kastilien, wo er gegen Heinrich Trastamara kämpfte, freigekauft, erlag er bald darauf einem Giftanschlag. Das alles mutet an wie ein Drama der Shakespeare-Zeit; in der Tat fand ein entscheidender Wandel statt. Die gotische, auf Verpflichtung gegründete Mentalität der Ritterschaft wich vorfrüh dem bedenkenlosen Ehrgeiz der Renaissance-Epoche, die um des Herrschens willen metaphysische Bindungen ebenso wie verwandtschaftliche aufweichte. Nach 1402 war es mit dem mallorquinischen Traum endgültig vorüber.

Doch zu Jaime II zurück! Vom Ende her gesehen, verläuft alle Geschichte im Grunde tragisch. Da verrannen seit 1276 neun Jahre hochgemuten Friedens am Hof und Perpignan nahm daran teil. Noch vor dem Tode des Conquistadors hatte Jaime II die »schönste Prinzessin ihrer Zeit«, Esclarmonde de Foix geheiratet. Beide verband nicht nur Liebe, sondern auch tiefe, menschliche Vertrautheit. Die junge Frau war die Großnichte jener gleichnamigen katharischen ›Archidiaconesse‹, die am 16. März 1244 nach der Eroberung des Montségur nicht daran dachte, abzuschwören, sondern samt zweihundert Glaubensgenossen den Scheiterhaufen des Camp des Cremats am Fuß des Berges bestieg, und ähnliche innere Stärke bewies auch die Nachfahrin.

Die feierliche Vermählung fand dem Vernehmen nach am 4. Oktober 1275 in der Kirche Saint-Jean-le-Vieux statt; die Braut zog durch jenen Porche mit dem segnenden Christus ein, der heute noch als Seitenbau der Kathedrale besteht. Als im Folgejahr Jaime I starb und der Sohn seine Herrschaft antrat, erlebte Perpignan auch die Investitur und Krönung des neuen Regenten. Das junge Königspaar trat bald eine Reise nach Mallorca an, überall jubelnd empfangen, und nicht nur des Liebreizes der Königin willen – Jaime II war auch auf der Insel ein Mann nach dem Herzen des Volkes, den man bald ›le bon roy‹ nannte.

Schon Jaime el Conquistador hatte das Quartier la Réal mit der anderen Stadthöhe, dem Leprosenhügel von Saint-Jacques, durch jene Schutzmauer verbinden lassen, deren Spuren man an der Miranda noch findet. Das Äußere des in der Südwestecke wachsenden Palastes mochte burgartig-rauh erscheinen – die riesigen Zitadellenmauern versperren heute den Anblick – das Innere aber sollte freundlich gestimmt sein. Als Vorbild diente die eben zur Residenz umgebaute Almudaina, das maurische Schloß von Palma. Ein Palast mittelmeerischer Prägung entstand so. Gegenüber dem Zugang der Bastion durch den aufsteigenden Tunnel des Kanonenweges beschließt das breit gelagerte, doppelgeschossige Gezelt eines Loggientraktes den von Seitenflügeln flankierten Innenhof. Beidseitig wallen Freitreppen empor. Es liegt etwas überraschend Heiteres, Zwangloses in dieser Architektur, deren Mitte überhöhte Arkaden, dahinter ein aufstrebender Baublock betonen. Er nimmt in seinem Oberteil die Chapelle Sainte-Croix mit einem Portal aus delikat getöntem Marmor und im Bodengeschoß Sainte-Madeleine, die Andachtsstätte der Königin auf, köstlich mit Kacheln gepflastert, das Gemäuer vielfarbig gemalt. Abwehr nach draußen, behütete Andacht drinnen, luftiges Wandeln über dem Binnenhof verschmolzen hier zu einem Daseinsgefühl, in dem ein fernstes Echo maurischen Lebens mitschwingen mochte.

Auch das Königsein, das Regieren fügte sich diesem Baugedanken ein. Von der Oberkirche gelangt man mit wenigen Schritten zur ›Salle de Majorque‹ im südlichen Seitenflügel, dem Fest-, Audienz- und Gerichtssaal, überwölbt von weit gespannten Spitzbögen und an der westlichen Schmalseite durch einen riesigen Kamin auch winters bewohnbar gemacht. Heutigen Tages kann man darin das Museum ›Connaissance de Roussillon‹ mit Resten aus der Zeit der Könige besuchen: Heiligenfiguren, Steintorsen, Wappen, Abgüssen. Zu meiner Freude fand sich darunter eine Moulage des Tympanons von Cabestany, das an Ort und Stelle nur schlecht zu erkennen ist. Die Untergeschosse der Flügelbauten hingegen dienten als Vorratsläger, während sich abermals tiefer unterirdische Gänge hinziehen, deren einer bis zum Gemach des Königs führte, der bald als Fluchtweg Bedeutung bekam. Das Herrscherpaar hauste ja nicht hier, sondern an geschützten Binnenhöfen neben dem Mittelturm. Man vermag von der Loggia aus noch auf seine Gemächer hinabzublicken, beide verbunden durch eine in das dicke Turmgemäuer gehöhlte Galerie ...

Das junge Paar verbrachte hier glückliche Jahre. Esclarmonde vermochte von ihrer Wohnung direkt in den Obst- und Blumengarten mit den Orangenbäumen und Weinspalieren hinauszutreten, dessen balsamische Düfte in ihre Räume drangen. Nebenan dehnten sich der ›Bois du Roi‹ und die große Wiese des Schlosses, der König hingegen konnte, wie Coincy-Saint Palais berichtet, aus den vier Fenstern seiner mit heraldischen Emblemen ausgemalten Behausung hinausblicken auf ein Waldstück, das sich bis zur Stadtmauer hinzog. Darin wuchsen Gebüsche und Olivenbäume, unter denen sich Hirsche, Pfauen, Fasanen, Kaninchen und die im Mittelalter beliebten Stachelschweine tummelten. Auch jenseits der Mauern gab es noch einen Wald, den schattigen ›Figueral‹ mit großen Feigenbäumen; hier weideten Ziegen, als Raubtiernahrung für die königliche Menagerie bestimmt, der Löwengrube vor der Westseite des Schlosses. Alles in allem, ein mittelalterliches Paradies, das später in französischen Zeiten durch die Zitadelle und ihre Kasernen weitgehend zerstört worden ist, wenn auch das Schicksal bereits damals an die Türen klopfte.

König Jaime hatte die immerwährenden Querelen des Bruders gelassen hingenommen. Allein, nach dem Osterfest von 1285 erschien Peire III, von Barcelona kommend, plötzlich in Perpignan – die schützende Templerbesatzung der Stadt war abberufen – bemächtigte sich im Handstreich der Archive und endlich des noch unfertigen Schlosses. Wohl konnte Jaime durch den Geheimgang entfliehen und sich fern in den Bergen der Albères verstecken, nicht aber die schwangere Königin nebst ihren kleinen Kindern. Peire III ließ sie erst nach Torella de Montgri, dann nach Barcelona verschleppen. Damit hob trotz mancher Schlichtungsversuche des Papstes oder Frankreichs eine bittere, lange Zeit der Wirren an, in der die Sieger wechselten. Peire III, auch sein Sohn Alfonso starben darüber; den aragonesischen Thron bestieg dessen Bruder, der gleich dem mallorquinischen Onkel Jaime II hieß, und mochte sich das Glück gelegentlich dem Inselkönig zuneigen, erst 1300 fand er eine kurze Zeit trügerischen Friedens in Palma; 1311 sank er dort ins Grab. Esclarmonde folgte ihm fünf Jahre später in Perpignan; in

Saint-Jean-le-Vieux setzte man sie bei. Der Erbe Sancho überlebte die Mutter nur um acht Jahre, und auch er, der Gründer des neuen Saint-Jean, fand dort letzte Ruhe. Die Vision des Conquistadors von den friedlich nebeneinander lebenden Reichen aragonesischen Ursprungs, die er geschaffen, sollte sich nie verwirklichen, Perpignan ob des Seehandels weiterhin gedeihen, aber die ihm von einem großen Traum der Geschichte zugewiesene Rolle der festländischen Hauptstadt eines halb maritimen Reiches sich nie erfüllen. Was blieb, war der Sturm, der historische wie der aus Himmelshöhen.

Der Meister von Cabestany

Ausgeliefert der einsamen Weite des Seehimmels liegt südostwärts Perpignan ein kleines Dorf abseits der Straßen, *Cabestany.* Es will nichts mehr von der Welt. Die seigneurale Familie, die einst hier hauste, geht niemand im Dorf mehr an, und doch stammte aus ihr ein Troubadour, Guillem de Cabestany, »mout fo avinens hom de la persona«, ein Mann von gutem Aussehen und brennender Seele, dessen Name und vorgebliches Schicksal weit durch das mittelalterliche Europa hallte.

Es ist der Held oder besser das Opfer der Geschichte vom ›Corazón comido‹, deren Thematik man vielfach übernahm und auch mit anderen Poeten der Zeit wie dem Châtelain de Coucy und Reinmar von Brennenberg in Verbindung brachte. Allein, der eigentliche Anlaß war ein Poem Guillems, so gering sein überkommenes Werk an Umfang blieb. Bei Boccaccio heißt unser Dichter Guiglielmo Guardastagno; er nahm das etwas makabere Geschehnis in sein Decameron auf, Petrarca in den Trionfi; Stendhal endlich übersetzte die auf ihre Weise geniale Dichtung, die den Anlaß zu allem bildete, ›Lo dous cossire‹, im 52. Kapitel seiner Sammlung ›De l'amour‹ ins Französische. Der Poet muß noch recht jung gewesen sein, als er seine Verse verfaßte, in denen er sich als Liebhaber einer verheirateten Dame bekannte, ›ab douts desirs, ab mains destricx‹, mit heißen

Wünschen und mit manchem Kummer. Ins Deutsche übertragen, beginnen sie ungefähr so:

In meiner süßen Qual
zwingt Amor, Herrin, mich
von Euch zu sprechen
in Versen schmeichlerisch.
Im Geiste seh ich Euern Leib,
geliebt und voller Anmut,
den ich viel mehr begehre,
als ich es selbst versteh ...

In der dritten Strophe wurde er noch deutlicher und schwärmte von ihrem glatten und weißen Körper. Mag uns heute auch manches ›simil‹, Gleichnis seiner Sprache verbraucht erscheinen, damals perlte noch der Morgentau der ersten Aussage auf seinen Worten, was die Resonanz nur verstärkte. Aber haben wir ein Recht mit dieser Deutung, oder interpretierte nicht erst die Nachwelt etwas Sündiges und Pikantes in Guillems Dichtung hinein?

Die angebetete Dame gab es. Sie hieß Saurimonda, Gattin des Raimon de Roussillon oder Ramon de Castell Rosselló. Der Erzählung nach bekam der offenbar schon ältliche Ehemann Wind von der Sache, schlug dem Troubadour bei einer einsamen Begegnung den Kopf ab und riß ihm das Herz aus der Brust. Wenig zimperlich, ließ er es mit Pfeffer zubereiten und seiner Frau vorsetzen. Wußte sie, fragte er nach der Mahlzeit, was sie soeben verspeist hatte? Nein, kam ahnungslos ihre Antwort, aber es sei zart und schmackhaft gewesen. Worauf ihr der Gatte den abgeschnittenen Kopf zeigte und sie sich vom Balkon in die Tiefe stürzte. Der König von Aragon hörte von dieser Affäre, befahl den Gatten nach Perpignan und steckte ihn ins Gefängnis, wo er schließlich gestorben sein soll. Das so unglücklich ums Leben gekommene Liebespaar ließ der Herrscher in einem Grabmonument ›vor der Kirche‹ beisetzen.

Trotz der Verbreitung der Geschichte vom ›Corazón comido‹, dem verspeisten Herzen, die sogar in der Tristan-Sage Niederschlag fand, sie beweist eigentlich nur, wie sehr Guillem de Cabestany die Menschen beschäftigte. Denn die

Wirklichkeit nahm sich ganz anders aus. Es handelte sich bei der Erzählung um einen aus der orientalischen Folklore übernommenen Sagenstoff, deren es im Roussillon viele gab. Dafür hatte es mit dem glühenden Troubadour um so eindeutiger seine Richtigkeit; er wird im Testament seines Vaters Arnau de Cabestany von 1175 als künftiger Erbe genannt und gehörte, wie wir von dem zuverlässigen Geschichtsschreiber Pere Tomich 1438 erfahren, zu jenen Rittern des Roussillon, die 1212 bei Navas de Tolosa mitkämpften. Auch an der Identität der Saurimonda besteht kein Zweifel. Sie kam um 1176 als Kind aus der Gegend von Ampurias stammender Eltern zur Welt und heiratete dreimal; in zweiter Ehe den in der Legende so schlecht weggekommenen Ramon de Castell Rosselló, der um 1210 starb. In dritter endlich vermählte sie sich mit Aymar oder Ademar de Mosset, der in Navas an der Seite Guillems kämpfte. Die beiden Eheleute, Aymar und Saurimonda, lebten noch 1221.

Doch will mir scheinen, es sei in der Beziehung des Troubadours zu seiner Dame auf etwas ganz Besonderes angekommen: die Inspiration, die ihn hoch über seine Epoche hinaushob. Als Arnau de Cabestany 1175 seinen derzeit gewiß noch jungen Sohn Guillem – ein anderer männlicher Nachkomme war als Kleriker in Santa Eulalia zu Elne eingetreten – zum Erben ernannte, besaß das Dorfkirchlein des Ortes bereits sein Tympanon über dem Portal, dem es heutigentags, weit mehr als siebenhundert Jahre später, einen Nimbus ganz anderer, neuer Art verdankt. Guillem muß es gesehen haben, so oft er das kleine Gotteshaus besuchte, und es ist schwer zu denken, daß es auf die erlebnishungrige Phantasie eines jungen Dichters keinen Eindruck gemacht haben soll. Dies um so mehr, als es nicht unmöglich scheint, daß Arnau de Cabestany, sei es als Stifter oder Kirchenherr, einen besonderen Anteil an dem eben entstandenen Werk besaß. Wie sollte es sonst nach hier gekommen sein? Gewiß, es bleibt bare Spekulation, aber das Tympanon läßt den Gedanken verlockend erscheinen: der angehende Dichter Auge in Auge mit einer Bildhauerei, in der sich der seelische Aufschwung der Epoche verkörperte. Was die Nachwelt so eindeutig erotisch umgemünzt hat, dürfte für den Poeten noch eine ungeschiedene Einheit von leiblich-seelischem Zusammenhang gewesen sein. So, wie sein ganzes Zeitalter die Umwelt erlebte.

Das Tympanon ist eine ungewöhnliche Arbeit, geschlagen von einem anonymen Künstler, der offenbar mit seiner Werkstatt den Aufträgen nach durchs Land zog, zudem immer im Umkreis der Pilgerstraßen, besonders der Tolosana. Ein Bildhauer, dessen Werk erst unser Jahrhundert, allen voran die Kunsthistoriker Junyent, Pressouyre und Durliat, im Zusammenhang erkannten. Ein Meister, der auch zeitlich schwer einzuordnen wäre, hätte nicht der Zufall nachgeholfen. Über einem von ihm geschaffenen Schmuckbogen des Portals der Abtei Lagrasse, von dem heute nur noch Bruchstücke vorhanden sind, finden sich die Namen zweier Äbte eingemeißelt: Wilhelmus und Rotbertus, deren erster seit 1157, deren zweiter bis 1167 amtierte. Es läßt sich also rückschließen, daß der Meister das Werk nach dem zweiten Datum schuf, und im zugehörigen Zeitraum auch die Fülle seiner weiteren Arbeiten, wobei das Tympanon von Cabestany zu den frühesten zu gehören scheint. Er war ein Mann von unverwechselbarer Eigenart, der in kein Schema paßt. Mit der großartigen Entwicklung der Tolosaner Skulptur der Zeit verbindet ihn nichts, genau so wenig mit Saint-Gilles, wo derzeit der Michaelsmeister tätig war. Aber auch nichts mit zeitgenössischen Kunstformen Kataloniens, Navarras, des Languedoc und der Toscana. Er hat ja allenthalben seine Bildwerke in Gestalt von Tympanen, Kapitellen, Portalen, Szenarien, Ornamenten in Tier-, Mensch- und Blumenform hinterlassen. Das gilt für die nach Amerika verkaufte Versuchung Christi von Errondo so gut wie für die Bruchstücke von San Pedro de Roda oder San Pedro de Galligans nahe Gerona; für die Werke im Roussillon, Cabestany eben und Boulou, wie das Languedoc mit Lagrasse, Saint-Hilaire, Rieux-Minervois, Saint-Papoul. Endlich gehören zwei Arbeiten in San Antimo bei Siena und San Giovanni de Sugana nahe Florenz zu seinen Schöpfungen.

Er war vielleicht kein Genie, aber doch eine ungewöhnliche Begabung. Man spürt das. Er macht keine Anleihen, sondern läßt sich einzig leiten von seinem brennenden Verlangen, etwas Unerhörtes auszusagen. Die Antike besitzt daher nur wenig Einfluß auf seine Gestaltung, eher könnte man von einer barocken Haltung sprechen. Er beunruhigt ebenso wie er fasziniert, wenn er die Macht des Glaubens mit allen verfügbaren Ausdrucksmitteln beschwört. Seine Menschenbilder zeigen eine dreieckige Kopfform bei stark hervortretender Nase und beinahe fliehendem Kinn. Die Augen formt er oval und bohrt sie, außer wenn es das Thema verbietet, in beiden Ecken an. Die Ohren läßt er breit und frei vom welligen Haar hervortreten, die Hände sind überlang, die Gestalten breitschultrig und gedrungen, während die Füße bei den Kapitellen auf dem unteren Rundstab ruhen – die der Menschen so gut wie der Tiere. Polare Spannung erfüllt seine Szenen. Die Zentralfigur gibt er gern in hieratischer oder lyrischer, in sich beschlossener Haltung wieder, um die sich ungestüm vorstoßende Löwen mit zupackenden, nervigen Tatzen drängen, als wollten sie die Aufmerksamkeit gewaltsam auf die Mitte lenken. Auf dem Sarkophag von Saint-Hilaire mit der Geschichte Saint Sernins schieben sich solche Tier- und Maskenköpfe dergestalt zwischen den Beinen der Personen hervor, als ritten sie darauf; der Engelschor um die auffahrende Jungfrau wird zum Sturm der Freude. Alles ist voller Überschwang; gleichwohl wird die Form sorgfältig bewahrt. Bei den Kapitellen wirkt es manchmal, als holten die Tierpranken nur so weit aus, um das Volumen des Blockes nicht zu schmälern. Dazu kommen Blumengeranke und Ornamente nur ihm eigener Art, welche die Kämpferplatten überziehen, unter ihnen eine umgekehrte Herzform, die einem Werkstattzeichen seines Ateliers gleicht. Schließlich offenbart auch sein Material eine besondere Eigenart: er schlug seine Bildwerke fast immer aus dem Stein, den er an Ort und Stelle vorfand. Wo dieser erstaunliche Meister herkam? Das größte Rätsel geben seine Werke in der Toscana auf. Sind sie nach dort exportiert worden, wie einige Forscher meinen?

San Antimo bei Siena ist eine alte Kirche mit vorgebuchtetem Chor, Rest einer noch viel älteren Benediktinerabtei im grünen Talgrund südlich der Olivenhänge von Montalcino. Bischof Azzona de Parca hat sie im 12. Jahrhundert erbauen lassen. Zu seiten ihrer Fassade ragt ein lombardischer Campanile auf und neben ihm wächst eine Zypresse empor, als habe man eine dunkle Feder in den Boden gesteckt. Die Kirche ist ganz allein mit sich. Der Küster, der sie aufschließen soll, muß erst aus dem nahen Castelnuovo auf dem Bergrücken nebenan herunterkommen, ein älterer, hagerer Mann, der sein Leben in den Onyxbrüchen neben dem Ort verbracht hat. Er kennt sich aus mit dem Stein und dem Gotteshaus. Dort, am Außenportal, die säulentragenden Löwenfiguren hatte der Cabestany-Meister gleichfalls geschlagen, merkte er an. Das Innere zeigte sich von warmem Licht erfüllt, die Blöcke der Sohlbank um den Chor bernsteinfarben durchglüht. Drüben am zweiten Rundpfeiler vom Haupteingang rechts mußte es sein, was ich suchte: ein mächtiges Kapitell bekrönte die Säule mit der Darstellung von Daniel in der Löwengrube fast wie zu Rieux-Minervois. Im Innern sei es hohl geschlagen, um das Gewicht zu mindern – der wackere Steinmetz außer Dienst hatte den im Krieg zusammengestürzten Pfeiler selbst mit aufgerichtet. Es war sein Stein aus den Brüchen droben, kein Zweifel, und der Meister schlug ihn einst hier, an Ort und Stelle zurecht. Nichts fehlte, nicht die Ausdrucksgewalt der Löwen, nicht der das Brot herantragende Habakuk, der sich zum Zeichen des Friedens beim Bart faßte, auch die Kämpferplatte mit dem Blumengerank nicht. Vollkommenes Schweigen herrschte, und doch schien ein unterschwelliges Summen durch den Raum zu geistern, als kreise ein Bienenschwarm; der Honigton beflügelte meine Einbildungskraft. Der Mesner lächelte. Meine Ergriffenheit angesichts der Wiederbegegnung über eine riesige Entfernung hin machte ihn glücklich.

In San Giovanni de Sugana auf der Höhe unweit Florenz war es ein wenig anders, die Kirche baufällig, mit Brettern verschalt. Man konnte sie nicht betreten, Signore Cura schüttelte bedauernd den Graukopf. Aber mein Mentor, Werner Haftmann war es, wußte, wie man es machen mußte. Die Tür öffnete sich auch hier, und da stand sie nun, seitab, geschützt im Dunkel, die kleine Cipa aus rötlich durchhauchtem Marmor, einst als Trägerin der Osterkerze, heute als Stütze des Weihwasserbeckens genutzt. Etwas Naives und gleichzeitig Vollkommenes ging davon aus. Drei ikonenhafte Szenen auf dem Rundschaft zeigen, wie auf Bildstöcken eben, die Christgeburt; unbekümmert greift der Verkündigungsengel den vordersten der Hirten beim Bart. ›Fürchte dich nicht‹, hieß es, während die Köpfe der Tiere hinter der Krippe in unerhörtem Schwung über die Rundform der Stele gezogen waren. Blieb das Mysterium des Geschehens eingesponnen in die Stille des Wunderbaren, die ihm gebührte, machte die Ergriffenheit der Kreatur in hingerissenem Sturm der Zuneigung wett, was die Erscheinung des Göttlichen dem Menschen versagte. Es ist vielleicht das reifste Werk des Meisters und voller Zauber. Doch auf das, was ich suchte, gab es keine Antwort. Nichts sprach dagegen, daß man dieses Werk einst nach hier verbrachte, nichts dafür. Nimmt man nicht San Antimo als vollen Beweis, der Christgeburtspfeiler löste das Rätsel nicht. Dennoch finden sich anderwärts gewisse Anzeichen für die toskanische Abkunft. Da gibt es jenes italianisierende Kirchenportal in Boulou, von dem gleich zu berichten ist, vor allem aber das Tympanon der Dorfkirche von Cabestany, das dem unbekannten Künstler zu seinem Namen verhalf.

Sie liegt am Ende eines Sackgäßchens nahe der Rue du Cerdagne des Ortes. Das Gotteshaus ist ganz einfach, auf dem Turm nur ein Eisengerüst für die Glocke, das Innere düster und unscheinbar. Dort, gleich rechterhand, steht das aus Schutzgründen seinem ursprünglichen Platz entnommene Bildwerk, unter dem einst Guillem de Cabestany hinwegschritt. Drei Szenen der Marienlegende werden geschildert: die Wiedererweckung der schräg in die Fläche komponierten, mit geschlossenen Augen daliegenden Jungfrau aus dem Todesschlaf, ihre Aufnahme in den Himmel unter Engelschören und jene legendäre Episode, nach der sie ihren Gürtel zu dem ungläubig am Grabe ausharrenden Thomas fallen ließ. Die Frage stellt sich, woher der Künstler die Szene kannte. Aus der Legenda aurea doch nicht, wie manche Autoren meinen. Sie entstand erst mehr als ein Jahrhundert später. Allein, in Prato verehrte man diesen Gürtel als Reliquie schon seit 1141 …

Doch im Grunde ist es das Entscheidende nicht. Viel schwerer wiegt, daß hier ein Meister mit aufgebrochener, hingerissener Seele entlang der Pilgerstraße zog und seine Bildwerke hinterließ. So, wie Guillem von Cabestany ein Hingerissener war, und alle Menschen jener Epoche im Guten wie Bösen größere innere Dimensionen bewiesen. Spricht nicht auch die grausame Geschichte vom Corazón comido dafür, nicht, daß der aragonesische Onkel den vor Lluchmayor gefangenen Thronfolger Mallorcas, Jaime IV, zwölf Jahre erbarmungslos Nacht um Nacht in einem eisernen Käfig einschloß, ehe dem Unglücklichen unverhoffte Befreiung zuteil wurde? Welche Spannweiten besaß ihr Dasein, wieviel schwerer war das Leben als der Tod! Nichts konnte die Tiefen und Abgründe, die noch das Jenseits mit dem Feuerschein der Apokalypse bedrohten, überwinden, als der innere Aufschwung. Er war es, den sie im Marientympanon, in der Frauenverehrung der Dichtung und auch auf dem unerbittlichen Weg nach Santiago suchten, ›pour rompre la muraille‹.

Eine ungewöhnliche Spannbreite zeichnet die spätromantische Bildhauerei des Languedoc aus. Sie reicht von der Wiederbelebung des antiken Erbes im grandiosen Kirchenportal von Saint-Gilles, an dem fünf bedeutende Künstler tätig waren, bis zur vorbarocken Ausdrucksgebärde des heute erst ins Bewußtsein rückenden ›Meisters von Cabestany‹.

1 *Kapitell am Außenchor von Saint-Papoul mit der Darstellung von ›Daniel in der Löwengrube‹ des Meisters von Cabestany. Detailbild des Habakuk, um 1160.*

2 *›Erzengel Michael‹, das reifste Werk des nach ihm benannten letzten Bildhauers von Saint-Gilles.*

3 *Fassade der Basilika von Saint-Gilles im überreichen Dekor und Figurenschmuck der ›antikisierenden Renaissance‹, zwischen 1140 und 1160.*

4 *Auch einer verhaltenen Lyrik zeigt sich der Cabestany-Meister fähig. ›Mariä Himmelfahrt‹ von einem Kapitell der siebeneckigen Kirche in Rieux-Minervois.*

Das dritte Kreuz von Elne

Der Morgen eines klaren Frühsommertages. Nach den vergangenen Stürmen wölbt sich ein makelloses Blau über Ebene und Gebirge. In den von tausend Wasseradern durchrieselten Obstquartieren quellen, reifen die Früchte, während weit im Südwesten, hoch über dem Glast der Hänge, unbeschreiblicher Anblick, die von Neuschnee bedeckte Kuppe des Canigou gleichsam im Leeren schwebt. Zauber des Roussillon, flüchtig die Stunde, aber das Unaussprechliche dieser aus tausend Nuancen ins immer Reinere gesteigerten Landschaft ist unauslöschlich. Über die Kimmung des Horizontes voraus wächst unterdessen, immer klarer hervortretend, ein Mauerstumpf, nein, ein Turm auf, neben ihm bald ein zweiter, schwächlicher, von dem großen Bruder kaum abgehoben, ›die Kathedrale der Ebene‹ über die letzte, kaum noch wahrnehmbare Felsbastion des ›Litoral‹ vor dem Gebirge gelagert. Während Jahrzehntausenden haben die tosenden Winde aus fernen Höhen das Urgestein bis auf wenige Meter verschliffen. Aber noch immer macht der Tech, in den die Bäche der Albères hinabrauschen, einen achtungsvollen Bogen darum.

Wenig später. Man ist angelangt in *Elne,* einst Kapitale der Illiberer, nie mit dem Namen ›Ville‹, Stadt, aber seit Menschengedenken mit dem einer ›Cité‹, eines befestigten Gemeinwesens, bezeichnet, das nach der Chronik des Jean de Biclar seit 571 Bischofssitz des Conflent und Roussillon war und dies über tausend Jahre lang, bis 1602. Ein Ort, in dem das Schicksal zuschlug, wann immer es konnte, und wie stets an der Pilgerstraße überwältigte es mich, wieviel Mythisches sie begleitet. Elne, woher kommt das? Entlieh es seinen Namen nicht der heiligen Helena, der bildschönen ›südgallischen Stallmagd‹, die dem nachmaligen Kaiser Constantius Chlorus einen Erben, Konstantin, schenkte, nie aber die Anerkennung der Ebenbürtigkeit fand? Erst der zu Großem aufgestiegene Sohn sollte ihr den Titel einer Augusta verleihen, der ihr gebührte, der Kaiserin. Fand sie während ihrer gläubigen Pilgerfahrt nach Palästina mit dem Eifer der Neubekehrten nicht das Marterholz auf, an dem der Nazarener starb, und das ihr nun zur Ehre der Altäre verhalf, weil sie eine Erwählte war?

Als Elne sich auf ihren Namen berief, übernahm es daher auch das Kreuz; sein Schatten liegt seither über dem Ort. Es ist das des Glaubens. – Horch, ein beiernder Glockenschlag! Was will er zu dieser Stunde? Anmahnung sein? Noch immer besitzt Elne seine Place Hélène, seine Rue Constantin, aber auch seinen Boulevard Illibéris, um seine verschwundene Herkunft zu beschwören, seine leergeplünderte Place du Château. Die Vergangenheit ist längst ausgeronnen, die umgürtende Mauer nur Rudiment; einstiges Denken und Fühlen geistert gespenstisch durch dunkle Fensterhöhlen oder über die fleckigen Mauerflächen niederer Sträßchen, auf denen mit wechselndem Sonnenstand die Schatten steigen und fallen, wellig gerändert von den ›génoises‹ der Dachansätze gegenüber. Es ist das einzige, das noch geschieht.

Denn die tief gefurchten Gassen schweigen. Ihre Menschen haben zu oft geklagt, den Himmel verzweifelt um Beistand angeschrien gegen die Soldateska Philippes III von Frankreich und all der anderen, die gekommen waren und immer wieder kamen, und nun besitzen sie keine Tränen mehr. Dennoch liegt über allem eine seltsam bannende Gewalt, die von der Kathedrale auf der Höhe der Bastion ausgeht. Wenn auch kaum von dem aus Kieseln zusammengebackenen Kirchenleib mit den knappen Apsiden und dem Kavernendunkel des dreischiffigen Inneren, das nie zu sich selbst fand: mehr ein Gebück als ein Raum des Aufschauens mit seinen kaum eingeritzten Pfeilerkapitellen der altersdunklen Laubgeflechte, Spiralen, ins Gerank verschlungenen Menschlein. Selbst die eingemuldete, kostbare Altarmensa, das aus der Antike überkommene Weihwasserbekken helfen dem nicht ab. Vielmehr geht sie von dem gewaltig auffahrenden Südturm der Hausteinfassade aus. Er ist dem von Saint-Michel-de-Cuxa nachgebildet und doch von unerhört eigener Ausdruckskraft, sechs quadratische Etagen übereinander getürmt, sämtlich überzogen mit den vermauerten oder durchbrochenen Arkaden des lombardischen Stiles, zuoberst umgeben mit einem an den Ecken stufenförmig überhöhten Zinnenrand.

Es ist viel Schicksal über ihn hingegangen. Wer genau zusieht, vermag an dem kalzinierten Stein die nie ganz vernarbten Wunden der Zeitalter zu entdecken. Doch an dem senkrechten Koloß scheiterte fast jede Angriffswut; er blieb kampfbereit gleich der gesamten Kirche der schießschartenförmigen Fenster, selbstsicher, Zutrauen einflößend, ein wahrer Turm Gottes, wie man sie ähnlich als weithin sichtbare Wegezeichen eines Dorfes, eines Klosters immer wieder entdeckt im Roussillon, wo sich die Straßen der Ebene an den Übergängen des Gebirges zusammendrängen. Allesamt geboren aus dem Bewußtsein steter Bedrohung, zugleich treuliche Lebenswächter, aus deren Glockenstuhl die lokkenden oder warnenden Stimmen des tönenden Erzes über das Land hinausfliegen. Das aufblickende Auge erfaßt den von Elne nicht ganz, so hoch ragt er über das Maß des Empfindens hinaus und ist doch gleichzeitig jedem Menschendasein tief verbunden, der riesige Zeiger einer Sonnenuhr, der das Feuergestirn vom Aufgang bis Untergang um sich kreisen läßt und vollends am Abend und Morgen durch seinen weithin fallenden Schatten die Stunde markiert.

Die Kathedrale trägt einen Namen, ebenfalls schwer von Legende, Santa Eulalia, nach der kindhaften Märtyrerin Barcelonas, die um 305, wie Sainte Foy von Conques, vor Dacian, den Statthalter des Christenverfolgers Diokletian hintrat und ihm sein mörderisches Treiben verwies. Befragt, bekannte sie sich selber als Christin und starb nach grausamer Folterung auf die nämliche Weise wie Jesus aus Nazareth, dem alle Innigkeit ihres jungen Herzens zudrängte: am Marterholz. Es ist das zweite Kreuz, auf das sich Elne berufen kann, das der ausharrenden Beständigkeit, die selbst der letzte Sterbeseufzer nicht brechen kann. Allein, es gibt noch ein drittes. Im Kreuzgang der Kathedrale, der als einer der schönsten des Südens gilt, der einzige zudem, der im Roussillon einigermaßen erhalten blieb.

Die Pilger, die Elne, eine Station ihres Weges, durchzogen, durften den ›hortus conclusus‹ nicht betreten. Er blieb nur dem Himmel offen und seinen Bewohnern, den kleinen Vögeln, die in der Dämmerung Zuflucht vorm gespenstischen Flügelschlag des Hibou suchten, der Eule, die im nahen

Turm wohnte. Und natürlich den Klerikern. Zwischen ihrer Behausung vor seiner Außentür und der Kirche fanden sie hier jene innere Abscheidung, Sammlung und Versenkung, die sie auf das Offizium vorbereitete. Trotz guter Erhaltung hat sich das Aussehen des Kreuzgangs verwandelt. Sein in der Gotik entstandenes Obergeschoß fiel einer neuen Dachkonstruktion für den Unterteil zum Opfer. Man vermag noch die alten Widerlager am Kirchengemäuer zu sehen und noch immer auf einer Treppe zu seiner Höhe emporzusteigen, um einen Blick auf die strenge Geometrie der Dächer, den Südturm und die fernen Albères zu werfen, so wie man vom Parterre noch bis zu einem Teil des Untergeschosses mit seinem Museum der Vorzeitfunde hinabsteigen kann.

Doch das Wunder von Elne, seine Botschaft, seine eigentliche Idee ist der untere Kreuzgang geblieben: die umschlossene Klause auf dem Fels, das Abbild des Gartens Eden im sonnengebeizten oder von Stürmen geschüttelten Land. Von der Patina des Alters getönt, wallen die Galeriemauern, die Arkaden, die Sockel aus weißem, bläulich geädertem Marmor in der vollkommenen Harmonie des Chorales hin. Der schönste ist der südliche, der romanische Flügel. Zu zweit gekoppelt tragen runde, vieleckige oder kunstvoll gemusterte Säulchen mittels einer einzigen Verbindungsplatte die Bögen. Auf je drei Arkadenöffnungen – wer wollte darin nicht eine Anspielung erblicken? – folgt ein kraftvoller Pfeiler, um den Taktstrich zu setzen. Alle Kämpfer, alle Kapitelle sind reich durchgebildet und in Augenhöhe angebracht, damit sich der Blick in ihre Bildwerke versenken kann – Tiergestalten, hinabgebeugte, bezwungene Löwen, verschlungene Greifen, Sirenen, Widder oder auch chimärische Wesen, geboren aus den Abgründen der Seele. Dazu stilisiertes Gerank, entfaltete Palmetten einer vom Geist geordneten und überhöhten Natur, die nicht mehr dem ›princeps mundi‹, dem Fürst dieser Welt, unterliegt. Figürliche Darstellungen bleiben im Roussillon selten, doch auch sie finden sich an: die Erschaffung der ersten Menschen mit dem Sündenfall oder am letzten Pfeiler die Erzählung von einer Königsaudienz, in der man die drei Magier vor Herodes hat sehen wollen.

Der Darstellungsstil nähert sich dem des Languedoc, bleibt jedoch befangen in einem gewissen archaischen Provinzialismus und bekundet im Detail manche Verwandtschaft mit der Grabplatte des Bischofs Guillaume Jorda, die der Galeriewand eingelassen ist; er hat der Diözese von 1172 bis 1186 vorgestanden, womit sich eine Datierung und ein Rückschluß auf die örtliche Herkunft des Steinmetzen aufdrängt. Das Adam- und Eva-Kapitell am Ostende der Galerie allerdings muß als Werk des Raymond de Bianya aus der Provence gelten, der in Elne einen weiteren Bischofsgrabstein hinterließ und vielleicht auch das kleine Reststück einer Auferstehungsgruppe, Petrus und eine verschleierte Frau. Das ergibt einen fast bestürzenden Ausblick. Weisen nicht seine Spuren von der Provence bis Lérida einerseits, bis Italien andererseits, läßt sich solch erstaunliche Breitenwirkung nicht durch politische Zusammenhänge untermauern? Das mittelmeerische Königreich der Herrscher von Aragon erstreckte sich in jener Epoche von Nizza bis Tortosa am Ebro.

Spekulationen, gewiß, und nicht alles erreicht solche Qualität. Die übrigen Galerien des Kreuzgangs von Elne schmücken Kapitelle des 13. und 14. Jahrhunderts, der gotischen Epoche mithin. Teils bleiben es bare Kopien oder Darstellungen ungeschickter Art; auch das Martyrium der heiligen Eulalia im Nordflügel gehört dazu. Teils aber läßt sich wie in der Ostgalerie ein neuer Aufschwung des erzählenden Stiles erkennen, entstanden, als das mallorquinische Königshaus herrschte ...

Während sich hier eine Fülle von Darstellungen, meist aus der Kindheit Jesu ausbreitet, kehrte mein Auge magisch angezogen noch einmal zurück zu jenem romanischen Kapitell des Südflügels, das vielleicht das bedeutsamste im gesamten Kreuzgang ist. An drei Seiten eines Pfeilers wird das den Apokryphen entnommene ›Quo vadis, Domine?‹ geschildert, also Petri Flucht aus dem römischen Kerker, seine Begegnung mit dem Herrn und bittere Umkehr. Ein letztes Echo des im Roussillon so lange wachgebliebenen Geistes der Frühe weht hindurch. Auf der Kämpferplatte ringelt sich drohend, byzantinischen Elfenbeinarbeiten nachgebildet, die Schlange des Unheils. Die Hauptszene läßt in verkürzter Form das Stadttor von Rom, die beginnenden Häuser erkennen, freilich in Bauformen des Roussillon mit seiner Vorliebe für Zinnen und stufenförmig erhöhte Ecken. Über die Mauern lugen Krieger mit Lanze und Horn, die Köpfe wirken altertümlich, naiv. Eisenbeschläge festigen die Flügel des Stadttores; sie gleichen genau jenen auf der Tür zum Kreuzgang in Elne.

Vor dem Tor aber, auf der Via Appia, kniet der eben mit Hilfe der Wächter zum zweiten Mal dem Gefängnis entronnene Petrus, fast ungelenk hingegossen, vor dem erscheinenden Herrn, der sich, angetan mit spitz zulaufendem Priestergewand, dem Jünger zuwendet und ihn beim Arm faßt, während er die Rechte segnend erhebt. Der Stein vermag das Wort, das dabei fiel, nicht wiederzugeben. Doch wie kann es anders gelautet haben als: ›Nimm dein Kreuz auf dich‹? Wandte sich Petrus nicht abermals Rom zu, um sich den Henkern zu stellen?

Das dritte Kreuz von Elne offenbart sich darin, das des Auftrags, der das Selbstopfer einschließt.

Am Fuße der Albères

Die Pilgerkarte von 1648, die meinen Wanderungen zugrunde lag, ließ mich zuweilen im Stich. Von Nebenrouten hielt sie nur wenig und zeigte oft kühne Richtwege an, wo ganze Bergmassive jedes Vorwärtskommen verhinderten. Wie sollte es am Pyrenäenwall weitergehen, an dem wir nun angelangt waren? Immerhin verriet solche Unbekümmertheit eine gewisse Philosophie; am Ende fanden alle Straßen ans Ziel, wenn sie nur auf die andere Gebirgsseite führten. Mir dagegen kam es auf jede Kleinigkeit an, die einst das Pilgerauge erblickte, um die gelebte Welt von damals wiedererstehen zu lassen. Es blieb keine Wahl als jeder vermutbaren Spur nachzuforschen.

Auf diese Weise sind wir südostwärts von Elne noch einmal ans Meer gekommen, nach *Collioure,* wo es mit den flachen Stränden zu Ende ist und eine völlig verwandelte Landschaft anhebt, die der Felsenküste, deren Abstürze den

Fuß der Albères bis zur spanischen Grenze rändern. Der Ort bietet einen Anblick wie wenige. Amphitheatralisch um eine kleine, ultramarinblaue Bucht gelagert, umklammern ihn hüben wie drüben vorspringende Felsenarme, im Norden das längst mit dem Land verbundene Ilôt oder Inselchen Saint-Vincent, im Süden die umbrandeten Klippen von Saint-Elme. Selbst am innersten Punkt der Bucht bricht Fels aus dem Boden. Auf ihn gründen sich, kubisch übereinander gestaffelt, zinnengesäumte Terrassen, alte Wehrbauten und zuoberst ein Schloß, während sich beidseits an seinem Fuß kleine Sandstrände um die geschützten Ankerplätze des Port d'Amont und des Port d'Avall schwingen. Früher, als die katalanische Handelsflotte noch Kurs auf die Levante nahm, belud man hier die Segler mit den Ballen ›ausgerüsteten‹ Tuches von Perpignan für den Export. Hoch vom Château konnten die aragonesischen, dann die mallorquinischen Königinnen aus dem berühmten Empfangssaal ihrer Sommerresidenz auf das Hafentreiben hinabschauen. Übrigens auch die im Burggelände stationierten Tempelritter, denen schon Peire II von Aragon, nicht ohne Nebengedanken, einen Baugrund überließ. Sie bedeuteten eine stete Wache. Nach ihnen nennt sich der Schloßberg Château des Templiers.

Das war er freilich nur für eine Episode der Geschichte. Aber vielen Zeitaltern geht eine halb legendarische Vergangenheit leichter vom Munde als die wenig geliebte Gegenwart. Denn nach dem Pyrenäenfrieden von 1659 verwandelten die Franzosen das ganze Roussillon in ein Bollwerk gegen Spanien. Die Höhen um Collioure überzog Vauban gleich mit drei Zitadellen: dem Fort Miradou im Norden, Saint-Elme im Süden und schließlich der Bastion um das ›Palais Royal‹, das einstige Residenzschloß über der Stadt. Die ringsum seit den Ligurern gewachsene Ansiedlung, den Kern eines bürgerlichen Collioure ließ er samt der Kirche Sainte-Madeleine abreißen, um Schußfeld für Flinten und Kanonen zu schaffen. Eine sinnlose Tat. Politischer Spürsinn hätte seinem königlichen Herrn in Paris sagen müssen, daß Spaniens Kraft gebrochen war. Vom alten Collioure der Fischer und Seefahrer blieb daher nur das nördliche Viertel übrig, das Quartier du Mouré der absteigenden Gassen hinter der ehemaligen Vorburg Saint-Vincent auf den Klippen; weil es eines Gotteshauses bedurfte, baute man auf den vorgelagerten Strand 1691 eine neue Kirche und nutzte den seitlich herausgeschobenen, antiken ›Phare‹ mit aufgesetztem Achteck und rötlicher Haube als Glockenturm.

Dieser Kirche wegen weilte ich hier. An der Außenwand findet sich ein Pilgerzeichen, die Santiago-Muschel, eingelassen, und im dämmernden Innern steht auf dem Retabel der zweiten Kapelle rechts über der Hauptfigur, Christus, der Heilige der großen Straße ›en pèlerin‹ auf dem Muschelattribut, unter sich zwei gekreuzte Pilgerstäbe. Was tat er hier? Als Wallfahrerkirche konnte der späte Bau kaum mehr gelten. Hatte er stellvertretend die Rolle der zerstörten Vorgängerin in der Oberstadt übernommen? Ich kam nicht zu Rande und fand erst später, nach vergeblicher Erkundung, unter den Platanen des Cafés vor der Stadtmauer zum Nachdenken Zeit. Führte hier wirklich ein Santiago-Weg über Port-Vendres, den ›Hafen der Venus‹, und Banyuls, die Heimat Maillols, bis Port-Bou und weiter nach Gerona und Barcelona? So gewiß nicht in jener Zeit, als von See die Piraten drohten und hinter jedem Felsbrocken ein Sarazenenkopf auftauchen konnte, und auch nicht in der absolutistischen Epoche, als sich die Grenzen in schwer bewachte Bollwerke verwandelten. Es blieb ein Rätsel. Dennoch, etwas anderes blieb auch.

Ach, Collioure, altes Kleinod des Roussillon, gebildet aus gegensätzlichsten Elementen, aus Fels, Burggemäuer und dem Anbranden der blauen See gegen das Felseneiland Saint-Vincent, aus Geschichtsfetzen, die nur noch ein Blick durch den Spalt eines Fensters sind, aus ligurischer Legende endlich, durch die der Name einer Prinzessin Pyrene geistert – trotz des unaufhörlichen Fahrzeugstromes, der dich von und nach Spanien durchquert, noch immer verzaubert uns dein Bild wie 1205 Maria von Montpellier und später die ersten Maler der ›Fauves‹, Braque, Othon Friesz, Matisse, Derain. Sie alle ließ das ewige Widerspiel von Meeresglanz, hartem Fels und bunten Booten nicht los. Es liegt etwas Unvergängliches im Anblick dieser Bucht, hoch und fern überragt von der Tour Madeloc in der grünen Bergeinsamkeit der Albères, von der in mittelalterlicher Zeit die warnenden Rauchsäulen aufstiegen oder die lodernden Feuersignale zur Tour de la Massane, nach Laroque-des-Albères und Elne hinüberleuchteten, wenn ein Feind sich nahte.

Etwas tief ins Herz Sinkendes ging für mich von der blauen Bucht mit den hüpfenden Lichtreflexen aus, als ich unter den Platanen am Rande des Strandes von Boramar nahe dem kleinen Yachthafen an der Einmündung des Douy-Baches saß, der in den Zeiten der Schmelze hoch vom Col de Mollo herabstürzt. Dieser ins Meer vorgeschobene, von Verheißung umgeisterte Gebirgsfuß, er verwandelte die oft von leiser Wehmut überschattete Stunde der Rast für den Umgetriebenen in eine Rückkehr zu sich selber und seinen Träumen. Mit Collioure hob doch die endlose Pyrenäenkette an, die soviel Pilgerschicksal bedeutete, während sein Auge aus dem Anblick die Zuversicht für einen neuen Aufbruch schöpfte.

Ein schimmernder Morgen, der seine Lichtschächte immer tiefer durch das Laubdach der Wälder trieb, um die letzte Dunkelheit zu verscheuchen. Der Specht hämmerte, der Kuckuck rief, Wiesen und Gärten zur Rechten versteckten sich noch im Dunst. Am Nordrand der Albères ging es nach Westen, diesmal auf legitimer, von Elne einschwenkender Pilgerstraße ins Vallespir. Uralte Namen hüben wie drüben. Voraus Ortaffa, schwer von Legende, linkerhand im Berg die Trümmer von Ultrera, dann Laroque-des-Albères, in dem sich einst König Jaime II vor der Heimtücke des aragonesischen Bruders verbarg. Allenthalben längst erloschene Erinnerungen, begraben vom Moder der Zeit, über dem sich nun der Blumenteppich des Frühjahrs wiegte. Zank, Hochmut, Streit, mit Gerank übersponnen, meterdickes Mauerwerk in der Schwärze einer Sturmnacht zusammengepoltert, uralte Klöster den Räuberhänden der Geschichte, der Zudringlichkeit ringsum wuchernder Dörfer erlegen …

Die Abteien! Wie hätte sich früher, als das untere *Vallespir* noch einsam, reiche Ernten verheißend dalag, der Mönch nicht als Vorposten der Menschen, als Zuflucht der Pilger ansiedeln sollen? Nur die Kirchen blieben davon, wenn auch vielfach verwandelt, denn Gott konnte jedes Zeitalter brauchen, wenn man nicht weiter wußte, und jede Epoche spürte in sich das Ende. Saint-André-de-Sorède kam in Sicht. Wir zogen für diesmal vorüber; eine knappe Wegstunde weiter lag *Saint-Genis-des-Fontaines,* eine Stätte des Ursprungs, welche die Maße setzte. An der Dorfkirche von heute findet sich als Türsturz ein Stein aus härtestem Marmor und gibt eine Botschaft aus unendlich verschollenen Zeiten preis. Der Hammer des Bildhauers, der ihn vor tausend Jahren schlug, scheint noch immer zu tönen. Wer ihm zum ersten Mal gegenübertritt, steht ob seiner archaischen Einfalt bestürzt, wenn er überhaupt begreift, was gemeint war.

Die Kirche, einst Mittelpunkt einer vor 819 gegründeten Benediktinerabtei, liegt ein wenig seitab, doch nahe der durch das Nest kurvenden Straße. Neben sie reiht sich eine kleine Häuserzeile, vor der die Frauen endlose Palaver halten; gegenüber reifen in einem kleinen ummauerten Garten Orangen. Von der Architektur läßt sich wenig berichten: eine ins Schiff vorspringende Vierung mit Durchblick zu den Apsiden, uraltes Mauerwerk aus Bruchstein, an den Ecken mit wechselnd hoch oder quer gesetzten Hausteinblöcken verfestigt. In den Gewölben Spuren alter Malerei, auf einem Altar stehend der Patron der Pilgerstraße, Jakobus.

Was freilich bedeutet das schon? Alles kommt auf das Portal an. Gewiß nicht auf die seitlich der Mauer eingelassenen Liegefiguren, sondern einzig den Türsturz. Er bedeutet den frühesten Kelch, aus dem die Seele in diesem Lande Zuversicht trank, das Leben, also auch den Geist, dem es sich anvertraute, und ist obendrein der erste seiner Art in ganz Frankreich, der Anbeginn romanischer Bildhauerei im Roussillon. Palmettengerank umzieht ihn. Eine schöne Inschrift auf dem Oberteil des Bildraumes gestattet eine Datierung um das Jahr 1020. Darunter zieht sich als Hauptdarstellung ein ›Apostolado‹ ins Quere: Christus thront mit segnend aufgehobener Hand in einer ovalen, zusammengesetzten Glorie, die eine orientalische Mandorla und den himmlischen Globus hellenistisch-römischer Vorstellung miteinander verschmilzt. Zwei in jäher Bewegung zurückgekrümmte

Engel stützen die eigenwillige Majestas Domini. Links und rechts davon reihen sich unter perlengeschmückten Hufeisenarkaden je drei Apostel, unterschiedlich in der Gebärde, doch völlig gleichförmig aufgefaßt: die Köpfe, die Hände übermächtig groß, die Körper puppenhaft, überzogen mit scharf betonten Falten in einem verwirrenden geometrischen Spiel, offenbar Handschriften nachempfunden.

Was da so arachaisch und scheinbar naiv vor Augen tritt, läßt sich nicht unter dem Aspekt der Schönheit verstehen und, angesichts der vollkommenen Ornamentik des Rankenwerkes, noch weniger als Ungeschicklichkeit deuten. Nach dem Verstummen der Kunst um die Jahrtausendwende wagt der Steinmetz von Saint-Genis eine neue Aussage. Er will nichts als dies, das Heilige, Überirdische bildhaft machen; im Zwiespalt zwischen Aufgabe und menschlicher Körperdarstellung hat er sich ausschließlich graphischer Mittel bedient, um sein Thema zu durchgeistigen. Ein Kind wird sofort verstehen, was gemeint ist. Allein, das schöpft die Bedeutung des Werkes nicht aus, auch nicht seine Absage an die Antike. Von nun an wird die Eingliederung der Figur in den architektonischen Rahmen ein Kanon romanischen Empfindens bleiben; die Köpfe der Apostel fügen sich den Arkadenbögen so vollkommen ein, als bildeten jene einen zweiten, vergrößerten Nimbus.

Noch fehlt freilich dem Türsturz ein entscheidendes Element wiedererwachter Bildhauerei, das Plastische. Im nahen *Saint-André-de-Sorède* wird es versucht. Auch seine Kirche, nahe der Place Arago, verrät den heiligen Ernst der Frühe: diese vorromanischen Bruchsteingemäuer, die der Außenwand eingelassene Apostelfigur, die von corduanisch-muselmanischen Erinnerungen durchwehten Palmettenornamente der wunderbaren Altarplatte, die Fensterumrahmung über dem Portal endlich, deren Unterseite mit den Evangelistensymbolen die Hand des Meisters von Saint-Genis verrät – auch hier stößt der Darstellungswille allenthalben ins Überirdische vor, das nach der Auffassung der Zeit gerade im Gegensatz von rauhem Baumaterial und kostbarer Durchbildung des Schmuckwerks aufleuchtete.

Ganz gewiß vermeinte der Steinmetz des Türsturzes folgerichtig zu handeln, als er die Thematik von Saint-Genis mit geringen Abwandlungen übernahm, freilich, um seine Sache besser zu machen. Die archaische, monumentale Graphik wich dem Versuch, um einer menschenähnlicheren Darstellung willen den minimalen Raum von nur anderthalb Zentimetern zwischen Plattengrund und Figurenplastik durchzumodellieren, ja durch eine gesteigerte Ausdrucksgebärde anzureichern. Sein Vorhaben mißlang. Er war nicht so weit. Die naive, hoheitsvolle Strenge von Saint-Genis ließ sich durch eine malerische Bewegtheit nicht ersetzen, die fließende Ornamentik des Rahmens nicht durch eine stockende Führung seiner Palmetten; sie sollte reicher wirken und brachte das Werk doch um seine innere Größe.

Le Boulou ist ein kleines Bad, hüben und drüben des Tech, der hier, wo sich das Tal verengt, nahe ans Gebirge herandrängt. Noch lassen sich Befestigungsmauern im alten Ortsteil hoch auf dem rechten Ufer erkennen, doch ist über die Vergangenheit wenig bekannt. Nur, daß Hannibal, über den Col de Perthus herabgestiegen, durchpassierte und nach ihm alles, was den bequemsten der Pyrenäenübergänge benutzte. Auch die Pilger; die einen, um über Junquera nach Gerona und dem Montserrat zu wandern, die andern, um den Weg nach Westen ins Vallespir und nach Ripoll einzuschlagen.

Wie sich das im Roussillon immer von neuem und immer anders einstellt: die Schicksale sanken ins Gestaltlose ab, die Kunst, diese dichteste, sublimste Hinterlassenschaft der Seele blieb. Ein bedeutender Meister hat hier gewirkt. Von der platanengesäumten Place de la Mairie kurvt ein Sträßchen, die Rue Neuve auf die kleine Anhöhe über dem Fluß. Daran liegt nach wenigen Schritten eine Kirche mit einem erneuerten Backsteinturm und einer Fassade, die einem Triumphtor italienischer Manier gleicht, flankiert von vorgelegten Säulen nebst Kapitellen der klassischen Art des Roussillons. Diesen Zugang überhöht eine einzige Archivolte, gesäumt von einem flachen Band mit Pflanzengeschlinge und sternförmigen Blumen. Ein ›historisierender‹ Fries umfängt das Ganze. Auf ihn kommt es an.

Es mutet ganz einfach an, was hier erzählt wird, nur mit

dem Erkennen tut man sich etwas schwer, so dicht, einfallsreich und zugleich fast zierlich wird alles ausgesponnen. Der Bildhauer schildert die Kindheit Jesu, aber auf seine Weise. Während die Tiere der Herde – es sind Kühe – erschreckt vor dem Himmelsboten davonstieben, verkündet der Engel den Hirten die frohe Botschaft. In der Geburtsdarstellung lagert die Jungfrau auf einem Bett direkt am Boden, und schon weiß man, um wen es sich bei dem Meister handelt: sie trägt das gleiche, gewellte Haar, das röhrenförmig gefältelte Brusttuch, zeigt die nämliche verlängerte Hand wie zu Cabestany. Wo Joseph nachdenklich dahocken müßte, steht gekrümmt ein Engel. Ochs und Esel aber strecken ihre Mäuler vor bis in die Nähe des blumenförmigen Sternes über der Szene. Die Kreatur weiß Bescheid, was hier vorgeht, sie bedarf keiner Verkündigung. Nunmehr muß das Kindlein gebadet werden. Zwei Hebammen besorgen es, während dahinter, welche hübsche, ergreifende Idee, Joseph die Tunika ausbreitet, um den zarten Körper einzuhüllen. Noch einfallsreicher geht es beim Besuch der Drei Könige her. Schon beugt der eine von ihnen sein Knie, im Hintergrund aber verharren noch immer die Pferde mit heftig vorgestreckten Beinen; sie scheuen erregt vor der Heiligkeit des Anblicks zurück. Die Könige sind angetan mit kurzen Reitermänteln, engen Schuhen und an der Spitze umgeschlagenen Mützen, damit man sieht, daß sie aus der Fremde kommen. Der Stern, der sie geführt hat, ist unterdessen weitergewandert und steht zwischen der Jungfrau, die das Kind darbietet, und einer Dienerin.

Lugt hinter dieser reichen Erzählung nicht der Hinweis auf die Pilgerstraße hervor? Allenthalben läßt sich an ihr das Dreikönigsmotiv als Symbol des Heilsweges finden! Bei der Flucht nach Ägypten ist die Jungfrau auf dem Esel en face dargestellt, damit erkennbar wird, wie feierlich sie ihr Kind, den künftigen Herrn der Christenheit, auf dem Schoß hält. Endlich langt die Heilige Familie in Ägypten an; drei Männer – oder sind es Engel? – bewachen ihren erschöpften Schlaf. – Es ist das köstliche Werk eines geborenen Erzählers, und sein Zauber liegt darin, daß die gesamte Umwelt mitspielt, der Mensch, der Stern, das Getier. Denn das Ereignis von Bethlehem geht alles an, Himmel und Kreaturen. So sah es jedenfalls jener ergriffene Meister, der an der Pilgerstraße entlangzog, um seine Bilder der Anmahnung und Hinweise zu schaffen, die Beschwörung und Poesie zugleich sind...

Abermals: wie sich das im Roussillon stets von neuem einstellt! Die Generationen vergingen, Wälder vermorschten, Lebensformen verwandelten sich. Die Kunst, diese Quintessenz vergangenen Daseins und seiner Aufbruchsstimmung, nach der es uns in der Wüste einer immer abgeflachteren Zeit dürstet, sie blieb. Sie trägt und verbirgt jene Kontinuität in sich, ohne die wir nichts als ausgesetzte, immer fragwürdiger scheinende Existenzen wären. Nur anderthalb Kilometer südlich der Thermen von Le Boulou, kurz vor dem Punkt, an dem sich die alte Römerstraße über den Col de Perthus von der nach Westen ins obere Vallespir führenden trennt, jenseits der sprudelnden Rome abermals ein Ereignis. Millionen von Schicksalen, Schemen, die keine Spur mehr verrät, sind während eines Jahrtausends vorübergeglitten und haben es achtlos liegen lassen, und doch ist es das erregendste Werk im Roussillon.

Seitab der Straße nämlich verbirgt sich hinter schattigem Vorplatz ein bescheidenes, graues Gotteshaus unter dunklem Dach. Nach Westen schiebt es einen winzigen Vorbau mit einem Schartenfenster gleich einem gemauerten Backofen heraus. Es ist das Kirchlein von *Saint-Martin-de-Fenollar,* dessen Alter sich kaum mehr festlegen läßt. Hufeisenförmige Bögen im Innern, die ebenso überwölbte Apsis mit ihren drei Meter zwanzig Länge und zwei Meter vierzig Breite ließen Puig i Cadafalch an mozarabische Einflüsse denken; Juan Ainaud glaubt nach jüngsten Untersuchungen an das Nachwirken einer westgotischen Tradition. Jedenfalls ist das Gemäuer uralt, der Substanz nach vorromanisch. Man betritt das Innere durch einen seitlich vorgelegten ›enclos‹ mit einem Steinkreuz. Ringsum reiften eben die Kirschen in prangender Fülle, vollkommenes Schweigen herrschte, während sich die weitere Umgebung im Blattgrün der Weinhügel und beginnenden Wälder des Perthus-Passes verlor.

Das Wunder von Saint-Martin ist freilich nicht in der üppigen Vegetation zu finden, sondern in seinen Wandmalereien, vornehmlich der Apsis, zu der eine Stufe hinanführt. Von einer, später brutal ins winzige Chorhaupt gebrochenen, längst wieder verschlossenen Öffnung abgesehen, völlig mit Fresken der ›guten‹ Art überdeckt. Will sagen, direkt in den frischen Putz aus gemahlenem Marmor eingebrachten Farbdarstellungen, die durch den Kalzinierungsprozeß bei der Trocknung unlöslich mit ihrer Unterlage verschmolzen, was ihre Leuchtkraft, ihre Erhaltung, aber auch die Verve des Pinselstriches erklärt. Der Maler aus der Zeit kurz nach 1100 mußte, ohne Vorzeichnung obendrein, rasch arbeiten, entschlossen, kühn, visionär.

Immerhin, sein Thema brauchte er nicht zu erfinden, es wurzelte fest in seiner Phantasie. Es ist aus tausendfältigen Abwandlungen in der romanischen Zeit bekannt und doch wieder das Übliche nicht. Im Gewölbe der in der Wolkenmandorla thronende Christus, umgeben von Engeln, welche die Tiersymbole der Evangelisten tragen; Inschriften auf den Bändern, die den oberen Gewölberaum von dem Register darunter trennen, erklären sie in vier Versen aus dem ›Ostergedicht‹ des Coelius Sedulius aus dem 5. Jahrhundert. Ripoll besaß mehrere Ausgaben seiner Werke. Maria erscheint in gewohnter Ikonographie karoförmig umrandet auf der Wölbung des Chorhauptes. Getrennt durch eine reich ornamentierte Bordüre zieht sich in einem zweiten Register darunter die Darstellung der vierundzwanzig Ältesten mit ihren geschwungenen Rebecs und erhobenen Krüglein als Zeugen der apokalyptischen Vision vor einem vierfach gefärbten Bande hin, aufsteigend von Dunkelrot, Gelb über erneutes Rot zum Grün.

Im unteren Register endlich spielen sich die erzählenden Szenen ab. Die Verkündigung des Engels an die bestürzte Jungfrau, die Christgeburt, bei der Maria auf einem Himmelbett liegt; Christus indessen ruht, schon ausgewachsen und mit Heiligenschein versehen, auf einem Pfostenlager. Forscher haben darin einen Altar erkennen wollen, der auf die Erlöserrolle des Herrn anspielen soll. Die Verkündigung an die Hirten ist fast völlig zerstört und von der Dreikönigsszene nur noch das Herantreten der Magier zu gewahren. Dann wenden sie sich nach den Pferden zurück, deren Köpfe an Kinderzeichnungen erinnern. Eine noch breitere, geometrisch reich gemusterte Bordüre beschließt das Register nach unten. Den Sockel bedecken nach byzantinischer Art gemalte Draperien aus fahlem Gelb.

Das Ereignis ist die Malerei als solche, vornehmlich der erzählenden Szenen. Gewiß katalanischer Tradition verhaftet, durchbricht sie entschieden jeden Kanon der Darstellung. Da eine überschwengliche Farbgebung, hier ein dunkles Rot, dort der krasse Widerspruch zwischen kunstfertiger Dekoration und gewollter Deformierung der Gesichter. Gelegentlich mischen sich schwarze Konturierungen, der Mut zu ausdrucksvoller Häßlichkeit, so im Kopf der Gottesmutter, ins Bild. Einem breit hinstreichenden Pinselduktus ist eine Lippe wie ein Schnörkel aufgesetzt. Das weiße, haubenförmig als Burnus über den Kopf gezogene Untergewand der Maria steht kraß gegen die als Erhöhung eingebrachten, gleichsam auseinandergefalteten Töne der Halspartie. Einige Hintergründe des Gewölbes zeigen sich in rautenförmiger, flüchtiger Musterung, reich fächert sich endlich die Skala der auf diese Weise zum Medium der Darstellung gewordenen Farben auf: Grün, Weiß, Ocker, gelegentlich Schwarz, einige Blautöne, während das Rot dominiert.

Ein lautloser Sturm des Ausdrucks durchdringt das Ganze wie das Werk eines Expressionisten. Mit anderen Worten, der Maler von Saint-Martin versucht zu den Quellen der Kunst schlechthin vorzustoßen. Was er übrigens auch in den geringen Resten der nahe gelegenen Kirche von Ecluse-Haute bewies, wo er ebenfalls arbeitete – zeitlos, revolutionär, dem heutigen Empfinden so nahe wie wenig anderes.

Wie gesagt, die Pilger vom Anfang des 12. Jahrhunderts zogen auch hier ganz nahe vorbei, wie sie alles, das sich am Fuß der Albères zusammendrängte, zu sehen vermochten. Aber fanden sie zur Versenkung Zeit? Sofern sie durch die endlosen Kastanienwälder über den Perthus, den Vauban später gleichfalls befestigte, nach Gerona zogen, konnten sie sogar, wie der Wanderer unserer Tage, vom Ort Perthus aus zum Pic des Trois Termes aufsteigen, um von der Höhe noch einmal der Landschaft inne zu werden, die hinter ihnen lag: der Kämme und Schluchten der Albères wie der fernen Ebene des Roussillons mit ihrem Kranz der Küstenteiche, der Einschnitte des Conflent und Vallespir oder, im Umwenden jener, die sie erwarteten, der Costa Brava bis zur Bucht von Rosas.

Unterstellen wir indessen nicht, was ihnen das Gesetz ihres unerhörten Marsches untersagte, das Abschweifen, wiewohl es Gottes eigenes Land war. Lassen wir sie weiterwandern nach Süden, um nach Saint-Martin-de-Fenollar heimzukehren und von dort die Route durchs hohe Vallespir über Arles-sur-Tech nach Ripoll einzuschlagen.

Der Weg nach Ripoll

Meine Mutter liebte es leidenschaftlich zu reisen. Sie kam nur selten dazu, aber sie wußte sich auf ihre Weise zu helfen. Noch als sie über achtzig zählte, überraschte ich sie vor einem aufgeschlagenen Atlas, die Lupe dicht vor den Augen.

»Wohin geht es diesmal?«

Sie blickte kaum hoch, wie stets, wenn ihre Gedanken über die Weltkugel spazierten, und tippte auf ihre Karte: »Dahin habe ich immer einmal gewollt.«

»Ins Roussillon?« – Seit ich ein Kind war, sprach sie davon!

»Und ins Vallespir; es klingt gut, findest du nicht?«

Sie nahm ihren Wunsch mit ins Grab, einige Meter vor der holländischen Grenze. Sie war ein Kind der Ebene, hatte niederländisches Blut in den Adern und besaß daher, wie ihre meisten Landsleute, eine Schwäche für Berge und die klangvollen Namen des Südens ...

Ich hatte es besser, weilte seit Wochen im Land ihrer Sehnsucht, seit Tagen dort, wo es am fruchtbarsten ist, in Céret mitten im Vallespir und dachte mit leisem Schmerz an ihre unerfüllt gebliebenen Träume. Morgen sollte es weitergehen. So zog ich noch einmal allein über die alte Tech-Brücke im Norden bis zur Sägemühle hinaus. Ein wunderbarer Abend dunkelte über dem Land. Über der samtschwarzen, zum Perthus abflachenden Silhouette der Albères hing der volle Mond, gelb und prall, eine reife Frucht. Sein Licht geisterte durch das weite Tal der Obstgärten, der Kirschen, die hier schon Mitte April auf den Markt kommen, und verwandelt die Baumreihen in eine endlose Schattengeometrie. Über den Gemüsefeldern hingegen dünstete es bleich, und im Umwenden erblickte ich das riesige Massiv des Canigou mit einigen verlorenen Lichtern in den Hängen. Auf ferner Kuppe glitzerte Schnee, während sich voraus der mächtig geschwungene Bogen der Tech-Brücke aus dem 14. Jahrhundert, des Pont du Diable, mit seinem Spiegelbild zu einem Tor der Finsternis zusammenschloß, aus dem glitzernde Lichter rannen.

Mein Herz wurde schwer, dies alles zu lassen. Hinter uns lagen erfüllte Tage. Neben dem Ruf anmutiger Umgebung besitzt *Céret* den Ruhm eines ›Mekkas des Kubismus‹; gebannt hatte ich noch am Nachmittag im Musée d'Art Moderne des winzigen Städtchens vor den Arbeiten einer Handvoll Künstler gestanden, die um 1910 die »Atmosphäre und das Genie« des benachbarten Spaniens, dem einst auch der Ort zugehörte, wiederentdeckten: Manolo, Burty, dann Braque, Juan Gris, Picasso, der einen Saal voller Bilder hinterließ. Das war auch etwas Unverlierbares am Pilgerweg!

Pilgerweg? Verlief hier überhaupt eine Santiago-Route? Die Karte schwieg sich aus. Andererseits stellte der Tech-Grund die beste Verbindung zwischen zwei seit alters bekannten Stationen dar, Le Boulou eben, das freilich nach Süden, zum Perthus wies, und dem Col d'Arès, von dem es weiterging nach Ripoll, Montserrat, schließlich auch Lérida und Santiago. Warum nicht kühn dem Wegenetz eingliedern, was doch von Natur aus verbunden schien? Immer waren Menschen durchs obere Vallespir gegangen, warum nicht auch Pilger? Nachdenklich schritt ich über die Tech-Brücke zurück, heim zum Hotel an der Place du Picasso, wo die Gefährten warteten: über den Ravin des Tins, unter den riesenhaften Leibern der Platanen an den Cours hinweg, im Ohr noch immer das leise Rieseln der Bewässerungskanäle, welche die Obstgärten durchziehen. Das ganze Land schien von diesem zarten Rauschen erfüllt, auf das hoheitsvoll und schweigsam der Canigou hinabsah. Adieu Céret, auf ein anderes Mal, und wo nicht, so in Gottes Namen auf immer. Loht einmal der große Brand des Gerichtes über die Erde, werden deine Menschen sich rechtfertigen können: hier war der Friede zuhaus.

Kommenden Tages ging es beim Morgengrauen nach Westen. Zu Fuß. Das wichtigste Pilgererlebnis, die Überwindung des Passes, wollten wir unter Körpermühe bestehen. Wir, das waren auch diesmal meine Frau und ich, während Freund Eugen den Wagen nachfuhr, um an vereinbarter Stelle zu warten. Der Tag war zum Wandern geschaffen, nicht heiß, nicht kalt, dazu die Steigung nur mäßig, die Aussicht auf den wachsenden Canigou, die Albères schöner von Mal zu Mal. Hoch zur Rechten erschien ein Dorf, dicht um eine Kuppe gedrängt, ein zum Letzten entschlossener Heerhaufen, die fahlen Dächer als Schilde gegen den Himmel erhoben. Da spürt man deutlich den Erdentrotz, den Beharrungswillen in der wogenden Flut der Berge: *Palalda,* ein Name wie einem Epos entnommen. Das Herz flog ihm entgegen.

Mit *Amélie-les-Bains* im gewundenen Flußgrund hatte es dagegen sein Bewenden. Es war zu schön. In sorglich gepflegten Parks wandelten Damen im Pariser Chic unter Palmen, Mimosen, zwischen Agaven und Oleander; es paßte genausowenig zum Wildwuchs der großen Landschaft wie die snobistische Attitüde von Grand Hôtel oder Villa. Architektur kann verlogen sein, aber zu lügen vermag sie nicht. Gewiß gab es tief im Mondony-Grund versteckte Thermen, die schon den Römern gegen Katarrh und Gliederreißen halfen, dazu eine seit über tausend Jahren zerstörte Abtei, rauheres Altertum also – aber etwas unsäglich Abgestandenes, eine undefinierbare Fin de siècle-Stimmung hing über allem. Wir wichen bald; Arles-sur-Tech lag nur dreiviertel Stunde entfernt, ein Industrienest zwar mit Eisenhütten, die das Erz aus den Bergen hüben und drüben aufbereiteten, dazu mit nüchternen, engen Gassen, in die das Scheppern von Lastwagen, Klappern der Webstühle dringt, aber von ehrlichem Grau.

Arles verdankt seine Entstehung einer Benediktinerabtei. Es war jene, deren Bauten sich ursprünglich im Mondony-

Grund verbargen, bis sie den Normannen zum Opfer fiel. Die Ansiedlung vier Kilometer westwärts auf dem erhöhten Tech-Ufer verhieß den Mönchen mehr Sicherheit. Wahrscheinlich prägte das Gefühl steter Bedrohung auch das Aussehen der – nimmt man den kahlen Kreuzgang aus – einzig noch stehenden Kirche, die heute im Auf und Ab der Gassen liegt. Sie entstand ja in großen Teilen vor 1046, einem Zeitalter aufkeimender Hoffnung, gewiß, allein die seelische Erschütterung der Jahrtausendwende durchbebte die Menschen noch immer. So blieb sie eher schmucklos; wer den mächtigen lombardischen Glockenturm betrachtet, erschrickt fast. Das ist bare Festungsarchitektur, die herbste im ganzen Roussillon. In fünf Geschossen fahren Rundbogenöffnungen, mal schmaler, mal breiter, bis zur Zinnenbewehrung empor, damit die dröhnende Stimme der Glocke hinausfliegen kann. Doch sonst ist nichts da, nicht Arkade, nicht Sims. Allein, welche Kraft der Aussage, wieviel Schicksalserlebnis spiegelt gerade die rauhe Wucht des Steines!

Auch der Sarkophag im Winkel seitlich vom Eingang, diese ›Sainte Tombe‹ aus dem 4. Jahrhundert, die sich alljährlich auf rätselvolle Weise mit hunderten Litern klaren Wassers füllt, bleibt archaisch-nüchtern. Die darüber eingelassene Grabfigur des Guillaume Gaucelme de Taillet zählt daneben genausowenig wie der im Kreuzgang eingemauerte, abgegriffene Altarstein. Von der frühen Fensterumrahmung oberhalb des Tympanons wäre schon eher zu reden. Da verschmelzen Palmetten und Blüten zu feinstem Gerank, doch zugleich krümmt sich dort eine Schlange: hüte dich! Vielleicht sollten enigmatische Schriftzeichen zuoberst auf dieser Portalwand einen höheren Gedankenflug andeuten, aber nur auf dem Tympanon nimmt er Gestalt an, das einem Vorbild in Saint-Genis-des-Fontaines verpflichtet scheint. Auf ihm ist der thronende Christus in der Mandorla zu sehen, der Mitte eines griechischen Kreuzes einbeschrieben. Medaillons auf den Armen zeigen die Evangelistensymbole. Mag sein, daß den Steinmetz eine Goldschmiedearbeit oder ein Elfenbeinkreuz inspirierte, wie einige Forscher meinen. Aber bleiben das nicht akademische Fragen?

Schwerer wiegt doch die Erkenntnis, daß Kunst hier dem

Wesen nach Heilssuche war. Wieviel inneres Ringen brauchte der Meister jener Epoche, bis er in seinem Erschauern vorm Allerheiligsten wagte, den Herrn in Menschengestalt wiederzugeben! Auch der Bildhauer von Arles bleibt noch ganz flach; Körperlichkeit suchte er nicht zu erreichen und war doch unmerklich schon einen Schritt über das bloße Attribut und das Graphische hinausgegangen; er formte mit dem Meißel bereits, ließ Licht und Schatten mitspielen. Er mußte das, denn er sah es. Da deutete sich der neue Weg an: das Heilige drängte in die Gestalt; sie konnte nicht länger verschwiegen werden, löste sich aus dem Stein wie eine Knospe, die aufbrechen will.

Es war ein subtiler Zusammenhang, jene Kontinuität, die wir in Saint-André-de-Sorède vergeblich suchten. Hochgestimmt zogen wir aus der grauen Stadt, die so wenig zum Verweilen einlädt, weiter ins strenge Hochtal.

Der Weg nach Prats-de-Mollo zog sich hin, teils durch kahl werdende Hänge, teils durch bebuschtes Bergland. Der *Pas de Loup,* das Défilé de la Baillanouse, über das 1940 nach wilden Regengüssen das Unheil eines gewaltigen Erdrutsches hereinbrach, blieben hinter uns. Als wir müde anlangten, sank der Abend. Es war in der hohen Senke zwischen den Südhängen des Canigou und der Costabonne plötzlich empfindlich kalt. Im Touristenhotel draußen vor der Porte de France gab es Quartier, im Kamin der Empfangshalle brannte sogar ein wärmendes Feuer.

Prats-de-Mollo ist ein ehedem befestigtes Grenzstädtchen. Durch die Unterstadt führt vom ostwärtigen Tor eine grade Straße mit Läden und lärmenden Kneipen zur ›Place d'Armes‹; dort biegt eine Stufengasse zur alten Kirche empor, die von einer Croix des Outrages beherrscht wird. Vom nahen Chemin de Ronde fällt der Blick fern ins Hochtal des Pic de Costabonne, an dem der Tech entspringt, vor allem aber auf die ›Ville d'amoun‹ jenseits des trockenen Ravin oder Wildbaches, die Oberstadt, in der zur Wallfahrerzeit die Grafen von Besalú residierten. Die Pilger hatten es nicht mehr weit bis zum Col d'Arès, dem höchsten Punkt ihrer Wanderung nach Ripoll, und auch wir am nächsten Morgen nicht.

Dennoch, die Mühe des letzten Anstiegs! Kurve um Kurve

ging es im Steilhang empor, fast drei Stunden lang. Da merkte man, was ein Pilgeralltag bedeutet hat. Alles war naß. Schwaden rauchten über die Hänge, grasende Kühe entschwanden im Nebel, während der Fuß möglichst gleichmäßig ausschritt. Nur nicht anhalten, jedes Stehenbleiben machte die Gliederstrapaze, die uns vom Vortag noch in den Knochen saß, doppelt spürbar. Seitab mußte tief im Dunst Notre-Dame-du-Coral liegen, einst hochverehrt. Der Weg durchs Ungewisse wollte nicht enden. Bis es plötzlich aufklarte; wir befanden uns in der letzten Kehre, das Land hinter uns fiel in grenzenlose Weite hinab. Wenig später war die Paßhöhe erreicht, heute spanische Grenzstation. Der Wagen wartete schon mit offenen Türen. 1513 Meter Höhe, das mochte dem Freund mit seinem Fahrzeug nicht sonderlich viel erscheinen. Wir aber standen nur aufatmend still, genossen trotz aller Erschöpfung jenes Triumphgefühl, das jeder bewältigte Anstieg auslöst. Vor uns unter einer Wolkendecke versteckt Katalonien; nur die Kuppen ragten hoch über das wabernde Meer. Ringsum kahles Hochland; braun, vom Schnee zu Boden gedrückt lag der Farn ...

Es hat dann nicht lange gebraucht, bis sich die Täler unter den Wolkenbänken öffneten. Wir rollten bereits im Grunde des Ter entlang. Zaghaft grünten die ersten Birken. Wiesen senkten sich, in den Hängen ein Dorf, *Mollo,* überragt vom lombardischen Kirchturm, alsbald *Camprodón* im nassen Grund, früher eine Etappe, endlich auch *San Juan de las Abadesas.* Es geht auf ein Nonnenkloster des 9. Jahrhunderts zurück, dem ein Chorherrenstift mit einer Pilgerherberge gefolgt war. Man spürte es schon am bedeutsameren Zuschnitt des Städtchens: die Kirche lag großmächtig am Ende einer langen Straße, das Innere beherrscht von einer herrlichen, farbig gefaßten Figurengruppe, dem ›Santo Misterio‹, einer Darstellung der Kreuzesabnahme von 1250. Endlich war es nach kurzer Fahrt entlang des Ter so weit: *Ripoll.*

Für die Wanderer von einst muß es ein überwältigender Anblick gewesen sein; heute verstellt ihn eine Häuserzeile der Vorstadt. Auf leichter Anhöhe nämlich erhebt sich jene mächtige Benediktinerabtei, die eines der großen Pilgerziele des Mittelalters und die bedeutsamste Kataloniens war. Der Kirchenneubau von 1032 hat in der romanischen Epoche Maßstäbe gesetzt. In fünf Schiffen wallt das nach dem Erdbeben von 1428, nach dem Brande von 1835 völlig wiedererrichtete Gotteshaus hin, dämmerdunkel, mystisch, nach innen lenkend. Trotz unablässiger Neubauten oder Vergrößerungen wirkt es noch immer wie aus einem Wurf geschaffen, wenn auch nur eines ganz ursprünglich ist, die Portalfront vom Ende des 12. Jahrhunderts mit ihrer Überfülle von Figuren, Formen- und Schmuckwerk.

Wer ihr gegenübertritt, wird trotz ihres rudimentären Zustandes gleich uns von der steinernen Bildersprache überwältigt sein. Alles läßt sich ja noch immer erkennen oder wenigstens deuten. Man kann sich der Geistesmacht nicht entziehen, die – neben dem berühmten Skriptorium und der Bibliothek von Ripoll – grade von dieser grandiosen Schauwand mit dem zuoberst thronenden Herrn ins Land strömte. Auf insgesamt sieben Registern ziehen sich Darstellungen aus den hinweisenden Geschehnissen des Alten, den visionären des Neuen Testamentes hin, eingeschlossen die Monumentalfiguren und Martyrien Sankt Peters und Pauls samt zahllosen Einzelbildern und den wundervollen Schmuckformen des tief gemuldeten Portales. Sie ist die erste der Bilderwände, die den Jakobusweg bis nach Compostela begleiten und bedeutet eine einzige Beschwörung der Wallfahrer, auf dem Heilsweg beständig auszuharren bis zum fernen Apostelgrab: Anmahnung und Triumphgebärde zugleich, eine Summa der Glaubensgehalte und in ihrer epischen Fülle vielleicht die eindrucksvollste am ganzen Pilgerweg.

Doch damit des Abschweifens in südliche Gefilde genug! Es wurde Zeit für uns, in die Täler des Roussillon heimzukehren, um einem anderen Weg, dem nach Seo de Urgel zu folgen, der uns auf eine der direkten Routen zurückbrachte und dem, der ihn einschlägt, eine neue Dimension des Pilgergedankens eröffnet, um ihn auf seine Weise zu überhöhen, die apokalyptische des Beatus de Liébana.

VOM GEIST DES ROUSSILLON

Herr der Landschaft

Früh vor Tag ging es diesmal vom Hotelchen nahe Perpignan, das nun schon Stammquartier war, hinaus, abermals auf Pilgerspuren, um Saint-Michel-de-Cuxa und sodann auf noch unbekannten Wegen, weit, weit hinter den Bergen, Seo de Urgel zu erreichen. Madame, eigens aufgestanden, erwies uns die Ehre, stand an der Straße und winkte uns nach.

»Kommen Sie heil zurück!«

Wir konnten es brauchen. Weiß man denn, was die Tage bringen, wenn es übers Gebirge geht, konnten wir ahnen, wieviel Wetter, Sturm oder Schnee uns erwartete, auch wenn es hier in paradiesischer Roussillon-Landschaft unvorstellbar schien? Wir kannten die Tücken der Pyrenäen. Es war immerhin früh im Jahr und kam am Ende auch so wie befürchtet. Doch das blieben vorerst noch ferne Sorgen.

Ein zarter Frühsommermorgen stieg über dem Flußtal der Têt, das eben aus der endlosen Weite der Ebene in langsam wachsende Bergmauern zurückwich. Allenthalben Obstquartiere, auch hier, in denen bereits die lautlose Zeit des Schwellens und Reifens begann. Orte mit roten Dächern lagen verstreut, Thuir, Ille-sur-Têt, Vinça, während altersgraue Weiler, deren Namen kaum eine Karte verzeichnet, in den andrängenden Hängen zurückblieben. Im Süden aber trat, samt den vorgelagerten Aspres, das erste der großen Pyrenäenmassive ins Licht und gewann Strahlkraft, die vorderste in der endlosen Abfolge der Berggruppen, der Canigou, dem nach Westen das wildbewegte Gipfelmeer von Andorra, darauf die bizarren Aigues Tortes mit den blinkenden Seen im Grund, endlich die Dreitausender der Maladetta folgen sollten, dazu gewundene Pässe, abgrundtiefe Schluchten, sprühende Wasserstürze und einsame Orte, leider meist halb entvölkert, einst Residenzen berühmter Grafschaften, deren Name kaum noch ein Echo weckt. Gewiß, das alles durchgeisterte vorerst nur meinen Kopf, aber kein Zweifel, auch diese Nebenroute würde ihre Überraschungen bringen.

Im Süden der *Canigou*! Immer klarer trat er voraus aus dem Dunst. Am Sockel eine Zone zarten Grüns. Das Jahr stieg nur langsam bergan; die Buchenblätter entfalteten eben die Händchen; darüber eine vergilbte Region mit eingesprenkeltem Fels. Abermals höher, quer hingestrichen, der steigende Bodendunst des Tales, eine Nebelbank aus feinstem Lichtstoff. Ganz oben aber ließ sich etwas Unerhörtes erblicken. Dort schwebte, zugspitzhoch, vor einem Himmel von makellosem Blau und von allem Irdischen losgelöst, der Gipfel, der Pic du Canigou. Es hatte droben in der Nacht frisch geschneit. Er ist kein Berg schroffen Auffahrens, wenigstens aus der Ferne nicht, sondern von majestätischer Harmonie, mögen seine Hänge auch von tiefen Schluchten zerfurcht sein, die das herabströmende Schmelz- oder Regenwasser in Jahrzehntausenden eingekerbt hat. Die Flut, die Segen wie Verderben und hierzulande Geschichte bedeutet. Gelegentlich hat sie ganze Gebiete überschwemmt oder mit Geröll überspült und einmal sogar eine vorgeschobene Abtei, Saint-André-de-Exalada, hinabgerissen, um gleichzeitig Fruchtböden anzuschwemmen und das sonnendurchglühte Roussillon mit belebendem Wasser zu tränken. Eine Naturgewalt voll elementarer Gegensätzlichkeit, die den Canigou zum janusköpfigen Genius des Landes macht und die scheue Verehrung erklärt, welche die Menschen der beiden Katalonien, des spanischen wie des französischen, dem Berge oder besser dem dreißig Kilometer zwischen Serrabone und dem Pic de Costabonne hinschwingenden Gebirge zollen.

Ich habe ihn später zu allen Tageszeiten und von den verschiedensten Standpunkten aus betrachtet. Von Molitg-les-Bains in den Schluchten der Castellane, die aus den Bergen nördlich der Têt heranstürzt – ach, dieser frostkühle Abend im drittklassigen Gasthof hoch über dem Kurhotel in der dunkelnden Schlucht! – erschien der Canigou im Morgenlicht den Zurückkehrenden als gütig einladender Vater. Vom nahen Saint-Martin-du-Canigou ließ er seine rauhe Gewalt erkennen, und voll Erhabenheit bot er sich endlich nach einem Rundweg über die alte Templerstation von Marcevol und einer berauschenden Abfahrt durch eben erblühte Zistrosengefilde von Eus aus dar. Es war Pfingsten, ein Morgen der Fülle hing über dem Grund von Prades. Aber ich sah ihn auch von schweren Wolken verhangen, von Schwaden umraucht, von Blitzen umzuckt. Immer blieb er unwandelbar, der All und Eine, der Herr der Landschaft, dessen königlichen Rang niemand in Zweifel zog.

Dennoch ist der Canigou kein abweisender Berg. Schon aus dem Jahr 1285 wird eine erste Besteigung bezeugt, durch König Peire III von Aragon. Es muß kurze Zeit nach den österlichen Geschehnissen jenes Jahres gewesen sein, bei denen der von Neid zerfressene Mann den Bruder in Perpignan überfiel und Esclarmonde de Foix mit ihren Kindern verschleppte. War es ein Akt der Besitznahme, daß er die mächtige Höhe erklomm? Bewegte den einsamen Usurpator, gleichsam als Gegengewicht seines düsteren Charakters, vielleicht gar ein tiefes Gefühl für die Herrlichkeit seiner Gebiete?

Einmal, 1907, ist sogar jemand zu Pferd dort oben gewesen, ohne abzusitzen, wie es heißt, ein französischer Gendarmerieleutnant. In der Tat, selbst nach der letzten Kehre der Serpentinen vom Châlet-dels-Cortalets, der über zweitausend Meter hoch gelegenen Bergunterkunft, mutet es weder unwahrscheinlich, noch sonderlich schwierig an, daß einer, der gut im Sattel saß und trockenen Boden unter den Hufen wußte, den letzten Saumpfad zwischen den Felsen der Kuppe hinanritt. Wir dürfen sicher sein, daß er, zuoberst angekommen, aufatmend durchparierte; der ungeheure Rundblick verschlägt jedem den Atem: hüben die Costa Brava – adieu, Meer der Griechengötter! – drüben der gewaltige Carlit vor der andorrischen Grenze, dazu tief aus den Tälern von Cady fernes Herdengeläut …

Gewiß, mit den Pilgern hatte der Berg unmittelbar wenig zu tun. Allenfalls, daß sich an seinem Fuß ein uraltes Kloster versteckte, das schon in karolingischen Zeiten entstand,

Saint-Michel-de-Cuxa eben, das Heiligtum des Landes und obendrein Pilgerstation. Wie aber ging es von dort aus weiter? Die Verbindung von Vernet-les-Bains nach Prats-de-Mollo durch Forstwege sollte erst vor kurzem entstehen. Waren sie von Cuxa weiter nach Westen, Puigcerdá entgegen, gewandert, oder drei, vier Stunden nach Vinça und Boulneternère zurückmarschiert, um über die Aspres ins Vallespir zu gelangen und Ripoll auf bekanntem Weg zu erreichen? Die Karte, wie üblich, kümmerten solche Kleinigkeiten wenig – sie führte ihre gestrichelte Nebenroute geradewegs durch unzugängliches Bergland – uns hingegen sehr viel. An der zweiten nämlich liegt Serrabone, ein Kleinod des Roussillon, ein Ereignis der Kunst, das die Eigenart dieser Region mehr als alles andere sichtbar macht.

Priorei von Serrabone

Die Kunst des Roussillon, vornehmlich der Bildhauerei, hat sich in romanischer Zeit willfähriger als die anderer Länder fremden Einflüssen, besonders aus dem Orient, geöffnet und freilich auf ihre Weise umgesetzt. Was man anderwärts nutzte, um geheime Seelenfracht oder gar Unterschwelliges sichtbar zu machen, nahm sie nicht gar zu schwer. Es diente ihr vielmehr als Figurenspiel der Phantasie, in dem das Märchenhafte mehr wog als das Chimärische, das Fabulieren mehr als der Hintersinn. Die nach der Mitte des 12. Jahrhunderts entstandene ›Tribüne‹ von *Serrabone* oder Empore für die Chorherren ist das köstlichste Beispiel dafür.

Es hat in diesem Lande weder Steinmetzen noch klerikale Auftraggeber gestört, daß Bernhard von Clairvaux seinen berühmten Bannstrahl gegen Monster und Ausgeburten der Vorstellung schleuderte, der, zwar besonders gegen Cluny gerichtet, immerhin das gesamte Zeitalter treffen sollte. Voll unbeschwerter Gestaltungsfreude griff man auf das Arsenal der im Bewußtsein fortlebenden Bilderwelt zurück, um sie mit scharf konturierendem Meißel aus dem Stein zu schlagen und Kapitelle mit Fabelwesen, Kämpferplatten oder Arkaden mit Blütenmotiven, Figuren und Masken, meist als Flachrelief, zu überziehen. Natürlich durften die Zeichen des Glaubens nicht fehlen, seien es Engeldarstellungen oder Evangelistensymbole. Dies alles ohne große Besorgnis um ein ikonographisches Programm, sondern wie es der Platz gestattete und die Wirkung steigern half.

An die menschliche Gestalt, vollends das Antlitz, wagte sich diese Kunst nur zögernd. Gegen die Virtuosität, mit der man Tierkörper schuf, mutet ihr Ausdruck fast unbeholfen, der Gesichtsschnitt fast karikiert an. Was tat es? Der Gesamteindruck bekam etwas überaus Festliches; um ihn noch zu erhöhen, verwandte man das kostbarste Steinmaterial des Landes, einen rosenfarbenen, gelblichen oder den rot und weiß gesprenkelten Marmor von Villefranche.

Die Priorei von Serrabone liegt in den Vorbergen des Canigou, nahe dem Weg, der von Boulneternère über die Höhen nach Amélie-les-Bains durch die fast gänzlich entvölkerte Region der Aspres führt, die einmal ganz anders aussah, als der Name, ein Synonym für rauhe Herbheit, vermuten läßt. Für die Menschen des Mittelalters traf die Bezeichnung Serrabone, ›gutes Bergland‹, die man den Gefilden des Ginsters und der Zistrosen derzeit beilegte, trotz aller Lebensmühe wirklich zu. Man war vor der Unwirtlichkeit des Têt-Tales – heute ein Garten Eden – mit seinen Geröllfeldern, periodischen Überschwemmungen und Versumpfungen geflohen, um hier oben von Trockenmauern geschützte Felderterrassen anzulegen und als Zukost Olivenbäume, Weinstöcke und Maronen zu pflanzen. Um die geistliche Betreuung einer längst vergangenen, Lausich genannten, Dorfsiedlung zu verbessern, gründeten einige Gebietsherren der Umgebung am 3. März 1082 eine religiöse Gemeinschaft von Augustinerchorherren. Ein Kirchlein, das man bald vergrößerte, stand bereits, ein grobes Gemäuer aus bläulich getöntem Schiefer mit einem Karreeturm, vorgebuchtetem Chor, dazu einer nach Süden gegen den Talgrund geöffneten Galerie als Ersatz für den fehlenden Kreuzgang, und stattete das Innere gebührend aus: mit Kapitellen für die offene Arkadengalerie, Malereien, von denen noch Spuren existieren, Skulpturen am kleinen Portal und vor allem jenem Wunderwerk der Tribüne, welche die karge Außenwelt völlig vergessen macht.

Die Stiftung sollte auf die Dauer nicht recht gedeihen. Die Kultivierung des Têt-Tales lockte die Menschen zurück, schließlich auch die Kleriker, bis nur noch eine alte Frau übrig war, um die Wallfahrer örtlicher ›asplechs‹ oder Bittprozessionen einzulassen, die auf dem Weg zur einige Kilometer entfernt gelegenen Kapelle Sainte-Trinité mit ihrer viel verehrten romanischen Christusfigur und dem Heilig-Geist-Retabel, in der noch heute die Reihen der Kerzen brennen, Station machten. Irgendwann war unterdessen die Westwand zusammengebrochen, vermutlich der Anlaß, die Tribüne in Höhe des Zugangportales an der Nordseite zu verlegen, wo sie bei der Restaurierung am Beginn unseres Jahrhunderts stehenblieb.

Wer Serrabone heutigen Tages besucht, betritt das Schiff durch die Säulen dieser Empore von der Seite her wie durch einen querliegenden Portikus. Sie ist ja über sechs quadratischen Gewölben von geringem Ausmaß errichtet, die ihrerseits von Eckpfeilern und Marmorsäulen getragen werden. Ein kleiner Säulenwald voller Märchenbilder enstand so. Da krümmen sich groteske Fabeltiere, Affen, Greifen, Sphingen über die Körbe der Kapitelle, liebkosen Löwen – den Schweif nach sassanidischem Vorbild unter dem Leib hinweggeschlagen – einen Mann oder verzehren ein Beutetier, während nebenan gewappnete Engel Wache halten. Anderwärts mag man den kämpfenden Gilgamesch entdecken oder einen Zentaur, der einen Hirsch jagt – Satan bei der Verfolgung einer Seele – dazwischen Gerank oder auslugende Köpfe. Kurz, eine phantastische Welt tut sich auf, hier durchwuchert, dort überfangen von stilisiertem Blüten- und Blattwerk. Gewiß waren deutlich unterscheidbare Hände am Werk, aber an prägender Kraft fehlte es nie. Man steht am unerschöpflichen Quell einer im Volk verwurzelten Vorstellungskraft, entzückt sich an einem Figurenspiel, das sich im Überschwang des Gestaltens nicht genug tun kann, und doch ist es erst ein Vorspiel.

Denn wer in den Westteil der Kirche hinausschreitet, um sich der in drei Arkaden über fünf Meter sechzig hinwallenden Fassade dieser Empore oder Tribüne zuzuwenden, hält betroffen von der Harmonie und dem Adel des Werkes inne.

Feines Flecht- und Rankenwerk maurischen Ursprungs rahmt die Brüstung auf ihren Maskenkonsolen; dazwischen ist eine kraftvolle Sägeschnittleiste gefügt, während auf dem Unterteil Blumen und Pflanzen, alles im Flachrelief, die Arkadenrundungen mustern. Sie lassen Zwickel entstehen, an deren Fuß plastische Löwenköpfe vorspringen, welche die wieder ganz flach gehaltenen Zwickelplatten zu tragen scheinen. Auf ihnen wird dargestellt, was es gleichsam programmatisch auszusagen galt: links zwei Seraphim, die ihre Flügel wie gekreuzte Schilde vor sich halten, rechts das Lamm mit dem Kreuz, als Blickfang der Mitte schließlich die zwei Evangelistensymbole. Gestreckt fährt der Adler des Johannes auf und wie im raumgreifenden Paradeschritt wirft der geflügelte Markus-Löwe das linke Hinterbein hoch, als sei es darum gegangen, ein heraldisches Emblem zu schaffen. Es strömt eine seltsam exotische Wirkung von dem Bildwerk aus, dem größten erhaltenen Figurenensemble des Roussillon, eine Poesie und ein Farbzauber, der seinesgleichen nicht hat.

Wir blieben lange, immer wieder zu neuem Anschauen verlockt, bis der Wärter im Raum sich hüstelnd meldete: es war Zeit für ihn zu gehen. Da blieb uns nichts übrig, als gleichfalls in die rauhe Höhenwelt hinauszuwandern, stumm, in uns gekehrt, mit lächelndem Kopfschütteln dann und wann.

Die Klöster des Canigou

Wir wohnten damals in *Prades,* seit 1950 Exil von Pablo Casals, in einem Hotel abseits der Hauptstraße, das um einen mit Glyzinen berankten Hof lag. Es versprach Ruhe, und doch hatten wir die Rechnung ohne den Wirt gemacht. Gewiß, das Zimmer führte auf friedliche Dächer und Höfe hinaus. Doch eben darin lag es. Jemand in der Nachbarschaft begann mit hingegebenem Fleiß für eine pfingstliche Veranstaltung zu üben. Auf der Trommel. Einige Schläge im Stakkato, dann ein Wirbel, das Ganze wieder von vorn, so den lieben langen Tag bis in die Nacht. Manchmal mischte ein elegisches Cello einige Bogenstriche hinein, vielleicht, weil man sich in der Stadt von Casals befand.

Es war die Zeit der Feste, Umzüge und Erstkommunionen. Sonntags saßen die Eßlokale voll mit tafelnden Menschen, zwischen denen die lieben Kleinen aufgeregt umherhüpften. Sie stellten schließlich die Hauptpersonen dar und warfen begehrliche Blicke auf die Schokoladentorten der Büffets mit ihrem mandelbesteckten Mittelaufbau, auf dem en miniature das Püppchen eines Kommunikanten thronte. Es ging hoch her. Die nördlichen der ›deux Catalans‹ sind ein lärmliebendes, joviales Volk. Auch in den Kneipen war unseres Bleibens nicht. Dort hockten die älteren Männer in großen Gruppen beisammen und droschen Karten nach Herzenslust. Der Fernseher lief auf vollen Touren, ein Rundfunkapparat streute Opernarien bei, und die Spielautomaten lockten mit absonderlichem Klicken und Heulen. Nur auf der Veranda vorm Café de la Paix am Kirchplatz schien es ruhiger. Aber dort hatten sich verwegen aussehende Zigeuner breitgemacht und steckten die Beine herausfordernd vor.

Dennoch, Prades besaß einen Vorzug. Es lag im Mittelpunkt dessen, das unser Herz suchte, und auf seine Weise gebührte auch dem fleißigen Trommler Dank, denn er trieb uns frühzeitig hinaus, bis wir den letzten Winkel in der Umgebung kannten. Ach, Eus auf der nördlichen Têt-Seite mit dem überwältigenden Ausblick von den Ruinen verfallener Häuser hinter der hohen Kirche ins Tal! Vor allem du aber, *Saint-Michel-de-Cuxa* im Süden! Noch immer sehe ich den lombardischen Turm aus dem eingekerbten Grund der Taurinya vorm eigentlichen Tal am Fuß des Canigou emporwachsen und größer werden. Ein mahnender Wächter der Schwelle, ein wundervolles, ebenmäßiges Monument romanischen Geistes, burghaft, mit Zinnen, Bogenstellungen und Zwillingsdurchbrüchen. Um ihn scharten sich schlanke Pappeln wie Paladine, unter ihm lag behütet mit erneuerten, roten Dächern das uralte Kloster eingebettet in quellendes Grün, und hinter alledem hob sich blaudunstig als majestätische Silhouette des Dauernden der Berg.

Selten war eine Ankunft so von Erwartung erfüllt, wußte ich doch um das Numinose des Ortes. Gingen von hier nicht die Botschaften in eine Welt gärender Unruhe und Unsicherheit hinaus, die Abt Garin mit dem Genie der Jahrtausendwende, Gerbert von Aurillac wechselte, seit 990 Papst Sylvester II.? Ritt nicht, wo wir fuhren, einst der hochgestimmte, asketische Romuald von Onesti, Berater Kaiser Ottos III. und Stifter der Calmadulenser, ein? Klopfte hier nicht ein venezianischer Doge, Pietro Orseolo, ans Tor, um nichts mehr als ein demütiger Novize zu sein? Wie es heißt, habe, wer kam, »den Frieden von Cuxa gesucht«. Aber wir gehen wohl nicht fehl, daß ihr Rat, ihre Erfahrungen mithalfen, das Abwehrnetz gegen die muselmanische Gefahr zu spannen. Noch rauchten die Trümmer von Almansors apokalyptischen Beutezügen in den iberischen Norden. Cuxa im geschützen Vorland des Canigou war und blieb das Hauptquartier des geistigen Widerstandes; hier rannen die Fäden zusammen und, wie hätte es anders sein können, auch die Zuströme aus der morgenländischen Welt. Vollends, seit Abt Oliba, Sproß des Grafenhauses von Cerdagne, der Gründer des Montserrat – Abt von Ripoll und Bischof von Vich zudem – 1011 das Klosterregiment übernahm.

Im Roussillon, bis zur Mitte des 17. Jahrhunderts Katalonisch, verkörpert die Kloster- und Pilgerkirche von Saint-Michel-de-Cuxa am Canigou die charakteristische Architektur eines Landes, das lange ein Vorposten der christlichen Welt war. Zum mächtigen Schiff des 10. Jahrhunderts gesellen sich der erhaltene Glockenturm nach lombardischem Vorbild, ein weiträumiger Kreuzgang, heute nur noch Rudiment, samt orientalischen Stilelementen.

5 *Kreuzgang, Seitenschiff und Glockenturm von Cuxa aus dem 11. Jahrhundert.*

6 *Die ›Tribüne‹ oder Empore der Chorherren der nahen Priorei von Serrabone im rosenfarbenen Marmor des Landes, überreich mit dekorativ gemeinten Flachreliefs, vielfach nach orientalischen Vorbildern, geschmückt. 1. Hälfte 12. Jahrhundert.*

7 *Eckpfeiler des nördlichen Teiles der Vierung von Cuxa mit Sokkeln und Hufeisenbögen des 10. Jahrhunderts, die in enger Beziehung zu Cordoba stehen.*

Die Kirche war damals noch jung. Nach der Überschwemmungskatastrophe von 877 in den Bergen des Hoch-Conflent hatten die überlebenden Mönche ihre neue Abtei fernab aller Gefahren auf das erhöhte Ufer des Taurinya-Baches verlegt. Knapp hundert Jahre später weihten ihre Nachfolger ein weitläufiges Gotteshaus; es ist ungeachtet mancher Veränderungen das von heute: das kahle Schiff mit dem offenen Dachstuhl begleiten, wie gelegentlich bei mozarabischen Bauten, zwei niedere, kürzere Seitenschiffe. Mit dem Hauptraum verbinden sie lediglich einfache, am Sockel etwas verstärkte Mauerdurchbrüche. Neben dem mächtigen Rechteckchor, wohl der ursprüngliche Teil der Anlage, ein altes Oratorium, schieben sich nach karolingischem Brauch hüben wie drüben je ein dunkler Korridor vor. Ein niederes Querschiff gibt dem Ganzen die Kreuzgestalt. Alles bleibt denkbar einfach und doch bringt es bereits den exotischen Zustrom ans Licht: die einzelnen Raumkompartimente mit Ausnahme von Chor und Hauptschiff scheinen eher voneinander geschieden als zusammengehörig. Vor den finsteren Gängen neben dem Chor sind gar Türstürze eingefügt, über denen sich ein offener Hufeisenbogen wölbt, wie man es nur in Syrien, Ägypten oder Mesopotamien findet. Auch sonst, im ganzen Bereich der Vierung: Hufeisenbögen verschiedener Form über kurzen Quadersockeln, ähnlich jenen an der Moschee von Cordoba, während es doch in der Erbauungszeit keinerlei Verbindung mit dem omaijadisch-muselmanischen Süden gab. Hatte man geflüchtete mozarabische Werkleute zu Hilfe geholt? Kaum lösbare Rätsel in der kargen Sprache des Mauerwerkes, die denn französische Archäologen auch zu der Annahme führten, in Cuxa habe eine örtliche, westgotische Tradition, welcher der Hufeisenbogen ursprünglich entstammt, verbunden mit karolingischen Gepflogenheiten fortgelebt.

Die Klosterkirche durchgeistert also ein vielstimmiges Echo. Dringt es beim Blick durch die ›arcs outrepassés‹ der Vierung nicht wie das Hufegetrappel auf Beute ziehender Reiterhorden an unsere Phantasie? Meinen wir im Dämmer hinter den orientalischen Türstürzen nicht den mystisch-verzückten Beter in seiner Abgeschiedenheit zu gewahren? Erkennen wir nicht, wie das entschlossene Licht des Hauptschiffs ihn zu neuen Gemeinschaftsidealen und Entscheidungen aufrief, denen er noch verwirrt und ratlos gegenüber stand? Das paßt als Kontext nicht übel zu dem ›eisernen Jahrhundert‹, in dem die Mönchskirche entstand, einer Epoche des Suchens, die nach großen Leitgestalten verlangte.

In Cuxa gab es einen solchen Menschen, Abt Oliba, der um 970 als Sproß des Grafenhauses von Cerdagne zur Welt gekommen war. Er sollte der neuen Epoche den Weg bereiten. Auch der Santiago-Fahrt!

Das Kloster verfügte – ich weiß nicht, seit wann – über Reliquien von außerordentlicher Anziehungskraft: Reste der Krippe des Herrn und der Windeln, in welche die Jungfrau einst den zarten Leib des Neugeborenen eingehüllt haben sollte. Stand die Umwandlung des Gotteshauses in eine Pilgerkirche damit in Zusammenhang? Abt Oliba jedenfalls legte dem Chorhaupt nach Westen drei Parallelkapellen vor und verband sie mit dem Innern durch Öffnung der bisher blind endenden karolingischen Korridore. Ein rechtwinkliger Chorumgang war damit entstanden. Besaß er liturgische Bedeutung? Oliba tat noch mehr. Er zog die Mauern des Schiffes höher empor und verlängerte es nach Westen, um Raum zu gewinnen; er legte ihm schließlich einen unterirdischen Narthex, halb Krypta, halb Eingangshalle vor, über der sich später eine heute verschwundene Heiliggeistkapelle erhob. Der nach der ›Jungfrau von der Krippe‹ geheißene Unterteil ist ein lichtloser Rundbau mit einem Ringgewölbe, dessen Mitte ein gewaltiger Pfeiler aus Bruchstein trägt, samt einer Ausbuchtung für die Reliquien. Zwei flankierende, langgestreckte Kapellen, Gabriel und Raphael, dem Verkündigungsengel und dem Schutzgeist der Pilger geweiht, verbinden ihn unterirdisch mit der Michaelskirche, die man auf einer Treppe erreichte. Seitab findet sich noch heute ein düster-schweres Gelaß mit Abzugslöchern für den Rauch der Fackeln, in dem die Pilger zur Nacht lagern konnten.

Der Narthex als Höhle, als Geburtsgrotte des Herrn, welche die Überbleibsel der bethlehemitischen enthielt! Durch sie zogen die Pilger, von Prades kommend, gleich dem Besucher von heute ein, wie uns Puig y Cadafalch beschrieben hat. Sie umwanderten beim Schein der Kienspäne den schweren Mittelpfeiler und brachten den ausliegenden Reliquien ihre Verehrung dar, um nunmehr durch die Finsternis des Tiefengeschosses dem Licht der Kirche entgegen zu wallen. Nach geleisteter Andacht konnte sich, wer wollte, im nur wenige Schritte entfernten Bach oder an einem nahen Born erfrischen. Es mag ein buntes Treiben gewesen sein, wenn sich die nackten Männer unter Gespritz und Gelächter wuschen. Freilich, an welchem der Wasserbecken, die das Kloster versorgten? Es blieben mehrere von ihnen bewahrt. War es jener Brunnen, den man in Eze an der Riviera wiederfindet, jener andere im Pennsylvania-Museum in Philadelphia? Nach der Aufgabe des Klosters in der Revolution gelangte, was sich herausbrechen und ummünzen ließ, in den Handel. Sogar der Großteil des riesigen Kreuzgangs, der heute der Mittelpunkt des Cloister-Museums bei New York bildet.

Auch in Cuxa sind von diesem Wunderwerk der Epoche zwei Galerien wieder aufgebaut, teils mittels der im Lande verbliebenen Reste wie der zehn Arkaden aus Prades, teils nachgebildet. Der Torso läßt immerhin eine Ahnung aufkeimen, was verloren ging! Von je einer Rundsäule getragen, umzogen sechzig Arkaden mit ihren Kapitellen aus der Zeit um 1150, als Abt Oliba längst tot war, geschlagen im Marmor von Ria und Villefranche, den Préau oder Binnenhof. Gewiß, erzählende Themen fehlten, das Repertoire beschränkte sich auf reine Vegetationsmotive oder stellte exotische Tiergestalten mit plastisch vortretenden Köpfen und Gliedmaßen zur Schau. Dies allerdings nicht in der fabulierfreudigen Weise von Serrabone, sondern indem der leitende Steinmetz seine monströse Fauna einer unaufhörlichen Metamorphose in ornamentale Formen unterwarf. Und doch, welcher Zauber muß von dem artistischen Figurenspiel des wundervoll getönten Marmors, umzogen von rauhem Mauerwerk, inmitten der großen Natur, ausgegangen sein!

Es gibt eine Stelle in diesem Kloster, da steigt die Kunst von Cuxa zu ganz reiner Wirkung auf. Durch sein Gotteshaus spannte sich, ähnlich Serrabone, ebenfalls eine Tribüne, von der eine einzige Arkade übrigblieb. Man hat sie beim Wiederaufbau des Klosters dem zum Kreuzgang eingebrochenen Kirchenportal als Rahmung vorgelegt. Sie gleicht bis auf kleine Abweichungen den Bildwerken der Priorei. Ein Goldhauch liegt über dem Stein, der die Ornamente noch kostbarer scheinen läßt. Auch hier besitzen die den Zwickeln aufliegenden Evangelistenzeichen und Seraphim das Erlesene heraldischer Prägung: der geflügelte Ochse, der mächtig ausschreitende Löwe, beide seltsamerweise durch Schrifttäfelchen als Lukas-Symbole bezeichnet. Und auch hier verblüfft der grobe Schnitt der Menschengesichter inmitten eines fast raffiniert verfeinerten Ensembles. Auf einem im Kloster bewahrten Reststein nimmt sich ein bärtiger Seraph gar wie ein derber Schiffer aus. Vor monumentalen Darstellungen schrak man sichtbar zurück; den rahmenden Pfosten liegen, flach und reliefhaft, zwei große Bildwerke des Petrus und Paulus vor, die gleichfalls von der Tribüne stammen. Eingeengt von den schmalen, hohen Flächen, die Köpfe mit den Nimben dicht auf die Schultern gedrückt, stehen sie beinahe hilflos da, unpersönlich, nach Art von Hagiographien geschildert. Nein, man wollte die individuelle Menschengestalt nicht im Chor des Lobgesanges.

Ein Benediktinerpater führte uns, hielt geduldig aus. Nun galt es Abschied zu nehmen.

»Wohin, mon père«, fragte ich noch, »glauben Sie, sind die Santiago-Pilger weitergezogen?«

Er wies mit der Hand nach Süden ins Ungefähre.

»Über den Canigou?«

»Si, si« – er war Katalane, gehörte zu den Mönchen von Montserrat, welche die Abtei seit 1965 wieder besiedelt haben, ein alter Herr über siebzig.

»Und wenn das Gebirge wie heute verschneit war?«

Er zuckte die Schultern. »Sie nahmen es, glaube ich, wie es kam. Umwege, ans Ziel zu gelangen, gab es immer.«

Auch wir versuchten es, trotz des Schnees, der auf den Hängen halb ins Tal reichte, eine Route über den Canigou zu finden. Über Taurinya ging es empor, es war empfindlich kälter als drunten. Gottlob, in einer kleinen Auberge des Ortes gab es eine Omelette frisch aus der Pfanne, ein Glas

Wein, im Kamin knackten die Scheite. Draußen blühte es zaghaft.

Man mußte doch auch im Mittelalter zu Fuß oder Pferd ohne einen Umweg von Tagen bis nach Ripoll gelangt sein! In der Tat führte ein Sträßchen über die Höhe nach *Fillols*. Die Aussicht war überwältigend. Zurück lag tief in der Ferne noch einmal Saint-Michel-de-Cuxa, über uns ragten beschneite Felsgrate auf, und voraus öffnete sich, hell beschienen, im Tal des Cady, Vernet-les-Bains. Es ging schnell hinab und ebenso schnell hinan nach Casteil. Dann führte die Fahrspur in energischen Kurven empor zum Col de Jod, um auf einmal im Neuschnee ein Ende zu finden. Unmöglich, weiter zu kommen, denn von hier galt es, auf Forstwegen und Saumpfaden eine ganze Reihe Zweitausender zu passieren, um über die Cime de Cums la Preste und endlich den Col d'Arès zu erreichen. Die Route durchs Nachbartal über Sahorre mußte noch viel höher hinan.

Also zurück? Es war eine bittere Einsicht.

Dennoch, erneut drunten in Casteil, gelobten wir uns, folgenden Tages wiederzukehren. Vom kleinen Ort nämlich führt ein Steig empor nach Saint-Martin-du-Canigou, das zwar niemals Pilgerstation war, aber das am meisten ausgesetzte Kloster im Roussillon und eines der ältesten dazu.

Saint-Martin hoch in der Bergeinsamkeit der ›muntanyes regalades del Canigô‹, aufatmend bin ich oben! Die Knie zittern, der wilde Herzschlag beruhigt sich nur langsam, ein Schluck zu trinken wäre jetzt Labsal. Noch aber lähmt die Ermattung das Bein. Laßt mich auf meinem Mäuerchen sitzen, bis die Kraft wiederkehrt…

Der Anstieg war nicht leicht gewesen. In drei, vier Stunden wollte ich bei den Gefährten zurück in Casteil sein. Da hieß es sich eilen: erst eine ganze Zeit schräg bergan, dann um die Ecke des Berges, an der eine schroffe Schlucht sich öffnete. Von nun an Kurve um Kurve in kurzen Serpentinen empor, jede im Gegenlauf fast senkrecht über der unteren, unaufhörlich am Abgrund hin. Das Tal von Cady sank ins Tiefe, das Ende dieses Bergturmes der Hin- und Widerwege nicht abzusehen! Längst dachte der Kopf in seinem eigensinnigen Aufwärtsbegehren nichts anderes mehr; Schweiß überrann den Körper, verklebte die Augen.

Irgendwann war dann doch das Schlimmste geschafft. Der Weg glitt durch zwei Felsblöcke wie durch ein Tor in ein Hochtal; mochte er auch noch steigen, die Himmelsleiter lag unter mir. Schon erschien Saint-Jean-le-vieux zwischen den Bäumen, das die Mönche einst als Totenkapelle erbauten, und endlich gespensterte nach einer weit geschwungenen Kehre um den waldigen Kessel etwas wie ein lombardischer, gedrungener Turm durch das Laub. Das Kloster!

Saint-Martin-du-Canigou ist der Triumph der mönchischen Idee, aber sie streift hier ob ihrer Unbedingtheit das Absurde. Hoch, sehr hoch, die Nachbarkuppen im Nahen und Fernen überragend, ist es ins Menschenleere auf die weit vorspringende Felsnase eines der massiven Bergpfeiler gebaut, die dem Gipfel des Canigou als Widerlager dienen. Zum offenen Tal von Vernet schiebt sich ein Buckel mit einem Kalvarienberg auf der Höhe vor; nach Osten senkt sich ein waldiges Hochtal hinab, durch das ich eben herangekommen; nach Westen und Süden fällt, manchmal fast senkrecht, die Schlucht ins Tiefe, die es vom Hochkamm trennt.

Der Klostergründer von 1001, Graf Guifred von der Cerdagne, gab sich mit der Ausgesetztheit des Felssattels nicht zufrieden. Er schob seine Bauten weitestmöglich über den Abgrund hinaus, so daß ein Terrassenkloster auf mühselig hochgemauerten Fundamenten entstand. Diese Lage allerdings entsprach seinen Vorstellungen so sehr, daß er sich eigenhändig sein Grab an den Rand der obersten Terrasse meißelte. Die Anlage des Ganzen muß eine aberwitzige Arbeit gekostet haben. Außer den Konventshäusern galt es, ein dreischiffiges Gotteshaus von erstaunlicher Größe, heute Krypta, zu errichten, dem man kurz darauf unter Verstärkung der tragenden Pfeiler ein zweites, die eigentliche Martinskirche aufsetzte. Hinzu kam ein doppelstöckiger Kreuzgang als einzige Möglichkeit, sich in der von Felsen starrenden Umgebung außerhalb der Treppen die Füße zu vertreten. Der Blick fiel von hier auf die Hochflanke des Canigou als Riegel für jede Lebensneugierde. Auf Schneefetzen, sprühende Schmelzwasserkaskaden und etliches festgeklammerte Berggestrüpp, das jetzt, im Junischnee, mutlos zu grünen begann. Wer einen winzigen Ausschnitt des Cady-Tales erhaschen wollte, mußte sich weit aus den Arkaden beugen.

Ich spreche davon in der Vergangenheitsform, weil die ehemaligen Gänge der Meditation durch eine einzige Galerie ersetzt sind, wie alles übrige neu errichtet wurde, wenn auch nach alten Plänen und mittels alten Materiales. 1428 ließ ein schreckliches Erdbeben das Kloster in Trümmer sinken; trotz eifrigen Wiederaufbaus gedieh es nicht mehr. 1779 zogen die letzten fünf Mönche, alt und krank, hinab in die Ebene. Sie hielten es nicht mehr aus; die Bauten verfielen, man stahl, was es zu stehlen gab, bis am 11. November 1902 Monsignore de Carsalada, Bischof von Elne und Perpignan, die Reste erneut in Besitz nahm und den Wiederaufbau einer Trümmerstätte begann, die aussah wie nach einem schweren Luftangriff. Es gibt noch Fotos davon. Der Kirchenfürst hatte die Dichtung ›Canigou‹ des Poeten Jacinto Verdaguer gelesen, begeisterte sich für die ›katalanische Wiedergeburt‹ und gedachte aus Saint-Martin ein Symbol dieser Renaissance zu machen, heute verbunden mit einem Treffpunkt für Menschen, meist junge, gleich welcher Konfession, auf der Suche nach einem Lebenssinn, um den alten Bau wieder mit dem Geist der Meditation zu erfüllen.

Wer zum ersten Mal das Kloster besucht, wird ob der romantischen Lage, dem Dämmerdunkel der niederen Unterkirche mit ihren Kreuzgratgewölben oder den schlanken, hoheitsvollen Tonnengewölben im oberen Schiff – er wird ob der frühesten, zeichenhaft gemusterten, der enigmatischen, fast abstrakten Kapitelle einer mittleren Zeit, der Virtuosität späterer Darstellungen wie der Martinslegende am Sockel des Altares entzückt sein. Vor allem indessen ob des erhabenen Ausblicks ins strenge Gebirge. Ein Leben in dieser Gottesburg, dargeboten dem Himmel, nur noch der Läuterung der eigenen Seele, der Rückkehr in sich selber überlassen, der Verschmelzung mit Gott, bedeutet es nicht jene Daseinserfüllung, nach der wir suchen?

Die Wirklichkeit des Lebens im Klosteralltag aber sah nüchterner aus. Nicht, weil die Regel den Ordensbruder streng an den Tagesrhythmus der Benediktiner band. Es scheint sogar, daß es ihm kaum anders möglich gewesen wäre, zu bestehen – in Saint-Martin spürt man aber, was es hieß, der Welt zu entsagen: täglich die gleiche erstarrte Landschaft vor Augen, täglich der gleiche Weg vom Ruhelager zum Gebet in der Kirche, die gleichen Handgriffe, die lichtlosen Gänge, die es zu queren galt, die Kühle oder gar beißende Kälte in den Mauern. Das ließ sich nur aushalten, wenn man sich selber vergaß. Wie aber diesen inneren Alltag bestehen, wenn die heilige Flamme, welche die Seele aufgerufen hatte, erlosch? Keine Erhebung, kein Anfachen des inneren Feuers durch Anregung oder Zuspruch von außen. Wer den großen Trennungsschritt gewagt hatte, mußte von nun an alles in sich selber finden. Gewiß, die Gemeinschaft, in der man das Dasein hinbrachte, vermochte zu helfen; doch das Zusammenleben auf engem Raum, bringt es nicht Schwierigkeiten besonderer Art: die kleinen Ärgernisse und gewiß auch der so nebensächlich scheinende Umstand, daß dieser oder jener Mitbruder anders geartet war? Jeder kannte jeden auswendig. Da blieb nichts übrig als das eigene Ich immer geringer zu machen und sich auf den kleinen Spielraum zurückzuziehen, der gestattet blieb. Eingeschlossen die garnicht leichte Zurückweisung aller Kumpanei und der Erwerb einer inneren Distanz der Höflichkeit, die das allzu Vertraute meidet. Aber das sind Probleme, die jedes Gemeinschaftsleben belasten.

Allein, in Saint-Martin dürften sie schwerer gewesen sein als anderwärts. Die Beschränkung, die Abscheidung waren entschiedener. Das Wissen darum hat es gewiß nicht leichter gemacht. In Wintertagen drang auf Monate hin kein anderer Laut, keine andere Nachricht von außen heran als das Toben des Sturmes, der an den Läden rüttelte, keine andere Empfindung als das eisige Schweigen des Frostes. Man befand sich allein in unsagbarer Verlassenheit auf der Welt, ausgesetzt auf einer Klippe im leeren Raum über Schluchten und Gründen, den die Dämonen – was wunder, wenn sie Gestalt annahmen – durchheulten. Da wurden die Stunden gemeinsamer Erhebung für den, der die unaufhörliche Prüfung der Lebensbeschwer überwand, gewiß zum Brennpunkt des Tages, das Licht der Kerze auf dem Altar zum Herz der Welt. Nur, bis einer, an den neuen, stets wachsenden Skrupeln der Seele vorbei, dahin gelangt war, immer geringer geworden, und er sich selber als winziges Atom in einer unsagbaren Helle erblickte!

Der mittelalterliche Mensch vermochte diesen schweren Weg der Entsagung, wie ihn Saint-Martin forderte, zu bestehen; der einer späteren Zeit offenbar nicht mehr. Die Geschichte des Klosters ist seit dem Beginn der Neuzeit die einer Agonie, sein Anblick aber noch heute der einer steingewordenen Lebensform, deren Größe wir nur noch erschauernd ahnen. – Doch dies am Rande!

Der Schnee von Andorra

Eine Stunde der Mutlosigkeit wie es unterwegs manche gibt. Aus dem Grund des Cady heimgekehrt an die große Straße nach Westen, hockten wir in *Villefranche-du-Conflent,* der Stadt der roten Marmorbrüche, vor einer Kneipe und suchten ein wenig Erfrischung. Eine drückende Schwüle hing über dem Tal der Têt.

Der Schattenwinkel zwischen der Stadtmauer und der letzten Hauswand der Rue Saint-Jacques war klein, grade groß genug für einen winzigen Vorplatz mit einer Laube nebst Stühlen und Tisch, unter dem ein Boxerhund alle Viere von sich streckte. Von der Welt draußen sah man nichts, die Fliederblätter hingen ebenso reglos wie der bunte Schnürenvorhang in der Haustür. Daneben wollte eine alte Kletterrose mit glattem Stämmchen hoch hinaus; im Blattkrönchen entfaltete sich grade eine dunkelsamtige Blüte.

Wie immer hielten sich meine Frau und Freund Eugen rücksichtsvoll abseits, während ich, die Beine vorsichtig zwischen die Pfoten des Hundes gestellt, im Winkel hockte und die Notizen der letzten Tage ins Reine brachte. Aber schrieb ich wirklich? Es schien mir so kraftlos, was da aus meiner Feder kam! Abermals sah ich mich auf dem Felspodest im bergwärtigen Hang über Saint-Martin stehen und hinabschauen auf die Arkaden und Trakte des Klosters über dem Abgrund; wieder erblickte ich das schmale, durchgeistigte

Gesicht von Dom Bernhard de Chabannes vor mir, des Miterbauers und Betreuers der kleinen Menschengemeinde dort oben, der mit geheimem Stolz seine Entdeckung, die teilweise freigelegten Säulen im mystischen Dämmer der Unterkirche, die runenhafte Signatur ihrer Kapitelle zeigte, die niemand mehr deuten konnte … wie wenig gelang es, vom Zauber der Stunden einzufangen! Was begriff ich, Mensch des 20. Jahrhunderts, von den apokalyptischen Schauern, welche die Mönche von einst durchbebt hatten? Waren nicht gerade sie ihre Lebenswirklichkeit, der wahre Anlaß ihrer Hingabe und Versenkung? Das Eigentliche rann durch meine Worte wie durch ein Sieb. Die alte, schmerzliche Ohnmacht des Schreibenden überfiel mich, aber es war auch ein wenig Heimweh dabei.

Das schlechte Gewissen plagte mich noch, als ich an Corneilla-de-Conflent zurückdachte, die hohe Kirche auf hohem Podest, das Marmortympanon, gegen das die Lausebengel des Ortes ihren Fußball knallten, das verschlossene Innere mit der einst in Cuxa verehrten Krippenjungfrau, die ich nicht sehen konnte, weil Monsieur Illes, der Schlüsselwächter, ausgefahren war … Ach, die Vergeblichkeiten des Reisens! Diese genierte Verstörtheit endlich, mit der ich hier, in Villefranche, durch die Wehrgänge der Stadtmauer eilte, die doch in ihren Anfängen aus dem 11. Jahrhundert stammte, weil in den Bastionen die Verliebten ihr Spiel trieben. Die Hast, mit der ich die Saint-Jacques-Kirche an der Porte de France mit dem großen Jakobus über dem Retabel regelrecht absolvierte. So wenig ursprünglich die Ausstattung sein mochte, hier kehrten doch einmal die Pilger ein. Da gab es keine Entschuldigung außer jener, die für uns alle galt: die lähmende, niederdrückende Schwüle, die selbst den Boxerhund zwang, sich reglos zu stellen und die Fliege auf seiner Nase gewähren zu lassen.

Bis uns denn doch etwas aus der melancholischen Trägheit riß. Meine Frau, welche die hellsten Ohren hatte, hob plötzlich den Kopf und sagte mit einer Stimme, in der etwas Warnendes mitklang: »Ich glaube, es grummelt.« Sogleich fuhr auch Freund Eugen hoch, der keineswegs schlief: »Wir sollten fahren, wenn wir Seo de Urgel noch erreichen wollen.« Das Wetter blieb unsere geheime Sorge, wir mußten hoch übers Gebirge.

Draußen sah man erst das volle Ausmaß der Drohung. Wolkenballen schoben sich über den Canigou und fern, ganz fern hörte man leises Donnern. Augenblicke später rollten wir schon davon. Im Süden und Westen hatte sich der Himmel düster umzogen. Zwar, das Wetter staute sich noch, aber es kreiste uns sichtbar ein. Im Zurückschauen gewahrte man Wetterleuchten, das über den Canigou hinzuckte. Aber da glitt bereits Olette vorüber ...

Nein, eigentliche Gefahr bestand kaum, aber die Nerven ertrugen die Spannung nicht länger. Immer deutlicher offenbarte sich, was auf uns zukam. Die Straße stieg stetig durch eine gespensterhaft verwandelte Landschaft. Rechts die fahlen Hänge der Serre de Clavera, links der Pic du Géant, von geisterhaftem Licht wie von Elmsfeuern umflackert. Hinter Fontpédrouse fing die Steigung erst richtig an. Montlouis, die Grenzfeste Vaubans, blieb abseits liegen und somit auch die Straße nach Font-Romeu, während wir – schneller, nur schneller! – von innerer Hast getrieben, abbogen zum Col de la Perche, der Schwelle zwischen dem Conflent und der alten Cerdagne, ›meitat de France, meitat d'Espanya‹, halb französisch, halb spanisch.

Wir ließen manches, ach allzuvieles, selbst die spanische Enklave von Llivia in dieser vom gewaltigen Puigmal überragten Höhenwelt, der schwarz gegen das düstere Gebräu des Himmels stand. *Hix* am Rahur-Bach aber, begehrte es in mir auf, wollte ich trotz allem nicht lassen, das Nest der Kneipen und Herbergen, in dem sich einst die Grenzgänger und Schmuggler trafen – mußten dort nicht auch die Jacquaires gewandert sein? Es gibt in der alten Martinskirche einen Marienaltar des 13. Jahrhunderts, davor auf der Predella eine Reihe Figuren: die heilige Helena, die Jungfrau und den Erbärmdemann, endlich Sankt Johannes, Jakobus der Ältere. War das kein Fingerzeig?

Doch als wir eben vor ihnen standen, hob draußen, im Freien ein wüstes Fauchen, ein jähes Prasseln, dann schweres Rauschen an. Der Regensturm brach herein, und nun blieb nichts übrig als die eilige Flucht durch die Peitschenhiebe der Tropfen zum Wagen. Der erste Akt des Schauspiels, das uns die Pyrenäen bereiten wollten, begann furioso. Ob der Regenwände, der dampfenden Erde fast nichts zu erkennen, kaum Baum oder Haus; aus dem Zollpavillon von Bourg-Madame schob sich lediglich eine Hand vor, die uns weiterwinkte. Das Schild nach Seo de Urgel sahen wir nur durch Zufall. »Durch, nur durch«, schrie ich Eugen zu, obwohl wir dicht beieinander saßen.

Wir fuhren mitten in einen schwarzen Himmelsrachen hinein, der von Horizont zu Horizont klaffte, dahin, wo er am schwärzesten war. Aus seiner unergründlichen Tiefe blickten uns Lichtaugen von Wagen, gleichfalls auf hastiger Flucht vor der Finsternis, entgegen. Es muß hinter Bellver gewesen sein, wo die Segre nahe an die Straße herantritt, als uns auffiel, daß kein Fahrzeug mehr kam. Der Grund zeigte sich bald. Während der in wimmerndes Pfeifen übergegangene Wind ganze Regenwände gegen den Wagen drosch oder die Wassersträhnen vor den Scheinwerfern zu einem Fadenwirbel zusammendrehte, erhellte ein Fächerblitz die Nacht. Er ließ erkennen, daß Steinbrocken auf der Straße lagen. Einer davon polterte bereits, von den Rädern hochgewirbelt, gegen die Wanne, und nun dehnte sich vor uns ein ganzer See; wir standen schon halb darin, und man konnte keineswegs sehen, wo die Straße wieder hervorkam.

»Zurück, Eugen«, bat meine Frau.

»Versuchen wir es über Andorra; dort muß es Windschatten geben«, steuerte ich meine Ansicht bei.

»Brav sein, Elias«, sprach Eugen dem Wagen zu und riß ihn herum. Dann fingerte seine Rechte nach der beruhigenden Zigarette im Handschuhkasten, und wir jagten zurück.

Kein Mensch mehr unterwegs, selbst auf der nordwärts umbiegenden Straße nicht, obwohl das Wetter tatsächlich nachließ, als unsere Route über den Col de Puymorans ins Hochtal der Ariège nach Andorra herumschwenkte. Doch als wir höher empor gelangten, holte es uns ein. Aber Wasserströme waren es nicht mehr, die uns bedrängten, sondern lautlos fallender, dichter Schnee, der jede Aussicht verbarg, dann fester wurde, die Straße in eine Rutschbahn verwandelte. Der ungeheure Hang, den es zu bezwingen galt, stieg beängstigend steil. Wenn einer ins Gleiten kam und festsaß, mußte er die Nacht mit Sicherheit im Fahrzeug verbringen. Wer hätte helfen sollen, wer anhalten können, und dies war der zweite Akt, die wachsende Furcht vor dem Durchdrehen der Räder oder dem Aussetzen des Motors. Endlich, endlich schien die Steigung geringer, rissen sogar die treibenden Flockenwände auf; schwere Wolken jagten noch immer dicht über uns und schleiften ihre Bäuche über die weißen Kuppen, aber sie gaben doch einen Ausblick frei: Häuser zeigten sich an den Rand des Berges geklebt. Darüber zuoberst riesige Galgen, die Gerüste von Schleppliften. Wir waren fast 2100 Meter hoch, und vor uns lag *Pas de la Casa,* andorranische Grenzstation, eine Karawanserei von unfertigen Straßen, nackten Hotels, erleuchteten Supermärkten, in denen unbeschäftigte Verkäuferinnen ihre Gesichter gegen die Scheiben preßten. Der ganze Ort gespenstisch menschenleer. Eugen lenkte den Wagen mitten hinein. Die Nacht sank hernieder. »Keinen Meter mehr weiter«, sagte er nur. Seine Hände zitterten. Gottlob fand sich ein geheiztes Hotel! Wir haben die Nacht hoch in der Bergeinsamkeit tief und traumlos verschlafen.

Andorra – mich haben bei seinem Anblick keine Hochgefühle bewegt! Der Wintereinbruch zu Anfang des Juni machte uns noch am nächsten Morgen zu schaffen, als der 2400 Meter hohe Col hinter uns lag und nach endlosen Serpentinen Port d'Envallira im Tal erreicht war. Zwar, es schneite nicht mehr, doch nun rannen allenthalben schmutzige Bäche über die Straßen. Wer ausstieg, hinterließ kotige Spuren, die sich sofort mit Schmelzwasser füllten. Die Straße sank tiefer und tiefer in den von gewaltigen Bergen bedrängten Vallira-Grund. Triste Häuser hingen über dem Absturz. Soldeu, Canillo, Encamp kamen, kaum freundlicher. Wo sich ein kleiner Platz in der Talenge öffnete, machte sich ein Supermarkt breit, und wo es noch keinen gab, baute man wenigstens daran herum.

Das von allen Tributen an Steuern und Zöllen befreite Andorra schien einem Rausch des Geschäftemachens erlegen. Waren gab es im Überfluß; tausenderlei Kram aus Europas Wohlstandsmagazinen stand, lag, hing zusammengepackt oder -gebündelt, und die Menschen aus Spanien oder Frankreich nutzten die Gelegenheit in hellen Scharen. Mochte hier oder dort ein altes Kirchlein locken, mochten sich abseits in Bergeshöhen Aussichtspunkte mit gigantischen Panoramen darbieten, jeder Wunsch nach einem Besuch zerstob beim Anblick der schweren Wolken, verstopften Zufahrten, rinnenden Wasser.

In *Andorra la Vella,* der Kapitale des Ländchens, erreichte der dritte Akt des Stückes, das die Pyrenäen uns darboten, seinen Höhepunkt. Er hatte eine gesellschaftskritische Note angenommen und besaß sogar einen eigenen Titel: die Gier und die Einsamkeit. Tausend Menschen rollten allein oder paarweise in ihren Wagen aneinander vorbei. Hinter verschmutzten Scheiben starrten mürrische Gesichter ins Leere. Wo Neubauten ihre Stahlgerüste emporreckten, schepperten Lastwagen heran und übersprühten den unablässigen Fahrzeugstrom mit Schleiern von Dreck. Nirgends ein Fleck zum Aufatmen. Selbst auf den Gehsteigen drängten schwer beladen die Leute. Ein Kind, das die Eltern verloren hatte, lief weinend herum, und niemand kümmerte sich darum; eine Katze auf dem gewohnten Mäusepfad, welche eine Fahrzeuglücke benutzen wollte, prallte gegen einen vorschießenden Wagen und blieb reglos im Rinnstein liegen.

Da wir nicht zu Besuch kamen, sondern dies Land nur passieren wollten, flohen wir rasch. Hinter Sant Juliá de Lòria wurde es breiter, grüner, freundlicher. Neben der Straße strömte die Gran Vallira bis zur Grenze mit. Aber da waren wir schon fast am Ziel. *Seo de Urgel* zeigte sich friedlich in die Talaue der Segre gelagert, eine alte, spanische Stadt wie aus dem Bilderbuch, über der, nach dem vergangenen Tag unfaßbar, das Wolkenmeer aufriß und sogar Sonnenschein geisterte ... Es war, als sei ein böser Traum zuende gegangen.

Die Menschen des Mittelalters, die von Carcassonne, Foix und Ax-les-Thermes durchs Ariège-Tal dem fernen Compostela zustrebten, konnten die Straße durch Andorra noch nicht benutzen; sie ist neuen Datums. So schlugen sie den Weg über Puigcerdá ein, wo sich vermutlich mancher Gefährte aus dem Roussillon dazu gesellte, um auf jener Route, die uns das Unwetter verlegte, Seo de Urgel und weiterhin Lérida und Huesca zu erreichen.

Seo de Urgel ist eine katalanische Landstadt, der Markt des fruchtbaren Segre-Tales, von dessen Alter die steinernen Getreidemaße unter den Laubengängen der Calle Major künden; daß er der Stadt bescheidenen Wohlstand brachte, lassen die hübschen, hier und dort noch bemalten Häuser mit ihren Gitterbalkonen vermuten. Doch ihr Aufwand bleibt bescheiden neben der ›Seo‹ oder Kathedrale mit der wuchtig auffahrenden Fassade und dem schönen Hinströmen des dreischiffigen Innenraumes, den fremdartigen Galerien hoch neben dem Chor, dem ausgemalten Querschiff, dem Kreuzgang. Was bedeutet soviel architektonischer Anspruch im entlegenen Grenzgebiet? Seit 1278 lenkt der geistliche Oberhirte der Stadt im Verein mit dem französischen Staatsoberhaupt als Fürstbischof die Geschicke Andorras. Bei so gebieterischem Rang mußte seine Kirche ins Großartige wachsen und sich natürlich auch jene Ausstattung mehren, die heute das Diözesanmuseum birgt. Ein Kleinod von abendländischem Rang befindet sich unter den Schätzen, eine der Handschriften des ›Beat de Liébana‹. Ihretwillen weilten wir hier. Wir hofften darin letzte Aufschlüsse über die Gedankenwelt des Mittelalters zu finden und mit ihnen auch, was die Pilger zu ihrer ungeheuren Wanderung trieb.

Der ›Kommentar zur Apokalypse des Beatus de Liébana‹ war eines der großen Leitbücher des Mittelalters, das oft kopiert worden ist. Von seiner illuminierten, kostbar mit Buchmalereien ausgestatteten Fassung existieren noch vierundzwanzig Exemplare, jedes vom anderen verschieden, je nach der Entstehungszeit oder der Stilart des Kopisten. Der ursprüngliche, asturische Verfasser, offenbar Priestermönch aus der Abtei Santo Toribio in den Picos de Europa, hatte in seinem gegen Ende des 8. Jahrhunderts entstandenen Werk nicht nur auf die Offenbarung des Johannes zurückgegriffen, um seine Mitbrüder zu meditativer Versenkung anzuregen, sondern auch auf Weissagungen des Propheten Daniel und die Erzählung von der Arche Noah aus der Genesis, die er als symbolischen Hinweis auf die bergende Mutter aller Gläubigen, die Kirche, und die sieben apokalyptischen Gemeinden des Vorderen Orientes deutete. Sie stand derzeit in Gefahr; so schickte er seinem Kommentar eine Widmung an Bischof Etherius von Osma voran, seinen Kampfgefährten im Streit gegen den Adoptianismus, eine Lehre, nach der Christus nur ein begnadeter, von Gott besonders erwählter Mensch gewesen sei. Dazu zwei Prologe, beide angeblich vom heiligen Hieronymus, deren einer pikanterweise von dem 385 in Trier wegen manichäischer Ketzerei hingerichteten Priscillian stammte. Ferner eine kurze Inhaltsangabe seines Werkes, das er in zwölf Büchern aufbreitete, jedes wiederum in Abschnitte zerfallend: ein Textstück oder ›storia‹, der eine oft ganzseitige Illustration gegenüberstand. Etliche Einschübe durchbrechen dieses System, so eine Erläuterung, was er unter Kirche und Synagoge verstand und anderes mehr. Insgesamt Hinweise, die den schweren Folianten zu einem Kompendium der Rechtgläubigkeit und der Endzeitvorstellungen des Mittelalters machten. Sie bekamen in der erregten Epoche um die Jahrtausendwende eine brennende Aktualität, wirkten aber noch bis ins 12. Jahrhundert und länger nach.

Beatus arbeitete keineswegs ohne Vorbilder, sondern nach einer gleichfalls ausgemalten Johannes-Apokalypse nordafrikanischer Herkunft, während er bei den Prophetien des Daniel eigene Wege ging. Übernahm er bei der ersten das Schema antiker Bildumrahmung und die starke Farbigkeit des meist in Querstreifen unterteilten Grundes, entwarf er bei den Daniel-Illustrationen die Szenen ohne Außenbegrenzung auf der ungefärbten Fläche des Pergamentes. Eines bleibt freilich allen Darstellungen gemeinsam. »Man malte nicht mehr wie man sieht, sondern wie man denkt«, hat ein bedeutender Forscher den Stil des 5. und 6. Jahrhunderts charakterisiert, der Zeit, dem die nordafrikanische Apokalypse entstammte: der hellenistisch-römische Geschmack mit seinen plastischen Idealen war nicht mehr in Mode. Es liegt daher auch in Beatus' Werk ein gewisses Wiedererwachen kindhafter Vorstellungen, eine Rückkehr zu der Gestaltungsweise ›primitiver‹ Kunst. Kurz, wir nehmen bei der Betrachtung teil an jenem erstaunlichen Wandel, der, von Renaissance-Bewegungen abgesehen, mit wenigen Ausnahmen auch den bildlichen Gehalt an Kapitellen und Portalen ausrinnen ließ und sie durch hinweisende Zeichen ersetzte.

Der Kommentar von Seo de Urgel gehört gleich dem von Valladolid zu einer früh entstandenen Gruppe der Kopien vom Ende des 10. Jahrhunderts, die noch stark von mozarabischen Elementen geprägt sind. Allein, gerade dieser unterschwellige, islamische Zustrom machte für mich, der ich darum wußte, den besonderen Zauber des Exemplares im Diözesanmuseum aus, wo es, vielfach abgesichert, im Tresor lag und, wie ich hoffte, meiner, nein unserer wartete …

Freilich blieb eine bange Frage: würde man mir, der ich über keine Empfehlung verfügte, überhaupt Einblick gewähren? Ich nahm mein Herz in die Hände, sprach gleich bei den höchsten Stellen vor, und dann ging alles von selbst: »Warten Sie an der Kathedraltür, Professor Mir wird gleich kommen. Sie erkennen ihn an der langen Soutane …«, und wirklich, er kam, ein geistlicher Herr, schon bei Jahren und im altgewohnten Priesterhabit, schloß freundlich auf und – »erst müssen Sie aber Eintritt bezahlen!« – legte das kostbare Werk vor uns hin, um nunmehr geduldig eine Seite der Pergamente nach der anderen aufzuschlagen. Zweieinhalb Stunden hat er unablässig doziert, während sein Zeigefinger, Nachdruck verleihend, – Eugen, der Maler, erblaßte – auf diese und jene Stelle der verletzlichen Malereien tippte. Was mich betraf, empfand ich es anders: tausend Jahre waren sie alt, man denke … Auge in Auge stand man dem gegenüber. Es war die große Stunde unserer eigenen Pilgerfahrt, der Blick in die Geisteswelt jener, die einst die Brücke vom Altertum in unsere Gegenwart schlugen, durchschauert von den Geheimnissen göttlicher Offenbarung, die aller Menschen Schicksale in sich einschließt.

Der Codex von Seo de Urgel, geschrieben in westgotischen Lettern, verziert mit besonders schön gemalten Initialen, ist einer der vollständigsten, die erhalten blieben. Er beginnt mit der Übergabe der Apokalypse durch den vor goldgelbem Hintergrund thronenden Herrn an den Engel, kostbar nach antikem Vorbild durch Randleisten gerahmt. Schon hier werden jene Stilisierungen sichtbar, denen sich der Maler durchgehend bedient: die mächtigen, meist ungleichartigen Flügel der Engel sind lediglich durch strichdünne Stege mit dem Körper verbunden, Gewandfalten biegen sich gern zu Spiralen um, die Menschenköpfe scheinen stereotyp nur aus weit geöffneten Augen und gleichbleibendem Nasenzug zu bestehen. Und doch, welch blühende oder fast lyrische Farbigkeit allenthalben! In leuchtendem Rot vor blaudunkler Wolke fährt Christus im ›Dominus in nube veniet‹ zur wartenden Menschheit herab; die Harfe spielenden Erwählten, die Engel der sieben Plagen preisen das Lamm im ›Gloria‹ des 15. Offenbarungskapitels in einem Bildraum von Violett und leuchtendem Gelb, während sich unter ihnen gründunkel das gläserne, mit Feuer gemengte Meer breitet.

Noch mehr aber wird ›die Offenbarung der Allmacht Gottes‹, das große Thema von Moissac im Périgord, zum Lobgesang; es ist in sechs verschieden kolorierte Zonen unterteilt; oben reihen sich die Propheten, unten die zwölf Apostel, welche die Lehre verkünden. Sie rahmen ein kranzförmiges Pneuma von Gestirnen, in dem Christus thront; von ihm – procedunt de trono – stieben Pfeile wie Strahlenschauer über den goldfarbenen Hintergrund. Es sind Bilder einer Verklärung des Herrn oder der Jungfrau, in denen die Farbklänge die Rolle psychologischer Ausdeutung übernehmen, genauso wie sie bei den Schrecknissen der Apokalypse, der Vision von der ›Eröffnung der ersten sechs Siegel‹ oder dem ›großen Erdbeben‹ trübe Düsternis über die Darstellung breiten. Aber wie unbeschwert kann der Künstler gleichzeitig sein, wenn er mit bunter Ausdruckskraft von der Arche Noah erzählt: da hatte der Maler in den einzelnen ›Böden‹ viel unterzubringen! Zuunterst die großen Säuger wie den Elefanten, darüber Raubtiere, in der obersten Etage Nutzvieh, dazu Vögel und den Hahn, zu denen sich als erstaunlichstes Aperçu – rätselhaft, wie der Maler von ihm wissen konnte – ein Känguruh gesellt, das grade von einem Katzentier attackiert wird ... des Fingertippens war an dieser Stelle kein Ende! – Auf dem Dachboden schließlich haben die Menschen Platz gefunden; Noah öffnet eben das Dachfenster, um die Taube mit dem Friedenszweig einzulassen.

Es gibt zwei Darstellungen in dieser Folge, beide ohne Umrandung, die alles andere an künstlerischem Rang überragen. Sie gehen nicht auf ein Vorbild, sondern auf eigene Inspiration des Beatus zurück, der im Grund ein Poet war. Die erste ist Daniels Deutung von Nabuchodonosors Traum im 4. Kapitel der Prophetie: der abgeschlagene Baum, den der König gesehen hat, bedeutet den Untergang des Babylonischen Reiches nebst seiner vielen Völker, von den Vögeln im Geäst symbolisiert, während er selbst, von Wahngedanken befallen, gleich dem Ochsen seines nächtlichen Gesichtes auf der Weide Gras fressen wird. Nur die untere Randzone mit dem König und dem Propheten, dem Ochs und dem geistig Umnachteten deuten die Härte dieser Weissagung an. Vier Fünftel des Blattes aber überzieht die Baumkrone voller Himmelsgetier, das seine Jungen im Nest füttert, in so ornamentaler Anmut, als handle es sich um die Illustration eines Frühlingsgedichtes.

Die andere ist völlig anderer Art. Sie stellt keine Deutung Daniels, sondern eines seiner eigenen Traumgesichte aus dem 7. Kapitel dar, ›die Vision des Propheten von den vier Weltreichen‹, und hat Beatus oder mit ihm den Malerkopisten wie kein anderes inspiriert. Denn so hat Daniel, erschrocken über die eigenen Worte, verkündet, bald bricht das Ende der irdischen Tage und der endgültige Sieg des Himmels an. Dann werden die vier Tiere der Unfrömmigkeit, des Unrechts, der Glaubensverfolgung und der Ausbeutung der Armen dem Gericht erliegen: der Löwe mit den Adlerflügeln, der Bär, der vierköpfige Panther und endlich das zehnfach gehörnte Untier des Vierten Reiches mit den eisernen, alles zermalmenden Zähnen. Schon wallt zwischen den Ungeheuern ein blutroter Strom hinab, während der Herr bereits auf dem Stuhl des Gerichtes thront, der unter dem Hufeisenbogen des Himmelstores steht, und über den Außenrand des kühnen Symbols die Köpfe der ›Heiligen des Höchsten‹ und Engel lugen, deren Flügel gleich Siegesstandarten emporgereckt sind.

Es ist eine Aussage und Umsetzung des Schrifttextes von unerhörter Einfachheit, Kraft und Schönheit der Farbe. Nicht zuletzt, weil der Maler seine Darstellung ohne Hintergrund auf das helle Pergament bannte. Nur die zugehörigen Menschen, Tiere, Dinge sind da, um ein im Grunde garnicht ausdrückbares Geschehnis ins Bewußtsein zu heben. Der Kommentar von Urgel schließt damit. Beatus und mit ihm der Nachahmer müssen sich der Wirkung auf die Phantasie meditierender Mönche, der Gläubigen und Pilger, die davon hörten, durchaus sicher gewesen sein. Es war alles Gestalt geworden, was die Menschheit jener Epoche bewegte.

Wir blieben nicht lange im Ort; der Kopf war erfüllt, die Gespräche verstummten. In einer kleinen Fonda gab es einen Teller katalanischer Bohnensuppe; wir haben sie wortlos gelöffelt, voll eines unbestimmten Glücksgefühles, wie so oft an der Pilgerstraße, aus der knappen Erdensekunde unseres Lebenstages ins Dauernde, Unverbrüchliche entrückt zu sein.

Zwei Tage streiften wir noch durch die Gegend, immer nach Westen, ob sich außer den bekannten Santiago-Wegen nicht weitere Spuren fanden. Schon hoch über Seo hinaus, sahen wir es noch einmal sonnenbeschienen im Tal liegen, und erneut nahm uns die Bergwelt der wilden Höhen und klaffenden Täler auf. Erneut gingen Regenwände über uns nieder; schattenhaft schwarz glitten Häuser im Steilhang vorbei. Auf der Höhe von Villamur fiel der Blick noch einmal auf die schneebedeckten, pathetischen Berge von Andorra zurück, über die aus schweren Wolken grade einige Sonnenfinger hinhuschten. Aber in den steilen Serpentinen nach Sort hinab im Tale des Rio Noguera Pallaresa blühte der Ginster. Drunten verbrachten wir eine Nacht im Hotel über dem rauschenden Fluß, um am kommenden Morgen am Wasser entlang nach Süden zu fahren. Von den Jacquaires keine Spur mehr.

Nur in Gerri de la Sal mit seinen Salinen und dem schief gebuckelten, schmalen Steinbrücklein zum anderen Ufer nebst uraltem Kloster fand sich am Giebel des Gotteshauses eine große Jakobsmuschel. Vergeblich lief ich zurück in den Ort, um nach dem Cura mit dem Schlüssel zu suchen. Die abgründigen Schluchten des Desfiladero de Collegats kamen, über deren Himmelsschneise die Raben und Raubvögel kreisten; im Rückblick türmten sich phantastische Bastionen von Kalkstein in Ocker, Rot, Grau empor, bis wir in Pobla de Segur nach Nordwesten umbogen, um im Tal der Noguera Ribargorzana die große Straße nach Viella zu erreichen. Da war wieder Pilgerland. Hier sind einst jene entlanggewandert, die aus dem Garonne-Tal kamen und nach Huesca zur aragonesischen Route wollten. Wir allerdings machten entschlossen kehrt nach Frankreich, abermals in die Nähe des Mittelmeers. Es galt, dem Wegführer Damontes folgend, die letzte der Südrouten, die nach Carcassonne unter die Füße zu nehmen.

OPFER UND UNTERGANG

Die verschüttete Seele

Es war Sommer geworden in Narbonne, als wir zurückkehrten. Auf der Gambetta drängten sich die Wagen der Spanienfahrer noch dichter als sonst, während der einherstürmende Irre unter den Platanen des Cours de la République ob des vermehrten Publikums noch heftiger gestikulierte und sein zielloses Wehe über Gerechte und Ungerechte schrie.

Nur fort von der überfüllten Küstenregion! Fort in den Frieden der Nebenroute nach Westen, die uns diesmal erwartete, der nach Carcassonne, in die schwingende Weite des Aude-Tales, mochte darüber auch der Zypressenschatten eingeebneter Friedhöfe liegen. Es ist eine Schicksalslandschaft. Noch immer trägt sie das Stigma ihrer Vergangenheit, der beklemmenden Jahre von 1209 bis 1213, als sich auf den Burgen die Emporkömmlinge aus dem Norden breit machten, die Lieder der Troubadours verstummten und Mißtrauen an die Stelle heiterer Weltoffenheit trat. Auch die weitere Geschichte blieb eine Folge von Leiden: der Hundertjährige Krieg, die Pest, die das Land entvölkerte, endlich Religionswirren, Camisardenaufstände, Revolution – der Bodensatz davon durchtränkt hier alles; das Selbstbewußtsein bekam einen Stoß, und mochte man auch manche Scherben der Vergangenheit wehmütig in die Vitrinen der Museen stellen, die Pflugschar der Zeit hatte die Spur okzitanischen Geistes und Lebens gleichmütig ausgelöscht und mit ihr die ohnehin vergänglichen Fußabdrücke der Pilger.

Dennoch glommen manche Erinnerungen, gute wie böse, unter der Asche fort. Schicksal zu finden, Schicksale zu beleben, sei das Gebot der Geschichte, hat Reinhold Schneider gesagt; das Unverlierbare darin anzufachen war das meine. Denn da lag *Lézignan,* ein Bauerndorf einsam im Weinland; hinter den Schopfakazien des stillen Kirchplatzes ein Gotteshaus mit Schießscharten, verdickten Mauersockeln, einem festungsartigen Zugang, und wirklich dürfte der Priester die Hostie oft genug vor angstvoll zusammengekauerten Frauen erhoben haben. Dennoch erhielt sich über dem Seitenportal, Zuversicht spendend, die Figur des pilgernden Rochus, leuchtete nahebei ein Fenster mit Sankt Jakobus, vor dem ein Santiago-Wanderer Abschied von Weib und Kind nimmt, und was wollte das alte, mit weichem Pinsel gemalte Christgeburtsbild anderes, als das holde Wunder beschwören, grade weil im Lande dem katharischen Rigorismus ein hugenottischer und endlich ein revolutionärer gefolgt war!

Gar nicht fern im Südwesten aber lag in den Vorhöhen der Corbières ein noch viel erlauchteres Zeichen uralter innerer Bindung, der machtvolle Donjon des bis Katalonien und Aragon hinauswirkenden Klosters *Notre-Dame-de-la-Grâce,* kurz Lagrasse geheißen, über dem klaren Wasser des Orbieu. Schon ein Gefährte Benedikts von Aniane, der Mönch Nebridius, hatte hier eine erste Siedlung gegründet, die Karl der Große als Vorposten gegen die immer von Sarazenen bedrohte spanische Mark reich dotierte.

Mochte auch das Mittelalter in Trümmer gesunken, die Mönchsgemeinschaft der Benediktiner nach rund tausendjährigem Gebet einem Waisenhaus für die Hinterbliebenen der ›Médaillés‹, der hochdekorierten Kämpfer der Revolutionskriege gewichen sein – noch immer kann man die auf älteste Fundamente gegründeten Klostermauern, noch immer die Reste der präromanischen Kirche neben der gotischen sehen, auf verwinkelten Stiegen zum einst vom Atem schlafender Mönche erfüllten Dormitorium hinansteigen und hinaustreten auf die Galerie der Abtswohnung mit der gewaltigen Zeder im Binnenhof, durch deren filterndes Gezweig das Auge entzückt das Wachsen des Sonnenlichtes auf roten Dächern sieht. Drunten im Hof rauscht das Wasserstrählchen wie vor tausend Jahren, und getreulich tragen wiederverwendete Kapitelle der romanischen Zeit mit ihren seltsam hingehockten Männerbildern den Umgang.

Doch da findet sich noch etwas, dessen Bedeutung über alles hinausgeht, etliche an die Wand gelehnte Torsen, schmale, mit Blumengerank und Masken verzierte Steine in der Meißelführung des Cabestany-Meisters nebst etlichen Schriftzeichen. Dachte ich die am Grab des Kommandanten Berlioz auf dem Friedhof eingebauten Teile hinzu, ließ sich leicht der Portalbogen einer romanischen Kirche imaginieren, die der gotischen wich, vor allem aber die Inschrift von zwei Abtsnamen erkennen: ›Willelmus et Rotbertus‹, deren Träger im Zeitraum von 1157 bis 1167 amtierten. Welch ein Ereignis! Da lotete der Blick in eine Epoche vor dem Albigenser-Kreuzzug zurück und bot im nämlichen Augenblick dem unbekannten, entlang der Pilgerstraßen schweifenden Künstler eine zeitliche Heimat. Auch die schmale Orbieu-Brücke mit dem Eselsrückenbogen, über die Simon de Montfort nach Termes zog, blieb erhalten, und selbst das kleine Nest um das Kloster mit seinen Befestigungen schien eingesponnen in diesen Lebenskreis der Frühe, ohne ihm doch anzugehören; es ist der Geist des Languedoc, der die krummen Gassen, den Platz der Markthalle geprägt hat, die herbe Einfachheit der Form, die Hingabe an das strenge Mauerwerk, das sich in Augenblicken großer Aufgabenstellung wie am Klostergarten so gern von der hoheitsvollen Anmut der Zedern huldigen läßt.

Freilich, so heil erhielt sich der Geist der Frühe nicht oft und hat sich selbst im 12. Jahrhundert nur selten zu solchen Szenarien des Architektonischen gesteigert. Ach, daß ihm die baufeindliche Gesinnung der aufkeimenden Häresie die Lebenskraft aussog, als eben die Trunkenheit der Vollendung über ihn kam! Es war an den Trümmern von Termes vorbei und über den Col du Paradis in den Corbières nicht weit nach Alet im oberen Aude-Tal. Wie unsterblich sich doch der Geist der Form erhält, um zu gegebener Stunde, gleich einem verschütteten Quell, wieder zu sprudeln! Als Vicus Electus lag der Ort an der über Couiza nach Spanien führenden Römerstraße. Was wunder, wenn sich hier ein Teil der 1577 zerstörten Abteikirche Sainte-Marie, ähnlich Saint-Gilles oder Saint-Jacques in Béziers, in ein antikisierendes Gewand kleidete: das fünfseitige Chorhaupt überzieht, wenn auch nur noch rudimentär, jene überschwengliche Dekoration, deren Vorbilder man in der Entstehungsepoche noch an römischen Monumenten fand; halbrund vorgelegt die Pilaster nebst reichen Kapitellen; ein stark vorspringendes, vielfach abgestuftes Dachgesims mit reichen Ornamenten und Perlenschnüren. Den Außenwänden legte man zarte Blendarkaden mit Dreipaßbögen vor, schmückte den heute anklagend aufgesprengten Innenraum mit köstlichen Borten, die Außenränder der Fenster mit Rankenwerk, die Kapitelle der Gartentüren mit Reiterfiguren. Wären die hugenottischen Amokläufer nicht darüber geraten, der Süden besäße in dieser Verschmelzung von antikem und romanischem Erbe das unvergleichliche Kleinod einer Epoche, die an der Klosterkirche ein triumphierendes Credo anstimmte, während draußen bereits mit gesenkten Köpfen die Sendboten einer kommenden Zeit, die katharischen Parfaits vorüberschritten.

Die Missionare der Häresie! So fällt denn doch das Gebimmel der Armesünderglocke in diesen Bericht, der grade eine so hochgestimmte Wendung nahm. Aber bliebe das Bild des Languedoc nicht unvollständig, würde nicht wenigstens einer der Opferstätten gedacht, an denen Menschen einen grausamen Tod starben, weil sie anderen Glaubens waren, wenn auch von den eigentlichen Schauplätzen des großen Dramas erst später die Rede sein kann? Kehren wir daher aufs linke Aude-Ufer, genau Lézignan gegenüber, zurück. Dorthin, wo mächtige Causses oder Kalkschollen von Norden gegen das Flußtal drängen und auf bizarrem und kahlem, von der meist trockenen Cesse umfurchtem Bergsporn Minerve liegt, das noch immer den Scherben einer Tour de Guet, freilich aus späterer Zeit, anklagend gen Himmel reckt. Ein wenig muß allerdings ausgeholt sein.

Als der ›Ost‹ des Albigenser-Kreuzzugs sich 1209 nach der Einnahme von Béziers gegen Carcassonne wandte, stand die Leitung des Heeres bereits unter Zeitdruck. Jeder Kreuzfahrer, ob fürstlichen, ritterlichen oder gemeinen Standes, hatte die Teilnahme nur für vierzig Tage gelobt. Sie verstrichen schnell. Dennoch, mit dem Fall Carcassonnes schien die Aufgabe erfüllt, wenn sie es auch keineswegs war. Raymond-Roger Trencavel, angestammter Vizegraf des umkämpften Gebietes, lag gefangen im Kerker. Weder der Herzog von Burgund noch der Graf von Nevers, der Graf von Saint-Pol wollten seine Nachfolge als Landesherr antreten. Die Wahl des mit Vollmacht begabten Legaten Arnaud-Amaury fiel daher auf einen geringen Seigneur der Ile de France, der sich als unerschrockener Führer hervorgetan hatte, Simon de Montfort.

Er blieb in zweifellos bedenklicher Lage zurück. Die eben vertriebenen Burgherren, Seigneurs oder Ritter des Midi sahen ihre Stunde gekommen. Während des Winters 1209 auf 1210 verlor Montfort nicht weniger als vierzig feste Plätze. Die Lage schien aussichtslos. Seine Frau, Alice de Montmorency, brachte indessen daheim ein neues Kreuzfahrerheer zusammen, das im Frühjahr 1210 im Süden erschien, und Montfort ging sofort zur Offensive über. Drei Stützpunkte der einheimischen Ritterschaft gefährdeten seine neu gewonnene Herrschaft besonders, die Burgen Termes, Cabaret und vor allem Minerve, das seine Verbindung zur Küstenstraße und weiter durch Rhône-Tal bedrohte.

Minerve! Während Termes und Cabaret durch geschicktes Taktieren bald fallen sollten, wußte Montfort, was ihm an dieser Bastion bevorstand. Da sich der unzugängliche Ort im Sturm nicht nehmen ließ, zog er mit allem Rüstzeug für eine lange Belagerung heran. Unter seinen Steinschleudermaschinen galt die ›Malvoisine‹ als die gefährlichste, und wirklich gelang es auch, den gedeckten Gang zu zerschmettern, in dessen sicherem Schutz die Belagerten ihr Trinkwasser vom Brunnen Saint-Rustique in den Weinbergen holten. Nach sieben Wochen bezwang sie der Durst; was noch lebte, kroch aus den Trümmern hervor und kapitulierte: die angeworbenen Ritter und Söldner erhielten freien Abzug, den hierhin geflüchteten Parfaits der Katharer aber blieb nur die Wahl zwischen dem Abschwören und dem Feuertod. Ein Schauspiel begann, das sich oft wiederholte. Einhundertundfünfzig an Zahl reihten sie sich bis zur Kapelle am Dorfsträßchen, das über die Höhe läuft, hintereinander und stürzten sich in die Flammen, die ihre Seelen, nach ihrer Zuversicht, direkt in den Himmel trugen. Ein katholischer

Pfarrer des 19. Jahrhunderts hat an der ›Rue des Martyrs‹ ein Kreuz für jene errichtet, die an das Kreuz nicht glaubten.

Es läßt sich genau rekonstruieren: Minerve, von der Sonne gebeizt, auf der nackten Höhe, eine Opferstätte im Lande, eine Wunde, die nie vernarbt. Es gibt manche davon im Languedoc, und auch sie sind ein Teil seiner verschütteten Seele. Doch zur eigentlichen Pilgerroute zurück.

Die sieben Säulen der Weisheit

Der Pilgerführer Mario Damontes, der die Strecke durch das Aude-Tal schildert, ließ uns manchmal im Ungewissen. Von Béziers aus verlief seine Route, dem Zug des ›Ost‹ folgend, über Chapistagno oder Capestang zu einem nicht mehr identifizierbaren Ort Chapisaro, sodann nach Puicheric-d'Aude, wo es zwei empfohlene Unterkünfte gab. Wie aber ging es weiter nach Carcassonne? Es galt im Mittelalter, zuvor den morastigen Südrand des heute trockengelegten Etangs oder Binnensees von Marseillette zu queren und sodann die Aude. Eine Brücke aber fand sich erst bei Trèbes. Warum allerdings hätten die Pilgersleute, die ohnehin gern die Flußtäler mieden, den schwanken Grund nicht nördlich umgehen sollen?

Es wurde meine Marotte: sie wären über *Rieux-Minervois* gekommen, und zogen sie nicht wirklich daher? Wenn es auch mit dem Ort in den endlosen Rebengefilden nicht viel auf sich hat: am Nordwestrand ein Burggemäuer, monoton die Hauptstraße, der kleine Platanenplatz, an dem abends die alten Männer hocken und ihren harmlosen Schabernack treiben, wenn sie nicht grade zum Apéritif müssen. Aber da liegt gar nicht weit, äußerlich völlig anspruchslos das Wunder von Rieux, das Kirchlein Sainte-Marie mit dem siebeneckigen Mittelturm und wenigen Fenstern, aufgesperrten Fledermausohren vergleichbar. Ein Feigenbaum wächst am Eingang, ein wenig Geranke dazu, und alles nimmt sich ob der rings aus dem Bau wachsenden Kapellen einer späteren Zeit etwas kauzig aus.

Wer aber eintritt, kommt aus der Verblüffung nicht heraus. Ein Rundbau öffnet sich da, wie es keinen im Süden gibt, der Altar inmitten. Sieben Pfeiler umstehen ihn hoheitsvoll, tragen Arkaden und mit ihrer Hilfe eine Kuppel. Sie sind ein Sinnbild der sieben Säulen der Weisheit, die, nach den ›Sprüchen Salomonis‹, aus ihnen ihr Haus gebaut hat – jener göttlichen Weisheit, deren Verkörperung die Jungfrau ist. Ein Umgang rundet sich um das Ganze, das im 12. Jahrhundert entstand, als die Marienverehrung ihren Höhepunkt erreichte.

Sobald sich das Auge an das Dunkel gewöhnt hat, verwandelt sich das Erstaunen gar in Entzücken. Allenthalben Kapitelle, an den Säulen und Pfeilern des Altarraums meist einfach, an den kurzen Vorlagepilastern des Déambulatoire und in der ursprünglich als Zugang dienenden, längst abgemauerten Achsenkapelle voll ungestümer Gestaltungsfreude. Bildwerke auf Körben und Deckplatten, Gezweig, Akanthusblätter, Löwen, gestreckte Lemuren, Vögel, die Gilgamesch-Szene samt Blumen und Rankengeschlinge von einer plastischen Gewalt und Fülle ohnegleichen. Raubtiere wie im Ansturm gesehen; den Porche von einst erfüllt atemlose Spannung. Einer der Löwen hat einen Basilisken oder Drachen mit Schlangenleib voller Realistik mit den Pranken geradezu umarmt und packt ihn mit den Hauern.

Wie bekannt sie mir nun schon war, diese Sprache. Es war für mich eine große Stunde. Die Werkstatt des Cabestany-Meisters, dem ich seit San Antimo folgte, schuf diese Szenarien, und eines, das schönste in Rieux, stammte von seiner eigenen Hand. Es ist jenes, das dieser Kirche den Sinn verleiht, eine Maria dormans, die mit geschlossenen Augen wie auf dem Tympanon, das dem Künstler den Namen gab, himmelwärts fährt. Die Wellung der Haare, der Kragen des Gewandes, die Falten, jeder Einzelzug so wie bei Perpignan, jedoch lyrischer, empfindsamer, zarter. Dafür wird der Ansturm der begleitenden Engel, welche die Mandorla tragen, zum Chor elementarer Hingebung. Zu Boden gekauert, mit weit geschwungenen Flügeln niederstürmend, noch aus der Hinterreihe mit wahrhaft sehnsüchtig vorgestreckten Armen nachhelfend, erfüllen sie ihren Auftrag, hingerissen von einem erhabenen Augenblick, dem sie assistieren.

An einem leuchtenden Morgen sind wir über Conques –

erinnerte der Name nicht ebenfalls an die Pilgerschaft? – nach Carcassonne hinausgerollt. Im Norden dehnte sich endlos, von felsigen Schluchten durchzogen, mit dichtem Waldpelz bedeckt, die Montagne Noire, während in den Hängen helle Mauern und rote Dächer leuchteten. Die Trauben der Rebgärten färbten sich schon, und plötzlich eröffnete sich dem Auge fern über dem herrlichen Land ein Blick auf eine Silhouette, die einem Romantikertraum, einer Vision des Mittelalters glich: die Cité von *Carcassonne* hoch auf ihrem Plateau über die Aude und die Neustadt jenseits des Flusses gelagert, Mauern, Türme, spitze Dachkegel, gleich einem Wahrbild unversehrten Dauerns über dem Bodendunst schwebend. So, als sei hier niemals der Blitz hernieder gezuckt, der den ganzen Süden in Brand setzte, und diese Stadt vor dem Untergang alles Irdischen bewahrt geblieben, um der Nachwelt für alle Zeiten als Inbegriff des Languedoc zu dienen.

Doch das ist Illusion. Man hat sie aus den Trümmern des Verfalls wieder aufgebaut, Stein um Stein, nachdem sich vor ihren Mauern längst das Schicksal des Südens entschieden hatte.

Opfergang vor Carcassonne

Am 1. August 1209, ein Jahr vor dem Untergang von Minerve. Auf den Mauern der Porte Narbonnaise zu Carcassonne steht ungeduldig der Vizegraf Raymond-Roger Trencavel, Herr des Landes und derzeit vierundzwanzigjährig. Immer wieder späht er in die flache Weite des Ostens, zum Hügel von Pech-Mary. Schon in den Vortagen hat man dort Späher einer Avantgarde gesehen. Heute muß das Gros des Kreuzfahrerheeres vor seiner Residenzstadt erscheinen. Es beunruhigt ihn nicht, was in Béziers geschah. Der Cité auf ihrer beherrschenden Höhe ist er sicher. Die heute verschwundene Vorstadt Le Castellare im Südosten besitzt eigene Befestigungen, und mag die ›Le Bourg‹ genannte andere Vorstadt im Nordwesten auch verlorengehen, sie wird den Feind, der es eilig hat und dem es auf jeden Tag ankommt, binden.

Am Nachmittag sieht er endlich über Pech-Mary Staubwolken aufwabern, bald auch Menschen über die Hänge laufen. Wäre es nicht am besten, dem Feind zuvorzukommen, ehe er seine Heerhaufen zum Angriff formieren kann? »An die Pferde«, ruft er daher seinen Vasallen zu. »Vierhundert Mann auf den schnellsten Gäulen sollen sich auf sie werfen. Ehe die Nacht sinkt, können wir sie drüben auf den Hängen zerschlagen!« So die Erzählung des ›Chanson de la Croisade des Albigeois‹. Aber er findet Widerspruch. Pierre-Roger de Cabaret rät dem Vizegrafen, seine Kräfte für den kommenden Tag zu sparen, wenn man versuchen wird, die Stadt vom Wasser abzuschneiden. In der Tat, ein schwerwiegendes Argument. Die Brunnen der Cité geben in dieser Zeit nicht viel her. Aber man verfügt über zwei Quellen außerhalb der Mauern, die von Fontgrande bei Castellare und eine andere bei der Porte de Toulouse im Westen, und natürlich als Notreserve das Wasser der Aude. Cabarets Rat scheint der eines überlegten Mannes und man wird ihm folgen. Aber es mutet uns nachträglich keineswegs sicher an, ob ein Überraschungsangriff dem Feind nicht schwere Verluste gebracht oder ihn gar gezwungen hätte, sich zurückzuziehen.

Indessen, am nächsten Tag, einem Sonntag, geschieht garnichts. Am 3. August aber bricht der Sturm bei drückender Hitze nach dem ›Veni Sancte Spiritus‹ der Bischöfe los. Er zeigt, daß der Feind genau im Bilde ist, denn er wirft sich auf den ›Bourg‹ im Osten und überrennt die Schutzwälle. In Straßen und Gassen tobt der Kampf Mann gegen Mann. Trencavel verteidigt hartnäckig jeden Fußbreit, bis er sich nach zwei Stunden doch zurückziehen muß. Zwar, um den Bourg ist es nicht schade, aber ein gleichzeitiger Flankenstoß hat die Stadt von ihrer sichersten Wasserreserve, der Aude, abgeschnitten.

So glauben die Kreuzfahrer denn auch am kommenden Morgen in Castellare leichtes Spiel zu haben. Dort aber holen sie sich blutige Köpfe. Gräben brechen die Wucht des Ansturms, von Mauern wie Türmen prasseln wahre Schauer von Steinen und Wurfgeschossen hernieder. Sie müssen unter großen Verlusten in völliger Unordnung zurück. Es ist der Augenblick, in dem sich einer der Kreuzfahrer zum ersten Mal durch Kaltblütigkeit hervortut, dessen Name sich von nun an nicht mehr aus den Geschehnissen fortdenken läßt, Simon de Montfort, der ›Petit Seigneur‹ aus der Ile de France: einer seiner Ritter ist verwundet im Graben vor der Mauer liegengeblieben. Mit einem einzigen Knappen sprengt Montfort heran und holt ihn trotz des Geschoßhagels heraus.

Immerhin wird den Kreuzfahrern klar, daß man ohne systematisches Vorgehen nichts zu erreichen vermag, und so beginnt jener gewohnte Kriegsalltag der tausend Plackereien einer mittelalterlichen Belagerung, des mühseligen Aufbaus der Schleudermaschinen, mit denen die Armee reich versehen ist, dem Höllenlärm, den sie verursachen, den wechselnden Vorteilen hier und dort, bis die Zermürbung eine Entscheidung verspricht. Noch erscheint König Peire II von Aragon, um zu vermitteln. Raymond-Roger ist sein Vasall, was die Gebiete von Carcassonne und Razès betrifft – vergeblich, die Forderungen der Belagerer sind zu hart. Einzig der Vizegraf samt elf Leuten seiner Wahl sollen die Stadt verlassen dürfen, alles andere auf Gnade und Ungnade kapitulieren. Natürlich lehnt Trencavel ab. Aber der Gedanke an Verhandlungen rumort seitdem in den Köpfen der Kreuzfahrer wie der Belagerten; die Zeit drängt hüben wie drüben. Offenbar ist der Wassermangel seit dem Abschneiden jeder Zufuhr in der Cité bereits groß. Läßt es sich anders erklären, daß sich Vizegraf Raymond-Roger auf Vorschlag eines Herrn von Courtenai aus dem Norden bereit erklärt, sich allein ins Lager von Pech-Mary zu begeben, um dort zu verhandeln?

Es ist eine Falle, und es läßt sich denken, daß seine Frau mit dem kleinen Sohn Roger sorgenvoll an der Porte Narbonnaise steht, als er ins Vorfeld hinausreitet. Noch einmal treffen sich ihre Blicke, während er ihr aufmunternd zunickt. – Sie sehen sich niemals wieder. Im Lager des Ost angekommen, fällt man über ihn her und legt ihn in Ketten. Mit keiner Silbe wird die Szene in den überkommenen Quellen geschildert, aber es ist das trübste Kapitel des ganzen Feldzuges.

Wer hat diesen felonen Verrat veranlaßt? Glaubte man

sich dazu berechtigt, weil der Vizegraf exkommuniziert war? Es bleibt ein Akt brutaler Gewalt, der jedem ritterlichen Empfinden der Epoche Hohn spricht. Was folgt? Die Stadt, ihres Vorkämpfers, Anführers und Kopfes beraubt, muß sich ergeben, die Bürger haben sie, nur in Hemd und Hose, ohne jede Habe zu verlassen. Raymond-Roger wird in das Verließ seines eigenen Schloßturms, der Tour Pinte geworfen, wo er drei Monate später stirbt. Vergiftet sagen die einen, an Dysenterie die anderen. Fest steht, der neue Machthaber, Simon de Montfort, hat sich um seinen Gefangenen nicht gekümmert. Mit Vorsatz wahrscheinlich; wir tun ihm kaum unrecht damit. Der kleine Sohn Trencavels, Roger II, wird dreißig Jahre später versuchen, sein legitimes Erbe wieder an sich zu bringen, aber nun ist König Ludwig IX. zur Stelle und lehrt ihn das Fürchten. Wiederum müssen alle Bürger die Stadt verlassen. Erst nach sieben Jahren dürfen sie sich, jenseits der Aude, in einer Ville Basse, einer Neustadt, dem Carcassonne von heute ansiedeln.

Es ist schon angedeutet worden, welches Nachfolgeproblem die Gefangennahme Raymond-Rogers für die Kreuzfahrer aufwarf. Glücklich über die gefundene Lösung, stimmt man dem päpstlichen Legaten zu, der den bescheidenen Herrn aus den Wäldern von Rambouillet zu einem der Vizegrafen des Südens macht. Mit ihm kommen seine Waffengefährten, vor allem Gui de Levis, der als Gui le Maréchal bekannt wird, denn Montfort ernennt ihn zum Oberkommandierenden seiner Truppe, die es derzeit kaum gab. Dazu eine Reihe Herren, meist aus der Pariser Gegend; sie besetzen die Burgen des Südens. Man sieht ihre Wappen heute im Hotel nahe Saint-Nazaire, als sei man stolz auf diese Überfremdung, die dem Kreuzzug eine erste Wendung ins Politische gab. Montfort residiert in der vizegräflichen Burg, dem ursprünglichen Kern der Cité, in der ganze Generationen von Trencavel gehaust haben. Sie waren seit 918 im Lande und geboten unter wechselnder Oberhoheit des Königs von Aragon und der tolosanischen Grafen über große Teile des Südens zwischen Hérault, Montagne Noire und Pyrenäen, fast bis vor die Tore von Toulouse.

Pic du Canigou 25.5.80

III *Der Pic du Canigou*

Hoch über dem überaus fruchtbaren Roussillon, bis ins 17. Jh. eine katalanische Provinz, schwebt das auf fast 2800 Meter ansteigende, ostwärtigste der Pyrenäenmassive, das des Canigou, wie eine Erscheinung.

Der unbedeutende Baron aus dem Norden, dessen Wesen sich so schwer durchschauen, dessen Charakter sich auf keine Formel bringen läßt, ist plötzlich ein mächtiger Mann. Seine Frömmigkeit bleibt unbestritten, und doch konnte er unsagbar grausam, dann wieder unvermutet milde sein, ohne daß uns die Gründe verständlich werden. In jeder Lage zeigt er sich kaltblütig und entschlossen. Denn es kommt in dieser letzten Phase des Rittertums gar nicht so sehr aufs Kämpfen an sich an, das nach der simplen Regel des ›Drauf und Dran‹ abläuft, sondern auf den richtigen Augenblick des Eingreifens. Das aber bedeutet kühle Selbstzucht und ein sicheres Gespür für die entscheidende Sekunde der Tat. Man mag den neuen Vizegrafen verteufeln, wie man will, er ist der Mann der Stunde und jedem der Herren aus dem Süden überlegen, die ihm künftig entgegentreten. Vornehmlich jenem, gegen den er sich schon nach kurzer Zeit wenden wird, Raimond VI von Toulouse. Seines Bleibens in Carcassonne ist übrigens nicht lange; er wählt einen Wohnsitz, ein Schloß im Lande, um endlich doch in seine eben gewonnene Residenz heimzukehren; als er 1218 vor Toulouse fällt, setzt man seinen Leichnam für sechs Jahre in Carcassonne bei, bis man die Reste in die Ile de France überführt. Noch aber sieht man in Saint-Nazaire seinen gewaltigen Grabstein an der Wand des rechten Querschiffes, letzte Erinnerung an einen Mann, dessen Andenken mehr Fluch als gute Gedanken begleiten.

Die Stadt sah damals nicht ganz so wie heute aus. Die äußere Mauerumgürtung fehlte, anderes ging verloren: der Sacraire Saint-Sernin nahe der Porte Narbonnaise, die ihrerseits noch keineswegs die stolze Höhe von heute besaß, der Bischofspalast, von dem nur die Tour de l'Evêque blieb, das Kloster nebst seinem Kreuzgang neben Saint-Nazaire. Erst die französischen Könige, denen die Stadt schließlich zufiel, machten sie zu jenem Bollwerk der doppelten Umwallung, zwischen deren beiden turmbewehrten Mauerreihen sich breite Lices, Vorhöfe hinziehen, die jedem eingedrungenen Feind zum Verderben werden. Carcassonne, wichtigstes französisches Bollwerk gegen Aragon, war nun tatsächlich uneinnehmbar. Selbst der Schwarze Prinz, der sein Glück

1355 im Hundertjährigen Krieg versuchte, konnte zwar die Ville Basse jenseits der Aude abbrennen, aber von der Cité ließ er die Hände. Bis der Pyrenäenfriede von 1659 die stolze Feste plötzlich überflüssig machte, weil Perpignan ihre Stelle einnahm; sie verfiel rasch. Erst um das Jahr 1835, auf dem Höhepunkt eines romantischen Historismus, wird man sich ihrer erinnern. Neun Jahre später beginnt Viollet-le-Duc mit dem Wiederaufbau ...

Carcassonne heute. Touristenströme schieben sich unaufhörlich durch die Porte Narbonnaise in die Stadt, queren die ehemalige Zugbrücke und fluten durch enge Gassen zur Burg mit den hölzernen Wehrgängen um Turm und Mauerkronen. Es geht in den alten Festsaal hinauf und nun, beim näselnden Klang der Stimme des Führers, in die als Museum dienenden Räume hinab, in denen einst die Trencavel hausten. Es folgt der Rundgang ins Gemäuer der Westseite, wo die Cité mit einem einzigen Schwung vom Ufer der Aude aufsteigt, über spiralige Stiegen oder entlang der Bastionen hinauf, hinab: Festungsarchitektur, Stein. Durch die Öffnungen im Boden überkragender Gänge regnete einst kochendes Pech auf den Feind. Hohe Galerien umziehen die Türme, Treppen tauchen in die Tiefengeschosse. Bald lernt man mittels des Steinmaterials die Entstehungsepochen unterscheiden. Die Römer, die sich des Platzes schon im 4. Jahrhundert versicherten, bauten mit mächtigen, ungemörtelten Blöcken, zwischen denen sie rote Ziegel zur Festigung einbrachten. Die Trencavel benutzten einen gelblichen, grob vermauerten Sandstein, die französischen Epochen rechtwinklig zubehauene Quader – unter Ludwig dem Heiligen mit glatter Oberfläche, unter Philipp dem Kühnen mit buckeligem Profil.

Zinnen allenthalben von Turm zu Turm, und ihrer sind viele: neunundzwanzig an der alten Innenumwallung, siebzehn, die Bastionen eingeschlossen, an der äußeren, rund fünfzig insgesamt. Daran Schießscharten, Fensterluken, Mauerlöcher. An den Distanzen von Turm zu Turm läßt sich die Erbauungszeit ebenfalls ablesen. In frühen Epochen mußten sie eng beieinander stehen, in Zeiten der Armbrust konnte man den Abstand vergrößern. Vielfach ist ihre Innenfläche offen, damit ein eingedrungener Feind keinen Schutz fand. Freilich nur, wenn dem Bauwerk keine besondere Aufgabe zufiel, wie der Tour de l'Inquisition an der Westseite mit dem Wachraum der ersten Etage und dem Kamin, in dem man Folterinstrumente erhitzte. In das Tiefengeschoß spähen die Augen mit einiger Beklemmung hinab. Der steinerne Stützpfeiler drunten hat dazu gedient, die Inkulpanten festzubinden, seit die Inquisition die ›dépistage‹ oder Befragung der als Katharer Verdächtigten übernommen hatte.

Spätestens hier allerdings merkt man kritisch auf: nachgebaute Schreckenskammern mit elektrischer Beleuchtung, die von Fackeln durchglommene Düsternis fehlt, mehr noch die Zeugenschaft der Steine. Man riecht den Gestank angesengten Fleisches nicht mehr. Man erlebt auch die anderen Gerüche Carcassonnes nicht mehr, die zum Mittelalter gehörten, die der Abortgruben, der Misthaufen, da man doch Tiere hielt, nicht die rinnenden Abwässer, sieht die Bresthaften, Blinden, Lahmen nicht auf den Schwellen der Häuser kauern, nicht das Huschen der Ratten. Ursprünglich erhalten blieb eigentlich nur die Basilika Saint-Nazaire, dieser seltsame Bau mit dem romanischen, schweren Schiff und dem vorgelegten, ganz leichten, gradezu verklärten Chorgezelt der Gotik, dessen Rosenfenster in zarten, verzauberten Farbklängen zu den schönsten des Südens gehören.

Doch halt, etwas anderes blieb auch! Die ungeschlachte Porträtbüste der Dame Carcas an der Porte Narbonnaise, der legendären Witwe eines Sarazenen, die ihre Stadt listenreich gegen Karl den Großen verteidigte und bei seinem Abzug den Trompeter blasen ließ, weil sie durchaus mit ihm verhandeln wollte, um weiterer Angriffe ledig zu sein; ›Carcas sonne‹, Carcas bläst, sollen die Soldaten gesagt haben. Schon die Troubadours haben die triviale Geschichte kolportiert; man findet sie heute auf den Karten der Andenkenläden dargestellt, die mithelfen, das trotz neuzeitlichen Glanzes von der Größe und Schwere des Mittelalters umwitterte Carcassonne in einen touristischen Rummelplatz zu verwandeln.

Vergeblich suchte ich allerdings die Zeugnisse der Pilgerepoche. Aus frühen Zeiten konnte es keine mehr geben; sie müssen in den zerstörten Vorstädten gelegen haben. Aber auch in der Ville Basse, der Neustadt westlich der Aude, die Damonte, nicht zuletzt ob der vierzehn Brückenbögen über den Fluß und der »molto buone hosterie« eine »doviciosa città« nannte, eine reiche Stadt, ist nichts mehr zu finden. Sie hat in ihren vom Treiben der Menschen erfüllten, rechtwinkligen Gassen, vollends aber in den vom Verkehr durchtobten Ringboulevards jede Erinnerung verloren. Und doch lassen sich unter den »hôpitaux ou maisons Dieu de Burgo Carcassonne«, der Unterstadt eben, laut einem Bericht vom 8. September 1354 die Namen von wenigstens fünf Spitälern nachweisen, zu denen als Pilgerunterkunft auch das Hospital ›Saint Jacques‹ rechnete. Der Moloch Fortschritt hat sie verschlungen.

Ballade aus Stein

Wenige Augenblicke später wird der Geist der Pilgerstraße, der in Carcassonne fast ausgeronnen scheint, wieder greifbar und dicht. *Saint-Hilaire-d'Aude* ist erreicht, das Damonte Santo Lario nennt, ein winziger Ort auf dem rechten Ufer des aus dem Schutz der Berge hinaustretenden Flusses. Eine kleine Benediktinerabtei hat hier gelegen, von der nur die ob der Enge des Raumes gedrängt-kurze Kirche und ein dünnblütiger Kreuzgang der Gotik um 1350 übrig sind. Das Schiff freilich ist trotz der gotischen Gewölbe mit den hübschen Figurenkonsolen viel älter, und das Gemäuer mag in früheste Zeiten zurückreichen. Schon um 970 hat man die Gebeine des ersten, im 6. Jahrhundert gestorbenen Bischofs von Carcassonne nach hier überführt. Geweiht aber wurde das Klosterkirchlein auf seinem Podest über dem Tal dem Heiligen von Toulouse, Saturninus oder Saint Sernin. Es ist wie ein Hinweis: von nun an liegt sein Schatten über der nach Norden durchs Lauragais in die Stadt seines Martyriums umbiegenden Straße.

Die letzte große Begegnung mit dem Meister der Pilgerstraße, der sich in Rieux so sensibel darstellte, dem von Cabestany, ereignet sich. Vielleicht ist sie von allen die eindringlichste. Im leichten Dämmer des Seitenschiffs steht der

Altar, den er zu Ehren des von ihm so sehr geliebten Heiligen schuf, und dessen Stadt er offenbar niemals erreichte. Was einigermaßen verwundert, denn der Meister schien sich gut auszukennen. Auf dem Sockel nämlich ist das Martyrium des tolosaner Patrons dargestellt, über dessen Reliquien eine der größten Pilgerkirchen der Christenheit, der östliche Gegenpol zu der von Compostela gleichsam, erwuchs. Es scheint eine Jugendarbeit des Künstlers, wie die Experten vermuten, denn er hat seinem Werk die Gestalt eines antikisierenden Sarkophages gegeben, in manchem ähnlich dem von Saint-Aphrodise in Béziers. Auf den Seiten finden sich, verwandt den Bildern an der Grafenpforte zu Toulouse, Saturninus mit Kreuz und Buch nebst seinen Schülern Papoul und Honestus, nachmals Bischof von Pamplona, sowie die Grablegung des Gemarterten durch die ›Saintes Puelles‹, die beiden Jungfrauen, die darob sterben mußten, wiedergegeben. Die zwei Meter messende Vorderseite aber – welch eine Gelegenheit für einen derzeit noch jungen Bildhauer – überzieht die Schilderung des eigentlichen Geschehens, die Anklage und die Hinrichtung des Heiligen.

Selten habe ich eine so prall von Leben durchwirkte, so dramatisch gesteigerte Martyriumsdarstellung erlebt, die zugleich jede Grausamkeit meidet und voll wunderbarer Harmonie und Getragenheit steckt. Auf der rechten Seite wird der Evangelisator, das Buch beschwörend vor sich haltend, von den erzürnten Heiden ergriffen und vor den Richter geschleppt, weil er ihren Göttern nicht opfern will. Vier bewegte, bärtige Gestalten mit kurzem Leibrock, zwischen den Beinen als Symbol des Bösen hervorlugende Tiere, genügen, um durch Handbewegung und Wendung der Köpfe, freilich auch den bewegten Faltenwurf, das ganze Vorspiel der Verurteilung zu erzählen. Daß es ein Drama wird, bekunden die Menschen, die aus einem Haus zur Rechten schauen. Einer, den seine Neugierde ganz hoch hinaus treibt, hat sich gar ein kunstvoll gedrehtes Seil übers Dach gespannt, von dem er rittlings hinaussieht. Auf der Linken aber spielt sich der Höhepunkt des Geschehens ab: auch hier fehlen die Gaffer nicht, wie es bei Hinrichtungen üblich war, auch hier lassen sich von unten hervordrängende Tiere, dazu zwei klagende Männerköpfe erkennen. Der heilige Mann, auf den Stufen des Kapitols liegend, ist mit den Füßen an einen losstürmenden Stier gebunden; noch einmal segnet er die ›Saintes Puelles‹, die er zuvor bekehren konnte. – Der Stier! Vielleicht ist er das Bedeutendste an Ausdrucksgebärde, das dem Künstler gelang: ein vorgeneigter Mann stachelt ihn, zwei Hetzhunde springen an ihm empor, indessen das gepeinigte Tier, den Kopf auf die Seite gelegt, mit einem so jähen, gestreckten Sprung davonstürmt, wie es seinesgleichen nicht hat ...

Wir standen und starrten die mächtige Tafel aus weißem Pyrenäenmarmor an. Da hatte einer den ganzen Geist seines Zeitalters in sich gesogen, die Grausamkeit des Vollzuges, die Neugier der Mitmenschen, die Ergebung der Frommen, und in ein Bildwerk von solch bewegter Kraft umgesetzt, daß es wie eine Ballade wirkte. Und doch befand sich noch mehr im Spiel; er stand unter einem inneren Zwang der Aussage. Es mußte alles aufs äußerste gesteigert werden, damit es wie Tubaton durch das Widerspiel der irdischen und himmlischen Mächte dröhnte.

Durchs Hügelland ging es hinaus nach *Limoux*. Es wächst hier eine Gutedeltraube, aus der man den moussierenden Blanquette-Wein keltert. Zwischen den Gärten stechen dunkle Zypressen ins Licht; die Grillen sangen. Hitze waberte über dem Land. In Limoux drunten am ausgeuferten Aude-Bett gab es eine Straße Saint-Jacques. Hier bog Damontes Weg um nach Villepinte im Norden, allein Jakobuszeichen fanden sich nicht mehr. Aber an einem Nebensträßchen unter der Höhe von Fanjeaux hinweg, das es kommenden Tages aufzusuchen galt, sollte es in *Villasavary* neben einer Rue Saint-Jacques auch eine Pilgerherberge mit einer Jakobusfigur nebst einem Madonnenbild geben. Wenigstens behauptete das ein Bericht von 1678. Aber wir haben nur die Jakobsfenster im Kirchlein entdeckt. Immerhin *Saint-Papoul* lag nahe. Noch einmal, zum letzten Mal ließ sich ein Blick auf ein Werk des Cabestany-Meisters werfen: zwei Kapitelle, eines mit Daniel in der Löwengrube, hoch an den vorgelegten Pilastern des Außenchores. Monsieur le Curé, der eben im alten Klostergarten die Blumen goß, eilte voll Erklärungseifer herbei. Doch dann zupfte ihn ein altes Weiblein energisch beim Ärmel fort. Auf dem Kirchplatz stand mit gesenkten Köpfen eine Trauergemeinde; Tote läßt man nicht warten.

Castelnaudary folgte, altes Kampfgebiet aus den Zeiten Montforts, der sich in den verwinkelten Gassen der Oberstadt mit der vernagelten Kirche und den Katzengerüchen verschanzt hielt. Auf der Talstraße donnerten alle Last- und Personenwagen nach Norden, denen die nahe Autobahn zu teuer war.

Auch über der unerhörten Weite des Lauragais flimmerte das Sonnenlicht. *Villefranche* zeigte sich, einst Pilgerstation, und als letzte *Baziège,* das Vasiglia Damontes. Fern hing der schwere Dunst einer Großstadt über dem Land: Toulouse, das immer erneut in Gedanken umworbene Zwischenziel. Doch für uns hieß es umkehren nach Fanjeaux.

Es war der Ausgangspunkt jener Gegenkraft, die den Katharismus endlich überwand.

Wo der Heilige ging

Fanjeaux ist ein kleines Dorf auf einem vorgeschobenen Rücken des bergigen Razès, rund zweihundert Meter hoch über der kaum welligen Ebene des Lauragais gelegen, die sich bis Toulouse hinzieht. Während der Talwind zart die grasigen Hänge emporstreicht, blickt das Auge von einer Aussichtsbastion, dem Seignadou weit hinaus: auf die endlosen Felder zu Füßen, je nach der Jahreszeit im saftigen Grün oder Rotgold der reifenden Hirse, auf die geballte Baumgruppe mit der hellgrauen Kirchenkuppel der Dominikanerinnen von Prouille, dahinter Montréal auf seinem Berge, nun die braunen Gebirgsrücken der Corbières und fern, ganz fern, wie der wechselnde Wolkenzug das Licht einfallen läßt, tintigblau oder im zarten Schmelz eines Schmetterlingsflügels, die Kuppen von Andorra. Die Weite ist königlich, der Friede scheint unversehrbar, und doch hat dieses Land gebrannt. Innerlich, unterschwellig und mit jenem bedrohlichen Knistern, das die Weltordnung des Mittelalters in Flammen zu setzen drohte. Das Lauragais ist die Herzkammer des Katharismus, und in Fanjeaux hat einer seiner bedeutendsten ›Bischöfe‹ gewirkt, Guilabert de Castres. Aber hier nistete sich auch jener Mann ein, dessen Wirken nach endlosen geduldigen Mühen eine geistige Wende brachte, ein Zeitgenosse des Franz von Assisi aus Spanien, Domingo de Guzman, Subprior der Kathedrale von Osma.

Er weilte nebst seinem Bischof Diego seit dem Juni 1206 im Midi, nachdem die beiden in Rom erfolglos ein Durchgreifen von Papst Innozenz III. gegen die auch in Spanien schwelende Häresie gefordert hatten. Trotz der Vergeblichkeit aller Mahnungen, Erlasse und Exkommunikationen, die er hinausgehen ließ, vor dem äußersten Mittel schreckte der Oberhirte zurück. Erst als sein Legat Pierre de Castelnau 1208 dem Mordanschlag eines gräflichen Gefolgsmannes aus Toulouse auf der Brücke von Trinquetaille erlag, rief er zu dem berüchtigten Kreuzzug gegen die Häretiker auf, eine bittere Stunde für den Pontifex Maximus, der Kaiser und Könige bannte oder entthronte, um den Primat des römischen Stuhles durchzusetzen. Denn es war das Eingeständnis seiner Ohnmacht und Ratlosigkeit gegenüber einer Lehre, welche ohne bisherige Anwendung von Gewalt die Kirche gleich einem Bazillus von innen zerstörte.

In Montpellier waren die beiden Spanier den entmutigten Sendboten des Papstes, Castelnau und Raoul de Fontfroide begegnet, die von ihrer Aufgabe zurücktreten wollten; Dominikus konnte sie zum Durchhalten bewegen. Er riet ihnen eine neue Methode der Missionierung an. Es galt, den Katharern anders als im Gewand der kirchlichen Autorität zu begegnen; man mußte der Lehre und ihren Trägern die Glaubwürdigkeit wiedergeben, es den Aposteln gleich tun, das Wort Gottes in völliger Armut und Bedürfnislosigkeit predigen und, angetan mit der ungefärbten Wollkutte, der schwarzen Kapuze, an die Türen der Katen klopfen, um sich seinen Unterhalt demütig zu erbetteln.

Neun Monate zogen sie sodann verkündigend, diskutierend durchs Land, bis man ins Lauragais, genauer nach

Montréal gelangte. Dort fand im März 1207 auf Einladung des Aimery de Laurac, eines erklärten Häretikers, nach dessen Familie sich das Lauragais benannte, im heute verschwundenen Schloß, dann auf der Terrasse davor während fünfzehn Tagen eine große Disputation mit den geistigen Widersachern, Guilabert de Castres an der Spitze, statt. Schon damals erregte Dominikus Bewunderung. Wo hatte er, der Kastilier, die Sprache des Landes so vollkommen beherrschen gelernt, und noch mehr, aus welchem Brunnen quoll diese glühende Beredsamkeit, die seine Zuhörer hinriß? Denn dies war und blieb seine eigentliche Kraft, die Macht des lebendigen Wortes.

Dennoch zeigten sich die Erfolge gering. Gewiß konnte man wiederbekehrte junge Mädchen und Frauen, die nicht mehr ins ketzerische Zuhause zurück wollten, in Prouille um sich scharen und unterbringen, eine Gründung, um die sich bald die Legende rankte. Nach einer Überlieferung des 17. Jahrhunderts war Dominikus eine dreimal wiederholte Erscheinung vom ›Seignadou‹ in Fanjeaux aus zuteil geworden, als er nach stundenlangen Gebeten und Kasteiungen Erholung in frischer Luft suchte. Plötzlich erblickte er eine glühende Kugel wie einen flammenden Globus über sich, die sich nach Prouille zu senkte und auf das dort errichtete Marienheiligtum niederstürzte.

Neun Jahre zog er noch mit seinem Gefährten Bertrand predigend, diskutierend durchs Land, ein Wanderapostel von unzerstörbarer innerer Heiterkeit, der barfuß durch Disteln und Dornen ging und belustigt das Bluten der Füße feststellte, einer, der neben Landstreichern und Marodebrüdern in verpesteten Spelunken schlief, und auch dieser Vagantenzeit bemächtigte sich später die fromme Sage. Als Ketzer am Johannistage ihre Felder abernteten, während er grade vorüberzog, begann das Getreide plötzlich zu bluten. Oder er bannte einen Wolkenbruch, der die wollenen Kutten zu durchtränken und schwer zu machen drohte, durch Gebetskraft. Doch das sind alles bloße Erklärungsversuche für die bezwingende Kraft, die er verkörperte, die bezwingende Wirkung, die von ihm ausging. In vielem erwies er sich anders als der demütige Poverello: gleich Jakobus dem

Älteren war er der geborene Verkünder, und die später von ihm in Toulouse gegründete Mönchsgemeinschaft sollte denn auch ein Predigerorden sein, dessen Mitglieder in der gleichen Armut, der gleichen Unbedingtheit, der gleichen Hingabe lebten wie der Stifter.

Wohl ist seine Größe schwer faß- und meßbar, aber die Ausstrahlung seines Geistes half die Welt zu verändern. Nicht die Vervollkommnung des eigenen Ich war das Ziel; er wollte hinauswirken, unterrichten, die Klöster der Allgemeinheit öffnen. Die Hochscholastik, die Verbindung christlicher Offenbarung mit philosophisch-methodischem Denken in einer Universitas der Lehrgebäude, ihre Verbindung mit mystischen Gedanken ist im Grunde bei ihm bereits angelegt, wenn er auch ein Mensch tätiger und herzenswarmer Frömmigkeit blieb. 1215 wird Honorius III. seinen Orden, den er in Toulouse gründete – ein Thomas von Aquin, ein Albertus Magnus gehen aus ihm hervor – bestätigen, zwei Jahre später den der Dominikanerinnen. Die von Gregor IX. 1231 verfügte päpstliche Inquisition, deren Durchführung Franziskaner und Dominikaner zeitweilig in Mißkredit brachte, hätte er genausowenig hingenommen wie Franziskus von Assisi. Schon 1234 erhob man ihn, der bereits dreizehn Jahre zuvor in Bologna gestorben war, zur Ehre der Altäre.

In Fanjeaux vollzog sich der Großteil des inneren Weges, der ihn zu seiner Aufgabe führte. Er hatte sich in voller Bewußtheit inmitten der Ketzer niedergelassen. Am alten, nach ihm benannten Sträßchen in der Nähe des zerstörten Schlosses ist seine Bleibe, die er seit 1207 als pied à terre benutzte, noch immer zu sehen. Unter den alten Balken, vor der alten Kaminwand lag er auf den Knien, wenn er, müde heimgekehrt, die Nacht in Gebet und Kasteiung verbrachte. Vor dem Hoffenster liegt ein altes, entzückendes Gärtchen mit weitem Blick über das Land, welches das seine gewesen sein soll; nur, daß ein solcher ›hortus animae‹ nicht ganz zu ihm paßte. Er suchte die Auseinandersetzung, Bewährung, Entscheidung. Man kommt ihm mit einer Idylle nicht bei.

Die Kirche von heute hat er nicht gesehen. Sie entstand erst nach seinem Tod an der Stelle des römischen ›Fanum jovis‹ oder Jupitertempels; nicht also die gloriose Darstellung der auffahrenden Jungfrau, die ein von außen hinabführender Lichtschacht magisch beleuchtet, nicht auch die Gemäldereihe im Chor, nicht die Pilgerzeichen der gekreuzten Bordons, die den Jacquaires ankündigten, daß es für den Santiago-Wanderer Unterkunft gab. Denn auch sie zogen, von Carcassonne kommend, auf jener Pilgerroute hindurch nach Westen, die auf der Karte von 1648 nur als gradlinig gestrichelter ›Chemin de liaison‹ bezeichnet wird.

Natürlich sind wir auch ihr gefolgt.

Viele waren es offenbar nicht, die auf diesem Verbindungsweg schritten, vielleicht nur Heimkehrer, die eilig nach Hause wollten. Der apokalyptische Aspekt, das Erregende, das uns auf jedem der Menschheitswege begleitete, fehlte. Kein Funke glühte, keine Bildhauerhand hatte Zeichen gesetzt. Alles übrige ausgelöscht, leergefegt von Kriegen und Zeit. Was schlimmer war, seit Tagen lag eine bleierne Hitze über dem Land. In *Mirepoix* bot zwar die weitbauchige Kathedrale – den Rochus im Pilgergewande darin, ich habe ihn nicht übersehen! – Kühle, und doch trieb es uns in die Lauben am Marktplatz, um vor dem einzigen Café Erquikkung zu finden.

In *Vals* am Rande des Hers-Grundes aber gab es dergleichen nicht und nur das Schattendunkel des dreifach gestaffelten Kirchleins im Felsspalt zwischen Roc-de-l'Epéron und Roc-Taillat, eine Stätte uralter Besiedlung, ließ aufatmen. Leider nur allzu kurz, denn nun lag der breite Ariège-Grund wie eine glühende Tonscherbe vor uns, den es nach *Pamiers* zu queren galt. Drei Tage blieben wir dort. Es mußte doch etwas zu finden sein! Altes Backsteingemäuer gab es genug, aber Fensterlöcher und Türen meist zugemauert, das Innere jeder Erinnerung bar. Vom Schloß auf dem ›Castella‹-Hügel, einst Wohnsitz der katharischen Erzdiakonesse Esclarmonde de Foix, Großtante der gleichnamigen Königin von Mallorca, blieb kein Stein auf dem anderen. Auf eine Wand stand in großen Teerbuchstaben geschmiert: ›A Pamiers on ne meurt plus de faim mais d'ennui‹. Da hatte ein junges Herz sich Luft gemacht.

Das war es, das ›Ennui‹, die tödliche Öde, die innere Leere, die der großen Geschichte folgt. Mochten auch morgens samthäutige Negerinnen voll Grazie mit weißen Sandalen und bunten Gewändern über den Markt schreiten, mittags senkte sich das Ennui wieder lähmend auf die glühenden Dächer, und nur in etlichen Kneipen hielt das Leben aus. Dort saßen die Männer und spielten Karten.

Wir lebten wie hinter Schleiern und wachten erst wieder auf, als es in die Berge des Plantaurel ging und der natürliche Tunnel der Arize kam, in dem sich die Höhlengänge von *Mas d'Azil* seitlich ins Bergesinnere winden. Pilgerzeugnisse gab es hier nicht, dafür, was die Jacquaires eher für Teufelsspuk gehalten hätten: das Grab des Mammuts, die Galerie der Bären, den unterirdischen Vitrinensaal mit den kostbar gravierten Knochen aus dem Magdalénien, von denen ein witternd vorgestreckter Tierkopf das schönste blieb. Eine Oase war es im endlosen Hügelland. Bis denn doch etwas kam und die Zweifel behob, ob wir überhaupt der richtigen Strecke folgten: *Montjoie* lag vor uns, dessen Name den Santiago-Wanderern Herberge verhieß. In den mürben Mauern der Burg vorkragende Häuschen um eine kauzige Kirche mit Wehrgang. Was es ankündigte, fand sich unten im Tal, *Saint-Lizier,* ehedem Bischofssitz des Couserans, eine kleine, teils noch ausgemalte Kathedrale mit Achteckturm, einer Fünfeckapside, dem alten, zweigeschossigen Kreuzgang, dessen Arkaden auf Marmorsäulen und Kapitellen mit Flechtwerk ruhten.

Die Luft war unterdessen beklemmend geworden, bis es auf einmal in Strömen herniederrauschte. Begann schon der große Herbstregen der Pyrenäen? Wir saßen im nahen Saint-Girons unter dem Vordach des Cafés am Salat-Ufer, weil die Kartenspieler des Ortes drinnen den letzten Stuhl besetzt hielten. Bis Salies-du-Salat, wo die Nebenroute in die große Pilgerstraße von Toulouse nach Saint-Gaudens mündete, war es nur noch ein Katzensprung.

Es dunkelte, als wir einrollten, aber der Himmel hatte sich aufgeklart, bot sich rein gewaschen dar und führte vor, was er an Sternen besaß, die Belle Maguelone zuerst, dann die ganze Milchstraße, den Chemin de Saint-Jacques des Weltalls. Ein gutes Omen! Am nächsten Tag sollte es zurück bis Foix und dann auf die letzte der Routen des Südens ins Ariège-Tal gehen und, ganz im Nebenbei, auch zum Montségur.

Es kam dann umgekehrt. Der Schicksalsberg der Katharer beherrschte die Szene.

Tod am Montségur

... Da hocke ich nun im Herzen der Corbières, am Tisch der Gaststube des Hotels in *Quillan,* das seit vorgestern unsere Bleibe ist, und schreibe. Morgen soll es auf Fahrt zu den äußersten Zufluchten der Katharer auf den höchsten Burgen des Landes und dann zum Schauplatz der Katastrophe von 1244 gehen. Es wird eine Reise zu den Toten. Ist es ihre Lust am Untergang, die mich so anlockt, die Sympathie, die uns mit allem Gelebten verbindet, oder weil ich darin eine düstere Krönung der Fahrt auf den südlichen Routen sehe?

Schon liegt ja die letzte Nebenstraße, die durchs Ariège-Tal, hinter uns, ergebnislos, was die eingebrachte Ernte angeht, und doch, welche Tage waren uns noch einmal geschenkt, mochte auch *Foix* eine tiefe Enttäuschung bleiben: der Leib der riesigen Burg über dem alten Ort mit ihren mächtigen Karreetürmen aus Pilgertagen – der dritte, runde kam erst unter Graf Gaston Phoebus im 14. Jahrhundert hinzu, in dem das Blut so wild stürmte – bis auf Reste zerstört. Von der Hofhaltung der glänzenden Empfänge und Feste, der Wiege des Geschlechtes aus iberischem Stamm, verschwägert mit allen okzitanischen und katalanischen Dynastien, nichts mehr. Nichts von den zwei Ringmauern, zwischen denen die Pyrenäenhunde Wache hielten. Nichts mehr von der Barbacane, durch welche die stolzen Grafen, treueste Parteigänger der okzitanischen Sache, ausritten zum Kampf auf Leben und Tod. Keine Erinnerung an Ruhm, Ehre, Frauenschönheit, Aufbruchstimmung ins Ferne. Kein Echo dieser Rogers und Gastons, deren Geist doch in der navarresischen Verschwisterung fortwirkte und selbst in Henri IV, dem Vert Galant auf dem französischen Thron, nachlebte. Das kleine Museum mit seinen Moulagen, Medaillons, Eisenarbeiten, das ich besuchen konnte, zählte doch nicht. Auch das Städtchen um den Bergsockel mit seinen belanglosen Gassen nicht. Hinter seiner Schaufenstergardine spähte der Friseur vergeblich nach Kunden aus, an der klobigen leeren Kirche schlichen nur ein paar alte Frauen herum. Die Geschichte hat Foix preisgegeben und das Leben von heute auch; seine Ströme brausen drüben auf dem anderen Flußufer vorüber. Nur im altväterlichen Hotel halb über der Ariège fanden wir Umgetriebenen ein wenig von dem, was wir suchten, einen weiträumigen Zuschnitt, altes, edles Mobiliar und über dem Behagen auch die Kraft zu neuer Erwartung.

Wirklich kam noch einiges auf uns zu: *Tarascon-sur-Ariège* mit der nahen Höhle von *Niaux* halbhoch in der Bergflanke über dem Grund des Vicdessos. Es ist eine doppelbödige Region. Drunten im Wiesental in der Zuversicht des Wirklichen das zugehörige Dörfchen, im innersten Schoß des Höhlenschlundes aber der ›Salon Noir‹ mit seinen Urweltbotschaften aus mythischer Zeit, Wandbildern des Magdalénien von hoher Vollendung, die Bisons und Rens, das mit lockerer Schraffur konturierte Pferd, dessen animalischen Dunst man zu wittern vermeint. Dazu die anderen Höhlen, die das Gebirge förmlich durchsieben, die Grotte von *Bedeilhac,* die von *Lombrive* mit den enigmatischen Grafitti von der Hand Verlorener. Hatte man darin 1328 eine letzte Ketzergemeinde, die in der Erdentiefe Zuflucht suchte, nicht einfach eingemauert? Dergleichen Zeugnisse, in denen sich Magisches und Tragisches mengte, mehrten die romantische Hintergründigkeit dieser von wundervollen Gebirgspanoramen umstellten, von erstarrtem Felsgepolter erfüllten Landschaft noch. Sie war das Dauernde, das Beständige, nicht das flüchtige Heute. Das romanische Kirchlein von *Mercus* auf seiner abgerutschten Felsscholle, edel, einsam, von schweigsamen Gräbern umgeben, gab sogar Pilgererinnerungen preis. Wenn sich auch nichts anderes fand, die Jacquaires mußten es doch gesehen haben. Sie hatten den gesamten, unerhörten Landschaftsraum so wie wir erblickt: die Gletschermilch der einherrauschenden Ariège, rotgedachte Dörfer in fernen Hängen, von denen ein Glokkenklang herüberwehte, die aufragenden Zinnenmauern des Pyrenäenkammes vor sich, der das Tal zu verriegeln schien, den leuchtenden Himmel. Bis wir über Ax-les-Thermes hinaus, über Pässe und Straßenwindungen hinweg nach – nomen est omen – Hospitalet gelangten, wo wir einst auf der Gewitterflucht nach Andorra in den Sommerschnee gerieten.

Wieder schoben sich dort bedrohliche Wolken über die Kuppen, worauf wir, da der Anschluß an die Route nach Puigcerdá nunmehr gefunden war, umkehrten nach Ax, um auf endlosen Serpentinen in mühseliger Kurvenfahrt nach Nordosten abzubiegen, nach Belcaire, ins Pays de Sault und endlich nach Quillan in den Corbières, weil es für unsere letzten Pläne am günstigsten lag. Mit den Schicksalsmächten des Midi hatte die Fahrt über die Pilgerstraßen des Südens in Saint-Gilles begonnen, mit der Lösung des Dramas sollte sie für dieses Jahr abgeschlossen sein: am Ende aller Geschichtsmächte der Untergang. Jahrzehntelang schien jede Wandlung, jede Lösung der bedrängenden Probleme in diesem Land möglich, bis sich nach einer alle Kräfte fordernden Katharsis der Bewährung der jähe Zusammenbruch einstellte, den nur wenige, an den Fels des Lebens geklammert, überstanden. Es gab drei Orte in den Corbières, wo sich dies vollzog. Zwei Burgen des Überdauerns, später zu den ›fünf Töchtern von Carcassonne‹ gehörig, welche die alte Grenze zu Aragon absicherten, Peyrepertuse und Quéribus, und endlich den Schauplatz des Holocaust, den Montségur. Aber der Reihe nach. Denn vorerst begab sich etwas, das ganz beiläufig schien und doch unser Vorhaben nicht leichter machte.

Während Freund Eugen vor einem Roten saß und seine Skizzen des Tages in Aquarelle umsetzte, meine Frau vom Einkauf für die kommende Fahrt zurückkehrte, klatschte plötzlich neben mir etwas ans Fenster. Die Bö, die das Gebüsch im kleinen Fontänenpark nebenan jählings niederbeugte, warf das Wasser des Brunnens fäustevoll umher; eine Tür im Hotel fiel schmetternd ins Schloß. Hatte das Wetter von Hospitalet uns eingeholt? Doch im Gegenteil, der immer lauernde Wind über den Corbières warf sich mit aller Macht gegen die Wolkenfront aus den Pyrenäen. Wir sahen es mit Beklemmung.

Der nächste Morgen dämmerte mit einem blankgefegten Himmel, als wir nach Peyrepertuse aufbrachen, das in Richtung Perpignan abseits der Talstraße hinter den endlos hinauf- und hinabschwingenden Weingefilden von Maury liegt. Myriaden Rebstöcke vom Sturm durchrauscht, welch eine Szenerie! Nach Osten versperrte eine rötliche Felswand den ungeheuren Grund, im Süden hob sich machtvoll der Kegel von Quéribus, zuoberst der trotzige Stumpf des Turmes; dahinter, jenseits des Straßengrundes, den wir soeben verlassen, das, was wir die ›katalanische Mauer‹ nannten; nach Nordwesten endlich der Sockel, aus dem die gewaltige Klippe wächst, über die sich gleich einem Hahnenkamm die unersteiglich scheinenden Ruinen von *Peyrepertuse* ziehen. Auf einem Sträßlein, vorüber an einem halbhoch im Windschutz gelegenen Dorf, Duilhac mit seinen Dahliengärten, ging es hinan bis zum eigentlichen Fuß der Klippen. Der Weg hörte auf, der Wagen blieb stehen, und Eugen kramte Block, Stift und Tuschkasten samt dem kleinen Wasserfläschchen fürs Aquarellieren hervor, um das Bild einzufangen, eine Landschaft, die eigentlich nur noch aus großen Strukturen, schwingenden Linien und dem bunten Farbschmelz der gilbenden Jahreszeit bestand, während wir beiden anderen den Bergpfad hinanstiegen, der sich bald in mannshohem Buchsbaumgestrüpp verlor. Über der rutschigen Spur schloß sich das Laubdach zusammen, den Boden durchsetzten tückische Felsrippen. Mal galt es durch einen kleinen Gehölztunnel hinab zu tauchen, mal mit Hilfe von Astwerk hinan zu klimmen, bis unvermutet ein gemauerter Durchlaß, eine alte Burgpforte erschien, hinter der sich, von riesigen Scherben umstellt, der Binnenhof öffnete, längst nur noch ein verwucherter Grashang. Wir waren da, aber noch nicht am Ziel, denn vor uns ragte die obere Burg wie eine Mauer empor, zu der ein ausholender Trampelpfad führte, bis endlich am Rande des Abgrunds die Treppe kam, die ich von Luftbildern kannte.

Der heilige Ludwig hat sie anlegen lassen, mir aber schien, es sei der Teufel gewesen, denn nunmehr fiel der Sturmwind wieder über uns her. Zur Rechten drohte die offene Tiefe, zur Linken gab es als Sicherung an der Wand eine Schafskette, an der ich mich, während Anne in den Schutz einer Nische kroch, so gut es ging, über die schmalen Stufen emporzog. Der Luftschwall riß mir den Wandersack fast von der Schulter, und einmal rutschte ich, ein jämmerliches Gefühl im Magen, auf der steilen Stiege zurück. Da lernt man, was aus einem harmlosen Wind, der sonst nur den Hühnern die Federn aufbläst, werden kann. Nur nicht loslassen! Die Kette brannte in meiner Hand.

Mehr kriechend als steigend bin ich nach oben gelangt, fand hinter einem Mäuerchen Schutz und erlebte nun, was es bedeutete: das Überdauern im Anblick des Unermeßlichen. Dies hatten sie also vor sich gesehen, die Katharer der Entscheidungsjahre, eine Weite, welche die Seele überforderte, nur den offenen Raum um sich, ein Leben auf der äußersten Klippe des Daseins, das Ich preisgegeben den Himmelsmächten. Oder war es gerade das, was sie suchten? Was als berauschendes Hochgefühl beginnt, endet meistens im Nichts. Gewiß, es war noch etwas anderes im Spiel, die ausgesetzte Höhe bedeutete Sicherheit. Das freilich warf eine andere Frage auf: warum dieser vollkommene Rückzug, diese Besorgnis um leibliche Unversehrtheit, wenn sie anderwärts so todesbereit in die Flammen sprangen? Das Rätsel, das mich lange bewegte, wurde nur dunkler. Wie dem auch sei, am 16. November 1240 kapitulierten sie vor den Truppen des Sire de Beaumont. König Ludwig setzte die Burg instand und machte eine Grenzfeste daraus …

Auf *Quéribus* drüben in Sichtweite, am Rande des riesigen Kessels, war es dann ähnlich und doch ganz anders, denn der Sturm trieb es noch toller. Wer emporklimmt, sieht hoch einen Rest der Rundmauer vor sich, darin ein Loch, das Tor. An Gutwettertagen hatte es nichts damit auf sich, aber an diesem benutzte der Sturm es als Nadelöhr und jagte seine unsichtbaren Schwadronen hindurch, was die Wucht des Angriffs vervielfachte. Es ließ sich nur kriechend passieren, und selbst im geschützten Hof blieb der Anstieg über die Felsbuckel zum unteren Turmgelaß, einem Gewölbe, getragen von einer Mittelstütze, ein Balanceakt. Durch ein doppelbögiges Fenster fiel Licht ein. Gewiß, man besaß einmal Nebenräume, die längst verfallen, regelrecht abgebrochen sind. Dennoch: elf Jahre nach dem Untergang am Montségur hielten die Häretiker aus. Das muß trotz gewaltigen Ausblicks auf den Canigou und eines hinreißenden Farbenspieles vom zarten Rosa bis zum Violett der Höhen im Süden oder der Goldränder und Schattentiefen des Gegenlichtes, in dem die Berge der Corbières am Morgen erschienen, kaum ertragbar gewesen sein. Griff es ihnen nicht manchmal mit Eiseskälte ans Herz? Im Tal spielte sich das gewohnte Leben der Menschen ab, das doch auch seine kleinen Innigkeiten, Erhebungen und Leiden besaß. Sie aber warteten unterdessen auf ihrer Höhe und beschworen mit müde gewordenen Lippen in allzu gewohnten Formeln einen gestaltlosen Gott, der sie offensichtlich im Stich ließ, während die Körper der Alten versagten, die der Altwerdenden sich vor ersticktem Lebensdrang unter der Schlafdecke krümmten. Nein, der Mensch ist nicht der Absage willen auf Erden, sondern damit er sich beweise, um über sich selbst hinaus zu gelangen.

Dennoch, sie hielten aus! Bis dem Seneschall von Carcassonne, Pierre d'Auteuil, der Pfahl im Fleisch, der soviel Aufmerksamkeit forderte, lästig wurde. Da er die Burg im Sturm weder nehmen konnte noch mochte, verlegte er sich aufs Verhandeln mit ihrem ›Kommandanten‹, Chatbert de Barbayra, einem Veteranen aus den Kriegen um Toulouse, dem auf der Burg ohnehin das Wasser ausging. Gegen tausend Silbermark, für die ausgerechnet Philippe de Montfort, ein Neffe Simons, bürgte, konnte der alte Haudegen mit den Seinen unbehelligt davonziehn. Man schrieb das Jahr 1255. Sie waren der Mitwelt gleichgültig, uninteressant geworden. Ein Wachtposten von elf Sergeanten besetzte die Feste. 1473 kamen noch einmal die Spanier für kurze Zeit, seit dem Pyrenäenfrieden verfiel sie.

Über Cucugnan, dann Cubières sind wir nördlich an Peyrepertuse vorüber ins Tal gefahren. Noch einmal stand die Burgmauer mit dem Maßwerk der leeren, gotischen Fensterhöhlen hoch über uns; wenig später nahm uns die Schlucht von Galamus auf, die nach Süden führt. Das Sträßlein verlief tief, tief zwischen Steilwänden. Über dem Kopf war der Himmel nur noch als Spalt zu erblicken. Aber der Sturm drang selbst in diese Gründe und ließ das Laub der wenigen Sträucher, die sich in den Wänden festkrallten, erschauern. Die Einsiedelei Saint-Antoine mit ihrer Höhlenkapelle glitt unterhalb der Straße vorüber. In Saint-Paul-de-Fenouillèdes ging es endlich wieder nach Westen. Burgen der Sage ragten auf Felshöhen am Weg, das Défilé-de-Pierre-Lys nahm uns auf, und dann lag wieder Quillan vor uns, das wir am nächsten Tag, diesmal in westlicher Richtung, verließen. Denn natürlich war der Burgenbesuch nur die Ouverture zum Montségur gewesen.

Wer heute von Bélesta, vorüber an der Source Intermittente, dem ›Hungerbrunnen‹ von Fontestorbes wandert, der mit achtzehnhundert Sekundenlitern Schüttung unter einer Felswand hinwegbricht, kommt durch eine Landschaft, die noch immer von der Traurigkeit im Antlitz der Parfaits erfüllt scheint. Freudlos die Dörfer und Häuser am Weg, bis eine zerklüftete Felsmauer aufsteigt und die Serpentinen einer Straße beginnen, die es noch nicht lange gibt. An ihr flach, rotgedeckt, ein winziges Dorf, das dem Berg seinen Namen gab, *Montségur*. Von hier schwingt die Chaussee in zwei letzten Kurven bis an die Westseite des Klotzes empor, die einzige, von der sich die Kuppe mit ihren 1207 Metern Höhe auf einem Saumpfad erklimmen läßt, und mit ihr die Burg des Raymond de Pereilhe, die man 1204 oder auch fünf Jahre später als Zuflucht für bedrängte Katharer zu bauen begann. Jedenfalls stand sie seit 1212 bereit, freilich weder geräumig noch stark befestigt. Der ›Tempel der Sonne‹, ›Monsalvatsch‹, das irdische Paradies, wie man sie schwärmerisch nannte, bietet sich dem Betrachter eher als graue Mauermasse mit langgestrecktem Burghof und schwerem Karreeturm dar. Aber natürlich: welchen Ansturm, welchen Untergang, wieviel Jahrhunderte hat das Bauwerk gesehen!

Einige Katharer, in der Mehrzahl Frauen, lebten hier oben schon jahrelang der Askese und Meditation, bis die Bedrohung wuchs und immer mehr Credentes wie Parfaits, meist ältere Leute, heranwanderten, endlich auch sympathisierende Ritter oder Faydits und Söldner, die den militärischen

Schutz übernahmen. Wo sie hausten? Baracken entstanden für die Gläubigen beiderlei Geschlechtes oder als Wirtschaftsgebäude. Die Parfaits höhlten sich abseits davon Wohngruben in den Fels. Zweihundert Meter westlich des Bergfrieds fand sich eine Zisterne, die anfangs genügte – es regnet in dieser Landschaft oft. Später grub man eine neue, ungewöhnlich große für den Belagerungsfall, zog obendrein einen fünfeckigen Mauergürtel um den Burgkern und schützte die Unterkunftshütten durch Palisaden; ein kleiner, abseitiger Stützpunkt im Osten verstärkte das Verteidigungswerk, in dem man sich ohnehin durch die steile Höhe und den mühseligen Zuweg gesichert glaubte. Vielleicht hätte die Außenwelt sie sogar gewähren lassen, aber ein unseliger Zwischenfall veränderte die stillschweigende Duldung der Regierenden gründlich …

Als sich Graf Raimond VII von Toulouse im April 1242 noch einmal gegen Ludwig IX. von Frankreich erhebt, folgen ihm vor allem die Faydits, die auf eine Gelegenheit zur Rache oder auf eine Entschädigung hoffen. Auch die Ritter des Montségur ergreift die Flamme. Im Mai teilt ihnen ein Sympathisant, der Burghauptmann Raymond d'Alfaro, insgeheim mit, daß am 28. des Monats der Großinquisitor von Toulouse, Guilhem Arnaud, zu Vernehmungen auf die Burg von Avignonet bei Castelnaudary kommen wird. Welche Gelegenheit für einen Überfall auf den verhaßten Verfolger! Die Entfernung beträgt ungefähr vierzig Kilometer; man muß Nebenwege benutzen, aber man kann es schaffen, wenn man die Pferde herannimmt. Tatsächlich trifft Arnaud, mit aller Ehrerbietung empfangen, nebst seinen Gefährten, zwei Dominikanern, zwei Franziskanern, pünktlich im Schloß des Städtchens ein; sie begeben sich arglos zur Ruhe. Nachts plötzlich ein Türenschlagen, hastiges Rennen in den Korridoren. Die Verschworenen vom Montségur, angeführt von Pierre-Roger de Mirepoix, haben das Burgtor offen gefunden; das Massaker dauert nur kurz, dann jagen sie wieder zurück zum sicheren Berg.

Die Nachricht von der Untat geht wie ein Lauffeuer durchs Land. Trotz unverhohlener Freude der einen, erkennen der französische König und Hugues d'Arcy, derzeit Seneschall für Carcassonne, daß fortan jede Stadt, jedes Schloß in Gefahr eines ähnlichen Handstreiches steht. Der Montségur muß fallen, d'Arcy sammelt eine Armee. Die Bischöfe von Narbonne, von Albi steuern Kontingente bei. Alle Hoffnungen Raimonds VII von Toulouse auf Hilfe von außen, auf Henri III Plantagenet oder Kaiser Friedrich II. haben sich inzwischen zerschlagen.

Bald gleicht die Umgebung des Montségur einem Heerlager. Dennoch, ein direkter Sturm, eine Aushungerung versprechen nicht viel. Immer wieder gelingt es, den Berg auf Schleichwegen zu versorgen. So muß schweres Kriegsmaterial herbei. Wie es aber die Höhe hinan bringen, denn auch die Belagerten verfügen über einen Trébuchet, eine Schleudermaschine, die man unter Leitung des Jean de Baccalaria gebaut und außerhalb der Schloßmauern postiert hat; ausgerechnet sie wird den Häretikern zum Verhängnis. Denn eines Nachts gelingt es einem Trupp berggewohnter baskischer Söldner aus der Belagerungsarmee, die glatten Felsen und das Geröll der Bergspitze lautlos an Seilen zu durchsteigen, sich der Maschine zu bemächtigen und die Wachmannschaft umzubringen. Am Morgen muß man in der Burg erkennen, daß die Schicksalsstunde geschlagen hat. Bald donnern die mächtigen Steingeschosse des Trébuchet immer treffsicherer in den Binnenhof der Befestigung, vollgestopft mit den Flüchtlingen aus Baracken und Hütten. Die Parfaits eilen hin und her, um Verwundeten oder Sterbenden die nur vom Montségur bekannte Convenensa, die ›Weihe zum Gläubigen‹, oder das Consolamentum, gleichsam als letztes Sakrament, zu spenden, um sie in den Stand der Gnade, wie die Katharer sie verstehen, zu bringen.

Es gibt nur eine Möglichkeit, das furchtbare Bombardement zu beenden, die Übergabe; Pierre-Roger de Mirepoix, Befehlshaber der Verteidiger, sieht es ein. Hugues d'Arcy antwortet darauf mit den gewohnten Bedingungen. Die militärische Besatzung kann, wie üblich, abziehen; den Parfaits bleibt nur die Wahl zwischen dem Abschwören und dem Scheiterhaufen. Noch gelingt es nach Aussagen des Imbert de Sales vier vertrauenswürdigen Leuten, den ›Schatz‹ der Katharer, einen Sack gemünzten Geldes, beiseite zu bringen, aus dem man die Kosten für die angeworbenen Söldner und die Zahlungen für die Gemeinschaft beglichen hat. Niemand weiß wohin. Er hat Anlaß zu den törichtesten Spekulationen gegeben bis zur Behauptung, der berühmte Gral, in dem Joseph von Arimathia das Blut des Herrn am Kreuz auffing, habe dazu gehört. Man fragt sich natürlich, was die Sektierer, denen alles Materielle als Teufelswerk und Christi Opfertod als ein ›zufälliges Ereignis‹ galt, daran hätten verehren können? So bleibt das Gerede die Frucht einer schwärmerischen Phantasie.

Als die Übergabe vereinbart ist, der niedere Durchlaß des Schloßtores sich geöffnet hat und die militärischen Besetzer samt ihren Anführern davon sind, kommt es zu einer halb ergreifenden, halb makaberen Szene. Ihren Bischof Bertran Marti voran, reihen sich die Parfaits, rund zweihundert Männer und Frauen, die trotz allen Drängens zum Tode entschlossen sind, hintereinander. Sie verteilen ihre letzte Habe an jene, die das Leben wählen: ein wenig Getreide, Kleider, Geld. Dann ziehen die Todgeweihten den Berg hinab bis zum sogenannten Camp des Crémats, heute eine Erinnerungsstätte am Bergfuß. Dort betreten sie einen Kraal von Palisaden. Immer neue, flammende Reisigbündel fliegen hinein, dunkler Rauch quillt zum Himmel, und als das Feuer niederbrennt, ist alles zu Ende.

Mochten auch die katharischen Gedanken im Untergrund fortleben, ihre politische Kraft zerbrach am Montségur ebenso wie die letzte Hoffnung des Südens. Mehr und mehr werden entlarvte Häretiker durch die Inquisitionsgerichte von nun an in ›schweren‹ Fällen auf Strafwallfahrt nach Santiago de Compostela geschickt. Sie tragen ein gelbes Kreuz auf das Pilgergewand genäht, damit jeder andere Teilnehmer vor ihnen gewarnt ist. Zweifellos eine schwere Belastung für den Pilgergedanken. Andere läßt man laufen, wieder andere müssen als ›Emmurés‹ Freiheitsstrafen verbüßen; ihr Schicksal ist, wie aus Carcassonne bekannt, nicht sonderlich schwer. Nur wenige, die jedem Widerruf trotzen, besteigen den Scheiterhaufen. Ihre Zahl bleibt verschwindend gering gegenüber jenen, die Konrad von Marburg ins Feuer schickte.

Über das Katharerdrama ist viel Tinte vergossen worden, besonders weil das Schicksal der Häresie sich auf tragische Weise mit dem Untergang der okzitanischen Selbständigkeit verquickte. Aber steht es uns nachlebenden, mit sehr viel mehr Blut beladenen Generationen überhaupt zu, ein Urteil über historische Situationen zu fällen, deren Spannungen und Entscheidungen wir in der Oberflächlichkeit unseres Daseins nicht mehr zu verstehen, geschweige denn auszuloten vermögen? Zwischen Abgründen leben wir alle. Wer weiß den richtigen Weg?

Es war dunkel geworden, als wir davonzogen, um allmählich ins bayrische Winterquartier heimzukehren. Diesmal leuchtete kein tröstlicher Stern. Im folgenden Jahr würden wir wiederkommen, dann aber, um der Hauptroute, der ›Oberstraße‹, zu folgen, wo alle Spuren des Menschheitsweges gesichert waren und Zeugnisse blieben, vor denen die Nachwelt noch immer bewundernd einhält.

ZWEITES BUCH

AUF DER OBERSTRASSE

IV *Ruinen des Schlosses von Peyrepertuse*

Auf den mächtigen Kalkklippen der Corbières zwischen Languedoc und Roussillon ragen die Ruinen einer mittelalterlichen ›Maginot-Linie‹ gegen Spanien auf; eine Reihe von ihnen diente den letzten Häretikern als Zuflucht. Das schwer zugängliche Peyrepertuse ist nach seiner Aushungerung durch Ludwig den Heiligen zu einer gewaltigen Festung ausgebaut worden.

ANASTASIA
oder
VON DER FREIHEIT DES PILGERS

Das Schweigen von Aniane

Im kommenden Frühling kehrten wir wieder. Der bayrische Winter hatte die Ungeduld noch gesteigert, endlich die eigentliche Tolosana unter die Füße zu nehmen, die seit alters begangene ›Oberstraße‹ am Rand der Cevennen in Richtung Toulouse. Schon lag Saint-Gilles, lag Montpellier, wieder einmal überlaufen von Fremden, zurück. Unverzüglich ging es hinaus nach *Aniane* im Heideland zwischen Meer und Gebirge, ein Tor, das nur die Eingeweihten zu schätzen wissen.

Es schlug uns auch diesmal in seinen Bann. Vollends seit es dunkelte und in den schmalen Gassen die Laternen angingen. Jeder Schritt eine neue Szenerie, ein Winkel mit einem beschienenen Mauerbogen oder einer der schönen, spanischen Gitteraltane vor einem erhellten Zimmerfenster, dessen Lampenlicht längliche Finger durch aufgehängte Blumentöpfe steckte. An dritter Stelle warmer Schein aus einer halb geöffneten Tür – nur wenige Blickpunkte in einer schweigsamen Welt gewundener, dunkler Häuserfronten, doch dem Wandernden ein Gleichnis des Beständigen, in dem er gut aufgehoben war. Die vorspringenden ›Génoises‹ der Dächer aber gaben wie stets die schmale, mit Sternstaub überpuderte Himmelsschneise frei; von oben lugten der scharf geschnittene Halbmond und ›la Belle Maguelone‹ herein. Leuchteten sie in der nämlichen überirdischen Klarheit dieser Trockenregion nicht schon vor über zwölfhundert Jahren, als der große Ordensreformer Benedikt von Aniane hier seine Mönche wieder das Beten und die Askese lehrte, ehe er als Ratgeber Kaiser Ludwigs des Frommen in die Welt, die seiner noch mehr bedurfte, zurückkehrte?

Bereitsein für die Stunde des unerbittlichen Anrufs, die jedem kam, galt ihm mehr als alles, damit das Mysterium des schmerzlichen Durchgangs mit erhobenem Antlitz bestanden werde. Es hat sich an diesem Auftrag des Menschseins seit Pilgertagen wenig geändert, nur daß er aus unserer Wesensmitte gerückt ist. In Aniane verstand man ihn wieder.

Vom einstigen Kloster Benedikts blieb nichts als eine durch das Barock der Mauriner jeglicher Mystik beraubte Kirche im Herzen des Ortes und etliches, längst in anderen Bauwerken aufgegangenes Gemäuer, eingeschlossen den Bogen der Klosterpforte, vor der die Pilger auf ihrem Weg nach Saint-Guilhem demütig um eine Suppe anstanden. Aber der großmächtige Schatten des Gründerabtes blieb allgegenwärtig. Alles ist Schweigen und jene gelebte, selbstverständlich gewordene innere Zucht, die sich, tausendfach geübt, endlich in die Anmut der Entrückung verwandelt hat. Jede der schmal-hohen Fassaden gleicht einer Cella, an deren Haustür eine Visitenkarte kundgibt, wer im Augenblick darin Zuflucht fand: Monsieur et Madame Romanelli et leurs enfants. Doch wer erblickt die Bewohner schon? Höchstens eine schlurfende alte Frau oder jemand, der in einem der rundbogigen Erdgeschosse mit schattenhafter Bewegung an etwas werkelt. Die äußere Ringstraße und daran die öde Kneipe mit ihrer Glasveranda voll Kartenspieler ausgenommen – im ganzen Ort keine Regung, kein Laut.

Oder doch? Fern ein Ton! Eine Nachtigall lockte aus der Garrigue, den Gebüschen am Ortsrand. Dort mußte es Wasser geben. Man vernahm sanften Unkenruf und, wahrhaftig, auf einem Dach gurrte noch ein unermüdlicher Täuberich, eine Katze miaute kleinlaut. Aber eigentlich machte das die Stille nur tiefer. Sie erfüllte auch uns mit der ersehnten Sammlung. Es wartete unser etwas, steigerte sich zur Erwartung. Wir weilten nicht grundlos hier, nicht nur, weil es ein gutes Hotel unweit der Ausfallstraße nach Saint-Guilhem-le-Désert gab. Aber eben um des Mannes willen, der dem Kloster im nahen Tal von Gellone den Namen verlieh. Auch er war über den Boden Anianes geschritten …

Saint Guilhem der Heilige also: Exaktes wissen wir wenig

von ihm. Alles, was er berührte, ist Sage geworden, er selbst zur Lieblingsgestalt seiner Epoche. Denn nicht der große Frankenkaiser, sondern er war es, der mit dem blanken Schwert den mörderischen Ansturm der Muselmanen über die Pyrenäen zurückwarf, die gegen Karl revoltierenden Gascogner Aquitaniens zu Paaren trieb und dem Süden Frieden schenkte. Das Biographische ist rasch erzählt: von Mutters seiten stammt er von Karl Martell, dem Sieger von Poitiers ab und wächst mit seinen Vettern, den Söhnen König Pipins auf. Als Kind verrät er hohe Intelligenz und Frömmigkeit, die Quelle seiner oft bewiesenen Tapferkeit. Sein Geschick im Waffengebrauch zeigt bald, wohin sein Weg führt. Mit dem ältesten der Söhne Pipins, Karl, dem künftigen Kaiser, schließt er eine Freundschaft fürs Leben. Aber während der Auftrag der Geschichte den Imperator in die Einsamkeit der Gestirne entrückt, leistet er die unvermeidbare Blutarbeit, um Bürger und Bauern des Midi vor Greuel oder Verschleppung zu schützen und bleibt dem Herzen der Mitmenschen unmittelbar nahe.

Nach Zeitbrauch legte man ihm bald einen Beinamen zu und hieß ihn den ›kleinen Markgraf‹. Vielleicht spielte das auf seine Statur an, aber gewiß schwang auch die Zuneigung für den selbstlosen Soldaten mit, der um der anderen willen seine Person rücksichtslos aussetzte. Später fügte man noch ›au court nez‹, Kurznase, hinzu. Hier freilich taucht eine Frage auf. Wurde damit ein knappes, entschlossenes Profil bezeichnet, das physiognomische Rückschlüsse gestattet, oder weist der Name auf eine Verstümmelung hin, die ihm angeblich im Kampf vor Rom widerfuhr? Graf von Toulouse, Herzog von Aquitanien, endlich ›Prince d'Orange‹ lauten die Titel, die seinen wachsenden Ruhm begleiten.

Das 12. Jahrhundert vermengte Legende und Leben zu einem Epos; es gehört zum Zyklus der ›Chansons de geste‹, der altfranzösischen Heldendichtungen. Wie Joseph Bédier nachwies, sind alle im Umkreis der Pilgerstraße nach Compostela entstanden und lassen enge Zusammenhänge ahnen. Die Guilhem gewidmete Epopöe zeigt den Oranier nicht nur als heroischen Paladin, sondern verquickt auch romanhafte Züge mit seiner Gestalt. Listenreich hat er seine Soldaten in leeren Weinfässern in die Stadt gebracht, um Nîmes zu erobern. Oder, in die Hand eines maurischen Herrschers gefallen, verliebt sich alsbald die Königin Oriabel in den Gefangenen; sie können fliehen, und er heiratet sie. Seine letzte Schlacht gewinnt er vor Barcelona: ein Leben für die Befreiung von der maurischen Bedrohung.

Endlich aber ist alles getan; er vermag heimzukehren nach Frankreich und nun widerfährt ihm, dem achtundvierzigjährigen Tatmenschen, dessen Frau gestorben ist – er soll sie zärtlich geliebt haben – eine vollkommene Wandlung. Er reitet in die Auvergne und legt seine Waffen am Grab des vielverehrten Saint Julien von Brioude nieder. Dann klopft er an die Klosterpforte seines Freundes Witiza, wie Benedikt mit Geburtsnamen heißt, und tritt als Novize in Aniane ein. Sein Leben für Gott hebt an, und auch das macht ihn zum Heros der Pilgerstraße.

Denn bald zieht er mit wenigen Gefährten – auch seine Schwestern Albana und Bertrana folgen ihm – hinaus ins Désert von Gellone, um eine Cella und eine neue Mönchsgemeinschaft zu gründen. Bei sich trägt ein einzigartiges Heiltum, einen Span des Wahren Kreuzes, den ihm Kaiser Karl nach der Rückkehr von der Krönung in Rom geschenkt hat. Er wird noch heute in der Kirche zu Gellone bewahrt und jährlich am 3. Mai verehrt. Am 28. Mai 812 stirbt Guilhem ›im Ruf der Heiligkeit‹.

Nimmt es wunder, daß der Codex Calixtinus den Santiago-Wanderern den Besuch seines Grabes unmißverständlich anbefahl? »Igitur ab his qui per viam Tolosanam ad Sanctum Jacobum tendunt beati confessoris Guillelmi corpus est visitandum.« Waffentat und Selbstaufgabe machten Wilhelms Gestalt zu einem Fanal: Gott hatte durch ihn gewirkt.

Im Tal von Gellone

Wer von Aniane ins Désert will, braucht nicht weit.

Am Friedhof vorüber ging es auf dem alten Pilgerwege hinaus, eine gute Stunde durchs Weinland, dessen Rebstämmchen eben die grünen Triebe entfalteten. Der karge Bergwall voraus, von grauen Felsrippen durchsetzt, wuchs immer höher, und doch schwang etwas Inniges im Widerspiel von hoffnungsvoll keimenden Stöcken und herber Höhe mit. Es war mir, als liefen wir einer Heimat entgegen, in der uns alles erwartete. Schon lag der Pont du Diable voraus, die Teufelsbrücke, neben der heutigen Straße in zwei schweren Bögen über den Hérault gespannt, der in heftigem Sturz aus der Bergschlucht, durch die Gouffre noire, den schwarzen Schlund heranschäumt. Ein Bau von urwüchsiger Kraft, den die beiden Nachbaräbte von Aniane und Gellone 1029 über den Fluß wölben ließen, damit die Pilger sicheren Fußes ins Désert gelangten. Ein Zeugnis der Zeit, ein Zeugnis der Wanderschaft!

Der Name geht auf eine der üblichen Brückenlegenden zurück: Satan fand sich zur Mitwirkung an dem zyklopischen Werk bereit, sofern ihm das erste Lebewesen, das darüber ging, als Beute gehörte. So jagte der Nachfolger des listenreichen Guilhem einen Hund auf die andere Seite. Ach, er ist so dumm, der Teufel, wenn ihm nur der Richtige, möglichst ein Gottesmann gegenübertritt! Ein kleines Stündlein noch durch das Felsgepolter des Grundes, in den noch immer etliche verfallene Reste einstiger Mühlen gepfählt sind – der von Clamouse, Brunant und Plancamel, von der sogar noch der mittelalterliche Turm mit seinem rautenförmigen Grundriß steht – dann mündet von links, kaum vermutbar, eine schmale Seitenschlucht. Die des Verdus-Baches, die tief ins Gebirge nach Westen vorstößt, um am Ende, von Felswänden umragt, einen Kessel zu bilden, den Cirque de l'Infernet.

Es ist das Tal von Gellone. Wir kamen in eine glückliche Jahreszeit und zogen, eskortiert vom lichten Grün ersten Feigenlaubes, auf der Südseite des Baches hinein. Tief zur Rechten die Schlucht des Verdus, der zwischen aufgemauerten Terrassen über eine algengrüne Wand heranstürzt. Drüben kroch das Nest der ausgebleichten Dachschilde mit seinen Bögen, Altanen, Turmstümpfen am jenseitigen Bergfuß talwärts. Als Blickfang des Hintergrundes lagerte sich das Chorhaupt der Klosterkirche über die Szene, umzogen von einem Arkadenfries angeschrägter Nischen, die den Übergang von gewölbter Innenapsis und senkrechter Außenwand verblenden. Ringsum Gebirge. Links nur als dunkel gegen die Sonne stehender Zypressenhang zu gewahren, zartrosa überwimpelt vom austreibenden Eichengestrüpp. Sonst aber, als dürfe der Aufschwünge kein Ende sein, ein Kranz hoher Kuppen und enormer Felswände um den langgestreckten Talgrund. Zuoberst überragt von den Mauerscherben des Château du Verdun, auch Schloß des Riesen oder des Don Juan genannt.

Es ist ein grandioses Panorama, in dessen Schoß sich nun die Idylle öffnete. Denn schon tauchte das Sträßlein am Friedhof aus den Schatten der Trauerbäume unvermittelt über ein Brücklein ins Licht des Dorfplatzes von *Saint-Guilhem.* Schöne alte Häuser rahmen das Viereck, ehedem Vorplatz des Klosters. Aus Laubengängen quoll der Rauch einer Hühnerbraterei, während inmitten ein Brunnen kühles Wasser verströmte und eine gewaltige Platane Schatten warf. Es ist eines der köstlichen Interieurs, die für das Languedoc charakteristisch sind, und bedeutet zudem in Saint-Guilhem aller Dinge Anfang und Ende. Denn an ihm öffnet sich, streng, einfach, kaum geschmückt, das Portal der einstigen Klosterkirche.

Wer eintritt, tut einen gewaltigen Schritt. Einen um Jahrhunderte zurück. Er ist keineswegs sogleich ins Kircheninnere gelangt, sondern in einen Vorraum, eine Art Vestibül oder Narthex, ›lo gimel‹ genannt, rund sechs Meter im Quadrat. Steinbänke säumen die Seiten, ein gotisches Gewölbe aus der Frühzeit des Stiles überfängt ihn, getragen von sechs Säulen, eines der ersten des Nieder-Languedoc.

Doch was besagt das schon? Wer über Phantasie verfügt, mag sie spielen lassen. Vorausgesetzt, er ahnt, wieviel Schicksal die kurze Bewegung des Fußes über die Schwelle durchmaß, wieviel Vergangenes, das sich in Lautlosigkeit aufgelöst hat, wieviel Gelebtes und Erlebtes, das der Tod längst in die Arme nahm, wieviel zerronnene Hoffnung und Angst! Mir jedenfalls war, als drängten zahllose Schattengestalten neben mir ein, als meine Hand die Tür einen Spaltbreit aufstieß, um mich durchzulassen. Nicht, weil hier seit dem Konzil von 1165, dem von Albi, am Gründonnerstag die zur Umkehr willigen Häretiker warteten, damit der Vater Abt sie löse von ihrer Schuld. Noch kommt es auf die Alten und Armen der Karwoche an, die hier zur Fußwaschung durch die Mönche bereit saßen, mit den Gedanken schon beim anschließenden Festmahl. Vielmehr diente er, seiner eigentlichen Bestimmung nach, zur Aufnahme durchwandernder Jacquaires für eine kurze Rast oder die Unterkunft einer Nacht, so lange ihre Zahl gering blieb. Später kamen sie in so beträchtlicher Menge, daß sie höchstens Platz zum Hindurchdrängen fanden. Denn was kaum zu erwarten stand, die Verehrung des ›bienheureux Guilhem‹ wuchs seit dem 10. Jahrhundert unaufhaltsam. Weswegen die Baumeister dem Portal, so zurückhaltend es nach dem Geist der Epoche aussehen mochte, die Gestalt eines Triumphtores gaben, wie man sie von römischen Bauwerken im Lande kannte. Die Atemluft Ungezählter hat diesen Raum erfüllt, die alle ihr gerütteltes Maß innerer Beschwer mit sich schleppten. Grundlos zog keiner den mühseligen Weg. Jeder hoffte, ein Stück Seelenfracht hier zu lassen, wenn er das Knie vor dem Grab des Heiligen beugte, oder der Gnade im Letzten Gericht ein wenig gewisser zu sein.

Auch die Mönche von Gellone oder Saint-Guilhem-le-Désert, wie sich das Kloster bald nannte, wußten darum. Die Scherflein der Armen, die Stiftungen der Begüterten mehrten ihr Vermögen so sehr, daß sie an Stelle des in Flammen aufgegangenen früheren Gotteshauses ein neues bauten, dessen ersten Altar man 1076 weihen konnte. Sie hatten die Reste des Heiligen längst aus dem ursprünglichen Grab im Kreuzgang der einstigen Cella – niemand weiß mehr genau, wo sie lag – geborgen und in der Confessio der zwischenzeitlichen Kirche beigesetzt. Nun also genügte auch der leichtere Zugang nicht mehr. Der kryptenähnliche Raum erwies sich als viel zu eng, und so erhob man die Gebeine abermals, um sie in einen antiken Sarkophag des 4. Jahrhunderts zu legen, den man mit biblischen Szenen hinweisenden Charakters wie dem Dreikönigsthema, der wunderbarlichen Brotvermehrung, der Jünglinge im Feuerofen überzog und in der Apsis neben dem Hauptaltar aufstellte. Er existiert längst nicht mehr. Die Hugenotten von 1568 haben ihn zerschlagen; nur noch ein Scherben blieb übrig.

Aber den Mönchen, eben mit ihrer Kirche und endlich auch mit dem Chor fertig, genügte auch das nicht. Sie sahen ein, daß sie ihren Heiligen und also auch seine Kirche nicht für sich allein beanspruchen konnten. Zudem störten die durchziehenden Fremden den Klosteralltag der Gebete und Betrachtungen empfindlich. Daher zogen sie sich in jene Teile ihrer Wohntrakte zurück, in denen niemand sie abzulenken vermochte: den Kreuzgang, den sie doppelstöckig ausbauten, den Kapitelsaal, das Refektorium, die später bis auf Reste in den großen Katastrophen der Klostergeschichte untergingen, dem Hugenottensturm, der französischen Revolution. Dem oberen Kreuzgang galt ihr besonderes Augenmerk, denn sie brauchten Raum. Auch ihre Zahl war gestiegen, an die Hundert, und in den armen Mauerresten, die – sieht man von der Kirche ab – einzig von dem herrlichen Kloster übrig sind, spielte sich ein reges mönchisches Leben ab, das trotz allen Zustroms von draußen weder seine Pflichten noch das Ideal seiner Zurückgezogenheit aufgab. Sie verwandelten diesen Trakt in jenen steinernen Paradiesesgarten, dessen Anblicks es zur Vertiefung der Meditation unabdingbar bedurfte. Es war ja kein ästhetisches Behagen, kein sinnliches Vergnügen im Spiel. Sie ließen mithin jene kostbaren Reliefs schlagen, von denen sich ein Teil heute im Archäologischen Museum zu Montpellier befindet – die wundervollen Apostelbilder, den ›Traditio-legis-Pfeiler‹, die Ältesten der Apokalypse. Dazu jenes verstümmelte Bildwerk, Christus als Pilger darstellend, das man in der linken Nebenapsis der Kirche findet.

Ihre volle Liebe aber wandten sie den Arkaden und Kapitellen zu, die 1906 durch den Kunsthandel in amerikanische Hand gelangten und einen Teil des ›Cloisters-Museums‹ von New York hoch über dem Hudson bilden. Ich kenne den rekonstruierten Kreuzgang nur von Bildern, aber jeder, der ihn dort sah, bestätigt die hinreißende Vielfalt dieses halb im Romanischen verharrenden, halb schon ins Gotische spielenden Traumes vom Himmelsgarten: die zierlichen, doppelten Säulenschäfte vieleckig zugeschlagen oder im reinen Phantasiespiel mit Blättern geschuppt, mit flachen Mäandern gebändert oder in Wellenlinien kanneliert – man hört gelegentlich die Meinung, die reichen Wasser des Verdus-Baches hätten dazu inspiriert. Endlich die Kapitelle in ihrer vollkommenen Schönheit, manchmal mit kleinen Köpfen durchsetzte, verschlungene, quellende Formen, Blütengerank über die Kämpfer wuchernd, insgesamt von einer überwältigenden Fülle der Phantasie und Meisterschaft des Könnens, die jene der Figuren von Montpellier noch überragt, 1206 war das große Werk vollendet und dazu noch etwas mehr. Der Kirche hatte man nämlich, um auch bei den Offizien unter sich zu sein, ähnlich Maguelone, Tribünen eingezogen, die zwei Joche weit in das Schiff, von dem gleich zu berichten ist, vordrangen und den Vorderteil in Dunkel hüllten. Sie sind teils dem Orgeleinbau des 17. Jahrhunderts, teils dem Abbruch der Abtei nach der Revolution zum Opfer gefallen, und kaum wissen wir mehr, wie sie ausgesehen haben.

Eines steht freilich fest, die Pilger, die durch den Narthex ins Innere des Schiffes hinabstiegen, sahen ein anderes Bild vor sich als die Menschen der Frühzeit und auch wir Heutigen, denen sich der Kirchenraum wieder in seiner ursprünglichen Gestalt darbietet. Sie mußten durch einen Tunnel plötzlicher Düsternis hinweg nach vorn schreiten, wo das anschwellende Licht wie eine Verheißung wirken mochte, und konnten der Kirche in ihrer frühromanischen Herbheit, die wesentlich in den Maßen und Dimensionen beruht, kaum innewerden. Uns aber bleibt bei allem Verlust doch eines, der herrliche Anblick eines betont schmalen Mittelschiffes, dreimal so hoch wie breit, das von vier Jochen gegliedert, von den breiten Bändern der Pilaster akzentuiert wird, die wiederum ein abgeschrägter Kämpfer mit den Jochbögen der Tuffsteingewölbe verbindet. Sie verleihen dem Raum seinen Rhythmus. Entsprechend hüllen die Schatten der nach lombardischer Art abgestuften vier Arkadendurchbrüche zu den Nebenschiffen und dem Querschiff die Sockelzone in dämmerndes Dunkel, während vier hohe Fenster in den sorgfältig gefügten Kalksteinmauern dem oberen Raumteil die Helligkeit des Tageslichtes verleihen. Ein heroisch-feierlich stimmender Aufschwung, ein architektonischer Kontext sozusagen zu dem Helden der Sage, den man hier verehrt. Ist er nicht Geist von seinem Geiste?

Doch in Guillaume d'Orange, den wir den heiligen nennen, war noch eine andere, eine innere Kraft wirksam. Wir finden sie im Chor gespiegelt, der dem Raum eine das Symbolhafte streifende Ausweitung verleiht. Man hat ihn der Vierung auf erhöhtem Steinpodest in Gestalt einer Cul-de-four-Apsis vorgelegt; eine Form, die es erlaubte, in ihrer fast doppelten Breite des Schiffes ein Höchstmaß an Harmonie mit einer Andeutung des Unendlichen zu verbinden. Zweifellos ging es nicht nur darum, Platz für möglichst viele Pilger zu schaffen, vielleicht aber wollte man die erst 1962 wiederentdeckte Confessio unter dem Chor nicht durch den Einbau von Fundamenten, nicht durch eine Begrenzung der Höhe einengen. Sieben Blendarkaden umziehen das Halbrund der Apsis. In drei davon sind große Fenster gebrochen, außen von flankierenden Säulen antiker Herkunft mit kostbaren Kapitellen gerahmt. Die schmale Scheidewand, die den geringen Raum zwischen ihrem Oberrand mit dem heranstoßenden Gewölbescheitel ausfüllt, nützte man, um das ebenmäßige Rund des Chores gebührend zu überhöhen: ein helles Kreuz nebst zwei Okuli an den Seiten durchbrechen sie als Lichtspender und Embleme zugleich. Einerlei, ob sie auf den Kreuzesspan anspielen sollen, der in Saint-Guilhem verehrt wird, oder ob sie als abstrakte Symbole des Heilszeichens zwischen Sonne und Mond gedacht waren.

Die Eremitin vom Berge

Trotz Verfalls oder Zerstörung der alten Abtei, auch vom Kirchenbau abgesehen, blieben in Saint-Guilhem-le-Désert noch Spuren der großen Zeit; die Heilsbotschaft der Steine dringt noch immer ans Licht; sie scheint unauslöschlich. Hoch am Turm, für das unbewehrte Auge kaum erkennbar, thront der Herr im doppelten Weltenkreis, dem himmlischen und irdischen, in der nämlichen Meißelschrift wie zu Arles-sur-Têch. Die Hugenotten haben ihn als Zielscheibe für ihre Musketen benutzt, doch die erhabene Form nicht zerstören können. Noch immer stehen der Sarkophag Albanas und Bertranas, der Schwestern Guilhems, im kleinen

Museum der Kirche, noch immer das Steinfiligran des romanischen Altares mit den kleinen, fast sternförmigen Kreuzsymbolen, die man zum Tage der Kreuzesverehrung frommen Sinnes in Form kleinen Gebäckes nachahmt, um es den Gläubigen an den Stufen der Apsis in einem Korb darzubieten.

Wievieles blieb sonst noch! Gänge, Treppen, das Kirchlein Saint-Laurent am Beginn des Tales, unversehrte Häuser aus romanischer Zeit in der Rue de la Descente-du-Portail, dazu die alten Gewese samt den knarrenden Stiegen, Binnenhöfchen und Katzendurchlässen an der Rue du Bout-du-Monde, wo man in der Epicerie von Emilienne den besten Käse der Welt, den besten Wein des Landes, aber auch die frischesten Kirschen kaufte. Ich kannte mich mittlerweile aus; wir kamen seit Tagen von Aniane herüber, mochte der Ort auch manchmal von Fremden überlaufen sein, die Pfadfinder aus dem Zeltlager talein am Brunnen spektakeln. Denn nicht nur Saint-Guilhem als solches lockte uns an, sondern es ging zugleich um die Begegnung mit einem Menschen, der für mich zur Symbolgestalt der Tolosana werden sollte. Sie lag nun bereits zurück, hatte sich in den Tagen unserer Ankunft zugetragen; nicht zufällig übrigens, und ich berichte davon erst jetzt, weil das Schreiben seinen eigenen Gesetzen folgt.

Noch im Winter, daheim, hatte mich die Zuschrift einer schweizer Dame erreicht, einer Jakobus-Jüngerin gleich mir, die mein chimärisches Bemühen, das Zeitalter der Santiago-Fahrt der Vergessenheit zu entreißen, mit Wohlwollen quittierte und mich, was mich ein wenig stachelte – das denn wohl doch nicht! – einem »Spürhund Gottes« verglich. Wollte ich, so schrieb sie, wie angekündigt, abschließend über die Via Tolosana berichten, würde gewiß ein Kapitel Saint-Guilhem-le-Désert gewidmet sein. Dort lebte ein ihr befreundeter Mensch, eine Einsiedlerin, Sœur Anastasia Boros, eine Nonne ungarischer Herkunft. Sie hatte sich nach schwieriger Flucht vor der kommunistischen Verfolgung in der Heimat einer ›Communauté de la Théophanie‹ in Saint-Guilhem angeschlossen, der man inzwischen das Dach über dem Kopf verkaufte, worauf sie nach Lagrasse abwanderte.

Sœur Anastasia aber blieb ihrer Klause in den Bergen treu und benutzte eine letzte, der Gruppe verbliebene Unterkunft im Ort als Bleibe, so oft sie zum Kirchenbesuch gut anderthalb Stunden ins Tal hinabstieg, um zwischen Hochamt und Abendandacht nicht auf der Straße zu stehen.

Eine Einsiedlerin? Einem Menschen zu begegnen, der sich vollkommen der Konkordanz mit dem Überweltlichen anheimgab, das ließ mich nicht los. Wie vermochte ein Einzelwesen unserer Tage, bar jeden irdischen Rückhalts, nur mit seiner Bereitschaft gewappnet, die doch auch innere Losgelöstheit bedeutete, zu jeder Tages- und Nachtstunde dem All und Einen – ich wähle das Wort mit Bedacht – gegenüber zu treten? Wie die überirdischen Botschaften, die ihm vielleicht zuteil wurden, durch das winzige Nadelöhr einer Menschenseele zu fädeln, ohne sich daran zu versengen? Das waren sehr subtile, unserem Zeitalter kaum mehr faßbare Dinge. Was schließlich geschah, wenn sich die Seele in ihrer Anspannung erschöpfte und die zuströmende Kraft gar nicht mehr aufzunehmen vermochte?

Es gab noch mehr Fragen, aber Sœur Anastasia gab es auch. Sie hauste droben im Berg, nahe der alten Einsiedelei Notre-Dame-de-Belle-Grâce, wo auch Saint-Guilhem einst ein Eremitikum besaß. Etliche Nachrichten waren über eine Vermittleradresse hin und her gegangen; sie erwartete uns. Eine schon abgesprochene Begegnung hatte ich, plötzlich aufgehalten, telegraphisch auf den 3. Mai vertagen müssen, in der Hoffnung, der eine Tag werde ihr so recht wie der andere sein. Versteht man, daß es mich bei der ersten Ankunft im Tal nicht litt? Unverzüglich wollte ich zu Fuß allein in die Bergeinsamkeit zu Sœur Anastasia. Törichte Ungeduld! Nach zwei Stunden hastigen Steigens zeigte sich Notre-Dame-de-Belle-Grâce, wo sie hausen sollte. Auf das brieflich verabredete Glockensignal hin rührte sich nichts. Ratlos umherspähend entdeckte ich einige ausgelegte Zettel. Natürlich, der 3. Mai, der Tag des Heiligen Kreuzes! Sie weilte zur ›Adoration‹ unten im Dorf! »Si possible envoyez un touriste qui descend chez l'épicière Emilienne pour me faire venir«, stand auf einer der Botschaften. Doch es kam kein Tourist.

Als sich das Tal wieder unter mir öffnete, war es hoher Nachmittag. Meine Frau lächelte beim Wiedersehen etwas spöttisch; das war die Quittung für meine Ungeduld. Ja, tat die Epicière Emilienne kund, Sœur Anastasia befand sich im Ort, gar nicht weit von hier in der Rue du Bout-du-Monde 21. Aber ob sie noch Zeit fand? Die Abendandacht begann in Kürze. Madame ging gleich mit, klopfte und rief, worauf eine Treppe knarrte, und da stand sie nun in der verwitterten Tür, ein Bild, das ich nie mehr vergessen kann, eine schmale, dunkle Nonnengestalt, Anfang der Fünfzig, den Schleier nach griechischer Art wie ein Kopftuch gebunden, stand da mit einem bebrillten, gütigen Antlitz, das gar nicht zu einer Asketin passen wollte, und sagte, als hätte es nicht einer schier endlosen Reise hierher, nicht eines Gewaltmarsches bedurft, von dem mir denn doch die Knie zitterten – sagte mit jenem leisen Lächeln, das ihrem Gesicht soviel innere Wärme verlieh und mich entwaffnete: »Da sind Sie endlich!« Leider, heute blieb keine Zeit. Wir würden uns morgen sehen. Sie wollte die Nacht im Tal verbringen, wir konnten frühzeitig aufsteigen zur Einsiedelei. – Trotz meiner schmerzenden Füße, da ließ sich nichts machen.

Manchmal habe ich mich gefragt, ob es mein Recht sei, über Sœur Anastasia zu berichten. Jedermann mochte, jedermann grüßte sie, sie hingegen vermied es beharrlich, Aufmerksamkeit zu erregen. Es gibt keinen Umstand, der mich rechtfertigt. Als wir kommenden Morgens unsern Gang ins Gebirge antraten, sie schweigsam und stetigen Schrittes voraus, ohne je innezuhalten, überfiel es mich plötzlich wie Hellsicht. Verkörperte sie, eine Frau unseres Jahrhunderts, nicht jenen Pilgergeist vergangener Zeiten, den zu suchen ich aufgebrochen war? Vielleicht trug die Landschaft, die wir durchwanderten, dazu bei – erst an diesem Tag ging mir auf, wie einsam, wie groß sie hinauf- und hinabschwang. Auch die Santiago-Wanderer waren auf diesem Weg gezogen, um Usclaz, Lodève und Toulouse zu erreichen, Schritt um Schritt, unaufhaltsam, die steilen Serpentinen und Kehren empor, während das Tal von Gellone immer tiefer sank und mit ihm alles Vertraute, die Dächer, das Kloster, die feierlichen Zypressen, eine Spielzeuglandschaft, die unwesentlich wurde, bis der Saumpfad endlich die Höhe erreichte. Nach rechts bog eine Spur zum Château des Don Juan ab. Wir aber hatten uns nach links in eine Höhenwelt von Felsrippen, Buchsbaumstauden und fernen Kuppen zu wenden, in der nichts mehr eine Heimstatt besaß, ausgenommen die Schwalben, die in Schwärmen über den Grat jagten, weil der Aufwind die Insekten hochspülte. Nach Süden schaute das Auge unbegrenzt über Gipfel, Klippen und Gründe bis in den Dunst der Ferne, wo das Meer sein mußte. Nordwärts aber sog sich der Blick an heroisch aufgetürmten Felskämmen fest, durch die der Pilgerweg führte, um dahinter nach Westen abzubiegen.

Unvermittelt begann Sœur Anastasia zu sprechen. Sie liebte die Berge. Der Vater hatte sie daheim als Mädchen oft zu einer Wanderung mitgenommen, ehe sie mit achtzehn Jahren einer Nonnengemeinschaft beitrat, wo sie freilich bald in den Strudel der Zeit geriet. Elf Novizinnen waren sie während vierzehn Nächten vor den Schrecken des Umbruchs, geleitet von Mönchen, von einem Schafstall zum andern geflohen. Ihr allein gelang es, einen Durchschlupf und nach dramatischem Hin und Her über Griechenland in der Schweiz Zuflucht zu finden. Ein Schicksal der Zeit, das keine Akte verzeichnet. Erst nach Jahren des Suchens, umhergetriebenen Studiums, der Bewährung hatte sie bei der Communauté im Tal ein Zuhause gefunden.

»Es bedeutete«, sagte sie, »endlich ein eigenes Leben, wenn ich auch der Weisung des geistlichen Mentors, Frère Macaire, folgen mußte.« Sie konnte und durfte lesen, was sie bewegte. Zeiten harter Selbstprüfung verstrichen, bis ihr geistlicher Berater sie eines Tages beiseite nahm. »Du gehörst nicht mehr ins Kloster«, hatte er ihr gesagt und offenbar ihren geheimsten Wunsch angesprochen. »Du bist so weit, um als Eremitin zu leben.« Wenige Tage später stieg man in die Berge, um eine Klause, Notre-Dame-de-Belle-Grâce eben, für sie zu richten, das gerade von seinem letzten Bewohner verlassen war.

Eine ganz einfache Geschichte, fast nur ein Alibi. Sie erzählte davon wie von einer Sache, die ihr nicht mehr gehörte. Wir zogen unterdessen in eine Region gewaltiger Felstrümmer, denen hin und wieder kleine Eisenpfeile als Blitzableiter eingetrieben waren. Der Gewitterschlag setzte hier oben oft ganze Regionen in Brand. Ringsum die verkohlten Bäume bewiesen es.

»Und haben Sie, was Sie suchten, gefunden?«

Sie schwieg. Doch an einer Bergecke mit einem aufgemauerten Kreuz, das den Pilgerweg anzeigte, blieb sie plötzlich stehen. Vom Vortage wußte ich, daß voraus das Tordach der Einsiedelei in Sicht kommen mußte. Sie blickte an mir vorüber.

»Als wir hier ankamen, habe ich Frère Macaire gesagt, dies ist mein letzter Tag in der Freiheit. Er aber antwortete: es ist dein erster.«

Notre-Dame-de-Belle-Grâce nennt sich die uralte Eremitage in einem Felswinkel des Bergzuges westlich vom Dorf Saint-Guilhem-le-Désert. Hoch umragt von aufgetürmtem Gestein, umschattet von Nadelgehölz. In der innersten Nische des kleinen Platzes mit den Spuren eines alten, zusammengefallenen Stalles für ein Tragtier rann ein Wasserstrahl in ein Steinbecken, in dem eine einsame Kaulquappe schwamm. Dahinter führte eine abgemauerte Höhle ins Geklüft; es sollten darin frühere Einsiedler beigesetzt sein. Dem vorgebuchteten Kapellgemäuer mit dem bleichen Ziegeldach schloß sich nach links ein kleiner Wohnflügel mit schmaler Stiege, einem dunklen Küchengelaß und etlichen Kammern an. Allenthalben völliges Schweigen, mächtig ansteigende Felshöhen, Himmel, Ausblick ins Weite. Harzduft wölkte. Ein Ort zum Alleinsein.

War er für Sœur Anastasia nicht wie geschaffen?

Sie schüttelte den Kopf. Manchmal kamen Fremde vorbei und wollten die alte Kapelle sehen. Das riß sie aus Meditation oder Lektüre. – Wenn aber nicht hier, wo hauste sie dann? Im Umkreis nur abstürzendes Gelände mit einem Dickicht von Büschen! – Sie winkte uns fort. Ihre Klause lag abseits, wie es die Sicherheit gebot, in einer Felsschlucht versteckt. Dort hatte sie mit Hilfe der Communauté eine kleine Hütte gebaut. Es gab keinen gebahnten Zugang; niemand durfte die Spur eines Fußes entdecken. Erst ging es

V *Die Schlucht von Galamus*

Durch tief in den Kalkfels gefurchte Schluchten rinnt das Wasser aus dem Innern der oft von Wettern und Stürmen heimgesuchten Corbières nach Süden hinaus. Die abgründigen ›Gorges de Galamus‹, die nach Saint-Paul-de Fenouillet führen, lassen mit ihren oft senkrechten Steilwänden die Ausdrucksgewalt am elementarsten erkennen.

Schlucht bei Garaunis

über eine mannshohe Mauer abwärts, dann einen Steilhang mit dichtem Maquis, dessen Durchlässe nur ein Kundiger fand, und so fort bis zum Rande der Schlucht, in die Anastasia geschickt hinabklomm, während uns eine herbeigeholte Leiter half.

Ein Indianersteig, bei dem sich nur ahnen ließ, wieviel Schwierigkeiten das tägliche Leben brachte! Jeder Tropfen Wasser mußte von der Eremitage herangeschleppt werden, jede Last bedeutete einen halsbrecherischen Balanceakt. Drunten lag eine winzige Rodung in mannshohem Ginster und Rosmarin, auf ihr das gezimmerte Hüttchen und hinter ihm eine enge, leider nicht trockene Höhle, die sie bald hatte räumen müssen. Doch konnte sie dort etwas Glut entfachen, um sich mittels eines dünnen Bleches ihr Brot, eine Art Semmeln aus zerstoßenen Weizenkörnern zu backen; was brauchte sie mehr? – Sie besaß ein paar Büchsen mit etwas Milchpulver, Zucker, Kakao, die ihr Freunde zukommen ließen. Wie wenig benötigt der Mensch, wie leicht kommt er durchs Leben, wenn er gelernt hat, sich mit einem Salat aus aufgezupften Kräutern zu begnügen, eingeschlossen den bitteren, grünen Löwenzahn. Fleisch aß sie nie, dafür kam gelegentlich ein Stücklein Käse, etwas Obst, das ihr Madame Emilienne zusteckte, auf den Tisch. Oh, in der Zeit der Weinlese oder Beerenreife ging es regelrecht üppig zu. Sie lachte.

Es war meine Sache nicht, nach allem anderen zu fragen. Sie sah so gepflegt aus, wie eine Nonne sich eben hält; es war mir beim Anstieg nicht entgangen, daß unter dem langen Rock der blendend weiße Saum eines Untergewandes hervorlugte. Im Innern des Hüttchens gab es ein Matratzenlager nebst dünner Decke an der Rückwand, an der Seite ein schmales Brett als Wandtisch, das ein Stück schwarzen Tuches in einen Hausaltar verwandelte, dazu ein winziges Bücherbord, eine improvisierte Sitzgelegenheit; eine Beleuchtung aber besaß sie nicht, ein ewiges Lichtlein, das sie sofort entzündete, ausgenommen; keine Heizgelegenheit, wintertags mußte sie jämmerlich frieren. Sie empfand es als auferlegte Askese und nahm keine Kenntnis davon, meditierte, schlief, wie es die Tageszeit gebot, eine gehorsame Tochter des irdischen Ablaufs, die zwar lange Jahre über Büchern verbracht hatte und sich in vielen Sprachen ausdrücken konnte, der aber die Versenkung wichtiger als alles Wissen blieb.

Ein Dasein vollkommenen Verzichtes im Versteck einer Robinsonburg! Hoch darüber ragte ein mächtiger Fels auf, noch höher eine gewaltige Wand. Manchmal fuhr der Sturm in die Schlucht und ließ die Bäume, die Gesträuche, die Kräuter auf Höhen, Platten, Terrassen oder tief im Grund, den nie ein Fuß betrat, erschauern oder aufrauschen wie in einem Romantikergedicht, aber sie war kein Naturschwärmer. Es kam ihr auf ein Dasein am Rande des Äußersten an, auf den Verzicht. – Was aber, wenn sie plötzlich erkrankte? – Sœur Anastasia, gewiß oft von solcher Anteilnahme behelligt, lächelte: »Man wird mich finden; das Gebet hilft immer.«

Und was geschah, kramte ich nun hervor, wenn die innere Bereitschaft, die Kraft zum Aufschwung einmal erlahmte, kurz das altbekannte ›womit aber soll man salzen, wenn das Salz taub wird‹?

Solche Nöte kannte sie seit der Kindheit, dann sagte sie eben ein kleines Gebet, kurz wie eine Formel her, immer dieselben Worte, bis Gott wieder zu sprechen begann. Und er hatte sie noch nie ohne Antwort gelassen. Ihr Vertrauen, die innere Erfahrung blieben unerschütterlich.

Vielleicht wollte sie weiteren Zudringlichkeiten ausweichen oder hielt sie den Augenblick für gekommen? Sie nahm ein Buch zur Hand, ›ihren Cassian‹, den jeder Einsiedler brauchte. Es war die französische Ausgabe der ›Conférences sur la mortification‹ mit den Gedanken jenes um 360 geborenen Mönches über die Askese, der die Freiheit des Menschen gegen die augustinische Gnadenlehre verfocht, und während wir niederhockten, wog sie es eine Sekunde zögernd in ihrer Hand. Dann schlug sie es aufs Geratewohl auf.

War es aber wirklich Zufall, daß sie auf eine Frage stieß, die mir auf der Zunge brannte, jene, die nach dem Sinn solcher für unsere Zeit der wahllosen Befriedigungen ans Absurde streifenden Entsagung forschte? In der Askese, so las sie langsam mit eindringlicher Stimme, sei ein Verdienst beschlossen, denn sie befreite. Es kam für den eremitisch lebenden Menschen darauf an, sich jeder irdischen Bürde zu entledigen, damit die Welt für ihn durchsichtig wurde, und er in allem das Wirken des All und Einen erkannte. So Cassian in seiner altertümlichen Ausdruckssprache und mit ihm Sœur Anastasia. Ihr ›e ultreya‹ des Pilgerliedes, bestand es nicht in der stündlich geübten Absage an das, was der Mensch von heute als zustehende Forderung an das Schicksal richtet? Als sie endete, hob sie langsam, noch in sich hineinhorchend, ihr Gesicht. Nein, es war nichts von verschwommenen Gefühlen darin, sondern nur eine klare Entschiedenheit. Übertreibe ich, wenn sie mir abermals als Pilgerin, diesmal auf endloser Wanderschaft nach innen erschien?

Eine Stunde später befanden wir uns auf dem Rundweg durchs Gebirge, den sich Sœur Anastasia als Gastgeschenk ausgedacht hatte. Er führte, immer der Pilgerroute nach, hoch ins Geklüft, am sogenannten ›Mönchsgarten‹ vorüber, um nunmehr in steilen Serpentinen zum Kamm hinan zu klimmen. Im Kar zwischen Steingetrümmer und wilden Kräutern blühten die Asphodelen, als sei ein Rausch über die Höhe gekommen, eine leicht violett getönte, oft bis zur Hüfte reichende Art, die unten schon in voller Entfaltung stand, während sie oben erst mit bräunlicher Spitze aufbrach. Die Totenblumen der Alten verwandelten die bizarre, phantastische Höhenwelt in Gefilde der Abgeschiedenen von ergreifender Hochgestimmtheit, als werde, wer hinübergeht, von Genien geleitet. Der fauchende Wind droben im Kamm orgelte seine Schicksalsmelodie dazu.

Sœur Anastasia voran, ich hinterdrein, dann meine Frau, zogen wir schweigend empor wie einst die Jacquaires, und nur einmal auf dem Felspodest einer Wende des Pfades hielt unsere Wegeführerin an und stand wie eine dunkle Statue über uns. Die Örtlichkeit mochte sie an ihr Hellas erinnern, wo sie nach der Flucht in einem Frauenkloster eine Heimat gesucht hatte. Es war die Tragödie ihres Lebens. Sie begegnete harter Ablehnung bei den Oberen. Der zur Osterfeier erschienene orthodoxe Bischof verweigerte ihr sogar das geweihte Brot und den Ringkuß. Man wollte sie bleiben lassen, aber nur, wenn sie sich nach erneuter Taufe dem orthodoxen Ritus unterwarf. Das brachte sie auf. Galt der Taufbund nicht für immer und alle Christen? Zwei Nächte hatte sie in Tränen gelegen, dort, wohin alles sie zog, wie von Makel behaftet ausgestoßen zu sein – auch darin eine Pilgerin! Das ›Draußen vor der Tür‹ hat immer dazu gehört.

Dennoch, als wir weiterstiegen, begann sie plötzlich leise und selbstverloren zu singen, als sei ihre Seele über dem Eingeständnis frei geworden, um ebenso unvermittelt, wie über sich selbst erschrocken, zu enden. »Bitte, nicht aufhören!« rief ich ins Brausen des Sturmes, und wirklich, nach etlichem Zögern, sang sie von neuem, während wir durch die Felsriesen des Kammes abwärts in die Wälder der jenseitigen Hänge tauchten, um vom alten Pilgerweg nach Saint-Guilhem zurückzukehren. Immer entschiedener ging es hinab, bis die senkrechten Felswände des Cirque de l'Infernet am Ende des Tales von Gellone vor uns lagen.

Wie hinabkommen? Voraus nichts als glatter Abgrund. Allein, Sœur Anastasia kannte den schmalen, den einzigen Steig. Er wand sich anfangs als Saumpfad im Steilhang neben schwindelnder Tiefe hin, um plötzlich nach unten zu biegen. Inmitten der senkrecht stürzenden Felsen, die den Kessel umschließen, lehnten sich schmale, hohe Arkaden gegen die Wände, aufgemauert im Mittelalter, freilich längst von Geröll überschüttet. Der darüber führende Pfad hatte späteren Pilgern als Anstieg zum Höhenweg der Tolosana gedient. Wer mit Schwindel behaftet war, dürfte sich schwer getan haben. Die Tiefe drohte, der rutschende Schotter bot wenig Halt. Sœur Anastasia aber schritt ohne Zögern hinab, und einen Augenblick lang überkam mich die Halluzination, sie schwebe ins Leere hinaus.

Nach fünf Stunden Marsch rann der Verdus im Tal wieder neben uns her. Das erste Haus von Saint-Guilhem erschien, an dem sie unverzüglich zu ihrer Klause zurücksteigen wollte. Etwas Überraschendes geschah. Sie wandte mir, Abschied nehmend, ein Antlitz zu, über das ein Vorhang geglitten schien; sie lächelte nicht mehr und senkte wortlos die Augen. Ein fast zögernder Händedruck, eine Umarmung für meine Frau, dann stieg sie entschlossen in die Berge zurück. Nein, einmal hielt sie noch inne und winkte ganz leicht mit den Fingern der angehobenen Hand.

War dieses knappe Adieu ein Ausdruck dafür, daß ihre Gedanken bereits wieder in ihrer Einsamkeit weilten? Scheute sie das Eingeständnis einer Empfindung? Oder war es nicht der Ausdruck eines geheimen Schmerzes, einer Sehnsucht, Mensch unter Menschen zu sein, und lag nicht gerade in seiner Überwindung die letzte, die größte Freiheit? – Vielleicht, doch ich weiß es nicht.

Über Stock und Stein

Von Saint-Guilhem übers Gebirge nach Usclaz, der nächsten Wegestation, zu gelangen, schien anfangs leicht. Nach Pilgerart zog ich früh vor Tag, diesmal allein, den nun schon bekannten Steig vom letzten Haus in den Berg empor, dann an Notre-Dame-de-Belle-Grâce vorüber, wo Sœur Anastasia in der Felsschlucht drunten den Morgen gewiß auf den Knien erwartete, ins Kar. Die Dunkelheit bereitete wenig Schwierigkeiten; der Fuß kannte seine Spur. Schien der nächste Schritt heikel, half das Strählchen der Taschenlaterne nach. Im Asphodelenhang streifte mich erste Helligkeit; als ich aufsah, wurde mir ein unvergeßlicher Anblick zuteil. Droben flammten die Felsen des Kammes, vom ersten Licht erfaßt, in überirdischer Glut. Mochten sich die Waldgründe dahinter auch noch in Schwärze hüllen, nach ohnehin gebotener Rast würde auch dort der Tag aus den Federn kriechen.

Bis zu dem Punkt, an dem wir vor einer Woche ins Tal von Gellone umkehrten, ging alles gut. Dann aber begann das Abenteuer. Plötzlich verlor sich die Spur, längst von der Natur überwuchert, zwischen Felsrippen und Heidekraut. Gut, daß zwischen den Wipfeln gelegentlich hell beschienen die Fernseh- oder Wetterstation auf der Kuppe von Sainte-Baudille zum Vorschein kam. Irgendwo mußte, der Karte nach, wenn auch quer, ein Forstweg verlaufen. Statt dessen umschloß mich unerbittlich das Dickicht; der Fuß verstrickte sich in Ranken, Zweige schnellten mir ins Gesicht.

Fast eine Stunde lang schlug ich mich mit Gebüsch, Steilhängen und tückischen Bodenlöchern herum. Doch als ich eben waldtoll zu werden begann, stand ich unvermittelt am Rand des Sträßleins. Zwar führte es nach Arboras ins offene Weinland zurück, aber es blieb keine Wahl. Das große Gewoge der Höhen und Felsen verebbte. Nach Stunden lag endlich Usclaz vor mir. Gedämpften Triumph in der Brust, weil es alles bestanden, wenn auch nicht voll gelungen war, zog ich ein. Drüben an der Ringstraße warteten bereits, wie abgesprochen, die Meinen und winkten.

Usclaz ist ein kleines Bauernnest in den Hängen westlich von Saint-Guilhem. Ich weiß nicht, wie ich darauf verfiel, der Ort habe mit der Tolosana zu tun, und ihn schon daheim mit einem Merkzeichen versah; offenbar war Divination im Spiel. Jetzt kam sogar wie bestellt der richtige Mann daher, dem ich mein Verslein vortragen konnte, der Bürgermeister, wie sich erwies.

»Le chemin de Saint-Jacques?« Doch, er nickte mit Nachdruck. Von dort, wo rückwärts in den Bergen Sainte-Baudille aufragte, führte die Route der Pilger mitten durch den Wald, dann die Weingefilde zum Dorf heran. Unter dem gedrückten Bogen drüben waren sie einmarschiert. »Aber kommen Sie«, sagte er plötzlich, »es gibt hier manches zu sehen.« Der Heimatstolz packte ihn. Hinter dem Bogen nämlich öffnet sich die Ortsstraße zur Burg, lauter romanisches Dächergeschachtel, manchmal Steine mit verwitterter Schrift. Hinter grobem Bruchsteingemäuer scholl das Gebelfer der Dorfköter in aufgeregtes Hühnergegacker hinein; eine Hundenase preßte sich schnaubend durch den Spalt einer Brettertür. Auch das hatte dazu gehört. Schatten unendlicher Vergangenheit nisteten in dunklen Toren. Im einfachen Kirchlein, in dem noch der Weihrauch der Morgenmesse hing, prangte hoch an der Altarwand ein Sankt Rochus als Jakobspilger. Verstand ich? Montpellier lag nicht weit, da schloß frommer Sinn den lokalen Patron gleich ein, um doppelter Fürsprache sicher zu sein. Dort hinten aber, in der letzten Kapelle rechts, waren noch drei der berühmten Stèles discoïdales, scheibenförmiger Grabsteine, zu sehen, die es früher so zahlreich gab, daß man in

Lodève ein Museum damit ausstaffierte. – Hatten sie mit dem Pilgerwege zu tun? – Mein Mentor wiegte den Kopf. Sie entstammt einer Werkstatt in Nant auf der Causse du Larzac. Einer davon, fünf Zentimeter dick, fand sich drehbar aufgebaut. Vorn ließen sich Sonne und Mond, hinten ein großes Kreuz erkennen, aber nicht Name, nicht Datum. Welche Zusammenhänge sich dahinter verbargen? – Allein, das war keineswegs alles!

Man hat nur ein paar Schritte bis zur Gegenseite des Ortes mit dem Friedhof; auf ihm Reste eines Kalvarienhügels. An seinem Tor lief die Santiago-Route vorüber, hinab in die Senke, wo sie nach Westen, nach Lodève umbog, und nun – »Tournez-vous!« – ein alter Bau mit verbretterten Fenstern stand da, ein großes Entrée nebst stolzem Treppenaufgang; nebenan ein Raum mit schwerem Kreuzgratgewölbe, die Mauern ein Meter dick. Über dem Portal aber etwas, das mir die letzten Zweifel nahm, auf dem Pilgerwege zu stehen: eine mächtige Jakobsmuschel und, prall ausgeformt, eine Pilgerflasche. – Aber war die weltläufige Hausung für eine Herberge nicht gar zu üppig? – Man wußte nichts Genaues, nein, leider nicht. Die Religionskriege hatten so vieles, auch die Archive zerstört, und es war alles so lange her …

Kurz darauf kamen wir im Tal der Lergue gegenüber Lodève an, noch umrankt von der Nachblüte des Judäabaumes, überragt von seiner Kathedrale. Scheinbar unversehrt und doch tief getroffen, wie gelähmt von einer Vergangenheit, die es nicht wollte. Aber das ist nun so, die Leidensmächte fragen nicht lange.

Verstummte Klage

Wie sich das im französischen Süden allenthalben gleicht: Geschichte als Abfolge von Leiden! Nach den Sarazenen die große Häresie, das verzweifelte Aufbegehren der Entrechteten gegen die Fremdherrschaft aus dem Norden. 1348 aus dem Orient eingeschleppt die schwarze Pest, die ein entvölkertes Land zurückließ. Sieben Jahre später drang der Schwarze Prinz auf seinem Raubzug bis an die Tore Narbonnes vor. Sodann Hungersnot, Glaubenskämpfe, Massaker, Camisardenkriege. Wer oder was schwang nicht das düstere Banner des Todes über Dorf und Stadt bis hin zur Großen Revolution, in der die Guillotine das Morden noch einfacher machte? Bedeutet Vergangenheit in diesem Land nicht ein unablässiges Aufstöhnen der gequälten Kreatur? Menschen konnte man die ausgemergelten Gestalten der Verstümmelten, Geblendeten, Geschändeten, von Schwären Bedeckten oft genug gar nicht mehr nennen. Zu den schlimmsten Greueln haben die um 1560 anhebenden Religionskriege gezählt, eine wütende Selbstzerfleischung, nichts weiter.

Lodève war bereits eine uralte Stadt, als das Verhängnis über sie brach. Der Fleiß seiner Tuchmacher hatte es reich gemacht; gegen die Überfälle der Briganten aus den Cevennen schützte eine mächtige Mauer mit dickleibigen Türmen. Als 1573 der Hugenottenführer Claude de Narbonne, Baron de Fougères mit einer Armee, einem Haufen zusammengelaufenen Gesindels, zur Belagerung anrückte, durfte man sich sicher fühlen. Aber es gelang ihm, durch einen Abflußkanal einzudringen, und er bemächtigte sich im wilden Haß des Fanatikers sogleich des Kostbarsten, das Lodève besaß, der Reste des bereits seit sechshundert Jahren im Frieden seiner Bischofskirche ruhenden Heiligen und ersten Kathedralerbauers, Saint Fulcran. Ein satanisches Schauspiel hob an. Der Bandenführer schleifte den vollkommen erhaltenen Leichnam durch die Straßen, jagte ihm voll blinder Wut Schüsse in den Leib, versuchte sodann vergeblich ihn zu verbrennen, hieb ihn endlich in Stücke und ließ die Reste in der städtischen Fleischbank zum zwangsweisen Verzehr verkaufen, um die Bürger zu Mitschuldigen seiner Frevel zu machen. Von Entsetzen gelähmt gehorchten sie, denn in den Straßen knallten die Musketen auf alles, was sich widersetzte; Priester und Notabeln meuchelte man ohnehin, schändete Frauen und Mädchen ohne Unterschied. Es ist keine Schauermär, von der hier berichtet wird, sondern verbürgte Geschichte. Die eigene, katholisch gebliebene Mutter hatte den Mordbrenner später umgebracht, worauf man dem Kadaver den Kopf abschlug und Ball damit spielte. Auch eine Nachfolgezeit war nicht zimperlich. Als sich Henri de Montmorency, Gouverneur des Languedoc, 1632 gegen die Krone erhob und die Stadt Partei für ihn nahm – was blieb ihr anderes übrig? – ließ Richelieu einen Großteil der Häuser zerstören, um den Bürgern eine Lektion zu erteilen.

Wer heute nach Lodève kommt, in dem schon Nero Münze schlagen ließ und seit 506 vierundachtzig Bischöfe einander gefolgt waren, findet nichts Altes und schon garnichts mehr aus der Pilgerzeit vor. Was bedeuten schon die wenigen Gassen von früher oder etliche Adelspaläste, darunter der des Kardinals Fleury, der als Premierminister Frankreichs Anwartschaft auf Lothringen sicherte und seiner Geburtsstadt ein eher verhängnisvolles Privileg verschaffte, das Monopol für die Lieferung von Militärstoffen. Die Qualität der Lodèver Tuche geriet bald in Verruf. Freilich, die Schande einer halb zerstörten Kathedrale mit ihrem knochigen Wehrturm wollte man nicht auf sich sitzen lassen, überfing das Innere mit jenem grau-rötlichen Stein, der so schön mit den hellen Rippen kontrastiert, und kleidete den mächtigen, um zweimal vier Stufen erhöhten Chor festlich mit Marmor aus. Kurz, das 18. Jahrhundert tat alles, um die Schändung vergessen zu machen! Nur die Patina endloser Vergangenheit gelang es nicht wiederherzustellen, und einzig im kleinen alten Kreuzgang lassen sich Reste der Bauten des 10. und 13. Jahrhunderts entdecken.

Wir blieben etliche Tage drunten im Hotel an der Lergue und suchten vergeblich. Nein, kein Zeugnis, nicht eine Spur der Pilgerfahrt. Das kleine Museum der Stèles discoïdales blieb obendrein hartnäckig geschlossen. Man feierte unter Lautsprecherspektakel irgendein Fest; die Kneipe in der Rue de la République quoll über von Gestalten mit wildem Haarschopf. Etwas ungemein Vulgäres, Ennuyantes lag über der Stadt. Wir nützten die Zeit, um nach Nordwesten in die Causse zu fliehen, auf der *La Couvertoirade,* der alte Templersitz liegt, den später die Johannesritter von Jerusalem mit hoher Mauer umgürteten. Eine Militär- und Festungsstadt en miniature, die auch einer Handvoll Schafhaltern mit ihren Herden Platz bot. Wenigstens ließ sich erkennen, wie gefährdet diese Region zu Beginn der Neuzeit war, als Räuber die Straßen unsicher machten. Ein kalter Tag hing über der öden Hochebene. Das wärmende Teeglas in der Hand, hockten wir frierend unter dem Gewölbe eines alten Stalles, der nunmehr als Crêperie diente, und blickten resigniert in den freudlosen Hof, halb Bagno, halb Kasernenplatz, von Unterkünften und Festungsbauten hart, nüchtern und grau umstanden. Das Einzige, womit sich die Phantasie beschäftigen konnte, blieb das ewige Einerlei ermüdet heimkehrender Kavalleriepatrouillen, die am Sattel einen zerlumpten Briganten mit sich schleppten, um ihn kurzerhand aufzuknüpfen; es gab draußen, anders als heute, wenig Bäume ...

Kommenden Tages aber wärmte die Sonne wieder. Wir rollten von Lodève nach Westen, nach Lunas hinaus und dann durchs obere Orb-Tal nach Süden, wo sich einst der Oberstraße ein weiterer Santiago-Weg zugesellt hatte, der von Norden, von Le Puy kam, um nahe der längst verfallenen Abtei von Joncels Anschluß zu finden, worauf sie vereint einem erneuten Pont du Diable und weiterhin einer anderen Abtei, Villemagne im Bereich alter Erzgruben, entgegenzogen. *La Tour-sur-Orb* mit dem hochgetürmten ›Haus des Baillie‹, das den Toulouse-Lautrec gehört hatte, lag am Weg, um sich geschart ein befestigtes Dorf mit Gäßchen und engem Gemäuer.

Hier allerdings bog der Hauptteil der Jacquaires über die Höhen nach Westen ins Mare-Tal ab. Auch wir gedachten später dieser Route zu folgen. Der andere kürzte den knieförmig nach Osten ausgebuchteten Weiterlauf des Orb durch einen direkten Verbindungsweg ab und gelangte, vorüber an der Kapelle von Capimont, nahe Lamalou auf die von Montpellier kommende Straße nach Saint-Pons. Noch vor Poujol erreichten die vereinigten Wege eine Priorei, *Saint-Pierre-de-Rhèdes,* an der einige unübliche Zierformen denen von Le Puy verwandt sind. Was zu dem nicht unbegründeten Rückschluß verführt, daß die von Norden gekommenen Wanderer aus dem Velay tatsächlich hier durchpassierten. Von der Priorei blieb nur die einschiffige, turmlose Kapelle aus der ersten Hälfte des 12. Jahrhunderts mit drei später aufgesetzten Stützpfeilern für ein Geläute am Westgiebel erhalten – ein Bau in rosa getöntem Sandstein am jenseitigen Hang eines Friedhofes vor dem Grün einer Höhe. Die schmal-hohen lombardischen Blendarkaden des Chores verleihen ihm etwas Hochgestimmtes. Doch sie bedeuten keineswegs das Besondere, nicht einmal die zwiefach gestuften Sohlbänke entlang der Innenwände zwischen den gedoppelten Diensten, die das Spitzbogengewölbe tragen; mögen sie auch den Gedanken aufkommen lassen, der Innenraum selbst habe einmal als Herberge gedient wie der Gimel von Saint-Guilhem.

Vielmehr: das Außenportal der Südseite mit den flankierenden Marmorsäulen aus der Antike überfängt ein Tympanon. In der Mitte ein an den Enden verbreitertes Kreuz auf einem Grund dunkler Lava-Inkrustierung und ebenso marketiert von einem umrandenden Kranz, einem überwölbenden Halbbogen in einer Technik, wie man sie vom Velay her kennt. Wem solcher Hinweis noch nicht genügt, schaue sich nur den Türsturz an. Auf ihm nebeneinander gereiht wie auf den berühmten Zedernholztüren in Le Puy, die stilisierten Zeichen des Alef und Lom aus der kufischen Schrift, deren sich die islamischen Schreibschulen bis ins 12. Jahrhundert für den Koran bedienten: kalligraphische Grüße über endlose Kilometer hinweg.

Allein, es ist noch etwas da, wenn es auch mit Le Puy nichts mehr zu tun hat. Unter dem ersten Arkadenbogen der südlichen Außenseite läßt sich eine fast skurrile Reliefdarstellung erkennen. Weiß Gott, eine Meisterhand war nicht am Werk, dennoch jemand, der etwas aussagen wollte. Ein Männlein mit ausgebreiteten Armen hält dort in der Linken eine Pilgerflasche und den Bordon, in der Rechten einen Krummstab, unter dem sich ein Lesepult für ein Evangeliar befindet. Man hat viel daran gerätselt. Doch zu tiefsinniger Grübelei ist kaum Anlaß. ›Kommt her‹, rief das Pilgerfigürchen den Vorübermarschierenden zu, ›hier findet ihr Herberge und redliche Mönche, die für euch sorgen!‹ Was manchem, der sich über einen Herbergsvater geärgert hatte, willkommen sein mochte …

Einen ganzen Tagesmarsch brauchten die Jacquaires sodann für den Weg durchs Orb- und Jaur-Tal. In den Hängen Wein- und Olivengärten, grüne Eichenwälder und Zypressenhaine unter dem balsamischen Anhauch mittelmeerischer Luft, bis die Abtei *Saint-Pons-de-Thomières* im Quellgrund des Jaur vor ihnen lag. Ach, ganz anders als heute, eine majestätische Mönchsstadt mit einer machtvollen, von Zinnentürmen umstandenen Kirche inmitten. Die Gründung des Raimond Pons III von Toulouse war bereits 1060 unter dem hochberühmten Abt Flotard reich, groß, bedeutend geworden und nach der Zerstörung durch einen der Trencavel erneut aufgestiegen, sogar zum Sitz eines Bistums. Bis auch ihr das Schicksal des Südens widerfuhr und 1567 die Hugenotten darüber gerieten, um ganze Arbeit zu machen.

Gewiß, man hat abermals aufgebaut, aber auch umgestalten müssen. Was von dem erhabenen Cluniazenserbau mit seinen Wehrgängen und Trompenkuppeln in den Turmkapellen erhalten blieb, ist seither vom Kirchenraum als Sakristei abgemauert und nur noch durch eine alte, üppig dekorierte ›Totentür‹ zu erreichen. Leider, die eleganten Säulen, auf denen die Archivolten einst ruhten, fehlen. Nur vier rätselhafte Köpfe lugen wie eh und je aus dem Sims. Hinzugefügt sind dagegen in den Zwickeln die Zeichen von Sonne und Mond, die von der frühesten Kirche stammen, eine Männer- und eine Frauengestalt, verwandt dem Stil des großen Gilduin, der die Altarmensa von Toulouse schuf; nach einer Inschrift hat sie ein Meister Gillo geschlagen. Uralte Verwandtschaften tun sich da kund, vergessene Künstlerpersönlichkeiten drängen heran und bleiben doch Schemen.

Damit die Kirche überhaupt wieder nutzbar wurde, mußte der Altar seinen Platz von Osten nach Westen wechseln. Am einstigen Westportal mit seinen zwei Toren hatten die Bilderstürmer sogar zur Hacke gegriffen, um die Darstellung des Abendmahles nebst der Fußwaschung und die Kreuzigung abzuschlagen. Vom berühmten Kreuzgang endlich blieben einzig vier in Saint-Pons verstreute Kapitelle erhalten. Dem hilft auch der luxuriöse Marmorschmuck des neuen Chores von 1768, helfen selbst die kunstvollen Chorgitter im Innern nicht ab. Es ist, als schriee sogar der geschändete Stein.

Ein heller Morgen. Wir waren nach La Tour-sur-Orbe zurückgekehrt, um auf der klassischen Westroute quer durchs Gebirge nach Castres zu kommen. Das erste, wildeste Getümmel der Höhen schien überstanden, als hinter Boussagués der Weg plötzlich in neue Berge nach Norden wollte.

Noch einmal quoll die alte Wanderangst hoch. Waren wir richtig? Aber diesmal knisterte eine genaue Karte in meiner Tasche, auf briefliche Anfrage hin aus Brassac zugeschickt, Meter um Meter eingezeichnet. Leicht machte es diese Route den Jacquaires nicht. Vorerst freilich öffnete sich friedvoll das Mare-Tal; eine Stunde später lag *Saint-Gervais-sur-Mare* da, eine Handvoll Häuser mit alter Kirche, sogar einer Büßerkapelle nebenan. Gewiß hatte es die Phantasie sich komfortabler ausgemalt; es gab nicht einmal eine vernünftige Kneipe zum Ausruhen, aber dafür kam Mutter Natur zu Hilfe. In Richtung Andabre fand sich am Weg, ein paar Schritte zum Flüßchen hin, grün umwuchert eine Kapelle, Notre-Dame-de-Lorète. Um genau zu sein, Freund Eugen, erst in Murat erwartet, mußte auf Umwegen hergefunden haben und von seinem Anglerinstinkt übermannt worden sein. Denn am Straßenrand stand der Wagen allein, ihn selbst aber hatte eine schattige Baumterrasse mit Bänken fortgelockt. Dort, wo sich flache Felsplatten ins Naß senkten, stand er und sah den Forellen zu. Talab schwang sich eine alte Brücke in drei Bögen zur anderen Seite. Ringsum mächtige Höhen. Das Land allein mit seinem Schweigen, nur das goldflüssige Wasser schwätzte über kleine Felsrippen hin, rann von Tümpel zu Tümpel. Ein Rastplatz aus einem Traum.

Eine Stunde zog ich von hier allein bis Castanet-le-Haut in mäßig ansteigendem Tal, dann hörte der Weg auf, und es ging entschieden bergwärts über etliche Schafhaltereien bis Prat-de-Sèbe, wo auch mich etwas zu einem Abstecher verlockte. Hoch zur Rechten lag die *Croix de Mounis*. Ein scharfer Wind ging droben, schüttelte das Buchsbaumgesträuch um das Kreuz. Aber welch ein Blick! Gegenüber die riesige Mauer des Espinouse, ostwärts verlor sich der Anmarschweg tief im Tal, Kastaniengrün wallte die Hänge empor und verwandelte sich endlich in rotes Braun. Die Schauspiele des Lichtes feierten eine große Stunde. Eine Wolke überschattete den Kamm drüben mit tragischem Grau; Raubvögel kreisten, das schwingende Auf und Ab der Kuppen aber weckte ein Gefühl unendlicher Freiheit. Das Glück der Pilgerfahrt überkam mich: Alleinsein im Raum, das, sofern es dem Menschen oft genug widerfährt, sein Antlitz von nun an mit jener Ferne prägt, die selbst im dichten Stadtgewühl nicht mehr aus seinen Augen weicht und den Alltag wesenlos macht. Bis Murat in der kleinen Senke des auf zwölfhundert Meter wachsenden Bois de Lause, immer querbeet, war es dann nicht mehr weit, aber die eingezeichnete Fußspur stieg unaufhörlich; erst im späten Nachmittag kam ich an.

Die Besiedlung des Hochlandes ist uralt. Vor den Römern weiß man wenig, aber sie und die Westgoten richteten sich bereits auf dem kleinen Höhenvorsprung von *Le Castellat* nahe der Pilgerkirche Saint-Etienne ein. Auch der Chor des Gotteshauses ist früh, entstammt noch dem 11. Jahrhundert. In einer der nischenartigen Querapsiden hingen Glockenseile hernieder; man läutete noch mit der Hand. Zur Rechten, gleich am Zugang des Schiffes, schob sich eine niedere Kapelle wie ein Backofen nach draußen, unter den Kastanien- und Ahornbäumen des Zuwegs aber lehnte ein steinernes Pilgerkreuz an der Kirchhofsmauer. Es bedeutete Konstanz und gefiel uns, wie auch das kleine Hotel im Ort, alles gefiel. Die Höhe war ob der häufigen Regen quick und grün. Tatsächlich strichen bei Dunkelwerden Nebel über sie hin; es tröpfelte etwas. Die Wirtin lachte nur über unsere Besorgnis: »Die Wolken kommen abends oft, wenn sie müde sind, um hier zu schlafen.« Eine Märchenerzählerin, wir lachten mit. Aber im Grunde traf es den Sachverhalt. Der Wein von Olargues unten im Orb-Tal hat mir selten so gut geschmeckt wie nach dem durchwanderten Tag hier oben …

Am nächsten Abend saßen wir bereits in *Brassac* tief in den Wäldern des Agout bei Tisch. In einem Familienhotel vollgestopft mit Kurgästen aus der Provinz. Sie alle erschienen im trüb beleuchteten Speisesaal pünktlich zur Tafel; es war ihre Stunde. Die Mahlzeit, als Abendunterhaltung gedacht, dauerte endlos, während meine strapazierten Beine nach dem Bett verlangten.

Vier Stunden war ich von Murat unterwegs gewesen, vorbei am Stausee von Laouzas, der durch die Stämme schimmerte, dann querbeet nach La Salvetat bis die Spur vor Anglès endlich auf die Straße einmündete. Drei Kreuze am Weg mochten Pilgerzeichen sein. Im nahen Ort, wo ich in einer Epicerie nachfragte, saßen fünf Frauen zum Stricken beisammen; von den Jacquaires hatten sie nie gehört. Ich sollte am besten den Pfarrer fragen, meinte die erste, die zweite schlug den Bürgermeister, die dritte den Lehrer, die vierte den Förster vor. Die fünfte musterte mich von oben herab und murmelte, daß alle Männer nichts taugten. Mein Anzug sah in der Tat strapaziert aus, das Schuhwerk verdreckt. Vier weitere Stunden hatte es gedauert, bis ich südlich am Stausee von Raviège vorüber durch die endlose Einsamkeit der Wälder und Forststeige Brassac erreichte, wo ich sofort Freund Eugen in die Arme lief. Zwei Tage Bergmarsch, meine Füße wußten nun, wie das war!

Dennoch sind wir spät am Abend noch einmal über die neue Agout-Brücke ins Städtchen hinausgegangen. Es war eine leuchtende Nacht. Schwarz ragten die Waldberge im Süden auf, schwarz das alte Schloß, der Turm des Rathauses zur Linken, als schwarzer Scherenschnitt schwang sich drüben die mittelalterliche Agout-Brücke mit ihrer halbrunden Wölbung über den Fluß; wie aus einem Torbogen rann er schimmernd darunter hervor, während sich der volle Mond genau unter der Brückenrundung im Wasser spiegelte.

Leider, die Zeit drängte, am nächsten Morgen rollten wir bequem per Auto durchs Agout-Tal davon, immer am Rande des Hochlandes von Sidobre mit seinen seltsamen Felsgebilden entlang, und ließen – einen Stich gab es mir doch – bei Lacrouzette die nördlich ausholende Schleife der Santiago-Spur liegen, um endlich über Salvage nach Castres einzufahren, genau bis vor die Kirche Saint-Jacques.

Castres ist keine überwältigende Stadt, und selbst trotz seiner Ahnengalerie seit Römertagen, über die Benediktiner von Aniane hinweg, die im 9. Jahrhundert ihr längst vergessenes Kloster Bellecelle gründeten, in keinem Gotha der Geschichte verzeichnet. Einen Namen ausgenommen. Er allerdings ist noch zu gegenwärtig für die Palme der Unsterblichkeit. Jean Jaurès ist hier 1859 zur Welt gekommen und über die Philosophie in die Politik geraten. Derselbe, der sich leidenschaftlich für den unglücklichen Hauptmann Dreyfus einsetzte und am 31. Juli 1914 im Pariser ›Café du Croissant‹ umgebracht wurde, nachdem er verzweifelt versucht hatte, den Ersten Weltkrieg aufzuhalten. Natürlich ruhen seine Reste im Pariser Pantheon. Immerhin bewahrt Castres eine Sammlung von Fotos und Zeichnungen über die leidvolle Affäre in seinem Museum, dem früheren Bischofspalast und heutigen Rathaus. Eine Etage über der berühmten Kollektion von Bildern Goyas, die ein Sammler den Bürgern vermachte: die ›Desastros de la Guerra‹, die ›Caprichos‹, zweiter Abzug, aus der Zeit, als der große Maler ertaubte; dazu Porträts und das düstere Riesenbild der ›Junta de los Filipinos‹ mit König Fernando VII als Präsident.

Sie bedeuten die wahre Unsterblichkeit von Castres. Hinter dem einstigen Bischofspalast liegen, mit knirschendem, weißem Kies bestreut, die ›Jardins à la française‹ der kunstvoll beschnittenen, verschnörkelten Buchsbaumhecken, deren Pflege die Stadt ein Vermögen kosten muß. Doch sie bedeuten ein nationales Prestige, weil Le Nôtre sie schuf. Das Übrige wie Kathedrale, Evêché und Notre-Dame-de-la-Platé mutet in unseren Tagen ein wenig beiläufig an, denn es trägt die gewohnte, teils barocke, teils klassizistische Uniform der französischen Provinzarchitektur. Sie paßt nicht ganz in die Stadt der eiligen Menschen, deren Hast sich ausnimmt, als liefen sie die über zehn Millionen Meter Wollstoffe ab, in die man alljährlich die Ausbeute der Schafschur in den Bergen verwandelt. Man ist so fleißig, wie es die calvinistische Tradition des hugenottischen Erbes gebietet.

Beschauliche Ecken hat Castres dennoch. Vom friedvollen Winkel des Grand Café an der Ecke der Place Jaurès und der Jakobinerstraße blickt man durch die großen Scheiben auf die etwas heruntergekommenen Häuserfronten des linken Agout-Ufers, deren Füße im Wasser stehen; alt, schwer mit Vergangenheit befrachtet. So sah es in dieser Stadt schon aus, als die Jacquaires über die heutige Avenue Desplats von Osten heranwanderten und durch den kleinen Vorhof einzogen in die breithüftige, niedere Kirche Saint-Jacques mit dem eckigen Hausteinturm, in deren Dunkel nur das Ewige Lichtlein schimmert.

Dort steht sie heute in der vordersten Kapelle, links vom Chor, die Figur des Patrons der großen Straße, angetan mit den Pilgerattributen, vor der die Jacquaires ins Knie sanken. Bis sie nach geleisteter Andacht das Gotteshaus nach Westen, zum Jakobsplatz mit dem hohen Kreuz verließen, um nach der Herberge Ausschau zu halten. Ein kleiner Bau mit der Jahreszahl 1648 liegt dort, es mag der letzte in einer Reihe von Vorgängern gewesen sein. Leider, niemand wußte die Antwort, eingeschlossen die hübsche Person im Auskunftspavillon: »Ah! l'Hôpital des Pèlerins ...«, und dann schickte sie mich zum Krankenhaus.

Vielleicht war man nicht gern erinnert. Weswegen wir machten, daß wir weiterkamen und davonrollten ins heiße Land, das sich endlos nach Westen hin ausdehnt. Nach Toulouse. Es waren nur noch siebzig Kilometer, eine gemächliche Autostunde. Denn am Weg über Puylaurens lag ohnehin nichts mehr.

Wenigstens blieb uns die Zeit für Gedanken, die wir seit Tagen unausgesprochen mit uns trugen. »Zehn Uhr«, sagte meine Frau, »ob Sœur Anastasia jetzt über dem Cassian sitzt?«

DIE STADT DER ROTEN STEINE

Die Tageszeiten von Toulouse

Wie spät sie erwachen, die Städte des Südens! Längst klatschen die Taubenflügel durch das Schweigen der Höfe, ehe der Schritt des letzten Nachtschwärmers in der Rue du Taur verhallt. Schon jagen mit der erwärmten Luft die ersten Schwalben über die Dächer, rinnt das unvergleichliche Rosa des Morgens hinab über die Backsteinfassaden, bis endlich das Glockenspiel vom nahen Saint-Sernin mit seinem Bim-bim-bam zur Frühmesse ruft.

Trotz der überfüllten Stadt haben wir es mit der Bleibe gut getroffen. Nichts von der verstaubten Pracht, die sich so gerne für Luxus ausgibt, dazu von der Pilgerbasilika nur durch das Nachbarhaus und die Ringstraße getrennt! Jeder Schritt vor die Tür bedeutet obendrein zwiefache Rückkehr, auf die Pilgerroute, der hier Unzählige folgten, und zugleich den Passionsweg des heiligen Saturninus, dessentwillen sie kamen. Mögen auch im Café des Erdgeschosses werktags die Studenten lärmen, wenn sie auf dem Weg zur Vorlesung beim Radau der Musikbox den Kaffee nehmen, in unserem Oberstock läßt sich davon nichts hören; in einer Ecke des schmalen Hofes vor dem Bretterzaun, wo es Rückendekkung und einen freien Blick nach vorn, auf die Rue du Taur gibt, hat sich sogar ein stiller Arbeitswinkel gefunden.

Da hocke ich nun über meinem Heft und lasse den Stift dennoch ruhen. Das vorüberrauschende Kaleidoskop ist zu faszinierend, um ihm keine Beachtung zu schenken. Junges Volk allzumal, die Mädchen in den seltsamen Vermummungen der Mode, jedes Gewand die Beschwörung von etwas ganz und gar Einzigartigem, die Haare in wallender Pracht oder nach Negerart in kleine Zöpfe geflochten, und manchem verzottelten Schopf sieht man an, daß er die Nacht nicht im friedlichen Bett daheim, geschweige denn über den Büchern verbracht hat.

Doch an diesem Tag wiegt das Alter vor, zierliche Damen zumeist, die nicht mehr weit bis zur Ewigkeit haben, am angewinkelten Arm die Handtasche mit den Fotos der Enkel, am Ringfinger den Ehereif doppelt aufgesteckt. Denn es ist Sonntag, da geht man nach Saint-Sernin zur Predigt. Warum aber biegen sie ab, um durch das Westportal einzutreten? Ah, vor der Porte Miégeville macht sich bereits das sonntägliche Heerlager von Flachwagen, Handkarren und den watschelnden Motorvehikeln der Vorstädte breit, bauen geschwinde Hände Böcke, Auslagen, gar eine Segeltuchbude zusammen.

Gleich wird auf den breiten Gehsteigen im Umkreis der Basilika der Flohmarkt der Brocanteurs oder Trödler beginnen, die bestoßenes Jugendstilgeschirr oder Druckbilder mit schmachtenden Schönen, zerbrochene Gartenmöbel, verrostete Schlüssel feilhalten. Einer preist sogar alte Nägel an. »Echt Kupfer«, ruft er beschwörend, »es gibt nichts Besseres!« Überall drängen die Menschen, und die angeleinten Schäferhunde, die jungen Doggen, die man spazieren führt, versuchen zwischen den Beinen auszubrechen. Die Rue du Taur versperrt längst ein Gitter gegen die Fahrzeuge. Auch hier schieben sich Menschen vor und zurück, je nach dem Strom, der sie eingespult hat. Doch nun begibt sich etwas und alles hält ein.

Elf Uhr schlägt das Glockenspiel von Saint-Sernin soeben. Ein Kreis öffnet sich, inmitten eine schwarz gekleidete Gestalt im Schornsteinfegerhabit mit Zylinder und Knobelbechern. Auf dem Rücken eine Pauke, die durch Zugdrähte von der Hacke aus bedient wird; auf ihr die Inschrift ›Slippery Mike‹. Darüber ist eine Gabel an einem Holzbrett montiert, die mittels Kabelzuges über einen Kamm zu schnurren vermag. Um den Hals trägt er ein Gestell mit der Mundharmonika, die Arme halten das Banjo. Wieviel Zeit er sich nimmt, sein Instrument zu stimmen und einen Kasten für die Geldspenden aufzubauen! Natürlich ist es Methode, um die Leute aufmerksam zu machen. Dann aber legt er los wie ein ganzes Orchester. Zuerst eine einschmeichelnde Melodie als Anreißer; bum, bum macht der Paukenschwengel, krr, krr schnarrt die Gabel. Dann kommt etwas, das schon gepfefferter ist, und man sieht, wie es den jungen Leuten durch die Glieder zuckt. Schließlich gibt er eine Nummer zum besten, die hoch im Kurs steht. Man gerät in Hochstimmung, klatscht sogar von den Balkonen Beifall, und die Münzen klimpern nur so in den Kasten. Und doch verliert er seine Partie. Einer der jungen Hunde hat das Bein gegen den Kasten gehoben, ein gelbes Pfützlein rinnt unten zusammen, und heilloses Gelächter bricht aus. Slippery Mike meistert die Mißachtung seiner Kunst mit Grandezza, lacht mit und zieht weiter, den Zylinder schwenkend. Sonntagmorgen in der Rue du Taur.

Mittag an der Place Esquirol weit im Süden. An der Café-Seite packen die Blumen- und Zeitungshändler bereits ihre Auslagen in die grünen Holzpavillons, während auf der Restaurant-Seite die Passanten die Speisefolgen studieren; die heilige Stunde der genüßlichen Sättigung steht bevor. Über der Place du Capitole halbwegs zwischen beiden Stationen aber brütet um diese Stunde die Hitze. Die roten Fassaden des Häuservierecks schweigen einander an wie Eheleute, die sich nichts mehr zu sagen haben; unter den Arkaden der Westseite räkeln sich die Gammler aus aller Welt im Schatten, und vor ›Mon Caf'‹ an der Nordseite des Platzes hocken die Spätaufsteher noch immer beim Apéritif. Aber dann geschieht auch hier etwas. Aus der Rue La Fayette wirbelt eine Schar kostümierter Studenten auf die Platzmitte; sie fassen sich bei den Händen und tanzen im weiten Kreisrund mit lautem Singsang eine Farandole, um endlich lärmend im Schatten der Rue Saint-Rome zu verschwinden.

Ach, Toulouse! Immer war etwas los. Immer drängten sich irgendwo die Menschen, immer waren die Bänke unter dem Zederngrün des Square de Gaulle hinter dem Capitole besetzt, immer hockten an der nahen Place Wilson die Paare vor den Cafés und blickten in die sprühenden Wasserspiele hinaus, während die alten Männer unter den Baumschatten des Ringboulevards Boule spielten.

Es lebt eine gesellige Rasse in dieser Stadt. Ihre Verächter mögen zwar ihre spontane Bereitwilligkeit, Freundschaft zu schließen, als wenig verläßlich, ihre Emphase und Begeisterungskraft als Strohfeuer abtun. Aber vermag, wer die ganze Welt umarmen möchte, sich stets mit ein und demselben Menschen zu begnügen? Gewiß, manchmal macht sich auch absonderlicher Geltungsdrang breit, wenn abends in Leder und Helme vermummt die Heroen der Vorstadt auf ihren Maschinen wie Sendboten einer legendären Todesschwadron herandonnern und Rennen um das Rathausviereck fahren, daß die Fußrasten funkenstiebend über den Asphalt schleifen und die Frauen aufschreien. Sofort stellt sich aber auch Harlekin ein; ein älterer Mann in einer Art Sträflingshemd ist es, der mit einem silbernen Galoubet, der Hirtenflöte mit den drei Löchern, auf die Verrückten der donnernden Motorräder zielt und ›pouf, pouf‹ macht. Alles lacht. Natürlich ist er nicht richtig im Kopf. Denn nunmehr dekoriert er den Tresorschlitz der Sparkasse mit Fotos von nackten Frauen und hält eine flammende Rede auf die Liebe, bis seine Tochter erscheint und jammernd die Arme ausbreitet: »Ach Leute, ihr kennt ihn doch.«

Nur einmal, im Krisenjahr 1968 habe ich sie anders erlebt. Da stampfte durch die endlose Alsace-Lorraine eine unübersehbare Menge heran, Phalanx um Phalanx, Besenstiele mit den roten Lappen des Aufruhrs über der Schulter. Sie schwangen wild ihre Rechte und schrien ›grève, grève‹ im Chor. Doch was bedeutet das hierzulande schon? Was tut es gegen das Genie der Unternehmungslust und des Abenteuers? Stiegen nicht ostwärts im Montaudran Mermoz, Saint-Exupéry, Guillaumet zu ihren waghalsigen Afrikaflügen auf, als die Aviatik noch eine Sache auf Leben und Tod war? Schoß nicht in Blagnac im Westen draußen die erste Concorde wie ein silberner Pfeil, der Stolz einer ganzen Nation, in die Luft, mochte das Ding auch noch so aufwendig und überflüssig sein wie Schnee im Juni?

Toulouse, alte Stadt, ich weiß, daß sich dein Wesen nicht in solchen Bravaden erschöpft. Wer durch deine Straßen wandert, spürt den lautlosen Nachhall von zweitausend Jahren Geschichte noch immer, wieviel sich auch wandelte. Es strahlt soviel Beharrungskraft aus den alten Steinen der Rue Saint-Rome, der Rue des Changes, den leergestorbenen Gassen, die sich gewunden zur Garonne bis zur ›Daurade‹-Kirche, die längst nicht mehr die goldschimmernde Capella Palatina der Reine Pédauque oder Gänsefuß, will sagen Westgotenkönigin Ranachilde ist, hinziehen oder nach Saint-Pierre-des-Cuisines, diesem Gotteshaus der ›Coquini‹ oder Armen, vor der Raimond IV von Toulouse-Saint-Gilles, schon in der Toga des Kreuzfahrers, Abschied für immer von der Bürgerschaft Toulouses nahm! Noch immer läßt sich drüben, jenseits des unbeirrbar strömenden Flusses, der den Anwohnern mit seinen Fluten der Schmelzzeit in fernen Bergen so oft zum Schicksal wurde, der alte Brückenansatz, der hohe Einzugsbogen des Hospitals de Saint-Jacques gewahren, durch den die Jacquaires – um sie endlich wieder ins Spiel zu bringen – in die Vorstadt Saint-Cyprien und weiter nach Compostela zogen. Noch immer liegen in deinem Stadtbild verstreut die edlen alten Hôtels der Renaissance-, der Barockzeit mit ihren hoheitsvollen Höfen und Galerien aus der Epoche des großen Wirtschaftsaufschwungs im 16. Jahrhundert, den man das ›miracle du pastel‹ nennt: die schloßartigen Bauten der Hôtels d'Assézat und de Bernuy samt den zahllosen anderen, die dem Dasein reich gewordener ›marchands‹ den gebührenden Rahmen verleihen sollten und oft genug mit einem stolzen Türmchen verziert sind, zum Zeichen, daß der Bewohner zum Capitoul oder Ratsherrn aufgestiegen war.

Gelassen und königlich lagert sich das Hôtel de Ville des 18. Jahrhunderts im rhythmischen Spiel der hellen jonischen Pilaster und des roten Ziegelsteingemäuers auf die Ostseite der Place du Capitole. Wie heiter ist das Dasein im Licht Ihrer französischen Majestät, will es sagen, und bleibt doch eine goldene Schaumünze, deren Rückseite das Schmerzensantlitz der okzitanischen Knechtung trägt. Wer achtet noch auf den Denkstein im Pflaster des Durchgangs zum Square de Gaulle, der die Stelle bezeichnet, an der Henri de Montmorency, der Letzte eines alten Geschlechtes, in der düsteren Cour du Henri IV des vorangegangenen Ratsbaus 1632 den Todesstreich des Scharfrichters empfing? Als Sühne für seine

Rebellion gegen Ludwig XIII., die ein letztes Aufbegehren des Midi gegen die französische Krone war!

Denn wer von Toulouse redet, seiner Größe, seinem Glanz, hat auch des bitteren Menschenleids zu gedenken, das über die Stadt hereinbrach. Es geht hier nicht die Rede von den apokalyptischen Bränden eines derzeit noch in Cité und Bourgs unterteilten Gemeinwesens, angefangen mit dem von 1463, als jählings Rauchwolken von einem überhitzten Backofen aufquollen, die Flammen sich rasend ausbreiteten und ganze Straßentrakte der alten, zweistöckigen Fachwerkhäuser aus Holz und gehäckseltem Lehm verschlangen. Bis man endlich zum Häuserbau nur noch Ziegel verwandte, die anfänglich den Kirchen vorbehalten blieben. Vielmehr von dem wiederholten Ansturm der Widersacher gegen die immer gefährdete Stadt, vor allem Simon de Montforts, mal Herr, mal Belagerer, bis der Quälgeist aus dem Norden 1218 endlich dem Wurf einer Schleudermaschine erlag, die einige junge Tolosanerinnen im heroischen Abwehrkampf bedienten, und mit zerschmettertem Kopf über der Leiche seines zuvor gefallenen Bruders zusammenbrach. Seine Frau Alice de Montmorency erlebte diesen Augenblick allgemeinen Mordens halb als Gefangene zwischen den Linien im okkupierten Château Narbonnais, der alten Feste des damals bereits vertriebenen Grafengeschlechtes, das einmal einen Raimond IV hervorgebracht hatte. Es figuriert noch auf dem Siegel Raimonds VII als Symbol gräflicher Macht.

Schattenbeschwörung

Welche Daseinsfülle in dir, aber auch wieviel Tragik, die deine Vergangenheit durchwaltet hat, alte Stadt! Der Untergang des okzitanischen Herrscherhauses, natürlich. Alle Dynastien haben geglaubt, sich auf der Erde in Ewigkeit einzurichten. Aber in Toulouse ist kein Stein vom Gehäuse ihrer Erdentage übrig geblieben, das genau neben der Porte Narbonnaise im Südzipfel der Stadt lag und sechs vorgeschobene Türme ihrer romanischen Ringmauer einschloß. Den Kern der Anlage bildete die befestigte Burg, halb Bollwerk, halb Wohnanlage, die man nach 1515 abriß, um einem Parlamentsbau Platz zu machen. Behaglichkeit bot das Schloß wenig, aber es verfügte über einen Saal mit gewölbter Decke und reich inkrustiertem Boden, der dem Hof als Remter bei seinen Festen diente, für die vor allem Graf Raimond V berühmt war. Klingt da nicht doch das heitere Gefiedel der Musikanten durch die Nacht der Geschichte? Wir haben uns den Grafen und die anwesenden Damen dabei so gekleidet vorzustellen, wie es Meister Gilabertus, von dem noch zu reden ist, auf seinem um 1120 geschlagenen Kapitell mit der Erzählung vom Tod des Johannes dargestellt hat: König Herodes in langer Tunika mit einem Umhängemantel, den eine Agraffe auf der rechten Schulter zusammenhält. Beide Kleidungsstücke mit breiten Schmuckborten verziert; Salome ist in ein raffiniert geschneidertes, eng anliegendes Festkleid gewandet. Das Haar wallte lang herab, und den Kopf des Fürsten bedeckte eine haubenartige Krone. Vor dem festlich herausgeputztem Publikum boten, wie am aquitanischen Hof, Gaukler, Schauspieler, vor allem aber die Troubadours ihre Künste dar. Diese bevorzugten Lieblinge ihrer Epoche waren immer dabei; sie ritten sogar mit, wenn der Hof, wie so oft, in Saint-Gilles oder Mauguio residierte. Die der Stadt Toulouse frühzeitig gewährte Selbstverwaltung durch gewählte Capitouls dürfte nicht zuletzt auf die häufige Abwesenheit der Souveräne zurückgehen. Einzig die Genehmigung größerer Projekte wie des Bazacle, des berühmten, noch von Rabelais bewunderten, weit in den Strom hinausreichenden Wassermühlenwerkes, blieb die zivile Aufgabe der Fürsten. Im übrigen wurden sie von Privatpersonen, im Fall des Bazacle in Form einer Aktiengesellschaft, einer der ersten Europas, weiterbetrieben.

Doch zu Raimond V zurück, von dem es heißt, Toulouse sei unter ihm glücklich gewesen. Trifft es zu, so doch nur äußerlich. Sehr elitär mutet sein Hofstaat nicht an. Vollends die Troubadours erwiesen sich als fragwürdig. Weniger, weil sie die umstrittene Haltung des Grafen in der Katharerfrage eher billigten. Sie berührte auch andere und selbst in späteren Jahren kaum. Als Raimond VI 1222 exkommuniziert im Château Narbonnais starb, stand ihm der damalige

Abt von Saint-Sernin in der schweren Stunde bei; anwesende Hospitaliter-Ritter von Saint-Jean warfen sogar ihre Mäntel über den eben Verschiedenen. Jedoch muten die Troubadours dieses Hofes aus persönlichen Gründen zwielichtig an. Der durch seine Liebesaffären anrüchige Bernard de Ventadorn fand genauso Zuflucht bei Raimond V wie ein Pierre Rodier, Pierre Guilhem, Guillaume Figuiera, Guillaume Montanhaget, Gerard d'Espagne, woher sie auch immer kamen. Man huldigte am Hof allgemein einer bedenklichen Liberalität, die nicht grundlos in Mode stand. Die gregorianische Reform hatte den adeligen Grundherren die Verfügung über die Kirchengaben der Landbevölkerung entzogen, was sie verarmen ließ und ihre nachgeborenen Söhne zwang, sich als ›bachelier‹, Edelknappe, ›escudier‹, Schildknappe, oder Ritter einem der großen Herren zu verdingen, statt eigene Familien gründen zu können. Sie lebten in erzwungener Enthaltsamkeit, aus der einige Autoren die stark erotische Färbung der Troubadour-Lyrik ableiten. Den Dichtersängern ging es ja keineswegs anders. Schon Oderic Vital beklagte Anfang des 12. Jahrhunderts »diese weibischen Männer und schmutzigen Libertiner… die ihre Nächte mit ausschweifenden Banketten und Saufereien zubringen«.

Es kam noch etwas hinzu, das in der Natur der Sache lag, ein gewisses Abgleiten in allzu üppige Phantastereien, wie das Beispiel des Peire Vidal deutlich macht, der von Geburt Tolosaner, Sohn eines Kürschners nahe dem Garonne-Ufer war. Gewiß ein Talent ersten Ranges, dessen Dichtungen für die Zeit von 1183 bis 1204 bezeugt sind; er schrieb und komponierte mit größter Leichtigkeit, doch seine blühende Einbildungskraft besaß eine Kehrseite. Nicht nur weil sie ihn zu Tollheiten verführte und er im nämlichen Atemzug intrigierte, schnorrte, schwadronierte und sich seiner Erfolge bei Damen rühmte. »E.l meiler cavalier del mon crizia estre e.l plus amatz de donnas«, er sei der beste Ritter und Kavalier der Damen, schrieb er über sich selbst. Schließlich packte ihn der Größenwahn; auch er folgte dem ›mirage oriental‹ und schiffte sich nach Outremer ein. Auf Zypern heiratete er eine Griechin, von der er behauptete, sie sei eine Nichte des byzantinischen Kaisers. Sofort erhob er Ansprüche auf die Thronfolge in Konstantinopel und legte sich ein kaiserliches Wappen zu. Schlimmer freilich blieb seine abgefeimte Charakterlosigkeit, mit der er sich gegen seinen Wohltäter wandte, um sein Glück bei Alfonso II von Aragon zu versuchen. Als Alfonso sich auf den Weg nach Najac machte, um mit König Richard Löwenherz über ein Bündnis gegen Toulouse zu verhandeln – eine Begegnung, die am 14. April 1185 stattfand – ließ Vidal ein Gedicht gegen Raimond hinausgehen, das ob seines hämischen Tones betroffen macht. In der sechsten Strophe schrieb er:

»E si.l reis torn'a Tholos'el gravier
e n'eis lo coms e siei caitiu dardier
que tot jorn cridon: ›Aspa et Orsau!‹ ...«
»... wenn dann der König umkehrt nach Toulouses Ufern
und nun der Graf herauskommt
mit den krummen Lanzenknechten,
die ewig schreien: ›Aspe und Osseau!‹«

dann werde er stolz sein, »dem Feind als erster seine Brust zu bieten« und mit den Zurückfliehenden eindringen in Toulouse, werfe ihm nicht jemand die Tür vor der Nase zu.

Das Gedicht bedarf keiner Deutung; Vidal verriet seine Heimat. Weit davon entfernt, dem ewig lavierenden, allzu wankelmütigen Raimond V aus einem felonen Höfling einen Vorwurf zu machen, offenbart uns die Geschichte doch, wie wenig Rückhalt die Grafen in der eigenen Umgebung fanden, was die kommende Katastrophe Raimonds VI und VII verständlicher macht.

Doctor Angelicus

Haben wir ihnen nicht zuviel Aufmerksamkeit gewidmet? Es sind Bilder, die in einer Szenerie nicht fehlen dürfen, durch die als schweigsame Hauptakteure die Pilger zogen. Doch die Menschen in der Hauptstadt dachten anders. Gewiß gab es Anhänger und Sympathisanten der katharischen Lehre, die ohnehin einer strengen Lebensauffassung huldigten. Der Großteil der Tolosaner blieb seinem Glauben wenigstens äußerlich treu. Dafür sorgte schon der geistliche Oberhirte, der eifernde Bischof Foulques, ein erbitterter Gegner Raimonds VI. Dennoch lehnte die Bevölkerung ihre Grafen nicht ab, sondern hielt zu ihnen; in hellen Scharen strömten die Männer 1213 nach Muret hinaus, um ihrem Herrn gegen Simon de Montfort beizustehen, wenn auch die Hauptlast des Kampfes bei König Peire II von Aragon lag, dem Sieger von Navas de Tolosa und Verfechter der christlichen Sache gegen den Islam. Gerade seine Frontstellung gegen Montfort dürfte den Tolosanern die letzten Skrupel genommen haben. Vielleicht empfand man bereits, daß es längst nicht mehr um Religionsfragen ging, sondern galt, eine Okkupation durch den Norden abzuwehren.

Schwieriger mag die Lage für einen so rechtgläubigen Bekenner wie Domingo de Guzman gewesen sein, der noch im Jahre der Bestätigung seines Predigerordens durch Rom in Toulouse erschien, um eine erste Niederlassung zu gründen. Er hatte in Muret auf der Seite Montforts gestanden, doch besaß er treue Gewährsleute in der Stadt wie Pierre Seila, in dessen Haus an der gegenwärtigen Rue de l'Inquisition zwischen dem 7. und 25. April 1215 die ersten Gelübde abgelegt wurden. Zu Weihnachten 1230 konnte Bischof Foulques im damaligen Jardin de Garrigue den Grundstein der Ordenskirche weihen, deren Bau nach durchgreifenden Veränderungen bis 1292 dauerte. Es ist die Jakobinerkirche, an der heute die Rue Lakanal vorbeiführt, einst jenem Capitoulat der Daurade zugehörig, das Guillaume IV 1076 als Allod oder Freigut dem Kloster Moissac übereignete. Ihre Bezeichnung als Kirche der Jakobiner trägt sie aus einem eher banalen Grund: die Pariser Niederlassung der Dominikaner lag neben der Porte Saint-Jacques, deren Name im Volksgebrauch auf den ganzen Orden überging.

Das Gotteshaus ist der Stein gewordene Geist des orthodoxen Toulouse. Wie eine Festung aus rotem Ziegel steht sie als Zentrum einstigen Glaubens- und Geisteslebens da – sie war der erste ›Sitz‹ der Universität – glatt hochfahrend, uneinnehm- und unbesiegbar. Die Pilgerführer schilderten sie ausführlich, was einer Empfehlung des Besuches gleichkam. Wer eintritt, versteht das. Vor ihm ein schlanker, durchschaubarer Raum, gleichwohl ein wenig befremdend, weil ihm sieben elegante Rundpfeiler in der Mitte das Gepräge eines Doppelschiffs geben, dessen Chor, ausgehend von den Palmettenrippen der letzten Säule, ein elegantes Netzgewölbe überfängt. Riesenhafte Schmalfenster in buntem Feuer, allerdings jüngsten Datums, die Maßwerkfenster und Rosen der Stirnseite erfüllen den Raum mit Leuchten. An der südlichen Langseite reihen sich, wie in der Midi-Gotik üblich, flache Kapellen; zarte Malereien umblühen die Jochbögen. Vor die Mitte der nördlichen Längswand gerückt aber findet sich das, was diesem Raum seine innere Anziehungskraft verleiht: unter einer Altarmensa steht der Schrein des heiligen Thomas von Aquin, des Doctor Angelicus und großen Kirchenlehrers, dessen Reste man 1369 nach hier überführte. Ein Raum der Predigt, ein Raum des lebendigen Wortes, in dem das Dogma zur Form geworden ist. Gleichwohl von einem Wohllaut des Zuschnitts und einer Ausdrucksmacht, die unmittelbar hochstimmt.

Mag der Kreuzgang daneben mit seiner nüchternen Weiträumigkeit auch ein wenig akademisch wirken und Hörsaalatmosphäre hindurchwehen. Man suchte keine beschauliche Meditation, sondern die Diskussion, das Gespräch im Hin- und Herwandeln. Um so festlicher öffnet sich an seiner Ostseite der großmächtige Kapitelsaal, in dem die Novizen und Studenten einst den Worten ihrer Meister lauschten. Nebenan die Kapelle für den Kloster- und Andachtsgebrauch war sogar völlig ausgemalt, damit die bildliche Bestärkung im Glauben nicht zu kurz kam. Leider, erkennen läßt sich nur noch wenig.

Der Bautrakt hat seine große Stunde am Morgen, wenn man aus den Schatten des Kreuzgangs zuschaut, wie die südlich wandernde Sonne über die glatt und gewaltig auffahrende Bastion der Kirchenmauer mit ihren Einmuldungen für die Fenster hinabrinnt, vor allem über den roten, himmelwärts stoßenden Oktogonturm. Ziersimse und Säulen aus hellem Haustein machen ihn zum festlichsten aller ›clochers‹ nach dem Vorbild von Saint-Sernin. In vier kaum merklich verminderten Etagen steigt er über dem Karree des Untergeschosses auf, jede der acht Seiten durchbrochen von

›arcs mitrées‹, den spitzeckig überfangenen Öffnungen nebst ihrem karoförmigen Okulus. Sie verwandeln die spröde Dinglichkeit des Ziegelsteins in ein geistvolles Formenspiel und, wenn man so will, in ein Symbol der ›Fünf Wege‹ des Doctor Angelicus, der in seinem Schatten ruht ...

Pilgerbasilika

Bald freilich müssen wir uns eingestehen, das Bauwerk, in dem sich Toulouses Wesen, sein Charakter als Pilgerstadt am reinsten entfalten, bedeutet weder die Jakobinerkirche noch die Bischofskathedrale Saint-Etienne, sondern die Basilika Saint-Sernin. Nicht nur als gewaltigster umbauter Raum der romanischen Zeit, seit von der Klosterkirche in Cluny nur noch ein wehmütiger Scherben blieb. Es ist der Geist, der sie erfüllt; jener der Pilgerfahrt. Gebieterisch und doch voll Erwartung residiert sie auf weitem Platz; dank schmerzlicher Breschen freilich, welche die Große Revolution in ihre Umgebung schlug – die Konventstrakte, die Herbergen, den Kreuzgang samt allem Übrigen. Dennoch, da liegt sie nun unversehrt mit ihren mächtigen Fluchten von Rundbogenfenstern, jedes mit vielfältig gestufter Umrandung aus hellem Stein, sowie vorgelegten Säulen, die Dachsimse gesäumt von einer Zierborte kleiner Blendarkaden sowie zahllosen Sparrenköpfen ... da liegt also ihr mächtiger Leib in Rosa und Grau, trotz unendlicher Vielfalt von überwältigender Einheit und Geschlossenheit. Da wölben sich aus Querschiffen und Chor die vorgeschobenen, mit dunklen, schweren Steinplatten gedeckten Kapellen, jede ein kostbares Kunstwerk für sich, dreifach emporgestuft bis zum Chorhaupt in der dinglichen, irdischen Schönheit vollendeter Form, die uns die Herrlichkeit des überirdischen Vaterhauses greifbar nahebringt. Allein gelassen mit seinem Auftrag, als Wegweiser zu dienen, wächst der Turm aus der kraftvollen Vierung in den unerbittlichen Himmel des Südens; noch immer ruft seine Stimme hinaus in die gewaltigen Ebenen, um die einst unablässig heranströmenden Santiago-Wanderer heimzuholen in den Schatten der hohen Gewölbe, die nicht den Frieden beschwören, sondern innere Wandlung fordern. Sie verliehen den bestandenen und noch zu bestehenden Wegen erst ihren Sinn!

Die Dimensionen – in zwölf Jochen wallt das Innere des Hauptschiffs bis zur Vierung hin – die Formenspiele dieser im gewaltigen Grundriß des Kreuzes unendlich durchgegliederten Basilika sind zu erhaben, als daß eine Einzelseele oder der stille Beter in den Bänken des Innern ihrer mächtig würde. Es ist ein Traum von Menschengröße in ihr, die über alles Individuelle hinausgeht und erst im ›Schulter an Schulter‹ der Pilgerschaft erfahren wird. Man versuche nicht, obwohl auch wir uns jener dürftigen Praktiken des Geistes bedienen müssen, ihr mit ästhetischen oder kunsthistorischen Maßstäben beizukommen; man wird nur Bruchstücke ernten. Sie läßt sich zu niemand herab, der ihr einen flüchtigen Besuch abstattet, um dagewesen zu sein; er muß sich ihr unterwerfen. Aber jenen Bettler mit dem bitteren Gesicht nimmt sie als zugehörig an, der allmorgendlich an der Porte Miégeville seine Mütze hinhält; er stellt sich in ihre Obhut.

Wie aufrüttelnd muß die Segensmacht des Namenspatrons Saturninus auf die romanische Zeit gewirkt haben, daß sie zu seinen Ehren ein so machtvoll ergreifendes Gotteshaus errichtete, zu dem die Wallfahrer mehr als neunhundert Jahre nach dem Tod des Märtyrers in Strömen herbeieilten! Worin lag die magische Ausstrahlung seiner Person? War es bloßer Zufall, daß der aus der Fremde stammende Apostel des Toulousain ausgerechnet an jenem Tag des Jahres 250 das wahrscheinlich in Gegend der Place Esquirol gelegene Kapitol des römischen Toulouse querte, als man vor dem zugehörigen Tempel ein Stieropfer nach den Riten des Mithras-Kultes vorbereitete? Hätte er nicht umkehren, nicht ausweichen können? Jähe Erkenntnis erfaßt uns: es war Herausforderung, um durch sein Selbstopfer zu überzeugen.

Ohnehin erschien er den einheimischen Priestern längst als ein Dorn im Auge und wußte es. Sogleich ergriffen sie die Gelegenheit, ihn durch einen erzwungenen Kniefall vor einer Götzenstatue zu desavouieren. Der künftige Heilige weigerte sich mit der Entschiedenheit jenes, der weiß, was kommt, eine Haltung, die ihm den Rang des großen Bekenners verleiht. Sei es, daß eine stärker als gewöhnlich zufassende Bö des Autan, des so oft wehenden Südsturmes, das Standbild des Idoles faßte oder sich gar ein Mirakel vollzog, die Statue schwankte plötzlich und stürzte zusammen. Für die anwesenden Heiden eine doppelt demütigende Profanation, denn sie kehrte die Rollen um. Daher brach die versammelte Menge in Wutgeheul aus, forderte seinen Tod und schleppte ihn kurzerhand auf die Stufen des Kapitoles, um ihn an die Hinterbeine des davongekommenen Stieres zu fesseln. Eben konnte er noch, wie es der Meister von Cabestany dargestellt hat, etliche neubekehrte Jungfrauen segnen, dann vollzog man jenes grausame Strafgericht, das bare Lynchjustiz war. Angestachelt durch die Piken der Treiber und das Geschrei der Menge jagte das Tier in Panik davon. An der Stelle der heutigen Kirche Notre-Dame-du-Taur soll der Strick gerissen und der blutüberströmte Leichnam liegen geblieben sein, während die verstörte Kreatur weiterhetzte bis ins Viertel Matabiau, wo sie einige Ochsenhirten oder Bious stellten und ›mater‹, bändigen konnten; die örtliche Tradition führt den Namen des Quartiers darauf zurück. – So die Version nach der ›Passio Saturnini‹ aus dem 6. Jahrhundert.

Um den Körper des Toten kümmerte sich bis zum Anbruch der Nacht niemand. Wahrscheinlich wagte es keiner. Im Schutz der Dunkelheit schlichen sich endlich zwei Frauen, vermutlich die zuvor neubekehrten ›Saintes Puelles‹ heraus, legten den Gemordeten in einen Holzsarg und begruben ihn. In der zweiten Hälfte des 4. Jahrhunderts ließ der nachmals kanonisierte Hilarius, Bischof der inzwischen christlich gewordenen Stadt, über der Gruft eine steinerne Confessio und nahebei ein hölzernes Oratorium erbauen, aus dem Notre-Dame-du-Taur hervorging. Doch war der Zulauf von Gläubigen bald so angestiegen, daß sein Nachfolger beschloß, dem Toten unweit der jetzigen eine Ruhestätte in einer geräumigeren Kirche zu richten, der später Um- und Neubauten folgten, bis die heutige Basilika entstand. Allerdings erst nach einem bedeutungsvollen Zwischenspiel.

Die alte, die Grabeskirche betreuende Kanonikerschaft

stand in enger Beziehung zur Stadtaristokratie. Ämterkauf und Pfründenwirtschaft waren längst eingerissen; manche der geistlichen Herren lebten zudem in einem unzulässigen Eheverhältnis. Bis der energische Bischof Izarn eingriff und dem ein Ende machte, wobei er freilich seinen Willen nach langem Hin und Wider nur teilweise durchsetzte. Das Kapitel unterwarf sich einem ›ordo canonicus‹ und nahm die Augustinerregel an, die zwar ein Gemeinschaftsleben in persönlicher Armut vorschrieb, aber viel Freiheit ließ. Dies freilich gegen die Gewährung reicher Einkünfte für die Gemeinschaft, die den Namen einer Abtei annehmen durfte, was sie keineswegs war, und jetzt den dringend benötigten Neubau einer Kirche zu beginnen vermochte. 1080 wurde mit der Anlage einer erhöhten Krypta begonnen, über der sich bald das Chorhaupt wölbte. Den Architekten kennen wir nicht, hingegen den ›Operarius‹ oder geistlichen Leiter der Bauarbeiten, der sein Amt 1096 übernahm, Raymond Gayrard. Ein Mann der guten Stunde, schon nicht mehr jung. Auch er war ungeachtet seines geistlichen Standes verheiratet gewesen, hatte sich aber nach dem Tod seiner Frau vom Saulus zum Paulus gewandelt. Die Pilgerschaft verdankte ihm bereits einiges, das Hospital Saint-Raymond gegenüber dem Westportal der Basilika und eine steinerne Brücke über den Hers-Bach im Osten der Stadt, damit die Jacquaires leichter einziehen konnten. Jetzt betrieb er den Neubau der Kirche mit ebenso viel Genie wie Eifer, denn Eile tat not.

Die große Epoche der Pilgerzeit war angebrochen; die Wallfahrer kamen in hellen Scharen. In Toulouse trafen sich nicht nur die Wege über Carcassonne und das Agout-Tal, sondern ein dritter kam hinzu, eine Querverbindung von Conques aus. Es war keine schwierige Route, wenn sie auch durch eine Schicksalslandschaft führte. Sie verlief über Saint-Michel in Lescure, querte in Albi den Tarn und zog an *Saint-Salvy* vorbei. Die herrliche Backsteinkathedrale Sainte-Cécile, die machtvolle Bischofsburg de la Berbie, in der heute die Bilder Henri de Toulouse-Lautrecs hängen, existierten noch nicht, dafür aber ein längst untergegangenes Burggemäuer der Trencavel, in dessen Nähe später der große Maler zur Welt kam. Von dort ging es nach Gaillac und endlich *Rabastens,* dessen Kirche Notre-Dame-du-Bourg noch Erinnerungen an die Pilgertage bewahrt – ein Wandbild im Chor, das den Zug des toten Apostels auf dem Ochsenkarren durch Galicia darstellt, und eine alte Jakobusfigur mit den Pilgerattributen einschließlich der Büchse für die Compostelana in der Sakristei. Nördlich Lavaur, in dem – schreckliches Menetekel der vergangenen Zeit! – die Truppen Montforts die greise Schloßherrin in den Brunnen gestürzt hatten, bog der Weg nach Süden ab. Die Weite des Garonne-Tales öffnete sich vor den Jacquaires, und fern am Horizont ragte die Turmspitze der Pilgerbasilika von Saint-Sernin auf...

Pilgerbasilika? Das 19. Jahrhundert hat den Namen für eine kleine Gruppe von Gotteshäusern an den Santiago-Wegen geprägt: Saint-Martin in Tours, Saint-Martial in Limoges, beide nur noch Erinnerung, Sainte-Foy in Conques, Santiago de Compostela und endlich Saint-Sernin in Toulouse. Ihre Namenspatrone, ihr reicher Reliquienschatz machten sie zu vielbesuchten Pilgerzielen. Gleichwohl bleibt es erstaunlich, wie tief die Übereinstimmung zwischen ihnen reicht. Ihr Grundriß ist der einer Kreuzbasilika; daß sie genügend Raum bieten mußten, versteht sich ohnehin, und allen gemeinsam ist der Chorumgang mit Radialkapellen, der den Zugang zu den Krypten erleichterte. Gleichzeitig vervielfachte sich die Zahl ihrer Schiffe; in Toulouse und Compostela sind es deren gar fünf. Die Offizien am Hauptaltar sollten durch nachdrängende Wallfahrer, die vor den Reliquien knien wollten, nicht gestört werden. So führte man sie durch die äußeren Nebenschiffe – sie umziehen sogar die Quertrakte – an ihr Ziel. Dennoch, das abschließende Meßopfer blieb der Kernpunkt jeden Pilgerbesuches; das Mittelschiff, vor dem es der Priester zelebrierte, bekam daher eine feierliche Überhöhung, die gleichzeitig zwang, die begrenzenden Rundbogenarkaden mehr als gewöhnlich emporzuführen und über den Seitenschiffen Tribünen anzulegen. Sie vermochten den Druck der Gewölbe auf die Widerlager der Außenwand abzuleiten und durch ihre Fenster das dunkle Mittelschiff indirekt zu beleuchten. Ohnehin ließen sich die Emporen gut brauchen. In Santiago de Compostela haben sie lange dazu gedient, Pilgern, die anders nicht unterkamen, ein Nachtlager zu gewähren.

Die wunderbaren Spiele des Raumes, der Durchblick auf Gewölbe, Säulen, Bögen wären nur dank eines Kalküls entstanden? Doch gerade darin besteht die unvergleichliche Leistung mittelalterlicher Baumeister, dem Notwendigen eine geistige Überhöhung zu verleihen und die einzelnen Kompartimente zum Abbild einer hierarchischen Weltordnung zu machen. Vollends gilt es für Saint-Sernin. Die Macht, die von seinem Innern ausgeht, ist die einer vollkommenen Harmonie. Nichts wirkt schwer, selbst die gewaltigen Pfeiler des hohen Mittelgewölbes nicht. Das liegt keineswegs nur an den perspektivischen Fluchten, sondern auch an der kunstvollen Verwendung des Baumaterials; wechseln im Schiff die Schichten von Ziegel- und Haustein, um ihre Nuancen zu einer spirituellen Grundstimmung zu vermischen, sind ihre teils von der Sonne gebleichten, teils vertieften Farbschübe am Außengemäuer kräftig gegeneinander gesetzt.

Gewiß, am schweren Baublock des Westteiles ist das anders. Trotz des mächtig geschwungenen Doppelportales, einer in fünf eingemuldeten Rundbögen quergezogenen Galerie der ersten Etage oder des riesenhaften Rundfensters zuoberst – war die Kraft zuende? Die geplanten Fassadentürme gediehen nur bis zum Ansatz des Daches und selbst diese Untergeschosse verflachen in der Monotonie einförmigen Ziegelwerkes.

Allerdings, bedeutet dieser scheinbare Mangel nicht viel mehr einen Glücksfall, daß Saint-Sernin nur diesen einen, machtvollen Ziegelturm besitzt, der über der Trompenkuppel der Vierung aus der Schulter des Bauwerkes wächst? Ein König kann keine Nebenbuhler dulden. In erhabener Einsamkeit fährt er in drei von Rundbogenfenstern durchbrochenen Achteckgeschossen empor. Das 13. Jahrhundert hat ihn um zwei Etagen in spitzigen ›arcs mitrés‹ erhöht und ihm endlich eine Spitzhaube aufgesetzt. Jedes Geschoß mit seinen vorgelegten Eck- und Zwischensäulen aus hellem Haustein ein wenig zurückgenommen, damit nichts ins Kolossalische geriet.

Was die Basilika freilich in Wahrheit bedeutet, ewiges Ringen, ewigen Sieg, offenbaren erst die Skulpturen, die den steinernen Leib mit unvergänglichem Leben erfüllen. Gewiß hat es rund anderthalb Jahrzehnte gebraucht, ehe die Steinmetzen von Saint-Sernin über das Konventionelle hinaus gelangten. Bis sich am 24. Mai 1096 etwas ereignete, das uns heute als Stunde der Erfüllung erscheint.

An diesem Tag zog Papst Urban II. in die schon fertiggestellten Teile der Basilika ein. Es gibt keine Belege dafür, welchen Zugang die feierliche Eskorte wählte. Vielleicht die dem südlichen Querhaus vorgelegte, nach Art eines römischen Stadttores aufgeführte Grafenpforte mit ihren drei Torbögen, von denen einer als Grablege für die Sarkophage von Angehörigen des tolosanischen Grafenhauses bestimmt war. Mithin jenen Zugang, vor dessen Stirnwand die längst verschwundene Figur des Saturninus stand.

Im Gefolge des von seiner Kreuzzugspredigt in Clermont-Ferrand über Toulouse heimkehrenden Pontifex Maximus befanden sich fünfzehn Bischöfe, dazu Graf Raimond IV, der sich auf seinen Palästina-Zug vorbereitete, sowie der neue Operarius Raymond Gayrard. Irgendwo abseits stand unter der neugierig herandrängenden Menge ein Trupp von Steinmetzen, der Meister an ihrer Spitze. Er sah klopfenden Herzens zu, wie der Papst sich anschickte, den neuen Hauptaltar einzuweihen, der sein Werk war. Man hatte den Opfertisch ein wenig anders als heute, erhöht aufgebaut; dort, wo sich gegenwärtig der barocke Hochaltar befindet, genau über der Krypta des Kirchenpatrons.

Es war ein mächtiger und doch dem ersten Anschein nach kein ungewöhnlicher Altar aus Pyrenäenmarmor mit einer Mensa von zwei Metern dreiundachtzig Länge. Der Form nach gehörte er als eines der letzten Werke zu jenen Altären, die man seit dem 9. Jahrhundert in Narbonne schlug. Sie besitzen einen flach erhöhten Rand mit ausgesparten Lappenbögen, deren nach innen vorstehenden Spitzen meist ein Blumenzierat schmückt. Rinnen durchfurchen die Platte. Angeblich, damit der geweihte Wein, das Blut Christi, nicht durch Abfließen profaniert werden konnte. Was die Einbuchtungen betrifft, sollten darin die zur Kommunion der Gläubigen bestimmten Brote rings um die Hostie des Priesters ausgelegt werden. Aber war es nicht einfach so, wie Marcel Durliat meint, daß man ähnlich geformte, zum täglichen Gebrauch bestimmte Steintische aus dem Orient als Vorbild benutzte? Allerdings mit einer Veränderung: waren sie dort rund, so nunmehr rechteckig.

Der Altar von Toulouse besaß sein Besonderes und das Herzklopfen des zuschauenden Steinmetzmeisters seinen Grund. Er nannte sich Gelduinus, hatte dem Werk seiner Hände eine neue Note verliehen, wie sie nur noch der Altar in Lavaur besitzt, und seine breiten, abgeschrägten Säume nach Art von elfenbeinernen Tragaltären mit Reliefs überzogen. Unter einem geschuppten, den Wolkenhimmel symbolisierenden Oberrand, der den gesamten Tisch umzieht, ist auf der Vorderseite der Christus der Parusie zu sehen, umzogen von einer Glorie mit Perlenrand, die stürmisch niederfahrende Engel tragen. Sie wenden ihre Blicke scheu zur Seite, um darzutun, wie sehr der strahlende Glanz sie blendet. Weitere Engel, ebenso lebhaft bewegt, weisen das Kreuz als Zeichen des Menschensohnes vor oder halten lang hinabwallende Stoffbahnen, die leeren Leichentücher des Grabes. Gelduin hatte die Schmalseiten ähnlich gestaltet mit den Darstellungen von Christus, der Jungfrau und Jüngern hüben wie drüben, dazu einer Nebenerzählung, die denn doch verblüfft, der legendären Himmelfahrt Alexanders. Zweifellos, um am großen Beispiel der Geschichte den Aufschwung der Seele darzustellen. Die Rückseite endlich überzog er mit kostbarem Filigran von Vögeln und Rankenwerk. Eine Inschrift besagt, das Werk sei zu Ehren des heiligen Saturninus geschaffen, mit dem lapidaren Zusatz: ›Gelduinus me fecit‹.

Da war sie also, die Parusie, das große Thema der Wiederkunft Christi, das die Pilger an den anderen Hauptrouten allenthalben begleitete! Aber das machte es nicht einmal. Wer Augen besaß zu sehen, konnte erkennen, daß der lautlose Blitzschlag des Genialen hindurchzuckte. Der Meister war gewiß ein orthodoxer Künstler, der immer wiederkehrende Gestaltzüge wie Haare, Augen, Profile, Mundkerbungen in der nämlichen Manier darstellte, und doch pochte er unaufhörlich an die Grenze, die seiner Kunst gesetzt schien. Er nahm es nicht länger hin, daß die menschliche Gestalt als Träger des Ausdrucks sich mit einer Lückenbüßerrolle neben Ranke und Zierat bescheiden sollte. Eine Reihe von Kapitellen seiner Hand bezeugen, daß er die Selbständigkeit der Figur anstrebte. Doch dann genügte ihm auch das nicht. Er hatte zur Stunde, von der ich erzähle, bereits den Schritt ins Monumentale gewagt und drei Reliefplatten für den Chorumgang geschaffen. Sie stellten das Höchste dar, das sich sein Zeitalter ausdenken konnte: zwei Engel, zwei Apostel, ein Cherub, ein Seraph, in der Mitte aber der Herr!

Die Pilger mußten in der neuen Kirche daran vorüber, wenn sie das feierliche Rund der Krypta umzogen, um durch eine Art Fensterschacht einen Blick auf den Sarkophag mit dem Heiligen zu werfen. Niemand durfte hinab. Wenigstens behauptet dies Marcel Durliat, während uns andere Autoren von drei Zugängen des ›Martyrium‹ genannten Raumes berichten. Vielleicht war es zeitweilig so, möglicherweise, weil das Kapitel bei der Vielzahl der dort gestapelten Heiltümer einen Raub, eine Profanierung fürchtete. Oder weil es die Auffassung der Grabeshüter von Heiligkeit gebot, Distanz zu wahren. Einerlei, es ist wie mit dem unsäglichem Raum in Santiago de Compostela, in dem der Schrein des Apostels ruht. Man schiebt sich in engem Gang vorbei, blickt ins Kerzengeflimmer und muß schon nach kurzem Verharren weiter. Es kam für den Pilger, der endlose Wege unter die Füße genommen und sein Leben aufs Spiel gesetzt hatte, darauf an, diesen sehnsüchtig erwarteten Augenblick in höchster Präsenz und Bereitschaft zu nützen, in den sich ohnehin etliche Verwirrung mischte. Alles erschien neu, geheimnisvoll fern, von Erschauern umwittert ...

An den Weg durch den Chorumgang, der diese Minute atemloser Versenkung einschloß, hatten die Erbauer der Basilika in Toulouse die großen Marmorreliefs des Gelduinus gestellt. Sie sollten bewußt machen, daß in der Krypta nicht nur der Blutzeuge Gottes beigesetzt war, sondern Gott selber wohnte. Uraltes Menschengeheimnis liegt in dem Gedanken, daß der Geopferte ein Teil Gottes geworden ist. Die

Aufgabe, die sich dem Bildhauer stellte, mutet beinahe unlösbar an. Mit einem von Wissen schweren Gesicht sitzt der Herr vor uns; die machtvollen Augen weit geöffnet, die Nase schmal und lang. Um den Mund mit der ein wenig verdickten Unterlippe spielt kaum merkliche Freundlichkeit. ›Pax vobis, Friede sei mit euch‹ steht in dem aufgeschlagenen Buch in seiner Linken geschrieben. Dieses Antlitz wirkt, als tauche es aus dem Dunkel des Weltalls, ist über alles Zuständliche und Daseiende weit hinaus, in dessen Begrenzung sich allein Schönheit entfalten kann, und so wirkt es auch eher hieratisch, und doch verkörpert es eine entschiedene Wendung ins Personale: Christus steht hinter allem.

Es mag den vorüberschreitenden Pilgern zumute gewesen sein, als eskortiere der himmlische Hofstaat ihren Umzug. Gleichwohl bedeutet es mehr. Wie sehr gelang dem Meister zugleich das schier Unmögliche, die menschliche Gestalt zum Träger der Welträtsel zu machen! Gelduins ›humanistischer Idealismus‹ wurzelt darin; er sollte, von hier ausgehend, alle Skulpturen von Saint-Sernin, auch die späterer Meister, inspirieren, eingeschlossen die berühmte Porte Miégeville. Sie ist das zweite große Ereignis an der Basilika.

Die Bildhauerei des Toulousain erreicht ihre wegweisenden Höhepunkte der romanischen Zeit in der grandiosen Pilgerbasilika von Saint-Sernin in Toulouse und den im dortigen Augustiner-Museum bewahrten Resten der Kreuzgänge von Saint-Etienne und der ›Daurade‹.

8 ›Christus in der Glorie‹, Relief im Chorumgang von Saint-Sernin von der Hand des Bernard Gelduin, um 1100.

9, 10 Skulpturen aus dem Relief ›Die Zeichen des Widders und des Löwen‹ von der später zerstörten Westfassade von Saint-Sernin, kurz nach 1100, in enger Beziehung zum ›David‹ der Puerta de las Platerias in Compostela entstanden. Die Darstellung geht vermutlich auf eine tolosaner Sage zurück. Toulouse, Augustiner-Museum.

11 Teilstück vom ›Fest des Herodes‹; Kapitell aus der Kathedrale Saint-Etienne in der höfischen Gewandung der Zeit von der Hand des Gilabertus. 1130-40, Toulouse, Augustiner-Museum.

Wer heute durch die alte Grand' Rue, längst Rue du Taur geheißen, heranwandert, um Saint-Sernin zu besuchen, tritt hinter einem Torbogen der Renaissance-Ummauerung durch das Portal der Südseite des Langhauses ein, das man ob seiner der Stadtmitte, okzitanisch ›mieja vila‹, zugewandten Lage die Porte Miégeville nennt. Es ist 1113 in einer Zeit höchster Entfaltung romanischer Kunst vollendet worden, würdig eines Königspalastes, schlank, monumental, überschaubar in drei Etagen gegliedert. Nichts könnte einfacher, nichts überzeugender sein, denn so konzentriert sich alles, was es auszusagen galt, auf die von Petrus und Jakobus, dem Pilgerpatron, an den Ecken flankierte Mittelzone, genauer das Tympanon und den Türsturz.

Gewiß besitzen die vermutlich von einem Steinmetz aus Jaca geschlagenen Kapitelle der Gewändesäulen mit der Schilderung des Bethlehemitischen Kindermordes, die dem Tor zu seinem zweiten Namen der ›Porte des Innocents‹ verhalf, ihren kunsthistorischen Rang. Aber erst auf dem Tympanon erweist sich das Unausweichliche dieses Torbaus. Es beantwortet eine der innerlichsten Fragen, die sich dem romanischen Zeitalter stellten. Christi Himmelfahrt wird gezeigt. Wie aber kann diese Rückkehr zum Allerhöchsten, mit dem er doch wesensgleich ist, Gestalt werden? Bereits ist der Auferstandene im himmlischen Bereich über den Wolken angelangt. Den Kopf aufschauend nach links gewandt, hebt er das Buch, während die Rechte ihr Wundmal zeigt, und diese Gebärde sagt alles, ist Sieg, Hingabe, Verschmelzung. ›Rex‹ steht in seinem Kreuzesnimbus geschrieben, allein auch das ›Alpha‹ und ›Omega‹ der Apokalypse und endlich ein ›Deus Pater‹, eine Zusammenschau, die auf das Johannes-Evangelium zurückgeht: »Wer mich erblickt, sieht auch den Vater.« Mag sein, daß die Kanoniker von Saint-Sernin mit dieser Darstellung gleichzeitig häretische Gedanken über die Natur Christi abwehren wollten. Aber ihr tiefstes Anliegen dürfte die Unio mystica gewesen sein. Sie betraf den Kern ihres Glaubens.

Feierlich und getragen, wie sich versteht, aber auch voll Festlichkeit, wird diese Rückkehr dargestellt. Sechs Engel verteilen sich, ganz im Sinne des Gelduin, über die Flächen

zu seiten Christi. Zwei stürmen emphatisch mit lobpreisend emporgeworfenem Arm aus den Zwickeln, zwei andere mit ausdrucksmächtigen Köpfen empfangen den Herrn wie Herolde. Zwei kleinere endlich drängen sich eng an Christus, die Hände stützend an seine Brust, seine Hüfte gelegt, um ihm empor auf den Thron zu helfen, den sein Auge bereits erblickt.

Es ist eine jener selten dargestellten Szenen, die das ›elevatus est et assumptus est‹ der Acta apostolorum wörtlich wiedergeben, und die Teilnehmer stehen da, kühne, hakenförmige Falten über den Leib gezogen, aufs Monumentale bedacht, wie in einem Mysterienspiel. Auf dem Türsturz darunter aber starren, nur durch eine fruchtschwere Weinranke getrennt, die auf Erden zurückgebliebenen Apostel mit Gebärden des Erstaunens zum Himmel empor; zwei geflügelte Männer, phrygische Mützen auf den Köpfen, unzweifelhaft die ›weißen Gestalten‹ der Apostelgeschichte, tun ihnen kund: »Was stehet ihr Männer von Galiläa und sehet gen Himmel? Dieser Jesus, welcher von euch ist aufgenommen, wird wiederkehren ...«

Es ist die Vorankündigung des großen christlichen Dramas der Parusie, und schon schicken sich die Apostel an, nach Jerusalem umzukehren, um davon zu künden. Fünf von ihnen setzen bereits das Schrittbein vor, so eilig haben sie es, den Menschen die Endzeitnachricht zu bringen. Sie geben diesem Bildwerk erst seine Spannung. Nichts ist zuende mit Christi Aufstieg, denn sie wird kommen, die große Stunde, da er niedersteigt in der Wolke, für den einen Absturz ins ewige Verderben, den anderen ewige Seligkeit.

Noch aber ist das Figurenprogramm dieses Portales nicht ausgeschöpft. Die beiden Statuen an den Ecken dürfen nicht fehlen: Petrus als künftiges Haupt der Kirche, die Hand zum apostolischen Segen erhoben, an den Füßen die liturgischen Sandalen, steht zur Rechten. Er ist der irdische Bewahrer des Heiles, dem zwei Engel von oben – eine Zutat unbekannter Herkunft durch Viollet-le-Duc – die Attribute der geistlichen Herrschaft zureichen. Unter seinen Füßen kauert der niedergestürzte Simon Magus, um den sich vor Anstrengung

lechzende Teufel bemühen, ein Sinnbild überwundener falscher Prophetie. Jakobus auf der linken Seite weist den Weg des Heiles auf seine Weise mit leicht aufgehobener Grußhand, die den vorüberziehenden Pilgern gilt. Neben sich jene zwei rätselhaft bleibenden, astlosen Stämmchen mit den Löwenköpfen auf ihrer Spitze wie zu Santiago de Compostela. Über ihm ist ein hingekauertes Menschenpaar heillos in Gerank verstrickt, unter ihm das Reliefbild der zwei Löwenreiterinnen angebracht, deren Köpfe ein Mann zusammendrückt. Man will darin ein Abbild von Simonie und Nikolaismus, Ämterschacher und wilder Priesterehe erkennen. Gewiß bleibt einzig, daß hier verwandte Themen und barocke Gestaltzüge wie zu Compostela und León sichtbar werden, mithin engste Beziehungen bestanden.

Saint-Sernin! Nie schien es sich zu erschöpfen. Auch wenn die Bilderstürmer der Großen Revolution vom Westportal, auf dem die Legende Saint Martials dargestellt war, nichts übrig ließen als wenige Kapitelle mit Lianen, Blattwerk und Tieren sowie jene wundervolle Platte der ›Damen auf dem Widder und dem Löwen‹, die »an der dritten Säule des großen Portals zur Seite des Hospitales ganz nahe dem Taufbrunnen« angebracht war und deren Sinn gleichfalls dunkel bleibt. Zahllos freilich die Kapitelle und Sparrenköpfe, von denen viele im Innern der Kirche einst farbig gefaßt waren. Geistern da schließlich nicht alte, verblaßte Malereien durch die geheiligten Zonen des Chorhauptes und Querschiffs, wo immer der Raum nach Erhöhung verlangte? Die Zeit hat sie fast ausgelöscht. Aber an der Auferstehungsdarstellung in ihren fünf aufsteigenden Registern im westlichen Seitenarm des Nordquerschiffs, durch die es wie von ostkirchlichen Ostergesängen tönt, ist immer noch der Engel in seinen zarten Farbnuancen von Grün, Rosa, Ocker zu gewahren, der auf dem leeren Grabe sitzt. Noch läßt sich hoch oben der Auferstandene erkennen, neben sich die Jungfrau und den Täufer, eine regelrechte ›Deesis‹ wie auf byzantinischen Ikonen. Oder das Agnus Dei mit dem Menschenblick im Gewölbe, das nicht fehlen durfte, da der Sieg des Herrn auch der des Lammes blieb. Noch lassen sich auf den abgrenzenden Bögen die Medaillons der gekrönten Jungfrauen ausmachen, dazu Scheiben mit Landgetier und Meeresbewohnern, die dartun wollen, daß die gesamte Schöpfung durch Christi Opfertod gerettet wurde. Alles um 1180 entstanden. Anderwärts findet sich das ›Noli me tangere‹, allerdings kaum noch zu identifizieren, aus der Epoche um 1140, dazu Spuren von Ausmalung in den Chorkapellen, in der Hauptapsis die Apostelfiguren der Ausgießung des Heiligen Geistes, die verraten, daß Pfingsten seit unbekannter Zeit das große Fest von Saint-Sernin war und sich zur Patronanz des heiligen Saturninus die des Heiligen Geistes gesellt hatte. Es fehlen zum guten Ende auch einige Ausstattungsstücke nicht, wie die Figur der Notre-Dame-des-Bonnes-Nouvelles, von den Pilgern einer späteren Zeit in der Marienkapelle des Kreuzgangs hochverehrt. Dieser Kreuzgang selbst aber ging unter wie Abtshaus, Konventsbauten, Pilgerherbergen, kurz alles, was im Umkreis der Basilika lag. Vom unsäglichen Reichtum der Krypta, wie konnte es anders sein, sind nur der Reliquienschrein des Kreuzesspanes in Limousin-Arbeit, Rolands Horn Olifant im Musée Dupuy und das Triumphkreuz der romanischen Zeit übrig geblieben.

Was ist das gegen früher, als der hoheitsvolle Raum des Schiffes überquoll von Form und Farbe, der uns selbst in seiner kahl gewordenen Leere noch fasziniert! Ach, niemals werden wir Nachfahren in einer entgötterten Welt jenes Anblicks teilhaftig, den eine englische Reisende, Mrs. Craddock, noch 1785 von der Galerie des Chores aus erlebte. Da hatte sie zugeschaut, wie durch das weit geöffnete Westportal ein Zug hochgestimmter Menschen ins Innere wallte. Hundert Priester schritten voran, die Mehrzahl in vollem Ornat, die anderen im Chorhemd, jeder eine Kerze in der Hand. Tausend weitere Kerzen brannten im Raum und ließen ihren magischen Widerschein bis hinauf in die Gewölbe gleiten …

Doch ein wenig muß ich mich korrigieren! Es ist noch einiges da, gehört sogar zum Bedeutsamsten jenes Toulouse, das in der Pilgerzeit zu einem der großen Kunstzentren Europas aufstieg. Ich spreche von den Kapitellen und Statuen, die man aus dem Schutt der Zerstörung bergen konnte.

Abschied im Augustiner-Museum

Wiederum ist es Sonntag. Doch an diesem Morgen lasse ich den Bettler mit dem bitteren Gesicht allein. Über den Himmel rauchen trotz der Jahreszeit nach dem gestrigen Atlantikregen die dünnen Schleier des Autan, der so sehr dem bayrischen Föhn gleicht. Schon im ersten Licht, als die Taubenflügel noch durch die Höfe klatschten, habe ich hoch von meinem Hotelzimmer die tintenblaue Zackenkette der fernen Pyrenäen vor dem Horizont liegen sehen und die Zeichen verstanden. Die Berge rufen; es wird Zeit, weiter zu wandern.

Noch einmal aber ziehe ich durch die Stadt, um Abschied zu nehmen und einiges nachzuholen, das ich in einem alten Buch der Stadtbibliothek verzeichnet fand. Die Füße finden den Weg allein: durch die Rue du Taur, nun die Gambetta, dann die stille, enge Peyrolières zum Garonne-Ufer mit der Daurade, wo der Verkehr trotz der Morgenstunde lärmt. Aber was soll ich vor der kalten Fassade, was im bombastischen Innern dieses Neubaus des 18. Jahrhunderts? Nein, keine Hoffnung, auch nur einen Widerschein der von Goldmosaiken glänzenden Capilla Palatina oder wenigstens eine Spur des alten Kreuzgangs der Benediktinerpriorei des 11. Jahrhunderts zu finden. Drinnen wie draußen schweigen die kalten Steinwände und verstaubten Ziegelmauern. Nur weiter! Die Füße wandern bereits der Rue de Metz und der Place Esquirol entgegen. Eben füllen die Blumenhändler ihre Kübel und Eimer mit dem Farbschmelz der Rosen und Nelken. Schon aber treibt es mich in die jenseitige Rue de Metz hinein, bis zur Abzweigung der Boulbonne. Da ragt er wieder vor mir auf, der absonderliche Turmbau, die abgeschrägte Gegenseite, das riesige Rosenfenster des ›raimondinischen Schiffes‹ der Kathedrale, und nun bricht es doch wie tiefe Enttäuschung über mich herein. Wo lag sie denn, jene halb legendäre Kirche Saint-Jacques in der Verlängerung des Chores, von der ich las? Sie, die schon der Pseudo-Turpin als Gründung Karls des Großen erwähnte, das andere Wallfahrerziel dieser Stadt, mit dem die Kanoniker von Saint-Etienne hofften, einen Teil des spendenfreudigen Pilgerstromes von Saint-Sernin in die Cité zu locken? Wo das Hospital, das als Herberge diente, wo der berühmte Kreuzgang von Saint-Etienne, in den die Santiagesen von ihrem Quartier hineinschauen konnten? Von alledem nichts mehr, nur zwischen gleichgültigen Straßen ein gleichgültiger Bau von 1830, Sainte-Anne geheißen. Die Revolution hat ganze Arbeit geleistet.

Die Revolution? Erst in der napoleonischen Ära, als man aus allen Ecken Europas fremde Kunstwerke an die Seine schleppte, brach man den Kreuzgang der Daurade ab, um einer Tabakfabrik Platz zu machen. Ein paar Jahre zuvor den von Saint-Sernin, Saint-Etienne. Ein kaiserliches Dekret hätte genügt, das Ungeheuerliche abzuwenden. Aber was konnte dem, der die Welt erobern wollte, die Größe einer Vergangenheit bedeuten, die nicht einmal die seine war? In Paris gab es wenigstens einen Alexandre Lenoir, der manche unwiederbringliche Kostbarkeit alter Zeit retten konnte. Aber in einer Provinzmetropole, die sich ohnehin eisern im Griff der Zentralregierung befand?

Gemach, auch Toulouse besaß den seinen, wenn er sich auch erst nach Ende des heroischen Taumels einstellte und, blutjung wie er war, auf den Spuren der Skaliger bis nach Agen oder tief in die Pyrenäentäler streifte, um im halb selbstgewählten Auftrag des passionierten Sammlers ein ›Inventar der Denkmäler‹ anzulegen. Er hieß Alexandre Dumège und tat sich bald mit dem Marquis de Castellane zusammen. Die Ernte war so reich, daß sie schon 1817 eine ›Galerie der Antiken‹ eröffnen konnten, eingeschlossen die aus dem Schutt geretteten Stücke in Toulouse selbst. Gewiß, Dumège erregte mancherlei Anstoß; er besaß keine wissenschaftliche Legitimation, seine Ungenauigkeit der Beschreibung war groß und die von ihm erfundene Herkunftslegende des Saturninus-Sarkophages von Saint-Hilaire, die er mit gefälschten Dokumenten belegte, um seiner habhaft zu werden, blieb ein Skandal. Trotzdem besäße Toulouse ohne ihn nicht seine wunderbare Sammlung im alten Augustiner-Konvent, die ich nach jahrelanger Schließung und Neuordnung just an diesem Tag vergeblichen Schweifens zum ersten Mal wieder geöffnet finde …

Denn da stehen sie nun in der Kalligraphie ihrer Korbgeflechte, Ranken, Figurenspiele wie einst von Säulen getragen auf ihren Stelen im alten Kreuzgang hintereinander als schweigende Dokumente der Pilgerzeit und ihres Geistes: die Kapitelle der Kreuzgänge von Saint-Sernin, der Daurade, der Kathedrale Saint-Etienne nebst ihren Kämpfern oder Deckplatten. Manche gedoppelt, andere übereck gezogen. Gewiß, gegen die Unzahl von früher nur noch wenige und doch, welche Fülle an Gestalt, Phantasie, Vielfalt! Dazu die Gewändestatuen von den Resten zweier Portale zu den Kapitelsälen der Daurade und Saint-Etienne, und es wirkt, als sei mit ihrer Rettung aus dem Schutt des Abbruchs die mittelalterliche Stadt wiedererstanden. So hat man gelebt, gefühlt, gedacht! Erblicken wir nicht am Ende dieser Reihe von Kunstwerken jenen bedeutsamen Bildhauer, der mit seinen Skulpturen vom Kapitelsaal in Saint-Etienne das Tor zur Gotik weit aufstieß? Ihn, der seine Arbeiten mit seinem Namen Gilabertus signierte und um 1135 mit seiner Werkstatt in Toulouse gearbeitet hat, wahrscheinlich sogar aus der Stadt stammte. Allein, der Reihe nach.

Die Kunst geht mit leisen Schritten und man wird dieser Werke nicht ohne Versenkung inne. Woher sie stammen mögen, sie stellen das Subtilste dar, das die romanische Epoche ersann, wenn sie auch nur dem vernehmlich werden, der die Sprache der Steine versteht. Ach, wie wenig läßt sich davon hier nachvollziehen! Noch weht der Atem des Westportals mit seinem üppigen Pflanzendekor durch die wenigen überkommenen Werkstücke vom Kreuzgang der Pilgerbasilika Saint-Sernin. Nicht länger aber bedienen sich ihre Steinmetzen exotischer oder antiker Muster, um die Vegetation in Gebilde von reinstem Wachstumsgesetz zu verwandeln, damit sie zum Abbild des himmlischen Gartens Eden werden. Ein neues Erlebnis der Umwelt hat eingesetzt; das Entrollen des Farnblattes am langen Stengel, das Aufbrechen von Blütenknospe und Samenkapsel wird als das Wunder der Natur empfunden. Löwen mit überlangen Pfoten und fein gelegten Mähnen, Vögel mit ziseliertem Gefieder schieben sich dazwischen; alles ist kostbar, stilisiert. Auf der Deckplatte aber läßt der Steinmetz seiner Erfindungsfreude freien Lauf. Dort schnäbeln sich Vögel, jagt ein Hund den Hasen, zeigen Tänzer ihre Künste.

Drolerien? Ist es nicht viel mehr der Flageoletton des Spielerisch-Heiteren, der das Grundthema begleitet? Auf einem erzählenden Kapitell dagegen – sehr beschädigt leider – wird der Kontrapunkt dazu geschildert, ewiger Kampf, ewige Überwindung im Widerstreit der Engel mit den Dämonen in Gestalt geflügelter Schlangen. Es geht auf Leben und Tod. Fast waagerecht schieben sich die Köpfe in der Wucht des Anpralls über die Szene. Eine Welt der Spannungen zwischen anmutiger Erscheinung und untergründiger Bedrohung in zwei deutlich unterscheidbaren Serien von entsprechend verschiedenen Händen. Die erste entstand um 1120, die andere zehn Jahre später.

Völlig verschieden dagegen die Arbeiten aus dem Kreuzgang der Daurade, deren erste Werkstatt schon um 1100 gleichzeitig in Moissac an der Arbeit war. Möglicherweise auf Anweisung des Abtes Ansquitil von Moissac, dem die Daurade als Priorei unterstand. Cluniazensischer Geist waltet. Die Kapitelle besitzen die nämliche Grundform hier wie dort: die eines umgekehrten Pyramidenstumpfes, den ein triangelförmiger Galon überfängt. Die Bildhauer sind ohne Verzug aufs Ganze gegangen und beschwören die gleichen hinweisenden Geschehnisse auf die Heilslehre wie im Mutterkloster. Der musizierende David ist da, Daniel in der Löwengrube, das Gastmahl des Herodes, die Geschichte des kananäischen Weibes. Und doch wiederholt sich kein Detail, so viel haben die Bildhauer zu sagen. Einzig in der Daurade aber treten die Szenen auf, vor denen die Kapitellkunst eine gewisse Scheu empfand: das Letzte Gericht mit dem thronenden Christus, die Auferstehung der Toten, archaisch, streng und früh. Auf den Kämpferplatten hingegen zeigen sich auch hier unterhaltsame Episoden. Knaben hokken vor ihren Fibeln, lernen das Lesen. Gut, Unterweisung war schließlich der Benediktiner Teil. Was aber sollen die ergötzlichen Darstellungen aus dem Volksleben, diese Musikanten, Gaukler, die Trick-track-Spieler? Galt müßiger Zeitvertreib nicht als Verleitung zur Sünde? Und wiederum gibt es einen Gegenpol, der das Widersprüchliche zusam-

Ende Mai am Circ du Gavarnie

VI *Der Cirque de Gavarnie*

Die mittleren Pyrenäen sind von einer Reihe mächtiger Cirques, hoch von Felsbarrieren umschlossenen Gebirgskesseln durchsetzt, die durch Ausschürfungen eiszeitlicher Gletscher entstanden. Der Cirque de Gavarnie weit südlich Lourdes ist der eindrucksvollste von ihnen. Jedes Weiterkommen scheint unmöglich, und doch hat eine Nebenroute der Pilgerwege durch ein Seitentälchen im Port de Boucharo über seinen Kamm mit der Brèche de Roland geführt.

menbindet, diesmal aus künstlerischem Bereich; er ist von der Achtung des Bildhauers vor der Fläche des Korbes geprägt, über die er seine Figuren mit genau bezeichneten Bewegungen und Formen der Haltung spannt. Immer wird der Blick des Betrachters frontal auf das Bildwerk gelenkt, selbst kleine Randfiguren zeigen sich sorgfältig dem architektonischen Rahmen eingefügt.

Die Steinmetzen einer um 1135 anhebenden zweiten Schaffensperiode an der Daurade gehen einen anderen Weg, suchen sich von der Fläche zu lösen und eigene Bildräume zu entwickeln. In den Szenen der Fußwaschung und des Abendmahls grenzen kleine Eckpfeiler die Bilder ab. Schon aber, als fürchte man sich, neuen Zwängen zu unterliegen, zieht sich die Darstellung über den Rahmen hinaus, gerät in Bewegung. Auf sieben Kapitellen sind Bögen ohne tragende Stützen gleich Thronhimmeln über die Szene gespannt, gleichzeitig wird das Motiv ins Tiefe gedeutet: mit Hilfe des Engels entsteigt der auferstehende Herr einem Sarg.

Wie, geschieht da nicht Ähnliches wie auf dem Tympanon an der Porte Miégeville? Oder beim Wettlauf mit Petrus zum Grabe Christi: Johannes, zuerst ans Ziel gekommen, lugt hinter einer Säule hervor in die leere Totenkammer. Das Bildwerk bekommt eine illusionäre Dimension. Die Figuren machen sich vom Korb unabhängig, sind meist schlank und aufrecht wiedergegeben, um der Erzählung Würde und Adel zu verleihen. Minutiös ziehen sich die Gewandfalten über die Körper. Die Meister haben den Goldschmieden auf die Finger geschaut; auch die ›gaufrierten‹, gewaffelten Hintergründe machen es sichtbar. Und doch bewegt sie bei aller Suche nach dem Kostbaren im Grund etwas anderes. Immer hat der Künstler die leisesten Schwingungen der Zukunft aufgenommen wie ein Seismograph. Ihre Bildwerke drängen zur fortlaufenden Erzählung hin, bis bei den Kapitellen vom Kreuzgang der Kathedrale daraus wahre Novellen werden, eine Entwicklung von außerordentlicher Bedeutung; ihre Welt ist in Bewegung geraten, geradewegs auf den letzten großen Meister der romanischen Epoche zu, Gilabertus, der mit seiner Werkstatt am Kreuzgang der Kathedrale Saint-Etienne tätig war.

Gewiß, einige vorzügliche Arbeiten von Saint-Etienne entstammen, gleich der Maria Aegyptiaca, nicht seiner Hand. Dennoch, das schönste Stück im Augustiner-Museum wird immer des Gilabertus' ›Fest des Herodes‹ mit dem Tanz der Salome und dem Tod des Johannes bleiben, das sich über die Ecken des Blockes fortspinnt. Es ist eines jener unsäglich ahnungsvollen Werke auf der Schwelle einer neuen Epoche, die alle künftigen Entwicklungen bereits in sich tragen und daher beinahe die Dichte des Märchens besitzen. Das plastische Hervortreten der Figuren, die gelöste Bewegtheit der Szenerie, die Modellierung der Glieder durch fließende Stoffe, ihre subtile Fältelung endlich – bis ins Detail kulturhistorisch getreu – unterrichten uns genauer über die Zeit der tolosanischen Grafen als ein Geschichtsbuch. Der Geist des Höfischen hat sie geprägt. Wenn Herodes die voll weiblicher Grazie herantretende Salome unter das Kinn faßt, entsteht eine Bewegung voll sprechender Zärtlichkeit; wenn der Henker einer der Frauen den Kopf des Johannes überreicht, schließt die Gebärde ohne jedes Psychologisieren eine ganze Sequenz von Empfindungen ein. Eine der bittersten Episoden der biblischen Geschichte wird so mit genialer Formkraft bar jeder Beschönigung in den Bereich des Gültigen erhoben. Die selbstbewußte Attitüde des Schergen, aber auch Weibeslist, verwoben mit der Unwiderstehlichkeit der Anmut, erschließen Zusammenhänge, die kein Wort auszudrücken vermöchte.

Doch Gilabertus beherrscht noch eine andere Dimension, die des Monumentalen. Da sind die beiden Portale der Kapitelsäle, über deren wahre Anordnung und Ausstattung der wissenschaftliche Streit nicht verstummen will. Zweifellos besitzt das der Daurade über seinen eher konventionellen Statuen erlesene Kapitelle mit der Geschichte Hiobs und der berühmten Bärenjagd, die ein anonymer Künstler geschlagen hat. Sie allein würden genügen, dem Augustiner-Museum seinen Rang zu sichern. Das andere jedoch, das Portal von Saint-Etienne mit seiner Folge von sechs Apostelдarstellungen im Gewände entstand mit einiger Sicherheit unter Anleitung des Gilabertus, auch wenn die äußeren, mit gekreuzten Beinen posierenden Figuren der aufgekräuselten

Faltenspiele noch einmal an die Künstler von Saint-Sernin und der zweiten Daurade-Werkstatt erinnern.

Gilabertus, von dessen Hand die beiden in der Mitte aufgestellten Apostel Andreas und Thomas stammen, die eigentlich den Durchgang flankierten, hat seinen Auftrag nicht wie seine Gesellen konzipiert; vielleicht wollte er diesen Widerspruch. Er kehrt zum Statuarischen zurück; er will die Gewänder nicht mehr von außerweltlichen Stürmen durchbeben lassen, sondern hüllt seine Gestalten in ruhig fallende Kleider, läßt diese selbst mit leicht vorgeneigten Köpfen völlig gelöst und in sich versunken auftreten. Was in ihnen vorgeht, kommt nicht mehr von außen; sie horchen nach innen. Zweifel an seiner Urheberschaft gibt es nicht; an den Sockeln waren nach den Berichten des freilich nicht besonders zuverlässigen Dumège jene Inschriften angebracht, die 1892 bei einem Transport wegbrachen: ›Gilabertus me fecit‹ oder ›vir non incertus me celavit Gilabertus‹. Doch seine Kunst wird auch sonst bezeugt, sein Stil bleibt ohnehin unverkennbar.

Dennoch hat es eine besondere Bewandtnis mit diesen Figuren. Sind das noch frontal gegen den Betrachter gewandte Reliefbildwerke der romanischen Zeit? Treten sie, die am Durchgang postiert waren, in Wirklichkeit nicht bereits in den Raum hinaus? Lag nicht schon im Bewegungsstrom der zweiten Daurade-Werkstatt und vollends in den Kapitellen des Gilabertus ein Vorzeichen solch gotischen Empfindens? Ein neues Zeitalter brach für die Kunst des Midi an. Der Andreas und Thomas entstanden ungefähr gleichzeitig mit den Gewändestatuen von Saint-Denis, ohne daß sich von gegenseitiger Abhängigkeit sprechen ließe, 1140 oder ein wenig früher. Ein grandioser Abgesang der Kunst des Languedoc? Der Anbruch eines neuen Weltempfindens!

Am nächsten Morgen ging es zeitig hinaus nach Westen. Noch einmal an der Daurade vorbei, von der man in Pilgertagen auf den ›Pont Couvert‹ hinabblickte, die von den Schmelzwassern der Garonne später weggerissene, gedeckte Brücke. Auf ihr erreichten die Santiago-Wanderer das Hospital Saint-Jacques jenseits des Flusses in Saint-Cyprien. Es ist jener große Gebäudetrakt am anderen Ufer mit dem heute noch sichtbaren Brückenansatz und dem Bogendurchgang, der, wenn auch vielfältig umgebaut, noch immer einer ähnlichen Bestimmung, nämlich als Krankenhaus dient.

Von dort führte die Tolosana, abermals aufgegabelt, in zwei Richtungen weiter, auf der Hauptroute westwärts und mit einem Nebenzweig, dem wir schließlich gefolgt sind, nach Süden. Geradewegs in die Berge. Auf dem Umweg über den jetzt, am Montag, von endlosen Fahrzeugkolonnen bedrängten Pont Saint-Pierre nahmen wir sie unter die Beine, nicht ohne vom alten Hôtel-Dieu de Saint-Jacques, besser vom Durchlaß einen Rückblick auf die Pilgermetropole zu werfen. Ein wenig Schmerz war dabei. Toulouse, zur Heimat geworden, würde nur noch eine Station sein, wenn wir zurückkehrten, um zum allerletzten Mal aufzubrechen zum Weg durch die Gascogne, dem Somport entgegen.

Einerlei, die föhnblaue Gebirgskette am Horizont lockte und, was auch kommen mochte, das Abenteuer der Südroute lockte auch.

ZU FERNEN BERGEN

Reiterschlacht vor Muret

Die Pilgerfahrt bestand nicht nur aus einem Kaleidoskop erhebender Bilder; Menschliches, Allzumenschliches mischte sich ein. Wir wissen von München darüber Bescheid. Am Alten Markt versammelten sich nicht nur die Jacquaires, sondern auch manches Gesindel recht zweifelhaften Gewerbes.

Auch in Toulouse gab es das. Wer die Stadt über die alte Garonne-Brücke in Richtung Compostela verließ, querte zwischen dem Fluß und der Route nach Süden ein unübersichtliches Ufergebiet, den ›gravier‹, in dem sich die ›filles publiques‹, arme, flitterbehängte Weiber mit grellem Lachen und den geübten Gebärden der Verlockung herumtrieben. Bis es allzu arg herging und der Viguier oder Landvogt 1271 eine Verfügung erlassen mußte, die den erbosten Anwohnern erlaubte, liederlichen Personen kurzerhand die Kleider wegzunehmen und sie »nudas vel indutas« vor ihn zu bringen. Ertappte Pilger kamen ungeschoren davon. Sie standen zwar unter einem Gebot der Enthaltsamkeit, aber das war schließlich ihre Sache. Sie hätten nicht Wesen von Fleisch und Blut sein müssen und ließen obendrein gutes Geld in der Stadt. Niemals hätte sich das Viertel um Saint-Sernin ohne sie in solcher Eile entwickelt.

Aber es gab neben Ärgernis und Wucher auch Kehrseiten, welche die Pilgerschaft im Innersten gefährdeten. Wie weiterkommen, was tun, wenn man in eine der vielfältigen Auseinandersetzungen zwischen Graf und Montfort geriet? Was endlich, wenn sich schwere Kriegswolken über dem Land zusammenbrauten, unversehens der Blitz niederzuckte, und das Unwetter alles im Mahlstrom des Schlachtenschicksals fortwirbelte, ohne nach Freund oder Feind zu fragen? Weiß Gott, wie sich einer daraus salvierte! Wer Anfang September 1213 durchs Garonne-Tal unterwegs war, um auf der Südroute Muret zu erreichen, konnte ein Lied davon singen. Es bedarf nicht viel Phantasie, um sich die hilflose Angst auszumalen, mit der sie auseinander stoben, mag es auch an authentischen Zeugnissen fehlen. Wir wissen's ja wieder.

Muret! Es sei nicht nur aus solchen Gründen davon berichtet. In seinem Namen offenbart sich Okzitaniens tragisches Schicksal, und noch immer hallt es wie der Ton der Sterbeglocke durch die Geschichte, wenn sein Name fällt. Mögen die Ereignisse auch mehr als ein dreiviertel Jahrtausend zurückliegen, noch immer sind sie bitterste Gegenwart!

Dies war voraufgegangen: Der tolosanische Graf, der des dämonisch getriebenen Montfort nicht Herr wurde, hatte sich um Beistand an seinen Schwager, König Peire II von Aragon, gewandt und ihn als Gegenleistung zu Saragossa der Lehnsabhängigkeit seines Landes versichert. War es ein Abfall von der Krone der Kapetinger? Der von Paris geschickte Baron aus der Ile de France weilte doch längst als Usurpator im Toulousain, mochte die Häresie auch nicht völlig gebannt sein. Daß Rom ihm starrsinnig beistand und dem aragonesischen Nachbarn jedes Eingreifen untersagte, einem König, den Innozenz nach seinem triumphalen Sieg über die Almohaden doch einen ›lieben Sohn‹ nannte, machte die Sache Montforts nicht überzeugender. Auf okzitanischer Seite galt es rasch zu handeln, wollte man ihn aus dem Lande werfen und vollendete Tatsachen schaffen. Schon bereitete der Lateran ein allgemeines Konzil vor – es fand Ostern 1215 statt – das die Verhältnisse neu regeln sollte. Nach dem Status quo, wie denn anders?

Trotz warnenden Briefes aus Rom stieg König Peire II auf kürzestem Weg über den schwierigen Pyrenäenpaß von Venasque und stieß unverzüglich durch das obere Garonne-Tal auf Toulouse vor. Montfort, der nur über eine kleine Truppe verfügte, fünfzehn- oder sechzehnhundert auf etliche Stützpunkte verteilte Mann, mußte von einem Levée en masse hinweggefegt werden. Er weilte soeben in Fanjeaux.

Eine seiner Bastionen, Poujol unweit Baziège, hatte Graf Raimond VI bereits nach blutigem Überfall einnehmen können. Nur Muret mit seiner kleinen Besatzung lag noch als Sperriegel zwischen Aragon und der ihrem Grafen getreuen Hauptstadt; man würde damit leicht fertig werden und vielleicht auch mit dem gesamten Spuk aus dem Norden, sofern man alle Kräfte zusammenraffte. Die Okzitanier kamen in Scharen. Peires Armee war kampferprobt, er selbst stand seit Navas im Ruhm glänzender ›Parage‹, wie man es im Süden nannte, hoher Abkunft und sieggewohnten Feldherrntalentes. Rechnete man Raimonds Truppe und das Eingreifen der tolosanischen Miliz hinzu, stieg die okzitanische Überlegenheit von zwei zu eins an Ritterschaft und mindestens das Zehnfache an Menschen.

Wie an den übrigen Pilgerwegen entstanden auch an der Via Tolosana viele Gotteshäuser, deren größte wie Saint-Sernin in Toulouse durch ihren künstlerischen Rang bezeugen, wie eng sich das mittelalterliche Leben mit den Einflüssen der Santiago-Fahrt verflocht.

12 *Saint-Sernin in Toulouse, das von Harmonie erfüllte, schon 1096 geweihte Chorhaupt mit dem gewaltigen, in gotischer Zeit um zwei Geschosse erhöhten Vierungsturm, der den Pilgern als Wegweiser diente.*

13 *Detail des Westportales der ehemaligen Kathedrale Sainte-Marie in Oloron-Sainte-Marie, einzig erhaltener Rest der romanischen Kirche vom Anfang des 12. Jahrhunderts mit einer Fülle von Anklängen an das Volksleben des Béarn.*

14 *Die kleine Pilgerkirche von Hôpital-Saint-Blaise vom Ende des 12., Anfang des 13. Jahrhunderts wird von einer Rippenkuppel hispano-maurischer Prägung reinster Form überfangen.*

15 *Blick in die unerhört wuchtige Krypta der Klosterkirche von Leyre in Navarra, die schon 1057 geweiht worden ist.*

16 *Kapitell vom Südportal der Kathedrale von Jaca, ursprünglich im Chor angebracht. Ende des 11. Jahrhunderts ›Das Opfer Abrahams‹ mit der kühnen Nacktdarstellung Isaaks gehört zu einer Reihe von Werken, die weithin an der Pilgerstraße Schule machten.*

Der Feldzug werde nur eine Bagatelle sein, schrieb der König denn auch in einem unvorsichtigen ›billet galant‹ an eine Geliebte, Azalaïs de Boissezon, Gräfin von Lombers, die er bei dieser Gelegenheit wiederzusehen gedachte. In einem Brieflein übrigens, das Montfort abfangen konnte, womit er gewarnt war. Es ging für ihn um Sein oder Nichtsein. In Eile befahl er seine verstreuten Detachements nach Muret; er selbst marschierte durch den Vixière-Grund über die heute längst verschwundene Abtei Boulbonne und das Ariège-Tal nach Nordwesten, um endlich bei stürzenden Regengüssen am Rand der riesigen Garonne-Senke zu stehen. Sehen konnte er nichts; aber er ahnte, was seiner wartete.

Am Abend des 11. September langte er jenseits Muret an, einem kleinen Städtchen mit befestigtem Schloß auf der Landspitze am Einfluß der Louge in die Garonne, und querte sogleich die alte Brücke über den Strom. Erleichtert begrüßt von seinen Leuten, die sich, schwer bedrängt von den Steinschleudern der tolosanischen Miliz, kaum noch hinter den Mauern und Gräben zu halten vermochten. Denn die Bürgerwehren der Hauptstadt waren, nach Abertausenden zählend, zum Teil mit Raimonds Truppen marschiert, zum Teil auf einer riesigen Flottille von Booten und Barken gekommen, die bei der ›kleinen Jofrérie‹ vertäut lagen, und hatten sich unverzüglich bis ans Louge-Ufer vorgeschoben. Von dort konnten sie jede Bewegung auf dem ›mercadal‹, dem Markt von Muret, kontrollieren.

Simons Herz muß schwer geworden sein. Er wußte jetzt, daß ganz Okzitanien aufmarschiert war und die berittenen Kontingente des Feindes bereits draußen in der Ebene nach Seysses zu kampierten. Peire wie Raimond hatten, der eine von Süden, der andere von Norden, die alte Römerstraße etwas westlich der heutigen Route durchs Tal benutzt. Jenen Weg eben, den die Santiago-Wanderer wählten, um Muret zu erreichen, das eine Station ihrer Route war und eine noch heute existierende, wenn auch umgebaute Kirche Saint-Jacques besitzt …

Sie hatten in diesen Tagen kein Glück und gerieten beim Auszug aus Toulouse zwischen marschierende Kolonnen, bis man sie endlich mit groben Worten davonjagte. Verstört suchten sie abseits Zuflucht, aber selbst auf entlegenen Höfen konnte sie niemand brauchen, weil Fouragetrupps die Umgebung durchstreiften. So mochten sie endlich nach Saint-Lys gelangt sein, den einzigen größeren Ort, der ungefähr so ausgesehen haben muß wie heute, ein Nest aus einem Geviert roter Ziegelhäuser um einen winzigen Marktplatz, und fanden vielleicht in einem leeren Schober Platz. Wer will es noch sagen, wer berichten, wo und wie sie den Hunger stillten, die Nächte verbrachten, während die Furcht in ihren Herzen anschwoll, die Woge des Verderbens werde auch über diese ihre Zuflucht hinbranden. Immerhin hörte es auf zu regnen, vom Ortsrand aus sah man ferne Wachtfeuer glimmen …

Die Herren in den okzitanischen Lägern berieten. Peire II beschloß, den endlich eingetroffenen Montfort am nächsten Tag anzugreifen. Graf Raimond warf zwar ein, vielleicht sei es besser, den Feind im verschanzten Lager zu erwarten, schwieg aber betreten, als ihn Miguel de Luesia aus der Gefolgschaft des Königs unverblümt einen Feigling zieh. Allgemeine Siegeszuversicht herrschte. Montfort tat sich schwerer. Er wollte nicht, er mußte attackieren, weil er nur noch für einen Tag Verpflegung besaß. Vielleicht, daß es in der Nacht noch zu einem Vergleich kam? Bischof Foulques von Toulouse, der sich zu ihm durchgeschlagen hatte, verhandelte, sowohl mit den abtrünnigen Kindern seines Sprengels als auch mit dem verfeindeten Grafen, um sie auf die Seite Montforts zu ziehen. Absurde Lage: zwei Armeen, geführt von den Vorkämpfern der gleichen Glaubenssache, um die es vorgeblich doch ging, standen gegeneinander. Aber es war nur die halbe Wahrheit. Tatsächlich maßen sich bereits Okzitanien und Frankreich. Montfort verbrachte einen Teil der Nacht in Saint-Sernin, einer Kirche von Muret, die nicht mehr steht. Der mitgekommene Domingo de Guzman lag in der Rosenkranzkapelle von Saint-Jacques auf den Knien. König Peire II indessen hatte seine Azalaïs bei sich, und es ging leidenschaftlicher her, als ihm guttat.

Am nächsten Morgen war in den Verhandlungen noch immer keine Entscheidung gefallen, als unvermittelt ein Trupp aragonesischer Ritter herangaloppierte und seine

Lanzen gegen die hastig geschlossene Porte de Toulouse warf. Das war die Herausforderung. Montfort bekam es plötzlich sehr eilig, er mußte dem Gegner zuvorkommen, ließ satteln und den Gäulen die Pferdeharnische überstreifen. Als er aufsitzen wollte, riß der Riemen, der seine Beinschienen hielt; man reparierte ihn hastig, aber sein Pferd wurde darüber nervös, stieg, keilte aus, brachte seinen Herrn mit einem Hufschlag zu Fall. Ein schlechtes Vorzeichen? Die tolosaner Milizen sahen von ferne zu, lachten und spotteten. Dann aber war er im Sattel, und nun ging alles im Handumdrehen. Guillaume de Barres übernahm die erste Abteilung, Bouchard de Marly die zweite, der Feldherr selbst nach klassischem Brauch die dritte. Im Sichtschutz der Burgmauern ritten sie hinaus und marschierten in der Ebene zu drei Treffen auf.

Auch im aragonesischen und tolosanischen Lager schmetterten die Trompeten. König Peire II, der an diesem Tag die zweite Linie führen wollte, kam nur schwer auf den Gaul. »Habia jagut ab una Dona«, er hatte mit einer Frau geschlafen, wie sein Kaplan Gil äußerte, wir erwähnten es. Das erste Treffen kommandierte der Graf von Foix, das letzte Raimond VI. Noch konnte der König seinen goldenen Schild mit einem Gefolgsmann tauschen, als die Okzitanier voll Überraschung die Franzosen dicht geschlossen in Karriere heranjagen sahen. Es schien bei der Überlegenheit Aragons heller Wahnsinn und erwies sich dennoch als richtig. In der Wucht des Anpralls drang Barres tief in die Reihen des Gegners ein. Es hatte die Wirkung einer jede Ordnung sprengenden Bombe. Schon war das zweite Treffen unter Marly heran, brach in die Phalanx des Königs. Zwei Gefolgsleute Montforts, Alain de Roucy und Florent de Ville, die geschworen hatten, Peire zur Strecke zu bringen, attakkierten den Ritter mit dem goldenen Schild. Der aber wich vor dem doppelten Angriff aus. »Das ist der König nicht«, schrie Roucy. Da erhob der Aragonese seinen Säbel: »Der König ist hier.« Ach, törichter Stolz, den die Parage gebot! Einen Augenblick später sank er tödlich getroffen vom Pferd.

»Als unser Graf sah«, sollte später Pierre des Vaux de

Cernay berichten, und er meinte Montfort damit, »daß unsere Truppen sich mitten im Feinde befanden, chargierte er nach links und faßte den Gegner in seiner Flanke.« Das Unfaßbare begab sich, das ungeheure Karussell aufeinander eindreschender Ritter löste sich auf, die Okzitanier flohen, erlagen dem nachsetzenden Montfort in Einzelkämpfen. Von Raimond und seiner Abteilung aber schweigen die Quellen. Wurde er im Strudel mitgerissen? Hatte er das böse Wort Luesias nicht vergessen? Trotz abermaligen Mißgeschicks mit dem Steigbügel, bei dem er zu Fall kam und sich eines Angreifers nur mit dem Dolch entledigen konnte, gelang es Montfort bis zur tolosanischen Miliz durchzubrechen, die vor Muret lag und die ihm jubelnd entgegenlief, weil man ihn nicht erkannte und den Sieg gewonnen glaubte. Das gewohnte Gemetzel begann. Gefangene gab es kaum. Die Chronik will von fünfzehntausend Gefallenen auf Feld und Ufer wissen. Wieviele bei sinnloser Jagd nach den rettenden Schiffen vor der Jofrérie ertranken, weiß niemand. »Kein Haus in Toulouse, das nicht einen Toten beweinte«, heißt es.

Als alles vorüber war, kehrte Montfort nach Muret zurück und kniete nieder. Dann schenkte er sein Pferd, seine Waffen an die Gefährten. Er dürfte in diesem Augenblick kaum völlig begriffen haben, was dieser Sieg bedeutete. Wohl, daß es beim Gegner mit allen Hoffnungen auf ein gemeinsames, okzitanisches Reich, »das auf den Pyrenäen ritt« zuende war, von dem König Peire angeblich geträumt hatte. Es gab diesen Gegner nicht mehr. Aber daß sich die Auswirkungen des Tages erst 1229 in ihrer ganzen Bedeutung zeigten, als auch er bereits tot war und Raimond VII, seines unentschlossenen Vaters tapferer Nachfolger, vor Notre-Dame in Paris im Büßerhemd Abbitte für die tolosanischen Irrtümer leistete, die nur in der Selbstbehauptung bestanden, konnte er nicht voraussehen. Doch die Kraft des Midi war gebrochen, und er sollte fortan nicht okzitanisch, nicht spanisch, sondern französisch sein.

Muret heute. Von jener Zeit ist fast nichts mehr zu finden. Die Altstadt auf der Landzunge, das Schloß auf der Spitze,

Saint-Sernin sanken hin. Gewiß, den Mercadal gibt es noch. An der Porte de Toulouse von einst liegt noch immer mit hohem gotischen Spitzturm an der gleichnamigen Straße Saint-Jacques die Pilgerkirche, zu der die Santiago-Wanderer gewollt hatten. Das Innere des Schiffes ochsenblutfarben mit weißen Bogenumrandungen ausgemalt, dazu blauem Gewölbe und klassizistisch verwandeltem Chor; in ihm steht statt des Heiligen der Straße Sanctus Dominicus mit erhobenen Händen, begleitet von Engeln, wie er im Strahl der Morgensonne himmelwärts steigt. So hat es frömmelnder Biedersinn gewollt. Aber die Rosenkranzkapelle des 12. Jahrhunderts, in welcher der Subprior von Osma während der Schlacht im Gebete lag, ist noch da wie ursprünglich – die Stelle, an der ihm die Jungfrau befahl, hier den Geist des ›Rosaire‹ zu verkünden. An die Neustadt, die schon sehr alt ist, hat sich eine Straßentangente herangeschoben, der Boulevard Niel, durchbebt vom grauenhaften Lärm nicht endender Fahrzeugströme.

Am Les Pesquiès genannten Wäldchen draußen, wo der kleine Marclan-Bach entspringt und man einst zu Ehren König Peires am vermeintlichen Ort seines Todes – er kann es keineswegs gewesen sein – eine Gedenkstele in okzitanischer Sprache errichtet hatte, ist nichts mehr wie einst. Eine um Auskunft angegangene Frau, die in einem der Häuschen nahebei lebte, wußte genau Bescheid. »Drüben steht sie doch, Ihre Pyramide«, sagte sie und kam gleich mit. Aber sie war nicht da. »Vielleicht am Friedhof … gewiß, man hat sie dorthin gebracht!« Doch auch da gab es nichts. »Dann ist sie jetzt im Museum«, meinte meine Begleiterin endlich achselzuckend. Es gab in dieser Stadt kein Museum. Dafür befand sich eine Umgehungsstraße im Bau, und ringsum breitete sich die Saat der Spekulanten, eine erste Siedlung auf dem Schlachtfeld von einst …

Manchmal zwar gibt der Boden oder der Ufersaum der Garonne noch ein paar Waffen oder auch etliche Knochen frei, aber es bedarf kaum großer Phantasie, sich vorzustellen, wie es aussah, als die Jacquaires verstört aus ihren Verstecken abseits im Lande krochen und einige Vorwitzige sich sogar nach Saint-Jacques wagten. Schließlich, warum nicht?

Niemand, der ihnen noch etwas zuleide tun wollte. Aber was sie unterwegs sahen, ehe sie nach Muret gelangten, verschlug ihnen den Atem. Gefallene mit glasigen Augen allüberall, Pfützen von geronnenem Blut, Pferde, denen das Todeswiehern zwischen den Nüstern stecken geblieben war, umgestürzte Wagen, verstreutes Kriegsgerät …

Zwei dieser ruhelosen ›nomades de prière‹, wie ein Franzose sie einmal genannt hat, wandern über das Schlachtfeld dem Ort entgegen. Sie wollen nichts auslassen auf ihrer Fahrt und stoßen auf einen toten Graukopf, der, geschändete Karikatur seiner Jahre, mit den Verrenkungen eines Jahrmarktgauklers am Boden liegt und ins Leere starrt. Seine durchstoßene Brust liegt offen; und so beugt sich der Jüngere, um ihm ein Amulett vom Halse zu knüpfen. »Paß auf, daß man dich nicht als Fledderer hängt«, warnt sein Wandergenosse. »Laß nur«, kommt die Antwort, »ich nehme es nach Compostela mit.« »Ja, machen wir uns auf die Beine«. Vor ihnen breitete sich das Garonne-Tal im Zauber des Abends; der Himmel nahm keine Notiz von den Greueln des Menschenhaders. In Muret freilich fanden sie alles überfüllt von erschöpften Soldaten. Sie lagen in jeder Ecke und schliefen, die Gäule standen mit hängenden Köpfen und mahlten geduldig den Hafer aus ihren Futterbeuteln. In Saint-Jacques hatte man die Verwundeten des Tages mit ihren klaffenden Blessuren auf Stroh gebettet. Der Anblick von soviel Elend ließ sich nur schwer ertragen. Sie machten sich hastig davon und krochen, als es dunkelte, draußen im Lande unter.

Im Westen strahlte die Belle Maguelone klarer als sonst, der rauhe Stoff ihres Umhangs, den sie über das Antlitz zogen, mutete vertrauter und weicher als sonst an. Jedes Wort, das sie sagten, klang wärmer, wie es immer ist, wenn uns das Ungeheuerliche des Untergangs gestreift und ausgelassen hat. Worauf sie am kommenden Morgen bei erster Helligkeit voll Zuversicht in den leuchtenden Frühdunst des Garonne-Tales hinaus- und weiterzogen über die alte Pilgerstation von *Cazères*, in dem man noch heute die Reliquienbüste des heiligen Jakobus neben jener der Sainte Quitterie findet, nach *Palaminy*. Dort wollten sie in der Kirche draußen, weit hinter dem Burghaus, an der Rue du Couvent, die Reliquien besuchen.

Ich habe sie nicht mehr zu sehen bekommen und glaube, daß sie längst nicht mehr dort sind. Dafür gab es auf dem Friedhof nebenan etwas, das mich faszinierte: uralte Gräber mit kleinen Moospolstern auf dem grauen Stein. Am Kopfende auf einem Sockel barocke Kreuze mit vielfach gewulstetem Schaft wie üppige, exotische Gewächse, die Enden umgebogen zu Spiralen und in der Mitte, wo sich die Balken trafen, noch einmal ein innerstes Kreuz, Meisterwerke an Steinmetzkunst, ›croix fleuries‹, der Tod in Gestalt von Blumen. Die ganze Bitterkeit dieser Erde durch das Wunder der Form in die leuchtende Zuversicht des Glaubens verwandelt.

Später kamen sie durch *Martres-Tolosane,* dessen gotische Kirche auf dem uralten Boden der gallo-römischen Besitzung Chiragan steht. Noch im vorigen Jahrhundert hat man hier dreihundert Statuen und Büsten ausgegraben und ins Museum Saint-Raymond nach Toulouse gebracht. Die Jacquets freilich bewegte ein anderer Grund zur Einkehr; man verehrte in dem kleinen Nest als örtlichen Heros und Märtyrer einen heiligen Vidian, vermutlich den Vivien aus der Chanson de Geste des Guillaume d'Orange, der ob seines Kampfes gegen die Mauren zu den Leitgestalten der Pilgerfahrt gehörte. Übrigens in einer alten Totenbasilika auf dem frühchristlichen Friedhof, von der im Schiff der heutigen Kirche noch ein romanischer Torbogen zu sehen ist und Zutritt zur Vidians-Kapelle mit den Resten des Tapferen in einem Steinmonument der Flamboyant-Zeit gewährt. Am Sonntag nach Pfingsten feiert man sein Andenken wie im spanischen Alcoy in einem Scheinkampf von ›moros y christianos‹.

Bilder einer Landschaft

Wieviele Schicksale hat sie erlebt, welche Zeitdimensionen seit frühesten Menschheitstagen durchmessen, die Völkerstraße des Garonne-Tales! Um Saint-Gaudens am Südostrand des Plateaus von Lannemazan werden die Zeugnisse so dicht, daß uns die alte Frage bedrängte: wie, wenn alles schon ausgelebt wäre und wir im Aufschäumen der letzten Woge nur noch am äußersten Saum der Geschichte über die Erde gingen?

Da höhlt sich nach Salies-de-Salat die Grotte von *Marsoulas* in den Grund; drinnen an den Wänden erste Zeichnungen von Menschen, vielleicht fünfzehntausend Jahre alt, ein wenig karikiert eingeritzt, als habe sich der Steinzeitmaler schon damals nicht sonderlich für die eigene Spezies begeistert, während er doch wundervoll gesehene Tierparaden auf die Wände zauberte. Oder die Höhle von *Gargas* unweit Saint-Bertrand-de-Comminges, die zugleich als Wohnstätte und Heiligtum gedient hat: hunderte von Handabdrücken, nebenan Mammut, Pferde, Rinder des Solutréen. Wieviel Tausende von Jahren der Mensch darin hauste, bleibt ungewiß; aber hier spürt man bereits, daß das ›älter als Rom‹ nur ein mitleidiges Lächeln verdient. Wer noch tiefer zurücktauchen will in die Schächte der Zeit, mag von Saint-Martory nach Westen wandern. Bei *Aurignac* hat ein Erdarbeiter 1852 unter einem Fels eine Grube mit Knochenresten entdeckt, die Lartet dem Cro-Magnon-Menschen zuschrieb, der vor rund dreißigtausend Jahren lebte; nur zwanzig Kilometer weiter kam in der Save-Schlucht bei *La Hillère* gar die kunstvoll geformte ›Venus von Lespugue‹ aus der Epoche des Übergangs vom Gravettien zum Solutréen ans Licht, ein Fruchtbarkeitssymbol mit überlängtem Hals, kleinem Kopf, ungeheuren Brüsten und ebenso ausgeprägter Beckenpartie aus einer noch menschenarmen, gefährdeten Zeit, in der die Erhaltung der Art alles bedeutete.

Da stehen wir also an den schwarzen Löchern zwischen den Koordinaten unseres Zeitgefüges wie der Astronom vor jenen der Galaxien und blicken in eine magische Welt zurück, deren Relikte wie Botschaften von fremden Sternen anmuten. Läßt sich überhaupt eine Brücke schlagen? Und doch muß es geheime Verwandtschaften geben, denn es gehört dem nämlichen Raum an wie das gallische Oppidum von Piroque, während im nahen *Saint-Plancard* das, was nun in der Welt historischer Frühzeit erwachte, sichtbar wird, erstes Drängen ins Überirdische, Mauerreste vom Hei-

Valle de Zuriza (2389 m) Huesca

VII *Das ›Tal von Zuriza‹*

Neben dem alten Römerweg von Lescun über dem Aspe-Tal nach Siresa ragen für die aragonesischen Pyrenäen charakteristische Klippen auf, die in der beinahe 2400 Meter hohen Forca gipfeln. Heute ist diese Landschaft fast menschenleer, die früher so große Bedeutung besaß. In ihren schwer zugänglichen Tälern vermochte die Bevölkerung Aragons in der Sarazenenzeit zu überleben.

ligtum einer aquitanischen Gottheit, latinisiert Sutugius geheißen und den Eigenschaften des römischen Mars verwandt. Noch galt der Krieg als heilig und Vater aller Dinge. Und wie man sie und mit ihnen das Leben zu lieben begann!

Wieder ganz nahe, abermals bei La Hillère entstand die gewaltige römische Villa, eher ein Marmorschloß mit zweihundert um Binnenhöfe gelagerten Zimmern, Heizungs- und Badeanlagen, Säulenhallen, Gärten, Fontänen, die den Nachfahren eines gewissen Nepotianus gehörte, von dem sich der Name des ganzen Gaues, des Pays de Nébuzan ableiten sollte. Da war an Gäste, Freundschaft, gesellige Muße gedacht. Die Stadt Lugdunum Convenarum, das spätere Saint-Bertrand-de-Comminges lag nicht fern, zählte im 1. Jahrhundert bereits sechzigtausend Bewohner. Bis sich erneut der Abgrund öffnete, in dem alles Menschenwerk versank. Die Schatten der apokalyptischen Reiter glitten über das Land; Vandalen, Westgoten, Sarazenen kamen, plünderten, schwanden.

Wiewohl von den Westgoten denn doch etwas blieb! Die Verwandlung des Sutugius-Heiligtums in die Grablege eines Anführers, dem auf dem großen Ritt nach Iberien das Mißgeschick widerfuhr, zu sterben. Über ihm endlich hat die romanische Epoche nach mehr als einem halben Jahrtausend des Schweigens das Totenkirchlein Saint-Jean-des-Vignes im Zypressenhain des Friedhofs draußen vor Saint-Plancard errichtet. Das bedeutet nicht trockene Geschichte oder Vergangenheit, sondern die Einbettung des Gebietes von Nébuzan in das abendländische Schicksal seit dem Erwachen der Menschheit. Mögen solche Zeitdimensionen auch schwindeln machen und die eigene Gegenwart als flüchtige Weltsekunde entlarven, sie beweisen doch eine stete Wiederkehr des Lebens an seine Brunnen wie der Zugvogel von seinem Nistplatz nicht abzubringen ist. Wozu sich in Saint-Jean jene Botschaft gesellte, die einer neuen Epoche den inneren Auftrag verlieh.

Denn bei aller Einfachheit des Raumes mit der flachen Holzdecke ist seine Chorpartie völlig ausgemalt, leider die Fresken längst verblaßt, manches gar enigmatisch geworden; die Kreuzigung, die Himmelfahrt Christi vom Marterholz aus lassen sich nur erahnen und verraten dennoch ein erstaunliches Selbstbewußtsein: hingestrichen in einer kühnen Technik, die gleichzeitig Tradition ist. Wiewohl erst um 1100 entstanden, sind sie mit rotem und gelbem Ocker, Zinnober, Schwarz, Weiß, Grau, kurz in der nämlichen Farbskala gemalt, welche die karolingische Zeit verwandte. Auch thematisch folgte der Künstler, der seinen Namen über dem Adler des Johannes mit Hieronymus angab, karolingischer Überlieferung. An der Parusie links vom Mittelfenster läßt es sich deutlich erkennen; der Herr erscheint in der Mandorla, bereit zur Wiederkehr, umgeben von den Evangelisten mit Buch oder Schriftrolle nebst ihren Symbolen, und nun wird es sichtbar: Matthäus taucht, wie ehedem auf karolingischen Darstellungen, die Feder ins Tintenfaß, um Christi Verkündigung im Wort festzuhalten. Den Trägern der Lehre sind schließlich – und auch dies nach altem Brauch – Verse des Coelius Sedulus beigegeben wie zu Fenollar, an das die Malweise ohnehin erinnert.

Der Kapelle schließt sich südwärts ein kleines Nebengelaß mit winziger Apside an, das etwas später ausgemalt ist. Da ändert sich das, wird das Balladenhafte, Erzählerische fortgenommen, tauchen romanische Formen auf, wiegt das Geistige vor: der Sündenfall, bei dem die Schlange Eva die Frucht im Maul zureicht, während Adam gleich einer Gliederpuppe daneben steht, mehr Zeichen als Zeichnung! Über dem winzigen Altarraum aber offenbart sich Gottvater persönlich in Gestalt einer mahnend aufgehobenen Hand, von Engeln in einem Pneuma gleich einer schwebenden Blase gehalten. Allein, die Totenkapelle gibt noch andere Botschaften preis: aufgestapelte Steine seitab, Beigaben, Grabstelen, Aschenttröge fühester Zeit. Alles ist aus dem Boden geborgen und dabei das ganz Besondere dieses entlegenen Landschaftswinkels entdeckt worden: Gräber von Santiago-Pilgern mit Bordon und Muscheln, Heimkehrern von der großen Wanderung, die den Weg nach Hause nicht mehr vollenden konnten und nun in der Geborgenheit sanfter Frühlingshügel ruhen.

Die uns darauf aufmerksam machte, war eine herzliche, weißhaarige Elsässerin, Madame Braun, die beglückt wieder einmal das Deutsch ihrer Kindheit sprach. Aber sie fühlte sich in der gewählten Fremde, im blumenbedeckten Haus am Dorfrand sehr wohl, wo wir sie absetzten, um nach langem Zurückwinken durch Saint-Plancard über ein Brücklein und stürzendes Wasser, darauf durch maronenbekrönte Höhen zurückzukehren nach Saint-Gaudens. Mochten manche Jacquaires, wie doch die Gräber beweisen, auf uralter Route auch durch Saint-Plancard gezogen sein, die Mehrzahl wählte die Völkerstraße, um nach Montréjeau und Saint-Bertrand zu gelangen. *Saint-Gaudens* war eine Station der Route.

Im Städtchen hoch über der Garonne, von dessen Boulevard Bepmale man so hübsch ins Land blickt, wartete dann freilich eine Enttäuschung auf uns. Die dem Märtyrer und Namenspatron der Stadt geweihte romanische Kirche ist nachgebaut, nur in wenigem echt, im Äußeren stark abgewandelt. Immerhin, die eigens für die Santiago-Pilger eingezogenen Tribünen im Chor existieren noch, etliche alte Kapitelle dazu. Alles andere hatten protestantische Parteigänger 1569 oder später die Vollstrecker der Großen Revolution zerschlagen. So blieb es der einzige Trost, daß man sich die Jacquaires auf den Emporen vorstellen konnte, wie sie rechtschaffen müde durch die Arkadenbögen ins Schiff hinabschauten. Denn was half es, daß man dort, wo Saint-Gaudens, der fromme Hirte, in einer Zeit der Wirren zwischen dem 6. und 8. Jahrhundert an einer ›La Caoue‹ genannten Stelle den Todesstreich von Henkershand erlitt, im vorigen Jahrhundert eine Erinnerungskapelle erbaute; die Zeugenschaft des Ortes als Pilgeretappe ging verloren. Auch die später von Hospitaliter-Rittern erbaute Herberge existiert ja nicht mehr.

Kurz darauf langten wir auf dem Weg nach Saint-Bertrand-de-Comminges in *Montréjeau* an, wo sich plötzlich etwas begab. Für den, der es zum ersten Mal erlebt, ein Ereignis. Im Ort über der Talschleife der Garonne öffnet sich der so lange von Vorbergen verstellte Blick in das breite Tal des von Süden heranströmenden Flusses. Hinter ihm ist das Gebirge plötzlich greifbare Gegenwart, von den Höhen des Ariège-Tales bis fern in den Westen, noch jetzt, Mitte

Mai, von Schnee überzogen. Hinter Luchon in der Kerbe des Grundes buckelt sich die königliche Maladetta-Gruppe auf, nach Südwesten zu sticht der Pic du Midi de Bigorre über die Höhen. Noch immer erscheinen die Grate als geschlossene Zackenmauer. Schon aber lassen vorgelagerte Bergkulissen die Staffelung der Massive erkennen, schieben sich blau dämmernde Schattenzungen in das makellos schimmernde, über dem Dunst endloser Rücken, Matten und Täler schwebende Weiß der Giganten. Im Vordergrund aber öffnet sich dinglich, vertraut, dem Herzen ganz nah, die quellgrüne Flußaue, der ein kleiner Höhenzug schützend den Arm um die Schultern legt.

Es ist die Stelle, wo die Straße nach Saint-Bertrand samt der nach Luchon in steiler Kurve aus Montréjeau nach Süden abzweigt, um kurz darauf wieder nach Westen auszuscheren. Worauf sich abermals etwas begibt. Die Häuser von *Valcabrère* sind erreicht. Die eben noch grandiose und weiträumige Landschaft verwandelt sich in einen Romantikertraum. Mitten im Berghang steigt voraus über quergestrichenen Hausdächern eines Höhendorfes fast unwirklich ein graues Gemäuer der Gotik auf, die Kathedrale von *Saint-Bertrand* mit dem schlanken Karreeturm der romanischen Zeit. Durch einen amphitheatralischen Wiesenhang, in dem überwucherte Steine wieder ans Licht drängen, sind wir hingelangt. Es ist das Tal des römischen Lugdunum Convenarum, in dem laut Flavius Josephus seit 39 nach Chr. Herodes Antipas, der Johannes den Täufer hinrichten ließ, in der Verbannung lebte. Jenes, in dem Gondowald, angeblich natürlicher Sohn Chlodwigs, des Frankenkönigs, dem Ansturm der Burgunden erlag, worauf es für fünfhundert Jahre verwüstet liegen blieb.

Bis Bertrand de l'Isle-Jourdain erschien, seit 1073 geistlicher Hirte von Comminges, um hier oben einen neuen Bischofssitz einzurichten. Vielleicht um darzutun, daß seine Kirche über jeden Untergang triumphierte, vielleicht, um sich im Kernland seiner Widersacher anzusiedeln. Ein glühender Parteigänger der gregorianischen Reform, hochgebildet und Ritter zugleich, ein Mann, der den geschundenen Bauern Hilfe brachte und dem erpresserischen Kleinadel

Pari bot. Ein Mann endlich, der dem Wort Papst Gregors VII. nachlebte, der verkündet hatte, daß Friede sein müsse und jedem, wer er auch sei, sein Recht gebühre.

Sah er wirklich so aus, wie er sich auf dem Tympanon seiner Kathedrale zeigt, kraftvoll, die Beine fest gegen den Boden gestemmt, oder nicht eher asketisch? Er richtete doch alle Härte, die sein Amt ihm abverlangte, zuerst und vor allem gegen sich selbst. Seine Ausstrahlung muß ungeheuer gewesen sein. Er war an die Siebzig, als er seinen Traum verwirklichen und seine Kirche auf der Akropole von Lugdunum erbauen konnte. Sie wuchs rasch. Ein paar Jahre später, als er den Tod in sich fühlte, ließ Bertrand sich in die Marienkapelle seiner Gotteshauses tragen und tat dort den letzten Atemzug. Man schrieb den 16. Oktober 1123. Allerdings sah der Raum derzeit anders als heute aus, geprägt von der Strenge der Frühe. Einer seiner Nachfolger, Bertrand de Got, nachmals Papst Clemens V., ließ das Bauwerk ob des Andrangs der Menschen vom vierten Joch an gotisch erweitern. Seit Bertrand zur Ehre der Altäre erhoben war und sich das alte Lugdunum nach ihm benannte, stiegen die Pilger in langen Zügen den Berg hinan; auch die Jacquaires. Weswegen Jean de Mauléon in der Renaissance einen geschnitzten Chor für die Kanoniker einfügen ließ, damit sie Ruhe bei ihren Offizien fanden.

Das Portal mit seinem Bild auf dem Tympanon, dem ich nun in einiger Distanz am Tisch vor dem Hotel gegenüber saß, hatte der Heilige selbstverständlich niemals gesehen. Er hätte sich mit Entrüstung dagegen gewährt.

Ruhe auf der Flucht

Über mir rauscht es plötzlich auf, ein Windstoß wuselt durch die Blätter der Weinstöcke, die quer an der Hauswand verlaufen, tanzt nunmehr auf dem schrägen Platz mit Papierfetzen und Staubschleiern eine Pirouette. Die spielenden Khiou-Khious, zwei junge Pyrenäenhunde, auf den breiten Terrassenstufen halten verwundert inne, aber die Dohlen im Karreeturm hoch gegenüber begreifen die Sache sofort und lassen sich mit breiten Flügeln hinausfallen in den Luftstrom, der sie hoch, immer höher trägt und endlich über die waldige Kuppe davonwirft.

Noch möchte der Schreibstift weiter, um die Ackerfurchen des täglichen Pensums auf dem Papier hinter sich zu bringen, da kehrt der Wind wieder. Diesmal wirft er gleich einen Stuhl um, der schräg auf dem Gossenrand balanciert; ein dicker Tropfen klatscht auf meinen Gartentisch und alsbald erscheint auch Madame, die Wirtin, unter der Haustür und ruft sorgenvoll: »Kommen Sie schnell, Monsieur, es gibt ein Gewitter.«

In der Tat, schon prasselt es aus den schwarzen, gelbgerandeten Wolken hinter dem Kirchturm hernieder. Wie gut, droben ein geräumiges Zimmer, groß wie ein Saal, zu haben, mit Möbeln wie aus dem Biedermeier und natürlich dem müde gewordenen Spiegel. Doch mit dem elektrischen Licht ist es seit dem ersten Blitzschlag vorbei, Dunkel im ganzen Haus. Was macht es? Im Reisegepäck befindet sich stets ein Paket mit Kerzen. Draußen aber steht es schlimm. Aus dem Fensterchen im Badezimmer kann man weit ins Land schauen, wenn man sich über die Wanne hinwegbeugt, sie ist absonderlich schmal, wie für einen Schlangenmenschen gemacht. Der Blick fällt auf uralte, mürbe Ziegeldächer; die fernen Berge dahinter sind völlig im Finstern verschwunden. Unter mir geht es hoch her. Die Fächerpalme im Garten, die sich nicht beugen, sondern nur Hilfe rufen kann, ist außer sich; die Oleander- und wilden Orangenbüsche samt dem Lorbeer, die sich sonst brüderlich in den Armen liegen, haben sich in einen händeringenden Chor verwandelt. Es faucht und orgelt, die Läden schlagen, und im Hause hasten die Schritte vorbei, um den letzten Fensterriegel noch fester einzuklemmen.

Ach, Sturm von Saint-Bertrand, noch immer sehe ich den Turm mit der hölzernen Dachhaube von Blitzen umzuckt unerschütterlich aufragen. Im Portal des Bodengeschosses drängen sich ratlose Touristen, Bauern aus dem Val d'Aran mit Baskenmützen und auswärts gebogenen Knien, Gefangene der Sintflut, die niederströmt. Ich aber hocke vor meinem Tisch mit der Marmorplatte beim Kerzenschein und darf nachdenken, was mich an diesem Ort, eingeschlossen das Unwetter, verzaubert. Denn es kann doch kein Zweifel bestehen, daß mir das Gebirge einen Salut darbringt. Schon läuft der Schreibstift wieder über das Papier, mag auch das Kerzenflämmchen schwanken und der lange Fenstervorhang sich aufbauschen, weil der Sturm draußen so wütend gegen die Läden poltert.

Natürlich hatte ich längst hinter mir, was es zu sehen gab, das Kirchenportal mit dem Marientympanon, auf dem die Drei Könige der Gottesmutter mit dem Kind voll Devotion ihre Gaben darbieten, während niederstürmende Engel die Weihrauchfässer schwingen und einer den Stern anhält. Dazu jene seltsame Inschrift, von der sich nur das ›Maria Mater‹ und ›Filium Dei‹ verstehen läßt, nicht aber der Rest mit ›Far, Miron et Aspron‹, was nach kundiger Auskunft auf Myrrhe, Gold und das geweihte Brot der Könige hinweisen soll.

Neben dieser Szene großmächtig die Bischofsgestalt mit der Segenshand. Noch fehlt der Nimbus; er war derzeit noch nicht kanonisiert, als das Tympanon entstand. Auf dem Türsturz darunter aber stehen die Apostel unter Arkadenbögen wie auf der Porte Miégeville in Toulouse. Wird da auch keine neue Epoche der Kunst eingeläutet, es liegt etwas Zutrauliches darin: der Bischof und die Namenspatronin seiner Kirche unbeschwert nebeneinander.

Das blieb auch im unregelmäßig angelegten Kreuzgang so, dessen Südseite zum Bergtal offen liegt. Vogelgesang und Waldesrauschen dringen hinein; freilich auch die zerstörenden Wetterschwaden. Eine naive Anmut webt in allem, wenn sich auch manches nur schwer entziffern läßt: geflügelte Drachen, die sich an einem Menschen gütlich tun wollen, Adam und Eva in der Verführungsszene oder bei der Vertreibung, sodann Kain und Abel, die exemplarischen Leitbilder, die selten fehlen. Doch dann kommt etwas Besonderes, der Evangelistenpfeiler mit Figuren wie aus dem Altertum, offenbar einer antiken Säulenstatue nachgebildet; gewiß spürbar vereinfacht gemeißelt und doch geht eine merkwürdige Wirkung von diesem Bildwerk aus. Ob man sich auch allein im Raum weiß, es ist stets jemand da, an den man sich wenden darf. Wie sinnfällig, vertraut das doch ist!

Die Kapitelle besitzen das alle, die Eule mit ihrer winzigen Beute, der Hahnenkampf, die Pferdehalter, Mann und Frau, selbst der Laubschmuck, das Flechtwerk der anderen Galerien, schließlich der Nordflügel an der Kirchenseite mit Spitzbogengewölbe und Nischengräbern – nirgendwo bedeutsame Kunst, aber es geht etwas Malerisches und Poetisches davon aus, eine tiefe wärmende Liebe zur Umwelt.

Drinnen im gotischen Innern, in dem man vom Kreuzgang aus eintreten kann, aber ist alles Hoheit. Weiß und hell streben die Gewände zwischen den riesenhohen Fenstern zu den klaren Gewölben empor, damit das farbige Licht der Scheiben sie mit Widerschein färbe. Auch das bedeutet Poesie; man denke, hoch auf der Bergschwelle eine Kathedrale im Licht! Es gilt auch für das Schnitzwerk des Kanonikerchores der Renaissance mit seinen verspielten oder lächelnd moralisierenden Allegorien. Es gilt für den Schrein des großen Kirchenfürsten mit den bunten, nach Bauernart gemalten Darstellungen seiner Wundertaten, die wenig zu ihm passen und eher von frommer Phantasie ersonnen scheinen. Was endlich bedeutet die marmorne Liegefigur des Hugues de Châtillon, der die Kathedrale im 14. Jahrhundert vollendete, in der Marienkapelle anderes als eine klangvolle Elegie? Allein, was wird nicht zum Gedicht in Saint-Bertrand? Die Häuser im Ziegelmosaik, die Winkel und kurvigen Gäßchen wie das zur Porte Majou hinab, die alte Ummauerung, die blumengeschmückten Häuschen, deren Blüten der Sturm in diesem Augenblick zausen mag, schließlich der Ausblick von der Barbacane nach Valcabrère hinaus, wo inmitten des Friedhofs, von Zypressen umstanden, die Basilika Saint-Just liegt …

Der Sturm dauerte die ganze Nacht, während wir in den wahrhaft üppigen Betten lagen wie eingewiegt. Dennoch muß ich eines kurzen Traumes gedenken, mit dem ich einschlief und wieder erwachte. Ruhe auf der Flucht hieß er, und es war nicht schwer zu ermessen, aus welchem Seelenwinkel er kam. Geborgenheit auf umgetriebener Reise, wieviel Zuversicht geht davon aus! Denn auf der Flucht sind wir alle, seit Menschen über die Erde gehen, aber vor wem und wohin?

Draußen, im ebenen Schwemmgrund des Tales, den die Höhenrücken der Vorberge ehrfürchtig umziehen, liegt weit abseits vom Dorf gleichen Namens das, was jeglicher Ruhe auf der Flucht einen hintergründigen Sinn verleiht, einen metaphysischen, *Saint-Just de Valcabrère*. Ein Totenkirchlein in der Verlassenheit der Felder. Man sagt, es habe einmal, ehe Saint Bertrand seine Bergkathedrale erbaute, als Bischofskirche gedient und nach neueren Grabungen der Archäologen war ihm gar ein Kreuzgang angefügt, was doch voraussetzt, daß es Mönche betreuten. Doch im Grunde will es allein sein, um Kraft für den Tag zu sammeln, an dem sich die Deckel von allen Grüften heben und sich der schweigsame Zug der Unzähligen auf den letzten Weg macht, den zum Gericht. Mag sein, daß sich darunter auch jener Idumäerfürst befindet, den sie Herodes nannten, und neben ihm seine Frau Herodias oder gar der vom Matacane-Felsen gestürzte Frankenführer Gondowald. Aber was tun da noch Namen in der unabsehbaren Menge, die stumm hinausziehen wird in das Wetterleuchten des Jüngsten Tages!

Saint-Just dient also seit zweitausend Jahren oder wenigstens seit frühchristlicher Zeit als Begräbnisstätte, das Ziel und der Endpunkt aller Agonien, die im Lande erlitten wurden und werden, wenn der Zustrom auch nachgelassen hat. Es gibt sich ganz einfach, breit hingelagert, fast schmucklos mit einem kraftvollen, gedrungenen Turm; ringsum der Totenacker mit seinen blaßblauen Iris und den trauerdunklen, alten Zypressen am Rande. Wer herantritt, sieht freilich, daß es so gering garnicht ist und neben zwei schmalen Seitenschiffen ein ansehnliches Mittelhaus besitzt, alles mitsamt in zwei seltsam hufeisenförmig ausgebuchteten Apsiden und einen halbrunden Hauptchor auslaufend. Draußen hat man versucht, die vorstoßenden Raumkompartimente mit einem gemeinsamen Dach zu überfangen. Ein schwieriges System nach außen geöffneter Nischen ist so entstanden, das etwas aussagen will. War diese Minderung, dieses Entwerden der Ausdrucksgebärde, die jedem gefügten Stein innewohnt, nicht gewollt? Der Bau ist gegen 1200 erwachsen in einer Zeit, die begriffen hatte, daß verringertes Volumen die architektonische Sprache vergeistigte. Eine Totenkirche, was will man? Erst im Mysterium des Abscheidens ist Erlösung möglich, und jeder stirbt in sich hinein!

Aber das wahre Geheimnis von Saint-Just liegt dennoch im Stein. Es ist aus den Marmorblöcken des Untergangs und zum großen Teil aus alten Sarkophagen errichtet. Manchmal tauchen aus den Wänden noch Inschriften oder Zeichen auf wie an dem zum Fenstersturz gewordenen steinernen Schrein mit der freilich fast erloschenen Erzählung von Jonas, den der Fisch verschlang, ausspie, worauf der Unglücksprophet sich unter einem Baum ruhend wiederfand. Oder jener im Innern des westlichen Schiffsteiles eingemauerte Grabstein der Valeria Severa und des Priesters Patroklus aus dem Jahre 347 nebst dem konstantinischen Chrismon.

Der Heilige, dem die Kirche den Namen verdankt, Saint Just, ruht unter einem späten Ciborium, auf dem er samt seinem Gefährten Pastor dargestellt ist – beide starben gemeinsam am 5. August 304 in Alcalá de Henares den Märtyrertod – in einem schmucklosen Sarkophag hinter dem Altar. Ein winziges kryptenförmiges Gelaß ist darunter gemuldet. Pilger, die das Heiligtum aufsuchten, konnten sich darin der Gnadenemanation aussetzen, wie ich es nur von Bamberg kenne. Das Ungreifbarste der Santiago-Fahrt, das rein Spirituelle, hier ist es Gegenwart! Aber die Spuren verschollenen Daseins geistern allenthalben durch diesen Raum. Wer über seinen Marmorboden aus dem Stein vom nahen Saint-Béat geht, schreitet über uralte Grabplatten. Allein, diese Kirche im lichtübergossenen Tal besitzt noch etwas Besonderes, es ist beinahe ihr einziger Schmuck, ihren Zugang, der an der Nordseite des Langhauses liegt.

Wer auf dem knirschenden Kies des Friedhofsweges durch die Gräberreihen heranschreitet, sieht sich einem flachen Torbau gegenüber, in dem sich ein Portalbogen mit wulstigen Archivolten wölbt. Alles atmet einen hohen Grad von Schönheit, die jene der Einfachheit ist. Nur eine Zahnschnittleiste rahmt das Tympanon ein, auf dem der Herr mit Buch und aufgehobener Segenshand in der Mandorla thront. Zu seiten stehen die Evangelisten, deren zwei die Glorie stützen, eine Formel der Pyrenäenkunst, freilich auf andere Weise in Saint-Aventin hoch im Gebirge wiederholt.

Von oben eilen zwei Engel mit Räucherfässern heran wie allenthalben.

Doch wer achtet darauf überhaupt? Das Auge wird magisch angezogen von den vier großen Standfiguren im Gewände, Bildwerken von ungewöhnlich statuarischer Würde, deren enge Beziehung zum Evangelistenpfeiler von Saint-Bertrand unübersehbar bleibt. Die Köpfe mit sorgfältig gelegtem Haar, lächelnder Miene und einem Hauch Kindhaftigkeit des Ausdrucks, dazu die sorgfältig nach antikem Vorbild aufgebauten Körper bekunden den Wunsch nach monumentaler Wirkung. Die Kapitelle über ihnen machen durch die Schilderung ihrer Passion sichtbar, um wen es sich handelt: an den Außenseiten Sankt Justus und Sankt Pastor, an der linken Innenseite Sankt Stephan, der zweite Patron dieser Kirche. Gegenüber endlich die einzige Ausnahme des Märtyrertores, eine gekrönte Frau mit einem Kreuz in der Hand. Aber ist es wirklich die Kaiserin Helena, die Christi Marterholz wiederfand, wie man erkennen will? Das Kapitell über ihr zeigt eine seltsame Szene: ein Mann fordert eine Frau auf, ein Pferd zu besteigen. Beide halten den Wanderstab der Pilger in Händen, der Mann hat daran ein Trinkfäßchen gebunden; beide tragen die Besace, den Brotbeutel der Jacquaires mit dem schräg über die Brust laufenden Haltegurt. War die Kreuzessuche als Pilgerfahrt verstanden worden und hatte man ihr darum die Attribute der Santiago-Fahrer verliehen, weil niemand sich die Heilssuche noch anders vorstellen konnte?

Eine Woche blieben wir noch in Saint-Bertrand, nicht nur der Ruhe auf der Flucht willen, sondern weil es uns nicht losließ. Bis es abermals Zeit wurde und wir gerührten Abschied von Madame nahmen, die uns ihr wärmstes Lächeln mit auf den Weg gab, der weiter, immer weiter am Gebirgsfuß entlangführen sollte, bis wir nach Lourdes im Lavedan gelangten.

Lourdes oder Die Hoffnung

Es war eine veränderte Welt, durch die wir über La Barthe und Bagnères zogen. Etwas fehlte darin. Keineswegs, daß uns die Berge im Stich ließen, höchstens verstellte ein Frühlingshügel hier, ein Wald dort die Fernsicht für einen Augenblick. Das Vallée d'Aure öffnete sich, das schönste der Pyrenäentäler, der Pic du Midi kam zum Vorschein, überall quellende Natur, reges Leben; auch an Zeugnissen einer bunten Geschichte fehlte es nicht: *Mauvezin* ragte am Weg, die Grenzfeste des legendären Gaston Phoebus von Foix, Herrn des Béarn, der noch 1391 mit sechzig Jahren den Bären anging; und südwärts lag, stets vom Schicksal bedrängt, die hochberühmte Zisterzienserabtei *Escaladieu*. Das letzte Unheil, der Brand von 1966, hatte wenigstens ihren kostbarsten Bauteil, den uralten Kapitelsaal verschont. Nur das Erwartete stellte sich nicht ein.

Es gab jene Spuren nicht mehr, die ich suchte. Die Santiago-Wanderer mußten hier doch in Scharen gezogen sein. Selbst in *Tarbes* nicht, das wir auf langwierigem Umweg erreichten. Dort, immerhin, fand sich ein Hinweis: dreimal war die Kathedrale des 12. Jahrhunderts von den Hugenotten verwüstet und endlich zerstört worden; wir befanden uns im Land der Jeanne d'Albret, Mutter Heinrichs IV. von Navarra, die den Grafen Montgomery mit seinen Truppen auf Brandschatzung schickte; was nur papistisch roch, sank in Asche. Die Religionskriege, das andere Schicksal des Südens! Schließlich erlagen wir der Verlockung eines Aussichtssträßchens und langten reichlich verspätet im Talgrund des Gave du Pau an, sozusagen vor der Haustür von Lourdes.

Da kam nun der Hauptgrund ans Licht, warum sich so vieles verändert hatte, neue Straßenzüge und hinauswuchernde Siedlungen die letzten hinweisenden Zeichen zerstörten. Eine neue Pilgerschaft hat die des Mittelalters ungeschehen gemacht und überlagert. Eine, in der es nicht mehr um das ›Ego sum via‹, den Weg an sich und den prometheischen Traum des ›e ultreya‹ ging, sondern einzig um den Besuch jener Stätte, an der 1858 die ›Dame‹ der kleinen

Bernadette Soubirous erschienen war – nie hatte das Mädchen sie anders genannt! Die wundertätige Muttergottes von Lourdes mit anderen Worten, zu der seit mehr als einhundert Jahren in unaufhörlich wachsender Zahl die Kranken und die Gläubigen Europas strömen. Im Wagen, Bussen und Eisenbahnzügen.

Lourdes, das Wort wiegt schwer, und niemand kann an ihm achtlos vorübergehn. Antwortet es nicht auf eine brennende Frage unserer Zeit, wie sehr das Leiden auch immer der Menschheit Teil war? Ging von der Aufforderung der Dame an Bernadette, mit ihren bloßen Kinderhänden nach einer Quelle zu graben, und schließlich der ersten Heilung nicht die Wirkung eines Fanales aus? Seither erscheinen sie, die Gequälten der Erde, von den Verkrüppelten bis zu jenen furchtbar Entstellten, die man selbst in der Stadt des Erbarmens in den entlegenen Winkeln der Hospitäler verbirgt. Es kommen andere Kranke, denen kein Arzt mehr zu helfen vermag. Siebzigtausend waren es 1975, die zur Grotte der Erscheinungen zogen, auf den Lippen die Anrufung, wie der Priester sie vorspricht.

»Herr, gib, daß ich gehe,
Herr, gib, daß ich sehe,
Herr, dein Wort kann mich heilen ...«

Jene, die nicht mehr zu Fuß sind, in den verdeckten Sitz- oder Liegewagen, gezogen von den ›Brancardiers‹ mit dem Tragegurt um die Schultern, den freiwilligen Helfern, die sie nach der Andacht zu den Bädern mit dem heilsamen Quellwasser bringen.

Es kommen die Gläubigen; drei Millionen sind es im nämlichen Jahre gewesen: »Jésus, fils de Marie, ayez pitié de nous!« Sie stehen vor der Grotte und starren brennenden Auges ins Dunkel. Man sieht ihnen die Ergriffenheit an; vielen steigen Tränen ins Auge. Sie knien mit kreuzförmig ausgebreiteten Armen und warten des großen Augenblicks, an dem sie sich dem unablässigen Zug durch die Grotte eingliedern können. Es geht langsam, sehr langsam. Jeder will die kostbare Minute nützen und mit der Hand den Stein berühren, auf dem die Jungfrau der Vierzehnjährigen erschien, jeder ihr Marmorbild rechts, hoch hinter dem Stein betrachten, um versunken wie bei der Eucharistie, vorbei an der heute abgedeckten Quelle, an den brennenden Votivkerzen vorüber wieder hinauszugehen.

Die Berührung mit dem Überwirklichen ist der erste Höhepunkt ihrer anstrengenden Reise, und doch nur der Anfang. Sie nehmen an den Messen und Andachten teil, die man für sie im Freien, sogar jenseits des Gave im Anblick der Grotte, oder im riesigen Gotteshaus der Pilger quer vor dem Nordhang des Kalvarienberges veranstaltet, das eigentlich aus drei über- und hintereinander gestaffelten Kirchenräumen besteht und seine schräg zur Estrade emporführenden Rampen gleich Armen um die Place du Rosaire schmiegt: sei es in der ebenerdigen Rosenkranzbasilika ›romanobyzantinischen Stiles‹, sei es in der Krypta des Zwischengeschosses für die stillen Gebete oder der oberen, neugotischen Basilika mit dem hohen Spitzturm und den vielen Exvotos.

Ich habe sie endlich versunken über den vorgelagerten Rosenkranzplatz zur großen Jungfrauenstatue des Bildhauers Fabisch aus Lyon wandern sehen, die mit Kunst so wenig zu tun hat wie ganz Lourdes. Aber sie entspricht genau dem Geschmack der einfachen Leute. Sie empfinden sie schön, weil sie die Gottesmutter ist. Die zahllosen Halteringe am Gitter der Rundrabatte um den Sockel sind stets vollgesteckt mit frischen Blumensträußen, und die Frauen vom Land, die gerne in Tracht kommen und ein wenig nach Mottenpulver riechen, kaufen sich im nächsten Laden einen Gipsabguß davon; dem können sie künftig ihre Sorgen vortragen oder die Kümmernisse eines einsamen Lebens im Hinterhof. Waren sie bei ihr nicht gewissermaßen zu Gast? Es versetzt sie in Hochstimmung wie alles in dieser Stadt, in der man kaum jemals einem niedergeschlagenen Antlitz begegnet. Selbst bei den Kranken nicht, die an dem wenigsten teilhaben können, ob ihnen der Besuch geholfen hat oder nicht. Sie, sonst nur Gegenstand herablassenden Mitleids, haben einmal in ihrem Leben im Mittelpunkt gestanden; das verleiht ihrem Leiden einen besonderen Rang, und sie nehmen dieses Bewußtsein als wärmende Erinnerung in die Verlassenheit ihrer Kammern mit, die dem täglichen Leben draußen so fern liegen wie der Nordpol.

Die Übrigen aber treibt es umher, wenn sie Freizeit haben. Es gibt so viel zu sehen! Das Cachot oder ehemalige Ortsgefängnis, in dem sich die Lebensmisere des bankrotten Müllers Soubirous und seiner Familie im ungefähr vier mal fünf Meter großen Erdbodengelaß abgespielt hat. Sie waren so entsetzlich arm, daß der Anblick wehtut! In diesem Loch hat die Kleine von ihrer unaussprechlich schönen Dame geträumt, die ihr achtzehnmal draußen in der kalten Grotte am Gave-Ufer erschien. Hätte ihre geschwätzige Freundin Abadie, die sie bei ihrer trancehaften Verzückung beobachtete, die Geschichte nicht gleich herausposaunt, wäre davon nichts an die Öffentlichkeit gedrungen. Oder da ist die ehemalige Mühle von Boly, in der Bernadette zur Welt kam, als es noch besser ging; da ist das ›Hôpital Bernadette‹, in dem sie bei den ›Sœurs de la Charité‹ den Unterricht besuchte und eine herzlich schlechte Schülerin war.

Sie wandern durch die hügelige Stadt und entrüsten sich durchaus nicht wie die Schöngeister über die Bündel von Rosenkränzen in den Devotionalienläden und nicht einmal über die Plastikflaschen in Form der Madonnenstatue, die es wirklich wert wären. Warum? Man kann darin das Quellwasser mit nach Hause nehmen, ohne daß etwas zerbricht, und hat das Jungfrauenbild obendrein. Manche, die sich nicht genug tun können, wandern noch einmal zum Kalvarienberg hinan oder fahren mit dem Lift am Ende der Rue Bondidier zum Château-Fort auf dem Felsklotz inmitten der Stadt empor, in dem es ein herrliches Pyrenäenmuseum gibt. Aber viel schöner bleibt, daß man so weit, so tief hinabschauen kann auf Lourdes, das längst nicht mehr das trübe Nest der bleigrauen Dächer »unterhalb der Straße« ist, das Hippolyte Taine 1855 noch sah, sondern eine respektable Stadt, in der sich ein Hotel neben das andere drängt und drüben, jenseits des Gave, die Cité religieuse mit den Basiliken halb unter den herrlichen Bäumen versteckt.

Endlich aber kehren sie alle zurück, denn es ist Abend geworden und für den Einbruch der Dunkelheit Lichterprozession angesetzt, bei der jeder eine Kerze mit der Windtüte in der Hand trägt. Zu Abertausenden formieren sie sich vor der Grotte, Italiener, Spanier, Flamen, eine Gruppe aus Bayern, was gerade da ist, hinter dem Namensschild ihres Landes, Rollstühle dazwischen, und ziehen als leuchtender Heerwurm unter der Rampe hinweg, an der Jungfrauenstatue vorbei in die Dunkelheit der doppelläufigen Prozessionsstraße bis zum Wendepunkt im Gave-Knie. Und nunmehr klingt es auf, das Lied von Lourdes, mit seinen zahllosen Strophen, das der Abbé Gaignet aus der Vendée 1874 erdacht und komponiert hat. Es ist vollkommen naiv und von ganz einfacher Melodie. Aber es packt jeden so an, daß er den ganzen Abend davon nicht loskommt.

»*Sur cette colline*
Marie apparut
Au front qu'elle incline
Rendons le salut ...«,

worauf wie ein dreifacher Hornruf, dann lang hinschleifend der Refrain ertönt:

»*Avé – avé*
Avé – Mariá!«,

und endlich noch einmal dasselbe.

Schon nähert sich die Spitze des Zuges wieder den Basiliken. Die Augen der Menschen schimmern; jedermann rieselt es über den Rücken. Massensuggestion hat es Tucholsky genannt, aber es ist etwas ganz anderes. Man fühlt, wie man durch dieses Lied, diese hinreißende Stunde eines geworden ist mit den Nebenleuten, nein, mit der ganzen Christenheit. Bereits ziehen die Vordersten die Rampen hinauf, bis alles von Lichtern gesäumt, der Platz von Lichtern erfüllt ist, und endlich aus abertausend Kehlen das große Credo in den Nachthimmel steigt.

Ein Tag in Lourdes. Morgen früh werden sie sich, sofern ein besonderes Fest gefeiert wird, zur Messe in der unterirdischen Basilika Pius X einfinden, die sich unter dem Rasen neben dem Prozessionsweg hinzieht und zwanzigtausend Menschen faßt ...

Ich habe auch jene besucht, die das alles als vierzehnjähriges Mädchen zum Leben erweckt hat und über diesen Nachhall ihrer ›apparitions‹ erschrocken wäre. Jene Bernadette Soubirous, die später als Ordensfrau im Konvent Saint-Gildard in Nevers lebte und mit fünfunddreißig Jahren an einem Krebsleiden starb. Dort liegt sie im Glassarg der Klosterkapelle aufgebahrt, wie man sie nach jahrzehntelanger Grabesruhe unversehrt aus der Erde barg. In ihrem Nonnenhabit, kindhaft, mit einem zarten, kleinen Gesicht, als schliefe sie.

Ach, unvergeßlicher Franz Werfel, man muß es lesen, dein Buch ›Das Lied der Bernadette‹, das du, der Jude, 1940 auf der Flucht vor der deutschen Besatzung in Lourdes während einiger Wochen angstvollen Abwartens zu schreiben gelobtest und konzipiertest, um es nach deinem Entkommen in Los Angeles zu Papier zu bringen. Es steht alles darin, wie es kein anderer zu sagen vermöchte, was sich im Winter 1858 in Lourdes und hernach in Nevers und Rom begab, als man die Müllerstochter heiligsprach. »Ein Lied« nanntest du es. Das ist es geblieben, eines, das Wirklichkeit wurde und die ganze Welt durchhallt.

Der Aufstieg zum Port de Boucharo

Am Abend, als alles vorüber war, saßen wir, um ein Inselchen der Besinnung bemüht, vor der Brasserie des Hotels und ließen die Stimmen der Heimkehrenden an uns vorüberziehen. Sie hatten einander so viel zu sagen; es klang wie das leise Fortrauschen eines von langem Aufwallen nachbebenden Meeres. Daß wir alle inmitten der Zeit, die wir Gegenwart nennen, nur Getriebene sind und niemals anlangen, hat mich selten so angerührt, wie an diesem Abend in dieser Stadt, in der sich die meisten am Ziel glaubten. Sobald ich die Augen schloß, sah ich meine Jacquaires vor mir, die auf der Suche nach einer Bleibe für die Nacht hindurchzogen, um nach kurzer Sammlung der Kraft wieder hinauszuwandern nach Westen, doch auch nach Süden.

Denn abermals zweigt in Lourdes einer der ›chemins secondairs‹ ab, wie an der Tolosana so oft, einerlei ob von der oberen, der klassischen Route von Toulouse nach Auch und

Oloron zum Somport oder jener am Fuß des Gebirges entlang, der wir zur Stunde folgten. Zwischenwege gab es allenthalben; sie durchquerten die Gascogne und das Béarn gleich Harfensaiten. Die Pyrenäen besaßen für die Jacquaires eine magische Anziehungskraft, als hätten sie es nicht erwarten können, auf die andere Seite zu kommen. Was lockte, was stachelte sie, nicht die gebahnteren Übergänge abzuwarten? Wo sich ein Flußtal nach Süden öffnete, bogen sie kurz entschlossen ab, einerlei welche Schwierigkeiten das Überqueren der Bergmauer brachte. Offenbarte sich in solcher Unbedenklichkeit vielleicht die gleiche Mentalität, die den Kreuzfahrer zu seinem Gelübde antrieb, niemals mehr heimkehren zu wollen, sondern sein Grab draußen, irgendwo in der Fremde zu suchen?

Zwar benutzten selbst Heere, Detachements oder ganze Armeen solche Übergänge, aber sie mochte ein militärischer Grund zur Eile treiben, wie einst König Peire II, als er über den Port de Venasque hinab nach Muret in den Tod ritt. Wir hatten das von Saint-Bertrand aus nachvollzogen: elfhundert Meter Höhenunterschied vom letzten Blick auf die Hänge der Maladetta bis zum Hospice de France bei knapp vier Kilometern Luftlinie an Distanz! Wenn auch die endlosen Kehren des Maultierpfades die Steile des Abstiegs ein wenig milderte und das trockene Wetter dem Weg seine gefährliche Glätte nahm. Aber handelten die Santiago-Wanderer, denen wir durch das Neste-Tal von La Barthe aus über Vieille-Aure – dort stand in der Kirche nicht grundlos eine Santiago-Figur ›en pèlerin‹! – nach Aragnouet und endlich Bielsa auf der spanischen Seite folgten, anders? Damals gab es noch nicht den Straßentunnel unter der Peña de Hercules hinweg, den wir schließlich voller Beschämung wählten, weil ich beim ersten Versuch, die Höhe zu queren, schon nach wenigen Minuten hilflos im Harsch des letzten Winterschnees steckenblieb.

Wann hätten sie anders als in so früher Jahreszeit wandern sollen, wollten sie rechtzeitig vor dem Wettereinbruch des Herbstes zurück sein? Sie mußten über den Port Vieux in 2438 Metern Höhe, und daß sie emporstiegen, steht außer Frage. Victor Allègre hat uns berichtet, was er selber an diesem Weg gefunden hat: »Patronymes, coquilles, statues«. Zudem, wo sich die Standorte der romanischen Kirchen in den Hochtälern häufen, sind allemal Pilger gezogen. Es ist, als hätten erst sie das Leben in diese Regionen gebracht, in denen vordem nur etliche Hirten und Gemsenjäger hausten. Natürlich mußten bereits früheste Besiedler, die Gallo-Römer, die Handelsleute der Antike, römische Militärtrupps, spätere Erobererhorden oder Flüchtlingstrecks wie Westgoten und Vasconen das Gebirge queren; die aber hielten sich an die großen Verbindungswege und überließen die Chemins secondairs denen, die sich im Lande auskannten.

Doch zurück nach Lourdes! Von hier führt eine Straße nach Süden durchs Tal des Gave du Pau, die sich anfangs wie ein Maienspaziergang ausnimmt, um nach drangvoller Verengung gegen den unersteiglich scheinenden Cirque de Gavarnie zu stoßen, in dem sich jeder Übergang in waghalsige Akrobatik verwandelt.

Ein junger Tag ist über dem Lavedan aufgestiegen, das sich im Tal von Argelès zu einem weiten Becken öffnet. Es liegt ein unsagbares Versprechen im Anblick. Auf den nördlichen Bergen hängt zarter Dunst, verhüllt noch die Kuppen; von den Höhen wallen Wiesenmatten, von Laub quellende Baumgruppen hinab, und zahllose kleine Bauwerke klimmen vom Grund in die Hänge, durch die abends die Lichter heimkehrender Fahrzeuge gleich Johanniskäfern schwärmen. Da aber der Zauber der Landschaft erst ganz erblüht, wenn sich das Erhabene mit dem Innigen mischt, ragen weit im Süden die Zinnen des Viscos, noch ferner der Pico de Vignemale, der von Balaïtous in elementarer Kraft empor.

Gott hat diesen wundervollen Landstrich nicht allein gelassen. In *Saint-Savin* auf der Landschwelle über dem Tal steht sein Altar im machtvollen Chor, von den Apsiden gleich Paladinen bewacht. Der Binnenraum ist ganz kurz, das Querhaus breit gelagert. Es kommt darauf an, daß sich die Augen zur Vierungskuppel erheben. Nichts darf leere Gebärde bleiben, und so wächst aus den Schultern nur ein gedrungener Achteckturm mit dem knappen Ansatz eines Daches, dem einzig ein Spitzkegel wie ein Löschhorn aufgesetzt ist. So haben die Benediktiner nach 1050 allenthalben im Béarn und Bigorre gebaut. Wer es genau erkennen will, muß die Pläne des untergegangenen Saint-Orens im Irady-Tal tief gegenüber studieren.

Auch Saint-Savin hat der Zeit Tribute gezahlt. Vom doppelstöckigen Kreuzgang sind nur noch etliche, im herrlichen Kapitelsaal gestapelte Kapitelle übrig, und doch blieb genug! Die tragenden Säulen der zwei kleinen Schiffe behäupten bleckende Masken, Vögel, Sterne, ungelenke Tierfiguren aus verschollener Frühe, eher Rätselbilder als Kunst. Der Träger des Weihwasserbeckens mit dem vorgelegten Cagot, wie man die Nachkommen der Leprösen nannte, mahnt er nicht zu allumfassendem Erbarmen? Schließlich die maurischen Lappenbögen an zwei Türmen zum Glockenturm und hinten im Schiff – berichten sie nicht, daß Steinmetzen durchzogen, die von der großen Wanderschaft heimwärts kehrten? Das alles ist lange her, so lange wie jene Zeit zurückliegt, als drüben im rostigen Ruinengemäuer von Beaucens am jenseitigen Talgrund, in dem heute ein Falkner die Raubvögel des Landes vorführt, die Vizegrafen des Lavedan hausten. Die Herren jenes kleinwüchsigen, leicht braunhäutigen Volksschlages mit dem suchend-sehnsüchtigen, fast brennenden Blick, den auch Bernadette Soubirous noch besaß.

Bald aber verengt sich das Tal zur Schlucht, weitet sich nur noch einmal, um *Luz* mit den hoch von Mauern und Zinnen umgürteten Templerkirchlein und seinen Karreetürmen gleichsam nebenbei Raum zu gewähren. Denn den Ort überstrahlt noch immer der Glanz weißer Häuser aus der Zeit der Kaiserin Eugénie, die drüben in *Saint-Sauveur* die ›Station des Dames‹ besucht hat und Luz somit hoffähig machte. Aber sie gleichen keineswegs die graue Verkrustung der Not aus, welche die Felsen in der Umgebung erkennen lassen. Denn nun heben abermals die Schluchten an, während das Wasser wild und tosend neben der Straße herschießt.

Endlich zweigt nach heftig steigender Kehre in Gèdre das Sträßlein zum Cirque de Troumouse ab, und bald ist *Gavarnie* da, eine Karawanserei von Gasthäusern, Ställen und

Parkplätzen heute, die sich nach Süden in den Cirque, den ungeheuren, von Felswänden umragten Kessel vorschieben. Siebzehnhundert Meter ragen die Grate über dem Talgrund auf, schwer emporgeworfen oder in Querbändern und Sockeln abgetreppt, ein Stein gewordenes Drama der Erdgeschichte, das erst der endlose Absturz des Wasserfalles inmitten erfaßbar macht. Hoch im zackig säumenden Rand eine tiefe Kerbe. Dort hat der Sage nach Roland sein Schwert in den Kamm des Abgrunds geschlagen. Am Boden des Kessels werfen sich Hügel auf, zerfaserte Wälder fließen von den Geröllhalden zu Tal, und auf verzweigten Wegen trotten heute die Mulis und Gäule der Touristenkavalkaden bis zum Sockel der Wände.

Wahrscheinlich haben die Pilger bei ihrer Ankunft einander ratlos angesehen: wo sollte es weitergehen? Und da es Abend war, schauten sie vielleicht zuerst nach einer Bleibe aus, um sodann, gleich uns, zum Kirchlein zu wandern, einem bescheidenen Gotteshaus, grau wie das meiste und früher von der Priorei der Hospitaliter-Ritter beschirmt. In der Kapelle ›Zum guten Überweg‹ links vom Hauptaltar stehen zwei kleine Figuren von Santiago-Wanderern zu seiten von Notre-Dame-du-Bon-Port, die eine Pilgerkalebasse in der Hand trägt; da wußten sie endlich Bescheid, daß sie sich auf der richtigen Route befanden und sanken ins Knie. Was sie angesichts ihrer Betroffenheit über dieses Gebirge erflehten, ist unschwer zu erraten.

Der nächste Morgen: sie sind früh auf den Beinen. Diesmal lacht keiner, wie sonst üblich. Sie wissen nun, wo sie hinanklimmen müssen, rund zweihundert Meter zurück, dann links ins Vallée des Espécières jenseits des Steilhangs des Pic de Mourgat hinein.

In den Abgrund von Gavarnie kann man von dort, wo heute eine Mautstraße in über zwanzig Kehren hinan zum Port de Boucharo in Höhe von 2270 Metern führt, nicht hinüberblicken. Es mag sie erleichtert haben. Dann steigen sie wie gewohnt in gemessenem Schritt, vorüber an der Kapelle von Notre-Dame-des-Neiges, auf. Plötzlich aber umhüllt sie, wie mich einst in Bielsa unter lachender Sonne der Winterschnee, der Schwaden, für den Gavarnie berüchtigt ist; aus ihm beginnt es zu regnen, klatschender Schnee wird daraus. Wer zurückschaut, kann unter sich das Kirchlein von Bareilles schon nicht mehr erkennen. Die steilen Serpentinen, die sie zum Keuchen bringen, holen weit nach Norden und Süden aus; manchmal scheint es, als schiebe sich der obere Rand einer Kehre genau über die untere. Der Weg ist nicht befestigt wie heute und schon gar nicht geschottert.

Gelegentlich klaffen Abbruchstellen darin, an denen sie einander die Hände reichen müssen, und doch rutscht einer jählings ab; sie können ihn eben noch fassen. Ach, ein Seil wäre zu brauchen, aber wenigstens bewährt sich ihr Stock! Als sie endlich in einer lang auslaufenden Geraden oben anlangen, muß es Mittag sein. Wolken, die nur gelegentlich aufreißen, rauchen über die Höhe. Voraus im Vordergrund verstellen die Klippen der ›Sarradets‹ den Blick auf die Brèche de Roland; doch dahin wagt sich ohnehin niemand. Drüben ragt der Marboré noch tausend Meter höher empor; unter dem Gletscher an seinem Fuß strömt die Kaskade hernieder …

Allein, was kann ihnen das alles helfen, was bedeuten? Sie kauern nieder, wo ein Stein vor dem eisigen Luftstrom Schutz bietet und starren auf das arg mitgenommene Schuhwerk, und jetzt erst, am Rande der äußersten Erschöpfung, überfällt sie tiefes Erschrecken. Etwas, das sie gleichzeitig lähmt, halb Ohnmacht, halb Schwindel, zieht sie unwiderstehlich dem Bodenlosen zu. Wo gibt es Halt, wo Sicherheit, und wie furchtbar muß Gott sein, der in dieser Leere wohnt? Die Erhabenheit der Natur? Sie wissen noch nichts davon, hocken wie Statuen, um sich nur nicht rühren zu müssen.

Bis einer beim Aufreißen des Schwadens endlich tief, tief unten am steilen Südhang etwas erkennt, einen fadendünnen Wasserlauf, daran ihr nächstes Ziel, das Kapellchen San Nicolás. Es gibt einen Ausweg! jubelt es in ihm. Und nun kehrt das Leben in alle zurück. Mit unendlicher Vorsicht klimmen sie über die Ränder abwärts, erreichen nach Stunden das Ara-Tal, dann den Ort Toria. Morgen abend werden sie in Jaca sein, merkt einer tröstend an. Oh gewiß, aber im erleichterten Auflachen klingt ein Erbeben mit, das sie noch im Traum nicht losläßt.

Wir freilich kehrten noch einmal zurück über Lourdes, um auf dem Hauptweg weiterzuziehen nach *Saint-Pé-de-Bigorre,* einst eine große Abtei mit zwei Kirchen, Saint-Pierre-et-Paul und Notre-Dame-des-Miracles genannt, seit 900 Ziel einer Wallfahrt. Nach den Religionskriegen stand davon nichts mehr als ein romanischer Turm und ein nachgebautes Schiff, diesmal Saint-Pierre-et-Notre-Dame geheißen. Als Entschädigung für die entzogene Patronanz heftete man der Paulusfigur Pilgermuscheln an. Saint-Pé war ohnehin längst eine der bedeutendsten Etappen des Weges geworden, in der es alles für die Wanderschaft gab, was das bitterarme Lourdes nicht bieten konnte.

Es war selbst für uns ein schwerer Tag, und ich habe es tief genossen, abends vor der Stadtmauer zu sitzen und ins Tälchen zu blicken, durch das die Bahn von Lourdes nach Pau bummelte. Wie vertraut konnte die Erde sein! Gegenüber wuchsen die Vorberge als eine eng geschlossene Mauer direkt aus dem Wiesengrund. Keineswegs abweisend, vielmehr besaßen sie etwas von einer gutmütig hingelagerten Elefantenherde. Die Wolken schwammen zutraulich aus der Ebene heran und legten sich hoch in den schmalen Tälern schlafen, als sei dies ihr Ankerplatz. Eine nach der anderen. Offenbar waren auch sie rechtschaffen müde.

In den Tälern von Ossau

Doch das Überqueren des Gebirges vermochte auch eine andere Empfindung als Schrecken auszulösen: das Hochgefühl einsamer Überwindung. Auf dem Weg von Saint-Pé zum Col des Moines, dem letzten der Nebenrouten vor dem Somport, ließ es sich lernen. Es war ein Tag wie geschaffen zum Unterwegssein, frisch und durchsonnt, und am liebsten liehe ich mir die Anfangsworte von Jammes' ›Hasenroman‹ aus: »In dem Thymian und dem Tau des Fabeldichters.« Sie bezeichnen die Örtlichkeit haargenau. Längst lagen die Höhen von Bétharram, in denen ich vor Jahren einmal den Unterweltsfluß befuhr, längst das Kloster gleichen Namens, der Abzweig nach Westen bei Asson zurück. Zur Linken stand tintig die Bergmauer, die Hügel wallten grün vor uns her, und manchmal lugte uns aus den wogenden Feldern ein unternehmungslustiges Haus nach bis zum nächsten Waldrand, wo das Laub wieder über uns zusammenschlug. Es dauerte einige Zeit, bis die Augen etwas Neues entdeckten: *Mifaget* lag vor uns, einst ›Commanderie‹ oder Pilgerstation im Schoß der Buchenwälder am ›dritten vizegräflichen Weg‹ von Saint-Pé nach Ossau, um 1110 entstanden. Von ihm hat sich, wenn auch gotisch überfremdet, das Kirchlein Saint-Michel erhalten. Hochwürden im Haus gegenüber kam gleich mit dem Schlüssel, so schnell es die Beine zuließen, als wir das romanische Tympanon am Seitenportälchen mit dem flachen Lappenbogen studierten: ein Chrismon überfangen von ›angelots‹, kleinen Engeln, an beiden Seiten flankiert von hintübergebeugten Gauklern, die ihre Köpfe zwischen den Beinen durchsteckten.

Es war ein weißhaariger Herr, der in dem weit verstreuten Dorf nur noch auf Abruf saß, aber noch rüstig. Leider, er hatte es eilig, mußte zum Kommunionunterricht, aber seine Kirche sollten wir dennoch sehen können, das wäre noch schöner! Wußten wir, daß sie eine Krypta besaß, kreisrund, fast die einzige im gesamten Béarn, und darin einen Altar auf gedoppeltem Säulenfuß, aus dem abermals ein Engel hervorsah? Droben im sorgfältig gebohnerten Schiff gab es seltsam grobschlächtig gearbeitete Kapitelle an den Säulen im Chor, stilisierte Bäume und Schlangen. Darauf hatten schon die Augen der Pilger geruht, die von Santa Cristina kamen oder dahin wollten, dem Mifaget unterstand, merkte er nachdenklich an. Aber nun mußte er wirklich fort, ließ uns den Schlüssel da. Wir mochten ihn an seinem Haus auf die Fensterbank legen oder einfach steckenlassen; Kirchendiebe, von denen man soviel las, gab es bei ihm gottlob noch nicht. – Draußen auf den Wiesen genossen die Füllen das Glück ihrer jungen Beine, galoppierten neben den Stuten her und lernten, wie man es richtig macht.

Hinter Pé-de-Hourat ging es lange von einer Gebirgsmauer begleitet durch einen Grund. Weit und breit kein Mensch, bis sich endlich das Tal des Gave d'Ossau öffnete und wir nach Süden ins Gebirge abbiegen mußten. Im verwinkelten *Castet* mit dem Schloß hoch auf dem Berg watschelten Enten über die Straße zum breit hinströmenden Fluß. Dann hatte der Wald uns wieder, und manchmal konnte man die sonnenbeschienenen Matten unter den Graten des Pic du Moulle de Jaout sehen, der über zweitausend Meter ansteigt. Schon zeigte sich Laruns im zweiten Kessel, wo es zum Col d'Aubisque abgeht, hoch umragt. Auf den Bergsockeln überall verlorene Dörfchen. Die Straße verwandelte sich in eine Klamm, führte steil empor. Es mußte vor kurzem geregnet haben. Aus hohen Wänden sprühten Bäche ins Tiefe, spitze Felsnasen ragten in Dunst und Blau, bis *Eaux-Chaudes* mit seinen heißen Quellen auf überwaldeten Felsterrassen erschien, ein winziger Kurort, in dem die Kranken wie eingesperrt saßen. Die Straße zeigte sich in den Fels gehauen; da mußte es früher doch wenigstens einen Saumpfad gegeben haben. Freilich wo? Drüben am Pont d'Enfer, der Höllenbrücke?

Für einen Pfad war auf dem anderen Ufer kein Platz; die Welt hatte sich ins Phantastische verwandelt: Felswände, Steingepolter, bemooste Bäume, der Himmel nur noch ein blaues Brunnenloch. Aber die Frische der Luft nahm dem Ort alles Beklemmende. Der Gave schoß seitab durch mächtige, von den Höhen herabgestürzte Steinblöcke: kochend, strudelnd, in weißem Gischt. Buchs wuchs in mächtigen Büschen, und Efeu umschlang die Bäume bis hoch in die Wipfel. Eine Märchenwelt, über die voraus hoch der Pic de la Sagette aufragte, der sich im Augenblick mit dichten Schleiern umzog. Eine gute Stunde später sahen die Jacquaires *Gabas* vor sich liegen, genauer das Hôpital de la Miséricorde de Gabas, eine von Augustinern aus Candanchu betreute Pilgerherberge als Zuflucht und Raststation, die Gaston le Croisé von Béarn 1121 gegründet hatte. Unterstellt war sie gleich Aubrac einem Commandeur, von Brüdern und Schwestern, Donats und Donades, besorgt, nach denen sich der nahe Berg, der nahe Paß Col des Moines, dem der Mönche nannte.

Es ist davon nur eine Kapelle geblieben, ein uralter, von Kreuzgratgewölben überfangener Raum, von manchem Schicksal getroffen. Selbst bis hier waren die Horden der Religionskriege gedrungen, und in der Revolutionszeit mußte der kleine Bau als Scheune herhalten, bis 1815 der Curé von Laruns ihn seinem alten Zweck als Andachtsstätte zurückgab. Es war das erste Ereignis auf dieser Strecke: Raum, dem Zeugenschaft innewohnte wie dem Gimel von Saint-Guilhem-le-Désert. Winzige Farbfenster, vornehmlich blau und rot, erfüllen ihn mit durchscheinendem Leuchten. Man hat zum Gedächtnis seiner Bestimmung von einst ein hohes Kruzifix in Form eines Pilgerstabes darin aufgestellt und daneben die Figur eines kleinen, wandernden Jakobus. An einem Rundpfeilersockel hängt eine Tafel und sagt den Text dazu, eine ›Prière du Pèlerin de la Montagne‹, verfaßt von dem Kanoniker Volluz vom Hospice de Simplon, in dem die Verse vorkommen:

»Laß es geschehen, Herr, daß ich pilgere,
daß ich über die Höhen Dir entgegen steige,
die Bürde meines ganzen Lebens mit mir trage,
mit allen meinen Brüdern, mit der ganzen Schöpfung,
in kühnem Mut, Dich zu verehren.«

Ein wenig Stimmung vom ›Sonnengesang‹ des Franz von Assisi weht hindurch, aber wer findet gleich die richtigen Worte? Daher hatte der Schweizer Dichter ein bekräftigendes »Ainsi soit-il« darunter gesetzt.

Ein alter Traum, mit dessen Erfüllung durchaus nicht zu rechnen war, verwirklichte sich: in Pyrenäenhöhen greifbare Pilgerspuren! Denn nun ging es auf ihnen das Gebirgssträßchen zum *Lac de Bious* empor, dem schon die Jacquaires folgten. Tief rauschte das Wasser nebenher; wieder einmal wurde es steil, dann kam das Stauwehr des künstlichen Sees, wo einmal der Saumpfad verlief. Aber das Ankommen muß ganz ähnlich gewesen sein. Denn von hier führte der Weg wie einst weiter nach Westen, immer im Anblick eines der schönsten der Pyrenäenberge.

Um uns stand nach den Regengüssen ein wunderbarer, klarer Tag. Jedes Blatt, jeder Wipfel umflimmert von einer Lichtaureole. Der kleine Stausee lag, noch etwas abgemagert, da und ringsum hoben sich ernste, schwere Bergbuckel, unten waldig ummantelt, höher hinan von Schroffen durchbrochen. Über alles aber stieg, rauchblau bis violett und von weißen Wolkenfetzen umzogen, die gewaltig aufschießende Spitze des Pic du Midi d'Ossau, zu der man durch schimmerndes Laub und schwarz im Gegenlicht stehende, flechtenbehangene Stämme aufsah.

Eine verzauberte Welt! Früher, als die Pilger durchzogen, mag es eine gefährliche Wildnis gewesen sein. Noch heute gibt es in dieser ursprünglichen Natur Gemsen in Fülle, sogar einige Bären, Auerhahn, Marder und Wildkatze. Aber die Unberührtheit mag auch die Santiago-Wanderer mit dem wehrhaften Stock in der Hand bewegt haben. Es war kurz vor Mittag, warm und doch nicht heiß. Nach Norden schwangen sich Matten auf, überragt von felsigen Rippen. Ein Raubvogel kreiste einsam darüber. Fetzchen Schnee lagen noch in den graugrünen Höhen, die schon wieder des nächsten Winters zu warten schienen, und allenthalben gegenwärtig und sichtbar, jetzt dunkelviolett, umschwebt von rauchender Wolkenfeder, der Pic du Midi! Der vollkommene Friede des Hochgebirges und der Wildnis herrschte, während wir vorwärts zogen über ein Brücklein des Gave de Bious, dann einen beschwerlich steilen Weg hinan, von kaum übersteigbaren Felsbrocken verschüttet, in denen meine Frau nicht mehr weiter kam. Sie winkte herauf, würde warten. Droben öffnete sich eine grüne Hochfläche, und dies war das zweite Ereignis des Tages, sich auf sanftem Rasen im unermeßlichen Raum zu verlieren …

Schon lagen voraus der Lac d'Ayous, der Pic des Moines greifbar nah, als mein Blick eher zufällig auf die Uhr fiel und mich erschrecken ließ. Mittag! Da mußte ich nolens volens zurück und konnte den Pilgern nur Gedanken nachsenden: drüben nach Santa Cristina auf spanischen Boden hinüber – es dürfte kaum Schwierigkeiten bereitet haben – hüben hinab nach Urdos im Aspe-Tal kurz vor dem Somport. Sie sind auf beiden Wegen gegangen.

Gewiß schwang ein heimlicher Schmerz mit. Gibt man denn gern kurz vor dem Ziele auf? Aber dann beschwichtigte es mich, daß die Höhe erreicht war, und zudem fand ich meine Frau im Steilweg hörbar aufatmend wieder. Sie hatte sich Sorgen über mein Ausbleiben gemacht, und so zogen wir beide dankbar zurück auf dem Wanderpfad übers

Brücklein bis dorthin, wo Eugen samt Wagen zwischen den silbrigen Stämmen der Bergtannen wartete. Auch er ein wenig kleinlauter als sonst. Es war ja ein erster Abschied vom Wege, denn es galt umzukehren nach Toulouse, um endlich der Hauptroute über Auch zu folgen.

Das Wirtshaus am Col d'Aspin

Wir haben für die Rückkehr nach Toulouse dann nicht die gleiche Talstraße benützt, auf der wir bis Saint-Pé vorgedrungen waren, sondern die Bergroute von Laruns nach Luchon über die vier berühmten Pässe zwischen Gave d'Ossau und Garonne, die dem Hauptkamm des Gebirges so nahe wie möglich bleiben. Die Umwege schienen uns als Lohn für bestandene Wandermühen angemessen. Es webt um die Pyrenäen ja jene geheimnisvolle Macht von etwas Unendlichem, das gleichzeitig anzieht wie abweist. Wer sie herausfordert – und wer erläge der Lockung nicht – wagt die Prankenschläge des Wetters, mag ihm die Leibesmühe heute auch abgenommen sein.

So ging es von Laruns im Ossau-Tal gleich die Serpentinen zum ersten der Cols, dem von Aubisque empor. Gewiß lockte das gleich manchem Pyrenäenbad aufs Altenteil geratene Eaux-Bonnes nur wenig, das hoch darüber ins Valentin-Tälchen gehorstete *Gourette,* ein Ort des Wintersports aus der Retorte, dafür um so mehr, weil es sich genau in die Steilhänge gegenüber dem Pic de Ger und der Pène Blanque bettet, in denen kein Grasfleck mehr wurzelt. Spät kamen wir an, fanden trotz der Jahreszeit sogar ein Hotel geöffnet und starrten nun gebannt vom Balkon hinaus. Abend im Gebirge! Das Licht wurde blau, das Grün der Matten, der wenigen Büsche am Fuß der ungeheuren Klippe golden. Noch erscholl das Gebimmel einer grasenden Kuhherde aus der Tiefe. Schon aber wuchsen die Schatten der Nacht. Nur hoch auf den Zinnen hielt das letzte, unvergleichliche Licht aus, bis eine unsichtbare Hand von unten darüber wischte und nun alles in ein Blau überging, das immer samtener, immer abgründiger wurde und die Sterne zum Aufglänzen brachte. Der Zauber der Pyrenäen: die großen Schauspiele Himmels und der Erde währen den ganzen Tag.

Schon am nächsten Morgen freilich trieb das Wetter seinen Schabernack. Noch schweifte der Blick hoch vom Col, einer der schönsten der Pyrenäen, vom Pène Médaa über das wuchtige Massiv der Gabizos bis zum anderen Pic du Midi, dem von Bigorre. Doch als der Wagen hinter der Höhe in den schwierig zu fahrenden Cirque de Litor einbog, umhüllte uns jäh ein Nebel, der nun noch einmal aufriß, als sich eben hoch aus dem Dunst ein riesiger Vogel mit gespreizten Schwungfedern in die Steilwand schwang und niederäugte. Was war das, ein Geier, ein Königsadler? Ich gestand meine Unkenntnis ein; Eugen, Fachmann in solchen Fragen, wiegte zweifelnd die Hand, doch schon hatte sich die drohende Himmelserscheinung wieder davongeschwungen, vielleicht, weil nunmehr aus dem Abgrund zur Linken der Schwaden in allzu dicken Ballen quoll.

Pyrenäenlaunen! Bis zum Tal von Argelès im Lavedan hielt das an, bis alles wie ein Spuk verflog. Friedlich sonnte sich *Saint-Savin* im Berghang; ein halbes Stündchen später bog der Tourmalet bereits von Luz-Saint-Sauveur ab, der uralte Überweg, den Menschen von Stande, wie noch Madame de Maintenon, früher nur mit der Tragesänfte passierten. Selbst Pilger mochten durchgewandert sein, die über Gavarnie weiter wollten, wenn ein Hochwasser ihren Saumpfad durch die Gorge de Luz südlich Saint-Savin versperrte; die Straße entstand erst im 19. Jahrhundert. Der Tourmalet-Paß, längst ein Trainingsdorado für Radrennfahrer, führt als endloses, breites Tal hinan, ausgenommen die Kehren um *Barèges,* dessen ›eaux d'arquebusades‹ seit alters Verwundete oder Verletzte kurierte.

Uns freilich nützte die heilsame Wirkung wenig, denn abermals begann der vertrackte Nebel zu rauchen, und droben am Col in über zweitausendeinhundert Metern Höhe habe ich meine letzte Hoffnung begraben, jemals auf dem sechs Kilometer lang ansteigenden Kammsträßlein den Pic du Midi de Bigorre, und sei es zu Fuß, zu erreichen. Wie oft war ich vergeblich hier oben gewesen! Aber man sah kaum die Hand vor Augen. Wer mag schon ins Leere hinausgehn?

Aragon

Fenster wirbelten plötzlich Schneeflocken durch die Luft. Worauf uns der Galgenhumor überkam und wir ins Lachen gerieten. Eugen hüben, ich drüben, stellten wir uns auf den Gang, zupften an den Wäschedrähten und erfanden Stegreifcouplets: »Nang, nang, nang, die Straßenbahn macht dang«, bis wir lachend zum Essen hinunterstiegen.

Madame, schon bei Jahren, hatte Verstärkung herantelefoniert, eine Tochter aus dem nahen Payolle. Wir fröstelten im großen Speisesaal vor uns hin. Dann freilich folgte eine Überraschung der andern. Der Heizkörper unter meiner Hand erwärmte sich; auf dem Tisch schob sich eine Platte mit kunstvoll angerichteten Hors d'œuvres hin, nun ein Brett mit riesigen Würsten; mochten wir essen, soviel wir wollten, munterte die Hilfsperson auf. Man hörte Monsieur mit Ächzlauten hinter dem dunklen Küchenloch hantieren. Es kam der Braten, war vom Feinsten, dann Käse, ein riesiger Holzteller voll, zum Abschluß ein ganzer Rodonkuchen, während schon wieder eine neue Flasche auf dem Tisch stand. Wir sahen es staunend, dachten an die Rechnung und dankten so souverän wie möglich. Seltsamer Abend in der Einsamkeit der Berge! Es reimte sich nichts zusammen. Droben zogen wir noch den Notvorrat aus der Tasche – ein letztes Glas Wein gegen die Nachtkälte konnte nicht schaden – lagerten malerisch im Zimmer und stießen gehobener Stimmung mit den Gläsern an, bis das Bett, das meiner Frau als Lager diente, mit Krachen und Spleißen auf den linken Hinterfuß zusammensackte ...

Die kalligraphische ›facture‹ des nächsten Morgens erschien anfangs astronomisch; doch erwies sich, daß man noch in der alten Valuta rechnete. Madame bedankte sich mit zeremoniöser Verbeugung, ergriff plötzlich meine Hand und schüttelte sie. Jetzt erst verstand ich. Heutigen Tages fuhren die Leute mit ihren schnellen Wagen alle ins Tal zurück; ihr Lebenstraum vom Feinschmeckerlokal in den Bergen war zerstoben. Da hatte unsere Einkehr ihnen ein Stück Selbstvertrauen zurückgeschenkt. »Du wirst sehen, Jean, es wird doch noch was. Es spricht sich herum«, hörte ich sie in Gedanken sagen, aber dann übertönte das alberne »Nang, nang, nang, die Straßenbahn macht dang« vom

Der Berg lehnte mich ab, er hatte für Maientouristen nichts übrig. Erst tief unten von Sainte-Marie-de-Campan im kargen Adour-Tal aus geisterte er eine Sekunde lang, jäh von der Sonne beleuchtet, als weiße Zackenspitze nebst Observatorium durch die Himmelsschwaden, hohnvoll, so schien es mir. Doch da hatten wir uns bereits für den anschließenden Col d'Aspin entschieden und taten gut daran. Denn im Hinanrollen wurde es merklich kälter, worauf wir uns in *Espiadet* kurz vor der Höhe zur Einkehr in einer Auberge am Weg entschlossen, hübsch anzusehen, ein stattlich hingelagerter Bau, in dem sich nun eine Art Burleske anspann.

Die enge Gaststube voll von Menschen, Kälteflüchtlingen gleich uns, die freilich nur einen wärmenden Schluck tranken und wieder verschwanden! Aber es ließ die Besorgnis wachsen, nicht mehr unterzukommen. Die Uhr zeigte halb sechs. Konnten wir bleiben, konnten wir essen? Madame mit einer behaarten Warze auf der Oberlippe, die jede Sprechbewegung mitmacht, begrüßte es mit Emphase. – Aber waren die Zimmer nicht zu kalt? – Man würde durchheizen im Abend, oh gewiß, doch der Landwein, den wir da tranken, war nichts für uns. Im Keller hatte sie etwas Besseres liegen, kam bereits zum Vorschein damit, was wiederum unseren Argwohn stachelte. Unter den Zimmern droben mochten wir nach Belieben wählen, sie lagen alle nach links heraus. »Alles frei, Monsieur«, sagte sie etwas kläglich.

In der Tat, sie führten auf einen Galeriegang, den Wäschedrähte überspannten. Offenbar hatte hier in Jahren keiner gewohnt. Als wir uns, Anne und ich, für einen Raum mit zwei majestätischen Doppelbetten entschieden – nach Frauenart hatte sie sofort die Tagesdecke gelüftet, aber die Wäsche war sauber – kam beim Aufziehen des Vorhangs gleich die Stange mit der Gardine herunter. Einerlei, so würden wir mit gerefften Segeln ins Traumland fahren. Doch als beim Andrehen der Heizkörper halb aus der Wand fiel, der Kleiderschrank beim ersten Öffnungsversuch nicht länger zurückstehen mochte und den geschnitzten Aufsatz aus Großvätertagen abschüttelte, sahen wir uns bedenklich an. Aber dann meldete das Kofferradio, daß der Tourmalet wegen Schneefalls gesperrt werden mußte; auch vor unserm

VIII *Mergelhügel bei Biñies*

Hoch aus den Pyrenäen strömt der Veral dem Aragon zu. Bei Biñies hat sich der breite Bach, in Schmelzzeiten ein tobender Strom, eine drei Kilometer lange enge Schlucht durch ein vorgelagertes Kalkplateau gefurcht. Unaufhörlich schwemmt der Veral aus dem Gebirge Mergel heran, der an der Luft rasch zerfällt und sich an dessen Ausmündung zu einer Mondlandschaft nackter Spitzkegel aufgehäuft hat. Ihr Blaugrau kontrastiert lebhaft mit den roten Ackerböden des Aragon-Grundes.

Vorabend bereits ihre beschwörende Stimme. Wir rollten empor zum Col, erst am großen Marmorbruch vorüber, nun durch den singenden Bergwald, in dem die Flechten an den Zweigen der Tannen wehten. Von Schnee keine Spur mehr. Bis wir plötzlich oben waren und der Blick sich in die unermeßlich Weite des Neste-Tales öffnete. Auch die Pyrenäen taten ihr Bestes. Ab und an wischte ein Sonnenfinger über die heroische Felsmauer gegenüber, fern, fern lagen überglänzte Schneekuppen, Lichtbündel meißelten Ort nach Ort aus dem Grund der unendlichen Farbnuancen, in den die Straße in unerhörten Kehren hinabglitt, um hinter Arreau unverzüglich zum Peyresourde hinan zu steigen. Und zum letzten Mal zeigte sich, königlich nebeneinander gereiht, die Front der Dreitausender bis zum Pico de Aneto in der Maladetta-Gruppe, die der Pyrenäenlandschaft soviel Spirituelles verleihen.

Es sollte offenbar ein Hinweis sein. Denn nun folgten hinter der letzten Höhe die Bergnester einander in Richtung Luchon; unter ihnen *Saint-Aventin* mit der wunderbaren Kirche links hoch über der Straße. Da rann der Pyrenäengeist noch einmal ganz dicht in einem Bauwerk zusammen: die stolzen, edlen Türme des Gotteshauses mit den festlichen Arkadendurchbrüchen; das dreischiffige Innere mit den jüngst freigelegten, kaum mehr lesbaren Malereien, sehr hoch gezogen; der Chor mit kostbarem Spiralgitter verschlossen. Noch einmal trat jene, dem heroischen Empfinden der Frühe entsprungene Mentalität der Gebirgler zutage, die an den Übergängen ins Sarazenenland Wache hielten. War der heilige Aventin nicht maurischer Mordlust zum Opfer gefallen, dessen Grabstätte ein Stier wunderbarlich wiederentdeckte, damit die Reliquien in Winterkälte und Sommerglut den Segen von oben als hilfreichen Beistand auf den Ort der Bewährung lenkten? Wieviel Rätselhaftes, über die Grenzen hin Verbindendes mischte sich nicht darein! Das uralte Weihwasserbecken mit dem Lamm und dem Lappenbogen im Grund; die der Wand tief eingesenkten, namenlosen Totensteine; die einer ungelenken Hand entstammende Madonna mit der Jesaias-Umschrift nach tolosanischem Muster; die scharfe Meißelschrift des Tympanons …

Wenig später rollten wir in *Luchon* ein, wo die Badegäste eben erst ihre Morgenrunde machten, um in Toulouse anzurufen – ja, unsere Zimmer im Hotel bei Saint-Sernin standen bereit – und dann auf dem Weg König Peires nach Norden hinaus zu fahren. Vorüber an Saint-Béat mit dem Marmorbruch seitab, Saint-Bertrand-de-Comminges zur Linken, Saint-Gaudens, Muret schweren Angedenkens, bis endlich die Hauptstadt vor uns lag, von der wir schon morgen zur letzten, der allerletzten Route des Pilgerweges aufbrechen wollten.

IN DER GASCOGNE

Tage der Bewährung

Wer von Toulouse auf dem Hauptweg der Tolosana nach Westen zieht, gelangt schon nach dreieinhalbstündigem Marsch hinter Léguevin, ohne es freilich zu merken, in ein anderes Land, die Gascogne.

Es ist jener ursprünglich von Iberern besiedelte Raum, den die Garonne, der Pyrenäenkamm und der Küstensaum des Atlantiks begrenzen. Dasselbe Gebiet, dem die Römer zur Unterscheidung von ihren übrigen aquitanischen Eroberungen zwischen Loire, Rhône und Gebirge den Namen einer Aquitania Novempopulana, eines Neunvölkergebietes verliehen. Ein Schicksals-, ein Durchzugsland. In ihm liegen die Pyrenäenübergänge nach Spanien, denen die Eroberer aus dem Norden folgten: die Alanen und Vandalen, die 409 die alte Hauptstadt der Novempopulana, Eauze, zerstörten, endlich die Westgoten, die es ihrem knapp einhundert Jahre währenden Königreich Aquitanien mit der Hauptstadt Toulouse einverleibten, ehe sie dem Ansturm des Frankenkönigs Chlodwig wichen.

Es behielt seine Bezeichnung nicht lange, die ohnehin nach der Arroganz von Kolonialherren klang. Denn unterdessen hatten sich in erstaunlicher Gegenbewegung zum westgotischen Abzug in dem eben verlassenen Gebiet Einwanderer vom mittleren Ebro angesiedelt, Vasconen geheißen, die ihm zu dem Namen einer Gascogne verhalfen; eine lebenstüchtige Rasse überdies, die den Iberern manche Blutesauffrischung brachte. Nur auf eines verstanden sie sich wenig. Sie verfügten nicht über die Unbedenklichkeit von Staatengründern, wenn auch ein Herzog Eudes von der Gascogne um 720 das Aquitanien des Augustus noch einmal wiederherstellte. Zwölf Jahre später geriet er in eine verzweifelte Lage und rief seinen fränkischen Nachbarn, Karl Martell, um Hilfe gegen den Angriff der Sarazenen an; Martells Sieg war so vollkommen, daß er den maurischen Feind bis weit nach Süden verfolgte, und er fand dieses, des Eudes Land so schön, daß er nicht mehr ging. Eudes' Enkel, Herzog Waïfre, fiel denn auch, wie in ›Aquitanien‹ berichtet, nach verzweifeltem Aufbegehren von der Hand eines gedungenen Mörders.

Ungefähr blieb die Lage der Gascogne immer so, ob in der karolingischen Zeit oder während der über einhundertvierzig Jahre andauernden normannischen Einfälle. Auch ein zweiter Versuch, zu einer staatlichen Identität zu gelangen, schlug fehl, endete mit der Zerstückelung des Landes in Feudalherrschaften. Bis der bordelaisische Teil samt dem Führungsanspruch Mitte des 11. Jahrhunderts durch Erbschaft an die Grafen von Poitiers fiel, seither aquitanische Herzöge, die wiederum durch Aliénors von Aquitanien zweite Heirat von 1152 ihr Erbe an die Plantagenets und damit an die englische Krone weitergaben. Erst nach jahrhundertelangem, blutigem Ringen gelang es den Capetingern, auch sie im Grund Usurpatoren, die zerfallende britische Dynastie vom Festland zu verdrängen.

Und die anderen Bestandteile der Gascogne? Armagnac erlosch mit dem Tod des Grafen Jean V. Das Béarn hingegen, längst nicht mehr von angestammten Herren regiert, sondern durch eine Familie von Grundbesitzern namens Labrit aus den Landes, die sich d'Albret bezeichneten und mit Navarra versippte. Sie sollte endlich mit dem berühmten Vert Galant, Henri Quatre, den französischen Thron übernehmen, bis ihn der Dolch Ravaillacs traf. Erst 1622 hält Louis XII von Frankreich Gascogne völlig in der Hand, und Richelieu kann beginnen, letztes Zeichen politischer Eingliederung, die Bastionen im Lande zu schleifen.

So in verwirrenden, gleichwohl viel zu dürren Zusammenhängen zweitausend Jahre gasconischer Geschichte, die dem Namen des Landes zwar niemals zu staatspolitischer Bedeutung verhalf, aber sich wie eine Ballade liest. Und doch blieb eines unzerstörbar, die innere Substanz der Bevölkerung, deren Zusammensetzung uns manche Rätsel aufgibt. Sie hat Frankreich bedeutende Menschen geschenkt, zwar weniger in der Kunst, dafür aber erfinderische und realistische Männer der Tat, große Soldaten, Rechtsgelehrte, Diplomaten und Höflinge sowie geistvolle, oder überschäumende Gestalten wie Artagnan, den ersten der ›Drei Musketiere‹ aus dem Roman des Alexandre Dumas, mit wahrem Namen Charles de Batz vom Château de Castelmore geheißen.

Die Gascogne war schon seit dem 11. Jahrhundert ein aufblühendes Land. Unverzüglich ging man nach dem Erlöschen der Normannengefahr um 1000 daran, die leergeplünderten Gebiete durch Abteien neu zu besiedeln; um sie wuchsen die Bauerndörfer. Zerstörte Städte wie Oloron, Lescar, Saint-Bertrand, Nogaro, La Réole, Saint-Sever und viele andere entstanden aus der Asche. Die Anlage von Sauvetés, die jedem Asyl gewährten, der Gottesfriede, der den notorischen Hader, die Raubzüge des Kleinadels beendete, steigerten die Wohlfahrt. Äcker, Weinhänge, Fruchtgärten dehnten sich an der Stelle von Wäldern und Sümpfen. Vereinbarungen regelten die Zuweisung von Weideland für die Sömmerung und den herbstlichen Abtrieb von Horn- und Wollvieh. Garonne und Adour sowie die verschiedenen Gaves deichte man ein, mehrte somit den Fischbestand. Kurz, ein Zeitalter des Auflebens hob an, zu dem weitgehend die Pilgerstraßen nach Compostela beitrugen.

Sämtliche vier Hauptrouten samt ihrem Netz von Nebenwegen zogen ja durch das Land, an denen Hospitäler, Commanderien und Kapellen entstanden. Was aber vielleicht noch wichtiger war, sie brachten einen wachsenden Handel, aber auch den Austausch von Handwerkern aller Art mit Aragon, Navarra und nicht zuletzt, wie uns manches Kunstwerk, manche Architektur erkennen lassen, mit dem nördlichen Frankreich mit sich. Denn ein Durchzugsland war und blieb die Gascogne, mochten auch reißende Flüsse oder der Pyrenäenwall die Verbindungen in einem kaum vorstellbaren Maß erschweren. Der Mensch des Mittelalters hat dies wie immer mit dem einfachsten Mittel, das es gab, bewältigt, mit seinen Füßen.

Wer das Punkt um Punkt nachvollzieht, es muß nicht

einmal stets zu Fuß sein, spürt erst, was dahinter steckt. Wieder nahm ich Damonte, will sagen, die Aufzeichnungen des unbekannten italienischen Pilgers von 1477 zu Hilfe, der die Tolosana von Ort zu Ort registriert und manchmal sogar ein wenig kommentiert hat, wenn auch mit recht stereotypen Bemerkungen. Die Karte von 1648 bezeichnete den Weg allzu kursorisch. Da erwies sich recht bald, daß dies eine für die Epoche verblüffend dicht mit Gast- und Rasthäusern gesäumte Strecke war, was immerhin den Rückschluß auf die Notwendigkeit und dazu eine große Anzahl von Pilgern gestattet.

Gewiß hat es die Route nicht leichter gemacht. Eine Woche waren sie nach meiner Rechnung auf dieser Straße von Toulouse bis zum Gebirgsfuß in Oloron-Sainte-Marie unterwegs. Eine Woche durch Hügelland, unaufhörlich hangauf, hangab, sofern sie täglich vierzig Kilometer hinter sich brachten. Die Sommertage der Gascogne sind heiß und trokken. Mittags mußten sie von elf Uhr ab rasten, wie es die Leute des Südens noch heute halten, um erst nach dem Abklingen der Glut wieder aufzubrechen. Es war durchaus keine Strecke, die ein Höchstmaß an Anstrengung forderte, aber durch die Monotonie unendlich wiederholter Bilder erschöpfte. Es läßt sich denken, daß ein zur Aufmunterung angestimmtes Lied sofort wieder erstarb, die Gebete, die Litaneien und Anrufungen matter und schaler klangen; daß die Hitzeschleier sich immer dichter vor ihre Augen senkten, die der rinnende Schweiß ohnehin verklebte; daß Reizbarkeit aufkam, böse Worte flogen und man eine Viertelstunde in stummer Erbitterung nebeneinander herzog, bis man sich plötzlich seines Auftrags erinnerte und dem andern beschämt die Hand hinhielt. Aber noch schlimmer war es, wenn sie jene nur allzu verständliche Verzagtheit überkam, die hinter jeder andauernden Überforderung lauert, und jemand nach der Rast nicht mehr weiter wollte, ›ich gebe auf‹ dachte und sich endlich doch bezwang, um am Abend glücklich über die schweigsame Selbstüberwindung zu sein.

Es war der Punkt, um den es im Grunde ging. Man vermag die Motive zur Santiago-Fahrt wie jeder anderen Pilgerschaft zwar aus der Antike abzuleiten, wie es Pierre André

Ségal in seinem ausgezeichneten Buch ›Les marcheurs de Dieu‹ getan hat, und auf biblische Vorbilder verweisen, auf Abraham, der seine Heimat um des verheißenen Landes willen verließ, oder den jüdischen Exodus. Man vermag darin eine Annäherung an monastische Ideale zu erkennen, denn sie bedeutete in der Tat ein freiwilliges Exil unter dem Gebot der Askese, anders gesagt, einen Bruch mit der Welt. Man kann darin sogar die Absicht erkennen, die Selbstaufopferung der Glaubensmärtyrer nachzuvollziehen. Aber das bleiben im Grunde akademische Fragen.

Gleichgültig, ob es dem Pilger um Devotion an sich oder Ablaß, um die Erfüllung eines Gelübdes, eine Heilung, Sühne für eine Missetat ging oder am Ende gar wie dem Kreuzritter, der nicht wiederzukehren gelobte, darum, an heiliger Stätte zu sterben. Eine Mentalität, die in der testamentarischen Verfügung mancher Wanderer der Tolosana nachklingt, im Fall des Abscheidens an Ort und Stelle begraben zu werden. Natürlich, wo denn anders?

Aber man mißt den Mönch nicht nach seiner Regel, sondern nach ihrer Erfüllung. Bei der Santiago-Fahrt, die Körper wie Geist gleichzeitig forderte, blieb der Weg nicht weniger wichtig als das Ziel. Er war ein Exerzitium, das durch asketische Wandlung zur Überhöhung des Daseins führte, und gerade dazu bot die Strecke von Toulouse nach Oloron Gelegenheit. Nicht Berge, nicht Abenteuer vermittelten dem Pilger auf dieser Route die innere Erfahrung, sondern die Monotonie der Tage.

Über der Straße liegt die brütende Hitze der sommerlichen Gascogne. Schon haben sie hinter Léguevin die Kehre von Pujaudran am Ausläufer des Waldes von Bouconne erreicht und wandern nun durch den Save-Grund nach *l'Isle-Jourdain.*

Das ist derzeit nach Damontes Gewährsmann ein »bello chastello«, in dem es »molto buone hosterie« gibt. Heute erinnert in dem trostlosen, lärmenden Ort nur noch die von Lombez kommende Straße Saint-Jacques und die alte Figur des Wegeheiligen im Spital an die heroischen Pilgertage. Schon wollen sie weiter, wandern direkt auf Garbic abseits der gegenwärtigen Chaussee zu, dem alten ›cami roumieu‹

nach. Um sie nichts als die flimmernde, wogende Weite von Ödland, mageren Wiesen, Feldern und Weinäckern. Vier erschöpfende Stunden brauchen sie noch bis zum Tagesziel, dem spindelförmig angelegten *Gimont* über dem weiten Bachgrund. Unter dem hohen Rippengewölbe von Saint-Justin mit der Rochusfigur finden sie erste Kühlung. Als sie indessen aufstehen wollen, dreht es sich in den Köpfen, versagen die Beine; taumelnd stützen sie einander bis zum nahen Quartier. Ein Gewaltmarsch liegt hinter ihnen, zu dem sie sich noch in Toulouse entschlossen hatten, um am folgenden Tag Zeit für Auch zu finden. Sie denken nicht mehr an das Essen, verlangen nur noch nach einem kühlen Trunk. Dann lassen sie sich auf die Strohschütte fallen, sinken sofort in traumlosen Schlaf.

Sie sind ohnehin an das enge Lager gewöhnt wie jeder im Mittelalter, an das Schnarchen des Nebenmannes, an die stickige Luft der Kammer. Es macht ihnen nichts, wenn einer nachts in der Dunkelheit über sie stolpert. Nur halb ausgeschlafen stecken sie in der grauen Frühe des kommenden Morgens den Kopf in den Wasserzuber und geben sich für den Hunger mit dem harten Brotkanten des Beutels zufrieden; waschen kann man sich am nächsten Bach, nahe der Kapelle von *Cahuzac* mit dem Jakobus auf der Schnitztür. Es ist erst sieben Uhr früh und bereits heiß wie am Vortag, als sie *Aubiet* auf der Höhe über dem nächsten Tal erreichen. Im Kirchlein mit dem zeltartigen Chor und dem muschelbehängten Sankt Rochus hocken sie zusammengesunken auf den Bänken. Nur einer beginnt zu murren, weil man ihm die Gascogne als Gelobtes Land dargestellt hat, aber was er hier aushalten muß, ist eher ein Vorgeschmack auf das Fegefeuer. – Lästiges Geschwätz, denken die anderen, wenn er nur schwiege! Jeder hat mit sich selbst zu tun.

Am schlimmsten wird es am Nachmittag, als ihnen die Sonne ins Auge sticht, die Schatten hinter ihnen sich längen und die Mägen ernsthaft rebellieren. Gasthäuser gibt es genug, aber wenn sie nach dem Preis fragen, schrecken sie zurück. Die Wirte wissen die günstige Jahreszeit auszunützen. Das Brot beim Bäcker wird erst in zwei Stunden gar sein; sie müssen sich mit altbackenen Resten bescheiden. Zu viele sind jetzt unterwegs. Sie aber wollen weiter, wollen die Strecke hinter sich bringen, vorüber an Marsan mit der Burg der Grafen von Armagnac, die sie nur als dunklen Schattenriß gewahren.

Denn schlimmer als die Mühsal der Dauer und die Pein der Fliegen, der Mücken und Bremsen, die sie unaufhörlich attackieren, ist dieses Einerlei, ist die Gleichgültigkeit einer Erde zu ertragen, die sich zu keinem Aufschwung entschließen kann und sie gegen sich aufbringt: immer wieder Äcker, Landbuckel, Öde und nur manchmal an der Ostseite eines Talhangs ein Stück fernen Waldes. Daher wandern sie so weit sie können und dann, so lange bis sie schon gar nichts anficht. Tagein, tagaus, eine Woche lang, an deren Ende ihre Gesichter schmal sind. Träfe sie jemand von Zuhause, er würde den Kopf über ihre Verwandlung schütteln.

Wir Menschen eines anderen Zeitalters dürfen es anders betrachten, dürfen die tausend Plagen dieser Tage als beiläufig empfinden und in der durchmessenen Landschaft sogar eine fremde, spröde Schönheit erblicken. Denn es folgt nun das Tal des Gers, der sich eben anschickt, aus den unabsehbaren Hügeln des Vorlandes der Gascogne, durch das die Straße verläuft, hinaus in die große, nur noch mäßig bewegte Ebene des Nordens, der von Lectoure zu fließen. Drüben auf dem steilen Hügel jenseits des Flusses liegt *Auch,* das wir aus einem von 1575 datierten Stich der Cosmographie von Belleforest kennen.

Noch waren die Ufer des Flusses weder begradigt und befestigt, noch stützten Aufbauten nebst mächtigen Widerlagern die Terrasse der Place Salinis mit der Tour Armagnac und dem benachbarten Bischofspalast, beide in eine hohe Mauer einbezogen, die den Bereich der heutigen Kathedrale umschloß, der erst 1489 begonnenen Nachfolgerin des romanischen Bauwerks. Daß sich von der Bischofskirche selbst kaum etwas erkennen läßt, mutet verständlich an. Sie war derzeit keineswegs fertig. Die klassizistischen Fassadentürme sind diesem spätgotischen Bau sogar erst 1665 vorgelegt worden.

Es ist wahr, ein wenig seltsam mutet dieser Stolz von Auch schon an, in dem sich noch andere Stilformen mischen; denn auch die Zeit des Flamboyant und der Renaissance strichen vorüber, ehe die Kathedrale vollendet stand. Gleichwohl, wer sie in ihrer repräsentativen Würde, die dem Herzen der Stadt samt dem Rathaus und den hohen Allées d'Etigny, der in endlosen Stufen zum Gers hinabwallenden Treppe das Gepräge gibt – wer sie dort am Ende der Place Sainte-Marie aufragen sieht, fühlt sich in eine Residenz des Ancien Régime versetzt. Auch das dreischiffige Innere mit den ein wenig gedrückten Gewölben, allenthalben von Kapellen umzogen, paßt dazu. Denn es eignet solchen späten Kirchen, die nicht mehr das Feuer der frühen Gotik durchloht, stets eine gewisse Nüchternheit. Sie gewänne sogar die Oberhand, wäre der Kathedrale nicht der weiträumige Kanonikerchor der Renaissance eingezogen, den Dominique Bertin aus Toulouse seit 1510 in mehr als vierzigjähriger Arbeit schnitzte. Da ist von Adam und Eva bis zu Sankt Peter und Paul, einverwoben der hebräischen Geschichte, ein wahrhaft unerhörter Zyklus Gestalt geworden, der allerdings mehr durch die Fülle des exegetischen und mythologischen Wissens, das wir garnicht auszuloten vermögen, als seine künstlerische Sprache überwältigt.

Doch damit bescheidet sich das Gotteshaus nicht. Denn dieses ebenso gelehrte wie verspielte Filigran der Chorgestühle aus härtestem Eichenholz überscheinen die achtzehn Fenster des Arnaut de Moles aus Saint-Sever in den Chorkapellen. Er hat, welche Kühnheit, einen zweiten, überhöhenden Zyklus israelischer Historie geschaffen: in den Sockelzonen fast karikierte Physiognomien in einer derben, zufassenden Art, die an altdeutsche Malerei erinnert; daneben zarte, innige Szenen, die Gottesmutter ihr Kind anbetend; malerisch kostbare Details, so Jonas, der dem Meeresungeheuer vorgeworfen wird; Realistisch-Düsteres wie die Ermordung des Johannes im Kerker.

Darüber auf den Großflächen der Oberteile sehr monumentale Propheten, weissagende Frauen des Altertums – wie denn das Weibliche eine besondere Rolle in diesem Zyklus spielt – schließlich Apostel. Anfang, Mitte und Ende aber werden durch die drei Hauptereignisse des Daseins und der Schöpfung markiert: das erste Menschenpaar in der Versuchungsszene, die Kreuzigung, die Auferstehung Christi. Gemalt in wunderbaren, leuchtenden Farbschüben des Purpurrot, Blau, nuancierten Grüns, eines nur leicht getönten Brauns, wie es der fast kindhaft-zuversichtlichen Art dieses großen französischen Meisters unter den Malern seiner Epoche entspricht. 1507 begann er mit seiner Arbeit und fügte seine Bildwerke aus ungewöhnlich großen Glassegmenten zusammen, um ihre Aussagekraft nicht durch eine Vielzahl von Bleistegen zu stören. Sie erfüllen den Chor nicht mit dämmerndem Schein, sondern bilden kräftige Akzente, die das Auge nicht loslassen. Auch hier steht ein Programm voll Tiefsinn im Hintergrund. Man betont gern, der damals amtierende Kardinalerzbischof von Auch, Clermont de Lodève, der die italienische Renaissance und die Sixtina gut kannte, habe es ersonnen und so gebühre ihm der eigentliche Ruhm. Doch kann Kennerschaft für einen wahrhaften Künstler mehr als Anregung bedeuten?

Es bleibt dem, der den Santiago-Spuren folgt, allerdings noch etwas anzumerken: in der Radialkapelle, dem Blickfang der Kathedrale, ist wie angedeutet als höchstes Thema die Kreuzigung dargestellt; unter ihr drei Gestalten: auf den Seiten David, der Vorfahr, und Zacharias, der messianische Prophet. In der Mitte aber im Pilgergewand Jakobus. Solch hoher Rang wird ihm selten zuerkannt; es besitzt seinen Grund. Bis ins 18. Jahrhundert kamen die Jacquaires in Mengen nach hier, um in der Krypta die fünf Heiligengräber zu besuchen.

Sie zogen auf der heutigen Avenue d'Alsace heran, querten den Gers auf der Brücke der Porte de Treille bei der Priorei Saint-Orens und stiegen müden Fußes durch die engen Gassen der Altstadt am Hang empor. Um nach der Reverenz in der Kathedrale zur heutigen Rue Garibaldi zurückzukehren, wo sich an der Stirnseite eines nur wenig verbreiterten Straßenwinkels ihre 1765 in klassizistischer Form umgebaute Herberge befindet. Ein Gynäkologe praktiziert jetzt darin. Als Zeichen einstiger Bestimmung trägt das Haus noch immer die Coquille, die Pilgermuschel, an der Supraporte der Haustür.

Am nächsten Tag verließen sie die Stadt durch die enge

Rue Saint-Jacques, um weiterzuziehen. Denn natürlich blieb Auch nur eine Zwischenstation.

Der Alte von Mirande

Sie haben in der Kathedrale von Auch einen hübschen Brauch. Wenn etwas jemand die Seele bedrückt, vertraut er seinen Kummer einem Papier in der Verkündigungskapelle an. Der Küster bindet die Blätter mit einem hellblauen Band zusammen und legt das Bündel auf einem malerisch rot drapierten Tischchen vor dem Marienaltar nieder, damit Bernadette Soubirous' ›Dame‹ in ihrer Freizeit nachschauen kann, was sich machen läßt. Wahrscheinlich gibt es schon eine ganze Bibliothek solcher Wunschbücher. Ich selbst traute mich natürlich nicht, mein Anliegen gleich vor die höchste Instanz zu bringen, die man wahrscheinlich nur mit Herzensangelegenheiten behelligt.

War es Reisemüdigkeit, die Ermattung der Hitze oder hatte ich mich zu sehr in den Gedanken der Askese verrannt? Etwas mißfiel mir an diesem Teilstück der Tolosana, aus dem es das Gold der Erzählung zu schlagen galt. Vermutlich lag es in mir selbst. Mit dem Schreiben ist es wie mit dem Schwimmen, es kommt darauf an, den Kopf oben zu halten; seine grauen Seiten besitzt jedes. – Als es mir durch den Kopf ging, hatte offenbar meine bloße Anwesenheit genügt und die ›Dame‹ bereits geholfen. Zogen wir nicht durch uraltes Kulturland, mochte es auch ungewohnte Akzente besitzen?

Nun tut man sich leicht, wenn ein Wagen dabei ist. Ach, diese schwingende Weite des Nordens, diese welligen Weinfelder des Gersois, die den Rebensaft für das ›Eau de vie‹ liefern und deren Reihen von Horizont zu Horizont rennen oder wenigstens von Kamm zu Kamm bis zum nächsten Dorf mit seinen Hühnerhöfen, Krautgärten und schnatternden Gänsen auf der Wiese. Wege schlendern hindurch, die wahre Sommerseligkeiten sind, auf ihnen die Gespanne der weißen Ochsen mit den sanften Augen und breiten Hörnern. In jedem Grund liegt ein Gehölz mit Pappeln und Eichen, und immer wieder taucht ein Schloß, eine Ruine auf wie das zyklopische Gemäuer von *Lavardens* in seinem pathetischen Verfall, das der Vert Galant schleifen ließ, oder gar *Tauzia* aus dem Hundertjährigen Krieg auf seiner Viehweide, aus dem ein Riesenschwarm Tauben aufstob, als wir heranschritten, um die wahrhaft afrikanische Kakteenhecke an seinem Fuß zu bestaunen. *Lébéron, Chasseigne,* gallo-römische Turmstümpfe, alte Nester wie *Larressingle,* die eine einzige Festung sind! Überall bricht die Geschichte aus dem Boden. Weinduft schwebt darüber, und in der aufgelassenen Zisterzienserabtei von *Flaran* ist es gar der des Armagnac, der in den alten Trakten reift und das Holzgebälk braun gebeizt hat.

Mit der asketischen Strenge der Pilgerstraße hat es zwar seine Richtigkeit und mit der Hitze auch. Aber südlich davon beginnen die Wälder, und darin liegen wiederum alte Burgen und Schlösser, solche wie *Loubersan,* auf der Kardinal Rohan aus der berüchtigten Halsbandaffäre sein Exil bis zu seiner Rehabilitierung verbrachte, aber es geht schon auf Merowingertage zurück. Ein Pariser lebt heute darin, der endlose Geschichten über sein Besitztum wußte. Drüben auf den nächsten Hügel sollte ich gehen, da sah man die Pyrenäenkette aus fünfzig Kilometer Entfernung, und wirklich, der Pic du Midi de Bigorre schwebte darüber und sandte mir seine felonen Grüße.

Wir würden doch auch *Montaner* besuchen? Mit dem Wagen war es nur eine Kleinigkeit; man richtete das riesige Festungsgemäuer des Gaston Phoebus mit seinen zwanzig Ecken eben wieder her. Natürlich mußten wir auch *Vic-en-Bigorre* besuchen, da gab es ein Restaurant, wie es in Paris nicht besser sein konnte. »Die getrüffelte Gänseleberpastete, Monsieur, Sie verstehen!« Wenn mir an Kirchen lag, legte er mir *Romieu* und *Simorre* ans Herz, wahre Gottesburgen. Er war zwar Freimaurer, aber das schloß seine Freude an Architektur nicht aus. Kurz, ich sah ein, daß sich die ›Dame‹ auch weiterhin meiner annahm, wenn sie sich sogar dieses Erzketzers bediente; immerhin blieb sie verantwortlich für die Gascogne. Denn nun merkte er an, wenn auch Schlösser seine Passion seien – *Marignan* westlich Mirande, wundervoll, in Wiesen und Parks gebettet, mußten wir wirklich sehen – sofern er uns für den Pilgerweg einen Rat geben durfte: Mirande, nur neun Kilometer nach Westen, war alte Pilgerstadt, in der es sogar noch eine Herberge gab. Auf dem Schloßhof läutete unterdessen die Glocke zu Tisch, worauf er die Achseln zuckte: »La soupe! Madame hat eine Gerbure gemacht, und die muß heiß sein!« Wir schieden mit Händewinken.

Mirande, das sich selbst gern Mirande-la-Jolie nennen läßt, ist eine kleine Stadt an der Grande Baïse, bei der wiederum die ›Dame‹ Vorsehung spielen mochte, denn der Fluß der zahllosen kleinen Biegungen prägt dem Bild der Gascogne einen solchen Zug von Anmut ein, daß ich überrascht innehielt. Die Requisiten waren sehr einfach: eine Flußschleife, geböschte Ufer mit Gesträuch samt Bäumen, die sich tief über ihr Spiegelbild neigten, Lichtgefunkel durchs Blätterdach und ein Schwan, der lautlos in sich versunken auf der Undinentiefe schwamm.

Das Städtchen dabei, etwas abseits und hoch auf dem Ufer, ist eine jener Bastiden, die genau nach dem Plan des Geodäten angelegt sind, in Schachbrettform mit acht Meter breiten Straßen und niederen Wohnquartieren von fünfzig Metern Seitenlänge. In ungefährer Mitte liegt der Marktplatz mit den ›couverts‹, auf Holzständern vorkragenden Obergeschossen. Davon haben sich allerdings in Mirande nur zwei Seiten erhalten; nahebei fährt inmitten der Dächer die Kirche Saint-Jean empor, ein Musterbeispiel der Languedoc-Gotik mit mächtigem Torturm, dem ob seiner Schwere ein stützender Vorbau mit zwei über die Straße springenden Widerlagern vorgelegt ist. Dazwischen ein Portal mit Christus und der Apostelversammlung.

An dieser Stelle wurde ich zum ersten Mal fündig. Der Jakobus droben trug Stab, Pilgerhut und Flasche. Wie, hier abseits der Route die Pilgerzeichen? Wie kam das hierher? War Mirande Station gewesen, mußte ein Nebenweg über Saint-Maure und Tillac ins Bouès-Tal verlaufen sein, wo einmal die Herberge Saint-Antoine lag, dann weiter nach Marciac auf die alte Route zu. Mein Pariser Schloßbewohner hatte offenbar recht. Aber ging da nicht auch von einer Herberge die Rede? Nachdenklich schlenderte ich um die kleine Stadt, entdeckte an der Südostecke an der Straße ein Kreuz und dann drunten auf einem Platz ein zweites.

Am jenseitigen Rand zur Baïse hin gab es etliche Häuschen; vor einem saß auf der Bank ein schwerer, gedrungener Mann; den konnte ich fragen. Er blickte mit traurigen Augen hoch, das Gesicht auf einer Seite blaurot verfärbt. An der rechten Hand fehlten zwei Finger, hatten Narben hinterlassen, die nicht verheilten. Es war milde hier unten; offenbar wollte er die Sonne noch sehen, so lange es ging. Viel Zeit blieb ihm nicht mehr. Aber ich tat so, als merkte ich nichts und fragte. Da war er plötzlich in seinem Element: »Ah, le pèlerins de Saint Jacques ...«; er wies mit dem Stock auf ein Haus zur Rechten. Da lag sie, die Herberge, völlig erhalten, neu hergerichtet. Ein Haus mit Bogeneinfahrt und einer Etage. In einer Nische stand ein Jakobusfigürchen. Die Bewohner lugten scheu aus der Tür; nein, sie ließen niemand hinein, gewährten nur einen Blick in die Einfahrt, eine Tenne, eine Treppe nach oben, nach Pilgerart sehr bescheiden. Draußen an der Wand ein Schild, dies sei das ›Hôpital Saint-Jacques‹, ein Asyl für die Compostela-Fahrer an der Baïse-Furt. Ich stand ratlos, eine Furt? Aber da winkte mein Kranker bereits mit dem Stock. Dort, den kleinen Weg entlang bis zum Ufer! Und ich ging, spähte hinab ins Undinenwasser. Eine breite Aufmauerung ließ sich unter dem Spiegel erkennen, das einfachste System der Welt. Die Jaquaires brauchten nur die Schuhe auszuziehen, die Gewänder ein wenig zu schürzen, während das Wasser ungehindert fortströmen konnte. Man hatte neben dem Übergang eine Reihe von Gegenständen gefunden, die einmal den Pilgern gehörten, und im Museum von Mirande zusammengetragen, gab mein Kranker preis; es war eine der kuriosen Sammlungen der Provinz, die immer geschlossen halten, weil doch niemand kommt. Es blieb das einzige, das mir die ›Dame‹ an diesem Tage vorenthielt.

Beim Fortwandern winkte mich der Kranke noch einmal heran; der Versuch eines Lächelns zog über sein Gesicht. »Hören Sie, Monsieur«, sagte er heiser, »mir ist etwas eingefallen. Als wir noch jung waren und beim Feuerwehrfest einen über den Durst getrunken hatten, verschwor sich Luc, der immer ein wenig schreckhaft war, daß er in seinem neuen Sonntagsanzug über die Mauer balancieren wollte. Das hatte noch niemand gemacht, denn die Steine sind etwas glitschig. Aber er zog seine Schuhe aus, krempelte die Hosen hoch und ging! Als er ungefähr in der Mitte war, schrie Vincent, der es immer dick hinter den Ohren hatte, plötzlich lauthals ›Feuer, es brennt. An die Pumpen!‹ Luc bekam einen solchen Schreck, daß er ausrutschte und längelang ins Wasser fiel. Sie hätten ihn sehen sollen, wie er mit Algen und Grünzeug garniert wieder auftauchte. Wir haben ihn alle nach Hause gebracht; seine Frau besaß eine scharfe Zunge...« Dies alles mit Verschnaufpausen, versteht sich. Doch nun schüttelte ihn das Lachen so sehr, daß er nicht mehr weiter konnte.

Eine Dorfgeschichte, ein Schabernack. So sind sie hier. Noch in der nächsten Generation wird man davon erzählen. Als ich im Herbst wiederkam und die Baïse wenig Wasser führte, sah ich den Sockel aus dem Spiegel ragen; uralte Steine, im Lauf der Jahrhunderte von tausend und abertausend Füßen begangen. Sonst alles wie einst. Nur mein Alter saß nicht mehr vor seinem Häuschen; die Scheiben waren zerschlagen, und eine schon halb zerrissene Gardine wehte unschlüssig, ob sie noch länger Dienst tun sollte, aus dem halb geöffneten Fenster.

Alle Völker

Rückgekehrt auf die Hauptroute von Auch nach Westen sank uns die bleierne Hitze erneut wie Zentnerlast auf die Schultern. Bei Blassan ging es durch das »tiefe und schreckliche Tal«, in dem früher an der ›voie publique de Saint Jacques‹ die Herberge von Sèregrand lag; in L'Isle-de-Noé folgte die nächste, in Montesquiou, wo man gleichsam als sichtbaren Beleg eine Reihe von Pilgermuscheln wiederentdeckte, eine weitere, worauf in *Bassoues,* immer hinab, hinauf und ganz nach Programm, der riesige Donjon des Schlosses aus seinem Grün tauchte, zuvor freilich die ›Basilika‹ Saint-Fris auf der ›l'Etendard‹ geheißenen Ortsseite, geweiht dem vorgeblichen Sohn eines Friesenfürsten, der 732 im Kampf gegen die Sarazenen gefallen und ein Heros der Pilgerstraße war. Irgendwo blieben sie dann; ein guter Tagesmarsch lag hinter ihnen. Ein guter? Sie lernten auf dieser Strecke, was Pilgerschaft eigentlich bedeutete: Dauer, die Unablässigkeit einer Körperbewegung, bei der jeder Widerstand gegen die Selbstaufgabe in der ewigen Anrufung schmolz, die der Takt ihrer Glieder vollzog.

Die Route war reich mit Herbergen versehen; in *Marciac,* das sie kommenden Tages erreichten, gab es allein deren vier. Was nötig war; immer mehr Wandergenossen stellten sich ein. Aus Vic-Fésenzac nahe im Norden sind eine Reihe von Testamenten von Santiago-Fahrern bekannt, die ähnlich den Rittern der Kreuzzüge im Todesfall am Wege begraben sein wollten. Eine Floskel im Grunde. Wer hätte ihre Überreste zurückbringen sollen? Aber es zeigt die Unbedingtheit an, mit der man sich der Fremde überantwortete. Sogar zwei Cagots, die Nachfahren der Leprösen, ein Guillaume Crestian und Raymond Cramalh gesellten sich 1418 als erste ihres gemiedenen Standes hinzu; andere kamen von Roquebrune.

Kurz, eine bunte Gesellschaft fand sich auf der Straße zusammen, die am nächsten Tag ihre schlimmste Bewährung bestehen sollte, den Marsch durch die Flußtäler von Arrous und Adour, die gleich einer Tonscherbe im Brennofen glühten, nur durch den Hügelrücken von Auriébat unterbrochen, während das Vieh auf den Weiden die Köpfe regungslos in einen Baumschatten zusammensteckte und die Gänse auf den Hofwiesen, statt schnatternd herbei zu eilen, die Schnäbel hechelnd geöffnet trugen.

Übrigens gab es kaum Bauerngehöfte. Hinter *Maubourguet,* dieser Festung aus Engländertagen mit den hockenden Figuren am Kirchenportal, erreichten sie endlich die Randhöhen, um in durchbuschtes, welliges Land zu tauchen, was die Sonne nicht hinderte, die ohnehin dünnen Schatten der Jungkiefern aufzuheizen. So gelangten sie nach Luc und traten am folgenden Mittag weit hinter Anoye, wenn wir Damontes ›Nugia‹ richtig interpretieren, in Saint-Jammes aus den Wäldern – Menschen gleichend, die lange verschollen waren, mit schmal gewordenen Gesichtern und Augen, in denen die Ferne wohnte. Schweigend zogen sie ein in Morlaas, das nach unserem italienischen Führer derzeit der Schwester des französischen Königs gehörte, »ed è della sorella del re di Francia«.

Morlaas, entthrontes Landstädtchen, einst ›un bello chastello grande‹ und vom 9. bis 12. Jahrhundert Kapitale des Béarn, ich stehe an deinem Lindenplatz seitlich der endlosen Straße, die sich durch deine Vergessenheit furcht. Sooft ich die Augen schließe, sehe ich die Schatten der Jacquaires durch die niederen Häuserreihen heranschreiten und einbiegen zur ›fronte d'acqua viva‹ – der Brunnen ist immer noch da – wo sie ihre hohlen Hände ins Naß tauchten und das Wasser abkühlend über Schläfen und Antlitz rinnen ließen, ehe sie durstig zu trinken begannen. Dann aber traten sie hinüber zum Gotteshaus des 12. Jahrhunderts, dessen Stein noch heute von den Bränden der Religionskriege durchglüht ist, standen endlich wieder dem gegenüber, das die Leitmelodie ihres Lebens bedeutete: dem von einer inneren Heiterkeit getragenen Bildwerk der Fassade, das sie ob der Hölle, die hinter ihnen lag, einen Augenblick lang verwirrte. Die Apostel am Portalgewände oder auf dem seitlichen Mauerwerk gleichsam schwebend und mit preziös gehaltenen Händen. Sankt Petrus erschien gar als Alamode-Herr. Am Türpfeiler Pflanzengeschlinge, zwischen dem ein Hirte herumstieg, um seine beim Naschen entwischte Ziege einzufangen. Der Türsturz zeigte den bethlehemitischen Kindermord. Aber verlieh ihm der hinweisende Engel zur Seite nicht eine bestimmte Note? Mochte der Scherge, dem Herodes den schrecklichen Auftrag erteilte, vor Entsetzen erstarren, ein Gesicht tief aus dem Torbogen auftauchen wie aus einem Verlies, eine Hand gar ein Kind vom Knie des Schlächters reißen: es war die realistische Grausamkeit des Märchens; die Geschichte zum Fürchten steckte voll Poesie. Darüber königlich Christus zwischen dem geflügelten Menschen und dem Adler, Symbole für Matthäus und Johannes, nur dies: Verkündigung. Selbst der einfache Pilger mußte nicht lange herumbuchstabieren.

Auf den Archivolten aber musizierten die Könige der Apokalypse wie es kam, denn sie ließen sich durchaus im

Gespräch nicht stören. Den Bogen, auf dem sie saßen, trugen zwei gekrümmte, ächzende Mönchsgestalten, und da gerieten sie doch ins Lachen. Die äußerste Wölbung endlich zeigte sich mit fünfunddreißig Richtern besetzt, wie sie Platz fanden. Daß hier mitten im Grün des Pyrenäenvorlandes ein Zug marschierender Gänse auf den Archivolten nicht fehlen konnte, verstand sich beinahe von selbst. Und keineswegs erwiesen sich die gefesselten Sarazenen, welche die Mittelsäule trugen, so qualvoll zusammengedrückt wie in Oloron, von dem gleich zu berichten ist, sondern ein Quentchen leichter, wie hier alles unbeschwerter blieb; ein bißchen spielerischer, ein wenig feundlicher. Was schließlich sollte man von diesem Adler auf seinem Kapitell im linken Seitengewände denken, der die Trompete blies – war das nun Drolerie, symbolische Anspielung auf die Johannes-Offenbarung oder gar die Zutat des Restaurators vom Anfang dieses Jahrhunderts, des Bildhauers Bouey, auf dessen Rechnung ohnehin einiges ging?

Es ist anzunehmen, daß Damontes Landsleute nicht lange blieben, sondern schon am Ortsende von Morlaas in die Heide von Pont-Long abbogen, um möglichst bald über Arthez nach Orthez zu gelangen, von dem sie nach Roncesvalles zogen. Die Zeit, in der sie wanderten, bevorzugte den Schauplatz von Rolands Tod. – Sagen wir ihnen endgültig Adieu, um in Richtung Somport durch lange, umbuschte Hohlwege mit ihrem kühlenden Hauch an der Chapelle de Berlanne vorbei, am Stadtrand von *Pau* nach Westen abzubiegen. Denn die gegenwärtige Kapitale des Béarn greift mit lufthungrigen Straßenzügen immer weiter hinaus ins Land, und so wird der Boulevard des Pyrénées, von dem man morgens den Pic de Midi de Bigorre so strahlend aufschimmern sieht, oder das Renaissance-Schloß daneben fast gleichgültig, gäbe es nicht Unvergeßliches darin: die große Schildkrötenschale, in der ›Lou Nouste Henric‹, nachmals Henri IV, seine ersten Atemzüge tat, nicht die königlichen Räume der ersten Etage.

Freilich waren auch Pilger durch Pau gezogen. Auf einem alten Stich erblickt man über den Gave du Pau, den Pont Jurançon und das Schloß hinweg, wie sehr der Turm von

Saint-Jacques nahe dem Geburtshaus Bernadottes das Stadtbild beherrschte. Sonst erhielt sich allerdings wenig. Pau ist nach der zweiten, den reiselustigen Engländern zu verdankenden Blütezeit des 19. Jahrhunderts eine Zuflucht für die ermatteten Zugvögel der Zivilisation geworden, leider auch ein Wespennest des Durchgangsverkehrs, der nach Lacq mit dem 1951 entdeckten Erdgasvorkommen hinausbrandet. Es vermag dem Suchenden nur noch wenig zu sagen.

Denn in jener Epoche, von der ich erzähle, beherrschte ein anderer Name die große Passage des Gave-Tales, *Lescar*, in dem wir nun auf seiner Anhöhe standen, die älteste Hauptstadt der ›Beneharner‹, Sitz ihres Bischofs seit den Tagen der Christianisierung und Grablege ihrer Fürsten, das sich nach der totalen Zerstörung durch die Normannen von 850 nie mehr richtig erholte. Daß es 1101 eine Pilgerherberge erhielt und knapp zwanzig Jahre später seine mehrtürmige, romanische Kathedrale, die einer Erscheinung gleich über der Ebene stand, wenn die Nebel des Gave du Pau ihren Fuß umrauchten, half dem nicht ab. Denn gerade der Kirche willen wurde Lescar wieder und wieder heimgesucht.

Sie war der ins calvinistische Lager übergewechselten Landesherrin Jeanne d'Albret ob ihres dämmernden Goldschimmers ein Ärgernis, bis der berüchtigte Montgomery sie nach wüster Plünderung anzünden ließ. Frühe Restaurationsversuche haben ihr Bild nur entstellt. Vom Außenbau blieb einzig der Chor, während das neuerlich restaurierte Innere wenigstens seine architektonischen Grundzüge wiedergewann: das feierliche Tonnengewölbe des Schiffes, die hierarchische Stufung zu den quergelagerten Seitenkapellen, das Weben des Lichtes um den Altar im sonst dämmernden Raum mittels der durchbrochenen Trennwände zwischen Apsiden und Chorhaupt. Freilich blieben da auch die Kapitelle der Vorlagesäulen, durch die ein Nachhall von Saint-Sernin oder Saint-Etienne in Toulouse oder gar in den obligaten figürlichen Themen ein fernes Echo von San Isidoro in León oder Moissac klingt. Aber bedeutet in der Kunst nicht der schöpferische Vorgang ursprünglicher Formfindung alles? Selbst das eher kuriose Jagdmosaik im Boden des Chores, auf dem ein Jäger den Keiler angeht, ein Mohr mit einer

Beinprothese, wie sie sarazenische Ärzte verwandten, den Bogen spannt, der Esel den an seinen Schwanz gebundenen Wolf fortschleppt, läßt sich wieder bewundern, ein fabulöses Geschehen freilich ohne Hintersinn ...

Allein, es gibt noch etwas: da steht sie nun, die Kathedrale auf ihrem Hügel, zu der man durch das alte Stadttor, die Porte l'Esquirette hinansteigt, mit ihrer so töricht klassizistisch verblendeten Fassade und ist nicht mehr sie selbst, sondern eine bedrohte Insel in einer mehr und mehr technisierten Industrielandschaft; nach Süden dehnen sich öde Werks- oder Lagerhallen, nach Westen ziehen die lärmenden Stränge des Verkehrs, vom Flugplatz im Nordwesten dröhnen die Motoren. Nur das alte Kirchlein Saint-Julien zu ihren Füßen, in dem Sancho VI Guillaume, Graf der Gascogne ruht, erinnert daran, welche Stimmung über dem Land lag, als ein nie abreißender Strom von Menschen zum Somport oder nach Roncesvalles zog. Von der alten Zeder, vom Lindenplatz draußen läßt es sich noch beschwören, wenn der Morgendunst gnädig die Ferne verhüllt. Dann scheint der mythische Raum wieder Wirklichkeit, durch den Angehörige aller Völker Europas wanderten, ein umgetriebener Menschenstrom auf der Suche nach dem Heil. Es war das Aufmarschgebiet der Pilger, die sich anschickten, über Navarrenx, Saint-Blaise und Lacommande-Aubertin auf Wegen, denen auch wir zu folgen gedachten, die Pässe zu erreichen.

Alle Völker! Das Wort klang in mir nach. Wenn die Tolosana ein Menschheitsweg war, so *Navarrenx* das Nadelöhr, durch das alles mußte, was von Osten kommend über Roncesvalles nach Spanien wollte, den ausholenden Umweg über Orthez zu vermeiden, um direkt über Saint-Palais nach Süden abzubiegen. Seit Henri II d'Albret das Städtchen am Gave d'Oloron mit Wällen und sogar Geschützbastionen versehen hatte, blieb niemand etwas anderes übrig, als die Stadt bis zur Porte Saint-Antoine zu queren und durch den Festungstunnel sowie über die alte Brücke zu verlassen. Es war keine gute Zeit für die Jacquaires. Besonders seit es Krieg gab, Jeanne d'Albret sich 1569 in Navarrenx gegen Charles IX von Frankreich verschanzte und die eisernen Kanonenkugeln über die Wälle bis auf die Place d'Armes in der Stadtmitte flogen. Wir hingegen hatten in einer von Grün überquellenden Landschaft herrliche Tage, spazierten auf den mächtigen, begrasten Wällen um die Stadt und blickten auf die alte Flußbrücke, die so viele Füße getragen, und die jenseitige Gave-Seite hinab, an der sommers die Salmfischer aus aller Welt ihr Wettangeln veranstalteten, oder tranken, wenn garnichts los war, an der Wirtshausbar des ›Commerce‹ beim harten Wortgeknatter vierschrötiger Basken einen Ricard.

Ganz anders dagegen in *Saint-Blaise,* nur wenige Kilometer im Süden, auf gewundenem Weg zu erreichen, einsam im Schoß grüner Hügel und Wälder gelegen. Dort lebte es sich im weißen Gasthof auf kleiner Bergterrasse wie in einem Wachtraum. Ein Wasser rauschte durchs Tal, und im kleinen Dorf ragte zwischen den Bauernhäusern der tief überdachten Balkone jenes Kirchlein auf – eine der Kostbarkeiten des Pilgerweges – das sein spitzes Dach über dem kurzen Achteckturm nur zaghaft aus den Firsten der Kreuzschiffsarme emporschiebt. Alles blieb von zierlichstem Maß und verband doch eine erstaunliche Kraft des Mauerwerkes damit, die jede Fensterleibung in einen Trichter verwandelte. Den Öffnungen lagen kunstfertig mit dem Meißel durchbrochene Steingitter vor – in Ovalformen oder grobes Geflecht vortäuschend, endlich gar in Gestalt jener Achtecksterne, die der islamischen Architektur so teuer waren. Die liebreizende Nu'm aus dem ›Halsband der Taube‹ steckte den Kopf in unsere Träume. Ein mudejarischer Baumeister aus Spanien war um 1100 am Werk gewesen. Und wie das Äußere derzeit immer nur Hinweis blieb, entfaltete sich seine höchste Kunst erst im Innern.

Da zeigte sich, wie jene Epoche einen Bau, der im Grund nur aus Apsiden und einem quadratischen Zentrum von gut fünf Metern Durchmesser bestand, durch überwölbende Bögen ins Große zu steigern wußte. Denn ihre Form nahmen die Zwickel auf, welche die überhöhte Mitte in ein Achteck verwandeln, über dem sich eine aus Mauersegmenten gefügte Kuppel wölbt. Einzig gestützt von jenem auf Konsolen ruhenden Achteckstern, einfache Rippen, den ich von Cordoba kannte: sich schneidend, sich kreuzend, ein kunstvolles geometrisches Netz, das den Menschen der Pilgerzeit den Jakobsstern vorspiegeln mochte und doch maurisches Erbe war. Das Himmelszeichen besaß ja wirklich wegweisende Bedeutung.

Denn Hôpital-Saint-Blaise diente keineswegs, wie der Name vermuten läßt, nur als Krankenstation, sondern zugleich als Herberge. Ein besonderer Pilgerweg führte einst von hier durchs Saison-Tal ins Gebirge bis zum Kloster Sainte-Engrâce, das in der Bergeinsamkeit von Felsen und Waldkuppen liegt und früher eine Reliquie der portugiesischen Märtyrerin Gracia besaß. Selbst dort in der Abgeschiedenheit vermochten die Wanderer zwar etwas ungelenke, doch recht phantasiereiche Kapitelle béarnaisischen Zuschnitts bewundern, die Schöpfungsdarstellung, derbkräftige Gauklerszenen, vor allem die schöne Geschichte von Salomon und der Sulamithin. Daß sie lange davor standen, ist allerdings kaum anzunehmen; sie krochen frühzeitig ins Stroh. Am nächsten Morgen mußten sie mehr als elfhundert Meter zum Paß des Collado de la Piedra de San Martîn aufsteigen, um ins Tal von Roncal und endlich direkt nach Kloster Leyre in Aragon zu gelangen …

Wir hingegen kehrten fast bis Lescar zurück, um von *Lacommande* endlich dem Weg zum Somport zu folgen. Aus dem alten Herbergsort, den Graf Gaston IV von Béarn um 1120 anlegen ließ, ist ein verstreutes Bauerndorf mit schiefergedeckten Häusern in den Wäldern abseits der großen Straße geworden. In der Mitte ein weitläufiger Platz mit buntlaubigen Bäumen hier und dort, blühende Rosen; daran die Kirche des gedrungenen Karreeturms als bedeutendster Rest des Mittelalters. Es läßt sich von Pilgerromantik träumen; greise Hausungen mit langsam einsinkenden Dächern ergeben sich der Müdigkeit ihrer Jahre, die zerbröckelnde Wehrmauer überrankt alter Efeu. Es ist alles so lange vorbei, daß man dem Steinwerk immer wieder sakrale Torsen einflicken mußte, gestufte Lisenen nebst Doppelsäulchen, Türbögen, feinste Meißelarbeit zum Füllsel abgesunken, an der Nordkapelle gar ein Fenster in Form eines Ochsenauges, das ein Fünfpaßbogen umrandet.

Das Gotteshaus, einst gotisch eingewölbt, erlag dem Bauerngeschmack; etwas skurril, etwas auf billige Rechnung, trägt es nun einen Bretterplafond, und dennoch konnte es eine Kostbarkeit bewahren: es besitzt einen der schönsten Chöre der Pyrenäen. Die Kunst an der Pilgerstraße, im Béarn meist etwas derb, blüht darin zu erlesener Feinheit auf. Drei Fenster durchbrechen die obere Region des Altarraums, darin kleine Säulen nebst Kapitellen: schnäbelnde Tauben, eine Eule im schuppigen Federkleid, Wildgetier, Kamele und Affen, die bei Jahrmärkten mitgeführt werden mochten. An den dreizehn Säulen, die das Untergeschoß umstehen, wird man schon anspruchsvoller: Hähne mit Menschenköpfen und Judenmützen, wildbeschopfte Sirenen, der Zentaurenkampf mit dem Bogen, Vagantenvolk, Krieger, etliche Darstellungen aus der Schrift wie Daniel in der Löwengrube, die Flucht nach Ägypten – vom Motiv her gewiß wenig Bedeutendes. Aber es wird in so vollendeter Form, in so ausgeprägten Reliefs und einer so geschickten Ausnutzung der Lichtwirkung erzählt, daß man verblüfft innehält. Das Wunder des Béarn, das sich zuweilen einstellt: ein großer Meister des 12. Jahrhunderts war offenbar durchgereist und niemand weiß, woher und wohin.

Nach Oloron am Eingang zum Somport war es von hier, wenn auch auf Umwegen, nur noch ein Katzensprung.

Die Kreuzabnahme von Oloron

Wer nach kurzer Fahrt durchs Land am Rand von *Oloron* anlangt, will im Grund nicht mehr halten. Eine tiefe Unruhe hat ihn erfaßt, der Name Aragon rumort in seinem Gehirn. Was soll ihm das Landstädtchen noch, in dem sich jetzt, am Morgen eines Markttages, die Menschen drängen, alle Straßen verstopft sind und sich kein Platz für den Wagen findet? Die beiden Gaves, die von Ossau und Aspe, die sich drunten im Tal zum Gave d'Oloron vereinen, zwingen den Ort zu schwierig durchschaubarer Verkehrstaktik. Findet sich drüben am Park eine Fahrzeuglücke? Aber schon wird er von energischer Polizistenhand umgeleitet; ein scharfer Pfiff auf der Trillerpfeife ermahnt ihn, den Fahrzeugstrom nicht mutwillig aufzuhalten. Bereits nähert er sich dem Bahnhof draußen und muß immer noch durch Reihen von Zeltdächern und Auslagen fahren; Vieh steht angebunden, ein Kälbchen drängt sich noch einmal an die Mutter, ehe der Käufer sie für immer trennt, und so von Bildern ungewiß trauernder Kreatur und schiebender Menschen begleitet, gelangt er weit hinaus, bis er endlich einen Platz findet – schnell, nur schnell, damit ihm niemand zuvorkommt!

Endlich stand ich, vom langen Rückmarsch ermüdet, auf dem Hügelsporn, der sich weit in die Flußgabel vorschiebt, und gewann Überschau! Drüben im Westen lag im Quartier gleichen Namens Sainte-Marie, die alte Kathedrale, und vor mir im Süden klomm ein Weg mit Kreuzen heran. Drunten führte die alte Handelsstraße zum Somport über die Place Saint-Pierre hinaus, welche die Jacquaires benutzten. Ich war offenbar in dem ganzen Quartier völlig allein; nur ein Paar alter Frauenaugen folgte mir argwöhnisch aus einem düsteren Hauseingang, was ich da anstellte, bis ich im Innern von Sainte-Croix verschwand, mehr aus schlechtem Gewissen als angetrieben, weil mich der festungsartige Kirchturm mit dem hohen Quergang abstieß, bis ich plötzlich im Innern gefangen, nein fasziniert war.

Es ist ein Gotteshaus, um sich darin geborgen zu fühlen, mochten auch die Seitenschiffe in ihrer Überfangung von Dreifünftelgewölben Kopfschütteln auslösen; die Mauerung des Mittelschiffes strömte in gesammelter Kraft hin, und sogar Verzauberung stellte sich ein. Denn als ich unter der Vierung aufschaute, stieg mein Blick in eine Kuppel empor, die sich über muschelartig verkleideten Trompen rundet, und abermals wie zu Saint-Blaise trug ein achteckiger Rippenstern die Last des Gewölbes. Dazu wurden, seit sich das Auge an das dämmernde Licht gewöhnte, allenthalben Kapitelle erkennbar: im Chor, in den Apsiden, meist mit herkömmlichen Szenen, und doch fanden sich ungewöhnliche Themen darunter. Eine Menschengestalt mit einer Mütze auf dem Kopf und mit drei Gesichtern entstieg einer Art Zuber. War es eine Anspielung auf die Dreifaltigkeit? Oder gleich am Choreingang: Christus, dem ein Arbeitsmann den Plan der Kirche darbietet. Da er am Marterholz gelitten hatte, galt er wohl als Patron. War Voraussicht im Spiel, als sich das Gotteshaus in seinen Schutz stellte? Seine Geschichte las sich wie eine Schreckenschronik. Man errät die Gründe sehr leicht; es waren die üblichen.

Leider, sie gelten auch für die ehemalige Kathedrale Sainte-Marie. Von ihr, die der Stadt den Rang eines großen Erlebnisses am Pilgerweg sichert, blieb nur das Kirchenportal ursprünglich bewahrt, wenn auch ein wenig renoviert. Es entstand, als Gaston IV von Béarn, der sich bei der Eroberung von Jerusalem hervortat, heimgekehrt sein Land in der Gewalt von Sarazenen fand. Er verjagte sie und stiftete zum Dank eine Kirche, die den Namen der Gottesmutter trägt.

So ist ihr Portal fast zum Triumphtor geworden. Ein stämmiger Mittelpfeiler, den, ähnlich Morlaas, zwei aneinander gekettete, unter der Last keuchende Sarazenen tragen, stützt das mächtige Tympanon und läßt zwei Torflügel entstehen. Jede der Türen überfängt ein eigenes, kleines Tympanon, übrigens späten Datums: Christus hüben bedroht, drüben umschmeichelt von Löwen, Symbolen der gefährdeten und der siegreichen Kirche. Sie wiederum überwölbt das Haupttympanon mit der Darstellung der Kreuzabnahme. Schon ist die rechte Hand des Herrn vom Nagel gelöst; steif fällt der Arm der assistierenden Maria Jakobäa entgegen. Rechts müht sich Nikodemus, den Körper stark zurückgebogen, den Nagel der Linken mit erhobener Zange zu lösen, während Joseph von Arimathia den zusammensinkenden Leichnam eng mit den Armen umschließt, um die Last zu halten. In den Außenseiten rahmen die Gottesmutter und Johannes das traurige Geschehen. Tiefe Ergriffenheit waltet hindurch.

Kaum Zufall, daß ihr Meister die Szene als Flachrelief wiedergab. Das körperliche Schwinden von dieser Erde soll ausgesagt werden; alle realistischen Details außer den notwendigsten fehlen. Sind es imaginäre Erdschollen, die so stilisiert gleich einer überschlagenden Woge die Füße Josephs von Arimathia tragen? Sind es Kissen, auf denen die übrigen Personen stehen? Die Andeutung mußte genügen. Wichtig aber war, daß Sonne und Mond in der Verhüllung der Trauer über die Kreuzesarme lugen, wichtig auch, daß dieses Marterholz Edelsteine überziehen. Stellt es seither nicht ein Symbol der Opferung dar? Ein Chrismon darunter, abermals tiefer der gehörnte Kopf eines Tieres mochten als Heilszeichen und – vielleicht – Emblem de Béarn verstanden werden. Entscheidende Bedeutung kam schließlich dem bewegten Faltenflug der Gewänder bei den teilnehmenden Personen zu. Ihr Schwung will die innere Dramatik des Augenblicks spiegeln. Sonst bleiben die Platten von jeder Darstellung frei, und gerade darin liegt die exemplarische Wirkung. Nichts konnte neben diesem Augenblick bestehen, als die Leere. Wie hatte die Droste die lichtlose Stunde im ›Geistlichen Jahr‹ beschrieben?

»Ein Schweigen grausiger als Sturmestoben
schwamm durch des Raumes sternenleere Gassen ...«

Archivolten überrunden das erschütternde Geschehen, bleiben im innersten Bereich bar allen Schmuckes, um sich nur zaghaft mit Zierat zu beleben. Erst dann folgt jenes Szenarium, das dem kostbaren Kunstwerk die einzigartige Fülle des Daseins verleiht: in dichter, gedrängter Folge werden Darstellungen des mittelalterlichen Lebens in Oloron vorgeführt. Stehen dahinter die Verse des Matthäus-Evangeliums, der Himmel gleiche einem König, der seinem Sohn die Hochzeit ausrichtet? Gewiß bleibt nur, daß die Vorbereitungen zu einer festlichen Mahlzeit ihr Hauptthema bilden. Da trägt man den Käse heran, bindet der Küfer das Faß, wird das Schwein geschlachtet, der Schinken geschnitten, der riesige Salm herangeschleppt und für das Mahl hergerichtet. Aber es sind auch andere Tätigkeiten geschildert. Ein Mann tritt mit der Hippe auf, um auf dem Feld zu arbeiten, ein anderer trägt den Schmiedehammer. Geht es also um mehr als ein Fest, nämlich das tägliche Leben schlechthin, das hier sub specie aeternitatis geschildert wird? Der gewaltige, mehrfach gezeigte Salm könnte doch auch bekunden, welche Rolle der Fischfang in den Gaves derzeit für die Menschen spielte.

Alle Beteiligten sind angetan mit weiten, bis auf die Wade fallenden Hosen. Daß die Satansfratze inmitten dieser Folge auftaucht, so wie in der Königsarchivolte darüber das mystische Lamm? Er lauert im Alltag doch immer, mag das sagen. Ein bedeutungsvoller Umstand kommt hinzu, dem man erst nach einiger Versenkung Beachtung schenkt. Aller Augen sind mit ekstatisch hochgezogenen Brauen dargestellt. Da ist denn wohl doch davon auszugehen, daß sie eng mit dem visionären Geschehen verflochten bleiben …

Denn daß hier eine apokalyptische Vision gemeint war, bekunden die vierundzwanzig Ältesten im äußeren Halbkreis, deren Auftreten im Kommentar des Beatus wurzelt, wahrscheinlich aber von Moissac angeregt ist. Nicht freilich mit Bechern wie dort, sondern mit orientalischen Phiolen, die sie in den verschiedensten Haltungen tragen, hingehockt wie es gerade kam, offenbar, um auch bei ihnen die innere Bewegung darzutun. Die Augen weit geöffnet und – wie bei allen mitagierenden Lebewesen – mit Steinchen in Schwarz und Weiß inkrustiert, um sie blickhaft zu machen. Die Körper obendrein ockergelb bemalt, damit sie auch farblich hervortreten. Eine Fassung, die nach Expertenmeinung allerdings nicht als ursprünglich gilt. Kurz, jedes Ausdrucksmittel ist benützt, um die Wirkung zu steigern. Natürlich wird das allenthalben, wo es nur angeht, von Ungetier, Symbolen des Bösen umlauert und in polare Spannung gebracht. Am sichtbarlichsten durch zwei Figurengruppen. Rechts reitet nach Art der Konstantinsdarstellung ein Ritter aus der Wand hervor, in dem wir vermutlich Gaston IV, den Sarazenensieger, zu erblicken haben; unter den Hufen des Gaukes krümmt sich ein bärtiger Mann, vielleicht ein Häretiker. Zur Linken verschlingt ein Löwe als Verkörperung Satans, gestützt auf ein weiteres Monster, einen Menschen mit der landesüblichen, kurzen Hose.

Da hat man's, das Abbild der Zeit, in der die Pilger zogen. Ihr Denken, Fühlen, Tun und Treiben, ihre Furcht, ihre Hoffnung, die im Opfertod Christi beruht. Es lassen sich weitere Anspielungen entdecken. Links und rechts oben in den Zwickeln der Archivolten finden sich zwei kurzberockte Relieffiguren eingelassen, die Rätsel aufgeben. Sind es, wie man lesen kann, Leibwächter aus dem kaiserlichen Palast in Byzanz, die Gaston auf seinem Kreuzzug im Gefolge Raimonds von Saint-Gilles erblickte? Sie befanden sich offenbar früher an anderer Stelle. Die Hand in die Hüfte gestützt, macht der Hellebardenträger die Bewegung eines Schutzmanns, der jemand heranwinkt; der andere mit der Lanze streicht sich den Schnurrbart in der köstlichen Attitüde aller Korporäle der Erde.

Auch die letzte Frage, wer hier im 12. Jahrhundert am Werk war, läßt sich nicht eindeutig klären. Vermutlich durchwandernde Meister, die sich auf der großen Route befanden ...

Zum Somport hinan

Nach unerträglicher Schwüle hat es in der Nacht ein Gewitter gegeben. Noch um sechs Uhr früh ist es draußen rabenschwarz; Wasserwände rauschen hernieder, geisterhaft zuckt ein letzter Blitz, rollt ein langes Echo durch die Bucht der Vorberge. Dann wird es endlich still, aber es mag Stunden dauern, ehe das Wasser abrinnt. Ans Wandern läßt sich nicht denken. Wir hatten uns das so schön ausgemalt, dem Gebirge in die Arme zu laufen, Eugen irgendwo an der Straße wartend, und so im Wechselspiel zwischen Fahrzeug und Fußmarsch weiter. Die Strecke will ja bewältigt sein, weit mehr als fünfzig Kilometer bis zum Somport. Der Wagen muß sofort herhalten, es hilft nichts.

So geht es zu, daß wir trotz verspäteten Aufbruchs plötzlich viel zu früh dran sind und uns schon vor Mittag tief, tief im Aspe-Tal bei Accous befinden, wo das Wetter keine Gewalt mehr über uns hat, als sei es niemals gewesen, und die riesenhaften Berge den plötzlich weit gewordenen Grund der ›Sieben Dörfer‹ so einladend umstehen wie auf einem Werbeprospekt. Im Hintergrund ragt der Felskamm von Arapoup auf, rechts voraus der Pic de Burcq im Neuschnee. Um uns wuselt das Gedränge einer Schafherde mit semitischen Köpfen und gedrehten Hörnern, die man erst jetzt bei abgetrocknetem Gras auf die Weide treibt. Wir sitzen darin gefangen, und ich habe meine melancholische Stunde, weil alles so prächtig mißlingt ...

Denn Saint-Cristau seitab unter den grünen Bäumen, die erste Pilgerstation, hatte liegen bleiben müssen, so troff es von allen Zweigen. In *Escot,* das ich unbedingt sehen wollte, weil hier früher die Zone der ›fors‹, der Sonderrechte für die Montagnards begann, auf die man noch Louis XI von Frankreich schwören ließ, ehe er passieren durfte – in diesem Escot, mit dem das Vallée d'Aspe eigentlich anhebt, war es dasselbe. Der Gave neben uns schäumte aufgebracht, und die wasserumwaberten Wagen auf der ›Nationale‹ warfen im singenden Hornissenton der nassen Reifen Dreckschleier über die Scheibe.

Erst in *Sarrance,* dem Wallfahrernest ein paar Meter hoch neben der Straße, schien es friedlicher. Aber was war das nun? Das Klösterchen, mitten im strengen Häusertrakt um eine der siebzig wunderbarlich von einem Hirten oder Stier aufgefundenen Jungfrauenstatuen Frankreichs gebaut, wie ausgestorben. Grabesruhe in der niederen, buntgemalten Kirche; das Ewige Licht brannte einsam. Im doppelstöckigen Kreuzgang spielten die vorgebauten Schiefergiebelchen ihre Tropfmelodien ohne jegliches Publikum. Bei einem jungen Mädchen, das mit einem fest unter dem Kinn zusammengehaltenen Umschlagtuch vorbeilief, habe ich versucht, nachzufragen, wo denn die ›Marguerite des Marguerites‹ gehaust und ihren ›Heptameron‹ geschrieben habe. »Oh das«, sagte die Kleine verlegen, »verzeihen Sie, Monsieur, wenn ich zum Bäcker muß, wir haben noch nicht vor die Tür gekonnt.« Von Pilgerherberge ohnehin keine Spur, und es hatte hier doch eine gegeben.

Wenigstens hoben sich draußen die Schwaden, rauchten sie durch den weiten Kessel aus Bergen und Schroffen, Wäldern und geschwungenen Kuppeln im Umkreis wie durch einen Krater davon; sogar ein Fetzchen Himmel kam zum Vorschein. ›Fac ut ardeat cor meum‹, habe ich auf dem Sokkel des Kalvarienberges im Klostergarten gelesen. ›Mache mein Herz brennen‹, gab ich preis, als ich triefnaß bis zu den Knien und klamm vor Kälte zum Wagen zurückkam. Eugen sah mich bedenklich an. »Fahren wir weiter«, meinte er nur.

So also endlich *Accous,* wo alles längst zuende und vom langen Aufruhr der Elemente nichts mehr zu sehen war als ein graues Wolkengeschiebe im Norden. Ich hatte den Besuch beim Dorfpfarrer im verzwickten Ort bereits hinter mir. »Pilgerherberge?« sagte er mürrsich, weil er zu Tisch wollte, »davon weiß ich nichts. Wir haben andere Sorgen.« ... »Wie wäre es mit *Lescun?*« meinte meine Frau sehr sanft, als ich zurückkehrte und die Schafherde längst davon war. Eugen zögerte. »Dann sind wir endlich aus diesem Tal«, kommentierte sie. Für eine Mittagspause schien der Vorschlag nicht übel. Gegenüber Estanguet ging es steil in den Berghang, Kehre um Kehre; die Tiefe sank immer tiefer, die Berge stiegen noch höher. Droben alles Weite und Licht ...

Es erwies sich, daß meine Frau über eine Sehergabe verfügte. Über die Kuppe, vierhundert Meter über dem Talgrund, zog sich ein Dorf, durchrankt von einer Straße mit Bruchsteinhäusern, am Ende einladend ein Hotelchen, von dem der Saumpfad zum Pic Anieto emporstieg. Ein schönes Haus über uns, die wir am Sonnenhang rasteten, äugte freilich mit leeren Fensterhöhlen ins Weite, doch sonst zeigte sich alles sauber wie nach dem Hausputz.

Uns aber lockte nach dem trüben Morgen die Sonne. Der Blick fiel über eine Hochprärie, Hügel nach Hügel, in weitem Umkreis umrundet von den erlauchten Massiven der Pyrenäenkämme mit Graten und Wänden; genau im Westen ragte im wundervollen Grauviolett des Dunstes, vielgezackt die Table des Trois Mages auf. Knapp unter uns bog das Sträßlein, auf dem wir heraufgekurvt, als Fahr-, sodann Höhenweg nach Süden bis dort, wo eine silberne Kaskade aus dem düsteren Schoß der Wälder am Bergsockel stürzte. In einer Eingebung griff ich nach der Karte. Es war die Jahrtausende alte Römerroute, die über den Col de Palo, vorbei an La Mina ins Hecho-Tal und Siresa über dem Rio Aragon Subordan führte – Siresa, das ich mit seinen stützenden Arkaden, dem Bruchsteingemäuer und der kostbaren Musterung des Bodens der Kirche aus hochkant gepflasterten Kieseln von Bildern her kannte: Spanien! Ein wenig geriet ich ins Träumen. Das lag nun alles vor uns. Eugen machte ein Nickerchen; wie wohl das tat, die Sonne nach der Kühle des Morgens! Bis meine Frau erschreckt hochfuhr: »Es wird Zeit, wenn wir Borce noch sehen wollen ...« Borce war unser erklärtes Ziel, die letzte Pilgerherberge vor Santa Cristina. Hatten wir diesmal mehr Glück?

von Biures
aus

Aragon

IX *Tal des Aragon vor Berdún*

Abfallende Pyrenäenhänge im Norden, die Höhenzüge der ›Vorpyrenäen‹ im Süden begleiten den Fluß, der dem ganzen Land seinen Namen gab, zwischen Jaca und Sangüesa. Es ist eine Region von fast exotischem Zauber. Ortschaften und Städte haben sich eng zusammengedrängt auf die Randhöhen gelagert. Früh reift und vergilbt das Getreide, während die frisch gepflügten roten Ackerflächen den weiten Talgrund in einen bunten Flickenteppich verwandeln.

Kurz darauf rollte der Wagen erneut tief durchs Tal; es konnte nicht weit sein, vorbei an Celle-Eygun, wo die Eisenbahn, die durch den Aspe-Grund fährt, zumeist in Tunneln, wieder einmal zum Vorschein kam. Zur Rechten führte ein Sträßlein halbhoch in den Berg, daran fern ein Dorf. *Borce,* das mußte es sein. Nach ein paar hundert Metern an einer leichten Biegung ein Haus mit Spitzdach und Rundbogentor. Davor schoß aus dem Steilhang ein Bach in einen neu gerichteten Ableitungsgraben. Südwärts wies das Gemäuer eine Ausbuchtung mit einem kleinen Fenster auf. Wir hielten, traten voll Spannung näher: war es die alte Herberge?

Das Tor stand offen, drinnen sortierte ein Mann, der uns rätseln hörte, seine Zwiebeln, richtete sich nun auf und lachte: »Sie können ruhig deutsch mit mir sprechen.« Er war Kriegsgefangener in Niederbayern gewesen und hatte es bei einem alten Bauernpaar, das den einzigen Sohn in Rußland verlor, sehr gut gehabt. Vom Haken neben der Tür holte er eine verblichene Landserjacke mit sorgfältig entferntem Hoheitszeichen, von dem eine dunkle Spur geblieben war. »Die dunkle Spur der Zeit«, sagte er dann. »Darin haben sie mich mit dem Transport nach Hause geschickt; es war nichts anderes da – übrigens Ihre Pilgerherberge, à votre service.« Es war ein wacher Mann meines Alters, das Gesicht schon etwas zerknittert.

Die Herberge von Borce! Wie oft hatte mein Auge an diesem Namen gehangen, und nun stand sie vor mir. Hinten verdämmerte der Raum, öffnete sich zu einem Nebengelaß, die Ausbuchtung, die wir von draußen sahen: die Jakobuskapelle, dürftig durch die Scharte erleuchtet, heute als Heustadel benutzt. Konnten wir auch genug erkennen? Es befanden sich verblaßte Malereien an der Wand, sehr alt, eine Art Fries, in barockem Schwung hingestrichen, großmächtige Blumen und Geranke. Über das flache gotische Gewölbe zogen sich Rechteckrippen. Geschlafen hatten die Jacquaires natürlich droben auf dem Tennenboden. Eine Leiter führte hinan. Wenn ich wollte, durfte ich Probeliegen, um zu sehen, daß es nicht so wie auf einer Matratze war.

Der Dachstuhl darüber geräumig, holzgewölbt, blaudunkel mit wechselnd roten und ockerfarbenen Sternen betupft.

Verschiedene Bretter weggebrochen; uraltes Gebälk kam zum Vorschein. Später hatten hier bei einem Durchmarsch napoleonische Soldaten logiert und die kleinen, karikierten Männchen in Uniform auf die gekalkte Rückwand gezeichnet. »Generäle«, schmunzelte unser Mentor. Drunten gab es ehedem ein altes Weihwasserbecken; was das Waschen anlangte, fand sich draußen am Sturzbach die beste Dusche der Welt. Alles ganz einfach, alles wie gestern gewesen, und es fehlten nur die Jacquaires, die durch die Tür eintraten und ihre Wanderbeutel ablegten, um es wieder in gelebte Gegenwart zu verwandeln.

Durch die Gorge du Pont d'Enfer sind wir weitergerollt. Links führte der ›Chemin de Mâture‹ ins Geklüft der Gorge de Sescoué, ein abenteuerlich in den Fels geschlagener Saumpfad, auf dem die Schiffsbauer aus Bayonne früher die Hölzer für ihre Masten aus dem Bois du Pacq drei Stunden weit in den Wäldern holten, um sie bei Hochwasser auf dem Gave talab zu flößen. In düsterer Steilwand zeigten sich die Luken und Kavernen des alten Forts du Portalet, in dem während des Zweiten Weltkriegs mißliebige Personen gefangen saßen. Kurz darauf kam *Urdos,* die französische Zollstation, endlich hinter dem Ort der Weg vom Col d'Ayous, in dessen Nähe ich gestanden und zurück gemußt hatte. Worauf sich die Straße in langen Windungen hob; rechts ging es zu den Forges de Abel ab, nur noch Reste vom wuchernden Grün umschlungener Arbeitshallen, bei denen sich die Bahn endgültig im Berg verkriecht, um erst in Canfranc wieder ans Licht zu kommen.

Von hier aus sind wir zu Fuß weitergestiegen, wollten den Schluß nach Pilgerart hinter uns bringen. Denn nunmehr begann der eigentliche Paß, schien einer Wendeltreppe abgeschaut, immer durch Baumschleier hinan. Die Brust keuchte mühsamer von Schritt zu Schritt. Bis auf einmal die Bäume zurückblieben und alle Beschwer vergessen war. Ein unsäglicher Anblick bot sich dar, ganz auf große Farben gestellt: zartblau die Ferne, die roten Berge mit den beglänzten Schneehauben um ihren mächtigen Kessel aufbrennend in der Glut des beginnenden Abends. Aus violettem Grund stieg eine fast weiße Kalkklippe neben dem zögernden Oliv einer grasigen Kuppe. Denn schon verflachte die Steigung, bog die Straße seitab von Schafhaltereien und Höhenpfaden über die eigentliche Grenze hinab.

Aragon, von tausend Gedanken umworbenes Ziel, öffnete sich, wie es vor den Jacquaires gelegen hatte. Auch wenn die Spanier hinter dem Col als Gerümpel der Zeit eine Reihe Sporthotels in die Hänge postierten. Es war uns etwas feierlich zumute, und ich glaube, es ging den Pilgern nicht anders.

Etwas tiefer am sumpfigen Kahlhang zeigten sich aufgegrabene Spuren. Dort hatte *Santa Cristina,* die große Herberge des Mittelalters, gelegen. Kein Stein mehr auf dem anderen. Aber in den Gräben sah man die roten Fundamente noch tief in den Boden versenkt, hier und dort gar einen kleinen, gemauerten Bogen. Fünfzig Meter schritt ich als Längendimension ab, fand die Lage einer Apside und die von Kammern und Gängen heraus, aus deren Fenstern der Blick unmittelbar auf den Rio Aragon fiel, hier noch ein Bach, der aus den nahen Höhen kommt und es eilig hat.

Ob den Jacquaires bewußt war, was die Ersteigung der großen Barriere des ungeheuren Weges bedeutete? Sie hatten ein Fanal für die Nachwelt aufgerichtet und schweigend jene selbstgewählte Aufgabe erfüllt, die in der geleisteten Überwindung besteht, »pour rompre la muraille«.

EPILOG IN ARAGON UND NAVARRA

Halbmond und Jakobsstern

Es hat dem Mönch Beatus de Liébana, der um 788 die ›Kommentare zur Apokalypse‹ für den Gebrauch seiner Mitbrüder schrieb, trotz des Friedens seines asturischen Bergklosters, kaum Mühe bereitet, sich in die notwendige Stimmung zu versetzen. Er kannte die Endzeitschrecken. Seit fast achtzig Jahren streifte ein Feind durchs Land, dessen Reiterhorden gnadenlos niedermachten, was ihnen unter den Krummsäbel kam. Er kannte den kalten Schwelgeruch verbrannter Dörfer, den unerträglich süßlichen Gestank der Verwesung und die dumpfe Ergebung der Menschen, die kniend den Todesstreich empfingen oder sich willenlos in die Sklaverei treiben ließen. Allahs Sonne über dem Abendland!

Spanien, wir vergessen die bittersten Stunden deiner Erniedrigung nicht, die deine seelische Kraft für Jahrhunderte lähmten, bis sie schließlich um so elementarer aufbrach. Sie haben dem Wesen deiner Menschen tiefe Spuren eingebrannt. Vom schwermütigen Umkreisen des Todes bei Gustavo Adolfo Bécquer bis zur Glut mystischer Hingabe einer Teresa de Jesús und der militanten Religiosität eines Ignatius von Loyola. Selbst die kalte Raubgier der Conquistadoren im Zeitalter der Entdeckungen, was bedeutete sie anderes als den jähen Gegenschlag des Pendels? Mochten letzte Überlebende in den Tälern Asturiens, Navarras oder Aragons schon frühzeitig aufbegehrt haben: Es glich mehr den letzten Zuckungen eines todwunden Körpers, wenn ein Pelayo 722 aus dem Hinterhalt über eine sarazenische Vorhut herfiel und sie bei Covadonga vernichtete – vielgepriesener Sieg der spanischen Geschichte, wie wenig brachte er ein! So mag es schwerer gewogen haben, daß in Navarra ein Iñigo oder Enneco Arista, daß im aragonesischen Zipfel von Jaca ein Aznar Galindez insgeheim die Menschen des Landes, dazu Flüchtlinge aus allen Himmelsrichtungen um sich scharten. Da bereiteten sich neue Staatsgebilde vor, die freilich erst nach langer Ohnmacht, internen Streitigkeiten oder selbst zeitweiligem Paktieren mit dem Feind soviel Stärke entwickelten, bis die Versprengten aus den Schlupfwinkeln des Gebirges wie am oberen Aragon zum Gegenangriff auf die islamischen Bastionen in der ›spanischen Ebene‹ um Huesca und Lérida anzutreten wagten. Großtaten wie die siegreichen Kämpfe um Calatayud, Daroca, Barbastro unter Mithilfe fränkischer, aquitanischer Kontingente dringen erst aus späterer Zeit an unser Ohr, als die Leidensschwelle der Jahrtausendwende längst überschritten war und Karls des Großen Eingreifen samt der Katastrophe von Roncesvalles von 778 oder die berühmte Schlacht von Clavijo gut fünfzig Jahre später sich in Heroenlegenden verwandelt hatten.

Allein, Geschichte ereignet sich keineswegs nur im Geklirr der Waffen. Sie vollzieht sich genau so im Alltag der Jahrhunderte, selbst in der Bauernkate oder der Klause des Eremiten. Die großen Leistungen erster Könige dieser Region sind durchaus nicht militärischer Art. Unter Ramiro I aus dem navarresischen Hause Pamplona, der durch Erbfolge in den Besitz eines Aragons gelangt, das im wesentlichen aus dem Raum um Jaca besteht, unter seinen Nachfolgern, besonders Sancho Ramirez, hebt im 11. Jahrhundert die Wiederbevölkerung des ausgebluteten Raumes an. Sei es durch Emigranten aus dem Innern Spaniens, die unter islamischem Einfluß besondere Formen der Lebensweise, des Bauens, der Liturgie entwickelt haben, sogenannte Mozaraber, die Kirchenanlagen, Klöstern und wiedererrichteten Städten ihre architektonische Eigenart einprägen. Sei es durch Einwanderer aus der Gallia Narbonensis, welche die auf Innerlichkeit gerichteten Vorstellungen benediktinischen Klosterlebens mitbringen; den Mönchsgemeinschaften kommt ja höchste Bedeutung zu. Als Hort des Glaubens werden sie zur Seele des Widerstandes. Schon entsteht in Sasave nahe dem Somport-Paß aufs neue eine erste aragonesische Diözese, wird in

Nuestra Señora de Iguácel eine örtliche Wallfahrtsstätte für das Tal von Garcipolera gestiftet, erwächst in Jaca die früheste romanische Kathedrale Spaniens, bei der die Stilbezeichnung gleichbedeutend mit dem Willen zur Anbindung an das christliche Europa ist und einen Wandel zur römischen Liturgie mit sich bringt. Die Beziehungen zu den französischen, italienischen Nachbarn verdichten sich ob des verstärkten Warenaustausches unaufhörlich. Von Narbonne führt die große Handelsstraße über Oloron und den Somport nach Jaca und Pamplona, nach der Wiedererobe-rung von Saragossa auch dorthin. Barmittel kommen durch die Zölle zwischen Canfranc und Jaca ins Land, von denen ursprünglich auch erste Santiago-Wanderer nicht ausgenommen werden. Neue Zuströme von Menschen ergießen sich in die Täler, die man nicht lange nach ihrer Vergangenheit fragt, sondern in Freistätten ansiedelt, mit ihnen Handwerker, selbst angeworbene Herbergswirte. Auch militärische Erfolge sind dieser Zeit beschieden. Das Wunder des spanischen Wiederaufstiegs hat begonnen. Freilich, unter wieviel Opfern!

Doch dann erlischt die Lebenskraft der ersten Dynastie der ›Ramirez‹. König Ramiro II hinterläßt nur eine Tochter, Petronila, die am 11. August 1137 in Barbastro den katalanischen Grafen Ramon Berenguer IV von Barcelona heiratet. Ein zweiter Königsstamm mit mittelmeerischen Erfahrungen übernimmt die Herrschaft der so vereinigten ›Reiche‹, aus dem ein Alfonso II, ein Peire II – derselbe, der vor Muret fällt – ein Jaime I, el Conquistador zubenannt, hervorgehen, der Aragon weit über Teruel ausdehnt.

Und nun wächst alles ins Große. Bald wird der Name Aragon auf Neapel und Sizilien überspringen, König Fernando II von Aragon im tatkräftigen Bund mit Isabella von Kastilien 1492 gar der endgültige Sieg über die Mauren beschieden sein, deren Herrschaft siebenhunderteinundachtzig Jahre, mehr als Dreiviertel eines Jahrtausends gedauert hat. Aber im Namen Fernandos klingt gleichzeitig etwas Neues, anderes auf. Er willigt trotz kaum erschwinglicher Kosten ein, daß Columbus, der sein Glück vergeblich bei anderen Thronen versucht hat, aus spanischen Häfen zur Erkundung des ›Seeweges nach Indien‹ ausläuft und Amerika entdeckt. Noch glücklicher erweist sich trotz aller menschlichen Schwächen und Leiden die Verbindung seiner Tochter Juana mit Philipp dem Schönen von Habsburg, aus der Kaiser Karl V. hervorgeht, als spanischer König Carlos I genannt. Beide Ereignisse machen Fernando von Aragon in der Folge zum Ahnherrn einer ›Hispanidad‹ von weltumspannender Größe – wer könnte sich solche Ausblicke versagen!

Wenn man so will, hat das zu seinem Teil in dem uralten Jaca begonnen, durch das jahrhundertelang die Pilger vom und zum Somport zogen, wie nunmehr auch wir, die wir vom Pyrenäenkamm mitten hineinliefen in eine der Wochenstuben spanischer Geschichte.

Es war ein anderes Land, in das wir kamen, gewaltige Gebirge mit bizarr aufsteigenden Felsen wechselten mit fruchtbaren Tälern. Ortschaften, Städte suchten auf der Höhe der Mallos, Erhebungen aus Nagelfluh, Zuflucht vor den Gefahren der Ebene, boten sich gar dem Himmel als Opfertisch dar. Denn ohne Bereitschaft zum Opfer gewährt die Geschichte weder Sieg noch Schutz!

Daß sich hoch am oberen Aragon-Lauf, an der Straße vom Somport nach Jaca nur wenig aus jenen frühen Epochen erhielt, die das Wesen des Landes prägten, mutet verständlich an. Eine Völkerstraße kommt nicht ohne Narben davon. Da hat zuletzt die Eisenbahn, dann eine Autostraße hergemußt. Aber lag nicht abseits auch *Sasave* in der Einsamkeit der Weite hinter Borau, bereits in westgotischen Zeiten Sitz eines Klosters, nach den Sarazenenstürmen Residenz des Bischofs? Dort mußte man doch erkennen, unter welchen Vorbedingungen Aragon aufgestiegen war. Vom letzten Ort, Borau eben, ging es eine Stunde zu Fuß im Flußtal des Lumbier ins Menschenleere. Gerade als ich am Gelingen meines Vorhabens verzweifelte, sah ich voraus ein kastenartiges Gemäuer aus der Zeit um 1100 liegen, San Adrian de Sasave selbst, tief im Gesteinsstrom des ausgetrockneten Bergwassers versunken.

Es mußte auf einer Landspitze am Zufluß eines Baches gestanden haben. Ein aufgeworfener Steinwall zog sich herum, offenbar Resultat eines Bergungsversuches. Zum

Portal mit der offenen Holztür führte ein Trepplein hinab, von blaugrünem Wasser überspült. Durchs Fenster des halb verschütteten Chores ließ sich drinnen ein kleiner See gewahren, aus dem der bleiche Umriß des versunkenen Altares geisterte. Eine Bischofskirche? Eher eine nachgebaute geistliche Villeggiatur; immerhin hatte der Oberhirte hier einst residiert. Was sich an Architektur erkennen ließ, war auf die einfachste Formel gebracht, nur kahles Mauerwerk, einzig am Dachsims des Außenchores etlicher Schmuck: Margeritenblüten, eine Hand mit einem Kreuz und ein Frauenkopf, Anspielungen auf die Patrone San Adrian und Santa Natalia.

Da hatte man ihn, Aragons Geist der Frühe, seinen Willen zum Aushalten und Überleben in einer Wüste aus Stein. Nichts als das Notwendigste, bergende Mauer, der Opfertisch und der Hinweis, wer in Himmelshöhen darüber wachte. Wer macht sich dergleichen schon klar, wenn er von der Reconquista hört? Strenge Waldhöhen sahen auf die Szene herab, die einst in wüster Sturmnacht wilde Regenfluten aus den Bergen durchtobt haben mußten, die alles andere, was um das winzige Gotteshaus lag, fortrissen ...

Die andere Erinnerung an die Frühzeit, *Nuestra Señora de Iguácel,* nahm sich freundlicher aus. Ein Sträßlein führte nahe Castiello de Jaca nach Osten, vorüber an dem völlig verlassenen Ort Arcin durch Stangenwald zum Bett des Iguácel, der sich nur auf knöcheltief überronnener Staumauer queren ließ. Also Schuhe und Strümpfe aus! Drüben ging es dreiviertel Stunden hinan, bis die alte Einsiedelei, gleichfalls ein Kastenbau, aber von edelstem Zuschnitt im Schoß der Berge, auf einer Lichtung erschien. Im Hintergrund stob ein Wasserfall hoch herab. Aus dem Innern quoll Staub, scholl Gehämmer, Steinmetzen werkelten daran herum. Leider, hinein konnte man nicht. Doch ließ sich am Außengemäuer islamischer Einfluß erkennen: ein ›Alfiz‹, eine mozarabische Rahmung, umzog die Fenster und am kleinen Portal besagte eine uralte, wunderbar in den Stein gemeißelte Inschrift, daß der Bau 1072 in der jetzigen Form erneuert war. Ein Datum von hohem dokumentarischem Rang, weil einige der Kapitelle im Innern Motive aus Jaca wiederholten, die Kathedrale des Landes also schon vorher bestand. So ließen sich die Anfänge wenigstens annähernd datieren, aber auch, wie lange der mozarabische Geist in romanischer Zeit noch fortgewirkt hatte. Ein tiefer Einblick in die aragonesische Seele gab sich preis, das Herbe durch den Adel der Form zu erlesener Wirkung erhoben, mochte es auch von den Erinnerungen einer schweren Zeit durchgeistert sein. Beharrung und Künftiges durchtränkten, steigerten einander.

Sehr passend offenbarte sich nebenbei ein anderer Wesenszug der aragonesischen Mentalität, der zweifellos in der Geschichte wurzelte: ihre Sympathie für den Fremden. Kaum sah mich einer der Werkleute, der eben unter Geträller ein Huhn für das Mittagsmahl zerlegte – das Fett schrie bereits in der Pfanne über dem offenen Feuer – als er mir seinen Weinbeutel darbot. Gewollt oder nicht, mußte ich einen langen Strahl in den Mund springen lassen und die samtrote Kurve nach Landesbrauch ›abbeißen‹, wie man sagt. Als es gelang, nickte der Brave befriedigt. So sind sie, stolz darauf, dem anderen eine Freundlichkeit zu erweisen.

Da sie spät essen, war die Uhr bereits vorgerückt. Wir mußten an den Rückmarsch, die Weiterfahrt bis nach Jaca denken und langten doch erst bei Dunkelheit an. Ein stilles Hotel fand sich am Stadtpark, die Zeit reichte nur noch zu einem kleinen Rundgang, vorbei an der Santiago-Kirche im westlichen Stadtteil natürlich. Eine Abendandacht mit viel alten Frauen ging eben zuende. Der uralte, präromanische Turm verdämmerte hoch über uns, aber das Innere zeigte sich ganz renoviert, und außer einem alten Kapitell, das als Träger des Weihwasserbeckens diente, ließ sich nichts Frühes sehn. Wenigstens gelang es, zum Abschluß noch ein paar Schritte an den Rand des Parkes über dem Aragontal zu tun.

Ganz unerwartet steigerte sich der Tag jetzt im Abend zu seiner großen Stunde: der Mond stand hinter uns. Vor uns die ungeheure Breite des Flußtales bis zum fernen Pyrenäenwall im Norden. Kein Laut. Die Luft war ganz klar, schneeüberglänzt die Grate der Höhen. Nur über dem Fluß lag leichter Dunst, während ungewisses Licht über den Feldern vor dem Gebirge geisterte; sogar der Schattenbogen einer hochgewölbten Brücke ließ sich drunten erkennen. Ein leichter Wind strich herauf, der das Laub der Silberpappeln im Stadtpark erschauern machte. Es gab im Grunde vor uns nichts Störendes, nicht Schornstein, nicht Fabrik, nicht einmal heranrollende Autos oder erleuchtete Fenster. Die ungeheure Stille der Nacht lag über dem Land wie vor einem Jahrtausend oder mehr, und grade dieses unermeßliche Schweigen ließ es gewisser als anderes erscheinen, daß das, was sich hier einst zutrug, erst gestern geschehen war.

Jaca oder Die verlorene Zeit

Ein Hornstoß, Wecken in der Ciudadela am Nordrand des Burgo Nuevo von *Jaca.* Der Ton flatterte hoch wie ein aufgescheuchter Vogel, ließ sich sodann energisch fallen, mahnte etliche Male und schwang sich endlich davon in den endlosen Raum zwischen der Festung und dem fernen Gebirge, dessen unentwirrbare Kette jetzt, im Morgen, rosenfarben über dem Dunst der Täler erblühte. Vermöchten wir die Kuppen genauer zu unterscheiden, es klängen darin lauter vertraut gewordene Namen auf, die uns hierher geleitet haben. Von der Brèche de Roland bis zur fernsten Ferne des Pico de Aneto der Maladetta-Gruppe.

Der auf Wache stehende kleine Soldat in der zu groß geratenen Uniform am Tor der fünfsternigen Zitadelle mit den zyklopischen Mauern und Bastionen, an deren Ecken die Wachhäuschen von einst wie Knospen einer Kaktee hängen, achtet nicht darauf. Er sieht auch nicht den mächtigen Umriß der Peña de Oroel, welche die Stadt im Süden gleich einem gestrandeten Riesenschiff überragt, von dem nur noch der Bug aus dem Wasser taucht. Nicht die gotische Bogenbrücke San Miguel im Tal, auf der die Santiago-Wanderer herangezogen. Selbst die glatten Festungsmauern, an deren Eingangsportal er auf der alten Zugbrücke hin und wieder schreitet, nimmt er längst nicht mehr wahr, nicht das große Wappen Philipps II. von Spanien über sich, der hier die alte Kirche des Burgo Nuevo, kurz ›Burnao‹ genannt, nebst dem Palacio, der Unterkunft für die Regular-Kanoniker von Santa Cristina, abreißen ließ, in der die Herbergsväter vom Somport 1558 Zuflucht fanden, als man ihrer oben nicht mehr bedurfte. Ein Bollwerk an dieser Stelle gegen die französische Grenze rund dreißig Kilometer nördlich in den Bergen schien der argwöhnischen Vorsicht des Königs geratener, und er behielt Recht damit.

Der kleine Soldat aus der Mancha, der an die Ebene gewöhnt ist, käme, nach Felipe Segundo befragt, in Verlegenheit; er muß in der Schule davon gehört haben, aber derzeit schien ihm das Fußballspiel wichtiger. »Déjate de historias«, denkt er jetzt noch, »was soll ich damit«. Dagegen nimmt er mit Wohlwollen die alte, gebeugte Gestalt in der Soutane fern auf dem Trottoir der Carretera wahr, die er jedesmal um die gleiche Zeit vorbeiwandern sieht, wenn er auf Wache steht. Es ist Don Galindo, Kanoniker der Kathedrale, dem man eine bequeme, abgelegene Wohnung mit frischer Luft aus den Bergen und mit der Hoffnung besorgt hat, daß er endlich resigniert und von seinem Amt zurücktritt. Aber er denkt trotz seines Alters, das biblische Maße längst überschritten hat, nicht daran, sondern nimmt in seiner ergebenen Sanftmut den doppelten Anweg in Kauf, um pünktlich zu Messe und Chorgebet zu erscheinen.

Der kleine Soldat sieht ihn, ohne ihn freilich zu kennen, gern, weil gleich die Ablösung kommen muß. Seit dem gestrigen Nachmittag steht er alle vier Stunden auf Posten; am Abend zuvor war es in der Cervezeria an der Calle Mayor spät geworden; so atmet er auf, als ein Kamerad seine Stelle einnimmt, und er schläft auf der Pritsche der Wachstube unverzüglich ein, volle zwei, drei Stunden bis zum Mittag. Don Galindo aber sitzt unterdessen erneut im Chor der Kathedrale am Mercado unter den rotweiß gekleideten Amtsbrüdern und respondiert auf die Vorleser mit etwas brüchiger Stimme wie die meisten der Herren. Alles wirkt alt, am ältesten die Kathedrale selbst. Ja, ist es überhaupt noch jener feierlich-strenge Bau, geschaffen von Italienern, die auf der Pilgerstraße heranwanderten und um die Mitte des 11. Jahrhunderts ans Werk gingen? Wo besitzt er seinen Glockenturm? In der Tat, er wurde nie fertig. Was sich sonst erhielt, ging in Umbauten unter; verloren der Kreuzgang, erst vollgestellt mit überflüssigem Kirchengerät, jetzt mit Skulpturen, Bildern, sogar ganzen von der Wand gelösten Freskenzyklen aus der Umgebung in ein Museum verwandelt. Wie diese Kathedrale einst aussah, läßt sich nur an der südlichen Chorapsis zur Calle Mayor erkennen. Freilich, wer nimmt noch wahr, daß sich hier der Geist der Pilgerstraße im Werk der Hände des Meisters von Frómista an den Metopen und Sparrenköpfen am reinsten offenbart?

Don Galindo hat nichts dagegen, daß seit Jahrhunderten Spitzbogengewölbe voll Kraft des Aufschwungs den alten romanischen Bretterplafond ersetzen; daß hoch in die Zwikkel Seitenfenster eingebrochen sind, die ihm das Lesen erleichtern; daß, wie könnte es bei einem Spanier anders sein, hohe Figurenretabel die Fluchten der Seitenschiffe in Kapellen unterteilen, goldstrotzend im Geflirre von Formen und Schnörkeln. Machen wir ein Ende mit der Nüchternheit dieser romanischen Arkaden zu den Seitenschiffen, will das sagen, die sind allenfalls für die Laubengänge eines Platzes gut, aber für eine Seele, die sich im Unendlichen verlieren will?

Allein, der alte Stil ließ sich nicht ganz unterdrücken. Tritt er an der edlen Kuppel der Vierung mit dem Wohlklang der reifen Form nicht offen zutage, sogar mit jener leicht fremdartigen Note, welche die maurischen Gurtbänder einbringen? Es gibt einen Punkt, da wird er sogar unausweichlich, soll die Kathedrale nicht ihre Identität verlieren! Wer durch die zwei Joche lange, tunnelartige Vorhalle, in der vielleicht einmal Pilger lagerten, auf das Westportal zuschreitet, stößt auf ein Tympanon mit einer verwirrend gedankenschweren Darstellung, in der sich Schriftzeichen und Bildwerk mischen, aus dem Jahr 1060. Zwei offenbar Buchmalereien nachempfundene Löwen schreiten auf ein aragonesisches Chrismon mit acht Speichen zu, die in stilisierten, griechischen Buchstaben die Apokalypse und den Namen des Herrn symbolisieren. Möge man gleichzeitig, fordert eine Umschrift auf, im P den Vater, im A den Sohn und im doppelten O, dem Omega, den Heiligen Geist erblicken, denn sie seien in Wahrheit ein und dieselbe Person.

In der Tat, eine verblüffende Umdeutung griechischer Schriftzeichen, mit der die tiefsinnigste Spekulation der christlichen Welt ins Bewußtsein gehoben wird. Nicht minder hintersinnig die Löwen, nach der Apokalypse Sinnbilder

Christi. Drückt der rechte die Verkörperungen des Bösen, Bär und Basilisk, nieder, richtet der linke den in Sünde gestürzten Menschen – eine Schlange in seiner Hand deutet es an – wieder auf, wie weitere Inschriften bekunden. Doch damit der Anspielungen nicht genug.

Der Oberrand des Chrismons nämlich wird von einer Querplatte begrenzt, die offenbar früher farbig gefaßt war. Sie beweist dem Betrachter nichts Geringeres, als daß die enigmatische Darstellung, so wenig künstlerischen Rang sie als solche besitzt, auf eine mozarabische Fassung des Beatus-Kommentars zurückgeht. Da rührt uns uraltes Geheimnis Spaniens an. Es ist keineswegs islamischer Einfluß am Werk, sondern koptisches und nordafrikanisches Erbe, das gleichsam unterschwellig fortlebte.

Noch freilich sind die Geheimnisse dieser Kathedrale nicht ausgeschöpft. Denn da ist die Kapitellskulptur, die dem einmal voll herber Größe hinwallenden Kirchenraum die Akzente verlieh, bis ihre kostbarsten Werke einer Erweiterung des Chores weichen mußten, um endlich in der Vorhalle des Südportales einen neuen Platz zu finden. Zum Teil geschlagen von einem Meister, der in Loarre gearbeitet hatte und an der Pilgerstraße weiter nach Frómista zog, wo man seine Hand am Chorhaupt leicht wiedererkennt. Oder vom nämlichen Künstler, der den vom nahen Seros stammenden Sarkophag der Dona Sancha, heute bei den Benediktinerinnen in Jaca, schuf. Schließlich vom Meister des Sixtus-Kapitelles. Bildhauer allesamt, die weit nach Spanien hinein und sogar bis nach Toulouse jenseits der Pyrenäen hinauswirkten: der ›Balaam‹, auf dem der falsche Prophet mit der Eselin dem Engel begegnet – welche harmonisch gelöste Bewegung der Figuren! ›Abrahams Opfer‹ mit dem in kühner Nacktheit auf einem Säulenring stehenden Isaak. Endlich ›David und seine Musiker‹ in seiner bewegten Gestaltenfülle das vielleicht bedeutsamste Stück. Da warten sie nun am kleinen Mercado von Jaca darauf, daß jemand ihre Botschaft vernehme. Wer freilich gönnt ihnen mehr als einen flüchtigen Blick? Alte, graue Kathedrale, erster romanischer Bau auf spanischem Boden: rechnet man die im Museum des Kreuzgangs auf nachgebaute Wände und Apsiden applizierten

Fresken aus Bagués, Osía oder Uriés hinzu, was bleibt dann von den üppigen Retabeln, mit denen eine spätere Zeit den Innenraum ausgestattet hat, mehr übrig als ein wenig Theaterdonner?

Es war in Jaca wie in der Pilgerzeit allenthalben. Die Not hatte den Glauben, das Bekenntnis die Kunst groß gemacht. Gewiß, der Versenkung bedurfte es schon. Die Kunst vermag nicht mehr auszusagen, als das Auge des Betrachters vernimmt.

Brüder, nehmt die Brüder mit

Freilich, genügte der winzige Zipfel von Jaca, um von einem Land zu berichten, das für die Pilgerfahrt so hohe Bedeutung besaß? Wir hockten auf der Terrasse des ›Somport‹-Hotels beisammen und hielten vor der Karte Kriegsrat. Über einige Zeit verfügten wir noch. Es war nicht weit, um zur Pilgerstraße nach Süden zu queren, auf der die per Schiff ins Land gekommenen Santiago-Fahrer von Barcelona heranwanderten und mit ihnen jene, die von Ripoll den Umweg über den Montserrat machten, um gemeinsam in Sangüesa auf die Jacquaires der Somport-Route zu stoßen. Ich dachte zwar an mein Buch, dessen Umrisse festlagen, und zögerte. Würde indessen ein letztes Abschweifen von der eigentlichen Tolosana zu barer Kenntnisnahme das Bild nicht bereichern? »Packen wir's«, sagte Eugen und stand auf, »in einer Stunde können wir in Huesca sein.« Da ihm die Mühe des Fahrens oblag, gab es nichts einzuwenden.

So kam es, daß bereits nachmittags Sabiñánigo, ein Stück des Gallego-Tales samt dem Paß von Monrepos hinter uns lagen und wir durch *Huesca* zogen. Wir sollten es nicht bereuen. Noch einmal kamen Tage, die gleich einem Wachtraum vorüberglitten – dem Traum von einem hochgestimmten Aragon, dessen Menschen nicht mehr im erbitterten Widerstand aus dem Hinterhalt erlahmten, sondern selbstgewiß, den Blick kühn erhoben, hinausritten, um dem sarazenischen Todfeind Stück nach Stück des okkupierten Landes zu entreißen. Sah er es nicht bereits als eigenes an? Zu welchem Zweck, wenn nicht für Dauer, entstanden seine

Moscheen, richtete er seine Taïfate, Kleinkönigreiche, ein? Trotz mancher Zwistigkeiten im maurischen Lager ließ sich auf einen inneren Zerfall nicht hoffen.

Dies war die eine Lockung für uns: der Geist der Ritterzeit. Die andere blieb der Pilgerweg, der hier dem weichenden Feind gleichsam auf dem Fuße folgte und durchaus politische Bedeutung besaß. Denn jeder Bedefahrer, woher er auch kam, brachte Zuspruch mit und manch einer blieb sogar als hoch willkommener Einwanderer im Lande. Es war eine friedliche Reconquista, eine Wiedereroberung oder Durchdringung, um die sich bald die Sage rankte, von der im Mittelalter soviel inspirierende Kräfte ausgingen: in Lerida hatte sich Jakobus auf seinem legendären Weg nach Galicia einen Dorn in den Fuß getreten und konnte nicht weiter; alsbald schickte der Himmel ihm einen Engel, der den schmerzenden Stachel mit wundertätigen Händen entfernte. Gott hilft den Seinen. Noch heute wird des Mirakels alljährlich in einem Volksfest gedacht. Die Route fand erstaunlich früh Zuspruch. In Monzón, in dem später der junge Sohn des vor Muret gefallenen Peire II und der Maria von Montpellier, der nachmalige ›Conquistador‹ oder Eroberer Jaime I unter der Obhut der Templer aufwuchs – in diesem Nest am Rio Cinca gab es schon 1096 eine Santiago-Kirche. Auch bare Neugierde mochte anreizen. Von der Eroberung Barbastros im fruchtschweren Somontano hatte sich Guillaume VIII von Aquitanien jene glutäugigen Sarazenensklavinnen mitgebracht, die seinem Sohn, dem ersten Troubadour, wenigstens nach einer Theorie der Gelehrten, das kunstvolle Singen beibrachten. – Waren nicht viele Mauren im Lande verblieben?

Huesca, das römische Osca in seiner weiten Ackerebene, in dem wir nun weilten, quoll von solchen und anderen Reminiszenzen über. Im Flug verrannen die Stunden vor den Ruhestätten König Ramiros II, den man 1147 in einem antiken Sarkophag in der Grabeskapelle von San Pedro el Vieijo beigesetzt, und Alfonsos el Batallador, den man von Montearagon nach hier überführt hatte. Oder da war der Kreuzgang der Kirche mit den Zyklen der Kapitelle vom Leben und Leiden Jesu aus der Zeit um 1160, sei es von der Hand des Meisters von San Juan de la Peña, von dem gleich zu reden ist, oder der seiner Schüler. Wir standen vor dem Chrismon des Tympanons der Kirche, jenem zweiten über dem Portal des Kreuzgangs, das die Dreikönigsszene überfängt; wir liefen durch alte Straßen, durch welche die Santiago-Wanderer gezogen, schritten über die Stufen der Calle Palacio – es hatte in Huesca erst einen maurischen, dann einen christlichen Palast gegeben – oder der Calle Petronila. Allenthalben ließen sich unter dem alten Gemäuer islamische oder mozarabische, wenn nicht gar römische Fundamente erahnen. Wir zogen durch die Calle Santiago zur spätgotischen Kathedrale mit dem Sterngewölbe über quadratischem Grundriß; er war identisch mit dem der alten Moschee, die der zeitgenössische Bischof Pedro von Huesca als vollkommenste auf spanischem Boden bezeichnet hatte, und die Kathedrale noch immer ein Anziehungspunkt, weil darin der kostbare Alabasterretabel des Donatello-Schülers Damian Forment hinter dem silbernen Hochaltar aufragt. Es hatte noch mehr solcher Heiligtümer des Islams gegeben, die in christliche Andachtsstätten verwandelt waren: die Kapelle Santa Cruz in der ehemaligen maurischen Zuda oder Burg, oder jene andere Moschee, die, in ein Gotteshaus zu Ehren des Herrn verwandelt, endlich der Geschichte zum Opfer fiel. Wie doppelbödig diese Erde unter dem gewaltigen Himmel doch war!

Doppelbödig noch in einem anderen Sinne! Denn nachmittags quoll diese morgens so stille Stadt von Menschen über. Dann traf man sich vor den Cafés unter den Arkaden der Villahermosa, hockte mit lebhaften Gebärden und blitzenden Augen beim Gin-Tonic oder einem Kaffee in dichten Menschentrauben um winzige Tischchen. Lachen quoll auf. Wie viel sie einander zu erzählen hatten! Der Boden bedeckte sich mit einer raschelnden Schicht achtlos fallen gelassener Zuckerpapierchen und Schalen von Sonnenblumenkernen, während sich zwischen den Sitzenden und den Geschäften im Rücken ein unablässiger Strom von Menschen hinschob, Kinder, Frauen mit Paketen beladen, viele in Umständen; Halbwüchsige, die sich einen Spaß daraus machten, mit geschickter Körperwendung an allen vorbei, durch alle hindurch zu drängen; einsame Alte, die sich mühselig an ihrem Stock vortasteten. Niemals fiel ein Schimpfwort, ein unablässiges Geraune von Stimmen lag über der treibenden Menge, während auf der Fahrbahn nebenan die Motorfahrzeuge vorüber rauschten, manchmal noch ein Pferdefuhrwerk mit einem mageren Rößlein dazwischen.

Nahebei im lichten Pinienschatten des Stadtparks hockten unterdessen die Matronen aus dem Volk, die auf die zappeligen Kleinen mit den tolpatschigen Beinchen aufpassen mußten und an endlosen Geflechten strickten, bis eine plötzlich erschreckt über dem Reden innehielt, um die Maschen zu zählen oder hinter einem kleinen Ausbrecher herzurennen. Die großen Stunden aber brachte erst der Abend. Dann begegnete sich, was grade erst beieinander gesessen, mit entzückter Umarmung und Wangenkuß von neuem, während in der nahen Calle de Berenguer schon wieder der Teufel los war, dichte Gruppen diskutierender junger Leute mit geschwungenen Fäusten beieinander standen; es gab hier ein viel besuchtes Studentenlokal. Wer aber dachte, es werde gleich zu einer Schlägerei oder einer Revolte kommen, wenn plötzlich alles davonrannte, um zehn Meter weiter das Palaver fortzusetzen, täuschte sich. Zwei riesige, gefleckte Doggen lagen malerisch hingebreitet auf den Trottoirs, schliefen schnarchend, kümmerten sich um nichts und niemand trat ihnen auf die Pfoten.

Dies also war das andere Huesca, das lebende, das sich über die Vorzüge eines Fußballers, eines Toreros oder auch die neuesten Accessoires der Mode stritt, eifervollen oder auch überschwenglichen Mundes, doch immer mit lachenden Augen, wozu über das Ganze der Losverkäufer seine weithin hallende Prophetenstimme erhob: ›Para hoy, para hoy‹ ...

Am nächsten Morgen hat uns die Pilgerroute des Südens wieder, schnurgerade verläuft sie durch die Ebene nach Nordwesten. Am Horizont stufen sich Berghänge empor, auf den blutroten Äckern reifen bereits die Mandeln, bis endlich *Loarre* in Sicht kommt, die älteste romanische Burg Spaniens, doppelt von Mauern samt acht Türmen umringt. Eine Anlage, die Kloster und Festung vereint, hoch überragt von der mächtigen Kuppelkirche, die König Sancho Ramirez hatte errichten lassen. Ein uneinnehmbares Bollwerk für den muselmanischen Feind, der immer wieder und immer vergeblicher anrannte, bis sich die gnadenlose Zeit für Aragon langsam in Sieg verwandelte. Von den Türmen und Terrassen, deren höchste sich nur mit Leitern erklimmen läßt, schweift der Blick über die ungeheure ›spanische Ebene‹ bis zu den Montes de Cuarte, die ein ideales Gelände für die jähen Attacken der maurischen Kavallerie bot, und da ließ es sich spüren, welche Bedeutung Loarre besaß. Es war die Mole, an der die Flut sich brach. Drunten gilbte es bereits, während hier oben die Wildblumen zwischen den herumliegenden Gesteinsbrocken noch hingebungsvoll blühten. Zuoberst aber stieß der Fels elementar hervor, halb von Gesträuch überwuchert, ein Dorado der vorwitzigen Ziegen; ihr Anführer mit dem mächtigen Gehörn gefiel sich darin, wie ein erzenes Standbild gegen die leuchtende Ebene zu stehen, als wir hinter der Höhe zurückbogen.

Ob die Pilger in Loarre Zutritt fanden? Im Tal ging es weiter, bis sie hinter roten Klippen *Agüero* liegen sahen, das zu ihren Stationen gehörte. Es besitzt auf der Höhe über sich eine ausnehmend schöne Santiago-Kirche, wenn davon auch nur ein geräumiger Chor steht. Welche Ausdrucksfülle in diesem Torso über dem Dorf und den Mallos de Riglos! Da kriecht auf dem Tympanon des Seitenportales in der Darstellung der Dreikönige einer der Magier auf dem Bauch heran, um dem göttlichen Kind den Fuß zu küssen; in der südlichen Apsidiole weckt der Engel die im Bett nebeneinander ruhenden Magier wie auf dem berühmten Kapitell zu Autun, und sichtbarlich waren der Meister von San Juan de la Peña, der Meister von Santo Domingo de la Calzada am Werke gewesen. Wie aber kam der elegante Bau in die Einsamkeit dieser Höhe? Doch zum Nachforschen bleibt keine Zeit.

Seltsames, von heroisch gestimmten Bildern erfülltes Aragon, das sich gleichzeitig so rückhaltlos der Lebensfreude überläßt! In *Uncastillo* war besonders zu spüren, wie mit der steigenden Sicherheit das Selbstbehagen gewachsen war. Es mußte Fiesta gewesen sein. Noch standen die Wagen herum, von denen die Leute dem Durchtrieb der Stiere zugeschaut hatten. Santa Maria mit ihrem Vorplatz, hoch überragt vom verspielten, spätgotischen Turm, schien ein Brennpunkt des Spektakels gewesen. Es war nicht übel gewählt, denn das Seitenportal mit den schmucken Gewändesäulen bestätigte, daß Gott nicht nur das Hochheilige liebte, sondern auch einen derben Spaß vertrug. Die lustigen Szenen auf den Archivolten, wo die Kuh neben dem Bauern bei Tisch saß, der Mann sich mit seiner Frau balgte, Musikanten aller Art aufspielten, eine Schafherde einherzog – was war das, ungeachtet hoher Kunstfertigkeit, anderes als der Geist Sancho Pansas?

Das Land draußen aber verleugnete seine herbe Note nicht. Hügelauf, hügelab zog sich über vier Stunden eine schattenlose Strecke hin. Nicht Baum, nicht Strauch. Wer seine Kalebasse nicht sorgsam gefüllt hatte, kam in Bedrängnis. Ein Tal mit Binsenwuchs, in dem Libellen und Schmetterlinge flügelten, war ein Ereignis. Zahllose Generationen von Weidevieh hatten magere Grasbuckel in Stufenarenen verwandelt. Auf Ödstreifen blühte manchmal ein Teppich von zartlila gefärbten Herbstzeitlosen, die sich in der Jahreszeit geirrt haben mußten. Bis die Linien der Landschaft plötzlich zu schwingen begannen und sich hoch über einer noch fernen Berghöhe der Finger eines Belfrieds erhob: *Sos del Rey Católico.* Das ist ein großer Name an dieser Strecke; Olivenbäume zollten ihm ehrerbietig Tribut, umkränzten die Hänge mit zarten Schleiern flirrenden Laubes; darüber erhoben die Häuser ihren Anspruch und staffelten sich Zeile um Zeile hintereinander, zuoberst nicht nur von jenem Wachtturm, sondern auch dem Glockenstuhl der Kirche San Esteban überragt.

Es war der Höhepunkt dieser Route: völlig bewahrtes Mittelalter. Stolze Gassen, gewundene Steige schwangen sich um die Kuppe, Blumentöpfe hingen in schattigen Mauerschluchten von den Balkonen, und im Schoß der hinauf- und hinabwandernden Sträßchen öffnete sich ein köstlich intimer Platz mit dem üppigen Portal des Ayuntamientos, einer Lonja zu einer Szenerie wie aus einem Degen- und Mantelstück. Treppen klommen zu Bastionen empor, vor denen das freie Land der Tiefe in zarten Nuancen vergilbte, während drinnen, am Ende der würdigen Calle Mayor aus dem offenen Oberteil einer Stalltür ein Schimmel mit den samtdunklen Augen des Märchens lugte.

Die ganze Stadt war ein Märchen, in deren höchstem Viertel sich der Kastenbau des Palacios de Sada lagerte, mit dem es eine besondere Bewandtnis hat. Am 10. März 1452 quartierte man darin die aragonesische Königin Dona Juana Henriquez ein. Sie befand sich, hoch in Umständen, auf der Reise von Sangüesa nach Saragossa und hatte offenbar den Zeitpunkt ihrer Niederkunft nicht richtig berechnet. Jedenfalls kam droben im Hofzimmer neben dem Rittersaal sehr plötzlich ein kleiner Infant mit »klaren Augen, heller Haut, gesund und wohlgestaltet« zur Welt. Die Herren der Eskorte, denen man das Neugeborene durch ein Zimmerfenster zeigte, brachen in Jubel aus, ein Thronfolger war da, der künftige Fernando II, der einst Isabella von Kastilien heiraten und die letzten Mauren aus Spanien vertreiben sollte. Drunten in San Esteban mit dem gotischen Portal und der eigentümlichen Passage unter der Kirche hinweg, die einen Blick tief in die Krypta gewährt, hat man das königliche Kind getauft …

Unterdessen zogen durch eben diese Passage unaufhörlich die Pilger; sie verweilten kaum lange. Im nahen Sangüesa sollten sie die Hauptroute, die Vielvölkerstraße der Tolosana, und bald in Puente la Reina auch die Allvölkerstraße des Camino francés erreichen.

Sos del Rey Católico! Auch für uns schlug die Stunde des Abschieds von der aragonesischen Weite, um auf der alten Route von Jaca nach Westen einem der großen Augenblicke der Pilgerstraße entgegen zu wandern, dem größten Aragons. Aber das wußten wir zur Stunde noch nicht.

Felsenkloster San Juan de la Peña

San Juan de la Peña ist ein längst verlassenes Kloster in den Waldschluchten der gleichnamigen Sierra, tief versteckt unter dem Überhang eines mächtigen Nagelfluh-Felsens, der zu einem Waldtobel hinabstürzt. Die Pilgerroute von Jaca mußte weit südlich bis Bernués ausholen, um in langen Kehren nach Westen die Höhe der Sierra zu erreichen. Wir haben den Anmarsch von dort zu Fuß nachvollzogen. Was ahnt man schon von der Beschwer einer Zuflucht, fährt man im Auto vor? Denn um eine solche handelt es sich. Nein, um die Herzkammer Aragons.

Die Entstehung des Konventes reicht tief in mozarabische Zeiten zurück, auch wenn er später auf die Höhe des Waldes von San Indalecio verlegt wurde – noch steht von diesem Bau des 17. Jahrhunderts die Kirche – von dessen Rändern der Blick so überwältigend auf die Pyrenäen hinausfällt. Das versteckte Felsenkloster im halben Hang blieb gleichwohl, allerdings völlig restauriert, erhalten. Wer es sieht, wird über die Härte des Daseins erschrecken, der man sich aussetzen mußte, um zu überleben. Mag hier zwar niemals der Todesschrei der Überfallenen erschollen sein, der dicht von Wald umsponnene Ort ist allzu rauh; nur nachmittags fällt die Sonne in den von rötlichen Felsen umlagerten Grund, und sehr treffend hat Miguel de Unamuno, der 1932 hier weilte, die ersten Mönche, die sich unter dem Felsen in ihren Gewölben verkrochen, ›Jabalís‹, Wildebern verglichen, halb Eremiten, halb Kriegsleute. Auf Stunden kein Mensch, nicht Acker, nicht Feld, dafür um so mehr Raubwild, sogar der Bär, und winters der Schnee der Berge. Selbst gebahnte Wege dürfte es nicht gegeben haben, da es doch gerade um das Verbergen zu tun war.

Ich weiß nicht, wie sie unter solchen Umständen ihren selbstgewählten Auftrag erfüllten. Denn die vergangene Lebensnot ist durchaus nicht das Eigentliche an San Juan. In diesem Waldesschoß wuchs Aragons unversiegliche Kraft. Hinter der unauffälligen Außenmauer, die den Fels fortzusetzen scheint, arbeiteten die Mönche mit frostklammen Fingern an ihren Manuskripten, die Weckrufe in einer stumm gewordenen Nacht der Geschichte bedeuteten. Gewiß ahnen wir nicht, was in den beiden verheerenden Bränden des 17. Jahrhunderts untergegangen ist, die zur Aufgabe des Klosters führten; aber die geistige Befruchtung, die von der mozarabischen Bibelhandschrift über das ›Gotische Buch von San Juan‹ bis zur fünfbändigen ›Historia de San Juan de la Peña‹ ausging, muß ungeheuer gewesen sein –

Huesca
Aragon

beim Sonneneinfall des Nachmittags rotgolden aufschimmernden Gewölben vorgelegt.

Wer die Kirche gequert hat, gelangt in jenen Teil, der den besonderen Zauber von San Juan ausmacht – nach der Erhabenheit des Gotteshauses die fast schüchterne Anmut des Kreuzgangs. Gegen den Fels ist die Kapelle San Victorian im Spitzbogenfiligran der spätesten Gotik geschoben, nebenan das Wasserreservoir und ein sprudelnder Brunnen. Im äußersten Winkel Grablege und Sakristei von San Félix und Voto, den Eremiten, die das Kloster 920 gegründet haben. Von der Brüstung sieht man durch Blättergeflirr den Schnee der Pyrenäen. Aber wer blickt schon hinaus? Denn den Mittelraum nehmen die roten Sandsteinbögen mit den Kapitellen des Meisters von San Juan de la Peña ein, der hier zwischen 1145 und 1175 gearbeitet hat; und nun wandelt sich das ohnehin überwältigte Erstaunen in bare Verzauberung. Zyklen der Genesis, der Kindheit Jesu, aus dem Leben des Täufers und endlich dem des Herrn sind mit unglaublicher Verdichtung des Ausdrucks dargestellt, die Gebärden sehr beredt, die Augen scharf ausgeprägt, jede Kontur, jede Falte mit genau zeichnendem Meißel gearbeitet; eine festliche Stimmung herrscht, wiewohl alles von hohem Ernst erfüllt ist.

Nachmittags, wenn die Sonne über den Berg biegt, stellt sich ein besonders schöner Augenblick ein. Dann schimmert das Licht durch das Grün eines Baumes, dem man Heimrecht auf dem kleinen Plateau gewährt hat, dazu das etlicher Pflanzen, Rosen und Iris, und nun erscheint der Sandstein noch intensiver von Purpur durchflutet. Das Licht gleitet auch über die Seitenwand der Kirche; darin ein edler, von einer Inschrift des 12. Jahrhunderts überfangener Herradura-Bogen, ein eherner Klang, in dem der Hufschlag wandernder Reiterhorden nachhallt; es tastet die anderen in die Wand gelassenen Steine ab, Totengedenken aus verschollenen Zeiten, die genauso Legende wurden wie das gesamte Kloster.

Kamen die Jacquaires der Gründerheiligen willen hierher, hatte die Verbindung mit Cluny San Juan zur Pilgerstation gemacht? Unterzubringen vermochte man niemand, und zu

Werke, die das Kloster nach den Worten Unamunos »zum Sprachrohr einer Welt geistiger Felsen, überzogen mit einem Wald von Legenden« in einer Zeit machten, in der die Legende noch als legitime Geschichtsschreibung galt.

Wer heute hierhin kommt, muß in Kauf nehmen, daß etliches fehlt. Aber das Wesentliche ist da und viel mehr fand ohnehin unter dem schützenden Felsdach nicht Platz. Durch die mozarabischen Bauteile von 920 geht es über ein paar Stufen hinab in das nach 1000 entstandene Dormitorium mit seinen schweren, an den Fels stoßenden Gewölben; von hier über ein paar Stufen zur Unterkirche der zwei sorglich durch Arkaden getrennten Schiffe, deren Apsiden noch ausgemalt sind: das Martyrium der Cosmas und Damian, eine einzige Flamme der Glaubensglut, läßt sich deutlich erkennen, Fresken vom hohen Rang des 12. Jahrhunderts wie zu Berzé-la-Ville in Burgund. Seit sich die Mönche der cluniazensischen Reform anschlossen, gab es rege Beziehungen. Das Erstaunlichste bleibt die Weitläufigkeit dieser Kasematten des Glaubens und die sorgsame Mauerung. Allein, es muß in den kellerartigen Gewölben wintertags erbärmlich kalt gewesen sein. In den fast lichtlosen Schlafsaal rinnt obendrein noch ein Wasser aus dem Felsen.

1071 zur Zeit von Sancho Ramirez ist über dem Unterbau ein oberer Teil entstanden, der etwas weitläufiger sein durfte und den Fels als natürliche Decke benutzt hat: etliche Zellen, ein winziger Speiseraum, eine Küche und in der äußersten Ecke der einzige Ofen zum Wärmen lagern sich um ein nachträglich eingerichtetes Panteon für die verdienten Männer des aragonesischen Adels, die in Wandgräbern ruhen, die Stirnseiten meist mit einem Chrismon und einem Zahnschnittbogen geschmückt; parallel dazu abermals ein Raum der Toten aus einer Zeit, als San Juan schon verlassen und ein Inbegriff aragonesischer Geschichte war, das Panteon Real für die Mitglieder des Königshauses im Stil des 18. Jahrhunderts. Natürlich nimmt die Oberkirche den größten Raum ein, die sich mit drei ausgeprägten Rundapsiden, die Wände von kräftigen Blendarkaden umstanden, tief in den Fels höhlt. Für das Schiff hat man sich der natürlichen Decke bedient und ihm schließlich drei Joche mit schweren,

X *Die Mallos de Riglos*

An manchen Stellen der Provinz Huesca, besonders am Rio Gállego, haben mächtige ›Mallos‹, zu wahren Bastionen getürmte Ablagerungen aus Brekzie oder Nagelfluh, jeder Ausschwemmung oder Erosion widerstanden. Sie bereichern die heroische Landschaft mit der Note des Phantastischen, wenn die Sonne ihre mineralischen Substanzen zum Aufleuchten bringt.

beißen besaß man schon gar nichts. Dennoch gibt es einen Grund, der mir für ihren Besuch als triftig erscheint. Vom 11. bis 14. Jahrhundert hütete man im Kloster den Heiligen Gral, der bei Christi Abendmahl als Kelch gedient haben soll. Jenes heute in der Kathedrale von Valencia bewahrte Kleinod, die Trinkschale aus geschliffenem, violettem Achat, mit goldenen Griffen und von Perlen und Edelstein besetztem Fuß, das man bei feierlichen Anlässen im Kloster als Meßkelch benutzte ...

Wer San Juan besucht hatte, konnte gleich weiter ins Tal. Auf einem Pfad, der heute ein breiter Forstweg ist und jede Kurve des Bachlaufes drunten in schwungvollen Kehren mitmacht. Aus blauen Schatten stiegen rötliche, zerklüftete Felsen mit einem Haarschopf von Kiefern, bis sich endlich die Senke öffnete und darin, fast neben uns, das Karree eines Kirchturmes aufwuchs, *Santa Cruz de los Seros*. Mutete er nicht eher wie ein Belfried an? An seiner Seite, nur ein wenig niederer, der Kirchenleib, ein gestauchtes, emporgedrängtes Mittelhaus; das Übrige verbarg sich im Grün.

Unten löste sich dann das Rätsel. Was wie ein Zugangsturm aussah, war ein enorm hochgezogener, massiger Seitentrakt, eine überhöhte Vierung neben sich. Was längs schien, lag quer. Nach dem tief unter den Fels gedrückten San Juan wirkte diese Gottesburg wie ein aus dem Talgrund hoch aufgeschossener Bergkristall; es war sein barer Widerspruch und entsprang doch demselben Schutzgedanken. Die Benediktinerinnen, die hier seit der Gründung durch Graf Sancho Garcez und seine Frau Urraca 992 hausten, hatten der Sicherheit halber die Obergeschosse des Turmes zum Wohnen benutzt, und die so seltsam hochgezogene Vierung barg ein Fluchtgemach, das sich einst nur über eine Leiter, die man hochziehen konnte, erreichen ließ. Sie führte aus der Seitenkapelle des Turmes zu einer Galerie empor, von der ganz schmal und eng eine düstere Steintreppe durch das dicke Gemäuer zu einem achteckigen, überkuppelten Gemach aufsteigt. Man vermochte sogar im Turm noch weiter zu klimmen, zwei, drei Geschosse bis ganz oben unter den kleinen Achteckaufsatz ...

Hier hatten also die frommen Damen gehaust, unter

ihnen auch jene nachgeborene Tochter Sancha des Königs Sancho Ramirez, die so beliebt war, daß ihr Neffe Pedro I von Aragon 1097 bei ihrem Tod für sie den kostbaren Sarkophag meißeln ließ, den man später auf Geheiß Kaiser Karls V. zu den Benediktinerinnen von Jaca brachte: auf der einen Seite mit Darstellungen vom Leben und Sterben der Königstochter überzogen, auf der anderen mit den Bildern kämpfender Ritter, die gewiß auf ihre Gesinnung anspielen.

In wundervoller Erhabenheit stand das Bauwerk mit dem gewaltigen Wohnturm gegen die Felsgrate der Höhen, in denen sich das junge Grün des Frühlings mit dem Dunkel der Kiefern mischte, während Krähen und Raubvögel den Aufwind der Mittagszeit nutzten, um sich höher, immer höher zu schrauben. Irgendwo in dem kleinen Ort, der sich im Tal angesiedelt hatte, mußte auch das ›Hotel‹ oder die Posada gelegen haben, für die König Ramiro I eine besondere Dotierung aussetzte. Daß eine solche Herberge vornehmlich den Santiago-Wanderern zugute kam, ist gewiß.

Vorabend in Berdún

Nur vier Kilometer waren es, vorüber an der Einsiedelei von San Caprasio, bis zur Talstraße von Jaca nach Westen, dem Grabenbruch von Berdún, durch den der Weg weiter verlief, abermals in eine völlig verwandelte Welt.

Erst weitete sich die Landschaft zu einem Kessel; *Puente la Reina de Jaca* lag behaglich in seinen Feldern. Für Spanien war es noch früh. Was uns dann trieb, einen Abstecher nach Siresa nördlich in den Bergen zu versuchen? Eigentliche Neugier wohl kaum, eher jene geheime Lockung, der wir unsere besten Entdeckungen verdankten. *Siresa,* nicht weit bergein, ist der Ort, in dem die antike Straße von Lescun fern über dem Tal von Aspe mündete, der wir im Anblick der Table des Mages sehnsüchtige Gedanken nachgeschickt hatten. Unser Weg schnürte ihm neben dem Rio Aragon Subordan bis Hecho entgegen.

Dort ging es lebhaft zu. Man saß an den Straßen und trank, weil Fiesta war. Wer wie die Frauen und Mädchen nicht mithielt, wanderte wenigstens im Sonntagsstaat Arm in Arm straßauf, straßab. Siresa lag voraus, schon wieder im abweisenden Schweigen düsterer, steiler Hänge. Die Kirche als Blickfang mitten unter zwanglos gesiedelten Häusern mit aragonesischen Rundkaminen. Das Gotteshaus rauh, von schweren Arkaden gestützt, Rundbögen überall, die Fenster mit Alabasterscheiben geschlossen. Das Innere öffnet sich mit gewaltigen Bögen voll Schwung, als sei an viele Menschen gedacht. Die breiten Gurtbänder laufen gleich den Beschlägen einer Truhe über die Gewölbe, ein Tedeum bar allen Schmuckes. Wie kam das in diese kleine Bauerngemeinde? Das Verblüffendste blieb jedoch die Tribüne über dem Eingang wie zu Corvey oder Minden, als habe sich gelegentlich ein hoher Würdenträger eingefunden. Immerhin mochte das Leben hier am Rande der bewohnten Welt einmal reicher verlaufen sein, als schon von Römertagen an die Händler durchzogen und für die Kinder gelegentlich eine Frucht, für die Frauen ein Umlegetuch abfiel und sogar der Hufschmied sein Auskommen fand. Doch was erklärte das?

Auf dem Rückweg durchs Tal des Veral galt es einen einsamen Landrücken zu queren. Eine Bogenbrücke seitab verriet aufgegebene Verbindungen. Auch das urechtes Aragon: die Verlassenheit mit sich allein. Bis wir in den Abgrund von Biñiés gerieten. Drei Kilometer lang durch enge, hohe Wände, die sich droben zu einem schmalen Spalt zusammenschlossen. Das schäumende Wasser neben uns mußte mancherlei Mineralisches mit sich führen; als die Straße wieder ins Aragon-Tal stieß, lagen dort aufgetürmte Spitzhalden einer Mondlandschaft ausgeschwemmten Abraums, graublauer Mergel, rote Felderzungen. Hoch darüber hielt *Berdún* die Schildmauer seiner Häuser dem Süden entgegen, ein uraltes Dorf mit Pilgerstation, von der sich natürlich keine Spur mehr fand. Aber es war nach der Einsamkeit ein Aufatmen, durch das von Menschen überquellende Nest zu schlendern. Denn auch hier war Fiesta, Schnüre mit Fähnchen quer über die Straße gespannt, und auf einmal schmetterte, dröhnte und quinquilierte es. Der Festzug kam, füllte die ganze Straßenbreite; die Musik sollte auf dem kleinen Platz vor dem Ort zum Tanz aufspielen.

So flohen wir gleich linkerhand in die Kneipe, in der, zu Eugens Freude, im langen, dunklen Schankraum eine endlose Theke mit Tapas für die Tanzpausen aufgebaut stand; am Ende ging es durch einen Schnürenvorhang auf eine Terrasse hinaus, einen luftigen, breiten Balkon hoch über dem Tal. Ja, hier wollten wir bleiben, konnten es sogar. Die Zimmer sehr einfach, sehr sauber mit einem Rundblick aus dem Fenster als Dreingabe zum Träumen.

Der Abend begann mit einem leichten Ermatten des Lichtes, dann einem Aufbrennen der Farben. Endlich verblichen drunten die roten, hier und dort schon abgeernteten Felder. Die Stimmen drinnen im Gastraum schwollen an; der Rotwein kreiste, erst in den Gläsern von Mund zu Mund, dann in den Adern, während der Mond über den Himmel spazierte und fern auf Martes zu die Baumsäume des Aragonlaufes und noch ferner die Hügelränder erkennen ließ ... Nie erschien sie mir so sanftmütig, so weit und vom friedlichen Duft der reifenden Äcker erfüllt, die von endlosen Pilgerzügen durchwanderte, von Heiligen gesegnete, blutgetränkte Ebene Aragons in der Obhut der Pyrenäen wie an diesem Abend auf der Terrasse in Berdún, denn auch vor uns stand eine Flasche mit Rotem; es war ja Vorabend.

Vorabend? Wer hatte das Wort ausgesprochen? Wir sahen uns an; es konnte jeder gewesen sein. Insgeheim kreiste der Gedanke längst in den Köpfen. Morgen in Sangüesa sollte die Fahrt zuende gehen. Etwas beunruhigte uns daran; es schien uns im Augenblick unmöglich, diese Landstreicherexistenz aufzugeben. Aber das war nun so. Über Sangüesa hatte ich bereits in ›Spaniens Norden‹ berichtet. Worauf wir beschlossen, noch ein letztes, allerletztes Glas zu nehmen, sodann aufstanden und es dem Mond überließen, weiterhin die aragonesischen Ackerfurchen zu zählen ...

Zum letzten Mal brechen wir auf, vorfrüh, wie sich versteht. Noch fallen uns die Schatten lang vor die Füße, liegt über dem Land das Schweigen des erwachenden Morgens. Das ist der Augenblick des Pilgers, zu dessen Abschied es gehört, daß niemand ihm, dem Namenlosen, nachblickt. Dennoch sind wir nicht allein. Schon äugen die Köpfe der Mulis aus den Toreinfahrten, laufen Hunde, die mit aufs

Feld dürfen, unruhig hin und her. Denn auch die Bauern ziehen in dieser Frühe hinaus; mancher mag es mit schwerem Kopf getan haben.

Ach, es hat gar keinen Sinn zu Fuß zu marschieren; die alte Straße neben dem Rio Aragon hat sich in eine asphaltierte Carretera verwandelt, die zwar den Launen der andrängenden Felsen zur Rechten nachgeben muß, aber alle Unebenheiten, denen sie früher so sklavisch folgte, überspringt, damit es die Wagen bequem haben. Escó, als Pilgerherberge verzeichnet, ist längst ein vergessenes Dorf abseits der Route, das sich an nichts mehr erinnern möchte. Dafür weitet sich zur Linken das Bett des Flusses, heben Betonstützen die Fahrspur über einen frisch aus dem Fels gesprengten Sockel, und schon dehnt sich der Aragon als ein endloser, schmaler Stausee, die Embalse de Yesa, über die an Wochenenden die Segelboote gleiten. Fern, jenseits verdämmern im Morgendunst die Höhen der Sierra de Artieda; hoch zur Linken ragt zwischen Straße und Wasser jener Berg mit der Häuserkrone auf, dem meine letzte Hoffnung gilt, noch einmal eine Pilgerstation in Aragon zu entdecken. *Thiermas* ist es; links biegt ein schmaler, rasch ansteigender Weg durch Weinhänge empor, trägt uns hoch hinaus über die Seenfläche, um endlich in das alte Dorf auf der Kuppe einzubiegen und mitten auf dem Dorfplatz vor der Kirche zu enden.

Doch was ist das? Die Fenster vernagelt, drüben eine ganze Fassade zerfallen. Dachsparren stechen als dunkle Schatten ins Morgenlicht. Noch steigt der Karreeturm der Kirche unversehrt, aber in der dunklen Höhlung daneben liegen niedergebrochene Balken, Ziegel, Steinbrocken bunt durcheinander. ›A vender‹ steht wie zum Hohn auf dem Mauerrest eines zusammengesunkenen Hauses. Des Dorfplatzes hat sich bereits die Vegetation bemächtigt. Holunder wuchert in Torzugängen, Dill aus der Schwelle einer halb geöffneten Haustür; eine Akazie spielt sich mit quellenden Schöpfen von Laub auf alter Rabatte als Königin des Verfalls auf. Mitten auf dem Platz aber, wo einst der Dorfbrunnen stand, ragt hüfthoch ein Wasserrohr, verschwendet seine kostbare Flüssigkeit in stoßweisem Schwall. Der Boden trinkt ihn gierig. Gespenstisches Bild der Verlassenheit!

Und nun zeigt sich doch ein letztes Lebewesen, ein alter Mann aus einem abseits liegenden Haus am Höhenrand, in dem noch Gardinen hängen. Neben ihm trippelt die Ziege an ihrer Kette, die er anpflocken will, tapfer mit; sein kleiner, struppiger Hund hat die Sache indessen völlig begriffen. Er rennt nicht mehr herum; er weiß, daß es kein Eigentum mehr zu verteidigen gibt. Ich wage kaum, den Alten anzusprechen: »Thiermas ... die ehemalige Pilgerherberge?« Ein lautloses, bitteres Lachen verzieht seinen Mund, dann macht er eine breite Armgebärde, die das Unsinnige meiner Frage beantwortet: hier haben Sie es! Er sagt keine Silbe dazu, geht wortlos weiter. Der letzte Bewohner. Man hat dem uralten Nest, das auf keiner Pilgerkarte fehlt, den Rücken gekehrt. Aragon heute. Das Land, das sie so erbittert von den Sarazenen zurückeroberten, geben sie jetzt freiwillig auf. Thiermas ist nicht der einzige dieser Orte. Ostwärts im alten Sobrarbe, in Ribargorze finden sich ganze Landstriche entvölkert.

Das läßt nichts Gutes hoffen. Denn der letzte Höhepunkt der Tolosana vor Sangüesa oder Puente la Reina liegt unmittelbar vor uns.

Wiedersehen in Sangüesa

Doch abermals kommt es anders, wie stets auf dieser Fahrt; noch einmal wird uns das Große, das Unvergeßliche widerfahren.

Das Tal hat sich geöffnet, als sei eine Tür aufgestoßen. Noch aber wogen die Berge des Südens, die es begleitet haben, in abflachender Bewegung fort, wirft sich die Höhe im Norden sogar zu einer mächtigen Barriere auf. Sie überschaut weithin die Hügellandschaft links des Aragon, der sich eben anschickt, in unentschlossenen Windungen nach Südwesten abzubiegen. Es ist die Sierra de Leyre, eine mächtige Kalkscholle des verebbenden Gebirges, auf ihren Graten bekrönt von durchbrechendem, ockerfarbenem Fels, jenem Stein, aus dem Kloster *Leyre* erbaut ist, die Eckbastion von Navarra, deren grüne, fast baumlose Haut Steinbrocken wie Scherben durchstoßen. Das mächtige Kloster, Pilgerstation seit alters, liegt droben klein wie ein Vogelnest.

Wer hier saß, kontrollierte nicht nur die Senke des Aragon, sondern auch die in der Umgebung einmündenden Pyrenäentäler von Salazar und Roncal, durch das wie erinnerlich die Pilger von Sainte-Engrâce gezogen kamen. Das schärfste Augenmerk gebührte der Region des Südens und Westens. Hatte sich der sarazenische Feind, wie es schien auf Dauer, in Sangüesa festgesetzt, zwangen seine wiederholten Vorstöße in Richtung Pamplona die dort residierenden navarresischen Könige, eingeschlossen den Bischof der Diözese, in ein Refugium der Sierra de Leyre auszuweichen, das man 1057 durch eine Klosteranlage ersetzte. ›Mitte und Herz meines Königreiches‹ hatte König Sancho der Große den Platz schon 1022 in einem Dokument genannt. Was zutraf, denn derzeit war Navarra noch mit Aragon vereint, das wenig später Sanchos natürlicher Sohn Ramiro erben und selbständig machen sollte.

Die Bedeutung dieses dem Herrn, San Salvador, geweihten neuen Benediktinerkonventes mit der ersten romanischen Klosterkirche auf spanischem Boden für die Pilgerstraße versteht sich von selbst. Er lag unmittelbar über ihr, mochte sich der Zuweg von Yesa ob des steil ansteigenden Hanges auch über vier Kilometer hinziehen. Es blieb davon wenig, eigentlich nur Chor und Krypta in den neu erbauten Trakten erhalten. Aber in welcher Gewalt des Ausdrucks! Mächtig und in der Wucht glatter Festungsmauern steigen da hoch in der unermeßlichen Weite der Landschaft vor dem Betrachter die hinausgeschobenen Rundungen der Außenapsiden auf. Im Innern scheint der Chorraum nicht einmal sonderlich groß, aber er besitzt die Kraft des Massiven und zugleich, bei aller steinlastigen Schwere, eine gewisse Eleganz und herbe Schönheit, die von dem kantigen, nur behauenen Stein aus den umgebenden Bergen ausgeht. Er will keineswegs mehr aussagen oder gestalten, als er von Natur aus vermag: Tonnengewölbe, Gurtbögen, Abstufungen, schmal aufstrebende, vorgelegte Dienste, dazu die kleinen Rundbögen der überschmal emporgezogenen Seitenschiffe. Und gerade darin liegt es: der Stein hat den Geist geprägt.

Gewiß, wo es Akzente oder Übergänge erforderten, sind blockhafte Kapitelle eingebracht, meist mit geometrischen

Zeichen oder rätselvoll hingeschriebenen Runen belebt, die sich noch nicht entschließen können, Schrift oder Figur zu werden. Nur selten finden sich menschliche Gestaltzüge angedeutet, wie sich auf jenem Kapitell der drei Maskenköpfe unter Bögen erkennen läßt: nur hingemeißelt Mund, Nase, Augen. Das will noch nichts Personales wiedergeben, sondern nur Zeichen sein. Gelegentlich ist auch anderes da, Bänder, Geschlinge, gar eine Margeritenblüte – Hinweise, aber nie mehr.

Es wäre davon kein Aufhebens zu machen, wirkte es hinter dem weiträumigen gotischen Schiff, das die Zisterzienser – sie haben das Kloster im 13. Jahrhundert neu besiedelt – vorlegten, nicht wie eine Botschaft der Frühe. Tatsächlich ist sie es auch, jene Botschaft, die Leyre zu einem der großen Ereignisse der Pilgerstraße macht, jener, die sich erst in der Krypta vollkommen ausdrückt. Gewiß sah sich der Magister operarium bald gedrängt, für die ungeheure Last, die auf dem Unterbau ruhen sollte, die gebührende Festigkeit zu schaffen. Aber gerade aus dieser Notwendigkeit entstand eine Architektur, die ihresgleichen nicht hat.

Die Krypta besitzt vier Schiffe statt der oberen drei; der breite Mitteltrakt ist aus Gründen der Statik noch einmal untergliedert. Zwar verteilt sich das Gewicht des Chores auf eine ganze Reihe leichterer Träger, aber die Hauptlast ruht auf zwei gewaltigen Mittelstützen. Nach vier Seiten gehen von diesen Substruktionen äußerst kraftvolle, äußerst schmal hochgezogene Stützbögen aus. Sie stemmen sich auf niedere, gewaltig vorkragende Kapitellplatten, denen gelegentlich verriegelnde Querblöcke aufliegen, um jegliches Ausweichen zu verhindern. Das gesamte System dieser Kreuz- und Querbögen nebst ihren tragenden Blöcken ruht endlich auf kurzen, nicht einmal sonderlich dicken Rundpfeilern, die aussehen , als seien sie unter dem Gewicht tief in den Boden gesunken. Aber sie offenbaren zugleich, daß sich der Baumeister sehr wohl auf die Ableitung der Last verstand.

Doch ging es ihm keineswegs nur um die Konstruktion. Denn eine Reihe der Kapitellblöcke zeigt sich in situ, an Ort und Stelle, mit dem Meißel bearbeitet: in Form von Strigillierungen, aufspringenden Spiralformen oder sich verknubbelnden Kurven, die dem wahrhaft zyklopischen Unterbau eine kaum merkliche, doch um so wirksamere Note verleihen. Der Eindruck des allzu Gewaltsamen weicht dem des Kunstvoll-Bewußten. Dennoch, Stein, nichts als Stein, dem, ob er will oder nicht, seine natürliche Ausdrucksgewalt innewohnt. Da springt denn auch das Symbolhafte elementar hervor: San Salvador, wer auf diesen Namen baut, hat sein flüchtiges Menschendasein auf Fels gegründet.

Es gibt noch etwas Bedeutsames in Leyre, wenn es sich auch neben der Krypta kaum im nämlichen Atemzug nennen läßt: die Skulptur einer späteren Zeit, sowohl die der Kapitelle am kleinen Durchgang zur Grabkapelle der Könige von Navarra von der Hand des an der Pilgerstraße tätigen Meisters Esteban, als auch jene der Porta Speciosa, des Kirchenportales von Leyre. Mag sie ob ihrer krausen Zusammenstellung auch nicht zu den Meisterleistungen wie die Puerta de las Platerias in Santiago de Compostela rechnen, sie bringt Leyre doch eindeutig in den Zusammenhang mit dem ›Camino francés‹.

Da lassen sich, ungeachtet mancher Beschädigung, auf dem Tympanon vier Gestalten erkennen: der Herr, dem die Kirche geweiht ist, die Jungfrau, Sankt Peter und endlich der bartlos wiedergegebene Johannes, insgesamt mit weitärmeligen Obergewändern angetan, die sich nach unten glockenförmig verbreitern, in den Gesichtern ebenfalls recht stilisiert. Auch der Heilige auf dem linken Pfeiler gehört dem Personenkreis künstlerisch an. Einer zweiten Gruppe der Applikationen rechnen die Gewändesäulen und ihre Kapitelle zu mit einem Figurenzierat ähnlich dem von Jaca: Löwen, hingekauerte Wesen, Vögel mit verschlungenen Hälsen; eines gemahnt an Meister Esteban, ein anderes schmükken Früchte und Blattwerk.

Kaum möglich freilich, die bunte Fülle von Lebewesen, Gegenständen, Masken und Monstern auf den Archivolten herzuzählen, auf denen sich die Laune der Steinmetzen freien Lauf ließ. Wie verwirrend endlich, daß wie zu Santiago de Compostela selbst der letzte freie Raum über den Archivolten mit Reliefplatten bedeckt ist, dem Pantokrator, abermals Petrus, daneben unerkennbare Figuren von Noblesse, vielleicht Apostel, dazu die Martyrien der Heiligen Nunilo und Alodia, deren Reliquien man in Leyre verehrte. Selbst das Jonasmotiv läßt sich finden, eine Partie des Jüngsten Gerichtes, Torsen von Heimsuchung und Verkündigung, die man offenbar der Größe nach und wie man sie als Reste eines alten Portales besaß, angebracht hat. Und mögen wir in dem von Weingerank umsponnenen Menschenkopf noch ein Sinnbild der Eucharistie vermuten, so tritt in der Gegenecke ein undeutbarer Heiliger mit dem Stab auf. Ist es Jakobus, stellt es San Marciano, den legendären Abteigründer dar? Die Steine schweigen.

Kurz, es tritt dem Beschauer eine verwirrende Fülle von Bildern entgegen, in denen er keinen erkennbaren Zusammenhang mehr entdeckt, und so können wir sicher sein, daß auch die Santiago-Wanderer, als sie auf ihrem Weg nach Sangüesa in den ungeheuren Raum der Landschaft hinaustraten, weniger die Rätselfiguren im Gedächtnis bewahrten als die Erinnerung an die Krypta, in welcher der Baumeister die Gewalt des lastenden Steines überwunden und ins Gleichgewicht gebracht hatte. Vielleicht bedeutete es ihnen mehr, als wir ahnen. Mochten sie nun darin die alles bezwingende Macht des Geistes über die Materie erkennen oder die unerschütterlich fest gegründete Glaubenszuversicht. – Wer so lange nach einem hohen Ziel unterwegs ist, dem verwandelt sich alles zum Gleichnis.

Die letzten Stunden ... seltsamer Satz, der mir da in die Feder rinnt! Klingt er nicht wie ein Nachruf? Ein wenig Abschiedsstimmung schwingt mit. Eine schier endlose Fahrt geht zu Ende. Nicht nur jene auf der Tolosana, sondern mit ihr jede andere auf den Straßen der Jacquaires ... Ziemlich genau ein Vierteljahrhundert ging vorüber, seit wir zum ersten Mal von Burgund einer spontanen Eingebung folgten und nach Santiago de Compostela aufbrachen ... Die letzten Stunden auf den unendlich verzweigten Wegen der Menschheitszüge! Sie sind mein Schreiberschicksal geworden und nicht weniger das meiner Frau.

Drei Fußstunden, die eine letzte der tausendfach geübten

Entscheidungen fordern, sind es von Leyre aus: Entweder vom Fußpunkt des Klosters auf der Carretera von Yesa nach Westen über Liédana und sodann südlich dem Lauf des Aragon nach, oder vom gleichen Punkt direkt nach Süden auf Javier zu und erst von dort nach *Sangüesa*. Das Ziel bleibt das gleiche, sogar die Entfernung. Ziehen wir jene Route vor, die man früher vermutlich am häufigsten wählte, die zweite, um den Ring zu schließen! Gewandert sind die Jacquaires hüben wie drüben. Bleiben wir abseits der befahrenen Straße; sie hätten es auch so gemacht.

Durch Hügel-, Acker- und Weinland geht es hin; wie damals von Gibraltar nach Harambels sind auch diesmal die Flugheuschrecken mit ihrem blauen Beinsegel unterwegs und prallen uns gegen die Brust. Die Grillen haben ihr volles Orchester aufgeboten, und der wilde Dill träumt an den Straßenrändern. Juni in Navarra, da hat alles bereits seine Pflicht getan und kann sich mit Nebendingen beschäftigen. Schon liegen auch hier einige Felder abgeerntet, hat der Wein angesetzt. Nur eine Rebhuhnfamilie muß noch eilig über die Straße. Bereits ist das Gebirge ins Ferne gerückt. Burg Javier mit ihren Autoparkplätzen mitten im Land bleibt liegen. Je näher wir *Sangüesa* kommen, desto vertrauter wird alles. In den Hügeln steht ein neuer Albergue; noch eine letzte Anhöhe, dann müssen die ersten Häuser kommen, und nun liegen sie vor uns. An der wohlbekannten Kurve geht es hinab in die alte Rua Mayor. Die Straßenzeilen wirken genauso erschöpft wie einst, und drüben im Laden für Propangas sind die Scheiben noch immer nicht geputzt. Unter den großen Arkaden des Rathauses, das einmal das Castillo des Principe de Viana war, spielen die Buben wie gewohnt Fußball; die alten Backsteinpaläste mit den vielen Fenstern langweilen sich nach Gebühr, und drüben steht doch wahrhaftig der Esel Ariosto vor seinem Gemüsekarren wie immer, wenn sich sein Herr bei Juan einen genehmigt.

Links muß die Straße mit dem Palacio Vallesantoro abbiegen, dessen Dachsparren man so weit vorkragen sieht, und nun, voraus, Santa Maria la Real am Aragon-Ufer kommen. Da ist es schon; vor seiner Kirche steht wie immer Señor Cura mit dem zurückgebürsteten weißen Haar und der langen Soutane. Er zündet sich zur Belohnung gerade eine neue Zigarette an, weil er eben einem Schock Touristen die Fassade erklärt hat: daß der Meister von San Juan de la Peña die Figuren im Doppelfries schuf und der Meister Leodegardius aus Burgund die Gewändefiguren ›a la moda de Chartres‹. Natürlich, auch sie sind noch da, die drei Marien, von denen eine die Apostelmutter Jakobäa darstellt, wie es die Theorie von Señor Cura will, weil die Jakobsbrüder hier vorüberzogen. Ganz außen baumelt Judas Ischariot an seiner Kordel, und von der Höhe der Archivolte blickt der geflügelte Lukas-Ochse nachdenklich wie einst auf die unglücklichen Verdammten des Weltgerichtes sowie das Figurengetümmel der Zwickel.

Es ist der Augenblick, an dem sich Señor Cura einzuschalten pflegt und auf Sigurd, den Drachentöter der nordischen Sage verweist, der, seltsam genug für eine navarresische Kirche, unter die bunte Szenenfolge gemischt ist. Aber ich habe darüber bereits vor langen Jahren geschrieben, sehe Señor Cura auf uns zukommen und kann nicht länger den Unbekannten spielen.

»Wir kennen uns!« sage ich.

Er stutzt, merkt auf, tritt zurück. »Sie sind es! Ach, wir werden alle nicht jünger. Wo habe ich meine Augen gelassen?«

»Dort drüben«, sagt meine Frau, die seine Liebe für seine Kirche kennt, und zeigt auf die Fassade. Nun lacht auch er.

»Waren Sie wieder auf der Pilgerstraße?«

»Auf der Tolosana«, erwidere ich, »und ich glaube, wer sie bis hierhin hinter sich brachte, hatte seine Schuld abgebüßt.«

Er wird plötzlich nachdenklich. »Schuld«, sagt er, »das ist ein schweres Wort. Wer will da die Maße setzen, und leben wir nicht alle zwischen doppelter Schuld? Sie waren durch ein Fegefeuer gegangen, und vielleicht hat sogar mancher versucht, fremde Schuld stellvertretend auf sich zu nehmen, um Dem am Kreuz näher zu kommen – verstehen Sie, was ich meine?«

Ja, ich begreife es; manchmal ist es mir selbst durch den Kopf gegangen.

Dann reicht er mir die Hand und sagt etwas; er braucht die gleichen Worte, die der Pförtner in Avila zu Reinhold Schneider gesprochen hat, wie bei ihm nachzulesen steht, und nun steigt mir doch etwa die Kehle hoch, das mich schlucken macht.

»Que no será la ultima vez!«

Mag es nicht zum letzten Mal gewesen sein.

Aber es ist zum letzten Mal; ein Lebensabschnitt geht zu Ende.

Wie abgesprochen steht Eugen mit dem Wagen jenseits der alten Aragon-Brücke. Am Weg nach Rocaforte, wo die Leute von Sangüesa bis ins 10. Jahrhundert der Mauren wegen im halben Exil saßen, halten wir noch einmal an. Noch einmal steige ich zu den Ruinen empor auf dem Weg, den Franziskus gegangen und gewiß auch viele der Pilger, welche die Route nach Puente la Reina durch das Irati-Tal meiden wollten.

Es bedurfte nicht vieler Mühe sich vorzustellen, wie sie da vor mir hinausgezogen waren und hinter der Höhe verschwanden, jene Menschen und zahllosen Gesichter, die ich nie erblickt hatte und die doch Wirklichkeit gewesen und jahrelang durch meine Träume gegeistert waren, um weiter zu ziehen bis Cabo Finisterre, wo die Welt zuende ging. Seltsamerweise war auch eine schlanke, schwarz gekleidete Gestalt darunter, die sich noch einmal umwandte und mit den Fingerspitzen der aufgehobenen Hand herüber winkte, Sœur Anastasia.

Wohlverstanden, ich sah das in meiner Phantasie, wie ja denn diese ganze Fahrt sozusagen eine Reise nach innen gewesen war.

REGISTER